Mann
Erfolgsfaktor Service

D1941873

GABLER EDITION WISSENSCHAFT

Forum Marketing

Herausgegeben von
Professor Dr. Reinhard Hünerberg
Universität Gesamthochschule Kassel
und Professor Dr. Armin Töpfer
Technische Universität Dresden

Die zunehmende Globalisierung führt zu einem verschärften Wettbewerb, vor allem in den Bereichen Qualität, Zeit und Kosten. Vor diesem Hintergrund werden in der Schriftenreihe aktuelle Forschungsergebnisse sowohl zu strategischen Fragen der marktorientierten Unternehmensführung als auch zur operativen Umsetzung durch konsequente Kundenorientierung präsentiert. Dazu werden innovative Konzeptionen entwickelt, theoretische Ursache-Wirkungs-Beziehungen analysiert und pragmatische Gestaltungsempfehlungen gegeben.

Andreas Mann

Erfolgsfaktor Service

Strategisches Servicemanagement im nationalen und internationalen Marketing

Mit einem Geleitwort
von Prof. Dr. Reinhard Hünerberg

DeutscherUniversitätsVerlag

Die Deutsche Bibliothek - CIP-Einheitsaufnahme

Mann, Andreas:
Erfolgsfaktor Service : strategisches Servicemanagement im nationalen und internationalen Marketing / Andreas Mann.
Mit einem Geleitw. von Reinhard Hünerberg.
- Wiesbaden : Dt. Univ.-Verl. ; Wiesbaden : Gabler, 1998
(Gabler Edition Wissenschaft : Forum Marketing)
Zugl.: Kassel, Univ., Diss., 1998
ISBN 3-8244-6803-4

Alle Rechte vorbehalten

Gabler Verlag, Deutscher Universitäts-Verlag, Wiesbaden
© Betriebswirtschaftlicher Verlag Dr. Th. Gabler GmbH, Wiesbaden 1998

Der Deutsche Universitäts-Verlag und der Gabler Verlag sind Unternehmen der Bertelsmann Fachinformation.

RESPECT COPYRIGHT ENCOURAGE CREATIVITY

Das Werk einschließlich aller seiner Teile ist urheberrechtlich geschützt. Jede Verwertung außerhalb der engen Grenzen des Urheberrechtsgesetzes ist ohne Zustimmung des Verlages unzulässig und strafbar. Das gilt insbesondere für Vervielfältigungen, Übersetzungen, Mikroverfilmungen und die Einspeicherung und Verarbeitung in elektronischen Systemen.

http://www.gabler-online.de

Höchste inhaltliche und technische Qualität unserer Produkte ist unser Ziel. Bei der Produktion und Auslieferung unserer Bücher wollen wir die Umwelt schonen: Dieses Buch ist auf säurefreiem und chlorfrei gebleichtem Papier gedruckt.

Die Wiedergabe von Gebrauchsnamen, Handelsnamen, Warenbezeichnungen usw. in diesem Werk berechtigt auch ohne besondere Kennzeichnung nicht zu der Annahme, daß solche Namen im Sinne der Warenzeichen- und Markenschutz-Gesetzgebung als frei zu betrachten wären und daher von jedermann benutzt werden dürften.

Lektorat: Ute Wrasmann
Druck und Buchbinder: Rosch-Buch, Scheßlitz
Printed in Germany

ISBN 3-8244-6803-4

BIBLIOTHEK
der Industrie- und Handelskammer
für München und Oberbayern
Nr. 1575/63

Geleitwort

In Zeiten zunehmender Wettbewerbsintensität, immer ähnlicher werdender Produkte, höherer Kundenansprüche und weltweiter Vergleichbarkeit von Angeboten rücken Zusatzleistungen in verstärktem Maße in den Mittelpunkt der Marketingpolitik. Service wird zu einer wichtigen Differenzierungsmöglichkeit für viele Anbieter, ganz besonders dann, wenn sie dem reinen Preiswettbewerb ausweichen wollen. Der Service als Ergänzung von Hauptleistungen kann dann sogar strategische Bedeutung annehmen. Besondere Anforderungen an ein marktorientiertes Servicemanagement ergeben sich dabei nicht nur aus der Kopplung der Serviceleistungen an die Kernleistung, sondern auch aus den konstitutiven Besonderheiten des Service als Sekundärdienstleistung: Immaterialität und Integration des externen Faktors führen häufig gerade in Industrieunternehmen zur Entwicklung eines eigenständigen Marketing- und Implementierungskonzepts für Serviceleistungen. Das gilt in besonderem Maße bei der Internationalisierung der Geschäftstätigkeit von Industrieunternehmen. Zum einen stellt der Service hierfür häufig ein wichtiges Markteintritts- und Marktbearbeitungsinstrument ausländischer Märkte dar, zum anderen sind die Möglichkeiten der Marktimplantation beim Service - gemessen an materiellen und standardisierten Sachgütern - erheblich eingeschränkt. Der Einfluß des Service auf strategische Basisentscheidungen wird hierbei besonders deutlich. Daraus wird auch ersichtlich, daß Service mehr ist als ein operatives Werkzeug im Geflecht operativer Marketingentscheidungen. Der Service hat als eigenständiges Marketinginstrument durchaus eine strategische Wirkung auf andere Marketingentscheidungen sowie auf die Unternehmensentwicklung am Markt.

In der vorliegenden Publikation wird diese Bedeutung des Service im einzelnen analysiert. Dabei zeigen sich in diversen Konzepten der Wirtschafts- und Sozialwissenschaft zahlreiche theoretische Anknüpfungspunkte für eine Erklärung des Serviceerfolges. Hierzu gehören Informationsökonomik, neue Institutionenökonomik mit Principal-Agent-Theorie und Transaktionskostenansatz sowie Interaktionstheorie, Risiko- und Dissonanztheorie, Involvementansatz. Trotz aller Schwierigkeiten der Erfolgsfaktorenforschung können so über eine Kombination von „resource-based view“ und „market-based view“ sowie unter Berücksichtigung der Besonderheiten des internationalen Umfeldes wesentliche Zusammenhänge operationalisiert und in Form von Hypothesen untersucht werden. Im einzelnen werden Auswirkungen externer und interner Kontextvariablen sowie von Gestaltungsvariablen auf ökonomische und außerökonomische Ziele überprüft. Hierzu setzt der Autor anspruchsvolle statistische Methoden ein. Insbesondere der Einsatz von Amos als modernem kausalanalytischen Auswertungsverfahren und die Nutzung moderierter Regressionsanalysen stehen dabei im Mittelpunkt der konfirmatorischen Untersuchung für die Hypothesentests. Aus den Ergebnissen leitet der Verfasser praktische Gestaltungshinweise in Form von Grundsätzen für den Einsatz des Service und die erfolgsorientierte Umsetzung des Servicemanagements ab. Ebenso gibt er Hinweise auf weitere interessante, bisher nicht ausreichend beachtete Forschungsfragen im Zusammenhang mit dem Untersuchungsobjekt.

Andreas Mann hat in den daraus folgenden umfangreichen empirischen Analysen sowohl in theoretischer als auch in praktischer Hinsicht wichtige Erkenntnisse für den Einsatz von Service als Instrument des Marketing-Mix im nationalen und internationalen Kontext gewinnen können. Die Arbeit gehört wegen ihrer theoretischen Fundierung, ihrer breiten empirischen Basis auch international zu einer der wichtigen Untersuchungen in einem bisher eher vernachlässigten Bereich der Marketinglehre.

Dem Buch ist wegen des hohen theoretischen Niveaus und der großen praktischen Bedeutung besondere Beachtung bei Wissenschaftlern und Unternehmensvertretern zu wünschen.

Prof. Dr. Reinhard Hünerberg

Vorwort

Service wird in aktuellen (populärwissenschaftlichen) Marketing-Publikationen häufig als „Wundermittel" zur Steigerung der Wettbewerbsfähigkeit von Unternehmen angesehen. Besonders im internationalen Vergleich wird deutschen Unternehmen ein enormer Nachholbedarf bei der Serviceorientierung von Unternehmensberatern, Politikern und auch Wissenschaftlern bescheinigt. Die dabei vorgebrachten Argumente sind zwar durchaus plausibel, sie entziehen sich jedoch meist einer theoretischen und vor allem empirischen Fundierung. So gibt es kaum wissenschaftliche Untersuchungen, die sich mit dem Einfluß des Service auf strategische Marketingentscheidungen und auf den Unternehmenserfolg beschäftigen. Doch gerade Erkenntnisse zu diesen beiden Bereichen sind notwendig, um Unternehmen eine stärkere Serviceausrichtung zu empfehlen. An dieser Stelle setzt die vorliegende Arbeit an, die von der Universität Gesamthochschule Kassel im Sommersemester 1998 als Dissertation angenommen wurde. Das globale Ziel besteht darin, den Einfluß des Service auf den Unternehmenserfolg zu analysieren sowie Erfolgspotentiale und -faktoren einer effektiven Servicepolitik zu erkennen. Aus den Ergebnissen der theoretischen und empirischen Analyse sollen zudem Handlungsempfehlungen für die Unternehmenspraxis abgeleitet werden.

Die Dissertation ist während meiner Zeit als wissenschaftlicher Bediensteter am Fachgebiet Marketing der Universität Gesamthochschule Kassel entstanden. Während der Bearbeitung des Themas habe ich von unterschiedlichen Personen vielfältige Unterstützung erfahren, für die ich mich bedanken möchte. Zu besonderem Dank bin ich meinem „Chef", Doktorvater und Förderer, Herrn Prof. Dr. Reinhard Hünerberg verpflichtet, der diese Arbeit umfassend begleitet hat. Er hat mir nicht nur als ständiger Diskussionspartner wichtige Anregungen und Hinweise gegeben, sondern auch entsprechende Ressourcen für die beiden empirischen Untersuchungen zur Verfügung gestellt. Zudem bin ich ihm für die stets angenehme Zusammenarbeit dankbar, die immer kooperativ und motivierend ist. Herrn Prof. Dr. Jörg Link danke ich für die prompte Übernahme des Zweitgutachtens, das er trotz des Umfangs der Dissertation bereitwillig angenommen und schnell erstellt hat.

Außerdem möchte ich mich bei allen Gesprächspartnern in Wissenschaft und Praxis bedanken, die mir zu interessanten Einsichten verholfen haben. In diesem Zusammenhang gilt mein besonderer Dank Herrn Dr. Sun Choi von der Seoul National Polytechnic University (Süd-Korea), der während seiner Forschungszeit in Kassel ein wichtiger Gesprächs- und Diskussionspartner für mich war. Ebenso bin ich Herrn Dr. Volker G. Hildebrand für seine zahlreichen fachlichen und überfachlichen Gespräche sowie seine überaus wertvollen Tips und Tricks im Rahmen der empirischen Untersuchungen sehr dankbar. Herrn Dipl.-Oec. Ralf Wetzig danke ich herzlich für seinen technischen Support bei den zahlreichen Hard- und Softwareproblemen, denen ich während der Anfertigungszeit ausgesetzt war. Frau Martina Tisafalvi bin ich für die sorgfältige Durchsicht des Manuskripts auf Tipp- und Schreibfehler sehr dankbar.

Mein spezieller Dank gilt jedoch fraglos meiner langjährigen Lebensgefährtin, Inka Eckhardt, ohne deren Verständnis, Zuneigung und Unterstützung diese Arbeit nicht entstanden wäre. Ihr sei dieses Buch gewidmet.

Andreas Mann

Inhaltsverzeichnis

Abbildungsverzeichnis

Tabellenverzeichnis

Abkürzungsverzeichnis

Abb.	Abbildung
AGFI	Adjusted-Goodness-of-Fit-Index
AMOS	Analysis of Moment Structures
bzw.	beziehungsweise
ca.	circa
df	degree of freedom (Freiheitsgrad)
d.h.	das heißt
et al.	Et alii (und andere)
etc.	et cetera (und so weiter)
EU	Europäische Union
f.	folgende
ff.	fortfolgende
GFI	Goodness-of-Fit-Index
hrsg.	herausgegeben
Hrsg.	Herausgeber
i.d.R.	in der Regel
IFI	Incremental-Fit-Index
IGM	Investitionsgütermarketing

ML	Maximum Likelihood
oV	moderierende Variable
NFI	Normed-Fit-Index
o.g.	oben genannte(r / s)
o.V.	ohne Verfasser
QFD	Quality Function Deployment
RMR	Root Mean Squared Residual
RMSEA	Root Mean Squared Error of Approximation
S.	Seite
sog.	sogenannte
Sp.	Spalte
Tab.	Tabelle
TQM	Total Quality Management
u.a.	unter anderem
usw.	und so weiter
ULS	Unweighted Least Squares
VDMA	Verband deutscher Maschinen und Anlagenbauer
z.B.	zum Beispiel
z.T.	zum Teil

Teil I: Zunehmende Bedeutung des Service als Wettbewerbs- und Profilierungsinstrument

1. Service als unternehmerische Herausforderung und Chance auf veränderten Märkten

Unternehmen sehen sich immer größeren Herausforderungen auf Märkten ausgesetzt. Diese resultieren - wie Abb. I-1 zeigt - neben veränderten gesetzlichen Rahmenbedingungen vor allem aus Veränderungen in der Wettbewerbsstruktur und im Konkurrenzverhalten, im Kauf- und Nachfrageverhalten sowie aus dem Einsatz neuer Produkt- und Verfahrenstechnologien. Diese veränderten Marktbedingungen stellen in ihren Auswirkungen verschärfte Anforderungen an die marktorientierte Führung der Unternehmen.

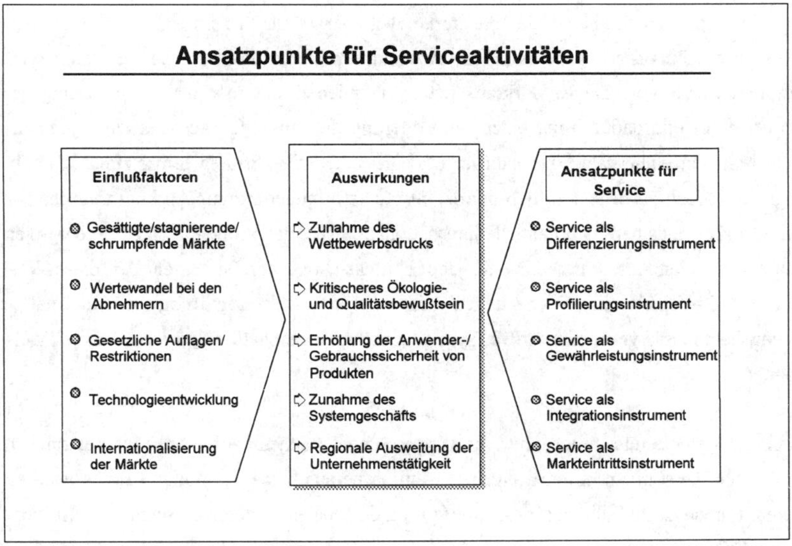

Abb. I-1: Veränderte Marktbedingungen

Durch zunehmende *Sättigungserscheinungen* kommt es auch auf traditionellen Wachstumsmärkten und -branchen (wie z.B. der Automobilindustrie oder dem Maschinenbau) zu einem stärkeren Konkurrenzdruck, der durch die zunehmende Internationalisierung des Wettbewerbs noch intensiviert wird.[1] Insbesondere Wettbewerber aus fernöstlichen Staaten (z.B. Japan, Singapur, Taiwan, Süd-Korea und Malaysia) und aus Osteuropa (z.B. Polen, Tschechische Republik, Ungarn), die gleichwertige Produkte billiger oder qualitativ hochwertigere Güter zu glei-

[1]Vgl. auch Hünerberg, R.: Marktstrategien in Europa - Herausforderungen durch veränderte Rahmenbedingungen in West und Ost, in: der markt, 32. Jg., 1993, Heft 4, S. 207

chen Preisen anbieten, werden zu gefährlichen Konkurrenten, die selbst etablierte Anbieter aus Schlüsselpositionen in ihren Heimmärkten verdrängen. So haben beispielsweise japanische Unternehmen fast 25 % Marktanteil am deutschen CNC-Maschinenmarkt erobert, einer Branche, die national - aber auch international - traditionell fast ausschließlich von deutschen Maschinenbau-Unternehmen dominiert wurde.[2]

Der zunehmende internationale Konkurrenzdruck erfordert von den Unternehmen Verteidigungsstrategien zur Abschottung ihrer angestammten „Marktreservate" und zur Sicherung der erreichten Marktposition, aber auch ein verstärktes internationales Engagement auf ausländischen Absatz- und Beschaffungsmärkten, um die Wettbewerbsfähigkeit zu stärken sowie Markt- und Erfolgspotentiale auszuschöpfen.[3] Inwieweit beide Strategien gleichzeitig umsetzbar sind, hängt vor allem von der spezifischen Unternehmens- und Branchensituation ab. Häufig gilt, daß der Erfolg bei einer Internationalisierung der Absatztätigkeiten vor allem von der Marktposition im Inland abhängt, da eine starke Heimmarktstellung zum einen durch das Absatzvolumen ein Finanzierungspotential für Auslandsaktivitäten darstellt. Zum anderen wird hierdurch auch eine vorschnelle Marktausweitung vermieden, die zu einer Zersplitterung der Ressourcen führt und dadurch mit einer Vergrößerung der Angreifbarkeit des Unternehmens auf allen Märkten einhergeht.[4] Deshalb ist oft eine sukzessive Strategieumsetzung sinnvoll. Dabei gilt es jedoch zu beachten, daß bei der Strategieformulierung zur Abschottung des nationalen Marktterrains bereits potentielle internationale Strategieoptionen in einem integrativen länderübergreifenden Absatzmarketing-Konzept berücksichtigt werden sollten. Auf diese Weise läßt sich beispielsweise sicherstellen, daß bereits frühzeitig mögliche Internationalisierungshemmnisse vermindert sowie Synergiepotentiale geschaffen und ausgeschöpft werden können.[5]

Insbesondere kleinere und mittelständische Unternehmen besitzen häufig nicht die personellen und sachlichen Ressourcen, um aus eigenem Antrieb heraus beide Strategien beim Absatz zu realisieren. Für sie ist deshalb dieser Quantensprung der dualen Strategieumsetzung meist nicht oder nur in Kooperation mit anderen (ausländischen) Unternehmen durchführbar. Gerade für kleinere Betriebe - die Kooperationen oft abgeneigt sind - ist die Strategie der Marktabsicherung deshalb die wesentliche Option, um im internationalen Wettbewerb zu bestehen.[6] Voraus-

---

[2]Vgl. Backhaus, K./Hilker, J.: Die Triade als Absatzmarkt des deutschen Maschinenbaus, in: Die Betriebswirtschaft, 54. Jg., 1994, Heft 2, S. 183

[3]Vgl. z.B. Kotler, P./Fahey, L./Jatusripitak, S.: Die asiatische Herausforderung - Antwort auf neue Marketingstrategien, Landsberg/Lech 1987, S. 257ff.

[4]Vgl. auch Töpfer, A.: Euro-Fit - Verbesserung des europäischen Reifegrades eines Unternehmens, in: Töpfer, A./Berger, R. (Hrsg.), Unternehmenserfolg im Europäischen Binnenmarkt, Landsberg/Lech 1991, S. 167

[5] Vgl. auch Hermanns, A./Wißmeier, U.K.: Der notwendige Weg zu Weltmarktkonzeptionen, in: absatzwirtschaft, 37. Jg., 1994, Heft 4, S. 86

[6]Vgl. Meffert, H./Meurer, J.: Internationales Marketing im neuen Europa, in: der markt, 32. Jg., 1993, Heft 4, S. 228

setzung hierfür ist, daß diese Unternehmen über ein genügend großes akquisitorisches Potential verfügen, um gegen die meist kosten- und damit preisgünstiger operierenden internationalen Wettbewerber standhalten zu können. Neben einer notwendigen Verbesserung der eigenen Kostenposition, z.B. durch die Reduzierung der eigenen Betriebstiefe und einer verstärkten internationalen Beschaffung bei günstig anbietenden Lieferanten, sind deshalb vor *allem präferenzschaffende Marketingaktivitäten* zu realisieren, die nicht auf den Preis abstellen. Hierbei handelt es sich um alle Maßnahmen, die zu einer Nutzenerhöhung beim Nachfrager bzw. Kunden führen und von diesem als so wichtig und überragend eingeschätzt werden, daß der Kunde die angebotene Marktleistung des Unternehmens gegenüber anderen bevorzugt.[7] Damit wird deutlich, daß im Mittelpunkt präferenzorientierter Marketingstrategien insbesondere qualitätspolitische Maßnahmen stehen.[8] Diese beziehen sich dabei jedoch nicht nur auf die objektiv-technische Qualität von Produkten, z.B. in Form von Fehlerfreiheit oder Einhaltung von technischen Normen, sondern auch auf die subjektiv-nutzenbezogene Qualität einer Leistung als Grad der Bedürfnisbefriedigung beim Abnehmer.[9]

Allerdings stößt eine produkt- / hardwarebezogene Qualitätspolitik als Präferenzstrategie an ihre Grenzen, wenn sich Produkte in ihrem Leistungs- und Einsatzspektrum immer stärker angleichen und für die Abnehmer austauschbar werden. Diese Situation ist typisch für reife und gesättigte Märkte, in denen die eingesetzten Produkt- und Verfahrenstechnologien in ihrem Entwicklungspotential ausgereizt sind und als Basistechnologien von fast allen Wettbewerbern auf gleichem Niveau beherrscht und eingesetzt werden.[10] Eine Differenzierung gegenüber Konkurrenten zur Schaffung von Präferenzen bei den Abnehmern ist dann nur sehr schwer durch die Optimierung und Verbesserung des Grundnutzens zu erzielen. Hierfür ist vielmehr die Schaffung von Zusatznutzen erforderlich, für die insbesondere Serviceleistungen prädestiniert sind. Sie umfassen alle Dienstleistungen, die als produkt- und / oder abnehmerbezogene Zusatzleistung mit dem Ziel der Erhöhung des Produkt- und / oder Kundennutzens angeboten werden, indem sie beispielsweise die Beschaffung, Anwendung und Entsorgung einer Haupt- / Kernleistung (Produkt oder Dienstleistung) erleichtern.[11] Das Spektrum von Serviceleistungen ist demnach sehr breit und reicht von Aktivitäten vor dem Kauf (sog. Pre-Sales-Service), wie z.B. Beratung, über Aktivitäten während des Kaufprozesses (sog. In-Sales-Service), wie bei-

[7]Vgl. Backhaus, K.: Investitionsgütermarketing, 3. Aufl., München 1992, S. 179; Vgl. auch Meffert, H.: Marketing-Management - Analyse, Strategie, Implementierung, Wiesbaden 1994, S. 126

[8]Vgl. Backhaus, K.: Investitionsgütermarketing, a.a.O., S. 179

[9]Vgl. z.B. Bruhn, M.: Sicherstellung der Qualität im Markt, in: Masing, W. (Hrsg.), Handbuch der Qualitätssicherung, 2. Aufl., München/Wien 1988, S. 268; Engelhardt, W. H./Schütz, P.: Total Quality Management, in: Wirtschaftswissenschaftliches Studium, 20. Jg., 1991, Heft 8, S. 394f.

[10]Vgl. Töpfer, A.: Service als strategischer Erfolgsfaktor, in: Weber, R. (Hrsg.), Service-Management (Loseblattsammlung), 3. NL 1992, S. 3

[11]vgl hierzu u.a. Frisch, W.: Service-Management, in: Fortschrittliche Betriebsführung/Industrial Engineering, 39. Jg., 1990, Heft 3, S. 128; etwas anders z.B. bei Meyer, A.: Servicepolitik, in: Diller, H. (Hrsg.), Vahlens großes Marketing-Lexikon, München 1992, Sp. 1048

spielsweise Projektplanungen, bis hin zu Maßnahmen nach dem eigentlichen Kauf (sog. After-Sales-Service), z.B. Montage / Installation und Recycling.

Es handelt sich also bei Serviceleistungen um *Sekundärleistungen*, die über die Steigerung des Zusatznutzens auf eine höhere Kundenzufriedenheit und eine stärkere Kundenbindung abzielen. Dabei gilt auch für Serviceleistungen, daß sie immer darauf ausgerichtet sein sollten, die Bedürfnisse der Abnehmer besser und / oder günstiger zu befriedigen als die Wettbewerber. Nur so können sie als *Differenzierungs- und Alleinstellungsmerkmal* eine strategische Bedeutung zur Erreichung von servicebezogenen Wettbewerbsvorteilen erlangen. Konkurrenzvorteile, die auf Serviceleistungen basieren, haben dabei häufig den Vorteil, daß sie - wie Abbildung I-2 zeigt - nur sehr schlecht imitierbar sind und damit dauerhaft sein können.

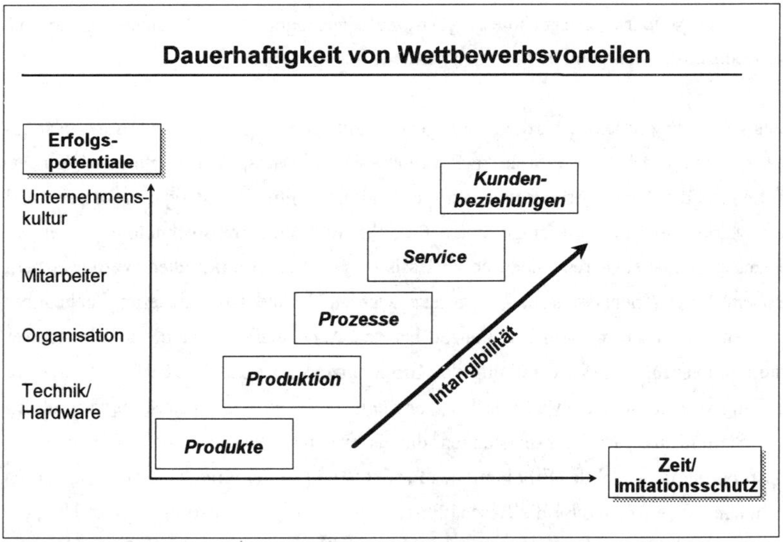

Abb. I-2: Imitationsschutz und Dauerhaftigkeit von Wettbewerbsvorteilen
(Quelle: nach Simon, H.: Industrielle Dienstleistungen und Wettbewerbsstrategie, in: Simon, H. (Hrsg.), Industrielle Dienstleistungen, Stuttgart 1993, S. 11)

Der gute *Imitationsschutz* liegt vor allem in der Immaterialität vieler Serviceleistungen und der Notwendigkeit, daß die Kunden und / oder ihre Produkte in gewissem Umfang in den Erstellungsprozeß von Serviceleistungen einbezogen werden (sog. Integration des externen Faktors).[12] Gerade letzterer Aspekt, der in der Fachliteratur auch als einziges allgemeingültiges Definitionsmerkmal für Dienstleistungen und damit Serviceaktivitäten angesehen wird,[13] birgt

[12]Vgl.z.B. Corsten, H.: Zur Diskussion der Dienstleistungsbesonderheiten und ihrer ökonomischen Auswirkungen, in: Jahrbuch der Absatz- und Verbrauchsforschung, 32. Jg., 1986, Heft 1, S. 17ff.
[13]Vgl. u.a. Engelhardt, W.H.: Dienstleistungsorientiertes Marketing - Antwort auf die Herausforderung durch neue Technologien, in: Adam, D. et al. (Hrsg.), Integration und Flexibilität - Eine Herausforderung für die All-

bei professioneller Umsetzung ein erhebliches Imitationsschutz-Potential. Denn die zur Erbringung einer hohen und überlegenen Servicequalität notwendigen Voraussetzungen liegen in der Motivation und Qualifikation der Mitarbeiter sowie in einer service- und dienstleistungsorientierten Unternehmenskultur, die nur sehr schwer nachgeahmt werden kann.[14] Außerdem ermöglicht die Integration des externen Faktors auch eine gezielte, kundenspezifische Ausgestaltung der Marktleistung. Dadurch übernimmt der Service nicht nur eine Differenzierungs-, sondern auch eine Individualisierungsfunktion.[15] Diese kommt dem generellen Trend nach zunehmender *Individualisierung der Gesellschaft* entgegen: Immer mehr Menschen in den westlichen Gesellschaften wollen sich aus der Masse abheben, indem sie ihren eigenen Lebensstil verwirklichen und dies auch im Konsum zeigen. Dabei achten sie auch verstärkt auf die ökologische Verträglichkeit ihres Konsumverhaltens und des Produktions- und Marktverhaltens der anbietenden Unternehmen. Ökologisch orientierte Serviceleistungen, wie z.B. Rücknahme von Alt-Produkten zu Recyclingzwecken und Information über umweltschonendes Anwendungs- / Bedienungsverhalten, können sich hier als Profilierungsmaßnahmen erweisen.[16]

Veränderte Wertvorstellungen und eine verstärkte Verbraucherpolitik führen außerdem dazu, daß die Kunden zunehmend selbstbewußter, kritischer und anspruchsvoller werden. Das bedeutet, daß sie einerseits bestimmte Produkt- und Serviceleistungen als selbstverständlich betrachten und erwarten. Andererseits sind auch immer weniger bereit, unzureichende Qualität bei Produkten und im Service zu akzeptieren. Daraus folgt, daß auch für Serviceleistungen ein umfassendes Qualitätsmanagement erforderlich ist, um die vom Kunden aufgestellten Qualitätsanforderungen in den angebotenen Serviceleistungen sicherzustellen. Die Kundenanforderungen sind dabei zielgruppenspezifisch zu ermitteln und segmentbezogen umzusetzen.

Ein weiterer Faktor für die zunehmende Bedeutung von Serviceleistungen liegt in der steigenden *technischen Komplexität* vieler Produkte. Je aufwendiger und komplizierter die Produkttechnologie wird, desto erklärungsbedürftiger und schwieriger wird das Produkthandling für den Abnehmer. Ohne begleitende Serviceleistung, wie z.B. spezifische Anwendungsberatung, Schulung und Wartung, sind diese High-Tech-Produkte nicht optimal beherrschbar und nicht effizient einsetzbar. Es ist deshalb auch nicht verwunderlich, daß gerade in der Investitionsgüterindustrie - entsprechend der Maxime „High-Tech needs High-Touch" - der Absatz von Produkten im wesentlichen von dem Angebot an begleitenden Dienst- und Serviceleistungen

---

gemeine Betriebswirtschaftslehre, Wiesbaden 1989, S. 280; Meffert, H.: Marketing-Management, a.a.O., S. 308f.

[14]Vgl. Simon, H.: Industrielle Dienstleistungen, a.a.O., S. 10

[15] Vgl. Meyer, A.: Servicepolitik, a.a.O., Sp. 1049

[16]Vgl. Meffert, H./Kirchgeorg, M.: Grundlagen des Umweltschutzes aus wettbewerbsstrategischer Perspektive, in: Hansmann, K.-W. (Hrsg.), Marktorientiertes Umweltmanagement, Wiesbaden 1994, S. 48f.

abhängt.[17] Das bedeutet allerdings nicht, daß innovative Technologien und ausgereifte Produktqualität an Bedeutung verlieren. Hervorragende Produktqualität wird jedoch erst durch optimale Serviceleistungen erreicht. Für Qualitätsbeurteilung aus Abnehmersicht wird Service also zu einem wichtigen Qualitätsmerkmal. Damit wird deutlich, daß - wie oben skizziert - nicht nur ein Qualitätsmanagement für Serviceleistungen erforderlich ist, sondern daß Service auch einen wichtigen Bestandteil im Rahmen eines Total Quality Management zur bewußten marktorientierten Qualitätsplanung, -steuerung und -umsetzung darstellt.[18]

Forciert wird die steigende Bedeutung des Service im Tech-Bereich durch die meist große Unsicherheit der potentiellen Abnehmer / Kunden bei technologischen Innovationen. Die Unberechenbarkeit der oft diskontinuierlichen technischen Entwicklung in jungen Märkten führt häufig zu Akzeptanz- und Adaptionsbarrieren bei den Zielgruppen. Diese können häufig nur mit Hilfe von Serviceleistungen umgangen werden.[19] Der Grund hierfür liegt in den wahrgenommenen Kauf- und Investitionsrisiken der Kunden, die aus den schwer erfaß- und bewertbaren Veränderungen neuer, meist teurerer Technologie und deren ökonomischen und leistungs-/ produktivitätsbedingten Auswirkungen resultieren.[20] Wenn man berücksichtigt, daß sich die Nutzungsdauer von technischen Produkten und Anlagen in einigen Branchen durch die Innovationssdynamik mehr als halbiert hat (z.B. bei Computern, CNC-Maschinen und Druckern), dann wird die defensive und unsichere Haltung der potentiellen Abnehmer verständlich. Diese Adaptionsprobleme technischer Innovationen können durch Serviceleistungen, wie z.B. umfassende betriebswirtschaftliche und technische Beratung, Systemanalysen sowie „Updating" und Integration bestehender Anlagen, gemindert werden. Der Service hat hier vor allem die Aufgabe, eine Vertrauensbasis aufzubauen und das Sicherheitsbedürfnis bei den Abnehmern zu befriedigen.[21] Besonders innovationsbedingte Veränderungen bekannter Technologiemerkmale führen bei den Zielgruppen zu einem Mangel an Know-how sowie zu einer Neuqualifizierung des Anwendungs- und Bedienungspersonals und damit ebenfalls zu einem Adaptionsproblem, das durch entsprechende Serviceleistungen, wie Schulung und Personalleasing, reduziert werden kann.[22]

---

[17]Vgl. z.B. Forschner, G.: Investitionsgüter-Marketing mit funktionellen Dienstleistungen, Berlin 1988, S. 1; Backhaus, K., Investitionsgütermarketing, a.a.O., S. 237, Backhaus, K./Weiber, R.: Das industrielle Anlagengeschäft - ein Dienstleistungsgeschäft?, in: Simon, H. (Hrsg.), Industrielle Dienstleistungen, Stuttgart 1993, S. 84

[18]Vgl. z.B. Töpfer, A./Mehdorn, H.: Total Quality Management - Anforderungen und Umsetzung in Unternehmen, Neuwied/Kriftel/Berlin 1993, S. 95ff.; Schildknecht, R.: Total Quality Management - Konzeption und State of the Art, Frankfurt/New York 1992, S. 111

[19]Vgl. Jugel, S./Zerr, K.: Dienstleistungen als strategisches Element eines Technologie-Marketing, in: Marketing - ZFP, 11. Jg., 1989, Heft 3, S. 162

[20]Vgl. Jugel, S.: Ansatzpunkte einer Marketingkonzeption für technologische Innovationen, Stuttgart 1991, S. 117

[21]Vgl. Casagranda, M.: Industrielles Service-Management, Wiesbaden 1994, S. 31

[22]Vgl. auch Jugel, S., a.a.O., S. 117

In der Konsequenz führt die zunehmende Bedeutung des Service und die steigende Nachfrage nach Service dazu, daß die Marktleistungen immer stärker einen eigenen Systemcharakter bekommen. Wenn jedoch erst der Service das eigentliche Kernprodukt marktfähig macht und der Kunde nicht mehr primär nur das Hauptprodukt, sondern eine „Solutionware“ als Absatzbündel - bestehend aus einer produktbezogenen Hardware und einer servicebedingten Software - nachfragt, dann stößt das klassische Produktmarketing an seine Grenzen, da es nicht explizit auf die Besonderheiten der Serviceerstellung und -umsetzung ausgerichtet ist. Es kommt deshalb in Zukunft für Industrieunternehmen stärker darauf an, Produkt- und Dienstleistungsmarketing in einen ganzheitlichen Managementansatz zu integrieren.

Die Implementierung eines solchen umfassenden Ansatzes hat oft erhebliche Veränderungen für die Unternehmenskultur, die Organisation und das Führungssystem von Unternehmen zur Folge. Auch wenn immer mehr Unternehmen dies bereits erkannt haben und sich dementsprechend umorientieren und reorganisieren[23], so ist diese Herausforderung jedoch bisher in der Wissenschaft noch nicht hinreichend berücksichtigt und untersucht worden. Dies verwundert um so mehr, wenn man berücksichtigt, daß auf der einen Seite durch die steigenden Serviceanforderungen der Kunden das Serviceniveau auf nahezu allen Märkten steigt und auf der anderen Seite dadurch auch die Anzahl der Mitarbeiter, die Serviceleistungen erbringen, in den Unternehmen stetig wächst. Bereits heute sind beispielsweise bei IBM ca. 3/4 der Mitarbeiter mit der Erbringung von Dienstleistungen beschäftigt, und der Service- / Dienstleistungsanteil am Gesamtumsatz beträgt mehr als 40 %. Kein Wunder, daß IBM oft als „computerless computer company“ bezeichnet wird.[24] Das Beispiel IBM macht die Verschmelzung von Industrie- und Dienstleistungsbranchen besonders deutlich und läßt den Schluß zu, daß der zukünftige Wettbewerb zwischen Industrieunternehmen verstärkt ein Service- und Dienstleistungswettbewerb sein wird,[25] für den die Unternehmen bereits heute die Weichen stellen müssen, um dauerhafte servicebedingte Konkurrenzvorteile aufzubauen.

Serviceleistungen haben jedoch nicht nur - wie vorstehend implizit unterstellt - bei der nationalen Marktabsicherung und -bearbeitung zur Präferenzschaffung und Marktprofilierung eine wichtige Bedeutung. Für die Erschließung und Bearbeitung ausländischer Absatzmärkte gilt das ebenso. So lassen sich bestehende nicht-tarifäre Markteintrittsbarrieren, die nicht selten auch durch Serviceaktivitäten einheimischer Anbieter bedingt sind, häufig nur durch das Angebot attraktiver Serviceleistungen umgehen. Beispielsweise gehört der Service zu den wesentli-

---

[23] Vgl. z.B. Senn, E.: Schindler - Wandel vom Maschinenbauer zum Dienstleistungsunternehmen, in: Belz, C. et al. (Hrsg.), Industrie als Dienstleister, St. Gallen 1997, S. 282f.

[24] Henkel, O.: Die Dienstleistung - wichtiger als das Produkt?, in: Simon, H. (Hrsg.), Industrielle Dienstleistungen, Stuttgart 1993, S. 44, 47

[25] Vgl. Davidow, W.H./Uttal, B.: Total Customer Service - The Ultimative Weapon, New York 1990, S. 24; ähnlich auch Chase, R.B./Gravin, D.A.: Die Fabrik der Zukunft - Ein Dienstleister, in: Harvard manager, 14. Jg., 1992, Heft 1, S. 122ff.

chen Erfolgsfaktoren bei der Markterschließung und -bearbeitung für technologische Produkte in Japan. Dort wird er für den Unternehmenserfolg wichtiger eingeschätzt als Kontrahierungs- und Kommunikationsaktivitäten.[26] Die Besonderheit des Service als Dienstleistung erfordert dabei im internationalen Geschäft meist die räumliche Präsenz durch eigene Unternehmensmitglieder / -teile oder - wie häufig für kleinere Unternehmen sinnvoll - von Servicepartnern im jeweiligen Gastland.[27] Denn die mehr oder minder notwendige Kundenbeteiligung bei der Serviceerstellung (Integration des externen Faktors) führt dazu, daß Serviceleistungen nicht völlig autonom vom Anbieter erbracht werden können. Dabei gilt, daß mit zunehmender Interaktionsnotwendigkeit und -intensität nicht nur eine stärkere Präsenz vor Ort erforderlich ist, sondern auch die kulturellen Länderunterschiede bei der Servicekonzeption stärker berücksichtigt werden müssen.[28]

Eine Internationalisierung von Unternehmen kann auch aus Servicegründen initiiert werden, wenn beispielsweise ein Unternehmen einem internationalen Abnehmer in andere Ländermärkte folgt, um nicht nur eine mentale, sondern auch eine geographische Kundennähe zu gewährleisten und die vom Abnehmer geforderten Serviceleistungen zu erfüllen. Hinter diesen Internationalisierungsaktivitäten steckt zumeist die Absicht, die Kundenbindung aufrechtzuerhalten und zu festigen oder gar zu verstärken.

Diese Ausrichtung des Marketing auf die Schaffung von Kundenbindung erfordert ebenfalls eine neue Sichtweise in vielen Unternehmen. Im Mittelpunkt stehen dann nicht mehr nur einzelne Transaktionsepisoden, sondern sämtliche Transaktionssequenzen und damit die langfristige Beziehung zum Kunden. Statt primär danach zu streben, Neukunden zu gewinnen, tritt die Pflege von Bestandskunden in den Vordergrund. Das Ziel ist, die Kundenloyalität zu den eigenen Produkten zu erhöhen.[29] Dabei werden alle Unternehmensaktivitäten auf die Schaffung von Kundenzufriedenheit und -bindung ausgerichtet.

Wichtige Gründe für eine stärkere Ausrichtung auf die Kundenbindung liegen auf der Hand: Zum einen wird es bei den oben skizzierten Markt- und Rahmenbedingungen immer schwieriger und vor allem teurer, neue Kunden zu gewinnen. So schätzt man, daß es heute im Durchschnitt bis zu 5mal aufwendiger ist, Neukunden zu gewinnen, als bestehende Kunden zu pfle-

---

[26] Vgl. Simon, H.: Eintrittsbarrieren und Eintrittsstrategien im japanischen Markt, in: Simon, H. (Hrsg.), Markteintritt in Japan, Wiesbaden 1986, S. 62f., 68ff.

[27] Vgl. auch Dichtl, E.: Marktnähe und Marketingkompetenz als Mittel zur Überwindung von Standortnachteilen, in: Wirtschaftswissenschaftliches Studium, 22. Jg., 1993, Heft 8, S. 387

[28] Vgl. auch Stauss, B.: Markteintrittsstrategien im internationalen Dienstleistungsmarketing, in: Thexis, 11. Jg., 1994, Heft 3, S. 11

[29] Vgl. z.B. Webster, F.E.: The Changing Role of Marketing in the Corporation, in: Journal of Marketing, Vol. 56, 1992, Heft 1, S. 9f.; Krulis-Randa, J.S.: Marketingwissenschaft - Stand und Entwicklung, in: Die Unternehmung, 47. Jg., 1993, Heft 2, S. 158f.; Wehrli, H.P.: Relationship Marketing - mehr als ein Modewort, in: Verkauf & Marketing, 21. Jg., 1993, Heft 4, S. 4

gen.[30] Zum anderen sichern stabile Kundenbeziehungen nicht nur eine gewisse Kapazitätsauslastung und ein „fixes" Erlöspotential, sondern loyale Kunden sind auch ein wichtiger Schutz vor Wettbewerbsaktivitäten.[31] Darüber hinaus gehen noch weitere positive Effekte von loyalen Kunden aus. So lassen sich beispielsweise auch neue Kunden durch die Referenz bestehender Kunden, z.B. per Mund-zu-Mund-Werbung, gewinnen.[32] Auch die Gefahr von Flops in der Produktentwicklung kann durch den intensiven Kundenkontakt reduziert werden.

Voraussetzung für eine längerfristige Kundenbeziehung ist jedoch, daß die Kunden mit dem Unternehmen und seinen Produkten zufrieden sind.[33] Kundenzufriedenheit bezeichnet dabei das Maß der Erfüllung von Kundenerwartungen.[34] Je besser diese Kundenerwartungen von einem Unternehmen bzw. seinen Marktleistungen erfüllt werden, desto höher ist der Grad der Zufriedenheit. Entspricht die gelieferte Leistung jedoch nicht den Anforderungen des Kunden, dann stellt sich eine Unzufriedenheit ein, die zur Abwanderung des Kunden führen kann.

Die Beurteilung der Unternehmens- / Marktleistung aus Kundensicht verändert sich in der Regel im Zeitablauf, da der Kunde eigene bzw. von anderen gemachte Erfahrungen in seine Erwartungen einfließen läßt. Alle im Zeitablauf gemachten Erfahrungen bilden damit die Grundlage für zukünftige Kaufentscheidungen des Abnehmers. Dementsprechend sind alle Aufwendungen für Aktivitäten zur Erhöhung der Kundenzufriedenheit nicht einfach gewinnschmälernde Kosten, sondern Investitionen in zukünftige Geschäftserfolge.[35]

Da die Abnehmer / Kunden eben nicht nur den reinen Produktnutzen in der Beurteilung berücksichtigen, sondern die gesamte Problemlösungsqualität des Angebotes und damit sämtliche Nutzenkomponenten in die Zufriedenheitsbewertung eingehen, wird auch hier die Bedeutung des (After-Sales-) Service noch einmal deutlich. Eine empirische Studie der Canadian Management Association belegt sogar, daß 68 % der Kunden, die zu einem anderen Lieferanten abwandern, dies wegen der Unzufriedenheit mit Dienst- und Serviceleistungen tun.[36] Der Servicequalität kommt deshalb eine besondere Bedeutung für die Kundenzufriedenheit zu.

---

[30] Vgl. Müller, W./Riesenbeck,H.-J.: Wie aus zufriedenen auch anhängliche Kunden werden, in: Harvard manager, 13. Jg., 1991, Heft 3, S. 69

[31] Vgl. ebenda, S. 68f.

[32] Vgl. z.B. Hentschel, B.: Beziehungsmarketing, in: Das Wirtschaftsstudium, 20. Jg., 1991, S. 25; Diller, H./Kusterer, M.: Beziehungsmanagement - Theoretische Grundlagen und explorative Befunde, in: Marketing - Zeitschrift für Forschung und Praxis, 10. Jg., 1988, Heft 3, S. 212f.

[33] Vgl. u.a. Dichtl, E./Schneider, W.: Kundenzufriedenheit im Zeitalter des Beziehungsmanagement, in: Belz, C./Schögel, M./Kramer, M. (Hrsg.), Lean Management und Lean Marketing, St. Gallen 1994, S. 6

[34] Vgl. z.B. Lingenfelder, M./Schneider, W.: Die Kundenzufriedenheit - Bedeutung, Meßkonzepte und empirische Befunde, in: Marketing - Zeitschrift für Forschung und Praxis, 13. Jg., 1991, Heft 2, S. 109ff.

[35] Vgl. Müller, W./Riesenbeck, H.-J., a.a.O., S. 68

[36] zitiert in Runge, J.H.: Schlank durch Total Quality Management, Frankfurt/New York 1994, S. 116. Zu ähnlichen Ergebnissen kommt auch Whiteley, R.: Ihr Kunde ist der Boss - Die kundenorientierte Firma, 2. Aufl., Freiburg 1993, S. 26

Als Fazit läßt sich festhalten, daß Service zu einem wichtigen Differenzierungs- und Profilierungsinstrument für Unternehmen geworden ist. Obwohl diese Feststellung in der Unternehmenspraxis und in der Wissenschaft zunehmend anerkannt wird, lassen sich auf breiter Front in beiden Bereichen noch erhebliche Umsetzungsdefizite feststellen. So wird Service bei der Mehrzahl der Unternehmen immer noch als technischer Kundendienst angesehen, der darauf ausgerichtet ist, Unzulänglichkeiten der Produkte auszugleichen. Service stellt für diese Unternehmen meist lediglich ein notwendiges und kostenintensives Übel dar.

2. Zum Stand der Forschung zur betrieblichen Servicepolitik

Nicht nur in der Praxis wird der Service häufig stiefmütterlich behandelt, auch in der Marketing-Wissenschaft wurde dem Service in der Vergangenheit nur wenig Aufmerksamkeit gewidmet. Wenngleich in jüngster Vergangenheit das theoretische und praktische Interesse an Dienstleistungsmarketing und Serviceorientierung gestiegen ist, fehlt es bisher jedoch immer noch weitgehend an geschlossenen und empirisch abgesicherten Arbeiten über die Erfolgswirkungen strategischer Nutzung des Service in Unternehmen. Lediglich einige Werke sind - wie in der nachfolgenden Tabelle ersichtlich ist - darauf ausgerichtet, zumindest ansatzweise und ohne breite empirische Fundierung diese umfassende Problematik zum strategischen Einsatz des Service anzugehen.[37] Dabei fehlen insbesondere wissenschaftliche Darstellungen über die Implementierungsanforderungen und -probleme eines marktorientierten Servicemanagements im nationalen und vor allem internationalen Marketing weitgehend. Mit internationalen Fragestellungen der Servicepolitik beschäftigt sich nur die Studie von ASUGMAN / JOHNSON / McCULLOUGH. Erkenntnisse über die Faktoren und Wirkungen der Servicequalität sind hingegen in stärkerem Maße vorhanden.

Die nachstehende Tabelle 1 gibt einen ersten Überblick zu den ausgewählten Themenbereichen und -schwerpunkten, die bisher im Servicebereich von der Marketingwissenschaft untersucht wurden.

[37] Vgl. z.B. Frisch, W.: Service-Management - Marktorientierung in der mittelständischen Unternehmenspolitik, Wiesbaden 1989; Casagranda, M.: Service-Management, a.a.O.

Autor(en)	Jahr	Untersuchungsinhalt	Empirie	Wesentliche empirische Ergebnisse
Asugman, G./Johnson, J.L./ McCullough, J.	1997	Bedeutung des After-Sales-Service im internationalen Marketing	Schriftliche Befragung von 72 amerikanischen Herstellern langlebiger Gebrauchsgüter	Mit dem Internationalisierungsgrad der Unternehmen nimmt auch die Bedeutung des Service als Exportinstrument zu
Bade, F.	1987	Beschäftigungsentwicklung und produzentenorientierte Dienstleistung	Auswertung der Beschäftigungsstatistik des Statistischen Bundesamtes	Rund 30 % der Mitarbeiter im produzierenden Gewerbe sind mit der Erstellung von Dienstleistungen beschäftigt
Bauche, K.	1994	Segmentierung von Kundendienstleistungen auf investiven Märkten	Schriftliche Befragung von 198 Unternehmen der PC-Branche	Identifikation von 6 Kundendienstsegmenten mit unterschiedlichen Anforderungen
Bennewitz, H.	1968	Eigenständigkeit des Service als Absatzinstrument	Keine	---
Bircher, B.	1989	Bedeutung des Service zur Schaffung von Kundennutzen	Keine	---
Bösl, K.	1987	Produktivitätsmessung produktbegleitender Dienstleistungen	Fallbeispiele aus dem Anlagengeschäft eines Unternehmens der Elektroindustrie	Starke Wachstumsdynamik von industriellen Dienstleistungen im Anlagengeschäft
Bowen, D.E./Siehl, C./ Schneider, B.	1989	Konzeption zur Analyse der Serviceorientierung in der Produktion	Keine	---
Brentani, U. de	1993	Determinanten für die erfolgreiche Entwicklung und Markteinführung innovativer Serviceleistungen	Telefonische Befragung von 100 kanadischen Industrieunternehmen	Der Innovationserfolg wird im wesentlichen von dem Marktpotential, der Effektivität im Innovationsprozeß, den Synergiepotentialen mit anderen Leistungsbereichen, der Qualifikation des Servicepersonals und der Offensichtlichkeit der Servicequaliät bestimmt
Büker, B.	1991	Beurteilung der Servicequalität investiver Dienstleistungen	Schriftliche Befragung von 91 Finanzdienstleistern über Qualitätseindruck von EDV-Diensten	Unternehmensstruktur ist wesentliche Determinante der Qualitätsbeurteilung; die Interaktion zwischen Serviceanbieter und Kunden hat einen großen Stellenwert bei der Qualitätsbeurteilung
Buttler, G./ Stegner, E.	1990	Ansatzpunkte für und Arten von industriellen Dienstleistungen	Keine	---
Casagranda, M.	1994	Management-Konzeption für industrielle Dienstleistungen	Keine	---

Cunningham, M./ Roberts, D.	1974	Die Rolle des Kundendienstes im industriellen Marketing	25 mündliche Interviews bei Unternehmen der Pumpen- und Armaturenindustrie	Service (-qualität) hat wesentlichen Einfluß auf die Listung eines Lieferanten bei (potentiellen) Kunden
Davidow, W.H./ Uttal, B.	1990	Totaler Kundendienst als Wettbewerbsfaktor	Keine	---
Deppenmeier, H. et al.	1975	Verbundenheit von Sach- und Dienstleistungen	Befragung von 17 Unternehmen des internationalen Anlagenbaus	Internationale Segmentierung von Ländern nach unterschiedlichen Produkt- / Servicesystemen bzw. -Kombinationen
Donaldson, W.G.	1995	Generelle Bedeutung des Service als Wettbewerbsinstrument und als Ausdruck für eine stärkere Kundennähe	Schriftliche Befragung von 180 schottischen Unternehmen mit mehr als 50 Beschäftigten	Serviceorientierte Unternehmen sind in ihrer Organisation, Personalführung und Wettbewerbsstrategie stärker qualitäts- und kundenorientiert als sehr produktorientierte Unternehmen
Edvardsson, B.	1988	Servicequalität in Maschinenbauunternehmen	15 mündliche Interviews bei schwedischen Industrieunternehmen	Kritische Ereignisse lassen sich in guten Lieferanten-Kunden-Beziehungen besser managen
Elbl, T./Wolfrum, B.	1994	Einfluß von Markt- und Unternehmenssituation auf Servicestrategien	Keine	---
Engelhardt, W.H.	1996	Kundenintegration in den Serviceprozeß	Keine	---
Engelhardt, W.H./ Schwab, W.	1982	Beschaffungsentscheidungen und Determinanten investiver Dienstleistungen	Keine	---
Fassot, G.	1995	Service als Marketinginstrument bei Gebrauchsgütern	Mündliche Interviews bei 26 Herstellern von Gebrauchsgütern (5 Hersteller von Haushaltsgroßgeräten, 10 Hersteller von Unterhaltungselektronik und 5 PC-Hersteller)	Diverse Hinweise auf strategische, organisatorische und operative Umsetzung von Serviceleistungen
Forschner, G.	1988	Serviceleistungen (funktionale Dienstleistungen) im Investitionsgüter-Marketing	Keine	---
Frisch, W.	1989	Ansatzpunkte und Probleme der Servicepolitik in mittelständischen Industrieunternehmen	Fallbeispiel eines Maschinenbauunternehmens	Servicepolitik ist ein unternehmenskulturelles Problem, Serviceleistungen sind Differenzierungspotentiale im Wettbewerb

Graßy, O.	1993	Einsatzmöglichkeiten und -probleme industrieller Dienstleistungen	12 mündliche Interviews bei Industrieunternehmen verschiedener Branchen	Trotz vielfältiger Dienstleistungspotentiale fehlt es Industrieunternehmen an einer serviceorientierten Unternehmenskultur und einem Verständnis für Besonderheiten des Service
Homburg, C./ Garbe, B.	1996	Arten und Einsatzmöglichkeiten von industriellen Serviceleistungen	Keine	---
Jugel, S./Zerr, K.	1989	Strategische Implikationen der Servicepolitik	Keine	---
Kyi, M.J.	1987	Service als Wettbewerbsinstrument	Schriftliche Befragung von 169 amerikanischen Unternehmen unterschiedlicher Branchen	Service wird in den meisten Unternehmen als Differenzierungsinstrument im Wettbewerb eingesetzt
Laakmann, K.	1995	Service als Profilierungsinstrument im Wettbewerb	1.270 persönliche Conjoint-Interviews bei Nutzern von Flugdienstleistungen und 113 Conjoint-Interviews bei Automobilkäufern	„Gatebuffet" hat größten Präferenz- / Nutzenbeitrag bei Inanspruchnahme einer Flugdienstleistung; Präferenzwirkung von Serviceleistungen im Automobilbereich werden mit abnehmender Produktbezogenheit geringer
Läbe, S./ Stolpmann, F.	1994	Profilierungs- und Differenzierungspotential des Service	Befragung von 135 Investitionsgüterunternehmen (90 mündliche Interviews, 45 schriftliche Befragungen)	Serviceleistungen sind umfassende Dienstleistungsbündel, die zur Marktprofilierung beitragen
Lenfers, H.	1984	Personelle Umsetzung des Kundendienstes	Keine	---
Mai, H.	1989	Dienstleistungen im produzierenden Gewerbe	Schriftliche Befragung von 5.324 Unternehmen (über Statistisches Bundesamt)	Jedes 2. Unternehmen bietet Serviceleistungen an; die Unternehmen können den Wert / die Kosten von Serviceleistungen nicht benennen
Michalski, T.	1997	Dienstleistungen als Wachstumsmöglichkeit für global tätige Industrieunternehmen	Keine	Wissensintensive Dienstleistungen haben eine zunehmende strategische Bedeutung für Unternehmen der Elektro-, Informations- und Telekommunikationstechnik im internationalen Wettbewerb
Mollberg, H.	1983	Problematik der Messung des Serviceerfolgs	Keine	---

Neckermann, G./ Wessel, H.	1992	Serviceangebot im Maschinenbau	Schriftliche Befragung von 191 Unternehmen der Maschinenbau-Branche	Dienstleistungen sind ein wichtiger Bestandteil der Wettbewerbsfähigkeit
Noch, R.	1995	Strategische Bedeutung des Service bei Investitionsgütern	Keine	---
Olemotz, T.	1995	Bedeutung von Serviceleistungen zur Erreichung von Wettbewerbsvorteilen	Keine (originäre)	---
Quinn, J.	1992	Service im Investitionsgütermarketing	Keine	---
Rau, B.	1975	Technischer Kundendienst als Absatzinstrument	Schriftliche Befragung von 251 Industrieunternehmen verschiedener Branchen	Technischer Kundendienst hat u.a. wesentliche Bedeutung als Kostenfaktor und Absatzinstrument
Rosada, M.	1990	Servicepolitik in der Automobilbranche	Keine	---
Simon, H.	1993	Wettbewerbsbedeutung des Service in Industrieunternehmen	Schriftliche Befragung von 138 Industrieunternehmen unterschiedlicher Branchen	Service spielt als Wettbewerbsinstrument eine bedeutende Rolle, die zukünftig noch stärker wird; vor allem produktbezogene Leistungen sind hierfür relevant
Singer, H.	1986	Dienstleistungen als Wettbewerbsinstrument im industriellen Anlagengeschäft	Keine	---
Smith, K.	1998	Der Einfluß des Service auf den Nachkauf von Produkten	Schriftliche Befragung von 76 Benutzern einer Telefon-Hotline von Computerherstellern in den USA und eine zweite schriftliche Befragung von 580 Benutzern des Telefonservice von Händlern für tierärztliche Waren in den USA	In beiden Business-to-Business-Bereichen hat die Zufriedenheit mit dem Telefonservice einen funktionalen Einfluß auf das Wiederkaufverhalten der Kunden
Stauder, T.	1995	Qualitätsmanagement im Service auf dem deutschen Biermarkt	Keine	---
Stauss, B.	1993	Qualität und Qualitätsmanagement von industriellen Serviceleistungen	Schriftliche Befragung von 162 Unternehmen des Maschinen- und Anlagenbaus sowie 90 Unternehmen aus der Elektronik- und Elektrotechnikbranche	Qualität wird bei Serviceleistungen als wichtiges Kriterium angesehen; zur Erreichung und Sicherstellung werden Qualitätsphilosophien und -instrumente eingesetzt; bei der Umsetzung gibt es jedoch erhebliche Schwierigkeiten.

Teichmann, J.	1994	Kundendienstmanagement in Investitionsgüterunternehmen	Schriftliche Befragung von 171 Unternehmen des Maschinen- und Anlagenbaus	Servicequalität, Gestaltung des Servicesystems und der Serviceerfolg sind von situativen Faktoren abhängig
Uhlenbruck, N.	1985	Dienstleistungen als Innovationspotential für Industrieunternehmen	Keine	---
Weiber, R.	1985	Dienstleistungen als Wettbewerbsinstrument im internationalen Anlagengeschäft	Analyse von 157 internationalen Anlageprojekten in 23 Ländern	Identifikation von 5 Markt- / Ländersegmenten mit unterschiedlicher Servicebedeutung
Zapf, H.	1990	Erfolgsbeitrag von Serviceleistungen zum Unternehmenserfolg	Mündliche Interviews bei 36 schweizerischen Unternehmen der Heizungs-, Klima- und Lüftungsbranche	Serviceleistungen haben dann einen positiven Erfolgsbeitrag, wenn sie innovativ sind, persönlich vermarktet werden, mit hoher Qualität ausgeführt werden, die Mitarbeiter klar geführt werden und gut qualifiziert sind
Zborschil, I.A.	1994	Technischer Kundendienst als eigenständiges Absatzobjekt	Keine	---
Zerr, K.	1994	Verbund zwischen Kern- und Serviceleistung (Leistungssysteme)	Keine	---

Tab. I-1: Wissenschaftliche Untersuchungen zur betriebliche Servicepolitik - Ein State-of-the-Art

(Quelle: auf der Basis von Homburg, C./Garbe, B.: Industrielle Dienstleistungen - Bestandsaufnahme und Entwicklungsrichtungen, in: Zeitschrift für Betriebswirtschaft, 66. Jg., 1996, Heft 3, S. 253-282)

3. Ziele, wissenschaftstheoretische Grundpositionen und Aufbau der Arbeit

Das globale Ziel des vorliegenden Dissertationsvorhabens besteht darin, einen Beitrag zu leisten, um die vorstehend skizzierte (Erkenntnis-) Lücke zu schließen und entsprechende Handlungsempfehlungen zum strategischen Serviceeinsatz für die Unternehmenspraxis aufzustellen. Dabei sollen wichtige Grundlagen für einen integrierten Managementansatz erarbeitet werden, der das klassische, auf die Hardware ausgerichtete Produktmarketing mit dem dienstleistungsorientierten Servicemarketing verbindet. In diesem Zusammenhang soll zunächst untersucht werden, welchen strategischen Stellenwert der Service für Unternehmen im internationalen Wettbewerb auf nationalen und ausländischen Märkten besitzt. Die Relevanz des Service für eine erfolgreiche Unternehmensführung wurde bisher noch nicht explizit und auf repräsentativ ausgelegter, empirischer Basis untersucht. Gleichzeitig soll analysiert werden, welche Erfolgsfaktoren die Umsetzung und Implementierung eines marktorientierten Servicemanagements determinieren. Dabei soll der Internationalisierungsaspekt besonders berücksichtigt werden.

Im einzelnen sollen folgende Fragestellungen untersucht werden:

- Welche Bedeutung haben Serviceaktivitäten für den Markt- und Unternehmenserfolg auf deutschen und ausländischen Absatzmärkten?
- Wie ist die Servicepolitik im (internationalen)Marketing verankert?
- Welche situativen Unternehmens- und Umweltbedingungen beeinflussen die Erfolgswirkung des Service (-managements)?
- Was sind wichtige Anforderungen für den erfolgreichen nationalen und internationalen Einsatz des Service als Marketinginstrument?

Zur Erreichung der gesteckten Zielsetzungen ist die Arbeit sowohl theoretisch als auch empirisch angelegt. Der theoretische Bereich der Dissertation (Teile 1 bis 4) dient dabei als Hypothesengenerator für den empirischen Bereich (Teil 5). Dabei wird kein fachlich strikt abgrenzbarer Forschungsansatz verfolgt. Es werden vielmehr im Sinne einer wissenschaftlichen Interdisziplinarität je nach Problemlösungsbedarf unterschiedliche informations- und institutionenökonomische, soziologische und psychologische sowie organisationstheoretische Erklärungsansätze angewendet.

Zu den wichtigen theoretischen Leitideen als Bezugsrahmen des Dissertationsvorhabens gehören beispielsweise aus der Institutionenökonomie vor allem der *Transaktionskostenansatz* sowie die *Principal-Agent-Theorie*. Dies ergibt sich aus dem Wesen des Service als Dienstleistung: Die Integration des externen Faktors bei der Serviceerstellung führt dazu, daß der Servicenehmer als eine Art „Co-Produzent" auf den Erstellungsprozeß Einfluß nehmen kann. Dadurch besteht für den Serviceanbieter eine Unsicherheit, da er die Serviceerstellung nicht mehr allein und direkt steuern kann.[38] Gleichzeitig hat der Servicenehmer das Problem, daß er - aufgrund der Immaterialität der meisten Serviceleistungen - im Vorfeld nicht die Qualität des Service beurteilen und abschätzen kann. Deshalb werden Surrogatinformationen herangezogen, die bereits vor der Leistungs- / Serviceerstellung beurteilt werden können.

Es entsteht also eine zweiseitige Unsicherheit bei Servicetransaktionen, die dadurch verschärft werden kann, daß die beiden beteiligten Parteien eine mögliche Informationsasymmetrie schaffen und diese opportunistisch ausnutzen wollen. Damit liefern Servicetransaktionen die klassische Grundlage für die Anwendung des Prinzipal-Agent-Ansatzes, der darauf ausgerichtet ist, Auftraggeber-Auftragnehmer-Beziehungen mit Informationsunsicherheit und -asymmetrie zu erklären und zu analysieren.[39] Außerdem führt diese Unsicherheitssituation dazu, daß zum einen gerade bei spezifischen Serviceleistungen die Transaktionskosten steigen, wenn Absicherungsaktivitäten gegenüber opportunistischen Verhaltensweisen des Partners

[38]Vgl. Kleinaltenkamp, M.: Investitionsgüter-Marketing aus informationsökonomischer Sicht, in: Zeitschrift für betriebswirtschaftliche Forschung, 44. Jg., 1992, Heft 9, S. 810f.

durchgeführt werden. Zum anderen ist der Service aber auch eine Möglichkeit der Kundenbindung und kann somit langfristig zur Senkung von Transaktionskosten führen. Zur Erklärung der Entstehung von Transaktionskosten sowie den Möglichkeiten zu deren Steuerung und Kontrolle liefert der *Transaktionskostenansatz* wichtige Grundlagen.[40]

Darüber hinaus wird auf die Grundlagen und Ergebnisse der *Erfolgsfaktorenforschung* und auf Organisationstheorien zurückgegriffen, um mögliche servicerelevante „Marktgesetze“[41] zu identifizieren und auch den strategischen Charakter des Themas zu untermauern. Hierzu gehören insbesondere der industrieökonomische Ansatz (sog. Industrial Organization Approach) und der ressourcenorientierte Ansatz der Unternehmensführung. Außerdem werden vor dem Hintergrund der spezifischen internationalen Fragestellung vor allem auch kontingenztheoretische Internationalisierungskonzepte im Bezugsrahmen berücksichtigt.

Aufgabe der skizzierten Leitideen ist es, die Suche nach Erklärungsinhalten, also nach erklärungsrelevanten Hypothesen und Theorien, zu erleichtern und deren theoretische Integration zu fördern. Somit übernehmen die Leitideen eine Wegweiserfunktion, mit der sie wichtige Problemlösungshilfen geben können, wenn sie auch a priori keine Garantie für die Lösung wissenschaftlicher Untersuchungsprobleme darstellen.[42] Darüber hinaus besteht die Aufgabe dieses theoretischen Bezugsrahmens darin, möglichst einen ausgeprägten „Dataismus“[43] zu vermeiden, bei dem ausschließlich Ad-hoc-Hypothesen zugrunde gelegt werden, die ohne den Rekurs auf allgemeine Erklärungsprinzipien lediglich als Vermutungen über mögliche Zusammenhänge direkt beobachtbarer Phänomene aufgestellt werden.[44] Allerdings ist zu berücksichtigen, daß es nach Ansicht des Verfassers in der Betriebswirtschaftslehre und vor allem auch im Marketing bisher nur wenige theoretisch fundierte und durchdrungene Teilbereiche gibt, die als theoretische Ausgangsplattform zur umfassenden Verankerung des vorliegenden Untersuchungsgegenstands genutzt werden können. Dies ist ein grundsätzliches Problem bei innovativen Forschungsfeldern, die regelmäßig ohne den Rückgriff auf fundierte und bewährte theoretische Vorarbeiten auskommen müssen.

[39] Vgl. hierzu z.B. Laux, H.: Risiko, Anreiz und Kontrolle, Berlin 1990, S. 12ff.

[40] Vgl. zu dieser Thematik insbesondere Williamson, O.E.: Die ökonomischen Institutionen des Kapitalismus, Tübingen 1990

[41] Vgl. Vernohr, B.: "Marktgesetze" und Strategische Unternehmensführung, Wiesbaden 1987, S. 5f.

[42] Vgl. ähnlich auch Albert, H.: Wissenschaftstheorie, in: Grochla, E./Wittmann, W. (Hrsg.), Handwörterbuch der Betriebswirtschaft, Stuttgart 1976, Sp. 4679

[43] Vgl. Schanz, G.: Die Betriebswirtschaftslehre als Gegenstand kritisch-konstruktiver Betrachtungen, Stuttgart 1990, S. 141

[44] Vgl. zu Problemen der Marketingforschung insbesondere auch Tomczak, T.: Forschungsmethoden in den Marketingwissenschaften, in: Marketing - Zeitschrift für Forschung und Praxis, 14. Jg., 1992, Heft 2, S. 77ff.

Die theoretischen Aussagen werden in einem Referenzmodell strukturiert und zur Hypothesenformulierung aufbereitet. Das Referenzmodell übernimmt damit eine Katalysatorfunktion für die zielgerichtete Anwendung der Theorien zur Analyse des Untersuchungsobjekts.

Zusätzlich zu dem theoretischen Gerüst wurde im Vorfeld eine explorative Studie über die generelle strategische Bedeutung des Service als (internationales) Marketinginstrument durchgeführt. Bei dieser schriftlichen Befragung von 320 deutschen Industrieunternehmen aus verschiedenen Branchen ging es insbesondere darum, aus Sicht der Praktiker die allgemeine Wichtigkeit des Service für die Bearbeitung heimischer und ausländischer Märkte zu ermitteln sowie den Einfluß des Service auf strategische (internationale) Basisentscheidungen festzustellen. Die Ergebnisse dieser Pilotstudie werden zusammen mit theoretischen Überlegungen als Grundlage zur Hypothesengenerierung genutzt. Die aufgestellten Hypothesen werden dann durch eine zweite, tiefgehendere Befragung bei national und international ausgerichteten Unternehmen in Deutschland empirisch geprüft. Durch diese doppelte empirische Überprüfung unter schärferen Bedingungen soll eine stärkere Absicherung der Ergebnisse erreicht werden.

Da der Unternehmenserfolg und seine Einflußfaktoren sowie Gestaltungsinstrumente grundsätzlich im Mittelpunkt des unternehmerischen Interesses und Handelns stehen,[45] kann davon ausgegangen werden, daß das vorliegende Dissertationsvorhaben auch eine große praktische Relevanz aufweist. Aus diesem Grund sollen nicht nur wissenschaftliche Erklärungen erarbeitet, sondern als technologische Dimension der Arbeit insbesondere auch Gestaltungsmöglichkeiten für die Unternehmenspraxis abgeleitet werden. Damit wird versucht, über deskriptive Aussagen hinaus vor allem explikative und instrumentelle Aussagen zu generieren.

Mit dieser skizzierten Vorgehensweise der empirischen Überprüfung theoretsicher Fragestellungen wird implizit eine *positivistisch ausgerichtete Wissenschaftsorientierung* verfolgt, wie sie in der Betriebswirtschaftslehre und insbesondere auch in der Marketingwissenschaft sehr häufig zugrunde gelegt wird.[46] Mit diesem Ansatz ist die Sichtweise verbunden, daß die Schaffung neuen Wissens und damit die Quellen neuer Erkenntnisse in der Beobachtung und Erfahrung liegen.[47] Allerdings soll der i.d.R. damit einhergehenden strikten Ablehnung metaphysischer Überlegungen in dieser Arbeit nicht gefolgt werden.

---

[45]Vgl. u.a. Fritz, W.: Marktorientierte Unternehmensführung und Unternehmenserfolg, Stuttgart 1992, S. 8

[46]Vgl. insbesondere die Meta-Analysen zur betriebswirtschaftlichen Forschung bei Martin, A.: Die empirische Forschung in der Betriebswirtschaftslehre - Eine Untersuchung über die Logik der Hypothesenprüfung, die empirische Forschungspraxis und die Möglichkeit einer theoretischen Fundierung realwissenschaftlicher Untersuchungen, Stuttgart 1989, S. 161ff. und bei Kretschmann, J.: Die Diffusion des Kritischen Rationalismus in der Betriebswirtschaftslehre, Stuttgart 1990, S. 30ff.

[47]Vgl. Eberhard, K.: Einführung in die Erkenntnis- und Wissenschaftstheorie, Stuttgart et al. 1987, S. 37; Konegen, N./Sondergeld, K.: Wissenschaftstheorie für Sozialwissenschaftler, Opladen 1985, S. 67; Schnädelbach, H.: Positivismus, in: Seiffert, H./Radnitzky, G.: Handlexikon zur Wissenschaftstheorie, München 1992, S. 267ff.

Die Parallelen zwischen der positivistischen Wissenschaftsorientierung und dem *kritischen Rationalismus* sind evident. Auch bei diesem vor allem von POPPER geprägten grundlegenden Wissenschaftsverständnis sind Vernunft und Empirie die Wurzeln neuer Erkenntnisse. Ein wesentlicher Unterschied zwischen Poppers kritischem Rationalismus und dem *logischen Positivismus* als Ausgangspunkt des positivistischen Wissenschaftsgedankens liegt in der Art und Weise der Hypothesenprüfung. Beim logischen Positivismus steht die Forderung zur *Verifizierung* wissenschaftlicher Aussagen im Mittelpunkt. Für Popper ist es hingegen völlig unmöglich, Aussagen empirisch zu verifizieren. Dennoch ist auch für den kritischen Rationalismus die Empirie eine tragende Säule im Erkenntnisprozeß. Allerdings kommt ihr die Aufgabe zu, Aussagen zu *falsifizieren*. Durch die Ausschaltung des Falschen soll die Wahrheit gefunden werden. Das bedeutet, daß entsprechend dem kritischen Rationalismus theoretische Hypothesen bei einer empirischen Überprüfung nicht bestätigt, sondern allenfalls widerlegt werden können.[48] Dabei wird der Erkenntnisprozeß zu einer iterativen, permanenten Prozedur der Aufstellung theoretischer Hypothesen oder freier Konstrukte des Geistes bzw. Mutmaßungen (conjectures) sowie deren Konfrontation mit der Realität in Form eines Auswahlprozesses bei Widerlegungen (refutations).[49] Bei der Falsifikation kommt es dann zur Erarbeitung neuer bzw. veränderter Hypothesen. Im Falle der Nicht-Falsifikation gilt die Hypothese jedoch nicht als bestätigt, sondern lediglich als *noch nicht* widerlegt. Sie hat sich dann lediglich vorläufig bewährt und ist weiterhin unter schärferen Bedingungen weiter empirisch zu testen.[50] Es geht beim Falsifikationsprinzip im kritischen Rationalismus also nicht um die Ansammlung von wahrem Wissen, sondern vielmehr um die systematische Eliminierung von Aussagen, die an empirischen Befunden gescheitert sind.[51]

Die Grundlage des kritischen Rationalismus ist damit eine deduktive Vorgehensweise, die auch in der vorliegenden Arbeit weitgehend zugrunde gelegt werden soll, da sie auf die Suche von „Gesetzmäßigkeiten" ausgerichtet ist.[52] Allerdings ergibt sich bei der Anwendung des kritischen Rationalismus ein Problem, das im sozialwissenschaftlichen Bereich besonders ausgeprägt ist. Hier kann nicht von einer deterministischen Struktur der Erkenntnisprobleme ausgegangen werden kann, die i.d.R. durch langfristige und nahezu überall gleiche Invarianzen gekennzeichnet ist. Es herrscht vielmehr eine eher probabilistische Situation vor, die durch das Zusammenwirken unterschiedlichster Kontextfaktoren und komplexer Beziehungsgefüge zwischen den verschiedenen Einflußfaktoren und Untersuchungsgegenständen geprägt ist. Hier-

[48]Vgl. Popper, K.R.: Logik der Forschung, 9. Aufl., Tübingen 1989, S. 54f. und 47ff.

[49]Vgl. Lenk, H.: Zwischen Wissenschaftstheorie und Sozialwissenschaft, Frankfurt/Main 1986, S. 24; Popper; K.R.: Conjectures and Refutations -The Growth of Scientific Knowledge, 3. Aufl., London 1969

[50]Vgl. Kromka, F.: Sozialwissenschaftliche Methodologie, Paderborn et al. 1984, S. 41f.

[51]Vgl. Schnell, R./Hill, P.B./Esser, E.: Methoden der empirischen Sozialforschung, 3. Aufl., München/Wien 1992, S. 51; Albert, H.: Theorien in den Sozialwissenschaften, in: Albert, H. (Hrsg.), Theorie und Realität, 2. Aufl., Tübingen 1972, S. 4

durch wird eine zuverlässige Falsifikation erheblich erschwert, da alle relevanten Einflußfaktoren und Beziehungen erfaßt und kontrolliert werden müßten.[53] Problematisch ist in diesem Zusammenhang außerdem die Messung sozialwissenschaftlicher Konstrukte, die regelmäßig von Meßfehlern ausgehen muß. Allein aus diesem Grunde kann eine Hypothese nicht zweifelsfrei widerlegt werden.[54]

Eine strikte und konsequente Verfolgung des kritischen Rationalismus ist daher auch in dieser Arbeit nicht möglich und wird deshalb nicht angestrebt. Darüber hinaus führt das Fehlen einer umfassenden und tragfähigen theoretischen Basis zum Untersuchungsgegenstand der betrieblichen Servicepolitik zu dem Umstand, daß auch in Teilbereichen induktiv vorgegangen werden muß. Deshalb kann im folgenden ebenfalls kein reiner kritischer Rationalismus zugrunde gelegt werden. Es wird daher ein *wissenschaftlicher Realismus* als Symbiose von Relativismus (bei dem Wirklichkeit und Wahrheit auf der Basis subjektiver Wahrnehmung nur relativ sind und die Suche nach einer universellen Wahrheit nicht anstrebenswert ist)[55] und kritischem Rationalismus verfolgt. Hier sollen auch induktive Schlußfolgerungen komplementär zur Erkenntnisfindung zulässig sein, wobei im folgenden der deduktiven Argumentation der Vorrang gegeben und diese soweit wie möglich angewendet wird.[56] Dabei wird - wie im kritischen Rationalismus - auch beim wissenschaftlichen Realismus davon ausgegangen, daß sich generell jede Wahrheit bei einer kritischen Überprüfung als nicht real herausstellen kann (sog. Fallibilismus).[57] Eine für die vorliegende Arbeit wichtige Grundauffassung des wissenschaftlichen Realismus ist, daß alle theoretischen Größen spezifische Konstrukte sind, die durch mehr oder minder fehlerbehaftete Indikatoren gemessen werden können. Es ist daher sehr wichtig, daß die Meßindikatoren möglichst valide sind und nachvollziehbar mit dem Konstrukt zusammenhängen. Hierzu können wiederum theoretische Überlegungen herangezogen werden.

Die Arbeit ist so aufgebaut, daß im zweiten Teil zunächst die definitorischen Grundlagen gelegt werden, die für die Erstellung eines theoretischen Fundaments notwendig sind. Dabei wird vor allem auf die Besonderheiten, Aufgaben und Ziele des Service als Sekundärdienstleistung

---

[52]Vgl. auch Raffée, H.: Marketing-Wissenschaft, in: Tietz, B./Köhler, R./Zentes, J. (Hrsg.), Handwörterbuch des Marketing, 2. Aufl., Stuttgart 1995, Sp. 1674

[53]Vgl. auch Meyer, W.: Falsifikationslehre und ökonomische Theorie - Anwendungsprobleme des Kritischen Rationalismus, in: Raffée, H./Abel, B. (Hrsg.), Wissenschaftstheoretische Grundfragen der Wirtschaftswissenschaften, München 1979, S. 46ff.

[54]Vgl. auch Homburg, C.: Kundennähe von Industriegüterunternehmen - Konzeption, Erfolgsauswirkungen, Determinanten, Wiesbaden 1995, S. 57

[55]Vgl. Kutschera, F. von: Grundfragen der Erkenntnistheorie, Berlin/New York 1981, S. 512ff.

[56]Vgl. auch die Aussagen bei Albert, H.: Kritik der reinen Erkenntnislehre, Tübingen 1987, S. 45f.; ähnlich Hünerberg, R.: Zum Wissenschaftsprogramm der Marketinglehre, in: Zeitschrift für Betriebswirtschaft, 48. Jg., 1978, Heft 6, S. 469

[57]Vgl. Raffée, H./Abel, B.: Aufgaben und aktuelle Tendenzen der Wissenschaftstheorie in den Wirtschaftswissenschaften, in: Raffée, H./Abel, B. (Hrsg.): Wissenschaftstheoretische Grundfragen der Wirtschaftswissenschaften, München 1979, S. 3

und des Servicemanagements als Gestaltungsfunktion des Servicebereichs eingegangen. Außerdem wird die formale Stellung des Service im Marketing-Mix dargestellt. Hierbei wird die Querschnittsfunktion des Service deutlich und bereits die Notwendigkeit eines integrativen Servicekonzeptes im Marketing von Unternehmen ersichtlich. Dies ergibt sich auch aus den dargestellten Zielen und Aufgaben des Servicemanagements.

Im dritten Teil werden die oben angesprochenen Leittheorien noch einmal explizit vorgestellt, die als theoretischer Bezugsrahmen für die weitere Analyse weitgehend zugrunde gelegt werden. Dabei wird bereits Bezug zu wichtigen, wenn auch eher allgemeinen, funktionalen und - aus theoretischer Sicht - kausalen Zusammenhängen zwischen der Gestaltung des Servicebereichs bzw. -einsatzes und den angestrebten Erfolgswirkungen genommen, die für die Untersuchung als wichtig empfunden werden[58].

Im Anschluß daran wird im vierten Teil ein Referenzmodell zur Beschreibung des Servicemanagements als strategischem Erfolgsfaktor aufgestellt. Hier werden insbesondere bei den Gestaltungsvariablen wichtige Anforderungen und Entscheidungen bei der Formulierung einer Servicekonzeption erarbeitet, die zu einer Ausnutzung des serviceinhärenten Erfolgspotentials nötig sind. Ein wesentlicher Aspekt hierbei ist auch die Darstellung der Probleme bei der Internationalisierung von Serviceleistungen. Die hierbei aufgestellten Hypothesen zur Erfolgswirkung des Service bei bestimmten Unternehmens- und Umweltsituationen sowie strategischen und implementierungsbezogenen Entscheidungen werden zusammenfassend dargestellt.

Die eigentliche empirische Untersuchung wird im fünften Teil der Arbeit präsentiert. Dafür wird zunächst auf die Anlage der Untersuchung eingegangen, bevor eine Operationalisierung der Hypothesen vorgenommen wird, die für eine empirische Überprüfung der aufgestellten Zusammenhänge notwendig ist. Danach werden die eingesetzten statistischen Methoden kurz vorgestellt. Im Anschluß hieran folgen die empirischen Befunde. Dabei wird die Ergebnispräsentation in zwei Bereiche eingeteilt. Der erste Bereich umfaßt die Befunde der deskriptiven Analyse, bei der festgestellt werden soll, wie der Stand des Servicemanagements in den untersuchten Unternehmen in der Praxis ist. Im zweiten Teilbereich geht es um die Ergebnisse im Rahmen einer explikativen Analyse, die darauf ausgerichtet ist, Beziehungen zwischen dem Unternehmenserfolg und dem Servicemanagement zu ermitteln und zu erklären. In diesem Zusammenhang kommt dem Einsatz moderner Kausalanalysen ein wichtiger Stellenwert zu. In der vorliegenden Untersuchung wird hierzu auf das statistische Auswertungsprogramm AMOS zurückgegriffen.

---

[58]Vgl. auch Martin, A., a.a.O., S. 222ff.

Der sechste Teil beendet die Arbeit mit einer Zusammenfassung der wesentlichen Ergebnisse. Dabei werden sowohl Hinweise für die wissenschaftliche Auseinandersetzung mit dem Servicebereich als auch praxeologische Gestaltungs- und Umsetzungsvorschläge für das praktische Servicemanagement gegeben.

In Abbildung I-3 ist der Aufbau der Arbeit noch einmal graphisch dargestellt. Dabei wird ersichtlich, daß zwischen einzelnen Bereichen der Untersuchung wechselseitige Beziehungen und Abhängigkeiten bestehen. Damit wird ebenfalls deutlich, daß auch bei Analyse der einzelnen Untersuchungsbausteine nicht ausschließlich linear vorgegangen werden kann, sondern wichtige Vernetzungen herausgearbeitet und dargestellt werden müssen.

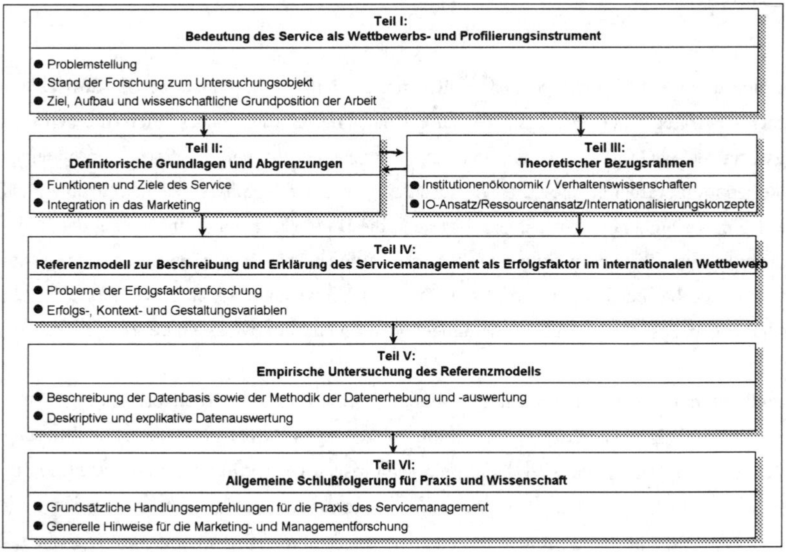

Abb. I-3: Aufbau der Untersuchung

Teil II: Definitorische Grundlagen, Konzeption und Abgrenzung des Untersuchungsgegenstands

In diesem Kapitel sollen die grundlegenden Begriffe der Themenstellung definiert werden, um ein eindeutiges Begriffsverständnis zu schaffen, das als Vorstufe der Theorienbildung notwendig ist.[1] Gerade für empirisch angelegte Untersuchungen ist es unstrittig, daß Aussagen über reale Sachverhalte nur überprüfbar sind, wenn die Tatbestände, auf die sie sich beziehen, zuvor auch klar definiert wurden.[2] Sollen also Aussagen über die Bedeutung des Service gemacht werden, dann muß auch bekannt sein, was unter Service zu verstehen ist. Dabei ergibt sich ein Dilemma: Denn zum einen wird mit POPPER die Auffassung vertreten, daß letztlich nicht die Bedeutung von Begriffen, sondern vielmehr die Wahrheit von Theorien von wissenschaftlichem Interesse ist, die wiederum weitgehend unabhängig von der verwendeten Terminologie ist.[3] Dies spricht für eine bewußt knapp gehaltene Abhandlung der Definition wesentlicher Begriffe zum Zwecke der einheitlichen Sprachregelung und -verkürzung.

Zum anderen zeigt sich aber bei der Durchsicht des wissenschaftlichen Schrifttums, daß die zentralen Begriffe dieser Arbeit, nämlich nationaler und internationaler Wettbewerb, Service und strategischer Erfolgsfaktor, in sehr unterschiedlicher Weise Verwendung finden. Dies erfordert wiederum eine eindeutige Begriffsbestimmung und -abgrenzung, um Mißverständnissen vorzubeugen und spätere Schlußfolgerungen besser nachvollziehen zu können. Dabei werden nachstehend die Begriffe nationaler und internationaler Wettbewerb sowie Service definiert. Eine Definition des Begriffes strategischer Erfolgsfaktor wird an späterer Stelle, und zwar im dritten Kapitel zum theoretischen Bezugsrahmen vorgenommen, in dem auch die Grundlagen, Anforderungen und Probleme der Erfolgsfaktorenforschung beschrieben werden.

1. Wettbewerb als Triebfeder strategischen Verhaltens

Das erste wesentliche Begriffspaar, das es zu definieren gilt, ist der Term nationaler und internationaler Wettbewerb. Er stellt sozusagen den Rahmen dar, in dem das Untersuchungsobjekt (Service als Erfolgsfaktor) analysiert werden soll. Unter Wettbewerb soll ganz allgemein das Streben von zwei oder mehreren Individuen oder Gruppen nach ein und demselben Ziel, das jedoch nicht von allen Beteiligten gleichzeitig zu erreichen ist, verstanden werden.[4] Diese sehr

---

[1] Vgl. z.B. Chmielewicz, K.: Forschungskonzeptionen der Wirtschaftswissenschaften, 2. Aufl., Stuttgart 1979, S. 51; Schanz, G.: Methodologie für Betriebswirte, 2. Aufl., Stuttgart 1988, S. 17

[2] Vgl. auch Raffée, H.: Grundprobleme der Beriebswirtschaftslehre, Göttingen 1974, S.28

[3] Vgl. Popper, K.R.: Ausgangspunkte, Hamburg 1979, S. 34ff.; ders.: Objektive Erkenntnis - Ein evolutionärer Entwurf, 4. Aufl., Hamburg 1984, S. 375; ders.: Die offene Gesellschaft und ihre Feinde, Bd. 2, 6. Aufl., Tübingen 1980, S. 21ff.

[4] Vgl. Olten, R.: Wettbewerbstheorie und Wettbewerbspolitik, München/Wien 1995, S. 13

allgemeine Definition ist hinsichtlich der vorliegenden ökonomischen Fragestellung zu präzisieren. Demnach bezieht sich der Wettbewerb auf Absatzmärkten auf das Rivalisieren von mehreren Anbietern um Geschäftsabschlüsse bei Nachfragern. Die Ursache für das antagonistische Verhalten liegt damit vordergündig in der Knappheit des Begehrten, es kann aber auch in einem bloßen Rivalitätstrieb begründet sein.[5]

Wettbewerb setzt die Unabhängigkeit und Selbständigkeit der rivalisierenden Partein voraus. Damit ist vor allem die Entscheidungsfreiheit auf der Anbieter- und auch auf der Abnehmerseite gemeint. Bei den Anbietern geht es um die freie Entscheidung von Investitions-, Produktions- und Absatzentscheidungen. Bei den Abnehmern geht es insbesondere um die freie Wahl seiner Kaufentscheidungen.

Die Intensität des Wettbewerbs hängt im wesentlichen von der relativen Knappheit der begehrten Ressourcen / Größe des Absatzmarktes (Marktpotential) und den Handlungsmöglichkeiten der Konkurrenten ab. Lassen sich die eigenen Marktziele (z.B. Absatzmengen, Marktanteil / -macht) nur zu Lasten anderer Anbieter erreichen, so spricht man von reiner Konkurrenz, die eine große Wettbewerbsintensität aufweist. Können die Anbieter hingegen ihre Ziele weitgehend ohne Einschränkungen durch die anderen Anbieter erreichen, ist die Wettbewerbsitensität eher gering.

Betrachtet man die Absatzmärkte, so stellt man fest, daß auf den meisten „offenen" Märkten Unternehmen aus ganz unterschiedlichen Ländern um dieselben Kunden im Wettbewerb stehen. Man kann also davon ausgehen, daß sich der Wettbewerb weitgehend internationalisiert hat. Auch bei der Durchsicht der Literatur, die sich mit internationalen Fragestellungen der Betriebswirtschaftslehre im allgemeinen oder auch mit internationalem Management und Marketing im speziellen beschäftigt, fällt auf, daß der Begriff internationaler Wettbewerb sehr häufig Verwendung findet. Allerdings wird er nicht explizit definiert.[6] Dies könnte darauf deuten, daß der Begriffsinhalt weitgehend klar ist und einheitlich verstanden wird oder sich relativ eindeutig von selbst erklärt. Bei näherer Betrachtung des Schrifttums zeigt sich jedoch, daß - wie die nachfolgenden Ausführungen belegen - eine inhaltliche Begriffsbestimmung weder einfach

[5] Vgl. Tolksdorf, M.: Dynamischer Wettbewerb - Einführung in die Grundlagen der deutschen und internationalen Wettbewerbspolitik, Wiesbaden 1994, S. 11

[6] So ist z.B. in dem von L. Schuster herausgegebenen Sammelband mit dem Titel „Die Unternehmung im internationalen Wettbewerb" der Terminus „internationaler Wettbewerb" in keinem der 16 Beiträge explizit inhaltlich vorgestellt worden. Vgl. Schuster, L. (Hrsg.), Die Unternehmung im internationalen Wettbewerb, Berlin 1994; vgl außerdem z.B. Meffert, H./Bolz, J.: Internationales Marketing-Management, 2. Aufl., Stuttgart/Berlin/Köln 1994, S. 15; Kumar, B.N.: Grundlagen und Problemfelder der internationalen Unternehmenstätigkeit, in: Kumar, B.N./Haussmann, H. (Hrsg.), Handbuch der Internationalen Unternehmenstätigkeit, München 1992, S. 3; Hermanns, A.: Aufgaben des internationalen Marketing-Managements, in: Hermanns, A./Wißmeier, U.K. (Hrsg.), Internationales Marketing-Management - Grundlagen, Strategien, Instrumente, Kontrolle und Organisation, München 1995, S. 24; Otto, A.: Unternehmenssteuerung im internationalen Wettbewerb, Bergisch Gladbach/Köln 1994

noch in jedem Falle eindeutig vorgenommen werden kann. Es handelt sich vielmehr um ein komplexes Konstrukt, das sehr vielfältig ist und deshalb auch sehr unterschiedlich eingesetzt werden kann.[7] Aus diesem Grunde ist für die vorliegende Arbeit eine explizite Festlegung des Begriffsverständnisses erforderlich, die verdeutlicht, was mit internationalem Wettbewerb gemeint ist.

1.1. Ausprägungen des internationalen Wettbewerbs

In dieser Arbeit sollen unter dem Begriff „internationaler Wettbewerb" alle Situationen zusammengefaßt werden, bei denen zwei oder mehrere Unternehmen aus mindestens zwei unterschiedlichen Nationen auf einem Absatzmarkt um die gleichen Abnehmer und / oder auf einem Beschaffungsmarkt um die gleichen Faktorlieferanten konkurrieren. Dabei kann aus Sicht der einzelnen Konkurrenten zwischen einem „proaktiven" und einem „reaktiven" internationalen Wettbewerb unterschieden werden. Beim *„proaktiven Wettbewerb"* wird der Wettbewerb von einem Unternehmen durch die Internationalisierung seiner Geschäftstätigkeit initiiert, indem es in andere Ländermärkte eintritt.[8] Unternehmen, die nicht internationalisieren, sondern auf ihrem Heimmarkt mit Unternehmen aus anderen Ländern konkurrieren, befinden sich in einem *„reaktiven Wettbewerb"*. Proaktiver und reaktiver internationaler Wettbewerb bedingen sich gegenseitig. Sie sind quasi die beiden Seiten einer Medaille. Unternehmen, die in andere Ländermärkte „proaktiv" eindringen, versetzen die heimischen Anbieter auf dem Gastmarkt automatisch in einen „reaktiven" internationalen Wettbewerb. Dies gilt grundsätzlich auch, wenn zwei oder mehrere Wettbewerber auf einem Drittmarkt miteinander konkurrieren. Hier werden die einheimischen und etablierten Unternehmen in einen „reaktiven" Wettbewerb verwickelt, während die in den Markt eintretenden Unternehmen auch untereinander in einem „proaktiven Wettbewerb" stehen.

In Abbildung II-1 sind die beiden Grundformen des internationalen Wettbewerbs aus Unternehmenssicht noch einmal in einer Matrix dargestellt. Dabei wird deutlich, daß je nach Ausgangslage zwischen einer symmetrischen und einer asymmetrischen Wettbewerbssituation unterschieden werden kann.

---

[7] Auf einen eher diffusen Begriffsinhalt deutet auch das Spektrum der unterschiedlichen Beiträge in dem Sammelband von Schuster hin; vgl. Schuster, L. (Hrsg.), a.a.O.

[8] Vgl. ähnlich auch Bamberger, I./Wrona, T.: Globalisierungsbetroffenheit und Anpassungsstrategien von Unternehmen, in: Zeitschrift für Betriebswirtschaft, 67. Jg., 1997, Heft 7, S. 716

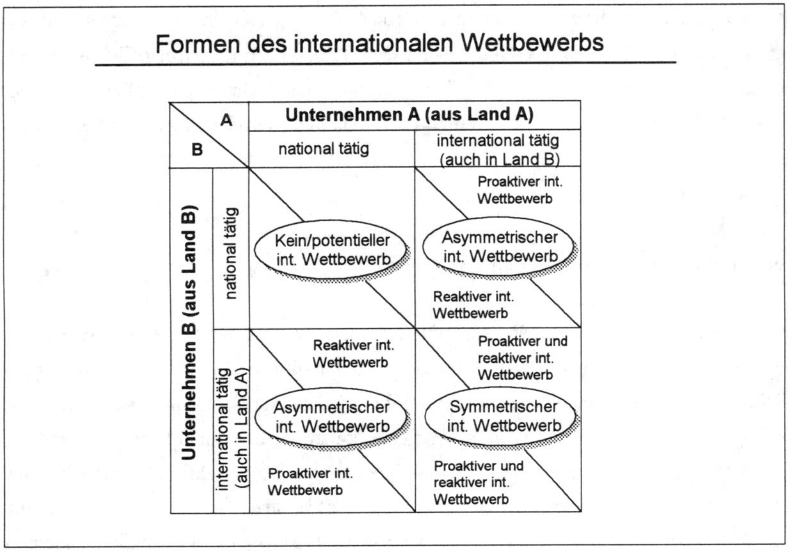

Abb. II-1: Arten des internationalen Wettbewerbs

Beim *symmetrischen Wettbewerb* befinden sich Unternehmen sowohl in einer reaktiven als auch in einer proaktiven Konkurrenzsituation, da sie sowohl im Heimmarkt gegen ausländische Marktbearbeiter als auch auf ausländischen Märkten gegen die dort beheimateten Unternehmen antreten. Im Extremfall des symmetrischen Wettbewerbs kann es - wie in der vorstehenden Abbildung dargestellt - sogar sein, daß es sich bei den „international" tätigen Wettbewerbern um die gleichen Unternehmen handelt. Hier würden sich jeweils dieselben Unternehmen auf unterschiedlichen geographischen Marktterrains gegenüberstehen.

Eine ebenfalls symmetrische Situation ergibt sich, wenn ein Unternehmen weder proaktiv in andere Ländermärkte eintritt noch auf eintretende Wettbewerber in den Heimmarkt reagieren muß. In diesem Fall liegt kein tatsächlicher internationaler Wettbewerb vor, lediglich ein potentieller, soweit keine administrativen Marktbarrieren das Terrain schützen. Dennoch kann ein frühzeitiger „Stellungsbezug" in dieser Situation eine spätere Internationalisierung begünstigen oder eine rechtzeitige Abwehr von eintretenden Unternehmen in den Markt ermöglichen.

Im Falle des *asymmetrischen Wettbewerbs* besteht aus Sicht eines Unternehmens - je nach strategischer Vorgehensweise - entweder eine proaktive oder eine reaktive Konkurrenzsituation.

Eng verbunden mit der grundsätzlichen Form des internationalen Wettbewerbs sind - wie bereits oben angedeutet - die Verhaltensweisen, die ein Unternehmen in der jeweiligen Konkurrenzsituation als strategische Grundhaltung realisiert. In Abhängigkeit vom formalen *Marktverhalten* kann zwischen einer stärker aggressiven, auf Kampf ausgerichteten und einer eher friedlichen, auf Koexistenz ausgerichteten Grundhaltung unterschieden werden.[9] Das aggressive Verhalten kann sich in einem fairen und direkten Leistungswettbewerb bis hin zum konfliktären Verdrängungswettbewerb manifestieren.[10] Beim friedlichen Verhalten reicht das Spektrum von einem indirekten Wettbewerb auf Randsegmenten bis zu einer Kooperationsorientierung zur Wettbewerbseinschränkung oder -vermeidung[11]. Allerdings kann es sich bei der kooperativen Verhaltensweise auch um ein versteckt aggressives Vorgehen handeln, das darauf ausgerichtet ist, durch eine Zusammenarbeit den Wettbewerber zu binden, zu kontrollieren und / oder auch abzulenken.

Grundsätzlich lassen sich vier generelle Wettbewerbsstrategien beim eigenen Eintritt in neue Ländermärkte und als Reaktion auf Markteintritte internationaler Konkurrenten ableiten. Es handelt sich hierbei um

- die Komplementierungsstrategie,
- die Eroberungsstrategie,
- die Partizipationsstrategie und
- die Absicherungsstrategie.

Bei der *Komplementierungsstrategie* geht das Unternehmen beim Markteintritt nicht bewußt aggressiv vor. Es wird vielmehr darauf abgezielt, durch die Konzentration auf Nischen oder kaum bearbeitete Marktsegmente den Wettbewerb bewußt zu umgehen. Die angebotenen Produkte runden dabei das Spektrum der am Markt befindlichen Leistungen der Wettbewerber ab und ergänzen diese sinnvoll. Oft werden die Neueinsteiger von den etablierten Anbietern nicht sofort als Wettbewerber erkannt, da sie nicht den Kernmarkt bedienen. Haben sich allerdings diese „Einschleicher“ in den Randmärkten etabliert, dann wird meist im Zeitablauf versucht, sukzessive die eigene Marktstellung in Richtung Hauptsegmente auszubauen und - bei entsprechender Wettbewerbsposition und -macht - den Gesamtmarkt zu bearbeiten. Allerdings bedeutet dieser Switch von der Peripherie zum Kernmarkt auch den Eintritt in eine neue strategische Gruppe als homogenes Wettbewerberfeld mit gleichen Strategien und Verhaltensweisen, die durch die aufgestellten Markt-Spielregeln innerhalb dieses Wettbewerberfeldes die Mobilität beeinträchtigen.[12] Diese Mobilitäts- bzw. wettbewerbsbedingten Markteintrittsbarrieren

---

[9] Vgl. Becker, J.: Marketing-Konzeption - Grundlagen des strategischen Marketing-Managements, 4. Aufl., München 1992, S. 339

[10] Vgl. Töpfer, A./Hünerberg, R.: Wettbewerbsstrategien im Europäischen Binnenmarkt - Optionen für das strategische Marketing, in: Marketing - Zeitschrift für Forschung und Praxis, 12. Jg., 1990, Heft 2, S. 82ff.

[11] Vgl. auch Weise, P.: Konkurrenz und Kooperation, in: Universitas, 53. Jg., 1998, Heft 3, S. 239f.

[12] Vgl. Porter, M.E.: Wettbewerbsstrategie, 4. Aufl., Frankfurt/New York 1987, S. 177 und S. 181; Bauer, H.H.: Unternehmensstrategie und Strategische Gruppen, in: Kistner, K.-P./Schmidt, R. (Hrsg.), Unternehmensdyna-

müssen dann von dem vorstoßenden Unternehmen überwunden werden. Das kann entweder dadurch geschehen, daß versucht wird, die Verhaltensweisen der etablierten Gruppenmitglieder zu imitieren und besser zu beherrschen (try harder the same) oder durch ein innovatives Verhalten die tradierten Aktionsmuster aufzubrechen (try something new).[13] Im ersten Fall kommt es zu einer direkten Konfrontation und damit zu einem Kampf, der oft in einem Preiswettbewerb endet. Im zweiten Fall wird durch einen weniger aggressiven Flankenangriff versucht, das Wettbewerbsfundament zu untergraben.[14] Dies kann beispielsweise durch den verstärkten Einsatz von Serviceleistungen zur Differenzierung gegenüber Wettbewerbern sowie zur Profilierung und damit zur Überwindung von Mobilitäts- / Markteintrittsbarrieren bei den Kernsegmenten erfolgen.

Die *Eroberungsstrategie* ist ähnlich ausgerichtet wie die Mobilitätsaktivitäten beim Einstieg in das Kernsegment im Rahmen der Komplementierungsstrategie. Der Unterschied liegt lediglich darin, daß sofort beim Markteintritt per Frontal- oder Flankenangriff auf die Erschließung der Hauptsegmente abgezielt wird. Auch hier kann durch Serviceleistungen ein Wertzuwachs bei den angebotenen Produkten oder Dienstleistungen geschaffen werden, der zu einer Differenzierung gegenüber den Wettbewerbern führt.[15]

Bei der reaktiv ausgerichteten *Partizipationsstrategie* überläßt das Unternehmen neu eintretenen Marktteilnehmern Teile des bisher eigenen Marktreservats. Dies wird vor allem dann der Fall sein, wenn das Unternehmen über keine ausgeprägten Wettbewerbsvorteile gegenüber den neuen Konkurrenten verfügt. Oft bleibt in dieser Situation nur die Konzentration auf spezielle Zielgruppen, die besonders gut bearbeitet werden können. Sind die Wettbewerbsschwächen jedoch so groß, daß keine erfolgreiche / rentable Marktposition gehalten werden kann, dann ist im Rahmen einer Stay-Or-Exit-Entscheidung mitunter der Marktaustritt anzustreben. In diesem Falle ist zu prüfen, inwieweit der Austritt aufgrund von möglicherweise bestehenden Marktaustrittsbarrieren ohne größere Risiken und Kosten vollzogen werden kann.[16] Nicht selten sind zur Überwindung von Marktaustrittshemmnissen Serviceleistungen notwendig (z.B. beim Ver-

---

mik, Wiesbaden 1991, S. 394; Homburg, C.: Wettbewerbsanalyse mit dem Konzept der strategischen Gruppen, in: Marktforschung & Management, 36. Jg., 1992, Heft 2, S. 83f.

[13]Vgl. Wieselhuber, N.: Erschließung von neuen Wachstumsquellen durch Diversifikation, in: Wieselhuber, N./Töpfer, A. (Hrsg.), Handbuch Strategisches Marketing, 2. Aufl., Landsberg/Lech 1986, S. 438; Müller-Stewens, G.. Entwicklung von Strategien für den Eintritt in neue Geschäfte, in: Henzler, H.H. (Hrsg.), Handbuch Strategische Führung, Wiesbaden 1988, S. 224; Waning, T.: Markteintritts- und Marktbearbeitungsstrategien im globalen Wettbewerb, Hamburg 1994, S. 146ff.

[14]Vgl. Hamel, G./Prahalad, C.K.: "Strategic Intent" - aber jetzt gegen die Japaner, in: Harvard manager, 11. Jg., 1989, Heft 4, S. 95

[15]Vgl. auch Kotler, P./Bliemel, F.: Marketing-Management - Analyse - Planung - Umsetzung und Steuerung, 8. Aufl., Stuttgart 1995, S. 614

[16]Vgl. Meffert, H.: Zur Bedeutung von Konkurrenzstrategien im Marketing, in: Marketing - Zeitschrift für Forschung und Praxis, 7. Jg., 1985, Heft 1, S. 16

kauf von Produktionsanlagen, bei der Vermittlung von Arbeitskräften, der Imagefestigung in anderen Geschäftsbereichen usw.).

Lassen sich bei der Stärken-Schwächen-Bilanz spezifische Vorteile gegenüber den eintretenden Unternehmen erkennen, so kann in Form einer - ebenfalls reaktiven - *Absicherungsstrategie* das angestammte Marktterrain gegenüber Eindringlingen abgeschottet werden. Hierzu können Marktbarrieren aufgebaut werden, die den Newcomern einen Eintritt erschweren. Eine ausgeprägte Servicepolitik auf qualitativ hohem Niveau kann beispielsweise eine solche Hürde für eintretende Unternehmen darstellen, da hierfür meist ein umfassendes Servicenetz und ein großes Kunden- / Markt-Know-how nötig sind. Allerdings ist zu berücksichtigen, daß der reine Aufbau von Markteintrittshemmnissen oft nur kurzfristig als Absicherungsstrategie wirkt. Sie ist nämlich statisch ausgeprägt und kann bei einem großen Ressourcenaufwand für die Riegelbildung wichtige Mittel für zukünftige Innovationen binden. Damit besteht die Gefahr, daß der Anschluß an neue Entwicklungen verpaßt wird. Deshalb ist es oft sinnvoller, daß nicht das angestammte Marktgebiet abgesichert wird, sondern Vorposten aufgestellt werden, die quasi als vorgeschobene Verteidigung von gravierenden Schwachpunkten eingesetzt werden.[17] Ob ein solcher Flankenschutz ausreicht, hängt davon ab, wie stark der Gegner ist.[18]

Das formale *Marktverhalten* hängt dabei neben den Unternehmensressourcen und -potentialen auch stark von der bestehenden oder - wie im Falle eines Eintritts in neue Ländermärkte - der verfolgten Wettbewerbsstrategie sowie der damit oft verbundenen angestrebten Marktabdekkung und -stellung ab. Außerdem ist das Marktpotential eine wichtige Größe.

Die *Unternehmensressourcen* und *-potentiale* haben als tatsächliche und mögliche materielle und immaterielle Einsatzfaktoren einen wesentlichen Einfluß auf die Verhaltensinhalte. Dies gilt vor allem für immaterielle Ressourcen, wie z.B. Know-how und Fähigkeiten im Unternehmen. Denn gerade diese Faktoren bestimmen im wesentlichen die Herausarbeitung und Realisierung ganz unterschiedlicher spezifischer Unternehmenskompetenzen am Markt, wie z.B. technische Produktqualität, Servicequalität, Kosten- und Preisgünstigkeit sowie Tradition und Innovationsfähigkeit.[19]

Die aufgeführten Kompetenzfelder lassen sich letztlich den beiden zentralen Bereichen der Qualitäts- und Kostenorientierung zurechnen und bilden den Kern der Wettbewerbsstrategie. Bei der *Qualitätsorientierung* geht es darum, das Leistungsangebot und / oder das Unterneh-

---

[17]Vgl. Kotler,P./Bliemel, F., a.a.O., S. 603; Töpfer, A.: Marketing - generalstabsmäßig auf deutschen Märkten, in: Ries, A./Trout, J.: Marketing - generalstabsmäßig, Hamburg 1986, S. 264

[18]Vgl. Kotler, P./Bliemel, F., a.a.O., S. 603

[19] Vgl. z.B. Hünerberg, R.: Internationales Marketing, Landsberg/Lech 1994, S. 134; siehe zu Kompetenzen auch Prahalad, C.K./Hamel, G.: Nur Kernkompetenzen sichern das Überleben, in: Harvard manager, 13. Jg., 1991, Heft 2, S. 69ff.

men als etwas „Einzigartiges“ in der Branche zu positionieren. Durch eine starke Kundenorientierung sollen die Ansprüche und Erwartungen der Kunden besser erfüllt werden als durch die Konkurrenzangebote.[20] Ziel ist es, starke Präferenzwirkungen für das eigene Unternehmen und sein Leistungsangebot zu schaffen. Diese Ausrichtung wird deshalb auch als Präferenzstrategie bezeichnet.[21] Die qualitätsorientierte Präferenzstrategie ist verstärkt auch auf den Zusatznutzen der Kernleistung ausgerichtet. Da auch der Service zusätzliche Nutzensteigerungen durch eine Leistungsanreicherung beim Kunden bewirken soll, kann der Service auch als Bestandteil einer Qualitätsstrategie angesehen werden.

Bereits die Zielsetzung der Qualitätsstrategie, die in der Differenzierung gegenüber den Wettbewerbern liegt, macht deutlich, daß eine direkte Konfrontation mit den Konkurrenten vermieden werden soll. Deshalb ist eine Qualitätsorientierung meist weniger aggressiv ausgerichtet. Häufig ist eine Qualitätsstrategie sogar mit einer Spezialisierung auf bestimmte Leistungsfelder und / oder Zielgruppen verbunden und geht oft in Richtung einer Nischenstrategie bei der Marktabdeckung.[22] Gerade Nischenanbieter verfolgen schon per Definition ein weniger aggressives als vielmehr auf Koexistenz ausgerichtetes Marktverhalten. Denn eine Nischenstrategie zielt bewußt darauf ab, sich in einem wettbewerbsgeschützten Marktareal zu etablieren.[23] Zwar können auch hier zur Abschottung des eigenen Marktterrains - wie am Beispiel der Riegelbildung dargestellt - für potentielle Wettbewerber Markteintrittsbarrieren aufgebaut werden, sie richten sich meist aber nicht a priori und gezielt gegen ganz bestimmte Wettbewerber, sondern sollen häufig als grundsätzliche Abschreckungssignale dienen. Hierzu kann beispielsweise eine ausgeprägte Servicepolitik eingesetzt werden, die nicht nur eine zielgruppenspezifische Ansprache ermöglicht, sondern auch - bei einem entsprechenden Anspruchsdenken der Kunden - zu einer Steigerung der Loyalität gegenüber dem Unternehmen führt und damit eine erhebliche Marktbarriere für Wettbewerber darstellt.

Die *Kostenorientierung* setzt entgegen der Qualitätsorientierung weniger auf Effektivitätseffekte, die sich beispielsweise aus einer geringeren Preiselastizität kundenspezifischer Produkte ergeben, als vielmehr auf die Ausnutzung von Effizienzvorteilen am Markt. Ziel ist es, Leistungen preisgünstiger anzubieten als die Konkurrenz. Dies soll durch die Realisierung von Betriebsgrößen-, Lernkurven- und Fixkostendegressionseffekten erreicht werden, die sich vor allem bei großen Beschaffungs-, Produktions- und Absatzmengen ergeben.[24] Die Strategie wird daher auch als Preis-Mengen-Strategie bezeichnet.[25] Grundsätzlich bezieht sie sich verstärkt

[20]Vgl. Porter, M.E.: Wettbewerbsstrategie, a.a.O., S. 65f.
[21] Vgl. Becker, J.: Marketing-Konzeption, a.a.O., S. 190
[22] Vgl. Bamberger, I./Wrona, T.: Globalisierungsbetroffenheit, a.a.O., S. 727
[23]Vgl. auch Hünerberg, R.: Nischenstrategien im Europäischen Marketing - eine aktuelle Neubewertung eines klassischen Konzepts, in: Betriebswirtschaftliche Forschung und Praxis, 45. Jg., 1993, Heft 6, S. 667
[24]Vgl. Porter, M.E.: Wettbewerbsstrategie, a.a.O., S. 63ff.
[25]Vgl. Becker, J.: Marketing-Konzeption, a.a.O., S. 158

auf den Grundnutzen der Marktleistungen, die am Markt angeboten werden. Damit wird deutlich, daß man unter dem Aspekt der Kostenreduzierung auf weitgehend alle Zusatzleistungen verzichtet, soweit sie nicht unbedingt für den Absatz der Güter notwendig sind.

Die Erreichung großer Produktions- und Absatzvolumina ist meist mit einem eher aggressiv ausgerichteten und i.d.R. proaktiven Marktverhalten verbunden, um eine entsprechende Marktmacht zu erzielen, die eine hohe Auslastung der meist kapitalintensiven Fertigungs- und Absatzkapazitäten ermöglicht.[26] Ein rigoroses Kostenmanagement unterstützt die Ausrichtung auf das angestrebte Effizienzziel und optimiert oder eliminiert häufig alle kostentreibenden Prozesse ohne Wert- und Nutzenschöpfung (sog. Blindleistungen) sowie alle Aktivitäten und Leistungen, die nicht unbedingt für die Sicherstellung des Grundnutzens angeboten werden müssen. Zur Identifikation möglicher Kostensenkungspotentiale bietet sich eine Analyse der Wertschöpfungsphasen im Unternehmen (sog. value chain) an, die jeden einzelnen Tätigkeitsbereich daraufhin untersucht, welchen Nutzenbeitrag er liefert und welche Kosten dafür anfallen.[27] Für die Verfolgung einer internationalen Kostenführerschaft bietet sich häufig eine globale Ausrichtung an, um durch ein weltweites Absatzpotential mengenbezogene Kosteneffekte zu realisieren. Hierzu gehören in der Umsetzung beispielsweise ein Global Sourcing, die Reduzierung der Betriebstiefe sowie die weltweite Ausnutzung von komparativen Vorteilen in der Produktion. Im Rahmen der Optimierung und Straffung der Betriebstiefe werden - im Sinne einer Lean Company - nicht nur im Produktionsbereich, sondern auch bei indirekten, flankierenden Wertschöpfungsphasen im Rahmen eines Outsourcing Leistungen von außen bezogen. Zu diesen unterstützenden Phasen gehören auch Marketing-Services, wie z.B. Marktforschung, sowie ebenfalls administrative Aktivitäten im Bereich der allgemeinen Verwaltung, wie z.B. Rechnungswesen / Fakturierung und Personalentwicklung. Dabei wird jedoch im Rahmen dieser Outsourcing-Strategie darauf geachtet, daß auch die Koordinations- und Transaktionskosten durch die Auslagerung auf Zulieferer auf einem möglichst niedrigen Niveau gehalten werden, indem statt vieler kleiner Zulieferer meist wenige Systemlieferanten, die ganze Baugruppen und vollständige Aggregate oder ganzheitliche Dienstleistungspakete anbieten, gelistet werden.

Diese proaktiv ausgerichtete Strategie erfordert eine straffe Koordination der globalen Unternehmensaktivitäten. Gleichzeitig ist in diesem Zusammenhang auch über die Konfiguration der Aktivitäten zu entscheiden. Hierbei geht es darum festzulegen, ob die Wertschöpfungsphasen über mehrere / viele Länder hinweg gestreut oder auf einige wenige Standorte konzentriert

[26] Vgl. auch Ghemawat, P.: Sustainable Advantage, in: Harvard Business Review, 64. Jg., 1986, September/October, S. 54f.; Doz, Y.L.: Strategic Management in Multinational Companies, in: Sloan Management Review, 21. Jg., 1980, Winter, S. 28
[27] Vgl. Porter, M.E.: Wettbewerbsvorteile, Frankfurt/New York 1986, S. 59ff.

werden sollen.[28] Generell geht man davon aus, daß eine Konzentration zu Kosteneinsparungen führt und deshalb für eine kostenorientierte Strategie sinnvoll ist, während eine Streuung mit einer größeren marketingpolitischen Flexibilität verbunden ist und sich daher besonders für eine präferenzorientierte Qualitätsstrategie eignet.

Der Zusammenhang zwischen den einzelnen Wettbewerbsstrategien und Verhaltensstilen auf der einen Seite und den kohärenten Seviceentscheidungen und -ausprägungen auf der anderen Seite wird im vierten Teil detaillierter beschrieben.

1.2. Gründe für die Entstehung und Intensität des internationalen Wettbewerbs

Die Internationalisierung von Unternehmensaktivitäten und damit auch der internationale Wettbewerb haben in den letzten Jahrzehnten nach dem zweiten Weltkrieg erheblich zugenommen. Die Gründe hierfür sind vielfältig und liegen sowohl im ökonomischen / marktlichen und politischen als auch im technischen Bereich.[29]

In Abbildung II-2 sind wesentliche „driving forces“ der Internationalisierung aufgelistet. Dabei bestehen Interdependenzen zwischen einzelnen Einflußfaktoren. Das Zusammenspiel der drei Kräftefelder determiniert die Anforderungen, Herausforderungen und Chancen für eine Internationalisierung von Unternehmen.

---

[28] Vgl. Porter, M.E.: Der Wettbewerb auf globalen Märkten, in: Porter, M.E. (Hrsg.), Globaler Wettbewerb - Strategien der neuen Internationalisierung, Wiesbaden 1989, S. 27

[29] Vgl. Hünerberg, R.: Marktstrategien in Europa, a.a.O., S. 205ff.; Meffert, H:/Meurer, J., a.a.O., S. 220ff.; Backhaus, K./Voeth, M.: Internationales Investitionsgütermarketing, in: Hermanns, A./Wißmeiser, K. (Hrsg.), Internationales Marketing-Management, München 1995, S. 393; Czinkota, M.R./Ronkainen, I.A.: International Marketing, 3. Aufl., Fort Worth 1993, S. 11f.; Dunning, J.: A Study of International Business, in: Journal of International Business Studies, 20. Jg., Heft 3, S. 415ff.; Jenner, T.: Internationale Marktbearbeitung - Erfolgreiche Strategien für Konsumgüterhersteller, Wiesbaden 1994; Perlitz, M.: Internationales Management, Stuttgart/Jena 1993, S. 1ff.

Abb. II-2: Wichtige Internationalisierungskräfte

Unter den *ökonomischen / marktlichen Determinanten* werden vor allem auch wettbewerbs- und nachfragebezogene Aspekte subsumiert. Hierzu gehören z.B. die zunehmende Marktsättigung nationaler Märkte, der Anstieg kritischer Betriebs- und Unternehmensgrößen zur Amortisation von Investitionen, Angleichung von Kundenbedürfnissen und -erwartungen sowie eine zunehmende internationale Mobilität der Abnehmer.

Die *Sättigung traditioneller Wachstumsmärkte* in den westlichen Industrienationen ist ein Phänomen, das in einigen Branchen schon seit Ende der siebziger Jahre festgestellt werden konnte und immer mehr Geschäftsfelder betrifft. Die Wachstumsmöglichkeiten sind auf gesättigten Märkten erschöpft, und die aufgebauten Produktions- und Absatzkapazitäten können in dieser Situation häufig nicht mehr allein in den angestammten Heimmärkten ausgelastet werden und zwingen deshalb zu einer geographischen Ausweitung der Geschäftsaktivitäten auf andere Ländermärkte. Hinzu kommt, daß die aufgebauten Kapazitäten auch zu einer Verschärfung der Konkurrenzintensität auf den bearbeiteten (Heim-) Märkten führen, die sich oft in einem Preiswettbewerb niederschlägt. Diese wird durch immer mehr ausländische Anbieter auf den Heimmärkten verstärkt, die über eine bessere Kostenstruktur verfügen. Gerade für Unternehmen in fixkostenintensiven Branchen ist deshalb die Ausnutzung der Kapazitäten notwendig, um durch die Realisierung von Fixkostendegressionseffekten auf der preislichen Ebene konkurrenzfähig zu bleiben. Eng zusammen hängt mit diesem Aspekt die Zunahme der *kritischen Masse* bei (technologischen) Innovationen. Denn die Umgehung des Preiswettbewerbs durch Neuentwicklungen führt oft ebenfalls dazu, daß zur Amortisation der dazu getätigten Investitionen oft hohe Absatzvolumina erforderlich sind, die wiederum nur durch eine internationale Ausweitung der Absatzaktivitäten realisiert werden können.[30]

Darüber hinaus läßt sich in vielen Lebens- und Konsumbereichen eine *Homogenisierung der Verhaltensweisen* feststellen.[31] Gerade in den Bereichen Mode, Freizeit und Eßgewohnheiten läßt sich eine Art internationaler Lebensstil konstatieren. Diese Verhaltensangleichungen werden vor allem durch die Intensivierung des internationalen Handels mit Waren und Dienstleistungen sowie eine stärkere internationale Verbreitung und Vernetzung von Kommunikationstechnologien und -medien zur weltweiten Übermittlung von Informationen forciert. Diese Tendenz wird durch global-standardisierte Marketingaktivitäten von Unternehmen, beispielsweise in Form von weltweit ausgerichteten Werbekampagnen oder Produkten / Leistungsangeboten (z.B. McDonald's), noch verstärkt.[32] Hinzu kommt eine stärkere *Mobilität* der Güter und Verbraucher, die durch neue Transportmöglichkeiten und ein zunehmendes internationales Tourismusangebot gefördert wird und zu einer größeren Aufgeschlossenheit gegenüber anderen Kulturen führt. Dies führt ebenfalls wiederum zu einer leichteren und schnelleren Adaption und damit Angleichung von Gepflogenheiten.[33] So läßt sich beispielsweise eine relativ einheitliche Jugendkultur (Generation X) in Europa, Nordamerika und Australien feststellen.[34]

Insbesondere LEVITT hat aufgrund der beobachtbaren Konvergenz zwischen den Konsum- und Lebensstilen der Verbraucher aus unterschiedlichen Nationalitäten und Kulturkreisen die These aufgestellt, daß sich die ganze Welt zu einem einzigen Wirtschaftsraum und einem einzigen großen Marktplatz entwickeln wird, bei dem nationale oder regionale Nachfrageunterschiede keine wesentliche Bedeutung mehr haben.[35] Kritiker dieser *Konvergenzthese* vertreten hingegen die Auffassung, daß durch die zunehmende Individualisierung im Konsum in den Industrienationen vielmehr eine Divergenz zwischen dem Nachfrageverhalten entsteht. Denn aufgrund des hohen Sättigungsgrads bei den Grundbedürfnissen streben immer mehr Menschen danach, sich auch im Konsum selbst zu verwirklichen und sich gegenüber anderen Individuen bzw. Personengruppen zu differenzieren.[36] Das bedeutet, daß die Kunden darauf Wert legen, aus einer breiten Angebotspalette solche Offerten auszuwählen, die ihre individuellen Ansprü-

[30]Vgl. auch Doz, Y.: Strategic Management, a.a.O., S. 28

[31]Vgl. auch Douglas, S.P./Wind, Y.: The Myth of Globalization, in: Columbia Journal of World Business, 22. Jg., 1987, Winter, S. 21

[32]Vgl. Meffert, H./Meurer, J., a.a.O., S. 222

[33]Vgl. Waning, T., a.a.O., S. 36

[34]Vgl. z.B. Drosten, M.: Einstieg ins Szenen-Marketing?, in: absatzwirtschaft, 37 Jg., 1994, Heft 12, S. 39f.; Coupland, D.: Generation X - Geschichten für eine immer schneller werdende Kultur, München 1991, S. 186ff.

[35]Vgl. hierzu insbesondere Levitt, T.: The Globalization of Markets, in: Harvard Business Review, 61. Jg., 1993, May/June, S. 92ff.; derselbe: Die Globalisierung der Märkte, in: Harvard manager, 6. Jg., 1984, Heft 4, S.19ff.; vgl. darüber hinaus Onkvisit, S./Shaw, J.: Standardized International Advertising - A Review and Critical Evaluation of the Theoretical and Empirical Evidence, in: Columbia Journal of World Business, 22. Jg., 1987, Fall, S. 43ff.

[36]Vgl. z.B. Popcorn, F.: Der Popcorn Report - Trends für die Zukunft, 4. Aufl., München 1991, S. 60ff.

che am besten erfüllen. In dieser sog. Multiple-Options-Society lassen sich die Konsumenten dann immer weniger zu homogenen Clustern zusammenfassen. Hinzu kommt, daß in vielen Ländern eine Rückbesinnung auf lokale und landsmännische Verhaltensweisen erkennbar ist, die sich ebenfalls gegen eine Konvergenz der Nachfrage in verschiedenen Ländern und sogar innerhalb von Ländermärkten stellt.[37] So läßt sich z.B. in Frankreich eine geographische Revitalisierung regionaler Besonderheiten von elsässischen, korsischen und bretonischen Eigenheiten feststellen. Ein ähnliches Bild zeigt sich bei den kulturellen Autonomiebestrebungen der Katalanen und Basken in Spanien.[38]

Die beiden diametral anmutenden Entwicklungen von internationaler Konvergenz und Divergenz der Verhaltensweisen von Konsumenten und Käufern scheinen widersprüchlich und unvereinbar. Dennoch zeigt sich bei genauer Betrachtung, daß durchaus beide Auffassungen ihre Berechtigung haben und miteinander verknüpft sind. Denn die Individualisierung tritt fast gleichzeitig in den meisten westlichen Nationen auf, mit der Folge, daß sich die Konsumenten innerhalb der einzelnen Länder zwar gegenseitig abgrenzen, sich international gesehen aber durch ähnliche Individualisierungsrichtungen stark angleichen.[39] Die Konsequenz für das internationale Marketing von Unternehmen ist, daß eine ausschließlich auf eine weltweit einheitliche Nachfrage ausgelegte Marktbearbeitung unter Vernachlässigung differenzierter Kundenanforderungen ebenso problematisch ist wie die klassische Marktsegmentierung und -bearbeitung auf der Basis von Ländergrenzen. Es kommt in dieser Situation vielmehr darauf an, eine kombinierte Vorgehensweise und damit eine intranational-additive Segmentierung zu wählen, bei der transnationale Zielgruppen gefunden und bearbeitet werden können, die ein gleiches Individualisierungsverhalten aufweisen und gleichzeitig Rückkopplungen mit Länderbesonderheiten ermöglichen.[40]

Neben den Entwicklungen auf der Verbraucherseite sind für Konsumgüterhersteller aber auch die Veränderungen auf der Handelsseite sowie für Investitionsgüterunternehmen vor allem die Verhaltensweisen industrieller Abnehmer zu berücksichtigen und zu analysieren. So läßt sich im Handelsbereich eine zunehmende Internationalisierung feststellen,[41] die durch die internationale Filialisierung einerseits auch von den Herstellern als Zulieferern eine entsprechende In-

---

[37]Vgl. Hünerberg, R.: Nischenstrategien im Europäischen Marketing, a.a.O., S. 675

[38]Vgl. auch Müller, S./Kornmeier, M.: Internationales Marketing - Eine interkulturelle Perspektive, Dresdener Beiträge zur Betriebswirtschaftslehre, Nr. 1/94, Dresden 1994, S. 4

[39]Vgl. Waning, T., a.a.O., S. 41

[40]Vgl. z.B. Stegmüller, B.: Internationale Marktsegmentierung als Grundlage für internationale Marketing-Konzeptionen, Bergisch Gladbach/Köln 1995, S. 119ff.; derselbe: Intranationale Marktsegmentierung auf der Basis von Nutzenerwartungen, in: Thexis, 12. Jg., 1995, Heft 2, S. 54f.; Kreutzer, R.T.: Länderübergreifende Segmentierungskonzepte - Antwort auf die Globalisierung der Märkte, in: Jahrbuch der Absatz- und Verbrauchsforschung, 37. Jg., 1991, Heft 1, S. 6ff.

[41]Vgl. z.B. Tietz, B.: Die Internationalisierungsstrategien im europäischen Handel, in: Thexis, 8. Jg., 1991, Heft 3, S. 4ff.; Reischl, H.: Die Internationalisierung der Rewe-Gruppe, in: Thexis, 11. Jg., 1994, Heft 4, S. 11f.

ternationalisierung zumindest in einzelnen Funktionsbereichen, wie z.B. der Logistik, erfordert.[42] Andererseits kommt es durch die zunehmenden internationalen Kooperationen von Handelsunternehmen zu einer Erhöhung der Einkaufsvolumina und damit auch zu einer weiteren Verstärkung der Verhandlungsmacht des Handels.[43]

Auf den Investitionsgütermärkten, die zwar im Absatzbereich traditionell international ausgerichtet sind, läßt sich - durch die zunehmende Verlagerung von Produktions- und Montagestätten in Länder mit komparativen Kostenvorteilen - für die Zulieferer ebenfalls ein stärkerer Zwang zur Internationalisierung und geographischen Mobilität feststellen. Immer mehr Produzenten von Teilen und Komponenten sind aufgrund von Verbund- und Netzbeziehungen zu ihren Abnehmern, beispielsweise durch eine erforderliche Just-in-time-Belieferung, dazu aufgefordert, ihren Kunden mit Direktinvestitionen in das Ausland zu folgen.

Zu den *politischen Einflußfaktoren* als zweitem großen Einflußbereich der Internationalisierung gehören beispielsweise handelspolitische Auswirkungen durch den Abbau tarifärer Handelshemmnisse, die Harmonisierung technischer Normen und die Deregulierung von Kapitalmärkten sowie die Transformationsprozesse in osteuropäischen Ländern.[44]

Der *Abbau tarifärer und nicht-tarifärer Handelshemmnisse* ist Folge der Liberalisierung des Welthandels. Als tarifäre Handelshemmnisse bezeichnet man dabei alle Handelsbarrieren, die im Zolltarif enthalten sind und damit alle Arten von Zöllen, wie z.B. Einfuhrzölle, Antidumping- und Ausgleichszölle, umfassen. Nicht-tarifäre Handelshemmnisse sind hingegen alle Eingriffe in den Handelsverkehr, die nicht in dem Zolltarif festgelegt sind.[45] Hierzu gehören beispielsweise insbesondere Schutz- und Kennzeichungsvorschriften, Ein- und Ausfuhrkontingente, Local-Content-Vorschriften, diskriminierende Steuern und Gebühren sowie Apelle an das Nationalgefühl der Verbraucher („buy American!"). Der Abbau von Handelshemmnissen ist vor allem auf die Etablierung politisch-ökonomischer Kooperationsformen zurückzuführen, wodurch zumindest die Mitglieds- / Teilnehmerstaaten eine Liberalisierung des Handels erreichen konnten und damit für die Unternehmen eine Vereinfachung ihrer Internationalisierungsaktivitäten geschaffen wurde.

Das Spektrum dieser Kooperationsformen zwischen einzelnen Ländern kann unterschiedliche Integrationsgrade annehmen. So sind z.B. vertragliche Wirtschaftsvereinbarungen, Zoll- und

---

[42]Vgl. Zentes, J.: Logistik vom Hersteller bis zum Kunden als gesamteuropäische Aufgabe, in: Thexis, 8. Jg., 1991, Heft 3, S. 14ff.

[43]Vgl. z.B. Töpfer, A./Hünerberg, R., a.a.O., S. 88

[44]Vgl. Porter, M.E.: Einführung und Zusammenfassung, in: Porter, M.E. (Hsrg.), Globaler Wettbewerb, a.a.O., S. 2f..

[45]Vgl. hierzu Quambusch, L.:Handelshemmnisse, nicht-tarifäre, in: Macharzina, K./Welge, M.K. (Hrsg.), Handwörterbuch Export und Internationale Unternehmung, Stuttgart 1989, Sp. 782ff.

Handelsabkommen, die die Schaffung von Freihandelszonen (wie z.B. North American Free Trade Association, NAFTA[46], oder auch die Association of South East Asian Nations Free Trade Area, ASEAN[47]), bei denen Binnenzölle abgeschafft werden, sowie Zollunionen, bei denen die Mitgliedsstaaten zusätzlich einen gemeinsamen Außenzoll etablieren, zu nennen. Darüber hinaus sind auch gemeinsame Binnenmärkte sowie politische Staatenbünde mit einer vollständigen Integration in Form eines gemeinsamen Staatsapparates denkbar.[48]

Bei einem Binnenmarkt wird aufbauend auf einer Zollunion zusätzlich innerhalb der Mitgliedsstaaten auch ein freier Verkehr der Produktionsfaktoren Arbeit / Personen, Güter (Waren und Dienstleistungen) und Kapital realisiert.[49] In der nächsthöheren Integrationsstufe, der Wirtschaftsunion, wird neben einem gemeinsamen Binnenmarkt auch noch eine gemeinsame intrastaatlich harmonisierte Wirtschaftspolitik der Mitgliedsländer realisiert. Die ehemalige Europäische Gemeinschaft ist auf dem Weg zu einer derartigen Wirtschafts- und Sozialunion. Zwar bezeichnen sich die heute 15 Mitgliedsstaaten (Belgien, Dänemark, Deutschland, Finnland, Frankreich, Griechenland, Großbritannien, Italien, Irland, Luxemburg, Niederlande, Österreich, Portugal, Schweden und Spanien) bereits als Europäische Union, allerdings zeigt sich noch ein erheblicher Harmonisierungs- und Handlungsbedarf, bis alle Anforderungen für eine gemeinsame Wirtschaftspolitik erfüllt sind.[50]

Die stärkste Staatenintegration ist die Bildung einer *politischen Union*, bei der aus einem Staatenbund ein Bundesstaat wird, ähnlich der Bundesrepublik mit ihren Bundesländern in einem föderalistischen System.[51]

Während der Abbau von tarifären Handelshemmnissen vor allem durch die Bildung von Wirtschaftsblöcken und damit durch Integrationsabkommen zustande gekommen ist, werden nichttarifäre Barrieren insbesondere durch multinationale Vereinbarungen und Abkommen reduziert oder eliminiert.

Vor allem durch das 1948 von 23 Staaten gegründete und zum Schluß faktisch 115 Mitglieder zählende allgemeine Zoll- und Handelsabkommen GATT wurde nicht nur ein Verhaltenskodex für den Welthandel festgelegt, sondern in seinen acht Verhandlungsrunden zum Abbau von

---

[46]Vgl. o.V.: NAFTA - Sieg für den freien Welthandel, in: Das Wirtschaftsstudium, 22. Jg., 1993, Heft 12, S. 973f.

[47]Vgl. o.V.: Europa, Amerika und Asien - Der Kampf der Triade, in: Das Wirtschaftsstudium, 20. Jg., 1991, Heft 11, S. 802

[48]Vgl. Altmann, J.: Außenwirtschaft für Unternehmen, Stuttgart/Jena 1993, S. 97; Hünerberg, R.: Internationales Marketing, a.a.O., S. 80ff.

[49]Vgl. Altmann, J., a.a.O., S. 104

[50]Vgl. z.B. Hünerberg, R.: Internationales Marketing, a.a.O., S. 83; ders.: Marktstrategien in Europa, a.a.O., S. 206f.

[51]Vgl. Altmann, J., a.a.O., S. 107

nicht-tarifären Handelshemmnissen und zur Senkung von Zolltarifen auch ein freierer Austausch von Waren und Dienstleistungen der Mitgliedsstaaten geschaffen.[52] Das GATT wurde 1994 in eine multinationale Handelsorgansiation, die sogenannte World Trade Organisation (WTO), umgewandelt und damit als Dauereinrichtung fest institutionalisiert.[53]

Eng verbunden mit den Kooperations- und Integrationsbemühungen von Nationen ist die oft damit einhergehende internationale Harmonisierung technischer Normen und die internationale Deregulierung von Kapitalmärkten. Durch die *Angleichung* unterschiedlicher nationaler *Sicherheits- und Qualitätsvorschriften* (z.B. DIN-Normen in Deutschland, BSI-Normen in Großbritannien oder AFNOR-Normen in Frankreich), durch international einheitliche (z.B. ISO) und europäische Normen (wie CE-Kennzeichnung) kommt es für die Unternehmen zu einer größeren Transparenz der Anforderungen an Marktleistungen und Unternehmen sowie letztlich dadurch zu einer Vereinfachung ihrer Internationalisierungsaktivitäten.[54] Der Abbau dieser nicht-tarifären Handelshemmnisse führt außerdem zu einer erheblichen Kosteneinsparung für international tätige Anbieter. So hatte beispielsweise Cecchini als Ergebnis der Realisierung des Europäischen Binnenmarktes im Jahre 1992 durch die Angleichung der technischen Normen allein in der Telekommunikationsbranche eine Kosteneinsparung von 4,8 Mrd. Ecu errechnet, die sich auf der einen Seite in niedrigeren Preisen am Markt und / oder auf der anderen Seite in größeren Margen für die Unternehmen niederschlägt.[55]

Die *Deregulierung der Kapitalmärkte* hat vor allem den Effekt, daß sich Unternehmen auf internationalen Kapitalmärkten zu oft günstigeren Zinskonditionen finanzieren können. Hinzu kommen eine Umgehung nationaler Kreditrestriktionen und Steueraspekte (z.B. Quellensteuer bei Geldanlagen). Allein aus diesen Gründen haben sich viele Unternehmen im Finanzbereich internationalisiert. Dennoch weist die Deregulierung der Kapitalmärkte nicht nur Vorteile auf. Durch die zunehmende Unabhängigkeit von Güter- und Geldströmen und die exorbitanten anlagesuchenden internationalen Finanzströme kommt es zu einer immer stärkeren Instabilität der Wechselkurse auf den Finanzmärkten. Da kaum noch valide Voraussagen über die künftige Entwicklung der Wechselkurse und damit verbunden auch von Rohstoffpreisen möglich sind, steigt auch die Unsicherheit und das Risiko im internationalen Beschaffungs-, Produktions- und Absatzgeschäft.

Die noch anhaltenden *Transformationsprozesse in osteuropäischen Ländern* (wie z.B. Polen, Ungarn, Rußland und Tschechische Republik) stellen den dritten großen Einflußfaktor im poli-

---

[52]Vgl. z.B. Hünerberg, R.: Internationales Marketing, a.a.O., S. 84

[53]Vgl. Langhammer, R.J.: Die Weiterentwicklung der WTO, in: Wirtschaftswissenschaftliches Studium, 27. Jg., 1998, Heft 3, S. 121ff.

[54]Vgl. z.B. Waning, T., a.a.O., S. 20; Hünerberg, R.: Internationales Marketing, a.a.O., S. 152f.

[55]Vgl. Cecchini, P.: Europa '92 - Der Vorteil des Binnenmarktes, Baden-Baden 1988, S. 47ff.

tischen Bereich dar. Die Umstellung zentralistischer in marktwirtschaftliche Wirtschaftssysteme führt vor dem Hintergrund einer Demokratisierung der Gesellschaftsysteme zu einer stärkeren Liberalisierung des Wirtschaftslebens. Hinzu kommt die mit der Transformation verbundene Westorientierung der Bevölkerung in Lebens- und Konsumstilen sowie in der Mobilität der Menschen gen Westen, die sich im West-Tourismus, in zeitweiser Arbeitsaufnahme oder gar in Bemühungen für eine Umsiedlung in westliche Länder niederschlagen.[56] Grundsätzlich bietet die Öffnung dieser Märkte die Erschließung eines neuen, bisher nicht oder nur schlecht zugänglichen Potentials von Faktor- und Absatzmärkten. Trotz aller Transformationsfortschritte herrschen noch erhebliche Unterschiede in der Realisierung marktwirtschaftlicher Prinzipien in den einzelnen Ländern. Auch auf allen Gebieten des gesellschaftlichen Lebens ist die Situation von Land zu Land sehr unterschiedlich.[57] Hinzu kommt, daß - wie oben beschrieben - auch Wettbewerber aus diesen Ländern mit ihren meist noch vorteilhaften Kostenstrukturen in westliche Märkte eindringen und dort zu einer Verstärkung der Konkurrenzintensität führen.

Über die Transformation osteuropäischer Länder hinaus führt auch die zunehmende Öffnung des chinesischen Marktes und anderer ehemalis sozialistischer Staaten zu einer Erweiterung des Marktpotentials mit Beschaffungs-, Produktions- und Absatzmöglichkeiten.[58] Die Partizipation an den Marktchancen erfordert dabei häufig ein frühzeitiges Engagement und eine spezielle Strategie der Marktbearbeitung mit einem behutsamen und angepaßten Vorgehen.[59] Vor allem für global agierende Unternehmen wird gerade der chinesische Markt mit seinem Faktor- und Marktpotential zukünftig ein wichtiger Eckpfeiler sein.[60]

Die *technologischen Gründe* als dritter Einflußbereich auf eine zunehmende Internationalisierung liegen vor allem in der Dynamik des technischen Fortschritts, der Automatisierung im Fertigungsbereich sowie der Optimierung und Verbesserung internationaler Informations- und Kommunikationstechnologien.

Die schnelle *technische Entwicklung* führt zum einen dazu, daß auch die Innovationsgeschwindigkeit stark gestiegen ist. Die Folge hiervon ist eine Verkürzung der Nutzungsdauer von Produkten am Markt. So haben sich die Vermarktungszyklen von Technologieprodukten in vielen

---

[56]Vgl. Hünerberg, R.: Marktstrategien in Europa, a.a.O., S. 207

[57]Vgl. auch Wesnitzer, M.: Markteintrittsstrategien in Osteuropa - Konzepte für die Konsumgüterindustrie, Wiesbaden 1993, S. 5

[58]Vgl. Hirn, W.: Hanoi? Haja!, in: Manager Magazin, 24. Jg., 1994, Heft 11, S. 228

[59]Vgl. Raya, D.M.: Die strategische Bedeutung der südostasiatischen Absatzmärkte im globalen Wettbewerb, in: Jahrbuch der Absatz- und Verbrauchsforschung, 39. Jg., 1993, Heft 2, S. 173f.; Nölting, A.: Hinter Mauern, in: Manager Magazin, 25. Jg., 1995, Heft 4, S. 174f.

[60]Vgl. z.B. Jeannet, J.-P.: Far Eastern Markets in the Context of Global Marketing, in: Thexis, 12. Jg., 1995, Heft 2, S. 8

Branchen schon mehr als halbiert.[61] Zum anderen erfordert der technische Fortschritt aber auch immer größere FuE-Budgets bei gleichzeitig zunehmenden Entwicklungszeiten von „echten“ Marktinnovationen.[62] In einigen Technologie-Branchen ist das Verhältnis zwischen FuE-Zeit und Vermarktungszeit bereits erheblich verzerrt und damit das „strategische Fenster“ für den Mittel-Rückfluß erheblich verkleinert.[63] Unternehmen, die unter diesen Bedingungen am Markt erfolgreich bestehen wollen, sollten deshalb frühzeitig mit ausgereiften Innovationen auf den Markt kommen, um durch eine möglichst schnelle Marktpenetration hohe Absatzvolumina zu erreichen, die eine Amortisation der angefallenen FuE-Kosten ermöglichen. Die Zeit wird damit zu einem strategischen Erfolgsfaktor für Unternehmen.

Zur Streuung des Risikos ist häufig die Vermarktung der Innovation auf mehreren Ländermärkten sinnvoll. Der internationale Markteintritt kann dabei gleichzeitig in Form einer Sprinklerstrategie oder sukzessive als Wasserfall- bzw. Kaskadenstrategie erfolgen.[64] Bei hohen FuE-Kosten, einem starken Zeitwettbewerb in der Branche, einem großen Potential an Internationalisierungsressourcen (wie z.B. Know-how, Erfahrungen, Fähigkeiten sowie interner und externer Infrastruktur) wird die Entscheidung tendenziell eher für eine Sprinklerstrategie fallen.[65] Zur Erfüllung der Anforderungen des Zeitwettbewerbs sind jedoch nicht nur externe Bedingungen für eine schnelle Diffusion zu schaffen, sondern auch die internen Konsequenzen zu realisieren. Hierbei geht es vor allem um organisatorische Aspekte, wie zum Beispiel die Reduzierung von Durchlaufzeiten, die Optimierung von Innovations- und Geschäftsprozessen durch Simultaneous Engineering sowie die Erhöhung der Anpassungs- und Reaktionsfähigkeit an Marktveränderungen durch flache Hierarchien, Prozeßketten- und Projektorganisation.[66] Hierzu bedarf es der Implementierung und Umsetzung eines „Speed-Management“, das auf die zeitliche und inhaltliche Steuerung und Optimierung der einzelnen Unternehmensaktivitäten ausgerichtet ist und dadurch die „Sprintfähigkeit“ verbessert.[67] Allerdings ist in einigen Bran-

---

[61]Vgl. Gemünden, H.G.: Zeit - Strategischer Erfolgsfaktor in Innovationsprozessen, in: Domsch, M./Sabisch, H./Siemers, S.H.A. (Hrsg.), F&E-Management, Stuttgart 1993, S. 70; Bullinger, H.-J./Wasserloos, G.: Produktentwicklung braucht ein Just-in-Time-Management, in: Office Management, 38. Jg., 1990, Heft 1-2, S. 23

[62]Vgl. Gemünden, H.G.: Zeit, a.a.O., S. 75; Töpfer, A.: Zeit-, Kosten- und Qualitätswettbewerb - Ein Paradigmawechsel in der marktorientierten Unternehmensführung?, in: Blum, U. et al. (Hrsg.), Wettbewerb und Unternehmensführung, Stuttgart 1994, S. 226

[63]Vgl. Bullinger, H.-J./Wasserloos, G.: Produktentwicklung, a.a.O., S. 23

[64]Vgl. hierzu insbesondere Ohmae, K.: Macht der Triade - Die neue Form des weltweiten Wettbewerbs, Wiesbaden 1985, S. 33f. und S. 43f.; Kreutzer, R.: Global Marketing - Konzeption eines länderübergreifenden Marketing, Wiesbaden 1989, S. 238ff.

[65]Vgl. auch Kreutzer, R.: Global Marketing, a.a.O., S. 242

[66]Vgl. z.B. Gerpott, T.J./Wittkemper, G.: Verkürzung der Produktentwicklungszeiten, in: Booz · Allen & Hamilton (Hrsg.), Integriertes Technologie- und Innovationsmanagement, Berlin 1991, S. 137ff.; Meyer, C.: Schnelle Zyklen, Frankfurt/New York 1994, S. 54ff.; Pernicky, R.: Schneller werden, in: Arthur D. Little (Hrsg.), Management der Hochleistungsorganisation, Wiesbaden 1989, S. 67ff.; Töpfer, A.: Marketing für Start-up-Geschäfte mit Technologieprodukten, in: Töpfer, A./Sommerlatte, T. (Hrsg.), Technologie-Marketing, Landsberg/Lech 1991, S. 186ff.

[67]Vgl. hierzu auch Stalk, G./Hout, T.M.: Zeitwettbewerb - Schnelligkeit entscheidet auf den Märkten der Zukunft, Frankfurt/New York 1990, S. 233ff.

chen der Zeitwettbewerb schon so weit fortgeschritten, daß die Nachfrager als Kernbestandteil des Marktes das Innovationstempo nicht mehr mithalten. So sind beispielsweise Automobilkunden häufig nicht mehr in der Lage, eindeutig zu bestimmen, welches Automobil eines Herstellers zur aktuellen Angebotspalette und welches zur letzten oder vorletzten Autogeneration gehört.[68] Auch in anderen Branchen, wie z.B. der Unterhaltungsindustrie, Computerbranche und bei der Haushaltselektronik (beispielsweise bei Waschmaschinen und Küchengeräten), läßt sich ein ähnliches Phänomen feststellen. In dieser Situation werden Innovationen sinnlos und der Zeitwettbewerb zu einem Selbstzweck. Denn wenn Neuerungen nicht als solche von den potentiellen Abnehmern erkannt werden, haben sie auch kein Wettbewerbspotential mehr. Es sind vor allem Produkte, die zu einem optimalen und problemlosen Handling einen Gewöhnungs- und Lerneffekt erfordern, bei denen der Zeitwettbewerb zu einer „Überforderung" der Kunden führt und sogar gefährlich sein kann, da die Abnehmer nicht jeden Innovationszyklus am Markt begleiten.[69] Kaufentscheidungen werden dann noch etwas hinausgezögert mit dem Ziel, erst die übernächste Innovationsgeneration, die ja ebenfalls bald erscheint, zu erwerben. Durch dieses *Leapfrogging*, also das Überspringen einer Innovations- und Technologiestufe, wird dann auch das Nachfragepotential am Markt reduziert.[70] Dies erfordert von den Unternehmen aber gleichzeitig, daß sie beispielsweise ihren Markt erweitern müssen, indem sie die Innovationen international anbieten. Die Beschleunigungsaktivitäten der Unternehmen ersetzen also nicht die Internationalisierung, sondern können sogar förderlich auf sie wirken.

Gleiches gilt für die *Automatisierung der Produktion*. Sie ist eine Folge der technologischen Entwicklung. Aufgrund der damit verbundenen steigenden Kapazitätskosten sind oft größere Absatzmengen und / oder längere Nutzungszeiten der kapitalintensiven Fertigungsverfahren erforderlich, um einen wirtschaftlichen Einsatz zu ermöglichen. Auch hierbei kann eine geographische Marktausweitung positiv wirken. Bei der Nutzung von kapitalintensiven hochautomatischen Produktionsanlagen zur Herstellung standardisierter Teile und Komponenten liegt die Bedeutung großer Produktions- und Absatzmengen auf der Hand, die oft nur auf dem Weltmarkt erzielt werden können. Die Nutzung flexibler computergestützter Fertigungsverfahren ermöglicht hingegen die kostengünstige Produktion selbst kleiner Losgrößen und führt damit zu einer Abkopplung von Kostensenkungspotentialen von großen Produktionsmengen.[71] Damit nimmt die Dauer und Einsatzvielfalt der Maschinen einen besonderen Stellenwert für die Reali-

---

[68]Vgl. Backhaus, K./Gruner, K.: Epidemie des Zeitwettbewerbs, in: Backhaus, K./Bonus, H. (Hrsg.), Die Beschleunigungsfalle oder der Triumph der Schildkröte, Stuttgart 1994, S. 40

[69]Vgl. ebenda, S. 40f.

[70]Weiber, R.: Leapfrogging-Behaviour - Herausforderung für das Marketing-Management neuer Technologien, in: Zahn, E. (Hrsg.), Technologiemanagement und Technologien für das Management, Stuttgart 1994, S. 335

[71]Vgl. z.B. Hayes, R.H./Pisano, G.P.: Überlegene Fertigung - Das neue strategische Paradigma, in: Harvard Business manager, 16. Jg., 1994, Heft 3, S. 78; siehe auch bei Wildemann, H.: Kundennahe Produktion und Zulieferung - Eine empirische Bestandsaufnahme, in: Die Betriebswirtschaft, 50. Jg., 1990, Heft 3, S. 310

sierung von Kostensenkungen ein.[72] Dies hat auf die Internationalisierung von Unternehmen zwei grundsätzliche Einflußmöglichkeiten. Zum einen lassen sich durch diese flexiblen Fertigungssysteme länderspezifische Anpassungen leichter und weitaus günstiger durchführen, seien sie nun nachfragebedingt oder aufgrund protektionistischer Maßnahmen der jeweiligen Länder erforderlich. Dadurch kann eine Internationalierungsentscheidung begünstigt werden. Zum anderen können durch unterschiedliche internationale Produktlebenszyklen in den verschiedenen Ländermärkten die Nutzungszeiten der kapitalintensiven Fertigungsverfahren verlängert werden.

Die *Verbesserung von Informations- und Kommunikationstechnologien*, insbesondere der Einsatz weltweiter Datennetze, führt als weiterer Einflußfaktor zu einer Vereinfachung der Koordination von internationalen Unternehmensaktivitäten und hat damit ebenfalls eine Initialwirkung auf die Internationalisierung von Unternehmen.[73] So lassen sich über ausländische Märkte und Wettbewerber relativ einfach und kostengünstig - online - Informationen aus internationalen Datenbanken beschaffen und für die Marktbearbeitung nutzen. Datenbankinformationen können dabei für die Anbahnung von Geschäftskontakten durch Auslandsausschreibungen ebenso genutzt werden wie für Kooperationsangebote mit ausländischen Partnern.[74]

2. Service als Sekundärdienstleistung

Der zweite Definitionsbereich betrifft den Begriff des Service. Dieser erfreut sich gegenwärtig im Sprachgebrauch zwar einer zunehmenden Attraktivität und Anwendungshäufigkeit in Form von Negativabgrenzungen, enumerativen Aufzählungen und leerformelartigen Definitionen, hat aber nicht zu einem einheitlichen Begriffsverständnis geführt.[75] Aufgrund der Verständnisvielfalt ist eine explizite Begriffsdefinition für die weiteren Ausführungen unabdingbar.

Einleitend wurde in der Problemstellung der Begriff Service als eine Sekundärdienstleistung bezeichnet, die darauf ausgerichtet ist, den Zusatznutzen einer Kernleistung (Produkt oder auch Dienstleistung) zu erhöhen. Diese Definition ist insofern unzureichend, als der Begriff Sekundärdienstleistung nicht eindeutig ist und auch nicht explizit beschrieben wurde. Es ist daher notwendig, zunächst diesen Begriff zu definieren. Dabei ist von dem allgemeinen Dienstleistungsbegriff auszugehen, der in der Literatur ebenfalls nicht eindeutig verwendet wird.

---

[72]Vgl. auch Waning, T.,a.a.O., S. 31f.

[73]Vgl. Voß, H.: Internationale Wettbewerbsstrategien, Bayreuth 1989, S. 86ff.

[74]Vgl. Hünerberg, R.: Internationales Marketing, a.a.O., S. 381

[75]Vgl. z.B. Corsten, H.: Betriebswirtschaftslehre der Dienstleistungsunternehmungen, 2. Aufl., München/Wien 1990, S. 17; Köhler, L.: Die Internationalisierung produzentenorientierter Dienstleistungsunternehmen, Hamburg 1991, S. 10ff.; Reckenfelderbäumer, M.: Marketing-Accounting im Dienstleistungsbereich, Wiesbaden 1995, S. 10; Rosada, M.: Kundendienststrategien im Automobilsektor, Berlin 1990, S. 10f.

In der Regel unterscheidet man in Systematiken von Güterarten bei den *Realgütern* als Ergebnissen der betrieblichen Transformation zwischen Sachleistungen und Dienstleistungen.[76] *Sachleistungen* haben als materielle Realgüter greifbare und sachlich-stoffliche Eigenschaften. Sie lassen sich nach der Art der Abnehmer in Konsum- und Investitionsgüter unterscheiden. Als *Konsumgüter* werden dabei gemeinhin solche Sachleistungen bezeichnet, die an den Endabnehmer / Konsumenten abgegeben werden und für den Ge- oder Verbrauch bestimmt sind. Bei *Investitionsgütern* handelt es sich hingegen um Sachleistungen, die von Organisationen (z.B. Industrieunternehmen, Öffentliche Betriebe und Verwaltung, Dienstleistungsbetriebe) beschafft werden, um weitere Sach- und Dienstleistungen zu erstellen bzw. zu erbringen. Reine Handels- und Distributionsleistungen sind davon ausgenommen.[77] Gehen die Sachleistungen in neue Sachleistungen ein, dann handelt es sich um Produktionsgüter wie Roh- und Einsatzstoffe. Werden mit den Sachleistungen neue Leistungen erstellt / produziert, so spricht man auch von Produktivgütern.[78]

Dienstleistungen sind dadurch gekennzeichnet, daß sie meistens immateriell sind und ohne eine Kundenbeteiligung nicht erstellt werden können. Diese beiden Kriterien werden häufig als konstitutive Merkmale von Dienstleistungen angesehen, wobei dies - wie nachfolgend noch erörtert wird - durchaus problematisch ist.[79] Dienstleistungen können für interne, eigene Zwecke erstellt und genutzt oder auch am Markt (Beschaffungs- und Absatzmarkt) angeboten und damit für Dritte erbracht sowie von anderen Unternehmen für eigene Zwecke beschafft werden. Die hier primär untersuchten absatzmarktbezogenen Dienstleistungen lassen sich weiterhin danach unterscheiden, ob sie als eigenständige Kernleistung angeboten (Primärleistungen) oder zusätzlich zur Erweiterung und Abrundung der Kernleistung (Sekundärleistung) offeriert werden.[80] *Primärdienstleistungen* sind also eigenständige Absatzleistungen, die sich als Hauptleistungen aus dem Unternehmenszweck ergeben. Sie sind von anderen Absatzleistungen völlig unabhängig und auf direkte Gewinnerzielung ausgerichtet. Primärdienstleistungen (z.B. Verlei-

---

[76]Vgl. z.B. Meffert, H./Bruhn, M.: Dienstleistungsmarketing, Wiesbaden 1995, S. 28; Meyer, A./Noch, R.: Dienstleistungen im Investitionsgütermarketing, in: Das Wirtschaftsstudium, 21. Jg., 1992, Heft 12, S. 957, Zborschil, I.A.: Der Technische Kundendienst als eigenständiges Marketing-Objekt, Frankfurt/Main et al. 1994, S. 88

[77]Vgl. Engelhardt, W.H./Günter, B.: Investitionsgüter-Marketing, Stuttgart et al. 1981, S. 24; Backhaus, K.: Investitionsgütermarketing, a.a.O., S. 7

[78]Vgl. Meinig, W.: Bedarfsorientiertes Produktivgütermarketing, Berlin 1985, S. 27f.; Krämer, C.: Marketingstrategien für Produktionsgüter, Wiesbaden 1993, S. 2f.

[79]Vgl. z.B. Maleri, R.: Grundlagen der Dienstleistungsproduktion, 2. Aufl., Berlin/Heidelberg 1991, S. 2, S. 40, S. 106ff.; Corsten, H.: Dienstleistungen in produktionstheoretischer Sicht, in: Das Wirtschaftsstudium, 17. Jg., 1988, Heft 2, S. 82; Corsten, H.: Betriebswirtschaftslehre, a.a.O., S. 91ff.; Gerhardt, J.: Dienstleistungsproduktion, Bergisch Gladbach/Köln 1987, S. 78; Scheuch, F.: Dienstleistungsmarketing, München 1982, S. 16, S. 63ff.; Meffert, H.: Dienstleistungsmarketing, in: Tietz, B./Köhler, R./Zentes, J. (Hrsg.), Handwörterbuch des Marketing, 2. Aufl., Stuttgart 1995, Sp. 454f.

[80]Vgl. auch Meyer, A.: Servicepolitik, a.a.O., Sp. 1048

hung von Geld) stellen das Absatzprogramm von institutionellen Dienstleistern (z.B. Banken) dar.

Sekundärdienstleistungen sind hingegen nur ergänzende Leistungen, die nicht zwangsläufig mit dem eigentlichen Unternehmenszweck deckungsgleich sind. Sie bilden also nicht die Grundlage bzw. den Hauptbereich der Unternehmenstätigkeiten, auch wenn sie - wie später noch zu zeigen ist - erheblichen Einfluß auf den Unternehmenserfolg und die Unternehmensexistenz nehmen können. Sekundärdienstleistungen sind meist Bestandteil eines umfassenden Leistungsbündels, das von einer Hauptleistung als Kern des Bündels dominiert wird und auf die Lösung eines Kundenproblems ausgerichtet ist. Sie sind also Teilbereich der Problemlösungspotentiale einer Marktleistung und können sowohl obligatorisch als auch fakultativ angeboten werden, ohne daß sie zwingend einen direkt zurechenbaren Gewinn erwirtschaften müssen. Trotz ihres Ergänzungscharakters können sie aber als Profilierungs- und Differenzierungsinstrument eigenständig geführt und gemanagt werden. Sie können zudem pretial ausgerichtet sein sowie zur Erlös- und Gewinnsteigerung beitragen. Doch auch wenn in letzter Zeit der Servicebereich bei einigen Unternehmen als Profit-Center mit Gewinnorientierung organisiert wird, darf dies nicht darüber hinwegtäuschen, daß es sich aus Unternehmenssicht zwar um Absatzobjekte handelt, die meistens jedoch nicht unabhängig vom Problemlösungsbereich der eigentlichen Haupt- / Grundleistungen angeboten werden und / oder keinem separaten und eigenständigen Unternehmenszweck entsprechen. Schwierig wird die Abgrenzung bei Diversifikationen eines Industrieunternehmens in Dienstleistungsbereiche. Solange der diversifizierte Bereich unabhängig vom eigentlichen Unternehmenszweck am Markt operiert, handelt es sich hierbei um eine Primärdienstleistung. Meist werden diese Unternehmenseinheiten auch als eigenständige Tochtergesellschaften geführt. Nutzt das Unternehmen den diversifizierten Bereich lediglich für die Absatzunterstützung seiner „eigentlichen", ursprünglichen Hauptleistungen, dann wäre es eine Sekundärdienstleistung. Auch die Bildung von Profit-Centern beeinflußt den Sekundärdienstleistungscharakter nicht unbedingt, wenn bei den eigenständigen unternehmensinternen Organisationsbereichen mit Gewinnverantwortung die Vermarktung der Serviceleistungen lediglich ein Zusatzgeschäft ist.

Die Abgrenzung zwischen Primär- und Sekundärdienstleistungen soll in dieser Arbeit also aus institutioneller Sicht erfolgen, wenngleich es in der Fachliteratur immer wieder auch Abgrenzungen gibt, die auf der Eigenständigkeit der Vermarktung von Serviceleistungen beruhen. Dort werden z.B. unter Sekundärdienstleistungen lediglich Dienstleistungen verstanden, die stets in Verbindung zu Sachleistungen erbracht werden. Als Primärdienstleistungen werden hingegen alle zusätzlichen Dienstleistungen bezeichnet, die keinen direkten Bezug zum Sachgut aufweisen und eigenständig vermarktet werden.[81] Allerdings sind derartige Abgrenzungen insofern problematisch, als sie nicht immer eine eindeutige Zuordnung von Serviceleistungen zulassen.[82] So würden alle produktbezogenen Dienstleistungen (z.B. Montage, Reparatur und Wartung / Inspektion) immer Sekundärdienstleistungen sein, während alle personenbezogenen Dienstleistungen (z.B. Beratung, Kundenschulung, Finanzierungsleistungen und Absatzhilfen) immer Primärdienstleistungen sein würden. Daß dies nicht so sein muß, liegt auf der Hand. Natürlich können auch produktbezogene Dienstleistungen eigenständig vermarktet und personenbezogene Dienstleistungen den Kunden der Hauptleistung sporadisch auf Anfrage angeboten werden, ohne daß ein eigenständiges Vermarktungskonzept vorliegt. Häufig werden gerade produktbezogene Dienstleistungen auch eigenständig vermarktet und den Nicht-Kunden der Hauptleistung angeboten (z.B. Recycling-Leistungen).

Kern- bzw. Primär(dienst)leistungen sichern also den Grundnutzen, während die Sekundär(dienst)leistungen einen zusätzlichen, weiteren Nutzen schaffen. Serviceleistungen entsprechen nach der oben aufgeführten vorläufigen Begriffsbestimmung diesen „zusätzlichen“ und „ergänzenden“ Dienstleistungen, wobei sie sich aber nicht nur auf eine Nutzenerhöhung der Kernleistung beziehen müssen. Neben diesen sog. "funktionellen Dienstleistungen"[83] können Serviceleistungen auch weitgehend unabhängig vom eigentlichen Kernprodukt sein. Sie zielen dann nicht auf eine Erhöhung des Produktnutzens ab, sondern auf eine grundsätzliche Steigerung des Kundennutzens und der Kundenzufriedenheit mit einer Transaktion.[84] In diesen Bereich fallen vor allem die als kaufmännischer Kundendienst bezeichneten Serviceaktivitäten, die z.B. beim Absatz von Industrieanlagen und Maschinen eine sehr große Rolle spielen.[85]

In Abbildung II-3 sind die Ansatzpunkte des Service dargestellt. Dabei wird deutlich, daß mit abnehmender Affinität zum Kernprodukt auch der Grad der Diversifikation in andere Bereiche zunimmt. Die funktionalen Dienstleistungen erleichtern oder ermöglichen erst die (optimale) Nutzung der formalen Kernleistung, also dem Leistungskern als konkreter und vom Kunden als eigentliche Problemlösung nachgefragter Grundeinheit mit ihrer äußeren „Schale“ (z.B. in Form von Verpackung, Design, Markenname und Image). Sie erhöhen damit den Produktnutzen. Es entsteht eine erweiterte Kernleistung, die sich primär auf das originäre Kundenproblem

---

[81] Vgl. z.B. Homburg, C./Garbe, B.: Gestaltung und Management industrieller Dienstleistungen, in: Belz, C. (Hrsg.), Kompetenz für marketing-Innovationen, Schrift 2 - Leistungs- und Kundensysteme, St. Gallen 1997, S. 44f.

[82] Vgl. zur Problematik derartiger Abgrenzungen auch Volz, T.: Management ergänzender Dienstleistungen für Sachgüter, Göttingen 1997, S. 110ff.

[83] Vgl. Forschner, G., a.a.O., S. 10

[84] Vgl. Deppe, M.: Vom traditionellen Kundendienst zur Servicepolitik als Marketinginstrument, in: Jahrbuch der Absatz- und Verbrauchsforschung, 38. Jg., 1992, Heft 3, S. 301ff.

[85] Vgl. insbesondere Weiber, R.: Dienstleistungen als Wettbewerbsinstrument im internationalen Anlagengeschäft, Berlin 1985, S. 3ff.

stützt.[86] Darüber hinaus können zusätzliche Dienstleistungen angeboten werden, die sich auf periphere und derivative Kundenprobleme beziehen.[87] Diese Anreicherung mit diversifizierten Nutzenkomponenten zielt dann auf die Erhöhung des gesamten Kundennutzens ab. Serviceleistungen umfassen nach der hier zugrunde gelegten Definition sowohl die funktionalen, auf die Kernleistung ausgerichteten Sekundärdienstleistungen als auch die zusätzlichen, außerfunktionalen Sekundärdienstleistungen, die sich auf erweiterte Kundenprobleme beziehen.

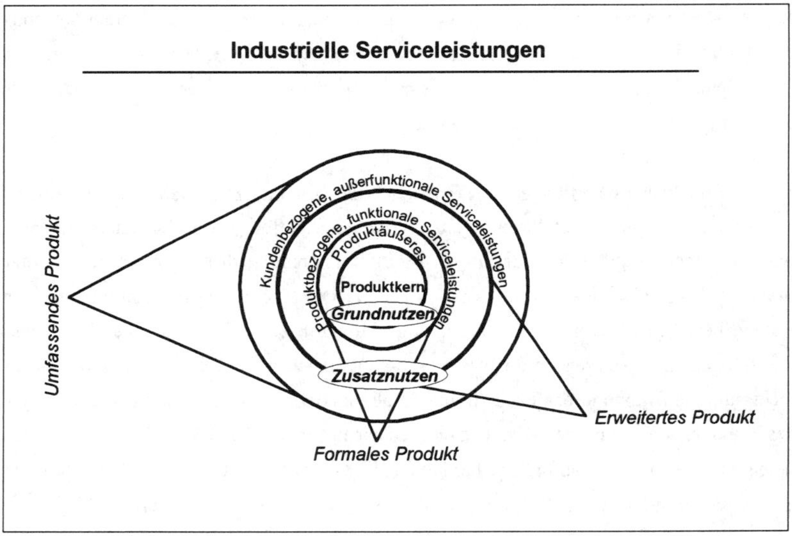

Abb. II-3: Ansatzpunkte und Ausrichtung des Service
(Quelle: in Anlehnung an Kotler, P./Bliemel, F., a.a.O., S. 660)

Wie bei den Sachleistungen lassen sich auch primäre und sekundäre Dienstleistungen weiterhin nach den jeweiligen Abnehmern in investive und konsumtive Dienst- und Serviceleistungen einteilen. Während sich die investiven Dienst- / Serviceleistungen wiederum an Organisationen als Zielgruppe richten, wenden sich die konsumtiven Dienst- / Serviceleistungen an Konsumenten als Endverbraucher.[88] Dabei kann ein und dieselbe Dienst- / Serviceleistung, z.B. Versicherung eines Gebäudes oder die Reparatur einer Maschine, je nach Abnehmer das eine Mal eine investive Dienst- / Serviceleistung sein, wenn sie beispielsweise von einem Industrieunter-

[86]Vgl. Kotler, P.: Marketing-Management, 4. Aufl., Stuttgart 1982, S. 364

[87]Vgl. hierzu insbesondere Levitt, T.: Marketing Success through Differentiation - of Anything, in: Harvard Business Review, 58. Jg, 1980, January/February, S. 84ff.

[88]Vgl. auch Engelhardt, W.H./Schwab, W.: Die Beschaffung investiver Dienstleistungen, in: Die Betriebswirtschaft, 42. Jg., 1982, Heft 4, S. 505; Hilke, W.: Grundprobleme und Entwicklungstendenzen des Dienstleistungs-Marketing, in: Hilke, W. (Hrsg.), Dienstleistungs-Marketing, Wiesbaden 1989, S. 7; Scheuch, F.: Dienstleistungsmarketing, a.a.O., S. 57

nehmen nachgefragt wird, und ein anderes Mal eine konsumtive Dienst- / Serviceleistung sein, wenn eine Privatperson als Käufer auftritt.

Abbildung II-4 zeigt die Einordnung des Service in die übliche Gütersystematik noch einmal graphisch.

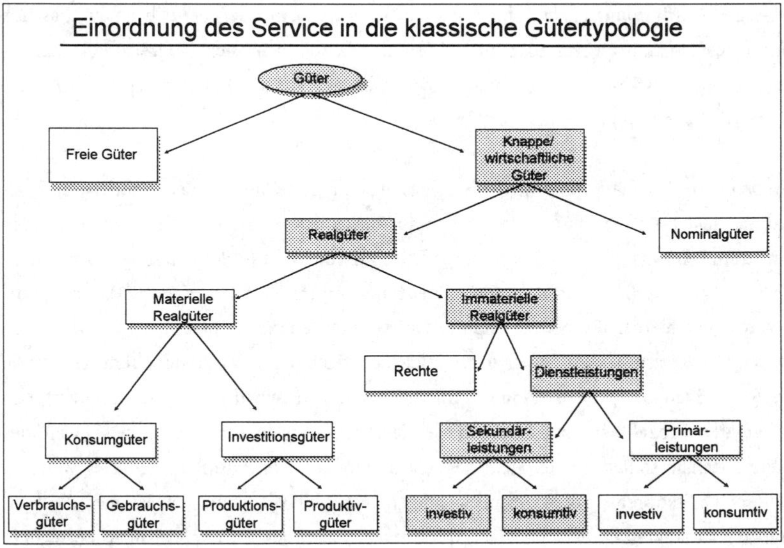

Abb. II-4: Arten von Gütern

Die in der Graphik dargestellten immateriellen Realgüter lassen sich auch noch weiter differenzieren, indem Arbeitsleistungen und Informationen als eigenständige Bereiche zu den beiden Kategorien der Dienstleistungen und Rechte treten.[89] Dienstleistungen und Arbeitsleistungen sind Verrichtungen und unterscheiden sich daher von den beiden anderen Bereichen.[90] Die Unterscheidung zwischen Dienst- und Arbeitsleistung ist dabei jedoch nicht immer sehr trennscharf, da Arbeitsleistung oft der wesentliche Faktor einer Dienstleistung ist;[91] so z.B. im Falle eines Haarschnitts, bei dem die Tätigkeit / Arbeitsleistung im wesentlichen die Dienstleistung verkörpert. Eine Unterscheidung läßt sich dann vornehmen, wenn man die Dienstleistungen als Ergebnis eines Kombinationsprozesses von verschiedenen Inputfaktoren auffaßt, bei dem auch externe Faktoren des Kunden eingebracht werden. In diesem Fall ist die Arbeitsleistung ledig-

[89]Vgl. z.B. Corsten, H.: Betriebswirtschaftslehre, a.a.O., S. 16f.; Scheuch, F.: Dienstleistungsmarketing, a.a.O., S. 16

[90]Vgl. Meffert, H./Bruhn, M.: Dienstleistungsmarketing, a.a.O., S. 27

[91]Vgl. anders bei Engelter, K.-A.: Das Rationalisierungspotential im Dienstleistungsbereich, Frankfurt/Bern/Las Vegas 1979, S. 89f.

lich ein Produktionsfaktor, der zur Dienstleistungserstellung erforderlich ist.[92] Aus Nachfragersicht ist diese Trennung nicht sehr evident und eindeutig. Auch die Abgrenzung zwischen Dienstleistungen und Informationen ist umstritten, da auch Informationen selbst - wie im Falle von Beratungsleistungen - die eigentliche Dienstleistung sein können. Aus diesen Gründen wurde auf eine entsprechende Differenzierung in der Abbildung verzichtet.

Die bisherigen Ausführungen haben sich vor allem auf das *Leistungsergebnis* bezogen, das sich am Ende eines Leistungsprozesses ergibt. Allerdings lassen sich auch Abgrenzungsmöglichkeiten zwischen Dienst- und Sachleistungen finden, die sich auf den Erstellungsprozeß und die hierfür notwendigen Potentiale beziehen.[93]

Bei der *prozessualen Definition* wird die Dienstleistungserstellung in den Vordergrund der Betrachtung gestellt. Dienstleistungen werden auf dieser Ebene als Prozesse mit materiellen oder immateriellen Wirkungen definiert, deren Durchführung und / oder Nutzung einen gleichzeitigen Kontakt zwischen Dienstleistungsanbieter und -nachfrager erfordert.[94] Als konstitutives Merkmal gilt hierbei die bereits angesprochene Integration des externen Faktors in den Prozeß der Dienstleistungserstellung, indem sich der Nachfrager selbst oder ihm gehörende Objekte (z.B. Sachgüter, Tiere, Nominalgüter, Rechte und spezifische Informationen) von „außen" in den Prozeß einbringt.[95] Da diese Faktoren stets in der Verfügungsgewalt des Nachfragers stehen, stellen sie aus Sicht des Serviceanbieters ein Externum dar. Des weiteren ist bei dieser Definition als Folge der notwendigen Integration des externen Faktors die Synchronität des Kontaktes ein wesentliches Merkmal, das auch als Uno-actu-Prinzip bezeichnet wird. Hierbei wird eine räumliche und zeitliche Simultaneität von Produktion und Verwertung unterstellt.[96] Der Nachfrager nimmt damit eine Doppelrolle als Mitproduzierer bzw. *Pro*ducer und als Abnehmer bzw. Con*sumer* wahr, weshalb er oft auch als *Prosumer* bezeichnet wird.[97] Allerdings zeigt sich, daß beispielsweise mit Hilfe von Kommunikations- und Speichermedien die Notwendigkeit der räumlichen und / oder zeitlichen Simultaneität aufgehoben werden kann. So läßt sich eine persönliche Beratung durch eine telefonische Beratung ohne räumlichen

---

[92]Vgl. ähnlich auch Corsten, H.: Betriebswirtschaftslehre, a.a.O., S. 16f.; Meffert, H./Bruhn, M.: Dienstleistungsmarketing, a.a.O., S. 28f.

[93]Vgl. z.B. Hentschel, B.: Dienstleistungsqualität aus Kundensicht - vom merkmals- zum ereignisorientierten Ansatz, Wiesbaden 1992, S. 19; Rosada, M., a.a.O., S. 20ff.; Meyer, A.: Dienstleistungs-Marketing, in: Die Betriebswirtschaft, 51. Jg., 1991, Heft 2, S. 197

[94]Vgl. Berekoven, L.: Der Dienstleistungsmarkt in der BRD - theoretische Fundierung und empirische Analyse, Band 1, Göttingen 1983, S. 20, S. 23; Klaus, P.G.: Auf dem Weg zu einer Betriebswirtschaftslehre der Dienstleistungen - Der Interaktions-Ansatz, in: Die Betriebswirtschaft, 44. Jg., 1984, Heft 3, S. 470; Meyer, A./Blümelhuber, C.: Interdependenz zwischen Absatz und Produktion in Dienstleistungsunternehmen und ihre Auswirkungen auf konzeptionelle Fragen des Absatzmarketing, in: Corsten, H./Hilke, W. (Hrsg.), Dienstleistungsproduktion, Wiesbaden 1994, S. 11f.

[95]Vgl. zum Begriff „externer Faktor" insbesondere Maleri, R., a.a.O., S. 106ff.

[96]Vgl. Corsten, H.: Betriebswirtschaftslehre, a.a.O., S. 19; Maleri, R., a.a.O., S. 43

[97]Vgl. Zollner, G.: Kundennähe in Dienstleistungsunternehmen - Empirische Analyse von Banken, Wiesbaden 1995, S. 57; Toffler, A.: Die Zukunftschance, München 1980, S. 272ff.

Kontakt, bei der keine Einschränkungen an die inhaltliche Qualität gemacht werden müssen, realisieren.[98]

Eng verbunden mit den prozeßbezogenen Betrachtungen sind *potentialorientierte Definitionen*. Danach werden Dienstleistungen als Leistungsfähigkeiten verstanden, mit denen beim Nachfrager oder dessen Gütern eine gewollte Wirkung erzielt werden soll.[99] Es werden demnach keine finalen Ergebnisse angeboten, die wie bei Sachgütern als Transferobjekt ein Wert- und Nutzenträger sind, sondern immaterielle Leistungsversprechen.[100] Diese potentialorientierten Begriffsbestimmungen implizieren also die Immaterialität und auch die Integration des externen Faktors als konstitutive Merkmale von Dienstleistungen gegenüber Sachleistungen.[101]

Die drei vorgestellten Betrachtungen sind nicht unabhängig voneinander. So weisen sie einerseits untereinander gleichgerichtete Definitionselemente auf. Andererseits läßt sich ein zeitlicher phasenbezogener Aufbau der drei Betrachtungsebenen feststellen (siehe Abb. II-5). Sie sind deshalb weniger als Alternativen zu verstehen, sondern vielmehr als Bausteine einer ablaufbezogenen Definition.[102] Demnach lassen sich Dienstleistungen als materielle und / oder immaterielle Ergebnisse verstehen, die durch die Realisation der Leistungsversprechen des Anbieters und dessen Leistungspotentialen sowie der Beteiligung des Nachfragers und seiner eingebrachten Leistungsobjekte und -potentiale erbracht werden. Diese Definition gilt dann im spezifischen auch für Serviceleistungen, die als Sekundärdienstleistungen auf eine Schaffung und Erhöhung des Zusatznutzers für den Abnehmer abzielen.

---

[98]Vgl. auch Meyer, A.: Dienstleistungs-Marketing, 5. Aufl., Augsburg 1992, S. 12

[99]Vgl. ebenda, S. 14; Corsten, H.: Betriebswirtschaftslehre, a.a.O., S. 18

[100]Vgl. Meyer, A.: Die Automatisierung und Veredelung von Dienstleistungen - Auswege aus der dienstleistungsinhärenten Produktivitätsschwäche, in: Jahrbuch der Absatz- und Verbrauchsforschung, 33. Jg., 1987, Heft 1, S. 26

[101]Vgl. auch Meyer, A.: Marketing für Dienstleistungsanbieter - Vergleichende Analyse verschiedener Dienstleistungsarten, in: Hermanns, A./Meyer, A. (Hrsg.), Zukunftsorientiertes Marketing für Theorie und Praxis, Berlin 1984, S. 199; Corsten, H.: Dienstleistungsmarketing - Elemente und Strategien, in: Jahrbuch der Absatz- und Verbrauchsforschung, 35. Jg., 1989, Heft 1, S. 24

[102]Vgl. insbesondere Hilke, W., a.a.O., S. 10

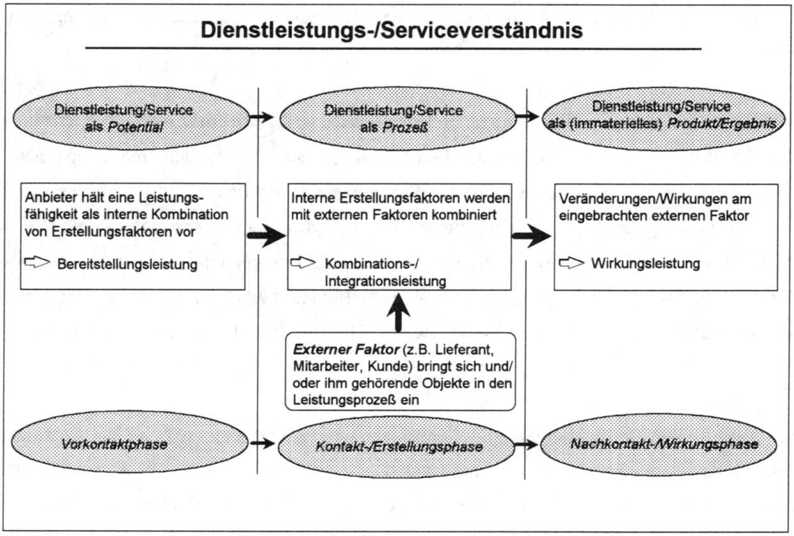

Abb. II-5: Phasenbezogene Zuordnung von Dienstleistungsmerkmalen
(Quelle: in Anlehnung an Hilke, W.: Grundprobleme, a.a.O., S. 15)

2.1. Charakteristika von Serviceleistungen

Als Zwischenfazit läßt sich festhalten, daß *Immaterialität* und die *Integration des externen Faktors* in der Literatur bewußt oder unbewußt als wesentliche Merkmale von Dienst- und Serviceleistungen angesehen werden. Sie sollen deshalb nachfolgend noch einmal genauer analysiert werden, indem ihre Zweckmäßigkeit als Abgrenzungs- und Beschreibungskriterien beurteilt wird. Dabei wird noch einmal der konstitutive Charakter der beiden Merkmale kritisch untersucht. Darüber hinaus sollen vor allem auch die Besonderheiten, die sich aus den beiden Kriterien für die Vermarktung und das Handling von Serviceleistungen aus Anbietersicht ergeben, herausgestellt werden. Das aus der potentialorientierten Definition stammende und oft auch als konstitutiv betrachtete Merkmal des Angebots einer Leistungsfähigkeit und -bereitschaft wird in den nachfolgenden Ausführungen bewußt nicht als eigenständiges Kriterium berücksichtigt, sondern bei den Ausführungen zu den beiden anderen Kriterien abgehandelt, da sich die Auswirkungen dieses Merkmals - wie bereits angedeutet - aus der Immaterialität und der Integration des externen Faktors ableiten lassen.[103] Hinzu kommt, daß i.d.R. auch nicht allein das Leistungspotential an sich nachgefragt wird, sondern vielmehr das Leistungsergebnis bzw. die daraus entstehende Wirkung. Auch der Leistungsprozeß kann Nachfrageobjekt sein,

[103]Vgl. auch Reckenfelderbäumer, M., a.a.O., S. 12

wenn sich hierin der Nutzen der Dienst- / Serviceleistung für den Abnehmer manifestiert (z.B. Kundenschulungen).

2.1.1. Immaterialität

Die Immaterialität von Dienst- / Serviceleistungen bezeichnet den Umstand, daß sie unstofflich, weder physisch greifbar noch sinnlich wahrnehmbar sind. Dieses Merkmal wird insbesondere in der englischsprachigen Literatur oft als einziges konstitutives Kriterium für Dienstleistungen angesehen.[104] Dabei wird vor allem auf das Leistungsergebnis abgestellt. Allerdings zeigt eine Vielzahl von Beispielen, die gemeinhin als Dienstleistungen bezeichnet werden, daß die Immaterialität des Dienstleistungsergebnisses nicht immer gegeben ist. So ist beispielsweise eine Reparatur von Produkten immer auch mit materiellen Veränderungen verbunden. Hinzu kommt, daß der Einsatz von Träger- und Speichermedien zu einer Materialisierung von Dienstleistungen führt. Es wird in der Literatur von einigen Autoren darauf hingewiesen, daß eine Bindung an ein Trägermedium die Immaterialität der eigentlichen Dienstleistung nicht aufheben kann, da es sich gedanklich um zwei verschiedene Aspekte handelt.[105] Dennoch scheint es oft sehr schwierig, zwischen dem Trägermedium bzw. Leistungsobjekt und der eigentlichen Leistung zu unterscheiden. Bei dieser Vorstellung geht man davon aus, daß es sich bei dem „eigentlichen" Leistungsergebnis (z.B. Beratungsleistung) um etwas anderes handelt als die bewirkte Veränderung, die durch diese Leistung an dem Trägermedium (z.B. Berichtsband aus Papier) entstanden ist. Da aber die Leistung auf einem Trägermedium gespeichert werden muß, kommt es zwangsläufig auch zu einer mehr oder minder starken materiellen Veränderung des Trägermediums (z.B. Bedruckung des ehemals weißen Papiers als Berichtsband). Damit manifestiert sich die Leistung auch in der materiellen Veränderung eines Trägermediums. Würde man hingegen diese Veränderung als immateriell deuten, dann müßte man sämtliche Leistungen (auch allgemein anerkannte Sachgüter wie Automobile, Textilien, Bücher usw.) als immateriell ansehen, da auch sie letztlich nur ein Trägermedium für produktive menschliche und / oder maschinelle Tätigkeiten sind.[106]

---

[104] Vgl. z.B. die synoptische Darstellung unterschiedlicher Definitionsansätze auf der Basis konstitutiver Dienstleistungsmerkmale bei Zeithaml, V.A./Parasuraman, A./ Berry, L.L.: Problems and Strategies in Service Marketing, in: Journal of Marketing, 49. Jg., 1985, Spring, S. 34. Es läßt sich jedoch grundsätzlich feststellen, daß die Wesensbestimmung von Dienstleistungen und die Diskussion über Besonderheiten von Dienstleistungen zwar auch im angloamerikanischen Sprachraum geführt wird, insbesondere aber in der deutschsprachigen Literatur auf definitorische und klassifikatorische Aspekte und Fragestellungen mit sehr großer Sorgfalt eingegangen wird (vgl. Hentschel, B.: Dienstleistungsqualität, a.a.O., S. 19)

[105] Vgl. Corsten, H.: Die Produktion von Dienstleistungen - Grundzüge einer Produktionswirtschaftslehre des tertiären Sektors, Berlin 1985, S. 93f.; Gerhardt, J., a.a.O., S. 88

[106] Vgl. insbesondere Rück, H.R.G.: Dienstleistungen - ein Definitionsansatz auf Grundlage des „Make or buy"-Prinzips, in: Kleinaltenkamp, M. (Hrsg.), Dienstleistungsmarketing - Konzeptionen und Anwendungen, Wiesbaden 1995, S. 12

Auch bei der potentialorientierten Dienstleistungs- / Servicedefinition ist die Immaterialität als Unterscheidungskriterium gegenüber Sachleistungen wenig geeignet. Zum einen halten auch Sachleistungshersteller immaterielle Leistungspotentiale (z.B. Humanpotentiale und informatorische Ressourcenpotentiale) vor, und zum anderen setzen auch Dienstleistungsanbieter materielle Produktionsfaktoren (z.B. Werkzeuge für Reparaturen) ein. Auch das Argument, daß bei Dienstleistungen lediglich Leistungsfähigkeiten vermarktet werden und keine fertigen Leistungen, kann nicht aufrechterhalten werden.[107] So kann einerseits durch den Einsatz von Trägermedien (z.B. Multimedia-Terminals) auch eine Dienstleistung- / Serviceleistung (z.B. eine Beratungs- und Informationsleistung) auf „Vorrat" produziert werden. Andererseits werden auch bei der individuellen Einzelfertigung von Sachgütern lediglich Leistungspotentiale vermarktet. Erst nachdem der Kunde den Auftrag an den Sachgüterhersteller (z.B. einen Möbelschreiner) gegeben hat, wird das Produkt (z.B. ein Kleiderschrank für eine Dachschräge) gefertigt. Das Absatzobjekt des Anbieters besteht in diesem Fall also ebenfalls in einer immateriellen Leistungsbereitschaft, das erst durch die Integrationsleistung des Nachfragers zu einem materiellen Gut wird. Damit ist das zweite Definitionskriterium angesprochen.

2.1.2. Integration des externen Faktors

Die Integration des externen Faktors wird in weiten Kreisen der Wissenschaft als eine Art conditio sine qua non von Dienstleistungen angesehen.[108] Dabei wird unterschieden, ob der externe Faktor lediglich integriert wird oder ob er darüber hinaus auch transformiert wird.[109] In der ersten Stufe der reinen Integration wird der externe Faktor zwar in den Erstellungsprozeß eingebracht, es wird an ihm aber keine nutzenstiftende Zustandsveränderung vorgenommen. Dies ist beispielsweise der Fall, wenn der Abnehmer / Kunde spezifische Informationen für die Durchführung einer Feasibility-Studie oder Projektierung zur Verfügung stellt bzw. einbringt. Eine Veränderung der Information als externer Faktor ist hierbei nicht das eigentliche Ziel des Dienstleistungs- / Serviceprozesses. In der zweiten Stufe wird hingegen am externen Faktor bewußt eine gewollte Zustandsveränderung vorgenommen (z.B. Reparatur des vom Kunden eingebrachten Automobils), die vom Kunden nachgefragt wird.

Bei der Definition von Dienstleistungen auf Basis der reinen Integration erhält man einen Dienstleistungsbegriff, dessen Abgrenzung gegenüber Sachleistungen sehr schwierig ist, denn auch bei der sachleistungsbezogenen Auftragsproduktion werden Informationen von außen in

[107] Vgl. hierzu vor allem Meyer, A.: Dienstleistungs-Marketing, a.a.O., S. 21

[108] Vgl. z.B. Berekoven, L., a.a.O., S. 23; Corsten, H.: Die Produktion, a.a.O., S. 127f.; Maleri, a.a.O., S. 106; Meyer, A.: Dienstleistungs-Marketing, a.a.O., S. 22f.; Rosada, M., a.a.O., S. 24; Zollner, G., a.a.O., S. 57

[109] Vgl. hierzu insbesondere Mengen, A.: Konzeptgestaltung von Dienstleistungsprodukten, Stuttgart 1993, S. 25ff.; Meyer, A.: Marketing für Dienstleistungsanbieter, a.a.O., S. 199; Rück, H.R.G., a.a.O., S. 15f.

den Fertigungsprozeß eingebracht.[110] Das vorgebrachte Argument, daß auch bei standardisierter Massenproduktion der externe Faktor in Form von genutzten Marktforschungsinformationen eingebracht wird, gilt in diesem Zusammenhang allerdings nicht. Denn hier werden die Informationen vom Hersteller unabhängig von konkreten und individuell ausgerichteten Nachfragen und Aufträgen beschafft. Sie sind deshalb für die Erstellung der (Sach-) Leistung nicht unabdingbar erforderlich, auch wenn sie durchaus einen Einfluß auf das Endergebnis der Produktion haben. So werden die zu produzierenden Leistungen an die Durchschnittsanforderungen der Kundensegmente angepaßt.[111]

Ist mit der Integration des externen Faktors auch eine Transformation verbunden, so scheint mit diesem engeren Dienstleistungsbegriff eine klarere Abgrenzung gegenüber Sachleistungen eher möglich.[112] Doch auch hier lassen sich Problemfälle konstruieren, die zu Abgrenzungsschwierigkeiten führen. So wird beispielsweise angeführt, daß im Rahmen von Interaktions- und Informationsprozessen im Falle von Auftragsproduktionen beim Nachfrager Wissensveränderungen stattfinden können. In diesem Fall würde theoretisch auch eine mentale und intellektuelle Veränderung beim Nachfrager stattfinden.[113] Allerdings wäre hierbei zu prüfen, inwieweit diese Veränderung vom Nachfrager explizit oder implizit erwartet wurde und damit in gewisser Weise die Kaufentscheidung determiniert hat. Nur bei einer bewußten Erwartungshaltung des Kunden nach dieser Veränderungswirkung würde ein Abgrenzungsproblem vorliegen. Dennoch ist es gerade im Bereich von eingebrachten Informationen als externen Faktoren sehr schwierig, zwischen einer reinen Integration und einer zusätzlichen Transformation zu unterscheiden. So läßt sich durchaus behaupten, daß im Rahmen von Beratungsleistungen - seien sie nun Kern- oder zusätzliche Serviceleistungen - die eingebrachten Informationen des Nachfragers nicht mit neuem, anderem Wissen angereichert und damit verändert werden, sondern daß die bestehenden Informationen des Nachfragers grundsätzlich erhalten sowie unverändert bleiben und lediglich neue Informationen hinzukommen.[114] Eine formal-logische Trennung zwischen den beiden Bereichen mag vielleicht auch hierbei möglich sein, eine praktische Operationalisierung dürfte allerdings sehr schwierig oder gar unmöglich sein, weshalb auch in den weiteren Ausführungen auf diese Trennung verzichtet wird.[115]

---

[110]Vgl. Altenburger, O.A.: Ansätze zu einer Produktions- und Kostentheorie der Dienstleistungen, Berlin 1980, S. 85

[111]Vgl. hierzu vor allem Mengen, A., a.a.O., S. 28; Rück, H.R.G., a.a.O., S. 17

[112]Vgl. Bauer, H.H.: Marktliche Einzeltransaktionen und Geschäftsbeziehungen sowie Sach- und Dienstleistungen als jeweils eigenständige Erkenntnisobjekte? - Koreferat zum Aufsatz von Werner Hans Engelhardt und Jörg Freiling, in: Marketing - Zeitschrift für Forschung und Praxis, 17. Jg., 1995, Heft 1, S. 45

[113]Vgl. Engelhardt, W.H./Freiling, J./Reckenfelderbäumer, M.: Die Bedeutung der Integrativität für das Marketing - Ein Überblick anhand ausgewählter theoretischer und anwendungsbezogener Aspekte - Stellungnahme zum Koreferat von Hans. H. Bauer, in: Marketing - Zeitschrift für Forschung und Praxis, 17. Jg., 1995, Heft 1, S. 50;

[114]Vgl. ebenda

[115]Vgl. auch Rück, H.G.R., a.a.O., S. 17

Ein weiteres wesentliches Problem bei der Abgrenzung von Dienstleistungen gegenüber Sachleistungen mit Hilfe des Merkmals „Integration des externen Faktors“ besteht wiederum im Einsatz von Speichermedien, die keine unmittelbare und konkrete Einbeziehung externer Faktoren erfordern. Das bereits angeführte Beispiel von multimedialen Informationsterminals für Beratungsleistungen zeigt dies sehr deutlich. Zwar muß sich der Informationsnachfrager auch hier einbringen, um die Informationen zu erhalten und zu nutzen; die Erstellung der Informationsleistung wird jedoch vom Anbieter autonom vorgenommen und abgespeichert.

2.1.3. Besonderheiten bei Produktion und Absatz von Serviceleistungen

Wie die vorstehenden Ausführungen verdeutlichen, läßt sich eine eindeutige und strikte Abgrenzung von Sach- und Dienstleistungen anhand der beiden Kriterien Immaterialität und Integration des externen Faktors nicht vornehmen. Die gelegentlich geforderte Abkehr von der klassischen Dichotomie und dafür die Einführung der beiden Kriterien zur grundsätzlichen Klassifikation von Leistungen scheint aus diesem Grunde sinnvoll.[116] Allerdings scheint es aus pragmatischen Überlegungen nützlich, das Begriffspaar beizubehalten, um einerseits eine sprachliche Vereinfachung zu erzielen und andererseits Verwirrungen zu vermeiden, die immer dann entstehen, wenn man von eingeführten und traditionell anerkannten Begriffsfassungen abweicht. Beide Aspekte - Einfachheit und Bekanntheit - sind wichtige Kriterien für die Begriffsbildung und -verwendung.[117] Dennoch hat dieser Kompromiß keine einschränkende Wirkung auf die oben genannten Kritikpunkte.[118]

Dienstleistungen sind demnach gegenüber Sachleistungen als Leistung charakterisiert, die bei der Erstellung eine mehr oder minder starke Integration von externen Faktoren erfordern und deren Ergebnis aus einem mehr oder minder hohen Anteil immaterieller Elemente besteht.[119] Dies gilt freilich auch für Serviceleistungen als spezifische Form der Dienstleistungen. Entsprechend der einzelnen Ausprägungen bei der Integrativität und dem Immaterialitätsgrad lassen sich Serviceleistungen - wie alle anderen Leistungen grundsätzlich auch - in einer zweidimensionalen Matrix positionieren. In Abbildung II-6 ist eine Grobpositionierung von unterschiedlichen Serviceleistungen dargestellt.

---

[116]Vgl. Engelhardt, W.H./Kleinaltenkamp, M./Reckenfelderbäumer, M.: Leistungsbündel als Absatzobjekte, in: Zeitschrift für betriebswirtschaftliche Forschung, 45. Jg., 1993, Heft 5, S. 404ff.

[117]Vgl. Hünerberg, R.: Marketing, München/Wien 1984, S. 7

[118]Vgl. zu einer ähnlichen Argumentation kommt auch Reckenfelderbäumer, M., a.a.O., S. 24

[119]Vgl. auch ähnlich Kleinaltenkamp, M.: Typologien von Business-to-Business-Transaktionen - Kritische Würdigung und Weiterentwicklung, in: Marketing - Zeitschrift für Forschung und Praxis, 16. Jg., 1994, Heft 2, S. 80

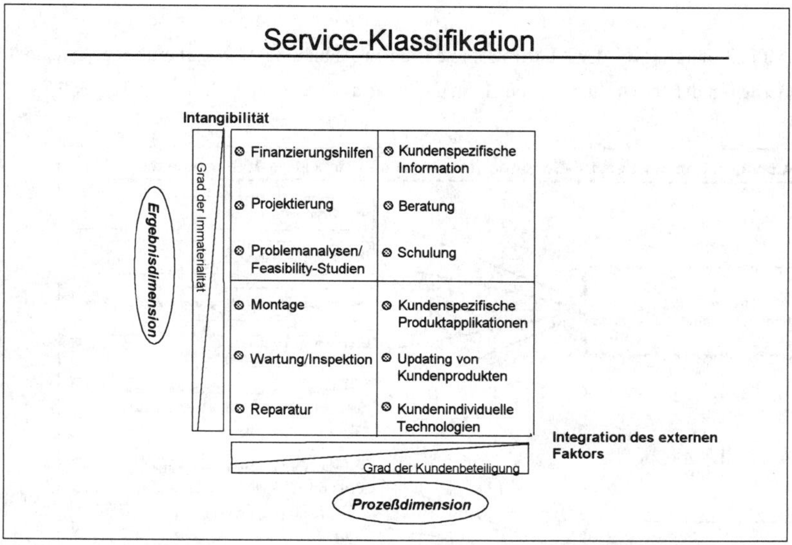

Abb. II-6: Klassifizierung von Serviceleistungen nach Integrationsintensität und Immaterialitätsgrad

Der *Grad der Immaterialität* läßt sich dabei nur sehr subjektiv bestimmen und ist daher ein eher willkürliches Maß für die Einordnung der einzelnen Serviceleistungen in die Matrix. Der *Grad der Integration* wird vor allem durch die Integrationsintensität bestimmt. Hierbei handelt es sich um das Ausmaß der Eingriffsaktivitäten des externen Faktors bei der Serviceerstellung. Zur Feststellung der Integrationsintensität können unterschiedliche Indikatoren zur Operationalisierung und Quantifizierung herangezogen werden. Beispielsweise läßt sich der Aktionsgrad des Kunden als Quotient der vom Nachfrager zu erbringenden Aktivitäten und der Gesamtheit aller erforderlichen Aktivitäten zur Leistungserstellung feststellen und als Indikator nutzen.[120] Auch der Quotient von Kontaktzeiten und gesamten Erstellungszeiten könnte ein Maß für die Integrationsintensität sein. Allerdings ist bei der Verwendung von Zeiteinheiten zu berücksichtigen, daß die Länge eines Zeitraumes nicht unbedingt mit der Stärke der Intensität in proportionalem Zusammenhang stehen muß. So führen beispielsweise Wartezeiten zu keiner wesentlichen Verstärkung des Integrationsgrades.

Von der faktischen Integrationsintensität ist die formale Integrationstiefe zu unterscheiden. Sie stellt darauf ab, wo - und das heißt, in welchen Phasen der betrieblichen Wertschöpfung - der externe Faktor Einfluß nimmt. Je mehr Wertschöpfungsaktivitäten durch den externen Faktor tangiert werden, desto höher ist die Integrationstiefe desselben.[121]

---

[120]Vgl. Corsten, H.: Dienstleistungsmarketing, a.a.O., S. 30

[121]Vgl. hierzu insbesondere Engelhardt, W.H./Kleinaltenkamp, M./Reckenfelderbäumer, M., a.a.O., S. 412ff.

Je nach Positionierung in der Matrix kommen die in Abbildung II-7 aufgeführten jeweiligen Besonderheiten der Integration und der Immaterialität unterschiedlich stark zum Tragen.[122]

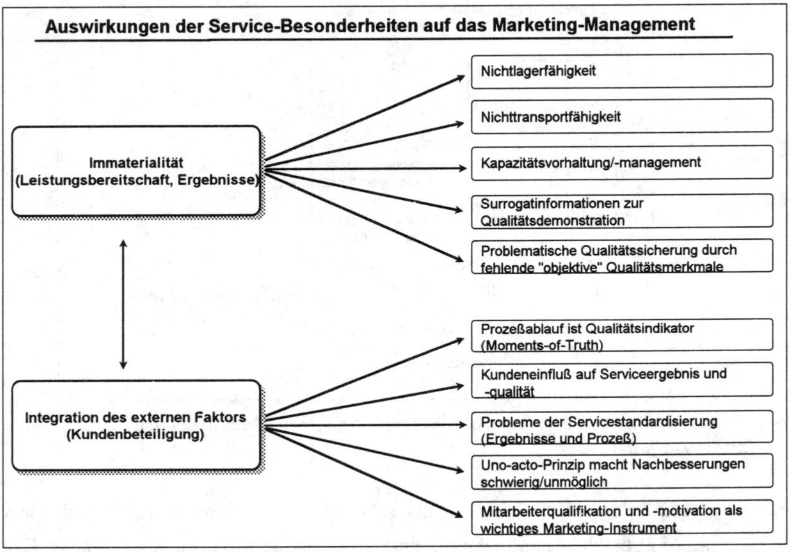

Abb. II-7: Wesentliche Besonderheiten bei der Erstellung und Vermarktung von Serviceleistungen
(Quelle: nach Engelhardt, W.H./Kleinaltenkamp, M./Reckenfelderbäumer, M., a.a.O., S. 418ff.)

Mit zunehmender Immaterialität der Leistungsergebnisse kommt es zu *Lagerungs- und Transportproblemen*, da mit der abnehmenden Tangibilität der Leistungen auch eine Nichtspeicherbarkeit und damit auch ein Mobilitätsproblem zusammenhängt. Allerdings ist zu berücksichtigen, daß die Wirkungen am Leistungsempfänger durchaus länger anhalten (z.B. bei Reparaturen) oder auch später genutzt werden können (z.B. bei Beratungs- und Schulungsleistungen). Ebenso werden die Servicepotentiale und -kapazitäten des Anbieters bereitgehalten und damit „gespeichert". Das Speicherungsproblem konkretisiert sich deshalb vielmehr in einer eingeschränkten oder gar unmöglichen Vorratsproduktion von Serviceleistungen, soweit keine geeigneten Trägermedien genutzt werden können. Hierdurch ergeben sich die angesprochenen Lagerungs- und Handlingprobleme. Beide Aspekte haben einen großen Einfluß auf die Standort- bzw. Produktionsortfrage, die für die Servicepolitik eine wichtige Rolle spielt. Diese Besonderheit wird durch die Integration des Abnehmers noch verstärkt. Hinzu kommt, daß der

[122] Vgl. zusammenfassend und überblicksartig vor allem ebenda, S. 418ff.; Backhaus, K./Weiber, R., a.a.O., S. 71ff.; Corsten, H.: Zur Diskussion, a.a.O., S. 19ff.; Meyer, A.: Dienstleistungs-Marketing, a.a.O., S. 77ff.; Peters, M.: Dienstleistungsmarketing in der Praxis, Wiesbaden 1992, S. 35ff.; Reckenfelderbäumer, M., a.a.O., S. 26ff.

Anbieter durch die fehlende bzw. eingeschränkte Speicherbarkeit der Leistungen oft vor *Kapazitätsmanagementproblemen* steht, da er bestimmte Serviceleistungen (z.B. Beratungsleistungen beim Kauf) erst dann erbringen kann, wenn der Abnehmer gefunden und die Serviceleistung konkret nachgefragt wurde. Dabei steht der Anbieter insbesondere bei großen Nachfrageschwankungen oft vor dem Dilemma, einerseits seine Kapazitäten auf mögliche Nachfragespitzen auszurichten, um auch bei Nachfragespitzen einen reibungslosen und störungsfreien Serviceablauf zu gewährleisten, sowie andererseits bei Nachfragerückgängen für fixkostenintensive Bereitstellungs- und Serviceleistungen hohe Leerkosten in Kauf zu nehmen.

Mit zunehmender Immaterialität kommt es für den Serviceanbieter aufgrund der steigenden Informationsarmut einzelner Serviceleistungen außerdem zu *Visualisierungs- und Präsentationsproblemen*, die sich wiederum in Profilierungsproblemen niederschlagen. Hierbei entsteht ein zweites Dilemma, denn zum einen sollen gerade intangible Serviceleistungen zu einer Wettbewerbsdifferenzierung und Marktprofilierung beitragen, die nur schlecht von Konkurrenten imitiert werden können. Zum anderen entsteht aber gerade bei diesen Leistungen ein Kommunikations- und Verdeutlichungsproblem.[123] Sind mit den Serviceleistungen Preisforderungen gegenüber den Abnehmern verbunden, führt dieses Wahrnehmungsproblem intangibler Leistungen zu einer Beschaffungsunsicherheit und einem damit verbundenen Kaufrisiko.[124] Die von den Anbietern oft gewollte erschwerte Vergleichbarkeit einzelner Serviceleistungen wird bei zunehmender Intangibilität erhöht und trägt zu einer Vergrößerung der Nachfrageunsicherheit bei. Zum Abbau dieser Beurteilungsprobleme und zur Verminderung der Beschaffungsunsicherheit werden deshalb von den Nachfragern *Surrogatinformationen* herangezogen, die Aufschluß über die Qualität der Serviceleistungen geben sollen. Zu diesen Beurteilungsindikatoren gehören neben dem Preis und Erfahrungen Dritter sowie dem allgemeinen Image vor allem auch die Leistungspotentiale und internen Produktionsfaktoren des Anbieters, wie z.B. das tangible Umfeld, Werkzeuge, Maschinen, Architektur und Zustand von Gebäuden oder auch das Verhalten und das Erscheinungsbild der Servicemitarbeiter.[125] Der bewußten Herausstellung von Surrogatinformationen kommt deshalb eine wichtige Stellung bei der Vermarktung und dem strategischen Einsatz von Serviceleistungen zu[126].

Ein weiteres Problem aus der Immaterialität von Serviceleistungen ergibt sich für die *Qualitätssicherung*. Insbesondere quantitative Qualitätssicherungsverfahren, die auf der Messung operationaler technischer Indikatoren beruhen und meist in industriellen Unternehmen Anwen-

---

[123]Vgl. auch Rushton,A.M./Carson, D.J.: The Marketing of Services - Managing the Intangibles, in: European Journal of Marketing, 23. Jg., 1989, Heft 8, S. 35f.

[124]Vgl. McDougall, G.H.C./Snetsinger, D.W.: The Intangibility of Services - Measurement and Competitive Perspectives, in: The Journal of Services Marketing, 4. Jg., Heft 4, 1990, S. 28

[125]Vgl. ebenda; Kleinaltenkamp, M.: Kooperatives Kundenmanagement im Business-to-Business-Marketing, in: Tomczak, T./Belz, C. (Hrsg.), Kundennähe realisieren, St. Gallen 1994, S. 153

[126] Vgl. auch die Ausführungen in Teil 4, Kap. 3.3.3.1. und 3.3.3.2.

dung finden, wie z.B. statistische Prozeßkontrollen, können häufig nicht oder nur sehr bedingt eingesetzt werden. Es sind daher weniger qualitätsprüfende als vielmehr präventiv angelegte, auf qualitativen Kriterien beruhende ganzheitliche Qualitätsplanungs- und -steuerungskonzepte erforderlich, die sich sowohl auf die Servicepotentiale und den Serviceprozeß als auch auf die Serviceergebnisse beziehen. Dabei geht es nicht nur um normierte Regelwerke, wie z.B. die DIN ISO 9000ff., sondern vor allem um unternehmenskulturelle Ansätze im Sinne eines Total Quality Management.

Die problematische Qualitätssicherung resultiert aber nicht nur aus der Immaterialität von Serviceleistungen.[127] Auch die Integrationsintensität mit der die externen Faktoren in den Erstellungsprozeß einbezogen werden, hat hierauf einen erheblichen Einfluß. Denn durch die Beteiligung an der Serviceproduktion hat der Kunde mehr oder weniger die Möglichkeit, auf den Serviceprozeß und auch das daraus resultierende Serviceergebnis positiv oder negativ einzuwirken und beides entsprechend seinen eigenen Zielvorstellungen mitzugestalten. Allerdings bedeutet dies zugleich auch, daß der Kunde nicht allein das Serviceergebnis, sondern ebenso den Prozeßablauf bewertet und in seine Qualitäts- und Zufriedenheitsbeurteilung einfließen läßt. Hierbei nimmt der Abnehmer viele Eindrücke und Erlebnisse bei der Serviceerstellung als Bestandteile der Qualität wahr, die er als besonders positiv oder negativ empfindet. Diese *Moments-of-Truth* werden sowohl von den Servicemitarbeitern als auch von dem externen Faktor selbst und den situativen Umständen des Serviceprozesses determiniert. Damit kommt insbesondere bei personenbezogenen Serviceleistungen (z.B. Kunden- / Kaufberatung, Schulung oder Training) der fachlichen *Qualifikation* und dem *Verhalten der Mitarbeiter* beim Kundenkontakt eine große Bedeutung zu. Dieser Stellenwert wird noch dadurch unterstützt, daß sich der Kunde bei integrationsintensiven Serviceprozessen über den Verlauf und das Ergebnis der Serviceerstellung nur sehr vage Vorstellungen machen kann, wenn noch keine Erfahrungen mit dieser Service-Inanspruchnahme vorliegen. Er ist deshalb als unerfahrener Kunde auf Vertrauensmerkmale über die Leistungsfähigkeit angewiesen, die auch an dem Auftreten und Verhalten der Servicemitarbeiter festgemacht werden.[128] Damit verbunden ist dann wiederum eine Beschaffungsunsicherheit, die bei direkten Entgeltforderungen mit einem steigenden Kaufrisiko einhergeht.

Eine weitere Besonderheit bei stark integrativen Serviceprozessen ist die *abnehmende Standardisierbarkeit* des Service, da sich der Anbieter auf die eingebrachten Potentiale des externen Faktors sowie auf die spezifischen Kundenanforderungen und -erwartungen einstellen muß. Daraus folgt eine gewisse Nichtreproduzierbarkeit und Individualität von Serviceleistun-

---

[127]Vgl. auch Parasuraman, A./Varadarajan, P.: Future Strategic Emphases in Services versus Goods Businesses, in: The Journal of Services Marketing. 2. Jg., 1988, Heft 4, S. 58

[128]Vgl. auch Zeithaml, V.A.: How Customer Evalution Processes Differ Between Goods and Services, in. Lovelock, C.H. (Hrsg.), Services Marketing, 2. Aufl., Englewood Cliffs 1991, S. 41

gen, die sich sowohl auf seiten des Anbieters als auch auf seiten des Nachfragers aus natürlichen Varianzen bei den Inputleistungen und -situationen für den Serviceprozeß ergeben. Damit besteht gerade in langfristig angelegten Geschäftsbeziehungen das Problem der Einhaltung einer gleichbleibenden Servicequalität. Die eingeschränkte Standardisierbarkeit tangiert darüber hinaus auch die bereits durch die Immaterialität beeinflußte Nichtlagerfähigkeit von Serviceleistungen. Denn selbst, wenn das Serviceergebnis einen großen Anteil von materialisierten Elementen aufweist, können durch die spezifischen Kundenbedürfnisse auch Teilleistungen und -prozesse oft nicht a priori erbracht werden. In diesen Fällen werden große Anforderungen an die Leistungsbereitschaft des Serviceanbieters gestellt, die wiederum zu den bereits angeführten Problemen der Kapazitätsfestlegung führen.

Ein weiterer Problembereich ergibt sich aus der oft gegebenen Synchronität von Serviceerstellung und -nutzung. Aufgrund dieser Simultaneität (*Uno-actu-Prinzip*), die zumindest für Teilleistungen meist gegeben ist, kommt es dazu, daß eventuelle Fehler nicht oder nur sehr schwer rückgängig gemacht werden können, ohne daß der Kunde dies bemerkt. Zum Zeitpunkt der Erstellung kann die bereits vom Kunden erfahrene und genutzte Leistung nicht mehr nachgebessert werden. Sie ist unwiederbringlich übertragen worden und nicht mehr veränderbar.

Die skizzierten Besonderheiten haben einen erheblichen Einfluß auf das Marketing von Serviceleistungen und die strategische Planung und Steuerung von Servicemaßnahmen. Dabei ergeben sich gerade für Industrieunternehmen, die für einen anonymen Markt produzieren und standardisierte Produkte für einzelne Segmente anbieten, erhebliche Handling- und Managementprobleme bei der Vermarktung von Services, da sie aufgrund der unterschiedlichen Charakteristika gegenüber „typischen Sachleistungen“ in weiten Teilen ein anderes Marketing- und Organisationskonzept erfordern. Auch die einzelnen Serviceleistungen untereinander sind teilweise sehr heterogen und benötigen unterschiedliche Schwerpunkte im Servicemarketing.[129] Dabei lassen sich Serviceleistungen nach bestimmten Kriterien typologisieren und zu einheitlichen Clustern zusammenfassen, für die beispielsweise homogene Strukturen, Vorgehensweisen, Umsetzungsanforderungen und Strategieausrichtungen bestehen. Im folgenden Punkt sollen deshalb mögliche Systematisierungen, Klassifizierungen und Typologisierungen von Serviceleistungen vorgenommen werden, die für den Gang der Untersuchung relevant sind. Denn durch eine Beschreibung, Ordnung und Gruppierung von Serviceleistungen lassen sich über die Formulierung spezifischer, konzeptueller Serviceaspekte hinaus auch theoretische Vertiefungen für einzelne Servicetypen vornehmen und technologische Implikationen für spezielle Servicearten herausarbeiten.

[129] vgl z.B. Berry, L.L.: Service Marketing is Different, in: Kotler, P./Cox, K.K. (Hrsg.), Marketing Management and Strategy - A Reader, 4. Aufl., Englewood Cliffs 1988, S. 280ff.

2.1.4. Klassifikationen und Typologien von Serviceleistungen

Im folgenden sollen einzelne Klassifikationen und Typologien von Serviceleistungen vorgenommen werden. Klassifikationen sind Systematisierungen anhand eines Merkmals, mit denen meist eine dichotome Gliederung oder eine ordinale Ordnung vorgenommen wird. Bei Typologisierungen werden hingegen mehrere - also mindestens zwei - Gruppierungskriterien herangezogen, die eine polytome Aufteilung erlauben. Typologisierungen bauen meist auf Klassifikationen auf, indem sie die Merkmale unterschiedlicher Klassifikationen miteinander kombinieren.[130]

In der Literatur findet sich eine Vielzahl von Serviceklassifikationen und -typologien, so daß man schon fast von einer Art „Systematisierungs- und Klassifizierungswelle" sprechen kann.[131] Dabei werden die unterschiedlichsten Kriterien herangezogen, die - je nach Forschungsschwerpunkt und -interesse des Autors - zu den verschiedensten Systematisierungen führen. Meist handelt es sich hierbei um eindimensionale Klassifizierungen, nur selten werden - wie in der vorher gezeigten Abbildung II-6 - zwei- oder mehrdimensionale Typologisierungen durchgeführt.

Für die vorliegende Arbeit sind vor allem solche Klassifizierungen und Typologisierungen relevant, die absatzbezogene Kriterien zugrunde legen und / oder zumindest marketingrelevante Gruppierungen zulassen.

Die erste Klassifizierung bezieht sich auf das *Objekt*, an dem die Serviceleistungen erbracht werden bzw. wirken sollen. Hier kann zwischen *produktbezogenen* und *personenbezogenen* Serviceleistungen unterschieden werden. Die auf das Produkt gerichteten Serviceleistungen werden oft auch als *technischer Kundendienst* bezeichnet. Sie zielen darauf ab, die Funktions- und Gebrauchsfähigkeit von (technischen) Produkten aufrechtzuerhalten und sicherzustellen. Typische Beispiele für produktbezogene Serviceleistungen sind Montage, Installation, Wartung und Reparatur von Sachleistungen. Hierbei geht es also um die Erhöhung oder Bewahrung des Produktnutzens. Die personenbezogenen Serviceleistungen sind hingegen weniger auf das Produkt bezogen als vielmehr auf den Kunden an sich. Sie sollen einen grundsätzlichen Nutzen

---

[130]Vgl. zur Unterscheidung von Klassifikation und Typologie Corsten, H.: Betriebswirtschaftslehre, a.a.O., S. 23 u. S. 27; zum Teil anders bei Friedrichs, J.: Methoden der empirischen Sozialforschung, 13. Aufl., Opladen 1985, S. 87ff.

[131]Vgl. hierzu und im folgenden u.a. Forschner, G., a.a.O., S. 77ff.; Deppe, M.: Software-Service - Servicepolitik von Software-Herstellern, Frankfurt/Main et al. 1994, S. 12ff.; Muser, V.: Der integrative Kundendienst, Augsburg 1988, S. 146ff.; Weiber, R.: Dienstleistungen als Wettbewerbsinstrument, a.a.O., S. 9ff.; Zborschil, I.A., a.a.O., S. 157ff.; Zerr, K.: Systemmarketing, Wiesbaden 1994, S. 175ff. Dies ist übrigens ein typisches Phänomen bei innovativen Themenfeldern, die wissenschaftlich noch nicht ausreichend erschlossen sind. In diesem (vor-) wissenschaftlichen Anfangsstadium wird sehr viel Wert auf die Schaffung von Definitionen und

beim Kunden stiften. Hierzu gehören beispielsweise Maßnahmen zur Erleichterung der Transaktionsmöglichkeit und -abwicklung (z.B. Parkplätze, Beratungsmöglichkeiten, Bestelldienste, Expresslieferungen, Leasingmöglichkeiten usw.). Häufig werden diese Serviceleistungen unter dem - durchaus etwas mißverständlichen - Begriff *kaufmännische Kundendienstleistungen* subsumiert. Die Einteilung in produkt- und personenbezogene Services ist deshalb relevant, weil auf dieser Grundlage die Interaktionsintensität zwischen Anbieter und Abnehmer unterschiedlich ausgeprägt ist. Grundsätzlich kann davon ausgegangen werden, daß bei personenbezogenen bzw. kaufmännischen Serviceleistungen durchschnittlich eine größere Interaktionsbeziehung besteht als bei rein produktbezogenen Leistungen. Die Interaktionsintensität hat wiederum einen Einfluß auf die Qualitätswahrnehmung durch den Serviceprozeß, der bei stark interaktiven Serviceabläufen als wichtiges Qualitätskriterium gilt. In Abbildung II-8 ist eine derartige Klassifikation auf Basis des Bezugsobjektes dargestellt.

Arten von Serviceleistungen

Produktbezogene/technische Dienste	***Personenbezogene/kaufmännische Dienste***
▷ Technische Dokumentation	▷ Beratungsleistungen
▷ Produktdemonstrationen (beim Kunden)	▷ Parkplätze, Kinderhort etc.
▷ Projektierung	▷ Wirtschaftlichkeitsanalysen
▷ Technische Anpassungen	▷ Finanzierungshilfen
▷ Montage	▷ Kundenschulung
▷ Wartung	▷ Absatzgarantien und -hilfen
▷ Inspektion	▷ Personalvermittlung
▷ Reparatur	▷ Managementverträge/-beratung
▷ Recycling/Entsorgung	▷ Service-/Kundeninformations-Center
▷ usw.	▷ usw.

Abb. II-8: Klassifikation von Serviceleistung nach Bezugsobjekt

Detailliertere Informationen können durch graduelle Abstufung der *Produktaffinitäten* mit einer ordinalen Skalierung erreicht werden. Hierbei kann beispielsweise zwischen produktbezogenen Serviceleistungen mit einer großen Affinität zum Produkt, indirekt produktbezogenen Leistungen mit mittlerer Affinität zum Produkt und produktunabhängigen Services mit einer geringen bzw. keiner Affinität zum Produkt unterschieden werden. Eine solche Klassifikation ist aus strategischer Hinsicht sinnvoll, um Hinweise auf Servicenotwendigkeiten und Ansatz-

Klassifikationen gelegt, wohingegen die theoretischen Erkentnisse im Sinne empirisch gehaltvoller und be-

punkte für Nutzenwirkungen des Service im Zusammenhang mit Verbrauchswirkungen zu erkennen. Bei der Analyse sind sowohl sachliche als auch emotionale Zusammenhänge zu berücksichtigen, die beispielsweise Hinweise auf mögliche Zufriedenheits- und Image-Transfereffekte geben können. Je größer die Affinität der Serviceleistung zum Produkt ist, desto stärker sind i.d.R. diese Übertragungseffekte ausgeprägt, das heißt, daß die mit dem Service verbundene Zufriedenheit bzw. Unzufriedenheit sich auch stärker auf die Produktzufriedenheit auswirkt. Je schwächer die Produktaffinität des Service ist, desto eher strahlt die Kundenzufriedenheit bzw -unzufriedenheit auf das gesamte Unternehmen aus.[132]

Neben der Unterscheidung nach Bezugsobjekt (Sache oder Person / Kunde) kann auch noch danach unterschieden werden, wer die Serviceleistung erbringt. Hier kann wiederum zwischen Personen / Mitarbeitern und (technisch-maschinellen) Sachen als Leistungsobjekt differenziert werden. Stellt man beide Dimensionen in einer Matrix gegenüber, dann lassen sich - wie Abbildung II-9 zeigt - unterschiedliche Prozeß- und Kontaktsituationen feststellen.[133]

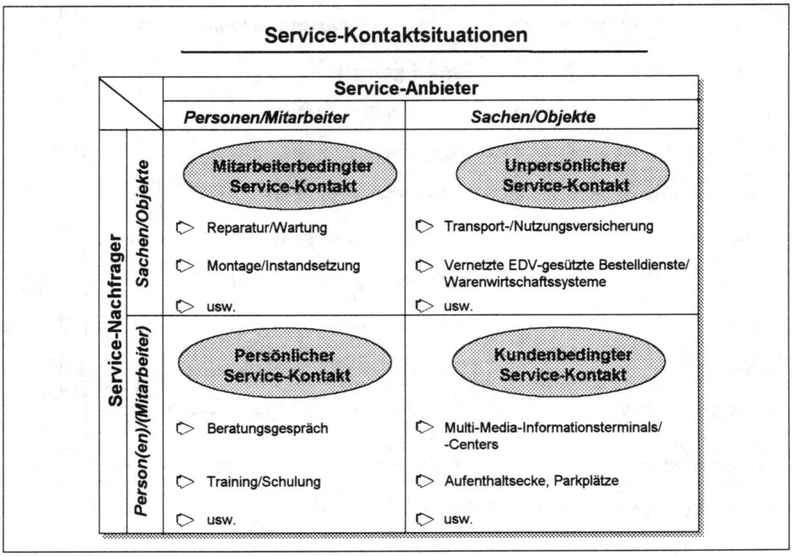

Abb. II-9: Kontaktsituationen bei der Serviceerstellung

währter Hypothesen sowie Gesetzesaussagen nicht oder nur in sehr geringem Umfang vorliegen.

[132]Vgl. auch Laakmann, K.: Marketing von Value-Added Services - ein Beitrag zur Angebotsprofilierung im Wettbewerb, Arbeitspapier Nr. 91 der Wissenschaftlichen Gesellschaft für Marketing und Unternehmensführung e.V., hrsg. von Meffert, H./Wagner, H./Backhaus, K., Münster 1995, S. 20

[133]Vgl. auch Zollner, G., a.a.O., S. 47; Klaus, P.: Die Qualität von Bedienungsinteraktionen, in: Bruhn, M./Stauss, B. (Hrsg.), Dienstleistungsqualität, Wiesbaden 1991, S. 252f.

Beim *persönlichen Servicekontakt* wird die Serviceleistung am Kunden durch die Mitarbeiter erbracht. Es handelt sich um eine sehr intensive direkte Interaktionsbeziehung zwischen Kunden und den Mitarbeitern als personifizierten Trägern der Corporate Identity des Unternehmens. Die Beurteilung der erbrachten Serviceleistung wird in diesem Fall sehr stark durch das Verhalten und den Sympathiewert der Mitarbeiter bestimmt. Hier erlangen auch „Matching-Phänomene" im Rahmen des Interaktionsprozesses an Bedeutung, bei denen Ähnlichkeiten von sozio-demographischen, kognitiven und Persönlichkeitsmerkmalen von Servicemitarbeitern und Kunden einen Einfluß auf den Verlauf und das Ergebnis der Interaktion haben.[134] Allerdings kann der persönliche Kontakt auch ohne die physische Anwesenheit der Kontaktpersonen entstehen.[135] Durch den Einsatz technischer Medien zur gleichzeitigen und unmittelbaren Dialog-Übermittlung von Informationen, wie z.B. Telefon oder Videokonferenzen, kann ein persönlicher Kontakt auch simuliert werden, ohne daß dadurch die Charakteristika der persönlichen Beziehung sehr stark beeinträchtigt werden.

Beim *mitarbeiterbedingten Servicekontakt* wird die Serviceleistung von einem Mitarbeiter an einem Kundenobjekt erbracht. Persönliche Kundenkontakte können zwar auch hier auftreten, um beispielsweise die Serviceleistung in Auftrag zu geben oder zu spezifizieren. Allerdings sind diese Kontakte nur flankierend und nicht Kern des Serviceprozesses. Gleiches gilt für den *kundenbedingten Servicekontakt*. Hier bringt sich der Kunde persönlich in den Serviceprozeß ein, während auf seiten des Anbieters ein (meist technisches) Objekt eingesetzt wird. Sind auf beiden Seiten keine Personen an der Serviceerstellung und -nutzung beteiligt, dann handelt es sich um einen *unpersönlichen Servicekontakt*.

Die Differenzierung nach den verschiedenen Servicekontakten hat unterschiedliche Implikationen für das Servicemanagement und -marketing. Zum einen wird hierdurch die technisch-organisationale und inhaltliche Gestaltung der Serviceprozesse determiniert. Zum anderen wird auch die Messung (quantitative versus qualitative Verfahren bzw. merkmals- versus ereignisorientierte Methoden) sowie die Bedeutung von Bestandteilen der Servicequalität (Dominanz von Ergebnis-, Potential- oder Prozeßqualitätsdimensionen) erheblich beeinflußt.

Eine weitere interessante und häufig vorgenommene Klassifikation ist die Einteilung der Serviceleistung nach dem Kriterium der zeitlichen Erstellung bzw. dem *Zeitpunkt der Erbringung* im Transaktions- / Kaufprozeß. Als differenzierendes Kriterium gilt hierbei im allgemeinen der Zeitpunkt der eigentlichen Kaufentscheidung für eine Kernleistung (Produkt oder Dienstleistung). Dementsprechend unterscheidet man zwischen Pre-Sales-, Sales- und After-Sales-

---

134 Vgl. Backhaus, K.: Investitionsgütermarketing, a.a.O., S. 111f. und die dort angegebene Literatur

135 Vgl. Kern, E.: Der Interaktionsansatz im Investitionsgütermarketing, Berlin 1990, S. 8

Serviceleistungen.[136] *Pre-Sales-Leistungen* werden vor dem Kaufentscheid erbracht und zielen meist auf eine positive Stimulierung der Kaufentscheidung für die eigene Marktleistung ab. Es handelt sich um typische Vorleistungen des Unternehmens, die i.d.R. darauf ausgerichtet sind, vertrauensbildend zu wirken sowie eventuelle Kaufrisiken und Adaptionsbarrieren abzubauen. *Sales-Services* sind Serviceleistungen, die beim Kauf erbracht werden und die zu einer Vereinfachung und Beschleunigung des eigentlichen Kaufaktes führen sollen. Die Zuordnung von Serviceleistungen zu diesem Bereich ist jedoch mit erheblichen Problemen verbunden. So zeigt sich bei genauer Betrachtung, daß der Kaufakt an sich in dem Unterschreiben eines Vertrages und / oder dem Bezahlen einer Ware oder Dienstleistung besteht. Es handelt sich also lediglich um einen kurzen Zeitpunkt bei der Vollendung des Kaufaktes, der sich zudem nicht genau bestimmen läßt. Außerdem ist gerade bei extensiven Kaufentscheidungen, wie sie häufig auch im Investitions- / Industriegüterbereich vorkommen, der Kaufakt lediglich ein formaler Bestandteil eines sehr langfristigen Beschaffungsprozesses, der inhaltlich eine eher untergeordnete Rolle spielt. Es ist daher durchaus sinnvoll, auf diese Serviceart zu verzichten und nur zwischen Pre- und After-Sales-Services zu unterscheiden.

After-Sales-Serviceleistungen werden nach dem Verpflichtungsgeschäft im Kaufakt erstellt. Sie zielen darauf ab, die Produktnutzung zu ermöglichen und sicherzustellen sowie mögliche kognitive Dissonanzen bei den Käufern abzubauen und Kundenzufriedenheit aufzubauen bzw. zu verstärken. Dabei ist jedoch zu berücksichtigen, daß auch After-Sales-Serviceleistungen bei langfristigen Geschäftsverbindungen wiederum die Folgekäufe beeinflussen können und somit quasi als *Between-Sales-Services* auch Pre-Sales-Funktionen übernehmen.[137] Aufgrund der grundsätzlichen Abgrenzungs- und Zuordnungsprobleme wurde von einigen Fachvertretern vorgeschlagen, Serviceleistungen nicht allein nach dem Kaufzeitpunkt zu ordnen, sondern sie vielmehr nach den Interaktions- und Nutzungsphasen zu unterscheiden, in denen sie erbracht und angeboten bzw. nachgefragt werden.[138] Hinzu kommt, daß sich auf Basis einer kaufaktbezogenen Einteilung von Serviceleistungen zu wenig differenzierte Informationen ableiten lassen. Denn auch innerhalb des Pre-Sales- und des After-Sales-Bereichs gibt es wiederum unterschiedliche Verhaltensphasen, die im Rahmen eines ganzheitlichen Kaufprozesses typisch sind. So lassen sich im wesentlichen fünf aufeinander aufbauende Kaufverhaltensabschnitte bei nichtimpulsiven Erstkäufen einer Kernleistung feststellen, die unterschiedliche Nutzenanforderungen

[136] Vgl. Hammann, P.: Kundendienstpolitik, in: Wittmann, W. (Hrsg.), Handwörterbuch der Betriebswirtschaftslehre, Bd. 2, Stuttgart 1993, Sp. 2477

[137] Vgl. auch Meyer, M.: Kundendienst, in: Tietz, B./Köhler, R./Zentes, J. (Hrsg.), Handwörterbuch des Marketing, 2. Aufl., Stuttgart 1995, Sp.1353f.

[138] Vgl. z.B. Wimmer, F./Zerr, K.: Service für Systeme - Service mit System, in: absatzwirtschaft, 38. Jg., 1995, Heft 7, S. 84; Müller, W.: Aufbau und Stabilisierung von Wettbewerbsvorteilen durch ein integratives Dienstleistungsmanagement, in: Reuss, H./Müller, W. (Hrsg.), Wettbewerbsvorteile im Automobilhandel, Frankfurt/New York 1995, S. 110ff.

für den Service beinhalten.[139] Zunächst gibt es eine *Informationsbeschaffungs- und Analysephase*, in der die Interessenten alle aus ihrer Sicht wichtigen Informationen sammeln, um ihre Unwissenheit abzubauen und auch die Problemwahrnehmung zu verbessern. Die Aufgabe des Service liegt in dieser Phase in erster Linie in einer allgemeinen Informationsfunktion, um sowohl ein Problembewußtsein bei den potentiellen Kunden zu wecken als auch auf die Problemlösungspotentiale des Unternehmens und seiner Marktleistungen mit dem Zweck der Interessensweckung hinzuweisen. Hierfür werden beispielsweise Informationsdienste (z.B. Multimedia-Terminals, 0130-Servicetelefon) eingerichtet, Events mit Produktdemonstrationen veranstaltet oder auch Probelieferungen vorgenommen. Danach folgt - wie Abbildung II-10 zeigt - die *Phase der Informations- / Alternativenbewertung und Entscheidungsfindung*. Hier wird eine Evaluation nach Kosten-Nutzen-Aspekten vorgenommen und die Kaufentscheidung getroffen. Dementsprechend hat die Servicepolitik die Aufgabe, Vertrauen in die Leistungsfähigkeit des Unternehmens und seiner Marktleistungen bei den Interessenten aufzubauen sowie Kaufpräferenzen für das eigene Angebot zu schaffen. Dies kann beispielsweise durch Wirtschaftlichkeitsanalysen, Kreditvermittlung und -einräumung, Feasibility-Studien und Systemanalysen erfolgen.

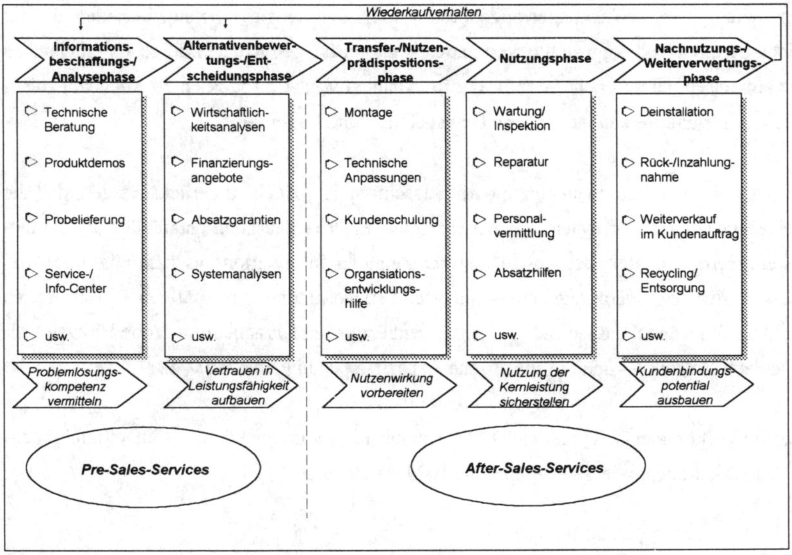

Abb. II-10: Klassifizierung von Serviceleistungen nach Interaktionsprozeßphasen
(Quelle: nach Zerr, K., a.a.O., S. 179)

[139]Vgl. ähnlich auch bei Zerr, K., a.a.O., S. 177ff.; Wiswede, G.: Einführung in die Wirtschaftspsychologie, München/Basel 1991, S. 331

Bei der anschließenden *Transfer- / Nutzenprädispositionsphase* geht es um die Abwicklung des Kaufvertrages und die Übermittlung des Kaufobjektes bzw. den Nutzentransfer an den Kunden. Ziel der Serviceleistungen in dieser Phase ist es, das primäre Kaufobjekt nutzbar zu machen (bei Sachleistungen) und damit die nachgefragte bzw. gewünschte Nutzenwirkung vorzubereiten und zu gewährleisten. Hierzu gehören beispielsweise Montage, Installation und Instruktion sowie Anwenderschulungen und auch Organisationsentwicklungsmaßnahmen beim Abnehmer.

In der *Nutzungs- / Weiterverwertungsphase* wird die Kernleistung ge- oder verbraucht. Der Service hat hierbei vorrangig die Aufgabe, die Nutzung der Kernleistung sicherzustellen und zu unterstützen. Entsprechende Leistungen sind z.B. Wartung, Inspektion, Reparatur, Bereitstellung von Bedienungspersonal, Spezialkurse zur anwendungsorientierten Weiterbildung sowie Update- und Upgrade-Leistungen.

Die *Nachnutzungsphase* ist durch eine absichtliche Nichtnutzung der Kernleistung in der Zukunft charakterisiert. Die Gründe hierfür können unterschiedlich sein, beispielsweise durch geplante Stillegungen oder sehr aufwendige und kostenintensive Reparaturen. In dieser Phase können vielfältige Serviceleistungen angeboten werden, die sich auf Probleme beziehen, die mit der Nichtnutzung des Kernprodukts verbunden sind und für den Kunden durchaus erheblichen Nutzen aufweisen. Hierzu gehören z.B. die Rücknahme von Altprodukten zu Recyclingzwekken oder zum Weiterverkauf sowie eine Deinstallation und Lagerung.

Bei der vorstehenden Phaseneinteilung und -betrachtung ist jedoch zu berücksichtigen, daß die beispielhaft genannten Serviceleistungen zwar in diesen Prozeßabschnitten anfallen und zu diesen erstellt werden müssen, der Kunde aber bereits in der Informationsbeschaffungs- und Analysephase gezielt nach dem Angebot bestimmter Serviceleistungen in späteren Phasen fragen kann und wird. Dennoch lassen sich aus dieser zeitbezogenen Klassifikation grobe Hinweise für die allgemeine Angebots- und die spezifische Kapazitätsplanung ableiten.

Eine häufig vorkommende Typologie ist die Kombination von objekt- und kaufzeitpunktbezogenen Klassifikationen, wie sie in Abbildung II-11 dargestellt ist.

Arten von Serviceleistungen

	Pre-Sales-Services	*After-Sales-Services*
Technische Dienste	▷ Technische Beratung	▷ Montage
	▷ Systemanalysen	▷ Technische Anpassungen
	▷ Feasibility-Studien	▷ Wartung, Inspektion
	▷ Produktdemos	▷ Reparatur
	▷ Projektierung	▷ Recycling/Entsorgung
	▷ usw.	▷ usw.
Kaufmännische Dienste	▷ Parkplätze, Kinderhort	▷ Kundenschulung
	▷ Finanzierungshilfen	▷ Managementverträge/-beratung
	▷ Wirtschaftlichkeitsanalysen	▷ Personalvermittlung
	▷ Bestelldienst	▷ Absatzhilfen
	▷ Absatzgarantien	▷ Service-/Info-Center
	▷ usw.	▷ usw.

Abb. II-11: Servicetypologie nach Objekt- und Zeitpunktbezug

Bei dieser Systematik wird ersichtlich, daß in allen Phasen der Transaktionsanbahnung und -abwicklung produkt- und personenbezogene Serviceleistungen zum Tragen kommen. Service ist damit ein ganzheitliches, auf den Kaufprozeß ausgerichtetes, mulitfunktionales und intertemporäres Nutzenkonzept. Die in der Literatur oft vorgenommene Wesensbeschreibung des Service als Zusatz- und Nebenleistungsinstrument *nach dem Kauf*[140] greift damit zu kurz und wird außerdem - wie später noch zu zeigen ist - der steigenden Bedeutung des Service als Marketing-Instrument nicht gerecht.

Eine weitere, übliche Gliederung von Serviceleistungen ist die Einteilung in Muß-, Soll- und Kann-Leistungen. Bei dieser Typologie werden implizit neben dem Bezugsobjekt vor allem auch konkurrenzbezogene Aspekte und Erwartungshaltungen der Abnehmer in einer Branche berücksichtigt.[141] Bei den *Muß-Leistungen* handelt es sich um Servicemaßnahmen, die aus marktlichen und / oder juristischen Gründen unbedingt angeboten werden müssen, da sie die Nutzungsmöglichkeit und Leistungsfähigkeit der Kernleistung wesentlich unterstützen. Ohne deren Angebot ist der Absatz der Hauptleistung zumindest wesentlich erschwert. Typische Muß-Leistungen sind Aktivitäten im Rahmen von Gewährleistungspflichten und Garantieleistungen, die gesetzlich vorgeschrieben sind (z.B. Rücknahme und Nachbesserung von mangel-

[140]Vgl. Meffert, H.: Kundendienstpolitik - Eine Bestandsaufnahme zu einem komplexen Marketinginstrument, in: Marketing - Zeitschrift für Forschung und Praxis, 9. Jg., 1987, Heft 2, S. 94

[141]Vgl. Schönrock, A.: Die Gestaltung des Leistungsmix im marktorientierten Kundendienst, in: Meffert, H. (Hrsg.), Kundendienst-Management, Frankfurt/Bern 1982, S. 85

haften Gütern oder beim Fehlen zugesicherter Eigenschaften, § 459 BGB), aber auch Montage, Installation- und Instruktion. Diese Serviceleistungen werden von den Abnehmern grundsätzlich erwartet und von allen Wettbewerbern gleichermaßen, also mit mehr oder minder gleicher Qualität, angeboten. Hierbei wird deutlich, daß es sich beim Service nicht - wie so oft unterstellt - um rein freiwillige Zusatzleistungen handelt.

Soll-Leistungen sind hingegen für die Nutzung der Kernleistung nicht unbedingt erforderlich und müssen daher auch nicht zwingend angeboten werden, um die Funktionsfähigkeit sicherzustellen. Allerdings handelt es sich hierbei um Serviceleistungen, die von einem Teil der Abnehmer implizit erwartet werden und deshalb auch vom Unternehmen angeboten werden sollten, um akquisitorische und Wettbewerbsnachteile zu vermeiden. Die Erwartungshaltung bei den Kunden kann dabei sowohl aus der Kenntnis über das Angebot entsprechender Serviceleistungen von Wettbewerbern als auch aus Erfahrungen mit Serviceangeboten anderer Branchen resultieren.[142] Typische Soll-Leistungen für eine Vielzahl von Branchen sind z.B. Transportleistungen, Leasingmöglichkeiten, Hotline für Reparaturnotfälle und Beschwerden sowie Rücknahme von gebrauchten Produkten. Grundsätzlich zeigt sich, daß sich Soll-Leistungen nicht ausschließlich auf das Produkt bzw. die Kernleistung beziehen müssen, sondern in starkem Maße auf darüber hinausgehende Kundenprobleme gerichtet sind.

Gleiches gilt auch für *Kann-Leistungen*. Sie setzen ebenfalls häufig bei der Schaffung allgemeiner Nutzenwerte für den Kunden an. Es handelt sich hierbei um Serviceleistungen, die weder typisch für eine Branche sind und deshalb auch nicht oder nur von wenigen Wettbewerbern angeboten, noch von der Mehrzahl der Kunden (als typische „Standardleistungen") bewußt erwartet werden, da sie meist nicht produktbedingt und auch nicht transaktionserforderlich sind. Die Ansatzpunkte und Möglichkeiten zur Schaffung von Kann-Leistungen sind äußerst vielfältig und lassen sich nur unvollständig darstellen, weshalb auf eine Aufzählung verzichtet werden soll.

Die Einteilung in Muß-, Soll- und Kann-Leistungen liefert Ansatzpunkte für die strategische Gestaltung der Servicepolitik, da sowohl Abnehmererwartungen als auch Wettbewerberaktivitäten berücksichtigt werden. Dabei ist zu beachten, daß es sich bei dieser Einteilung nur um eine statische Betrachtung handelt, die immer nur für einen Zeitpunkt Gültigkeit hat. Es ist für eine strategische Betrachtung jedoch sinnvoll, die dynamische Entwicklung und Bedeutungsveränderung der einzelnen Serviceleistungen im Zeitablauf zu berücksichtigen. Denn durch Änderungen der Kundenerwartungen und neue Wettbewerbsaktivitäten kommt es über die Zeit zu Verschiebungen in den jeweiligen Leistungskategorien und damit zu einer veränderten strategischen Bedeutung. So können aus Kann-Leistungen, die ohne direkte Marktzwänge zur

[142] Vgl. Laakmann, K.: Marketing, a.a.O., S. 16

Wettbewerbsdifferenzierung und Marktprofilierung angeboten werden, Soll-Leistungen und aus diesen später wiederum Muß-Leistungen werden. In einigen Märkten, z.B. bei Computern, läßt sich häufig eine relativ dynamische Entwicklung vom Kann- zum Muß-Service feststellen, die häufig in einen Hyper-Servicewettbewerb mündet. In dieser Situation werden in immer kürzeren Zeitabständen neue Kann-Leistungen entwickelt und den Interessenten und Kunden angeboten.[143]

Durch diese Verschiebung kommt es zu unterschiedlichen strategischen Wirkungen von Serviceleistungen. Während Kann-Leistungen Wettbewerbsvorteile schaffen können, zielen Soll- und vor allem Muß-Leistungen darauf ab, Wettbewerbsnachteile zu verhindern. Analog zu Herzbergs Führungstheorie lassen sich Soll- und insbesondere Muß-Leistungen - bezogen auf die Kundenanforderungen - als eine Art *„Hygiene-Services"* im Sinne einer Pflicht bezeichnen, die - richtig angeboten und umgesetzt - beim Kunden lediglich Unzufriedenheit mit einem Kauf verhindern. Kann-Leistungen als „Kür" sind hingegen eher *Motivatoren*, die - wie Abbildung II-12 zeigt - darauf abzielen, Kundenzufriedenheit zu schaffen und auszubauen.

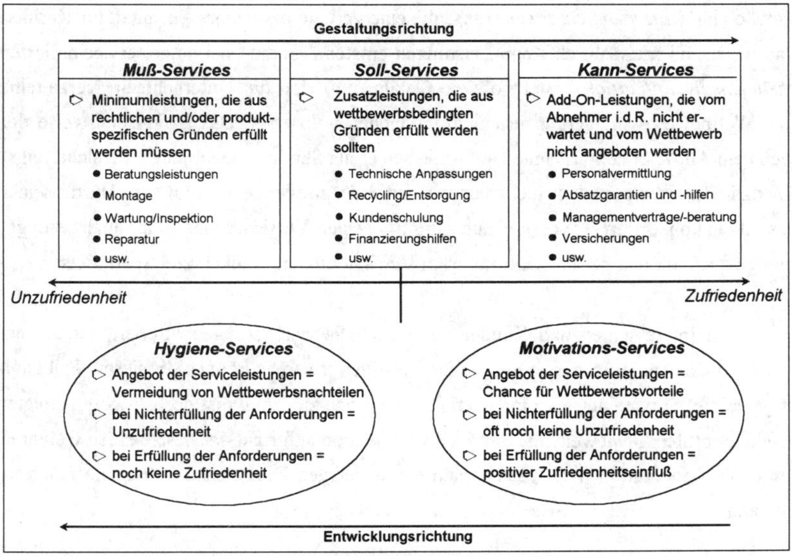

Abb. II-12: Klassifikation nach Muß-, Soll- und Kann-Leistungen

An dieser Stelle sei auch noch einmal explizit darauf hingewiesen, daß sowohl Muß- als auch Soll- und Kann-Leistungen gegen direktes Entgelt angeboten werden können. Diese Entscheidung über eine direkte Entgeltforderung ist abhängig von gesetzlichen, marktlichen und unter-

143 Vgl. zum Begriff Hyper-Service-Wettbewerb die grundsätzlichen Ausführungen bei D'Aveni, R.A.: Hyper-

nehmerischen Einflußfaktoren. Häufig läßt sich jedoch in Wissenschaft und Praxis die Auffassung feststellen, daß es sich beim Service ausschließlich um unentgeltliche Zusatzleistungen handelt. Doch nicht nur die Tatsache, daß z.B. Reparaturleistungen - die üblicherweise zu den klassischen Elementen des Service gezählt werden - nach Ablauf der Gewährleistungspflicht den Kunden in Rechnung gestellt werden, weist auf eine unzureichende Begriffsfassung hin. Auch die Tatsache, daß letztlich alle Leistungen als Kostenträger im Unternehmen verrechnet werden, in Form von direkten oder von indirekten Preisstellungen über die Kernleistung, zeigt, daß es sich hierbei um kein aussagekräftiges und leistungsfähiges Definitionskriterium handelt. Im schlechtesten Falle führt eine nur unvollständige Weitergabe der Servicekosten über den Preis an die Kunden, z.B. infolge einer starken Preiselastizität der Abnehmer, zu einer Einschränkung der Gewinnmarge bzw. Deckungsbeiträge.

Kombiniert man die Einteilung von Muß-, Soll- und Kann-Leistungen mit dem Grad der Affinität zur Kernleistung in einer Matrix, dann lassen sich zwei unterschiedliche strategische Stoßrichtungen ableiten: eine *Kernleistungs- / Produkterweiterung*, die durch einen hohen bis mittleren Produktbezug gekennzeichnet ist und sich vor allem auf Muß- und Soll-Leistungen bezieht, sowie eine *Unternehmenserweiterung*, die eine geringe bzw. keine Affinität zur Kernleistung aufweist und meist durch Kann-Leistungen entsteht. Gerade bei einer serviceinitiierten *Unternehmensdiversifikation* besteht oft die Gefahr, daß sich die Unternehmen „verzetteln" und eine Wettbewerbsverlagerung in andere Branchen vollziehen. Das ist beispielsweise der Fall, wenn ein Automobilunternehmen aufgrund seiner als Service angebotenen Versicherungs- und Finanzdienstleistungen nicht mehr nur mit anderen Autoherstellern um den Absatz seiner Kernleistungen konkurriert, sondern gleichzeitig mit seinen Versicherungs- und Finanzierungskonditionen auch mit etablierten institutionellen Versicherungen, Banken und Sparkassen.

Häufig werden Interessenten und Kunden dann auch Serviceleistungen offeriert, die sie bei spezialisierten Fachbetrieben besser und / oder günstiger erwerben können. In diesem Fall kann ein gut gemeinter Service negative Imageeffekte nach sich ziehen. Es ist deshalb vom Anbieter im Vorfeld zu prüfen, inwieweit eine Servicediversifikation aufgrund der bestehenden Gefahren allein oder in Kooperation mit Unternehmen der jeweiligen Dienstleistungsbranche realisiert werden kann.

In Abbildung II-13 ist eine derartige Typologie am Beispiel des Automobilhandels wiedergegeben.[144]

---

wettbewerb - Strategien für die neue Dynamik der Märkte, Frankfurt/New York 1995, S. 22ff.

[144]Vgl. hierzu Meffert, H.: Kundendienst und Dienstleistungsmarketing im Automobilbereich, in: Diez, W./Brachat, H., Grundlagen der Automobilwirtschaft, Ottobrunn 1994, S. 196; Mann, A.: Grundlagen der Service-Politik im internationalen Automobil-Wettbewerb, in: Hünerberg, R./Heise, G./Hoffmeister, M. (Hrsg.), Internationales Automobilmarketing, Wiesbaden 1995, S. 455

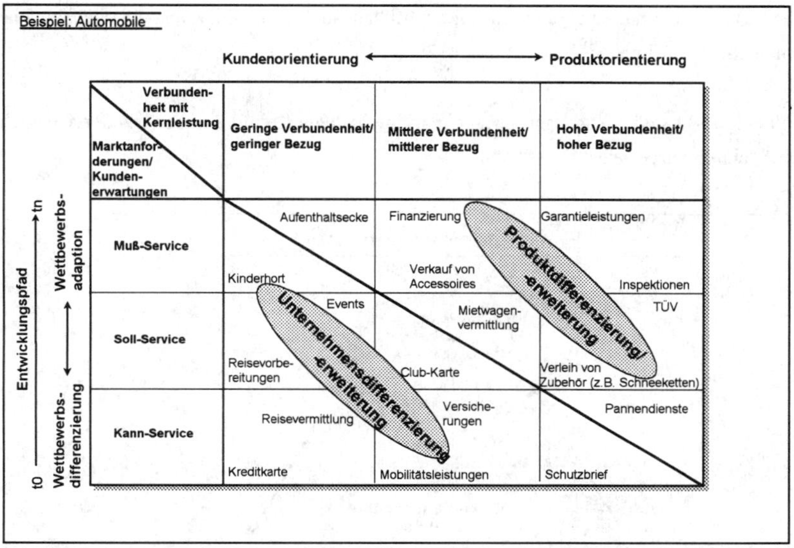

Abb. II-13: Strategische Servicefelder
(Quelle: in Anlehnung an Laakmann, K.: Value-Added-Services, a.a.O., S. 19)

2.2. Funktionen und Ziele des Service

In den vorstehenden Ausführungen wurden schon einzelne wichtige Ansatzpunkte und Aufgaben des Service angesprochen. Die generellen, extern ausgerichteten Funktionen des Service liegen zum ersten in der Schaffung von Kundenpräferenzen und der Differenzierung gegenüber dem Wettbewerb (Akquisitionsfunktion des Service). Insofern dienen Serviceleistungen als Instrument zur Individualisierung und Flexibilisierung von Marktleistungen. Voraussetzung hierfür sind Informationen über die Anforderungen der Kunden, die Aktivitäten und das strategische (Service-) Potential der Wettbewerber sowie die zielgruppenbezogene Kommunikation und Demonstration der Problemlösungskompetenz des Unternehmens. Auch hierfür lassen sich - wie bereits oben angedeutet - Serviceleistungen nutzen. Damit übernimmt der Service als zweites auch eine Informations- und Kommunikationsfunktion, die jedoch nicht nur extern am Markt ausgerichtet ist, sondern auch intern im Unternehmen ansetzen kann. Informationsbeschaffung und -versorgung sind aber nicht nur für eine erfolgreiche Akquisition erforderlich. Auch für die dritte wesentliche Funktion des Service, die Kunden- und Lieferantenbindung, ist sie ein wichtiger Bestandteil. Damit wird bereits ersichtlich, daß die drei angesprochenen Funktionen zumindest partiell interdependent sind. Hinzu kommt, daß die einzelnen Serviceleistungen meistes nicht nur eine Funktion isoliert erfüllen, sondern häufig zwei Aufgabenbereiche in Kombination realisieren.[145]

In Abbildung II-14 sind die angesprochenen marktgerichteten Kernfunktionen des Service noch einmal graphisch dargestellt.

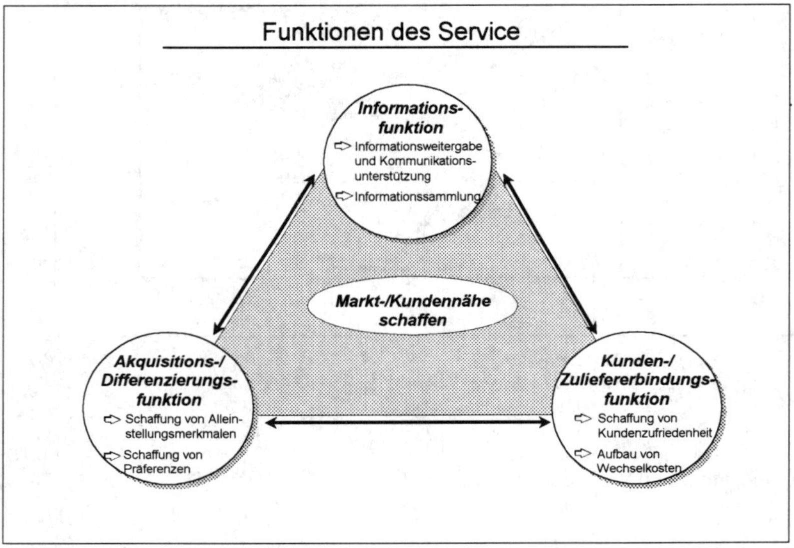

Abb. II-14: Wesentliche Kernfunktionen des Service

Nachfolgend sollen die einzelnen Kernfunktionen detaillierter beschrieben und die damit verbundenen Anforderungen und Umsetzungsprobleme des Service erörtert werden.

2.2.1. Informations- und Kommunikationsfunktion

Die Informations- und Kommunikationsfunktion des Service ergibt sich sowohl aus dem Wesen und der Aufgabe einzelner Serviceleistungen selbst (z.B. Beratung, Schulung, Instruktion) als auch aus der Besonderheit personenbezogener Serviceleistungen, die durch einen engen Kontakt zwischen Anbieter und Nachfrager sowie aus notwendigen Interaktionsprozessen bei der Erstellung von Serviceleistungen (z.B. Kontaktaufnahme zur Spezifikation von Reparaturaufträgen) charakterisiert sind.

---

[145] Vgl. auch Deppe, M.: Software-Service, a.a.O., S. 34

Im Serviceprozeß wird also bewußt oder unbewußt kommuniziert bzw. als Serviceergebnis informiert. Bei der bewußten und geplanten Kommunikation geht es zumeist darum, dem Kunden ganz spezifische Informationen über die Kernleistung und ihren effektiven Ge- oder Verbrauch sowie über innovative Anwendungsfelder und Einsatzmöglichkeiten zu geben. Dadurch sollen bei Interessenten spezifische Präferenzen geschaffen und die Akquisitionsfunktion unterstützt werden. Außerdem soll hierdurch in bestehenden Geschäftsbeziehungen die Kundenzufriedenheit gesteigert und Kundenbindung erreicht oder gefestigt werden.

Darüber hinaus werden auch Serviceleistungen durchgeführt, um die Kommunikation zwischen Anbieter und Nachfrager zu vereinfachen sowie den Informationsfluß zwischen beiden zu verbessern und zu beschleunigen. Service übernimmt in diesem Fall eine Informations- und Kommunikationsunterstützungsfunktion. Die Einrichtung eines Informations-Centers übernimmt beispielsweise genau diese Aufgabe.

Des weiteren ermöglicht der Serviceprozeß dem Unternehmen, Informationen über den Kunden sowie dessen Probleme und Erwartungen zu generieren.[146] Diese Daten geben u.a. Aufschluß über die Produkt- und Servicezufriedenheit, die Produkt- und Serviceerwartungen / -anforderungen sowie potentielle Nachfrageentwicklungen und Anwendungs- / Konsumtrends. Sie liefern damit Hinweise für die Entwicklung und Modifikation neuer Kern- und auch Serviceleistungen sowie für die Kapazitätsplanung von Sachgütern und Serviceleistungen.[147] Außerdem lassen sich Informationen über generelle Einstellungen der Kunden gegenüber dem Unternehmen und seinen Wettbewerbern im direkten Kontakt ermitteln, die zur Beurteilung der relativen Stärken und Schwächen des eigenen Unternehmens herangezogen werden können. Gerade in bestehenden Geschäftsbeziehungen werden durch die oft servicebedingten persönlichen Bekanntschaften zwischen (Service-) Mitarbeitern des Unternehmens und dem Kunden bzw. dessen Repräsentanten detaillierte Hinweise auf Ausmaß und Qualitätsniveau von Wettbewerberaktivitäten gegeben.

Zudem lassen sich auch produkt- bzw. kernleistungsbezogene Informationen erheben, die Hinweise auf die Störanfälligkeit, Reparaturhäufigkeit, mögliche Konstruktionsfehler und Handlingbarrieren beim Produkt geben. Hieraus lassen sich dann beispielsweise sowohl Kundendienstbedarfe und Kapazitätsanforderungen erkennen als auch Möglichkeiten zur Produktverbesserung und -modifikation ableiten.

[146]Vgl. z.B. Frisch, W.: Service-Management, a.a.O., S.179

[147]Vgl. Buttler, G./Stegner, E.: Industrielle Dienstleistungen, in: Zeitschrift für betriebswirtschaftliche Forschung, 42. Jg., 1990, Heft 11, S. 938; Wiersema, F./Heinrich, K.: Jedem Kunden sein Produkt, in: absatzwirtschaft, 36. Jg., 1993, Heft 2, S. 40

Wichtig ist in diesem Zusammenhang, daß die erhobenen Informationen im Unternehmen auch an die entsprechende Stelle weitergeleitet werden. Nur so können die Daten zur Entscheidungsfindung im Rahmen der Neuprodukt- und Kapazitätsplanung sowie zum Produkt- und Servicecontrolling genutzt werden. Hierfür sind die notwendigen Informations- und Kommunikationsstrukturen zu schaffen und sicherzustellen. Gleichzeitig sind die Kunden- und Produktdaten systematisch zu erheben und auszuwerten, um bereits bei Informationsbeschaffung die Qualität der Daten - im Sinne der Informationsbedarfsdeckung, Validität und Aktualität der Informationen - als Entscheidungsgrundlage zu gewährleisten.[148] Dies setzt wiederum ein geplantes und strukturiertes Vorgehen voraus. Hierdurch wird der Serviceprozeß gleichzeitig auch zu einem Marktforschungsprozeß, der über eine provisorische, eher zufällige Markterkundung hinausgeht und gezielt Unwissenheit beim Anbieter abbauen kann. Die in vielen Unternehmen häufig vorkommende organisatorische Trennung von marktorientierten Funktionsbereichen (wie z.B. Vertrieb und Kundendienst) erschwert dabei eine integrierte Informationsaufnahme und -sammlung, da abteilungsbezogen unterschiedliche Informationsbedarfe bestehen. Es sind deshalb entsprechende organisatorische Maßnahmen zur Koordination der einzelnen Informationsaktivitäten durchzuführen.

Durch die Informations- und Kommunikationsfunktion wird der Service einerseits zu einem Instrument für mehr Markt- und Kundennähe, indem durch den gezielten Dialog mit den Abnehmern nicht nur eine geistige, sondern auch eine formal-organisatorische Affinität zum Kunden geschaffen wird, die ein flexibles Eingehen auf spezifische Kundenbedürfnisse und -erwartungen ermöglicht.[149] Andererseits ist aber durch die Integration des externen Faktors, gerade bei persönlichen Servicekontakten, auch ein kundennahes Verhalten der Mitarbeiter erforderlich, um die erwartete Servicequalität zu liefern.

2.2.2. Akquisitions- und Differenzierungsfunktion

Die Akquisitions- und Differenzierungsfunktion besteht in der Schaffung von Präferenzen bei potentiellen und bestehenden Kunden sowie in der Realisierung von Alleinstellungsmerkmalen gegenüber Konkurrenten. Beide Funktionen stehen untereinander in einem engen Zusammenhang. Das Ziel ist, die Attraktivität der eigenen Kernleistung durch das Angebot von Services als Zusatzleistungen gegenüber Wettbewerbsangeboten zu erhöhen und damit das akquisitori-

[148] Vgl. Hünerberg, R.: Integrierte Marketing-Informationssysteme, in: Brosda, V./Jaspersen, T. (Hrsg.), Lean Information Management, Bergheim 1995, S. 100f.

[149] Vgl. zum Begriff Kundennähe die unterschiedlichsten Auffassungen bei Albers, S./Eggert, K.: Kundennähe - Strategie oder Schlagwort, in: Marketing - Zeitschrift für Forschung und Praxis, 10. Jg., 1988, Heft 1, S. 11ff.; Homburg, C.: Closeness to the Customer in Industrial Markets, in: Zeitschrift für Betriebswirtschaft, 65. Jg., 1995, Heft 3, S. 311ff.; Simon, H.: Kundennähe als Wettbewerbsstrategie und Führungsherausforderung, in: Kistner, K.-P./Schmidt, R. (Hrsg.), Unternehmensdynamik, Wiesbaden 1991, S. 254ff.

sche Potential sowie das Differenzierungspotential auszuweiten. Darüber hinaus sollen Adaptionsbarrieren als Kaufhemmnisse, die einem positiven Kaufentscheid entgegenwirken, durch Serviceleistungen abgebaut werden. Zur Ausnutzung von Akquisitionseffekten und zur Reduktion von Kaufbarrieren bieten sich vor allem Pre-Sales-Serviceleistungen an, weil sie vor dem Kaufakt erbracht werden und auf die Entscheidungsfindung einwirken.[150] Allerdings haben auch After-Sales-Aktivitäten (z.B. Reparaturleistungen und -zeiten bei Maschinen), die bereits vor dem Kauf angeboten und als zugesicherte Zusatznutzen im Falle einer Kaufentscheidung versprochen werden, eine vertrauensbildende Wirkung. Sie können zu einer vorkaufsbezogenen Eindämmung kognitiver Dissonanzen führen und das akquisitorische Potential positiv beeinflussen. Hierbei handelt es sich um die Möglichkeit, in den Augen der Kunden eine Einzigartigkeit des Angebots zu schaffen, die eine quasi-monopolistische Stellung für dieses spezielle Problemlösungsbündel erlaubt.[151]

Da sich auf den meisten Märkten die Kernleistungen immer stärker angleichen, hängt die Schaffung eines akquisitorischen Potentials zunehmend stärker von den angebotenen Zusatzleistungen und damit auch von Serviceleistungen ab. Dies kann sowohl durch produktbezogene technische Dienstleistungen als auch durch kundenbezogene (kaufmännische) Serviceleistungen erreicht werden. Meist handelt es sich um eine Kombination von Teilleistungen aus beiden Servicebereichen. Insbesondere fakultative Kann-Leistungen sind hierfür prädestiniert. Aber auch obligatorische Muß- und Kann-Serviceleistungen können aus Sicht der Kunden ein Differenzierungs- und Alleinstellungsmerkmal aufweisen, wenn sie beispielsweise gegenüber Konkurrenzangeboten besonders preisgünstig und / oder qualitativ sehr hochwertig angeboten werden. Grundsätzlich gilt, daß der Service ein hohes Differenzierungspotential besitzt, wenn[152]

- die Serviceleistungen aus Sicht des Kunden einen wichtigen produkt- und / oder personenbezogenen Nutzenbeitrag liefern,
- die Serviceleistungen besser und / oder günstiger sind als die Serviceangebote der Wettbewerber,
- der relative Servicevorteil von den Kunden auch als solcher wahrgenommen wird und
- der Serviceanbieter die überlegene Leistungsfähigkeit aufgrund spezifischer Servicekompetenzen langfristig sichern kann.

Die Schaffung von servicebezogenen Präferenzen erfordert also - wie bereits auch schon oben angedeutet - bei der Auswahl der anzubietenden Serviceleistungen genaue Kenntnisse über Anforderungen und Nutzenerwartungen der Kunden an den Service sowie Informationen über

---

[150] Vgl. Wimmer, F./Zerr, K.: Systemplanung als Aufgabe des Systemmarketing, in: Marketing - Zeitschrift für Forschung und Praxis, 16. Jg., 1994, Heft 4, S. 230

[151] Vgl. insbesondere Gutenberg, E.: Grundlagen der Betriebswirtschaftslehre, Bd. 2 - Der Absatz, 17. Aufl., Berlin et al. 1984, S. 243 und 247ff.

Umfang und Qualität der Konkurrenzaktivitäten. Da sich sowohl die Kundenanforderungen als auch das Wettbewerbsangebot im Zeitablauf ändern, ist eine systematische und kontinuierliche Informationserhebung und -auswertung unerläßlich, um die Akquisitions- und Differenzierungsfunktion des Service sicherzustellen. Dabei ist auch zu prüfen, inwieweit obligatorische Serviceleistungen, die nur ein geringes akquisitorisches Potential aufweisen, gänzlich eliminiert werden können. Denn wenn bestimmte Serviceleistungen für die Kunden oder zumindest für bestimmte Kundengruppen keinen wesentlichen Nutzen liefern und auch nicht mehr zur positiven Konkurrenzabhebung dienen, können sie aus Kostengesichtspunkten auch aus dem Serviceprogramm herausgenommen oder bei reduzierten Kosten zumindest von außen zugekauft werden (Service-Outsourcing). Kundenbefragungen und interne Absatz- bzw. Inanspruchnahme-Statistiken geben meist Auskunft über die Bedeutung und Nachfrage von bestimmten Serviceleistungen sowie über deren Nutzenbeitrag für die Abnehmer. Allerdings sind auch Verbundeffekte, die bei einer zu vorschnellen Eliminationsentscheidung zu negativen Nachfrage-Konsequenzen führen können, zwischen bestimmten Serviceleistungen untereinander zu berücksichtigen. Deshalb sollten die einzelnen obligatorischen Serviceleistungen nicht isoliert in bezug auf ihre Nutzenwirkung zur Kernleistung untersucht werden, sondern immer in Verbindung mit anderen obligatorischen und fakultativen Servicekomponenten. Erst wenn sich auch bei den Verbundanalysen keine klare Nutzensteigerung feststellen läßt, sind diese Leistungen zu eliminieren, um dem oft beklagten „Service-Wildwuchs" entgegenzuwirken.[153]

2.2.3. Kunden- und Zuliefererbindungsfunktion

Während die Akquisitionsfunktion darauf ausgerichtet ist, Neukunden zu gewinnen und im Rahmen einer horizontalen Absatzausweitung den Kundenstamm zu vergrößern, zielt die Kundenbindungsfunktion darauf ab, im Rahmen einer vertikalen Absatzausweitung den bestehenden Kundenstamm auszuschöpfen und die Wiederkaufquote zu erhöhen.[154] Die Bindungsfunktion von Serviceleistungen kommt vor allem After-Sales-Services zu. Sie bezieht sich aber nicht nur auf die Festigung von Kundenbeziehungen, sondern auch auf die stärkere Integration von wichtigen Zulieferern. Das Ziel ist, die Loyalität von wichtigen Kunden und Lieferanten zu steigern. Damit wird deutlich, daß Serviceleistungen sowohl in der Beschaffung als auch beim Absatz eine bedeutende Rolle spielen können.

---

[152]Vgl. auch Simon, H.: Management strategischer Wettbewerbsvorteile, in: Zeitschrift für Betriebswirtschaft, 58. Jg., 1988, Heft 4, S. 465; Zerr, K., a.a.O., S. 171

[153]Vgl. Sebastian, K.H./Hilleke, K.: Rückzug ohne Risiko, Teil I, in: absatzwirtschaft, 37. Jg., 1994, Heft 1, S. 51

[154]Vgl. Deppe, M.: Software-Service, a.a.O., S. 27; Frisch, W.: Service-Management, a.a.O., S. 159

Voraussetzung für eine größere Kunden- und Lieferantenloyalität gegenüber dem Unternehmen ist vor allem die Schaffung einer Kunden- bzw. Lieferantenzufriedenheit. Dabei gilt im Sinne einer linearen Funktionalität, daß mit zunehmender Zufriedenheit auch die Bindung an das Unternehmen wächst. Allerdings ist zu beachten, daß mit dem linearen Zusammenhang zwischen den beiden Größen nicht unbedingt auch ein proportionales Steigungsverhältnis verbunden ist. So wechseln immer wieder Kunden vertraute Marken und Unternehmen, obwohl sich bei ihnen keine Unzufriedenheit eingestellt hat. Meist liegen die Gründe für einen Wechsel in diesen Fällen schlicht in dem Streben nach Abwechslung. Dieses Phänomen wird auch als Variety-Seeking-Problem bezeichnet.[155] Allerdings zeigt sich in der Praxis auch, daß dieses Problem bei sehr zufriedenen / begeisterten Kunden oft nicht in Erscheinung tritt. Dies liegt vor allem daran, daß hochzufriedene und begeisterte Kunden nicht das Risiko eingehen wollen, daß sie zum gleichen oder ähnlichen Preis bei einem anderen Anbieter nicht die gleiche herausragende Qualität erhalten wie bei ihrem Stamm-Unternehmen. Diese endogene Qualitätsunsicherheit hinsichtlich des zu erwartenden Nutzens eines anderen Anbieters ist besonders stark bei Dienstleistungen mit einem hohen Anteil intangibler Elemente ausgeprägt.

Der Service kann an zwei Wirkungsrichtungen zur Kunden- und auch Lieferantenbindung ansetzen. Zum einen kann er dazu beitragen, eine sehr ausgeprägte Zufriedenheit zu erzielen, die das Variety-Seeking-Problem hinfällig werden läßt. Hierbei werden durch positive Erfahrungen beim Umgang mit dem Unternehmen und seinen Serviceleistungen psychologische Wechselbarrieren aufgebaut. Das ist vor allem bei personenbezogenen Serviceleistungen der Fall, bei denen durch die Interaktion der Servicemitarbeiter mit dem Geschäftspartner persönliche Beziehungen entstehen können. Aber auch mit technischen Dienstleistungen die - in Relation zu den Konkurrenzleistungen - einen großen Kundennutzen transferieren, können derartige Wechselbarrieren aufgebaut werden. Die Einrichtung von Kundenclubs und die Ausgabe von Kundenkarten können ebenfalls zu derartigen psychologischen Abwanderungsbarrieren führen.

Psychologische Wechselbarrieren liegen also weniger darin begründet, daß der Geschäftspartner aufgrund seiner positiven Erfahrungen mit dem Anbieter nicht oder nur unter erschwerten Bedingungen wechseln kann, sondern vielmehr nicht wechseln will. Die Gründe hierfür liegen neben der angesprochenen Zufriedenheit vor allem in dem Vertrauen des Transaktionspartners in die Leistungsfähigkeit und -bereitschaft des Anbieters bzw. Nachfragers. Während bei zufriedenheitsbedingten Wechselbarrieren der jeweilige Geschäftspartner ex post eine bewußte Soll-Ist-Bewertung bezüglich seiner Erwartungen und Anforderungen an die Marktleistung gegenüber dem wahrgenommenen und erfahrenen Nutzen der Transaktion durchführt, wird bei

[155] Vgl. McAlister, L.: A Dynamic Attribute Satiation Model of Variety-Seeking Behavior, in: Journal of Consumer Research, 9. Jg., 1992, September, S. 141ff.; Tscheulin, D.K.: "Variety-seeking-behavior" bei nicht-habitualisierten Konsumentscheidungen, in: Zeitschrift für betriebswirtschaftliche Forschung, 46. Jg., 1994, Heft 1, S. 54f.

einer vertrauensbasierten Bindung auf eine bewußte Kontrolle verzichtet. Vertrauen kann sowohl durch positive Erfahrungen mit der Marktleistung und dem Unternehmen aus der Vergangenheit entstehen als auch aufgrund fehlender Informations- und Kontrollmöglichkeiten. Im letzteren Fall wird Vertrauen dann notwendigerweise als Substitut fehlender Informationen herangezogen. Serviceleistungen können in beiden Bereichen ansetzen, indem sie durch Zufriedenheitssteigerung ein Vertrauenspotential aufbauen und / oder als Indikator für Leistungs- und Qualitätsmerkmale Vertrauen schaffen.

Zum anderen kann der Service flankierend aber auch darauf ausgerichtet sein, durch *vertragliche* und sonstige *formelle Bindungen* Wechselbarrieren aufzubauen. Die Bindung eines Kunden / Lieferanten an das Unternehmen erfolgt in diesem Fall weniger auf der Basis einer innerlichen Überzeugung als vielmehr auf der Grundlage ökonomischer Zwänge. Hierbei geht es darum, daß durch Serviceleistungen spezifische monetäre Investitionen auf seiten der Abnehmer oder Zulieferer erfolgt sind, die bei einem Wechsel untergehen und nicht desinvestiert werden könnten. Es ist auch möglich, daß die Nutzung der angebotenen Serviceleistungen auch ohne wesentliche Investitionen Kostenvorteile für die Geschäftspartner aufweist, die bei einer Abwanderung ebenfalls verlorengehen (sog. Opportunitätskosten).[156]

2.3. Integration des Service in das Marketing

Die vorstehend aufgeführten marktorientierten externen Funktionen des Service machen eine kurze inhaltliche Klärung der Zusammenhänge zwischen dem Marketingkonzept und der Serviceorientierung ebenso erforderlich wie eine instrumentelle Abgrenzung des Service gegenüber anderen Marketing-Mix-Bereichen.

2.3.1. Konzeptionelle Einordnung in den Marketingansatz

Betrachtet man zunächst die grundlegende Einordnung des Service auf der konzeptionellen Ebene des Marketing, so läßt sich feststellen, daß die dem Marketing zugrunde liegende Denkhaltung auch für den Service gilt.

---

[156]Vgl. zur allgemeinen Problematik der Wechselkosten insbesondere Jackson, B.B.: Winning and Keeping Industrial Customers, Lexington (Mass.) 1985, S. 53ff.; ders.: Build Customer Relationships that Last, in: Harvard Business Review, 63. Jg., 1985, Heft 6, S. 125f.; Plinke, W.: Die Geschäftsbeziehung als Investition, in: Specht, G./Silberer, G./Engelhardt, W.H. (Hrsg.), Marketing-Schnittstellen, Stuttgart 1989, S. 312f. und S. 318f.; Weiber, R./Beinlich, G.: Die Bedeutung der Geschäftsbeziehung im Systemgeschäft, in: Marktforschung & Management, 38. Jg., 1994, Heft 3, S. 122ff.

Grundgedanke des unternehmerischen *Marketing* ist eine umfassende Ausrichtung aller Unternehmensaktivitäten an die Markt- und Kundenanforderungen mit dem Ziel, Austauschbeziehungen herbeizuführen und langfristig zu festigen, um somit das Überleben des Unternehmens zu sichern.[157] Dies erfordert im Wettbewerb der Unternehmen, daß die Leistungsangebote so gestaltet werden, daß sie aus Sicht der Kunden einen *Konkurrenzvorteil* aufweisen und Präferenzen für das eigene Angebot schaffen. Das ist der Fall, wenn die angebotenen Marktleistungen die Kundenanforderungen besser und / oder günstiger erfüllen. Dies kann durch eine Vielzahl von Unternehmensfunktionen erreicht werden, die an dem Wertschöpfungsprozeß beteiligt sind. So kann sich eine vom Kunden als vorteilhaft eingeschätze Produktqualität sowohl durch eine fehlerfreie *Produktion* und benutzerfreundliche *Konstruktion* als auch durch eine umfassende Produktschulung durch qualifiziertes *Personal* zusammensetzen. Damit wird deutlich, daß Marketing mehr umfaßt als die klassische Absatzfunktion, die sich ausschließlich auf den absatzpolitischen Instrumentaleinsatz zur Leistungsverwertung beschränkt. Marketing setzt bereits bei der Disposition einer marktgerechten Leistungserstellung an und erfordert die systematische Erfassung der Kundenerwartungen und Wettbewerberaktivitäten, auf die dann ein gezielter Einsatz präferenzschaffender Instrumente erfolgt.

Die zunehmende Orientierung am übermarktlichen Determinanten und die damit verbundene Neubestimmung eines sehr eng formulierten, lediglich auf ökonomischen Zielsetzungen aufbauenden Marketingansatzes, hat im Rahmen einer Vertiefung (*Deepening*) des Marketingverständnisses verstärkt zu einer Ausdehnung der unternehmerischen Zielinhalte um ökologische, soziale und ethische Komponenten geführt. Diese Betonung neuer bzw. zusätzlicher Zielinhalte spiegelt auch die marketinginhärente Orientierung an unternehmensbezogenen externen und internen Engpässen bzw. Einflußfaktoren wider.[158] Je nach Bedeutung und Berücksichtigung des Engpasses bzw. Gestaltungsbereichs kommt es im Unternehmen zu spezifischen Anwendungen des Marketinggedankens in unterschiedlichen Funktions-, Gestaltungs- und Wertschöpfungsbereichen, beispielsweise in Form eines Personalmarketing, Beschaffungsmarketing oder Öko-Marketing.

Fast gleichzeitig mit der Vertiefung des Marketing auf unternehmerische Funktionsbereiche wurde die Idee der Initiierung und Steuerung von Austauschprozessen als Kern des Marketing auch auf andere, nicht-kommerzielle Beziehungssituationen angewendet. Mit dieser Ausweitung (*Broadening*) des Marketing auf sonstige soziale / zwischenmenschliche Prozesse und öffentliche Belange ist eine umfassende Marketing-Sichtweise geschaffen worden, die im Sinne

---

[157]Vgl. auch Bagozzi, R.P.: Marketing as Exchange, in: Journal of Marketing, 39. Jg., 1975, October, S. 39; Grönroos, C.: Service Management and Marketing - Managing the Moments of Truth in Service, Lexington (Mass.) 1990, S. 138; Houston, F.S./Gassenheimer, J.B.: Marketing and Exchange, in: Journal of Marketing, 51, Jg., 1987, October, S. 3ff.; Hünerberg, R.: Marketing, a.a.O., S. 5; Krulis-Randa, J.S.: Marketingwissenschaft, a.a.O., S. 150

[158]Vgl. auch Raffée, H.: Marketing und Umwelt, Stuttgart 1979, S. 4

einer technologischen Beeinflussungskonzeption auch als Sozialtechnik bezeichnet werden kann.[159] Dieses sog. *Generic Marketing*[160] geht dabei weit über das übliche betriebswirtschaftliche Marktverständnis hinaus und bezieht sich nicht nur auf überbetriebliche Sachverhalte, sondern auch auf unternehmensinterne Austauschbeziehungen. Hier setzt beispielsweise das interne Marketing an, das Marketing- und Führungstheorien / -konzepte in Kombination anwendet. Damit wurde neben dem Engpaß- insbesondere das Gratifikationsprinzip als wesentlicher Bestandteil des Marketingfundaments in den Vordergrund gerückt. Grundaussage dieses Prinzips ist, daß Austauschbeziehungen nur dann zustande kommen, wenn hierfür Anreize in Form von Vorteilen bzw. Gratifikationen bestehen.

In der vorliegenden Untersuchung sollen die Austauschbeziehungen mit und die Verhaltensweisen von Kunden auf dem Absatzmarkt im Vordergrund stehen. Deshalb wird für die folgenden Ausführungen der Marketingbegriff im Sinne einer *absatzmarktorientierten* Unternehmensführung bezeichnet, in deren Zentrum eine konsequente Kunden- und Wettbewerbsorientierung steht. Unter Kundenorientierung soll die grundlegende Bereitschaft und Fähigkeit eines Unternehmens zur Berücksichtigung von Kundenbedürfnissen und -erwartungen verstanden werden. Es handelt sich daher sowohl um eine Handlungsmaxime als auch um eine unternehmenskulturelle Eigenschaft.[161]

Die Kundenanforderungen werden dabei zunehmend stärker auch von ökologischen und sozialen Aspekten geprägt. Damit wird indirekt auch eine Orientierung an gesellschaftlichen und natürlichen Umweltbelangen mit diesem Begriffsverständnis verbunden. Die gleichzeitige Wettbewerbsorientierung verdeutlicht noch einmal, daß die Kundenorientierung in Relation zur Konkurrenz besser umgesetzt werden muß. Allerdings sei darauf hingewiesen, daß auch Markt- und Kundenorientierung immer mit den grundlegenden Zielen des Unternehmens in Einklang zu bringen sind. Hierzu gehört regelmäßig das Streben nach Gewinn als Unterziel der Überlebenssicherung. Entsprechend ist bei der konkreten Umsetzung der Kundenorientierung in Unternehmensaktivitäten und -maßnahmen auch der Beitrag zum langfristigen Unternehmenserhalt zu bewerten. So kann die konsequente und isolierte Ausrichtung an den Kundenanforderungen durchaus unökonomisch sein und gar auf die langfristige Unternehmensentwicklung negativen Einfluß nehmen, wenn z.B. die dadurch entstehenden Kosten nicht über den Preis weitergegeben und getragen werden können oder die Kunden aufgrund der Unmög-

---

159 Vgl. z.B. ebenda, S. 35ff.; Nieschlag, R./Dichtl, E./Hörschgen, H.: Marketing, 17. Aufl., Berlin 1994, S. 25; Wiedmann, K.-P.: Rekonstruktion des Marketingansatzes und Grundlagen einer erweiterten Marketingkonzeption, Stuttgatt 1993, S. 150ff.

160 Vgl. Kotler, P.: A Generic Concept of Marketing, in: Journal of Marketing, 36. Jg., 1972, April, S. 46ff.

161 Vgl. ähnlich bei Kühn, R.: Methodische Überlegungen zum Umgang mit der Kundenorientierung im Marketing-Management, in: Marketing - Zeitschrift für Forschung und Praxis, 13. Jg., 1991, Heft 2, S. 98f.

lichkeit zur Artikulation latenter Bedürfnisse innovationshindernd sind.[162] Deshalb ist neben einer reaktiven Kundenorientierung, die darauf ausgerichtet ist, manifeste Kundenanforderungen zu ermitteln und zu erfüllen, auch eine proaktive Kundenausrichtung erforderlich, die latente Kundenbedürfnisse aufgreift und für entwickelte Problemlösungsangebote ein Nutzenbewußtsein bei Interessenten und Kunden schafft. Marketing ist dann also darauf ausgerichtet, durch eine systematische Marktorientierung zur Erfüllung der Kundenanforderungen bei gleichzeitiger Berücksichtigung von Wettbewerbsaktivitäten die gesteckten Unternehmensziele zu erreichen.

Aus den vorstehenden Ausführungen wird deutlich, daß Marketing ein multidimensionales Konzept ist, das aus mehreren Facetten besteht.[163] Zum ersten handelt es sich hierbei um eine *Maxime bzw. Philosophie* der Unternehmensführung, die den Kunden in den Mittelpunkt aller Überlegungen stellt. Zum zweiten ist es auch eine *Technologie* zur Schaffung von Kundenpräferenzen durch eine gezielte marktorientierte Gestaltung des Absatzsystems und Problemlösungsangebots. Drittens ist es eine hierfür notwendige *Methode* zur systematischen Entscheidungsfindung nach marktorientierten Prioritäten und Kriterien sowie zur Harmonisierung und Koordination von einzelnen Unternehmensfunktionen und -aktivitäten.

Zwar ist die konsequente Markt- und Kundenorientierung auch Bestandteil einer effektiven Servicepolitik, allerdings sind die Serviceaktivitäten wiederum nur ein Element der Unternehmensaktivitäten. Marketing stellt eine Leitstrategie für die gesamte Unternehmenspolitik dar, an der sich auch die Servicepolitik als Teilbereich auszurichten hat. Marketing ist also ein funktionsübergreifendes und integratives Konzept, das alle Funktions- und Unternehmensbereiche auf die spezifischen Marktbedingungen ausrichtet. Diese umfassende Begriffsfassung des Marketing mit dem inhärenten Dominanzanspruch der Engpaßorientierung am Markt hat in der betriebswirtschaftlichen Wissenschaft auch zur *Kritik am Marketingansatz* geführt. Neben ideologischen Einwänden gegen den „Marketing-Imperialismus"[164] und seine „Beschwörungsformeln in einer Dompteursprache für Manager"[165] sind es auch pragmatisch ausgerichtete Kritikpunkte, die auf die abnehmende Problemlösungskraft des Marketing angesichts veränderter marktlicher und gesellschaftlicher Rahmenbedingungen einen „Abschied vom Marketing"[166] oder zumindest eine Neuorientierung postulieren.[167] Ohne vertieft auf diese Kri-

---

[162]Vgl. auch Houston, F.S.: The Marketing Concept - What It Is and What It Is Not, in: Journal of Marketing, 50. Jg., 1986, April, S. 82ff.

[163]Vgl. insbesondere Nieschlag, R. /Dichtl, E./Hörschgen, H., a.a.O., S. 13

[164] Freimann, J.: An den Grenzen der Märkte - Marketing-Imperialismus in der Krise, in: Staehle, W.H./Stoll, E. (Hrsg.), Betriebswirtschaftslehre und ökonomische Krise, Wiesbaden 1984, S. 161ff.

[165]Schneider, D.: Marketing als Wissenschaft oder Geburt einer Marketingwissenschaft aus dem Geiste des Unternehmerversagens?, in: Zeitschrift für betriebswirtschaftliche Forschung, 35. Jg., 1983, Heft 3, S. 201

[166]Gerken, G.: Abschied vom Marketing - Interfusion statt Marketing, Düsseldorf/Wien/New York 1990

[167]Vgl. allgemein hierzu den synoptischen Überblick bei Wiedmann, K.-P.: Rekonstruktion, a.a.O., S. 32ff. sowie bei Meffert, H.: Marktorientierte Unternehmensführung im Umbruch - Entwicklungsperspektiven des

tik einzugehen, sei an dieser Stelle nur angemerkt, daß der Anspruch des Marketing, eine dominante unternehmerische Führungskonzeption zu sein, zum einen in der allgemeinen Engpaßorientierung der Planung bzw. Steuerung begründet ist, die als Gutenbergs „Ausgleichsgesetz der Planung" grundsätzlich auch von den meisten Kritikern anerkannt wird. Weil in praxi eben die Absatzmärkte sehr oft der Engpaß sind, ist eine Unternehmensführung von den Absatzmärkten her und auf diese hin eine logische Konsequenz.[168] Da dem Absatzmarketing diese Engpaßorientierung zugrunde liegt, ergibt sich zwangsläufig für die Dauer des Engpasses eine dominante Markt- und Kundenorientierung. Dennoch kann je nach Unternehmenssituation und -philosophie auch ein anderes Führungskonzept (z.B. finanz- , technologie- oder personalorientierte Führung) zum Tragen kommen.[169] Allerdings ist zu berücksichtigen, daß die langfristige Unternehmensexistenz auf nicht-monopolistischen Märkten letztlich von den erzielten Erfolgen auf seinen Absatzmärkten abhängt, woraus sich die Forderung nach einem grundsätzlichen (absatz-) marktorientierten Denken und Handeln aller Wertschöpfungsphasen zur Schaffung von Wettbewerbsvorteilen ableitet.[170] Hinzu kommt, daß auch in Verkäufermarktsituationen ohne Absatzmarkt-Engpaß der Marketingansatz mit seiner konsequenten Marktorientierung zur Erzielung von Konkurrenzvorteilen seine Berechtigung hat. Der Unterschied zur oben zugrunde gelegten Käufermarktsituation besteht lediglich darin, daß sich die Märkte als Orientierungsfokus geändert haben. Statt des Absatzmarktes sind es dann die Beschaffungsmärkte für Kapital, Personal, Betriebsmittel und Einsatzstoffe, auf denen Wettbewerbsvorteile erzielt werden müssen. Da oft neben dem Absatzmarkt auch noch andere Engpässe und / oder in verschiedenen Wertschöpfungsphasen Potentiale für Wettbewerbsvorteile vorhanden sind, ist meist ein auf mehrere Märkte und Funktionen ausgerichtetes (marktorientiertes) Führungskonzept (sog. *Balanced Marketing*) notwendig.[171]

Zum anderen sind Unternehmen - wie von einigen Kritikern selbst angemerkt - teleologisch schon darauf ausgerichtet, Lösungsangebote für den Markt herzustellen. Von daher sind letztlich alle Unternehmen marktorientiert.[172] Allerdings zeigt ein Blick auf die Insolvenzstatistik, daß immer mehr Unternehmen nicht am Markt bestehen können, weil sich ihre Produkte gegen

---

Marketing in Wissenschaft und Praxis, in: Bruhn, M./Meffert, H./Wehrle, F. (Hrsg.), Marktorientierte Unternehmensführung im Umbruch, Stuttgart 1994, S. 9f.

[168] Vgl. Meffert, H.: Marketing und allgemeine Betriebswirtschaftslehre - Eine Standortbestimmung im Lichte neuerer Herausforderungen der Unternehmensführung, in: Kirsch, W./Picot, A. (Hrsg.), Die Betriebswirtschaftslehre im Spannungsfeld zwischen Generalisierung und Spezialisierung, Wiesbaden 1989, S. S. 343; Hansen, U./Stauss, B.: Marketing als marktorientierte Unternehmenspolitik oder als deren integrativer Bestandteil?, in: Marketing - Zeitschrift für Forschung und Praxis, 5. Jg., 1983, Heft 2, S. 77f.; Raffée, H.: Marketing-Wissenschaft, a.a.O., Sp. 1679

[169] Vgl. Meffert, H.. Klassische Funktionslehre und marktorientierte Führung - Integrationsperspektiven aus Sicht des Marketing, in: Adam, D. et al. (Hrsg.), Integration und Flexibilität - Eine Herausforderung für die Allgemeine Betriebswirtschaftslehre, Wiesbaden 1989, S. 403

[170] Vgl. auch Hansen, U./Stauss, B., a.a.O., S. 78

[171] Vgl. Raffée, H.: Marketing und Umwelt, a.a.O., S. 5

[172] Vgl. ähnlich Schneider, D.: Marketing als Wissenschaft, a.a.O., S. 200

die zunehmenden Konkurrenzangebote nicht behaupten können. Dies läßt darauf schließen, daß Marktorientierung keine dichotome, sondern eine ordinale Größe ist, die in bezug auf den Unternehmenserfolg beeinflußt werden kann. Marketing als Koordinationskonzept aller betrieblichen Funktionsbereiche auf dem Markt kann dazu beitragen, einen besseren Fit zwischen Kundenerwartungen und Wettbewerbsanforderungen auf der einen Seite sowie den Unternehmenspotentialen und -ressourcen auf der anderen Seite zu erreichen. Damit wird Marketing zu einem Regulator und Katalysator der Unternehmenspolitik, dessen Aufgabe die Erreichung von Wettbewerbsvorteilen ist, deren Potentiale wiederum in unterschiedlichen Funktionsbereichen liegen können.

Service ist vor dem Hintergrund der oben aufgeführten Mehrdimensionalität des Marketing-Begriffs auf der instrumentellen Ebene angesiedelt, wobei der Serviceeinsatz unter marketingrelevanten Gesichtspunkten (Marketingphilosophie) und nach marktorientierten Kriterien (Marketingmethode) durchgeführt wird. Die instrumentelle Einordnung wird durch die aufgeführten Funktionen und Aufgaben des Service deutlich. Hierbei wird implizit unterstellt, daß es sich beim Service nicht um ein eigenständiges Vermarktungsobjekt handelt. Doch einzelne Serviceleistungen haben sich in vielen Fällen von einem reinen untergeordneten Kuppelprodukt zu einem gleichberechtigten Leistungsträger entwickelt, für den - genau wie bei einer Kernleistung - ganz spezifische, konzeptionelle Marketingüberlegungen nötig sind. Hierzu gehört vor allem die Formulierung von Servicestrategien auf der Basis von Servicezielen und die Ableitung von spezifischen Servicemaßnahmen im Rahmen eines Servicemarketing-Mix.

Die Konzeptionierung eines speziellen Servicemarketing ist vor allem dann relevant, wenn Serviceleistungen einerseits ein wichtiger Bestandteil des Leistungsprogramms von Unternehmen sind und sich diese andererseits erheblich von den eigentlichen Kernleistungen unterscheiden. Dies ist fast immer bei stark immateriellen und kundenintegrativen Serviceleistungen von Industrieunternehmen gegeben, die materielle Sachgüter für einen anonymen Markt herstellen. Hier ist i.d.R. schon aufgrund der Wesensunterschiede zwischen der (sachlichen) Kern- und (dienstleistungstechnischen) Zusatzleistung ein eigenständiges Servicemarketing für ein effektives Servicemanagement notwendig. Bei Dienstleistungsunternehmen kann dies weniger evident und bedeutsam sein. Oft läßt sich hier eine Unterscheidung zwischen Teilleistungen des Dienstleistungskerns und Services als Zusatzleistungen nur schwer und wenig eindeutig vornehmen.

2.3.2. Instrumentelle Einordnung in den Marketing-Mix

In den meisten Lehrbüchern zum (Konsum- und Investitionsgüter-) Marketing wird der Service unter dem Marketing-Mix-Bereich der Produktpolitik subsumiert.[173] Diese Einordnung kennzeichnet die klassische Sichtweise des Service als technischer Kundendienst, der auf die Erhaltung der Funktionsfähigkeit von Sachgütern ausgerichtet ist.

In der vorliegenden Arbeit wird dieser sub-instrumentelle Charakter des Service im Rahmen des Marketing-Mix aufgehoben. Service wird hier - wie Abbildung II-15 zeigt - als eigenständiger Marketing-Mix-Bereich behandelt, und zwar aus folgenden Gründen:

- Zum ersten wird nur man bei einer Gleichstellung mit den anderen Marketingbereichen der zunehmenden Bedeutung des Service als eigenständigem Differenzierungsinstrument im Wettbewerb und als Profilierungsinstrument am Markt gerecht.
- Zum zweiten sind aufgrund des Dienstleistungscharakters der Serviceleistungen häufig andere Gestaltungsanforderungen an den Service gestellt als an Sachleistungen. Deshalb ist es für Industrieunternehmen sinnvoll, diese anders gearteten Leistungen in einen eigenständigen Bereich zu integrieren und spezifisch zu managen und zu vermarkten.
- Zum dritten geht das Leistungsspektrum des Service weit über produktbezogene Dienstleistungen hinaus und tangiert als integrierter Bestandteil alle Bereiche des klassischen Marketing-Mix, und zwar sowohl den Produktbereich als auch den Kommunikations-, Distributions- und Kontrahierungssektor. Service stellt in dem hier zugrunde gelegten Verständnis eine Querschnittsfunktion dar, die sich auf alle zusätzlichen Dienstleistungen im Marketing-Mix bezieht und diese zu einem aufeinander abgestimmten Problemlösungsbündel integriert. Der schwarze Kranz mit dem Pfeil in der Abbildung soll den Querschnittscharakter des Service innerhalb der Instrumentalbereiche verdeutlichen.

---

[173] Vgl. hierzu insbesondere den kritischen Überblick bei Zborschil, I.A., a.a.O., S. 181ff.

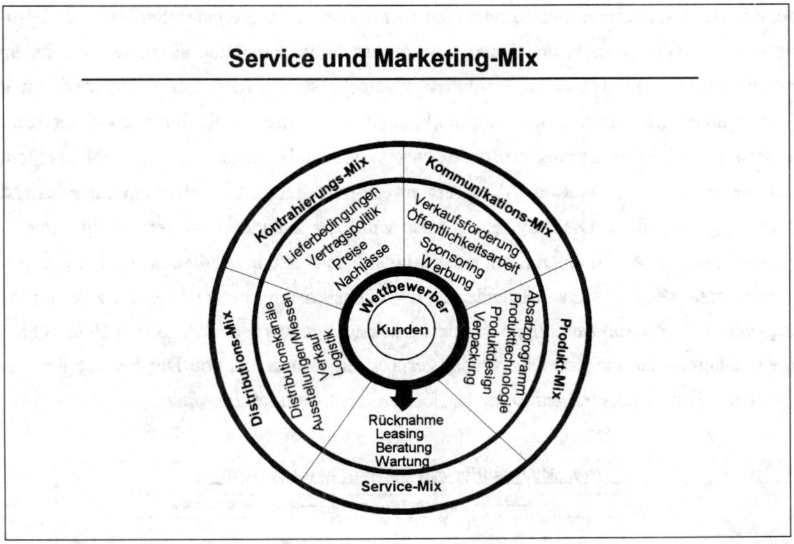

Abb. II-15: Integration des Service in den Marketing-Mix
(Quelle: Mann, A.: Grundlagen der Service-Politik, a.a.O., S. 461)

Der Bedeutungswandel des Service geht mit der Veränderung der Marktbedingungen und dem damit verbundenen Wandel des Marketingverständnisses einher. War die Marktsituation nach dem Zweiten Weltkrieg als Verkäufermarkt gekennzeichnet, bei dem die Marktmacht durch den Nachfrageüberhang auf seiten der Anbieter lag, so hat sich die Situation bis heute auf nahezu allen Märkten diametral entwickelt. Mit dieser Veränderung ist auch der Bedeutungswandel im Marketingansatz und im Serviceverständnis verbunden.[174]

Wie Abbildung II-16 zeigt, wurde Marketing zunächst bis Mitte der 60er Jahre mit einer *Distributionsfunktion* gleichgesetzt. Da keine Engpässe am Absatzmarkt vorhanden waren, bestand das Ziel der Unternehmensführung vor allem darin, die Produktionskapazitäten massiv auszubauen, um den Nachfrageüberhang nach Produkten jeglicher Art abzubauen. Das Problem beim Absatz lag also nicht in der Nachfragestimulierung, sondern vielmehr in der Nachfragebefriedigung und der Allokation der wenigen Güter. Marketing war bei diesem Streben nach Massenproduktion vor allem darauf ausgerichtet, entsprechende effektive Distributionskanäle aufzubauen. *Produktions-* und *Produktorientierung* kennzeichneten die Unternehmensführung.

---

[174] Vgl. im folgenden die Ausführungen zur Entwicklung des Marketing bei Bruhn, M.: Marketing, Wiesbaden 1990, S. 15f.; Meffert, H.: Marketing-Management, a.a.O., S. 3f.; derselbe: Marktorientierte Unternehmensführung im Umbruch, a.a.O., S. 5ff.; Müller-Heumann, G.: Historische Aspekte der Entwicklung des Marketing, in: Bauer, H.H./Diller, H. (Hrsg.), Wege des Marketing, Berlin 1995, S. 178ff. sowie zu den Entwicklungen im Service bei Deppe, M.: Software-Service, a.a.O., S. 4ff.; Weber, M.R.: Erfolgreiches Service-Management, Landsberg/Lech 1989, S. 34ff.; Zborschil, I.A., a.a.O., S. 164ff.

Der Service hatte als technischer Kundendienst im Sinne eines „verlängerten Arms der Produktion“ die Aufgabe, Mängel und Unvollkommenheiten der Fertigung auszugleichen, indem die fehlerhaften Produkte (meist beim Kunden) nachgebessert wurden. Die Aufrechterhaltung der Ersatzteillieferung war eine der Hauptfunktionen der „Reparaturabteilung“, wie der Kundendienst in dieser Zeit oft genannt wurde. Service bzw. Kundendienst waren sowohl aus Sicht der Anbieter als auch aus Sicht der Abnehmer ein „notwendiges Übel“, dem ein entsprechend negatives Image anhaftete. Die Serviceleistungen wurden - zumindest vordergründig - unentgeltlich durchgeführt. Allerdings führten die häufigen Nachbesserungsarbeiten bei den mangelhaften Produkten meist zu stark steigenden Kundendienstkosten, die dann bei der zukünftigen Kalkulation der Produktpreise antizipiert und berücksichtigt wurden, so daß von einer echten Unentgeltlichkeit in den meisten Fällen nicht gesprochen werden konnte. Der Service hatte in dieser Zeit aus Sicht der Unternehmen mehr *„Kosten-* als Leistungs*charakter“*.

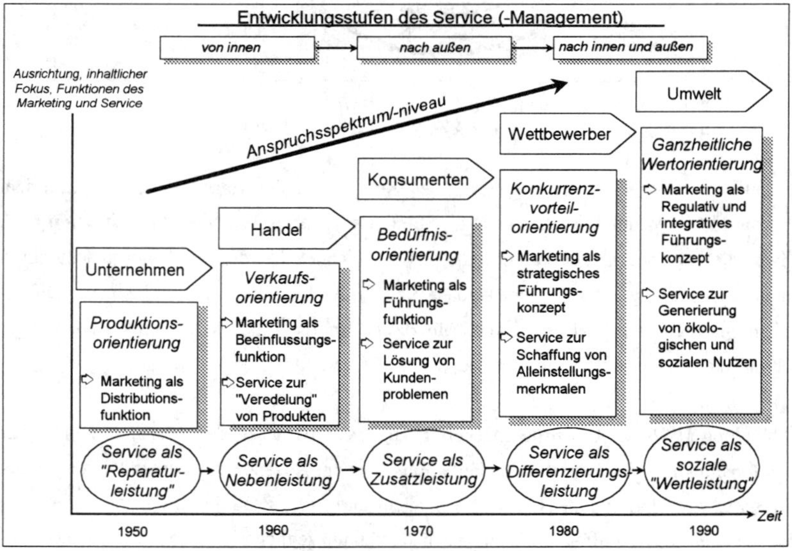

Abb. II-16: Entwicklungstufen des Service als Marketinginstrument
(Quelle: in Anlehnung an Meffert, H.: Marketing-Management, a.a.O., S. 3)

Zu einer ersten großen Veränderung und damit zur zweiten Entwicklungsphase im Marketing- und Serviceverständnis kam es in den meisten Märkten Ende der 60er / Anfang der 70er Jahre. Auf den traditionellen Wachstumsmärkten stockte der Absatz. Die erste große Nachfragewelle ebbte ab und führte zu einem ausgeglichenen Markt- und Machtverhältnis zwischen den Anbietern und Abnehmern. Die Unternehmen mußten sich verstärkt um den Absatz ihrer Produkte bemühen. Erschwert wurden diese Bemühungen durch einen gestärkten Handel, der nicht mehr nur als mechanistischer Warenverteiler auf dem Markt agierte, sondern zunehmend zum Gatekeeper avancierte. Die Konsumgüterhersteller waren vor allem dann erfolgreich, wenn sie durch geschickte Verkaufstechniken den Handel zur Abnahme der produzierten Waren veranlassen konnten. Marketing wurde mit *Verkaufsorientierung* gleichgesetzt und als operative Beeinflussungsmethode charakterisiert. Dies galt auch für Direktvertreiber, die sich sowohl im Konsumgüter- als auch im Investitionsgüterbereich verstärkt um den Absatz ihrer Produkte kümmern mußten.

Der Service hatte dabei die Aufgabe, als „verlängerter Arm des Verkaufs" die Interessenten und Zielkunden zum Kauf anzuregen. Neben typischen Leistungen des technischen Kundendienstes auf der Konsumentenebene wurden verstärkt auch kaufmännische Leistungen auf der Handelsebene offeriert. Der klassische Kundendienst verlor in dieser Zeit zwar zunehmend sein negatives Image als reiner Kostentreiber, doch trotz der Entdeckung der akquisitorischen Wirkung des Service blieb er eine Nebenleistung im Absatz- / Marketingprogramm der meisten Unternehmen. Aufgrund des *Nebenleistungscharakters* wurden die angebotenen Serviceleistungen den Kunden meist „unentgeltlich" angeboten bzw. nicht separat in Rechnung gestellt.

Die dritte Entwicklungsphase des Marketing- und Serviceverständnisses Mitte / Ende der 70er Jahre ist auf den meisten Märkten durch eine Machtverschiebung zugunsten der Abnehmer gekennzeichnet. Die potentiellen Kunden waren nicht mehr bereit, die von den Unternehmen für anonyme Märkte produzierten Waren ohne weiteres abzunehmen. Die Kunden wurden zum Engpaß absatz- und unternehmenspolitischen Handelns. Die Unternehmen waren vor allem dann am Markt erfolgreich, wenn sie unter Berücksichtigung von Kundenbedürfnissen und -anforderungen ihre Produkte entwickelten und anboten. *Kundenorientierung* kennzeichnete in dieser Phase das Marketing als Führungsfunktion des Unternehmens.

Durch die damit verbundene Wende vom Produkt- zum Problemlösungsdenken wurde auch der Service neu ausgerichtet. Im Mittelpunkt des Service standen nicht mehr die Optimierung des Produktangebots, sondern die Schaffung von Kundennutzen, die über reine produktbegleitende Leistungen hinausgingen. Damit wurde der Service von einer Nebenleistung, die unterstützend zu den Hauptleistungen offeriert wurde, zu einer Zusatzleistung, die als wichtiger Beitrag für den Kundennutzen gleichrangig angeboten wurde. Zwar stellten die technischen Kundendienstleistungen immer noch den Großteil der Servicepalette dar, ihr Angebot war aus Kundensicht jedoch obligatorisch und wirkte damit weniger profilierend. Immer häufiger ließen sich aber gerade innovative kundenbezogene Serviceangebote als gleichberechtigte Leistungsträger auch direkt fakturieren. Sie lieferten damit zusätzliche Erlöse und Deckungsbeiträge.

Durch den Wandel zu einem Käufermarkt wurden die Märkte auch konkurrenzintensiver. Verstärkt wird diese Situation noch durch die fortschreitenden Sättigungserscheinungen und Internationalisierungsaktivitäten ausländischer Unternehmen seit den 80er Jahren. Es reichte nicht mehr aus, nur kundenorientiert zu sein. Hinzu kam, daß durch eine zunehmende gleichgerichtete Kundenorientierung eine Profilierung für die einzelnen Unternehmen immer schwieriger wurde. Um sich am Markt zu behaupten, mußten und müssen die Unternehmen Konkurrenzvorteile erzielen und halten. Hierfür war und ist eine umfassende *Wettbewerbsorientierung* im Sinne einer Konkurrenzanalyse und -beobachtung notwendig.

Die stärker kompetitive Ausrichtung des Marketing schlug sich auch im Service nieder. Neben reinen Profilierungszielen werden Serviceleistungen immer stärker zur Differenzierung gegenüber der Konkurrenz eingesetzt. Der Service wird zu einem strategischen Wettbewerbsparameter. Diesem Bedeutungszuwachs wird eine Integration des Service in den Produkt-Mix nicht gerecht. Vielmehr ist die Herausbildung des Service als eigenständiges Marketing-Instrument eine logische Konsequenz.

Auch zukünftig kann von einem verschärften internationalen Wettbewerb ausgegangen werden, der die Rolle des Service als strategisches Aktionsinstrument weiter ausbauen wird. Hinzu kommt, daß gerade in stagnierenden oder gesättigten und konkurrenzintensiven Märkten die Bildung eines Stammkundenpotentials an Bedeutung zunimmt. Auch hierdurch läßt sich eine Aufwertung des Service im Rahmen eines Nachkauf- und Beziehungsmarketing vermuten. Die Entwicklung von einer reinen Produktkultur zu einer gleichzeitigen Servicekultur, bei der das Dienen für den Kunden im Vordergrund steht, wird in vielen Industrieunternehmen die Folge sein. Bereits heute zeichnet sich - durch den Aufbau von Geschäftsbeziehungen und -netzwerken - auf breiter Front eine unternehmenskulturelle Veränderung in Betrieben des be- und verarbeitenden Gewerbes in diese Richtung ab.

Die gleichzeitige Berücksichtigung unterschiedlicher Anforderungen von verschiedenen relevanten Stakeholdern sowie indirekter Einflußfelder der Unternehmensumwelt im Rahmen eines ganzheitlichen Marketing eröffnet darüber hinaus weitere Ansatzpunkte für eine zielgerichtete und strategisch orientierte Servicepolitik im Unternehmen, wie z.B. Öko- und Sozial-Serviceleistungen.

Die vorstehend skizzierte Entwicklung von Marketing und Service im Konsumgüterbereich hat sich in ähnlicher Weise auch im Investitionsgüter-Geschäft vollzogen. Zwar war hier die Phase der Handelsorientierung weniger stark ausgeprägt, da größtenteils nur Roh- und Einsatzstoffe sowie Einzelaggregate über entsprechende Absatzmittler (Produktionsverbindungshandel) abgesetzt wurden und werden. Außerdem ist anstelle der Konsumentenorientierung - entsprechend dem Wesen von Investitionsgütern - eine Anwender- / Nutzerorientierung getreten, dennoch weisen die Entwicklungsrichtungen erhebliche Parallelen auf. Das gilt auch, obwohl die Investitionsgüterindustrie gerade im Anlagengeschäft schon in einem sehr frühen Stadium - aufgrund der individualisierten Auftragsfertigung - sehr kundenorientiert war und schon immer einen sehr großen Anteil an Dienst- und Serviceleistungen aufgewiesen hat. Ähnlich ist dies beim Systemgeschäft. Mit der zunehmenden technischen Komplexität auch auf seiten der Einzelaggregate und Komponenten hat sich in diesen Geschäftsbereichen ebenfalls das Ausmaß von Dienst- und Serviceleistungen stark vergrößert.[175]

Mit der Gleichstellung des Service als eigenständigem Marketing-Mix-Bereich werden aber gleichzeitig - aufgrund vielfältiger Beziehungen zu den anderen Marketing-Instrumenten - erhebliche Anforderungen an die Koordination und Integration der einzelnen Bausteine gestellt. Das Ziel eines abgestimmten Vorgehens besteht vor allem in der Ausnutzung von positiven kunden- bzw. marktbezogenen Verbundeffekten. Hierzu sind die Intensität sowie Ressourcen- und Leistungs- bzw. Wirkungs-Interdependenzen zwischen den einzelnen Marketing-Mix-Bereichen zu analysieren und zu berücksichtigen.[176] Ressourciale Verflechtungen ergeben sich aufgrund der gemeinsamen Verwendung knapper finanzieller, personeller, technischer, informatorischer und organisatorischer Faktoren. Hieraus resultieren Allokationsprobleme und -konflikte, die durch Optimierung des gesamten Marketing-Mix zu lösen sind. Leistungsbeziehungen resultieren aus Wirkungsbeeinflussungen zwischen den einzelnen Bereichen, die sowohl unterstützend als auch neutral oder einschränkend ausgeprägt sein können. Je nach Beeinflussungsrichtung und -stärke sind entsprechende Koordinationsentscheidungen zu treffen.

Generell kann davon ausgegangen werden, daß mögliche Interdependenzen zwischen dem Servicebereich und den anderen Marketing-Mix-Bausteinen vor allem dann bestehen, wenn es sich bei den angebotenen Services weniger um produkt-, sondern vor allem um kundenbezogene Zusatzleistungen handelt. Grundsätzlich ergeben sich zwischen dem Service und den anderen vier Marketing-Mix-Bereichen typische Zusammenhänge, die im folgenden grob dargestellt werden:[177]

- Zwischen dem Service- und dem *Produktbereich* ergeben sich schon zwangsläufig durch den technischen Kundendienst wechselseitige Abhängigkeiten. Dieser ist nämlich auf die Sicherstellung der Funktionsfähigkeit der abgesetzten Produkte ausgerichtet. Dementsprechend las-

---

[175]Vgl. z.B. Engelhardt, W.H.: After-Sales-Service im Investitionsgütermarketing - Trends und Perspektiven, in: Droege, W./Backhaus, K./Weiber. R. (Hrsg.), Strategien für Investitionsgüter - Antworten auf neue Herausforderungen, Landsberg/Lech 1993, S. 378f.

[176]Vgl. im folgenden insbesondere Meffert, H.: Interdependenzen und Koordination zwischen Marketing und Kundendienst, in: Meffert, H. (Hrsg.), Kundendienst-Management, Frankfurt/Bern 1982, S. 179ff.

[177]Vgl. zum Teil auch bei Deppe, M.: Software-Service, a.a.O., S. 38ff.; Zborschil, I.A., a.a.O., S. 98ff.; Schwill, J.: Reparaturservice als Marketingaufgabe des Handels, Frankfurt/Main et al. 1995, S.80ff.

sen sich zwischen dem Kundendienst und der Produktpolitik relativ starke Beziehungen feststellen, die vor allem von der Gestaltung und der eingesetzten Technik sowie der Qualität der angebotenen Produkte determiniert werden. So läßt sich beispielsweise die Wartungs- und Reparaturhäufigkeit und -dauer durch die verwendeten Einsatzstoffe, Bauteile und Komponenten beeinflussen. Je nach technischer Komplexität der (Kern-) Produkte ist das Leistungspotential des Kundendienstes unterschiedlich zu gestalten. Hochkomplexe Technologien, die aus einer Vielzahl von Komponenten und Bauteilen bestehen, erfordern dabei meist eine größere Leistungsfähigkeit vom Anbieter. Je größer der Anteil an kundendienstinduzierenden Produktelementen ist, desto größer ist auch der Kundendienst-Bedarf. Ähnliches gilt auch für kaufmännische Dienstleistungen wie Beratung, Projektierung sowie die Finanzierungsangebote und -möglichkeiten, die bei komplexen Technologieprodukten eine größere Bedeutung erlangen. Man spricht bei einer stark miteinander verwobenen und aufeinander abgestimmten Kombination von Produktelementen und Serviceleistungen auch von Systemprodukten. Die einzelnen Leistungselemente sind also nicht nur aggregiert, sondern auch so integriert, daß sie als eine Einheit auftreten und wahrgenommen werden. Das Ziel dieser Systeme ist, durch die Nutzung von Verbundeffekten ein höheres Problemlösungspotential, möglichst mit Synergiewirkungen, zu schaffen. Hierzu ist eine gegenseitige Abstimmung und Gestaltung der einzelnen Hard- und Software-Komponenten notwendig. Neben dieser internen Integration von Systemelementen ist häufig auch eine externe Integration des Systemprodukts in die Organisation und das Umfeld des Kunden erforderlich. Hierfür werden meist spezifische, auf die jeweiligen Abnehmer ausgerichtete Serviceleistungen eingesetzt, die sowohl die organisatorisch-technische, die unternehmenspolitische als auch die soziale Eingliederung des Systemprodukts ermöglichen. Neben technischen Modifikationen gehören auch Systemanalysen, Organisationsentwicklungsarbeiten sowie Anwenderschulungen zu diesen integrativen Serviceleistungen.

Eine grundsätzliche quantitative Beziehung zwischen dem Produkt- und Servicebereich besteht darüber hinaus im Umfang des Produktsortiments, für das Kundendienstleistungen erforderlich sein können, und der Anzahl der abgesetzten Produkte am Markt. Außerdem kann von einer komplementären Beziehung ausgegangen werden.

Bezüglich der Produktqualität kann zunächst eine substitutive Beziehung zum technischen Kundendienst vermutet werden. Denn bei steigender objektiver Produktqualität, die sich u.a. in einer größeren Ausfallsicherheit sowie größerer Belastbarkeit und niedrigerer Abnutzung manifestiert, nimmt der Bedarf nach entsprechenden Kundendienstleistungen, wie beispielsweise Wartung und Reparatur, auch bei komplexen Produkten ab. In umgekehrter Richtung kann sich eine unzureichende Kundendienst-Qualität auf den künftigen Absatz der qualitativ hochwertigen (Kern-) Produkte negativ auswirken. Durch mögliche Verärgerungen der Kunden über den mangelhaften Kundendienst kann die Nachfrage nach den Produkten eingeschränkt werden.

- *Distributionspolitische Entscheidungen* über die Festlegung von Absatzwegen und die Durchführung der Logistik für das (Kern-) Produkt beeinflussen ebenfalls den Servicebereich. So ist bei einer indirekten Distribution zu entscheiden, ob (Teile der) Serviceaktivitäten in eigener Regie durchgeführt oder auf eingeschaltete Absatzmittler bzw. Dritte (Third-Party-Maintenance) übertragen werden sollen. Eine ähnliche Frage nach der Serviceträgerschaft stellt sich auch beim direkten Vertrieb, wobei hier jedoch die Absatzmittler als Serviceleister entfallen. Grundsätzlich können die Serviceleistungen auf dem gleichen Wege und über dieselben Kanäle wie die anderen Marktleistungen abgesetzt werden. Gerade bei produktbezogenen Dienstleistungen bietet sich ein identischer Absatzweg durchaus an. Allerdings ist immer zu berücksichtigen, daß durch die notwendige Integration des externen Faktors in die Serviceerstellung oft auch völlig andere Distributionswege und Logistikabläufe notwendig sind. Dementsprechend können innovative Serviceleistungen zu einer Änderung oder Erweiterung der bestehenden Vertriebsgleise führen. Hinzu kommt, daß die einbezogenen „Servicemittler“ für die Serviceerstellung qualifiziert sein müssen, um die angestrebte Servicequalität zu gewährleisten.

- Beziehungen zwischen dem *Kontrahierungs-Mix* und dem Servicebereich bestehen vor allem in der Preispolitik als Kernbereich der Kontrahierung. Die Abhängigkeiten zwischen den beiden Bausteinen ergeben sich vor allem durch die Art der Preisstellung des Service. Bei der direkten Preisstellung werden die Serviceleistungen den Kunden separat fakturiert. Werden die anfallenden Kosten für Serviceleistungen bei der Preisforderung der Kernleistung einkalkuliert und verrechnet, so handelt es sich um eine indirekte Preissetzung, die insbesondere bei pre-sales- und produktbezogenen Serviceleistungen angewendet wird.

Im Falle einer direkten Preisstellung sind Kreuzpreiselastizitäten zwischen den Kernprodukt- und den Servicepreisen zu berücksichtigen. So können sich gerade bei produktbezogenen Leistungen auch Änderungen des Servicepreises auf den Absatz der Kernleistung, aber auch Änderungen des Produktpreises auf die Servicenachfrage auswirken. In der Regel kann man von einem negativen Zusammenhang ausgehen. Das bedeutet, daß durch eine Erhöhung des Produktpreises gegenüber Wettbewerberangeboten - bei preissensiblen Zielgruppen / -kunden - die Produktnachfrage und damit auch die Nachfrage nach produktbezogenen Serviceleistungen zurückgeht. Eine Erhöhung der Servicepreise (z.B. Reparaturpreise) kann sich dabei negativ auf den Absatz des Produktes auswirken. Deshalb sind zumindest die Preise von produktbezogenen Serviceleistungen i.d.R. nicht losgelöst von den Kernproduktpreisen festzulegen. Je unabhängiger die Serviceleistungen vom eigentlichen Kernprodukt sind, desto geringer sind bei einer direkten Preisstellung jedoch die Interdependenzen zwischen dem Service- und Preis- / Kontrahierungsbereich. Bei einer indirekten Preisstellung ist jedoch grundsätzlich von einem negativen Zusammenhang zwischen indirekten Servicepreisen als Kosten und den Preiswirkungen auf dem Markt im vorstehenden Sinne auszugehen.

- Ein besonderer Zusammenhang ergibt sich zwischen der *Kommunikationspolitik* und dem Service. Eine Vielzahl der personenbezogenen Serviceleistungen haben nämlich kommunikativen und informativen Charakter, wie z.B. Beratung, Schulung und Instruktion. Und auch bei produktbezogenen Serviceleistungen kommt es häufig zu einem persönlichen Kontakt zwischen Servicemitarbeitern und Kunden, die Einstellungs- und Imagewirkungen nach sich ziehen. Eine Abstimmung zwischen Service- und Kommunikationspolitik ist allein aufgrund dieser Überschneidungen unvermeidbar. Gerade Pre-Sales-Services und Verkaufsförderungsmaßnahmen weisen starke Parallelen auf. Zwar sind auch Serviceleistungen darauf ausgerichtet, Präferenzen bei den Kunden zu schaffen, allerdings ist zu berücksichtigen, daß Serviceleistungen vorrangig darauf ausgerichtet sind, den Kundennutzen zu erhöhen und durch die Zusatznutzen akquisitionsfördernd zu wirken. Bei Promotionsaktivitäten geht es hingegen lediglich um die Erzielung eines Kaufabschlusses, unabhängig von leistungsbezogenen Nutzenzuwächsen. Demnach haben Teile der Verkaufspolitik bzw. des Personal Selling Servicecharakter.

Doch nicht nur zwischen den einzelnen Mix-Bereichen sind Koordinationsentscheidungen durchzuführen, auch innerhalb des Servicebereichs sind entsprechende Abstimmungen vorzunehmen. Insbesondere bei Serviceleistungen, die eigenständige Absatzobjekte darstellen, ist - entsprechend dem generellen Marketing-Mix - ein Servicemarketing-Mix zu gestalten.[178] In Abbildung II-17 ist exemplarisch die Ausprägung eines Servicemix dargestellt.

[178] Vgl. Mann, A.: Grundlagen der Service-Politik, a.a.O., S. 460ff.

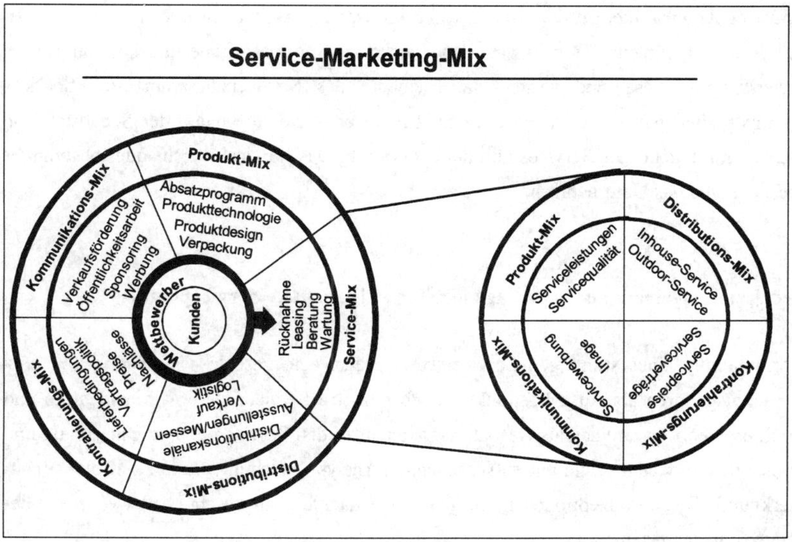

Abb. II-17: Gestaltung des Servicemarketing-Mix
(Quelle: Mann, A.: Grundlagen der Service-Politik, a.a.O., S. 461)

Im Rahmen des *„Service-Produktmix"* geht es in erster Linie um die Zusammenstellung des Serviceprogramms, die Ausgestaltung einzelner Serviceleistungen und die Festlegung des Qualitätsniveaus. Selbstverständlich sind auch hier Entscheidungen über die Aufnahme neuer Serviceleistungen sowie die Modifikation und Eliminierung einzelner Serviceaktivitäten zu treffen. Auch der klassische Entscheidungstatbestand des Standardisierungs- bzw. Individualisierungsgrades der angebotenen Serviceleistungen ist strategischer Bestandteil des Service-Produktmix.

Entscheidungen über den Ort der Serviceerstellung sind im *„Service-Distributionsmix"* zu treffen. Hierbei ist im Rahmen einer Standortentscheidung festzulegen, ob - bei nicht veredelten Services - der Kunde den Anbieter (Inhouse-Service) oder das Unternehmen den Nachfrager aufsuchen muß (Outdoor-Service), um die Serviceleistung zu erstellen. Dabei sind auch die Integrationsleistungen und -zeitpunkte der Kunden festzulegen, die für die Leistungserstellung unabdingbar sind. Außerdem geht es hier um die Gestaltung und Architektur von Servicegebäuden und Räumlichkeiten, die eine wichtige Surrogatfunktion für die Qualitätsbeurteilung der Kunden übernehmen.

Preisfestlegungen und formale Abwicklungsmöglichkeiten wie Konditionen, Vertragswerke und Garantien werden im Rahmen des *„Service-Kontrahierungsmix"* abgehandelt. Hierbei können bei der direkten Preisstellung Einzelberechnungen oder Preisbündelungen realisiert werden oder bei der Vertragsgestaltung Basis- oder Full-Serviceverträge zum Tragen kommen.

Das *„Service-Kommunikationsmix"* umfaßt alle Informationsaktivitäten über das Serviceprogramm des Unternehmens. Es geht dabei aber nicht um informatorische und kommunikative Serviceleistungen, diese sind wesentliche Elemente des Serviceprogramms im „Service-Produktmix". Hier geht es vor allem um den Aufbau eines Serviceimage, der Schaffung von Präferenzen für angebotene Services und der Markierung des Servicebereichs oder bestimmter Serviceleistungen des Unternehmens.

2.4. Servicemanagement als Grundlage für eine zielgerichtete Servicepolitik

Die Formulierung eines stimmigen Servicemix erfordert eine geschlossene Servicekonzeption.[179] Hierzu gehören als Ausgangspunkt klar formulierte Serviceziele sowie eindeutige und zielgerichtete Servicestrategien als Gestaltungsrahmen für den Servicemix. Die Umsetzung und Wirkungen des Servicemix sind mit entsprechenden Analyse-, Planungs- und Kontrollmaßnahmen verknüpft. Diese konzeptionellen Aufgaben, die nachfolgend beschrieben werden, obliegen dem Servicemanagement

2.4.1. Facetten des Servicemanagements

Das Servicemanagement kann - wie jede Art des Managements - aus verschiedenen Perspektiven betrachtet werden.[180] In Abbildung II-18 sind die vier wesentlichen Facetten dargestellt.

---

[179] Vgl. Mann, A.: Grundlagen einer strategischen Service-Konzeption, in: Weber, R. (Hrsg.), Service-Management, Loseblattsammlung, Landsberg/Lech 1995, 18. NL., Kap. I.2.2, S. 10ff.

[180] Vgl. vor allem Reiß, M./Corsten, H.: Schnittstellenfokussierte Unternehmensführung, in: Corsten, H./Reiß, M. (Hrsg.), Handbuch Unternehmensführung, Wiesbaden 1995, S. 6ff.; auch Ulrich, P./Fluri, E.: Management, 6. Aufl., Bern/Stuttgart 1992, S. 13ff.

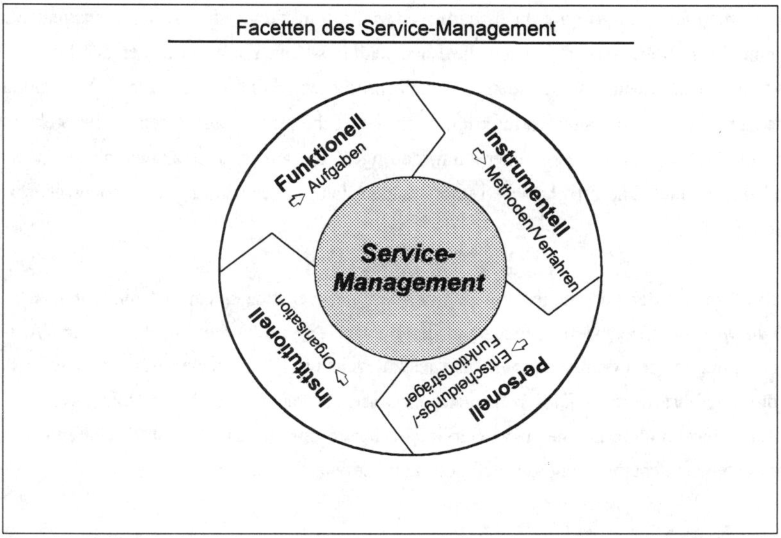

Abb. II-18: Dimensionen des Servicemanagements

Die *funktionelle Dimension* bezieht sich auf die Aufgaben und Prozesse des Servicemanagements. Die Grundfunktionen bestehen dabei in der Gestaltung und Steuerung des Servicebereichs mit dem Ziel, die Unternehmensentwicklung positiv zu beeinflussen. Hierbei geht es um die Planung, Entscheidung, Durchführung, Koordination und Kontrolle von Serviceaktivitäten sowie die Schaffung eines institutionellen Rahmens, der die Handlungs- und Reaktionsfähigkeit im Service sicherstellt.[181] Neben sachbezogenen Managementaufgaben sind hierfür auch personenbezogene Tätigkeiten durchzuführen. Gerade durch die Integration des externen Faktors und die dadurch entstehenden Interaktionskontakte zwischen Servicemitarbeitern und Kunden kommt dem personalbezogenen Leadership eine besonders wichtige Rolle zu.

Die *instrumentelle Dimension* bezieht sich auf die Methoden und Verfahren, die als Management-Tools die Erfüllung der Management-Funktionen unterstützen. Während die funktionelle Perspektive das *Was* in den Vordergrund der Betrachtung stellt, steht bei der instrumentellen Dimension das *Wie* im Mittelpunkt. Hierzu gehören sowohl technokratische Planungs-, Steuerungs- und Kontrollverfahren als auch personenbezogene Führungsinstrumente und technische Systeme zur Erleichterung und Unterstützung bei der Realisierung der Managementfunktionen. Der formelle Einsatz und das Handling der Methoden im Servicebereich unterscheidet sich dabei i.d.R. nur unwesentlich von dem Einsatz in anderen Funktions- und Wertschöpfungsbereichen. Inhaltlich sind jedoch meist völlig andere Rahmenbedingungen gegeben.

[181] Vgl. in Analogie zu Bleicher, K.: Das Konzept Integriertes Management, Frankfurt/New York 1991, S. 35f.

Bei der *personellen Dimension* geht es darum, *wer* die Funktionen des Servicemanagements wahrnimmt. Es handelt sich hierbei um die Entscheidungs- und Funktionsträger des Service-Bereichs eines Unternehmens. Servicemanagement in diesem Sinne ist also die Beschreibung der Personen, die o.g. Managementfunktionen im Servicebereich wahrnehmen. Dabei geht es auch um die Deskription der generellen Anforderungen, die an Servicemanager gestellt werden, und um die fachlichen, technischen und sozialen Fähigkeiten, die diese Personen hierfür aufweisen müssen.

Eng verbunden mit der personellen Perspektive des Servicemanagements ist die *organisatorisch-institutionelle Dimension*. Gegenstand der Betrachtung ist hierbei die Rollen- und Aufgabenverteilung an die Personen. Es ist also festzulegen, *wo* die einzelnen Managementfunktionen durchgeführt werden. Dies kann beispielsweise zentral oder dezentral bzw. integriert oder differenziert im Unternehmen bzw. Servicebereich geschehen. Typisch ist die Einteilung in Managementebenen entsprechend der aufbauorganisatorischen Hierarchie.

2.4.2. Der Servicemanagement-Prozeß

Bei näherer Betrachtung läßt sich leicht feststellen, daß die funktionelle Dimension die Grundlage und den Fixpunkt für alle anderen Management-Perspektiven liefert, da es einerseits darum geht, die Managementfunktionen mit Hilfe von Personen, Informationen und Methoden zu erfüllen. Andererseits muß auch die instrumentelle, personelle und institutionelle Dimension „gemanagt" werden, indem z.B. entsprechende Entscheidungen zu treffen sind, Koordinationsaufgaben anfallen oder bestimmte Maßnahmen durchgeführt werden müssen. Eine Trennung der funktionalen von den anderen Dimensionen ist deshalb kaum möglich, da die Managementfunktionen allgemeiner Natur und zur Lösung sämtlicher betrieblicher Probleme einsetzbar sind. Daher wird im Rahmen dieser Arbeit die funktionale Perspektive zwar im Vordergrund stehen, die anderen Dimensionen werden jedoch immer dann in das Blickfeld gerückt, wenn sich aufgrund der Servicecharakteristika spezifische Aspekte und Anforderungen ergeben.

Dementsprechend wird *Servicemanagement* im folgenden als die bewußte Steuerung der Servicefunktionen sowie die geplante Gestaltung des Servicepotentials und der Serviceleistungen bezeichnet. Da Service ein Bestandteil des Marketing ist, sind auch die Funktionen des Servicemanagements marktorientiert auszurichten. Es geht darum, durch die Realisierung einer marketingintegrierten Servicepolitik bestehende und potentielle Serviceleistungen effektiv und effizient als Wettbewerbs- und Erfolgsfaktoren in der Marketingpolitik eines Unternehmens einzusetzen. Hierzu sind vom Servicemanagement die internen personellen, organisatorischen, informatorischen und technischen Voraussetzungen zu schaffen und die erforderlichen Ressourcen zu kombinieren, um die externen Marktanforderungen zu erfüllen und / oder zu beeinflussen. Damit ist auch der Zweck des Servicemanagements festgelegt. Das Ziel ist, längerfristige Wettbewerbsvorteile zu erreichen und den Unternehmenserfolg positiv zu beeinflussen. Entsprechend diesem Metaziel ist der Servicebereich zu steuern.

Zerteilt man die Managementfunktionen in einzelne Teilaufgaben und gliedert diese in zeitlich aufeinanderfolgende Phasen, dann erhält man einen Managementprozeß, der Aufschluß über die Anforderungen, Aufgaben und Funktionsabfolgen gibt, die im Rahmen eines marktorientierten Servicemanagements zu berücksichtigen sind. In Abbildung II-19 ist ein grober Prozeßablauf des Servicemanagements dargestellt.

Abb. II-19: Grundstruktur des Servicemanagement-Prozesses

Dabei wird ersichtlich, daß es sich bei den fünf Grundfunktionen und ihren Teilphasen nicht um isolierte Aufgabenbereiche handelt, die linear abgehandelt werden können. Es sind vielmehr integrierte und überlappende Arbeitsabläufe, die vom Servicemanagement zu bewältigen sind. Die prozessuale Darstellung macht zugleich deutlich, daß es sich beim (Service-) Management nicht um ein statisch ausgerichtetes und einmaliges Phänomen handelt, sondern um ein permanent angelegtes kybernetisches System mit Feedback-Kontrollen und interdependenten Beziehungen. So erfordert die Organisation des Servicebereichs eine sorgfältige Planung, die wiederum ebenfalls organisiert werden muß. Auch die Kontrolle als Überprüfung der geplanten Zielerreichung oder durchgeführter Tätigkeiten und Arbeitsabläufe muß geplant und organisiert werden.

Da die Servicepolitik ein Bestandteil der allgemeinen Marketingpolitik des Unternehmens ist, sind auch alle konzeptionellen und grundlegenden Aufgaben des Service in das Marketing zu integrieren und zu koordinieren. Die Marketingpolitik stellt also den normativen Rahmen dar, innerhalb dessen die Servicepolitik zu generieren und umzusetzen ist.[182] Die Aufgabe der normativen Marketingpolitik besteht in ihrer konstitutiven Rolle für den Service darin, die Servicepolitik zu begründen und gleichzeitig sicherzustellen, daß im Service mit Blick auf die Unternehmensentwicklung die richtigen Entscheidungen getroffen werden. Sie legt die Entwicklungsrichtung des Service in Form von Serviceprämissen fest und steckt damit das konzeptionelle Gestaltungsfeld sowie das Handlungsspektrum und die Handlungsautonomie für die Servicepolitik ab, die aus der Bestimmung von originären Servicezielen, Servicepotentialen und -strategien sowie entsprechenden Realisierungs- und Implementierungsaktivitäten besteht.[183] Im Rahmen des Servicemanagements als Sub-Bereich des Marketing-Managements geht es vor allem darum, daß strategisch wichtige Vorgaben und Rahmenbedingungen richtig umgesetzt werden. Das bedeutet keinesfalls, daß Servicepolitik rein operativ ausgerichtet ist. Gerade durch die steigende Bedeutung des Service als Differenzierungs- und Profilierungsinstrument im Wettbewerb gehen von der Servicepolitik durchaus strategische Wirkungen aus. Hierbei wird deutlich, daß sich strategisches Handeln nicht allein in der Langfristigkeit der Planung bzw. der Länge des Planungshorizonts in Form einer mehrperiodischen Verhaltensantizipation niederschlägt, sondern auch in der Dauer der Anpassungszeit von erforderlichen internen Veränderungen sowie vor allem in der Nachhaltigkeit und Dauerhaftigkeit von Handlungsauswirkungen am Markt.[184] Demnach können auch operativ geplante, also kurzfristig durchgeführte Maßnahmen strategischen Charakter aufweisen, wenn mit ihnen langfristige Wirkungen einhergehen. Damit sich jedoch durch realisierte Servicemaßnahmen keine unvorhersehbaren und insbesondere unbeabsichtigten Effekte am Markt einstellen, ist eine strategische Planung der Serviceaktivitäten erforderlich, die vorausschauend explizit anvisierte Wirkungen analysiert und bewertet sowie die erforderlichen Wege und Mittel zur Zielerreichung aufzeigt. Deshalb sind auch im Servicebereich strategische Entscheidungen zu treffen, die darauf ausgerichtet sind, durch den Aufbau spezifischer Servicepotentiale und die gezielte Ausnutzung spezifischer Servicefähigkeiten den Unternehmenserfolg zu sichern und zu steigern.

Die Servicepolitik ist der grundlegende Gegenstandsbereich des Servicemanagements, deren Ausgangspunkt die Festlegung von *Servicezielen* ist. Damit ist die Planung als erste Kernfunktion des Managements angesprochen. Auch im Servicebereich kann zwischen strategischer und

---

[182] Vgl. grundsätzlich auch bei Bleicher, K.: Normatives Management - Politik, Verfassung und Philosophie des Unternehmens, Frankfurt/New York 1994, S. 52ff.

[183] Vgl. in Analogie zu Ulrich, H.: Unternehmungspolitik, 2. Aufl., Bern/Stuttgart 1987, S. 19 und auch Rühli, E.: Unternehmensführung und Unternehmenspolitik, Bd. 1; 2. Aufl., Bern/Stuttgart 1985, S. 35; anders z.B. Bleicher, K.: Integriertes Management, a.a.O., S. 73ff.

[184] siehe zur differenzierten Sichtweise über strategische Entscheidungstatbestände auch Kirsch, W.: Unternehmenspolitik und strategische Unternehmensführung, 2. Aufl., München 1991, S. 245ff.

operativer Planung unterschieden werden. Die strategische Planung bezieht sich primär auf die Formulierung von Servicegrundsätzen und -prämissen aber auch auf strukturelle Entscheidungen zum organisatorischen Aufbau des Servicebereichs und der Schaffung von spezifischen Servicepotentialen. Sie stellt für das Servicemanagement die konzeptionelle Gesamtsicht dar, die generelle Aussagen zur Steuerung des Servicebereichs liefert. Grundlage der strategischen Planung sind neben relevanten externen Einflußfaktoren der Servicepolitik die internen Serviceressourcen und -potentiale. Diese sind im Rahmen von *externen Umwelt-* und einer internen *servicebezogenen Unternehmensanalyse* zu untersuchen und bezüglich ihrer strategischen Relevanz zu beurteilen. Die Serviceziele sind dabei in das Marketing-Zielsystem zu integrieren, das auch alle anderen Marketing-Mix-Bereichsziele umfaßt, um mögliche Friktionen bei der Marktbearbeitung und dem angestrebten Image bei den Zielgruppen zu vermeiden.

Auf der Basis der formulierten Serviceziele und einer aussagekräftigen Datenbasis sind dann entsprechende *Servicestrategien* zu entwickeln und zu implementieren. Sie bilden den Orientierungsrahmen für die inhaltliche und zeitliche Koordinierung einzelner Serviceaktivitäten und -leistungen. Bei den Servicestrategien handelt es sich meistens um langfristig orientierte Verhaltenspläne und -muster, die die einzelnen Serviceaktivitäten zielgerichtet bündeln. Die Servicestrategien bilden also einen kanalisierenden Weg zur Erreichung der festgelegten Serviceziele. Sie sichern darüber hinaus eine gewisse Kontinuität und Konsistenz im Serviceauftreten des Unternehmens am Markt. Gerade in Märkten mit diskontinuierlichen Veränderungen werden langfristige Strategien als erfolgsbedingte Voraussetzung angesehen. Dennoch sollte mit der Forderung nach strategischem Vorgehen kein strikter synoptischer Planungsansatz über alle Realisierungs- und Implementierungsphasen der Strategieformulierung verfolgt werden. Dies heißt zwar nicht, daß automatisch ein inkrementales Vorgehen im Service zum Tragen kommen sollte, denn beide Konzepte sind als Pole eines Kontinuums mit speziellen Vor- und Nachteilen verbunden.

Ein ausschließlich inkrementales Planungsverhalten würde durch das sukzessive Vorgehen letztlich ein improvisierendes Handeln induzieren, das reaktiv ausgerichtet ist. Doch gerade die aktive Beeinflussung und Gestaltung von Märkten ist ein wesentliches Ziel des Marketing und damit auch des Service als Sub-Bereich. Dies spricht eher für ein synoptisches Planen im Servicesektor. Hierbei ist jedoch zu berücksichtigen, daß allein aufgrund der beschränkten kognitiven Aufnahme- und Leistungsfähigkeit der Entscheidungsträger, der selektiven Wahrnehmung und der sich daraus zwangsläufig ergebenden unvollkommenen Information erhebliche Probleme mit der Anwendung des synoptischen Ansatzes verbunden sind. Diese werden durch die ständig steigende Informationsflut und die zunehmende Verminderung der Halbwertzeit des Wissens durch neue wissenschaftliche Erkenntnisse noch verschärft. Gerade bei internationaler Unternehmenstätigkeit können je nach Anzahl sowie kultureller, gesetzlicher, sozialer, technologischer und ökonomischer Heterogenität der bearbeiteten Ländermärkte sowohl ein unüberschaubarer Informationsbedarf als auch eine nicht annähernd vollständig zu erfassende Informationsfülle erreicht werden.

Letztlich lassen sich sichere Ergebnisse durch eine synoptische Planung nur in einer permanenten Überprüfung der geplanten Servicevorhaben erzielen. Das erfordert eine systematische Kontrolle der einzelnen Planungsschritte, die in dieser Form zu einer Überlastung der Entscheidungsträger des Servicemanagements führen würden. Es bietet sich deshalb eine Synthese der beiden Planungsansätze an, die vor dem Hintergrund einer optimalen Planungssicherheit sowohl synoptische als auch inkrementale Züge aufweist. Dies läßt sich in der Weise realisieren, daß eine strategische Grobplanung mit grundlegenden strategischen Stoßrichtungen für den Service ganzheitlich / synoptisch durchgeführt, die Umsetzung der daraus abgeleiteten Maßnahmen dann aber in einer inkremental angelegten Detailplanung festgelegt wird. Die operative Maßnahmenplanung bezieht sich dabei vor allem auf die Festlegung des Servicemix und der konkreten Festlegung des qualitativen Serviceniveaus. Bei der *Maßnahmenrealisierung* wird aufgrund des inkrementalen Vorgehens ein reaktives „Trial-and-Error-Verfahren" eingesetzt, das eine ständige operative *Kontrolle der Serviceaktivitäten* erfordert, die durch eine systematische Erfassung, Dokumentierung und Bewertung der realisierten Servicemaßnahmen die Planung ergänzt. Da letztlich auch die strategische Rahmenplanung hierdurch - zumindest indirekt bzw. derivativ - überprüft wird, entsteht ein lernorientierter Managementzyklus, der den dynamischen Charakter des Managementprozesses noch einmal verdeutlicht. Denn bei Abweichungen oder Veränderungen der internen und externen Entscheidungs- und Steuerungsdeterminanten sind zur Vermeidung pathologischer Fehlentwicklungen unter Umständen entsprechende Korrekturen und Neubestimmungen der gesamten Servicepolitik bzw. einzelner Elemente (z.B. der Strategie) notwendig. Innerhalb der *strategischen Servicekontrolle* werden außerdem durch ein *Serviceaudit* grundlegende Überprüfungen der zugrunde gelegten Planungsprämissen, der verfolgten Serviceziele, der genutzten Informationsfelder und -verfahren sowie der entwickelten Servicestrategien, des bestehenden Servicesystems und der Serviceorganisation durchgeführt. Damit werden die synoptisch geplanten Aktionsparameter ebenfalls einem - wenn auch in längeren Zeitabständen stattfindenden - „Trial-and-Error-Verfahren" unterzogen.

Der Ablauf der Kontrolle und des Audits ist entsprechend organisatorisch zu konzipieren. Hierzu gehört nicht nur die zeitliche Fixierung einzelner Arbeitsschritte, sondern ebenso die personelle, methodische und technische Festlegung der Aufgabenerledigung. Die Kontrollorganisation kann dabei anders ausgestaltet sein als die Planungs- und Umsetzungsorganisation bei der Serviceerstellung. Grundsätzlich ist bei der *organisatorischen Konzeption* des Servicebereichs zwischen einer operativen Prozeßorganisation zur Steuerung des Serviceerstellungsprozesses und der produktiven Kombination der internen und externen Einsatzfaktoren auf der einen Seite sowie einer strategischen Planungsorganisation zur marktgerechten Gestaltung der internen Servicepotentiale auf der anderen Seite zu unterscheiden.

Gerade im Rahmen der Vollzugsorganisation des Servicebereichs spielen die Mitarbeiterqualifikation und -führung eine wichtige Rolle. Durch die Kundenbeteiligung am Serviceprozeß sind neben einer fachlichen Kompetenz zur Lösung servicerelevanter Aufgaben und Probleme vor allem auch soziale Fähigkeiten der Mitarbeiter erforderlich. Serviceerstellung und -vermarktung ist deshalb mehr als reines *Akquisitions-Marketing*, das darauf ausgerichtet ist, durch eine kundengerechte Gestaltung des Serviceprogramms und des Servicemix gezielt Präferenzen für die angebotenen (Service-) Leistungen zu schaffen. Um die Nutzentransformation sicherzustellen, ist - wie Abbildung II-20 zeigt - auch ein ausgeprägtes Interaktions- bzw. *Integrations-Marketing* umzusetzen.[185] Hierbei geht es darum, die Integration des externen Faktors möglichst reibungsfrei und - zumindest aus Kundensicht - positiv umzusetzen.[186] Dazu gehört auch, daß der Kunde bzw. seine einzubringenden Objekte auf die Integration in den Leistungsprozeß vorbereitet und qualifiziert werden. Die Aufgabe der (Service-) Mitarbeiter besteht dabei darin, die Servicenachfrager und ihre Einbringungspotentiale zu analysieren und entsprechend der Integrationsanforderungen zu beeinflussen.[187] Für diese Aufgabe sind auch die Servicemitarbeiter vorzubereiten.

---

[185] Vgl. zu den Gestaltungsbereichen des Service-Marketing insbesondere Meyer, A./Blümelhuber, C., a.a.O., S. 13ff.

[186] Vgl. auch Bitner, M.J./Booms, B.H./Mohr, L.A.: Critical Service Encounters - The Employee's Viewpoint, in: Journal of Marketing, 58. Jg., 1994, October, S. 96

[187] Vgl. Kleinaltenkamp, M.: Kundenorientierung und mehr, in: absatzwirtschaft, 38. Jg., 1995, Heft 8, S. 81

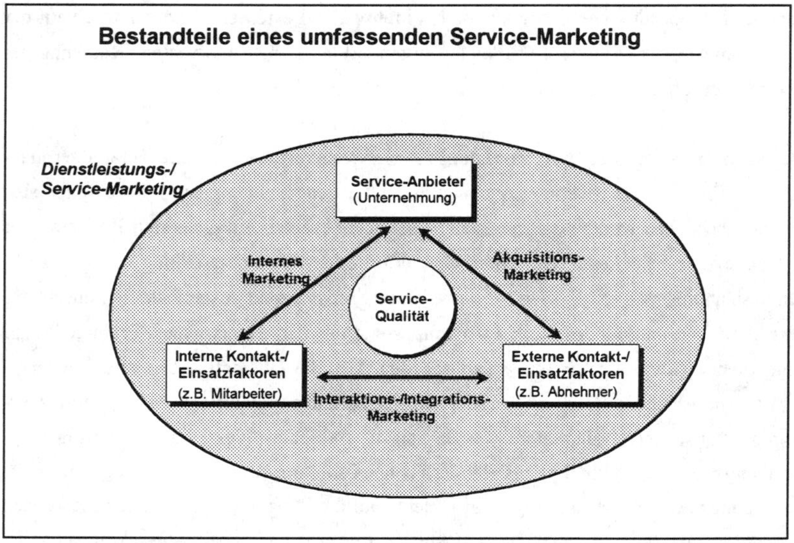

Abb. II-20: Gestaltungsfelder des Servicemarketing
(Quelle: Meyer, A./Blümelhuber, C.: Interdependenzen, a.a.O., S. 14)

Damit ist die Brücke zum dritten Gestaltungsbereich des Servicemarketing und -managements, dem *Internen Marketing*, geschlagen. Dieser Konzeptteil zielt darauf ab, die interne Servicebereitschaft und -fähigkeit sicherzustellen, um eine effektive und effiziente Kundenintegration in den Serviceprozeß zu erreichen. Aufgrund der Varietät der externen Faktoren hinsichtlich des persönlichen Qualifikationsniveaus und / oder der Güte der materiellen Inputfaktoren der Kunden ergeben sich bei jeder Serviceerstellung unterschiedliche Ausgangsbedingungen, die ein flexibles Reagieren durch die (Service-) Mitarbeiter erfordern. Um die notwendige Flexibilität zu erreichen, sind die Mitarbeiter vor dem Hintergrund des angestrebten Serviceniveaus fachlich und im Kundenumgang zu qualifizieren und so zu führen, daß sie schnell und zufriedenstellend auf die Kundenanforderungen und -erwartungen reagieren können, um einen störungsfreien Prozeßablauf zu gestalten. Aufgrund der Prozeßintegration haben die einzelnen Arbeitsschritte und -abläufe je nach Integrationsintensität - einen mehr oder minder starken Einfluß auf die Beurteilung der Servicequalität durch die Kunden.

Internes Marketing bezieht sich damit nicht nur auf die Qualifikation der Servicemitarbeiter, sondern auch auf die Schaffung geeigneter organisatorischer Regelungen und Abläufe sowie einer kundenorientierten Servicekultur zur internen Absicherung der Servicequalität und Kundenzufriedenheit. Gerade der kulturelle Aspekt hat einen nachhaltigen Einfluß auf das Mitarbeiterverhalten, das - wie die empirischen Analysen von BERRY / PARASURAMAN / ZEITHAML in den USA zeigen - wiederum eine wesentliche Determinante der Dienstleistungs- und damit auch der Servicequalität ist.[188] Servicequalität erfordert also Managementqualität im Service.[189]

Alle drei skizzierten Gestaltungsfelder sind in einem integrierten Servicekonzept aufeinander abzustimmen. Die Realisierung der mit den konzeptionellen Bausteinen verbundenen Aufgabenbereiche sowie der Einsatz von Methoden und Instrumenten, die in diesem Zusammenhang relevant sind, werden später - im vierten Teil - noch einmal unter dem Fokus der Erfolgswirkung und vor dem Hintergrund internationaler Geschäftstätigkeit vorgestellt.

---

[188]Vgl. Parasuraman, A./Berry, L.L./Zeithaml, V.: Understanding, Measuring, and Improving Service Quality - Findings from a Multiphase Research Program, in: Brown, S.W. et al. (Hrsg.), Service Quality - Multidisciplinary and Multinational Perspectives, Lexington (Mass.) 1991, S. 256f. u. S. 263; Zeithaml, V.A./Berry, L.L./Parasuraman, A.: Communication and Control Processes in the Delivery of Service Quality, in: Lovelock, C.H. (Hrsg.) Services Marketing, 2. Aufl., Englewood Cliffs 1991, S. 413ff.

[189]Vgl. z.B. Berry, L.L.: The Employee as Customer, in: Lovelock, C.H. (Hrsg.), Services Marketing, Englewood Cliffs 1984, S. 272; Bruhn, M.: Internes Marketing als Forschungsgebiet der Marketingwissenschaft, in: Bruhn, M. (Hrsg.), Internes Marketing - Integration der Kunden- und Mitarbeiterorientierung, Wiesbaden 1995, S. 21; Stauss, B.: Internes Marketing, in: Tietz, B./Köhler, R./Zentes, J. (Hrsg.), Handwörterbuch des Marketing, 2. Aufl., Stuttgart 1995, Sp. 1047f., Töpfer, A.: Kunden-Zufriedenheit durch Mitarbeiter-Zufriedenheit, in: Personalwirtschaft, 22. Jg., 1995, Heft 8, S. 10f.

Teil III: Theoretischer Bezugsrahmen der Untersuchung

Aufgabe und Zweck eines theoretischen Bezugsrahmens besteht vor allem darin, Hilfestellungen und Anregungen für die Bearbeitung und Lösung wissenschaftlicher Fragestellungen zu geben. Es handelt sich hierbei um ausgewählte theoretische Ansätze, die als Werkzeuge zur Formulierung von Hypothesen eingesetzt werden. Sie liefern die grundlegende Orientierung für ein Forschungsprojekt und kanalisieren das Denken. Sie übernehmen damit eine heuristische Funktion, indem sie als Wegweiser für die Generierung neuer Erkenntnisse fungieren. Darüber hinaus stellen sie ein begriffliches Raster zur Verfügung, mit dem die Dimensionen des Untersuchungsobjekts beschrieben, systematisiert und korreliert werden können.[1] Gerade für empirisch angelegte Forschungsarbeiten liefern Theorien die Basis für das Forschungsdesign, indem sie das Suchfeld für die Datenerhebung und auch den Interpretationsbedarf der erhobenen Daten bestimmen.[2] Empirie ohne theoretische Fundierung führt schnell zu einem ausgeprägten „Dataismus“, bei dem Daten angehäuft und ausgewertet werden, die zwar in der Realität beobachtbare Phänomene widerspiegeln, aber keine spezifischen Erklärungen dafür liefern. Allerdings darf die Postulierung einer theoriegeleiteten empirischen Forschung nicht darüber hinwegtäuschen, daß in der Betriebswirtschaftslehre im allgemeinen und in der Marketingwissenschaft im speziellen kaum allgemeingültige Theorien zur Hypothesenformulierung zur Verfügung stehen.[3] Deshalb ergibt sich für den empirischen Forscher ein Dilemma: Zum einen sollen Ad-hoc-Hypothesen vermieden werden, zum anderen sind aber meist keine relevanten und leistungsfähigen Theorien verfügbar, die zur themenspezifischen Hypothesenbildung herangezogen und einer empirischen Überprüfung unterzogen werden können. Deshalb sind vom Untersuchungsleiter geeignete Theorieansätze in angrenzenden Wissenschaftsbereichen und wirtschaftswissenschaftlichen Teildisziplinen zu suchen, die Hinweise auf eine gehaltvolle Hypothesenfindung und -formulierung für die Themenstellung liefern.

Im Rahmen der vorliegenden Untersuchung wird jedoch nicht nur eine einzige „Leittheorie“ zugrunde gelegt, sondern eine Vielzahl von theoretischen Ansätzen angewendet, die einen Er-

---

[1]Vgl. Atteslander, P. et al: Methoden der empirischen Sozialforschung, 6. Aufl., Berlin/New York 1991, S. 48ff.; Kromrey, H.: Empirische Sozialforschung, 3. Aufl., Opladen 1986

[2]Vgl. z.B. Opp, K.-D.: Wissenschaftstheoretische Grundlagen der empirischen Sozialforschung, in: Roth, E. (Hrsg.), Sozialwissenschaftliche Methoden, 3. Aufl., München/Wien 1993, S. 68; für ökonomische Problemstellungen siehe beispielhaft bei Pack, L.: Produktion - Notwendigkeit und Bedeutung empirischer betriebswirtschaftlicher Forschung im Bereich der Produktion, in: Hauschildt, J./Grün, O. (Hrsg.), Ergebnisse empirischer betriebswirtschaftlicher Forschung - Zu einer Realtheorie der Unternehmung, Stuttgart 1993, S. 365; Schanz, G.: Die Betriebswirtschaftslehre und ihre sozialwissenschaftlichen Nachbardisziplinen - Das Integrationsproblem, in: Raffée, H./Abel, B. (Hrsg.), Wissenschaftstheoretische Grundfragen der Wirtschaftswissenschaften, München 1979, S. 128

[3]Vgl. z.B. Raffée, H.: Gegenstand, Methoden und Konzepte der Betriebswirtschaftslehre, in: Bitz, M. et al. (Hrsg.), Vahlens Kompendium der Betriebswirtschaftslehre, Bd. 1, 3. Aufl., München 1993, S. 21; siehe auch bei Tomczak, T., Forschungsmethoden, a.a.O., S. 79

klärungs- und Lösungsbeitrag liefern können.[4] Es handelt sich also um einen pluralistischen Ansatz, wobei nicht - wie im Sinne von FEYERABENDs Theorieanarchismus - ausschließlich konkurrierende Theorien zugrunde gelegt werden.[5] Es werden vielmehr - im Sinne eines pragmatischen Pluralismus - komplementäre theoretische Ansätze verwendet, die zu einer Optimierung der Erklärungskraft führen sollen. Das Ziel ist, die verschiedenen Theorien zu einem eklektischen Konzept zu verbinden, das eine umfassende Untersuchung der Themenstellung erlaubt. .

Gerade im Bereich des Marketing mit seinem breit gefächerten verhaltens- und entscheidungsbezogenen Untersuchungsspektrum ist eine Interdisziplinarität unerläßlich. Es ist daher auf unterschiedliche theoretische Erkenntnismuster von Nachbardisziplinen, insbesondere der Psychologie und Soziologie, zurückzugreifen, um zu relevanten Erklärungs- und Problemlösungsansätzen zu gelangen.[6] Aber auch neue mikroökonomische Ansätze, die unter dem Begriff der neuen Institutionenökonomik subsumiert werden, sollen in dem zugrunde gelegten eklektischen Forschungsansatz dieser Arbeit berücksichtigt werden. Sie können auf Basis der generellen Annahmen eines unvollkommenen Marktes interessante Hilfestellungen für die Deskription, Strukturierung und auch Explikation bei Informationsasymmetrien und Unsicherheiten von Transaktionen geben, die allenthalben auf Märkten bestehen und insbesondere bei Dienst- / Serviceleistungen evident sind.[7] Außerdem wird durch die Integration der neuen Institutionenökonomik auch der von einigen Wissenschaftsvertretern vorgebrachten Kritik der Theorielosigkeit und fehlenden ökonomischen Fundierung des Marketing entgegengewirkt.[8] Allerdings soll damit der Kritik am Marketing, sich ausschließlich der Verhaltenswissenschaft verschrieben zu haben,[9] nicht implizit zugestimmt werden. Es geht eher darum, einen insgesamt lei-

---

[4]Vgl. zum theoretischen Pluralismus z.B. Albert, H.: Theorien in den Sozialwissenschaften, in: Albert, H. (Hrsg.), Theorie und Realität, 2. Aufl., Tübingen 1972, S. 8f.; Feyerabend, P.: Wider den Methodenzwang, Frankfurt/Main 1986, S. 56f.; Popper, K.: Logik der Forschung, a.a.O., S. 330f.

[5]Vgl. Feyerabend, P.: Bemerkungen zur Geschichte und Systematik des Empirismus, in: Weingartner, P. (Hrsg.), Grundfragen der Wissenschaft und ihre Wurzeln in der Metaphysik, Salzburg/München 1967, S. 117f.

[6]Vgl. auch Fritz, W: Warentest und Konsumgüter-Marketing, Wiesbaden 1984, S. 67ff. sowie allgemein Bleicher, K.: Betriebswirtschaftslehre - Disziplinäre Lehre vom Wirtschaften in und zwischen Betrieben oder interdisziplinäre Wissenschaft vom Management, in: Wunderer, R. (Hrsg.), Betriebswirtschaftslehre als Management- und Führungslehre, 2. Aufl., Stuttgart 1988, S. 113 und 116ff.

[7]Vgl. zur Relevanz institutionenökonomischer Theorien für das Marketing insbesondere Kaas, K.-P.: Marketing und Neue Institutionenökonomik, in: Zeitschrift für betriebswirtschaftliche Forschung, Sonderheft 35, 1995, S. 4ff.; derselbe: Ansätze einer institutionenökonomischen Theorie des Konsumentenverhaltens, in: Forschungsgruppe Konsum und Verhalten (Hrsg.), Konsumentenforschung, München 1994, S. 247ff.

[8] siehe vor allem Schneider, D.: Marketing als Wissenschaft, a.a.O., S. 223; Hax, H.: Theorie der Unternehmung - Informationen, Anreize und Vertragsgestaltung, in: Ordelheide, D./Rudolph, B./Büsselmann, E. (Hrsg.), Betriebswirtschaftslehre und Ökonomische Theorie, Stuttgart 1991, S. 64f.; Albach, H.: Die Bedeutung neuerer Entwicklungen in der Wettbewerbstheorie für die strategische Unternehmensführung, in : Ordelheide, D./Rudolph, B./Büsselmann, E. (Hrsg.), Betriebswirtschaftslehre und Ökonomische Theorie, Stuttgart 1991, S. 271

[9]siehe zu diesen Äußerungen insbesondere Schneider, D.: Marketing als Wissenschaft, a.a.O., S. 214; Elschen, R.: Betriebswirtschaftslehre und Verhaltenswissenschaften, Frankfurt 1982, S. 82f./371f.; derselbe: Bietet eine

stungsfähigen und damit sinnvollen Erklärungsansatz zu finden.[10] Bezogen auf die zugrunde gelegte Themenstellung dieser Arbeit sind dabei einerseits theoretische Ansätze zu eruieren, die auf die Besonderheiten des Service als Sekundärdienstleistungen anzuwenden sind, also Erklärungen vor dem Hintergrund der Immaterialität und der Integration des externen Faktors induzieren. Andererseits sind auch solche theoretischen Konzepte zu finden und anzuwenden, die sich auf die Gestaltung und Umsetzung des Service als Erfolgsfaktor beziehen und hierfür Explikationen liefern.

Im folgenden sollen für die beiden angesprochenen Teilbereiche der Untersuchung einige theoretische Konzeptionen vorgestellt und auf ihre Erklärungsrelevanz hin analysiert werden. Die Auswahl der nachstehend aufgeführten Ansätze wurde dabei vor dem Hintergrund der Themenstellung und der Zielsetzung einer hohen Erklärungskraft durchgeführt. Sie ist in dieser Weise willkürlich getroffen und hegt auch keinen Anspruch auf Vollständigkeit.

1. Relevanzanalyse theoretischer Konzepte zur Erklärung von Servicetransaktionen

Abbildung III-1 zeigt im Überblick die Theoriebereiche, die zur Erklärung von Servicetransaktionen herangezogen werden. Es handelt sich hierbei um Konzepte, die sich in besonderer Weise auf die beiden grundsätzlichen Charakteristika von Serviceleistungen als Sekundärdienstleistungen beziehen.

---

verhaltenswissenschaftlich fundierte Marketingwissenschaft eine Lehre von den Absatzentscheidungen der Unternehmungen?, in: Marketing - Zeitschrift für Forschung und Praxis, 6. Jg., 1984, Heft 1, S. 60ff.

[10] Zu Gründen und Vorteilen der Integration verhaltenswissenschaftlicher Theorien in das Marketing siehe u.a. Müller-Hagedorn, L.: Marketing ohne verhaltenswissenschaftliche Fundierung?, in: Marketing - Zeitschrift für Forschung und Praxis, 5. Jg., 1983, Heft 3, S. 206ff.; Müller, S.: Marketing auf - verhaltenswissenschaftlichen - Abwegen?, in: Bauer, H.H./Diller, H. (Hrsg.), Wege des Marketing, Berlin 1995, S. 195ff.

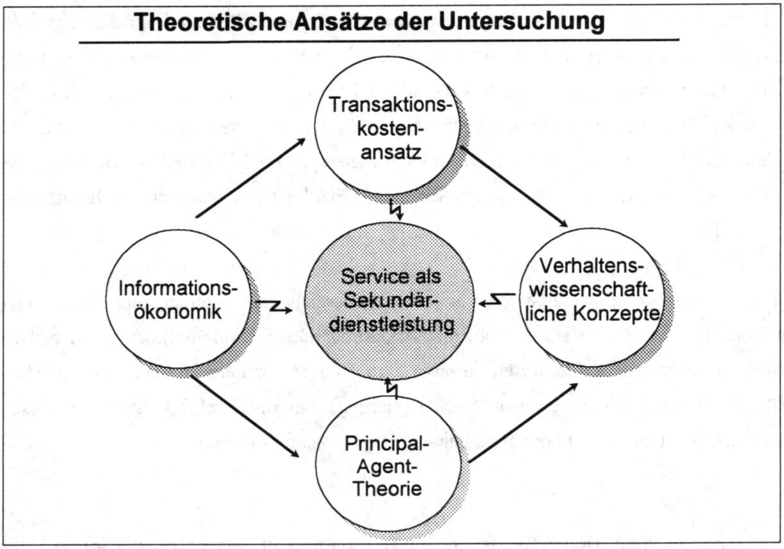

Abb. III-1: Theoretische Ansätze der Untersuchung zur Erklärung von Servicetransaktionen

In Abbildung III-2 sind die einzelnen Ansätze den beiden Servicemerkmalen zugeordnet. Dabei wird deutlich, daß sowohl bei der Immaterialität als auch bei der Kundenintegration mikroökonomische und verhaltenswissenschaftliche Theorien erklärungsbezogene Ansatzpunkte liefern. Wie später noch zu zeigen ist, entstehen hierdurch nicht zwangsläufig konkurrierende Beziehungen zwischen den beiden Theoriegebieten. Vielmehr läßt sich feststellen, daß sich vielfältige komplementäre Einflüsse ergeben, die bei einem kombinierten Einsatz zu fruchtbaren Erklärungen führen können.

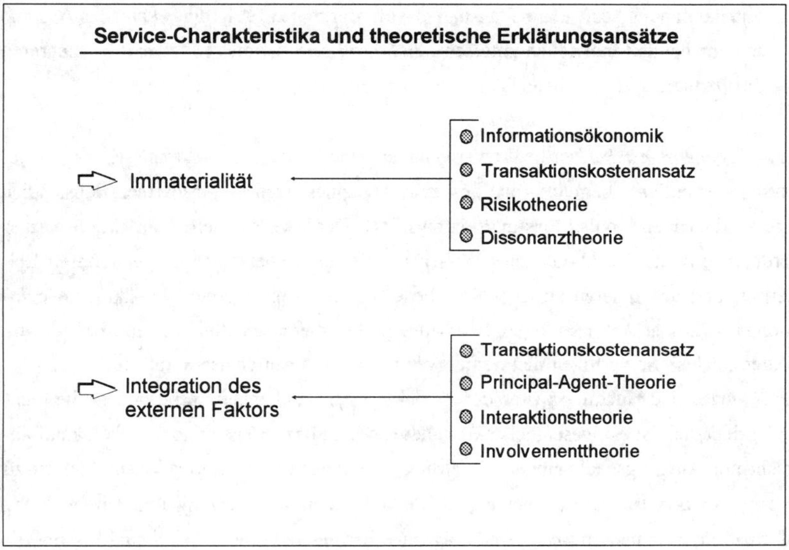

Abb. III-2: Service-Charakteristika und theoretische Erklärungsansätze

1.1. Die Informationsökonomik zur Klassifikation und Erklärung kaufverhaltensrelevanter Servicetypen

Ausgangspunkt der Informationsökonomik ist die Unsicherheit der Marktteilnehmer auf unvollkommenen Märkten. Es wird hierbei zwischen einer exogenen und einer endogenen Unsicherheit unterschieden.[11] Die *exogene Unsicherheit* resultiert aus der unvollkommenen Information der Marktteilnehmer über gegenwärtige und zukünftige reale Sachverhalte der Umwelt und der Märkte, da diese zu komplex sind, um sie vollständig kognitiv zu erfassen.[12] Eine Informationsunvollkommenheit ist grundsätzlich gegeben und kann nicht vollständig behoben werden. Komplexität bedeutet aus systemtheoretischer Sicht, daß es eine Vielzahl von Elementen und Verknüpfungen gibt, die sich im Zeitablauf verändern und dadurch zu einer permanenten Unterschiedlichkeit der Elemente und Beziehungen führen.[13] Die Anzahl und Variationen der Elemente und Korrelationen zwischen ihnen lassen keine vollständige Erfassung des

[11]Vgl. Kleinaltenkamp, M.: Institutionenökonomische Begründung der Geschäftsbeziehung, in: Backhaus, K./Diller, H. (Hrsg.), Dokumentation des 1. Workshops „Beziehungsmanagement" der Arbeitsgruppe „Beziehungsmanagement" der wissenschaftlichen Kommission Marketing im Verband der Hochschullehrer für Betriebswirtschaftslehre, Münster/Nürnberg 1994, S. 9f.

[12]Vgl. Backhaus, K./Späth, G.-M.: Herausforderung systemtechnologischer Vertrauensgüter an das Marketing-Management, in: Zahn, E. (Hrsg.), Technologiemanagement und Technologien für das Management, Stuttgart 1994, S. 28; Marra, A.: Marktprozeß und Einzeltransaktion - Eine institutionen- und informationsökonomische Analyse am Beispiel von Standardisierungsprozessen, Arbeitspapier Nr. 8 der Berliner Reihe „Business-to-Bussines-Marketing", hrsg. von M. Kleinaltenkamp, 2. Aufl., Berlin 1995, S. 35

[13]Vgl. auch die Ausführungen bei Güthoff, J.: Qualität komplexer Dienstleistungen, Wiesbaden 1995, S. 25ff.

Systems und damit auch keine klare Transparenz von Märkten zu. Allerdings kann das Ausmaß der Transparenz bei den Individuen unterschiedlich groß sein. Ist dies bei zwei oder mehreren Transaktionspartnern gegeben, dann liegt eine Informationsasymmetrie vor.

Bei der *endogenen Unsicherheit* liegt zwar ebenfalls eine Informationsasymmetrie vor, die jedoch systembedingt in einem Informationsvorsprung eines Transaktionspartners hinsichtlich seines zu erbringenden Inputs / Leistungsbeitrags liegt. Der jeweils andere Transaktionspartner hat hierüber i.d.R. kein vollkommenes Wissen und ist daher bezüglich der erwarteten Leistungserbringung des anderen unsicher. Das bedeutet, daß Anbieter nur unvollkommene Informationen, z.B. über Anforderungen, Erwartungen, Preisbereitschaften und -elastizitäten von Nachfragern, haben. So verfügen sie beispielsweise nur über unzureichende Informationen über Qualität / Nutzen und Nutzungskosten der Produkte eines Anbieters.[14] Insbesondere diese endogene Unsicherheit ist ein wesentlicher Bestandteil der Informationsökonomik, die darauf abzielt, nicht nur Ausgangsbedingungen, Arten und Intentionen von Informationsproblemen zu untersuchen, sondern auch Instrumente und Methoden zur Verringerung und Überwindung von Informationsasymmetrien bzw. deren Folgen (insbesondere Unsicherheiten und Risiken).[15]

Ein Problem, das aus dieser endogenen Informationsasymmetrie resultiert, ist das sog. *Moral Hazard*. Es handelt sich hierbei um ein opportunistisches Verhalten der Marktseite, die einen Informationsvorsprung bezüglich bestimmter Leistungsmerkmale hat. Das bedeutet, daß der besser informierte Marktpartner seinen Informationsvorsprung zum Nachteil des schlechter informierten Partners ausnutzt und dieser daraufhin Entscheidungen trifft, die er bei besserer oder richtiger Information nicht oder nur nach reiflicher Überlegung getroffen hätte.[16]

Maßnahmen zur Informationsbeschaffung und damit zum Abbau empfundener Informationssymmetrien der schlecht bzw. nicht informierten Seite werden als *Screening* bezeichnet. Mit dem Screening sind selbstverständlich Kosten monetärer bzw. pagatorischer und nicht-monetärer Art (z.B. Zeit, Mühe, Opportunitätskosten) verbunden, die den Screening-Prozeß determinieren. In der Regel wird das Screening solange durchgeführt, wie der Nutzen der Informationsbeschaffung die damit anfallenden Kosten übersteigt.[17] Gleichzeitig können jedoch auch von der besser informierten Seite ganz bewußt Informationen übertragen werden, die zu einem Abbau der Informationsasymmetrie führen sollen. Diese Informationsübertragungsfunktionen

---

[14]Vgl. Kaas, K.P.: Informationsökonomik, in: Tietz, B./Köhler, R./Zentes, J. (Hrsg.), Handwörterbuch des Marketing, 2. Aufl., Stuttgart 1995, Sp.972

[15]Vgl. u.a. ebenda; Fischer, M. et al.: Marketing und neuere ökonomische Theorie - Ansätze zu einer Systematisierung, in: Betriebswirtschaftliche Forschung und Praxis, 45. Jg., 1993, Heft 4, S. 455ff.

[16]Vgl. Fischer, M. et al., a.a.O, S. 448; eine engere Definition hat z.B. Spremann, K.: Asymmetrische Information, in Zeitschrift für Betriebswirtschaft, 60. Jg., 1990, Heft 5/6, S. 571

[17]Vgl. Kaas, K.P.: Marktinformationen - Screening und Signaling unter Partnern und Rivalen, in: Zeitschrift für Betriebswirtschaft, 61. Jg., 1991, Heft 3, S. 361

werden als *Signaling* bezeichnet. Selbstverständlich werden durch das Signaling ebenfalls Kosten verursacht, vor allem dann, wenn glaubwürdige Informationen übermittelt werden sollen, durch die wenig informierte Empfänger schnell und eindeutig Rückschlüsse auf die signalisierte Eigenschaft ziehen können.[18] Allerdings können auch ganz bewußt zur Beeinflussung der Kaufentscheidung falsche Informationen weitergegeben und richtige Hinweise zurückgehalten werden. Damit wird deutlich, daß durch Screening und Signaling das Moral Hazard nicht zwangsläufig gemindert wird.

Screening und Signaling können bei beiden Transaktionspartnern, also sowohl auf der Anbieter- als auch auf der Nachfragerseite, betrieben werden, um einen besseren Informationsstand zu erhalten bzw. ganz bestimmte Informationen - sei es in opportunistischer und moralisch bedenklicher Weise oder in guter Absicht - gezielt weiterzugeben. In Abbildung III-3 sind mögliche Screening- und Signaling-Objekte / -Inhalte und -Medien beispielhaft dargestellt, wobei lediglich auf Informationsaktivitäten zwischen diesen beiden Parteien abgestellt wurde. Es ist auch weiterhin möglich, daß Screening und Signaling unter Anbietern (z.B. Konkurrenzforschung und Kooperationsgespräche zwischen Unternehmen) oder auch unter Nachfragern (z.B. Imitationsverhalten und Mund-zu-Mund-Werbung) durchgeführt werden.[19] Die in der Abbildung aufgeführten Informationsaktivitäten zielen hingegen darauf ab, Transaktionen anzubahnen und zu realisieren.

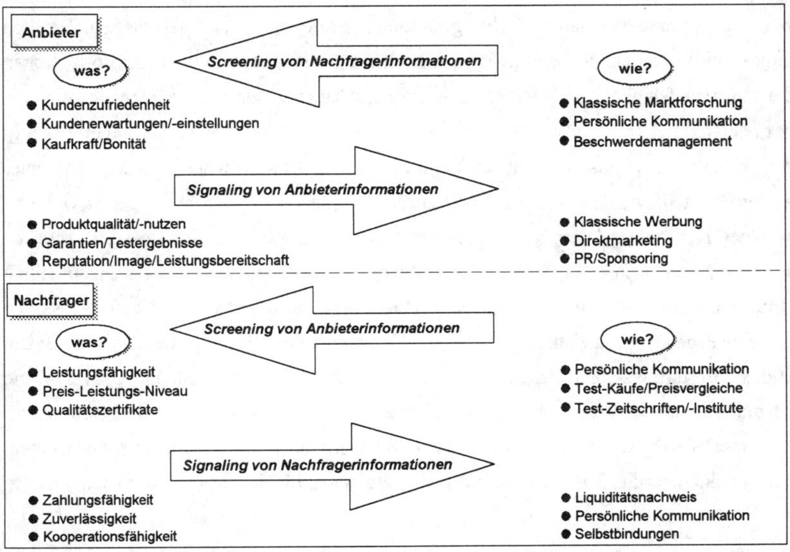

Abb. III-3: Screening und Signaling als Prozeß der Marktinformation

[18]Vgl. derselbe: Informationsökonomik, a.a.O., Sp. 975f.
[19]Vgl. derselbe: Marktinformation, a.a.O., S. 360ff.

Die Screening-Aktivitäten der Anbieter beziehen sich in Käufermärkten insbesondere auf Marktforschungsmaßnahmen, die darauf ausgerichtet sind, Kundenbedürfnisse, -erwartungen und -anforderungen zu erkennen. Sie liefern Informationen über Ansatzpunkte für eine marktgerechte Leistungserstellung zur Schaffung von Wettbewerbsvorteilen. Die Signaling-Aktivitäten erstrecken sich auf der Anbieterseite hingegen auf die Weitergabe von kundenbezogenen Informationen, die den Vorteil der vom Unternehmen angebotenen Leistungen gegenüber Wettbewerbsprodukten vermitteln sollen. Ziel ist, das Phänomen der sog. *Adverse Selection* auszuschalten. Hierbei handelt es sich um den Verdrängungsprozeß von qualitativ hochwertigen Gütern auf einem Markt durch minderwertige Leistungen. Ursache hierfür ist, daß durch die vorliegende Informationsasymmetrie bei den potentiellen Nachfragern Qualitätsunterschiede hinsichtlich der angebotene Produkten nicht als solche erkannt werden. Die Folge ist, daß diese eigentlich inhomogenen Güter auf einem Markt dann von den Kunden als homogene Leistungen angesehen und zu einem Durchschnittspreis nachgefragt werden, der unter den Preisforderungen der besseren Leistungen liegt. Letztlich führt dieser Prozeß dann dazu, daß Anbieter höherwertiger Produkte ihre Kosten nicht mehr decken können und langfristig aus dem Markt austreten.[20]

Im Rahmen des Signaling durch die Nachfrager handelt es sich insbesondere um die Weitergabe von Leistungsinformationen potentieller Kunden (z.B. Bonität, Alter, Anspruchsberechtigung), die einem Kaufinteressenten eine notwendige Transaktionsqualifikation nachweisen und/oder ihm gegenüber anderen Nachfragern einen „Präferenzvorteil" verschaffen. Bei den Screening-Maßnahmen der Kunden geht es vor allem um die Beschaffung von Informationen über die Leistungsfähigkeit der Anbieter und die Einschätzung der angebotenen Leistungs- / Produktqualitäten. Hierbei sind drei Qualitätsdimensionen zu unterscheiden.[21] Zum ersten sog. *Search Qualities*, die bereits vor dem Kauf eines Produktes bzw. vor der Durchführung einer Transaktion beurteilt werden können. Zweitens sog. *Experience Qualities*, die erst während oder nach der Transaktion / dem Kauf abgeschätzt werden können, und drittens sog. *Credence Qualities*, die selbst nach einer Transaktion nicht oder nur sehr schwer - unter Inkaufnahme hoher Informationskosten - zu beurteilen sind. Je nachdem, wie stark die Qualitätsdimensionen bei einzelnen Produkten / Leistungen ausgeprägt und dominierend sind, kann man zwischen Inspektions-, Erfahrungs- und Vertrauensgütern unterscheiden.[22] In Abbildung III-4 sind die Qualitätsdimensionen in Verknüpfung mit der Produktart dargestellt. Es handelt sich hierbei um eine idealisierte Darstellung mit klaren Schwerpunkten der Qualitätsdimensionen. Selbstverständlich ist die Zusammensetzung der drei Qualitätsdimensionen bei den meisten

---

[20] Vgl. z.B. Tolle, E.: Informationsökonomische Erkenntnisse für das Marketing bei Qualitätsunsicherheit der Konsumenten, in: Zeitschrift für betriebswirtschaftliche Forschung, 46. Jg., 1994, Heft 11, S. 927

[21] Vgl. insbesondere Zeithaml, V. A., a.a.O., S. 39ff.

[22] Vgl. Backhaus, K.: Investitionsgüter-Marketing - Theorieloses Konzept mit Allgemeinheitsanspruch?, in: Zeitschrift für betriebswirtschaftliche Forschung, 44. Jg., 1992, Heft 9, S. 783ff.

Gütern in der Realität nicht immer so eindeutig, daß eine Dimension die anderen Dimensionen klar dominiert. Hinzu kommt, daß Lernprozesse der Kunden im Kaufentscheidungsprozeß zu einer veränderten Zusammensetzung von Produktinformationen, Erfahrung und Vertrauen führen können. Dies gilt insbesondere für habituelle und limitierte Kaufentscheidungen. Eine derartige Typologie ist deshalb als Vereinfachung zu verstehen und zu bewerten.

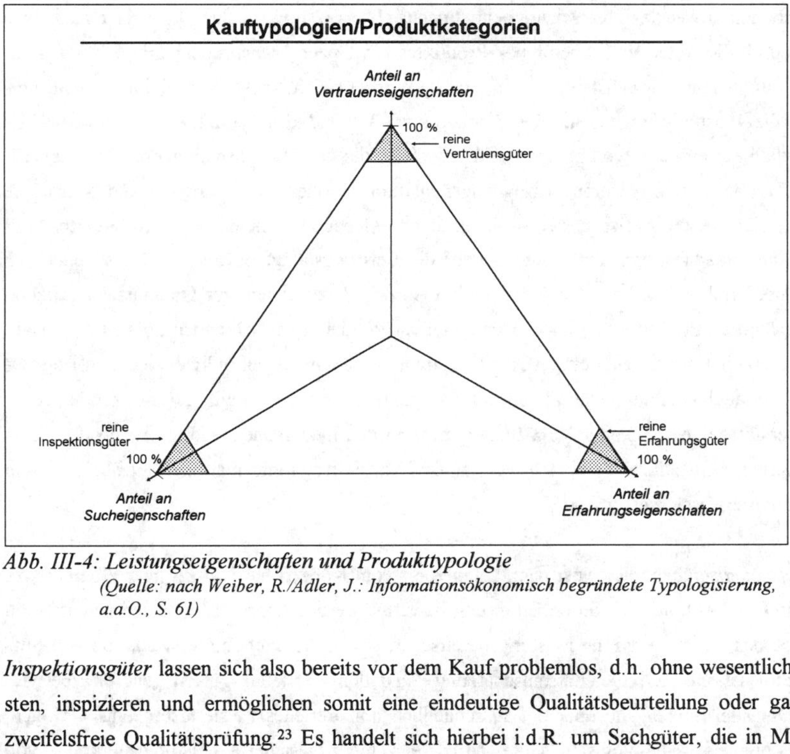

Abb. III-4: Leistungseigenschaften und Produkttypologie
(Quelle: nach Weiber, R./Adler, J.: Informationsökonomisch begründete Typologisierung, a.a.O., S. 61)

Inspektionsgüter lassen sich also bereits vor dem Kauf problemlos, d.h. ohne wesentliche Kosten, inspizieren und ermöglichen somit eine eindeutige Qualitätsbeurteilung oder gar eine zweifelsfreie Qualitätsprüfung.[23] Es handelt sich hierbei i.d.R. um Sachgüter, die in Massenproduktion hergestellt werden und keinen oder nur einen sehr geringen Individualisierungs- sowie Spezifitätsgrad aufweisen.[24] Typisch für derartige Inspektionsgüter, die als Austauschgüter standardisiert sind und für einen anonymen Markt produziert werden,[25] sind beispielsweise Textilien „von der Stange", Automobile, Werkzeuge und Bücher. Zwar spielt auch hier ein gewisses Vertrauen und damit Risiko bei der Beurteilung der Funktionsfähigkeit und Haltbarkeit der Produkte beim Kauf eine Rolle (z.B. ob der gekaufte Anzug oder das neu

[23]Vgl. Mengen, A., a.a.O., S. 129
[24]Vgl. Backhaus, K.: Investitionsgüter-Marketing - Theorieloses Konzept, a.a.O., S. 784
[25]Vgl. zum Begriff Austauschgüter in Anlehnung an Alchian/Woodward insbesondere Schade, C./Schott, E.: Kontraktgüter im Marketing, in: Marketing - Zeitschrift für Forschung und Praxis, 15. Jg., 1993, Heft 1, S. 16f.

erworbene Kleid nach der ersten Wäsche noch seine ursprüngliche Paßform hat), dennoch ist dies weniger relevant und dominant als bei Erfahrungs- und vor allem Vertrauensgütern.

Erfahrungsgüter sind i.d.R. nicht physisch präsent, sondern werden individuell für die Kunden in Auftragsarbeit hergestellt. Der Fertigungsprozeß folgt hierbei also dem Vertragsabschluß. Typische Beispiele sind die Herstellung von maßgeschneiderten Textilien, Urlaubsreisen, Reparaturarbeiten sowie der Haarschnitt beim Friseur. Die Leistungsqualität kann erst nach dem Kauf durch Ge- oder Verbrauch eines Produktes bzw. nach Inanspruchnahme der Dienstleistung vom Nachfrager beurteilt werden. Häufig wird von den Nachfragern beim Erstkauf versucht, die Leistungsbereitschaft des Anbieters im Vorfeld des Kaufaktes anhand von Leistungsindikatoren zu bewerten, um auf diese Weise die Qualitätsunsicherheiten und Kaufrisiken zu reduzieren. Die hierzu herangezogenen Informationen stellen sog. Qualitätssurrogate dar, die sich beispielsweise in der Architektur von Gebäuden, Kleidung der Mitarbeiter oder Zertifikaten manifestieren und Hinweise auf die Leistungsfähigkeit des Anbieters geben sollen.[26] Die Erfahrungen beim Ge- oder Verbrauch des Gutes dienen zur Qualitätseinschätzung für gleichartige Produkte und Dienstleistungen bei Wiederkäufen. Dennoch können die Erfahrungen letztlich nie als endgültige Qualitätsgarantien gelten, da bei individualisierten Leistungen immer auch Qualitätsvarianzen auftreten können. Grundsätzlich gilt, daß mit zunehmender Immaterialität und steigender Kundenintegration in den Leistungserstellungsprozeß die Beurteilung eines Gutes durch den Nachfrager anhand von Surrogatinformationen, Erfahrungs- und Vertrauenseigenschaften erfolgt.[27]

Bei *Vertrauensgütern*, die selbst nach deren Kauf vom Kunden hinsichtlich ihrer Qualität weder durch Inspektion noch durch Erfahrung bewertet werden können, bleibt den Nachfragern lediglich das Vertrauen in die Leistungsbereitschaft sowie die Suche und Evaluation von Surrogatinformationen zur Qualitätseinschätzung.[28] Zu den Vertrauensgütern gehören überwiegend Dienstleistungen, die über ein ausschließlich immaterielles Leistungsergebnis verfügen, sowie komplexe technologische Güter. Auch einzelne zugesicherte Leistungsmerkmale von materiellen Gütern, die als *Veiled Qualities* selbst nach dem Ge- oder Verbrauch nicht zweifelsfrei, und das auch nur mit hohen Informationskosten, ermittelt werden können, gehören hierzu.[29] Beispiele für solche Veiled Qualities sind der biologische Anbau von Nahrungsmitteln, der ökologische Abbau von chemischen Inhaltsstoffen oder die ordnungsgemäße Entsor-

[26]Vgl. z.B. Jakob, F.: Produktindividualisierung - Ein Ansatz zur innovativen Leistungsgestaltung im Business-to-Business-Bereich, Wiesbaden 19, S. 154; Weiber, R./Adler, J.: Der Einsatz von Unsicherheitsreduktionsstrategien im Kaufprozeß - Eine informationsökonomische Analyse, in: Zeitschrift für betriebswirtschaftliche Forschung, 1995, Sonderheft 35, S. 63

[27]Vgl. Kleinaltenkamp, M./Marra, A.: Institutionenökonomische Aspekte der 'Customer Integration', in: Zeitschrift für betriebswirtschaftliche Forschung, Sonderheft 35, 1995, S. 105

[28]Vgl. Mengen, A., a.a.O., S. 150

[29]Vgl. Weiber, R./Adler, J.: Informationsökonomisch begründete Typologisierung, a.a.O., S. 57

gung von Verpackungen. Bei komplexen technologischen Systemgütern, z.B. Computer-Netzwerken, stehen die Nachfrager häufig vor dem Problem, daß sie auch nach dem Kaufakt nicht zweifelsfrei wissen, ob die zugrunde gelegte Systemarchitektur auch zukünftige Weiterentwicklungen zuläßt. Dies hängt beispielsweise davon ab, ob der Anbieter in Zukunft überhaupt noch am Markt vertreten ist und Systembausteine mit entsprechender Integralqualität anbietet, die für die Erweiterung und den Bestand des Systems notwendig sind.[30] Auch ist nicht sicher, ob der Systemstandard am Markt in Zukunft weiteren Bestand haben wird. Die Vertrauensqualitäten beziehen sich bei Systemgütern damit aber nicht nur auf das Produkt, das i.d.R. mehr oder minder spezifisch hergestellt bzw. angepaßt wird, sondern vielmehr auf den Anbieter. Denn Systemgüter umfassen eine Vielzahl von Transaktionen und damit einen zeitlichen Ablauf von mehreren zusammenhängenden Produktkäufen, deren Qualität von den Käufern beim Einstieg in eine Systemtechnologie, also bei der ersten Transaktion, noch nicht oder nur unzureichend beurteilt werden kann.[31]

Während sich Hersteller von Inspektionsgütern bei ihren Signaling-Aktivitäten darauf beschränken können, direkte Informationen über sog. intrinsische Produktmerkmale weiterzugeben, sind Anbieter von Erfahrungs- und Vertrauensgütern darauf angewiesen, zur Reduktion des kundenbezogenen Kaufrisikos mit Signalen als Qualitätssubstitute und indirekten Informationen zu kommunizieren. Es kann sich hierbei um produktbezogene Signale handeln, die sich ganz konkret auf bestimmte Leistungsmerkmale beziehen, oder um leistungsübergreifende Indikatoren, die sich auf die generelle Leistungsbereitschaft und -fähigkeit des Anbieters beziehen. *Leistungsbezogene Signale*, wie z.B. Garantien und Preise, sind vor allem bei Erfahrungsgütern einsetzbar, da sich die Unsicherheiten vor dem Kauf reduzieren können.[32] Allerdings ist zu berücksichtigen, daß bei indirekt-leistungsbezogenen Signalen ein eindeutiger kognitiver Wahrnehmungsprozeß mit gelernten Wirkungsbeziehungen vorausgesetzt wird.[33] So muß ein entsprechender Irradiations- oder Attributdominanzeffekt vorliegen, der dazu führt, daß beispielsweise vom Preis auf bestimmte Leistungsmerkmale oder die Gesamtqualität eines Gutes geschlossen wird. Zusätzlich lassen sich selbstverständlich auch *leistungsübergreifende Indizes* einsetzen, wie z.B. die Reputation eines Anbieters am Markt, um darüber hinaus Vertrauen in den Anbieter zu schaffen. Sie bilden die einzige Möglichkeit eines Anbieters von Vertrauensgütern zur Unsicherheitsreduktion bei den Kunden.[34] Unter Reputation ist dabei Ansehen und

---

[30]Vgl. Backhaus, K./Aufderheide, D./Späth, G.-M.: Marketing für Systemtechnologien - Entwicklung eines theoretisch-ökonomisch begründeten Geschäftstypenansatzes, Stuttgart 1994, S. 79

[31]Vgl. Backhaus, K./Späth, G.-M., a.a.O., S. 29f.

[32]Vgl. auch Tolle, E., a.a.O., S. 929ff.; Arnoldt, A.: Garantiezusagen und Qualitätsunsicherheit von Konsumenten, in: Jahrbuch der Absatz- und Verbrauchsforschung, 42. Jg., 1996, Heft 2, S. 149ff.

[33]Vgl. Tolle, E., a.a.O., S. 928f.

[34]Vgl. Weiber, R./Adler, J.: Der Einsatz von Unsicherheitsreduktionsstrategien, a.a.O., S. 69

Goodwill eines Unternehmens bei potentiellen und tatsächlichen Kunden zu verstehen, das durch eine langfristige Marktpräsenz des Anbieters entstanden ist.[35]

Serviceleistungen können sowohl als leistungsbezogene Signale als auch zur Schaffung einer positiven Reputation dienen. So lassen sich beispielsweise selbstverpflichtende garantieorientierte Serviceleistungen (z.B. Instandhaltungs- und Wartungsleistungen, Upgradingversprechen, Rücknahme und Entsorgung) anbieten, die zur Risikoreduktion beitragen können. Auch Informations- und Beratungsdienste können Signalwirkung haben, wenn sie überzeugend und glaubwürdig durchgeführt werden. Über kundenorientierte After-Sales-Serviceleistungen kann die Kundenzufriedenheit nachhaltig gestärkt und somit Vertrauen in den Anbieter aufgebaut bzw. gefestigt werden. Begeisterte Kunden lassen sich gar als „Missionare" für das eigene Produkt nutzen und fördern durch ihre positive Mund-zu-Mund-Werbung die Reputation des Anbieters.

Die Nutzung von Serviceleistungen als Signale liegt zwar auf der Hand, ist aber mit erheblichen Problemen verbunden. Denn Serviceleistungen stellen bei näherer Betrachtung häufig selbst Erfahrungs- oder Vertrauensgüter dar. Aufgrund der Immaterialität des Serviceergebnisses lassen sie sich vor Inanspruchnahme von den Kunden nicht anhand stofflicher Kriterien inspizieren. Fehlen zudem noch objektive Informationsmerkmale und -quellen zum Serviceprozeß, die zu einer Evidenz - zumindest bezogen auf bestimmte Kriterien wie Zeiten oder Aktivitäten - bei der Leistungserstellung führen, dann bleibt dem Nachfrager lediglich das Vertrauen in das Nutzenversprechen.[36] Damit ist implizit die Kundenbeteiligung angesprochen, durch die ein weiterer Qualitätsunsicherheitsfaktor entsteht.

Da die zu nutzende Serviceleistung ex ante nicht verfügbar ist, sondern erst durch die Einbringung des externen Faktors entstehen kann, stehen sie als Informations- und Signalingobjekt noch nicht zur Verfügung.[37] Lediglich die Leistungspotentiale können, soweit sie sich in Betriebsmitteln oder sonstigen physischen Ressourcen dokumentieren lassen, hierfür genutzt werden, da sie auf der Anbieterseite i.d.R. bereits vor der Erstellung von Serviceleistungen vorhanden sind.[38] Schwierig wird es für die Nachfrager dann, wenn sie bei personendominierten Erstellungsprozessen das Leistungspotential und die Leistungsbereitschaft beurteilen müssen. In dieser Situation bleibt ihnen wiederum nur das Zurückgreifen auf Surrogatinformationen,

---

[35]Vgl. auch Spremann, K.: Reputation, Garantie, Information, in: Zeitschrift für Betriebswirtschaft, 58. Jg., 1988, Heft 5/6, S. 613ff.

[36]Vgl. grundsätzlich zur Transparenz von Leistungsprozessen bei Dienstleistungen Fließ, S.: Prozeßevidenz als Erfolgsfaktor der Kundenintegration, in: Kleinaltenkamp, M./Fließ, S./Jacob, F. (Hrsg.), Customer Integration - Von der Kundenorientierung zur Kundenintegration, Wiesbaden 1996, S. 95ff.

[37]Vgl. Mengen, A., a.a.O., S. 123

[38]Vgl. Bitner, M.J.: Servicecapes - The Impact of Physical Surroundings on Customer and Employees, in: Journal of Marketing, 56. Jg., 1992, April, S. 62ff.

wie beispielsweise die Kleidung und das Erscheinungsbild der Servicemitarbeiter.[39] Des weiteren bleibt für die Kunden nur die Nutzung von sekundären Informationsquellen über die Servicequalität, wie z.B. Aussagen von anderen Kunden und Werbebotschaften. Diese Informationsquellen sind jedoch stark subjektiv geprägt. Es ist daher beim Absatz von Erfahrungs- und Vertrauensgütern als Primärleistung schwierig, eine Reputations- und Präferenzwirkung durch Serviceleistungen zu erzielen. Dies gilt vor allem bei Erstkäufern der Primärleistungen. Bei der Ersatzbeschaffung hingegen, also als Mittel zur Kundenbindung, ist dies aus theoretischer Sicht hingegen anders gelagert. Hier können die Erfahrungen und Zufriedenheiten bei der Nutzung von Serviceleistungen das Wiederkaufverhalten entscheidend beeinflussen.[40] So zeigen beispielsweise empirische Untersuchungen aus dem Automobilbereich, daß die Servicezufriedenheit die Kundenbindung maßgeblich beeinflußt.[41]

Gleichzeitig führt die erstmalige Nutzung einer Serviceleistung auch dazu, daß diese bei späterer Inanspruchnahme hinsichtlich ihres Nutzens besser beurteilt werden kann. Das bedeutet, daß bei einer mehrmaligen Nutzung von gleichen Serviceleistungen die Qualitätsunsicherheit beim Nachfrager abnimmt. Allerdings können gerade bei interaktiven, wenig automatisierten und standardisierten Serviceleistungen (z.B. speziellen Beratungen und Schulungen) durchaus individuelle Qualitätsschwankungen eintreten, die einen solchen erfahrungsbezogenen Transformationsmechanismus beeinträchtigen.

Das Spektrum der Serviceleistungen ist sehr breit und vielfältig. Unterschiedliche Immaterialitäts- und Integrationsgrade führen dazu, daß sie ebenfalls in Such-, Erfahrungs- und Vertrauensleistungen eingeteilt werden können.[42]

Mit zunehmenden materiellen Anteilen der Serviceleistungen und des Leistungspotentials sowie mit abnehmender Kundenintegration lassen sich Serviceleistungen eher inspizieren. Dies liegt zum einen daran, daß die materiellen Komponenten grundsätzlich leichter überprüfbar sind. Zum zweiten führt der geringe Grad der Kundenintegration gleichzeitig dazu, daß häufig bereits Teilleistungen erbracht werden können, deren materielle Bestandteile dann hinsichtlich ihrer Qualität eingeschätzt werden können.

Inspektions- / Such-Serviceleistungen umfassen vor allem Sekundärdienstleistungen, deren Leistungspotential und -ergebnis einen hohen Grad an Materialität aufweisen. Dadurch sind die

---

[39]Vgl. auch Bitner, M.J.: Evaluating Service Encounters - The Effects of Physical Surroundings and Employee Responses, in: Journal of Marketing, 54. Jg., 1990, March/April, S. 70ff.

[40]Vgl. ebenda, S. 134f.

[41]Vgl. Spilker, M.: Wettbewerbsvorteile durch eine aktive und systematische Kundenorientierung, in: Reuss, H./Müller, W. (Hrsg.), Wettbewerbsvorteile im Automobilhandel, Frankfurt/New York 1995, S. 194f.

[42]Vgl. auch einen ähnlichen Klassifikationsversuch für Dienstleistungen generell bei Mengen, A., a.a.O., S. 142ff.

Kunden bereits vor Inanspruchnahme in der Lage, die Qualität und damit den Nutzen der Serviceleistungen auf Basis originärer Informationen einzuschätzen. Häufig handelt es sich hierbei um Serviceleistungen, die dem Kunden das Recht zur Nutzung von Sachleistungen einräumen (wie z.B. die Nutzung von Maschinen, Parkplätzen, Schulungsräumen, Cafeterien oder Computer-Hardware).[43] Die Sachleistung als Kernleistung kann von dem Kunden meist ohne größere Anstrengungen und Informationskosten inspiziert werden. Auch Reparaturleistungen können hierzu gezählt werden, wenn beispielsweise ein Teileaustausch vorgenommen wird. Des weiteren kommen auch solche immateriellen Serviceleistungen in Betracht, die einer objektiven Beurteilung des Leistungsergebnisses zugänglich sind, weil der Nutzen für den Kunden bereits ex ante klar fixiert und nachvollziehbar ist. Hierzu gehören beispielsweise Finanzierungs- und Versicherungsleistungen wie Leasing, Inzahlungnahme und Ausfallversicherungen sowie Logistikleistungen, z.B. Anlieferung, Abholung und Installation.

Grundsätzlich kann man davon ausgehen, daß Such-Serviceleistungen als Signal bei der Vermarktung der Primärleistung aus informationsökonomischer Sicht gut geeignet sind. Allerdings ist zu beachten, daß es sich hierbei aus wettbewerbsorientierter Perspektive meist um Muß-Leistungen handelt, die mehr oder weniger von allen Konkurrenten angeboten werden (können) und deshalb nur selten einen langfristigen Profilierungsvorteil am Markt versprechen.

Bei *Erfahrungs-Serviceleistungen* weisen Leistungspotential und -ergebnis meist keine oder nur geringe materielle Bestandteile auf. Der Serviceprozeß erfordert eine relativ starke Integration des externen Faktors und beinhaltet i.d.R. als personenbezogene Serviceleistung eine Vielzahl von Interaktionen zwischen Servicemitarbeitern und dem Kunden. Der Leistungsprozeß ist letztlich die dominante Nutzenstiftung für den Kunden und damit Nachfrageobjekt. Für den Nachfrager ist es relativ schwer, eine Qualitätsbeurteilung vor dem Kauf bzw. der Inanspruchnahme vorzunehmen, da im vorhinein keine originären Leistungsinformationen vorliegen, die eine objektive Einschätzung erlauben. Selbst bei Wiederkäufen bzw. bei der mehrmaligen Inanspruchnahme von Serviceleistungen ist eine sichere Qualitätsbeurteilung ex ante nahezu unmöglich, da es aufgrund des menschlichen Leistungspotentials auf der Anbieter- und / oder Nachfragerseite immer zu Qualitätsschwankungen kommen kann. Nach Inanspruchnahme der Serviceleistungen kann der Nutzer jedoch auf Grundlage subjektiver Einschätzungen ein Qualitätsresümee ziehen, das auf zukünftige Entscheidungen einen Einfluß hat. Allerdings kann er sich nicht sicher sein, daß die empfundene Qualität auch bei der nächsten Nutzung eintreten wird. Typische Erfahrungs-Serviceleistungen sind Kundenschulungen, Kundenberatungen und Personalvermietung.

---

[43]Vgl. ebenda, S. 144; Kaas, K.P./Busch, A.: Inspektions-, Erfahrungs- und Vertrauenseigenschaften von Produkten, in: Marketing - Zeitschrift für Forschung und Praxis, 18. Jg., 1996, Heft 4, S. 245

Erfahrungs-Serviceleistungen erfordern also von den Kunden einen stärkeren Informationsaufwand und höhere Informationskosten als Such-Serviceleistungen. Es ist daher schwieriger, derartige Serviceleistungen als Signal für die Vermarktung von Primärleistungen zu nutzen. Wichtig ist, daß es sich bei den Serviceleistungen um wichtige Nutzeneigenschaften für den Kunden handelt, für die er bereit ist, die höheren Screening-Anstrengungen zu unternehmen. Außerdem sollten die Informationskosten der Nachfrager gering gehalten werden, indem eine Prozeß- und Ergebnisevidenz angestrebt wird, die beispielsweise auf Standards aufbaut.[44] Zusätzlich kann durch eine Automatisierung möglichst vieler Aktivitäten im Serviceprozeß eine Nivellierung der Servicequalität angestrebt werden, wenn der persönliche Kontakt der Aktivitäten aus Kundensicht nicht bedeutsam ist.[45]

Auch bei *Vertrauens-Serviceleistungen* sind Leistungspotential und -ergebnis sehr stark immateriell ausgeprägt. Gleichfalls ist meist eine starke Integration des externen Faktors für die Leistungserstellung erforderlich. Der Leistungsprozeß wird häufig durch den Einsatz von Human-Resources auf Anbieter- und Nachfragerseite dominiert.[46] Der wesentliche Unterschied gegenüber Erfahrungs-Serviceleistungen liegt insbesondere darin, daß auf Basis originärer Informationen die Servicequalität nicht nur im vorhinein nicht abschätzbar ist, sondern auch ex post nicht zweifelsfrei festgestellt werden kann.[47] Zu diesen i.d.R. individualisierten Serviceleistungen gehören beispielsweise Feasibility-Studien, Marktforschungsarbeiten, Wirtschaftlichkeitsanalysen oder Organisationsentwicklungsstudien. Da ex post ebenfalls keine Qualitätssicherheit besteht, können auch keine Erfahrungen als Risikoreduktion beim Wiederkauf genutzt werden. Es bleiben lediglich Surrogate, die als derivative, subjektive Informationen zur Nutzenbeurteilung der Serviceleistungen herangezogen werden können. Es ist damit offensichtlich, daß Vertrauens-Serviceleistungen als Signale für Primärleistungen eher ungeeignet sind. Deshalb ist ihr Einsatz bei Kernleistungen mit Vertrauensgutcharakter nicht besonders sinnvoll, da sie das Qualitätsbeurteilungsproblem bei den Kunden letztlich nicht abbauen können. Dennoch sind es gerade diese Serviceleistungen, die von den Wettbewerbern nicht völlig imitiert und daher als Differenzierungsinstrument genutzt werden können. Notwendig ist jedoch, daß entsprechende Surrogate eingesetzt werden, die auf die Vorteilhaftigkeit und Nutzenstiftung der Serviceleistungen hinweisen.[48]

Die beschriebenen informationsökonomischen Aspekte sind bei der inhaltlichen und formalen Gestaltung der Servicepolitik zu berücksichtigen. In Teil 4 wird deshalb an entsprechender

[44] Vgl. Zeithaml, V.A./Berry, L.L./Parasuraman, A., a.a.O., S. 411; Fließ, S., a.a.O., S. 99f.
[45] Vgl. Levitt, T.: Industrialization of Service, in: Harvard Business Review, Vol. 54., 1976, September/October, S. 63ff.; Zeithaml, V.A./Berry, L.L./Parasuraman, A., a.a.O., S. 412f.
[46] Vgl. Mengen, A., a.a.O., S. 147
[47] Vgl. Schade, C./Schott, E., a.a.O., S. 19
[48] Vgl. z.B. Berry, L.L./Parasuraman, A.: Marketing Services - Competing through Quality, New York 1991, S. 104ff.; Fassott, G.: Dienstleistungspolitik industrieller Unternehmen, Wiesbaden 1995, S. 95

Stelle auf die spezifischen absatzbezogenen Umsetzungsanforderungen der Informationsökonomik an das Servicemarketing eingegangen.

Über die vorstehend skizzierten Signalingfunktionen hinaus können Serviceleistungen entsprechend ihrer Informationsgewinnungsfunktion auch zum Screening genutzt werden. Bei jeder Interaktion lassen sich Daten gewinnen, die für das Unternehmen relevant sein können. Allerdings lassen sich die Screeningfunktionen von Serviceleistungen nicht vom Unternehmen isoliert und automatisch realisieren. Es wird vorausgesetzt, daß die Kunden aktiv werden und die angebotenen Serviceleistungen nutzen. Erst wenn also die Service-Signale von den Kunden genutzt werden, kann das Service-Screening beginnen. Das Service-Signaling ist dann die Grundlage für das Service-Screening.

1.2. Ansätze der neuen Institutionenökonomik zur Erklärung des Anbieter- und Nachfragerverhaltens beim Service

Die neue Institutionenökonomik ist darauf ausgerichtet, die Bedeutung, Wirkung und Gestaltung von Institutionen bzw. Organisationen hinsichtlich Effizienz, Unsicherheit und Verhaltenssteuerung zu beschreiben und zu erklären.[49] Im wesentlichen geht es einerseits draum, zu analysieren, welche alternativen Institutionen bei der Koordination von Austauschbeziehungen die geringsten Kosten verursachen bzw. die größte Effizienz aufweisen. Andererseits soll mit Hilfe mikroökomischer Instrumente der Neoklassik (insbesondere des methodologischen Individualismus[50] und der individuellen Rationalität[51]) untersucht werden, wie sich Koordinationsprobleme, Kosten und Effizienz von Transaktionen auf die Formierung und Steuerung von Institutionen auswirken.[52] Als Institutionen bezeichnet man Regelsysteme, die das Handeln von einzelnen und mehreren Individuen strukturieren, um die Vorhersehbarkeit und Abschätzbarkeit von Verhaltensweisen zu verbessern. Das Ziel von Institutionen ist, Unsicherheiten zu re-

---

[49]Vgl. Richter, R.: Institutionen ökonomisch analysieren, Tübingen 1994, S. V; Kaas, K-P.: Ansätze, a.a.O., S. 247; Thiele, M.: Neue Institutionenökonomik, in: Das Wirtschaftsstudium, 23. Jg., 1994, Heft 12, S. 993

[50]Hierunter versteht man die Sichtweise, daß die Handlungen eines sozialen Systems, wie z.B. eine Unternehmung oder ein Staat, sich aus den Einstellungen und Verhaltensweisen ihrer individuellen Mitglieder ergeben. Soziale Gebilde sind demnach nicht als Kollektive zu intepretieren, die sich wie Individuen verhalten. Soziale Prozesse müssen also durch theoretische Erkenntnisse über individuelles Verhalten erklärt werden, da dieses erst die zu analysierende „kollektive“ Erscheinung entstehen läßt. Vgl. hierzu Richter, R.: Institutionen, a.a.O., S. 4 und Richter, R./Furubotn, E.: Neue Institutionenökonomik - Eine Einführung und kritische Würdigung, Tübingen 1996, S. 3

[51]Hierbei geht es darum, daß alle Wirtschaftssubjekte bzw. Individuen konsistente und stabile Präferenzen (Nutzenfunktionen) haben sowie eine rationale Handlungswahl vornehmen, die zu einer Nutzenmaximierung führt. Dabei müssen sich die Individuen nicht zwangsläufig „perfekt“ ökonomisch rational verhalten, aber zumindest eingeschränkt handeln, wenn dies aufgrund von Informationsproblemen nicht möglich ist. Vgl. Richter, R.: Institutionen, a.a.O., S. 4

[52]Vgl. insbesondere Ebers, M./Gotsch, W.: Institutionenökonomische Theorie der Organisation, in: Kieser, A. (Hrsg.), Organisationstheorien, Stuttgart/Berlin/Köln 1993, S. 193 sowie Richter, R./Bindseil, U.: Neue Institutionenökonomik, in: Wirtschaftswissenschaftliches Studium, 24. Jg.,1995, Heft 3, S. 132

duzieren.[53] Institutionen können als formale Regelsysteme (z.B. Rechte) oder auch als informeller Handlungsrahmen (z.B. Bräuche, Rituale) in Erscheinung treten.

Das Erklärungsmuster der Institutionenökonomik besteht damit aus vier Kerngrößen, die in einem interdependenten Netz miteinander verflochten sind. Es kommt dabei - vereinfacht dargestellt - zu folgenden Grundtatbeständen des „Paradigmas“:[54]

- Der *Austausch* von Verfügungsrechten und Gütern verursacht *Kosten*,
- die entstandenen Kosten determinieren wiederum die *Effizienz* der Transaktion,
- die Wirtschaftlichkeit der Ressourcenallokation wird durch den Einsatz von *Institutionen* - die den Austausch steuern - beeinflußt,
- die jedoch selbst Kosten für ihren Einsatz und ihre Aufrechterhaltung verursachen.

Der Untersuchung der skizzierten Zusammenhänge widmen sich im wesentlichen drei Teilbereiche der Institutionenökonomik, die in Abbildung III-5 aufgeführt sind.

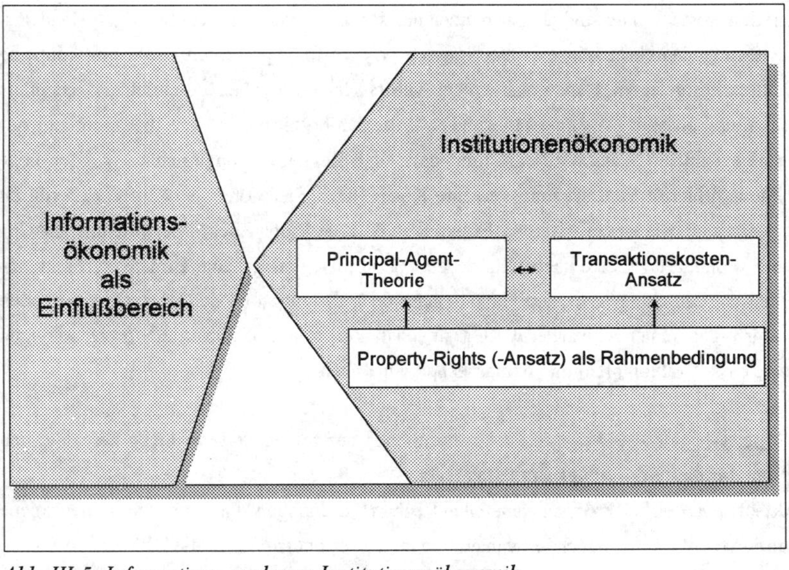

Abb. III-5: Informations- und neue Institutionenökonomik
(Quelle: nach Fischer, M. et al., a.a.O., S. 446)

Die drei Ansätze unterscheiden sich - trotz vielfältiger Überschneidungen und Ergänzungen - hinsichtlich Spezifizierungen auf bestimmte Zusammenhänge und Grundfragen. Der *Property-*

[53]Vgl. Richter, R.: Institutionen, a.a.O., S. 2; Schneider, D.: Betriebswirtschaftslehre, Bd. I: Grundlagen, München/Wien 1993, S. 181; Gümbel, R./Woratschek, H.: Institutionenökonomik, in: Tietz, B./Köhler, R./Zentes, J. (Hrsg.), Handwörterbuch des Marketing, 2. Aufl., Stuttgart 1995, Sp. 1009
[54]Vgl. insbesondere Ebers, M./Gotsch, W., a.a.O., S. 193

Rights-Ansatz bildet dabei den Überbau. Kerngedanke dieses theoretischen Programms ist, daß neben den physischen Eigenschaften eines Gutes bzw. einer Ressource vor allem die damit verbundenen Verfügungsrechte (property rights) für dessen Wert und die Nutzungsintensität ausschlaggebend sind. Die Verfügungsrechte gliedern sich dabei in das Recht zur Nutzung (usus), Veränderung (abusus) und Ertragsaneignung (usus fructus) sowie zur teilweisen oder vollständigen Veräußerung (z.B. in Form von Schenkung oder Vererbung).[55] Sie determinieren die Handlungsmöglichkeiten, indem sie erlaubte und unerlaubte Aktivitäten der Wirtschaftssubjekte ordnen. Je mehr der aufgeführten Verfügungsrechte ein Individuum an einem Objekt inne hat, desto größer ist der dadurch gegebene Handlungspielraum. Je breiter die einzelnen Verfügungsrechte auf mehrere Individuen verteilt sind, desto „verdünnter" sind die Rechte an einem Gut / einer Ressource.[56]

Bei Verstoß gegen die aus den Property Rights aufgestellten Verhaltensnormen werden i.d.R. Sanktionen durchgeführt, die zu Kosten bei der Realisierung nicht erlaubter Handlungen führen. Property Rights stellen dabei nur dann ein effizientes Koordinationsinstrument dar, wenn die Sanktionskosten höher sind als der Nutzen eines unerlaubten bzw. regelwidrigen Handelns. Die Festlegung, Durchsetzung und Übertragung von Verfügungsrechten sowie die Kontrolle des dadurch festgelegten Handlungsrahmens verursacht - wie oben beschrieben - ebenfalls (Transaktions-) Kosten. Aus diesem Grunde werden häufig nicht alle Bereiche (rechtlich) geregelt und spezifiziert. Dies wiederum führt dazu, daß Ressourcen auch genutzt werden können, ohne daß hierfür verursachungsgerechte Kosten bzw. Sanktionen entstehen[57]. Hierdurch kommt es immer wieder zu externen Effekten (z.B. Free-Rider-Effekte bei öffentlichen Gütern), die Wohlfahrtsverluste nach sich ziehen (z.B. Luft-, Wasser- und Bodenverschmutzungen), weil die Beziehung zwischen Handlungen von Individuen und den daraus entstehenden Handlungsfolgen immer schwächer wird, je unvollständiger die Spezifizierung von Handlungen (im Sinne einer Vollkommen- und Umfassenheit der Regelungen) ist.[58]

Der Property-Rights-Ansatz basiert im wesentlichen auf folgender Grundhypothese, die den Grundstein für das „Forschungsparadigma" bildet:[59]
Die Akteure werden im Rahmen genereller Rechtsverordnungen und -systeme immer solche Strukturen von Verfügungsrechten wählen, die ihren Nettonutzen, also die Differenz zwischen Vorteilen (z.B. Einkommen, Konsum, Prestige, Macht, Selbstverwirklichung) aus der Nutzung

---

[55]Vgl. Thiele, M., a.a.O., S. 994; Fischer, M.: Der Property Rights-Ansatz, in: Wirtschaftswissenschaftliches Studium, 23. Jg., 1994, Heft 6, S. 316
[56]Vgl. u.a. Fischer, M.: Property Rights-Ansatz, a.a.O., S. 317
[57]Vgl. Ebers, M./Gotsch, W., a.a.O., S. 197
[58]Vgl. Picot, A.: Ökonomische Theorien der Organisation - Ein Überblick über neuere Ansätze und deren betriebswirtschaftliches Anwendungspotential, in: Ordelheide, D./Rudolph, B./Büsselmann, E. (Hrsg.), Betriebswirtschaftslehre und ökonomische Theorie, Stuttgart 1991, S. 145
[59]Vgl. hierzu insbesondere Ebers, M./Gotsch, W., a.a.O., S. 196ff.; Richter, R.: Institutionen, a.a.O., S. 11ff.

knapper Ressourcen und den damit verbundenen (Transaktions-) Kosten, maximieren. Der Nettonutzen wird dabei einerseits wesentlich von der Verteilung bzw. Verdünnung der Verfügungsrechte einer Ressource und andererseits von der Spezifizierung der Verfüngsrechte an dieser bestimmt. Grundsätzlich gilt - unter Ceteris-Paribus-Bedingungen - daß mit zunehmender Verteilung der Verfügungsrechte an einer Ressource / einem Objekt der Nettonutzen des einzelnen abnimmt (et vice versa). Es gilt auch cetris paribus, daß mit zunehmender Spezifizierung der Verfügungsrechte die (Transaktions-) Kosten steigen, die wiederum den Nettonutzen reduzieren (et vice versa).

Die Property-Rights-Theorie begründet mit ihren Grundaussagen ein Konzept „wechselseitig akzeptierter Handlungsmöglichkeiten",[60] das Anreizstrukturen für die beteiligten Individuuen schafft. Mit der Gestaltung von Anreiz- und Kontrollsystemen (auf Vertragsbasis) beschäftigt sich insbesondere die Principal-Agent-Theorie. Damit wird deutlich, daß die Property-Rights-Theorie nicht nur für den Transaktionskostenansatz, sondern auch für die Principal-Agent-Theorie das Rahmenkonzept liefert. Sie selbst wird vor allem für die Analyse von staatlichen Rechtssystemen und Verfassungen sowie von Haftungsregeln eingesetzt. Anwendungen im Bereich der Absatzpolitik bzw. des Marketing sind bisher kaum durchgeführt worden und bilden eine Ausnahme.[61] Statt mit der Analyse und Gestaltung von Austauschbeziehungen zwischen Transaktionspartnern befaßt sich die Property-Rights-Theorie verstärkt mit dem Umfeld, in dem derartige Austauschbeziehungen entstehen.[62] Auch im folgenden soll dieses Konzept nicht weiter als Analyseinstrument von (servicebedingten) Austauschbeziehungen angewendet werden, vielmehr sollen die beiden spezialisierten theoretischen Programme, der Transaktionsansatz und die Principal-Agent-Theorie, zum Einsatz kommen, da sie nach Ansicht des Verfassers bessere Anknüpfungspunkte liefern als das generelle Property-Rights-Konzept.[63]

Wie aus der vorstehenden Abbildung ebenfalls ersichtlich ist, bildet die Informationsökonomik einen wichtigen Einflußbereich auf die neue Institutionenökonomik, da Probleme und Verhaltensweisen einer eingeschränkten Informationsaufnahme und -verarbeitung, wie sie in der Informationsökonomik erklärt werden, auch einen erheblichen Einfluß auf die vom Transaktionskosten- und Principal-Agent-Ansatz untersuchten Austauschbeziehungen und Institutionen zwischen zwei und mehr Individuen haben.[64]

---

[60]Gümbel, R./Woratschek, H., a.a.O., Sp 1011

[61]Dem Verfasser ist lediglich die Arbeit von Gümbel und Stadler bekannt: Gümbel, R./Stadler, D.: Absatztheorie und Theorie der Verfügungsrechte, in: Budäus, D./Gerum, E./Zimmermann, G. (Hrsg.), Betriebswirtschaftslehre und Theorie der Verfügungsrechte, Wiesbaden 1988, S. 173-195

[62]Vgl. Homburg, C.: Kundennähe, a.a.O., S. 33

[63]Es ist jedoch durchaus möglich, (Service-) Verträge als spezifisches Marketing-Instrument zu sehen, das dann im Rahmen des Property-Rights-Ansatzes analysiert werden kann. Allerdings ist mit Blick auf das Ziel dieser Arbeit ein derartiges Vorgehen nicht notwendig. Deshalb wird darauf verzichtet.

[64]Vgl. auch Gümbel, R./Woratschek, H., a.a.O., Sp. 1010

1.2.1. Der Transaktionskostenansatz zur Erklärung konstitutiver Serviceentscheidungen

Der Transaktionskostenansatz zielt darauf ab, Austauschprozesse hinsichtlich der Effizienz alternativer Institutionen (Markt versus Hierarchie / Unternehmen) zu analysieren und die jeweils wirtschaftlichste Koordinationsmechanismen und -strukturen zuzuordnen. Es geht also darum, einerseits die grundlegende rechtliche Vertragsform für den Übergang der Property Rights festzulegen und andererseits Mechanismen zu vereinbaren, die bei ungeplanten Veränderungen hinsichtlich Kosten und Nutzen des Austausches greifen.[65] Für beide Bereiche fallen (Transaktions-) Kosten an, die es zu minimieren gilt. Grundsätzlich kann man in diesem Zusammenhang zwischen Ex-ante- und Ex-post-Transaktionskosten unterscheiden.[66] Zu den Kosten, die vor der Abwicklung des eigentlichen Austausches anfallen, gehören vor allem Informations-, Such-, Kommunikationskosten zur Akquisition von Vertragspartnern sowie Vertragserstellungs- und Vertragsabschlußkosten für die Verhandlung mit Vertragspartnern.[67] Die nachgelagerten Austauschkosten beziehen sich vor allem auf Kosten der Vertragsabsicherung und -kontrolle sowie der Lösung von Vertragskonflikten und der Nachverhandlung bzw. Vertragsanpassung.[68] Es sei an dieser Stelle noch einmal darauf hingewiesen, daß es sich hierbei nicht nur um pagatorische Kosten handelt, sondern auch um alle Nachteile in zeitlicher, sachlicher und psychischer Hinsicht sowie um die Nichtnutzung alternativer Möglichkeiten bzw. um verpaßte Gelegenheiten (Alternativ- / Opportunitätskosten).

Insbesondere die Ex-post-Transaktionskosten weisen implizit auf grundlegende *Verhaltensannahmen* der Transaktionspartner hin. So geht man davon aus, daß die Transaktionspartner

- nur über eine begrenzte Rationalität verfügen und
- sich durchaus opportunistisch verhalten .

Die *begrenzte Rationalität* der Vertragspartner resultiert vor allem aus einer unzureichenden Informationsbeschaffung und der limitierten Informationsverarbeitungskapazität des menschli-

---

[65]Vgl. Williamson, O.E., a.a.O. S. 23 ff.; Brand, D.: Der Transaktionskostenansatz in der betriebswirtschaftlichen Organisationstheorie, Frankfurt/Main 1990, S. 92ff.; Ebers, M./Gotsch, W., a.a.O., S. 217; Kaas, K.P./Fischer, M.: Der Transaktionskostenansatz, in: Das Wirtschaftsstudium, 22. Jg., 1993, Heft 8-9, S. 686f.; Osburg, M.: Transaktionskostentheorie, in: Zeitschrift für Planung, 1994., Heft 5, S. 289; Picot, A.: Transaktionskosten, in: Die Betriebswirtschaft, 45. Jg., 1985, Heft 2, S. 224

[66]Vgl. Schumann, J.: Die Unternehmung als ökonomische Institution, in: Das Wirtschaftsstudium, 16. Jg., 1987, Heft 4, S. 213; Williamson, O.E., a.a.O., S. 22

[67]Vgl. Brand, D., a.a.O., S. 115ff.; Hildebrand, K.: Der Transaktionskostenansatz, in: Das Wirtschaftsstudium, 19. Jg., 1990, Heft 3, S. 153; Picot, A.: Transaktionskostenansatz in der Organisationstheorie - Stand der Diskussion und Aussagewert, in: Die Betriebswirtschaft, 42. Jg., 1982, Heft 2, S. 270; Richter, R.: Institutionen, a.a.O., S. 6f.; Weber, J.: Produktions-, Transaktions- und Koordinationskostenrechnung, in: Kostenrechnungspraxis, 37. Jg., 1993, Sonderheft 1, S. 22; Windsperger, J.: Transaktionskosten in der Theorie der Firma, in: Zeitschrift für Betriebswirtschaft, 53. Jg., 1983, Heft 9, S. 896

[68]Vgl. Bössmann, E.: Unternehmungen, Märkte, Transaktionskosten - Die Koordination ökonomischer Aktivitäten, in: Wirtschaftswissenschaftliches Studium, 12. Jg., 1983, Heft 3, S. 108; Ebers, M./Gotsch, W., a.a.O., S. 217; Richter, R.: Institutionen, a.a.O., S. 7

chen Gehirns.[69] Aufgrund dieser beiden Gegebenheiten versuchen zwar die Vertragspartner, sich rational zu verhalten, können diese Absicht aber nur unvollkommen realisieren.

Der unterstellte *Opportunismus* beruht auf der Annahme, daß sich die Vertragspartner jeweils egoistisch verhalten und sich vor diesem Hintergrund auch dahingehend strategisch orientieren, indem sie versuchen, mit List, Täuschung oder Informationszurückhaltung bzw. -asymmetrie ihre Interessen auch zum Nachteil der anderen Vertragspartner durchzusetzen.[70]

Die beiden Verhaltensannahmen werden besonders in Verbindung mit Ausprägungen der Transaktionsumwelt und den Transaktionsbedingungen relevant, in denen sich die Austauschprozesse vollziehen. Diese Faktoren determinieren die Ex-ante- als auch die Ex-post-Transaktionskosten, denn Transaktionskosten sind sog. „Set-up-Kosten" für ein ganz bestimmtes Koordinations- / Organisationsdesign, das bei Veränderungen in der Transaktionsumwelt zu unterschiedlichen Kosten führen kann.[71] Bei den Einflußfaktoren handelt es sich - wie Abbildung III-6 zeigt - insbesondere um

- die Umweltunsicherheit und -komplexität,
- die Markt- / Wettbewerbssituation,
- die Spezifität der Transaktionsleistung sowie
- die Transaktionsatmosphäre und -häufigkeit.[72]

[69]Vgl. Williamson, O.E., a.a.O., S. 51ff.; siehe auch Picot, A./Dietl, H.: Transaktionskostentheorie, in: Wirtschaftswissenschaftliches Studium, 19. Jg., 1990, Heft 4, S. 179

[70]Vgl. Williamson, O.E., a.a.O., S. 54ff.; vgl. auch Ebers, M.,/Gotsch, W., a.a.O., S. 218; Picot, A./Dietl, H., a.a.O., S. 179; Kass, K.P./Fischer, M., a.a.O., S. 687

[71]Vgl. Windsberger, J.: Transaktionskosten, a.a.O., S. 896

[72]Vgl. Picot, A./Dietl, H., a.a.O., S. 179ff.; Michaelis, E.: Organisation unternehmerischer Aufgaben - Transaktionskosten als Beurteilungskriterium, Frankfurt/Bern/New York 1985, S. 103ff.

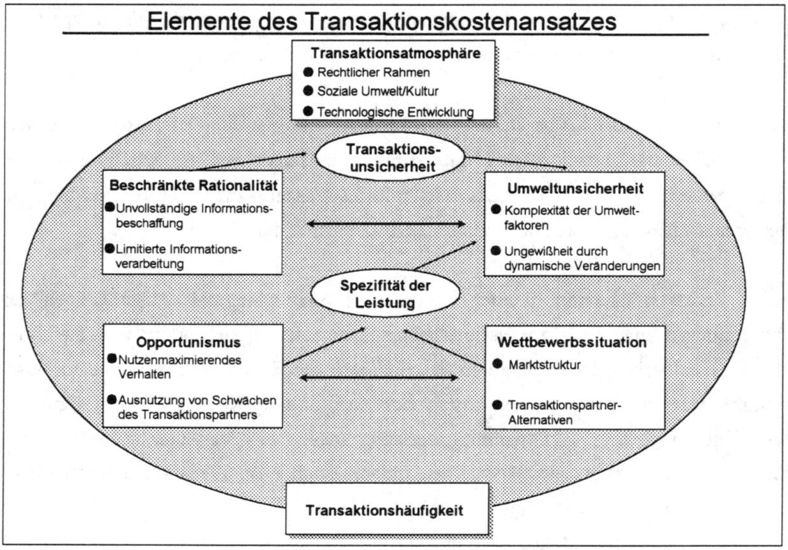

Abb. III-6: Verhaltensannahmen und Umweltfaktoren des Transaktionskostenansatzes
(Quelle: in Anlehnung an Picot, A./Dietl, H., a.a.O., S. 181)

Umweltunsicherheit und -komplexität beziehen sich auf den Tatbestand, daß - für zumindest einen Transaktionspartner - eine unvollkommene Information vorliegt. Man unterscheidet dabei zwischen einer primären Unsicherheit, die sich aus unvorhersehbaren, diskontinuierlichen Veränderungen in der Transaktionsumwelt ergibt, und einer sekundären Unsicherheit, die aus einer mangelnden Kommunikation zwischen den Transaktionspartnern entsteht und die Folge opportunistischen Verhaltens sein kann, das zu einer bewußten Informationsasymmetrie führen soll.[73] Damit wird deutlich, daß Opportunismus zu Verhaltensunsicherheit bei den Transaktionspartnern führt. Das bereits bei der Informationsökonomik angesprochene Phänomen des Moral Hazard kommt hierbei zum Tragen. Die Umweltkomplexität verstärkt zudem auch das Problem der beschränkten Rationalität, da hierdurch eine defizitäre Informationsbeschaffung begünstigt wird. Diese besteht immer dann, wenn die für eine Problemlösung notwendigen Informationen nicht mit der erarbeiteten Informationsbasis übereinstimmen, weil beispielsweise wichtige Informationen - aufgrund einer sicheren, aber unüberschaubaren Situation - nicht oder nur unvollständig erfaßt werden können.[74] Komplexität ist also im Gegensatz zur Unsicherheit zwar eine sichere, in ihren Zusammenhängen einzelner Elemente aber nicht vollständig erfaßbare Situation. Beide Komponenten führen mit zunehmender Ausprägung dazu, daß Vereinbarungen zur Transaktion ex ante nur sehr schwer und i.d.R. unvollständig getroffen werden

[73]Williamson, O.E.; a.a.O., S. 65; Meyer, M.: Ökonomische Organisation der Industrie, Wiesbaden 1995, S. 78
[74]Vgl. Picot, A./Dietl, H., a.a.O., S. 179

können. Das hat potentielle Änderungen, Anpassungen und Kontrollen der (Vertrags-) Abmachungen zur Folge, die wiederum zu Transaktionskosten führen.

Die *Markt- / Wettbewerbssituation* hat einen erheblichen Einfluß auf das opportunistische Verhalten der Vertrags- / Transaktionspartner.[75] Hinter dieser Aussage steht die Hypothese, daß bei einem geringen Wettbewerbsgrad für beide Transaktionspartner die gegenseitige Abhängigkeit steigt, weil es keine oder nur wenige Ausweichalternativen für eine derartige Transaktion gibt, wenn sich ein Partner opportunistisch verhält.[76] Entsprechend dem Marktformenschema müßte dann die Abhängigkeit in einem bilateralen Monopol für beide Parteien am größten sein. Beim (Angebots-) Monopol liegt die Abhängigkeit insbesondere auf seiten des Käufers und beim Monopson auf seiten des Verkäufers. Grundsätzlich gilt, daß eine „Small-Numbers-Situation", wenn also die Anzahl der für eine Transaktion in Frage kommenden Marktpartner gering ist, als problematisch einzustufen ist.[77] Abhängigkeiten haben insbesondere bei Spezifitäten im Transaktionsprozeß eine erhebliche Auswirkung auf die Höhe der Transaktionskosten.

Die *Spezifität* der Transaktion wird auch als Quasi-Rente bezeichnet und bezieht sich auf den Wertverlust, der eintritt, wenn die für eine ganz bestimmte Transaktion durchgeführten (idiosynkratischen) Investitionen nicht für die gewünschte Austauschbeziehung genutzt werden können, sondern einem anderen Zweck mit geringerem Nutzen / Ertrag zugeführt werden müssen.[78] Es handelt sich also um Opportunitäts- / Alternativkosten im Sinne eines Ertragsverlustes aufgrund der Realisierung der zweitbesten Nutzungsalternative. Spezifität bzw. Quasi-Rente sind Ausdruck der Bindungsintensität und Abhängigkeit der Transaktionspartner.[79] Die Spezifität einer Transaktion kann sich im wesentlichen auf vier Bereiche beziehen:[80]

1. *Standortspezifitäten*: Investitionen in eine Immobilie, um Abnehmeranforderungen gerecht zu werden. Zum Beispiel bei der Errichtung eines Auslieferungslagers in der Nähe eines Abnehmers, um geforderte Just-in-Time-Lieferungen durchführen zu können.
2. *Anlagespezifitäten*: Investitionen in ganz spezielle Maschinen oder Werkzeuge, um beispielsweise die Herstellung von kundenspezifischen Produktapplikationen realisieren zu können.

---

[75]Dieses Kriterium wurde von Williamson nicht explizit hervorgehoben

[76]Vgl. auch Michaelis, E., a.a.O., S. 147f.

[77]Vgl. Kaas, K.P./Fischer, M., a.a.O., S. 688

[78]Vgl. z.B. ebenda

[79]Vgl. u.a. Meyer, M.: Ökonomische Organisation, a.a.O., S. 79

[80]Vgl. ebenda, S. 80; Ebers, M./Gotsch, W., a.a.O., S. 220; Picot, A./Dietl, H., a.a.O., S. 179; Wildemann, H.: Transaktionskostenreduzierung durch Fertigungssegmentierung, in: Die Betriebswirtschaft, 55. Jg., 1995, Heft 6, S. 785f.; Williamson, O.E., a.a.O., S. 60ff.

3. *Spezifität von Human Resources*: Investitionen in den Erwerb ganz spezieller Kenntnisse und Fähigkeiten, um einzigartige Arbeitsschritte in der Zusammenarbeit mit dem Vertragspartner zu erfüllen.
4. *Spezifität zweckgebundener Sachwerte*: Investitionen in die kundenspezifische Erweiterung von Kapazitäten, um das Auftragsvolumen eines bestimmten Abnehmers erfüllen zu können.[81]

Bei spezifischen Investitionen eines Transaktionspartners ist für ihn vor allem das Risiko eines opportunistischen Verhaltens der anderen Transaktionspartner hoch. Dieser Beteiligte wird deshalb versuchen, die Transaktion vertraglich abzusichern und potentiellen opportunistischen Verhaltensweisen der anderen Partner entgegenzutreten. Hierdurch steigen die entsprechenden Transaktionskosten (wie z.B. Übereinstimmungs-, Abschluß und Kontrollkosten). Tätigen hingegen alle Transaktionsparteien spezifische Investitionen, dann sind sie faktisch durch einen gegenseitigen „*Lock-in-Effekt*" in Form bi- bzw. multilateraler Abhängigkeit in ihren Handlungsmöglichkeiten eingeschränkt: Die Leistungen sind dann so spezifisch, daß der Verkäufer der einzige Anbieter und der Nachfrager der einzige Kunde für dieses Transaktionsobjekt ist.[82]

Die *Transaktionsatmosphäre* umfaßt alle für den Austauschprozeß relevanten technologischen, juristischen und sozialen Rahmenbedingungen.[83] Technologische Bedingungen können sich dabei unterschiedlich auf eine Transaktion auswirken. So läßt sich beispielweise durch den Einsatz moderner computergestützter Kommunikations- und Informationssysteme die Informationsbeschaffung und -verarbeitung beschleunigen, was zu einer Reduzierung von Umweltunsicherheiten und -komplexitäten führen kann. Dadurch wird der beschränkten Rationalität entgegengewirkt. Gleichzeitig erlauben z.B. weltweite Datennetze wie das Internet eine Internationalisierung von Absatzaktivitäten, ohne spezifische Standortinvestitionen zu tätigen. Allerdings führt beispielsweise eine verstärkte informationstechnologische Verknüpfung von Wertschöpfungsstufen im Rahmen des vertikalen ECR-Konzeptes zwischen Herstellern und Händlern dazu, daß von beiden Seiten spezifische Investitionen in das Informationssystem getätigt werden müssen. Rechtliche Rahmenbedingungen können darüber hinaus die Ausgestaltung von Transaktionsinhalten und auch den Einsatz möglicher Koordinationsmechanismen beeinflussen, während das soziale und kulturelle Umfeld im wesentlichen das Verhalten der Transaktionspartner determinieren kann. Dies ist besonders bei internationalen Geschäften relevant, die kulturübergreifend durchgeführt werden.

---

[81]Die Auflistung erhebt - trotz der vielfachen Verwendung in der Literatur - keinen Anspruch auf Vollständigkeit. Sie läßt sich beispielsweise auch noch um eine zeitliche Komponente erweitern. Außerdem läßt diese Klassifikation auch nicht immer eine eindeutige Zuordnung von kundenspezifischen Investitionen zu. Dennoch gibt sie einen Überblick zu wichtigen Anlässen von Abhängigkeiten.

[82]Vgl. Williamson, O.E., a.a.O., S. 61

[83]Vgl. Picot, A./Dietl, H., a.a.O.,S. 180

Die *Transaktionshäufigkeit* wirkt sich dahingehend auf die Transaktionskosten aus, daß mit zunehmender Anzahl gleicher bzw. ähnlicher Transaktionen Skalen- und Synergieffekte durch die Verteilung von Such-, Informations-, Anbahnungs- und Vertragsformulierungskosten aus dem Erstgeschäft genutzt werden können.[84] Dabei lassen sich auch „First-Mover-Advantages" im Sinne von Erfahrungskurveneffekten realisieren, die dazu führen, daß durch eine Vereinfachung der Anbahnung, Durchführung und Kontrolle späterer Transaktionen - auch mit anderen Partnern - Informations-, Abwicklungs- und Kontrollkosten eingespart werden können. Der Anbieter kann dabei Investitionen, die für die gleichgelagerte Ersttransaktion angefallen sind, bei nachfolgenden Austauschprozessen als „versunken" und damit für seine Kalkulation als nicht entscheidungsrelevant ansehen.[85]

Die Aufgabe der Transaktionskostentheorie liegt nun darin, die jeweils günstigste Koordinationsform vor dem Hintergrund der jeweiligen Unsicherheit, Markt- / Wettbewerbssituation, Spezifität, Atmosphäre und Häufigkeit der Transaktion zu finden. Dabei geht es nicht um die Ermittlung der tatsächlichen Transaktionskostenhöhe, die mit erheblichen Schwierigkeiten verbunden und kaum durchführbar ist, sondern um eine grundsätzliche komparative Analyse von unterschiedlichen Abwicklungsformen von Transaktionen. Hierbei wird beurteilt, ob die Transaktionskosten einer Koordinationsform größer oder kleiner sind bzw. sein werden als bei möglichen Alternativen.[86]

Ursprünglich war der Transaktionskostenansatz darauf ausgerichtet, den Vergleich lediglich zwischen den beiden Koordinationsformen Markt und Hierarchie / Unternehmen (arbeitsvertragliches und hierarchisch gegliedertes Gebilde) durchzuführen. Grundsätzlich gilt hierbei, daß

- bei Transaktionen ohne Spezifitäten die marktliche Koordination über den Preismechanismus am effizientesten ist, während spezifische Transaktionen über Anweisungen als formale Organisationsmechanismen der Unternehmung (Hierarchie), z.B. in Form der vertikalen Integration, abgewickelt werden sollten.
- Transaktionen, die mit einer hohen Unsicherheit bzw. Komplexität behaftet sind, ebenfalls über die Hierarchie abgewickelt werden sollten, da es - aufgrund der beschränkten Rationalität der Transaktionspartner - unmöglich ist, alle eventuellen endogenen und exogenen Einflußfaktoren bei der Transaktionsabwicklung zu berücksichtigen und die Nutzung des Marktes deshalb in derartigen Situationen zu höheren Transaktionskosten führt.
- Small-Numbers-Situationen auf dem Markt tendenziell ebenfalls zur Nutzung der Hierarchie führen. Gleiches gilt für eine sehr große Transaktionshäufigkeit, die zwar selbst kein eigenständiges Beurteilungskriterium bildet, aber die Tendenz zugunsten hierarchischer

[84]Vgl. auch Ebers, M./Gotsch, W., a.a.O., S. 222
[85]Vgl. Kaas, K.P./Fischer, M., a.a.O., S. 668

Abwicklungsformen verstärkt.[87] Auch die Transaktionsatmosphäre hat per se keinen eindeutigen Einfluß auf eine der beiden Alternativen, sondern ist im Einzelfall beispielsweise hinsichtlich der Auswirkung auf den Opportunismus der Transaktionspartner zu prüfen und zu bewerten.

In jüngeren Veröffentlichungen wird diese Dichotomie jedoch weitgehend aufgehoben, indem Williamson (neben Coase einer der Protagonisten des Transaktionskostenansatzes) auch hybride Koordinationsformen einführt, die zwischen den beiden Polen Markt und Hierarchie angesiedelt sind. Statt der Verwendung der beiden Alternativen Markt oder Hierarchie, wurde auf die Koordination durch vertragstheoretische Konstrukte zurückgegriffen. Die eingeführte Typologie differenzierter Vertragsformen umfaßt das gesamte Spektrum von Austauschmechanismen.[88] Demnach lassen sich Verträge und damit Transaktionen nach

- klassischem Vertragsrecht,
- neoklassischem Vertragsrecht und als
- relationale Verträge

abschließen.

Beim *klassischen Vertragsrecht* ist die Vertragsbeziehung durch eine kurze Dauer gekennzeichnet und nur auf eine geringe Interaktion zwischen den Transaktionspartnern begrenzt. Häufig handelt es sich um diskrete Transaktionen auf sog. Spotmärkten, bei denen Leistung und Gegenleistung zeitlich zusammenfallen und deshalb auch keine langfristigen Interaktionen erfordern, die über den (diskreten) Transaktionsakt hinausgehen.[89] Diese Vertragsform entspricht weitgehend der Form des marktlichen Austausches, bei der „die Beziehung zwischen den Tauschpartnern völlig versachlicht ist".[90] Allerdings sind klassische Verträge auch dann einsetzbar, wenn sich die Leistungsbeziehung über einen längeren Zeitraum erstreckt, weil Leistungen und Gegenleistungen zeitlich auseinanderfallen. Voraussetzung ist jedoch, daß zum Zeitpunkt des Vertragsabschlusses alle potentiellen Umfeldbedingungen und -änderungen berücksichtigt werden und die Transaktion nach entsprechend ex ante festgelegten Regeln vollzogen wird.[91] Die Anwendung klassischer Verträge ist typisch für standardisierte Leistungen / Produkte und Transaktionen, bei denen keine spezifischen Investitionen nötig sind.[92]

---

[86]Vgl. auch Homburg, C.: Kundennähe, a.a.O., S. 35

[87]Vgl. hierzu Picot, A./Dietl, H., a.a.O., S. 180

[88]Vgl. Williamson, O.E., a.a.O., S. 77ff.; Kaas, K.P./Fischer, M., a.a.O., S. 689; weitergehend auch Dietl, H.: Institutionelle Koordination spezialisierungsbedingter wirtschaftlicher Abhängigkeit, in: Zeitschrift für Betriebswirtschaft, 65. Jg., 1995, Heft 6, S. 571ff.

[89]Vgl. Ebers, M./Gotsch, W., a.a.O., S. 223; Williamson, O.E., a.a.O., S. 78

[90]Weber, M.: Wirtschaft und Gesellschaft - Grundriß der verstehenden Soziologie, 5. Aufl., Tübingen 1980, S. 383

[91]Vgl. Picot, A./Dietl, H., a.a.O., S. 181

[92]Vgl. Kaas, K.P./Fischer, M., a.a.O., S. 689

Die *neoklassischen Verträge* sind im Gegensatz zu den klassischen Vertragsvereinbarungen weniger vollständig spezifiziert und präzisiert. Es handelt sich um Verträge mit Anpassungsbedarf. Es wird lediglich ein institutioneller Rahmen vereinbart, in dem eine bestimmte Transaktion vollzogen werden soll und bestimmte Konfliktregelungsmechanismen festgelegt werden (z.B. Sachverständige oder Schiedsstellen bei Meinungsverschiedenheiten). Die Transaktion erfordert aufgrund des relativ offenen Regelungsbedarfs meist auch noch nach dem Vertragsabschluß spezifische Entscheidungen, Abstimmungen und Koordination von Leistungen und Gegenleistungen. Neoklassische Verträge sind typisch für Leistungsbeziehungen unter hoher Umweltsicherheit und -komplexität, bei denen man ex ante nicht oder nur unter sehr hohen Kosten eine klare Regelung schaffen kann.[93] Häufig sind zusätzlich spezifische Investitionen getätigt worden und im Gegensatz zu Standardprodukten in klassischen Verträgen mit Absicherungsbemühungen und -maßnahmen verbunden worden.

Relationale Verträge sind Vereinbarungen, die sich im Gegensatz zu den klassischen und neoklassischen Verträgen nicht auf diskrete Transaktionen beziehen, sondern langfristige Austauschbeziehungen mit einem Geflecht idiosynkratischer Leistungen / Investitionen zum Gegenstand haben.[94] Es handelt sich hierbei weniger um einen Vertrag im juristischen Sinne als vielmehr um ein Beziehungs- und Vertrauensverhältnis, das auch ohne rechtlichen Vertrag entstehen kann. Mögliche ex ante festgelegte Regeln bilden deshalb lediglich einen Rahmen für eine Vielzahl von Transaktionen, die durch implizite und informelle Vereinbarungen vollzogen werden.[95] Typisch sind solche relationalen Verträge bei langfristigen Geschäftsbeziehungen oder Arbeitsverhältnissen. Es wird bewußt ex ante auf eine vollständige Regelung und Berücksichtigung aller Eventualitäten vor dem Hintergrund der damit verbundenen Kosten verzichtet. Mögliche Unstimmigkeiten werden als Bestandteil dieser Verträge angesehen, und es wird versucht, diese mittels gegenseitiger Verständigungen auszuräumen und notwendige Anpassungen im gegenseitigen Einverständnis und Vertrauen durchzuführen.[96] Bei rechtlich selbständigen Transaktionspartnern (z.B. zwei Unternehmen) handelt es sich um bilaterale relationale Vertragsbeziehungen, während Vertragsbeziehungen innerhalb eines Unternehmens (z.B. zwischen Arbeitgeber und Arbeitnehmer oder zwischen zwei Geschäftsbereichen) als integriert relational bezeichnet werden. Während bei ersteren die Anpassung und Durchsetzung von Handlungspflichten und -rechten auf Basis von Verhandlungen erfolgt, wird dies bei integriert relationalen Vertragsbeziehungen (z.B. einem unbefristeten Arbeitsvertrag) häufiger per Anweisungen, also durch Hierarchie, erledigt.[97]

---

[93]Vgl. Ebers, M./Gotsch, W., a.a.O., S. 233; Williamson, O.E., a.a.O., S. 78ff.
[94]Vgl. Picot, A./Dietl, H., a.a.O., S. 181; Richter, R./Bindseil, U., a.a.O., S. 137
[95]Vgl. Richter, R./Furubotn, E., a.a.O.,S. 157; Williamson, O.E., a.a.O., S. 80f.
[96]Vgl. Richter, R./Furubotn, E., a.a.O., S. 158; Dietl, H., a.a.O., S. 572
[97]Vgl. Dietl, H., a.a.O., S. 572f.

Der Transaktionskostenansatz hat sich über die Zeit hinweg in der Betriebswirtschaftslehre, insbesondere der Organisationstheorie, etabliert, wenngleich er immer wieder scharfer Kritik ausgesetzt ist. Vor allem die einseitig kostenorientierte Betrachtung von Koordinations- / Organisationsmechanismen wird in Frage gestellt. Auch die unzureichende Operationalisierung und unpräzise Definition des Begriffes Transaktionskosten werden kritisiert.[98] Dennoch liefert der Transaktionskostenansatz einen nachvollziehbaren und fundierten Bezugsrahmen für die Erklärung von Koordinationsformen. Da es hierbei nicht so sehr um eine dezidierte Ermittlung von absoluten Transaktionskosten einzelner Organisationsmechanismen geht, sondern mehr um eine vergleichende Beurteilung alternativer Koordinationsformen, stellen mangelnde Operationalisierungs- und Quantifizierungsmöglichkeiten kein so großes Hindernis dar.[99]

Das Einsatzspektrum des Transaktionskostenansatzes ist sehr weit und bezieht sich letztlich auf alle (ökonomischen) Fragestellungen, die sich als Vertragsproblem darstellen und interpretieren lassen.[100] Typische Einsatzgebiete sind demnach die Gestaltung von Beschäftigungsverhältnissen[101] und Kooperationsformen zwischen Unternehmen, wie z.B. strategische Allianzen und Joint Ventures.[102] Darüber hinaus läßt sich der Transaktionskostenansatz unter anderem auch bei der Auswahl von internationalen Markteintrittsentscheidungen nutzen[103] oder auch zur organisatorischen Gestaltung von Innovationsprozessen[104] und von Produktionsprozessen, beispielsweise bei einer Fertigungssegmentierung,[105] anwenden. Im Marketing wurde die Transaktionskostentheorie bisher vor allem im Distributionsbereich als Analysekonzept herangezogen, insbesondere zur Erklärung des institutionalen Handels,[106] aber auch zur Untersuchung von vertraglichen Vertriebssystemen, wie z.B. Franchiseverträgen.[107]

---

[98] Vgl. den Überblick bei Meyer, M.: Ökonomische Organisation, a.a.O., S. 73f. und insbesondere Schneider, D.: Die Unhaltbarkeit des Transaktionskostenansatzes für die „Markt oder Unternehmung"-Diskussion, in: Zeitschrift für Betriebswirtschaft, 55. Jg., 1985, Heft 12, S. 1241ff.; derselbe: Betriebswirtschaftslehre, a.a.O., S. 250ff.

[99] Vgl. Picot, A./Dietl, H., a.a.O., S. 183

[100] Vgl. Fischer, M.: Die Theorie der Transaktionskosten, in: Wirtschaftswissenschaftliches Studium, 23. Jg., 1994, Heft 11, S. 582; Ebers, M./Gotsch, W., a.a.O., S. 232ff.

[101] Vgl. z.B. Picot, A./Wenger, E.: The Employment Relation from the Transaction Cost Perspective, in: Dlugos, G./Dorow, W./Weiermair, K. (Hrsg.), Management under Different Labour Markets and Employment Systems, Berlin 1988, S. 29ff.

[102] Vgl. Osburn, R.N./Baughn, C.C.: Forms of Interorganizational Governance for Multinational Alliances, in: Academy of Management Journal, 33. Jg., 1990, Heft 3, S. 503ff.

[103] Vgl. z.B. Anderson, E./Gatignon, H.: Modes of Entry - A Transaction Cost Analysis and Propositions, in: Journal of International Business Studies, 17. Jg., 1986, Fall, S. 1ff.; Erramilli, M.K./Rao, C.P.: Service Firms' International Entry-Mode Choice - A Modified Transaction-Cost Analysis Approach, in: Journal of Marketing, 57. Jg., 1993, July, S. 21ff.

[104] Vgl. u.a. de Pay, D.: Die Organisation von Innovationen - Ein transaktionskostentheoretischer Ansatz, Wiesbaden 1989, S. 85ff.

[105] Vgl. Wildemann, H.: Transaktionskostenreduzierung, a.a.O., S. 788ff.

[106] Vgl. Gümbel, R.: Handel, Markt und Ökonomik, Wiesbaden 1985, S. 145ff.; Picot, A.: Transaktionskosten im Handel, in: Betriebsberater, 41. Jg., 1986, Beilage 13/1986, S. 4ff.

[107] Vgl. z.B. Fischer, M.: Distributionsentscheidungen aus transaktionskostentheoretischer Sicht, in: Marketing - Zeitschrift für Forschung und Praxis, 15. Jg., 1993, Heft 3, S. 250ff.

Eines der wichtigsten Anwendungsgebiete des Transaktionskostenansatzes sind Make-or-Buy-Entscheidungen. Durch die Bewertung von Eigen- und Fremderstellung ergibt sich geradezu ein prädestiniertes Anwendungsfeld für die Transaktionskostentheorie.[108] Häufig sind die vorstehend genannten Untersuchungsbereiche bezogen auf diese Fragestellung analysiert worden.[109]

Make-or-Buy-Entscheidungen sind selbstverständlich auch im Rahmen der Übernahme der Servicepolitik von Unternehmen zu treffen. Hier ergibt sich bereits ein erster Anknüpfungspunkt zwischen Transaktionskostenansatz und dem Servicemanagement, der vor allem bei der Organisation von Serviceaktivitäten relevant ist. Allerdings ist diese Verbindung nicht spezifisch, sondern trifft letztlich für alle (auch nicht absatzbezogenen) Unternehmenstätigkeiten, z.B. die Buchhaltung, die Fuhrparkpflege oder die Kantinenbewirtschaftung zu. Im Rahmen der organisatorischen Trägerschaft des Service ist vom Unternehmen zu entscheiden, ob die Serviceleistungen selbst (make) erstellt, von Absatzmittlern bzw. spezifischen Servicehelfern (z.B. speziellen Dienstleistern) im Auftrag des Kernproduktanbieters erbracht (buy) oder lediglich an eigenständige Serviceunternehmen als Kooperationspartner vermittelt werden (arrange). Ausgehend vom Transaktionskostenansatz sollten die anbietenden (Industrie-) Unternehmen möglichst die Trägerschaftsalternative auswählen, die zu einer Minimierung der Transaktionskosten bei der Serviceerstellung führt.[110] Entsprechend den oben beschriebenen Zusammenhängen und Einflußfaktoren kommt es hierbei zu unterschiedlich hohen Transaktionskosten. So sind mit einer steigenden Unsicherheit der Serviceumwelt auch steigende Transaktionskosten bei einer Fremderstellung und auch einer Unternehmenskooperation im Service verbunden. Eine unsichere Serviceumwelt resultiert aus der unzureichenden Prognose der quantitativen, qualitativen und zeitlichen Nachfrage nach Serviceleistungen bei den anvisierten Zielgruppen. In einer derartigen unvorhersehbaren Situation könnten bei einer Fremderstellung bzw. horizontalen oder vertikalen Kooperation mit anderen Unternehmen sehr hohe Transaktionskosten anfallen, die dadurch bedingt sind, daß bei Nachfrageänderungen spezifische Angleichungen der Servicepolitik notwendig sind und daraufhin aufwendige Vereinbarungs- und Anpassungskosten von Kontrakten zwischen dem Unternehmen und seinen Partnern anfallen. Hinzu kommen Kontrollkosten, die durch die Überwachung vorgegebener Leistungsstandards an die Servicehelfer entstehen und ebenfalls häufig höher sind als bei einer Eigenerstellung des Service. Dies gilt insbesondere für Anforderungen an die Servicequalität, die aufgrund der Kundenintegration und bei stark immateriellen Leistungen sowieso sehr aufwendig sind.[111]

---

[108]Vgl. Picot, A.: Ökonomische Theorien, a.a.O., S. 149; Knolmayer, G.: Zur Berücksichtigung von Transaktionskosten in Entscheidungsmodellen für Make-or-Buy-Probleme, in: Betriebswirtschaftliche Forschung und Praxis, 46. Jg., 1994, Heft 4, S. 322ff.

[109]Siehe z.B. die Zusammenstellung von Kaas, K.P./Fischer, M., a.a.O., S. 691f.

[110]Vgl. auch Schwill, J., a.a.O., S. 132

[111]Vgl. ebenda, S. 136f.

Stehen dem Unternehmen nur wenige potentielle externe Servicehelfer zur Verfügung („Small-Numbers-Situation"), dann sind die Transaktionskosten tendenziell höher als im Falle eines wettbewerbsintensiven Servicehelfer-Marktes mit sehr vielen Dienstleistern, da sich bei oligopolistischen oder gar monopolistischen Märkten die Servicehelfer durchaus opportunistisch verhalten und jederzeit zu einem anderen Unternehmen wechseln können. Generell läßt sich festhalten, daß bei einer unterlegenen Machtposition des Unternehmens gegenüber potentiellen Servicehelfern die Transaktionskosten steigen, da durch Abhängigkeiten seitens des (Industrie-) Unternehmens auch dessen Kontrollaktivitäten steigen.

Die skizzierten Make-or-Buy-Entscheidungen sind letztlich bei jeder Serviceart bzw. Servicegattung (z.B. Reparatur-, Versicherungs- und Finanzierungsleistungen sowie Recyclingleistungen) einzeln zu treffen. Allerdings sei an dieser Stelle explizit darauf hingewiesen, daß Make-or-Buy-Entscheidungen nicht nur anhand von Transaktionskosten zu treffen sind. Ebenso wichtig für die konstitutiven Entscheidungen zur organisatorischen Trägerschaft sind die Erstellungskosten des Service, die strategische Bedeutung einzelner Servicebereiche bezogen auf die Kundenanforderungen und Wettbewerbsaktivitäten, das vorhandene Service-Know-How bzw. die vorhandene Servicekompetenz, das Service-Image, die erzielbaren Erlöse, rechtliche Determinanten und die notwendigen personellen, organisatorischen und finanziellen Ressourcen, wie z.B. Kapazitäten und Mitarbeiterqualifikation.[112] Letztlich wird man sich für diejenige Alternative entscheiden, die in der Summe aller anfallenden Transaktions- und auch Erstellungskosten, gewichtet mit der strategischen Bedeutung der Serviceleistungen und der gegebenen Ressourcenausstattung für eine entsprechende Servicequalität, am günstigsten erscheint. Dabei ist eine Bewertung immer unternehmensindividuell durchzuführen. Die Ergebnisse werden dementsprechend subjektiv ausfallen.

Abgesehen von der grundlegenden Make-or-Buy-Entscheidung kann der Transaktionskostenansatz auch herangezogen werden, um generelle Aussagen über Servicegattungen und -situationen zu liefern. So kann beispielsweise grundsätzlich davon ausgegangen werden, daß (Pre-Sales-) Serviceleistungen mit ausgeprägter Informationsfunktion per se zu einer Steigerung von Ex-ante-Transaktionskosten (speziell Anbahnungskosten) führen. Gerade beim Absatz von technisch komplexen Produkten, wie z.B. im Anlagenbau, sind i.d.R. sehr detaillierte Informationen über den Kunden und seine Bedürfnisse nötig, um diesen adäquate Problemlösungen anbieten zu können. Häufig erfordert dies im Vorfeld der Angebotsunterbreitung vielfältige Analysen (z.B. Wirtschaftlichkeitsrechnungen und Feasibility-Studien), die mehr oder weniger speziell durchgeführt werden und von Angebot / Auftrag zu Angebot / Auftrag mitunter erheb-

---

[112]Vgl. Engelhardt, W.H./Reckenfelderbäumer, M.: Trägerschaft, a.a.O., S. 271ff.; siehe auch Picot, A.: Ein neuer Ansatz zur Gestaltung der Leistungstiefe, in: Zeitschrift für betriebswirtschaftliche Forschung, 43. Jg., 1991, Heft 4, S. 339ff.; derselbe: Strukturwandel und Wettbewerbsdruck, in: Zeitschrift für betriebswirtschaftliche Forschung, 42. Jg., 1990, Heft 2, S. 126ff.

lich variieren. Diese Serviceleistungen sind aufgrund ihrer Spezifität meistens mit hohen Transaktionskosten und dementsprechend mit einem Absicherungsbedürfnis verbunden, um den dadurch entstehenden *„Lock-in-Effekt“* des Anbieters zu reduzieren. Generell kommt es mit zunehmender Integration zu einer steigenden Individualität der Serviceleistungen und damit zu höheren Transaktionskosten als bei standardisierten Sachgütern, denn die Disposition der internen Ressourcen muß sich bei der Serviceerstellung zwangsläufig auch an dem externen Faktor orientieren und ist für eine weitere Verwendbarkeit eingeschränkt. Hinzu tritt die Gefahr von Transaktionskostensteigerungen bei opportunistischem Verhalten des Servicenehmers. Das ist vor allem bei mehrphasigen und längerfristigen Erstellungsprozessen mit aufeinander aufbauenden Serviceergebnissen der Fall. Allerdings wird die Höhe der Transaktionskosten auch erheblich dadurch determiniert, wo die Spezifität der Serviceleistungen liegt, also ob die Spezifität bereits im Servicepotential und / oder -prozeß oder erst beim Serviceergebnis zum Tragen kommt. Zwar besteht bei Serviceleistungen aufgrund des Uno-actu-Prinzips grundsätzlich ein Lock-in-Effekt für den Anbieter, da die erbrachten Serviceleistungen nicht oder nur sehr schwierig zurückgewonnen und für andere Abnehmer genutzt werden können. Man kann jedoch davon ausgehen, daß bei spezifischen Servicepotentialen die stärkste Abhängigkeit bei dem Servicenehmer besteht und gerade in diesem Fall eine Absicherung notwendig und sinnvoll ist.[113] Denn während man bei spezifischen Serviceleistungen und spezifischen Erstellungsprozessen zumindest die Servicepotentiale auch in Zukunft für andere Serviceleistungen und -anwendungen nutzen kann, ist dies bei spezifischen Potentialen als Grundlage der Serviceerstellung nicht der Fall. Je stärker sich die Spezifität vom Leistungsergebnis über den Leistungsprozeß zu den Leistungspotentialen hin verschiebt, desto größer wird die Transaktionsunsicherheit, da dem Servicenehmer immer stärker die Möglichkeit gegeben wird, die Abhängigkeit des Serviceanbieters opportunistisch auszunutzen. Durch eine spezifische investive Einbindung des Servicenachfragers kann jedoch versucht werden, über eine symmetrische Investitionsbeziehung einen bilateralen Lock-in-Effekt zu realisieren, der beide Transaktionspartner aneinander bindet und den Nutzen eines opportunistischen Verhaltens einschränkt.

Gerade bei komplexen Transaktionen, die zum Zeitpunkt der Erbringung von Pre-Sales-Serviceleistungen noch völlig unüberschaubar sind - wie dies beispielsweise im Falle des Anlagengeschäfts häufig der Fall ist -, gleicht die Situation für den Anbieter einem „schwarzen Loch“.[114] Die Erfolgswirkung spezifischer und investiver Pre-Sales-Serviceleistungen für den Auftragsabschluß ist oft völlig unsicher. Es wird daher in der Praxis häufig versucht, diese Serviceleistungen quasi als eigenständige Absatzobjekte anzubieten und pretial auszuzeichnen, um so eine stärkere Absicherung für die Leistungen zu erhalten. Aus Gründen einer besseren

---

[113]Vgl. auch Kleinaltenkamp, M./Plinke, W./Söllner, A.: Drum prüfe, wer sich ewig bindet, in: absatzwirtschaft, 39. Jg., 1996, Sonderheft 10, S. 152

[114]Vgl. Engelhardt, W.H./Freiling, J.: Prekäre Partnerschaften, in: absatzwirtschaft, 39. Jg., 1996, Sonderheft 10, S. 146

Preisoptik werden dann oft Mischkalkulationen durchgeführt, wobei ein Großteil der Kosten und der Erlösforderungen auf die eigentliche Primärleistung verlagert wird. Hierdurch wird das Risiko bei einem opportunistischen Verhalten des Transaktionspartners - bezogen auf die genutzten Serviceleistungen - zwar reduziert, aber nicht eliminiert. Diese Überlegungen sind im Rahmen der preislichen Gestaltung des Serviceprogramms zu berücksichtigen.

Hinzu tritt ein weiterer Aspekt der Unsicherheit bei integrativen Leistungsbeziehungen. Bringt sich der Kunde nämlich nicht in notwendigem Umfang und mit der entsprechenden Qualität in den Leistungserstellungsprozeß mit ein, dann kann es zu qualitativ unzureichenden Serviceleistungen kommen, die den Anforderungen des Kunden nicht gerecht werden. Die Folge ist, daß die Nachfrage nach der Primärleistung unterbleibt, da hiermit ein negativer Imagetransfer bzw. ein negativer Attributdominanz-Effekt verbunden ist. Dies könnte ebenfalls dazu führen, daß Unternehmen im Sinne des *Postponement*[115] das Schwergewicht ihrer Serviceaktivitäten verstärkt auf den After-Sales-Bereich verlegen, um individuelle Leistungskomponenten in einer späteren Wertschöpfungsphase bzw. zu einem späteren Zeitpunkt zu erbringen und so opportunistische Verhaltensweisen abzumildern.[116] Inwieweit solche Vorgehensweisen gewünscht und machbar sind, ist spätestens bei der Gestaltung des Serviceprogramms zu entscheiden.

Im Gegensatz dazu ist jedoch zu berücksichtigen, daß durch die Kundenintegration auch Transaktionskosten für das Unternehmen gesenkt werden können. Durch die Einbringung des Kunden können nämlich auch Unsicherheiten und Informationsasymmetrien auf Basis einer schnellen, direkten und interaktiven Kommunikation abgebaut werden.[117] Die Informationszunahme kann zur Reduzierung von Kontrollaktivitäten führen und so Transaktionskosten sparen. Allerdings ist ein Vergleich zwischen den Informationskosten im Rahmen der Kundenintegration und der Reduzierung der Kontrollkosten notwendig, um einen möglichen positiven Nettoeffekt der Transaktionskostenreduzierung zu bestimmen.

Außerdem können Serviceleistungen auch indirekt Transaktionskosten beim Absatz der Primärleistung mindern, wenn sie (zusätzlich) ein großes Kundenbindungspotential aufweisen bzw. für die Gestaltung von langfristigen Geschäfsbeziehungen wichtig sind. Kundenloyalität, die auf Kundenzufriedenheit aufbaut, kann nämlich bei bestimmten Transaktionsmustern zu einer effizienteren Koordinationsform für Austauschprozesse führen als der Markt bzw. klassische Verträge.[118] Kundenbeziehungen können als relationale Verträge aufgefaßt und bewertet werden. Serviceleistungen, die zur wesentlichen Grundlage von Geschäftsbeziehungen gehö-

---

[115]Vgl. Heskett, J.L.: Logistics - Essential to Strategy, in: Harvard Business Review, 1977, 55. Jg.,October/November, S. 58ff.

[116]Vgl. auch ähnlich Engelhardt, W.H./Freiling, J.: Prekäre Partnerschaften, a.a.O., S. 150

[117]Vgl. Meyer, M.: Kooperation mit Kunden - Theorie und Organisation von strategischen Netzwerken, in: Kleinaltenkamp, M./Fließ, S./Jacob, F. (Hrsg.), Customer Integration, Wiesbaden 1996, S. 224

ren, sind als Teile relationaler Verträge dann auch Instrumente der Transaktionskostenreduzierung. Dies ist gegeben, wenn es sich - bezogen auf die Kernleistung - um Transaktionen mit hoher Spezifität und / oder hoher Unsicherheit handelt. Hier ist es dann kaum möglich, alle Eventualitäten zu vertretbaren Kosten im vorhinein zu erfassen und zu regeln. Den Serviceleistungen, die Informationen sammeln und weitergeben sowie vor allem Vertrauen aufbauen, können hierbei die Funktion eines Transaktionskostenkatalysators übernehmen. Außerdem führen Erfahrungen, die im Laufe einer Geschäftsbeziehung zwischen den Transaktionspartnern gemacht wurden und nicht selten auf Serviceleistungen beruhen, dazu, daß die damit verbundenen Lerneffekte im Umgang mit den anderen Austauschpartnern zu einer Reduzierung von Transaktionskosten führen. Häufig resultieren hieraus für den Kunden, aber auch für den Lieferanten sehr hohe Wechselbarrieren, da die „Erfahrungskurveneffekte“ nicht auf eine neue Lieferantenbeziehung übertragen und genutzt werden können.[119] Außerdem können zufriedene bzw. begeisterte Kunden, die als „Missionare“ für das Unternehmen in Erscheinung treten, auch dazu führen, daß sie aufgrund ihrer unentgeltlichen Informationsweitergabe an weitere potentielle Kunden ebenfalls zu einer Reduzierung von Ex-ante-Transaktionkosten für diese neuen, vom „Missionar“ vorbereiteten Kundentransaktionen führen.

Hierbei ist jedoch zu beachten, daß - wie vorstehend angesprochen - die eingesetzten Serviceleistungen möglichst standardisiert sind und nicht selbst - aufgrund spezifischer Investitionen beim Servicepotential - zu steigenden Transaktionskosten führen. So ist gerade in Märkten mit ausgereiften und austauschbaren Produkten ein Trend zu einer Profilierung über Nebenleistungen erkennbar. Hier ist die Spezifität der Transaktion dann in besonderer Weise durch Serviceleistungen selbst bedingt, beispielsweise in Form des Einsatzes von speziellen Informationstechnologien für einen Abnehmer oder in der spezifischen Schulung von Mitarbeitern, die ganz spezielle Serviceleistungen für einen Kunden erbringen. Es ist also immer genau zu prüfen, in welchem Fall das Angebot von Serviceleistungen einen negativen oder positiven Einfluß auf die Höhe von Transaktionskosten beim Absatz von Kernleistungen hat.

An den vorstehend skizzierten Entscheidungsüberlegungen zeigt sich bereits, daß der Transaktionskostenansatz eine Fülle von Entscheidungsdeterminanten und -überlegungen im Rahmen der Servicepolitik liefert, die es zu berücksichtigen gilt. In späteren Kapiteln wird deshalb immer wieder hierauf Bezug genommen. Interessant hierbei ist, daß für den Absatz individueller Serviceleistungen und standardisierter Kernleistungen (et vice versa) unter dem Aspekt der Transaktionskostenminimierung unterschiedliche Transaktionsmuster gewählt werden müßten.

---

[118]Vgl. Homburg, C.: Kundennähe, a.a.O., S. 40f.

[119]Vgl. Ritzerfeld, U.: Marketing-Mix-Strategien in Investitionsgütermärkten, Wiesbaden 1993, S. 48

1.2.2. Der Principal-Agent-Ansatz zur Erklärung des Integrationsverhaltens im Serviceprozeß

Eng mit dem Transaktionskostenansatz ist der Principal-Agent-Ansatz verbunden. Er bezieht sich auf die effiziente Gestaltung von Kooperations- und Auftragsbeziehungen, die grundsätzlich durch Informationsasymmetrien und Unsicherheiten gekennzeichnet sind.[120] Dabei geht man davon aus, daß der ausgehandelte Kooperationsvertrag zwischen den Parteien nach Abschluß nicht mehr modifiziert werden muß, da die getroffenen Absprachen vollständig sind.[121] Gegenstand der Kooperationsbeziehungen ist die Übertragung von Aufgaben, Entscheidungskompetenzen und Handlungsspielräumen eines Auftraggebers (Principal) zur Realisierung von bestimmten Zielen und Interessen an einen Auftragnehmer (Agent), der für seine Leistungen vergütet wird. Typische Principal-Agent-Situationen sind beispielsweise die Beziehungen zwischen Arbeitgeber und Arbeitnehmer, Aufsichtsrat und Vorstand, Vorgesetztem und Untergebenem, Eigentümer und Manager, Wähler und Abgeordnetem sowie Käufer und Verkäufer.[122]

Die grundlegende These des Principal-Agent-Ansatzes ist, daß zwischen dem Principal und und dem Agenten nach Vertragsabschluß eine ungleiche Informationsverteilung zum Nachteil des Principals vorliegt, die dazu führt, daß der Agent ungeklärte und unauffällige Handlungsspielräume opportunistisch zum eigenen Vorteil und durchaus auch zum Nachteil des Principals ausnutzen kann.[123] Diese diskretionären Handlungsspielräume resultieren zum einen daraus, daß der Agent vor und / oder nach Vertragsabschluß (und vor Auftragsdurchführung) wichtige Informationen besitzt, über die der Prinzipal nicht verfügt (sog. *Hidden Information*).[124] Liegen dem Prinzipal Informationen über wichtige (negative) Eigenschaften des Agenten vor dem Zeitpunkt des Vertragsabschlusses nicht vor, dann spricht man von sog. *Hidden Characteristics*. In der Regel sind dies Informationen über nachteilige Qualifikationen oder verschwiegene Qualitätsmängel des Agenten.[125] Sie können dazu führen, daß der Prinzipal bei der Auswahl des Agenten eine falsche Entscheidung trifft (sog. *Adverse Selection*), da die hidden characteristics erst nach Vertragsabschluß offenbar werden.

Zum anderen kann die Tätigkeit des Agenten vom Prinzipal auch nach Vertragsabschluß nicht völlig oder zumindest nicht kostenlos überwacht werden (sog. *Hidden Action*), was wiederum dazu führt, daß der Agent gewisse Freiheiten in seinen Handlungen hat, deren Ausnutzung

[120] Vgl. Fischer, M.: Agency-Theorie, in: Wirtschaftswissenschaftliches Studium, 24. Jg., 1995, Heft 6, S. 320
[121] Vgl. Williamson, O.E., a.a.O., S. 58
[122] Vgl. u.a. Picot, A.: Ökonomische Theorien, a.a.O., S. 150; Witte, E.: Betriebswirtschaftliche Forschung - wohin? Konsequenzen aus der Institutionenökonomik, in: Ordelheide, D./Rudolph, B./Büsselmann, E. (Hrsg.), Betriebswirtschaftslehre und ökonomische Theorie, Stuttgart 1991, S. 460
[123] Vgl. Ebers, M./Gotsch, W., a.a.O., S. 203
[124] Vgl. Laux, H., a.a.O., S. 15 f.
[125] Vgl. Spremann, K.: Agent and Principal, in: Spremann, K./Bamberg, G. (Hrsg.), Agency Theory, Information, and Incentives, Berlin 1989, S. 11

nicht zu optimalen Ergebnissen für den Prinzipal führen können.[126] Durch die beschränkte Überwachung seines Verhaltens wird der Agent nämlich dazu verleitet, seine Leistungen und den Ressourceneinsatz zu reduzieren (sog. *Shirking*) und / oder für andere (eigennützige) Zwecke einzusetzen. Der Prinzipal kann zudem nicht beurteilen, inwieweit das Leistungsverhalten bzw. der Leistungswille (sog. *Efforts*) des Agenten zum Ergebnis beigetragen hat und wie stark der Einfluß von Umweltfaktoren hierauf war (sog. *externer Schock*).[127] Hinzu kommt, daß es zwar für den Prinzipal durchaus möglich ist, den Agenten bei seinen Aktivitäten mit relativ geringen Kosten zu beobachten, der Agent sich aber überraschend und schlagartig (wie bei einem Überfall bzw. *Holdup*) anders verhält, als es abgesprochen bzw. vereinbart war (sog. *Hidden Intention*).[128]

Hidden information, hidden intention und auch hidden action sind Teilbereiche des weiter oben beschriebenen moralischen Risikos (Moral Hazard), da sie auf opportunistischen Verhaltensweisen des Agenten beruhen und den Prinzipal zu nicht optimalen Entscheidungen und Handlungen veranlassen.

Grundsätzlich gilt, daß mit abnehmendem Wissen des Principals über den Arbeitsbereich des Agenten nicht nur die Beobachtung und Steuerung des Agenten durch den Principal abnimmt, sondern auch die Abhängigkeit vom Agenten steigt.[129] Sind die Interessen des Principals und des Agenten konvergent, dann stellt die ungleiche Informationsverteilung keinen sonderlich großen Problembereich dar. Laufen die Interessen des Prinzipals jedoch gegen die Nutzenmaximierung des Agenten, dann wird dieser keine optimale Leistung für den Principal erbringen. Es ist daher verständlich, daß der Prinzipal bemüht ist, Informations-, Steuerungs-, Anreiz- und Kontrollmechanismen (sog. *Governance Mechanisms*) zu etablieren, die den Agenten zu Leistungen veranlassen sollen, die der Zielerreichung des Prinzipals entsprechen.[130] Damit sind jedoch Kosten für den Principal verbunden (*Steuerungs-, Anreiz- und Kontrollkosten*). Zusätzlich fallen für den Prinzipal auch Opportunitätskosten an, wenn der Agent mit seinen Leistungen nicht das Nutzenmaximum für den Prinzipal erreicht (*Residualkosten*). Aber auch für den Agenten können Kosten anfallen, wenn der Prinzipal vor Vertragsabschluß von dem Agenten

---

[126]Vgl. Arbeitskreis „Das Unternehmen im Markt“: Vertikale Geschäftsbeziehungen zwischen Industrie und Handel, in: Zeitschrift für betriebswirtschaftliche Forschung, 47. Jg., 1995, Sonderheft 35, S. 191; Richter, R./ Furubotn, E., a.a.O., S. 163

[127]Vgl. Ebers, M./Gotsch, W., a.a.O., S. 205; zum externen Schock siehe Richter, R./Furubotn, E., a.a.O., S. 163; Schmidt, U./Theilen, B.: Prinzipal- und Agententheorie, in: Wirtschaftswissenschaftliches Studium, 24. Jg., 1995, Heft 9, S. 483

[128]Vgl. Spremann, K.: Asymmetrische Information, a.a.O., S. 568; ähnlich auch Richter, R.: Institutionenökonomische Aspekte der Theorie der Unternehmung, in: Ordelheide, D./Rudolph, B./Büsselmann, E. (Hrsg.), Betriebswirtschaftslehre und ökonomische Theorie, Stuttgart 1991, S. 408 und 412f.

[129]Vgl. Ebers, M./Gotsch, W., a.a.O., S. 208

[130]Vgl. Gümbel, R./Woratschek, H., a.a.O., Sp. 1013

ganz bestimmte Garantieversprechen fordert, die sicherstellen sollen, daß der Agent im Interesse des Prinzipals handelt (*Garantiekosten bzw. Bonding Costs*).[131]

In Abbildung III-7 ist der Grundgedanke der Principal-Agent-Beziehung graphisch dargestellt.

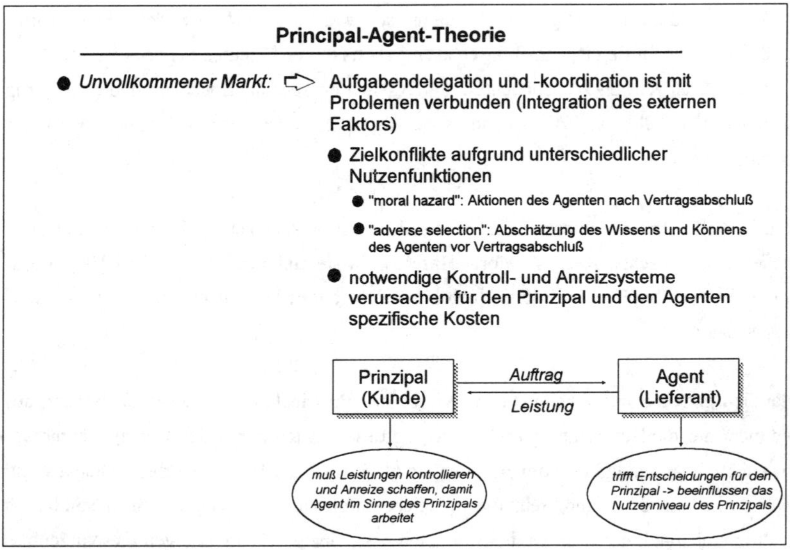

Abb. III-7: Kernmodell der Principal-Agent-Beziehung

Steuerungs- und Kontrollkosten sowie Residual- und Garantiekosten werden als *Agency-Kosten* bezeichnet, die zusätzlich zum Entgelt des Agenten anfallen. Die Agency-Kosten bilden den Gegenstand der Principal-Agent-Theorie. An dieser Stelle sei darauf hingewiesen, daß die Principal-Agent-Theorie in zwei Bereiche eingeteilt wird, nämlich die positive Agency-Theory und die normative Principal-Agent-Theorie.[132] Die *positive Agency-Theory* befaßt sich mit den Verträgen und Organisationen als institutionellen Mitteln zur Gestaltung von Auftrags- und Kooperationsbeziehungen. Es geht vor allem um die Erklärung, warum ganz bestimmte Vertragsgestaltungen überhaupt in der Praxis zustande kommen.[133] Sie ist empirisch und weniger mathematisch-formal ausgerichtet.

Im Gegensatz hierzu steht bei der *normativen Principal-Agent-Theorie* stärker die mikroökonomische Fundierung im Vordergrund. Auf der Basis mathematischer Berechnungen wird ver-

---

[131] Vgl. Ebers, M./Gotsch, W., a.a.O., S. 206

[132] Vgl. Elschen, R.: Gegenstand und Anwendungsmöglichkeiten der Agency-Theorie, in: Zeitschrift für betriebswirtschaftliche Forschung, 43. Jg., 1991, Heft 11, 1006; Müller, C.: Agency-Theorie und Informationsgehalt, in: Die Betriebswirtschaft, 55. Jg., 1995, Heft 1, S. 62f. und 68f.

sucht, Vertragsbedingungen so zu gestalten, daß eine Pareto-Optimalität erreicht wird.[134] Dies ist immer dann gegeben, wenn eine Änderung der Bedingungen zugunsten eines Partners nur noch zu Lasten des anderen möglich ist.[135] Dabei geht es darum, ein optimales Anreizsystem zu finden, das vom Agenten unter der Berücksichtigung eigener Interessen ein möglichst konformes Verhalten zu den Principal-Interessen gewährleistet.[136] Die normative Principal-Agent-Theorie ist zum gegenwärtigen Zeitpunkt die dominierende Ausrichtung in der Literatur und soll auch im folgenden primär Anwendung finden, wenngleich auf mathematische Kalküle verzichtet wird, da es an dieser Stelle nicht so sehr darum geht, exakte Ergebnisse abzuleiten. Vielmehr sollen grundsätzliche Wirkungsweisen vorgestellt werden, die auch im Rahmen des Servicemanagements von Bedeutung sein können.

Im Rahmen der normativen Principal-Agent-Theorie wurden - bezogen auf die jeweilige Bedingungkonstellation bzw. für verschiedene Situationen - drei typische Arten von Auftrags- bzw. Kooperationsdesigns für ein optimales Anreiz- und Kontrollsystem entwickelt, die den Agenten zu einem Verhalten veranlassen sollen, das die Interessen des Principals wahrt:[137]

- *Information:* Durch eine Verbesserung der Informationsbasis des Principals soll eine Disziplinierung des Agenten erreicht werden, die ihn davon abhält, Handlungsspielräume opportunistisch auszunutzen und Täuschungen des Principals vorzunehmen. Entsprechende Informationssysteme zur Schaffung einer stärkeren Transparenz sind beispielsweise Tätigkeits- und Rechenschaftspflichten des Agenten sowie Leistungs- und Kostenvergleiche seiner Auftragsergebnisse.[138] Es wird auch versucht, das Adverse-Selection-Problem sowie die damit verbundenen Risiken des Prinzipals zu reduzieren, indem der Agent wichtige Qualifikationen nachzuweisen hat, die ihm eine Eignung für die Aufgabe bescheinigen und auch während der Auftragsbeziehungen seine Aktivitäten nachvollziehbar darstellen. Das können z.B. Zertifikate oder auch Referenzpersonen und -projekte sein. Informationen sind immer dann als Anreizsystem geeignet, wenn sie möglichst günstig beschafft werden können und sehr genau sind, d.h. wenn sie sehr vollkommen sind und ein exaktes Bild über die Arbeitsweise und Leistungsfähigkeit des Agenten wiedergeben.[139]
- *Garantie:* Durch eine vertragliche Zusicherung bestimmter Verhaltensweisen, Input- und / oder Output-Leistungen durch den Agenten soll das Risiko des Prinzipals gemindert werden. Der Agent übernimmt eine Kompensation beim Nutzenentgang des Prinzipals und

[133]Vgl. ebenda
[134]Vgl. Richter, R./Furubotn, E., a.a.O., S. 165f.
[135]Vgl. auch Weise, P. et al: Neue Mikroökonomie, 2. Aufl., Heidelberg 1991, S. 319
[136]Vgl. z.B. Fischer, M.: Agency-Theorie, a.a.O., S. 321
[137]Vgl. Kleinaltenkamp, M.: Institutionenökonomische Begründung, a.a.O., S. 22f.; derselbe: Investitionsgüter-Marketing, a.a.O., S. 817; Bergen, M./Dutta, S./Walker, O.C.: Agency Relationships in Marketing - A Review of the Implications and Applications of Agency and Related Theories, in: Journal of Marketing, 56. Jg., 1992, July, S. 6f.
[138]Vgl.Ebers, M./Gotsch, W., a.a.O., S. 209
[139]Vgl. Spremann, K.: Reputation, Garantie, Information, a.a.O., S. 622

trägt damit das Risiko unzureichender Leistungen. Allerdings ist zu berücksichtigen, daß exogene Umwelteinflüsse die Leistungen und das Verhalten des Agenten negativ beeinflussen können und daher auch bei Garantien Qualitätsvarianzen nicht auszuschließen sind. Dies ist besonders bei irreversiblen Leistungen, wie z.B. Dienst- / Serviceleistungen eine wichtige Einschränkung von Garantien, da aufgrund des Uno-actu-Prinzips Nachbesserungen nicht oder nur beschränkt möglich sind.[140] Außerdem erfordern zumindest output-bezogene Garantien, daß die Leistungsergebnisse auch operational gemessen sowie eindeutig auf das Verhalten des Agenten zugeordnet werden können. Dies ist für Leistungen, die in einem integrativen Erstellungsprozeß erbracht werden, i.d.R. nicht der Fall.[141] Dennoch sind Garantien für risikoaverse Prinzipals oft eine wichtige Voraussetzung für den Beginn einer Auftragsbeziehung. Außerdem reduzieren derartige Selbstbindungen des Agenten die Kontrollkosten des Principals. Es ist jedoch zu berücksichtigen, daß bei einer stärkeren Risikoübernahme des Agenten meist auch dessen Entgeltforderungen steigen und sich damit die Vertrags- und Kostenbedingungen für den Prinzipal - gemessen am Kooperationsdesign im Zusammenhang mit der Information - erheblich ändern.

- *Reputation:* Sie zielt darauf ab, Vertrauen beim Principal durch das Image des Agenten aufzubauen. Die Grundlage der Reputation besteht in der Sorgfalt und Kalkulierbarkeit des Verhaltens und der Leistungsergebnisse des Agenten, die dieser in der Vergangenheit beim Prinzipal oder auch bei Dritten konkret nachgewiesen hat. Die Reputation ist für den Agenten ein wichtiges akquisitorisches Potential, das ihm im Wettbewerb durchaus Vorteile verschaffen kann.[142] Es liegt deshalb im Bemühen des Agenten, seine Reputation möglichst langfristig zu behalten und zu nutzen. Bei einem opportunistischen Verhalten oder bei unzureichenden Leistungsergebnissen könnte der Prinzipal diese wertvolle und mühsam aufgebaute Ressource des Agenten sehr leicht und nachhaltig zerstören. Sie ist quasi ein Faustpfand für den Prinzipal.[143] Im Gegensatz dazu kann sich aber auch das positive Verhalten des Agenten gegenüber dem Prinzipal herumsprechen. Die Reputation des Agenten ist für den Prinzipal deshalb durchaus ein wirkungsvolles Anreiz- bzw. Bestrafungsinstrument. Allerdings fordern Agenten mit guter Reputation fast immer auch eine höhere Bezahlung für ihre Leistungen.

Wie die vorstehenden Ausführungen implizit zeigen, wird die Höhe der Agency-Kosten beeinflußt von dem gewählten Kooperationsdesign, den Präferenzen des Auftraggebers, dem Ausmaß der Informationsasymmetrie, der Höhe des exogenen Risikos und der Risikobereitschaft der Partner. Das Ziel der Principal-Agent-Theorie besteht nun darin, vor dem Hintergrund die-

---

[140] Vgl. ebenda, S. 620

[141] Vgl. Kaas, K.P.: Kontraktgütermarketing als Kooperation zwischen Principal und Agenten, in: Zeitschrift für betriebswirtschaftliche Forschung, 44. Jg., 1992, Heft 10, S. 894

[142] Vgl. auch Gutenberg, E., a.a.O., S. 247ff.

[143] Vgl. Kaas, K.P.: Kontraktgütermarketing, a.a.O., S. 896

ser Einflußfaktoren bzw. Rahmenbedingungen die Agency-Kosten zu minimieren. Dabei kann an allen Einflußbereichen angesetzt werden, wobei Trade-off-Beziehungen zwischen den drei Arten der Agency-Kosten zu berücksichtigen sind. So lassen sich beispielsweise Residualkosten durch stärkere Überwachungs- und Anreizbemühungen verringern, die jedoch selbst wieder zu steigenden Kontroll- und Steuerungskosten führen. Es ist letztlich die optimale Vertragsgestaltung für die gesamten, summierten Agency-Kosten zu finden.[144] Dabei ist selbstverständlich auch zu überprüfen, ab welcher kritischen Höhe der Agency-Kosten und ab welchem Entgelt für den Agenten die Delegation von Aufgaben sinnlos wird.

Eine Verbindung zwischen dem Principal-Agent-Ansatz und dem Service als Untersuchungsobjekt besteht unter anderem darin, daß Serviceleistungen einerseits einen Einfluß auf die drei oben genannten Kooperations- bzw. Transaktionsdesigns haben und andererseits der Serviceprozeß selbst als eine Prinzipal-Agent-Beziehung aufgefaßt werden kann. Bei ökonomischen Transaktionsbeziehungen ist i.d.R. der Anbieter der Agent und der Nachfrager bzw. Kunde der Principal, der einen Auftrag gibt. Dementsprechend sind - vom Standpunkt des Anbieters aus - die vorstehenden Ausführungen spiegelbildlich zu interpretieren und zu beurteilen. Das bedeutet, daß Serviceleistungen spezifische Beiträge des Agenten sind, die zu einer Aufnahme und / oder Verbesserung der Auftragsbeziehung zum Kunden bzw. Prinzipal eingesetzt werden. Betrachtet man das Transaktionsdesign Information, so ist die Bedeutung von Serviceleistungen mit ausgeprägtem Beratungs-, Informations- und Kommunikationscharakter evident. Dies gilt für allem für Transaktionssituationen, in denen ein Abbau von Informationsasymmetrien durch Serviceleistungen erreichbar ist. Es handelt sich hierbei im wesentlichen um Transaktionen von standardisierten sowie gut erklär- und beschreibbaren Kernleistungen mit einem hohen Anteil an Suchinformationen und -qualitäten, die effektiv und effizient kommuniziert werden können.[145]

Garantien sind ebenfalls Serviceleistungen und bilden gleichzeitig die Grundlage eines Transaktionsdesigns. Allerdings zeigt sich auch hier, daß mit zunehmender Individualisierung der Kernleistung die Wirkung der Garantie als Vertrauensinstrument an Wirkung verliert, da der Prinzipal / Kunde über eine sehr große Informationsunsicherheit sowohl im Hinblick auf die Leistungsinhalte als auch die Leistungsform verfügt, die auch von Garantien nicht abgebaut werden kann. Dies liegt u.a. an der unzureichenden Überprüfung und Bewertung des Leistungsergebnisses sowie der Zurechnung von (eingeschätzten) Qualitätsmängeln auf die Leistung des Agenten.[146] Ohne klare Kontrollraster und -kriterien sind Garantien nahezu wertlos

---

144 Vgl. Fischer, M.: Agency-Theorie, a.a.O., S. 322; Müller, C., a.a.O., S. 64ff.; Schmidt, U./Theilen, B., a.a.O., S. 484f.

145 Vgl. Kleinaltenkamp, M.: Investitionsgüter-Marketing, a.a.O., S. 818

146 Vgl. Spremann, K.: Reputation, Garantie, Information, a.a.O., S. 617ff.; Kleinaltenkamp,M.: Investitionsgüter-Marketing, a.a.O., S. 818

für den Prinzipal. Der Prinzipal wird bei derartig individuellen Transaktionen stärker auf die Reputation des Agenten vertrauen, also dem dritten Transaktionsdesign. Der Aufbau von Reputation kann jedoch wiederum durch das Angebot und die Erstellung von Serviceleistungen positiv unterstützt und gefördert werden, wenn diese eine starke Zufriedenheits- und Imagewirkung auf den Kauf und die Nutzung der Kernleistung haben. Außerdem können die positiven Erfahrungen des Kunden mit den Serviceleistungen des Anbieters auch an andere potentielle Kunden weitergegeben werden und so zu einer Festigung bzw. einem Ausbau der Reputation am Markt führen.

Letztlich geht es darum, daß die angebotenen Serviceleistungen darauf ausgerichtet sind, die Agency-Kosten für den Prinzipal / Kunden zu senken. Hierdurch wird die Attraktivität des Anbieters gesteigert. Allerdings gilt es zu beachten, daß dadurch jedoch die Kosten für den Agenten steigen, die wiederum irgendwie, also über den Service selbst und / oder über die Kernleistung abzugelten sind. Dies wird dann schwierig sein, wenn die Senkung der Agency-Kosten für den Prinzipal geringer ist als der Aufschlag für das Agentenentgelt.

Durch die Erstellung und den Absatz von Serviceleistungen kommt es zu einer ganz spezifischen Prinzipal-Agent-Beziehung, da hier nicht in jedem Fall deutlich festgelegt werden kann, wer von den Servicepartnern die Rolle des Prinzipals bzw. die des Agenten übernimmt, da es im integrativen Serviceprozeß zu temporären Rollenveränderungen kommt.[147] Abbildung III-8 gibt dies in vereinfachter Form wieder.

Ausgangspunkt ist zunächst die Kontaktaufnahme zwischen Kunden und Lieferanten, wobei der Kunde als Prinzipal das Unternehmen als Agenten mit der Erstellung einer Serviceleistung beauftragt. Allerdings kommt es aufgrund der Integrativität von Serviceleistungen dazu, daß der Kunde sich selbst bzw. seine (weiteren) spezifischen externen Faktoren in den Erstellungsprozeß einbringen muß und damit einen Teil der Leistungserstellung übernimmt. Er wird in bestimmten Prozeßphasen als Co-Produzent dann sogar selbst Agent, da er sich in bestimmter Art und Weise in den vom Anbieter festgelegten Prozeßablauf einzubringen hat. Daraus folgt für den Anbieter, daß er zumindest in Prozeßphasen, die stark vom Einsatz und der Qualität des externen Faktors bestimmt werden, eine temporäre Prinzipalrolle übernimmt, indem er den externen Faktor, der sich in der formalen Verfügungsgewalt des Nachfragers befindet, steuern muß. Hierdurch entsteht für den Anbieter im Laufe des Erstellungsprozesses eine Unsicherheit über die Qualität der von den Kunden bzw. den externen Faktoren zu erbringenden Leistung

[147] Vgl. auch die Ausführungen zum Principal-Agent-Ansatz bei Kleinaltenkamp, M.: Investitionsgüter-Marketing, a.a.O., S. 814, Jacob, F., a.a.O., S. 169 sowie Bauer, H.H./Bayón, T.: Zur Relevanz prinzipal-agenten-theoretischer Aussagen für das Kontraktgütermarketing, in: Zeitschrift für betriebswirtschaftliche Forschung, 47. Jg.,1995, Sonderheft 35, S. 82

und damit auch über die Güte des Serviceergebnisses.[148] Der Anbieter hat jedoch i.d.R. die Verantwortung für die Leistungsqualität. So gesehen ist zumindest für (stark) integrative Serviceleistungen eine bilaterale Unsicherheit und damit auch ein Risiko für die beiden Servicepartner zu konstatieren. Der Kunde als eigentlicher Prinzipal kann sich nicht sicher sein, daß die angebotenen Serviceleistungen überhaupt mit dem erwarteten Nutzen erbracht werden. Das ist vor allem bei stark immateriellen Serviceleistungen gegeben, die im wesentlichen auf Vertrauenskomponenten beruhen. Für den Anbieter besteht hingegen bei stark integrativen Serviceprozessen durchaus die Gefahr eines opportunistischen Verhaltens durch den Kunden, da dieser im Serviceprozeß spezifische Informationsvorsprünge und damit Macht erlangen kann, die er zu seinen eigenen Gunsten ausnutzen kann.

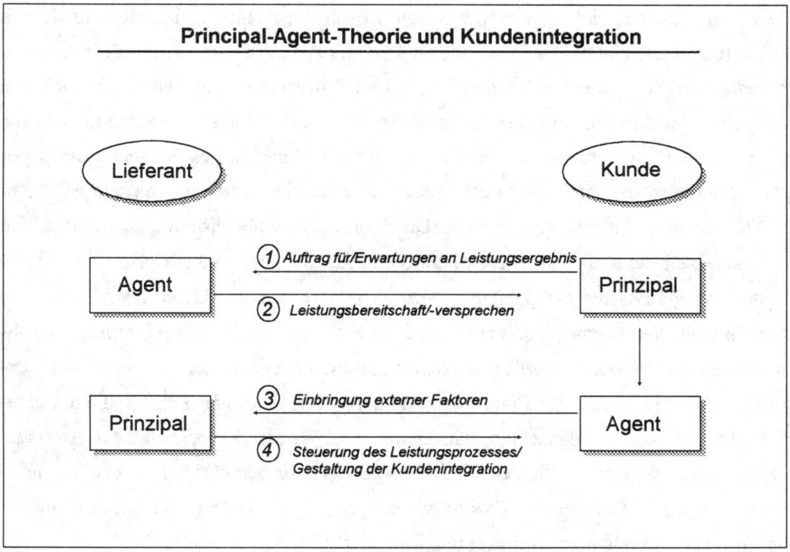

Abb. III-8: Kundenintegration und Principal-Agent-Beziehung

Bei Serviceleistungen, die hingegen von dem Anbieter in stärkerem Maße autonom erstellt werden können, wie z.B. bei einer Vielzahl von Bereitstellungsleistungen (beispielsweise Parkplatzangebote), ist dies nur in sehr geringem Umfang der Fall. Der Anbieter beeinflußt als Agent das Leistungsergebnis weitgehend allein. Hierbei bestehen dann auch keine integrationsbedingten Zurechnungsprobleme bei Qualitätsmängeln und -schwankungen. Dafür hat der Anbieter als Agent vielmehr die Möglichkeit, bestehende Informationsvorsprünge für sich zu nutzen, die gerade bei stark immateriellen Serviceleistungen vom Kunden als Prinzipal nicht ohne weiteres wahrgenommen werden. Da jedoch Serviceleistungen von Unternehmen häufig einge-

[148]Vgl. ähnlich auch Kleinaltenkamp, M./Marra, A., a.a.O., S. 107

setzt werden, um Kunden zu akquirieren, zufriedenzustellen und aus Überzeugung an das Unternehmen zu binden, stellt die Qualitätsunsicherheit des Kunden eher eine Servicehürde als eine Servicechance für den Anbieter dar. Für das Angebot von Serviceleistungen ist es deshalb wichtig, daß der Prozeßablauf für den Nachfrager als Prinzipal nachvollziehbar ist und der Nutzen der Serviceleistung abgesichert wird. Hierzu können beispielsweise Blueprints als graphische Visualisierung des Prozeßablaufs sowie multimediale Simulationen und auch Checklisten zur inhaltlichen Prozeßdarstellung eingesetzt werden, die dem Prinzipal Sicherheit über die Leistungsgestaltung geben und Vertrauen in die Leistungsfähigkeit und -bereitschaft des Agenten aufbauen.[149] Dies ist vor allem bei Serviceleistungen der Fall, für die eine direkte pretiale Forderung besteht. Im Rahmen der Qualitätspolitik von Serviceleistungen sind die Informationsunsicherheiten des Prinzipals und Agenten deshalb von besonderer Bedeutung. Darüber hinaus sind im Rahmen des serviceorientierten Kostenmanagement auch die anfallenden Agency-Kosten für das Unternehmen als Prinzipal bei der Kalkulation zu berücksichtigen, wobei sich hier in starkem Maße das Problem der exakten Kostenermittlung stellt. Es handelt sich hierbei um eines der Kernprobleme der Principal-Agent-Theorie. Vor allem die Residualkosten sind empirisch nicht zu ermitteln, da hierfür eine genaue Kenntnis des Nutzenmaximus des Prinzipals vorausgesetzt wird, an dem der tatsächlich erreichte Nutzen zu spiegeln ist, damit sich als Differenz die Residualkosten ergeben. Durch diese Operationalisierungsschwierigkeiten ist die Aussagekraft der Principal-Agent-Theorie erheblich eingeschränkt. Hinzu kommt, daß die zugrunde gelegte Ex-ante-Perspektive von dem Prinzipal verlangt, daß er in vollem Risikobewußtsein potentieller Agentenhandlungen bei der Leistungserfüllung den Agenturauftrag abschließt. Außerdem unterstellt diese Perspektive auch klare Ziele der beiden Parteien im vorhinein. Allerdings zeigt sich in der Praxis, daß von derartigen Grundannahmen kaum auszugehen ist. Es ist vielmehr zu beobachten, daß es mit zunehmender Komplexität der Auftragshandlungen immer weniger möglich ist, alle Eventualitäten zu berücksichtigen und adäquate Mechanismen a priori festzulegen. Ebenso werden eine Vielzahl von Unterzielen erst im Handlungsprozeß sukzessive konkretisiert und formuliert.[150]

Trotz dieser Nachteile liefert die Principal-Agent-Theorie aufgrund der expliziten Berücksichtigung von Informationsasymmetrien bei Transaktionen und Kooperationen durchaus wichtige Hinweise auf die Akquisitions- / Differenzierungs- und Kundenbindungsfunktion von Serviceleistungen sowie auf die organisatorische Gestaltung von Serviceprozessen bei stark integrativen Leistungen. Die Erkenntnisse dieses institutionenökonomischen Ansatzes werden deshalb bei den Ausführungen zur Implementierung des Servicemanagements in Teil 4 besondere Berücksichtigung finden.

---

[149] Vgl. u.a. Fließ, S., a.a.O., S. 98f.

[150] Vgl. Ebers, M./Gotsch, W., a.a.O., S. 214ff.

1.3. Verhaltenswissenschaftliche Ansätze zur Erklärung servicepolitischer Entscheidungen

Neben den oben skizzierten mikroökonomisch ausgerichteten Ansätzen gibt es natürlich auch verhaltenswissenschaftliche Theorien, die - gerade vor dem Hintergrund von Informationsarmut und Unsicherheit durch Immaterialität und Kundenintegration - einen Erklärungsnutzen für die Gestaltung der Servicepolitik liefern. Es handelt sich bei den nachfolgenden Ansätzen um eine bewußte Auswahl, die aus Sicht des Verfassers über eine gewisse Erklärungskraft verfügt, um Serviceentscheidungen und -abläufe aus psychologischer und soziologischer Sicht zu analysieren. Dabei kommt es sowohl zwischen den verhaltenswissenschaftlichen als auch gegenüber den institutionenökonomischen Ansätzen zu spezifischen Überschneidungen, die sich aufgrund desselben zugrunde gelegten Betrachtungs- und Analyseobjekts ergeben.

1.3.1. Interaktionstheorie

Gegenstand der Interaktionstheorie sind gegenseitige Abhängigkeiten und Beeinflussungen in sozialen Austauschbeziehungen zwischen zwei oder mehreren Individuen. Dabei können die Interaktionsparteien in verbalen oder non-verbalen Kontakt treten.[151] Es gibt bisher noch keine einheitliche Theorie der sozialen Interaktion, dafür aber eine Vielzahl unterschiedlicher Erklärungsansätze. Es besteht Einigkeit darüber, daß es sich bei sozialen Interaktionen immer um eine interdependente Beziehung der Beteiligten handelt, die durch einen dynamischen Prozeß von Aktionen und Reaktionen gekennzeichnet ist.[152] Es ist auch unbestritten, daß es sich bei den Austauschobjekten sowohl um materielle Gegenstände, Rechte als auch um immaterielle Güter, wie z.B. Informationen, Gefühle und Unterwerfungen, handeln kann.[153] Je nachdem, welche Art von Austauschobjekt vorliegt, kann man zwischen Transaktion und Kommunikation unterscheiden. Bei Transaktionen stehen materielle Güter, Dienstleistungen und Rechte im Mittelpunkt.[154] Bei der Kommunikation geht es um die Übermittlung von Informationen, Emotionen, Verhalten und paralinguistischen Phänomenen.[155] Allerdings bedeutet dies nicht, daß Interaktion als Überbegriff von Kommunikation verstanden wird. Es ist vielmehr vom umgekehrten Fall auszugehen: Kommunikation ist die generelle Voraussetzung für zwischenmenschliches Handeln, während (kommunikative) Interaktion eine bestimmte Form der Kom-

---

[151] Vgl. Schoch, R.: Der Verkaufsvorgang als sozialer Interaktionsprozeß, Winterthur 1969, S. 94; vgl ähnlich auch Watzlawick, P./Beavin, J.H./Jackson, D.D.: Menschliche Kommunikation, 8. Aufl., Bern/Stuttgart/Toronto 1990, S. 50f.; Wiswede, G.: Wirtschaftspsychologie, a.a.O., S. 101; siehe auch etwas spezifischer bezogen auf verbale und non-verbale Kommunikation Schulz von Thun, F.: Miteinander reden, Band 1, Reinbek 1990, S. 82f.

[152] Vgl. Wiswede, G.: Wirtschaftspsychologie, a.a.O., S. 101; Kern, E., a.a.O., S. 9; Jeschke, K., a.a.O., S. 149

[153] Vgl. Wiswede, G.: Wirtschaftspsychologie, a.a.O., S. 101

[154] Vgl. Kern, E., a.a.O., S. 12

[155] Vgl. ähnlich Watzlawick, P./Beavin, J.H./Jackson, D.D., a.a.O., S. 51

munikation darstellt.[156] Außerdem ist Kommunikation - vor allem, wenn sie sich Massenmedien bedient - sehr oft einseitig ausgerichtet und nicht unbedingt auf die Verhaltensweisen und Reaktionen anderer Personen abgestimmt.[157]

Interaktionsansätze werden im Marketing u.a. nach der Art und der Zahl der Beteiligten sowie nach dem Zeitraum der Betrachtung unterschieden. Dementsprechend spricht man von personalen (Individuen) und organisatorischen (Unternehmen) Interaktionsansätzen, von dyadischen (zwei Interaktionsteilnehmer) und Multi-Aktoren-Ansätzen (mehr als zwei Interaktionsteilnehmer) sowie von strukturellen und prozessualen Interaktionen. Die einzelnen Unterscheidungskriterien können zur Typologisierung auch kombiniert werden.[158]

Im folgenden sollen vor allem personale Interaktionsansätze in strukturellen und insbesondere auch prozessualen dyadischen Beziehungen angewendet werden, da sie für den Serviceprozeß die größte Bedeutung haben. Der Unterschied zwischen einer strukturellen und einer prozessualen Betrachtungsweise liegt darin, daß Strukturansätze ein statisches Interaktionsverständnis zugrunde legen, während sich die prozeßbezogene Sichtweise auf die Entwicklung von Interaktionen stützt.

Die *Strukturansätze* versuchen, unter Berücksichtigung eines gegebenen Beziehungsmusters eine optimale Gestaltung und Abstimmung von Strukturmerkmalen zu erreichen, die zu einem positiven Interaktionsprozeß und -ergebnis führen. Bei einer Vielzahl von empirischen Untersuchungen wurde festgestellt, daß die subjektiv wahrgenommenen sozialen, ökonomischen, demographischen, psychologischen, persönlichkeitsbezogenen Ähnlichkeiten sowie der Konsens zwischen Rollenverhalten und -erwartungen der Interaktionspartner zu einer positiven Interaktion führt. Ebenso hat das Fachwissen der Interaktionspartner einen Einfluß auf den Interaktionserfolg.[159]

Die *Prozeßansätze* haben die Analyse von zeitlichen Interaktionsabläufen und Verhaltensweisen der Beteiligten zum Gegenstand, die zu Änderungen von Kognitionen, Emotionen und Konationen führen sowie zukünftige Interaktionsbeziehungen beeinflussen können. Die Faktoren, die zu derartigen Änderungen führen, sind vielfältig, wie empirische Untersuchungen belegen.[160] Erklären lassen sich derartige Verhaltensänderungen durch die sozialpsychologischen

---

[156] Vgl. Reimann, H.: Kommunikations-Systeme - Umrisse einer Soziologie der Vermittlungs- und Mitteilungsprozesse, 2. Aufl., Tübingen 1974, S. 32

[157] Vgl. Wiswede, G.: Soziologie, 2. Aufl., Landsberg/Lech 1991, S. 154

[158] Vgl. u.a. Backhaus, K.: Investitionsgütermarketing, a.a.O., S. 109ff.; Kliche, M.: Zum Interaktionsansatz im Innovationsmarketing, in: Kliche, M. (Hrsg.), Investitionsgütermarketing - Positionsbestimmung und Perspektiven, Wiesbaden 1990, S. 59

[159] Vgl. zu den Ergebnissen die Übersicht bei Kern, E., a.a.O., S. 21ff.; Jeschke, K., a.a.O, S. 151

[160] Vgl. die aufgeführten Studien bei Kern, E., a.a.O., S. 25f.

Theorien des Austausches. Demnach lassen sich Interaktionen als Austausch von Belohnungen und Sanktionen bzw. als positive und negative Reize / Werte auffassen, die von den einzelnen Interaktionspartnern danach beurteilt werden, ob der zugrunde liegende Austausch als gerecht und ausgewogen betrachtet wird.[161] Dabei werden die Interaktionen als zufriedenstellend bewertet, solange die Differenz zwischen den erwarteten sowie erfahrenen sozialen Belohnungen und Bestrafungen gegenüber alternativen Austausch- / Interaktionsprozessen höher eingeschätzt wird.[162] Belohnungen können dabei Achtung, Anerkennung, Sympathie und Unterstützung sowie ökonomische Größen (z.B. Geld) sein. Bei Bestrafungen kann es sich sowohl um ökonomische als auch um soziale Größen (z.B. Antipathie, Nichtbeachtung und Bevormundung) handeln, die sich auch in nicht realisierten Belohnungen manifestieren (Opportunitätskosten).[163] Dabei versuchen die Interaktionspartner einen möglichst hohen Nettonutzen der Interaktion zu erzielen. Dabei geht die bekannte Theorie des sozialen Austauschs nach HOMANS im wesentlichen von den folgenden Grundhypothesen bei dyadischen Interaktionen aus[164]:

- Je häufiger die Aktivität eines Individuums belohnt wird, desto eher wird sie diese Aktivität ausführen (*Anreiz- / Effekthypothese 1*).
- Je ähnlicher die gegenwärtigen Stimuli den vergangenen Stimuli sind, desto eher wird ein Individuum eine gleiche oder ähnliche Aktivität ausführen (*Generalisierungshypothese*).
- Je wertvoller die Belohnung einer Aktivität für ein Individuum ist, desto eher wird es bereit sein, diese auch zukünftig durchzuführen (*Anreiz- / Effekthypothese 2*).
- Je häufiger ein Individuum eine gleiche Belohnung bekommt, desto weniger wertvoll wird diese in der Zukunft (*Sättigungshypothese*).
- Erhält ein Individuum für seine Aktivitäten keine den Erwartungen entsprechende adäquate Belohnung oder eine empfundene Bestrafung, dann wird es sich aggressiv verhalten (*Frustrations-Aggressions-Hypothese*).

Nur wenn beide Interaktionsparteien zu dem Schluß kommen, daß sie - gemessen an ihrem Verhalten und den geleisteten Beiträgen (z.B. Ausgaben, Zeitaufwendungen, Informationen und Opportunitätskosten) - ausreichend belohnt wurden, dann wird die Interaktionsbeziehung fortgesetzt. Allerdings geht man davon aus, daß - trotz Nutzenmaximierung - letztlich keiner der Interaktionspartner mehr Kosten tragen möchte als der andere. In diesem Fall wird das *Equity-Prinzip* einer ausgleichenden Gerechtigkeit angestrebt, das gegeben ist, wenn sich keiner der Interaktionspartner bezogen auf seine Ertrags- / Kosten-Relation ungünstiger gestellt

---

[161]Vgl. Homans, C.G.: Elementarformen sozialen Verhaltens, 2. Aufl., Köln/Opladen 1972, S. 62ff.; Wiswede, G.: Soziologie, a.a.O., S. 155; Kroeber-Riel, W.: Konsumentenverhalten, 4. Aufl., München 1990, S. 565

[162]Vgl. auch Jeschke, K., a.a.O., S. 152

[163]Vgl. Kroeber-Riel. W./Weinberg, P.: Konsumentenverhalten, 6. Aufl., München 1996, S. 529

[164]Vgl. Homans, C.G.: Theorie der sozialen Gruppe, 7. Aufl., Köln/Opladen 1978, S. 134ff.; Wiswede, G.: Soziologie, a.a.O., S. 155f.

sieht als der andere.[165] Hierbei ist jedoch zu berücksichtigen, daß es sich um einen Vergleich mit subjektiver Einschätzung handelt. Im Falle einer Unrechtbehandlung (Inequity) wird der Interaktionspartner versuchen, die Interaktionsbeziehung zu beenden und alternative Interaktionspartner zu suchen oder eigene bzw. die fremden In- und Outputs umzubewerten. Auch bei einer positiven Bewertung der eigenen Interaktionsergebnisse in Relation zu den Ergebnissen des Partners wird diese Überprivilegierung i.d.R. mit kognitiven Strategien bewältigt, indem ganz gezielt nach Gründen gesucht wird, die das positive Resultat rechtfertigen.[166]

Im Rahmen des Serviceprozesses kommt es insbesondere bei integrativen personenbezogenen Serviceleistungen wie Beratungen und Schulungen zu Interaktionsbeziehungen zwischen dem Servicepersonal und dem Nachfrager. Daher scheint es durchaus berechtigt, bei der Gestaltung des Serviceprozesses auf die Interaktionstheorie zurückzugreifen. Allerdings läßt sich feststellen, daß deren Ergebnisse nicht immer befriedigend sind und eher heuristischen Charakter haben. Es wird zurecht kritisiert, daß gerade die sozialen Austauschtheorien (insbesondere der individualistisch ausgerichte Ansatz von HOMANS) zu einfach sind, um komplexe Interaktionen zu erklären. Hinzu kommt, daß die verwendeten Konstrukte der Bestrafung und Belohnung nicht klar operationalisiert sind.[167] Dennoch lassen sich aus diesem allgemeinen Konzept einige Handlungsempfehlungen für den Ablauf der Serviceprozesse ableiten.

Außerdem gehen die Interaktionstheorien des sozialen Ausgleichs mit der zugrunde gelegten Marketing-Definition in Teil 2 einher, die Marketing als Prozeß der Herbeiführung und Absicherung von Austauschprozessen bezeichnet, indem durch den Austausch von Leistung und Gegenleistung darauf abgezielt wird, die Bedürfnisse und Wünsche der Transaktionspartner zu befriedigen.[168] Das Gratifikationsprinzip der sozialen Austauschtheorien ist damit letztlich auch die wesentliche Grundlage für diese Arbeit, wobei in dem hier verwendeten Zusammenhang sowohl interpersonelles als auch intrapersonelles Verhalten (z.B. Lernprozesse, Einstellungsbildung und -veränderung) analysiert und erklärt werden soll, wobei der Schwerpunkt auf den interpersonellen Interaktionen liegt.

Die Bedeutung der Interaktion zwischen Servicepersonal und Kunden ist in zahlreichen Publikationen und empirischen Ergebnissen auf die subjektive Wahrnehmung der Servicequalität

---

[165] Vgl. auch Ziegler, R.: Psychologische Aspekte des Interaktionsansatzes im Investitionsgüter-Marketing, in: Kliche, M. (Hrsg.), Investitionsgütermarketing - Positionsbestimmung und Perspektiven, Wiesbaden 1990, S. 84

[166] Vgl. Wiswede, G.: Wirtschaftspsychologie, a.a.O., S. 106

[167] Vgl. Wiswede, G.: Soziologie, a.a.O., S. 158f.; Kern, E., a.a.O., S. 10f.

[168] Vgl. grundsätzlich zur Bedeutung des Gratifikationsprinzips im Marketing insbesondere Wiedmann, K.-P.: Rekonstruktion, a.a.O., S. 189ff.

durch die Kunden abgestellt worden.[169] Im interaktiven Mitarbeiter-Kunden-Kontakt kommt es zu sog. „Moments of Truth“, die das Qualitätserlebnis des Kunden umfassend und nachhaltig prägen, wenn sie als besonders kritisch wahrgenommen werden. Dabei handelt es sich sowohl um besonders negative Empfindungen als auch um sehr positive Ereignisse, die stark einstellungs- und verhaltensbeeinflussend sind.[170] Damit wird deutlich, daß die Verhaltensweisen, die Sach- und Sozialkompetenz sowie die Zuverlässigkeit und Hilfsbereitschaft des Servicepersonals wichtige Einflußfaktoren für die Servicequalität und damit die Vermarktbarkeit von Serviceleistungen sind.[171] Dabei ist der Einfluß des Servicepersonals bei Konflikthandhabungsinteraktionen noch stärker als bei Problemlösungsinteraktionen.[172] Dies liegt vor allem daran, daß bei *Konflikthandhabungen* die Interaktionspartner konfliktäre Interessenspositionen einnehmen und auch verschiedene Interaktionszielsetzungen haben. Es handelt sich um die Festlegung von Vereinbarungen sowie die Aushandlung von Leistungs- und Gegenleistungskonditionen. Typische Konfliktsituationen im Service ergeben sich häufig im Rahmen von Beschwerdebehandlungen, wenn kein systematisches Beschwerdemanagement im Unternehmen vorherrscht, das die Servicemitarbeiter auf den Erstkontakt mit enttäuschten und oft empörten Beschwerdeführern vorbereitet und qualifiziert.[173] In derartigen Situationen kommt es bei den Servicemitarbeitern und den unzufriedenen Kunden i.d.R. zu unterschiedlichen Wahrnehmun-

---

[169]Vgl. Berry,L.L./Zeithaml, V.A./Parasuraman, A.: Five Imperatives for Improving Service Quality, in: Sloan Management Review, 31. Jg., 1990, Heft 4, S. 31; Solomon, M.R. et al.: A Role Theory Perspective on Dyadic Interactions - The Service Encounter, in: Bateson, J.E.G. (Hrsg.), Managing Services Marketing, 3. Aufl., Fort Worth 1995, S. 66ff.; Schlesinger, L.A./Heskett, J.L.: Breaking the Cycle of Failure in Services, in: Sloan Management Review, 32. Jg., 1991, Heft 3, S. 18f.; den Hertog, F./Kunst, P.: Learning about Service Quality - Get Involved, in: Kunst, P./Lemmink, J. (Hrsg.), Quality Management in Services, Assen/Maastricht 1992, S. 10f.; Ondrack, D./McAteer-Early, T.: A Strategic Audit of the Contribution of HRM to a New Service Quality Strategy in a Retail Firm, in: Kunst, P./Lemmink, J. (Hrsg.), Quality Management in Services, Assen/Maastricht 1992, S. 116ff.; Meyer, A./Westerbarkey, P.: Bedeutung der Kundenbeteiligung für die Qualitätspolitik von Dienstleistungen, in: Bruhn, M./Stauss, B. (Hrsg.), Dienstleistungsqualität, 2. Aufl., Wiesbaden 1995, S. 90f.; Stauss, B.: Der Einsatz der „Critical Incident Technique“ im Dienstleistungsmarketing, in: Tomczak, T./Belz, C. (Hrsg.), Kundennähe realisieren, St. Gallen 1994, S. 237
[170]Vgl. zum Begriff Moments of Truth insbesondere Carlzon, J.: Alles für den Kunden, 3. Aufl., Frankfurt/New York 1989, S. 19; derselbe: Putting the Customer First - The Key to Service Strategy, in: Lovelock, C.H. (Hrsg.), Services Marketing, 2. Aufl., Englewood Cliffs 1991, S. 425; Albrecht, K.: Total Quality Service, Düsseldorf et al. 1993, S. 159; Albrecht, K./Zemke, R.: Service-Strategien, Hamburg 1987, S. 26; S. 31ff. zur Wirkung und Messung der „MOTs“ siehe Stauss, B.: „Augenblicke der Wahrheit“ in der Dienstleistungserstellung - Ihre Relevanz und ihre Messung mit Hilfe der Kontaktpunkt-Analyse, in: Bruhn, M./Stauss, B. (Hrsg.), Dienstleistungsqualität, 2. Aufl., Wiesbaden 1995, S. 382ff.
[171]Vgl. Parasuraman, A./Berry, L.L../Zeithaml, V.A., a.a.O., S. 261; Zeithaml, V.A./Parasuraman, A./Berry, L.L.: Qualitätsservice, Frankfurt/New York 1992, S. 34ff.; siehe auch Bitran, G.R./Hoech, J.: The Humanization of Service - Respect at the Moment of Truth, in: Lovelock, C.H. (Hrsg.), Managing Services, 2. Aufl., Englewood Cliffs 1992, S. 360ff.; Grove, S.J./Fisk, R.P.: The Dramaturgy of Services Exchange - An Analytical Framework for Services Marketing, in: Lovelock, C.H. (Hrsg.), Services Marketing, 3. Aufl., Englewood Cliffs 1996, S. 98
[172]Vgl. zu den beiden Interaktionsarten Gemünden, H.G.: Innovationsmarketing - Interaktionsbeziehungen zwischen Hersteller und Verwender innovativer Investitionsgüter, Tübingen 1981, S. 13 und S. 19f.; Gemünden, H.G./Walter, A.: Der Beziehungspromoter - Schlüsselrolle für inter-organisationale Innovationsprozesse, in: Backhaus, K./Diller, H. (Hrsg.), Dokumentation des 1. Workshops „Beziehungsmanagement“ der Arbeitsgruppe „Beziehungsmanagement“ der wissenschaftlichen Kommission für Marketing im Verband der Hochschullehrer für Betriebswirtschaft, Münster/Nürnberg 1994, S. 143f.
[173]Vgl. z.B. Stauss, B./Seidel, W.: Beschwerdemanagement, München/Wien 1996, S. 279ff.

gen und Bewertungen von Problemursachen und Lösungsansätzen. Gerade in Beschwerdesituationen kommt das Equity-Prinzip zum Tragen. So weisen empirische Ergebnisse nach, daß die Bewertung des Beschwerdeergebnisses durch die Kunden im wesentlichen davon abhängt, wie diese die Verteilungsgerechtigkeit des Beschwerdeaufwandes gegenüber dem Beschwerdenutzen einschätzen.[174]

Bei *Problemlösungsinteraktionen* besteht hingegen eine komplementäre Zielbeziehung in der Interaktion zwischen Servicemitarbeitern und Kunden. Beide Parteien sind bemüht, gemeinsam einen hohen Interaktionsnutzen zu erzielen. Typische Servicesituationen und -leistungen in diesem Zusammenhang sind Schulungen, Erfahrungsaustausch oder auch Anwendungsanalysen.

Bei beiden Interaktionsarten haben jedoch nicht nur die im Interaktionsprozeß festgelegten und unter Umständen sich wandelnden Zielsetzungen einen Einfluß auf den Interaktionserfolg, sondern auch das Rollenverhalten der Beteiligten in den einzelnen Prozeßsequenzen. Als (soziale) Rolle versteht man dabei die normativen Erwartungen, die an eine Person mit einer bestimmten (sozialen) Position gerichtet sind. Die „Rollentheorie“ geht davon aus, daß sich das Verhalten eines Individuums aus den Rollenerwartungen der Außenstehenden und der Rollenperzeption des Individuums ergibt.[175] Das bedeutet, daß eine Rolle letztlich eine Verhaltenserwartung ist, die von außen an eine Person herangetragen wird. Dabei werden in Interaktionsprozessen die Rollen von den Partnern häufig gegenseitig zugewiesen, indem die jeweiligen Interaktionsbeteiligten ihrem Counterpart ganz bestimmte Verhaltenserwartungen zuordnen und auch im Rahmen der verbalen und non-verbalen Kommunikation zukommen lassen. Dieser wird die gesendeten Rollenerwartungen empfangen und interpretieren sowie explizit oder unterschwellig mit seinem Rollenverhalten darauf reagieren.[176] Auf diesen sehr einfach wiedergegebenen Prozeß der Rollenbildung und des Rollenverhaltens haben natürlich viele Faktoren einen Einfluß. Als wichtige Determinanten werden zum ersten die Persönlichkeitsfaktoren (z.B. Werte und Einstellungen) der Interaktionsbeteiligten als Rollensender und -empfänger angesehen. Zum zweiten gelten organisatorische Rahmenbedingungen (z.B. Entscheidungskompetenzen, Anreizsysteme sowie Betriebsmittel) als wichtige Einflußfaktoren auf das Rollenverhalten. Zum dritten weißt auch die im Laufe des Interaktionsprozesses aufgebaute interpersonale Beziehung eine Beziehung zu Rollenerwartungen und -verhaltensweisen der Interaktionspartner auf. Wie bereits im Rahmen der Ausführungen zum Principal-Agent-Ansatz gezeigt wurde, kommt es beim Serviceprozeß durchaus zu veränderten Rollen der beiden beteiligten Parteien und damit

---

[174]Vgl. Goodwin, C./Roos, I.: Consumer Evaluations of Responses to Complaints - What's Fair and Why, in: The Journal of Consumer Marketing, 7. Jg., 1990, Heft 2, S. 41ff.; siehe auch Oliver, R.L./Swan, J.E.: Consumer Perception of Interpersonal Equity and Satisfaction in Transactions - A Field Survey Approach, in: Journal of Marketing, 53. Jg., 1989, April, S. 33

[175]Vgl. Wiswede, G.: Wirtschaftspsychologie, a.a.O., S. 107; derselbe: Soziologie, a.a.O., S. 185; der Autor weist darauf hin, daß es bis dato noch keine einheitliche Rollentheorie in der Soziologie gibt!

[176]Vgl. auch Staehle, W.: Management, 7. Aufl., München 1994, S. 255

zu veränderten Interaktionsbedingungen, die ein flexibles Reagieren erfordern. Je besser dabei die Rollenerwartungen erfüllt werden, desto stärker ist die Zufriedenheit mit dem Interaktionsprozeß und desto höher wird folglich auch die Qualität der personenbezogenen Serviceleistungen eingeschätzt.[177] Damit sind wiederum erhebliche Anforderungen an das Servicepersonal verbunden, die eine entsprechende Personalentwicklung erfordern. Der Grund hierfür ist, daß es sich bei den meisten Serviceinteraktionen um asymmetrische oder gar totale Interaktionen handelt. Asymmetrische Interaktionen sind dadurch gekennzeichnet, daß ein Akteur (in unserem Fall der Servicemitarbeiter) ein Verhaltensprogamm „abspult", das stark auf den anderen Interaktionspartner (Servicenachfrager / -nehmer) einwirkt und die Interaktion dominiert. Der Servicenachfrager kann dann lediglich auf dieses Verhaltensprogramm reagieren, ohne dadurch i.d.R. eine Verhaltensmodifikation beim Servicemitarbeiter zu erreichen. Man kann davon ausgehen, daß in solchen Interaktionssituationen, die meist bei gut strukturierten und damit oft auch wenig integrativen Serviceprozessen gegeben sind, auf typische Rollenskripte zurückgegriffen werden kann. Sie geben übliche Ereignisfolgen bei der Serviceerstellung wieder, die gelernt werden und als Verhaltensplanung dienen können.[178] Das Lernen dieser stereotypen Ereignissequenzen erfolgt bei den Dienstleistungs- / Servicenachfragern meistens aufgrund von Erfahrungen, so daß auch sie relativ klare Rollenerwartungen an die Servicemitarbeiter haben.

Bei der totalen Interaktion gibt es kein geschlossenes vorprogrammiertes Verhalten zwischen Servicemitarbeitern und -nachfragern. Es kommt vielmehr zu einer gegenseitigen Abstimmung und Reaktion der Verhaltensweisen im Laufe der Interaktion, die aufgrund der simultanen Koordination des Verhaltens zu ständigen Modifikationen von Rollenerwartungen und -wahrnehmungen führt.[179] Es handelt sich hierbei um eine Art permanenter Rollenverhandlung über einzelne Sequenzen des Serviceprozesses hinweg. Häufig resultieren aus totalen Interaktionen ganz bestimmte Personen-Rollenkonflikte, wenn an den Servicemitarbeiter unklare Erwartungen gerichtet werden und / oder die Erwartungen der Nachfrager den Einstellungen, Werten sowie der Persönlichkeit des Servicepersonals entgegenlaufen.[180] Auch hier sind personalpolitische Maßnahmen zu realisieren, die zu einer Erhöhung der sozialen Kompetenz und damit auch zu einer Persönlichkeitsentwicklung führen.

---

[177]Vgl. ähnlich auch Oliver, R.L./Swan, J.E., a.a.O., S. 30ff.
[178]Vgl. hierzu die Ausführungen bei Westerbarkey, P.: Methoden zur Messung und Beeinflussung der Dienstleistungszufriedenheit, Wiesbaden 1996, S. 54ff.
[179]Vgl. Nerdinger, F.W.: Zur Psychologie der Dienstleistung, Stuttgart 1994, S. 67
[180]Vgl. ebenda, S. 155ff.

1.3.2. Risiko- und Dissonanztheorie

Die Risikotheorie befaßt sich - wie bereits im Rahmen der informations- und institutionenökonomischen Ansätze angedeutet - mit Unsicherheiten von Handlungsfolgen, die unter anderem aus Konsum- und Kaufhandlungen resultieren können.[181] Die Unsicherheiten basieren auf unzureichenden Informationen, die dazu führen, daß die Entscheider (z.B. Käufer oder Servicenachfrager) zwischen den Erwartungen und den potentiellen Auswirkungen ihrer Handlungen eine Diskrepanz wahrnehmen. Im Unterschied zur Informations- und Institutionenökonomik geht es jedoch nicht darum, die anfallenden Transaktions-, Opportunitäts- und Agencykosten der Informationsunsicherheit zu ermitteln und zu senken. Es stehen eher strukturelle und prozessuale Aspekte des individuellen Erlebens und Verhaltens von Unsicherheit im Vordergrund.

Die Risikowahrnehmung wird nach der Risikotheorie von Persönlichkeitsmerkmalen des Entscheiders, objektbezogenen Merkmalen (z.B. Immaterialität von Serviceleistungen und Höhe des Preises) und der Entscheidungssituation sowie der subjektiv eingeschätzten Wahrscheinlichkeit und der vom Individuum den möglicher negativer Folgen einer Fehlentscheidung beigemessenen Bedeutung beeinflußt.[182] Die Höhe des subjektiv empfundenen Risikos korrespondiert dementsprechend im wesentlichen mit

- der Neuartigkeit der Entscheidung bzw. des Entscheidungsobjekts,
- der monetären und / oder sozialen Wertigkeit des Entscheidungsobjekts,
- der Komplexität des Entscheidungsobjekts und der Entscheidungssituation,
- der Dauerhaftigkeit der Entscheidungswirkung,
- der Irreversibilität der Entscheidung sowie
- der Risikobereitschaft des Entscheiders.[183]

Im vorliegenden Fall handelt es sich insbesondere um Kauf- bzw. Kauf-Teilentscheidungen, die sich auf Handlungsunsicherheiten in bezug auf Kaufverträge und wirtschaftliche Transaktionen beziehen. Unter Kauf-Teilentscheidungen sollen alle „Neben-Entscheidungen" verstanden werden, die Bestandteil eines finalen Kaufentschlusses sind und sich auf bestimmte Leistungsattribute beziehen. Je nachdem, ob die Serviceleistungen ein Element eines Angebotsbündels (i.d.R. auch ohne eigenständigen pretialen Ausweis) sind oder als selbständiges Transaktionsobjekt (häufig mit entsprechender Preisauszeichnung) angeboten werden, handelt es sich um eine at-

---

[181] Vgl. Kroeber-Riel, W./Weinberg, P., a.a.O., S. 386ff.

[182] Vgl. ebenda, S. 387

[183] Vgl. hierzu Kuhlmann, E.: Kaufrisiko, in: Graf Hoyos, C. et al (Hrsg), Wirtschaftspsychologie in Grundbegriffen, 2. Aufl., München/Weinheim 1987, S. 528; Kuß, A./Diller, H.: Kaufrisiko, in: Diller, H. (Hrsg.), Vahlens Großes Marketing-Lexikon, München 1992, S. 524

tributive Teilentscheidung oder um eine eigene Kaufentscheidung.[184] Bei attributiven Kaufentscheidungen kann der Einfluß des Service als wesentliches Kaufkriterium für das Kernprodukt sogar so groß sein, daß bei Nichterfüllung bestimmter erwarteter Ausprägungen die Kaufalternative eliminiert wird. Der Service kann bei derartigen konjunktiven Attributsentscheidungen also ein „K.O.-Kriterium" sein. Doch nicht nur bezogen auf die Kernleistung sind deshalb Serviceleistungen zu generieren, die als Penalty-Attribute auf jeden Fall angeboten werden müssen, um das Kernprodukt im Leistungsbündel abzusetzen, auch eigenständige Serviceangebote sind entsprechend zu prüfen.

Penalty-Attribute sind grundlegende Kauffaktoren, die vom Abnehmer als conditio sine qua non erwartet werden. Das Nichtvorhandensein bzw. eine unzureichende Qualität dieser Muß-Leistungen führt zu Unattraktivität des Leistungsbündels bzw. zu Unzufriedenheit bei den Kunden.[185] Das Vorhandensein und die Erfüllung der Qualitätsanforderungen der Kunden führt dabei jedoch noch nicht zur Zufriedenheit. Hierfür sind sog. *Reward-Attribute* geeignet, die als Soll- oder Kann-Leistungen entscheidend den Wert des Leistungsbündels für den Kunden steigern können. Vorausgesetzt, sie haben für die Abnehmer einen tatsächlichen Nutzen. Ist dies nicht gegeben, dann wird der Kunde zwar nicht unzufrieden, das Unternehmen kann sich aber durch diese (Service-) Leistungen auch nicht differenzieren oder profilieren. Das Angebot von nicht-nutzenstiftenden (Service-) Leistungen wird von den Kunden nicht verlangt und als negativ empfunden, wenn sie die Kosten dafür direkt oder indirekt tragen sollen. Leistungen aus dieser Kategorie werden als *Frill-Attribute* bezeichnet. Sie sind sowohl als Bestandteile eines umfassenden Leistungsbündels als auch als eigenständiges Leistungsangebot zu vermeiden.[186]

Bei individuellen Kaufentscheidungen ist die Analyse einzelner Leistungsattribute hinsichtlich ihrer Bedeutung für den Abnehmer einfacher als bei einem kollektiven Kaufverhalten von Organisationen. Der Grund hierfür liegt vor allem in der Interessenpluralität der am Beschaffungs- / Kaufprozeß beteiligten Personen, die in unterschiedlichen Kaufphasen und -situationen einen Einfluß auf die Kaufentscheidung ausüben.[187] Sie haben i.d.R. differierende Anforderungen an ein Leistungsbündel und bewerten einzelne Leistungsattribute unterschiedlich. Eine Typologie des Informations- und Bewertungsverhaltens von Kaufentscheidungsbeteiligten glie-

---

184 Vgl. zu verschiedenen Arten der Kaufentscheidungsforschung insbesondere Aschenbrenner, K.M.: Kaufentscheidungen, in: Graf Hoyos, C. et al. (Hrsg.), Wirtschaftspsychologie in Grundbegriffen, 2. Aufl., München/Weinheim 1987, S. 151ff.

185 Vgl. Meyer, A./Blümelhuber, C.: McDonald's, Aldi, Fielmann, Southwest Airlines, Continental lite, DAB, comdirect bank - Ist weniger mehr?, in: Meyer, A. (Hrsg.), Grundsatzfragen und Herausforderungen des Dienstleistungsmarketing, Wiesbaden 1996, S. 322; siehe ähnlich auch das Kano-Prinzip bei Bailom, F. et al.: Das Kano-Modell der Kundenzufriedenheit, in: Marketing - Zeitschrift für Forschung und Praxis, 18. Jg., 1996, Heft 2, S. 117ff.

186 Vgl. Meyer, A./Blümelhuber, C.: Ist weniger mehr?, a.a.O., S. 322

187 Vgl. Kuß, A.: Entscheider-Typologien und das Buying-Center-Konzept, in: Kliche, M. (Hsrg.), Investitionsgüter-Marketing - Positionsbestimmung und Perspektiven, Wiesbaden 1990, S. 30ff.; Backhaus, K.: Investitionsgütermarketing, a.a.O., S. 53ff.

dert sich beispielsweise in Fakten- und Imagereagierer sowie Reaktionsneutrale.[188] Der *Faktenreagierer* sucht vielfältige Detailinformationen zur Bewertung eines Leistungsbündels. Dabei stehen vor allem Leistungsattribute im Vordergrund, die für die konkrete Anwendung im Unternehmen einen hohen Nutzen liefern. Nur diese Leistungskriterien sind für den Faktenreagierer Penalty- oder Reward-Attribute. Alle anderen sind für ihn Frill-Leistungen. Der *Imagereagierer* sieht hingegen weniger den Anwendungsbezug einzelner Leistungsattribute als Bewertungsmaßstab. Er stützt sich bei seinem Urteil lediglich auf einige wenige Leistungskategorien, die stark aggregiert und besonders imagebildend sind. Für ihn sind alle Leistungsattribute, die nicht oder nur wenig zu einem stimmigen Gesamtbild des Leistungsbündels beitragen, Frill-Attribute. Der *Reaktionsneutrale* ist ein Mischtyp zwischen Fakten- und Imagereagierer. Es handelt sich i.d.R. um einen Imagereagierer, der aufgrund von Sachzwängen (z.B. Anordnung eines Vorgesetzten) seine Entscheidung begründen muß und daher genötigt ist, auch Detailinformationen zu verarbeiten. Er ist deshalb stark imageorientiert, wenngleich er sich wie ein Faktenreagierer verhält. Für ihn sind deshalb Imageattribute ebenso wie Anwendungsleistungen wichtige Entscheidungs- / Kaufkriterien.

Als Individuen haben die einzelnen Entscheidungsbeteiligten entsprechend ihrer zugewiesenen und wahrgenommenen Rolle im Buying-Center ganz spezielle Entscheidungsrisiken in den Kaufphasen zu tragen. Kaufrisiken konkretisieren sich im allgemeinen (sowohl bei Individualentscheidungen als auch in kollektiven Entscheidungen) in den fünf folgenden Dimensionen:[189]

- *Funktionales Risiko* (wahrgenommene Gefahr, daß Produkte / Dienstleistungen nicht ihre zugesicherten Qualitätseigenschaften oder ihren erwarteten Nutzen liefern)
- *Physisches Risiko* (wahrgenommene Gefahr, daß die Nutzung des Produktes bzw. der Dienstleistung zu körperlichen oder sachbezogenen Schäden führen kann)
- *Ökonomisches Risiko* (wahrgenommene Gefahr, daß aufgrund des Kaufpreises und möglicher Folgekosten eine Bindung des Budgets an eine Kaufalternative sowohl die Kaufkraft reduziert als auch einen Verzicht auf andere Kaufalternativen bewirkt)
- *Soziales Risiko* (wahrgenommene Gefahr, daß das gekaufte Produkt bzw. die in Anspruch genommene Dienstleistung gegen bestimmte Normen im sozialen Umfeld verstößt und daher ein Status- sowie Prestigeverlust eintreten kann)
- *Psychisches Risiko* (wahrgenommene Gefahr, daß es zu inneren kognitiven Spannungen beim Entscheider kommt, die sich u.a. in Unzufriedenheit mit der Entscheidung, Frustration oder Einstellungsänderungen manifestieren kann)

---

188 Vgl. Strothmann, K.-H.: Investitionsgütermarketing, München 1979, S. 99ff.

189 Vgl. Kuß, A./Diller, H., a.a.O., S. 524; siehe auch Baaken, T.: Implikationen neuer Risikodimensionen auf die Ausgestaltung des Innovationsmarketing - Neue Forschungsergebnisse zur Differenzierung des Kaufrisikos, in: Marktforschung & Management, 37. Jg., 1993, Heft 1, S. 15ff.

Die zentrale These der Risikotheorie geht davon aus, daß die Käufer bzw. Nutzer ab einer ganz bestimmten individuellen Toleranzschwelle versuchen, das wahrgenommene Kaufrisiko durch spezifische Beeinflussungstechniken des Entscheidungsprozesses zu reduzieren.[190] Typische Reduktionstechniken sind eine Verstärkung der Informationsaktivitäten, eine Senkung des Bedeutungsniveaus und / oder Verdrängung der Kauffolgen, die Nachfrage nach Garantien sowie die Anwendung bewährter heuristischer Kaufprinzipien (z.B. Produkt- / Marken- / Bezugsquellentreue, die Wahl teurer Produkte / Dienstleistungen) und / oder die Nachahmung von relevanten Bezugspersonen (Opinion Leader).[191]

Beim Service kommen die aufgeführten Risikodimensionen unterschiedlich zum Tragen. Während Serviceleistungen einerseits selbst mit bestimmten Risiken belastet sind, können sie andererseits auch als Reduktionsinstrument fungieren und dazu beitragen, bei den Kernprodukten das Kaufrisiko für die Abnehmer zu senken. So können beispielsweise Informationsdienste, Produktdemonstrationen, Garantieleistungen und Rückgaberechte generell dazu beitragen, die Risikowahrnehmung zu mindern.[192] Reparaturleistungen, Wartungs- und Inspektionsarbeiten sind i.d.R. darauf ausgerichtet, die Funktions- und Leistungsfähigkeit von Produkten sicherzustellen. Das wiederum führt zu einer Verlängerung der Gebrauchs- / Nutzungsfähigkeit des Kernprodukts und damit zu einer Minderung des funktionalen sowie ökonomischen Risikos, wenn die Reparatur-, Wartungs- und Inspektionskosten geringer sind als die Nutzwerterhöhung des Produkts.[193] Die Nutzwerterhöhung führt letztlich dazu, daß die Anschaffungskosten für einen längeren Nutzungszeitraum anfallen und leistungsbedingte Ersatzbeschaffungen später entstehen. Dadurch lassen sich Ausgaben einsparen bzw. für andere Anlässe disponieren. Zur Reduzierung ökonomischer Risiken sind insbesondere Finanzierungshilfen und Versicherungsmöglichkeiten prädestiniert. Reparaturservices, De-Installationen und Recyclingaktivitäten können zudem den Abbau physischer Gefahren fördern.

Das psychische Risiko mit dem Kauf einer Kernleistung kann durch die Einrichtung von Beschwerde-Centern vermindert werden. Hier erhalten die Abnehmer die Möglichkeit erhalten, Probleme und Unzufriedenheiten zu artikulieren, die sie kognitiv belasten. Auch Garantien können positiv auf die Reduzierung von kognitiven Inkonsistenzen wirken. Soziale Risiken lassen sich - bei langfristigen Gebrauchsgütern - unter Umständen durch Referenzprodukte und Rückgabemöglichkeiten abbauen.

Aufgrund der Immaterialität vieler Serviceleistungen sind diese selbst bei der Inanspruchnahme mit Risiken belastet. Das gilt vor allem für Serviceleistungen, die den Abnehmern direkt in

---

[190] Vgl. Kroeber-Riel, W./Weinberg, P., a.a.O., S. 388
[191] Vgl. Wiswede, G.: Wirtschaftspsychologie, a.a.O., S. 334
[192] Vgl. Kuß, A./Diller, H., a.a.O., S. 524; Kuhlmann, E., a.a.O., S. 531f.
[193] Vgl. Schwill, J., a.a.O., S. 94

Rechnung gestellt werden. Da sie ex ante nicht überprüfbar sind und wegen der mehr oder minder starken Individualität des Leistungsergebnisses durch die Integration unterschiedlich qualifizierter externer Faktoren lassen sich auch keine direkten und aussagekräftigen Vergleiche mit vergangenen Servicetransaktionen oder Erfahrungen Dritter durchführen. Möglichkeiten der Standardisierung von Serviceleistungen können hier entgegenwirken. Allerdings sind gerade bei stark integrativen und personenbezogenen Services einer Vereinheitlichung zumindest im Erstellungsprozeß und damit auch beim Ergebnis der Serviceleistung gewisse Grenzen gesetzt. Es werden hierbei erhebliche Anforderungen an die Organisation des Serviceprozesses gestellt. Bei (materiellen) Bereitstellungsleistungen, z.B. Parkplätzen oder multimedialen Informationsterminals, ist eine Standardisierung hingegen eher möglich.

Eng mit den psychologischen Risiken verknüpft ist die Theorie der *kognitiven Dissonanz*. Man bezeichnet hiermit einen Zustand nicht übereinstimmender Beziehungen kognitiver Elemente eines Individuums, wie z.B. einfacher Wissenselemente, Erfahrungen, Einstellungen und Werte, die ein kognitives System bilden.[194] Die Unvereinbarkeit dieser Kognitionen ist dabei ein motivierender Faktor, der darauf ausgerichtet ist, die entstehenden psychischen Spannungen abzubauen und ein dauerhaftes Gleichgewicht des kognitiven Systems zu erhalten, wenn ein individueller Toleranzwert überschritten wird, der als unangenehm empfunden wird.[195] Kognitive Dissonanzen entstehen vor allem nach Wahlentscheidungen, wie z.B. nach Käufen, nach der Aufnahme neuer Informationen, die sich auf eine getroffene Entscheidung beziehen, sowie nach unbestätigten Erwartungen.[196] Der Grund hierfür liegt in den Opportunitätskosten, die bei Festlegung auf eine Alternative entstehen, also in dem Umstand, daß die getroffene Wahl auch Nachteile mit sich bringt und die nicht gewählten Alternativen spezifische Vorteile aufweisen. Je mehr sich die Vorteile der Wahlalternativen dabei ausgleichen bzw. je stärker sich die Angebote gleichen, desto stärker wird der kognitive Konflikt. Kognitive Dissonanz ist demnach das Bedauern von getroffenen Entscheidungen, das mit Selbstzweifeln einhergeht.[197]

---

[194]Vgl. Kroeber-Riel, W./Weinberg, P., a.a.O., S. 183f.

[195]Vgl. Festinger, L.: Theorie der Kognitiven Dissonanz, Bern 1978, S. 3f; Frey, D.: Die Theorie der kognitiven Dissonanz, in: Frey, D. (Hrsg.), Kognitive Theorien der Sozialpsychologie, Bern/Stuttgart 1980, S. 244

[196]Vgl. Kroeber-Riel, W./Weinberg, P., a.a.O., S. 184; es ist allerdings anzumerken, daß es auch Autoren gibt, die kognitive Dissonanzen nicht nur klassisch auf die Nach-Entscheidungsphase beziehen, sondern ebenso auf Vorentscheidungsphasen anwenden bzw. kognitive Dissonanzen als phasenübergreifendes Konzept verstehen. Vgl. Silberer, G.: Dissonanztheorie, in: Diller, H. (Hrsg.), Vahlens Großes Marketing Lexikon, München 1992, S. 218. An dieser Stelle soll jedoch die enge Begriffsfassung Festingers zugrunde gelegt werden.

[197]Vgl. auch Bussmann, W./Unger, F.: Kognitive sozialpsychologische Theorien in ihrer Bedeutung für das Konsumgüter-Marketing, in: Unger, F. (Hrsg.), Konsumentenpsychologie und Markenartikel, Heidelberg 1986, S. 57

Zur Reduktion kognitiver Dissonanzen gibt es grundsätzlich folgende Möglichkeiten:[198]

- Änderung kognitiver Elemente,
- Ergänzung von Kognitionen und
- Verdrängung von Kognitionen sowie
- die Korrektur / Wandelung der (Kauf-) Entscheidung.

Für die Servicepolitik ergeben sich hieraus einige Anknüpfungspunkte. Zunächst ist festzustellen, daß sich die objektiven Produkt- / Kernleistungsqualitäten auf vielen Märkten aufgrund einheitlicher Fertigungs- und Produkttechnologien nahezu angleichen. Dies führt - entsprechend einer Grundthese der kognitiven Dissonanz-Theorie - dazu, daß die Abnehmer immer stärker mit kognitiven Spannungen ihre Wahlentscheidungen treffen. Serviceleistungen können demnach aufgrund ihrer Differenzierungsfunktion dazu beitragen, die Entstehung kognitiver Dissonanzen zu reduzieren. Darüber hinaus gibt es weitere, konkretere Ansatzmöglichkeiten.[199] So können durch Informationsdienste und Nach-Beratungen, wie z.B. Kundenzeitschriften oder Kundenclubs, gezielt konsonante Informationen weitergegeben werden, die zu einer Dissonanzreduktion führen. Die Einrichtung von Beschwerde-Centern kann bei den Kunden den Abbau ganz massiver Dissonanzen ermöglichen, die sich beispielsweise in der Rückgabe der erworbenen Leistungen niederschlägt. Ebenso ist eine Reduktion gebrauchsbedingter Dissonanzen durch produktbezogene Serviceleistungen erreichbar. So kann durch Wartungs- und Inspektionsarbeiten oder ein technologisches Upgrading die Funktionsfähigkeit sichergestellt bzw. verlängert und damit eine Dissonanzprophylaxe erreicht werden. Reparaturen können durch eine Wiederherstellung der Funktionsfähigkeit Dissonanzen abbauen; gleiches gilt für Recylingleistungen.

Serviceleistungen sind also durchaus ein Instrument zur Vermeidung und Reduzierung von Nachkauf-Dissonanzen, die durch den Kauf der Kernleistungen entstanden sind. Allerdings ist zu berücksichtigen, daß aufgrund der Immaterialität von Serviceleistungen der Kunde den Unterschied gegenüber möglichen Serviceangeboten der Wettbewerber nicht deutlich einschätzen und so die Leistungsdifferenzierung nicht klar nachvollziehen kann. Insbesondere bei Serviceleistungen, für die er direkt bezahlen muß (z.B. Anwendungsstudien oder Versicherungsleistungen) können Zweifel über die Richtigkeit der (Service-) Entscheidungen beim Kunden entstehen.[200] Es werden deshalb erhebliche Anforderungen an die Servicekommunikation gestellt, damit der Kundenvorteil des eigenen Serviceangebots deutlich herausgestellt werden kann.

---

[198]Vgl. vor allem Festinger, L., a.a.O., S. 31ff.; Silberer, G.: Dissonanz bei Konsumenten, in: Graf Hoyos, C. et al (Hrsg.), Wirtschaftspsychologie in Grundbegriffen, 2. Aufl., München/Weinheim 1987, S. 345

[199]siehe im folgenden die Ausführungen bei Jeschke, K., a.a.O., S. 129ff.

[200]Vgl. ähnlich Meffert, H./Bruhn, M., a.a.O., S. 91

1.3.3. Involvementansatz

Der Begriff des Involvement wird in der Marketing-Literatur zwar häufig, aber oft unterschiedlich definiert.[201] In neueren Veröffentlichungen versteht man hierunter zumeist den zielgerichteten Aktivierungsgrad bzw. die Motivstärke für eine spezifische, objektgerichtete Informationssuche, -aufnahme und -verarbeitung durch Individuen.[202] Man kann Involvement als Ich-Beteiligung oder inneres Engagement eines Individuums bezeichnen, mit dem es sich einem Objekt oder einer Aktivität gedanklich und auch emotional zuwendet.[203] Je stärker das Involvement ausgeprägt ist, desto stärker ist die aufmerksame Zuwendung und die damit verbundene bewußte Auseinandersetzung mit dem Objekt bzw. der Aktivität. Da sich die Stärke des Involvements auch als die Stärke der Aktivierung eines Individuums auffassen läßt, ist ein hohes Involvement immer mit einer starken und ein schwaches Involvement mit einer schwachen Aktivierung verbunden.[204] Unter Aktivierung versteht man wiederum eine innere Spannung, die den Organismus in einen Zustand der Leistungsbereitschaft versetzt, also zum Denken, Fühlen und / oder Handeln anregt.[205]

Das Involvement ist eine sehr komplexe Größe, die von verschiedenen Faktoren bestimmt wird. Hierzu gehören im allgemeinen neben der Persönlichkeit des Individuums auch die reizbezogenen Faktoren und situativen Bedingungen:[206]

- Die *Persönlichkeit* des Individuums kann als die Summe aller seiner typischen, fest eingeprägten Verhaltensmuster angesehen werden. Zum Kern der Persönlichkeitsmerkmale gehören neben angeborenen Anlagen und Wesenszügen vor allem das Wissen, die Motivationen sowie die Einstellungen und Werte einer Person.[207] Gerade die letztgenannten Kognitionen bestimmen die Neigungen eines Individuums und die Ideale, für die es sich einsetzt und engagiert. Demnach setzt sich eine Person vor allem mit solchen Objekten und Aktivi-

---

[201] Vgl. hierzu die Ausführungen bei Mühlbacher, H.: Selektive Werbung, Linz 1982, S. 188ff.; Deimel, K.: Grundlagen des Involvement und Anwendung im Marketing, in: Marketing - Zeitschrift für Forschung und Praxis, 11. Jg., 1989, Heft 3, S. 153

[202] Vgl. Mühlbacher, H.: Motivation zur Aufnahme und Verarbeitung werblicher Informationen, in: Marketing - Zeitschrift für Forschung und Praxis, 10. Jg., 1988, Heft 2, S. 86; Jeck-Schlottmann, G.: Anzeigenbetrachtung bei geringem Involvement, in: Marketing - Zeitschrift für Forschung und Praxis, 10. Jg., 1988, Heft 1, S. 33; Kuß, A.: Käuferverhalten, Stuttgart 1991, S. 35ff.; Trommsdorff, V.: Konsumentenverhalten, Stuttgart/Berlin/Köln 1989, S. 41

[203] Vgl. Kroeber-Riel, W./Weinberg, P., a.a.O., S. 338; Weinberg, P.: Emotionale Aspekte des Entscheidungsverhaltens - Ein Vergleich von Erklärungskonzepten, in: Forschungsgruppe Konsum und Verhalten (Hrsg.), Konsumentenforschung, München 1994, S. 175; eine stärker kognitiv ausgerichtete Definition findet sich u.a. bei Buck, R./Chaudhuri, A.: Affect, Reason, and Involvement in Persuation - The ARI Model, in: Forschungsgruppe Konsum und Verhalten (Hrsg.), Konsumentenforschung, München 1994, S. 110

[204] Vgl. Kroeber-Riel, W./Weinberg, P., a.a.O., S. 338

[205] Vgl. ebenda, S. 58; Trommsdorff, V., a.a.O., S. 33; Rosenstiel, L. von/Neumann, P.: Einführung in die Markt- und Werbepsychologie, 2. Aufl., Darmstadt 1991, S. 146

[206] Vgl. Deimel, K., a.a.O., S. 154f.

[207] Vgl. Trommsdorff, V., a.a.O., S. 180

täten umso aktiver auseinander, je stärker sie den Motiven, Einstellungen und Werten im jeweiligen kognitiven System entsprechen.[208]

- Unabhängig von den Persönlichkeitsstrukturen kann das Involvement gegenüber bestimmten Objekten und Aktivitäten größer sein als bei anderen. Dieser Effekt wird durch die reizbedingte Aktivierung des Involvementobjekts ausgelöst. Es handelt sich also um ein externes *Stimuli-Involvement*, das beispielsweise durch die Marktleistung bestimmt wird. Dabei kann sich die ausgelöste Aktivierung auf die Gesamtleistung beziehen oder auch nur auf einzelne Leistungsmerkmale (z.B. Design) oder -bestandteile (z.B. Preis und / oder Serviceleistungen).[209] Je stärker das Aktivierungspotential einer Leistung bzw. einzelner Leistungselemente ist, desto stärker ist die kognitive und emotionale Auseinandersetzung hiermit.

- Involvement ist jedoch nicht nur ein rein persönlichkeitsbedingtes oder reizbezogenes Phänomen. Es hängt in seiner Intensität auch von *situativen Rahmenbedingungen* ab, die stark verhaltenswirksam sein können. Vor allem zeitliche Aspekte, wie beispielsweise Aktualität von Entscheidungen, Zeitdruck bei der Entscheidungsfindung und auch Umfeldeinflüsse, wie z.B. die soziale Gruppe, Mitarbeiter und andere Kunden, determinieren das Involvement. Sie bewirken häufig soziale und psychische Risiken beim Entscheider, die letztlich verstärkend auf das Involvement wirken.

Alle drei Komponenten bedingen sich in spezifischer Weise untereinander und bestimmen so insgesamt die Höhe des Involvements. Dabei können durchaus Überlagerungen von einer Determinante zu einer anderen stattfinden. Insbesondere das situative Involvement beeinflußt die anderen beiden Komponenten. So wird beispielsweise ein Produkt, für das persönlich kein großes Interesse besteht, plötzlich zu einem sog. High-Involvement-Produkt, wenn es an einen guten Freund zum Geburtstag verschenkt werden soll.[210] Damit wird auch deutlich, daß je nach Zusammenwirken von Persönlichkeitsmerkmalen, den situativen Gegebenheiten sowie den wahrgenommenen Stimuli das Gesamtinvolvement sowohl interpersonell als auch intrapersonell differieren kann. Hierdurch wird die Bestimmung des Involvements erheblich erschwert.

Die Höhe des Involvements hat insbesondere einen Einfluß auf das Informations- und Entscheidungsverhalten von Individuen. Je stärker das Involvement ist, desto aktiver und umfassender ist die Informationsaufnahme und -verarbeitung sowie damit verbunden auch die Exten-

---

[208] Vgl. Unger, F.: Werbemanagement, Heidelberg 1989, S. 226
[209] Darüber hinaus gibt es neben dem hier angesprochenen Produkt- und Serviceinvolvement auch noch weitere reizbezogene Involvementarten, z.B. das Werbemittel- und Werbeträger-Involvement. Siehe u.a. bei Mühlbacher, H.: Motivation, a.a.O., S. 88; Deimel, K., a.a.O., S. 154f.
[210] Vgl. Jeck-Schlottmann, G., a.a.O., S. 34; Mühlbacher, H.: Motivation, a.a.O., S. 88

sität der Entscheidungsfindung, die gleichzeitig durch eine lange Entscheidungsdauer gekennzeichnet ist.[211]

Das hypothetische Konstrukt des Involvements hat als Erklärungsmuster auch Implikationen für den Service respektive die Servicepolitik von Unternehmen. Wie bereits bei den vorstehend behandelten Erklärungsansätzen kommt es auch hier zu einer zweiseitigen Anwendung der Theorie. Zum einen hat das Involvement gegenüber der Kernleistung indirekt auch einen Einfluß auf den Servicebereich.[212] So bietet die steigende aktive Informationsnachfrage stark involvierter Interessenten und Abnehmer der Hauptleistung einen idealen Ansatzpunkt für die Erstellung von Kommunikations- und Informationsleistungen des Service (z.B. Beratungen, Demonstrationen und Schulungen). Hinzu kommt, daß gerade involvierte Kunden eine große Beschwerdebereitschaft aufweisen und deshalb auch die Einrichtung von Beschwerde-Centern durchaus begünstigen.[213] Darüber hinaus kann vermutet werden, daß ein starkes Involvement gegenüber der Kernleistung auch mit einer verstärkten Nachfrage nach objektbezogenen Serviceleistungen, wie z.B. Wartung, Inspektion, Reparatur, einhergeht, um eine dauerhafte Nutzung der Hauptleistung zu erreichen.[214]

Zum anderen ist aber der Servicebereich nicht nur derivativ vom Involvement betroffen, sondern hat selbst direkte Beziehungen zum Involvement. So kann der Service als Bestandteil eines Leistungsbündels die Aktivierung eines Interessenten für die Hauptleistung bewirken, wenn sie in besonderer Weise auf die Erwartungen der Nachfrager eingeht. Insbesondere durch die notwendige Kundenintegration kommt es zu situativer Involvement-Entstehung und -Beeinflussung. Man kann grundsätzlich davon ausgehen, daß durch die Einbeziehung des Kunden und / oder von Objekten aus seinem Verfügungsbereich eine High-Involvement-Situation entsteht. Dabei nimmt das Involvement mit steigendem Integrationsgrad zu.[215] Mit der Zunahme des Involvements kommt es gleichzeitig auch zu einer aktiveren Informationsaufnahme des Kunden, die sich bei stark immateriellen Leistungen aufgrund der Informationsarmut eher in einer intensiveren Wahrnehmung der Kontaktsituationen zwischen dem Servicepersonal und dem Kunden niederschlägt.[216] Die einzelnen Kontakterlebnisse werden dann bewußt verarbeitet und als Qualitätseindrücke memoriert. Dies kann je nach Wahrnehmung des Kunden sowohl positive als auch negative Wirkungen auf den Nachfrageprozeß haben. Gerade die situative In-

---

[211] Vgl. Weinberg, P.: Das Entscheidungsverhalten der Konsumenten, Paderborn et al. 1981, S. 13
[212] Vgl. auch Jeschke, K., a.a.O., S. 139f.
[213] Vgl. u.a. Hansen, U./Jeschke, K.: Beschwerdemanagement für Dienstleistungsunternehmen - Beispiel des Kfz-Handels, in: Bruhn, M./Stauss, B. (Hrsg.), Dienstleistungsqualität, 2. Aufl., Wiesbaden 1995, S. 536
[214] Vgl. Jeschke, K., a.a.O., S. 139
[215] Vgl. auch Snyder, D.R.: Service Loyality and Its Measurement - A Preliminary Investigation, in: Venkatesan, M./Schmalensee, D.M./Marshall, C. (Hsrg.), Creativity in Services Marketing - What's New, What Works, What's Developing, Chicago 1986, S. 44
[216] Vgl. ähnlich bei Benkenstein, M./Güthoff, J.: Typologisierung von Dienstleistungen, in: Zeitschrift für Betriebswirtschaft, 66. Jg., 1996, Heft 12, S. 1504

volvementwirkung des Serviceprozesses hat dabei einen erheblichen Einfluß auf das Gesamtinvolvement gegenüber der Serviceleistung. Hinzu kommt, daß bei einer extensiven Serviceentscheidung der Nachfrager aufgrund der Immaterialität vieler Leistungen nur sehr schwierig die notwendigen, entscheidungsrelevanten Informationen besorgen kann. Hierdurch entsteht wiederum ein Bewertungsproblem, wie es bereits im Rahmen der Informationsökonomik angesprochen wurde. Es führt insbesondere bei kostenpflichtigen Serviceleistungen zu einer Erhöhung des Entscheidungsrisikos beim Kunden. Dies erhöht dann wieder das (situative) Involvement.

Allerdings ist zu berücksichtigen, daß die Interdependenzen der einzelnen Involvementarten und die schwer meßbare Involvementintensität die Praktikabilität des Ansatzes erheblich einschränken. Die unzureichende Operationalisierung sowie die bisher uneinheitlichen und wenig vergleichbaren empirischen Ergebnisse sind ebenfalls problematisch.[217] Dennoch lassen sich hierdurch einige Erklärungs- und Gestaltungshinweise für die Servicepolitik gewinnen, die an entsprechender Stelle vorgestellt werden.

2. Relevanzanalyse von theoretischen Konzepten zur Erklärung des (internationalen) Unternehmenserfolgs

Die vorstehend skizzierten Ansätze stellen den Erklärungswert für die inhaltliche Gestaltung der Serviceleistungen und die Realisierung der operativen Servicepolitik, die sich aufgrund der beiden Grundcharakteristika Immaterialität und Integration des externen Faktors ergeben, in den Vordergrund. Nachfolgend sollen potentielle Theorien zur Erklärung des Erfolgsbeitrags von Serviceleistungen thematisiert werden, da als Rahmenthema eine Erfolgsfaktorenforschung gewählt wurde (siehe Abbildung III-9). Die ausgewählten theoretischen Ansätze sollen vor allem das Verständnis bei der Festlegung und Durchführung strategischer Entscheidungen der Servicepolitik fördern. Es geht also darum, die strategische Bedeutung und die Einsatzbedingungen des Service für Unternehmen zu analysieren und zu erklären. Hierfür sind jedoch zunächst einige Kernbegriffe zu definieren und abzugrenzen, die im Zusammenhang von Erfolgsfaktorenforschungen immer wieder verwendet werden, ohne daß sich bisher jedoch ein allgemein anerkanntes Begriffsschema durchgesetzt hat. Es handelt sich hierbei um die Termini strategische Erfolgsfaktoren, Unternehmenserfolg, Erfolgspotentiale und Wettbewerbsvorteile.

[217] Vgl. hierzu u.a. Deimel, K., a.a.O., S. 160

Abb. III-9: Theoretische Ansätze zur Erklärung des (internationalen) Unternehmenserfolgs

2.1. Begriffliche Abgrenzungen

Der Begriff *strategische Erfolgsfaktoren* bezieht sich auf bestimmte Schlüsselvariablen, die den Unternehmenserfolg bzw. den Erfolg einzelner Geschäftsbereiche nachhaltig positiv beeinflussen. Es handelt sich hierbei also um zentrale Faktoren, die den Erfolg unternehmerischen Handelns determinieren.[218] Das strategische Element drückt sich dabei sowohl in der Dauerhaftigkeit der Wirkung als auch in der Beeinflußbarkeit durch das Unternehmen aus. Damit sind bereits zwei wesentliche Anforderungen an strategische Erfolgsfaktoren genannt. Bezogen auf die Dauer der Wirkung geht man häufig davon aus, daß einerseits der Erfolgseinfluß erst über einen mittelfristigen Zeitraum von 4 bis 5 Jahren wirksam wird und andererseits die Wirkung ebenfalls über eine längere Zeitspanne von 5 bis 10 Jahren anhält.[219] Das bedeutet jedoch nicht, daß die strategischen Erfolgsfaktoren kurzfristig nicht veränderbar sind. Es ist durchaus auch eine kurzfristige Variabilität dieser Faktoren möglich, die allerdings nicht kurzfristig wirkt. Damit verbunden sind auch Remanenzen und Hysteresen, die sich darin ausdrücken, daß die

---

[218]Vgl. zu diesem Begriffsverständnis z.B. Daschmann, H.-A.: Erfolgsfaktoren mittelständischer Unternehmen, Stuttgart 1994, S. 1; Fritz, W.: Erfolgsfaktoren im Marketing, in: Tietz, B./Köhler, R./Zentes, J. (Hrsg.), Handwörterbuch des Marketing, 2. Aufl., Stuttgart 1995, Sp. 594; derselbe: Marketing - ein Schlüsselfaktor des Unternehmenserfolges?, in: Marketing - Zeitschrift für Forschung und Praxis, 12. Jg., 1990, Heft 2, S. 92; Jacobs, S.: Strategische Erfolgsfaktoren der Diversifikation, Wiesbaden 1992, S. 28
[219]Vgl. auch Patt, P.-J.: Strategische Erfolgsfaktoren im Einzelhandel, Frankfurt/Main et al. 1988, S. 12

Wirkung noch anhält, obwohl die ursprünglichen Ursachen hierfür nicht mehr bestehen.[220] Aus der Existenz strategischer Elemente mit langfristiger Wirkungsdauer folgt, daß auch der Einsatz von operativ anmutenden Marketinginstrumenten, wie z.B. dem Service, eine strategische Wirkung erzielen kann.[221]

Die zweite Anforderung, die Beeinflußbarkeit der strategischen Faktoren durch das Unternehmen, wird häufig nicht beachtet.[222] Die Beeinflußbarkeit erfordert keineswegs eine Einschränkung auf ausschließlich unternehmensinterne Faktoren. Es können selbstverständlich auch externe Rahmenbedingungen mehr oder minder beeinflußt werden. Gerade der zugrunde gelegte Marketingansatz ist explizit auch darauf ausgerichtet, das Unternehmensumfeld aktiv nach eigenen Vorstellungen zu gestalten. Die geforderte Beeinflußbarkeit bezieht sich also sowohl auf endogene als auch auf volatile exogene Faktoren. Es gibt darüber hinaus selbstverständlich auch exogene Faktoren, die nicht direkt zu steuern und kontrollieren sind, wie z.B. die soziale, politische, juristische und ökologische Unternehmensumwelt. Sie determinieren den Handlungsspielraum des Unternehmens. Ihr Einfluß auf den Unternehmenserfolg hängt dabei sehr oft von den Reaktionen des Managements auf diese unverrückbaren exogenen Bedingungen und damit wieder von endogenen Faktoren ab. Letztlich sind es damit die vom Management getroffenen Entscheidungen und umgesetzten Strategien, die den Unternehmenserfolg beeinflussen. Vor dem Hintergrund dieses Verständnisses ist im Laufe der Zeit die Erfolgsfaktorenforschung entstanden. Grundlegendes Ziel war und ist die Versorgung des Managements mit Informationen, die eine bessere erfolgsorientierte Planung und Kontrolle ermöglichen.[223]

Es wurde versucht, eine begrenzte Anzahl von Einflußfaktoren (sog. *kritische Erfolgsfaktoren*), die den Unternehmenserfolg signifikant beeinflussen, zu ermitteln und als Führungsgrundlage zu nutzen.[224] Hinter diesem „Konzept der kritischen Erfolgsfaktoren" steht die Grundannahme, daß trotz Multikausalität und Mehrdimensionalität nicht alle erfolgsbezogenen Einflußfaktoren gleichbedeutend sind, sondern einzelne Variablen einen größeren Stellenwert als andere Faktoren haben.[225] Gerade die Bestimmung und Auswahl dieser dominanten Schlüs-

---

220 Vgl. Simon, H.: Hysterese in Marketing und Wettbewerb, in: Zeitschrift für Betriebswirtschaft, 65. Jg., 1995, Heft 10, S. 1156

221 Vgl. Patt, P.-J., a.a.O., S. 11

222 Zu den Autoren, die eine Beeinflußbarkeit explizit ausschließen, gehören z.B. Burmann, C.: Fläche und Personalintensität als Erfolgsfaktoren im Einzelhandel, Wiesbaden 1995, S. 12; Seibert, S.: Strategische Erfolgsfaktoren in mittleren Unternehmen, Frankfurt/Bern/New York 1987, S. 11

223 Vgl. Daniel, D.R.: The Management Information Crisis, in: Harvard Business Review, 39. Jg., 1961, Heft 5, S. 111ff.; Steinle, C./Schmidt, C./Lawa, D.: Erfolgsfaktorenkonzepte und ihre Relevanz für Planungssysteme, in: Das Wirtschaftsstudium, 24. Jg., 1995, Heft 4, S. 311; Grüning, R./Heckner, F./Zeus, A.: Methoden zur Identifikation strategischer Erfolgsfaktoren, in: Die Unternehmung, 50. Jg., 1996, Heft 1, S. 4

224 Vgl. Schefczyk, M.: Kritische Erfolgsfaktoren in schrumpfenden Branchen - dargestellt am Beispiel der Gießerei-Industrie, Stuttgart 1994, S. 25

225 Vgl. Rockart, J.R.: Chief Executives Define their Own Data Needs, in: Harvard Business Review, 57. Jg., 1979, March/April, S. 85f.; Leidecker, J.K./Bruno, A.V.: Identifying and Using Critical Success Factors, in: Long Range Planning, 17. Jg., 1984, No. 1, S. 23f.

selfaktoren wird dabei als wesentliche Aufgabe zur Reduktion der Informationskomplexität und -überflutung angesehen. So soll zum Aufbau und zur Gestaltung effizienter Managementinformations-, Planungs-, Entscheidungs- und Kontrollsysteme beigetragen werden.[226] Allerdings wird der Begriff der kritischen Erfolgsfaktoren auch anderweitig verwendet, beispielsweise zur Deklaration von Faktoren, die den Unternehmenserfolg - je nach Beherrschung dieser Kriterien - sowohl positiv als auch negativ beeinflussen können.[227] Das heißt, das Vorhandensein bzw. der „richtige" Einsatz des Faktors fördert den Erfolg, während das Fehlen bzw. der „falsche" Einsatz desselben zum Mißerfolg des Unternehmens führt. Die Bezeichnung „kritisch" bezieht sich bei diesem Begriffsverständnis auf die duale Wirkungsrichtung der Einflußgrößen. Faktoren, die den Unternehmenserfolg negativ beeinflussen, werden häufig jedoch als Mißerfolgsfaktoren bezeichnet, wenngleich es auch Autoren gibt, die unter dem Begriff des Erfolgsfaktors sowohl positive als auch negative Einflußgrößen auf den unternehmerischen Erfolg verstehen.[228] Die Trennung zwischen Erfolgs- und Mißerfolgsfaktoren wird vor dem Hintergrund der Vermutung getroffen, daß auf den Mißerfolg durchaus andere Faktoren einwirken als auf den Erfolg. Außerdem ist das Erfolgsverständnis beispielsweise bei der Insolvenzforschung durchaus anders als bei der Analyse der Unternehmensprosperität.[229]

Dieses Phänomen hängt damit zusammen, daß der *Unternehmenserfolg* eine sehr heterogene Größe ist, die sich auf verschiedene Ebenen und Bereiche beziehen kann und sich mit sehr unterschiedlichen Maßstäben feststellen läßt. Zum einen ist also bei der Untersuchung des Unternehmenserfolgs festzulegen, worauf er sich zu beziehen hat. Es geht hierbei um die inhaltliche Festlegung des Erfolgsbegriffs nach den Meßkriterien und der Bezugsebene. Zum anderen ist zu entscheiden, wie der Erfolg ermittelt werden soll. Hierbei geht es um die Auswahl von entsprechenden Bezugspunkten, anhand derer eine vergleichende Erfolgsermittlung durchgeführt werden soll.[230]

---

[226]Vgl. Daschmann, H.-A., a.a.O., S. 13f.; Leidecker, J.K./Bruno, A.V., a.a.O., S. 23; Hoffmann, F.: Kritische Erfolgsfaktoren - Erfahrungen in großen und mittelständischen Unternehmungen, in: Zeitschrift für betriebswirtschaftliche Forschung, 38. Jg., 1986, Heft 10, S. 832

[227]Vgl. Fischer, T.M.: Kostenmanagement strategischer Erfolgsfaktoren - Instrumente zur operativen Steuerung der strategischen Schlüsselfaktoren Qualität, Flexibilität und Schnelligkeit, München 1993, S. 18; Krüger, W./Schwarz, G.: Konzeptionelle Analysen und praktische Bestimmung von Erfolgsfaktoren und Erfolgspotentialen, in: Bleicher, K./Gomez, P. (Hrsg.), Zukunftsperspektiven der Organisation, Bern 1990, S. 179; Töpfer, A.: Insolvenzursachen - Turn-around - Erfolgsfaktoren, Teil 2, in: zfo - Zeitschrift Führung Organisation, 59. Jg., 1990, Heft 6, S. 411

[228]Vgl. z.B. Krüger, W.: Die Erklärung des Unternehmenserfolges - Theoretischer Ansatz und empirische Ergebnisse, in: Die Betriebswirtschaft, 48. Jg., 1988, Heft 1,S. 32

[229]Vgl. auch ähnlich bei Rehkugler, H.: Erfolgsfaktoren der mittelständischen Unternehmen, in: Das Wirtschaftsstudium, 18. Jg., 1989, Heft 11, S. 627; zu dieser Vermutung leiten auch die Ergebnisse von Sabel und Weiser, vgl. Sabel, H./Weiser, C.: Zum Sterben von Unternehmen, in: Zeitschrift für Betriebswirtschaft, 64. Jg., 1994, Heft 3, S. 299ff.; siehe auch Varadarajan, P.: A Two-factor Classification of Competitive Strategy Variables, in: Strategic Management Journal, 6. Jg., 1985, S. 373

[230] Schefczyk, M., a.a.O., S. 56ff.

Grundsätzlich kann man unter Unternehmenserfolg die Erreichung von aufgestellten Zielgrößen des Gesamtunternehmens verstehen und den Begriff mit der Effektivität von Strategien und Maßnahmen gleichsetzen.[231] Der Erfolgsbegriff bezieht sich damit auf sämtliche ökonomische und auch außerökonomische Zielgrößen eines Unternehmens als *Maßeinheiten*. Ökonomische Erfolgsgrößen sind dementsprechend beispielsweise auf Kapital-, Vermögens-, Rentabilitäts-, Gewinn-, Umsatz- oder Kostengrößen ausgerichtet,[232] während sich außerökonomische Zielgrößen z.B. auf Image, Qualität oder soziale Werte beziehen. Die Berücksichtigung außerökonomischer Ziele auf der Unternehmensebene hat eine lange Tradition, wenngleich sie im Rahmen der Erfolgsfaktorenforschung bisher eher geringe Bedeutung haben.[233]

In der Realität verfolgen Unternehmen umfassende Zielbündel, die beide Zielkategorien in Form von Zielhierarchien umfassen.[234] Das Konzept des strategischen Erfolgs versucht dem Rechnung zu tragen, indem auch solche Erfolgsgrößen berücksichtigt werden, die sich auf die Position des Unternehmens im technischen, ökologischen und sozialen Umfeld beziehen und sich nicht exakt nach wertmäßigen Input-Output-Relationen erfassen lassen.[235]

Die genaue Festlegung des Erfolgsbegriffs wird letztendlich von dem zugrunde gelegten Analyse- und Forschungsansatz bestimmt.[236] So bezieht sich der Erfolg im Systemansatz auf die Fähigkeit, notwendige Ressourcen als Input zu beschaffen, um die Systemstabilität zu erhalten und möglichst positiv mit den anderen Systemelementen interagieren zu können. Im Rahmen der Kontingenztheorie hat die jeweilige Situation einen Einfluß auf die Bestimmung von relevanten Erfolgsgrößen.

Bezugsebenen der Erfolgsfaktorenforschung können neben der implizit unterstellten Unternehmensebene auch die Makro-, Industrie- / Branchen- oder die Geschäftsfeldebene sein.[237] Bei Analysen auf der Makroebene geht es darum, generelle Rahmenbedingungen der Unternehmensumwelt zu identifizieren, die als Chancen vom Unternehmen genutzt werden können oder potentielle Mißerfolgsfaktoren darstellen. Industrieanalysen zielen darauf ab, bestimmte Erfolgswirkungen von Positionierungs- und Wettbewerbsstrategien vor dem Hintergrund der

---

[231] Vgl. Fritz, W.: Marktorientierte Unternehmensführung, a.a.O., S. 37

[232] Vgl. z.B. Albach, H.: Maßstäbe für den Unternehmenserfolg, in: Henzler, H.A. (Hrsg.), Handbuch Strategische Führung, Wiesbaden 1988, S. 72

[233] Vgl. Näther, C.: Erfolgsmaßstäbe der strategischen Unternehmensführung, München 1993, S. 5ff.

[234] Vgl. Fritz, W. et al.: Unternehmensziele und strategische Unternehmensführung, in: Die Betriebswirtschaft, 48. Jg., 1988, Heft 5, S. 571ff.

[235] Vgl. Engelhardt, W.H./Günter, B.: Erfolgsgrößen im internen Rechnungswesen aus Sicht der Absatzpolitik, in: Domsch, M. et al. (Hrsg.), Unternehmenserfolg, Wiesbaden 1988, S. 152f.

[236] Vgl. Fritz, W.: Marktorientierte Unternehmensführung, a.a.O., S. 219f.

[237] Vgl. auch Dellmann, K.: Einflußgrößen der Erfolgsdynamik, in: Kistner, K.-P./Schmidt, R. (Hrsg.), Unternehmensdynamik, Wiesbaden 1991, S. 421f.; Schefczyk, M., a.a.O., S. 47ff.

Branchenstruktur zu ermitteln und zu prognostizieren.[238] Die Erfolgsfaktorenforschung auf der Unternehmensebene bezieht sich auf die Analyse von Einflußfaktoren, die den Erfolg eines Unternehmens als Ganzes betreffen, während sich Untersuchungen auf der Geschäftsfeldebene die Identifikation von Erfolgsdeterminanten einzelner Produkt- / Markt-Kombinationen betreffen.

Bezugspunkte, an denen der Erfolg bestimmt wird, können Zielvorgaben, intertemporale oder auch unternehmensübergreifende Vergleiche sein.[239] Bei den Zielvorgaben wird ein Soll-Ist-Vergleich bezüglich einer Erfolgsgröße durchgeführt. Beim intertemporalen Vergleich geht es um Verlaufsanalysen, bei denen die Veränderung des erreichten Erfolgsniveaus mit Vergangenheitsdaten zur Erfolgsermittlung durchgeführt werden. Im Rahmen von unternehmensübergreifenden Vergleichen wird das erreichte relative Niveau der Erfolgsgrößen - gemessen an anderen Unternehmen - als Bezugspunkt gewählt. Dabei kann es sich im Rahmen eines derartigen Benchmarking um Unternehmen der eigenen Branche oder aus anderen Industriezweigen handeln.[240]

Problematisch ist die Abgrenzung zwischen Erfolgsfaktoren und Erfolgspotentialen, da sich auch hierbei bisher kein einheitliches Begriffsverständnis durchgesetzt hat, sondern vielmehr eine sehr vage Begriffsvorstellung vorherrscht.[241] Es ist daher nicht verwunderlich, daß es auch wissenschaftliche Stimmen gibt, die den Begriff Erfolgspotential als strategische Größe für sehr ungeeignet halten.[242] Allerdings gilt es zu beachten, daß ein Großteil der in den Wirtschaftswissenschaften vorgelegten Konzepte, Methoden und Instrumente auf situativ zu operationalisierende Begriffsgerüsten aufbaut. In dieser Arbeit sollen *Erfolgspotentiale* als grundlegende Voraussetzungen und mögliche Fähigkeiten bzw. unternehmerische Leistungsmöglichkeiten verstanden werden, die den Unternehmenserfolg mittelbar beeinflussen können.[243] Es handelt sich um absolute Größen, die materielle und immaterielle Bestandteile umfassen.[244] Zu den materiellen Potentialen gehören zum Beispiel Fertigungskapazitäten, Organisationsmittel und technische Möglichkeiten. Die immateriellen Potentiale beziehen sich beispielsweise auf das ausschöpfbare Know-how der Mitarbeiter sowie Marketing- und Produktideen.

---

[238] Vgl. hierzu insbesondere den Ansatz von Porter, M.E.: Wettbewerbsstrategie, a.a.O., S. 25ff.

[239] Vgl. Schefczyk, M., a.a.O., S. 59

[240] Vgl. Töpfer, A./Mann, A.: Benchmarking, in: Poth, L. (Hrsg.), Marketing (Loseblattsammlung), Neuwied/Kriftel/Berlin 1996, 27. NL, S. 9

[241] Vgl. zu unterschiedlichen Definitionsansätzen die Zusammenstellung bei Wolfrum, U.: Erfolgspotentiale - Kritische Würdigung eines zentralen Konzepts der strategischen Unternehmensführung, München 1993, S. 65ff.

[242] Vgl. Winand, U.: Erfolgspotentialplanung, in: Szyperski, N./Winand, U. (Hrsg.), Handwörterbuch der Planung, Stuttgart 1989, Sp. 443

[243] Vgl. ähnlich auch Haedrich, G./Jenner, T.: Strategische Erfolgsfaktoren in Konsumgütermärkten, in: Die Unternehmung, 50. Jg., 1996, Heft 1, S. 16

[244] Vgl. zu einer detaillierten Systematik z.B. Link, J.: Führungssysteme, München 1996, S. 11

Erfolgspotentiale bilden die Basis für die auf den Erfolg direkt wirkenden Erfolgsfaktoren.[245] Strategische Erfolgsfaktoren sind nach diesem Verständnis die konkrete Gestaltung und Umsetzung von Erfolgspotentialen am Markt. Dies läßt sich aus dem semantischen Ursprung des Wortes Potential ableiten, das sich lediglich auf die bloße Möglichkeit von Ereignissen und Wirkungen bezieht, die es erst noch in der Realität zu nutzen gilt.[246] Erst wenn das richtige Erfolgspotential zur richtigen Zeit mit der richtigen Dosierung und der richtigen Ausrichtung tatsächlich genutzt wird, stellen sich die Erfolgswirkungen und -ereignisse ein. In der Regel wird also nicht das Erfolgspotential als Ganzes, sondern ein ganz bestimmter Extrakt mit einer spezifischen Ausprägung erfolgswirksam eingesetzt. Durch die tatsächliche, gezielte Nutzung wird ein Erfolgspotential bei entsprechender positiver Wirkung zu einem Erfolgsfaktor. Erfolgsfaktoren sind deshalb - im Gegensatz zu Erfolgspotentialen - niemals absolute Größen. Sie sind Variablen, die hinsichtlich ihrer Erfolgsträchtigkeit als Erfolgsfaktoren bezeichnet werden. Erfolgspotentiale bilden damit den Pool für mögliche Erfolgsfaktoren, die in Abhängigkeit von der jeweiligen Unternehmens- und Umweltsituation systematisch eingesetzt werden müssen. Die Extraktion von Erfolgsfaktoren aus diesem Pool und deren systematischer Einsatz ist - wie Abbildung III-10 zeigt - Aufgabe und Wesen von Strategien. Sie haben als langfristige Handlungsprogramme und Verhaltenspläne die Aufgabe, Erfolgspotentiale zu bilden sowie Erfolgsfaktoren zu identifizieren und kanalisierend einzusetzen, um die gesetzten Unternehmensziele effektiv und effizient zu erreichen.[247] Zusätzlich wird von Strategieforschern auch explizit der kompetitive Charakter von (Marketing-) Strategien, Erfolgspotentialen und -faktoren hervorgehoben.[248]

Der Gedanke hierbei ist, daß Unternehmen nur langfristig am Markt bestehen können, wenn sie gemessen an ihren Wettbewerbern eine bessere Position erzielen. In Analogie zu dem darwinistischen Prinzip der Evolutionstheorie gilt, daß eine Spezies von Unternehmen nur überleben kann, wenn sie sich - gemessen an den Konkurrenten - in bezug auf lebenswichtige Umweltanforderungen besser anpassen kann.[249] Da der Markt eine der wichtigsten Umweltanforderungen darstellt, geht es darum, *Wettbewerbsvorteile* zu erreichen. Es handelt sich hierbei gegenüber den Wettbewerbsleistungen um - aus Kundensicht - überlegene Leistungsangebote aufgrund geringerer Kosten / Preise und / oder besserer Qualität. Strategische Wettbewerbs-

[245]Eine genau andere Auffassung vertreten z.B. Krüger, W./Schwarz, G., a.a.O., S. 179f.; Kolks, U.: Strategieimplementierung - Ein anwendungsorientiertes Konzept, Wiesbaden 1990, S. 26

[246]Vgl. Kirsch, W., a.a.O., S. 360

[247] Vgl. ähnlich Schreyögg, G.: Unternehmensstrategie - Grundfragen einer Theorie strategischer Unternehmensführung, Berlin/New York 1984, S. 87; Becker, J.: Marketing-Konzeption, a.a.O., S. 113ff.; Hinterhuber, H.H.: Strategische Unternehmensführung, Bd. 1 - Strategisches Denken, 4. Aufl., Berlin/New York 1989, S. 7ff.; zu weiteren Strategiedefinitionen siehe Mintzberg, H.: The Strategy Concept I - Five Ps for Strategy, in: California Management Review, 20. Jg., 1987, Heft 1, S. 11ff.

[248]Vgl. Porter, M.E.: What Is Strategy?, in: Harvard Business Review, 74. Jg., 1996, November-December, S. 68; Pümpin, C./Prange, J.: Management der Unternehmensentwicklung, Frankfurt/New York 1991, S. 19; Pümpin, C.: Management strategischer Erfolgspositionen, 3. Aufl., Bern/Stuttgart 1986, S. 33

[249]Vgl. Henderson, B.D.: The Anatomy of Competition, in: Journal of Marketing, 47. Jg., 1983, April, S. 8

vorteile sind also das „Herzstück" jeder Strategie, da sie das Überleben eines Unternehmens sichern und somit den langfristigen strategischen Unternehmenserfolg determinieren.[250] Erfolgsfaktoren sind dann Gestaltungsparameter, die durch eine Strategie ganz bewußt zur Erzielung von Wettbewerbsvorteilen als direkte Vorerfolgsgrößen eingesetzt werden.[251]

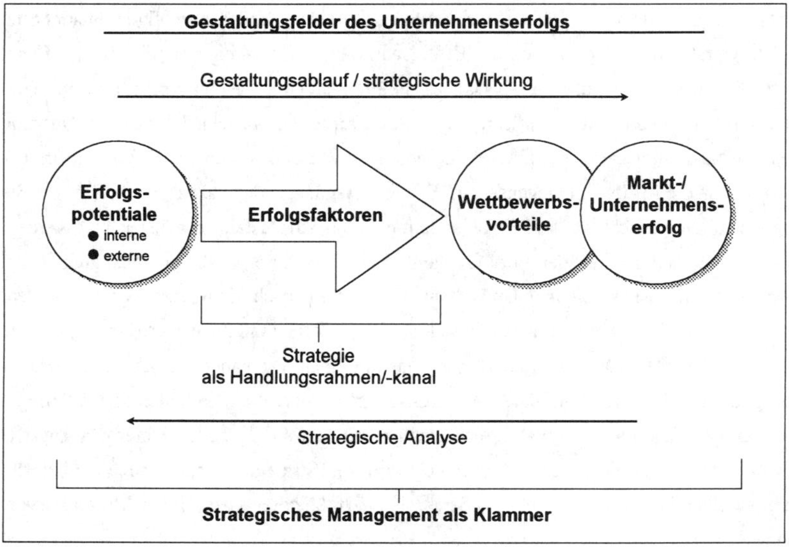

Abb. III-10: Gestaltungsfelder des Unternehmenserfolgs

Die strategische Analyse sowie der Aufbau-, Gestaltungs- und Kontrollprozeß von Erfolgspotentialen und -faktoren ist Aufgabe und Wesen des *strategischen Managements.*[252] Es ist damit mehr als strategische Planung undumfaßt die gesamte zukunftsbezogene evolutionäre oder auch revolutionäre Entwicklung des Unternehmens in Form eines induzierten und koordinierten „organizational learning".[253]

---

[250]Vgl. Porter, M.E.: Wettbewerbsvorteile, a.a.O., S. 32; Day, G.S./Wensley, R.: Assessing Advantage - A Framework for Diagnosing Competitive Superiority, in: Journal of Marketing, 52. Jg., 1988, April, S. 2ff.; Faix, A./Görgen, W.: Das „Konstrukt" Wettbewerbsvorteil, in: Marketing - Zeitschrift für Forschung und Praxis, 16. Jg., 1994, Heft 3, S. 160; Habel, S.: Strategische Unternehmensführung im Lichte der empirischen Forschung, München 1993

[251]Vgl. Steinbach, R.: Integratives Qualitäts-, Zeit- und Kostenmanagement, Frankfurt/Main et al. 1996, S. 55

[252]Vgl. ähnlich auch Bleicher, K.: Integriertes Management, a.a.O., S. 193ff.; Kirsch, W., a.a.O., S. 319; Schwaninger, M.: Managementsysteme, Frankfurt/New York 1994, S. 78

[253]Vgl. u.a. Staehle, H., a.a.O., S. 585f.

2.2. Theorien des Erfolgsursprungs

Die Herkunft von Erfolgspotentialen und -faktoren, die den Unternehmenserfolg bestimmen, wird in der Literatur vor allem vor dem Hintergrund des industrieökonomischen und des ressourcenorientierten Ansatzes diskutiert. Beide Theorien haben sich als eigenständige konkurrierende Erklärungsmuster etabliert, obwohl sie sich - wie an späterer Stelle gezeigt wird - durchaus sinnvoll kombinieren lassen.[254]

2.2.1. Der Industrial Organization Approach als marktbezogenes Erklärungsmuster

Der (klassische) Industrial Organization (IO)-Ansatz wurde bereits in den 30er Jahren maßgeblich in den USA an der Harvard Business School entwickelt. Er gilt als wichtiger Bestandteil der Industrieökonomik, die erst später als eigenständige Forschungsrichtung ausgebaut wurde.[255] Der IO-Ansatz basiert auf der sog. Structure-Conduct-Performance-Hypothese, die davon ausgeht, daß der Erfolg von Unternehmen im wesentlichen von der Branchen- / Marktstruktur determiniert wird. Die Branchen- / Marktcharakteristika bilden als „Structure" die Grundlage des „Verhaltens" (Conduct) von Unternehmen, das wiederum das „Leistungsergebnis" (Performance) in Form der volkswirtschaftlichen Ressourcenallokation eines Marktes bzw. der Branche bestimmt.[256] In Abbildung III-11 ist der generelle Zusammenhang dargestellt.

---

[254] Vgl. Rühli, E.: The Resource-based View of Strategy, in: Gomez, P. et al. (Hrsg.), Unternehmerischer Wandel, Wiesbaden 1994, S. 49ff.

[255] Vgl. Oberender, P.: Industrieökonomik, in: Wirtschaftswissenschaftliches Studium, 23. Jg., 1994, Heft 2, S. 67; Kaufer, E.: Industrieökonomik, München 1980, S. 10

[256] Vgl. Knyphausen, D. zu: Theorie der strategischen Unternehmensführung - State of the Art und neue Perspektiven, Wiesbaden 1995, S. 53

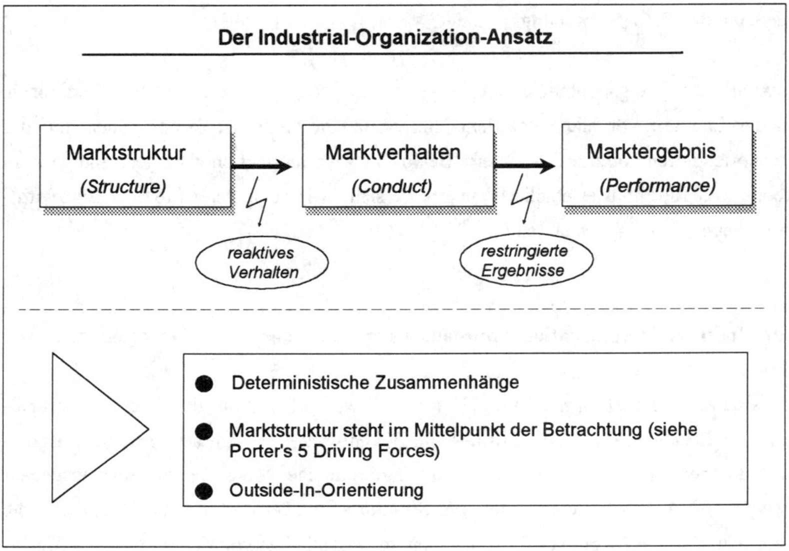

Abb. III-11: Grundschema des traditionellen Structure-Conduct-Performance (SCP)-Paradigmas
(Quelle: nach Minderlein, M., a.a.O., S. 168)

Ausgangspunkt des Paradigmas ist somit die Branchenstruktur, die im wesentlichen durch Anzahl und Größe der Anbieter / Wettbewerber, ihren Konzentrationsgrad, den Grad der Produktdifferenzierung, die Markteintrittsbarieren, die Außenhandelsverflechtung und die Einkaufsmacht der Abnehmer gekennzeichnet ist.[257] Das Verhalten ist dabei abhängig von der vorherrschenden Markt- / Branchenstruktur, so daß es in den orthodoxen Ansätzen der Industrieökonomik lediglich als Transfermechanismus für den Unternehmenserfolg (wie z.B. Gewinn, Produktivität, Rate des technischen Fortschritts) angesehen wurde. Es hat prozeßbeschreibenden Charakter, aber keine prozeßbestimmende Bedeutung.[258] Die Leistung des Unternehmens bzw. sein Erfolg wäre demnach direkt aus der Markt- / Branchenstruktur bestimmbar.[259] Das würde gleichzeitig bedeuten, daß sich die Unternehmen lediglich der Branchen- / Marktstruktur und ihren eventuellen Änderungen anzupassen bräuchten. Sie hätten lediglich in einer vom Markt festgelegten Weise zu reagieren, da keine strategische Wahlmöglichkeiten für die Unternehmen bestehen. Das Marktverhalten hat nur die Marktstruktur in adäquater Weise widerzuspiegeln. Eine proaktive Entscheidungspolitik des Unternehmens wäre weitgehend unwirksam und sinnlos. Lediglich die Wahl des „richtigen" Marktes mit entsprechend attraktiven Strukturen und die Festlegung des „richtigen" Markteintrittszeitpunkts, also First Mover ver-

[257] Vgl. auch Neumann, M.: Industrial Organization - Ein Überblick über die quantitative Forschung, in: Zeitschrift für Betriebswirtschaft, 49. Jg, 1979, Heft 7, S. 647ff.
[258] Vgl. Schreyögg, G., a.a.O., S. 52
[259] Vgl. insbesondere Bain, J.S.: Industrial Organization, 2. Aufl., New York 1968, S. 329

sus Late Entrant, wären erfolgsbedingte Entscheidungen.[260] Allerdings ist zu berücksichtigen, daß sich das traditionelle SCP-Paradigma beim Markterfolg (Performance) ursprünglich auf gesamtwirtschaftliche Wohlfahrtsgrößen (z.B. Vollbeschäftigung in einer Branche, gerechte Einkommensverteilung) bezogen hat, die auf die Ebene der einzelnen Unternehmen deduziert wurden. Denn das originäre Ziel dieses Ansatzes bestand darin, aufgrund von beobachteten Branchenunterschieden Aktionsräume und -möglichkeiten für die nationale Wettbewerbspolitik abzuleiten.[261] Aufgrund der strukturell vorgegebenen Handlungsmuster wären die Unternehmen selbst auch relativ homogen und würden sich nur in sehr wenigen Merkmalen, wie z.B. der Größe, unterscheiden. Damit ist der traditionelle IO-Ansatz nur sehr eingeschränkt dazu geeignet, den Unternehmenserfolg anhand der Geschäftspolitik, wie z.B. der Marketing- und Servicepolitik, zu erklären, wie es in dieser Arbeit der Fall sein soll.[262]

Der klassische Strukturansatz der Industrial Organization Forschung wurde in der Vergangenheit stark kritisiert. Vor allem der deterministische und der statische Charakter des zugrundeliegenden SCP-Erklärungsansatzes waren Gegenstand der Kontroverse.[263] In neueren Arbeiten der Industrial Organization wurde deshalb die starre deterministische Sichtweise des SCP-Paradigmas aufgehoben. Demnach sind bei einer identischen Struktur des Gesamtmarktes bzw. der Branche unterschiedliche Verhaltensweisen denkbar. Außerdem bewirkt eine Veränderung der Markt- / Branchenstruktur nicht automatisch eine Modifikation des Marktverhaltens einzelner Unternehmen. Weiterhin werden in dem revidierten SCP-Paradigma auch Rückwirkungen des Markt- / Unternehmensergebnisses auf das Marktverhalten und vor allem Einflüsse des Unternehmensverhaltens auf die Marktstruktur berücksichtigt.[264] Die Stellung des Conduct wurde damit in synonymer Bezeichnung als Strategie nachhaltig gestärkt und ganz bewußt als eigenständiger Erklärungs- und Bestimmungsfaktor für den Markt- / Unternehmenserfolg herausgestellt. Damit ergeben sich wichtige Übereinstimmungen zwischen dem IO-Ansatz und dem Strategischen Management / Marketing, das in seinen Grundvorstellungen ebenfalls von einer unternehmerischen (Strategie-) Beeinflussung der Marktstrukturen ausgeht und die Erarbeitung von Strategien als wesentliches Untersuchungselement zum Gegenstand hat.[265] Somit wird bei dem revidierten SCP-Paradigma eingeräumt, daß auch der Einsatz von Marketingin-

---

260 Vgl. Knyphausen, D. zu: „Why are firms different?", in: Die Betriebswirtschaft, 53. Jg., 1993, Heft 6, S. 772

261 Vgl. Minderlein, M.: Industrieökonomik und Industrieforschung, in: Staehle, W.H./Sydow, J. (Hrsg.), Managementforschung 3, Berlin/New York 1993, S. 169

262 Vgl. Schreyögg, G., a.a.O., S. 53;

263 Vgl. zur Kritik an der klassischen Industrial Organization z.B. Schwalbach, J.: Stand und Entwicklung der Industrieökonomik, in: Neumann, M. (Hrsg.), Unternehmensstrategie und Wettbewerb auf globalen Märkten und Thünen-Vorlesung, Berlin 1994, S. 95ff.

264 Vgl. Scherer, F.M.: Stand und Perspektiven der Industrieökonomik, in: Bombach, G./Gahlen, B./Ott, A.E. (Hrsg.), Industrieökonomik - Theorie und Empirie, Tübingen 1985, S. 4ff.; siehe auch Porter, M.E.: The Contributions of Industrial Organization to Strategic Management, in: Academy of Management Review, 6. Jg., 1981, Heft 4, S. 616

265 Vgl. u.a. Töpfer, A./Wieselhuber, N.: Strategische Orientierung des Marketing, in: Wieselhuber, N./Töpfer, A. (Hrsg.), Handbuch Strategisches Marketing, 2. Aufl., Landsberg/Lech 1986, S. 2

strumenten zu strukturellen Marktveränderungen führen kann, indem beispielsweise über werbliche Imagemaßnahmen, servicebezogene Kundenbindungsaktivitäten, konkurrenzbezogene Preisstrategien und exklusive Vertriebsbindungen von Absatzmittlern ganz gezielt Markteintrittsbarrieren aufgebaut werden können.[266] Die Internationalisierung von Unternehmensaktivitäten kann über die Außenhandelsverflechtung ebenfalls zu strukturellen Veränderungen der Märkte führen.

Durch die Arbeiten von PORTER wurde eine verfeinerte und geschlossene Darstellung des revidierten IO-Ansatzes auf der betriebswirtschaftlich orientierten Ebene mit hohem Anwendungsbezug entwickelt.[267] So hat er mit seinen fünf Wettbewerbskräften nicht nur ein detailliertes Konzept zur Analyse von Branchen vorgelegt, sondern mit seinem Ansatz der generischen Wettbewerbsstrategien und der Gestaltung von Wettbewerbsvorteilen ganz klar auf Handlungsspielräume von Unternehmen abgestellt, die den Markterfolg eines Betriebes beeinflussen. Damit werden strategische Konkurrenzreaktionen in seinem Konzept berücksichtigt, die bei dem zugrunde gelegten Oligopol-Fall der klassischen IO-Forschung weitgehend vernachlässigt wurden. Außerdem hat Porter die Erzielung von überdurchschnittlichen Gewinnen und Renditen einzelner Unternehmen bei der Ergebnisgröße (Performance) hervorgehoben, die einer gesamtwirtschaftlichen Wohlfahrt durchaus entgegenlaufen können. Das strategische Verhaltensspektrum klassifiziert PORTER anhand von drei Wettbewerbsstrategien, die einem Unternehmen gegenüber seinen Konkurrenten klare Vorteile verschaffen können. Hierzu gehören die Kostenführerschaft, die Differenzierung und die Konzentration auf Schwerpunkte. Wenngleich seine Strategietypologie aufgrund von Unschärfen kritisiert und verfeinert wurde,[268] zeigt er jedoch, daß - je nach Branchenstruktur bzw. Bedeutung der einzelnen Wettbewerbskräfte - der Unternehmenserfolg durch die „richtige" Strategiewahl mit entsprechender Maßnahmenrealisierung beeinflußt wird.

Ein weiterer Fortschritt in Richtung strategischer Anwendungsorientierung und damit Integrationsfähigkeit vom IO-Ansatz und strategischen Management / Marketing liegt im Konzept der strategischen Gruppen, das von HUNT entwickelt und von PORTER ebenfalls aufgenommen wurde. Es handelt sich hierbei um Cluster von Unternehmen, die ein identisches oder sehr ähnliches Marktverhalten aufweisen, das sich in der verfolgten Markt- / Wettbewerbsstrategie wi-

---

[266] Vgl. zusammenfassend bei Schreyögg, G., a.a.O., S. 53; siehe auch Lücking, J.: Marktaggressivität und Unternehmenserfolg, Berlin 1995, S. 51

[267] Vgl. Porter, M.E.: Towards a Dynamic Theory of Strategy, in: Strategic Management Journal, 12. Jg., 1991, Special Issue (Winter), S. 107ff.; derselbe: Wettbewerbsstrategie, a.a.O.; derselbe: Wettbewerbsvorteile, a.a.O.

[268] Vgl. u.a. Wright, P.: Research Notes and Communications - A Refinement of Porter's Strategies, in: Strategic Management Journal, 8. Jg., 1987, S. 94ff.; Junior, J.: Wettbewerbsstrategie versus Wettbewerb als Strategie - Der Marktführer im Spannungsfeld von Unternehmensstrategie und Wettbewerbspolitik, München 1990, S. 28ff.; Simon, H.: Wettbewerbsstrategien, in: Wittmann, W. et al. (Hrsg.), Handwörterbuch der Betriebswirtschaft, Teilband 3, 5. Aufl., Stuttgart 1993, Sp. 4697

derspiegelt.[269] In der Regel gibt es auf einem Markt bzw. in einer Branche mehrere strategische Gruppen, die aufgrund ihres differenzierten Verhaltens zu Unterschieden in der Markt- / Branchenstruktur führen. Damit sind für neueinsteigende Unternehmen spezifische Markteintrittsbarrieren (z.B. bestimmte Investitionen, Zeitaufwand zur Erlangung spezifischer Voraussetzungen / Erschließung adäquater Absatzkanäle, Image der Wettbewerber) gegeben, wenn sie in den Markt eintreten und einer strategischen Gruppe zugehören wollen.[270] Für die etablierten Unternehmen einer Gruppe entstehen durch den Wechsel in eine andere Gruppe i.d.R. hohe Risiken, die sie von einem Austritt aus ihrer Gruppe abhalten. Die Höhe dieser sog. *Mobilitätsbarrieren* korreliert dabei meist positiv mit dem Gewinn- / Erfolgspotential einer strategischen Gruppe.[271] Unternehmen sind demnach bestrebt, durch den Aufbau von Mobilitätsbarrieren unvollkommene Marktsituationen zu gestalten und zu erhalten. Das Konzept der strategischen Gruppen gibt - zumindest zwischen einzelnen Clustern - ursächliche Hinweise auf die Unterschiedlichkeit von Unternehmen und erklärt durch die Mobilitätsbarrieren auch die Dauerhaftigkeit dieser Differenzen. Außerdem verknüpft es die Untersuchungsebene der Industriestruktur mit der strategischen Unternehmensführung und dem Unternehmenserfolg in besonderer Weise.

Allerdings behält auch bei dem interdependenten SCP-Ansatz die allgemeine Branchenstruktur bzw. die Intra-Branchenstruktur der strategischen Gruppen einen wichtigen - wenn auch nicht einseitig deterministischen - Einfluß auf die Wahl der Strategie. Damit wird deutlich, daß bei der Formulierung der Markt- und Wettbewerbsstrategie nicht nur die anvisierten Perfomance-Ziele des Unternehmens zu berücksichtigen sind, sondern auch die gegebenen und potentiellen Marktstrukturen der gesamten Branche sowie insbesondere die Struktur relevanter strategischer Gruppe. Das erfordert eine Abstimmung zwischen den externen Gegebenheiten sowie den strategischen Zielen und Aktivitäten des Unternehmens. Es ist ein Fit zwischen diesen drei Kernbereichen herzustellen. Je größer die Übereinstimmung zwischen den externen Marktgegebenheiten und dem strategischen Verhalten ist, desto erfolgreicher wird das Unternehmen sein. Durch diese stark externe Orientierung wird das revidierte SCP-Paradigma häufig als Market-based View of Strategy bezeichnet.

Bezogen auf das zugrunde gelegte Untersuchungsobjekt dieser Arbeit ergeben sich aus dem SCP-Ansatz mehrere Implikationen: So läßt sich festhalten, daß Serviceaktivitäten nicht per se ein Erfolgsfaktor für Unternehmen sind, sondern hinsichtlich ihrer Erfolgswirkungen immer vor

[269]Vgl. ebenda: Wettbewerbsstrategie, a.a.O., S. 177

[270]Vgl. Bauer, H.H.: Unternehmensstrategie, a.a.O., S. 394; Hatten, K.J./Hatten, M.L.: Strategic Groups, Asymmetrical Mobility Barriers and Contestability, in: Strategic Management Journal, 8. Jg., 1987, S. 334; Mascarenhas, B./Aaker, D.A.: Mobility Barriers and Strategic Groups, in: Strategic Management Journal, 10. Jg., 1989, S. 475f.

[271]Vgl. Fritz, W.: Ansätze der Wettbewerbstheorie aus der Sicht der Marketingwissenschaft, in: Die Betriebswirtschaft, 50. Jg., 1990, Heft 4, S. 498; Mascarenhas, B./Aaker, D.A., a.a.O., S. 476

dem Hintergrund der Branchen- / Marktstruktur und vor allem der gewählten Wettbewerbsstrategie generiert und bewertet werden müssen. Insbesondere bei der Wahl von gesamtmarkt- oder nischenbezogenen Differenzierungsstrategien scheint der Serviceeinsatz erfolgversprechender als bei der Verfolgung der Kostenführerschaft. Dies liegt im Wesen der beiden Grundstrategien.

Die Kostenführerschaft ist darauf ausgerichtet, die niedrigste Kostenposition auf einem Markt zu erreichen, die als Markteintrittsbarriere nicht nur Newcomer vor einem Einstieg in die Branche abhalten soll, sondern auch bei extremer Lieferanten- und / oder Abnehmermacht noch Gewinne ermöglicht. Zur Erreichung der Kostenführerschaft ist deshalb bewußt auf alle kostentreibenden Zusatzleistungen zu verzichten, die keine Muß-Leistungen darstellen. Es geht vor allem darum, Größeneffekte (Erfahrungskurveneffekte, Economies of Scale und Economies of Scope) auszunutzen, die im Servicebereich aufgrund der Besonderheiten (z.B. problematische Kapazitätsplanung und Standardisierung durch Kundenintegration) nur schwer realisierbar sind.[272]

Anders ist dies bei der Differenzierungsstrategie, die auf eine Einzigartigkeit des Produktnutzens als Unique Selling Proposition auf dem Gesamtmarkt oder für einzelne Abnehmergruppen abzielt.[273] Hierfür sind Serviceleistungen durchaus geeignet. Sie können dem Aufbau von Mobilitätsbarrieren zur Abschottung strategischer Gruppen dienen, die wiederum die Höhe des Unternehmenserfolgs / -gewinns beeinflussen. Das würde den Service als einen potentiellen Wettbewerbs- und Erfolgsfaktor herausstellen, der sowohl kunden- als auch konkurrenzorientiert zu erbringen ist, denn die Schaffung von Kundenvorteilen durch Serviceleistungen ist nur dann erfolgswirksam, wenn sie gleichzeitig auch einen gruppenbezogenen Wettbewerbsvorteil darstellt.[274] Damit wird unterstrichen, daß Wettbewerbsvorteile als überlegene Unternehmensleistungen einerseits Erfolgs- / Wirkungsgrößen und nicht Ursachen darstellen und andererseits vom Markt und nicht vom Unternehmen her definiert werden.

Es ist also anzunehmen, daß gerade für Unternehmen mit Differenzierungsstrategien der Service eine wichtige Vorsteuergröße des Unternehmenserfolgs sein kann. Da letztlich nur ein Unternehmen auf einem Markt die Position des Kostenführers innehaben kann, ist davon auszugehen, daß eigentlich fast alle anderen Unternehmen eine Differenzierungsstrategie verfolgen.[275] Lediglich einige wenige Wettbewerber, die um die Kostenführerschaft konkurrieren, würden somit im Service keine oder nur geringe Erfolgswirkungen sehen.

---

[272]Vgl. Porter, M.E.: Wettbewerbsstrategie, a.a.O., S. 63ff.
[273]Vgl. ebenda, S. 65f.
[274]Vgl. Bauer, H.H.: Unternehmensstrategie, a.a.O., S. 392
[275]Vgl. Bohn, A.: Differenzierungsstrategien, München 1993, S. 126f

Der skizzierte Market-based View of Strategy kann sich auf die Ebene einzelner Geschäftsfelder / -einheiten beziehen, die durch spezifische Markt- / Gruppenstrukturen geprägt sind. Anders ist dies beim ressourcenorientierten Ansatz, der in starkem Maße auf die Unternehmensebene ausgerichtet ist.[276]

2.2.2. Der ressourcenorientierte Ansatz als unternehmensbezogenes Erklärungsmuster

Der ressourcenorientierte Ansatz basiert auf der Grundthese, daß der finanzielle Unternehmenserfolg (überdurchschnittliche Gewinne / Renten) letztlich durch spezifische unternehmensinterne Ressourcen bedingt ist.[277] Damit unterscheidet sich dieser Ansatz vom revidierten SCP-Paradigma des IO-Ansatzes dahingehend, daß er die Marktstruktur (structure) gegen die Ressourcen (resources) austauscht und somit zu einem *RCP-Modell* gelangt. Anstelle der starken Ausrichtung auf den (Absatz-)Markt (Outside-In-Orientierung) besteht hier eine interne kompetenzbezogene Sichtweise (Inside-Out-Orientierung). Dadurch entsteht eine völlig neue Denkweise: Der interne Ressourcenbedarf wird dann nicht mehr - wie beim Market-based View of Strategy - von der Positionierung am Markt abgeleitet, sondern die aufgebauten Ressourcen geben einen bestimmten Positionierungskorridor vor.[278] In Abbildung III-12 ist das Grundschema des ressourcenorientierten Ansatzes dargestellt.

Ausgangspunkt der Betrachtung ist die Überlegung, daß Unternehmen ein Bündel von materiellen und immateriellen Ressourcen sind.[279] Materielle Ressourcen umfassen dabei z.B. Betriebsmittel (beispielsweise Anlagen, Maschinen) und Werkstoffe. Immaterielle Ressourcen sind u.a. Mitarbeiterqualifikation, Management- / Marketing-Know-how, Patente, Verträge, Goodwill und Betriebsklima.[280] Des weiteren werden in der Literatur auch finanzielle und organisatorische Ressourcen (z.B. Management-, Controlling- und Personalführungssysteme) explizit vorgestellt, wenngleich insbesondere die Organisationsressourcen zu den immateriellen Ressourcen gezählt werden können.[281]

---

[276] Vgl. Knyphausen, D. zu: Theorie, a.a.O., S. 37

[277] Vgl. vor allem Barney, J.B.: Firm Resources and Sustained Competitive Advantage, in: Journal of Management, 17. Jg., 1991, Heft 1, S. 101; Peteraf, M.A.: The Cornerstone of Competitive Advantage - A Resource-based View, in: Strategic Management Journal. 14. Jg., 1993, S. 180f.

[278] Vgl. Rühli, E.: Ressourcenmanagement - Strategischer Erfolg dank Kernkompetenzen, in: Die Unternehmung, 49. Jg., 1995, Heft 2, S. 94

[279] Vgl. Bamberger, I./Wrona, T.: Der Ressourcenansatz und seine Bedeutung für die Strategische Unternehmensführung, in: Zeitschrift für betriebswirtschaftliche Forschung, 48. Jg., 1996, Heft 2, S. 131

[280] Vgl. Hall, R.: The Strategic Analysis of Intangible Resources, in: Strategic Management Journal, 13. Jg., 1992, S. 136ff.

[281] Vgl. Bamberger, I./Wrona, T.: Ressourcenansatz, a.a.O., S. 132ff.

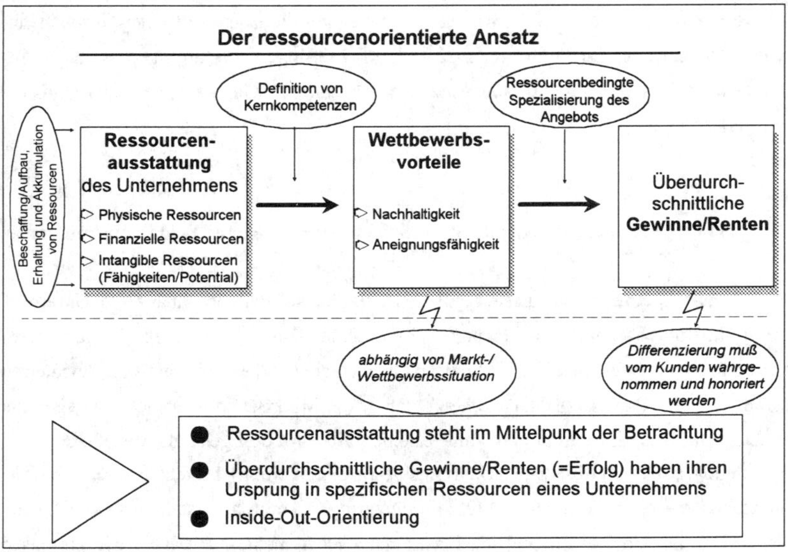

Abb. III-12: Grundmodell des ressourcenorientierten Ansatzes
(Quelle: in Anlehnung an Hunt, S.D./Morgan, R.M.: The Resource-Advantage Theory of Competition - Dynamics, Path Dependencies, and Evolutionary Dimensions, in: Journal of Marketing, 60. Jg., 1996, October, S. 108)

Die verschiedenen Ressourcen können dabei selbst entwickelt, über externe Faktormärkte (z.B. Arbeits-, Kapital- und Rohstoffmärkte) beschafft oder in Form von Kooperationen angeeignet werden. Meist werden neue Ressourcen mit bereits bestehenden Ressourcen zu Fähigkeiten (Skills) oder Anlagen (Assets) kombiniert. Wichtig hierbei ist, daß durch die Akkumulation von Ressourcen ein spezifischer Ressourcenpool entsteht, der das Unternehmen im Wettbewerbsumfeld einzigartig macht. Denn eine *einmalige Ressourcenausstattung* erklärt nicht nur die Heterogenität von Unternehmen auf einem Markt, sondern sie liefert auch die Grundlage für den Aufbau von *Wettbewerbsvorteilen*. Häufig wird im Zusammenhang mit derartigen Ressourcen von Kernkompetenzen gesprochen.[282] Diese sind wiederum die Grundlage für die Erzielung überdurchschnittlicher *Gewinne / Renten*, vorausgesetzt, sie werden von den Kunden auch als solche wahrgenommen und honoriert.[283] Das ist der Fall, wenn hierdurch der Kundennutzen gesteigert wird und ein Mehrwert entsteht. Es gibt also keinen Automatismus zwischen Ressourceneinmaligkeit und Unternehmenserfolg, wenngleich ein derartiger Eindruck in der

---

[282] Vgl. Prahalad, C.K.J./Hamel, G.: The Core Competence of the Corporation, in: Harvard Business Review, 68. Jg., 1990, May-June, S. 82ff.
[283] Vgl. Rühli, E.: Ressourcenmanagement, a.a.O., S. 95; Rasche, C./Wolfrum, B.: Ressourcenorientierte Unternehmensführung, in: Die Betriebswirtschaft, 54. Jg., 1994, Heft 4, S. 503

Literatur entstehen kann.[284] Weitere wichtige Voraussetzungen für die Erfolgswirkung sind insbesondere die Nachhaltigkeit und die Aneignungsfähigkeit des ressourcenbedingten Wettbewerbsvorteils.

Die *Nachhaltigkeit* bezieht sich auf die Dauer der Einzigartigkeit und die alleinige Nutzbarkeit der vorteilhaften Ressourcen. Diese werden u.a. davon bestimmt, ob die Ressourcen auf den Faktormärkten beschafft, von Wettbewerbern imitiert, durch andere Ressourcen substituiert werden können oder ob die aufgebauten Skills und Assets bei den Abnehmern generell, z.B. aufgrund von Bedürfnisänderungen, an Wert verlieren.[285]

Die *Aneignungsfähigkeit* bezieht sich auf das Fertigkeitsvermögen, potentielle Ergebnisverbesserungen (Gewinnzuwächse / Rentenerhöhungen) auch tatsächlich zu nutzen. Diese ist besonders bei nicht geklärten Nutzungsrechten und unklaren Wirkungseinflüssen einer Ressource evident.[286] So könnte im Rahmen einer Kooperation eine spezifische Fähigkeit entstehen, die zu einem nachhaltigen Wettbewerbsvorteil mit Gewinnsteigerung führt. Aufgrund der Ressourcenkombination der Partner kann es bei einer ungeklärten Gewinnverteilung zu einer Verhandlungssituation kommen, die für eines der Unternehmen durchaus mit einer unzureichenden Rentenpartizipation einhergeht. Das liegt daran, daß es besonders bei immateriellen Ressourcen schwierig ist, überhaupt den Erfolgsbeitrag grundsätzlich zu bestimmen und eine Ursachenzuordnung kombinierter Ressourcen wegen bestehender Interdependenzen für jede einzelne Ressource vorzunehmen.

Trotz dieser Meßschwierigkeit des Erfolgsbeitrags immaterieller Ressourcen haben diese jedoch den Vorteil, daß sie von den Wettbewerbern kaum imitiert werden können. Denn die Unklarheiten des Erfolgseinflusses schützen gleichzeitig vor Nachahmern: Wenn nämlich nicht genau feststeht, was den Unternehmenserfolg auf welche Weise determiniert, dann läßt sich auch kein gezielter Ansatzpunkt zur Imitation finden. In der Literatur wird häufig darauf hingewiesen, daß diese *kausale Ambiguität* auch in dem erfolgreichen Unternehmen selbst bestehen muß, um den Vorteil langfristig nutzen zu können. Als Grund für diese Anforderung werden Sabotageaktivitäten und Abwerbung von informierten / wissenden Mitarbeitern als Imitationsförderer genannt, die zu einer Wissensdiffusion in der Branche und damit zu einer Wettbewerbsvorteilserosion führen können.[287]

---

[284]Vgl. Bamberger, I./Wrona, T.: Der Ressourcenansatz im Rahmen des Strategischen Managements, in: Wirtschaftswissenschaftliches Studium, 25. Jg., 1996, Heft 8, S. 387; Wernerfelt, B.: A Resource-based View of the Firm, in: Strategic Management Journal, 5. Jg., 1984, S. 176

[285]Vgl. Collis, D.J./Montgomery, C.A.: Competing on Resources - Strategy in the 1990s, in: Harvard Business Review, 73. Jg., 1995, July-August, S. 122

[286]Vgl. Bamberer, I./Wrona, T.: Ressourcenansatz, a.a.O., S. 139

[287]Vgl. z.B. Knyphausen, D. zu: „Why are Firms different?", a.a.O., S. 776; Rasche, C./Wolfrum, B., a.a.O., S. 505

Auch die angesprochenen Interdependenzen können eine Imitierbarkeit von Erfolgsressourcen beeinträchtigen, weil durch das Interagieren der Ressourcen eine *Komplexität* entsteht, die eine eindeutige Analyse und Erfassung sowie ein klares Verständnis der Erfolgszusammenhänge erschwert.[288] Besondere Analyseprobleme bereiten auch hierbei Interdependenzen von bzw. mit immateriellen Ressourcen. Weitere Imitationsbarrieren sind die historische Evolution der Ressourcen und idiosynkratische Investitionen.

Die *Unternehmensentwicklung* von der Vergangenheit bis zur Gegenwart verläuft für jedes Unternehmen individuell und basiert auf sehr spezifischen Investitionen, Entscheidungen, Verhaltensweisen, Erfolgen und Lernprozessen.[289] Die daraus resultierende Akkumulation von Ressourcen führt zu einem einzigartigen Unternehmen und zur angesprochenen Heterogenität von Branchen. Ein Wettbewerber, der ein erfolgreiches Unternehmen imitieren möchte, müßte eine zeitlich und inhaltlich analoge Entwicklung durchlaufen. Im anderen Fall würden die imitierten Ressourcen in einem anderen System zu anderen Ergebnissen führen. Dies liegt auch an zeitlichen Multiplikationseffekten der Ressourcenakkumulation des kopierten Unternehmens, die nicht in kurzer Zeit vom imitierenden Unternehmen aufgebaut und ausgenutzt werden können. Außerdem lassen sich derartige evolutionäre Ressourcenbestände und Kompetenzen i.d.R. auch nicht auf den Faktormärkten beschaffen. Das gilt vor allem für idiosynkratische Ressourcen, wie z.B. das Image, das aufgrund seiner Immobilität nur durch eine Akquisition oder Fusion des zu imitierenden Unternehmens nutzbar wäre.

Außerdem wirken sog. Veränderungskosten, die dem imitierenden Unternehmen selbst durch idiosynkratische Investitionen bzw. Ressourcen in der Vergangenheit entstanden sind, einer Neuausrichtung der Geschäftstätigkeit an anderen Unternehmen entgegen. Es handelt sich hierbei um Transaktionskosten, die bei der Nichtnutzung der Investitionen entstehen. Sie legen in gewissem Ausmaß den strategischen Weg einer Unternehmung fest und wirken damit auf zweifache Weise:[290] Zum einen restringieren sie die strategischen Möglichkeiten eines Unternehmens und erlauben ihm unter Umständen nicht, selbst erfolgsbestimmende Ressourcen zu imitieren. Zum anderen schützt diese grundsätzliche Einschränkung, die mehr oder weniger für alle Unternehmen am Markt besteht, auch vor der Imitation eigener erfolgsinduzierender Ressourcen durch Wettbewerber. Allerdings wird dieser Schutzmechanismus wirkungslos, wenn es Wettbewerbern gelingt, mit anderen Ressourcen ähnliche Erfolgswirkungen zu erzielen.

Der ressourcenorientierte Ansatz hat in jüngster Zeit durch die Diskussion über Kernkompetenzen und Lean Management stark an Attraktivität gewonnen, obwohl der Grundgedanke be-

---

[288] Vgl. Ghemawat, P., a.a.O., S. 54ff.; Rasche, C./Wolfrum, B., a.a.O., S. 776

[289] Vgl. Collis, D.J.: A Resource-Based Analysis of Global Competition - The Case of the Bearing Industry, in: Strategic Management Journal, 12. Jg., 1991, S. 50

[290] Vgl. Knyphausen, D. zu: Theorie, a.a.O. S. 83; Rasche, C./Wolfrum, B., a.a.O., S. 504

reits Ende der 50er Jahre entwickelt wurde. Trotz der euphorischen Verbreitung des Ansatzes als neue Form der Unternehmensführung und als Gestaltungskonzept für Erfolgsfaktoren sind auch seine Schwächen zu berücksichtigen.[291] Insbesondere ist die starke Innenorientierung auf Ressourcen kritisch zu betrachten. Hierdurch wird die Bewertung von „wertvollen" Ressourcen als Erfolgspotentiale schwierig, da es eigentlich keinen Referenzpunkt für die Wertbestimmung gibt. Hierfür müssen externe Markt- / Branchenbedingungen und -anforderungen herangezogen werden, wie dies beim IO-Ansatz der Fall ist. Außerdem wird auch beim ressourcenorientierten Ansatz - ähnlich wie beim klassischen strukturistischen SPC-Paradigma des IO-Ansatzes - implizit ein deterministischer Zusammenhang unterstellt. Es ist jedoch davon auszugehen, daß auch hier eine wechselseitige Beziehung zwischen Ressourcen, Strategien und Unternehmenserfolg besteht.[292] So werden beispielsweise durch die Höhe des Erfolgs entsprechende Finanzmittel für die Beschaffung knapper Ressourcen auf den Faktormärkten bereitgestellt. Diese bedingen wiederum den zukünftigen strategischen Handlungsraum. Außerdem kann die Anwendung einer innovativen Marktbearbeitungsstrategie (New Game Strategy) dazu führen, daß sich die „Spielregeln" auf einem Markt ändern und damit auch die notwendige erfolgsbeeinflussende Ressourcenausstattung der hier tätigen Unternehmen.

Ein weiteres Problem bereitet die angesprochene Operationalisierung der Erfolgsrelevanz von Ressourcen / Kernkompetenzen, die nicht nur für die Erklärung von Imitationsbarrieren dienlich ist, sondern auch die Anwendung des ressourcenorientierten Ansatzes für das Management erschwert. Ebenso ist die explizit herausgestellte Vergangenheitsorientierung für die Umsetzung des Ansatzes im Rahmen der strategischen Unternehmensführung kritisch zu betrachten. Das Ziel einer strategisch orientierten Unternehmensführung liegt in der Gestaltung von Erfolgspotentialen, die den zukünftigen Unternehmensbestand positiv beeinflussen. Hiermit ist ausdrücklich ein antizipatives und nicht ein ausschließlich historisierendes Management verbunden. Verschärft wird die Implementierungsproblematik durch generelle begriffliche Unschärfen und ungeklärte terminologische Hierarchien. So werden in der Literatur von einigen Autoren z.B. Ressourcen als Oberbegriff verwendet, während von anderen Fachvertretern die Fähigkeiten und Kernkompetenzen als Leitbegriff herausgestellt werden.[293]

Trotz berechtigter Kritik kann die Anwendung des ressourcenorientierten Ansatzes für die vorliegende Untersuchung interessante Hinweise und Hilfestellungen liefern. Dabei läßt sich ein doppelter Anwendungsbezug feststellen:

---

[291] Vgl. z.B. Prahalad, C.K./Hamel, G.: The Core Competence, a.a.O., S. 79ff.; Strasmann, J./Schüller, A.: Kernkompetenzen - ein integratives Konzept, in: Strasmann, J./Schüller, A. (Hrsg.): Kernkompetenzen - Was Unternehmen wirklich erfolgreich macht, Stuttgart 1996, S. 10ff.; Rasche, C.: Kernkompetenzen, in: Die Betriebswirtschaft, 53. Jg., 1993, Heft 3, S. 425

[292] Vgl. Bamberger, I./Wrona, T.: Strategischen Managements, a.a.O., S. 390; Hunt, S.D./Morgan, M., a.a.O., S. 108

[293] Vgl. zusammenfassend Rasche, C./Wolfrum, B.,a.a.O., S. 511

- Zum einen können Serviceleistungen und die damit verbundenen Erstellungsfähigkeiten selbst erfolgbedingende Ressourcen darstellen. Aufgrund der Immaterialität und Kundenintegration vieler Serviceleistungen sowie der dahinterstehenden Servicekompetenz sind Serviceleistungen meistens schlecht imitierbar.[294] Denn die Servicequalität wird im wesentlichen durch die Qualifikation, das Engagement und die Kundenorientierung der Mitarbeiter sowie die damit verbundene gelebte Servicekultur im Unternehmen bestimmt. Es handelt sich hierbei um „soft facts“, die weitaus schwieriger von Wettbewerbern kopiert werden können als technische Gegenstände (z.B. Produkte, Maschinen, Anlagen). Gerade durch den spezifischen internen Aufbau von servicebezogenen „unique skills“ der Mitarbeiter wird auch eine Beschaffung adäquater Ressourcen auf dem Arbeitsmarkt für die Wettbewerber nahezu ausgeschlossen. Aufgrund der Interaktion von internen und externen materiellen und immateriellen Potentialdimensionen im Erstellungsprozeß kommt es außerdem zu einem komplexen Gebilde, das eine Imitation ebenfalls erschwert.
- Zum anderen sind für den Servicebereich selbst auch Ressourcen zu beschaffen, zu akkumulieren und zu erhalten, die als einzigartige Ressourcenbasis einen erfolgreichen Serviceeinsatz ermöglichen. Wegen des angesprochenen Imitationsschutzes ist eine interne Entwicklung dieser Serviceressourcen sinnvoll. Mögliche Instrumente zur Entwicklung setzen vor allem auf der Personal- und Organisationsebene an und umfassen beispielsweise internes Marketing, kundenzufriedenheitsorientierte Anreizsysteme und Empowerment der Servicemitarbeiter.

Häufig ist es jedoch notwendig, für den Aufbau interner Servicepotentiale auch auf externe Faktormärkte zurückzugreifen, wenn das Unternehmen beispielsweise nicht über das entsprechende Know-how, die notwendigen finanziellen und / oder zeitlichen Ressourcen verfügt. Hierbei ist darauf zu achten, daß dieser Weg grundsätzlich auch den Wettbewerbern offensteht. Damit ist generell auch der Imitationsschutz gering, es sei denn, die beschafften Ressourcen werden mit anderen bestehenden individuellen Ressourcen auf komplexe Art und Weise kombiniert und / oder sind durch einen exklusiven Beschaffungszugang geschützt. Außerdem ist die Unvollkommenheit der Faktormärkte vorteilhaft, da sie es Unternehmen erlauben, bessere Ressourcen zu beschaffen als die Wettbewerber, da nicht alle Unternehmen den Wert einer Ressource erkennen und somit für einige Betriebe die Chance besteht, diese mit hoher Qualität und / oder zu unterdurchschnittlichen Preisen zu beschaffen.[295]

---

[294] Vgl. Lienemann, C./Reis, T.: Der ressourcenorientierte Ansatz - Struktur und Implikationen für das Dienstleistungsmarketing, in: Wirtschaftswissenschaftliches Studium, 25. Jg., 1996, Heft 5, S. 258f.
[295] Vgl. Bharadwaj, S.G./Varadarajan, P.R./Fahy, J.: Sustainable Competitive Advantage in Service Industries - A Conceptual Model and Research Propositions, in: Journal of Marketing, 57. Jg., 1993, October, S. 88f.

Zusätzlich ist dafür Sorge zu tragen, daß die aufgebauten erfolgsorientierten Serviceressourcen vor Abfluß und Substituierbarkeit geschützt werden. Hierfür sind entsprechende Barrieren aufzubauen, die beispielsweise qualifizierte und kompetente Mitarbeiter aus Überzeugung oder in Form von Unternehmensbeteiligungen an das Unternehmen binden.

Die vorstehende Skizzierung der Anwendungspunkte des ressourcenorientierten Ansatzes für das strategische Servicemanagement soll jedoch nicht darüber hinwegtäuschen, daß die Entscheidung über Art, Zeitpunkt und Intensität der zu entwickelnden und einzusetzenden Ressourcen für den Aufbau von Wettbewerbsvorteilen letztlich nicht ohne eine fundierte Betrachtung der Absatzmärkte auskommt. Nur wenn die Wettbewerbsvorteile von den Kunden als Nutzenvorteile wahrgenommen werden, führt ein komparativer Konkurrenzvorteil auch zu Renten- / Gewinnsteigerungen. Die Innenorientierung ist deshalb unbedingt mit einer Außenorientierung zu verknüpfen, die explizit beim (revidierten) SCP-Ansatz vorherrscht. Eine Kombination des Resource-based View of Strategy und des Market-based View of Strategy wird daher für das Referenzmodell dieser Untersuchung als sinnvoll angesehen und angewendet.

3. Internationalisierungskonzepte zur Erklärung internationaler Serviceentscheidungen

Internationalisierungskonzepte umfassen typische Planungs-, Gestaltungs- und Koordinationsprozesse für Unternehmensaktivitäten in mehr als einem Land. Im Gegensatz zu den (klassischen) Internationalisierungs- und Globalisierungstheorien geht es hierbei nicht um die Suche von Variablen und Faktoren zur Erklärung von Internationalisierungsgründen und -phänomenen, sondern vor allem um die Darstellung von Orientierungsmustern und Handlungsrahmen für die Internationalisierung der Unternehmenstätigkeit.[296] Internationalisierungskonzepte sind meist stark pragmatisch ausgerichtet und betrachten aus einem spezifischen Blickwinkel ganz bestimmte Problembereiche, für die Lösungen entwickelt und vorgestellt werden, während sich Internationalisierungstheorien vornehmlich auf die Systematisierung sowie Analyse von Internationalisierungshypothesen und ihre Kausalitäten beziehen, die oft über eine fokale Betrachtung hinausgehen und auf Volkswirtschaften, Branchen oder Unternehmen als Ganzes ausgerichtet sind.[297]

Für das vorliegende Untersuchungsobjekt scheinen breit angelegte Internationalisierungstheorien, wie z.B. die Theorien des internationalen Handels (u.a. Ricardo-Theorem, Heckscher-Ohlin-Theorem und technologische Lückentheorie), allgemeine Theorien über Direktinvestitio-

[296] Vgl. auch Perlitz, M.: Internationales Management, a.a.O., S. 136

nen (beispielsweise Monopoltheorie und klassische Kapitaltheorie) sowie die Internalisierungstheorie, weniger geeignet, da sie nicht spezielle Probleme und Anforderungen bei der Internationalisierung der betrieblichen Servicepolitik aufzeigen, sondern sich ganz allgemein auf die Internationalisierung von Unternehmen, Branchen oder ganzen Nationen beziehen.[298]

Eine geschlossene Theorie des internationalen Wettbewerbs aus betriebswirtschaftlicher Sicht, die als grundlegender Analyserahmen und als Ansatz der internationalen strategischen Managementforschung herangezogen werden könnte, gibt es bis heute noch nicht.[299] Auch das Globalisierungskonzept von PORTER stellt lediglich generelle Möglichkeiten für die Formulierung von unternehmerischen Internationalisierungsstrategien vor.[300] Für die vorliegende Untersuchung sind jedoch eher solche Ansätze interessant, die vor dem Hintergrund der Servicebesonderheiten konzeptionelle Hinweise auf strategische und operative Internationalisierungsmöglichkeiten und -anforderungen geben können. Hierzu gehören aus Sicht des Autors das EPRG-Schema mit entsprechenden marketingspezifischen Weiterentwicklungen und kontigenztheoretische Internationalisierungsansätze, zu denen - indirekt - auch das Globalisierungskonzept von PORTER, die Sampson-Snape-Box und der „Kulturansatz" zählen.

3.1. Das EPRG-Schema und kontingenztheoretische internationale Organisations- und Marketingkonzepte

Das EPRG-Schema von PERLMUTTER bzw. HEENAN / PERLMUTTER umfaßt vier Philosophien, die Unternehmen bei der Ausrichtung ihrer Internationalisierung zugrunde legen können.[301] Es handelt sich hierbei um generelle Orientierungen, die sich in der Ausrichtung der internationalen Geschäftstätigkeit auf Ländermärkte sowie in der damit verbundenen Marktbearbeitung, Wettbewerbsstrategie und Organisation niederschlagen.[302] Ursprünglich war das EPRG-Schema nur auf das Führungskonzept international tätiger Unternehmen bezogen und sollte zur Klassifizierung internationaler Unternehmen dienen. Die Grundüberlegung war, daß

---

[297]Vgl. Zobel, P.H.: Aktuelle Forschungsfelder des Internationalen Strategischen Managements, München 1996, S. 21

[298]Vgl. als synoptischer Überblick zu den einzelnen Theorien insbesondere Perlitz, M.: Internationales Management, a.a.O., S. 76ff.; Hünerberg, R.: Internationales Marketing, a.a.O., S. 40ff.; Stein, I.: Die Theorie der Multinationalen Unternehmung, in: Schoppe, S.G. (Hrsg.), Kompendium der Internationalen Betriebswirtschaftslehre, 2. Aufl., München/Wien 1992, S. 52ff.

[299]Vgl. Roxin, J.: Internationale Wettbewerbsanalyse und Wettbewerbsstrategie, Wiesbaden 1992, S. 7, 98ff.

[300]Vgl. Porter, M.E.: Der Wettbewerb, a.a.O., S. 25ff.

[301]Vgl. Perlmutter, H.V.: The Tortuous Evolution of the Multinational Corporation, in: Columbia Journal of World Business, 4. Jg., 1969, Heft 4, S. 9ff.; Heenan, D.A./Perlmutter, H.V.: Multinational Organisation Development, Reading 1979, S. 17ff.

[302]Vgl. Hünerberg, R.: Internationales Marketing, a.a.O., S. 113f.; Engelhardt, J./Dähn, M.: Theorien der internationalen Unternehmenstätigkeit - Darstellung, Kritik und zukünftige Anforderungen, in: Macharzina, K./Oesterle, M.-J. (Hrsg.), Handbuch Internationales Management, Wiesbaden 1997, S. 27f.

der Internationalisierungsgrad eines Unternehmens nicht nur anhand von quantitativen Strukturvariablen (z.B. Anzahl von Auslandsniederlassungen, Zahl der bearbeiteten Ländermärkte, Umfang des ausländischen Personals und Nationaliät des Top-Managements) und Performancegrößen (z.B. Anteil ausländischer Umsätze am Gesamtumsatz, Investitions- und Kapitalsumme im Ausland), sondern vor allem auch durch die Internationalisierungsphilosophie eines Unternehmens bestimmt wird. Insgesamt wurden vier typische Orientierungsmuster generiert: die ethnozentrische, die polyzentrische, die regiozentrische und die geozentrische Ausrichtung.[303]

Die *ethnozentrische* Internationalisierungsphilosophie ist durch eine starke Stammlandorientierung charakterisiert, frei nach dem Motto: „Was im Inland gut funktioniert, ist auch im Ausland erfolgreich". Diese Maxime schlägt sich u.a. in der Besetzung des Managements von eventuellen Auslandsniederlassungen durch Mitarbeiter aus dem Heimland ebenso nieder, wie in einem sehr stark zentralisierten Führungskonzept, das vom Stammhaus im Heimmarkt entwickelt und gesteuert wird. Die stammhausoptimale Unternehmensstrategie wird per Direktiven auf die Auslandsniederlassungen übertragen. Für die Niederlassungen bleibt nur ein sehr geringer Autonomiespielraum, sie haben fast ausschließlich exekutive Aufgaben zu erledigen. Oft wird bei Unternehmen mit ethnozentrischer Philosophie bewußt auf den Aufbau von Auslandsniederlassungen verzichtet und ein indirekter Export gewählt. Der Grund hierfür liegt oft in Vorurteilen gegenüber ausländischen Märkten und fehlender Kenntnis über ein Land.

Bei der *polyzentrischen* Orientierung steht die Ausrichtung an den Gastländern im Vordergrund. Typische Markteintrittsstrategie ist die Errichtung von Niederlassungen in den jeweiligen Ländermärkten. Das Management der Auslandsniederlassungen ist mit Mitarbeitern aus dem Gastland besetzt. In jedem Ländermarkt wird ein eigenständiges Unternehmenskonzept mit spezifischen Niederlassungsstrategien entwickelt. Selbst wichtige konstitutive Entscheidungen werden weitgehend vor Ort getroffen. Der Grund für diese Vorgehensweise liegt in der Auffassung, daß die „einheimischen" Manager die Marktsituation und Rahmenbedingungen besser verstehen als das Top-Management im Stammhaus, das ebenfalls nur aus „Inländern" zusammengesetzt ist. Es besteht also ein dezentrales Führungs- und Organisationskonzept, bei dem zwischen den Auslandsniederlassungen und dem Stammhaus i.d.R. lediglich ein zweiseitiger Kommunikationsfluß besteht. Zwischen den einzelnen Niederlassungen in den verschiedenen Ländern ist das nicht unbedingt der Fall. Hier bestehen vielmehr Ad-hoc-Beziehungen ohne organisationsformale Grundlage. Doppelarbeiten und gegenläufige Unternehmenspolitiken zwischen den Auslandsniederlassungen können auftreten.

---

[303]Vgl. hierzu auch Perlitz, M.: Internationales Management, a.a.O., S. 137ff.; Kreutzer, R.: Global Marketing, a.a.O., S. 12ff.

Im Rahmen der *regiozentrischen* Internationalisierungsphilosophie bilden Ländergruppen den Ausgangspunkt der Betrachtung. Homogene Ländermärkte werden dabei zu einer Region zusammengefaßt (z.B. EU-Länder, die vier kleinen Tigerstaaten). Typische Aggregationskriterien sind sprachliche, religiöse, wirtschaftliche und politische Faktoren und Gegebenheiten.[304] Die Besonderheit der regiozentrischen Orientierung liegt darin, daß die Geschäftstätigkeit in den einzelnen Ländermärkten einer Region nicht von den jeweiligen Niederlassungen geführt wird, sondern von einer Regionen-Zentrale oder in Form von gegenseitigen Absprachen der Niederlassungsmanager untereinander. Hierdurch soll sichergestellt werden, daß - trotz relativ großer Entscheidungsautonomie der einzelnen Niederlassungen - eine weitgehend einheitliche regionale Führungskonzeption und -strategie realisiert wird, bei der Synergieeffekte genutzt werden können. Das Management in den Niederlassungen kann dabei mit „Inländern" besetzt werden, die jedoch in ihrem Denken und Handeln regional ausgerichtet sind. Zwischen den einzelnen Regionen-Niederlassungen untereinander und gegenüber einer möglichen Regionen-Zentrale bzw. dem übergeordneten Headquarter besteht eine formelle Kommunikationsstruktur.

Die *geozentrische* Internationalisierungsphilosophie wendet sich von einer länder- oder regionenspezifischen Betrachtung völlig ab. Durch ein Denken in „Weltmarktdimensionen" soll eine globaloptimale Unternehmensstrategie entwickelt und umgesetzt werden. Alle Auslandsniederlassungen werden als Bestandteil eines Netzwerks angesehen, für das sie spezifische Kompetenzen entwickeln und in das sie diese einbringen müssen, so daß sich eine Steigerung der Effizienz des gesamten Unternehmens ergibt. Geozentrische Unternehmen sind demnach arbeitsteilig organisiert. Das Stammhaus fungiert als eine Art Supervisor in diesem Wertschöpfungsgeflecht. Damit verbunden ist eine Zentralisierung von konstitutiven Entscheidungen, die sich auf die grundsätzliche inhaltliche Ausrichtung und Konzeption des Netzwerks beziehen. Gleichzeitig geht die Spezialisierung der Niederlassungen auch mit einer Dezentralisation von fach- und kompetenzbezogenen Entscheidungen in den einzelnen internationalen Unternehmensteilen einher.[305] Das erfordert eine integrierte Organisation mit einem komplexen Informations- und Kommunikationssystem.[306]

HEENAN / PERLMUTTER unterstellen dem EPRG-Schema eine dynamische Komponente, indem sie vorgeben, daß sich hierin ein typischer Evolutionspfad der Internationalisierung von Unternehmensaktivitäten widerspiegelt.[307] So gehen sie davon aus, daß Unternehmen zu Anfang der Internationalisierung ihrer Geschäftsaktivitäten ethnozentrisch ausgerichtet sind. Mit

---

[304]Vgl. Kreutzer, R.: Global Marketing, a.a.O., S. 15

[305]Vgl. auch Otto, A., a.a.O., S. 129; Welge, M.K.: Strategien für den internationalen Wettbewerb zwischen Globalisierung und lokaler Anpassung, in: Kumar, B.N./Haussmann, H. (Hrsg.), Handbuch der Internationalen Unternehmenstätigkeit, München 1992, S. 582ff.

[306]Vgl. Macharzina, K.: Organisation der internationalen Unternehmensaktivität, in: Kumar, B.N./Haussmann, H. (Hrsg.), Handbuch der Internationalen Unternehmenstätigkeit, München 1992, S. 601

[307]Vgl. Heenan, V.A./Perlmutter, H.V., a.a.O., S. 27ff.

Zunahme des Internationalisierungsvolumens kommt es zu eine polyzentrischen Orientierung, die später in eine regiozentrische Konzeption mündet und im Endstadium zu einem geozentrischen Vorgehen führt. Die Autoren weisen zu Recht darauf hin, daß es sich hierbei aber nicht um ein einheitliches Muster handeln muß. Dies zeigt sich auch in der Realität.

Das vorliegende EPRG-Schema wird trotz reger Anwendung als heuristisches Erklärungskonzept in der Literatur oft kritisiert. Vor allem das eingeschränkte Analysespektrum ist Gegenstand der Auseinandersetzung, da durch die monofokale Betrachtung der Einstellungen des Top-Managements eine sehr einseitige Perspektive eingenommen wird, die wichtige andere Einflußfaktoren (z.B. die Marktsituation / -struktur und umweltbedingte Rahmenbedingungen) explizit ausklammert.[308] Außerdem wird der fehlende Anwendungsbezug kritisiert, da man aus dem EPRG-Schema explizit keine spezifischen Hinweise und Erklärungen für strategische Internationalisierungsentscheidungen, wie z.B. Markteintrittsstrategien, erhält. Dennoch werden die Grundideen des EPRG-Ansatzes in der jüngeren Literatur immer wieder implizit als Orientierungsbasis für die Beschreibung und Erklärung internationaler Marktbearbeitungsalternativen herangezogen. So baut z.B. die konzeptionelle Einteilung von Absatzaktivitäten in internationales, multinationales und globales Marketing hierauf auf.[309]

Internationales Marketing wird - gemessen an dem semantischen Wortstamm des Begriffs „international" etwas verwirrend[310] - mit einer ethnozentrischen Orientierung der Marktbearbeitung gleichgesetzt. Der Heimmarkt ist für die Unternehmen Hauptabsatzgebiet. Auslandsmärkte haben lediglich eine untergeordnete Stellung für das Marketing. Eine langfristige Expansion in Auslandsmärkte steht nicht im Mittelpunkt der strategischen Unternehmensausrichtung. Das wesentliche Ziel ist die Sicherung des Unternehmenserfolgs und -bestands im Inland. Dementsprechend sind die Abnehmer und Konkurrenten auf dem Heimmarkt die Grundlage für die Marketingaktivitäten, die ohne wesentliche Modifikation auch auf ausgewählte Auslandsmärkte übertragen werden, um hier lukrative Zusatzgeschäfte zu tätigen, die beispielsweise zu einer besseren Ausnutzung bestehender Produktionskapazitäten führen. Es herrscht somit ein weitgehend standardisiertes Marketing auf dem Inlandsmarkt und den „bearbeiteten" Auslandsmärkten vor. Eine konzeptionelle Ausrichtung an den Marktbesonderheiten findet weitge-

[308]Vgl. u.a. Perlitz, M.: Internationales Management, a.a.O., S. 139; zusammenfassend Lingenfelder, M.: Die Internationalisierung im europäischen Einzelhandel, Berlin 1996, S. 200

[309]Vgl. hierzu insbesondere Meffert, H./Bolz, J., a.a.O., S. 25f.; Welge, M. K.: Strategien, a.a.O., S. 570ff.; ähnlich auch Cateora, P.R.: International Marketing, 8. Aufl., Burr Ridge 1993, S. 20ff.; Dahringer, L.D./Mühlbacher, H.: International Marketing - A Global Perspective, Reading 1991, S. 47f.; weitere Begriffsvarianten finden sich bei Hünerberg, R.: Internationales Marketing, a.a.O., S. 25ff.

[310]Das Wort „international" wird hier also nicht geographisch gesehen und als Oberbegriff benutzt, der sich auf alle anderen länderübergreifenden Marketingkonzepte bezieht. Stattdessen werden strategische Ziele und spezifische organisatorische Gestaltungskonzepte als Begriffsbestandteile und Differenzierungsmerkmale herangezogen.

hend nicht statt. Typische Markteintrittsstrategien sind der indirekte oder direkte Export mit und ohne Kapitalbeteiligung im Ausland (z.B. in Form von Auslandsniederlassungen).[311]

Beim *multinationalen Marketing* liegt die polyzentrische Orientierung zugrunde. Der Heimmarkt ist hierbei nicht mehr das dominante Absatzgebiet, sondern alle bearbeiteten Ländermärkte stehen gleichrangig nebeneinander. Das Ziel ist, auf jedem der ausgewählten Auslandsmärkte den Unternehmenserfolg und -bestand sicherzustellen. Hierfür werden in jedem Ländermarkt ganz spezifische Marketingstrategien entwickelt, die sich an den jeweiligen Ländergegebenheiten ausrichten. Aus Gesamtsicht des Unternehmens wird also ein stark differenziertes Marketing realisiert. Durch die Implementierung einer landesoptimalen Strategie treten die Unternehmen in den Ländermärkten so auf, als seien sie „nationale" Unternehmen. Als typische Markteintrittsstrategie werden deshalb Direktinvestitionen in Form von Tochterunternehmen getätigt, die eine umfassende Wertschöpfung in den jeweiligen Ländern erbringen.[312]

Die geozentrische Ausrichtung bildet die Grundlage für das *globale Marketing.*[313] Hier werden die nationalen Besonderheiten der einzelnen Märkte nur ansatzweise berücksichtigt. Das Ziel ist vielmehr, eine weltweit optimale Marketingstrategie umzusetzen, die eine globale Effizienz des Unternehmens als Ganzes ermöglicht.[314] Es geht also nicht mehr darum, länder-optimale Marketingkonzepte zu entwickeln, sondern insgesamt eine weltweit optimale Vorgehensweise zu erzielen, die durchaus für einzelne Ländermärkte suboptimal sein kann. Das globale Effizienzziel soll durch eine standardisierte Bearbeitung des Weltmarktes bzw. der global ausgewählten Ländermärkte erreicht werden, so daß Economies of Scale und Scope genutzt werden können. Bei weitgehender Homogenität der einbezogenen Ländermärkte hinsichtlich der Kundenanforderungen und technischer Standards ist auch eine globale Qualitätsführerschaft möglich.

Standardisierungspotentiale können im konzeptionellen und programmatischen Bereich bei Managementsystemen, Prozessen, Strategien und Methoden genutzt werden. Darüber hinaus wird auch eine möglichst vollständige Vereinheitlichung des inhaltlichen Instrumentaleinsatzes angestrebt, die jedoch schnell an ihre Grenzen stößt, wenn neben heterogenen Wettbewerbsstrukturen und unterschiedlichen Nachfrage- / Konsumgewohnheiten in den einzelnen Ländern insbesondere auch nationale Rahmenbedingungen (z.B. gesetzliche Vorschriften, unterschiedliche mediale Infrastruktur, differierende Distributionssysteme) die Ausgestaltung des

---

[311] Vgl. Meffert, H.: Marketing im Spannungsfeld von weltweitem Wettbewerb und nationalen Bedürfnissen, in: Zeitschrift für Betriebswirtschaft, 56. Jg., 1986, Heft 8, S. 690

[312] Vgl. derselbe: Zur Typologie internationaler Marketingstrategien - ein situativer Ansatz, in: Thexis, 2. Jg., 1985, Heft 2, S. 3f.

[313] Vgl. Kreutzer, R.: Global Marketing, a.a.O., S. 16

[314] Siehe auch Halliburton, C./Hünerberg, R.: The Globalization Dispute in Marketing, in: European Management Journal, 5. Jg., 1987, Heft 4, S. 244

Marketing-Mix-Einsatzes determinieren. Der Ansatzpunkt der Standardisierung kann bei heterogenen Gegebenheiten der Länder deshalb nur in einer Anpassung des Marketing auf einem möglichst hohem gemeinsamen (internationalen) Niveau liegen. Damit wird deutlich, daß es bei Standardisierungsfragen nicht um eine Entweder-oder-Entscheidung geht, sondern um graduelle Festlegungen der Vereinheitlichung von Marketingprogramm, -prozessen, -strategiekonzepten und / oder -instrumentarien. Standardisierung ist also ein Kontinuum mit den Extrempunkten „totale Vereinheitlichung“ und „totale Differenzierung“, auf dem die Intensität der Vereinheitlichung zu bestimmen ist.[315]

Außerdem sei darauf hingewiesen, daß eine Standardisierung nicht ausschließlich mit der Erreichung von Effizienzzielen einhergehen muß. Es besteht zwar in der Literatur ein allgemeiner Konsens darüber, daß eine starke Standardisierung primär auf die Nutzung von Kostensenkungspotentialen durch Erfahrungskurven-, Betriebsgrößen- und Fixkostendegressionseffekten ausgerichtet ist, dennoch können hiermit auch Effektivitätseffekte im Sinne von Erlössteigerungen verbunden sein.[316] So kann z.B. eine global einheitliche Positionierung und Markenidentität ein einheitliches internationales Firmen- und / oder Produktimage schaffen, das wiederum zu einer Stärkung des akquisitorischen Potentials auf den einzelnen Ländermärkten führt.

Ebenso muß eine Differenzierungsstrategie nicht - wie oft unterstellt - nur mit Erlössteigerungen aufgrund höherer Kauf- und Preisbereitschaften bei der Anpassung an die spezifischen nationalen Kunden- / Verbrauchsbedürfnisse einhergehen. Es ist auch möglich, daß beispielsweise durch ein länderbezogenes Trading-down in der Produkttechnologie und auch in der Servicequalität eine Kostenreduzierung erreicht wird, die bei einer standardisierten Marktbearbeitung nicht zu realisieren wäre.[317]

Grundsätzlich erfordert das globale Marketing eine länderübergreifende Koordination und schwerpunktartige Konzentration aller internationalen Wertschöpfungsaktivitäten des Gesamtunternehmens, die sich in einer kompetenzorientierten, aufgabenbezogenen Organisation niederschlagen.[318] Als Markteintrittsstrategien werden sowohl Direktinvestitionen (z.B. Montagebetriebe, Verkaufsniederlassungen, Service-Stützpunkte) als auch Managementverträge

---

[315]Vgl. Hünerberg, R.: Internationales Marketing, a.a.O., S. 141

[316]Vgl. z.B. Bolz, J.: Wettbewerbsbezogene Standardisierung der internationalen Marktbearbeitung, Darmstadt 1992, S. 16 und S. 113ff.; Segler, K.: Basisstrategien im internationalen Marketing, Frankfurt/New York 1986, S. 211ff.; Waning, T., a.a.O., S. 247ff.

[317]Vgl. Segler, K., a.a.O., S. 213f.

[318]Vgl. Porter, M.E.: Der Wettbewerb, a.a.O., S. 31ff.

(z.B. Franchising) und Export eingesetzt. Die Wahl der Markteintrittsstrategie hängt dabei wesentlich von den damit verbundenen Kosten ab.[319]

Aufgrund administrativer Rahmenbedingungen und Barrieren (z.B. Local-Content-Vorschriften) kann sich eine geographische Konzentration bestimmter Wertschöpfungsaktivitäten (z.B. Produktion und Montage) nicht konsequent realisieren lassen. Gerade die zunehmende Staatenintegration zu wirtschaftlichen und / oder politischen Bündnissen führt auf der einen Seite dazu, daß innerhalb der Staatengemeinschaften eine Homogenisierung der Rahmenbedingungen stattfindet, zwischen den Staatenbünden auf der anderen Seite jedoch Unterschiede aufgrund von Abschirmungstendenzen entstehen. Das führt dazu, daß geographische Wirtschaftsregionen entstehen, die eine spezifische Ausrichtung benötigen und eine regiozentrische Unternehmensführung erfordern.

Bei der *Konfiguration*, also der geographischen Verteilung der Wertschöpfungsstruktur, ist dann eine weltweite Konzentration von Unternehmensaktivitäten an einem Ort kaum möglich. Es kommt vielmehr zu einer regionenbezogenen Streuung und Dezentralisation der Wertschöpfung, indem bestimmte oder alle Aktivitäten parallel an mehreren Orten gleichzeitig erbracht werden.[320] Es ist in diesem Fall dann vielleicht nur noch zu entscheiden, in welchem Land der Region diese Aktivität schwerpunktmäßig realisiert wird und eine regionale Zentralisation stattfindet.

Das *„internationale Regional-Marketing"* ist ein Kompromiß zwischen einer rein multinationalen und einer strikt globalen Unternehmensführung. Hier wird auf spezifische Rahmenbedingungen der Länderregionen eingegangen, gleichzeitig aber auch weltweit eine möglichst hohe Integration und Standardisierung von Wertschöpfungsaktivitäten angestrebt. Das Ziel ist, durch eine Optimierung von regionalen oder gar nationalen Anpassungsanforderungen sowie von Kostendegressions- und Verbundvorteilen eine maximale Effizienz und Effektivität der internationalen Unternehmensaktivitäten zu erreichen.[321]

Die *Integration* umfaßt den Grad der Koordination von Unternehmensaktivitäten in verschiedenen Ländern. Hierbei ist zu entscheiden, wie stark die Länderaktivitäten untereinander verzahnt und aufeinander abgestimmt werden. Beim rein globalen Marketing wird eine starke In-

[319]Vgl. insbesondere Meffert, H.: Globalisierungsstrategien und ihre Umsetzung im internationalen Wettbewerb, in: Die Betriebswirtschaft, 49. Jg., 1989, Heft 4, S. 446ff.; derselbe: Wettbewerbsstrategische Aspekte der Globalisierung - Status und Perspektiven der länderübergreifenden Integration, in: Haller, M. et al. (Hrsg.), Globalisierung der Wirtschaft - Einwirkungen auf die Betriebswirtschaftslehre, Bern/Stuttgart/Wien 1993, S. 30ff.

[320]Vgl. zum Begriff Konfiguration insbesondere Porter, M.E.: Der Wettbewerb, a.a.O., S. 27

[321]Vgl. Ghoshal, S.: Global Strategy - An Organizational Framework, in: Strategic Management Journal, 8. Jg., 1987, S. 428ff.

tegration angestrebt, während beim multinationalen Marketing die Koordination eher schwach ausgeprägt ist. Die Integration ist dabei nicht unabhängig von der Konfiguration. Grundsätzlich kann davon ausgegangen werden, daß mit einer zunehmenden Konzentration auch die Koordination einfacher wird.[322] Typische Koordinationsinstrumente sind u.a. auf struktureller Basis das Lead-Country-Konzept und die integrierte Netzwerk-Organisation, die sich nur graduell unterscheiden.

Beim *Lead-Country-Konzept* übernimmt eine (regionale) Niederlassung / Unternehmenseinheit die Rolle des regionalen oder - soweit wie möglich - weltweiten Koordinators, der für mehrere oder einen spezifische(n) Wertschöpfungsbereich(e) ein spezielles Umsetzungskonzept entwikkelt, das auch für alle anderen Unternehmenseinheiten grundlegend oder sogar bindend ist.[323] Die *integrierte Netzwerk-Organisation* ist demgegenüber - bezogen auf die einzelnen Niederlassungen - noch etwas partizipativer ausgerichtet und ermöglicht eine sehr ausgeprägte Markt- und Kundennähe zur Sicherstellung einer strategischen Flexibilität auf den jeweiligen Ländermärkten, da die einzelnen Ländergesellschaften die Konzeption eines „Primus inter Pares" nicht übernehmen müssen. Es können durchaus mehrere gleichartige Lösungen und Kompetenzen nebeneinander stehen.[324] Dadurch ergibt sich ein sehr komplexes organisatorisches Gebilde mit einer breit gestreuten Konfiguration spezialisierter Kompetenzen, die - wie beim Lead-Country-Konzept - in Form von Leistungen untereinander ausgetauscht werden.[325] Unternehmen mit einer derartigen Ausrichtung werden auch als „transnationale Unternehmen"[326] bezeichnet.

Ausgehend von transnationalen Organisationsformen ist das *transnationale Marketing* entstanden. Hierbei wird versucht, die Vorteile einer zielgruppenspezifischen Ausrichtung mit den Vorteilen einer weitgehenden nationenübergreifenden Integration der Wertschöpfungsaktivitäten zu kombinieren. Es handelt sich um einen hybriden Ansatz, der sich auf die Identifikation und Ansprache länderübergreifender Marktsegmente bezieht. Durch die Ausrichtung auf die einzelnen transnationalen Zielgruppen wird eine große Kundennähe erreicht. Durch eine möglichst weitgehende grenzübergreifende Standardisierung lassen sich gleichzeitig Kostensenkungsspotentiale ausnutzen. Ländergrenzen werden bei dieser Vorgehensweise weitgehend vernachlässigt, lediglich eine notwendige Anpassung an spezielle nationale Umfeldbedingungen (z.B. Gesetze, Kulturbesonderheiten) wird durchgeführt. Grundlage dieses Marketinganssatzes

[322]Vgl. Porter, M.E: Der Wettbewerb, a.a.O., S. 32
[323]Vgl. Welge, M.K.: Strategien, a.a.O., S. 584
[324]Vgl. Bartlett, C./Ghoshal, S.: Internationale Unternehmensführung, Frankfurt/New York 1990, S. 122
[325]Vgl. ebenda S. 118ff.
[326]ebenda, S. 81

ist eine transnationale Marktsegmentierung, bei der bewußt auf eine länderbezogene Auswahl verzichtet wird und die Homogenität weltweiter Kundenbedürfnisse im Vordergrund steht.[327]

Die vorstehenden Ausführungen machen bereits deutlich, daß die Internationalisierung von Marketingaktivitäten und damit auch von Servicemaßnahmen nicht nur im Rahmen der Standardisierungsfrage zu diskutieren, sondern auch in Verbindung mit organisatorischen und managementtechnischen Anforderungen zu betrachten ist, wie sie im EPRG-Schema thematisiert werden. Auch für die Beschreibung internationaler Serviceentscheidungen kann das EPRG-Schema - ähnlich wie bei der vorstehenden Klassifizierung - herangezogen werden. Dabei werden ausgehend von der vorherrschenden Internationalisierungsphilosophie unterschiedliche Servicekonzeptionen entwickelt, die Standardisierungsentscheidungen und organisatorische Implikationen mit einbeziehen.

So kann man davon ausgehen, daß sich bei einer ethnozentrischen Ausrichtung des Unternehmens das angebotene Servicespektrum nicht wesentlich von dem heimischen unterscheiden wird. Bei einer polyzentrischen Orientierung wird hingegen eine ganz spezielle länderbezogene Servicepolitik umgesetzt, die sich sicherlich in einigen Bereichen (z.B. im Angebotsspektrum, Qualitätsniveau, Preissystem und Erstellungsprozeß des Service) von Land zu Land unterscheidet und nicht unbedingt koordiniert wird. Bei einer regionzentrischen und geozentrischen Orientierung wird wiederum versucht, eine Standardisierung und weitgehende Koordination beim Service über die einzelnen Ländermärkte hinweg weltweit oder regional zu erreichen.

Allerdings ergeben sich aufgrund der Servicebesonderheiten bei der Standardisierung und Integration auf der instrumentellen Ebene mitunter erhebliche Probleme. Je größer die Eingriffstiefe und Integrationsintensität des externen Faktors bei der Leistungserstellung einer Servicemaßnahme ist, desto schwieriger wird ihre Standardisierung.[328] Hier kann lediglich eine internationale Standardisierung des Servicepotentials und des Serviceprozesses angestrebt werden. Eine Standardisierung der Leistungsergebnisse ist nahezu ausgeschlossen, da aus der mehr oder minder starken Individualität der externen Faktoren i.d.R. spezifische Leistungsergebnisse resultieren. Das gilt insbesondere für personenbezogene Serviceleistungen.

Möglichkeiten zur Vereinheitlichung des Servicepotentials liegen u.a. im Einsatz identischer Betriebsmittel, der möglichst einheitlichen Qualifikation von Servicemitarbeitern auf allen Ländermärkten und einer gleichartigen Serviceorganisation in allen Ländern. Eine Prozeßstandardisierung kann beispielsweise durch die Einführung von standardisierten Abläufen durch verbindliche Prozeßgrundsätze und -normen (z.B. auf Basis von DIN ISO 9001, Kapitel 19 oder

[327]Vgl. Hünerberg, R.: Internationales Marketing, a.a.O., S. 109

DIN ISO 9004, Teil 2) oder durch eine Teil- bzw. Voll-Automatisierung des Erstellungsprozesses erfolgen.[329]

Auch mit zunehmender Immaterialität der Serviceleistungen nimmt die Standardisierbarkeit grundsätzlich ab. Denn je weniger greifbar ein Service ist, desto schwieriger wird die kognitive Vergleichbarkeit und damit auch die Vereinheitlichung von Serviceleistungen.[330]

Kundenintegration und Immaterialität des Service determinieren aber nicht nur das Ausmaß der Standardisierung, sondern auch die Integration und vor allem die Konfiguration des internationalen Marketing. Wenn stark immaterielle und integrative Serviceleistungen nicht gelagert und transportiert werden können, dann ist auch ein Export von Serviceleistungen unmöglich. Damit ist der Einsatz von strukturellen Koordinationsinstrumenten wie dem Lead-Country-Konzept eingeschränkt. Außerdem geht damit meistens eine geographische Streuung der Serviceaktivitäten einher.

Mögliche Implantationsentscheidungen und damit Konfigurationsmöglichkeiten können auf Basis der Sampson-Snape-Box abgeleitet werden.

3.2. Die Sampson-Snape-Box als Grundlage für Markteintrittsentscheidungen im Servicebereich

Die Sampson-Snape-Box ist eine Matrix zur internationalen Klassifikation von Serviceleistungen nach der Mobilität von Dienstleistungsanbietern und -nachfragern. Sie läßt sich auch zur Einteilung von Serviceleistungen als spezifische Dienstleistungen nutzen. In Abbildung III-13 ist eine modifizierte Sampson-Snape-Box dargestellt. Die Modifikation erstreckt sich dabei auf die Inhalte der Matrix. SAMPSON und SNAPE selbst hatten lediglich Kategorien für den internationalen Dienstleistungsaustausch aufgestellt, indem sie die Transaktionsmöglichkeiten danach unterschieden, ob der Dienstleistungsanbieter und / oder -nachfrager für die Leistungserstellung und -transaktion die Landesgrenze seiner Heimat überschreiten mußten.[331] Die Matrix wurde erst später im Rückgriff auf diese Klassifikation von anderen Autoren unter der Bezeichnung Sampson-Snape-Box erstellt. Dabei wurden verschiedene Versionen entwickelt, die jedoch alle auf der Mobilität des Anbieters und des Nachfragers beruhen.[332] So wurde bei-

[328]Vgl. auch Stauss, B.: Internationales Dienstleistungsmarketing, in: Hermanns, A./Wißmeier, U.K. (Hrsg.), Internationales Marketing-Management, München 1995, S. 459

[329]Vgl. Schmenner, R.W., a.a.O., S. 33ff.

[330]Vgl. Stauss, B.: Internationales Dienstleistungsmarketing, a.a.O., S. 459

[331]Vgl. Sampson, G.P./Snape, R.H.: Identifying the Issues in Trade in Services, in: The World Economy, 8. Jg., 1985, No. 8, S.172f.

[332]Vgl. auch die Darstellung bei Mößlang, A.M.: Internationalisierung von Dienstleistungsunternehmen, Wiesbaden 1995, S. 126ff.

spielsweise die Mobilität im Zusammenhang mit der geographischen Aktivitätenausrichtung von Dienstleistungsanbieter und -nachfager herausgestellt und damit implizit auf den Business-to-Business-Bereich bezogen.[333] Eine sehr bekannte Version stammt von RIDDLE, die auch für die nachstehende Abbildung zugrunde gelegt wurde.[334] In der hier verwendeten Matrix wurden jedoch auch Markteintrittsmöglichkeiten berücksichtigt.[335]

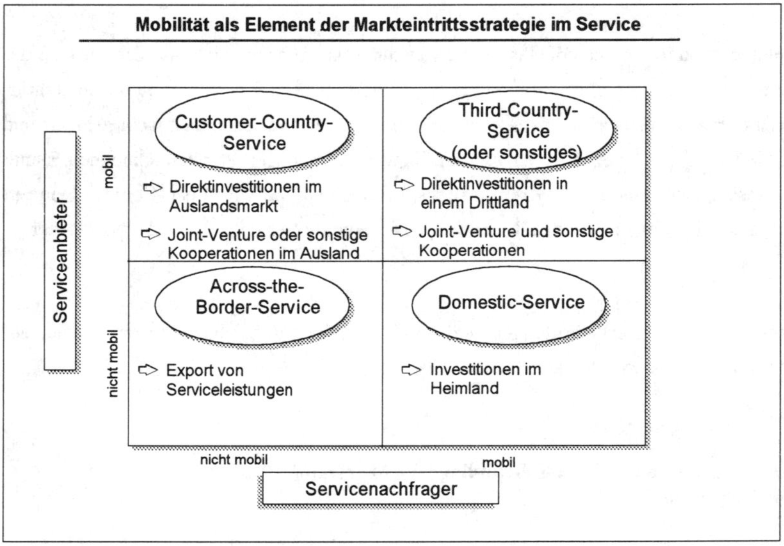

Abb. III-13: Modifizierte Sampson-Snape-Box
(Quelle: in Anlehnung an Stauss, B.: Internationales Dienstleistungsmarketing, a.a.O., S. 455)

Ausgangspunkt der Sampson-Snape-Box ist die Frage danach, wo eine Dienstleistung erstellt wird und wer von den beiden Transaktionspartnern im Rahmen eines internationalen Dienstleistungsaustauschs „wandert" und damit eine grenzüberschreitende Mobilität aufweisen muß. Ursprünglich war die Klassifikation für die Analyse außenwirtschaftlicher Aspekte des internationalen Dienstleistungshandels entwickelt worden, um u.a. Wohlfahrtseffekte und Deregulierungswirkungen auf bestimmte internationale Transaktionsmuster beim Dienstleistungsaustausch zu ermitteln.[336] Die explizite Berücksichtigung der geographischen Nähe von Dienstleistungsanbieter und -nachfrager als eine wesentliche Auswirkung der notwendigen Integration des externen Faktors bei der Dienstleistungserstellung und -konsumption läßt diese Klassifika-

---

[333]Vgl. hierzu Dahringer, L./Mühlbacher, H., a.a.O., S. 418
[334]Vgl. Riddle, D.I.: Service-led Growth, New York 1986, S. 196
[335]Vgl. Hünerberg, R./Mann, A.: International Dimensions of Customer Service, in: Mühlbacher, H./Flipo, J.P. (Hrsg.): Advances in Services Marketing, Wiesbaden 1997, S. 220
[336]Vgl. Mößlang, A.M., a.a.O., S. 129

tion auch für die Ermittlung und Erklärung von Marktimplantationsentscheidungen anwendbar erscheinen.

Wie die vorstehende Abbildung zeigt, lassen sich abhängig von der notwendigen Mobilitätsbereitschaft eines Anbieters und der (potentiellen) Nachfrager vier typische Transaktionssituationen und Marktimplantationsmöglichkeiten ableiten:[337]

1. *Across-the-Border-Service*: In diesem Fall wird weder vom Dienstleistungsanbieter noch vom -nachfrager eine grenzüberschreitende Mobilität gefordert. Die Leistungen werden im Land des Anbieters hergestellt und im Land des Nachfragers konsumiert bzw. angewendet. Es handelt sich hierbei um einen Export von Dienst- / Serviceleistungen. Allerdings ist das nur möglich, wenn es sich hierbei um Leistungen handelt, die keinen direkten Kontakt zwischen den beiden Transaktionspartnern erfordern, da sie auf Speichermedien (z.B. Disketten, Papier, Filmbänder, Audiokassetten) materialisiert oder als reine „Informationsdienste" mittels Kommunikationstechnologie (z.B. Telefon, Fax, Online-Medien) länderübergreifend ausgetauscht werden können. Zu den Informationsdiensten gehören z.B. Schulungs-, Beratungs- und Bestellvorgänge. In diesem Fall erfordern die Dienst- / Serviceleistungen keine besonderen Anforderungen bei der Internationalisierung bzw. beim Markteintritt für den Anbieter. In der Regel sind lediglich Sprach- und Rechtskenntnisse sowie entsprechende interne Ressourcen erforderlich. Man bezeichnet derartige Dienstleistungen auch als „separated services", die getrennt vom Erstellungsprozeß vermarktet werden können und daher frei handelbar sind.

2. *Domestic-Service*: In dieser Situation muß der Nachfrager mobil sein und grenzüberschreitend tätig werden, während der Anbieter in seinem Heimatland bleibt und die Dienst- / Serviceleistung dort erstellt. Für den Anbieter hat das den Vorteil, daß kein Auslandsengagement erforderlich ist. Es sind lediglich Sprachkenntnisse notwendig, die einen reibungslosen Erstellungs- und Transaktionsprozeß gewährleisten. Ein typischer Domestic-Service-Bereich ist der Tourismus oder Studienaufenthalt im Ausland. Bezogen auf Sekundärdienstleistungen sind häufig Wartungen und Reparaturen von Schiffen und Flugzeugen, die beim Hersteller durchgeführt werden, solche Domestic-Services. Im Gegensatz zum Across-The-Border-Service liegt hier eine Standortgebundenheit auf seiten des Anbieters vor, die dazu führt, daß derartige Serviceleistungen nicht frei gehandelt werden können. Der Domestic-Service wird auch als "producer-located service" bezeichnet.

---

[337] Vgl. Riddle, D.I., a.a.O., S. 195f.; Stauss, B.: Dienstleistungstypologie und Markteintrittsstrategien im internationalen Dienstleistungsmarketing, in: Schuster, L. (Hrsg.), Die Unternehmung im internationalen Wettbewerb, Berlin 1994, S. 222f.; Hünerberg, R./Mann, A.: Internationales Dienstleistungsmarketing, a.a.O., S. 100; Boddwyn, J.J./Halbrich, M.B./Perry, A.C.: Service Multinationals - Conceptualization, Measurement and Theory, in: Journal of International Business Studies, 17. Jg., 1986, No. 3, S. 42ff.

3. *Customer-Country-Service*: Bei diesen Dienst- / Serviceleistungen ist der Anbieter mobil, während der Nachfrager in seinem Heimatland bleibt. In diesem Fall wird also die Dienst- / Serviceleistung im Land des Nachfragers erstellt und auch konsumiert bzw. in Anspruch genommen. Handelt es sich nur um eine singuläre Nachfrage, dann wird häufig auch nur eine zeitlich begrenzte Präsenz des Anbieters erforderlich sein, die mit der Entsendung von Mitarbeitern in das Ausland einhergeht. Bei einer größeren, zeitlich andauernden Nachfrage ist hingegen eine ständige Präsenz sinnvoll und häufig auch notwendig. Der Anbieter wird dann Direktinvestitionen tätigen, z.B. in Form von Tochtergesellschaften mit sämtlichen Wertschöpfungsaktivitäten oder Niederlassungen mit speziellen Serviceaufgaben. Auch in diesem Fall liegt eine Standortgebundenheit der Leistungserstellung und -nutzung vor, allerdings auf seiten der Nachfrager. Man bezeichnet diese Form der Dienstleistungserstellung auch als „demander-located service".

   Ist ein Anbieter nicht willens und / oder in der Lage, im Ausland Direktinvestitionen zu tätigen, dann bleibt ihm - bei Nicht-Exportierbarkeit der Dienst- / Serviceleistungen - nur die Möglichkeit, seine eigene notwendige Mobilität durch Kooperationen mit Partnern vor Ort zu substituieren, um die Dienst- / Serviceleistungen im Land des Abnehmers anzubieten und zu erbringen. Dabei können sowohl Kooperationen mit Kapitalbeteiligung (z.B. Joint Ventures) als auch rein vertragliche Kooperationen (z.B. Licencing oder Franchising) eingesetzt werden.

   Allerdings handelt es sich hier bei strenger Beurteilung um einen Grenzfall zwischen dem Across-the-Border-Service und dem Customer-Country-Service. Da bei einer Kooperation mit Servicehelfern vor Ort vom Anbieter keine physische Mobilität vom eigentlichen Anbieter gefordert wird, könnte man diese Vorgehensweise auch als Across-the-Border-Service bezeichnen. Betrachtet man diesen Fall jedoch aus Sicht der Landes, in dem der Service erstellt und genutzt wird, dann handelt es sich jedoch für den Anbieter eindeutig um einen „foreign-earnings service", der zumindest eine mentale und - bei Joint Ventures - auch eine finanzielle / kapitalbedingte Mobilität und eine „indirekte" Präsenz vor Ort erfordert. Aus diesem Grund sollen auch beim Customer-Country-Service Kooperationsformen als Marktimplantationsentscheidungen berücksichtigt werden. Damit wird aber zugleich deutlich, daß beim Customer-Country-Service nicht unbedingt eine physische Mobilität des Anbieters erforderlich ist. Bereits hier zeigen sich die Schwächen der Sampson-Snape-Box.

4. *Third-Country-Service*: In diesem Fall ist sowohl der Anbieter als auch der Nachfrager mobil. Das bedeutet, daß Erstellung und Nutzung des Service weder im Land des Anbieters noch im Land des Nachfragers erfolgen, sondern in einem Drittland. Beispiele hierfür finden sich im institutionellen Dienstleistungsbereich u.a. bei Anbietern von Clubreisen, die Hotels

und Erholungsanlagen für Kunden aus dem gleichen oder einem anderen Heimatland in verschiedenen Drittländern anbieten. Auch Sprachreisen werden oft in einem Drittland angeboten (z.B. Englischkurse auf der Insel Malta). Für den Bereich des funktionalen Service wären beispielsweise internationale Kundenschulungen in einem Drittland als zentralem Ort denkbar. Der Dienstleistungs- / Serviceanbieter kann zu diesem Zweck eigene Niederlassungen in dem Drittland errichten oder auch Kooperationen eingehen. Ist durch die Kooperationen keine Präsenz des eigentlichen Anbieter vor Ort erforderlich, dann kommt es auch hier wieder zu einer Unschärfe, da der Anbieter keine physische Mobilität aufweisen muß. Das entspricht wiederum nicht den typischen Aussagen der Sampson-Snape-Box. Dennoch erscheint diese Vorgehensweise als ein sinnvoller Weg im Rahmen des Third-Country-Service, wenngleich davon auszugehen ist, daß diese Form des internationalen Dienstleistungs-/ Serviceaustausches mehr theoretischen Charakter hat und eher eine untergeordnete empirische Bedeutung aufweist.

Betrachtet man die Mobilität - im Gegensatz zu den üblichen Sampson-Snape-Boxen - nicht als Mußkriterium und vorgegebenes Verhalten, sondern als Verhaltensmöglichkeit, dann stellt die Mobilität für beide Seiten kein Hindernis dar. Es kommt bei dieser Perspektive für die Festlegung des Serviceortes und auch für die Marktimplantationsstrategie grundsätzlich darauf an, wie stark die Verhandlungsmacht der beiden Parteien ist. Liegt die stärkere Machtposition beim Anbieter, dann ist es durchaus möglich, daß der Service im Heimatland des Anbieters erbracht und genutzt wird (Domestic-Service). Im anderen Fall könnte die Nachfragemacht dazu führen, daß die Serviceerstellung und -konsumption im Abnehmerland stattfindet.

Bei Serviceleistungen handelt es sich meistens um ein sehr breites Spektrum von unterschiedlichen Serviceleistungen, die sowohl frei handelbar als auch standortgebunden sind. Dadurch sind durchaus mehrere Marktimplantationsstrategien einsetzbar. I.d.R. wird man sich aus Gründen der Transaktions- und Koordinationskosten jedoch für einen einheitlichen Markteintritt entscheiden. Welche Marktimplantation letztlich gewählt wird, hängt im wesentlichen auch von der Art der Kernleistungen und dem Verbundenheitsgrad zwischen Kern- und Serviceleistungen sowie der Bedeutung des Service für die Vermarktung der Hauptleistung ab.

Ein grundsätzliches Problem bei der Ableitung von Marktimplantationsstrategien und -empfehlungen für den Servicebereich mit Hilfe der Sampson-Snape-Box besteht darin, daß - wie vorstehend angedeutet - die Mobilität keine eindeutige Zuordnung von Markteintrittsformen zuläßt. Das gilt vor allem für Kooperationen und Managementverträge, die bewußt zur Umgehung von Mobilitätsanforderungen genutzt werden können, ohne dabei die Standortgebundenheit auf der Nachfragerseite und die notwendige Präsenz vor Ort unberücksichtigt zu lassen. Es läßt sich deshalb keine Aussage über die Vorteilhaftigkeit und Sinnhaftigkeit von Markteintrittsstrategien für standortgebundene Dienst- / Serviceleistungen treffen. Durch die explizite Berücksichtigung der Kundenintegration und die implizite Trennung zwischen standortgebundenen und frei handelbaren Dienst- / Serviceleistungen erlaubt die Sampson-Snape-Box dennoch eine grobe Systematisierung von Internationalisierungsmöglichkeiten dieser Transaktionsobjekte.

Ausgehend von den vorstehenden Überlegungen wurde in der Wissenschaft versucht, eine differenziertere Systematisierung von Internationalisierungsmöglichkeiten für Dienst- / Serviceleistungen zu erreichen, indem z.B. die Art und Intensität der Integration des externen Faktors stärker in den Mittelpunkt gerückt wurde.[338] Dabei geht man davon aus, daß bei einem Face-to-Face-Kontakt, wie er bei personenbezogenen Serviceleistungen üblich ist, eine Präsenz vor Ort des Nachfragers unabdingbar ist, wenn hierbei greifbare Veränderungen beim Nachfrager bewirkt werden. Exportaktivitäten sind hierbei nicht durchführbar. Sie sind dafür aber unter Umständen bei Dienst- / Serviceleistungen einsetzbar, die entweder beim Abnehmer eine „mentale" Wirkung erreichen sollen, bei der dieser lediglich psychisch und nicht physisch präsent sein muß (wie z.B. bei Informationsdiensten), oder an physischen Gegenständen und damit nicht im direkten persönlichen Kontakt erbracht werden müssen.[339]

Bezüglich der Intensität der Kundenintegration wird davon ausgegangen, daß mit zunehmender Integration und Interaktion auch das Investment, die Präsenz und die Kontrolle im Gastland steigen.[340] Demnach geht eine stark ausgeprägte Integration und Interaktion mit eigenständigen Direktinvestitionen einher, während für Dienst- / Serviceleistungen mit mittlerem Integrations- / Interaktionsgrad insbesondere Kooperationen und Managementverträge angezeigt sind. Direktexporte sind ausschließlich Leistungen mit geringer Integration / Interaktion vorbehalten, die sich auf Trägermedien materialisieren lassen.[341]

Doch auch diese Klassifizierungen sind bei näherer Betrachtung nicht immer eindeutig und klar nachvollziehbar, so daß sie - gemessen an der Sampson-Snape-Box - keine deutlich besseren Informationen hinsichtlich Marktimplantationsentscheidungen liefern. Außerdem ist zu berücksichtigen, daß bereits bei der Sampson-Snape-Box der Kontakt zwischen Anbieter und Nachfrager ein wesentlicher Angelpunkt war, der sich auf die geographische Simultaneität von Dienstleistungs- / Serviceerstellung und -nutzung erstreckt hat.

---

[338] Vgl. die Darstellungen bei Mößlang, A.M., a.a.O., S. 137ff.

[339] Vgl. zu dieser generellen Klassifizierung Lovelock, C.H.: Classifying Services to Gain Strategic Marketing Insights, in: Lovelock, C.H. (Hrsg.): Managing Services, Englewood Cliffs 1992, S. 53

[340] Vgl. Vandermerwe, S./Chadwick, M.: The Internationalization of Services, in: Lovelock, C.H. (Hrsg.), Services Marketing, 2. Aufl., Englewood Cliffs 1991, S. 52

[341] Vgl. ebenda; siehe auch bei Patterson, P.G./Cicic, M.: A Typology of Service Firms in International Markets - An Empirical Investigation, in: Journal of International Marketing, 3. Jg., No. 4, S. 58f.

Interessante Implikationen eröffnen die Klassifizierungsansätze nach dem Interaktionsgrad jedoch grundsätzlich bei Internationalisierungsentscheidungen hinsichtlich kultureller Einflüsse, die vor allem bei stark interaktiven Dienst- / Serviceleistungen zum Tragen kommen. Auf diesen Aspekt soll im nächsten Punkt eingegangen werden.

3.3. Der „Kulturansatz“

Kultur ist ein sehr umfassender und differenzierter Begriff, der meist sehr unterschiedlich verwendet und interpretiert wird. Bereits in den 50er Jahren haben amerikanische Wissenschaftler rund 170 unterschiedliche Begriffsfassungen zusammengetragen, die sich primär auf Ansätze und Konzepte der angloamerikanischen Kulturanthropologie bezogen.[342] Man kann also davon ausgehen, daß weltweit heute noch mehr Definitionen über Kultur bestehen. Anthropologen bezeichnen Kultur meist als gemeinsame, aus der geschichtlichen Entwicklung herausgebildete Denkweise und als Verhaltensmuster mit den dahinterstehenden Werthaltungen von Menschengruppen, während Soziologen vor allem die durch soziale Interaktion erlernten Ziele, Normen und allgemeinen Wertvorstellungen als Kernbestandteil der Kultur ansehen.[343]

Quasi als Kompromiß der beiden Grundströmungen soll im folgenden unter Kultur die Gesamtheit aller gemeinsamen Grundauffassungen, Werte, Normen und kollektiv verwendeten Artefakte verstanden werden, die sich im Zeitablauf aufgrund von Kommunikations- und Lernprozessen in einer sozialen Gemeinschaft gebildet haben und sich in den individuellen Verhaltensweisen, sozialen Strukturen und bestimmten gemeinschaftlichen Elementen (z.B. Religion und Sprache) niederschlagen.[344] Diese Definition macht - wie alle anderen in der Literatur vorgeschlagenen Begriffsfassungen - die Mehrdimensionalität des Kulturbegriffs deutlich, die bei der Operationalisierung des Begriffs zu erheblichen Schwierigkeiten führt.

Ein sehr einfacher und bekannter Ansatz zur Operationalisierung und Klassifizierung von Kulturen stammt von HALL. Zur Ermittlung von kulturellen Grunddimensionen legt er das Kommunikationsverhalten und -muster einer Gesellschaft zugrunde. Hierbei handelt es sich um[345]

---

[342]Vgl. Kroeber, A.L./Kluckhohn, L.: Culture, Cambridge 1952, S. 62ff.

[343]Vgl. zu diesem zusammenfassenden Überblick zu Kulturdefinitionen insbesondere Dormayer, H.-J./Kettern, T.: Kulturkonzepte in der allgemeinen Kulturforschung - Grundlagen konzeptioneller Überlegungen zur Unternehmenskultur, in: Heinen, E. (Hrsg.), Unternehmenskultur, München/Wien 1987, S. 53ff.; vgl auch Dülfer, E.: Internationales Management in unterschiedlichen Kulturkreisen, 2. Aufl., München/Wien 1992, S. 180f.; Usinier; J.-C./Walliser, B.: Interkulturelles Marketing, Wiesbaden 1993, S. 21ff.; Wiswede, G.: Soziologie, a.a.O., S. 217ff.

[344]Vgl. ähnlich auch Jain, S.C.: International Marketing Management, 4. Aufl., Belmont 1993, S. 236

[345]Vgl. Hall, E.T.: The Silent Language, New York 1981 (Nachdruck)

- die Menge an Informationen, die vom Sender explizit herausgestellt werden muß, damit überhaupt eine Botschaft erfolgreich kommuniziert, also vom Empfänger erhalten und verstanden werden kann,
- die Größe und Einbeziehung des räumlichen „Intimbereichs" bei der persönlichen Kommunikation zwischen Individuuen,
- die Zeitorientierung (vergangenheits-, gegenwarts- oder zukunftsorientiert) und Zeiteinteilung (monochronistisch, also die Erledigung einer Aufgabe in einer dafür vorgesehenen Zeitspanne, versus polychronistisch, also Angehen mehrerer Aufgaben gleichzeitig),
- den Informationsfluß, d.h. die Struktur und Geschwindigkeit der Kommunikation zwischen Individuuen oder Organisationen.

Diese vier Dimensionen lassen sich je nach Ausprägung in zwei kulturelle Grundkategorien einteilen, die sich insbesondere auf den Kontextbezug (Verbalisationsgrad, Gesprächsort, -atmosphäre, Anzahl und sozialer Status der beteiligten Personen, Einsatz und Bedeutung der Körpersprache) der Kommunikation beziehen:[346] Zum einen sind dies „high-context-cultures", die sich durch eine geringe Menge expliziter Botschaften, eine geringe physische Distanz bei der Kommunikation, ein polychronistisches Zeitverständnis sowie einen langen Kommunikationsweg und eine langsame Kommunikationsgeschwindigkeit auszeichnen. Zu diesen High-Context-Kulturen zählen vor allem Japan, die arabischen und lateinamerikanischen Länder.

Zum anderen lassen sich als Gegenpole hierzu sog. „low-context-cultures" feststellen, in denen die Botschaften verbal klar ausgedrückt werden, eine größere physische Distanz bei Interaktionen eingehalten wird, ein monochronistisches Zeitverständnis vorherrscht und kurze Kommunikationskanäle mit hoher Kommunikationsgeschwindigkeit genutzt werden. Als typische Low-Context-Kulturen werden die Schweiz, Deutschland und die USA angesehen.

Zwischen den beiden Polen Low- und High-Context gibt es eine Vielzahl gradueller Abstufungen, die eine eindeutige Positionierung von Länderkulturen sehr schwierig macht, da letztlich immer eine sehr subjektive Einschätzung hierfür notwendig ist.

Der wohl populärste wirtschaftswissenschaftlich ausgerichtete Ansatz zur Operationalisierung und Typologisierung von Kulturen stammt von HOFSTEDE. Er versuchte, auf der Basis von kulturvergleichenden Studien, einen ursächlichen Zusammenhang zwischen den kulturellen Gegebenheiten und dem ökonomischen Erfolg von Nationen (insbesondere die Höhe des BSP) zu ermitteln.[347] Dabei kam er zu dem Ergebnis, daß ebenfalls vier kulturelle Faktoren die Lei-

---

[346]Vgl. Gannon, M.J.: Understanding Global Cultures, Thousand Oaks 1994, S. 9

[347]Vgl. Hofstede, G.: Culture's Consequences - International Differences in Work-Related Values, Beverly Hills 1980, S. 48ff.

stungsfähigkeit einer Volkswirtschaft und auch der dort ansässigen Unternehmen beeinflusssen. Hierzu gehören:[348]

- *Individualismus / Kollektivismus*, also Art und Stärke der Bindung von Individuen in sozialen Gruppen,
- *Maskulinität / Feminität*, also der Grad der Ausrichtung einer Gesellschaft zu eher maskulinen oder femininen Rollenverständnissen,
- *Grad der Machtdistanz*, also das Maß der hingenommenen ungleichen Machtverteilung in einer Gesellschaft (aus Sicht der Abhängigen),
- *Neigung zur Ungewißheits- / Risikovermeidung*, also der Grad des Sicherheitsstrebens in einer Gesellschaft und ein Maß für die Toleranz, neue Umweltzustände hinzunehmen.

Zwischen dem Konzept von HALL und dem Ansatz von HOFSTEDE bestehen vielfältige Ansatzpunkte und Überschneidungen, so daß beide teilweise miteinander kombiniert werden können. Low-Context-Kulturen sind beispielsweise durch einen hohen Individualismus und eine geringe Machtdistanz gekennzeichnet, während High-Context-Kulturen stark kollektivistisch orientiert sind und eine große Machtdistanz haben.[349] Die extrahierten vier Kulturdimensionen von HOFSTEDE weisen jedoch ein geringeres Aggregationsniveau auf und sind deshalb auch als „mentale Programmierung“[350] besser geeignet, Einflüsse auf das Kauf-, Konsumenten- und das Serviceverhalten zu beschreiben.[351]

Individualistisch geprägte Gesellschaften (wie z.B. USA, Australien und Großbritannien) sind durch ein hohes Maß an Selbstbestimmtheit ihrer Mitglieder gekennzeichnet. Das führt dazu, daß Kaufakte und sonstige Transaktionen als wertfreie Austauschprozesse angesehen werden, die keine langfristige Beziehung erfordern oder begründen. Dadurch hat in derartigen Gesellschaftsgefügen die Marken- und / oder Unternehmensbindung von Kunden nur einen eingeschränkten Stellenwert. Für den Service bedeutet dies, daß der Serviceerstellungsprozeß lediglich als Nutzenstiftungsvorgang angesehen und nach seinem Nutzenpotential beurteilt wird. Die Aufgabe und die Effizienz der Leistungserstellung dominieren die persönlichen Interaktionen und zwischenmenschlichen Beziehungen, die sich hierbei ergeben. In derartigen Kulturen ist demnach eine Automatisierung von Serviceleistungen sinnvoll und leicht durchsetzbar. Anders kann dies in stark kollektivistischen Kulturen (wie z.B. Guatemala, Ecuador, Panama) sein, die

---

348 Vgl. derselbe: Die Bedeutung von Kultur und ihren Dimensionen im Internationalen Management, in: Haller, M. et al. (Hrsg.), Globalisierung der Wirtschaft - Einwirkungen auf die Betriebswirtschaftslehre, Bern/Stuttgart/Wien 1993, S. 129ff. Eine fünfte Dimension, die Langfristigkeit der Orientierung, wurde noch nicht hinreichend auf ihren Erfolgsbeitrag analysiert.

349 Vgl. Riddle,D.I., a.a.O., S. 154

350 Müller, S./Kornmeier, M.: Internationales Marketing, a.a.O., S. 8

351 Vgl. im folgenden insbesondere Segler, K., a.a.O., S. 84ff.; Riddle, D.I., a.a.O., S. 155ff.; Müller, S./Kornmeier, M.: Internationales Marketing im Spannungsfeld kultureller Einflußfaktoren, in: der markt, 34. Jg., 1995, Heft 3, S. 154f.

vor allem persönliche Beziehungen in den Mittelpunkt stellen. Hier ist man auch eher bereit, die Servicenachfrage und -nutzung bei Anwesenheit anderer Kunden durchzuführen.

Maskuline Gesellschaften (wie z.B. Japan, Österreich, Venezuela) sind durch männliche Wertvorstellungen geprägt, die vor allem durch eine starke Konkurrenzorientierung, hohe Leistungsbereitschaft, Karrierestreben und Entschlossenheit gekennzeichnet sind. Im Gegensatz dazu sind feminine Gesellschaften (wie z.B. Norwegen, Schweden, Niederlande) stärker zwischenmenschlich orientiert, solidarisch, intuitiv und stark auf Lebensqualität ausgerichtet. Auch hier zeigt sich für den Serviceprozeß eine differenzierte Ausrichtung. So wird in maskulinen Gesellschaften beispielsweise die Bewertung der Servicequalität weniger durch persönliche Interaktionen im Serviceprozeß geprägt als vielmehr durch das Serviceergebnis. Gleichzeitig fördert das Konkurrenzdenken auch eine stärkere Individualisierung der Leistungsergebnisse, die eine Differenzierung von anderen Individuuen ermöglicht.

Gesellschaften mit großer Machtdistanz (wie z.B. Malaysia, Panama, Guatemala) sind durch hierarchisch stark dominierende Abläufe mit starker Entscheidungszentralisation in Familie, Beruf und Politik geprägt. Das führt dazu, daß ältere und / oder gesellschaftlich herausragende Personen respektiert werden und an jüngere bzw. weniger hochgestellte Personen Anweisungen geben, die auszuführen sind. Ordnung und Disziplin spielen eine wichtige Rolle im Alltag. Demgemäß sind Serviceprozesse klar zu systematisieren, und die Kundenintegration ist deutlich in Intensität, Inhalt und Form zu strukturieren. Der Serviceablauf wird von der gesellschaftlichen Stellung der jeweiligen Servicepartner dominiert. Dabei werden Nachfrager mit hohem gesellschaftlichen Ansehen den Serviceprozeß nach ihren Vorstellungen gestalten. Außerdem dürfte auch eine an dem sozialen Status der Servicenachfrager ausgerichtete Differenzierung und Individualisierung der Serviceleistungen stattfinden. Anders ist dies im Fall von Ländern mit geringer Machtdistanz (wie z.B. Österreich, Israel und Dänemark).

Eine starke Ungewißheits- / Risikovermeidung führt zu einer erhöhten Formalisierung und Standardisierung von Abläufen in sämtlichen gesellschaftlichen und wirtschaftlichen Bereichen. In solchen Ländern (wie z.B. Singapur, Jamaika und Dänemark) wird alles, was von der standardisierten Norm abweicht, als Risiko empfunden. Es ist deshalb von innovativem Verhalten (z.B. Serviceleistungen und -abläufen) abzusehen, da hier eher skeptische Reaktionen zu erwarten sind. Außerdem ist es wichtig, daß materielle Surrogate bei stark immateriellen Serviceleistungen kommuniziert werden, die eine Antizipation der erwarteten Servicequalität ermöglichen. Hinzu kommt, daß persönliche Kontakte beim Serviceprozeß als risikominimierend empfunden werden.

HOFSTEDES Ergebnisse haben dem strategischen internationalen Management neue Impulse gegeben, wenngleich sein Ansatz in der Vergangenheit immer wieder kritisch diskutiert wurde. Vor allem die unzureichende Operationalisierung und inhaltliche Abgrenzung der vier Kulturdimensionen sowie die weitgehend fehlende theoretische Fundierung seiner Aussagen sind massive Kritikpunkte.[352] Dennoch gibt Hofstede mit seinen Studien einige interessante Hinweise auf die Gestaltung von Marketingprozesssen, -strategien und -instrumenten im internationalen Marketing sowie für den Einsatz des Service. So könnten aufgrund unterschiedlicher Ausprägung der verschiedenen Kulturdimensionen typische Service-Stile in einzelnen Ländern identifiziert werden.

Einen ersten Versuch hierfür liefert eine explorative Studie von LETHINEN, der den Serviceprozeß in unterschiedlichen Ländern anhand von vier Dimensionen (Grad des Einfühlungsvermögens des Serviceanbieters, Effizienz des Serviceprozesses aus Sicht der Nachfrager, Kundenorientierung, physische Kundennähe des Anbieters und Aufmerksamkeit bei der kundenbezogenen Reaktion des Servicepersonals) bewertet.[353] Dabei identifiziert er aufgrund von eigenen Beobachtungen und Erfahrungen in den verschiedenen Ländern vier typische Service-Stile:

1. *Der orientalische Service-Stil*: Dieser zeichnet sich durch ein großes Einfühlungsvermögen, eine große Aufmerksamkeit des Anbieters bei gleichzeitiger physischer Distanz gegenüber den Nachfragern aus. Der orientalische Service-Stil ist typisch für Länder des Nahen Ostens, Japan und Indien.
2. *Der amerikanische Service-Stil*: Hier ist der persönliche Kontakt und eine große physische Kundennähe sehr ausgeprägt, wenngleich die Aufmerksamkeit und Flexibilität gegenüber Kundenanforderungen weniger stark vorhanden sind. Gleichzeitig hat die Effizienz des Serviceprozesses eine große Bedeutung. Damit spricht dieses Ergebnis - zumindest teilweise - gegen HOFSTEDES Dimension des Individualismus, bei dem persönliche Beziehungen und Kontakte weniger bedeutsam sind.
3. *Der europäische Service-Stil*: Er zeichnet sich gemessen am amerikanischen Service-Stil durch eine geringe Effizienz und gegenüber dem orientalischen Service-Stil durch eine geringere Flexibilität gegenüber den Kundenerwartungen aus. Aufgrund der kulturellen Heterogenität von (West-) Europa läßt sich kein einheitlicher und eindeutiger Service-Stil erkennen.
4. *Der sowjetische bzw. osteuropäische Service-Stil*: Dieser ist sehr distanziert, unflexibel und sehr ineffizient. Als Grund hierfür wird die langjährige Planwirtschaft angesehen, in der eine ausgeprägte Service- und Kundenorientierung nicht existent war.

[352]Vgl. Müller, S./Kornmeier, M.: Internationales Marketing, a.a.O., S. 18ff.; Zobel, P.H., a.a.O., S. 36f.
[353]Vgl. Lethinen, J.R.: Service Quality: Multidisciplinary and Multinational Perspectives - An Experimental Study of Service Production Processes in Different Cultures, in: Brown, S.W. et al. (Hrsg.), Service Quality, Lexington 1991, 138

Die vier Service-Stile sind sehr vage. Das liegt zum einen daran, daß es keine theoretische Basis gibt, auf der sie aufbauen. Zum anderen sind die empirischen Ergebnisse sowohl von der Methodik als auch von der Datenqualität und -quantität aus wissenschaftlicher Sicht nur beschränkt aussagekräftig. Diese Probleme werden vom Autor selbst erkannt, der mit seinen Überlegungen lediglich auf mögliche kulturell bedingte Unterschiede in der Serviceerstellung und -wahrnehmung aus Kundensicht hinweisen will. Demgemäß haben Unternehmen, die in anderen Kulturen Serviceleistungen anbieten, zwei generelle Alternativen.[354] Sie können sich auf der einen Seite den typischen Service-Stilen eines Landes anpassen, indem sie den Serviceprozeß so gestalten, wie es die Nachfrager gewöhnt sind. Auf der anderen Seite können sie aber auch versuchen, einen eigenen Service-Stil durchzusetzen. Inwieweit das gelingt, hängt nicht zuletzt davon ab, wie offen die Kunden gegenüber anderen Service-Stilen sind. In Ländern mit hoher Risikovermeidung wird die Durchsetzung eines eigenen, für das Land neuen Service-Stils nur sehr schwierig sein.

Grundsätzlich zeigt sich, daß kulturelle Faktoren den Serviceprozeß durchaus beeinflussen können.[355] Allerdings ist die Messung des Einflusses häufig schwierig, da die Kulturdimensionen oft nur eingeschränkt operationalisierbar sind. Es ist daher auch nicht verwunderlich, daß die meisten Abhandlungen und Studien über Kulturdimensionen einen stark explorativen Charakter aufweisen, die lediglich einen tendenziellen Einfluß von kulturellen Faktoren auf die Dienstleistungs- und Serviceerstellung beschreiben. Dabei wird jedoch schnell einsichtig, daß durch die Integration des externen Faktors die kulturellen Hintergründe der beteiligten Servicepartner zu Problemen in der Interaktionsbeziehung und damit im Serviceprozeß führen können. Man kann davon ausgehen, daß mit zunehmender Interaktionsnotwendigkeit auch das Problempotential zunimmt. Besonders im Rahmen von Standardisierungsentscheidungen wird dieser Aspekt relevant, da eine Vereinheitlichung von Serviceabläufen und -leistungen immer auch mit einer Vernachlässigung von lokalen, nationalen und auch kulturellen Besonderheiten einhergeht. Deshalb sollte das kulturelle Gefälle zwischen den einzelnen bearbeiteten Ländermärkten bei Standardisierungsentscheidungen berücksichtigt werden. Je größer der kulturelle Unterschied ist, desto größer wird auch der Anpassungsbedarf sein und damit die Problematik einer Standardisierung von Serviceprozessen.[356]

---

[354] Vgl. Hübner, C.C.: Internationalisierung von Dienstleistungsangeboten - Probleme und Lösungsansätze, München 1996, S. 101f.

[355] Vgl. Riddle, D.I., a.a.O., S. 151ff.; Dahringer, L./Mühlbacher, H., a.a.O., S. 415; Sarathy, R.: Global Strategy in Service Industries, in: Long Range Planning, 27. Jg., 1994, Heft 6, S. 123; Terpstra, V./Sarathy, R.: International Marketing, 6. Aufl., Fort Worth 1994, S. 604

[356] Vgl. Mößlang, A.M., a.a.O., S. 163

Teil IV: Referenzmodell zur Beschreibung und Erklärung des Servicemanagements als Erfolgsfaktor im nationalen und internationalen Wettbewerb

Nachdem der theoretische Bezugsrahmen vorgestellt wurde, soll in diesem Teil ein Modell zur Beschreibung und Erklärung von Erfolgswirkungen des Service dargestellt werden. Der theoretische Bezugsrahmen hat lediglich die Aufgabe, spezifisches Hintergrundwissen aufzulisten und hinsichtlich des forschungsleitenden Untersuchungsobjektes bzw. der interessierenden Forschungsfragen aufzubereiten. Es handelt sich hierbei im wesentlichen um begriffliche Klärungen sowie die Aufstellung funktionaler Zusammenhänge und allgemeiner kausaler Beziehungen in Form theoretischer Aussagen, die Bestandteil eines übergeordneten Modells sein könnten. Der Bezugsrahmen ist damit die Vorstufe einer „Modellentwicklung".[1] Die Aufstellung eines Referenzmodells bildet in diesem Zusammenhang eine Grobstrukturierung der Aussagen des theoretischen Bezugsrahmens. Durch das Referenzmodell lassen sich die theoretischen Aussagen hinsichtlich des Untersuchungsobjektes systematisieren und für die Konfrontation mit der Realität im Rahmen einer empirischen Untersuchung vorbereiten. Das Referenzmodell liefert also die Ausgangsstruktur für die Integration und Berücksichtigung der theoretischen Aussagen des Bezugsrahmens. Durch seine Anpassung an spezifische Frage- und Problemstellungen des Untersuchungsobjektes kommt es zwangsläufig zu einer ganz speziellen Generierung von Forschungshypothesen. Das Referenzmodell führt auf diese Weise dazu, daß aus den theoretischen Ansätzen des Bezugsrahmens nicht alle denkbaren Hypothesen abgeleitet werden, die möglich sind, sondern nur solche aufgestellt werden, die für die zugrunde liegenden Forschungsfragen sinnvoll sind. Damit übernimmt das Referenzmodell die Aufgabe eines Filters, der nur theoretische Aussagen für die (empirische) Untersuchung zuläßt, die vor dem Hintergrund der zu analysierenden Problemstellung erkenntnisfördernd sind.

Die Darstellung des theoretischen Bezugsrahmens hat gezeigt, daß es eine Vielzahl von Ansätzen gibt, die - aufgrund einer fehlenden geschlossenen Theorie der Erfolgsfaktorenforschung - in das Referenzmodell zur Analyse des Service als Erfolgsfaktor im internationalen Wettbewerb integriert werden können. Allerdings ist zu beachten, daß realtheoretische Modelle[2] zwar darauf ausgerichtet sind, vollständig zu sein, indem alle wesentlichen theoretischen Aspekte eines Untersuchungsobjektes berücksichtigt werden (Isomorphie), dabei aber nicht übersehen

[1] Vgl. Martin, A., a.a.O., S. 222

[2] Die Funktion von realtheoretischen Modellen besteht nach Raffée in der Unterstützung bei der Anwendung von Theorien und theoretischen Hypothesen auf besondere Probleme. Damit helfen derartige Modelle - wie im vorliegenden Fall -, theoretisches Wissen problemorientiert auszuschöpfen. Vgl. Raffée, H.: Gegenstand, Methoden und Konzepte, a.a.O., S. 17; Abel, B.: Denken in theoretischen Modellen als Leitidee der Wirtschaftswissenschaften, in: Raffée, H./Abel, B. (Hrsg.), Wissenschaftstheoretische Grundfragen der Wirtschaftswissenschaften, München 1979, S. 145ff.

werden darf, daß die Aufgabe eines Modells auch in der Vereinfachung und Verkürzung liegt.[3] Um beide Anforderungen zu erfüllen, ist wohl eher ein Homomorphismus notwendig, bei dem komplexe Sachverhalte in einer speziellen, extrahierenden Form modelliert werden, die das Verständnis erleichtert.[4] Es gilt hierbei ein Aphorismus von Albert Einstein: „Alles sollte so einfach wie möglich gemacht werden, aber nicht einfacher!"[5]

Für die vorliegende Untersuchung werden deshalb nicht alle aufgeführten theoretischen Ansätze mit gleicher Gewichtung und Detailliertheit in dem Referenzmodell berücksichtigt. Die Theorien des Erfolgsursprungs haben eine besondere Bedeutung, da die Erfolgsfaktorenforschung den Rahmen der Forschungsarbeit darstellt. Dementsprechend bilden sie das Grundmodell der Untersuchung. Abbildung IV-1 zeigt das grundlegende Referenzmodell, das an späterer Stelle noch für den Servicebereich zu spezifizieren ist. Es wird deutlich, daß eine Kombination des marktorientierten und ressourcenorientierten Ansatzes zugrunde gelegt wird.

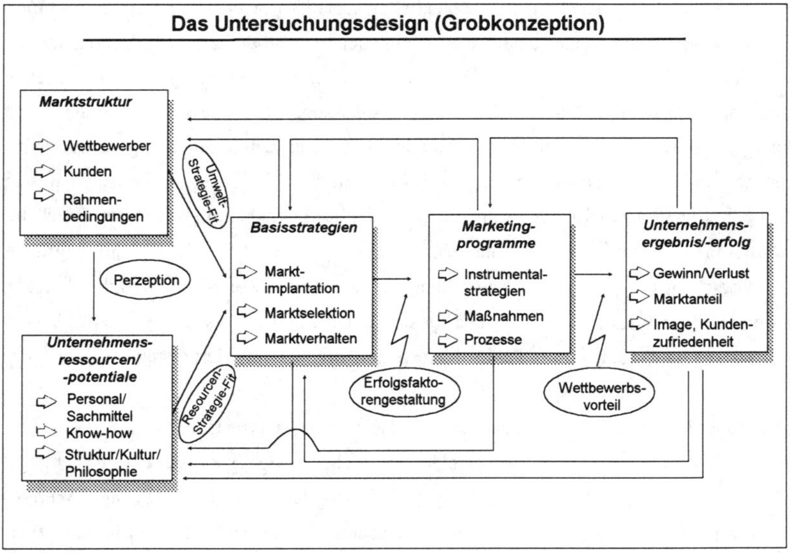

Abb. IV-1: Allgemeines Grundmodell der Untersuchung

Aus Sicht des Autors läßt sich auf diese Weise ein integrativer Forschungsansatz zwischen *strategischem Marketing* mit stark externer Orientierung und *strategischem Management* mit

[3] Vgl. Kirsch, W.: Die verhaltenswissenschaftliche Fundierung der Betriebswirtschaftslehre, in: Raffée, H./Abel, B. (Hrsg.), Wissenschaftstheoretische Grundfragen der Wirtschaftswissenschaften, München 1979, S. 116; Hünerberg, R.: Marketingsysteme und -modelle, Opladen 1975, S. 38

[4] vgl. Eichhorn, W.: Modelle und Theorien der Wirtschaftswissenschaften, in: Raffée, H./Abel, B. (Hrsg.), Wissenschaftstheoretische Grundfragen der Wirtschaftswissenschaften, München 1979, S. 66

[5] zitiert in Diekmann, A.: Empirische Sozialforschung, Reinbek 1995, S. 126

stark interner Orientierung schaffen, der die Wettbewerbsfähigkeit und Erfolgsträchtigkeit unternehmerischen Handelns umfassend erklären kann. Die isolierte Betrachtung lediglich eines Ansatzes würde zu einer eingeschränkten Forschungsperspektive führen, die sehr realitätsfern ist. Es ist einleuchtend, daß eine einseitig ausgerichtete Unternehmensführung, die ausschließlich an internen Ressourcen orientiert ist, ebenso wahrscheinlich zu suboptimalen Leistungen und Ergebnissen führt wie eine ausschließlich an externen Marktstrukturen ausgerichtete Vorgehensweise.[6] So kommt einerseits der *Ressourcen-Ansatz* nicht ohne eine explizite Berücksichtigung und Beurteilung der Märkte aus, da erst die Markterfordernisse den Aufbau, die Nutzung und Pflege von erfolgversprechenden Kernkompetenzen ermöglichen.[7] Ressourcen und Kompetenzen, die am Markt nicht vorteilhaft verwertet werden können, sind weitgehend nutzlos!

Andererseits ist ein *market-based-view* der Unternehmensführung nur sinnvoll, wenn er auch in der Wertschöpfung des Unternehmens seinen Niederschlag findet. Hierzu sind wiederum entsprechende Ressourcen zu beschaffen, zu akkumulieren und zu kombinieren, die ein unverwechselbares und von den Kunden als wertvoll empfundenes Leistungsbündel hervorbringen.

Die Integration der beiden Ansätze erfordert zugleich eine Harmonisierung zwischen externen und internen Faktoren. Dabei geht es vor allem um die Abgleichung und Koordination von Marktanforderungen und -bedingungen auf der einen Seite sowie organisatorischen Merkmalen auf der anderen Seite, die im Rahmen der Strategieformulierung vorgenommen wird. Diese Vorgehensweise ist an das „Concept of Fit“ der Strategieforschung angelehnt. Es handelt sich hierbei um eine spezielle Ausrichtung bzw. Anwendung der Kontingenztheorie.[8]

1. Der situative Ansatz der Organisations- und Managementforschung als zugrunde gelegtes Forschungsprogramm

Die *Kontingenztheorie* wurde in den 60er Jahren in den USA begründet und ist der kritischen Auseinandersetzung mit dem Bürokratieansatz von Max Weber entsprungen. Im Gegensatz zu Max Webers Thesen über die gegebene technische Effizienz und Einheit bürokratischer Organisationen waren seine Kritiker aufgrund von Ergebnissen empirischer Analysen der Ansicht, daß Bürokratien nur unter bestimmten Bedingungen technisch effizient sind. Außerdem seien bürokratische Organisationen nur auf den ersten Blick homogen. Bei genauerer Betrachtung

[6] Vgl. auch Hinterhuber, H.H./Friedrich, S.A.: Markt- und ressourcenorientierte Sichtweise zur Steigerung des Unternehmungswertes, in: Hahn, D./Taylor, B. (Hrsg.), Strategische Unternehmensplanung - strategische Unternehmensführung, 7. Aufl., Heidelberg 1997, S. 1000; Jenner, T.: Zur Integration des Marketing in das strategische Management, in: Die Unternehmung, 51. Jg., 1997, Heft 1, S. 42
[7] vgl. Rühli, E.: Resource-based View, a.a.O., S. 50; Amit, R./Schoemaker, P.J.H.: Strategic Assets and Organizational Rent, in: Strategic Management Journal, 14. Jg., 1993, S. 36f.

sollen sie eine erhebliche Differenzierung aufweisen.[9] Anstelle idealtypischer Organisationsmodelle und -strukturen forderten die (meist amerikanischen) Kontingenztheoretiker die Abkehr von allgemeingültigen Handlungsweisen und -vorschriften für und in Organisationen, da eine optimale Organisationsgestaltung nach ihrer Ansicht immer von situativen Gegebenheiten und den spezifischen Kontextfaktoren abhängt.[10] Auch die Effizienz einer Organisation wird dieser Meinung nach im wesentlichen von der Kontingenz der internen Strukturen mit vorherrschenden situativen Gegebenheiten beeinflußt. Anfang der 70er Jahre setzte sich die Kontingenztheorie auch im deutschsprachigen Raum unter der Bezeichnung *situativer Ansatz* als alternatives Forschungsprogramm der Organisations- und Managementtheorie sowie als Grundkonzeption der gestaltungsorientierten Betriebswirtschaftslehre durch.[11]

Das Leitprinzip des situativen Ansatzes besteht somit in der situativen Erklärung von organisatorischen Strukturen und Handlungen sowie der organisatorischen Effizienz. Demgemäß gibt es keine generelle bzw. absolut gültige und „richtige" Handlungsweise, sondern lediglich situationsbezogene optimale Alternativen.[12] Je stärker die Variabilität der Situations- und Kontextfaktoren ist, desto größer ist dann auch das Spektrum alternativer Strukturen und Vorgehensweisen / Handlungen. Organisationsstrukturen und -strategien sind deshalb entsprechend der vorliegenden Situation zu gestalten.

In Abbildung IV-2 ist die klassische Variante des situativen Ansatzes dargestellt.[13] Der Schwerpunkt empirischer Untersuchungen in der Organisationsforschung liegt dabei auf der Analyse von Zusammenhängen und Beziehungen zwischen Kontextfaktoren und Organisationsstrukturen. Untersuchungen über den Einfluß situativer Bedingungen auf die Organisationseffizienz sind demgegenüber in geringerem Maße durchgeführt worden.

[8] Vgl. Lücking, J., a.a.O., S. 46

[9] Vgl. Kieser, A.: Max Webers Analyse der Bürokratie, in: Kieser, A. (Hrsg.), Organisationstheorien, Stuttgart/Berlin/Köln 1993, S. 59f.

[10] Vgl. derselbe: Der Situative Ansatz, in: Kieser, A. (Hrsg.), Organisationstheorien, Stuttgart/Berlin/Köln 1993, S. 161; Staehle, W.: Management, a.a.O., S. 47

[11] Vgl. Staehle, W.: Deutschsprachige situative Ansätze in der Managementlehre, in: Kieser, A. (Hrsg.), Organisationstheoretische Ansätze, München 1981, S. 216

[12] vgl. ebenda, S. 215

[13] Vgl. Kieser, A./Kubicek, H.: Organisation, 3. Aufl., Berlin 1992, S. 57

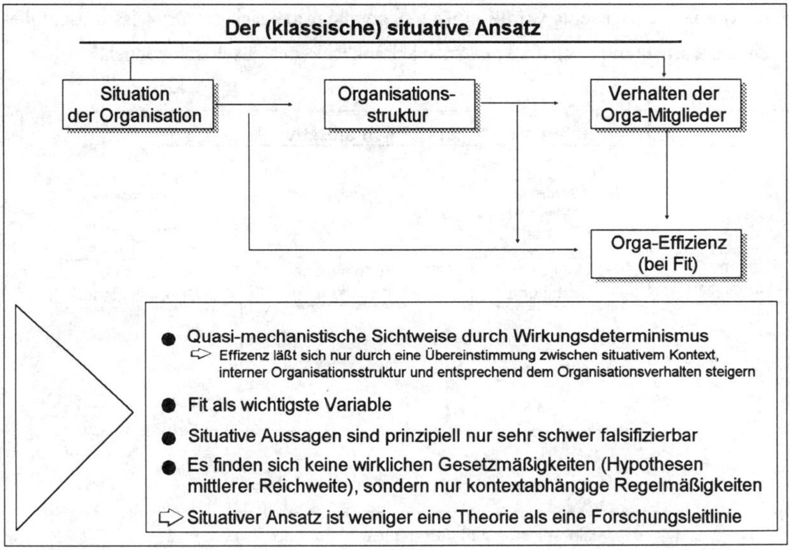

Abb. IV-2: Der (klassische) situative Ansatz
(Quelle: in Anlehnung an Kieser, A./Kubicek, H., a.a.O., S. 57)

Der (klassische) situative Ansatz ist jedoch nicht ohne Kritik geblieben. Als wesentliche Problemfelder werden insbesondere die quasi-mechanistische Sichtweise, die unzureichende Reichweite situativer Aussagen und die geringe theoretische Fundierung des Ansatzes genannt.[14]

Der Vorwurf eines starren Wirkungsdeterminismus resultiert aus der implizierten Grundannahme, daß die vorgefundenen Situationen als gegeben und unveränderbar anzusehen sind und diese die Organisationsstruktur und das Verhalten der Organisationsmitglieder prädisponieren. Dabei scheint es einleuchtend zu sein, daß Unternehmen aufgrund ihres Handelns die situativen Faktoren auch beeinflussen und - zumindest graduell - verändern können.[15] Der Einsatz von Marketinginstrumenten (wie z.B. dem Service) hat durchaus verhaltensbeeinflussende Ziele, die zu einer Veränderung des Nachfrage- und Kaufverhaltens bei den Zielgruppen führen sollen und damit situationsbeeinflussend sind. Dieser Einwand wurde bei der Weiterentwicklung zum verhaltenswissenschaftlichen situativen Ansatz berücksichtigt, bei dem - wie Abbildung IV-3 zeigt - die deterministische durch eine interaktive Perspektive mit metabolistischen Wirkungen

---

[14] Vgl. zur Kritik am situativen Ansatz u.a. Türk, K.: Neuere Entwicklungen in der Organisationsforschung, Stuttgart 1989, S. 2ff.; Schreyögg, G.: Umwelt, Technologie und Organisationsstruktur - Eine Analyse des kontingenztheoretischen Ansatzes, Bern/Stuttgart 1978, S. 322ff.; Staehle, W.: Management, a.a.O., S. 51f.;
[15] Vgl. Kieser, A.: Der Situative Ansatz, a.a.O., S. 178

substituiert wurde.[16] Gleichzeitig wurde explizit eingeräumt, daß sich die Organisationsmitglieder Entscheidungsspielräume schaffen und so Wahlmöglichkeiten ausnutzen können.[17]

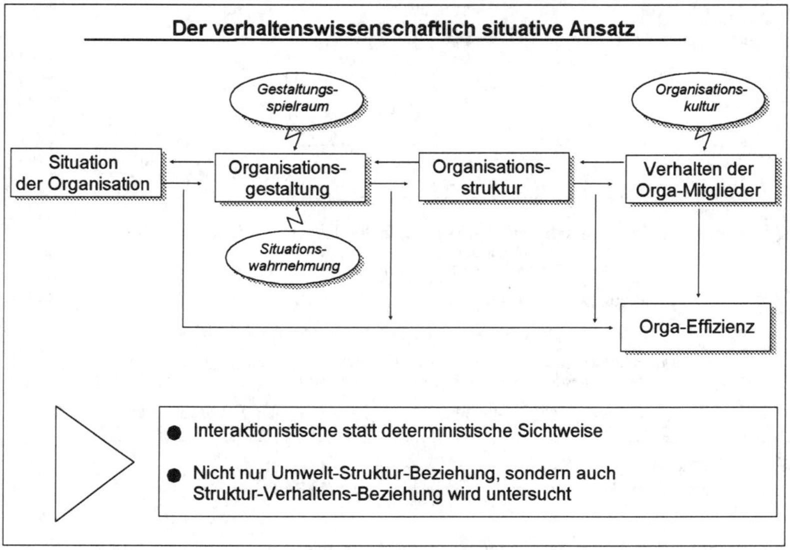

Abb. IV-3: Grundschema des verhaltensorientierten situativen Ansatzes
(Quelle: nach Staehle, W.: Management, a.a.O., S. 58)

Ein weiterer Kritikpunkt ist, daß die empirischen Ergebnisse durch den Situationsbezug nur einen sehr geringen Informationsgehalt und damit keine Allgemeingültigkeit aufweisen. Allerdings ist hierbei zu beachten, daß der situative Ansatz nicht als eine in sich geschlossene, eigenständige Theorie (mit nomologischen Aussagen) angesehen werden darf. Es handelt sich vielmehr um ein Forschungsprogramm, das als methodische Leitidee „lediglich" Hilfestellung bei der Generierung von Hypothesen liefern will, indem es eine stärkere Berücksichtigung von Antezedenz-Bedingungen in Form von Umfeldbedingungen bei der Hypothesenformulierung unterstützt.[18] Die Einflüsse und Wirkungen der externen Determinanten sind dabei durch andere Ansätze und Theorien zu erklären. Der situative Ansatz selbst ist theoriefrei, wenngleich dies häufig - auch in eigenen Reihen der Verfechter des situativen Ansatzes - als nachteilig angesehen wird.[19] Aus diesem Grund wurde er auch nicht im theoretischen Bezugsrahmen thematisiert. Er stellt aus Sicht des Verfassers vielmehr ein methodisches Prinzip zur Beschreibung und Erklärung von Handlungen, Zusammenhängen und Beziehungen dar, das im Sinne

[16] Vgl. Staehle, W.: Management, a.a.O., S. 58
[17] vgl. Segler, T.: Situative Organisationstheorie - Zur Fortentwicklung von Konzept und Methode, in: Kieser, A. (Hrsg.), Organisationstheoretische Ansätze, München 1981, S. 240ff.
[18] Vgl. Raffée, H.: Gegenstand, Methoden und Konzepte, a.a.O., S. 39
[19] Vgl. Picot, A.: Ökonomische Theorien, a.a.O., S. 157

POPPERS als Situationslogik bezeichnet werden kann[20]. Demnach hilft der situative Ansatz, Faktoren zu identifizieren, die - entsprechend dem Untersuchungsgegenstand - den Erfolgseinfluß und die Erfolgswirkung des Service vor dem Hintergrund der gegebenen Situation näher begründen. Der situative Rahmen wird dabei als ein „Suchfeld" verstanden, das eine Vielzahl potentieller Moderatoren und Einflußfaktoren auf die Erfolgswirkung des Service birgt. Mit Hilfe der theoretischen Ansätze des Bezugsrahmens soll eine willkürliche Auswahl von möglichen Einflußgrößen zugunsten einer gesteuerten Identifikation von potentiellen Determinanten vermieden werden[21]. Damit wird noch einmal deutlich, daß der situative Ansatz nicht Bestandteil des theoretischen Bezugsrahmens sein kann, sondern nur als Gestaltungsgrundlage für die Konzeption des Referenzmodells fungieren kann. Er ist daher nicht auf gleicher Ebene mit den theoretischen Ansätzen anzusiedeln.

Trotz der Kritik hat sich der situative Ansatz als implizites oder explizites Forschungsprogramm bei empirischen Analysen der strategischen Management- und Marketingforschung weitgehend durchgesetzt.[22] Das Forschungsinteresse entsprechender Untersuchungen liegt dabei vor allem in der spezifischen Analyse von situativen Einflüssen bei der Gestaltung von Strategien und in der Untersuchung der Effizienz einer Organisation (Unternehmenserfolg). Hierfür wurde ganz bewußt das *„Concept of Fit"* geschaffen, das in seiner integrativen Perspektive auf eine Harmonisierung zwischen Strategie-, Struktur- und Umweltvariablen ausgerichtet ist.[23] Dabei lassen sich je nach Harmonisierungsmethode sechs Modelle bzw. Operationalisierungen des Fit-Konzeptes feststellen:[24]

1. *Fit as Moderation:* Hierbei wird davon ausgegangen, daß die Stärke des Einflusses einer abhängigen auf eine unabhängige Variable durch eine dritte Variable moderiert wird. In diesem Fall resultiert der direkte (positive) Einfluß der unabhängigen Variable (z.B. Servicepolitik) auf die abhängige Variable (z.B. Unternehmenserfolg) aus der Harmonisierung zwischen der unabhängigen Variable mit einer Drittvariablen (z.B. Marketing-Basisstrategien). Je stärker die Dritt- und die unabhängige Variable miteinander korrespondieren, desto größer ist der Einfluß auf das Ergebnis der abhängigen Variable.
2. *Fit as Mediation:* Bei dieser Form wird davon ausgegangen, daß zwischen der abhängigen und der unabhängigen Variable lediglich ein indirekter Zusammenhang besteht. Als Ver-

[20] Vgl. Popper, K.R.: Auf der Suche nach einer besseren Welt, 8. Aufl., München 1995, S. 96f.; derselbe: Objektive Erkenntnis, a.a.O., S. 224ff.;

[21] Vgl. Fritz, W.: Marktorientierte Unternehmensführung, a.a.O., S. 25

[22] Vgl. hierzu insbesondere die Ausführungen bei Zeithaml, V./Varadarajan, P./Zeithaml, C.: The Contingency Approach - Its Foundation and Relevance in Theory Building and Research in Marketing, in: European Journal of Marketing, 22. Jg., Nr. 7., S. 37ff.; Hambrick, D./Lei, D.: Toward an Empirical Prioritization of Contigency Variables for Business Strategy, in: Academy of Management Journal, 28. Jg., 1985, Nr. 4, 763ff.

[23] Vgl. Venkatraman, N./Camillus, J.S.: Exploring the Concept of "Fit" in Strategic Management, in: Academy of Management Review, 9. Jg., 1984, S. 516

[24] Vgl. Venkatraman, N.: The Concept of Fit in Strategy Research - Toward Verbal and Statistical Correspondence, in: Academy of Management Review, 14. Jg., 1989, S. 425ff.; Habel, S., a.a.O., S. 138; Näther, C., a.a.O., S. 96ff.

mittler (Mediatoren) zwischen den beiden Variablen fungiert eine intervenierende Variable. Ein Fit wird hierbei durch die Harmonisierung zwischen der unabhängigen Variable (z.B. Servicepolitik) und dem Mediator (z.B. Marketing-Basisstrategien) auf der einen Seite sowie dem Mediator mit der abhängigen Variablen (z.B. Unternehmenserfolg) auf der anderen Seite erreicht.

3. *Fit as Profile Deviation:* Dieses Modell basiert auf dem Abgleich eines Soll- bzw. Ideal-Profils mit einem Ist-Profil. Die Profile bestehen aus mehreren, aber gleichen Variablen. Bei den Variablen bestehen jedoch i.d.R. beim Soll- und Ideal-Profil unterschiedliche Ausprägungen der Variablen. Je geringer die Differenzen hierbei sind, desto größer ist der Fit.
4. *Fit as Matching:* Bei dieser Vorgehensweise werden lediglich zwei interessierende Variablen miteinander hinsichtlich ihrer Übereinstimmung verglichen, ohne Wirkungen / Einflüsse auf andere (Erfolgs-)Variablen zu untersuchen.
5. *Fit as Covariation:* Bei diesem Modell geht man davon aus, daß mehrere Variablen untereinander harmonisieren müssen, damit ein Fit entsteht. Dabei werden jedoch keine Kausalbeziehungen zwischen den Variablen unterstellt oder festgelegt.
6. *Fit as Gestalts:* Hierbei handelt es sich um die Harmonisierung einer Vielzahl von Variablen. Es stehen jedoch nicht die Beziehungen einzelner Variablen im Vordergrund der Analyse, sondern die Kongruenz des gesamten Variablensystems als leistungsfähige Konfiguration.

Die verschiedenen Fit-Modelle dürfen nicht darüber hinwegtäuschen, daß die Messung des Fitausmaßes damit noch nicht hinreichend erklärt ist und weiterhin schwierig bleibt. Daher lassen sich aus dem Fit-Konzept selbst noch keine konkreten Schlußfolgerungen ziehen. Das Fit-Konzept und seine Varianten stellen - wie der übergeordnete situative Ansatz - lediglich einen Orientierungsrahmen dar, in dem unterschiedliche untersuchungsrelevante Theorien zur Erklärung von Zusammenhängen, Beziehungen, Phänomenen und Inhalten der Variablen eingesetzt werden müssen.[25] Operationalisierungshilfen liefern demnach die eingesetzten theoretischen Ansätze; das Fit-Konzept selbst liefert Strukturierungshilfen bei der Integration der Theorien und ist daher ebenfalls ein Gestaltungskonzept für das Referenzmodell.[26]

Grundsätzlich wird für die vorliegende Arbeit ein komplexer Fit-Approach benötigt, der sowohl die Übereinstimmung zwischen der Unternehmensumwelt und der Strategie (Umwelt-Strategie-Fit) als auch den Abgleich zwischen den internen Ressourcen und der Strategie (Ressourcen-Strategie-Fit) optimal gestaltet, um eine erfolgreiche Unternehmensführung zu gewährleisten. Zusätzlich ist auch eine interne Strategie- und Maßnahmen-Harmonisierung notwendig. Dabei ist einerseits ein Intra-Strategie-Fit zwischen den einzelnen (Marketing-) Ba-

[25] Vgl. Lücking, J., a.a.O., S. 47
[26] Vgl. ähnlich auch Lingenfelder, M.: Die Internationalisierung, a.a.O., S. 218

sisstrategien und auch den Instrumentalstrategien zu erreichen. Andererseits ist auch ein Strategie-Maßnahmen-Fit zu erarbeiten, der eine reibungslose operative Umsetzung der strategischen Entscheidung (vor allem der Instrumentalstrategien) in konkrete Handlungen gewährleistet. Die Strategieformulierung und die daraus abgeleiteten operativen Maßnahmen determinieren also den Unternehmenserfolg, sie werden dabei aber selbst von den internen und externen Bedingungen beeinflußt. So gesehen handelt es sich bei dem vorliegenden Grundmodell um eine Art „Fit-as-Moderation-Analyse“. Das Servicemanagement ist dabei die unabhängige und der Unternehmenserfolg die abhängige Variable. Unternehmensressourcen und grundlegende Unternehmensziele / -konzepte, Marketingstrategien sowie die Markt- und Umweltbedingungen sind beeinflussende Variablen der Erfolgswirkung des Service. Allerdings bestehen hierbei - entgegen der typischen Moderations-Analyse - zwei wesentliche Besonderheiten: Zum einen gibt es zwischen den externen Kontextvariablen und den internen Kontextvariablen Interdependenzen. Das gilt insbesondere auch für die Beziehung zwischen der Unternehmensumwelt und den Marketingstrategien.[27] Dadurch wird dem Marktbeeinflussungscharakter des Marketing bewußt Rechnung getragen. Ein strenger Moderatordeterminismus wird damit zugunsten einer eher voluntaristischen Perspektive des Fit-Konzepts ausgeschlossen. Allerdings ist der Einfluß einzelner Marketinginstrumente auf die externen Umfeldvariablen eher gering. Deshalb ist auch beim Servicebereich der Gestaltungseinfluß auf die externen Rahmenbedingungen kaum gegeben. Zum anderen bestehen auch zwischen den internen Kontextvariablen und dem Service (-management) als moderierte Variable gegenseitige Beeinflussungen, insbesondere zwischen den Marketingstrategien und den Serviceentscheidungen. So ergeben sich zwischen den beiden Bereichen Harmonisierungsanforderungen. Zum Abgleich zwischen Strategien und operativen Maßnahmen ist grundsätzlich der Einsatz einer „Fit-as-Matching-Analyse“ durchaus sinnvoll, um strategiekonforme (Service-) Maßnahmen abzuleiten.

Damit wird deutlich, daß in der vorliegenden Untersuchung implizit mehrere Fit-Ansätze kombinativ und entsprechend dem Untersuchungsziel unterschiedlich eingesetzt werden. Sie dienen zur Unterstützung bei der Hypothesenformulierung und -operationalisierung des Modells. Die grundlegende (Arbeits-) Hypothese des Modells kann jedoch aus Gesamtsicht bereits wie folgt formuliert werden: Der Einsatz des Service ist umso erfolgreicher, je besser die Marktanforderungen und Unternehmensressourcen in einer darauf abgestimmten Marketing- und Servicestrategie berücksichtigt und in strategieadäquate Servicemarketing-Prozesse und -Maßnahmen umgesetzt werden. Zur Überprüfung dieser Hypothese sind selbstverständlich entsprechende Konzeptualisierungen notwendig, die im Rahmen der Modellspezifizierung in Punkt 3 dieses Teils vorgenommen werden. Operationalisierungen der Untersuchungsvariablen und -hypothesen werden in Teil V vorgenommen. Sie bilden die Grundlage für die empirische Ana-

[27] Vgl. insbesondere Prescott, J.E.: Environments as Moderators of the Relationship between Strategy and Performance, in: Academy of Management Journal, 29. Jg., 1986, Nr. 2, S. 331ff.; siehe auch Bharadwaj, S.G./Varadarajan. P.R./Fahy, J., a.a.O., S. 86f.

lyse. Denn nur, wenn die einzelnen Variablen meßbar, also quantitativ bestimmbar sind, läßt sich der strategische Fit ermitteln.

Dabei ist zu berücksichtigen, daß im Kontext des internationalen Marketing für die einzelnen Ländermärkte mitunter ganz verschiedene Harmonisierungsanforderungen und -entscheidungen getroffen sowie Fit-Bestimmungen vorgenommen werden müssen. Das gilt vor allem für poly- und regiozentrisch ausgerichtete Unternehmen, denn grundsätzlich kann davon ausgegangen werden, daß mit zunehmender Berücksichtigung von Länderunterschieden in der Unternehmens- und Marketingpolitik für die einzelnen Länder- und Regionalmärkte ein eigener Fit gestaltet werden muß. Abbildung IV-4 verdeutlicht die daraus entstehende Komplexität der Optimierungsaufgaben und Fit-Gestaltung.

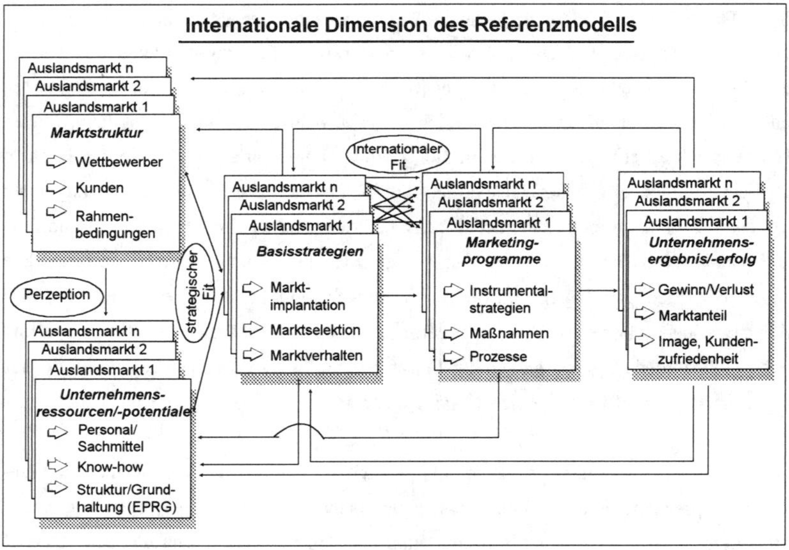

Abb. IV-4: Fit-Gestaltung im internationalen Kontext

Die Fit-Gestaltung bezieht sich dabei vor allem auf die Erfüllung von Anforderungen der Kontextvariablen durch adäquate Entscheidungen bei den Gestaltungsvariablen. Die *Kontextvariablen* determinieren als Moderatoren die Situation der zu treffenden Entscheidungen und der erforderlichen Entscheidungsinhalte. Sie lassen sich teilweise nicht oder nur in sehr begrenztem Umfang durch die Entscheider beeinflussen. Zu diesen für Entscheidungsträger invarianten und irrevisiblen Kontextvariablen gehören insbesondere externe Einflußfaktoren (z.B. kulturelle, soziale, wirtschaftliche, politische, juristische und infrastrukturelle Rahmenbedingungen in den einzelnen Ländern). In der Literatur werden manchmal auch interne organisatorische Bedingungen (z.B. Unternehmenskultur, Unternehmensstrategie, Rechtsform, Leistungsprogramm, Informationstechnologie und Charakteristika der Organisationsgestalter) als Kontextvariablen für die Unternehmens- und Marketingpolitik angesehen.[28] Im Gegensatz zu den vorstehend aufgeführten exogenen Kontextvariablen sind endogene / interne Kontextvariablen generell vom Unternehmen beeinflußbar und gestaltbar. Allerdings handelt es sich hierbei um konstitutive Unternehmensentscheidungen, die lediglich sehr langfristig und / oder mit großem Aufwand durchgeführt und verändert werden können. Kontextfaktoren sind damit sowohl im branchen- und gesellschaftsbezogenen Umsystem als auch im konstitutiven Insystem des Unternehmens angesiedelt. Für die vorliegende Untersuchung sind dabei vor allem solche internen und externen Kontextvariablen relevant, die den Einsatz des Service im internationalen Kontext determinieren.

Gestaltungsvariablen umfassen sämtliche Faktoren der Entscheidungsfindung und -realisation, die einer bestimmten Problemstellung bzw. -lösung zugrunde liegen. Gestaltungsvariablen können vom Entscheider inhaltlich, formal und mit differenzierter Intensität zielgerichtet beeinflußt und gesteuert werden. Bezogen auf die Dispositionsfreiheit kann man zwischen restringierten und flexiblen Gestaltungsvariablen unterscheiden. Während restringierte Gestaltungsvariablen bestimmten Veränderungskorridoren unterliegen, sind die flexiblen Gestaltungsvariablen ohne wesentliche Einschränkungen einsetzbar. Die Unterscheidung ist dabei jedoch problematisch, da sie nur graduell vorgenommen werden kann. Geht man davon aus, daß sich die Disposition von Gestaltungsvariablen an den Anforderungen der Kontextvariablen orientiert oder gar von diesen determiniert wird, dann sind letztlich alle Gestaltungsvariablen in gewisser Weise kontextbezogen restringiert. Innerhalb der Gestaltungsvariablen ist die Unterscheidung im wesentlichen davon abhängig, ob es bestimmte Variablen gibt, die andere in ihrem Gestaltungsspektrum determinieren. Differenzierungsschwierigkeiten ergeben sich jedoch immer dann, wenn Interdependenzen zwischen vor- und nachgelagerten bzw. über- und nachgeordneten Entscheidungen vorliegen.

Servicemanagement wird als Teilbereich der Marketingpolitik neben den generellen externen Rahmenbedingungen zum einen mehr oder minder stark von generellen unternehmens- und marketingstrategischen Entscheidungen (z.B. Festlegung der Business Mission) determiniert und entsprechend restringiert. Zum anderen gehen von den dienstleistungsspezifischen Besonderheiten des Service - gerade bei Industrieunternehmen - auch mitunter erhebliche Rückwirkungen und Einschränkungen auf das (internationale) Strategie- und Strukturkonzept (z.B. auf die Marktimplantation und die Marktselektion) des Unternehmens aus, so daß eine interaktive Koordination zwischen den beiden Entscheidungsbereichen erforderlich ist.[29] In diesem Fall ist eine eindeutige Deklarierung des Service als restriktive oder flexible Gestaltungsvariable (ohne

[28] Vgl. z.B. Kieser, A./Segler, T.: Quasi-mechanistische Situative Ansätze, in: Kieser, A. (Hrsg.): Organisationstheoretische Ansätze, München 1981, S. 174; Segler, T., a.a.O., S. 250
[29] Vgl. Hünerberg, R./Mann, A.: Internationales Servicemarketing, a.a.O., S. 96ff.

Berücksichtigung des Betrachtungszeitraums) nicht mehr möglich. Aus diesem Grunde soll auf eine derartige Differenzierung der Gestaltungsvariablen in dieser Arbeit verzichtet werden. Allgemeine Unternehmens- / Marketingstrategien haben jedoch - zeitlich gesehen - nach der notwendigen Koordination und Berücksichtigung servicespezifischer Merkmale - für den Servicebereich einen deterministischen Charakter. Sie werden deshalb zu den internen Kontextvariablen gezählt

Ergebnisvariablen sind abhängige Größen, die sich auf Wirkungen der „unabhängigen“ Gestaltungsvariablen beziehen. Sie umfassen i.d.R. Effektivitäts- und / oder Effizienzgrößen von Gestaltungskomponenten vor dem Hintergrund situativer interner und externer Kontextbedingungen. Die Festlegung der Ergebnisvariablen und die Beurteilung der Wirkungsqualität sind dabei ein kritischer Bereich, der in der Erfolgsfaktorenforschung kontrovers diskutiert wird.

2. Spezifische Probleme der empirischen Erfolgsfaktorenforschung als Erklärungseinschränkungen des Modells

Die empirische Erfolgsfaktorenforschung ist heute zu einem wichtigen Bereich der Organisations- / Management- und Marketingforschung mit hoher unternehmenspolitischer Bedeutung geworden. Allerdings dürfen trotz der Attraktivität und praktischen Relevanz der empirischen Erfolgsfaktorenforschung die Anforderungen, Probleme und Restriktionen, die hiermit verbunden sind, nicht übersehen werden.

Die (empirische) Erfolgsfaktorenforschung zielt darauf ab, Variablen zu identifizieren, die den Unternehmenserfolg möglichst nachhaltig positiv beeinflussen. Damit die Ergebnisse auch aussagekräftig und praktisch verwendbar sind, sollten sie vor allem[30]

- auf wesentlichen Zusammenhängen zwischen dem Erfolg und seinen determinierenden Faktoren beruhen,
- direkt oder indirekt meßbare und bestimmbare Erfolgsfaktoren hervorbringen sowie
- valide und reliabel sein.

Wenngleich diese grundätzlichen Anforderungen nachvollziehbar und eindeutig sind, gibt es eine Vielzahl von Problemen, die deren Erfüllung erschweren. Nachfolgend sollen einige typische Probleme der (empirischen) Erfolgsfaktorenforschung aufgezeigt werden.

---

[30] Vgl. Schefczyk, M., a.a.O., S. 26

2.1. Typische Problembereiche und -wirkungen

Eine grundsätzliche Schwierigkeit der Erfolgsfaktorenforschung besteht in der Multikausalität des Unternehmenserfolgs (sog. *Kausalitätsproblem*). Hierdurch ist die zweifelsfreie kausale Zurechnung des Erfolgs auf ganz bestimmte Aktivitäten / Faktoren (z.B. Service) nur sehr schwer oder gar nicht möglich.[31] So kann es durchaus sein, daß nicht der betrachtete Faktor (z.B. Service), sondern eine unberücksichtigte und nicht analysierte vorgelagerte Größe (Ursache) den Unternehmenserfolg determiniert. Es kommt also aufgrund von sog. „Scheinkorrelationen" zu Zurechnungsproblemen. Es handelt sich hierbei um eine generelle Problematik, die vor allem dann zum Tragen kommt, wenn - wie auch im vorliegenden Fall - interdependente und dependente Beziehungen zwischen den einzelnen Gestaltungsvariablen oder zwischen moderierenden Variablen existieren. Dadurch lassen sich nur relative Aussagen über die Wirkungsintensität eines Erfolgsfaktors in bezug auf die anderen Faktoren bei gleichzeitiger Konstanz dieser Variablen ableiten.[32] Hinzu kommt, daß bei multiplen Kausalitäten (also eine Wirkung hat mehrere Ursachen und eine Ursache hat mehrere Wirkungen) aufgrund von gegenseitigen Beeinflussungen durchaus verstärkende, kompensierende oder vermindernde Effekte entstehen können, die eine Verschärfung der Zurechnungsschwierigkeiten bewirken.[33] Dieses *Interdependenzproblem* führt dazu, daß nicht immer klar zwischen verschiedenen Ursachen bzw. zwischen Ursache und Wirkung unterschieden werden kann und somit die Identifikation eines Erfolgsfaktors erheblich erschwert wird.[34]

Des weiteren besteht ein *Linearitätsproblem*, das zu Fehlinterpretationen der Bedeutung eines Erfolgsfaktors führen kann, da sich die Wirkungselastizität eines Erfolgsfaktors nicht ex ante bestimmen läßt. Die Wirkungselastizität bezieht sich auf die Einflußstärke eines Faktors auf den Erfolg. Sie gibt also an, in welchem Umfang sich die Erfolgsgröße ändert, wenn die Intensität des Erfolgsfaktors um eine Einheit verändert wird.[35] Die hierbei regelmäßig unterstellte Proportionalität zwischen der Einsatzintensität eines vermeintlichen Erfolgsfaktors und dem Unternehmenserfolg ist zwar aus pragmatischer Sicht hilfreich, sie kann jedoch zu falschen Schlußfolgerungen führen. So können auch degressive, progressive und nichtmonotone Wirkungszusammenhänge bestehen, die sich erst über einen längeren Zeitraum erfassen las-

31. Vgl. Fritz, W.: Marktorientierte Unternehmensführung, a.a.O., S. 241f.
32 Vgl. Göttgens, O.: Erfolgsfaktoren in stagnierenden und schrumpfenden Märkten, Wiesbaden 1996, S. 38; Lange, B.: Bestimmung strategischer Erfolgsfaktoren und Grenzen ihrer empirischen Fundierung, in: Die Unternehmung, 36. Jg., 1982, Heft 1, S. 29
33 Vgl. auch Lange, B., a.a.O., S. 29; Wilde, K.D.: Bewertung von Produkt-Markt-Strategien, Berlin 1989, S. 59
34 Vgl. Wilde, K.D., a.a.O., S. 63
35 Vgl. ebenda, S. 56

sen.[36] Es ist daher im vorhinein nicht zu bestimmen, bei welcher Intensität ein Erfolgsfaktor seine maximale Erfolgswirkung erreicht.[37]

Zusätzlich ist auch die Wirkungsdynamik eines Erfolgsfaktors zu berücksichtigen, die ebenfalls zu einer erschwerten Identifikation und Bewertung seiner Erfolgsträchtigkeit führt. Hierbei kommt es zu zeitlichen Verzögerungen zwischen Einsatz und Erfolgswirkung eines Faktors. Diese *Wirkungsdauerproblematik* wird durch Carry-Over- und Hysterese-Effekte bedingt. Im ersten Fall folgt dem Einsatz oder der Intensitätssteigerung eines vermeintlichen Erfolgsfaktors zeitlich noch keine unmittelbare oder vollständige Erfolgswirkung. Sie wird ganz oder teilweise in spätere Perioden verlagert. Im zweiten Fall hält die Erfolgswirkung noch an, obwohl die Einsatzintensität verringert oder der Erfolgsfaktor schon gar nicht mehr eingesetzt wird. In beiden Situationen kommt es aufgrund der „time lags" zum Zeitpunkt der Analyse mitunter zu falschen Ergebnissen.

Ein weiteres wesentliches Problem besteht in der Auswahl der *Erfolgskriterien*. In der Literatur lassen sich im wesentlichen vier unterschiedliche Ansätze der Erfolgsmessung unterscheiden:[38]

- Zum ersten der sog. *Ziel-Ansatz*: Hierbei spiegelt sich Erfolg im Grad der beabsichtigten Zielerreichung wider. Besonders problematisch bei diesem Erfolgsverständnis ist die Tatsache, daß Ziele unternehmensindividuell formuliert werden und deshalb im Rahmen von Vergleichsanalysen nur sehr eingeschränkt verwendet werden können.
- Zum zweiten der sog. *System-Ansatz*: Erfolg bezieht sich in diesem Konzept auf die Beurteilung der Beschaffungs- und Erhaltungsfähigkeit von Ressourcen sowie die erfolgreiche Umfeldinteraktion des Unternehmens. Es handelt sich hierbei um ein sehr abstraktes Konstrukt, dessen konkrete Anwendung sehr problematisch ist.
- Zum dritten der sog. *interessenpluralistische Ansatz*: Hierbei wird Erfolg als Grad der Erfüllung von Ansprüchen unterschiedlicher interner und externer Interessengruppen definiert. Auch dieser Ansatz ist sehr schwer zu spezifizieren und anzuwenden.

Das Auswahlproblem hinsichtlich der Erfolgskriterien ist sehr eng mit dem *Operationalisierungsproblem* der Gestaltungs- und Erfolgsvariablen verbunden.[39] Hierbei handelt es sich insbesondere um Schwierigkeiten, die mit der Datenerhebung und -auswertung verbunden sind. Das gilt vor allem für die Analyse von „weichen" Erfolgsfaktoren, die nicht direkt gemessen werden können, sondern den Einsatz von „meßbaren" / „beobachtbaren"

[36] Vgl. ebenda, S. 58; Burmann, C., a.a.O., S. 21 und S. 24
[37] Vgl. Burmann, C., a.a.O., S. 24
[38] Vgl. den Überblick bei Staehle, W.: Management, a.a.O., S. 418ff. sowie verkürzt bei Fritz, W.: Marktorientierte Unternehmensführung, a.a.O., S. 219, siehe auch Homburg, C.: Kundennähe, a.a.O., S. 156
[39] Vgl. u.a. Scholz, C.: Effektivität und Effizienz, organisatorische, in: Frese, E. (Hrsg.), Handwörterbuch der Organisation, 3. Aufl., Stuttgart 1992, Sp.546f.

Indikatoren erfordern. Die Auswahl und Festlegung eines Indikators ist dabei mitunter schwierig, da dieser als Surrogat häufig nicht eindeutig dem eigentlichen Untersuchungsobjekt zugeordnet werden kann bzw. es nicht völlig abdeckt oder eine Überschneidung vorliegt. Bei der Überschneidung wird das Analyseobjekt einerseits nur teilweise abgedeckt. Andererseits geht der Indikator über den Untersuchungsgegenstand hinaus.[40] In diesem Fall liefern die Ergebnisse lediglich Informationen über den Indikator, aber nicht oder nur teilweise über die latente, eigentliche Untersuchungsvariable.[41] Werden zur Untersuchung einer latenten Variable gar mehrere Indikatoren eingesetzt (sog. Einsatz multipler Indikatoren), dann können durch Ergebnisvergleiche der verschiedenen Operationalisierungen zwar systematische Fehler bei der Messung eher erkannt werden. Dafür ist jedoch einerseits der Untersuchungsaufwand höher, da jeder Indikator nicht nur gemessen, sondern auch theoretisch untermauert werden muß.[42] Andererseits kann der notwendige Einsatz mehrerer Indikatoren darauf hinweisen, daß die latente Variable nicht völlig eindeutig definiert ist.[43]

Neben diesem „Überbrückungsproblem“ kommt es regelmäßig zu weiteren *Datenproblemen* empirischer Erfolgsfaktorenuntersuchungen. Sekundärstatistische Daten sind mit einer Vielzahl von Nachteilen behaftet, die zu einer Einschränkung des Erkenntnisfortschritts führen können.[44] Hierzu gehören im Einzelfall u.a. eine unzureichende Relevanz und Verwendbarkeit der Informationen aufgrund mangelnder Detailliertheit und Quantität der Daten für das Untersuchungsziel, ungenaue Kenntnis von methodischen Grundlagen im Falle von Sekundärdaten und dadurch mangelnde Sicherheit bei der Datenverwendung sowie mangelnde Aktualität der beschaffbaren Daten.[45] Aus diesen Gründen haben sich Primärerhebungen in der empirischen Erfolgsfaktorenforschung durchgesetzt. In der vorliegenden Arbeit soll ebenfalls eine Primärerhebung in Form einer schriftlichen Befragung durchgeführt werden. Doch auch hierbei sind erhebliche Probleme zu konstatieren. So ist man z.B. auf die Auskunftsbereitschaft und Aussagequalität von Unternehmensmitgliedern angewiesen, die Einschätzungen über interne Unternehmens- und externe Marktfaktoren abgeben sollen. Je nach „Brisanz“ des Untersuchungsobjekts und der Fragestellungen sind Probanden häufig nicht bereit, zutreffend Auskunft über Aspekte zu geben, die für den Forscher und seine Untersuchung von Interesse sind.[46] Dadurch wird u.a. der Rücklauf erheblich reduziert mit der Folge, daß die Repräsentativität der Ergebnisse maßgeblich verzerrt werden kann.

[40] Vgl. Mayntz, R./Holm, K./Hübner, P.: Einführung in die Methoden der empirischen Soziologie, 5. Aufl., Opladen 1978, S. 21
[41] Vgl. Kriz, J.: Methodenkritik empirischer Sozialforschung, Stuttgart 1981, S. 124ff.
[42] Vgl. Schnell, R./Hill, P.B./Esser, E., a.a.O., S. 139f.
[43] Vgl. ähnlich auch Bortz, J./Döring, N.: Forschungsmethoden und Evaluation, 2. Aufl., Berlin/Heidelberg/New York 1995, S. 63
[44] Vgl. Göttgens, O., a.a.O., S. 42
[45] Vgl. Berekoven, L./Eckert, W./Ellenrieder, P.: Marktforschung, 7. Aufl., Wiesbaden 1996, S. 47f.; Stier, W.: Empirische Forschungsmethoden, Berlin et al. 1996, S. 235f.
[46] Vgl. Jacobs, S., a.a.O., S. 36

Außerdem handelt es sich bei den erhobenen Daten nicht um objektive Informationen, sondern um subjektive Einschätzungen der Probanden. Hiermit ist ein Perzeptionsproblem verbunden, da die Befragten einen objektiven Sachverhalt aus der Realität entsprechend ihren Kenntnissen, Einstellungen, Werten nur selektiv wahrnehmen.[47] Hierbei kommt es fast zwangsläufig immer wieder zu unbewußten oder bewußten Fehleinschätzungen. Unbewußte Einschätzungsverzerrungen entstehen beispielsweise durch mißverstandene Fragen oder unzureichende Kenntnis hinsichtlich des untersuchten Befragungsgegenstands bei den Probanden. Bewußte Einschätzungsverzerrungen werden vom Befragten gezielt vorgenommen, um z.B. eine positive Unternehmensdarstellung zu erreichen.[48]

Ein weiteres Datenproblem liegt häufig darin, daß vor allem solche Probanden an der Befragung teilnehmen und ihre Fragebogen zurücksenden, die bezogen auf den Untersuchungsgegenstand bereits über Erfahrung verfügen und sich selbst als „gute" Unternehmen einschätzen. Dementsprechend erhält man eine homogene Menge an Probanden, die sich hinsichtlich des Untersuchungsobjekts oft nur geringfügig unterscheiden. Die identifizierten und analysierten Erfolgsfaktoren bzw. Erfolgswirkungen eines Faktors beziehen sich dann eigentlich nur auf Signifikanzen innerhalb dieser (homogenen) Gruppe von Unternehmen.[49] Verallgemeinerungen über die Erfolgsträchtigkeit der untersuchten Faktoren sind daher mit entsprechender Vorsicht vorzunehmen.

Hinzu kommt, daß die Erfolgsanalyse i.d.R. vergangenheitsorientiert ist. So wird bei den Erfolgskriterien meist auf Daten einer oder mehrerer vergangener Perioden zurückgegriffen. Infolgedessen können nur Erfolgsfaktoren und -wirkungen identifiziert werden, die in der mehr oder weniger nahen Vergangenheit relevant waren.[50] Eine Anwendung dieser Ergebnisse auf Entscheidungen in der Zukunft bzw. auf zukunftsbezogene strategische Festlegungen ist daher problematisch und auf jeden Fall von den situativen Veränderungen der externen und internen Umwelt abhängig.[51]

[47] Vgl. Töpfer, A./Poersch, M.: Aufgabenfelder des betrieblichen Personalwesens für die 90er Jahre, Neuwied/Frankfurt 1989, S. 20; Lingenfelder, M.: Die Marketingorientierung von Vertriebsleitern als strategischer Erfolgsfaktor, Berlin 1990, S. 68; siehe auch grundsätzlich zur selektiven Wahrnehmung Kroeber-Riel, W./Weinberg, P., a.a.O., 266f.

[48] Vgl. Göttgens, O., a.a.O., S. 43

[49] Vgl. Dellmann, K., a.a.O., S. 424

[50] Vgl. ebenda, S. 424f.

[51] Vgl. Schefczyk, M., a.a.O., S. 60f.; Jacobs, S., a.a.O., S. 37

2.2. Implikationen für die vorliegende Untersuchung

In der vorliegenden Arbeit soll den oben skizzierten Problemen der Erfolgsfaktorenforschung aktiv begegnet werden, um Einwände zu reduzieren und Einschränkungen bei der Interpretation zu berücksichtigen.

Zunächst ist darauf hinzuweisen, daß der vorliegenden Arbeit kein Totalmodell zugrunde gelegt wird, bei dem eine Vielzahl von Erfolgsfaktoren extrahiert werden soll. Es handelt sich bei der vorliegenden Untersuchung vielmehr um ein Partialmodell, in dem ein potentieller Erfolgsfaktor hinsichtlich seiner Erfolgswirkungen analysiert wird. Damit steht - entgegen der Zielsetzung von Totalmodellen - nicht die Erklärung des Unternehmenserfolgs im Vordergrund der Betrachtung, sondern die Analyse von Zusammenhängen und Beziehungen zwischen Service und Unternehmenserfolg. Diese Sichtweise führt dazu, daß einerseits die Multikausalitätsproblematik und auch das Interdependenzproblem eingeschränkt werden, die vor allem bei Totalansätzen auftreten. Andererseits führt diese monofaktorielle Betrachtung aber zu einer zwangsläufig unvollständigen Berücksichtigung von wichtigen Erfolgsdeterminanten und damit zu einer eingeschränkten Erklärung des Unternehmenserfolgs an sich.[52]

Zusätzlich wird in der vorliegenden Arbeit zur weiteren Reduzierung der Kausalitäts- und Interdependenzproblematik der Gestaltungsvariablen auf die beschriebenen theoretischen Ansätze zurückgegriffen. Mit Hilfe einer theoretischen Fundierung und den daraus abgeleiteten Hypothesen lassen sich bei einer derartigen konfirmatorischen Analyse Scheinkorrelationen und eventuelle Wirkungsinterdependenzen eher erkennen sowie Zurechnungsprobleme der Wirkung von Gestaltungsaktivitäten auf den Erfolg möglicherweise reduzieren. Gleichzeitig helfen Theorien bei der Operationalisierung von Begriffen und Untersuchungsvariablen. Die Bedeutung des theoretischen Bezugsrahmens in Teil 3 wird hiermit noch einmal deutlich.

Des weiteren sollen multivariate statistische Auswertungsmethoden eingesetzt werden, um Wirkungsinterdependenzen bei den Gestaltungsvariablen zu ermitteln. Neben dem üblichen Einsatz von multiplen Regressionsanalysen sollen in der vorliegenden Arbeit hierzu auch neuere kausalanalytische Verfahren (Amos) beitragen.

Für die Konzeptionalisierung des Unternehmenserfolgs wird in der vorliegenden Arbeit auf den Ziel-Ansatz zurückgegriffen, da er trotz seiner aufgeführten Schwächen - gemessen an den anderen Ansätzen - erhebliche Operationalisierungsvorteile aufweist und damit aus forschungspragmatischer Sicht besonders geeignet ist.[53] Folgt man dem in der Betriebswirt-

[52] Vgl. auch Homburg, C.: Kundennähe, a.a.O., S. 155f.
[53] Vgl. Fritz, W.: Marktorientierte Unternehmensführung, a.a.O., S. 220

schaftslehre verbreiteten Verständnis, daß Unternehmen „zielorientierte Sozialsysteme“[54] sind, dann liegt es geradezu auf der Hand, den Unternehmenserfolg über die Zielerreichung zu messen. Außerdem läßt sich der Ziel-Ansatz auf verschiedene Ebenen der Unternehmensführung beziehen, und zwar sowohl auf die Gesamtunternehmensebene als auch auf die Geschäftsfeldebene. Damit entspricht der Ziel-Ansatz dem angestrebten Untersuchungsdesign dieses Forschungsbeitrags in besonderem Maße.

Mit der Festlegung des Ziel-Ansatzes bei der Erfolgskonzeptionalisierung ist jedoch noch nicht bestimmt, welche Ziele in die Analyse einbezogen werden sollen. Da Unternehmen i.d.R. nicht einzelne Ziele verfolgen, sondern Zielbündel, die in hierarchischen Zielsystemen miteinander in Beziehung stehen, werden in der vorliegenden Untersuchung mehrere Erfolgskomponenten berücksichtigt.

Die Wirkungsdauerproblematik läßt sich nur in dynamischen Untersuchungen reduzieren oder eliminieren. Hierzu sind Längsschnittsanalysen notwendig, die explizit mehrere Perioden berücksichtigen und Veränderungen erkennen wollen. Als Methode hierfür bieten sich (eventuell branchenspezifische) Unternehmenspanel an. Hier können auch Wirkungselastizitäten von Erfolgsfaktoren ermittelt werden. Allerdings sind Panel mit erheblichen Kosten und großem Zeitenaufwand verbunden, so daß in der vorliegenden Studie auf ein derartiges Vorgehen aus forschungsökonomischen Gründen verzichtet werden muß.[55]

In der vorliegenden Arbeit wird eine Primärerhebung auf Basis einer schriftlichen Befragung durchgeführt. Dabei werden Einschätzungen von Managern hinsichtlich der Erfolgsträchtigkeit des Service und den damit verbundenen Anforderungen erhoben. Die dadurch möglicherweise entstehenden Datenprobleme werden dabei in Kauf genommen. Die Gründe hierfür liegen zum einen darin, daß auch den Entscheidungen in Unternehmen mehr oder weniger subjektive Einschätzungen von Managern zugrunde liegen. Zum anderen sind es Mitglieder des Unternehmens, die über umfassende Kenntnisse hinsichtlich der Ziele sowie interner Service-Ressourcen und -Potentiale verfügen, die als Ergebnis-, Kontext- und intervenierende Variablen in der vorliegenden Analyse untersucht werden.[56]

---

[54] Heinen, E.: Einführung in die Betriebswirtschaftslehre, 9. Aufl., Wiesbaden 1985, S. 51
[55] Vgl. zur Anwendung von Panel in der Erfolgsfaktorenforschung Hildebrandt, L./Annacker, D.: Panelanalysen zur Kontrolle „unbeobachtbarer“ Einflußgrößen in der Erfolgsfaktorenforschung, in: Zeitschrift für Betriebswirtschaft, 66. Jg., 1996, Heft 11, S. 1411ff.
[56] Vgl. auch die Hinweise zur Reduzierung und Ermittlung derartiger Datenprobleme bei Hildebrandt, L.: Die quantitative Analyse Strategischer Erfolgsfaktoren in der Marketingforschung, Berlin 1989, S. 130

3. Servicebezogene Konzeptionalisierung und Spezifizierung des Referenzmodells

Im folgenden soll das oben vorgestellte Referenzmodell servicebezogen ausgerichtet werden. Hierbei geht es um die Konzeptualisierung der Komponenten des Referenzmodells. In diesem Zusammenhang sollen nicht nur die einzelnen Modellelemente beschrieben, sondern auch Zusammenhänge zwischen einzelnen Komponenten erklärt werden. Diese Vorgehensweise ist für die Hypothesenformulierung notwendig. Neben der Berücksichtigung der theoretischen Ansätze des Bezugsrahmens soll hierbei auch auf Ergebnisse einer (explorativen) Grundlagenuntersuchung eingegangen werden, die zur Analyse der Bedeutung des Untersuchungsobjekts in der Unternehmenspraxis und damit zur Vor-Evaluierung der Thematik zur Jahreswende 1995 / durchgeführt wurde.

Es handelt sich hierbei um eine schriftliche Befragung, die auf einer Zufallsauswahl von 2.000 Probanden aus der Hoppenstedt Datenbank großer und mittelständischer Unternehmen in Deutschland beruht. Insgesamt 320 Unternehmen aus verschiedenen Branchen der be- und verarbeitenden Industrie haben sich an der Befragung beteiligt. In Abbildung IV-5 ist die Rücklaufstruktur dargestellt.

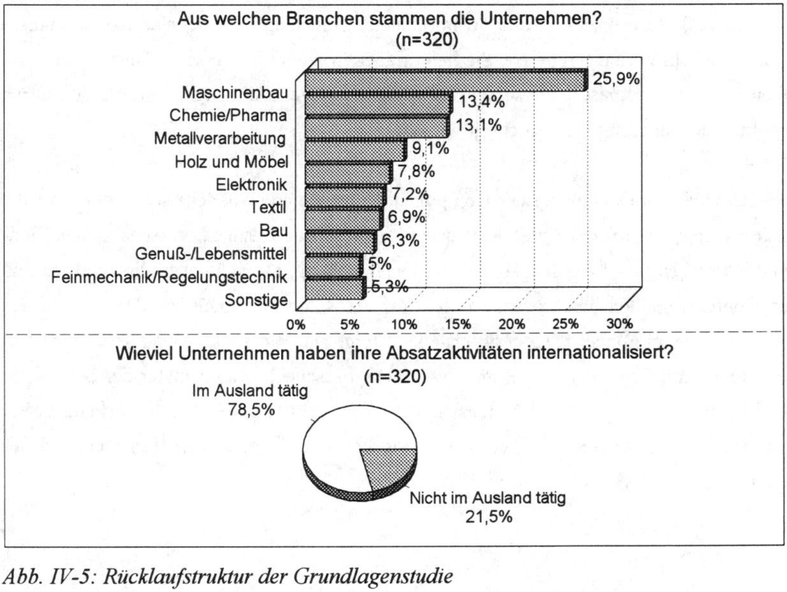

Abb. IV-5: Rücklaufstruktur der Grundlagenstudie

Die Ziele der Grundlagenstudie lagen u.a. darin, Informationen darüber zu erhalten,

- welchen Stellenwert der Service generell für die (internationale) Marktbearbeitung und das Marketing in der Praxis hat,
- welcher Einfluß vom Service auf strategische (internationale) Basisentscheidungen ausgeht,
- wie Unternehmen den Service im (internationalen) Marketing einsetzen,
- wo Probleme beim (internationalen) Einsatz des Service liegen.

Zur Informationserhebung wurde eine standardisierte Form gewählt, indem weitgehend geschlossene Fragen gestellt wurden. Die Probanden hatten dabei die Möglichkeit, auf einer fünfstufigen Ratingskala ihre Antwort anzukreuzen. Jede Itembatterie wurde zudem mit einer offenen Antwortmöglichkeit abgeschlossen, um eventuelle zusätzliche wichtige Informationen der Befragten zu berücksichtigen. Der achtseitige Fragebogen umfaßte insgesamt 21 offene und geschlossene Fragen mit 121 Items.

Das Ergebnis eines χ^2-Tests zeigt, daß die Branchenverteilung des Rücklaufs der erwarteten Verteilung entspricht. Damit liegt bezüglich des Kriteriums Branchenzugehörigkeit eine spezifische Repräsentanz der Grundlagenstudie im Hinblick auf die Grundgesamtheit in der Hoppenstedt Datenbank vor.[57] Aufgrund des teilweise geringen Rücklaufs bei einigen Branchen (z.B. Genuß- / Lebensmittel und Feinmechanik / Regelungstechnik) sind die Ergebnisse jedoch mit Vorsicht zu interpretieren. Sie liefern aber trotzdem interessante Hinweise für die Formulierung von Hypothesen. Sie sollen deshalb an entsprechender Stelle vorgestellt und bei der Hypothesengenerierung berücksichtigt werden.

Bei der nachfolgenden Darstellung der Komponenten des Referenzmodells sollen zunächst die abhängigen Erfolgsvariablen vorgestellt werden. Sie sind das Resultat wirtschaftlichen Handelns und bilden den Fix- / Ausgangspunkt der Untersuchung. Danach sollen die externen und internen Kontextvariablen beschrieben werden, die als Rahmenbedingungen den Einsatz des Service determinieren können. Daran anschließend folgt eine Vorstellung von servicebezogenen Gestaltungsvariablen. Hierbei werden wesentliche Entscheidungsparameter der Servicepolitik von Unternehmen vorgestellt und hinsichtlich ihrer hypothetischen Erfolgswirkung untersucht. In Abbildung IV-6 sind aus Sicht des Servicebereichs die einzelnen Variablenarten des Referenzmodells ausgewiesen.

[57] Bei der Berechnung des empirischen χ^2-Werts wurde die Kategorie „Sonstige" nicht berücksichtigt. Der errechnete χ^2-Wert liegt demnach unter Berücksichtigung von 8 Freiheitsgraden bei 7,41 und damit unter dem kritischen Tabellenwert χ^{2*} von 15,51 (bei p = 0,05).

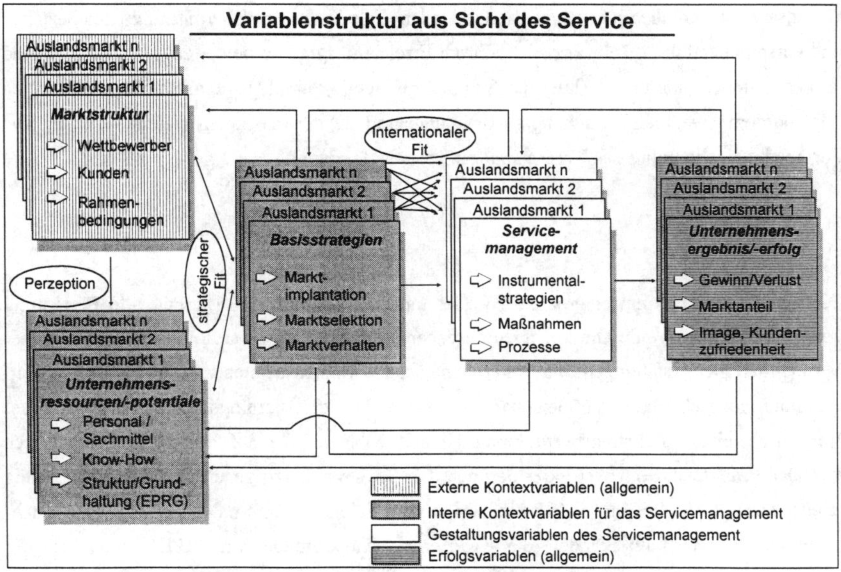

Abb. IV-6: Variablenstruktur des Referenzmodells aus Serviceperspektive

3.1. Erfolgsvariablen

Für die vorliegende Arbeit soll - wie bereits oben angekündigt wurde - grundsätzlich der Ziel-Ansatz zur Bestimmung von Erfolgsgrößen herangezogen werden. Demnach spiegelt sich der Erfolg im Ausmaß der Zielerreichung und damit in der Effektivität wider. Effektivität kann als Wirksamkeit von Handlungen verstanden werden, die sich in dem Grad der Zielerreichung niederschlägt. Oft wird - zumindest im deutschen Sprachraum - der Begriff Effizienz mit Effektivität gleichgesetzt.[58] Eine derartige Synonymie wird in dieser Arbeit nicht verfolgt. Effizienz wird vielmehr strikt von Effektivität getrennt und auf wirtschaftliche Output-Input-Verhältnisse bezogen.[59]

Mit der Anwendung des *Ziel-Ansatzes* ist zu entscheiden, welche Ziele als Bestandteile eines umfassenden Zielbündels von Unternehmen in die Untersuchung einbezogen werden sollen. Wie empirische Untersuchungen zeigen, verfolgen Unternehmen sowohl ökonomische als auch außerökonomische Ziele, die in einer systematischen Beziehung stehen.[60]

[58] Vgl. die Auflistung/Gegenüberstellung bei Grabatin, G.: Effizienz von Organisationen, Berlin/New York 1981, S. 18; siehe auch Gomez, P./Zimmermann, T.: Unternehmensorganisation - Profile, Dynamik, Methodik, Frankfurt/New York 1992, S. 58ff.

[59] Vgl. Dlugos, G.: Probleme der Unternehmenseffizienz im Systemvergleich, Bad Honef 1984, S. 45

[60] Vgl. Fritz, W. et al.: Unternehmensziele in Industrie und Handel, in: Die Betriebswirtschaft, 45. Jg., 1985, Heft 4, S. 380

Grundsätzlich sind alle unternehmensindividuellen Ziele in die Erfolgsermittlung einzubeziehen und entsprechend ihrer Relevanz sowie ihrem Erreichungsgrad zu bewerten. Dementsprechend ist der Unternehmenserfolg (UE) die Summe aus dem Produkt der einzelnen Gewichtungen (G) und dem jeweiligen Erreichungs- / Erfüllungsgrad (E) der relevanten Ziele (1, 2,..., n). Die Formel zur Bestimmung des Unternehmenserfolgs lautet damit:[61]

$$UE = \sum_{j=1}^{n} G_j \bullet E_j$$

Die Gewichtung (G) einzelner Ziele soll der unterschiedlichen Priorisierung und Bedeutung von Zielsetzungen in den Unternehmen entgegenkommen, die z.B. aufgrund unterschiedlicher Marktsituationen, -stellungen und Unternehmensphilosophien entstehen. Damit wird der Einwand der eingeschränkten Vergleichbarkeit etwas entkräftet. Allerdings ergeben sich bei dieser Vorgehensweise der Erfolgsbestimmung einige Probleme, die auf den zugrunde gelegten formalen Prämissen des Konstruktes beruhen.[62] Es ist davon auszugehen, daß diese nicht völlig zu erfüllen sind. So bedingt die Multiplikation von Zielbedeutung und -erreichung eine Unabhängigkeit beider Multiplikanden, die - wie empirische Befunde von FRITZ zeigen - in der Realität oft nicht gegeben ist.[63] Das schränkt die Brauchbarkeit des Konstrukts ein, wenn sich Korrelationen zwischen den beiden Faktoren ermitteln lassen. Da sich dieses Ergebnis aber erst nach der Datenerhebung feststellen läßt, ist eine A-priori-Beurteilung über die Nützlichkeit nicht möglich. Aus diesem Grunde sollen in der vorliegenden Untersuchung zur Absicherung auch Erfolgsmaße bzw. -indikatoren herangezogen werden, die auf Kennzahlen aufbauen und eine Interpretation bzw. eine bessere Operationalisierung von Zielen erlauben. Diese kennzahlenbasierten Größen werden zudem häufig selbst als Zielvorgaben und Kontrollinstrumente genutzt, da sie quantitativ erfaßbare Sachverhalte, die auch auf komplexen Zusammenhängen beruhen können, in vereinfachter Form wiedergeben.[64] Allerdings bedürfen diese Größen einer richtigen Konstruktion, Auswahl und Interpretation sowie vor allem einer qualitativ und quantitativ geeigneten Datenbasis zur Ermittlung aussagekräftiger Ergebnisse. Zudem können kennzahlenbasierende Indikatoren nur bei quantifizierbaren, also metrischen Größen eingesetzt werden. Bei qualitativen Aspekten, die sich nicht oder nur unzureichend quantifizieren lassen, entfällt damit die Möglichkeit einer Zielplanung und -kontrolle mittels Kennzahlen.[65] Darüber hinaus sind kennzahlenbezogene Größen immer mit einer Informationskomprimierung verbun-

[61] Vgl. Haedrich, G./Gussek, F./Tomczak, T.: Instrumentelle Strategiemodelle als Komponenten im Marketingplanungsprozeß, in: Die Betriebswirtschaft, 50. Jg., 1990, Heft 2, S. 213; Jenner, T.: Internationale Marktbearbeitung, a.a.O., S. 180; ähnlich auch Fritz, W.: Marktorientierte Unternehmensführung, a.a.O., S. 224

[62] Vgl. insbesondere Fritz, W.: Marktorientierte Unternehmensführung, a.a.O., S. 225ff.

[63] Vgl. ebenda, S. 226

[64] Vgl. Reichmann, T.: Controlling mit Kennzahlen und Managementberichten, 4. Aufl., München 1995, S. 19

[65] Vgl. zu den Grenzen und Problemen von Kennzahlen insbesondere Siegwart, H.: Kennzahlen für die Unternehmensführung, 2. Aufl., Bern/Stuttgart 1989, S. 121ff.

den, die zu Unsicherheiten und Ungenauigkeiten bei der Interpretation und Bewertung führen kann.

Ein weiteres Problem des Ziel-Ansatzes besteht - vor dem Hintergrund der angestrebten Vergleichbarkeit und einem forschungsökonomischen Vorgehen - darin, diejenigen Ziele zu erfassen, die für alle (untersuchten) Unternehmen relevant und eindeutig sind. Man kann davon ausgehen, daß die Erreichung von Formalzielen im Sinne von übergeordneten Leit- / Erfolgszielen, wie z.B. Gewinn, Rentabilität und die Sicherung des Unternehmensbestands, für alle Unternehmen und Manager bedeutsam ist.[66] Sie stellen faktisch finale Zielgrößen dar, die in allen Unternehmungen angestrebt werden. Beim Einsatz von Kennzahlen, die sich auf derartige formale Zielbereiche beziehen, lassen sich - bei einheitlicher Definition - unternehmens- und / oder periodenübergreifende Vergleiche durchführen.[67] Aus diesem Grund sollen ebenfalls kennzahlenbasierten Größen als flankierende Meßeinheiten in dieser Untersuchung berücksichtigt werden. Dabei ist grundsätzlich zu berücksichtigen, daß es i.d.R. keine absoluten Muß- oder Sollwerte für einzelne Kennzahlen gibt, die über die Erfolgsträchtigkeit eines Unternehmens klare Auskunft geben. Meistens lassen sich lediglich allgemeine Empfehlungen in der Weise ableiten, daß beispielsweise Output-Input-Relationen einen Wert (des Quotienten) von mindestens 1 aufweisen sollten. Statt eines absoluten Kennzahlenwerts ist daher häufig ein relatives Kennzahlenergebnis sinnvoll. Das kann sich beispielsweise auf Veränderungen gegenüber vorangegangenen Perioden und / oder auf relative Ergebnisausprägungen gegenüber Wettbewerbern beziehen. Für die empirische Untersuchung in der vorliegenden Arbeit werden die kennzahlenbasierten Größen im Verhältnis zu den Konkurrenten auf dem Absatzmarkt erhoben und als Erfolgsmaßstab bewertet.

Im Gegensatz zu finalen Formalzielen sind einzelne (objektbezogene) Modalziele zwischen den einzelnen Unternehmen weniger homogen.[68] Sie beziehen sich auf angestrebte Zielerreichungen einzelner Unternehmens- / Funktionsbereiche und Aktivitäten / Gegenstände. Im Rahmen der vorliegenden Untersuchung sind besonders auch solche Modalziele interessant, die sich auf die internationale Geschäftstätigkeit beziehen. In der Literatur zum internationalen Marketing wird neben Formalzielen in diesem Zusammenhang vor allem auf Wachstums-, Risiko- und Beschaffungsziele verwiesen.[69] Auch in der vorliegenden Arbeit sollen internationale Ziele be-

[66] Vgl. auch Fritz, W. et al.: Unternehmensziele und strategische Unternehmensführung, a.a.O., S. 573; Link, J.: Führungskräfte und Führungserfolg - Eine Einführung, in: Krystek, U./Link, J. (Hrsg.), Führungskräfte und Führungserfolg, Wiesbaden 1995, S. 21

[67] Vgl. zum Einsatz von Kennzahlen in der Erfolgsfaktorenforschung z.B. Schäfer, S.: Erfolgsfaktoren von deutschen Lebensversicherungsunternehmen, Wiesbaden 1996, S. 15ff. und S. 64ff.

[68] Vgl. Schäfer, E.: Die Unternehmung - Einführung in die Betriebswirtschaftslehre, Nachdruck der 10. Aufl., Wiesbaden 1991, S. 335

[69] Vgl. Hünerberg, R.: Internationales Marketing, a.a.O., S. 95f.; Meffert, H. /Bolz, J., a.a.O., S. 93f.; Walldorf, E.G.: Auslandsmarketing, Wiesbaden 1987, S. 20ff.

rücksichtigt werden. In der Grundlagenstudie wurde bereits die Relevanz verschiedener Ziele für internationale Absatzaktivitäten untersucht. Das Ergebnis ist in Abbildung IV-7 dargestellt.

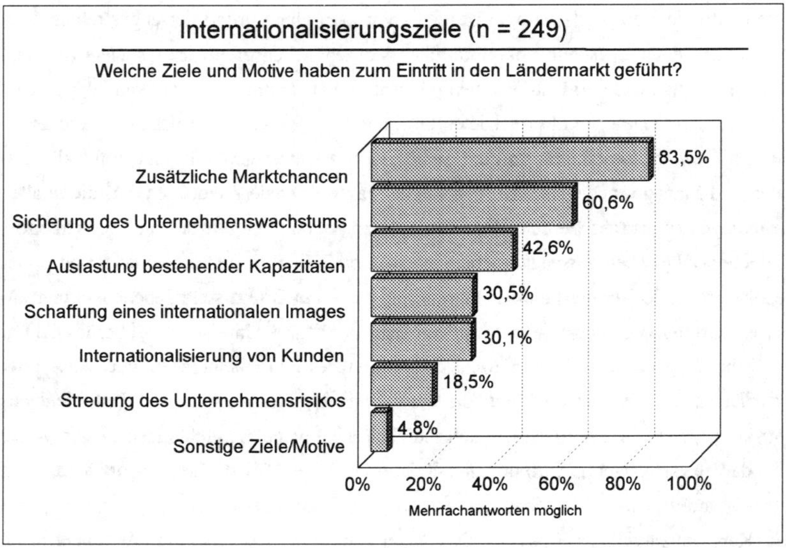

Abb. IV-7: Ziele internationaler Absatzaktivitäten

Die ermittelten Ziele in der Grundlagenstudie beziehen sich dabei auf die Unternehmens- und Geschäftsfeldebene. Geschäftsfelder sind dabei Produkte oder Produktgruppen mit eigenständiger Marktaufgabe sowie eindeutigen und eigenständigen Zielen.[70] Spezielle Ziele der Instrumentalebene des Service (z.B. leistungsbezogene Serviceniveau-Ziele wie Servicequalität, -zufriedenheit, -bereitschaft und -flexibilität) werden nicht berücksichtigt.[71] Sie sind als Unterziele aufgrund des Ziel-Mittel-Umschlags vielmehr Gestaltungsvariablen und werden dementsprechend in der Analyse berücksichtigt. Hinzu kommt, daß in der vorliegenden Arbeit der Servicebeitrag zur Erreichung von formalen und sachbezogenen Unternehmens- und Geschäftsfeldzielen als Serviceerfolg bezeichnet wird und somit den Mittelpunkt der Untersuchung bildet.

Es ist davon auszugehen, daß ökonomische Zielgrößen und Erfolgskennzahlen für die Unternehmensführung eine besondere Relevanz besitzen. Diese Vermutung läßt sich aus der in der Wissenschaft weit verbreiteten Auffassung der mikroökonomischen Unternehmenstheorie ab-

[70] Vgl. Hinterhuber, H.H.: Strategische Unternehmensführung, Bd. 2 - Strategisch Handeln, 4. Aufl., Berlin/New York 1989, S. 121

leiten, daß Unternehmen in marktwirtschaftlichen Wirtschaftssystemen nach dem erwerbswirtschaftlichen Prinzip handeln. Demgemäß besteht die primäre Zielsetzung von (privatwirtschaftlichen) Unternehmen darin, einen Mehrwert bzw. Einkommen für seine Eigentümer zu erwirtschaften.[72] Dieses Ziel läßt sich langfristig nur durch die Profitabilität der Leistungserstellung und -verwertung erreichen.[73]

Profitabilität soll dabei als finanzwirtschaftliche Größe verstanden werden, die sich in der Rentabilität niederschlägt. Rentabilität ist eine Verhältniszahl, bei der eine finanzwirtschaftliche Ergebnisgröße (z.B. Gewinn, Cash Flow) mit dem Kapitaleinsatz oder auch dem erzielten Umsatz in Beziehung gesetzt wird.[74] Da sowohl für die Ergebnisse als auch beim Kapitaleinsatz unterschiedliche Größen verwendet werden können, lassen sich verschiedene Rentabilitäten ermitteln. Zu den oft verwendeten Rentabilitätsarten gehören z.B. Gesamtkapital-, Eigenkapital-, Umsatz- und Projekt- / Investitionsrentabilitäten.[75]

Umsatz und / oder Gewinn sind als rentabilitätsbeeinflussende Faktoren wirtschaftliche Teil- / Modalziele, die untereinander wiederum im Zusammenhang stehen. So hat der Umsatz als wesentlicher, und zwar betriebsbedingter Bestandteil von Erträgen einen Einfluß auf den Gewinn (Gewinn = Erträge - Aufwendungen). Umsatz und vor allem Gewinn stellen für Unternehmen meist selbst eigenständige finale Zielgrößen dar, die - abgesehen von der notwendigen handelsbilanztechnischen GuV-Ermittlung - zur betrieblichen Erfolgsbestimmung und -beurteilung genutzt werden.[76]

Für die vorliegende Arbeit sollen neben Rentabilitäts- auch Umsatz- und Gewinnangaben sowie der Cash-Flow als Erfolgsindikatoren herangezogen werden. Finanzgrößen bilden aber nur einen Bereich der zu berücksichtigenden Erfolgsindikatoren auf der Unternehmens- und Geschäftsfeldebene. Eine einseitige Erfolgsermittlung auf Basis von Finanzzielen und -kennzahlen ist nämlich aus mehreren Gründen problematisch und sollte durch andere Erfolgsmaßstäbe ergänzt werden. So ist der Aussagewert von Finanzgrößen / -kennzahlen, die auf Jahresabschlußdaten beruhen, beispielsweise dadurch eingeschränkt, daß sie durch „bilanzielle" Be-

---

[71] Vgl. zu den Instrumentalzielen u.a. Meffert, H.: Kundendienst als Marketinginstrument - Einführung in die Problemkreise des Kundendienst-Managements, in: Meffert, H. (Hrsg.), Kundendienst-Management, Frankfurt/Bern 1982, S. 13; Frisch, W.: Service-Management, a.a.O., S. 199ff.

[72] Vgl. Heinen, E., a.a.O., S. 106; Gutenberg, E.: Einführung in die Betriebswirtschaftslehre, 8. unveränderter Nachdruck, Wiesbaden 1990, S. 190; Wöhe, G.: Einführung in die allgemeine Betriebswirtschaftslehre, 17. Aufl., München 1990, S. 6; siehe auch zum Teil kritisch betrachtet von Raffée, H.: Grundprobleme, a.a.O., S. 138ff.

[73] Vgl. auch Albach, H.: Maßstäbe, a.a.O., S. 71

[74] Vgl. Perridon, L./Steiner, M.: Finanzwirtschaft der Unternehmung, 7. Aufl., München 1993, S. 10

[75] Vgl. ebenda; Drukarczyk, J.: Finanzierung, 6. Aufl., Stuttgart/Jena 1993, S. 56f.; Hopfenbeck, W.: Allgemeine Betriebswirtschafts- und Managementlehre, 10. Aufl., Landsberg/Lech 1996, S. 655ff.; Stöttner, R.: Investitions- und Finanzierungslehre, Frankfurt/New York 1998, S. 301ff.

[76] Vgl. Fritz, W. et al.: Unternehmensziele und strategische Unternehmensführung, a.a.O., S. 571

wertungsfreiheiten in gewissem Maße vom Management beeinflußbar sind.[77] Hinzu kommt, daß gerade Gewinn und Rentabilität ohne weitere Kommentierungen und Detailinformationen keine Aussagen über eine erfolgreiche Unternehmenspolitik am Markt liefern. Zudem sind Bilanzdaten vergangenheitsorientiert und ermöglichen lediglich eine historische, aber keine zukunftsbezogene Bewertung der Erfolgsentwicklung. Ein weiteres schwerwiegendes Problem von Finanzgrößen bei international ausgerichteten Untersuchungen liegt darin, daß beim Vergleich mit Unternehmen aus unterschiedlichen Ländern bei differierenden länderspezifischen Rechnungslegungsvorschriften erhebliche Schwierigkeiten entstehen.[78]

Aus diesen Gründen sollen zusätzlich auch marktbezogene Größen und Zielerreichungen als Erfolgsindikatoren auf der Unternehmens- und Geschäftsfeldebene berücksichtigt werden. Sie beziehen sich als Sachziele auf Wirkungen bei den Marktsubjekten, die durch den Einsatz von Marketinginstrumenten erreicht werden sollen.[79] Hierbei handelt es sich vor allem um nicht-monetäre Größen, die ökonomischen (Formal-) Zielen vorgelagert sind. Typische Marktziele sind:[80]

- Marktstellungsziele, insbesondere Marktanteil / -durchdringung und Marktgeltung,
- Erhöhung der Bekanntheit,
- Abhebung von Wettbewerbern,
- Schaffung von Präferenzen,
- Veränderung und Verfestigung von Einstellungen,
- Bildung und Verstärkung eines spezifischen Images,
- Gewinnung von Kunden,
- Erhöhung von Kundenzufriedenheit,
- Schaffung von Kundenbindung und Wiederkäufen,
- Ausreichende Verbraucherversorgung.

Ein besonderes Problem von nicht-monetären Marktgrößen und -zielen liegt darin, daß sie Effizienzaspekte meist nicht explizit berücksichtigen und deshalb allein noch nichts über den ökonomischen Erfolg aussagen. So muß beispielsweise ein hoher Bekanntheitsgrad nicht unbedingt mit einer wirtschaftlichen Adäquanz einhergehen. Der Erfolg bei den Marktgrößen kann nämlich durch einen übermäßig großen (finanziellen) Ressourceneinsatz erzielt werden.[81] Eine isolierte Betrachtung von Markt- / Marketingzielen ohne Berücksichtigung ökonomischer Größen ist daher ebenso problematisch wie eine ausschließlich finanzwirtschaftliche Erfolgsbetrachtung. Hinzu kommt, daß vor allem die Erreichung psychologischer Marktziele wie Image-,

---

[77] Vgl. Näther, C., a.a.O., S. 51
[78] Vgl. Schefczyk, M., a.a.O., S. 58
[79] Vgl. ähnlich Scheuch, F.: Marketing, 4. Aufl., München 1993, S. 170
[80] Vgl. ebenda; Meffert, H.: Marketing-Management, a.a.O., S. 96ff.
[81] Vgl. Schefczyk, M., a.a.O., S. 58

Präferenz- und Einstellungsänderungen nur schwer meßbar ist und von Unternehmen nicht immer systematisch ermittelt wird. Auch der unternehmensübergreifende Vergleich von quantifizierten Marktstellungszielen, wie z.B. dem Marktanteil, ist schwierig, da mit dem Erreichungsgrad ebenfalls noch keine Informationen über den ökonomischen Erfolg vorliegen. Die in der bekannten PIMS-Studie nachgewiesene und plausibel erscheinende lineare positive Marktanteils-Rentabilitäts-Korrelation konnte in einer Reihe von Replikationsstudien nicht nachgewiesen werden.[82] So zeigen empirische Ergebnisse immer wieder, daß auch Unternehmen mit geringen Marktanteilen - auf dem Gesamtmarkt - wirtschaftlich sehr erfolgreich sein können.[83]

Für die vorliegende Untersuchung sind vor allem solche Marktziele relevant, die durch den bewußten Einsatz des Service determiniert werden. Entsprechend den vorgestellten Funktionen des Service in Teil II dieser Arbeit kann der Service auf alle vorstehend aufgeführten Marktziele Einfluß nehmen. In der Grundlagenstudie wurde die Bedeutung des Service für die Erreichung unterschiedlicher Markt- und ökonomischer Formalziele auf in- und ausländischen Märkten anhand von Managerurteilen ermittelt. Abbildung IV-8 gibt die Durchschnittsergebnisse der Einschätzungen für einzelne Zielbereiche wieder[84].

Die Einschätzungen zeigen, daß dem Service zur Erreichung typischer Marktziele eine große Bedeutung beigemessen wird. Es ist daher zu vermuten und an späterer Stelle zu beweisen, daß der zielgerichtete Serviceeinsatz ein Erfolgsfaktor der marktorientierten Unternehmensführung sein kann. Damit kann an dieser Stelle die grundlegende Ausgangshypothese (H0) dieser Arbeit vorgestellt werden. Sie lautet wie folgt:

H0: Der Service beeinflußt den Unternehmenserfolg positiv

[82] Vgl. Buzzell, R.D./Gale, B.T.: Das PIMS-Progamm, Wiesbaden 1989, S. 82

[83] Vgl. z.B. Woo, C.Y./Cooper, A.C.: Strategies of Effective Low Share Business, in: Strategic Management Journal, 2. Jg., 1981, No. 3, S. 301ff.; siehe auch Porter, M.E.: Wettbewerbsstrategie, a.a.O., S. 73

[84] Vgl. Hünerberg, R./Mann, A.: Strategische Implikationen des Service-Marketing in Industrieunternehmen - Konzeptionelle Überlegungen und empirische Befunde, in: Engelhardt, W.H. (Hrsg.), Perspektiven des Dienstleistungsmarketing, Wiesbaden 1998, S. 172

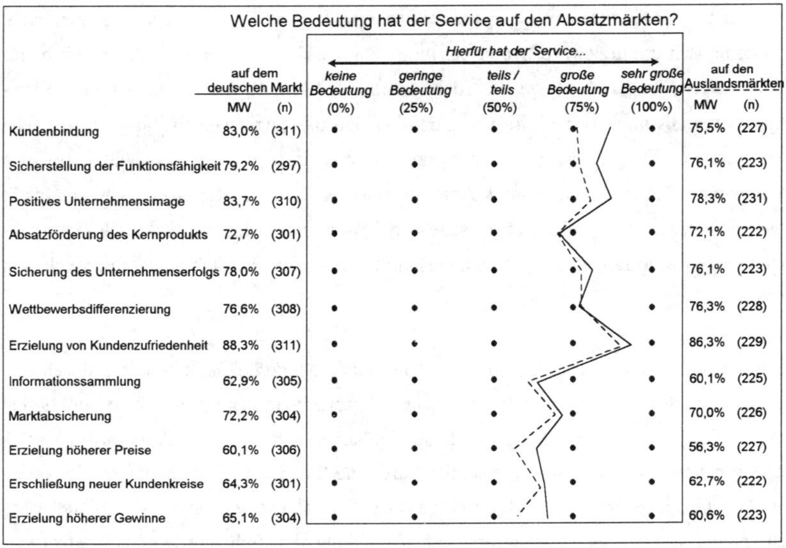

Abb. IV-8: Bedeutung des Service für die Erreichung von Formal- und Marktzielen

Vor allem die Kundenbindungsfunktion des Service nimmt bei der Beurteilung eine herausragende Stellung ein, da der Service für die Erreichung von Kundenzufriedenheit und -bindung aus Sicht der Unternehmen im In- und Ausland eine erhebliche Bedeutung hat. Auch die Akquisitions- und Differenzierungsfunktion, beispielsweise zur Erreichung eines positiven Images, Abhebung gegenüber Wettbewerbern, Absatzförderung des Kernprodukts oder Erschließung neuer Kundengruppen, wird von den Unternehmen weitgehend als bedeutend angesehen. Lediglich die Informations- und Kommunikationsfunktion hat eine weniger große Bedeutung.

Auch der Einfluß zur Erreichung wirtschaftlicher Ziele, wie Gewinnerhöhung oder Preiserhöhungen beim Kernprodukt wird als weniger bedeutend angesehen. Dieses letzte Ergebnis erstaunt insofern, als in der Literatur manchmal auf die Schaffung von Preisspielräumen verwiesen wird, die mit dem Einsatz des Service als Differenzierungsinstrument verbunden sind.[85] Daß dieses Ziel nicht völlig erreicht bzw. stark beeinflußt wird, mag daran liegen, daß die Servicekosten bei den meisten Unternehmen zunächst vom Kernprodukt getragen und vom Kunden übernommen werden müssen. Wie aus der Grundlagenstudie ersichtlich ist, erfolgt im Durchschnitt bei den meisten Unternehmen keine separate, eigenständige Rechnungsstellung der erbrachten Serviceleistungen. Dabei sind die damit verbundenen Kosten nicht unerheblich. Im Inland betragen die Servicekosten bei den befragten Unternehmen im Durchschnitt immerhin 11,1% und im Ausland 9,5 % der Produkt- / Kernleistungskosten. Um diese Kostenbelastung auf den Nachfrager zu übertragen, müssen die Serviceleistungen auch einen echten Nutzen und damit einen Mehrwert für die Abnehmer liefern. Anderenfalls handelt es sich lediglich um „Frill-Angebote", die von den Kunden weder als gut empfunden noch bezahlt werden.[86] Um diese Problemangebote zu umgehen, sind im Rahmen eines professionellen Servicemanagements entsprechende informatorische und strategische Maßnahmen zu treffen, die bei den Gestaltungselementen an späterer Stelle erörtert werden.

3.2. Kontextvariablen

Kontextvariablen determinieren den (internationalen) Serviceeinsatz aufgrund ihres exogenen oder konstitutiven Charakters. Während die Bestimmung von exogenen Kontextvariablen aufgrund fehlender direkter Dispositionsmöglichkeiten i.d.R. ohne größere Schwierigkeiten möglich ist, kann die Bestimmung interner Kontextvariablen aufgrund von Interdependenzen zwischen generellen internen Strukturmerkmalen und Gestaltungsvariablen mitunter erhebliche Probleme bereiten. Für die vorliegende Arbeit sollen - wie bereits oben angedeutet - alle konstitutiven Unternehmensentscheidungen als interne Kontextvariablen für das Servicemanagement gelten. Dazu gehören auch grundsätzliche strategische (Basis-) Entscheidungen, die eine „Scharnierfunktion" zwischen den (internen und externen) Kontextvariablen auf der einen Seite sowie den taktischen und operativen Gestaltungselementen auf der anderen Seite und damit eine gegenseitige Abstimmung übernehmen. Das Ergebnis des Abstimmungsprozesses ist jedoch als integriertes (Marketing-) Strategiekonzept - bis zur nächsten Änderung - für die instrumentalstrategischen und operativen Entscheidungen in den einzelnen Marketing-Mix-Bereichen und somit auch für den Servicebereich bindend.

3.2.1. Externe Kontextvariablen

Zu den externen Kontextvariablen gehören verschiedene Bereiche der Unternehmensumwelt. Diese kann aus systemtheoretischer Sicht als Umsystem von Unternehmen verstanden werden, das sich in verschiedene Subsysteme untergliedern läßt.[87] Je nach Verflechtungsgrad zwischen dem Unternehmen und seiner Umwelt kann man beispielsweise zwischen Aufgabenumwelt -

---

[85] Vgl. z.B. Läbe, S.M./Stolpmann, F.N.: Service-Wege zu neuen Geschäftspotentialen und hoher Kundenbindung, in: Becker, L./Lukas, A. (Hrsg.), Effizienz im Marketing, Wiesbaden 1994, S. 97

[86] Vgl. Meyer, A./Blümelhuber, C.: No Frills! Servicekonzepte ohne Wildwuchs und Schnickschnack, in: absatzwirtschaft, 38. Jg., 1995, Sonderheft 10 , S. 30

[87] Vgl. z.B. Raffée, H.: Marketing und Umwelt, a.a.O., S. Bea, F.X./Haas, J.: Strategisches Management, Stuttgart/Jena 1995, S. 76; Macharzina, K.: Unternehmensführung - Das internationale Managementwissen, Wiesbaden 1993, S. 14ff.

auch als Umwelt I oder Mikroumwelt bezeichnet - und der generellen Umwelt - auch Umwelt II oder Makroumwelt genannt - unterscheiden.[88]

Die *Aufgabenumwelt* umfaßt die Struktur und die Verhaltens- / Handlungsergebnisse von Umweltelementen, mit denen ein Unternehmen in direkter Interaktion steht. Zu diesen Umweltelementen zählen z.B. Lieferanten, Kapitalgeber, Konkurrenten und Kunden.[89] Sie haben aufgrund ihrer starken Beziehung zum Unternehmen auch einen erheblichen Einfluß auf die Unternehmensführung.

Die *generelle / globale Umwelt* besteht aus weiteren externen / überbetrieblichen Faktoren, die zwar ebenfalls die Unternehmensführung beeinflussen, aber eher einen indirekten Bezug zum Unternehmen aufweisen. Dieser ist nicht unternehmensspezifisch, sondern wird mehr oder minder stark auf alle Unternehmen (einer Branche). Zu den generellen Umweltfaktoren gehören kulturelle, soziale, politisch-juristische, ökonomische, technologische und ökologische Rahmenbedingungen eines Landes.[90] Während die aufgabenspezifische Mikroumwelt langfristig durchaus, beispielsweise durch den zielgerichteten Einsatz marketingpolitischer Instrumente, von Unternehmen beeinflußt werden kann, ist eine wirkungsvolle Einflußnahme auf die generelle / globale Umwelt weitaus schwieriger oder gar unmöglich.[91] Ansätze zur Gestaltungsbeeinflussung genereller Umweltfaktoren, wie z.B. das Mega- bzw. Public-Marketing, sind nach Ansicht des Verfassers noch nicht hinreichend ausgearbeitet und zumindest nicht empirisch überprüft.[92] Es gibt daher noch keinen validen Ergebnisse hierzu.

In der vorliegenden Arbeit werden jedoch nicht alle Umweltfaktoren berücksichtigt, sondern es wird nur ein Teilbereich herausgegriffen. So erfolgt bei der Aufgabenumwelt eine Beschränkung auf Absatzmarktfaktoren, da der Fokus der Untersuchung auf absatzbezogenen Serviceleistungen liegt. Bezüglich der generellen Unternehmensumwelt werden nur Umweltfaktoren berücksichtigt, die vor dem Hintergrund der Service-Charakteristika (Immaterialität und Integration des externen Faktors) und vor dem Entscheidungstatbestand der Internationalisierung eine besondere Relevanz aufweisen. Hierzu zählen insbesondere sozio-kulturelle sowie rechtliche und politische Rahmenbedingungen.

---

[88] Vgl. Raffée, H.: Marketing und Umwelt, a.a.O., S. 4f.; Bea, F.X./Haas, J., a.a.O., S. 76
[89] Vgl. Macharzina, K.: Unternehmensführung, a.a.O., S. 18
[90] Vgl. Staehle, W.: Management, a.a.O., S. 596ff.
[91] Vgl. Macharzina, K.: Unternehmensführung, a.a.O., S. 18
[92] Vgl. zum Grundgedanken dieser Ansätze vor allem Kotler, P.: Megamarketing, in: Harvard Business Review, 64. Jg., 1986, March-April, S. 117ff.; Raffée, H.: Marketing und Umwelt, a.a.O., S. 9

3.2.1.1 Die Markt- / Branchensituation als Kernbereich der Aufgabenumwelt

Für die Analyse und Beschreibung der marktbezogenen Aufgabenumwelt kann zur Strukturierung und Systematisierung der zu untersuchenden Elemente grundsätzlich auf PORTERS Branchenstruktur-Ansatz zurückgegriffen werden. Demnach wird die Markt- / Branchensituation von folgenden fünf Kräften determiniert:[93]

- direkte Konkurrenten auf dem Markt,
- potentielle neue (direkte) Konkurrenten,
- Anbieter von Substitutionsprodukten als indirekte Wettbewerber,
- Lieferanten,
- Abnehmer.

Alle fünf Akteure beeinflussen den strategischen Handlungsspielraum von Unternehmen auf einem Markt und damit auch den Einsatz des Service als (strategisches) Marketinginstrument zur Erreichung der gesetzten Unternehmens- und Marktziele. Nach PORTER sind vor allem diejenigen Unternehmen wirtschaftlich erfolgreich, die ihre Unternehmens- und Marktstrategien ganz bewußt an der vorgefundenen Marktstruktur ausrichten.[94] Diese ist wiederum das Ergebnis der jeweiligen Machtstellung der einzelnen Akteure, die versuchen, die Branchensituation zu eigenen wirtschaftlichen Gunsten zu beeinflussen. Je größer dabei die Einflußintensitäten sind, desto stärker wird auch der Wettbewerb der Markt- / Branchenakteure um die Verteilung von möglichen Gewinnen und Renditen einer Branche.[95] Unternehmen, denen es gelingt, ihren eigenen Einfluß auszubauen und / oder den (potentiellen) Einfluß anderer Akteure zu reduzieren, werden aus ökonomischer Sicht ihren Erfolg sichern oder gar steigern können.

Nachstehend soll auf Basis theoretischer / konzeptioneller Überlegungen untersucht werden, ob der Service die eigene Markt- / Branchenstellung und damit den (wirtschaftlichen) Unternehmenserfolg positiv beeinflussen kann. Dabei wird nicht nur die Perspektive eines etablierten Unternehmens in einer Branche eingenommen, sondern auch der Blickwinkel von eintrittswilligen Unternehmen in einen neuen (Länder-) Markt berücksichtigt.

3.2.1.1.1 Direkte, indirekte und potentielle Wettbewerber

Direkte Wettbewerber sind bereits etablierte Konkurrenten auf einem Markt. Sie sind i.d.R. bestrebt, ihre horizontale Wettbewerbsposition gegenüber Mitanbietern zu sichern oder auszu-

[93] Vgl. Porter, M.E.: Wettbewerbsstrategie, a.a.O., S. 26
[94] Vgl. ebenda, S. 57
[95] Porter bezeichnet die Branchenakteure deshalb auch als „Triebkräfte"/Driving Forces des Branchenwettbewerbs. Siehe ebenda, S. 27f.

bauen. Solange ein Marktwachstum besteht und alle Anbieter davon partizipieren, kann von einer eher geringen horizontalen Wettbewerbsintensität ausgegangen werden. Diese Situation ist typisch für junge und expansive Märkte, die eine schnelle Absatzentwicklung der Produkte aufweisen. Auf jungen Märkten sind meist nur ein oder sehr wenige Anbieter präsent, und es haben sich noch keine markt- und marketingstrategischen Konzepte und Spielregeln herauskristallisiert. Auf expansiven Märkten als Folgestufe junger Märkte im Marktlebenszyklus sind hingegen i.d.R. mehrere Wettbewerber bei etablierten Branchen- / Industriestandards mit oft ähnlichen Marktbearbeitungsstrategien tätig, wenn keine patent- und / oder technikbedingten temporären Monopole mehr bestehen.[96] Die in jungen Märkten vorherrschende Technik- und Absatzorientierung wird beim Übergang in expansive Märkte durch eine stärkere Marketing- und Konkurrenzorientierung abgelöst.[97]

Märkte mit hohen Wachstumsraten ziehen weitere Unternehmen aus dem In- und Ausland an, die ebenfalls von den Marktchancen profitieren wollen.[98] Diese *potentiellen Wettbewerber* werden ihre Markteintrittsentscheidung unter anderem von dem Vorhandensein spezifischer Markteintrittsbarrieren abhängig machen. Sie stellen für die eintrittswilligen Unternehmen erhebliche Nachteile gegenüber den etablierten Anbietern dar. Diese Nachteile bestehen aus administrativen Rahmenbedingungen (z.B. Kontingentierungen, Kontrollbestimmungen, Auflagen) und vor allem aus dem Wettbewerbsverhalten der bereits am Markt eingetretenen Unternehmen bestehen.[99] Zu diesen verhaltensbedingten Markteintrittsbarrieren gehören neben einem positiven Image der etablierten Wettbewerber auch mögliche Umstellungskosten (Switching Costs), die von den Kunden bei einem Lieferantenwechsel getragen werden müssen.[100] Serviceleistungen können aufgrund ihrer Differenzierungsfunktion zu einer Spezifizierung und Individualisierung der angebotenen Kernleistung beitragen, was zu einer Kundenbindung mit hohen Opportunitäts- und Transaktionskosten im Falle des Anbieterwechsels führt.[101] Gerade individuelle personenbezogene Serviceleistungen mit hohem Kundennutzen sind dabei eine wirksame Möglichkeit zur „Immunisierung" der Kunden gegen die Abwanderung zu Konkurrenten.

Markteintritte neuer nationaler und internationaler Wettbewerber sind für die etablierten Anbieter vor allem dann problematisch, wenn die dadurch zusätzlich entstehenden Produktions-

---

[96] Vgl. Meffert, H.: Marketing-Management, a.a.O., S. 203; Beutel, W.: Marketingstrategien in schnell wachsenden Märkten, in: Wieselhuber, N./Töpfer, A. (Hrsg.), Handbuch Strategisches Marketing, 2. Aufl., Landsberg/Lech 1986, S. 310ff.; Remmerbach, K.U.: Markteintrittsentscheidungen, Wiesbaden 1988, S. 89
[97] Vgl. auch Elbl, T./Wolfrum, B.: Situative Determinanten für die Dimensionierung industrieller Dienstleistungen, in: Marketing - Zeitschrift für Forschung und Praxis, 16. Jg., 1994, Heft 3, S. 123
[98] Vgl. Kreilkamp, E.: Strategisches Management und Marketing, Berlin/New York 1987, S. 143
[99] Vgl. Porter, M.E.: Wettbewerbsstrategie, a.a.O., S. 29ff.
[100] Vgl. Albers, S./Eggert, K., a.a.O., S. 9f.

und Absatzkapazitäten das Wachstumspotential des Marktes abdecken oder sogar übersteigen. In dieser Situation besteht für die etablierten Anbieter die Gefahr, daß sie nach dem Eintritt der neuen Konkurrenten nur noch stagnierende oder schrumpfende Umsätze realisieren können. Newcomer mit großen Kapazitäten, aber auch ein Ansturm vieler kleiner und / oder mittelgroßer Neuanbieter werden deshalb als besonders bedrohlich angesehen. Es ist davon auszugehen, daß mit zunehmender Wahrnehmung der Gefahr des Markteintritts durch neue Wettbewerber auch der Einsatz des Service als wechselkostenbedingte Markteintrittsbarriere an Bedeutung gewinnt. So erfordert der Aufbau eines Servicenetzes auf einem Markt mitunter erhebliche finanzielle und zeitliche Investitionen, die für potentielle Newcomer durchaus abschreckend wirken können.[102] Insgesamt kann der Service also dazu dienen, die Marktposition zu sichern. Er hat damit einen indirekten Einfluß auf den Unternehmenserfolg. Vor dem Hintergrund dieser Zusammenhänge läßt sich folgende erste Hypothese (H1) für die Arbeit formulieren:

H1: Auf Märkten mit wahrgenommener Markteintrittsbedrohung durch potentielle Wettbewerber ist

- *der Einfluß des Service auf den Unternehmenserfolg positiv.*

Die zunehmenden Sättigungs- und Stagnationstendenzen auf vielen (klassischen) Märkten in westlichen Industrienationen führen zu einer verstärkten Internationalisierung der dort ansässigen Unternehmen. Sie versuchen, bestehende Kapazitäten durch den Absatz ihrer Produkte auf ausländischen Märkten auszulasten und auf diese Weise den Unternehmensbestand zu sichern. Dieser Internationalisierungstrend untermauert die Bedeutung dieser Hypothese. Denn je mehr Unternehmen ihre Absatzaktivitäten internationalisieren wollen oder müssen, desto größer wird die Gefahr des Markteintritts von Konkurrenten auf den potentiellen Zielmärkten.

Die durch Markteintritte gestiegene Wettbewerbsintensität zwischen den Anbietern wird im Reifestadium eines Marktes noch größer und erreicht in der Stagnations- und Schrumpfungsphase ihr Maximum. Aufgrund fehlender Wachstumsreserven am Markt ist eine Expansion in dieser Situation nur noch auf Kosten von Marktanteilsverlusten der Konkurrenten möglich. Daraus resultiert für die Unternehmen, die sich gegen einen Marktaustritt entschieden haben, häufig ein Verdrängungswettbewerb, um die in der Wachstumsphase aufgebauten Kapazitäten

[101] Vgl. Elbl, T./Wolfrum, B., a.a.O., S. 123; Homburg, C.: Kundennähe, a.a.O., S. 41; Diller, H.: Kundenbindung als Ziel, in: Marketing - Zeitschrift für Forschung und Praxis, 18. Jg., 1996, Heft 2, S. 81; Levitt, T.: After the sale is over..., in: Harvard Business Review, 61. Jg., 1983, September-October, S. 87

[102] Vgl. Jugel, S./Zerr, K.: Dienstleistungen als strategisches Element eines Technologie-Marketing, in: Marketing - Zeitschrift für Forschung und Praxis, 11. Jg., 1989, Heft 3, S. 164; Oelsnitz, D. von der: Markteintrittsbarrieren im internationalen Investitionsgütergeschäft, in: Thexis, 13. Jg., 1996, Heft 1, S. 47

auslasten und den Unternehmensbestand sichern zu können.[103] Hierfür ist längerfristig die Erreichung einer ausreichenden Marktposition erforderlich, die eine eindeutige Marktbehauptungsstrategie bedingt.[104] Eine Möglichkeit hierzu ist die Angebotsdifferenzierung, bei der die Unternehmen durch eine feinere Marktsegmentierung neue, bisher vernachlässigte Nachfragergruppen identifizieren wollen.

Meist sind jedoch technologische Innovationen bei der Kernleistung kaum mehr möglich, da die verwendeten Verfahrens- und Produkttechnologien aufgrund von allgemein akzeptierten technischen Normen und gesetzlichen Vorschriften von allen Wettbewerbern gleich gut beherrscht werden und das Entwicklungs- / Leistungspotential der Technologien in diesem Marktstadium weitgehend ausgeschöpft ist. Die Folge ist, daß die Produkte - trotz materieller Differenzierungsbemühungen - in ihren Hauptfunktionen immer homogener werden. In dieser Situation haben die technischen Eigenschaften der Hauptleistungen für die Abnehmer kaum mehr eine spezielle kaufmotivierende Wirkung für ein bestimmtes Produkt.[105] Die materiellen Kernprodukte werden durch diese Standardisierung zu einer austauschbaren Grundleistung, die ohne zusätzliche Attribute keine wesentliche Wettbewerbsdifferenzierung mehr erlauben. Hierzu können neben imagebildenden Kommunikationsleistungen wiederum Serviceleistungen beitragen, die damit in dieser konkurrenzintensiven Marktsituation gleichzeitig auch zu einer Verschiebung des Wettbewerbs von der materiellen zur immateriellen Differenzierung führen.[106] Dabei werden Serviceprogramme mit einer zielgruppenspezifischen Ausrichtung zu einem wichtigen Wettbewerbs- und Erfolgsparameter. Diese Überlegungen führen zu einer zweiten, grundsätzlichen Hypothese, die vor dem Hintergrund der aktuellen rezessiven Wirtschaftslage in vielen Ländern und auf vielen Märkten besonders bedeutsam ist:

H2: Auf Märkten mit großer horizontaler Wettbewerbsintensität ist

- *der Einfluß des Service auf den Unternehmenserfolg positiv.*

In gesättigten Märkten mit ausgereifter Technologie nimmt zugleich die Bedrohung durch *indirekte Wettbewerber* zu. Es handelt sich hierbei um Unternehmen, die Marktleistungen mit ähnlichem Problemlösungspotential anbieten.[107] Oft sind es Unternehmen anderer Branchen, die durch den Einsatz innovativer Schrittmacher- oder Schlüsseltechnologien in Fertigungsverfahren und bei Produkten in der Lage sind, das Kundenproblem mit gleichem oder höherem

---

[103] Vgl. Meffert, H.: Erfolgreiches Marketing in der Rezession, Wien 1994, S. 31; Porter, M.E.: Wettbewerbsstrategie, a.a.O., S. 43

[104] Vgl. Meffert, H.: Marketing-Management, a.a.O., S. 230ff.

[105] Vgl. Olemotz, T.: Strategische Wettbewerbsvorteile durch industrielle Dienstleistungen, Frankfurt/Main et al 1995, S. 82

[106] Vgl. Quinn, M./Humble, J.: Using Service to Gain a Competitive Edge - The PROMPT Approach, in: Long Range Planning, 26. Jg., 1993, Nr. 2, S. 31; Singh, M.P.: Service as a Marketing Strategy - A Case at Reliance Electric, in: Industrial Marketing Management, 19. Jg., 1990, Nr. 8, S. 194

[107] Vgl. Porter, M.E.: Wettbewerbsstrategie, a.a.O., S. 49

Kundennutzen zu lösen. Ein Nutzenvorteil ist darin begründet, daß der Netto-Wert der angebotenen Leistung für den Kunden größer ist. Das ist dann gegeben, wenn bei gleichen Transaktionskosten und Preisen der Leistungsnutzen des Substitutionsprodukts größer ist oder bei gleichem Nutzen der Leistung die Kosten für den Abnehmer geringer sind. Für die etablierten Anbieter einer Branche sind Substitutionsgüter mit höherem Kundenwert eine große Gefahr, da sie bei den „eingesessenen" Unternehmen zu massiven Umsatz- und Gewinneinbußen führen können.

Die getätigten Investitionen in (technologischen) Anlagen sind für die etablierten Anbieter eine Barriere für die Adaption der konkurrierenden Technologien. Sie werden deshalb bestrebt sein, die Kunden möglichst solange an die „klassischen" Kernleistungen zu binden, bis sich die Anlagen amortisiert haben oder zu einem annehmbaren Preis veräußert werden können.[108] Zur Sicherung eines ausreichenden Abnehmerstamms lassen sich besonders Serviceleistungen nutzen, die zu einer Stärkung der Kundenloyalität führen. Dies würde für einen verstärkten Einfluß des Service auf den Unternehmenserfolg sprechen. Häufig ist jedoch bei massivem Druck der Substitutionsanbieter der Niedergang eines (gesättigten) Marktes vorprogrammiert, so daß eine möglichst frühzeitige Aussonderung der Altanlagen und die Nutzung der neuen Technologie sinnvoller ist.[109] Dementsprechend konzentrieren sich die Aktivitäten stärker auf einen schnellen Marktaustritt als auf eine Marktsicherung. Hieraus läßt sich folgende Hypothese ableiten:

H3: Auf Märkten mit wahrgenommenem Substitutionsdruck durch andere Marktleistungen ist

- *der Einfluß des Service auf den Unternehmenserfolg positiv.*

Da es durch den massiven Einzug der Mikroelektronik in viele Produktions- und Produktbereiche zu einer Angleichung des Problemlösungspotentials kommt, kann tendenziell auch ein zunehmender Substitutionsdruck auf technologieorientierten Märkten vermutet werden. Das starke Zusammenwachsen der Informations- und Kommunikationsbranche ist ein beredtes Beispiel hierfür.

Auf der instrumentellen Ebene des Service sind potentiell auch alle institutionalisierten Dienstleistungsanbieter, die gleiche oder ähnliche Leistungen anbieten, als indirekte Wettbewerber anzusehen.[110] Diese Dienstleister sind immer dann als indirekte Wettbewerber anzusehen, wenn aus Kundensicht eine subjektiv empfundene Substituierbarkeit vorliegt.[111] Ist das der Fall, dann können sie die Leistungsfähigkeit und Effizienz des Service als Akquisitions- und

---

[108] Vgl. ähnlich Meffert, H.: Marketing-Management, a.a.O., S. 238

[109] Vgl. auch Kreilkamp, E., a.a.O., S. 165

[110] Vgl. anders bei Mollberg, H.: Problematik einer Messung des Kundenserviceerfolgs, Göttingen 1983, S. 90f.

[111] Vgl. Schwill, J., a.a.O., S. 208

Kundenbindungsinstrument erheblich beeinflussen.[112] So führt beispielsweise die Erfahrung der Kunden mit „substitutiven" Primärleistungen bei institutionellen Dienstleistungsunternehmen häufig dazu, daß bezogen auf Sekundärdienstleistungen eine gewisse Erwartungshaltung entsteht.

In der vorliegenden Untersuchung sollen die indirekten Wettbewerbsbeziehungen zwischen Serviceleistungen und Primärleistungen von Dienstleistungsunternehmen nicht explizit berücksichtigt werden, da die Bestimmung der Konkurrenzbeziehung unternehmensspezifische Kundenbefragungen erfordert, die nicht durchgeführt werden sollen und können. Tendenziell kann man jedoch davon ausgehen, daß die Wahrscheinlichkeit einer empfundenen Konkurrenzbeziehung bei den Kunden vor allem dann groß ist, wenn die Serviceleistungen als eigenständige Marktobjekte angeboten werden. In diesem Fall ist aus Kundensicht eine Trennung zwischen Primär- und Sekundärleistung und damit die Einordnung des Service als Zusatzleistung kaum noch möglich.

3.2.1.1.2. Abnehmerstruktur und -verhalten

Der zweite große Bereich der marktbezogenen Aufgabenumwelt sind die potentiellen und tatsächlichen Abnehmer. Sie bilden den Mittelpunkt marketingpolitischen Denkens und Handelns, wenngleich eine erfolgreiche Marketingpolitik als konsequente Realisierung der Marktorientierung von Unternehmen auch explizit die Berücksichtigung der Wettbewerbssituation erfordert.[113] Denn nur so lassen sich Wettbewerbsvorteile, die ein wesentliches Kernziel des Marketing darstellen, erreichen.[114] Da jedoch die Kunden letztlich über die Vorteilhaftigkeit eines Marktangebots entscheiden, bilden sie den Ausgangspunkt marktorientierter Unternehmensführung. Das Nachfrageverhalten der Abnehmer determiniert somit nicht nur den Markt- und Absatzerfolg von Produkten, sondern auch die Erfolgswirkung von Serviceleistungen. Das Nachfrageverhalten wird dabei wesentlich von den Erwartungen der potentiellen und tatsächlichen Abnehmer bestimmt, die wiederum von den Wettbewerberaktivitäten, der Nachfragemacht der Abnehmer sowie - je nach Abnehmergruppe - von spezifischen intraorganisatorischen oder intrapersonellen Faktoren abhängen.

Die *Wettbewerberaktivitäten* führen dazu, daß bei den Kunden eine Erwartungshaltung bezüglich der Kernleistung und den Zusatzleistungen aufgebaut wird, die vom eigenen Unternehmen ebenfalls zu erfüllen ist. Das gilt natürlich auch für Serviceangebote, insbesondere für die Muß-

---

[112] Vgl. Fassot, G., a.a.O., S. 206; Rosada, M., a.a.O., S. 63f.

[113] Vgl. insbesondere Kohli, A.K./Jaworski, B.J.: Market Orientation - The Construct, Research Propositions, and Managerial Implications, in: Journal of Marketing, 54. Jg., 1990, April, S. 3

und Soll-Leistungen. Diese beiden Servicekategorien bilden quasi Grundanforderungen für Unternehmen, um überhaupt am Markt partizipieren zu können. Für Unternehmen, die im Rahmen der Internationalisierung ihrer Absatzaktivitäten in andere geographische Ländermärkte eintreten wollen, stellen sie sogar kundenbezogene Markteintrittsbarrieren dar. Handelt es sich hierbei um wenig globalisierte Märkte, die in starkem Maße von länderspezifischen Rahmenbedingungen determiniert werden, dann sind jeweils ganz spezielle länder- / marktbezogene Serviceprogramme notwendig, um den unterschiedlichen Anforderungen zu entsprechen. Voraussetzung ist jedoch, daß die (potentiellen) Abnehmer die Leistungen der Wettbewerber kennen und auf dieser Basis ein entsprechendes Erwartungsniveau bilden.

Man kann also davon ausgehen, daß die Nachfrager mit zunehmender Markttransparenz eine höhere Erwartungshaltung an die Serviceleistungen hegen und ein höheres Serviceniveau fordern als Abnehmer auf weniger transparenten Märkten. Die qualitativen und quantitativen Serviceaktivitäten der Anbieter sind damit abhängig vom jeweiligen Kenntnisstand der Abnehmer über die Wettbewerberaktivitäten in diesem Bereich. Das Serviceangebot wird so zum Screening-Objekt der Nachfrager, die hierdurch ihrerseits eine „adverse selection" der Anbieter reduzieren können. Dadurch beeinflußt der Service den Markt- und Unternehmenserfolg. Die entsprechende Hypothese hierzu lautet:

H4: Auf Märkten mit ausgeprägter Markttransparenz der Abnehmer über das Leistungsangebot ist

- *der Einfluß des Service auf den Unternehmenserfolg positiv.*

Die Relevanz dieser Hypothese wird vor dem Hintergrund der zunehmenden Medienverfügbarkeit und Informationsbereitstellung bei gleichzeitiger Oligopolisierung und Überschaubarkeit der Anbieterseite evident. Das gilt insbesondere für Investitionsgütermärkte.

Die *Nachfragemacht* der Abnehmer gilt - nach Porter - als ein wichtiger Einflußfaktor auf die Rentabilität einer Branche, da sie bei starker Ausprägung beispielsweise Preise, Qualitäten und Zusatzleistungen bestimmt.[115] Die Nachfragemacht hängt dabei von der Bedeutung eines Abnehmers oder weniger Abnehmer für den Anbieter ab, die sich vor allem im Absatz / Umsatz eines Kunden niederschlägt. Dies ist vor allem bei einem Nachfragemonopol oder -oligopol gegeben, bei dem nur ein oder einige wenige Abnehmer als Verhandlungs- und Vertragspartner mehreren oder vielen Anbietern auf einem Markt gegenüberstehen. Gleiches gilt, wenn ein Anbieter einseitige idiosynkratische Investitionen getätigt hat, um Transaktionen mit bestimmten Abnehmern durchzuführen. Das Investitions- und Ausfallrisiko steigt hierbei

[114] Vgl. Backhaus, K.: Investitionsgütermarketing, a.a.O., S. 22ff.; Plinke, W.: Grundkonzeption des Marketing, in: Kleinaltenkamp, M./Plinke, W. (Hrsg.), Technischer Vertrieb - Grundlagen, Berlin 1995, S. 115
[115] Vgl. Porter, M.E.: Wettbewerbsstrategie, a.a.O., S. 50f.

aufgrund eines möglichen opportunistischen Verhaltens der Abnehmer. Hierdurch werden gleichzeitig auch Absicherungsbemühungen des Anbieters induziert.

Eine ähnliche Situation ergibt sich, wenn - wie bereits oben erörtert wurde - die angebotenen Produkte auf einem Markt austauschbar sind und die Kunden jederzeit mit dem Abbruch einer Abnehmerbeziehung drohen können. In diesen Fällen sind Kundenbindungsaktivitäten erforderlich, die zu einem längerfristigen Erhalt der Abnehmerbeziehung und einer Art „Lock-in-Effekt" führen. Hierzu können sich Serviceleistungen in besonderer Weise genutzt werden. Sie lassen sich zum einen bei einem hohen Grad an Immaterialität nur schwer mit Wettbewerberaktivitäten vergleichen und führen so beim Kunden im Falle eines Wechsels zu einem anderen Wettbewerber zu einem Risiko des Nutzenverlustes. Serviceleistungen können auf diese Weise - entsprechend der Risikotheorie - zur Erhöhung des ökonomischen Risikos beim Entscheider und daher als Wechselbarriere wirken. Zum anderen führen sie bei starker Kundenintegration zu individualisierten Ergebnissen, die zu einer Erhöhung der Kundenzufriedenheit beitragen und darüber hinaus eine Stärkung der Kundenbindung bewirken können. Das psychische Risiko für den Kunden beim Anbieterwechsel wird so ebenfalls erhöht. Die hievon ausgehenden Wirkungen auf den Unternehmenserfolg sind evident. Vor diesem Hintergrund läßt sich folgende generelle Hypothese aufstellen:

H5: Auf Märkten mit starker Verhandlungs- / Nachfragemacht der Abnehmer ist

- *der Einfluß des Service auf den Unternehmenserfolg positiv.*

Die Bedeutung dieser Hypothese wird bei einer genaueren Betrachtung typischer Abnehmergruppen deutlich: Eine besonders starke Verhandlungsmacht hat in vielen Ländermärkten der Handel als Abnehmergruppe errungen. Hiervon sind vor allem Hersteller von standardisierten Massenprodukten betroffen, die eine Ubiquität benötigen und aus Sicht des Handels austauschbar sind. So läßt sich beispielsweise in vielen europäischen Ländern - aufgrund der beschränkten bzw. erschöpften Aufnahmekapazität des Handels - bei Anbietern von Lebens- und Genußmitteln ein starker „Regalplatzwettbewerb" erkennen, der dazu führt, daß sich Anbieter, die nicht über starke Marken verfügen, regelrechte „Konditionen- und Zusatzleistungsschlachten" liefern.[116] Hierdurch wird vor allem auch das Angebot von Serviceleistungen gegenüber dem Handel forciert, da der Handel durch „Servicezugeständnisse" der Hersteller , wie z.B. Regalplatzpflege, zur Produkt- / Angebotslistung motiviert werden soll.[117] Gefördert wird

[116] Vgl. zum Konzept des Regalplatzwettbwerbs insbesondere Ahlert, D.: Distributionspolitik, 3. Aufl., Stuttgart/Jena 1996, 139f.

[117] Vgl. u.a. Steffenhagen, H.: Effizienz und Flexibilität in leistungsorientierten Konditionensystemen der Markenartikelindustrie, in: Bruhn, M./Meffert, H./Wehrle, F. (Hrsg.): Marktorientierte Unternehmensführung im Umbruch, Wiesbaden 1994, S. 100; Tomczak, T./Schögel, M.: Management von Distributionssystemen, in: Belz, C./Tomczak, T. (Hrsg.): Kompetenz für Marketing-Innovationen, Schrift 4: Marktbearbeitung und Distribution, St. Gallen 1997, S. 197

diese Entwicklung europaweit durch die zunehmende Konzentration im Handel. Immer weniger Handelsunternehmen erlangen als Abnehmer immer größere Einkaufsmacht und somit einer noch stärkere Bedeutung als „Gatekeeper" für Konsumprodukte.[118] Es ist davon auszugehen, daß die „starken" Handelsunternehmen die „schwachen" Hersteller noch weiter zur Übernahme von typischen Handelsfunktionen, wie z.B. Logistik, Warenpräsentation und Finanzierungsleistungen, zwingen, die aus Herstellersicht Serviceleistungen sind.

Neben dem Handel sind auch - je nach Produktart - andere Unternehmen und / oder Konsumenten typische *Abnehmergruppen* für die Kernleistungen und den Service. Im Gegensatz zum Handel sind diese beiden Gruppen nicht nur Abnehmer, sondern i.d.R. auch Nutzer bzw. Verwender der Kernleistungen. Beide unterscheiden sich jedoch voneiandner, denn gewerbliche Abnehmer nutzen die Leistungen als Ge- oder Verbrauchsgüter, um damit andere Leistungen für eine derivative Nachfrage auf eigenen Absatzmärkten zu erstellen oder abzurunden, während Konsumenten die Leistungen zum Zwecke der eigenen Konsumtion nachfragen.

Beide Gruppen haben aufgrund dieser unterschiedlichen Kaufmotive z.B. ein sehr unterschiedliches Informations- und Abnehmerverhalten. Grundsätzlich kann davon ausgegangen werden, daß die gewerblichen Abnehmer ihre Kaufentscheidung stärker rational treffen als Konsumenten und zu diesem Zwecke eine aktivere Informationssuche betreiben, obwohl es auch hier spontane Informationssucher und „Simplifizierer" in Form von Image-Reagierern gibt.[119] Der Grund hierfür liegt vor allem darin, daß im Rahmen des organisationalen Beschaffungsprozesses mehrere Personen kollektiv als Entscheidungsvorbereiter und -träger fungieren und daher der Verantwortungs- und Rechtfertigungsdruck bei (Fehl-) Entscheidungen des Einzelnen gegenüber den Gruppenmitgliedern häufig größer ist als das soziale Kaufrisiko eines Konsumenten.

Ein weiterer Unterschied ergibt sich aus der jeweiligen marktbezogenen Konstellation der beiden Abnehmergruppen. Im Gegensatz zu Konsumenten handelt es sich bei gewerblichen Abnehmern für den Anbieter meistens nicht um eine anonyme Masse, sondern - zumindest auf einem Ländermarkt - um eine überschaubare Zahl von Interessenten und Kunden mit oft ähnlichen Erwartungen und Anforderungen, die sich vor allem auf Kernfähigkeiten des Unternehmens und weniger auf bestimmte Produkteigenschaften beziehen.[120] Aufgrund der besseren Transparenz läßt sich der qualitative und quantitative Nachfrageverlauf besser einschätzen als

[118] Vgl. Meffert, H.: Marktorientierte Unternehmensführung im Umbruch, a.a.O., S. 26
[119] Vgl. Strothmann, K.H., a.a.O., S. 95
[120] Vgl. Backhaus, K.: Investitionsgütermarketing, a.a.O., S. 4; Engelhardt, W.H./Witte, P.: Konzeptionen des Investitionsgüter-Marketing - eine kritische Bestandsaufnahme ausgewählter Ansätze, in: Kliche, M. (Hrsg.), Investitionsgütermarketing - Positionsbestimmung und Perspektiven, Wiesbaden 1990, S. 6, zu den Kundenanforderungen und -erwartungen vgl. insbesondere Droege, W./Backhaus, K./Weiber, R.: Trends und

auf der Konsumentenseite. Hier kommt es mitunter zu diskontinuierlichen Nachfrage- und Absatzverläufen sowie zu Erwartungs- und Bedürfnisveränderungen im Zeitablauf, die auf Investitionsgütermärkten i.d.R. weniger stark ausgeprägt sind.

Ein typischer Nachfrage- und Absatzverlauf läßt sich anhand des Marktlebenszyklus-Modells und der Diffusionstheorie verdeutlichen. Während ersteres - wie bereits oben angedeutet - die Entwicklung der Gesamtnachfrage einer Produktgattung im Zeitablauf in den Vordergrund stellt, bezieht sich letzteres auf die Bildung von Abnehmertypen und -verhaltensweisen im Zeitablauf. Das Marktlebenszyklus-Modell ist letztlich eine Aggregation unterschiedlicher Lebenszyklen einzelner Produkte und kann als idealtypischer Phasenverlauf zur Deskription und auch eingeschränkt zur Diagnostik von Märkten herangezogen werden.[121] Die Diffusionstheorie bezieht sich hingegen auf die Ausbreitung von neuen Marktleistungen in einem sozialen System (von Konsumenten) im Zeitablauf und kann in gewisser Weise zur Erklärung der Genese von Märkten auf der Abnehmerebene herangezogen werden.[122] Grundlage der Diffusion stellt dabei die Adaption, also die Übernahme neuer Problemlösungen durch die Nachfrager, dar. Eine Kombination von Marktlebenszyklus-Modell und Diffusionstheorie zur Erklärung des zeitlichen Nachfrageverlaufs liegt aufgrund der großen inhaltlichen Affinität beider Konzepte nahe.

Ausgangspunkt der abnehmerbedingten *Marktgenese* und -evolution ist die Existenz einer latenten Nachfragergruppe, die ein ähnliches Bedürfnis hat, das ihr jedoch noch nicht bewußt ist und sich deshalb auch noch nicht in konkreten Erwartungen und Anforderungen manifestiert hat.[123] Für Unternehmen ist es in dieser Situation auch bei ausgeprägter Marktforschung schwer, eine entsprechende Problemlösung / Marktleistung mit hohem Kundennutzen zu entwickeln und zu vermarkten. In der Regel wird es daher in dieser Entstehungsphase eines jungen Marktes für das zuerst eintretende Pionierunternehmen darauf ankommen, den Markt zunächst aufzubauen, indem er eine generelle Akzeptanz bei den potentiellen Abnehmern für die neue Produktgattung / -art schafft.[124] Da auf der Abnehmerseite noch keine Erfahrungen mit dem neuen Produkt vorliegen, sind die Unsicherheit und das Kaufrisiko für die potentiellen Kunden relativ hoch. Entsprechend der Diffusionstheorie fragen nur einige wenige Abnehmer (sog. Innovatoren) das neue Produkt nach. Der Großteil der potentiellen Kunden bleibt zurückhaltend und abwartend. Dabei nimmt das Kaufrisiko mit dem Neuigkeitsgrad der Innovation, der Bedeutung des Kaufes und - insbesondere bei Investitionsgütern - mit der Inkompatibilität zu bereits bestehenden Produkten / Anlagen zu. Eine wesentliche Barriere zur Überwin-

---

Perspektiven im Investitionsgütermarketing - eine empirische Bestandsaufnahme, in: Droege, W./Backhaus, K./Weiber, R. (Hrsg.), Strategien für Investitionsgütermärkte, Landsberg/Lech 1993, S. 58f.

[121] Vgl. Bruhn, M.: Marketing, a.a.O., S. 68

[122] Vgl. Rogers, E.M.: Diffusion of Innovations, 3. Aufl., New York 1983, S. 5

[123] Vgl. Kotler, P./Bliemel, F., a.a.O., S. 588

[124] Vgl. Remmerbach, K.-U., a.a.O., S. 55f.

dung von Kaufwiderständen ist in dieser Situation die Reduzierung des Kaufrisikos durch den Anbieter, die vor allem im Abbau von Informationsasymmetrien zwischen den beiden (potentiellen) Transaktionspartnern gekennzeichnet ist.[125] Hierzu können Serviceleistungen mit ausgeprägter Informationsfunktion, wie z.B. Beratungsleistungen, Wirtschaftlichkeitsanalysen, Machbarkeitsstudien, Produktdemonstrationen und Kundenschulungen, beitragen, die zu einer Erhöhung der Nutzentransparenz der Kernleistung und einer Qualifizierung der (potentiellen) Kunden führen.[126] Gleichzeitig wirken auch Finanzierungs- und Versicherungsleistungen sowie Anpassungs-, Wartungs-, Ersatzteil- und Rücknahmegarantien risikomindernd bei den Nachfragern.

Nachfragewiderstände ergeben sich jedoch für ein Unternehmen nicht nur bei der Einführung bzw. Etablierung eines neuen Produktes, sondern in ähnlicher Weise auch beim Eintritt in einen neuen (Länder-) Markt. Im Unterschied zum vorstehenden Fall handelt es sich dabei jedoch in erster Linie nicht um einen Produkt- / Leistungswiderstand bei den Kunden, sondern vielmehr um einen Hersteller- / Anbieterwiderstand. Dieser kann unterschiedliche Ursachen haben, die sich im wesentlichen auf den Bekanntheitsgrad, das Unternehmens- und - im internationalen Kontext - das Herkunftsland-Image sowie den Bindungsgrad der potentiellen Kunden an bereits etablierte Anbieter und die damit verbundenen Switching Costs zurückführen lassen.[127] Handelt es sich im Rahmen eines internationalen Markteintritts bei dem Markt um ein Land, in dem das eintretende Unternehmen bisher noch nicht vertreten ist, dann ist aufgrund fehlender Bekanntheit und Erfahrungen aus anderen Branchen mit einer besonders großen Kaufzurückhaltung zu rechnen. Zur Überwindung dieser Widerstände sind wiederum vertrauensbildende Maßnahmen gegenüber den Abnehmern notwendig, zu denen auch Serviceleistungen (z.B. Garantien, Verpflichtungen, Finanzierungsleistungen) gehören. Unterstützt wird diese Entwicklung dadurch, daß - wie bei den Ausführungen zu Hypothese $H_1 1$ unterstellt wurde - auch die etablierten Anbieter ganz bewußt Serviceleistungen nutzen, um dadurch zusätzliche Barrieren zur Vereitelung von Markteintritten zu schaffen. In dieser Situation kommt es dann zu einem verschärften Servicewettbewerb.

Aus den Ausführungen über die produkt- und anbieterbezogenen Kaufbarrieren der Kunden läßt sich folgende grundlegende Hypothese aufstellen, die besonders für Unternehmen relevant ist, die ihre Absatzaktivitäten auf Länder anderer Kulturbereiche ausweiten wollen:

H6: Auf (Auslands-) Märkten mit abnehmerbedingten Absatz- / Kaufwiderstände gegenüber neu eintretenden Unternehme ist

- *der Einfluß des Service auf den Unternehmenserfolg positiv.*

---

[125] Vgl. Walters, M.: Marktwiderstände und Marketingplanung, Wiesbaden 1984, S. 157ff.
[126] Vgl. Olemotz, T., a.a.O., S. 78ff.; Baaken, T., a.a.O., S. 17ff.
[127] Vgl. Walters, M., a.a.O., S. 154f.

Die *Wachstumsphase* eines Marktes wird durch die Erschließung neuer Abnehmergruppen, insbesondere der Frühadopter sowie der sog. frühen und späten Mehrheit, determiniert. Es handelt sich hierbei um Kunden, die häufig bereits umfassende Informationen über mögliche Produktanwendungen und Konkurrenzprodukte haben. Mit der zunehmenden Etablierung und Diffusion der angebotenen Produkte steigt auch der Spezifikationsgrad der Erwartungen und Anforderungen der Abnehmer. Die Folge sind mitunter erhebliche Unterschiede in den einzelnen Kundenwünschen an die Marktleistung.

Die Vielfalt der Abnehmererwartungen führt bei entsprechender Reaktion auf der Anbieterseite zu einer Fragmentierung des Marktes. Unternehmen, die sich dabei auf viele Segmente konzentrieren, geraten in die Gefahr einer Überkomplexität ihres Leistungsangebots, die sich in einer Variantenvielfalt bei Produktion und Absatz niederschlägt und zu Kostensteigerungen führt. Können diese Kosten nicht über den Preis weitergegeben werden, dann wird der Unternehmensgewinn geschmälert. Für die Anbieter bleibt hierbei im Rahmen eines Lean-Marketing und -Management nur die Selektion von bestimmten Kundengruppen, die angesprochen werden sollen, um die Komplexitäts- und Variantenreduktion durch Build-in-Flexibility-Strategien in der Produktion zu erreichen. Hierbei wird versucht, möglichst eine Standardisierung von vielen Grundkomponenten der Kernleistung zu erhalten und eine segmentspezifische oder gar kundenindividuelle Gestaltung des Angebots über wenige Komponenten zu erreichen. Typische Vorgehensweisen hierbei sind neben einem „Baukasten-Prinzip" in der Fertigung, bei dem standardisierte Produkte durch einen Komponentenaustausch von Hard- oder Software „individualisiert" werden, vor allem die Herstellung von „semi-finished-products", die vom Absatzmittler und vom Kunden selbst „individualisiert" werden. Auch die „Individualisierung" von Standardprodukten durch Zusatzleistungen gehört hierzu.[128] Während das Angebot von „Halbfertigerzeugnissen" einer Externalisierung des Service nahe kommt, ist die Individualisierung durch Zusatzleistungen geradezu prädestiniert für den Serviceeinsatz.

Welche der beiden Strategien eingesetzt werden kann und erfolgreich ist, hängt von der Qualifikation der anvisierten Zielgruppen ab. Erfahrene Wiederkäufer können aufgrund ihrer erworbenen Nutzungskenntnis durchaus bestimmte Leistungen zur „Individualisierung" von Halbfertigerzeugnissen selbst erbringen. Erstkäufer sind hingegen häufig auf die Unterstützung bei der Nutzung von Produkten angewiesen und daher auch Abnehmer von Serviceleistungen. In der Wachstumsphase kommen jedoch - bei längerfristigen Gebrauchs- oder Produktivgütern - vor allem ehemalige Innovatoren als Wiederkäufer in Betracht. Die meisten Nachfrager sind demnach selbst „unerfahrene" Erstkäufer.

[128] Vgl. u.a. Becker, J.: Vom Massenmarketing über das Segmentmarketing zum Kundenindividuellen Marketing (Customized Marketing), in: Tomczak, T./Belz, C. (Hrsg.), Kundennähe realisieren, St. Gallen 1994, S. 26f.

Selbst in der Reife- und Sättigungsphase eines Marktes gibt es immer noch sog. Nachzügler, die als Erstkäufer auftreten und entsprechende „Unterstützungsleistungen" benötigen. Sie führen damit weiterhin zu Erwartungs- / Anforderungsunterschieden insbesondere beim Zusatznutzen der Produkte. Diese werden auch durch die in Hypothese H2 vermuteten servicebedingten Differenzierungsbemühungen der Anbieter gefördert, die über Serviceleistungen versuchen, die eigenen Marktsegmente zu schützen und andere zu erschließen.

Grundsätzlich kann davon ausgegangen werden, daß mit zunehmender Fragmentierung eines Marktes auch die Bedeutung des Service für die markt- und erfolgsorientierte Unternehmensführung zunimmt. Durch den Trend zur Individualisierung des Kauf- und Konsumverhaltens wird folgende Hypothese insbesondere auf Consumer-Märkten bedeutsam:

H7: Auf fragmentierten Märkten mit diffenrenzierter Nachfrage ist
- *der Einfluß des Service auf den Unternehmenserfolg positiv.*

3.2.1.1.3. Lieferantenmacht

Die Verhandlungsmacht der Lieferanten bildet in PORTERS Schema eine weitere Triebfeder innerhalb einer Branche. Wenngleich die vorliegende Arbeit explizit auf den Absatzmarkt ausgerichtet ist, soll dieser Aspekt nicht unberücksichtigt bleiben. Denn auch die Aktivitäten auf den Absatzmärkten werden indirekt durch Strukturen und Aktivitäten auf den Beschaffungsmärkten beeinflußt. So können mächtige Lieferanten die Einstands- / Einkaufspreise und Qualität der Produkte, Komponenten oder Teile determinieren.[129] Diese Inputfaktoren haben wiederum einen Einfluß auf die Verwertungsfaktoren und -maßnahmen des Herstellers als Abnehmer.

Eine Lieferantenmacht kann auf verschiedene Ursachen zurückgeführt werden, die spiegelbildlich zu den Gründen für die Entstehung von Abnehmermacht auf der Absatzseite sind.[130] Besonders relevant sind auch Konzentrationstendenzen auf der Beschaffungsseite, also bei monopolistischen oder oligopolistischen Beschaffungsmärkten. Diese Situation wird noch verschärft, wenn keine Substitutionsprodukte auf anderen Beschaffungsmärkten angeboten werden und die angebotenen Leistungen des Lieferanten als wichtige Produktiv- oder Produktionsmittel / Einsatzstoffe für den Nachfrager besonders wichtig sind beziehungsweise idiosynkratische Investitionen auf der Abnehmerseite getätigt wurden. Gleiches gilt für den Fall, daß ein Nachfrageunternehmen oder sogar die ganz Branche für einen wichtigen Lieferanten als

[129] Vgl. Porter, M.E.: Wettbewerbsstrategie, a.a.O., S. 54f.
[130] vgl. ebenda

Kunde unbedeutend ist. Bei derartigen Konstellationen in der Lieferanten-Abnehmer-Beziehung haben pretiale oder qualitätsbezogene Anbieteraktivitäten einen besonders großen Einfluß auf die Absatzaktivitäten eines Nachfrageunternehmens.

Werden beispielsweise die Einkaufspreise erhöht, dann steht der Hersteller vor der Aufgabe, die dadurch entstandene Kostensteigerung

- entweder über seine Verkaufspreise auf seine Kunden „abzuwälzen“,
- durch entsprechende Rationalisierungsmaßnahmen bei der Beschaffung, Produktion und / oder dem Absatz einen Ausgleich zu schaffen und die Kostenerhöhung aufzufangen
- oder Gewinneinbußen hinzunehmen.

Sicherlich werden die Hersteller versuchen, Einschränkungen des finanziellen Erfolgs zu vermeiden und sich deshalb auf eine der beiden anderen Möglichkeiten zu konzentrieren. Eine Weitergabe der Kostensteigerung über höhere Preise ist i.d.R. nur bei Kundengruppen mit einer preisunelastischen Nachfrage ohne größere Schwierigkeiten möglich. Bei einer preiselastischen Nachfrage ist eine derartige Vorgehensweise allerdings sehr schwierig, denn die Kunden werden nur zur Zahlung höherer Preise bereit sein, wenn damit auch eine Steigerung des Kundennutzens einhergeht. Eine Möglichkeit hierfür bietet das Angebot von zusätzlichen Serviceleistungen zum Kernprodukt. Auf diese Weise lassen sich die Preiserhöhungen besser an die Abnehmer „verkaufen“, da eine Argumentationsbasis für die Preisdurchsetzung geschaffen wird.

Rationalisierungsmöglichkeiten zur Kompensation der Kostensteigerungen sind ebenfalls denkbar und vor allem bei einer preiselastischen Nachfrage relevant. Allerdings ist hierbei zu beachten, daß mit der Rationalisierung keine Verminderung des Kundennutzens für die Abnehmer einhergehen darf. Das würde die Gefahr der Kundenabwanderung ebenso erhöhen wie eine leistungsneutrale Preiserhöhung. Die Reduzierung von Blindleistungen, die keinen Nutzenbeitrag liefern, ist hingegen unproblematisch und würde von den Kunden im Regelfall nicht wahrgenommen werden. Das gilt auch für Serviceleistungen, die für die Kunden keine Wertsteigerung darstellen. Allerdings darf auch bei derartigen Frill-Leistungen nicht übersehen werden, daß sich die Kunden auch ohne Nutzensteigerung an diese gewöhnt haben und eine Eliminierung dieser Leistungen als negatives Qualitätssignal interpretieren könnten.

Auch eine Qualitätsreduzierung der Zuliefererleistungen hat einen Einfluß auf die Marketing- und Absatzpolitik der Hersteller. Das gilt besonders, wenn dadurch wesentliche Qualitäts- und Nutzenkomponenten der Kernleistung betroffen sind. Zur Kompensation dieser Qualitätseinschränkungen können wiederum zusätzliche Serviceleistungen angeboten werden, um die Kundenzufriedenheit und -bindung zu sichern. Dabei muß es sich nicht nur um technische Serviceleistungen zur Wiederherstellung der Funktionsleistung mangelbehafteter Kernprodukte handeln. Auch personenbezogene Serviceleistungen können als Nutzenkompensatoren beim Qualitätsverlust der Kernleistungen greifen.

Aufgrund der vorstehenden Ausführungen läßt sich folgende Hypothese formulieren:

H8: Auf Märkten mit bestehender Lieferantenmacht ist
- *der Einfluß des Service auf den Unternehmenserfolg positiv.*

Grundsätzlich kann davon ausgegangen werden, daß im Rahmen des Lean Management sowie der damit verbundenen Outsourcing-Anstrengungen und der Pyramidisierung der Zuliefererstrukturen in einigen Branchen die Macht von (System-) Lieferanten zugenommen hat. Das gilt insbesondere für technische Branchen, wie z.B. die Automobil- / Fahrzeug-, Maschinenbau-, Stahlbau- und IuK-Industrie, in denen Unternehmen ihre Fertigungs- und Betriebstiefen zum Teil erheblich reduziert haben und voraussichtlich auch zukünftig noch weiter abbauen.[131]

3.2.1.2. Ausgewählte Elemente der globalen Umwelt

Die globale Umwelt ist ein sehr komplexer Einflußbereich auf das (internationale) Marketing und sollte daher sinnvollerweise immer im Kontext der entsprechenden (internationalen) Entscheidungssituation betrachtet werden. Auf diese Weise ist eine Komplexitätsreduktion und effizientere Umweltanalyse möglich.[132] Die Betrachtung und Analyse sämtlicher Umweltfaktoren ist nicht nur aufgrund beschränkter kognitiver Ressourcen des Gerhirns hinsichtlich Informationsverarbeitung und Wahrnehmung nahezu unmöglich. Sie kann auch schädlich sein, wenn dadurch relevante Einflußfaktoren nicht ausreichend untersucht und beachtet werden. Denn die globale Umwelt hat durchaus einen (indirekten) Einfluß auf die Aufgabenumwelt und die Marktstruktur sowie auf das Verhalten der Marktteilnehmer. Allerdings besteht selbst bei einer konzentrierten Analyse regelmäßig die Schwierigkeit einer richtigen Einschätzung von Wirkungen globaler Umweltveränderungen auf den Markt und die Unternehmenspolitik.[133]

Für Unternehmen, die ihre Beschaffungs-, Produktions- und / oder Absatzaktivitäten internationalisieren, verschärft sich dieses grundsätzliche Problem mitunter noch aufgrund von differierenden Rahmenbedingungen auf verschiedenen Ländermärkten. Dabei können die Zahl der

---

[131] Vgl. Wildemann, H.: Lean Management - Entwicklungstendenzen für die Zulieferindustrie, in: Belz, C./Schögel, M./Kramer, M. (Hrsg.), Lean Management und Lean Marketing, St. Gallen 1994, S. 183
[132] Vgl. Jenner, T.: Internationale Marktbearbeitung, a.a.O., S. 99f.
[133] Vgl. Kreilkamp, E., a.a.O., S. 76

Umweltfaktoren, inhaltliche und strukturelle Gegebenheiten, Häufigkeit, Stärke und Irregularität von Änderungen in der globalen Umwelt der Ländermärkte erheblich variieren.[134]

Für die vorliegende Arbeit sind vor allem Elemente der globalen Umwelt von Interesse, die einen Einfluß auf die Serviceerstellung und -nutzung haben und sich somit auf die Charakteristika des Service beziehen. Hierzu gehören vor allem kulturelle Gegebenheiten, die das Integrationsverhalten des externen Faktors im Serviceprozeß und das Nachfrage- / Inanspruchnahmeverhalten der Kunden determinieren. Wenngleich rechtliche und politische Normen in der Literatur auch als Teilbereich der Kultur angesehen werden, sollen sie in der nachfolgenden Analyse als eigener Umweltbereich betrachtet werden.[135] Das liegt darin begründet, daß rechtliche und politische Normen zwar Ausdruck sozialer Beziehungen im Zusammenleben eines Staates sind, diese aber nicht in allen Ländern das Ergebnis eines gemeinsam getragenen Entwicklungsprozesses von Grundauffassungen und Werten einer Gesellschaft darstellen. Vor allem in Staaten ohne real existierendes demokratisches System entsprechen Gesetzgebung und politische Normen häufig nur dem Willen einiger weniger (zum Teil selbsternannter) Herrscher und sind damit keine Shared Values.[136] Rechtliche und politische Systeme sind damit nicht unbedingt ein geeigneter Indikator für typische Denk- und Verhaltensmuster eines Volkes. Deshalb scheint eine Trennung zwischen kulturbedingten Verhaltensweisen von Individuen auf der einen Seite sowie rechtlichen und politischen Rahmenbedingungen auf der anderen Seite durchaus sinnvoll und berechtigt.

3.2.1.2.1. Soziokulturelle Einflußfaktoren

Soziokulturelle Gegebenheiten stehen in enger Beziehung zum generellen Nachfrage- / Kaufverhalten und zum servicespezifischen Nutzungsverhalten. Diese Grundannahme des kulturellen Einflusses auf das Verhalten von Personen basiert auf dem Konzept des Universalismus, das in der Soziologie und der Anthropologie weit verbreitet ist. Demnach sind Menschen grundsätzlich mit transkulturell gleichen psychologischen Verarbeitungsmechanismen, wie z.B. einer bestimmten potentiellen Leistungsfähigkeit des zentralen Nervensystems, ausgestattet. Inwieweit diese Leistungsfähigkeit ausgenutzt und entwickelt wird, hängt von individuellen Eigenschaften eines Menschen ab. Die universellen kognitiven Prozesse werden kulturell

[134] Vgl. zu weiteren Faktoren der Umweltkomplexität, -dynamik und -abhängigkeit insbesondere Kieser, A./Kubicek, H., a.a.O., S. 371

[135] Vgl. Dülfer, E., a.a.O., S. 207ff.

[136] Gerade in Entwicklungsländern finden sich eine Vielzahl von Despotien, in denen Rechtsnormen vor allem zur Machtabsicherung der Herrscher und weniger zur Regelung des sozialen Zusammenlebens geschaffen wurden. Die Berichte des Freedom House in New York geben beispielsweise einen internationalen Vergleichsüberblick zu politischen Rechten und der bürgerlichen Freiheit in den Staaten der Welt, die für eine Einschätzung über den gesellschaftlichen Konsens von Rechtsnormen herangezogen werden können. Vgl. hierzu z.B. Hauchler, I. (Hrsg.): Globale Trends 1996, Frankfurt/Main 1996, S. 85ff.

differierenden Inhalten ausgesetzt, die letztlich dazu führen, daß kulturelle Unterschiede entstehen. Das bedeutet also, daß Kulturunterschiede nicht aufgrund von psychologischen und physiologischen Differenzen, sondern ausschließlich aufgrund unterschiedlicher externer Einflußfaktoren auf der Inhaltsebene entstehen, was Erfahrungs-, Wissens- und Verhaltensunterschiede zur Folge hat.[137]

Während universelle Eigenschaften von Individuen als angeboren gelten, sind die kulturellen Eigenschaften vollständig erlernt. Dabei können individuelle Eigenschaften (z.B. Intelligenz, Begabungen) als zumindest teilweise angeborene Faktoren einen Einfluß auf die Lernfähigkeit und -willigkeit haben, was wiederum die Akkulturation im Sinne einer Kulturadaption und -assimilation determiniert.[138]

Zu den kulturellen Einflußfaktoren, die kollektive Kognitionen von Individuen prägen, gehören z.B. religiöse Dogmen und Animismus, Sprache und Kommunikationstechniken, Symbole und Artefakte sowie Literatur und Kunst.[139] Dabei können diese Kulturelemente innerhalb einer Gesellschaft durchaus unterschiedlich aufgenommen und verstanden werden. So lassen sich bei gleichen kulturellen Umfeldbedingungen aufgrund subjektiver Wahrnehmung mitunter erhebliche Unterschiede in der Meinungs- und Wertstruktur sowie dem Rollensystem und -verhalten feststellen.[140] Diese Subkulturen entstehen beispielsweise aufgrund der Existenz von verschiedenen ethnischen, regionalen, sozialen und altersbedingten Gesellschaftsgruppen.[141]

Von besonderem Interesse für das internationale Marketing ist die Identifikation von kulturell geprägten Konsummustern. Hierbei ist festzustellen, inwieweit das Nachfrage- und Nutzungsverhalten für eine kulturelle Einheit typisch ist.[142] Als Kultureinheiten werden in der Literatur meistens Gesellschaften, Länder oder Staaten bezeichnet.[143] Kulturspezifische Konsummuster erfordern grundsätzlich eine international differenzierte Marktbearbeitung der ausgewählten Ländermärkte. Aufgrund der notwendigen Kunden- / Objektintegration können Serviceleistungen als Culture-Bound-Leistungen bezeichnet werden. Im Gegenteil zu den Culture-Free-Leistungen, bei denen keine Beziehung zwischen den Kundenmerkmalen und Lei-

---

[137] Vgl. zusammenfassend zum Universalismus Müller, W.G.: Interkulturelle Werbung, Heidelberg 1997, S. 31; siehe auch Ingelfinger, T.: Interkulturelle Kompetenz als Notwendigkeit der Internationalisierung, in: Marktforschung & Management, 39. Jg., 1995, Heft 3, S. 103

[138] Vgl. Rosenstiel, L. von: Interkulturelle Managemententwicklung, in: Haller, M. et al. (Hrsg.), Globalisierung der Wirtschaft - Einwirkungen auf die Betriebswirtschaftslehre, Bern/Stuttgart/Wien 1993, 172ff.

[139] Vgl. z.B. Hünerberg, R.: Internationales Marketing, a.a.O., S. 59ff.; Dahringer, L./Mühlbacher, H., a.a.O., S. 174ff.

[140] Vgl. Holzmüller, H.H./Schuh, A.: Erklärungsansätze für die Kulturgebundenheit von Konsummustern, in: Marktforschung & Management, 39. Jg., 1995, Heft 3, S. 98f.

[141] Vgl. Wiswede, G.: Soziologie, a.a.O., S. 229f.

[142] Vgl. Holzmüller, H.H./Schuh, A., a.a.O., S. 99

[143] Vgl. Dülfer, E., a.a.O., S. 212

stungsmerkmalen besteht, sind die Culture-Bound-Leistungen - wie beispielsweise personenbezogene Serviceleistungen - relativ stark von den Lebensgewohnheiten und Verhaltensweisen der Kunden abhängig.[144] Das gilt vor allem für Konsumenten als Servicenachfrager. Doch auch im Rahmen des Investitionsgütermarketing muß davon ausgegangen werden, daß der kulturelle Einfluß sowohl bei der Entscheidungsfindung im Buying Center als auch bei der Inanspruchnahme personenbezogener Serviceleistungen, z.B. Schulungen, zum Tragen kommt.[145]

Diese kulturell bedingten Anforderungen haben nicht nur - wie auch bereits in Teil 3 angedeutet - auf die Ausgestaltung des Serviceprozesses einen Einfluß, sie können auch die grundsätzliche Erfolgswirkung des Service im internationalen Kontext determinieren. Ausgehend von HOFSTEDES vier klassischen Kulturdimensionen lassen sich typische Erfolgsbedingungen für den Service konstruieren, die es empirisch zu überprüfen gilt.[146] So kann man davon ausgehen, daß in Kulturen mit einer starken Neigung zu *Ungewißheits- und Risikovermeidung* die (potentiellen) Nachfrager versuchen, ihre Kaufentscheidung durch ein habituelles Verhalten, ausgeprägte Screening-Aktivitäten und / oder Garantien abzusichern. Das gilt in besonderem Maße für unbekannte und fremde, also nicht einheimische Anbieter ohne anerkannte Reputation / ausgeprägtes positives Image. In derartigen Kulturen wird es darauf ankommen, am Markt Vertrauen in das Unternehmen und seine Kernleistungen aufzubauen. Hierfür sind eine Vielzahl von Serviceleistungen, wie z.B. Versicherungen, Finanzierungsleistungen und Garantien, geeignet.

Feminine Kulturen, die sich durch eine fürsorgliche und solidarische Gesellschaftsform auszeichnen, sind besonders auf die Steigerung sozialer Beziehungen und der Lebensqualität ausgerichtet.[147] Es ist zu vermuten, daß hiermit auch eine ausgeprägte Nachfrage nach Dienstleistungen einhergeht, da primäre und sekundäre Dienstleistungen zur Steigerung der Lebensqualität führen können.[148] Außerdem kommt es durch die notwendige Kundenbeteiligung zu zahlreichen sozialen Kontakten und Beziehungen, die den generellen Wertvorstellungen in dieser Gesellschaft entsprechen.

Kulturen mit einer *starken Machtdistanz* sind durch ein großes Ungleichgewicht von Wohlstand, Prestige und Entscheidungskompetenzen gekennzeichnet. In Gesellschaften mit diesen Eigenschaften kommt es i.d.R. zu einer zentralisierten Entscheidungsfindung und autokratischen Führungsstilen im politischen und sozialen (auch familiären) System. In diesen Kulturen

---

[144] Vgl. Hübner, C.C. , a.a.O., S. 87; Riddle, D.I., a.a.O., S. 151
[145] Vgl. auch ähnlich Köhler, L., a.a.O., S. 124
[146] Vgl. Hofstede, G.: Die Bedeutung von Kultur, a.a.O., S. 129ff.; derselbe: Kulturelle Zusammenarbeit - Kulturen, Organisation, Management, Wiesbaden 1993, S. 1ff.
[147] Vgl. Hofstede, G.: Die Bedeutung von Kultur, a.a.O., S. 131f.

ist die Mentalität des Dienens gegenüber anderen, hierarchisch höher stehenden Personen und Institutionen stark ausgeprägt. Die generelle Dienstorientierung von „Untergebenen" in diesen Kulturen kann auch beim Kunden als Auftraggeber und damit als Machtinhaber zu einer stärkeren Erwartung an die Dienstbereitschaft der Verkäufer als Untergebene führen. Serviceleistungen wären demnach in diesen Kulturen wichtige Voraussetzungen und Bestandteile einer Transaktion.

In *kollektivistischen Kulturen* sind die Menschen besonders darauf bedacht, langfristige Beziehungen einzugehen. In Ländern mit diesen Wertvorstellungen ist davon auszugehen, daß die Kundenbindungsfunktion des Service eine besondere Bedeutung erhält und damit der Einfluß des Service auf den Unternehmenserfolg explizit gegeben ist.

Auf Basis der vier klassischen Kulturdimensionen von HOFSTEDE läßt sich folgende Hypothese formulieren, die wiederum besonders für Unternehmen relevant ist, die ihre Absatzaktivitäten auf Länder anderer Kulturregionen ausdehnen.[149]

H9: Auf (Auslands-) Märkten mit kulturell geprägter Risikovermeidung, bestehendem Feminismus, Kollektivismus oder großer Machtdistanz ist

- *der Einfluß des Service auf den Unternehmenserfolg positiv.*

Demnach müßte der Service in Panama einen großen Einfluß auf den Unternehmenserfolg haben. Dieses Land hat - wie Abbildung IV-9 zeigt - nach HOFSTEDES Ranking eine relativ große Machtdistanz, einen stark ausgeprägten Kollektivismus und eine recht große Neigung zur Ungewißheits- und Risikoreduzierung. Die feministische Orientierung ist hingegen nur mäßig ausgeprägt. Deutschland ist hingegen durch eine eher geringe Machtdistanz, einen eher geringen Kollektivismus und Feminismus sowie einer mäßigen Neigung zur Vermeidung von Ungewißheit und Risiko charakterisiert. Der Einfluß des Service auf den Unternehmenserfolg wäre damit weniger bedeutend als beispielsweise in Panama, Griechenland oder Malaysia.

---

[148] Vgl. Adelman, M.B./Ahuvia, A./Goodwin, C.: Beyond Smiling - Social Support and Service Quality, in: Rust, R.T./Oliver, R.L. (Hrsg.), Service Quality - New Directions in Theory and Practice, Thousand Oaks 1994, S. 141

[149] Die Dimension „Langfristigkeit der Orientierung" wurde bewußt nicht in die Analyse einbezogen, da sie einerseits von Hofstede noch nicht tiefergehend analysiert wurde und sich andererseits mit den übrigen Dimensionen teilweise überschneidet.

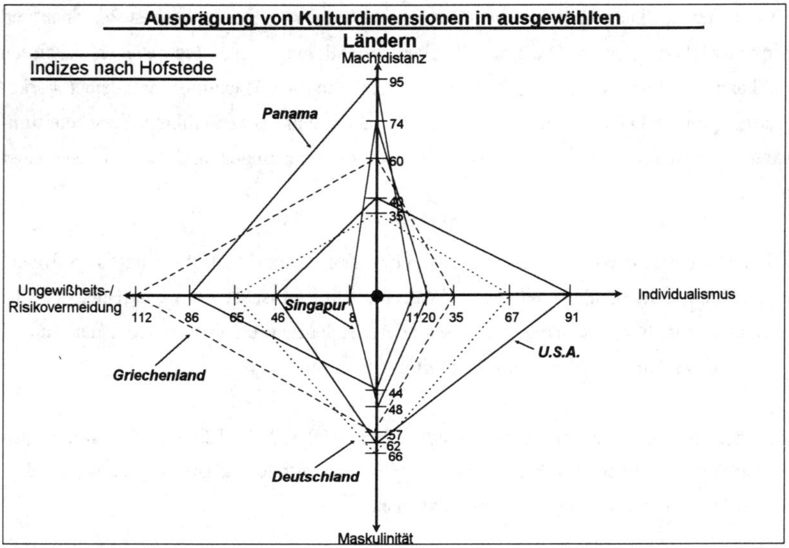

Abb. IV-9: Kulturcharakteristika ausgewählter Länder nach HOFSTEDE[150]

3.2.1.2.2. Rechtliche und politische Rahmenbedingungen

Ein weiterer wesentlicher Bereich der globalen Umwelt sind rechtliche und politische Rahmenbedingungen, die tatsächlich oder potentiell die Unternehmenstätigkeit beeinflussen können. Das gilt vor allem im Kontext des internationalen Marketing, da hier mitunter zahlreiche unterschiedliche Normen den Handlungsrahmen auf den jeweiligen Ländermärkten begrenzen und einschränken. Bei starken Einschränkungen der Handlungsspielräume und -aktivitäten ausländischer Anbieter durch politische oder rechtliche Bestimmungen wird auch von geschützten Märkten gesprochen.[151] Hier wird von staatlicher Seite versucht, durch tarifäre und nicht-tarifäre Bedingungen den inländischen Markt abzuschotten und die einheimischen Anbieter zu protektionieren.

Tarifäre Protektionen liegen vor, wenn durch Zölle (engl. Tariffs) ausländische Importe oder inländische Exporte benachteiligt werden, indem für ein Gut (Produkt oder Dienstleistung) Abgaben zu entrichten sind, sobald es die Landesgrenzen passiert. Diese beiden Zollarten sind typische Formen von sog. Schutzzöllen, die nicht primär - wie Fiskalzölle - zur Erhöhung der Staatseinnahmen führen sollen, sondern vor allem die inländische Wirtschaft gegenüber auslän-

[150] Vgl. zu den Index-Ergebnissen Hofstede, G.: Die Bedeutung von Kultur, a.a.O., S. 135f.
[151] Vgl. Porter, M.E.: Der Wettbewerb, a.a.O., S. 52

dischen Anbietern (Importzoll) oder gegen eine Unterversorgung von wichtigen einheimischen Gütern absichern sollen (Exportzoll).[152]

Nicht-tarifäre Protektionen sind sämtliche Handelshemmnisse außer Zölle, die von zahlreichen Ländern als Absicherungssubstitute im Laufe der zollsenkenden und -eliminierenden Vereinbarungen des GATT (General Agreement on Tariffs and Trade) bzw. der heutigen WTO (World Trade Organisation) entstanden sind. Wenngleich die Aufgabe des GATT bzw. der WTO die Liberalisierung des Welthandels ist und auch den Abbau von nicht-tarifären Handelshemmnissen umfaßt, haben die Mitgliedsländer immer wieder neue Möglichkeiten zur Absicherung erfunden. Typische nicht-tarifäre Hemmnisse sind beispielsweise Mengenrestriktionen, Local-Content-Vorschriften, technische Normen und Standards.

Tarifäre Handelshemmnisse haben für (Sekundär-) Dienstleistungen keine wesentliche Bedeutung, da aufgrund der Immaterialität eine tangible Erfassung der Leistungen beim Grenzübertritt nicht möglich ist. Lediglich die durch produktbezogene Serviceleistungen erbrachten „Mehrwerte" einer Kernleistung (wie z.B. Upgrading eines technischen Produktes) könnten zollpflichtig werden, wenn dieser servicebedingte „Mehrwert" im Ausland erbracht wird und das Produkt danach wieder in das Ursprungsland zurückgeführt wird.[153] Dieser Fall kann jedoch als sehr spezifisch und selten angesehen werden. Er ist daher im Rahmen des internationalen Servicemarketing weniger bedeutsam. Anders ist dies bei nicht-tarifären Handelshemmnissen, sie können durchaus den Serviceeinsatz erheblich beeinflussen. Hierzu gehören z.B. besondere Qualifikationsanforderungen an ausländisches (Service-) Personal, Beschränkungen und Anforderungen beim Einsatz inländischer (Service-) Mitarbeiter sowie ein Verbot des Angebots oder der Bereitstellung von Diensten.[154] Durch derartige Diskriminierungen werden ausländische Anbieter in ihrem Serviceeinsatz aus Kosten- und / oder Qualitätssicht gegenüber den etablierten inländischen Wettbewerbern benachteiligt.[155] In dieser Situation ist dann auch die Wirkung des Service als Differenzierungs- und Profilierungsinstrument am Markt beeinträchtigt. Die Einflußintensität der Serviceleistungen auf den Unternehmenserfolg ist damit eher gering.

Doch nicht nur nicht-tarifäre Handelshemmnisse, sondern auch generelle rechtliche Beschränkungen des Serviceeinsatzes in einem Land, die sowohl für einheimische als auch für ausländische Anbieter gelten, können den Erfolgsbeitrag des Service einschränken. Internationale Anbieter haben dabei häufig von Ländermarkt zu Ländermarkt recht unterschiedliche nationale Rechtsnormen zu berücksichtigen, wenn keine entsprechenden

[152] Vgl. Altmann, J., a.a.O., S. 243ff.; Jahrmann, F.U.: Außenhandel, 7. Aufl., Ludwigshafen 1994, S. 92ff.
[153] Vgl. Köhler, L., a.a.O., S. 142
[154] Vgl. ebenda, S. 150ff.
[155] Vgl. Porter, M.E.: Wettbewerbsstrategie, a.a.O., S. 37

übergeordneten Regelungen im supranationalen Recht gegeben sind, die nationale Vorschriften brechen. Zu den nationalen Rechtsnormen gehören i.d.R. neben dem Wettbewerbs-, Gesellschafts- und Unternehmensrecht auch das Vertrags-, Arbeits- und Sozialrecht sowie spezifische Rechtsvorschriften für den Einsatz von Marketinginstrumenten, wie z.B. Produkt-, Preis-, Werbe- / Medien- und Verbraucherrecht.[156]

Für den Einsatz des Service sind vor allem die gesetzlichen Vorschriften des nationalen Vertragsrechts relevant, die zum einen den Ausgangspunkt für das Angebot und die notwendige Verrichtung von Serviceleistungen bilden. Hierzu gehören beispielsweise Gewährleistungsansprüche der Kunden aus dem Vertragsrecht, Garantievereinbarungen, Ersatzteilbevorratungs- und -lieferpflichten. Diese Rechtsnormen beziehen sich auf die Ebene der Primärleistung und erfordern den Einsatz von Serviceleistungen im Falle eines entsprechenden Anspruchs beim Kunden. Zum anderen sind aber auch rechtliche Vorschriften beim absatzpolitischen Einsatz des Service zu berücksichtigen, die das Gestaltungsspektrum beispielsweise durch Kontrahierungs-, Distributions- und Werbebedingungen einschränken können oder sich auf rechtliche Konsequenzen beim Einsatz des Service erstrecken (z.B. Gewährleistungsansprüche für den Abnehmer). Derartige Rechtsvorschriften greifen auf der instrumentellen Ebene des Service und beziehen sich auf rechtliche Grenzen servicepolitischer Entscheidungen oder auf rechtliche Verpflichtungen als Folge des Serviceeinsatzes.

In Deutschland gibt es zwar kein eigenes, spezifisches „Service- oder Kundendienstgesetz", der Serviceeinsatz ist aber dennoch vielfältigen Rechtsnormen und -einflüssen unterworfen. *Rechtliche Verpflichtungen als Anlässe für den Serviceeinsatz* ergeben sich beispielsweise aus den Gewährleistungsansprüchen der Konsumenten nach §§ 459 - 492 BGB (Wandel des Kaufvertrags, Minderung der Kaufsumme sowie Möglichkeit der Nachbesserung durch den Verkäufer in § 476a BGB) und §§ 633 - 640 BGB (Nachbesserung bei Werkverträgen) und von gewerblichen Kunden beim Handelskauf nach §§ 377 und 378 HGB.[157] Nach den §§ 157, 242, 305 und 433 BGB ist der Verkäufer nach dem Grundsatz von Treu und Glauben auch indirekt dazu verpflichtet, für komplexe Sachleistungen Ersatzteile zu bevorraten.[158] Außerdem ergibt sich im Zusammenhang mit der Produzentenhaftung, die seit dem 1.Januar 1990 als EG-Richtlinie auch in Form des Produkthaftungsgesetzes (ProdHaftG) für Deutschland gültig ist, eine Bedeutungszunahme des Service als präventive Schutzmaßnahme. Das liegt an der im Artikel 1 der EG-Richtlinie festgelegten Gefährdungshaftung, die zu einer Verschärfung der Haftung von Anbietern führt. Entsprechend dem „Prinzip der verschuldensunabhängigen Unrechtshaf-

[156] Vgl. Hünerberg, R.: Internationales Marketing, a.a.O., S. 58f.
[157] Vgl. Ahlert, D./ Schröder, H.: Rechtliche Grundlagen des Marketing, 2. Aufl., Stuttgart/Berlin/Köln 1996, S. 165ff.
[158] Vgl. Fassot, G.; a.a.O., S. 180; Forschner, G., a.a.O., S. 102f.

tung“,[159] muß ein Verschulden des Schädigers vom Geschädigten nicht mehr nachgewiesen werden (§ 3 ProdHaftG). Die Beweisführung erstreckt sich nunmehr lediglich auf den Nachweis eines Schadens und Produktfehlers sowie einer Kausalität zwischen diesen beiden. Anbieter haften damit auch ohne Verschulden für Schäden, die durch die Nutzung ihrer hergestellten Produkte entstanden sind. Sie werden deshalb auch grundsätzlich bemüht sein, mögliche Schadensfälle bei den Abnehmern durch Instruktionsfehler, also einer mangelnden Aufklärung der Kunden über die Kernleistung, mittels Schulungen, Anwendungsberatungen oder Gebrauchsanweisungen sowie einer Produkt- und Einsatzbeobachtung während der Nutzungsphase zu vermeiden.[160]

Zu den *rechtlichen Verpflichtungen als Folge des Serviceeinsatzes* in Deutschland zählen vor allem Haftungsansprüche der Kunden bei mangelhaften Serviceleistungen, die mittel- oder unmittelbare Schäden beim Nutzer oder der Kernleistung hervorgerufen haben. Auch hier greifen die §§ 459 und 463 BGB. Mittelbare Schäden (sog. Mangelfolgeschäden) entstehen als Folge eines Leistungsmangels an einem anderen Rechtsgut, während unmittelbare Schäden (sog. Mangelschäden) nur in der Leistung an sich bestehen und i.d.R. einen Gewährleistungsanspruch (z.B. nochmalige Erbringung der Serviceleistung oder Wandelung des Servicevertrags) zur Folge haben.

Rechtliche Beschränkungen des Serviceeinsatzes ergeben sich in Deutschland vor allem durch die Zugabenverordnung (ZugabeVO), das Gesetz gegen unlauteren Wettbewerb (UWG), das Gesetz gegen Wettbewerbsbeschränkungen (GWB) und das Gesetz über Preisnachlässe (RabG).[161] So wird beispielsweise durch die Zugabenverordnung das unentgeltliche oder scheinentgeltliche Angebot von Zusatzleistungen verboten, zu dem auch Serviceleistungen gehören, wenn sie nicht zu den handelsüblichen Nebenleistungen zählen oder auf die Erteilung von Auskünften und Ratschlägen beschränkt sind (§ 1 ZugabeVO). Ebenso können Serviceleistungen im Rahmen von Gewährleistungsfällen ausgenommen werden. Grundsätzlich besteht bei der Zugabenverordnung das Problem einer eindeutigen Interpretation. Die Folge ist, daß den Gerichten i.d.R. eine Einzelfallauslegung überlassen bleibt (sog. Richterrecht).[162]

Der pretiale Einsatz von Serviceleistungen außerhalb von Gewährleistungspflichten wird durch § 632 BGB geregelt. Demnach haben Kunden grundsätzlich mit einer Fakturierung von Serviceleistungen zu rechnen, die sich - soweit nichts anderes vereinbart wurde - nach den üblichen Preisen am Markt zu richten hat. Gleichzeitig muß die Rechnungsstellung vollständig und

[159] Vgl. Ahlert, D./Schröder, H., a.a.O., S. 206
[160] Vgl. Klinkenberg, U.: Fehlerherd Marketing, Teil 2, in: absatzwirtschaft, 35. Jg., 1992, Heft 7, S. 88ff.
[161] Vgl. Ahlert, D./Schröder, H., a.a.O., S. 167
[162] Vgl. Forschner, G., a.a.O., S. 106

detailliert sein.[163] Allerdings dürfen für gewerbliche Serviceleistungen „des täglichen Bedarfs" keine Preisnachlässe zu Wettbewerbszwecken gewährt werden.[164]

Die Kommunikation von Serviceleistungen wird - wie auch für die Kernleistung - durch das UWG geregelt. Für die Distribution von Serviceleistungen sind die Regelungen des GWB zu berücksichtigen, die beispielsweise in den §§ 22 und 26 einem marktmächtigen Anbieter die unbillige Behinderung anderer Unternehmen verbieten. Demnach hat ein Anbieter den Ausschluß potentieller Servicemittler und -träger zu rechtfertigen.[165]

Die skizzierten Ausführungen zu den rechtlich relevanten Bestimmungen für den Serviceeinsatz haben bereits gezeigt, daß es allein in Deutschland zahlreiche Vorschriften gibt, die es zu berücksichtigen gilt. Unternehmen, die ihre Absatz- und Serviceaktivitäten internationalisieren, haben zusätzlich auch die spezifischen Rechtsnormen in den Gastländern zu berücksichtigen.

Grundsätzlich führen umfassende rechtliche Bestimmungen und Regulierungen auf einem Ländermarkt zu einer Nivellierung der Verhaltensweisen von Unternehmen, die sich in einer weitgehenden Funktionsangleichung, überhöhten Kosten / Preisen, eingeschränktem Wettbewerb und einer geringen Innovationsneigung in dem geregelten Leistungs- und Marktbereich niederschlagen.[166] Bei einer Regulierung des Serviceeinsatzes kommt es dabei zu einer Konzentration von Mußleistungen. Soll- und vor allem Kann-Serviceleistungen haben hier häufig nur eine geringe Relevanz, da das Gestaltungsspektrum stark eingeengt wird. Damit ist das Wettbewerbs- und Akquisitionspotential des Service in stark regulierten Märkten nahezu unbedeutend. Der Einfluß des Service auf den Unternehmenserfolg wird demnach ebenfalls nur gering sein. Infolgedessen kann als Hypothese 10 festgehalten werden:

H10: In (Auslands-) Märkten mit starken politischen-rechtlichen Regelungen für den Serviceeinsatz

- *liegt kein (positiver) der Einfluß des Service auf den Unternehmenserfolg vor.*

Diese Hypothese ist vor dem Hintergrund verbraucher- und gesellschaftspolitischer Entwicklungen einzelner Länder relevant. Die zunehmende Evolution gesellschaftlicher Probleme wird teilweise auch den Marketingpraktiken und -aktivitäten der Unternehmenspraxis vorgeworfen. Die Vorwürfe richten sich beispielsweise sowohl gegen zu hohe Preise, Manipulation und Irreführung von Verbrauchern durch Kommunikationsaktivitäten als auch gegen ökologische

[163] Vgl. Ahlert, D./Schröder, H., a.a.O., S. 178f.
[164] Vgl. Rosada, M., a.a.O., S. 68
[165] Vgl. ebenda, S. 69
[166] Vgl. Wittkemper, G./Perilleux, R./Herold, C.: Liberalisierung von Märkten - Herausforderungen und Lösungskonzepte, in: Booz - Allen & Hamilton (Hrsg.), Gewinnen im Wettbewerb, Stuttgart 1994, S. 10f.

und sozio-kulturelle Konsequenzen von Marketingpraktiken. Letztere umfassen den Einfluß des Marketing auf gesellschaftliche Wert- und Normensysteme einer Gesellschaft.[167] Gerade in fernöstlichen und asiatischen Ländern mit einer islamischen Religion verwehrt man sich gegen den Einfluß problematischer westlicher Konsum- und Lebensstile mit entsprechenden juristischen Regelungen, die den Marketing- und Serviceeinsatz mitunter erheblich einschränken. Doch auch in den westlichen Ländern läßt sich ein zunehmend kritischeres Abnehmer- / Konsumentenbewußtsein konstatieren, das sich nicht nur in der Aufforderung an die Unternehmen zur Mitwirkung an der Bewältigung gesellschaftlicher Probleme niederschlägt, sondern häufig auch Forderungen nach gesetzlichen Regulierungen und Einschränkungen „problematischer" Marketingaktivitäten nach sich zieht.[168] Wenngleich die „Blütezeit" des Konsumerismus - zumindest in den westlichen Industrieländern - in den 60er und 70er Jahren war, lassen sich jedoch auch heute noch Nachwirkungen erkennen.

3.2.2. Interne Kontextvariablen

Interne Kontextvariablen sind - im Gegensatz zu externen Umweltfaktoren - vom Unternehmen geschaffen und beeinflußbar. Meistens handelt es sich hierbei um Ergebnisse konstitutiver Unternehmensentscheidungen. Die internen Kontextvariablen umfassen damit vor allem unternehmenspolitische Basisbereiche wie die Unternehmensphilosophie, die Ressourcenausstattung und die generelle Organisationsstruktur. Außerdem sollen auch (internationale) Basisstrategien hierzu gezählt werden. Sie übernehmen zwar eine „Vermittlerfunktion" zwischen externen Rahmenbedingungen und Anforderungen auf der einen Seite sowie den internen Ressourcen und Potentialen auf der anderen Seite und hängen damit quasi selbst in gewisser Weise von den Kontextvariablen ab; sie haben aber für die instrumentalstrategischen und operativen Entscheidungen im Service - trotz gegenseitiger Beeinflussungen - eine Leitfunktion.

Diese internen Kontextfaktoren sind daher nicht nur das Resultat bewußten Managements, sondern auch die Grundlage für das Verhalten von Unternehmen am Markt.[169] Sie bestimmen das inhaltliche Aktionsspektrum der Unternehmen auf ganz besondere Weise, indem sie die Sinnhaftigkeit, das Intensitätspotential sowie die Regeln und Abläufe des unternehmensspezifischen Handelns vorgeben. Die vier genannten internen Kontextvariablen bilden damit die Basis einer bewußten Steuerung und Koordination der (internationalen) Unternehmensentwicklung und daraus abgeleitet auch die Grundlage für das interne Gestaltungsspektrum der (internationalen) Servicepolitik.

---

[167] Vgl. Wiedmann, K.-P., a.a.O., S. 37f.

[168] Vgl. ebenda, S. 15f.; Hansen, U.: Verbraucher- und umweltorientiertes Marketing - Spurensuche einer dialogischen Marketingethik, in: Hansen, U. (Hrsg.), Verbraucher- und umweltorientiertes Marketing, Stuttgart 1995, 5f., Kuhlmann, E.: Verbraucherpolitik, München 1990, S. 24f.

3.2.2.1. Unternehmensphilosophie als grundlegendes Orientierungsmuster

Unternehmensphilosophie und -kultur bilden den normativen Kern der Unternehmenspolitik, der grundsätzliche Fragen der Unternehmensführung aufwirft und behandelt. Hierbei geht es um die Formulierung von Missionen und Visionen des Unternehmens, die als Leitbilder eine Integration der Unternehmensaktivitäten erreichen sollen.[170]

Die *Unternehmensphilosophie* umfaßt sämtliche explizit formulierten und implizit getragenen Unternehmensgrundsätze. Ausgangspunkt hierfür bietet der eigentliche Unternehmenszweck (sog. Business Mission), der den Leistungsbeitrag eines Unternehmens zur Gesamtwirtschaft zum Ausdruck bringt. Die *Business Mission* bestimmt auf diese Weise, welche Leistungen ein Unternehmen erbringen soll.[171] Dabei geht es nicht so sehr um eine detaillierte Vorgabe des Absatzprogramms als vielmehr um eine generelle inhaltliche und geographische Festlegung der marktlichen Betätigungsfelder / Branchen. Die Business Mission gibt also den grundsätzlichen Rahmen dafür vor, *was* vom Unternehmen *wo* gemacht werden soll.[172]

Unternehmensgrundsätze bauen hierauf auf und geben Orientierungshilfen dafür, *wie* Unternehmenspolitik gemacht werden soll. Sie bilden quasi Verhaltensrichtlinien für die Führungskräfte und Mitarbeiter im Umgang mit Marktteilnehmern (z.B. Kunden, Lieferanten, Absatzmittlern, Konkurrenten) und Shareholdern (Kapitalgebern und Unternehmenseignern).[173] Sie werden i.d.R. im *Unternehmensleitbild* schriftlich fixiert und sollen den Unternehmensmitgliedern die Werte und grundsätzlichen Ziele des Unternehmens verdeutlichen. Des weiteren sollen die Unternehmensgrundsätze auch die Verantwortung des Unternehmens in gesellschaftlicher und ökologischer Hinsicht aufzeigen.[174]

Das Unternehmensleitbild gibt das Selbstverständnis des Unternehmens wieder und legt den Kurs des Unternehmens auf der konzeptionellen Ebene fest. Hierdurch soll eine Entscheidungskoordination im Sinne einer Kohärenz und Kontinuität von Entscheidungen erreicht werden, die auch eine Verhaltenssicherheit der Führungskräfte und Mitarbeiter ermöglicht. Unternehmensphilosophie und -leitbilder werden über die Konkretisierung und Operationalisierung

---

[169] Vgl. u.a. Kohli, A.K./Jaworski, B.J., a.a.O., S. 6ff.;

[170] Vgl. Bleicher, K.: Marketing im Spannungsfeld von Wettbewerbs- und Potentialorientierung, in: Bruhn, M./Steffenhagen, H. (Hrsg.), Marktorientierte Unternehmensführung, Wiesbaden 1997, S. 42f.

[171] Vgl. Meffert, H.: Marketing-Management, a.a.O., S. 79f.

[172] Vgl. Kotler, P./Bliemel, F., a.a.O., S. 94f.

[173] Vgl. Hoffmann, F.: Unternehmungs- und Führungsgrundsätze, in: Zeitschrift für betriebswirtschaftliche Forschung, 41. Jg., 1989, Heft 3, S. 167f.

[174] Vgl. Demuth, A.: Eine Verfassung für das Unternehmen, in: Bachinger, R. (Hrsg.), Unternehmenskultur - Ein Weg zum Markterfolg, Frankfurt/Main 1991, S. 27f.; Beyer, H./Fehr, U./Nutzinger, H.G.: Unternehmenskultur und innerbetriebliche Kooperation, Wiesbaden 1995, S. 75f.; Bleicher, K.: Normatives Management, a.a.O., S. 59ff.

in den Unternehmensgrundsätzen in grundlegende Unternehmensziele und -strategien transformiert.

Je nach Ausrichtung und Schwerpunktsetzung auf einzelne Interessengruppen (sog. Stakeholder) im Rahmen von Unternehmensphilosophie und -leitbild erhält auch das strategische Management eine spezifische Ausrichtung. Damit wird der langfristige Orientierungsrahmen für die Handlungsprogramme des Unternehmens durch die Unternehmensphilosophie determiniert. So führt beispielsweise eine Dominanz der Eigentümerorientierung zu einer stärkeren finanzwirtschaftlichen Unternehmensführung, während sich eine explizite Ausrichtung an Kundeninteressen und Konkurrenzaktivitäten in einer marktorientierten Unternehmensführung niederschlägt. Grundsätzlich kann jedoch davon ausgegangen werden, daß im Sinne des interessenpluralistischen Ansatzes der Unternehmensführung die zugrunde gelegte Managementkonzeption maßgeblich durch die Führungskräfte der dominierenden Koalition im Unternehmen festgelegt wird.[175] Koalitionen bilden sich zur Durchsetzung gemeinsam geteilter Interessen. Dazu koordiniert man das Verhalten der Koalitionsmitglieder gegenüber anders interessierten Dritten.[176] Da es in Unternehmen meistens mehrere Koalitionen gibt, die ihre Interessen durchsetzen wollen, kann ebenfalls davon ausgegangen werden, daß es im Rahmen von Zielentscheidungsprozessen zu einem mehr oder minder starken pluralistischen Konzept der Unternehmensführung kommt. Abhängig von der Machtposition der einzelnen Koalitionen können dabei sehr fokussierte oder sehr breite und mitunter verschwommene mehrdimensionale Führungskonzepte erarbeitet werden. In empirischen Untersuchungen wurden insgesamt sechs relevante Grunddimensionen der Unternehmensführung ermittelt. Hierzu gehören Marktorientierung, Produktions- und Kostenorientierung, Technik- und Innovationsorientierung, Mitarbeiterorientierung sowie Umwelt- und Gesellschaftsorientierung.[177] Ausgehend vom „Ausgleichsgesetz der Planung", das eine Ausrichtung der Gesamtplanung am Minimumsektor fordert, wird in der Marketingliteratur weitgehend die Dominanz der marktorientierten Unternehmensführung postuliert, da auf Käufermärkten der Absatz von Leistungen der wesentliche Engpaß ist.[178] Dennoch werden auch auf Käufermärkten die Interessen der anderen Koalitionen in einem mehrdimensionalen Führungskonzept Berücksichtigung finden müssen, um die Legitimation des Managements zu gewährleisten.[179]

---

[175] Vgl. Kirsch, W.: Unternehmenspolitik, a.a.O., S. 114ff.; Wagner, H.: Marktorientierte Unternehmensführung versus Orientierung an Mitarbeiterinteressen, Shareholder-Value und Gemeinwohlverpflichtungen, in: Bruhn, M./Steffenhagen, H. (Hrsg.), Marktorientierte Unternehmensführung, Wiesbaden 1997, S. 98; vgl. auch die kritische Stellungnahme von Schneider, D.: Betriebswirtschaftslehre, a.a.O., S. 212f.

[176] Vgl. ebenda, S. 118

[177] Vgl. Fritz, W.: Marktorientierte Unternehmensführung, a.a.O., S. 175ff.; derselbe: Erfolgsursache Marketing, Stuttgart 1997, S. 17; Gabele, E./Kretschmer, H.: Unternehmensgrundsätze, Frankfurt/Main 1985, S. 49ff.

[178] Vgl. u.a. Meffert, H.: Marktorientierte Unternehmensführung im Umbruch, a.a.O., S 5

[179] Vgl. Donaldson, T./Preston, L.E.: The Stakeholder Theory of the Cooperation - Concepts, Evidence, and Implications, in: Academy of Management Review, 20. Jg., 1995, Nr. 1, S. 87

Bei Dominierenden von Marktorientierung nehmen im Rahmen der Zielhierarchie von Unternehmen kunden- und konkurrenzgerichtete Ziele, wie z.B. Kundenzufriedenheit, -loyalität, Image, Wettbewerbsfähigkeit und -vorteile, einen wichtigen Stellenwert ein. Demgegenüber sind in shareholder-orientierten Unternehmen vor allem Liquiditäts-, Rentabilitäts-, Sicherheits- und Unabhängigkeitsziele wesentlich. Mitarbeiterorientierte Unternehmen favorisieren hingegen insbesondere die soziale Verantwortung, Erhaltung und Schaffung von Arbeitsplätzen, während bei Unternehmen mit ausgeprägter Technikdominanz sehr stark Innovations- und FuE-Ziele im Vordergrund stehen.[180]

Die grundlegenden Unternehmensziele stellen nicht nur die instrumentelle Ebene der Unternehmensphilosophie und des Unternehmensleitbilds dar, sondern sind auch Ausgangspunkt für die Formulierung von Strategien und den Einsatz von operativen Werkzeugen. Je nach Ausprägung der Internationalisierungsphilosophie haben dann auch bestimmte Gestaltungs- und Aktionsbereiche eine mehr oder minder starke Bedeutung für die Unternehmenspolitik. Neue Managementkonzepte, die unterschiedliche Unternehmensausrichtungen postulieren, führen in der Unternehmenspraxis immer wieder zu veränderten Schwerpunktsetzungen. So werden in kostenorientierten Lean-Managementkonzepten häufig Zusatzleistungen abgebaut, während stärker marketingbezogene Managementkonzepte die Schaffung von zusätzlichen Nutzendimensionen bei der Marktleistung forcieren. In diesem Zusammenhang läßt sich folgende Hypothese aufstellen:

H11: Eine starke Markt- und Kundenorientierung in der Philosophie eines Unternehmens
- *unterstützt den Einfluß des Service auf den Unternehmenserfolg positiv.*

Dabei wird implizit unterstellt, daß sich der Erfolg marktorientierter Unternehmen neben der Erreichung von Formalzielen vor allem in der Erreichung von Marktzielen widerspiegelt, die ganz bewußt auch durch den Serviceeinsatz verfolgt werden.

Unternehmen, die international tätig sind, haben im Rahmen der Unternehmensphilosophie auch die Internationalisierungsorientierung festzulegen. Es handelt sich hierbei um die EPRG-Dimensionen, die eine Charakterisierung der Grundeinstellung von Unternehmen zur Internationalisierung vornehmen. Grundsätzlich kann man davon ausgehen, daß eine polyzentrische Orientierung mit einem multinationalen Marketingkonzept einhergeht, dem eine bewußte Ausrichtung an den Besonderheiten von Ländermärkten und der optimalen Befriedigung von lokalen Bedürfnissen und Erfordernissen zugrunde liegt.[181] Eine ethnozentrische Orientierung findet ihren Niederschlag im „internationalen Marketing“, das vor allem eine

[180] Vgl. ähnlich bei Fritz, W.: Marktorientierte Unternehmensführung, a.a.O., S. 180
[181] Vgl. Cateora, P., a.a.O., S. 21; Meffert, H.: Zur Typologie, a.a.O., S. 4

„Stammlanddominanz“ aufweist und demnach nur in sehr begrenztem Umfang eine Berücksichtigung von Besonderheiten der Gastländer verfolgt.[182] Bei der regio- und geozentrischen Internationalisierungsphilosophie mit entsprechendem globalen Marketing richtet man sich an regional oder weltweit möglichst einheitlichen Kundenerwartungen und Marktanforderungen aus, die für einzelne Ländermärkte mitunter zu sub-optimalen Marketingkonzeptionen und Leistungsangeboten führen.[183]

Die verfolgte Internationalisierungsphilosophie hat wesentlichen Einfluß auf die Servicepolitik, da sie das Handlungsspektrum mitunter stark einschränken und somit auch die Erfolgswirkung des Service eindämmen kann. Es wird von folgender Hypothese ausgegangen:

H12: Eine (zunehmenede) Gastlandorientierung in der Internationalisierungsphilosophie eines Unternehmens

- *unterstützt den Einfluß des Service auf den Unternehmenserfolg positiv.*

Hierbei liegt die Annahme zugrunde, daß eine ausgeprägte Gastlandorientierung auch eine starke Markt- und Kundenorientierung bedingt. Beide Aspekte sind - wie auch in Hypothese 11 formuliert - wichtige Voraussetzungen für den Erfolgsbeitrag des Service, die quasi Antezedenz-Bedingungen für die Funktionen des Service sind.

3.2.2.2. Ressourcenausstattung und -allokation

Die Ressourcenausstattung und -verteilung sind weitere wesentliche Determinanten des Serviceeinsatzes. Dabei geht es nicht nur um finanzielle, sachliche und personelle Ressourcen, sondern auch um Marketing- und Service-Know-how im Unternehmen. Während die finanzielle und technische Ausstattung primär den quantitativen Serviceeinsatz beeinflußt, wirken sich die personelle Ausstattung sowie das vorhandene Marketing- und Service-Know-how insbesondere auf die Qualität der Servicepolitik aus. Grundsätzlich erfordert eine erfolgreiche Servicepolitik eine entsprechende quantitative und qualitative Leistungsfähigkeit und -bereitschaft im Unternehmen.[184]

Die Vorhaltung einer marktgerechten Leistungsfähigkeit erfordert zum Teil erhebliche finanzielle Ressourcen. Wie bereits oben beschrieben wurde, umfassen die durchschnittlichen Servicekosten ca. 11 % der gesamten Produkt- / Kernleistungskosten, die nur zum Teil direkt über den Verkaufspreis abgegolten werden können. Unternehmen, die nicht über eine entsprechende

[182] Vgl. Cateora, P., a.a.O., S. 20f.
[183] Vgl. Meffert, H.: Marketing im Spannungsfeld, a.a.O., S. 692
[184] Vgl. Fassot, G., a.a.O., S. 120f.

Finanzkraft verfügen, müssen entweder das qualitative und quantitative Serviceniveau senken und externalisieren oder auf günstigere Drittanbieter outsourcen.[185] Dadurch wird das Gestaltungsspektrum des Service und auch dessen Beeinflussung im Hinblick auf gewünschte Erfolgswirkungen eingeschränkt. Gerade im internationalen Geschäft kommt es durch die Kumulation der Kosten zu einem relativ großen Finanzbedarf.

Bei sehr großen Investitionen in Servicekapazitäten besteht auch bei Unternehmen mit entsprechender Finanzkraft die Gefahr der Beharrung und damit der Inflexibilität. Das Streben nach möglichst langfristiger Nutzung der aufgebauten Leistungsfähigkeit kann nämlich schnell zu einer Ignoranz gegenüber Markt- und Nachfrageveränderungen führen. Diese Beharrungstendenz ist dabei umso stärker ausgeprägt, je mehr Kapital in den Servicekapazitäten gebunden ist. Unternehmen, die über ein großes Finanzierungspotential verfügen, werden von dieser Problematik weniger betroffen sein als Unternehmen mit einer geringen Finanzdecke.

Die technische und personelle Ausstattung ist mit dem finanziellen Ressourcenpotential verknüpft. Das gilt nicht nur für die Anzahl der Servicemitarbeiter und die quantitative Ausrüstung mit Betriebsmitteln, sondern auch für die Qualifikation des Servicepersonals und die Qualität der Werkzeuge. Beide Bereiche sind dabei in besonderem Maße von den dienstleistungsspezifischen Besonderheiten des Service abhängig.

Wegen der notwendigen Kundenintegration ist beim Servicepersonal neben der allgemeinen Fach- und Methodenkompetenz insbesondere eine soziale Kompetenz erforderlich. Hierbei handelt es sich um die Fähigkeit zur Bewältigung sozialer Interaktionen, die gerade bei personenbezogenen Serviceleistungen vorkommen.[186] Diese Qualifikation ist von Persönlichkeitsmerkmalen abhängig und deshalb nur teilweise erlernbar.[187] Zu den service-relevanten sozialen Kompetenzfeldern gehören Empathie, Sensibilität, Rollenflexibilität, Überzeugungsfähigkeit, Kommunikations- und Konfliktfähigkeit.[188]

Empathie (Einfühlungsvermögen) ist die Fertigkeit, sich in den Interaktionspartner hineinzuversetzen, seine Gefühle und Bedürfnisse zu erkennen sowie sein Verhalten zu antizipieren, während sich *Sensibilität* auf die Einschätzung der gesamten Interaktionssituation bezieht und

[185] Vgl. Forschner, G., a.a.O., S. 117
[186] Vgl. König, E.: Soziale Kompetenzen, in: Gaugler, E./Weber, W. (Hrsg.), Handwörterbuch des Personalwesens, 2. Aufl., Stuttgart 1992, Sp. 2046
[187] Vgl. ähnlich bei Faix, W.G./Laier, A.: Soziale Kompetenz - Wettbewerbsfaktor der Zukunft, 2. Aufl., Wiesbaden 1996, S. 71
[188] Vgl. u.a. Parasuraman, A./Zeithaml, V.A./Berry, L.L.: A Conceptual Model of Service Quality and Its Implications for Future Research, in: Journal of Marketing, 49. Jg., Fall, S. 42ff.

angemessene Reaktionen umfaßt.[189] Die *Rollenflexibilität* erstreckt sich auf die Anpassungsfähigkeit einer Person an situationsbedingte differierende Rollenerwartungen. *Überzeugungsfähigkeit* umfaßt das Geschick, andere Personen anzuleiten und für bestimmte Aktivitäten zu motivieren. Die *Kommunikationsfähigkeit* bezieht sich auf die Fertigkeit, Botschaften ganz bewußt und gezielt weiterzugeben und zu empfangen, um eine effiziente und effektive Verständigung mit anderen Personen zu erreichen. Handelt es sich hierbei um die Regulierung von Konflikten, dann ist *Konfliktfähigkeit* gefordert, die sich im Wissen und Anwenden von Konfliktlösungsmöglichkeiten manifestiert.[190]

Da die genannten Schlüsselqualifikationen einen wesentlichen Einfluß auf die Servicequalität und damit die Erfolgswirkung des Service haben, ist eine entsprechende Personalentwicklung für die Servicemitarbeiter sinnvoll und notwendig.[191] Dabei geht es nicht um eine einmalige Weiterbildungsaktion, sondern - im Sinne eines Kaizen - um eine permanente Angleichung der Mitarbeiterqualifikation an sich verändernde Rahmenbedingungen und Kundenerwartungen. Hierzu sind entsprechende Investitionen in die Human Resources erforderlich, um eine anforderungsgerechte Personalentwicklung sicherstellen.

Im internationalen Kontext stellt sich zusätzlich die Anforderung, geeignete Servicekräfte auf den Ländermärkten für das Servicemanagement zu finden und einzusetzen. Grundsätzlich bieten sich im wesentlichen zwei Vorgehensweisen an:[192]

- Erstens können einheimische Servicemitarbeiter zur Abwicklung von Servicetransaktionen im Ausland eingesetzt werden, und zweitens können neue Servicekräfte vor Ort im Ausland rekrutiert werden. Dabei stellt sich dieses Entscheidungsproblem vor allem bei Markteintrittsstrategien, die einen direkten Kontakt zwischen internationalem Anbieter und einheimischen Abnehmern beinhalten. Hierzu gehören neben eigenständigen Direktinvestitionen (z.B. Vertriebsniederlassungen oder Tochtergesellschaften mit voller Wertschöpfung im Ausland) auch Direktexporte.

  Bei der Abwicklung durch etablierte Mitarbeiter besteht grundsätzlich die Gefahr, daß bei einer relativ großen kulturellen Distanz der Ländermärkte die erworbene fachliche und ins-

---

[189] Vgl. Hoffmann, K.D./Bateson, J.E.G.: Essentials of Service Marketing, Fort Worth 1997, S. 310; Benkenstein, M./Güthoff, J.: Qualitätsdimensionen komplexer Dienstleistungen, in: Marketing - Zeitschrift für Forschung und Praxis, 19. Jg., 1997, Heft 2, S. 84

[190] Vgl. Froböse, M./Steinbach, R./Hilger, A.: Die Vermittlung von Schlüsselqualifikationen als Teil der betriebswirtschaftlichen Ausbildung, in: Froböse, M./Kaapke, A. (Hrsg.), Marketing als Schnittstellenwissenschaft und Transfertechnologie, Berlin 1996, S. 381f.

[191] Vgl. u.a. Bitner, M.J./Hubbert, A.R.: Encounter Satisfaction versus Overall Satisfaction versus Quality, in: Rust, R.T./Oliver, R.L. (Hrsg.), Service Quality - New Directions in Theory and Practice, Thousand Oaks 1994, S. 87ff.; Surprenant, C.F./Solomon, M.R.: Predictability and Personalization in the Service Encounter, in: Journal of Marketing, 51. Jg., 1987, April, S. 88ff.

[192] Vgl. Huber, C.C., a.a.O., S. 90ff.; die Rekrutierung von Servicemitarbeitern aus Drittländern soll als Ausnahmefall angesehen und daher nicht weiter thematisiert werden.

besondere die soziale Kompetenz nicht ausreichend ist, um auftretende sozio-kulturelle Unterschiede und Spannungen, die bei der Kundenintegration und auch bei der Führung von ausländischen Servicemitarbeitern auftreten können, auszugleichen. Hierzu sind weitere Schlüsselqualifikationen der Servicemanager notwendig, die sich u.a. in Sprachkenntnissen, Wissen und Erfahrungen im Umgang mit anderen Kulturen sowie geschichtlicher, rechtlicher und politischer Länderkunde niederschlagen.[193] Die steigenden Anforderungen an das Führungspersonal im Service sind wiederum nur über eine langjährige Personalentwicklung zu erfüllen, die i.d.R. sehr kostenintensiv ist. Daher wird eine Entsendung vor allem bei Führungskräften und spezialisierten Fachkräften des Servicebereichs wirtschaftlich sinnvoll sein.

- Zweitens können auch einheimische Servicemitarbeiter aus den Gastländern rekrutiert werden. Dies gilt vor allem für Servicepersonal im operativen Bereich der Leistungserstellung. Sie kennen die kulturellen Gegebenheiten und Besonderheiten des Ländermarktes am besten. Dadurch sind sie meist in der Lage, Interaktions- und Integrationsprobleme beim Erstellungsprozeß entsprechend den typischen kulturellen Gepflogenheiten effektiv zu lösen. Dafür kann die Integration in das Unternehmen durchaus schwierig sein, wenn die Landeskultur mit der Unternehmenskultur des internationaltätigen Unternehmens nicht kompatibel ist. In diesem Fall kann es zu Reibungsverlusten und Friktionen bei der Umsetzung der Service- und Marktbearbeitungsstrategie kommen. Zur Minderung derartiger Effekte sind wiederum kulturassimilierende Fort- und Weiterbildungsaktivitäten einsetzbar, die eine Angleichung von Landes- und Unternehmenskultur fördern oder - um kulturadaptive Personalentwicklungen zu realisieren - eine Internalisierung der Unternehmenskultur bei Mitarbeitern in anderen Kulturkreisen erreichen.[194] Beide Formen sind meistens ebenfalls langwierig und kostenintensiv. Außerdem kann auch die notwendige Fach- und Sachkompetenz Engpaß und Hindernis für die Internationalisierung von Serviceleistungen sein.[195]

In Abbildung IV-10 sind die wesentlichen Probleme bei der Internationalisierung von Serviceleistungen aufgeführt, die in der explorativen Studie über eine offene Frage ermittelt wurden. Hier zeigt sich, daß Sprachprobleme eine große Schwierigkeit sind. Auch das Servicepersonal stellt für die Erstellung und das Angebot von Serviceleistungen auf den Auslandsmärkten ein Problem dar.[196] Bei der Interpretation der Ergebnisse ist zu beachten, daß 42,5 % der analysierten Unternehmen in der Grundlagenstudie eine indirekte Exportstrategie verfolgen und daher auch die Servicepolitik weitgehend auf die nationalen oder internationalen Exportmittler

---

[193] Vgl. auch Gaugler, E.: Globalisierung - Folgerungen für die Aus- und Weiterbildung im Management, in: Haller, M. et al. (Hrsg.), Globalisierung der Wirtschaft - Einwirkungen auf die Betriebswirtschaftslehre, Bern/Stuttgart/Wien 1993, S. 304ff.

[194] Vgl. ähnlich Palmer, A.: Principles of Services Marketing, London 1994, S. 319

[195] Vgl. Köhler, L., a.a.O., S. 115f.

[196] In der Untersuchung von Köhler zur Internationalisierung von produzentenorientierten Dienstleistungen stellt die Beschaffung von Fachkräften sogar das größte Problem dar. Vgl. Köhler, L., a.a.O., S. 111ff.

übertragen. Dadurch wird der hohe Prozentsatz der Unternehmen, die keine Schwierigkeiten bei der Internationalisierung ihrer Serviceaktivitäten haben, eher nachvollziehbar.

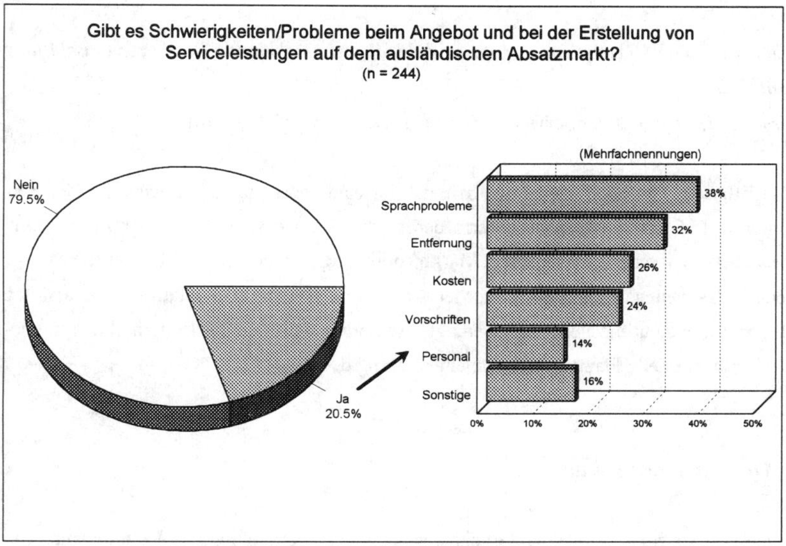

Abb. IV-10: Internationalisierungsprobleme bei Serviceleistungen

Neben der Kundenintegration hat auch die Immaterialität von Serviceleistungen einen Einfluß auf die notwendige Ausstattung und Allokation von personellen und technischen Ressourcen. Aufgrund der Informationsarmut von stark immateriellen Serviceleistungen (z.B. Beratungen und Schulungen) können durch das Verhalten und Auftreten der Servicemitarbeiter sowie durch die Ausstattung mit den Betriebsmitteln ganz spezifische Surrogatinformationen zur Qualitätsbeurteilung weitergegeben werden, die beim Nachfrager risikominimierend wirken können. Mitarbeiter und Betriebsmittel übernehmen damit nicht nur eine Serviceerstellungs-, sondern auch eine Signaling-Funktion.[197] Dabei können sowohl die Anzahl als auch die Qualität bzw. Qualifikation dieser internen Potentialfaktoren einen Qualitätseindruck zur (pre-konsumtiven) Serviceeinschätzung vermitteln. Geht man von einem positiven linearen Zusammenhang zwischen Anzahl und / oder Qualität der Potentialfaktoren auf der einen sowie der qualitätssuggerierenden Beeindruckungswirkung auf der anderen Seite aus, dann führt ein stärkerer Ausbau des Servicepotentials zur Erhöhung der wahrgenommenen Servicequalität und damit indirekt zu einer Steigerung des Serviceerfolgs. Der Ausbau des Servicepotentials ist dabei wiederum in weiten Teilen von finanziellen Investitionen abhängig.

[197] Vgl. auch Zeithaml, V.A./Bitner, M.J.: Services Marketing, New York et al. 1996, S. 519f.

Unterstellt man, daß große Unternehmen mit vielen Mitarbeitern auch über ein großes Finanzierungspotential und damit Finanzkraft sowie einen großen Ressourcenpool verfügen, dann führen die vorstehenden Überlegungen zu folgender Hypothese:[198]

H13: Eine steigende Unternehmensgröße und damit die zunehmende Ressourcenausstattung eines Unternehmens

- *unterstützt den Einfluß des Service auf den Unternehmenserfolg positiv.*

Diese Hypothese macht noch einmal deutlich, daß für eine konsequente Servicepolitik der Einsatz von zum Teil großen Ressourcen erforderlich ist. Service kann zwar über Zusatz- und Nebenleistungen zu einer angestrebten Marktprofilierung führen, er ist aber kein „Neben-Werkzeug", das nebenbei eingesetzt werden kann. Die Ressourcenkonkurrenz zu anderen Marketinginstrumenten und der servicebedingte Ressourcenverbrauch erfordern eine systematische und professionelle Planung und Implementierung des Service.

3.2.2.3. Organisationsstruktur

Die Organisationsstruktur eines Unternehmens kann als weitere interne Determinante der (internationalen) Servicepolitik angesehen werden. Im wesentlichen handelt es sich hierbei einerseits um die hierarchische Integration des Servicebereichs im Unternehmen und andererseits um die Konfiguration der Serviceaktivitäten innerhalb der internationalen Wertschöpfung. Darüber hinaus sind auch Koordinationsaspekte zwischen dem Servicebereich und anderen Unternehmensaktivitäten sowie zwischen Serviceaktivitäten in unterschiedlichen Ländermärkten zu berücksichtigen.

Hinsichtlich der Integration des Servicebereichs in die Unternehmenshierarchie geht es vor allem um servicepolitische Machtstrukturen. Dabei steht der Einfluß der Serviceabteilungen auf marketing- und unternehmenspolitische Entscheidungsprozesse im Vordergrund. Dieser hängt im wesentlichen von der Verteilung der Entscheidungs- und Weisungsrechte im Unternehmen ab. Entscheidungsrechte beziehen sich auf die formale Kompetenz (Befugnis), Inhalte, Maßnahmen, Programme, Rahmenbedingungen und auch Richtlinien der Aufgabenerfüllung selbst zu gestalten, während Weisungsrechte formale Festlegungen und Bestimmungen von Durchführungsorganen umfassen (Autorität).[199] Obwohl beide Bereiche gewisse Affinitäten aufweisen, können sie durchaus unabhängig voneinander festgelegt und von unterschiedlichen Stellen/ Abteilungen wahrgenommen werden. So besteht in vielen Fällen keine zwangsläufige Not-

---

[198] Vgl. Anlaß zur Vermutung einer Korrelation zwischen Mitarbeiterzahl und Finanzpotential geben die Ausführungen von Kieser, A./Kubicek, H., a.a.O., S. 292

[199] Vgl. Picot, A./Dietl, H./Franck, E.: Organisation - Eine ökonomische Perspektive, Stuttgart 1997, S. 171

wendigkeit, daß eine Person, die festlegt, wer eine Aufgabe zu erbringen hat, gleichzeitig auch bestimmen muß, wie diese Aufgabe zu lösen ist (et vice versa).[200]

Bei der Verteilung von *Entscheidungsrechten* gibt es im allgemeinen zwei Möglichkeiten. Zum einen handelt es sich hierbei um die Delegation als Weitergabe / Übertragung von Entscheidungsrechten an Personen oder Personengruppen, die - je nach Ausmaß der delegierten Entscheidungen - relativ selbständig handeln können.[201] Zum anderen gibt es die Partizipation, bei der Personen oder Personengruppen an Entscheidungen übergeordneter Ebenen beteiligt werden. Diese kann von einer Einbeziehung in den entscheidungsvorbereitenden Informationsprozeß bis zur gleichberechtigten Mitentscheidung gehen.[202]

Die Verteilung von *Weisungsrechten* dient im wesentlichen der Konkretisierung der organisatorischen Aufbaustruktur und damit der Systematisierung der entstandenen Arbeitsteilung im Unternehmen. Das Ziel ist, die Aufgabenerfüllung der einzelnen Organisationseinheiten (Tochterunternehmen, Funktionsbereiche, Abteilungen, Stellen) sicherzustellen. Zu den typischen Organisationsformen bzw. Strukturvarianten der Gestaltung von Weisungsrechten gehören Einliniensysteme (mit und ohne Stäbe) sowie Mehrliniensysteme (insbesondere Funktionsmeister- und Matrixstrukturen) und Netzwerksysteme (z.B. Lead-Country-Konzepte).[203]

Die Allokation von Entscheidungs- und Weisungsrechten bestimmt in starkem Maße die formalen Machtverhältnisse im Unternehmen, wenngleich auch Informationsvorteile, Fachkompetenz und Persönlichkeitsstrukturen von Personen zum Machterwerb führen können.[204] Durch umfassende Entscheidungsrechte können die einzelnen Stellen, Abteilungen oder Funktionsbereiche das Aktionsspektrum weitgehend selbst bestimmen und bestehende Ressourcen optimal einsetzen. Der Informationsstand der „empowerten" Abteilungen ist meist problemorientierter und detaillierter und führt damit häufig zu qualifizierteren Entscheidungen. Grundsätzlich kann dadurch eine höhere Effizienz und Effektivität der einzelnen Organisationseinheiten realisiert werden. Dabei können jedoch auch typische Principal-Agent-Probleme auftreten, die höhere Kosten der Überwachung / Kontrolle und des Signaling zur Folge haben.[205]

---

[200] Vgl. Picot, A.: Organisation, in: Bitz, M. et al. (Hrsg.), Vahlens Kompendium der Betriebswirtschaftslehre, Band 2, 3. Aufl., München 1993, S. 136

[201] Vgl. Reiß, M.: Führung, in: Corsten, H./Reiß, M. (Hrsg.), Betriebswirtschaftslehre, München/Wien 1994, S. 288

[202] Vgl. Picot, A.: Organisation, a.a.O., S. 140

[203] Vgl. Scholz, C.: Strategische Organisation - Prinzipien zur Vitalisierung und Virtualisierung, Landsberg/Lech 1997, S. 141ff.

[204] Vgl. Kieser, A./Kubicek, H., a.a.O., S. 158; Steinmann, H./Schreyögg, G.: Management - Grundlagen der Unternehmensführung, Wiesbaden 1990, S. 495

[205] Vgl. Picot, A./Dietl, H./Franck, E., a.a.O., S. 82ff.

Ein hoher Grad an Weisungsrechten führt zu einer stärkeren Durchsetzung individueller und abteilungs- bzw. bereichsbezogener Interessen. Gleichzeitig steigt mit dem Grad der Weisungsrechte auch die formale Macht im Unternehmen. Nach dem koalitionstheoretischen Ansatz der Unternehmensführung determiniert die Macht eines Organisationsbereichs oder einer Interessengruppe im Unternehmen wiederum die Einflußintensität auf die Entscheidungsprozesse in einer Organisation und die Nutzung von knappen Ressourcen. Überträgt man diese allgemeinen Gedanken auf den Servicebereich, dann werden dementsprechend die strategischen Servicepotentiale vor allem dann voll ausgenutzt, wenn die organisatorische Einbindung des Servicebereichs in die Hierarchie des Unternehmens möglichst auf einer hohen Stufe stattfindet. In dieser Situation wird der Servicebereich mit Entscheidungs- und Weisungsrechten ausgestattet sein, die ihm einen entsprechenden Einfluß auf die Gestaltung der Marketing- und Unternehmenspolitik sowie die Nutzung wichtiger Ressourcen erlauben.[206]

Typische Formen mit einer starken Verteilung von Entscheidungs- und Weisungsrechten stellen Geschäftsbereichsformen dar, die als Profit- oder Investment-Center beispielsweise nach Produktgruppen, Produkten, Regionen oder Wertschöpfungsbereichen gebildet werden. Profit-Center haben sowohl eine Kosten- als auch eine Erlösverantwortung für das jeweilige Geschäftsfeld, während Investment-Center zusätzlich sogar über den Kapitaleinsatz disponieren können.[207] Für den Servicebereich können derartige Center-Konzepte jedoch nur realisiert werden, wenn die einzelnen Serviceleistungen fakturiert werden und auch bewußt Erlöse hiermit erzielt werden sollen. Das wird jedoch in einer Vielzahl der Fälle, wie z.B. bei Gewährleistungsmaßnahmen, nicht gegeben sein. In dieser Situation ist eine interne Verrechnung der „unentgeltlichen" Leistungen notwendig oder die Umwandlung in ein Cost- oder Competence-Center.

Im Rahmen von Cost-Center-Konzepten besteht die Aufgabe im wesentlichen darin, daß der Geschäftsbereich (z.B. die Serviceabteilung) das geforderte Leistungsspektrum und -niveau mit möglichst geringem Ressourceneinsatz und -verzehr erbringt. Bei dieser organisatorischen Form ist jedoch die Entscheidungsfreiheit des Geschäftsbereichs erheblich eingeschränkt. Sie umfaßt weitgehend nur die Ressourcenallokation. Anders ist dies bei Competence-Centern, die sich auf eine Wertschöpfungsphase beziehen und hier nicht nur eine Kostenverantwortung tra-

---

[206] Das ist besonders bei einer ausgeprägten Ressourcendependenz mit anderen Funktions- und Leistungsbereichen der Fall, wenn diese eigene Koalitionen bilden und / oder als wichtige Koalitionspartner für den Servicebereich wegfallen. Vgl. ähnlich auch Plinke, W.: Ausprägungen der Marktorientierung im Investitionsgüter-Marketing, in: Zeitschrift für betriebswirtschaftliche Forschung, 44. Jg., 1992, Heft 9, S. 835

[207] Vgl. zu den Center-Konzepten u.a. Friedrich, R.: Der Centeransatz zur Führung und Steuerung dezentraler Einheiten, in: Bullinger, H.-J./Warnecke, H.J. (Hrsg.), Neue Organisationsformen im Unternehmen, Berlin et al. 1996, S. 987ff.; Frese, E: Profit Center, in: Tietz, B./Köhler, R./Zentes, J. (Hrsg.), Handwörterbuch des Marketing, 2. Aufl., Stuttgart 1995, Sp. 2162; Botta, V.: Vom Cost-Center zum Profit-Center, in: Roth, A./Behme, W. (Hrsg.), Organisation und Steuerung dezentraler Unternehmenseinheiten, Wiesbaden 1997, S. 222ff.

gen, sondern auch die Inhalte mitgestalten können. Sie haben meistens eine Ressourcenhoheit sowie eine eigenständige Aufgabe zur Erreichung von Wettbewerbsvorteilen. Sie sind damit immer auch mehr oder weniger markt- und wettbewerbsorientiert, sei es, um einzelne Leistungen als Absatzobjekt am Markt anzubieten und / oder sich gegenüber Outsourcingangeboten durchzusetzen. Competence-Center übernehmen also sowohl eine Effizienz- als auch eine Effektivitätsaufgabe und haben damit auch einen Entscheidungseinfluß auf die Bereichspolitik.[208]

Grundsätzlich läßt sich vermuten, daß mit steigenden Entscheidungs- und Weisungsrechten der Einfluß eines Organisationsbereichs (z.B. Serviceabteilung) auf die allgemeine Unternehmenspolitik steigt. Geht man davon aus, daß durch den unternehmenspolitischen Gestaltungseinfluß des Organisationsbereichs auch indirekt sein Wirkungspotential auf den Unternehmenserfolg steigt, so lassen sich Beziehungen zwischen der hierarchischen Integration des Servicebereichs in die Unternehmensstruktur und der Erfolgsbeeinflussung vermuten.[209] Unternehmen, die eine Wettbewerbsdifferenzierung über Zusatzleistungen erreichen wollen, haben der Bedeutung des Service als Wettbewerbsinstrument dann auch organisatorisch Rechnung zu tragen. Im Rahmen von Restrukturierungs- und Organisationsentwicklungsmaßnahmen sind entsprechende Durchsetzungsmöglichkeiten von Servicezielen und -strategien zu schaffen. Dabei kann von folgender Hypothese ausgegangen werden:

H14: Eine höhere Stellung des Servicebereichs in der Unternehmenshierarchie verstärkt den Einfluß des Service auf die Marketing- und Unternehmenspolitik und

- *unterstützt den Einfluß des Service auf den Unternehmenserfolg positiv.*

Konfiguration als weiterer wesentlicher Analysebereich soll hier weniger im Sinne eines machtbezogenen Leitungssystems verstanden werden, sondern vielmehr als die Struktur und regionale Verteilung von Wertschöpfungsaktivitäten. Diese Fragestellung ist vor allem für Unternehmen relevant, die über mehrere (internationale) Standorte verfügen. Sie müssen über den Grad der Streuung bzw. die Konzentration der einzelnen Wertschöpfungsbereiche entscheiden. Dabei ist es im Extremfall möglich, die Wertschöpfungsaktivitäten an einem Standort zu zentralisieren oder auf jeden Standort zu verteilen.[210] In der Literatur wird deshalb auch von Integration gesprochen.

Für nachgelagerte Wertschöpfungsphasen wie den Servicebereich wird regelmäßig eine Streuung der Leistungsbereiche auf die jeweilgen Standorte bzw. Ländermärkte unterstellt. Der Grund hierfür wird darin gesehen, daß diese kundennahen Aktivitäten stark von den standort- /

---

[208] Vgl. Töpfer, A.: Business Units auf der Grundlage von Geschäftsprozessen, in: Töpfer, A. (Hrsg.), Geschäftsprozesse - analysiert und optimiert, Neuwied/Kriftel/Berlin 1996, S. 248ff.
[209] Vgl. in Analogie zu Fritz, W.: Marktorientierte Unternehmensführung, a.a.O., S. 248ff. und S. 284
[210] Vgl. Welge, M.K.: Strategien, a.a.O., S. 572

länderspezifischen Besonderheiten abhängig sind.[211] Allerdings ist auch eine Konzentration von (bestimmten oder allen) Servicepotentialen und -leistungen möglich.[212] So werden beispielsweise im Rahmen von Versandhandelsaktivitäten auch Beratungs- und Reparaturleistungen für ausländische Kunden häufig im Heimland des Anbieters oder in einem Drittland durchgeführt. Ein beredtes Beispiel hierfür ist der PC-Hersteller und -Vertreiber Gateway 2000, der diese nachgelagerten Wertschöpfungsaktivitäten ausschließlich in England erbringt.

Inwieweit eine Konzentration von Serviceleistungen auf einen Standort oder wenige Standorte möglich ist, hängt wesentlich von der Art der Kernleistung (mobil oder immobil), der generellen Bedeutung des Service auf den Absatzmärkten, der Verhandlungsstärke der Transaktionsparteien, der verfolgten Strategie und der Internationalisierungsphilosophie entsprechend dem EPRG-Schema ab. Bezüglich der Bedeutung von Serviceleistungen auf ausländischen Absatzmärkten konnte in der Grundlagenstudie grundsätzlich eine weitgehend ähnliche Situation wie auf dem deutschen Heimmarkt feststellt werden. Das zeigt sich nicht nur daran, daß der Service bei der Bearbeitung ausländischer Märkte einen nahezu gleichen Stellenwert hat, sondern darin, daß sich auch hinsichtlich des eingeschätzten Serviceniveaus im Durchschnitt kaum Unterschiede ergeben. In Abbildung IV-11 ist das Ergebnis der Einschätzung des Serviceniveaus durch die befragten Unternehmen wiedergegeben.

Wie die Abbildung zeigt, sehen 64,5 % der Unternehmen keinen Unterschied zwischen dem Serviceniveau im Heimmarkt und in den bearbeiteten Auslandsmärkten. Für 21,7 % der Unternehmen ist der Serviceanspruch auf dem deutschen Markt sehr viel höher oder höher und für 13,8 % der befragten Betriebe ist das Anspruchsniveau auf den ausländischen Märkten höher oder sehr viel höher. Differenziertere Analysen haben gezeigt, daß in Nord-Amerika, Asien und Osteuropa das Serviceniveau signifikant höher eingeschätzt wird als auf westeuropäischen Märkten.

[211] Vgl. stellvertretend Porter, M.E.: Der Wettbewerb, a.a.O., S. 25

[212] Vgl. Takeuchi, H./Porter, M.E.: Die drei Aufgaben des internationalen Marketing im Rahmen einer globalen Unternehmensstrategie, in: Porter, M.E. (Hrsg.), Globaler Wettbewerb - Strategien der neuen Internationalisierung, Wiesbaden 1989, S. 140

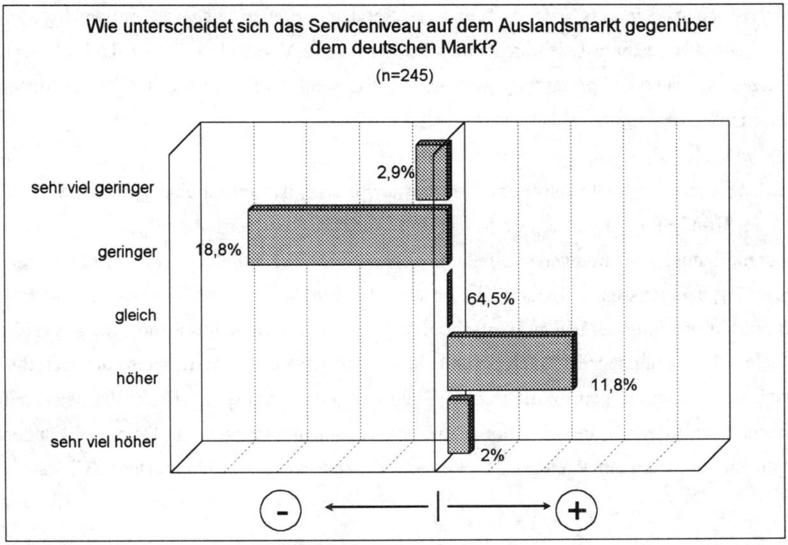

Abb. IV-11: Das eingeschätzte Serviceniveau auf den Auslandsmärkten

Mit der Konfiguration sehr eng verbunden ist die *Koordination*. Hierunter kann sowohl der Grad der Abstimmung zwischen den einzelnen Wertschöpfungsaktivitäten (interfunktionale Koordination) als auch zwischen den einzelnen (internationalen) Standorten (interlokale / regionale Koordination) verstanden werden. In beiden Fällen geht es darum, eine Optimierung von Wertschöpfungsaktivitäten nach Effizienz- und Effektivitätsgesichtspunkten für das gesamte Unternehmen zu erreichen.[213] Darüber hinaus kann sich diese Zielsetzung bei der interlokalen / regionalen Koordination sowohl auf interne Informations- und Entscheidungsprozesse als auch auf eine externe Abstimmung der Marktbearbeitung beziehen.[214] Im Rahmen der interfunktionalen Koordination sind vor allem interne Abstimmungen relevant.

Die Koordinationsentscheidungen bewegen sich ebenfalls zwischen zwei Extrempositionen. So kann eine völlige inhaltliche Abstimmung der Aktivitäten vorgenommen oder auch auf jegliche Abstimmungen verzichtet werden. Grundsätzlich stellt sich ein interlokales Koordinationsproblem nur bei der Streuung von Wertschöpfungsaktivitäten auf mehrere Standorte. Damit wird nochmals deutlich, daß Konfigurationsentscheidungen und Koordinationsaktivitäten interdependent sind.[215] Eine interfunktionale Koordination der einzelnen Aktivitäten des Wertschöpfungsprozesses ist zumindest für einzelne Marktleistungen, aber auch für Produktgruppen und

[213] Vgl. ähnlich bei Hünerberg, R.: Internationales Marketing, a.a.O., S. 434

[214] Vgl. Backhaus, K./ Büschken, J./Voeth, M.: Internationales Marketing, Stuttgart 1996, S. 20f.

[215] Vgl. hierzu auch Zentes, J.: Wettbewerbsstrategien auf europäischen Märkten, in: Scholz, C./Zentes, J. (Hrsg.), Strategisches Euro-Management, Stuttgart 1995, S. 19ff.

Verbundleistungen, wie z.B. produktbezogene Serviceleistungen, generell notwendig, um überhaupt eine verwertbare Leistung zu erstellen sowie die Vermeidung von Blindleistungen und Mängeln der Wertschöpfung zu gewährleisten. Sie steht damit außer Frage und ist unbedingt durchzuführen.

PORTER geht in seinem Globalisierungskonzept davon aus, daß durch eine geschickte Kombination der Konfiguration und Koordination von Wertschöpfungsaktivitäten gezielt qualitäts- oder kostenorientierte Wettbewerbsvorteile erreicht werden können, die wiederum den Unternehmenserfolg beeinflussen.[216] Leider zeigt er keine konkreten Wege zur Realisierung derartiger Vorteile in der internationalen Wertschöpfung auf. So lassen sich anhand seines zweidimensionalen Bezugsrahmens lediglich potentielle Vorgehensweisen strukturieren und hinsichtlich möglicher Auswirkungen diskutieren.[217] Hierzu ist jedoch immer auch ein Vergleich mit Konkurrenten erforderlich, der situations- und unternehmensspezifisch ist. Demnach können die folgenden Aussagen zur strategischen Vorteilhaftigkeit lediglich exemplarischen Charakter haben.

Grundsätzlich werden mit den Extrempositionen der beiden Dimensionen typische Vor- und Nachteile verbunden. So geht man bei einer starken Konzentration beispielsweise von Skalenerträgen, Lernkurveneffekten und einer erleichterten Koordination aus, während die Verminderung von Währungsrisiken oder die Einhaltung nationaler / lokaler Leistungsanforderungen sowie staatlicher und administrativer Auflagen einer (internationalen) Streuung der Unternehmensaktivitäten zugeordnet werden.[218] Eine straffe (interlokale) Koordination kann u.a. zu einem Know-how-Transfer zwischen den Betriebsbereichen, einem weitgehend geschlossenen Marktauftritt und Image führen. Eine weitgehende Autonomie der Unternehmensbereiche und -teile ist hingegen i.d.R. mit geringen Transaktionskosten sowie verminderter Flexibilität und Reaktionsgeschwindigkeit verbunden.[219]

Zur Ableitung allgemeiner Handlungsempfehlungen über die Ausgestaltung der Konfiguration und Koordination können auch komparative Ländervorteile mit spezifischen Ressourcenvorteilen bzw. Kernkompetenzen des Unternehmens herangezogen werden.[220] Danach werden Unternehmen ihre Aktivitäten konzentrieren, wenn sich auf den jeweiligen ausländischen Absatzmärkten für einzelne Wertschöpfungsphasen keine komparativen Vorteile ausnutzen lassen

---

[216] Vgl. Porter, M.E.: Der Wettbewerb, a.a.O., S. 31

[217] Zur Kritik am Globalansatz von Porter siehe u.a. Zobel, P.H., a.a.O., S. 43f.; Kogut, B.: Understanding International Competition - Competition in Global Industries Edited by Michael E. Porter (Review), in: Sloan Management Review, 28. Jg., 1987, Nr. 2, S. 74f.; Dähn, M.: Wettbewerbsvorteile internationaler Unternehmen, Wiesbaden 1996, S. 91ff.

[218] Vgl. Porter, M.E.: Der Wettbewerb, a.a.O., S. 33ff.; Voß, H., a.a.O., S. 233ff.

[219] Vgl. Porter, M.E.: Der Wettbewerb, a.a.O., S. 34f.; Voß, H., a.a.O., S. 238ff.

[220] Vgl. ähnlich Kogut, B.: Designing Global Strategies - Comparative and Competitive Value Added Chains, in: Sloan Management Review, 26. Jg., 1985, Nr. 4, S. 15 und S. 26

und durch die Zentralisierung der gesamten Wertschöpfung spezifische Ressourcen akkumuliert und nachhaltig eingesetzt werden können. In dieser Situation wird man die Wertschöpfung weitgehend im Heimland erbringen, da es keine komparativen Anreize für eine Verlagerung in das Ausland gibt.[221] Eine Streuung ist hingegen bei den gegensätzlichen Bedingungen vorteilhaft, also bei komparativen Vorteilen für bestimmte Wertschöpfungsphasen in einzelnen Ländern. Betrachtet man den Servicebereich als einzelne Wertschöpfungsphase, so stellt sich in diesem Zusammenhang für ein internationaltätiges Unternehmen die Frage, ob auf einem der bearbeiteten Ländermärkte ein spezifischer Vorteil für die Serviceerstellung besteht, der eine Zentralisierung erfordert, oder ob wegen fehlender Vorteile eine Verteilung von Servicepotentialen erfolgversprechender ist. Die Konzentration von Serviceaktivitäten auf einen Standort oder wenige Standorte führt generell - wie auch bei anderen Wertschöpfungsbereichen - zu einer höheren Ressourceneffizienz, da es z.B. zu keinem mehrmaligen Aufbau von gleichartigen Servicepotentialen und infolgedessen nicht zu internationalen Doppelarbeiten und Überkapazitäten kommt. Werden die Aktivitäten in einem Land, das über komparative Vorteile verfügt, konzentriert, dann können diese als potentielle Wettbewerbsvorteile für dieses Leistungsangebot auf anderen Ländermärkten genutzt werden.

Für Sachleistungen mag eine derartige Analyse- und Vorgehensweise durchaus sinnvoll sein, im Rahmen der Dienstleistungs- / Serviceerstellung stößt sie jedoch schnell an Grenzen. Die notwendige Integration des externen Faktors erfordert in den meisten Fällen das zeitliche und geographische Zusammentreffen von Serviceanbieter und -nachfrager. Dadurch ist bei nicht speicherbaren Serviceleistungen eine Erbringung vor Ort in den Ländermärkten nötig, wenn der externe Faktor nicht international mobil ist oder sein will.[222] Zudem sind die Kostensenkungspotentiale aufgrund des relativ moderaten Kostenanteils der Serviceleistungen - gemessen an vorgelagerten Wertschöpfungsaktivitäten wie FuE, Beschaffung und Produktion - eher gering und daher für kostenorientierte Standortentscheidungen weniger relevant. Der Service zählt also weniger zu den Kosten- als vielmehr zu den Nutzengrößen der Wertschöpfungskette. So kann die Serviceerstellung in den Ländermärkten aufgrund der bewußten Berücksichtigung kultureller Eigenheiten und mit einheimischen Servicemitarbeitern zu einer Wertsteigerung der Kernleistung führen. Diese Argumente leiten zu der Vermutung, daß eine weitgehende Streuung der Servicepotentiale und der Serviceerstellung auf die bearbeiteten Ländermärkte erfolgversprechender ist als eine Konzentration. Dementsprechend läßt sich für international tätige Unternehmen folgende Hypothese formulieren, die vor dem Hintergrund von Standortentscheidungen eine besondere Relevanz hat:

[221] Vgl. auch Carl, V.: Problemfelder des Internationalen Managements, München 1989, S. 149f.
[222] Vgl. auch Frese, E.: Internationalisierungsstrategie und Organisationsstruktur, in: Schiemenz, B./Wurl, H.-J. (Hrsg.), Internationales Management, Wiesbaden 1994, S. 8

H15: Die Streuung der Serviceaktivitäten auf die einzelnen Ländermärkte
- *unterstützt den Einfluß des Service auf den Unternehmenserfolg positiv.*

Bei der Koordination ergeben sich aufgrund der angesprochenen Interdependenzen ähnliche Überlegungen. Grundsätzlich erfordert die notwendige Kundenintegration eine flexible und meist auch eine schnelle Reaktion auf die Kundenerwartungen und -voraussetzungen bzw. auf die Qualität der externen Faktoren. Das spricht generell für eine weitgehende Autonomie des (internationalen) Servicebereichs. Eine umfassende Koordination der internationalen Serviceaktivitäten würde die Flexibilität stark einschränken und - wie oben skizziert - kaum kostenbedingte Verbundvorteile hervorbringen.[223] Allerdings ist zu berücksichtigen, daß eine technokratische Koordination nicht ausschließlich auf eine Formalisierung im Sinne einer standardisierten Programmierung von Handlungen ausgelegt sein muß. Die Koordination kann auch durch eine abgestimmte Planung von Wertschöpfungsaktivitäten erfolgen. Hierbei kann zwischen allgemeiner Zielplanung sowie Ressourcen- und Maßnahmenplanung unterschieden werden.[224] Eine integrierte Zielplanung von funktionalen und / oder regionalen Unternehmensbereichen soll die einheitliche Ausrichtung auf die grundsätzlichen Unternehmensziele sicherstellen. Schließlich bildet die Zielplanung als Festlegung erwünschter Soll-Zustände den Ausgangspunkt für die Planung von Aktivitäten und die Allokation von Ressourcen. Sie ist immanenter Bestandteil planvollen, systematischen Vorgehens und deshalb auch für die internationale Servicepolitik unvermeidbar. Eine abgestimmte Ressourcenplanung zur Beschaffung, Entwicklung und Nutzung von personellen, finanziellen und sachlichen Mitteln ist vor allem bei einer Ressourceninterdependenz notwendig, wenn also mehrere organisatorische Einheiten bestimmte (knappe) Ressourcen (z.B. Kapital) gemeinsam nutzen. Auch dieser Tatbestand ist sehr oft gegeben und eine ausschlaggebende Koordinationsbedingung. Die Maßnahmenplanung ist schließlich die Festlegung grundsätzlicher Vorgehensweisen zur Zielerreichung bei entsprechenden bestehenden und potentiellen Ressourcen. Eine regionale Abstimmung soll hierbei zur Vereinheitlichung des Marktauftritts führen. Dies spiegelt sich in einer Standardisierung von Leistungsprozessen und -ergebnissen wider, die im Servicebereich mitunter schwierig ist.[225]

Empirische Untersuchungen haben sehr oft einen positiven Zusammenhang zwischen geringer internationaler Koordination bzw. großer Autonomie auf der einen Seite und Erfolg bzw. Effi-

---

[223] Vgl. Frese, E./Blies, P.: Konsequenzen der Internationalisierung für Organisation und Management der Muttergesellschaft, in: Macharzina, K./Oesterle, M.-J. (Hrsg.): Handbuch Internationales Management, Wiesbaden 1997, S. 293f.

[224] Vgl. hierzu insbesondere Töpfer, A.: Planung- und Kontrollsysteme industrieller Unternehmungen, Berlin 1976, S. 129; zu weiteren Koordinationsinstrumenten und -verfahren im internationalen Kontext siehe z.B. Kenter, M.E.: Die Steuerung ausländischer Tochtergesellschaften - Instrumente und Effizienz, Frankfurt/Bern/New York 1985, S. 113ff.

[225] Die Fokussierung auf die Maßnahmenkoordination führt in der Literatur dazu, daß Koordination mit Standardisierung von Unternehmensleistungen und Marketing-Aktivitäten gleichgesetzt wird. Vgl. hierzu beispielsweise Porter, M.E.: Der Wettbewerb, a.a.O., S. 30 und 38f.; Perlitz, M., a.a.O., S. 153

zienz der Unternehmensbereiche auf der anderen Seite nachgewiesen.[226] Diese Erfolgswirkung unterstützt wiederum den Gesamtunternehmenserfolg positiv. Deshalb kann man vermuten, daß auch eine lokale Autonomie der Serviceaktivitäten den (Gesamt-) Unternehmenserfolg positiv beeinflußt. Gerade bei stark immateriellen und integrativen Serviceleistungen kann es aufgrund der dadurch häufig entstehenden Heterogenität und Individualität zwischen den länderbezogenen Serviceprogrammen zu erheblichen Abstimmungsschwierigkeiten kommen, die zu hohen Koordinationskosten führen. Denn die weitgehende Gleichartigkeit von Aktivitäten, quasi als vorteilhafte Voraussetzung für eine (technokratische) Koordination, ist nicht gegeben. Hinzu kommt, daß bei einer - wie in Hypothese 15 unterstellten - naheliegenden Streuung der Serviceaktivitäten der Koordinationsaufwand ebenfalls sehr groß wäre und mitunter erhebliche Kosten verursacht.

Diese Überlegungen sprechen für eine weitgehende Autonomie der Serviceaktivitäten auf den Ländermärkten. Dabei ist jedoch zu berücksichtigen, daß zwischen Ländermärkten mit einer großen kulturellen Nähe eine Koordination der Servicepotentiale und -aktivitäten besser (einfacher, schneller und kostengünstiger) möglich ist als zwischen Ländermärkten, die nur eine geringe Kulturaffinität aufweisen.[227] Außerdem kann - gerade im Investitionsgüterbereich - eine zunehmende Internationalisierung der Abnehmer eine koordinierte Betreuung der Kunden erfordern, um ihnen die erfahrene und erwartete Servicequalität auch auf Drittmärkten zu liefern. Hierzu können jedoch statt formaler hierarchischer Zentralisierungsinstrumente auch sekundär-organisatorische Koordinationsinstrumente und Kommunikationsformen als „Adhocratie" (z.B. Gesprächszirkel, Workshops, gemeinsame Projekt- / Arbeitsgruppen) genutzt werden. Virtuelle Organisationsformen sind ebenfalls einsetzbar. Hiermit ist weniger eine Verlagerung von Servicefunktionen in den virtuellen Raum bzw. in Datennetze gemeint als vielmehr ein temporäres Unternehmensnetzwerk, bei dem „selbständige" Unternehmens- / Organisationseinheiten flexibel zusammenarbeiten und ihre individuellen Kernkompetenzen in die Erfüllung dieser Markt- / Serviceaufgabe einbringen.[228] Damit ist dann jedoch eine stärkere Orientierung am Objektprinzip und eine stärkere Abkehr von der verrichtungsbedingten Spezialisierung verbunden. Die Folge ist, daß der Bezug zu einzelnen internationalen Kunden oder Kundengruppen bei der Formulierung des Serviceangebots im Vordergrund steht und nicht

---

226 Vgl. Welge, M.K.: Die Führung von ausländischen Beteiligungsgesellschaften multinationaler Unternehmen, in: Zeitschrift für Betriebswirtschaft, 51. Jg., 1981, Ergänzungsheft 1, S. 141f.; zu weiteren entsprechenden Ergebnissen und Studien siehe derselbe: Koordinations- und Steuerungsinstrumente, in: Macharzina, K./Welge, M.K. (Hrsg.), Handwörterbuch Export und Internationale Unternehmung, Stuttgart 1989, Sp. 1187f.

227 Vgl. Baliga, B.R./Jaeger, A.M.: Multinational Corporations - Control Systems and Delegation Issues, in: Journal of International Business Studies, 15. Jg., 1984, Fall, S. 33f.

228 Vgl. auch Meffert, H.: Die virtuelle Unternehmung - Perspektiven aus Sicht des Marketing, in: Backhaus, K. et al. (Hrsg.), Marktleistung und Wettbewerb, Wiesbaden 1997, S. 118ff.; Bleicher, K.: Der Weg zum virtuellen Unternehmen, in: Office Management, 44. Jg., 1996, Heft 1-2, S. 14f.

mehr nur länderspezifische Besonderheiten und Anforderungen.[229] Voraussetzung für eine derartige „virtuelle" Zusammenarbeit der geographisch verstreuten Serviceeinheiten ist neben einem kompatiblen Informations- / Kommunikationssystem vor allem auch eine integrative Unternehmenskultur auf internationaler Ebene, die als gemeinsam getragenes Wert- und Normensystem zu einer Reduzierung von Schnittstellen bei der länderübergreifenden Zusammenarbeit beitragen kann.

Trotz dieser Einschränkung kann aber generell davon ausgegangen werden, daß eine positive Erfolgswirkung des Service durch eine flexible Servicepolitik forciert wird. Flexibilität setzt eine gewisse Selbständigkeit von Serviceentscheidungen (auf den Ländermärkten) voraus. Diese fördern nicht nur eine schnellere Anpassung an veränderte Kundenanforderungen und Marktbedingungen, sondern sie sind - insbesondere bei Ländermärkten / Segmenten aus unterschiedlichen Kulturkreisen - wegen der notwendigen Kundenintegration mehr oder weniger erforderlich. Deshalb soll folgende Hypothese aufgestellt werden:

H16: Die Autonomie der internationalen Serviceaktivitäten auf den einzelnen Ländermärkten
- *unterstützt den Einfluß des Service auf den Unternehmenserfolg positiv.*

Mit den Entscheidungen über Konfiguration und Koordination eng verbunden sind die (internationalen) Basisstrategien des Marketing, die nachstehend betrachtet werden. Vor dem Hintergrund der These CHANDLERS (Structure follows Strategy follows Structure) wird dieser Zusammenhang schnell nachvollziehbar. Im vorstehenden dargestellten Ansatz PORTERS erfolgt schon nahezu eine Gleichsetzung von Strategie und Struktur.

3.2.2.4. (Internationale) Marketing-Basisstrategien des Unternehmens

Die (internationalen) Marketing-Basisstrategien umfassen Marktselektion, Marktimplantation und Marktverhalten. In Abbildung IV-12 sind die drei Strategiebereiche dargestellt. Dabei wird ersichtlich, daß sie nicht isoliert voneinander sind, sondern ein gemeinsames, integriertes Band zur Erfüllung von (internationalen) Marktaufgaben und die Nutzung von (internationalen) Marktchancen bilden. Sie sind damit der grundlegende Rahmen für den Einsatz von Marketinginstrumenten und legen das Aktivitätsspektrum und die Wirkungsrichtung der verschiedenen instrumentalstrategischen und operativen Marketingmaßnahmen fest. Als Kern strategischer Marketingentscheidungen von Unternehmen bestimmen sie die angestrebte und erreichte Position im internationalen Wettbewerb.[230]

[229] Vgl. Bleicher, K.: Der Weg, a.a.O., S. 13
[230] Vgl. Hünerberg, R.: Internationales Marketing, a.a.O., S. 97

Abb. IV-12: Die (internationalen) Marketing-Basisstrategien im Überblick

Die *Marktselektion* umfaßt die Auswahl und Festlegung von regionalen Marktarealen und abnehmerbezogenen Marktsegmenten. Hierbei geht es um eine Abstimmung zwischen Marktstruktur und Unternehmens- / Marketingpolitik, die zu einer Festlegung von geographischen Zielgruppen-Leistungskombinationen führt. Voraussetzung ist, daß hierfür entsprechende Segmentierungskriterien festgelegt und die zur Segmentierung notwendigen Informationen auch vorliegen bzw. beschafft werden können.[231]

Die *Marktimplantation* bezieht sich auf Form und Timing des Markteintritts und der Expansionsstrategie des Unternehmens auf einem Markt / Marktsegment. Dabei geht es zum einen um die Festlegung, ob das Wachstum des Unternehmens aus eigener Kraft oder durch Kooperationen, Akquisitionen oder Fusionen erreicht werden soll. Zum anderen ist zu entscheiden, wie und wann die ausgewählte Expansionsstrategie zu realisieren ist.

Das *Marktverhalten* spiegelt den Inhalt und die Art des marktteilnehmerbezogenen Vorgehens bei der Marktbearbeitung wider. Hierbei geht es einerseits um die substantiellen Schwerpunkte der Marktbearbeitungs- und Wettbewerbsstrategie (Qualitätsorientierung und / oder Kostenorientierung) sowie andererseits um den Verhaltensstil insbesondere gegenüber Wettbewerbern (defensiv versus offensiv).[232]

[231] Vgl. ebenda, S. 97; derselbe: Marketing-Informationssysteme, a.a.O., S. 90; Cravens, D.W.: Strategic Marketing, 5. Aufl., Chicago et al. 1997, S. 190

[232] Vgl. Hünerberg. R./Mann, A.: Strategische Implikationen, a.a.O., S. 167

Je nach Ausprägung der einzelnen (internationalen) Basisstrategien kommt es zur unterschiedlichen Bedeutung des Service im Rahmen der marktorientierten Führung und zu unterschiedlichen Auswirkungen auf den Unternehmenserfolg. Nachfolgend sollen die wesentlichen Zusammenhänge und Beziehungen zwischen den Basisstrategien, dem (davon abgeleiteten) Serviceeinsatz und dessen potentiellem Erfolgseinfluß beschrieben werden.

3.2.2.4.1. Marktselektionsstrategie

Die Marktselektion als strategische Entscheidung zur Festlegung von räumlichen Zielgruppen-Leistungsangeboten erfordert eine Auswahl von Ländern auf Basis von regionalen / länderspezifischen Gegebenheiten (z.B. wirtschaftliche, juristische, politische, kulturelle Rahmenbedingungen), Leistungsfeldern und -potentialen (z.B. Qualitätsniveau, Design, Markenkonzept, FuE-Potentiale, Fertigungskapazitäten) sowie sozio-demographischen, sozio-ökonomischen und psychographischen Abnehmermerkmalen (z.B. Bedürfnisse, Erwartungen, Einstellungen, Präferenzen, Persönlichkeitsmerkmale). Dabei sind - wie Abbildung IV-13 zeigt - die aufgeführten Selektionskriterien simultan zu berücksichtigen, um eine Segmentauswahl zu erreichen, die eine optimale Nutzung begrenzter Ressourcen und ausschöpfbarer Potentiale zur Folge hat.[233] Es wird schnell ersichtlich, daß mit Zunahme der in den Dimensionen berücksichtigten Segmentierungskriterien die Auswahl der geographischen Abnehmer-Leistungsangebote schnell zu einem komplexen Optimierungsproblem wird.

[233] Vgl. Hünerberg, R.: Internationales Marketing, a.a.O., S. 108; Bradley, F.: International Marketing Strategy, London 1991, S 83

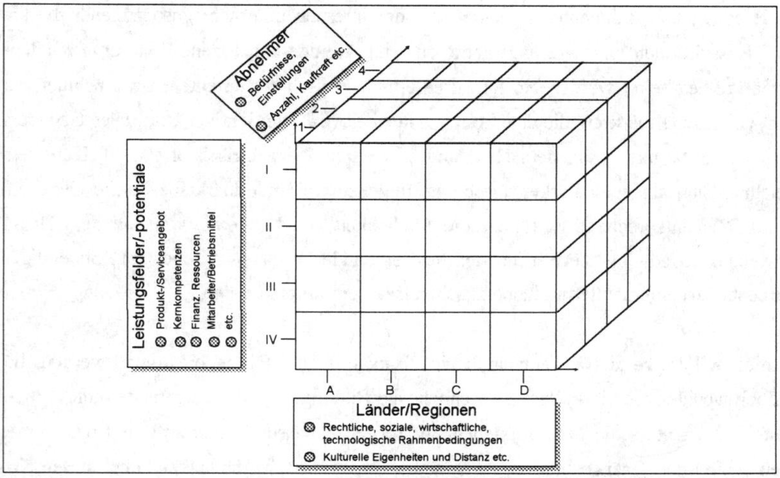

Abb. IV-13: Segmentierungsquader als multidimensionales Auswahlverfahren
(Quelle: Hünerberg, R.: Internationales Marketing, a.a.O., S. 98)

Die vorstehend skizzierte simultane Berücksichtigung der Markt- / Segmenterfassung und -auswahl mit gleichzeitiger Verteilung notwendiger Leistungsangebote und -ressourcen / -potentiale zur Markt- / Segmentbearbeitung wird aufgrund seiner Komplexität in praxi i.d.R. zugunsten eines zweistufigen Vorgehens der Marktwahl aufgegeben.[234] Hier wird meist in der ersten Stufe in Form einer *„internationalen Marktsegmentierung"* zunächst eine Grobselektion von Ländermärkten nach generellen Rahmenbedingungen (z.B. politische Stabilität, wirtschaftliche Verhältnisse, Sprache und Marktpotential) als „K.O.-Kriterien" vorgenommen, was eine Abschätzung der Länderattraktivität erlaubt.[235] Insbesondere das Risikopotential eines Landes bildet ein wesentliches Kriterium seiner Attraktivität als Beschaffungs- und Absatzmarkt. Entsprechende Informationen hierüber können aus unternehmensexternen Sekundärstatistiken (z.B. Beri-Informationssystem / -Index, Hermes-Risikoklassen, Frost & Sullivan Risk Service) relativ schnell und günstig beschafft werden.[236] Darüber hinaus sind auch unternehmensspezifische Faktoren, wie z.B. die zugrunde gelegte Internationalisierungsphilosophie, die verfolgten Internationalisierungs- / Marketingziele, die Ressourcenausstattung und die angestrebte Markt-

---

[234] Vgl. Meffert, H./Bolz, J., a.a.O., S. 104ff.; Berekoven, L.: Internationales Marketing, 2. Aufl., Herne 1985, S. 119

[235] Vgl. Stahr, G.: Internationales Marketing, Ludwigshafen 1991, S. 29

[236] Vgl. Backhaus, K./Büschken, J./Voeth, M., a.a.O., S. 47ff.; Krystek, U./Walldorf, E.G.: Früherkennungssysteme (FES) in bezug auf Marktchancen und Marktbedrohungen auf Auslandsmärkten, in: Kumar, B.N./Haussmann, H. (Hrsg.), Handbuch der Internationalen Unternehmenstätigkeit, München 1992, S. 357ff.; Engelhard, J.: Bewertung von Länderrisiken bei Auslandsinvestitionen - Möglichkeiten, Ansätze und

implantationsstrategie, wichtige Einflußfaktoren bei der Grobselektion der Länder.[237] Dabei ist es durchaus möglich, daß ein Unternehmen zu dem Ergebnis kommt, daß aufgrund der externen länderbezogenen Rahmenbedingungen und der internen unternehmensbezogenen Bedingungen / Restriktionen kein Auslandsmarkt oder nur wenige angrenzende, kulturverbundene Ländermärkte bearbeitet werden. So tendieren ethnozentrisch ausgerichtete Unternehmen zur Auswahl von Ländermärkten, die eine hohe Ähnlichkeit (z.B. hinsichtlich kultureller Gegebenheiten und Marktstruktur) mit dem Heimland aufweisen. Polyzentrisch orientierte Unternehmen zeichnen sich hingegen stärker durch das Eingehen auf ländermarktspezifische Gegebenheiten aus. Dementsprechend ist für sie die Ähnlichkeit von Ländermärkten mit dem Heimmarkt weniger bedeutend. Sie werden sich bei der Länder-Vorauswahl eher am notwendigen Ressourcenbedarf einer ländermarktspezifischen Bearbeitung orientieren.[238]

Neben diesem Filterverfahren kann auch ein Gruppierungsverfahren eingesetzt werden, bei dem jedoch weniger die Marktwahl als vielmehr die Bildung von Marktsegmenten im Vordergrund steht. Im Unterschied zur vorstehenden Vorgehensweise werden aufgrund bestimmter Kriterien keine Ländermärkte aussortiert, sondern zunächst nach Ähnlichkeiten bei diesen Kriterien zu Clustern zusammengefaßt. Erst danach folgt eine Auswahl von Länderclustern aufgrund von Plausibilitätsüberlegungen. Gerade für geozentrisch ausgerichtete Unternehmen sind die Gruppierungsverfahren eine sinnvolle Methode zur Abgrenzung und Vorauswahl von Länderclustern, da sie darauf ausgerichtet sind, möglichst viele Länder zu bearbeiten, die über ähnliche Präferenzstrukturen bei den Abnehmern verfügen.[239]

Als Auswahlverfahren bei der Grobselektion kommen bei beiden Vorgehensweisen i.d.R. heuristische Methoden in Betracht, die hinsichtlich der benötigten (externen) Informationen nur geringe Anforderungen an die Detailliertheit und Quantifizierbarkeit der Daten stellen. Dafür sind sie jedoch sehr subjektiv. Zu den heuristischen Auswahlverfahren gehören im wesentlichen Checklist-Verfahren, Scoring-Modelle und Portfolio-Analysen.[240]

Durch die Grobselektion wird bereits die Vielzahl potentieller Ländermärkte auf einige wenige für die Marktbearbeitung grundsätzlich als sinnvoll und erfolgversprechend angesehene Länder reduziert. Diese werden dann in einem zweiten Schritt, der sog. „intranationalen Marktsegmentierung“, einer Feineinteilung und -selektion unterzogen, die weitaus aufwendiger und

Grenzen, in: Kumar, B.N./Haussmann, H. (Hrsg.), Handbuch der Internationalen Unternehmenstätigkeit, München 1992, S. 368ff.

[237] Vgl. teilweise auch Bernkopf, G.: Strategien zur Auswahl ausländischer Märkte - Entscheidungsgrundlagen und Lösungsansätze, München 1980, S. 63f.; Bradley, F., a.a.O., S. 84

[238] Vgl. Backhaus, K./Büschken, J./Voeth, M., a.a.O., S. 61

[239] Vgl. ebenda, S. 63

[240] Vgl. Meffert, H./Bolz, J., a.a.O., S. 114f.

langwieriger ist. Hierzu werden teilweise Primärdaten benötigt.[241] Deshalb wird man aus Kostengesichtspunkten bestrebt sein, in der Feinsegmentierung möglichst nur noch für das Unternehmen tatsächlich relevante und interessante Ländermärkte zu analysieren. Dabei werden die Ländermärkte nach unterschiedlichen Segmentierungskriterien in mehrere Teilmärkte gegliedert, die unterschiedlich bearbeitet werden sollten.[242] Die eingesetzten Segmentierungskriterien sollten dabei auf jeden Fall einen Bezug zum Abnehmerverhalten aufweisen, meßbar und stabil sein, eine klare Segmentabgrenzung zulassen, die Bildung von ausreichend großen Marktsegmenten ermöglichen und einen Bezug zur Markt- / Segmentbearbeitung haben.[243]

Zu diesen Segmentierungskriterien können auch Serviceanforderungen gehören, die auf den Ländermärkten aus juristischer, abnehmer- und / oder wettbewerbsbezogener Sicht bestehen. Dabei ist es durchaus möglich, daß diese auch die Auswahl der zu bearbeitenden Marktsegmente determinieren oder sogar dominieren. So kann das vorherrschende und erwartete Serviceniveau in einem Segment für das Unternehmen aufgrund unzureichender Ressourcen unerfüllbare Anforderungen bedeuten, so daß auf eine Segment- / Marktbearbeitung generell verzichtet werden muß. In der Grundlagenstudie haben 42,5 % der Unternehmen angegeben, daß der Service ein wichtiges bzw. ganz wichtiges internationales Segmentierungskriterium auf den Auslandsmärkten ist. Eine ähnliche Situation ergibt sich auf dem deutschen Heimmarkt. Auch hier ist der Service für 46,6 % der Unternehmen ein wichtiges oder ganz wichtiges Merkmal zur Marktsegmentierung (siehe Abbildung IV-14)

[241] Vgl. Stegmüller, B.: Internationale Marktsegmentierung, a.a.O., S. 79

[242] Vgl. Köhler, R./Hüttemann, H.: Marktauswahl im internationalen Marketing, in: Macharzina, K./Welge, M.K. (Hrsg.), Handwörterbuch Export und Internationale Unternehmung, Stuttgart 1989, Sp. 1428

[243] Vgl. Freter, H.: Marktsegmentierung, Stuttgart et al. 1983, S. 43f.; Althans, J.: Marktsegmentierung, internationale, in: Macharzina, K./Welge, M.K. (Hrsg.), Handwörterbuch Export und Internationale Unternehmung, Stuttgart 1989, Sp. 1470; Paliwoda, S.: International Marketing, 2. Aufl., Oxford 1993, S. 96

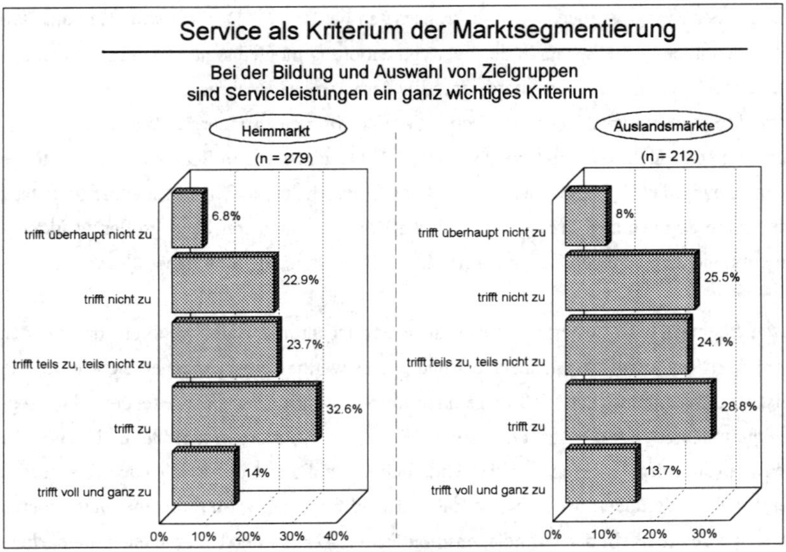

Abb. IV-14: Die Bedeutung des Service als (internationales) Segmentierungskriterium

Die durch die intranationale Marktsegmentierung identifizierten Teilmärkte der Länder können dann hinsichtlich bestimmter struktureller Gemeinsamkeiten verglichen und bei vorliegender Identität zu länderübergreifenden Marktsegmenten für eine „supranationale" Marktbearbeitung zusammengefaßt werden.[244] Voraussetzung hierfür ist, daß sowohl gleiche Segmentierungskriterien als auch vergleichbare Untersuchungsmethoden auf den einzelnen Ländermärkten zur Anwendung gekommen sind. Daher handelt es sich bei der intranationalen Segmentierung um mehr als eine rein nationale Segmentierung der ausgewählten Ländermärkte. Dabei ist zu berücksichtigen, daß in jedem Land diejenigen Untersuchungsmethoden und -bedingungen zu wählen sind, die vor dem Hintergrund kultureller Eigenheiten eines Landes zu einer validen Messung der Segmentierungskriterien führen.[245] Dabei kann es zu dem „Emic-Etic-Dilemma" der interkulturellen Vergleichsforschung kommen.[246] Beim Emic-Ansatz handelt es sich um Forschungs- / Segmentierungsmethoden, die nur zur Untersuchung von speziellen Phänomenen einer bestimmten Kultur / Population entwickelt werden. Hierfür sind meist spezifische Meßkonzepte und -instrumente zu entwickeln. Für eine kulturvergleichende Analyse sind sie somit nicht geeignet. Im Gegensatz dazu sind Etic-Ansätze auf eine

---

[244] Vgl. Stahr, G.: Internationale strategische Unternehmensführung, Stuttgart/Berlin/Köln 1989, S. 81
[245] Vgl. Stegmüller, B.: Internationale Marktsegmentierung, a.a.O., S. 125
[246] Vgl. Douglas, S.P./Craig, C.S.: International Marketing Research, Englewood Cliffs 1983, S. 123ff.; Holzmüller, H.H.: Konsumentenforschung, Interkulturelle, in: Macharzina, K./Welge, M.K. (Hrsg.), Handwörterbuch Export und Internationale Unternehmung, Stuttgart 1989, Sp. 1146f.; Schopphoven, I.: Marktforschung für das internationale Marketing, in: Jahrbuch der Absatz- und Verbrauchsforschung, 37. Jg., 1991, Heft 1, S. 46; Hünerberg, R.: Internationales Marketing, a.a.O., S. 397

kulturübergreifende Untersuchung angelegt, da hier eine kulturunabhängige Forschungsmethode zugrunde gelegt wird, die universelle Meßkriterien und -instrumente heranzieht. Der Etic-Ansatz bietet zwar grundsätzlich die Möglichkeit eines interkulturellen Vergleichs und ist deshalb auch für die intranationale Marktsegmentierung zu empfehlen. Er ist jedoch häufig sehr schwer zu realisieren. Hierfür sind eine Reihe von Fehlerquellen verantwortlich, die es zu berücksichtigen gilt. Neben Definitions-, Instrumenten- und Auswahlfehlern sind dies vor allem Erhebungs- und Interpretationsfehler, die zu einer Einschränkung der Vergleichbarkeit führen.[247] Diese Fehlerquellen gelten jedoch nicht nur für Primärerhebungen, sondern auch für sekundärstatistische Erhebungen. Hinzu kommen hier noch Probleme der Aktualität, Detailliertheit und Untersuchungsrelevanz der Sekundärinformationen / -daten.[248]

Oft wird bei einer kulturübergreifenden Segmentierung auch ein hybrider Ansatz gewählt, der eine integrierte Sichtweise zwischen Emic- und Etic-Ansatz herstellt. Hierbei wird die Messung der Konstrukte kulturspezifisch vorgenommen und damit modifiziert , während die Skalierung und Datenauswertung standardisiert, also kulturunabhängig erfolgt.[249]

Für die Auswahl der gebildeten nationalen und supranationalen Marktsegmente kommen eher analytische Bewertungsverfahren in Betracht. Sie sind quantitativ ausgerichtet und versuchen, auf Basis ökonomischer Kriterien die Attraktivität eines Markteintritts zu bestimmen. Zu diesen analytischen Verfahren gehören Methoden der Investitionsrechnung (z.B. Pay-Off-Methode und Kapitalwertverfahren) sowie klassische Entscheidungsregeln (z.B. Minimax-, Maximax-, Laplace-Regel) und Entscheidungsbäume auf Kapitalwertbasis.[250] Der Vorteil dieser analytischen Auswahlverfahren liegt in ihrer exakten Bestimmung der wirtschaftlichen Attraktivität der Marktsegmente. Dazu benötigen sie jedoch sehr genaue Informationen / Prognosen über zukünftige Zahlungsströme, Marktbearbeitungskosten etc., die meist nicht valide ermittelt werden. Zudem ist die Konzentration auf den Kapitalwert als einzige Zielgröße fragwürdig.

Als Ergebnis der Marktselektion erhält man Segmente, die sich meist hinsichtlich Größe und Homogenität unterscheiden. Je nach Anzahl, Homogenität und Größe der ausgewählten Marktsegmente ergeben sich für das Unternehmen unterschiedliche Strategien der (internationalen) Marktabdeckung.[251] Hierbei handelt es sich um die Festlegung, wie viele und welche Segmente mit welchen Leistungsfeldern bearbeitet werden sollen. Grundsätzlich ergibt sich eine Vielzahl von Alternativen, die zwischen den beiden Extremen einer internationalen

---

[247] Vgl. zu verschiedenen Fehlern der interkulturellen Vergleichsforschung zusammenfassend Stegmüller, B.: Internationale Marktsegmentierung, a.a.O., S. 128ff. und Douglas, S.P./Craig, C.S., a.a.O., S. 136ff.
[248] Vgl. Stahr, G.R.K./Backes, S.: Informationsbeschaffung im In- und Ausland - Voraussetzung für Erfolg im Auslandsgeschäft, in: Kumar, B.N./Haussmann, H. (Hrsg.), Handbuch der Internationalen Unternehmenstätigkeit, München 1992, S. 396f.
[249] Vgl. Holzmüller, H.H.: Konsumentenforschung, a.a.O., Sp. 1147
[250] Vgl. Meffert, H./Bolz, J., a.a.O., S. 115ff.

Gesamt- / Weltmarktstrategie, bei der viele Segmente mit vielen Leistungsfeldern in vielen Ländern bearbeitet werden, und einer konzentrierten (nationalen) Teilmarktstrategie, bei der ein Segment oder einige wenige Segmente mit einem Leistungsfeld in einem Land oder in wenigen Ländern anvisiert werden, liegen.[252] Die Entscheidung über den Grad der internationalen Marktabdeckung ist dabei wesentlich von den verfügbaren Ressourcen abhängig, die auf die ausgewählten (internationalen) Marktsegmente verteilt werden können. Es handelt sich hierbei jedoch nicht nur um eine statische Entscheidung, die lediglich zu Beginn eines Internationalisierungsprozesses einmalig zu fällen ist. Auch für Unternehmen, die bereits auf Auslandsmärkten tätig sind, ist eine Überprüfung der Segmentierungsergebnisse und Auswahlentscheidungen von Zeit zu Zeit notwendig, um sich externen und internen Veränderungen anzupassen. Das kann durchaus zu Re-Segmentierungen von Ländermärkten sowie zu einer Neustrukturierung des Segmentportfolios und einer internationalen Re-Allokation der Ressourcen führen. Infolgedessen kann es nicht nur zu einer Neuverteilung von Ressourcen auf bestimmte Länder und Segmente, sondern auch auf bestimmte Leistungsfelder kommen.

Im Rahmen der Feinsegmentierung können auch ganz gezielt servicebezogene Segmente definiert werden, die einen gezielten Einsatz von Serviceleistungen zur Erlangung von Wettbewerbsvorteilen ermöglichen. Hierbei können sich völlig andere Segmente ergeben als bei den Kernleistungen.[253] Allerdings zeigen die in Abbildung IV-15 dargestellten Ergebnisse in der Grundlagenstudie, daß sowohl im Inland als auch auf den Auslandsmärkten die Service- und Kernleistungssegmente überwiegend identisch und sehr ähnlich sind. Aufgrund der geringen Praxisrelevanz soll im folgenden auf die hypothetische Situation unterschiedlicher Segmente bei der Marktabdeckung kein weiterer Bezug genommen werden.

---

[251] Vgl. Hünerberg, R.: Internationales Marketing, a.a.O., S. 103ff.
[252] Vgl. als zweidimensionales Entscheidungsfeld (Länder und Segmente) ähnlich bei Keegan, W.J.: Global Marketing Management, Englewood Cliffs 1989, S. 298f.; ähnlich auch Toyne, B./Walters, P.G.P.: Global Marketing Management - A Strategic Perspective, 2. Aufl., Boston 1993, S. 319ff.
[253] Vgl. auch ähnlich Davidow, W.H./Uttal, B.: Service Companies - Focus or Falter, in: Harvard Business Review, 67. Jg., 1989, July-August, S. 76ff.

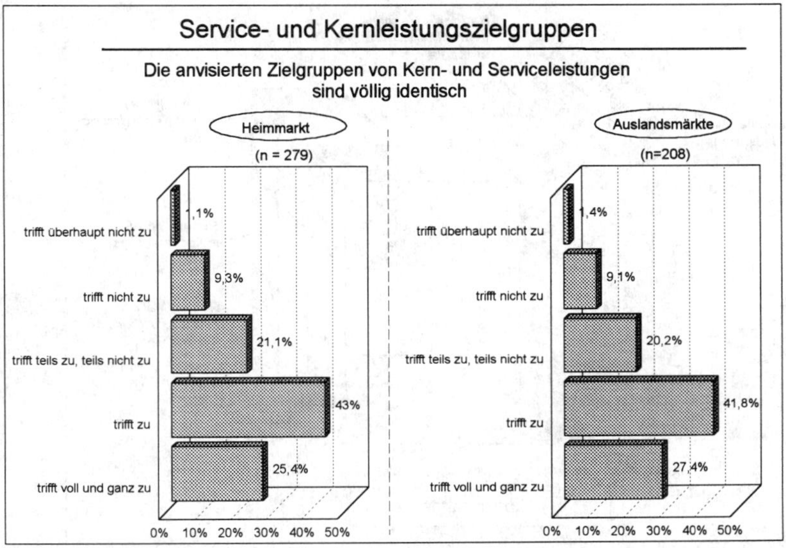

Abb. IV-15: Identität von Kernleistungs- und Servicesegmenten bei internationaler Marktbearbeitung

Betrachtet man die generellen Strategiealternativen entsprechend der drei Dimensionen (Länder, Abnehmersegmente und Leistungsfelder) mit jeweils drei Ausprägungen (eine / wenige, einige, viele), so ergeben sich insgesamt 3^3 (= 27) Vorgehensweisen der (internationalen) Marktabdeckung (siehe Abbildung IV-16). Hierbei ist zu berücksichtigen, daß die ordinale Einteilung der drei Dimensionen lediglich zur Akzentuierung der nachfolgenden Aussagen vorgenommen wurde und dadurch nicht der graduelle Charakter möglicher Ausprägungen auf dem Kontinuum verdeckt werden soll.

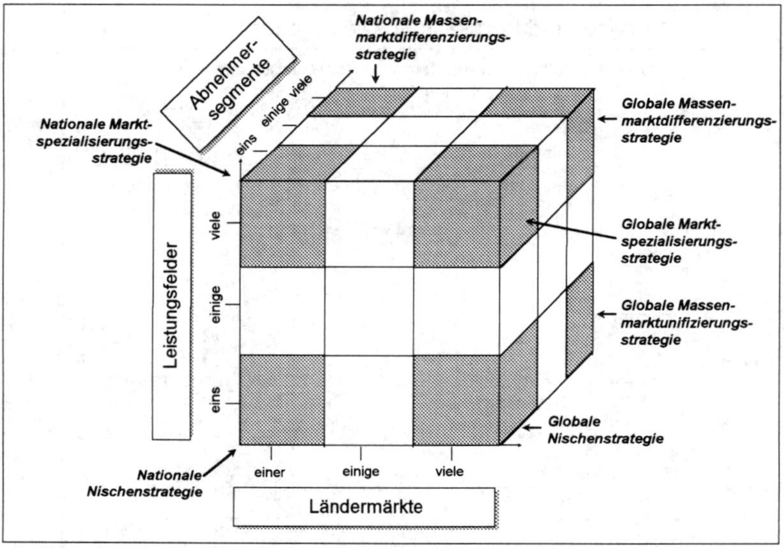

Abb. IV-16: Strategiealternativen der internationalen Marktabdeckung

Bei einer Monosegmentstrategie mit einem eingeschränkten Leistungsfeld in einem Land (Heimland) kann von einer *„nationalen Konzentrationsstrategie"* oder - wenn es sich um ein weitgehend wettbewerbsgeschütztes Segment handelt - von *einer „nationalen Nischenstrategie"* gesprochen werden. Handelt es sich um ein supranationales Segment, das in einigen Ländern mit einem Leistungsfeld bearbeitet wird, so kann man von einer *„internationalen Konzentrations- bzw. Nischenstrategie"* sprechen. Wird dieses supranationale Segment sogar in vielen oder allen Ländermärkten der Welt mit einem Leistungsfeld bearbeitet, dann kann man diese Vorgehensweise als *„globale Konzentrationsstrategie"* bzw. *„globale Nischenstrategie"* bezeichnen.[254] Der Vorteil von Konzentrations- und insbesondere Nischenstrategien liegt im relativ geringen Ressourceneinsatz. Durch die damit häufig verbundene Spezialisierung lassen sich zudem hohe Konsumentenrenten abschöpfen und hohe Erlöse erzielen. Dafür steigt jedoch die Abhängigkeit von jeweils einem Segment. Dieses Risiko ist bei nationalen Nischenanbietern größer als bei internationalen oder globalen Nischenbearbeitern. Besonders bei einer internationalen bzw. globalen Addition von gleichen / ähnlichen Nischen kann durch das größere internationale Absatzvolumen auch eine geographische Risikoverteilung und -reduktion vorgenommen werden. Gerade für nationale Nischenanbieter sind die internationalen und globalen Nischenaddierer eine besondere Gefahr, da sie zwar über gleiche Leistungskompetenzen, aber dafür über größere Skaleneffekte verfügen.[255]

[254] Vgl. Jeannet, J.-P./Hennessey, H.D.: Global Marketing Strategies, 2. Aufl., Boston/Toronto 1992, S. 278
[255] Vgl. Hünerberg, R.: Nischenstrategien, a.a.O., S. 676f.

Verändert man die Anzahl der Leistungsfelder bei gegebenen Monosegmentstrategien, so erhält man bei einem Land und einigen Leistungsfeldern eine *„nationale Marktteilspezialisierungsstrategie"*; bei vielen Leistungsfeldern eine *„nationale Marktspezialisierungsstrategie"*. Entsprechend der zunehmenden Anzahl der Ländermärkte, in denen die Bearbeitung (dieses supranationalen Segments) stattfindet, erhält man bei einigen Ländermärkten die Strategie der *„internationalen Marktteilspezialisierungsstrategie"* und der *„internationalen Marktspezialisierung"* sowie bei vielen Ländermärkten die Ausprägungen der *„globalen Marktteilspezialisierung"* und *„globalen Marktspezialisierung"*. Durch die umfassende Bedürfnisbefriedigung im Rahmen einer Marktspezialisierung kann eine große Kundenzufriedenheit und -bindung bei den Abnehmern erreicht werden. Zudem lassen sich durch die spezialisierte Bedürfnisbefriedigung auch relativ hohe Preise durchsetzen. Die Marktspezialisierung kann deshalb auch als Erlösstrategie bezeichnet werden. Allerdings ist diese Vorgehensweise - insbesondere als internationale oder globale Strategie - sehr aufwendig und kostenintensiv. Es besteht daher die Gefahr, daß preisaggressive Imitatoren in einzelnen Bedürfnisbereichen einen großen Wettbewerbsdruck ausüben. Für die Marktteilspezialisierung treffen diese Vor- und Nachteile tendenziell in geringerem Maße zu.

Werden vom Unternehmen einige (unterschiedliche) Segmente mit einigen (unterschiedlichen) Leistungsfeldern in einem Land bearbeitet, dann handelt es sich um eine *„nationale Selektionsstrategie"*. Werden (neben dem Heimmarkt) einige (andere) Länder auf diese Weise erschlossen, dann kann man von einer *„internationalen Selektionsstrategie"* sprechen. Wenn viele weltweit verstreute Länder in dieser Form bearbeitet werden, dann handelt es sich um eine *„globale Selektionsstrategie"*. Der Vorteil von Selektionsstrategien liegt in einer Risikoverteilung auf einige Segmente und einer Bündelung des Know-hows auf einige Leistungsfelder. Mit Zunahme der Ländermärkte kommt es zu einer Erhöhung des Absatzpotentials, gleichzeitig aber auch zu einem höheren Ressourcenbedarf.

Verfolgen Unternehmen die gesamte Abdeckung vieler / aller Segmente mit vielen Leistungsfeldern in einem Ländermarkt, so kann man diese als *„nationale Massenmarkt-Differenzierungsstrategie"* bezeichnen. Mit Zunahme der Ländermärkte, die auf diese Weise bearbeitet werden, kann man bei Anvisierung einiger Ländermärkte von einer *„internationalen Massenmarkt-Differenzierungsstrategie"* und bei vielen Ländern von einer *„globalen Massenmarkt-Differenzierungsstrategie"* sprechen. Für die Kosten dieser Marktbearbeitungsstrategie ist - auch bei Vorlage einiger international oder global ähnlicher Segmente - ein hoher Ressourcenbedarf erforderlich. Dafür existieren jedoch ein sehr großes internationales Absatzpotential und potentielle Synergieeffekte beim Marktauftritt. Zudem kommt es zu einem umfassenden Risikoausgleich. Die skizzierten Effekte werden mit zunehmender Länderanzahl stärker.

Wird die Gesamtmarktabdeckung durch ein mittelbreites Leistungsfeld angestrebt, dann kann man dieses Vorgehen als *„Massenmarkt-Teildifferenzierungsstrategie"* bezeichnen. Je nach Länderumfang handelt es sich um *eine „nationale Massenmarkt-Teildifferenzierungsstrategie"*, eine *„internationale Massenmarkt-Teildifferenzierungsstrategie"* oder eine *„globale Massenmarkt-Teildifferenzierungsstrategie"*. Bei den *„Massenmarkt-Teildifferenzierungsstrategien"* ist der Ressourcenaufwand - gemessen an der *„Massenmarkt-Differenzierungsstrategie"* - geringer, dafür fallen aber auch die positiven Wirkungen tendenziell geringer aus.

Wird versucht, statt eines sehr breiten oder mittleren Leistungsfelds mit einem sehr eingeschränkten Marktleistungsangebot eine vollständige Marktabdeckung zu erreichen, so handelt es sich - je nach Anzahl der bearbeiteten Länder - um eine *„nationale, internationale oder globale Massenmarkt-Unifizierungsstrategie"*. Hier ist der Ressourcenbedarf noch geringer als bei den beiden vorstehend genannten Facetten dieser Strategie. Hinzu kommt, daß ein höheres Standardisierungspotential besteht, das gerade bei internationaler Länderstreuung zu erheblichen Standardisierungseffekten führen kann. Allerdings ist die Konkurrenzintensität sehr stark und die Gefahr der Kundenabwanderung sehr groß.

Werden einige Marktsegmente mit einem Marktleistungsangebot bearbeitet, dann handelt es sich um eine *„Teilmarkt-Unifizierungsstrategie"*, die wieder national, international oder global ausgeprägt sein kann. Umfaßt die Leistungspalette ein sehr breites (differenziertes) Leistungsfeld, mit der einige Segmente angesprochen werden sollen, dann handelt es sich - je nach Anzahl der bearbeiteten Ländermärkte - *um „nationale, internationale oder globale Mehrsegment-Spezialisierungsstrategien"*. Der Nachteil einer *„Teilmarkt-Unifizierungsstrategie"* besteht darin, daß - gemessen an einer „Massenmarktstrategie" - das Absatzpotential geringer ist. Allerdings kann die Differenz des Absatzpotentials zwischen den beiden Strategien sehr gering ausfallen, wenn es sich bei den ausgewählten Segmenten im Rahmen der Teilmarkt-Unifizierung um sehr große Einheiten handelt, die den wesentlichen Teil des Marktpotentials stellen. Doch gerade bei den großen Marktsegmenten wird die Wettbewerbsintensität sehr groß sein, wenn mehrere Anbieter um dieses Marktareal konkurrieren. Der Vorteil dieser Vorgehensweise kann in geringen Marktbearbeitungskosten liegen, da nur die attraktiven Segmente erfaßt werden. Zwar zielt auch die Mehrsegment-Spezialisierungsstrategie i.d.R. auf die Bearbeitung attraktiver Segmente eines Marktes ab, es fallen hierbei jedoch durch das breitere Leistungsspektrum höhere Kosten an. Dafür lassen sich jedoch die ausgewählten Segmente mitunter besser bearbeiten als mit einer Unifizierungsstrategie. Allerdings besteht die Gefahr eines „Zwei-Fronten-Wettbewerbs", wenn sowohl mit den oft günstigeren unifizierten Leistungen der Massenmarkt- und Teilmarktanbieter sowie den spezialisierten Leistungen der Marktspezialisten und „Marktkonzentrierer" konkurriert werden muß.

Mit der Festlegung der (internationalen) Marktabdeckung werden über die Ressourcenallokation sowohl die Strategie der Marktimplantation und des Marktverhaltens als auch der (internationale) Einsatz der Marketinginstrumente determiniert. Dadurch wird ebenfalls das Leistungs- und Wirkungsspektrum des Service beeinflußt. Grundsätzlich kann man davon ausgehen, daß eine breite internationale Marktabdeckung zu einer Streuung des Marktrisikos führt, da eine Abhängigkeit von einem Markt nicht mehr gegeben ist. Das ist insbesondere für Unternehmen interessant, deren angestammte Märkte aufgrund von Diskontinuitäten instabil werden. Auch Anbieter, die aus Rentabilitätsüberlegungen den internationalen Lebenszyklus ihrer Marktleistungen ausnutzen wollen, werden stärker auf eine breitere Marktabdeckung im Sinne einer Länder- und Segmentstreuung abzielen. Durch eine geschickte (breit angelegte) Marktabdeckung von Ländern / Segmenten, bei denen sich die Marktleistungen in unterschiedlichen Lebenszyklusphasen befinden, kann es zu einer Verlängerung der Gesamtlebenszeit und damit zu einer längeren Marktnutzung der Leistungen kommen. Aber auch für Marktleistungen mit kurzem Vermarktungs- / Lebenszyklus ist eine breite internationale Marktabdeckung sinnvoll. Für Unternehmen, die nur über einen zeitlich begrenzten Wettbewerbsvorteil verfügen, kann eine breite internationale Länder- / Segmentstreuung vorteilhaft sein.[256]

Mit Zunahme der Länder- und Segmentstreuung kommt es jedoch aufgrund der Ressourcenbeschränkung häufig zu einer geringen Marktbearbeitungsintensität, die sich auch in einer weniger aufwendigen Marketingpolitik niederschlägt.[257] Hierdurch betsteht die Gefahr, daß spezifische Marktbearbeitungsanforderungen nicht hinreichend erfüllt werden und es aufgrund der damit verbundenen Zersplitterung der Ressourcen zu einer höheren Angreifbarkeit durch die Wettbewerber kommt. Gerade für Zusatzleistungen, die nicht zum Kerngeschäft des Unternehmens gehören, werden bei breiter Marktabdeckung zumeist nur geringe Ressourcenbudgets zur Verfügung stehen. In dieser Situation kann dann die Differenzierungs- und Profilierungsfunktion des Service trotz starken Wettbewerbsdrucks nicht optimal genutzt werden. Die Folge ist, daß der Einfluß des Service auf den Unternehmenserfolg nur gering sein wird.

Ausgehend von diesen Überlegungen kann vor dem Hintergrund der generellen Leitfunktion der Basisstrategien für die Absatz- und damit auch für die Servicepolitik die nachfolgende Hypothese aufgestellt werden:

H17: Eine geringe Länder- und Segmentstreuung der internationalen Marktabdeckung

- *unterstützt den Einfluß des Service auf den Unternehmenserfolg positiv.*

[256] Vgl. Segler, K., a.a.O., S. 182

[257] Vgl. Raffée, H./Segler, K.: Internationale Marketingstrategien, in: Dichtl, E./Issing, O. (Hrsg.), Exportnation Deutschland, 2. Aufl., München 1992, S. 231f.

Mit der quantitativen Marktabdeckung ist jedoch noch nicht die Frage der qualitativen Marktbearbeitungsstrategie entschieden, die immer dann auftritt, wenn mehrere Segmente in einem Land oder in mehreren Ländern bedient werden sollen bzw. wenn ein Segment in mehreren Ländern anvisiert wird. Es geht hierbei um die Festlegung des Differenzierungs- bzw. Standardisierungsgrads der Marktbearbeitung. Dieser Entscheidungsbereich ist im wesentlichen von der (internationalen) Homogenität der gebildeten Segmente abhängig und umfaßt die drei Marketing-Dimensionen der Strategie-, Instrumental- und Prozeßstandardisierung:

- Die *Strategiestandardisierung* bezieht sich auf den Grad der Vereinheitlichung von grundsätzlichen Vorgehensweisen und der Positionierung auf den Ländermärkten / Segmenten[258]. Je ähnlicher die Kundenanforderungen und das Wettbewerbsumfeld sowie die Rahmenbedingungen sind, desto eher ist ein einheitliches Konzept anwendbar und einsetzbar. Hierdurch lassen sich ein eindeutiges, weltweites Image, eine klare Wettbewerbsprofilierung und eine Harmonisierung des Marktauftritts bei gleichzeitiger zeitlicher und kostenbezogener Reduktion der Konzeptentwicklung erreichen.[259]

- Die *Instrumentalstandardisierung* umfaßt - von der Strategiestandardisierung abgeleitet - die Vereinheitlichung einzelner Marketing-Mix-Bereiche auf den anvisierten Ländermärkten / Segmenten. Hiermit sollen vor allem Synergieeffekte beim Marktauftritt erzielt werden. Diese führen u.a. zu einer schnelleren Marktdiffusion von Kern- und Serviceleistungen, einer Kostenreduzierung der Marktbearbeitung durch die Vermeidung von Doppelarbeiten und das Ressourcenpooling sowie durch Economies of Scales. Außerdem ist auch eine qualitative Verbesserung der Marketingqualität in der Marktbearbeitung durch die Nutzung von „qualitativen Economies of Scope“ bei Marketing-Serviceanbietern (wie z.B. Marktforschungsagenturen, Werbeagenturen) möglich, was bei einer individuellen nationalen / lokalen Vorgehensweise unter Umständen aufgrund eingeschränkter Finanzmittel nicht in der angestrebten Qualität und nur durch eine interne länderübergreifende Zusammenarbeit realisierbar wäre.[260]

- Die *Prozeßstandardisierung* hat schließlich die Vereinheitlichung von Planungs- / Kontroll-, Informations-, Controlling- und Führungssystemen im Rahmen von Marketingentscheidungen zum Anlaß.[261] Eine Prozeßstandardisierung kann sowohl bei der Konzipierung von strategischen Marketingkonzepten als auch bei der Durch- und Umsetzung von operativen Marketingmaßnahmen erfolgen. Je ähnlicher die Bedingungen der generellen / globalen

---

[258] Vgl. ähnlich bei Jain, S.C.: Standardization of International Marketing Strategy - Some Research Hypotheses, in: Journal of Marketing, 53. Jg., 1989, January, S. 73f.
[259] Vgl. nach Kux, B./Rall, W.: Marketing im globalen Wettbewerb, in: Welge, M.K. (Hrsg.), Globales Management, Stuttgart 1990, S. 79
[260] Vgl. auch Waning, T., a.a.O., S. 251f.
[261] Vgl. Kreutzer, R.: Global Marketing, a.a.O., S. 60

Umwelt und der Aufgabenumwelt auf den ausgewählten Märkten / Segmenten verteilt und ausgeprägt sind, desto eher und umfassender lassen sich standardisierte Prozesse einsetzen, die sich in einer Routinemäßigkeit, Repitivität und Adaption von Marketingaktivitäten niederschlagen.

Wie die vorstehenden Ausführungen zeigen, kann man also davon ausgehen, daß mit zunehmender Homogenisierung der Segmente auch eine Standardisierung der Marktbearbeitung gefördert wird, während stark heterogene Märkte stärker zu differenzierter Marktbearbeitung tendieren. Im Mittelpunkt der Standardisierungsdebatte steht dabei der Instrumentalbereich, der häufig gemeinsam mit dem Strategiebereich unter der Bezeichnung „Programmstandardisierung" abgehandelt wird. Doch auch bei dieser kombinierten Betrachtung der beiden Standardisierungsbereiche wird im wesentlichen der Instrumentalbereich untersucht.[262] Er soll daher auch in dieser Arbeit explizit für den Servicebereich bei den Servicestrategien berücksichtigt werden.

3.2.2.4.2. Marktimplantationsstrategie

Die Marktimplantation bezieht sich auf den Eintritt in die ausgewählten Ländermärkte / Segmente und deren Erschließung. Hierzu gehört auch die Etablierung in den ausländischen Märkten durch Erweiterung, Absicherung oder auch Reduzierung des formalen Marktengagements. Wenngleich die Marktimplantation der Marktselektion bei Internationalisierungsentscheidungen planungstechnisch nachgeschaltet ist, ergeben sich vielfältige Rückkopplungen und Interdependenzen zwischen den beiden Strategiebereichen. So kann beispielsweise die Erschließung eines ausgewählten Ländermarktes aufgrund von administrativen Barrieren schwierig oder unmöglich sein und eine Re-Segmentierung erfordern[263]. Zudem ist die Marktimplantation stark interdependent mit der organisatorischen Konfiguration und Koordination, da durch die Marktimplantation die Form festgelegt wird, wie und wo die Leistungen auf den Auslandsmärkten erstellt und angeboten werden. Hierdurch wird der strukturelle Kontext der Wertschöpfung festgelegt, der - wie bereits erwähnt - auch die internationalen Informations- und Koordinationsprozesse beeinflußt.[264]

---

[262] Vgl. z.B. ebenda, S. 189ff.; Meffert, H./Bolz, J., a.a.O., S. 151ff.; Toyne, B./Walters, P.G.P., a.a.O., S. 433ff.; Paliwoda, S., a.a.O., S. 208ff.; Cateora, P.R., a.a.O., S. 374ff.

[263] Vgl. Hünerberg, R.: Internationales Marketing, a.a.O., S. 113

[264] Vgl. Ringlstetter, M./Skrobarczyk, P.: Die Entwicklung internationaler Strategien, in: Zeitschrift für Betriebswirtschaft, 64. Jg., 1994, Heft 3, S. 341ff.; Müller-Stewens, G./Lechner, C.: Unternehmensindividuelle und gastlandbezogene Einflußfaktoren der Markteintrittsform, in: Macharzina, K./Oesterle, M.-J. (Hrsg.), Handbuch Internationales Management, Wiesbaden 1997, S. 233

Für die Form des Markteintritts und -engagements stehen verschiedene Alternativen zur Auswahl. Sie lassen sich grundsätzlich danach unterscheiden, ob sie sich auf eine interne oder externe Expansion beziehen.[265] Beim internen Wachstum handelt es sich um einen eigenständigen Markteintritt aus eigener Kraft (eigene Ressourcen und Fähigkeiten), während beim externen Wachstum auf Ressourcen und Fähigkeiten Dritter zurückgegriffen wird, indem man Unternehmen akquiriert, mit ihnen fusioniert oder kooperiert.[266]

Zu den *eigenständigen Markteintrittsstrategien* gehören insbesondere der (direkte) Export als Markteintritt ohne Kapitalbeteiligung im Ausland sowie bei ausländischen Direktinvestitionen die Errichtung von Niederlassungen mit einzelnen Wertschöpfungsbereichen (z.B. Montage-, Produktionsbetriebe und Vertriebsniederlassungen) und Tochtergesellschaften mit vielen oder allen Wertschöpfungsphasen im Ausland. Potentielle Vorteile eines selbständigen Markteintritts werden meist in der Wahrung der Unabhängigkeit mit alleiniger Gewinnverwendung, der Durchsetzung eigener Interessen und der Verfolgung eigener Ziele sowie dem Schutz des eigenen Know-hows gesehen.[267] Allerdings kann gerade bei der Bildung von ausländischen Niederlassungen oder Tochterunternehmen ein hoher Kapitalbedarf erforderlich sein. Dieser ist beim (direkten) Export zwar relativ niedrig, dafür ist jedoch auch die Intensität des Marktengagements hierbei sehr gering.

Akquisition und Fusion sind Markteintrittsmöglichkeiten, die ebenfalls mit einer Kapitalbeteiligung verbunden sind, wobei danach unterschieden werden muß, ob es sich um einen / mehrere Partner aus dem Heimatland handelt, die gemeinsam ausländische Märkte bearbeiten wollen, oder ob es sich um ausländische Partner handelt. Im ersten Fall würde die Kapitalbeteiligung im Inland stattfinden, im zweiten Fall im Ausland. Im Rahmen der vorliegenden Betrachtung internationaler Markteintrittsstrategien sind jedoch nur ausländische Direktinvestitionen relevant, da die Akquisition bzw. Fusion im Heimatland zur Bearbeitung ausländischer Märkte lediglich eine Vorbereitung auf das ausländische Marktengagement ist, der ein konkreter Markteintritt folgt, oder zur Absicherung des heimischen Marktes gegenüber internationalen Wettbewerbern durchgeführt wird. Die Akquisition eines oder auch mehrerer ausländischer Partner kann sich auf einzelne Unternehmensteile oder das gesamte Unternehmen beziehen, während eine Fusion i.d.R. das Gesamtunternehmen betrifft. Je nachdem, ob es sich bei den Akquisitions- oder Fusionsobjekten um Unternehmen der gleichen, vor- oder nachgelagerten Marktstufen handelt, spricht man von horizontaler bzw. vertikaler Akquisition / Fusion. Wird mit Unternehmen anderer Wirtschaftsbereiche eine Akquisition / Fusion eingegangen, so handelt es sich um eine laterale Akquisition / Fusion.

---

[265] zu anderen Systematisierungskriterien siehe die Zusammenstellung bei Pues, C.: Markterschließungsstrategien bundesdeutscher Unternehmen in Osteuropa, Wien 1994, S. 79
[266] Vgl. Müller-Stewens, G.: Entwicklung, a.a.O., S. 228ff.
[267] Vgl. Hünerberg, R.: Internationales Marketing, a.a.O., S. 118

Die Vorteile von internationalen Akquisitionen / Fusionen bestehen im wesentlichen in einem Zugang zu spezifischen Ressourcen (z.B. Markt-Know-How, Distributionskanäle, „Inländer-Image“), der möglichen Umgehung von Markteintrittsbarrieren und einer relativ schnellen Marktpenetration. Nachteilig ist hingegen das meist sehr hohe Integrationsrisiko und der relativ hohe Finanzbedarf bei Akquisitionen.[268]

Auch *Kooperationen* können sowohl mit Partnern aus dem Heimatland als auch aus dem Ausland durchgeführt werden, wobei auch hier lediglich Kooperationen mit Partnern aus den anvisierten Ländermärkten einem Markteintritt gleichkommen. Bei der Kooperation kann eine Kapitalbeteiligung stattfinden (z.B. beim Joint Venture); sie ist aber nicht erforderlich (z.B. bei Lizenzvergabe, Franchising oder Contract Manufacturing).[269] Das Spektrum der Bindungsintensität reicht von der Kapitalverflechtung und vertraglichen Kooperationsverpflichtung der Partner über rein vertragliche Bindungen bis hin zu losen Vereinbarungen ohne vertraglichen Hintergrund. Bei den Partnern kann es sich um Unternehmen der gleichen Marktstufe (horizontale Kooperation) oder auch um vor- bzw. nachgelagerte Wertschöpfungsstufen (vertikale Kooperation) handeln. Es ist ebenso möglich, daß die jeweiligen Partner aus völlig unterschiedlichen Wirtschaftszweigen (laterale Kooperation) stammen. Doch auch bei einer horizontalen Kooperation ist die Zusammenarbeit nicht per se auf alle Wertschöpfungsphasen ausgerichtet. Je nach Funktionsbereich kann beispielsweise zwischen Beschaffungs-, Fertigungs-, Vertriebs- oder Service- / Kundendienstkooperation unterschieden werden.[270]

Kooperationen haben zumeist den Vorteil, daß nur ein relativ geringes Ressourcenpotential für die Auslandserschließung erforderlich ist, die Risiken geteilt, Markteintrittsbarrieren überwunden und spezifische Ressourcen der Partner genutzt werden können sowie eine schnelle Marktetablierung möglich ist. Nachteilig sind jedoch u.U. die eingeschränkte Selbständigkeit mit eingeschränkter Einflußnahme auf die Geschäftspolitik, die Aufteilung von Markterfolgen, Schwierigkeiten der Integration von Kooperationsaktivitäten in die allgemeine Unternehmenspolitik sowie der Know-how-Abfluß an die Partner.[271]

Die Wahl der Markteintrittsstrategie wird von zahlreichen situativen Faktoren im In- und Ausland beeinflußt.[272] Auf der externen Umfeld- und Marktseite sind vor allem folgende Einflußbereiche relevant:

---

[268] vgl. ebenda

[269] Vgl. zu den verschiedenen Kooperationsformen z.B. Kutschker, M.: Strategische Kooperationen als Mittel der Internationalisierung, in: Schuster, L. (Hrsg.), Die Unternehmung im internationalen Wettbewerb, Berlin 1994, S. 125ff.

[270] Vgl. Köhler, R.: Internationale Kooperationsstrategien kleinerer Unternehmen, in: Bruhn, M./Steffenhagen, H. (Hrsg.), Marktorientierte Unternehmensführung, Wiesbaden 1997, S. 188ff.

[271] Vgl. Hünerberg, R.: Internationales Marketing, a.a.O., S. 118f.

[272] Vgl. u.a. Pausenberger, E.: Internationalisierungsstrategien industrieller Unternehmungen, in: Dichtl, E./Issing, O. (Hrsg.), Exportnation Deutschland, 2. Aufl., München 1992, S. 203ff.; Walldorf, E.G.: Die Wahl

- Größe des Marktpotentials,
- Wachstumsreserven des Marktes,
- strukturelle Gegebenheiten des Marktes (z.B. Distributionssystem, Anzahl und Art der Wettbewerber, Anzahl und Qualität potentieller Kooperationspartner),
- kulturelle und geographische Distanz zwischen Heimmarkt und den ausgewählten Ländermärkten (z.B. Sprache, Religion, soziale Unterschiede),
- kulturbedingte Kauf- und Verwendungsbesonderheiten (z.B. Abnahmemengen, Preiselastizitäten und Verwendungshäufigkeit),
- administrative sowie juristische Determinanten und Barrieren (beispielsweise Local Content-Vorschriften, Auflagen zur Kapitalmobilität und Rechtsformen / Vorschriften),
- wirtschaftspolitische Rahmenbedingungen (z.B. Wechselkurse, Inflation, Steuern und Subventionen),
- Kostenaspekte (u.a. komparative Kostenvorteile auf dem Auslandsmarkt, Transport- und Lagerhaltungskosten bei grenzüberschreitender Verkaufsabwicklung) sowie
- natürliche Rahmenbedingungen (z.B. Infrastruktur und Klima).

Auf der internen Unternehmensseite handelt es sich insbesondere um Internationalisierungsphilosophie und -ziele, die verfügbaren Ressourcen, die Risikobereitschaft des Management und den Internationalisierungsgrad, die das Marktengagement beeinflussen. Außerdem haben auch marktleistungsbezogene Merkmale einen Einfluß auf die Markteintrittswahl. So sind Produkte, deren USP im Herkunftsland-Image liegt, für Exportaktivitäten prädestiniert. Auch Luxusgüter, die sich in der Produktqualität stark von den Wettbewerbsprodukten der etablierten Konkurrenten im Zielmarkt unterscheiden, lassen sich gut exportieren, da die anfallenden Logistikkosten über den Preis abgegolten werden können, ohne daß die Wettbewerbsfähigkeit stark eingeschränkt wird.[273] Darüber hinaus lassen sich technische Produkte besser lizenzieren als No- oder Low-Tech-Produkte. Bei letzteren besteht i.d.R. nur die Möglichkeit, den Markennamen und das Marketingkonzept zu lizenzieren bzw. zu franchisen, wenn sie über eine internationale Reputation verfügen. Bei technischen High-Tech-Produkten können zudem die Marktleistungen selbst und ihre Fertigungsverfahren mit dem entsprechenden technologischen Know-how lizenziert werden; selbst ohne internationale Bekanntheit.[274] Der Innovationsgrad der Produkte im Zielmarkt hat ebenfalls einen Einfluß auf die Wahl der Markteintrittsstrategie. Je neuartiger die Produkte sind, desto weniger potentielle Kooperationspartner gibt es i.d.R., die über ein entsprechendes Know-how zur Erstellung und / oder Vermarktung verfügen. Die erforderliche Qualifizierung der potentiellen Kooperationspartner ist meist mit hohen Aufwendungen verbunden, weshalb für „Innovationen" oft nur ein eigenständiger

zwischen unterschiedlichen Formen der internationalen Unternehmer-Aktivität, in: Kumar, B.N./Haussmann, H. (Hrsg.), Handbuch der Internationalen Unternehmenstätigkeit, München 1992, S. 462ff.

[273] Vgl. Root, F.R.: Entry Strategies for International Markets, New York 1994, S. 33f.

[274] Vgl. ebenda, S. 34

Markteintritt realisierbar ist. Mit zunehmender Bekanntheit und Vertrautheit eines Produktes auf einem Markt finden sich hingegen normalerweise eine Vielzahl potentieller Kooperationspartner, die über entsprechendes Fertigungs- und / oder Vermarktungs-Know-how verfügen und für eine Kooperation genutzt werden können.[275]

Serviceleistungen können ebenfalls die Wahl des Markteintritts und -engagements beeinflussen. Immerhin 44,9 % der befragten Unternehmen in der Grundlagenstudie haben angegeben, daß die Notwendigkeit eines Angebots von Serviceleistungen auf den ausgewählten Ländermärkten die Wahl der Markteintrittsform stark oder sehr stark determiniert haben. Insbesondere bei Direktinvestitionen in Form von eigenständigen Niederlassungen ist der Serviceeinfluß besonders groß (in 70,5 % der Unternehmen hatte der Service hierauf einen starken oder sehr starken Einfluß). Bei der Gründung von Joint Ventures im Ausland ist der Serviceeinfluß auf die Markteintrittsentscheidung hingegen eher gering (in 20 % der Unternehmen hatte der Service hierauf einen starken oder sehr starken Einfluß).

Vor dem Hintergrund der Sampson-Snape-Box wird die Beziehung zwischen den dienstleistungsspezifischen Servicebesonderheiten und dem Markteintritt evident. Lassen sich die Serviceleistungen nicht auf einem Träger- oder Speichermedium materialisieren, dann ist ein Export beispielsweise nicht möglich. In diesem Falle bleibt lediglich eine eigenständige Direktinvestition oder eine Kooperation mit Partnern vor Ort als Eintrittsalternative bestehen, wenn die Zielgruppe nicht mobil und ein „Domestic-Service" oder ein „Third-Country-Service" daher nicht realisierbar ist. Das gleiche gilt für grundsätzlich standortgebundene Serviceleistungen, bei denen die geographische Nähe zum Kunden im Rahmen eines „Customer-Country-Service" unabdingbar ist. Dabei kann für den Servicebereich ein eigenständiger Markteintritt gewählt werden, der gegenüber der Kernleistung anders gestaltet ist, indem beispielsweise im Zielmarkt ausschließlich eine Service-Niederlassung errichtet bzw. eine Service-Partnerschaft aufgebaut wird.

Allerdings verfolgen, wie Abbildung IV-17 zeigt, nur 4,8 % der Unternehmen in der Grundlagenstudie für den Servicebereich ein eigenständiges Marktengagement. Die überwiegende Mehrheit koppelt die Markteintrittsstrategie für die Kern- und die Serviceleistungen aneinander.

[275] Vgl. Anderson, E./Coughlan, A.T.: International Market Entry and Expansion via Independent or Integrated Channels or Distribution, in: Journal of Marketing, 51. Jg., 1987, January, S. 73

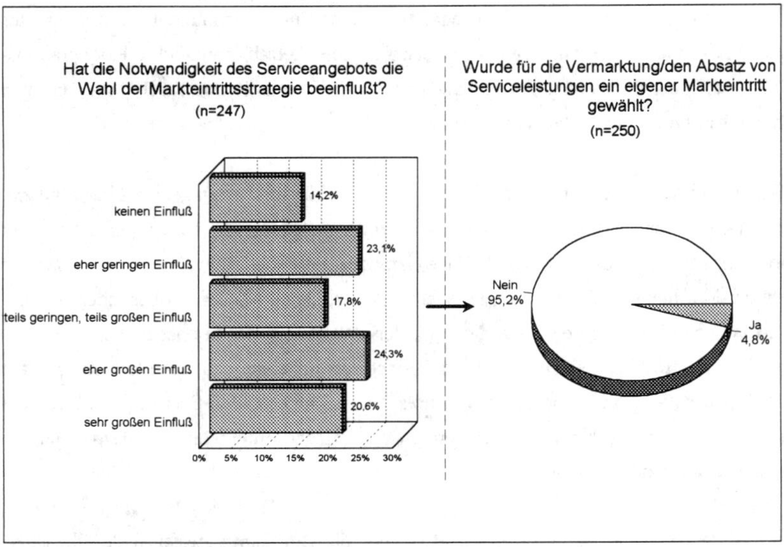

Abb. IV-17: Der Einfluß des Service auf die Markteintrittsstrategie

Die Wahl der optimalen Eintrittsstrategie ist aufgrund der stark differierenden Anforderungen und Konsequenzen der einzelnen Marktengagements für den Entscheider sehr schwierig, da ein direkter Vergleich eigentlich nicht möglich ist. Hierfür sind Entscheidungsheuristiken und Verfahren notwendig, die eine möglichst zuverlässige Auswahl zulassen. In jüngster Zeit wird die Wahl der optimalen Eintrittsstrategie vor dem Hintergrund der Transaktionskostentheorie diskutiert.[276] Hierbei werden für eigenständige und kooperative Markteintrittsformen die Kosten für die Koordination und Abwicklung (einschließlich Kontrolle) von Transaktionen ermittelt und vergleichend gegenübergestellt. Die Wahl fällt - bei rationalem Entscheidungsverhalten - auf diejenige Markteintrittsalternative, deren Transaktionskosten minimal sind.[277] Dabei kann man grundsätzlich davon ausgehen, daß mit zunehmender Verschiedenartigkeit / Unbekanntheit der Marktbedingungen auch die Unsicherheit und das Risiko von Transaktionen zunehmen.[278] Werden zudem ganz spezifische, länderbezogene Marktleistungen angeboten, die mittels spezieller Ressourcen (z.B. bestimmte Maschinen, Inhaltsstoffe und Informationen) erstellt werden und auf anderen Märkten keine oder nur eingeschränkte Nachfrage finden, dann führen diese Gegebenheiten tendenziell zu einer vollständigen Eigentumsstrategie statt zu einer Kooperationsstrategie. So wird auch das Risiko des Opportunismus von Partnern vermieden.

---

[276] Vgl. stellvertretend Weiss, C.A..: Die Wahl internationaler Markteintrittsstrategien - Eine transaktionskostenorientierte Analyse, Wiesbaden 1996, S. 66ff.
[277] Vgl. ebenda, S. 85
[278] Vgl. Hildebrandt, L./Weiss, C.A.: Internationale Markteintrittsstrategien und der Transfer von Marketing-Know-how, in: Zeitschrift für betriebswirtschaftliche Forschung, 49. Jg., 1997, Heft 1, S. 6ff.

Bei den entgegengesetzten Bedingungen, also bei vergleichbaren Marktverhältnissen zwischen angestammten (Heim-) Märkten und ausländischen Zielmärkten sowie international standardisierten Produkten, ist die Nutzung vertraglicher Partnerschaft (ohne spezifische Kapitalbindung im In- oder Ausland) tendenziell vorteilhafter.

Eine ausschließlich auf Transaktionskosten ausgerichtete Betrachtung greift jedoch zu kurz, da mit den verschiedenen Markteintrittsformen auch unterschiedliche Produktionskosten verbunden sind. Das wird vor allem bei den Finanzierungs- und Kapitalkosten deutlich, die als Teil der Produktionskosten stark vom gewählten Marktengagement abhängen und den Transaktionskosten entgegenlaufen können. So sind beim Export und bei vertraglichen Kooperationen die Kapitalkosten i.d.R. eher gering, während sie bei Direktinvestitionen sehr hoch sind. Dafür sind jedoch die Anbahnungs- und Kontrollkosten bei eigenständigen Direktinvestitionen meist geringer als bei den beiden anderen genannten Formen. Demnach ist als vorteilhafte Markteintrittsstrategie diejenige auszuwählen, die bei gegebener Transaktionsatmosphäre, -häufigkeit, Markt- und Wettbewerbssituation insgesamt die geringsten Transaktions- und Produktionskosten zur Erreichung einer angestrebten Marktpräsenz erfordert.

Zudem ist aber auch die Konzentration auf die rein marktliche Effizienz der einzelnen Markteintrittsstrategien nicht ausreichend. Es muß zusätzlich auch die strategische Effizienz des Marktengagements berücksichtigt werden.[279] Der Grund hierfür liegt in der Nichtübertragbarkeit unternehmensspezifischer, wettbewerbsrelevanter Ressourcen auf den Marktmechanismus, wie z.B. Vermarktungs- oder Service-Know-how, damit die Wettbewerbsfähigkeit nicht gefährdet wird. Daraus folgt, daß sowohl Produktions- und Transaktionskosten als auch die strategische Bedeutung von Markteintrittsstrategien bei der Wahl des Marktengagements zu berücksichtigen sind. Bei bedeutsamen Ressourcen für den Markterfolg ist eine Steuerung und Koordination des Ressourceneinsatzes zur Erreichung einer strategischen Effizienz erforderlich. Nur eine integrierte Organisationsform schafft den erforderlichen strategischen Einsatz und Schutz wichtiger Ressourcen. Außerdem wäre eine Beschaffung strategisch bedeutender Ressourcen über Dritte sehr aufwendig, da erhebliche Kontroll- und Absicherungskosten anfallen würden.

Die Stärke der Ressourcensteuerung und -kontrolle wird durch das Kontrollausmaß charakterisiert, dem im Rahmen der *Theorie der Internalisierung* eine zentrale Rolle zukommt. Entsprechend dieser Theorie, die auf dem Transaktionskostenansatz aufbaut, steigt mit zunehmender Ansiedlung von Wertschöpfungsaktivitäten im Unternehmen (Internalisierung) auch deren Beeinflußbarkeit. Diesem Kontroll-Nutzen stehen Kosten / Risiken der Ressourcenbin-

[279] Vgl. Carl, V., a.a.O., S. 108f.; Picot, A.: Leistungstiefe, a.a.O., S. 346f.

dung gegenüber.[280] Bei rationalem Verhalten werden diejenigen Aktivitäten internalisiert, bei denen der Kontrollnutzen höher ist als die Kontrollkosten.

Die potentiellen Kontrollmöglichkeiten differieren zwischen den verschiedenen Markteintrittsstrategien. Es wird in der Literatur davon ausgegangen, daß bei einer eigenständigen Eigentumsstrategie das Kontrollausmaß am größten ist, während bei vertraglichen Kooperationen die Kontrollmöglichkeiten am geringsten ausgeprägt sind.[281] Allerdings ist zu beachten, daß auch im Rahmen von Vertragskooperationen eine starke Kontrolle möglich ist, wenn entsprechende Regelungen beim Vertragsentwurf berücksichtigt werden.[282]

DUNNING hat in seiner *eklektischen Theorie* als Entscheidungsgrundlage bei der Wahl der Markteintrittsstrategie die Internalisierungsvorteile (internalization advantages) mit Standortvorteilen (location specific advantages) und Wettbewerbsvorteilen (ownership advantages) gekoppelt. Voraussetzung dafür, daß überhaupt eine Internationalisierung von Unternehmensaktivitäten erfolgen sollte, sind aus seiner Sicht bestehende ownership advantages, wie z.B. technologische Potentiale, überragende Produkte, effizienter Ressourcenzugang und vorteilhafte Managementfähigkeiten.[283] Ohne diese speziellen Vorteile ist es einem Unternehmen überhaupt nicht möglich, mit den etablierten Unternehmen in den Zielmärkten zu konkurrieren. Eine Internationalisierung wäre in diesem Fall nicht sinnvoll. Liegen neben den Internalisierungsvorteilen auch länderbedingte Standortvorteile vor, dann bietet sich ein eigenständiges Vorgehen mit Direktinvestitionen vor Ort (Niederlassung / Tochtergesellschaft) auf dem Ländermarkt an. Bietet das Ausland keine Standortvorteile, lassen sich aber für das Unternehmen Internalisierungsvorteile realisieren, dann sind geeignete Bedingungen für ein eigenständiges Vorgehen ohne Direktinvestitionen (Export) gegeben. Verfügt das Unternehmen lediglich über einen spezifischen Wettbewerbsvorteil, dann sind Kooperationen mit Partnern vor Ort (Lizenzierung, Franchising, Management Contracting, Joint Venture) vorteilhaft.

Stellt man die vorstehenden Überlegungen bestimmten Charakteristika der angebotenen Marktleistungen eines Unternehmens gegenüber, so läßt sich feststellen, daß gerade bei schwer standardisierbaren und kundenspezifischen Leistungen, die mit Hilfe spezialisierter Produktionsfaktoren erstellt werden, ein großes Kontrollmaß und damit ein eigenständiges Vorgehen sinnvoll ist.[284] Hier ist es notwendig, daß die Mitarbeiter vor Ort über spezifisches Know-how

---

[280] Vgl. Buckley, P.J.: Problems and Developments in the Core Theory of International Business, in: Journal of International Business Studies, 21. Jg., 1990, Nr. 4, S. 658ff.
[281] Vgl. Anderson, E./Gatingnon, H., a.a.O., S. 5
[282] Vgl. Erramilli, M.K./Rao, C.P., a.a.O., 34
[283] Vgl. Dunning, J.H.: Towards an Eclectic Theory of International Production - Some Empirical Tests, in: Journal of Business Studies, 11. Jg., 1980, Heft 1, S. 9ff. sowie zu Erweiterungen aufgrund kritischer Vorwürfe derselbe: The Eclectic Theory of International Production - A Restatement and Some Possible Extensions, in: Journal of Business Studies, 19. Jg., 1988, Spring, S. 1ff.
[284] Vgl. Anderson, E./Gatingnon, E., a.a.O., S. 11f.

für die Erstellung und Vermarktung der Leistung verfügen und die Leistungspotentiale (z.B. Betriebsmittel) nutzen können. Bei einem eigenständigen Markteintritt kann aufgrund der starken Anbindung an das „Stammhaus" eine entsprechende Qualifikation meist eher garantiert und effizienter vermittelt werden als bei einem kooperativen Vorgehen. Das heißt, die Transaktionskosten einer Kooperationsstrategie sind in diesem Fall höher als bei Direktinvestitionen. Ähnliches gilt für kundenindividuelle Produkte. Zu ihrer Erstellung ist eine ausgeprägte Kundenorientierung erforderlich, die häufig mit einer geographischen Kundennähe einhergeht. Zwar ist diese grundsätzlich auch durch eine Kooperation mit Partnerunternehmen vor Ort erreichbar, allerdings erfordert die Erstellung individueller Leistungen auch eine permanente Anpassung an sich verändernde Kundenanforderungen. Zur Erreichung und Sicherstellung dieser Flexibilität ist eine kontinuierliche Rückkopplung und Verarbeitung der Erfahrungen an der „Kundenfront" notwendig, die wiederum bei internalisierten Leistungsprozessen mit hohem Kontrollausmaß aus transaktionskostentheoretischer Sicht tendenziell effizienter gewährleistet werden kann.[285]

Die aufgeführten Leistungsmerkmale sind bei Serviceleistungen mehr oder minder gegeben. Insbesondere gilt das für stark immaterielle und integrative Serviceleistungen. Man kann davon ausgehen, daß mit zunehmendem Integrations- und Immaterialitätsgrad der Serviceleistungen auch die Kontrollkosten für Qualitätssicherung und Schutz vor Know-how-Abfluß des zugrunde gelegten strategischen Servicekonzepts bei opportunistischem Verhalten der Kooperationspartner zunehmen. Es kommt daraufhin zu hohen Transaktionskosten. Die kaum gegebenen Möglichkeiten zur Patentierung von Serviceleistungen führen nicht nur dazu, daß eine Lizenzierung als Markteintrittsstrategie für diesen Wertschöpfungsbereich weitgehend entfällt, sondern daß auch die Kontrolle opportunistischen Verhaltens der Partner äußerst aufwendig ist. Zudem wäre die Abschätzung des Wertes von Service-Lizenzen sehr schwierig, da es sich überwiegend um unternehmensspezifische Umsetzungsfähigkeiten und spezielles Anwendungswissen handelt, die „Vertrauensgut-Charakter" aufweisen. Der Transfer von (Service-) Know-How ist außerdem oft schwer zu artikulieren, da es auf Erfahrungen beruht und i.d.R. über die Zeit „gewachsen" ist. Dieser Umstand erklärt auch die in der Literatur häufig beschriebene schlechte Imitierbarkeit der Servicequalität. Ein effizienter Know-how-Transfer erfordert deshalb einen sehr langen und intensiven Kontakt zwischen den Know-how-Besitzern und -Erwerbern, der aus Transaktionskostengesichtspunkten eher über eine Internalisierung erreicht werden kann.[286]

Die Entstehung von Qualitätsproblemen ist besonders bei personenintensiven Serviceleistungen gegeben. Ein nicht qualitätskonformes Verhalten von einzelnen Kooperationspartnern kann

[285] Vgl. ähnlich Carl, V., a.a.O., S. 120, siehe auch Weiss, C.A., a.a.O., S. 102
[286] Vgl. Hildebrandt, L./Weiss, C.A., a.a.O., S. 8

dabei dem Image des Unternehmens erheblich schaden und seinen Marktauftritt negativ beeinträchtigen. Hinzu kommt, daß stark integrative Leistungen i.d.R. auch individualisiert sind. Das erschwert die Einführung von Qualitätsstandards, die eine Überwachung der Leistungen der Kooperationspartner effizient gestalten könnten. Gerade bei einem ausgeprägten Anteil personenbezogener Leistungen im Serviceprogramm ist deshalb tendenziell eine Internalisierung, die ein effizientes Kontrollausmaß bereithält, sinnvoll. Hierdurch werden nicht nur die Transaktionskosten reduziert, sondern es wird auch die Erstellungs- und Vermarktungsqualität, die zu einer optimalen Funktionserfüllung und beabsichtigten Wirkung des Service führt, gewährleistet.

Grundsätzlich zeigt sich also, daß mit steigendem Integrations-, Immaterialitäts- und Individualisierungsgrad einer Leistung sowie mit steigenden Risiken eines opportunistischen Verhaltens eines potentiellen Partners die Internalisierung der Leistungserstellung tendenziell die geringeren Transaktionskosten verursacht.[287] Da dies für eine Vielzahl von Serviceleistungen im typischen Serviceprogramm von Unternehmen gegeben sein dürfte, kann von einer Vorteilhaftigkeit der Internalisierung im Servicebereich, die sich auch auf den Beitrag des Service zum Unternehmenserfolg auswirkt, ausgegangen werden. Bei der Bestimmung der Transaktionskosten ergeben sich zwar vielfältige Operationalisierungs- und Meßprobleme, die eine exakte Bewertung der Internalisierungsvorteile verhindern, es läßt sich dennoch folgende tendenzielle Vermutung anstellen:

H18: Die Stärke des Kontrollausmaßes beim gewählten Marktengagement / die Internalisierung (des Servicebereichs)

- *unterstützt den Einfluß des Service auf den Unternehmenserfolg positiv.*

Demnach ist bei der Entsendung von Servicemitarbeitern und der Errichtung von eigenständigen (Service-) Niederlassungen die Erfolgswirkung des Service größer als bei Kooperationen mit (ausländischen) Partnern vor Ort. Das gilt vor allem vor dem Hintergrund kollektiver Entscheidungen oder einer eingeschränkten / unterlegenen Einflußmacht des Unternehmens im Rahmen der Kooperation. Dabei ist es auch von der Intensität der Marktbearbeitung und der Häufigkeit der Kundenkontakte abhängig, welche Form des eigenständigen Marktengagements gewählt wird. Einmalige oder sporadische Kundenkontakte und ein geringes Marktbearbeitungsvolumen sprechen - vor dem Hintergrund der Kapitalkosten - tendenziell eher für eine fallweise Auslandsentsendung von Service-Mitarbeitern als für eine ständige Marktpräsenz vor Ort.[288]

---

[287] Vgl. Erramilli, M.K./ Rao, C.P., a.a.O., S. 23

[288] Vgl. Stauss, B.: Internationales Dienstleistungsmarketing, a.a.O., S. 461

Die Festlegung der geeigneten Markteintrittsstrategie ist dabei nicht - wie vorstehend erfolgt - statisch zu betrachten. Im Zeitablauf kann es beispielsweise aufgrund von Veränderungen in den Ländermärkten zu umfassenderen internationalen Erfahrungen und zu strategischen Neuausrichtungen des Unternehmens sowie zu einem differenzierten Marktengagement in einem Land kommen.[289] Insbesondere der Abbau von Unsicherheit auf den Auslandsmärkten kann den Ressourceneinsatz verstärken und zu einer Veränderung des Marktengagements führen. Allerdings liegt nicht jedem Markteintritt ein inkrementales Expansionsmuster zugrunde, das auf einer sukzessiven Erhöhung des Marktengagements in einem Ländermarkt beruht. Empirische Untersuchungen belegen, daß dies eher ein idealtypisches Verhalten von Unternehmen ist. Zudem kommt es spätestens beim Marktaustritt durchaus auch zu einer Reduzierung des Marktengagements.[290]

Eine andere dynamische Perspektive liegt bei der - zumeist vor dem eigentlichen formalen Markteintritt geplanten - Festlegung der Markteintrittsreihenfolge der ausgewählten Ländermärkte / -segmente vor. Diese bezieht sich nicht auf die dynamischen Veränderungen der institutionellen Form des Marktengagements in einem Land, sondern auch auf die internationale Marktabdeckung im Zeitablauf. Man spricht in diesem Zusammenhang auch von Timingstrategien des Markteintritts bzw. zeitlichen Expansionsstrategien. Hierbei wird grundlegend zwischen einem sukzessiven und einem simultanen Vorgehen zur Erschließung der Ländermärkte unterschieden.[291] Bei der sukzessiven Vorgehensweise werden die ausgewählten Ländermärkte zeitverschoben angegangen. Man bezeichnet dieses Vorgehen auch als *Wasserfall-Strategie*. Dabei erhöht sich die Anzahl der bearbeiteten Ländermärkte stufenweise. Für dieses „Hineinwachsen" in die internationale Marktabdeckung stehen dem Unternehmen zwei grundsätzliche planungstechnische Optionen offen. Zum einen kann nach jedem erfolgten Markteintritt der nächste zu erschließende Ländermarkt ausgewählt werden. Hierbei können die Erfahrungen aus den gerade und den früher bereits erfolgten Markterschließungen gesammelt und für den anschließenden Markteintritt genutzt werden. Zum anderen kann der Expansionspfad aber auch schon vor dem ersten neuen / ausländischen Marktzugang festgelegt werden. Diese Vorgehensweise spart i.d.R. Zeit, wenn man sich bei den ersten Expansionsstufen auf Aus-

---

289 Zur Dynamisierung von Internationalisierungsstrategien und ausländischen Marktengagements siehe u.a. Kutschker, M.: Dynamische Internationalisierungsstrategien, in: Engelhard, J./Rehkugler, H. (Hrsg.), Strategien für nationale und internationale Märkte, Wiesbaden 1994, S. 235ff.; Bamberger, I./Evers, M.: Ursachen und Verläufe von Internationalisierungsentscheidungen mittelständischer Unternehmen, in: Macharzina, K./Oesterle, M.-J. (Hrsg.), Handbuch Internationales Management, Wiesbaden 1997, S. 118ff.

290 Vgl. die zitierten Studien bei Müller-Stewens, G./Lechner, C., a.a.O., S. 248f.

291 Vgl. Bradley, F., a.a.O., S. 281f.; Jeannet, J.-P./Hennessey, H.D., a.a.O., S. 381f.; Kreutzer, R., Global Marketing, a.a.O., S. 238; Ohmae, K.: Macht der Triade, a.a.O., S. 33f.; eine Kombination beider Timingstrategien führt zu einer Vermischung und Wirkungsreduktion der nachstehend aufgeführten Vor- und nachteile beider Vorgehensweisen. Die Strategiekombination soll deshalb nicht explizit vorgestellt werden.

landsmärkte konzentriert, die eine große Affinität zum Heimland bzw. zu bereits bearbeiteten Auslandsmärkten haben. Die Vorteile einer Wasserfall-Strategie liegen u.a. darin, daß[292]

- Unternehmen - gemessen an einem simultanen Vorgehen - geringere Ressourcen für die internationale Markterschließung benötigen, da sie quasi mit der Vergrößerung des Absatzgebietes wachsen. Zudem wird eine risikoreiche Verzettelung begrenzter Ressourcen vermieden, da bei negativen Erfahrungen und erfolglosen Markteintritten auf den anderen Ländermärkten auf jeder Erschließungsstufe das weitere Auslandsengagement abgebrochen werden kann,
- spezifische Länderaspekte / -restriktionen besser berücksichtigt werden können, da Zeit für eine ausgiebige Informationssuche, -sammlung und -verarbeitung vorhanden ist,
- Anfangsverluste aufgrund spezifischer Investitionen beim Markteintritt durch erfolgreich durchgeführte Marktengagements in anderen Ländermärkten im Sinne eines kalkulatorischen Ausgleichs aufgewogen werden können,
- durch die sukzessive Markteinführung der internationale Lebenszyklus eines Produktes und damit seine Vermarktungsdauer verlängert werden kann. Das führt zu einer längeren Ausnutzung aufgebauter Kapazitäten.

Problematisch ist jedoch an der Wasserfall-Strategie im wesentlichen, daß[293]

- die internationale Markterschließung relativ langwierig ist und von Wettbewerbern frühzeitig wahrgenommen und mit entsprechenden Gegenmaßnahmen, wie z.B. Besetzung und Abriegelung von Folgemärkten, beantwortet wird. Das kann gerade bei erfolgreichen Innovationen sehr gefährlich sein, die von den Konkurrenten bei ausreichender Zeit gut imitiert werden können.
- die Heranziehung von negativen Erfahrungen und Mißerfolgen bei vorhergehenden Markterschließungen zu Fehleinschätzungen beim Eintritt in anvisierte Märkte führen kann. Besonders problematisch ist in diesem Zusammenhang der Abbruch der anvisierten Expansion, da hierdurch potentielle Chancen für einen erfolgreichen Absatz in den „Nachfolgeländern" nicht genutzt werden.

Die simultane internationale Markterschließungsstrategie zielt auf einen gleichzeitigen Eintritt in die ausgewählten Ländermärkte ab. Sie wird deshalb auch als *Sprinkler-Strategie* bezeichnet. Bei diesem Markteintritt soll eine rasche internationale Marktpenetration / -abdeckung erreicht werden. Die Vorteile der Sprinkler-Strategie liegen vor allem in[294]

---

[292] Vgl. Kreutzer, R.: Global-Marketing, a.a.O., S. 239f; Ayal, I./Zif, J.: Market Expansion Strategies in Multinational Marketing, in: Journal of Marketing, 43. Jg., 1979, Spring, S. 88ff.; Chichon, W.: Globalisierung als strategisches Problem, München 1988, S. 218ff.

[293] Vgl. Kreutzer, R.: Global-Marketing, a.a.O., S. 239f.; Hünerberg, R.: Internationales Marketing, S. 133; Backhaus, K./Büschgen, J./Voeth, M., a.a.O., S. 73

[294] Vgl. insbesondere Kreutzer, R.: Global-Marketing, a.a.O., S. 242ff.

- dem Aufbau eines internationalen Industriestandards, der durch eine schnelle internationale Marktabdeckung bei Technologieprodukten eher möglich ist,
- der schnelleren Amortisation von FuE-Kosten bei kurzen Produktlebens- und Technologiezyklen,
- einem Risikoausgleich durch Ressourcenaufteilung auf mehrere Länder, der insbesondere bei der Bearbeitung von Ländermärkten mit hohem politischen und ökonomischen Risikopotential eintritt,
- der Ausnutzung von „Pioniervorteilen", wenn durch ein frühzeitiges Marktengagement für die Konkurrenten in wichtigen internationalen Schlüsselmärkten absatzbezogene Markteintrittsbarrieren (z.B. Versperrung von Distributionskanälen und Imagevorteile) geschaffen werden können.

Nachteile der Sprinkler-Strategie sind im wesentlichen[295]

- hoher Ressourcenbedarf zur Markterschließung und Koordination der Marktbearbeitung,
- Flops / Fehlinvestitionen, die einkalkuliert werden müssen, da das Marktengagement in erfolglos angegangenen Ländermärkten mitzutragen ist. Es kommt im Zeitablauf durch die Austritte aus unrentablen Ländermärkten zu einer Reduzierung der anfänglichen internationalen Marktabdeckung.

Die Realisierung einer Sprinkler-Strategie zieht gegenüber der Wasserfall-Strategie aufgrund der geplanten kurzen Zeit der internationalen Markterschließung häufig eine eingeschränkte Analyse- und Informationspolitik nach sich. Die Folge ist, daß Länderbesonderheiten oft nicht in vollem Umfang erkannt werden und bei der Marktbearbeitung entsprechend unzureichend berücksichtigt werden. Es kommt deshalb regelmäßig zu einem weitgehend standardisierten Vorgehen bei der Markterschließung und zu einer Angreifbarkeit durch spezialisierte Anbieter.[296] Bei beschränkten Ressourcen kann die Marktbearbeitung häufig nur auf einem geringen Intensitätsniveau erfolgen, das anfänglich zu einer schwachen Marktstellung und Verletzbarkeit durch Wettbewerbsaktivitäten führen kann. Der Schwerpunkt der Ressourcenverteilung wird zur Realisierung der o.g. Vorteile einer Springler-Strategie eher auf einer leistungsfähigen Kommunikations- und Distributionspolitik zur schnellen und umfassenden Penetration der ausgewählten Ländermärkte liegen.[297] Es ist zu vermuten, daß bei der Sprinkler-Strategie demnach auch das Servicepotential zur Kundenakquisition und -bindung sowie zur Wettbewerbsdifferenzierung nicht optimal ausgeschöpft wird. Der Service wird deshalb bei der Sprinkler-Strategie einen geringeren Einfluß auf den Unternehmenserfolg haben als bei einer Wasserfall-

---

[295] Vgl. Hünerberg, R.: Internationales Marketing, a.a.O., S. 133; Meffert, H./Pues, C.: Timingstrategien des internationalen Markteintritts, in: Macharzina, K./Oesterle, M.-J. (Hrsg.), Handbuch Internationales Management, Wiesbaden 1997, S. 257

[296] Vgl. Meffert, H./Bolz, J., a.a.O., S. 130

[297] Vgl. zum Teil ähnlich auch Pues, C., a.a.O., S. 237ff.

Strategie, die stärker auf eine Berücksichtigung von Länderbesonderheiten und die erfolgreiche Bearbeitung einzelner Ländermärkte / Segmente abzielt. Damit kann von folgender Hypothese ausgegangen werden, die vor allem für Unternehmen bedeutsam ist, die eine Internationalisierung vollziehen oder vorbereiten / planen:

H19: Eine sukzessive internationale Markteintrittsstrategie
- *unterstützt den Einfluß des Service auf den Unternehmenserfolg positiv.*

3.2.2.4.3. Marktverhaltensstrategie

Im Rahmen der Marktverhaltensstrategien ist zwischen der inhaltlichen Wettbewerbs- und Marktprofilierung auf der einen Seite und der formalen Wettbewerbskonfrontation auf der anderen Seite zu unterscheiden. Während es bei der Wettbewerbs- / Marktprofilierung um die Herausarbeitung und Herausstellung von Kompetenzen zur Positionierung geht, handelt es sich bei der formalen Wettbewerbskonfrontation um den Stil der Auseinandersetzung mit Konkurrenten.

Im Rahmen der Marktprofilierung haben Unternehmen die Wahl zwischen den zwei grundlegenden strategischen Verhaltensweisen der Qualitätsorientierung einerseits und der Preis- / Kostenorientierung andererseits. In Abbildung IV-18 sind die Ansatzpunkte und grundlegenden Wirkungsweisen beider Strategien dargestellt.

Die *Qualitätsorientierung* zielt darauf ab, durch die Schaffung von Leistungsvorteilen eine Differenzierung gegenüber Wettbewerbern zu erreichen. Dabei versucht man, durch unverwechselbare Anbieter- und / oder Produkteigenschaften ein einzigartiges Leistungsangebot zu schaffen, das den potentiellen Abnehmern eine Vergleichbarkeit mit anderen Konkurrenzangeboten erschwert oder gar unmöglich macht. Dadurch wird der direkte Preiswettbewerb mit anderen Anbietern „ähnlicher" Marktleistungen weitgehend umgangen. Die Einzigartigkeit des Leistungsangebots führt zudem dazu, daß bei den (potentiellen) Kunden spezifische Präferenzen aufgebaut werden, was meist mit einer geringeren Preiselastizität verknüpft ist und eine Unternehmens- / Produktloyalität nach sich zieht, die für Wettbewerber zu einer Markteintrittsbarriere werden kann. Die Realisierung von Preisprämien führt außerdem i.d.R. zu höheren Ertragsspannen, wodurch auch die relative Kostenposition gegenüber den Wettbewerbern eher an Bedeutung verliert. Durch die geringere Preiselastizität ist auch der Umgang mit mächtigen Lieferanten weniger problematisch, da höhere Einkaufspreise leichter weitergegeben werden können.[298] Voraussetzung für die genannten Strategievorteile ist allerdings, daß die

[298] Vgl. Porter, M.E.: Wettbewerbsstrategie, a.a.O., S. 66; Bohn, A., a.a.O., S. 16ff.

Leistungsqualität von den Kunden als besser empfunden wird als bei Wettbewerbsprodukten. Dabei ist es zunächst unerheblich, ob sich dieser Qualitätsvorteil aufgrund objektiver Leistungsvorteile (z.B. technische Vorteile oder Materialvorteile) ergibt oder nur als solcher von den Abnehmern subjektiv wahrgenommen wird. Sicherlich ist ein objektiv begründeter Qualitätsvorteil, der von den Kunden als wichtig eingeschätzt und anerkannt wird, für die Differenzierung einfacher zu kommunizieren und u.U. auch länger aufrechtzuerhalten, wenn er durch Patente geschützt werden kann. Fehlerfreie und zuverlässige Produkte sind bei dieser Strategie eine Selbstverständlichkeit, die mittels ausgefeilter Qualitätssicherungssysteme zu gewährleisten sind.

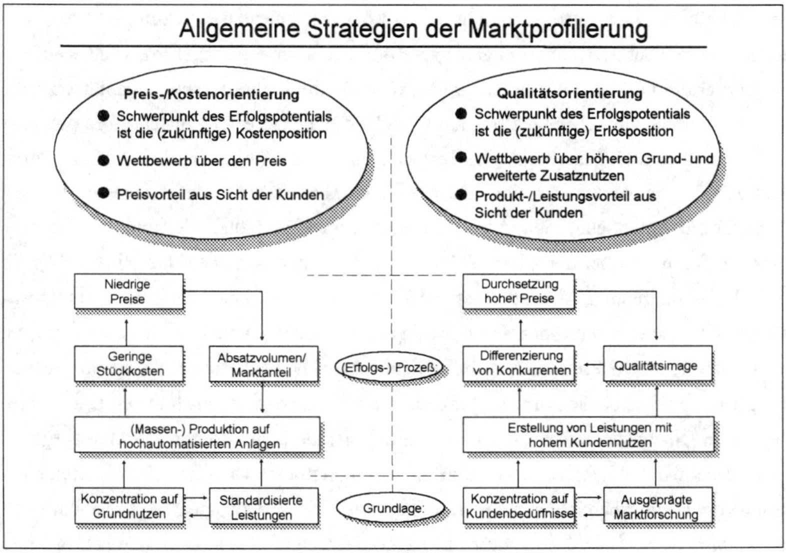

Abb. IV-18: Grundsätzliche Marktprofilierungsstrategien

Darüber hinaus erfordert die Qualitätsorientierung eine konsequente Kundenorientierung mit entsprechender Ausrichtung auf spezifische Abnehmer- und Nutzerbedürfnisse. Diese Anforderung ergibt sich aus dem subjektiven Qualitätsverständnis, nach dem sich die Qualität einer Marktleistung in dem Erfüllungsgrad der an sie gestellten Kundenerwartungen widerspiegelt. Voraussetzung für die Kenntnis der Kundenbedürfnisse und -erwartungen ist eine intensive und professionelle Marktforschung im Sinne einer ständigen Marktbeobachtung. Auf sich verändernde Kundenerwartungen ist durch ständige Qualitätsverbesserungen im Sinne eines Kaizen zu reagieren. Mit einer qualitätsorientierten Strategie ist deshalb auch eine flexible Organisation verbunden, die über eine große Kundennähe eine optimale Befriedigung der (veränderten) Kundenbedürfnisse sicherstellt. Das erfordert eine enge Kooperation und eine straffe Koordination zwischen dem Marketing-, FuE- und Beschaffungsbereich im Unternehmen. Des weiteren erfordert eine mentale Kundennähe auch eine geographische Präsenz vor Ort in den jeweiligen Ländermärkten, um flexibel und schnell auf Veränderungen der Kundenbedürfnisse und -erwartungen zu reagieren. Im Rahmen einer internationalen Qualitätsorientierung ist deshalb zumindest eine breite Streuung von Verkaufs- und Serviceaktivitäten auf die einzelnen Länder sinnvoll, wobei zusätzlich eine ausgeprägt dezentrale Entscheidungskompetenz anzustreben ist.[299] Die notwendige Flexibilität und „Reagibilität" erfordern i.d.R. Kapazitätsreserven, die entsprechende Leerkosten aufweisen und einen höheren Marketingaufwand für die Zielgruppenbeobachtung und -ansprache erfordern. Grundsätzlich kann man davon ausgehen, daß mit einer ausgeprägten (internationalen) Qualitätsstrategie relativ hohe Kosten verbunden sind.[300]

Problematisch an der Qualitätsorientierung ist, daß bei zunehmender Preisdifferenz zwischen qualitätsorientierten Anbietern und Billiganbietern die Attraktivität geringer Preise als Kaufentscheidungskriterium bei den Abnehmern größer wird als die vermeintlichen Qualitätsvorteile. In diesem Fall nimmt die Akzeptanz qualitativ hochwertiger Güter zugunsten günstiger Produkte mit „Durchschnittsqualität" ab. Das tritt vor allem dann ein, wenn der Qualitätsvorteil der Marktleistung von den Kunden nicht klar nachvollziehbar ist und / oder auf einem Merkmal beruht, das für die (potentielle) Zielgruppe nicht besonders wichtig und relevant ist.[301] Ein ähnlicher Nachteil kann sich bei der Übererfüllung von Kundenerwartungen, die mit erheblichen Kosten- / Preissteigerungen verbunden ist, gegeben. Auch hier kann der scheinbare Qualitätsvorteil in einen Wettbewerbsnachteil umschlagen, wenn die Kunden nicht bereit sind, die höheren Kosten über den Preis zu tragen. Dies unterstreicht noch einmal die herausragende Bedeutung einer professionellen und kontinuierlichen Marktforschung im Rahmen einer präferenzorientierten Qualitätsstrategie. Hinzu kommt, daß gerade in gesättigten Märkten aufgrund ausgereifter Basistechnologien in Produktion und Produkten eine Qualitätsdifferenzierung zumindest im Kernleistungsbereich immer schwieriger wird. Die notwendige Marktflexibilität und -nähe erzwingt bei beschränkten Ressourcen eine Konzentration auf einige Abnehmersegmente und / oder Ländermärkte. Eine internationale Qualitätsstrategie wird deshalb insbesondere bei den Monosegmentstrategien und den Selektionsstrategien zielführend und erfolgreich sein.

Die *Kostenorientierung / -führerschaft* als zweite grundlegende Positionierungsstrategie ist darauf ausgerichtet, durch die Realisierung von sehr geringen Preisen einen Wettbewerbsvorteil zu erlangen. Wesentliche Voraussetzung hierfür sind die Nutzung von Größendegressions- und Erfahrungskurveneffekten sowie der Einsatz hochproduktiver und effizienter Fertigungs- und Distributionsverfahren, die entsprechende Investitionen bedingen. Bei diesem strategischen Konzept geht es darum, die Kosten zumindest unter das Niveau der Hauptkonkurrenten, bes-

---

[299] Vgl. Simon, H.: Service Policies of German Manufacturers - Critical Factors in International Competition, in: European Management Journal, 10. Jg., 1992, Nr. 4, S. 408; Meffert, H.: Wettbewerbsstrategische Aspekte, a.a.O., S. 39

[300] Vgl. Albers, S./Eggert, K., a.a.O., S. 13f.

ser sogar aller Wettbewerber, zu senken. In dieser Situation hat das Unternehmen den Vorteil, daß es selbst bei einem sehr intensiven Preiswettbewerb noch Gewinne realisieren kann, wenn die (wichtigsten) Wettbewerber bereits Verluste erwirtschaften. Selbst gegenüber mächtigen Abnehmern hat der Kostenführer den Vorteil, daß diese die Preise lediglich auf das Niveau des zweitgünstigsten Konkurrenten drücken können. Für viele potentielle Neueinsteiger sind die geringen Preise des Kostenführers zudem eine abschreckende Markteintrittsbarriere, die sie von einer Marktpartizipation abhält.[302]

Die Strategie der Kostenführerschaft / -orientierung basiert auf dem Vorliegen homogener Märkte, die mit standardisierten Produkten in einem eingeschränkten Absatzprogramm breit abgedeckt und bedient werden sollen. Sie bilden die Voraussetzung zur Realisierung von Größeneffekten (Economies of Scale), die sich durch große Beschaffungs-, Produktions- und Ausbringungsmengen ergeben. Hohe Absatz- und damit Produktions- und Beschaffungsmengen lassen sich vor allem im Rahmen einer globalen und internationalen Massenmarktstrategie oder durch eine globale und internationale Massenmarkt-Teildifferenzierungsstrategie erzielen. Hierbei können in besonderem Maße neben der Fixkostendegression auch kostensenkende Lernkurven- und Kapazitätsgrößeneffekte realisiert werden. Der Unterschied zwischen der Fixkostendegression und den anderen Skaleneffekten besteht darin, daß es sich bei der Fixkostendegression nur um einen Verrechnungseffekt handelt, bei dem ein bestehender fester Kostenblock lediglich auf eine steigende Ausbringungsmenge verteilt wird, während bei den anderen Skaleneffekten eine tatsächliche Kosten- / Aufwandsreduzierung stattfinden kann. So können beim Lernkurveneffekt durch die wachsende Routine und gesammelte Erfahrungen bei repetitiven Arbeiten in Fertigung und Vertrieb erhebliche Kostenersparnisse erwirtschaftet werden. Nach dem Konzept der Erfahrungskurve (sog. „Boston-Gesetz") kommt es bei jeder Verdoppelung der Ausbringungsmenge zu einer Reduzierung der Stückkosten um einen bestimmten Prozentsatz (sog. Lerneffekt).[303] Die Gründe hierfür liegen - bezogen auf den Lernprozeß - in einer Reduzierung der Fertigungszeit und einer Verringerung der Ausschußquote.

Kapazitätsgrößenvorteile können bei einer entsprechenden Nachfragemacht des Unternehmens auf den Beschaffungsmärkten genutzt werden. Mit Zunahme des Beschaffungsvolumens lassen sich regelmäßig günstige Einkaufskonditionen aushandeln, die sich in günstigen Zahlungsbedingungen (z.B. Valuta-Rechnungen, Teilzahlungen) und in geringeren Preisen aufgrund von Mengenrabatten niederschlagen. Zudem lassen sich durch ein Global Sourcing internationale Integrationsvorteile in der Beschaffung realisieren, indem die weltweit günstigsten Lieferanten für Teile und Komponenten ausgewählt werden, bei denen ein zentraler Einkauf für alle Nie-

[301] Vgl. Porter, M.E.: Wettbewerbsstrategie, a.a.O., S. 76; Simon, H.: Wettbewerbsstrategien, a.a.O., Sp. 4693
[302] Vgl. Porter, M.E.: Wettbewerbsstrategie, a.a.O., S. 63f.
[303] Vgl. Henderson, B.D.: Die Erfahrungskurve in der Unternehmensstrategie, 2. Aufl., Frankfurt/New York 1984, S. 19ff.

derlassungen vorgenommen wird (sog. Single Sourcing). Durch das Pooling der (internationalen) Beschaffungsaktivitäten lassen sich Transaktionskosten einsparen und mengenbezogene Preisnachlässe nutzen. Dieses Single Sourcing ist vor allem bei einfachen Teilen sinnvoll, die aus strategischer Sicht keine große Bedeutung haben. Im anderen Fall ist - soweit überhaupt ein Outsourcing durchgeführt werden sollte - eher ein Multiple-Sourcing angezeigt, bei dem ein Einkaufsobjekt bei mehreren (internationalen) Anbietern beschafft wird. Hierbei lassen sich zwar i.d.R. nicht so geringe Einkaufspreise durchsetzen wie beim Single-Sourcing, dafür ist aber die Abhängigkeit von einem Lieferanten weniger stark.[304] Grundsätzlich besteht jedoch im Rahmen einer kostenorientierten Strategie die Tendenz zur Reduzierung der Fertigungstiefe und damit zur Auslagerung von Wertschöpfungsaktivitäten auf günstigere Zulieferer. Ein Kostenführer wird sich weitgehend auf seine Kernkompetenzen beschränken und auch hier die internationale Konfiguration wählen, die ihm Kostenvorteile verschafft.[305] Die Verlagerung von Produktionsstandorten in Billiglohnländer zur Ausnutzung komparativer Vorteile im Fertigungsbereich ist ein beredtes Beispiel hierfür.[306] Darüber hinaus wird generell durch weitgehende länderübergreifende Integration / Zentralisation und straffe Koordination internationaler Wertschöpfungsaktivitäten eine optimierte Ressourcennutzung mit entsprechender Kostenreduktion angestrebt. So führt eine starke Integration i.d.R. zu effizienten Mindestgrößen bei FuE-, Beschaffungs- und Fertigungskapazitäten. Eine straffe Koordination zieht häufig eine Kostenreduzierung in Form der Vermeidung von Doppelarbeiten und / oder der Spezialisierung von einzelnen Ländergesellschaften nach sich.

Sowohl die Kapazitätsgrößenvorteile als auch die Lernkurveneffekte stellen Kostensenkungspotentiale dar, die nicht automatisch zu einer erheblichen Kostenreduzierung führen, sondern einer systematischen Planung und Umsetzung bedürfen. Dabei wird schnell ersichtlich, daß hierzu auf jeden Fall große Produktions- und Absatzmengen erforderlich sind. Die Kostenorientierung / -führerschaft ist deshalb vor allem bei großen Marktanteilen realisierbar. Zudem sind ständige Verbesserungen der Fertigungseffizienz notwendig, um sich gegenüber Wettbewerbern mit neueren Fertigungsverfahren zu schützen. Grundsätzlich ist damit auch ein wesentliches Problem der Kostenführerschaft angesprochen, das in der Obsoleszenz von Erfahrungen und Lernprozessen besteht, die durch technologische Sprünge bei Verfahrensinnovationen entstehen können.[307] Die hohe Kapitalbindung in bestehende Anlagen und Maschinen sowie die erreichten Lerneffekte führen häufig zu einer „Innovationslethargie“. In dieser Situation kann es zu einer relativen Verschlechterung der Kostenposition gegenüber den Anbietern mit neuen, leistungsfähigeren Fertigungstechnologien kommen, die dazu führt, daß der ehemalige

[304] Vgl. Arnold, U.: Beschaffungsmanagement, Stuttgart 1995, S. 93ff.; Koppelmann, U.: Beschaffungsmarketing, Berlin et al. 1993, S. 105f.
[305] Vgl. Hinterhuber, H.H./Stuhec, U.: Kernkompetenzen und strategisches In-/Outsourcing, in: Zeitschrift für Betriebswirtschaft, 67. Jg., 1997, Ergänzungsheft 1, S. 10ff.
[306] Vgl. auch Porter, M.E.: Der Wettbewerb, a.a.O., S. 41f.; derselbe: Wettbewerbsvorteile, a.a.O., S. 117f.
[307] Vgl. ähnlich Porter, M.E.: Wettbewerbsstrategie, a.a.O., S. 75

Kostenführer gegenüber den neuen „Billiganbietern“ an Attraktivität bei den Kunden verliert. Die Folge ist, daß es zu Marktanteilsverlusten kommt, die wiederum eine Verschlechterung der Economies-of-Scale-Effekte nach sich ziehen. Auf diese Weise gerät eine Spirale der Kostensteigerung in Gang, die es dem Anbieter erheblich erschwert, auch gegenüber den qualitätsorientierten Anbietern einen Preisunterschied, der von den potentiellen Kunden als attraktives Angebot wahrgenommen wird, aufrechtzuerhalten. Es kommt bei einem derartigen Szenario also zu einem „Zwei-Fronten-Kampf“ des einstigen Kostenführers.

Darüber hinaus besteht bei der kostenorientierten Strategie die Gefahr, daß gerade in jungen Märkten mit einer dynamischen Entwicklung der Abnehmererfahrungen, -erwartungen und -anforderungen den Erfordernissen einer Veränderung der Marktleistung und auch des Marketingkonzepts nicht rechtzeitig und umfassend genug Rechnung getragen wird. Wesentliche Ursache hierfür sind wiederum die hohen Investitionen in Fertigungsanlagen, die sich amortisieren müssen.

Die skizzierten Risiken der kostenorientierten Strategie resultieren insbesondere aus dem Umstand, daß letztlich nur ein Unternehmen in einer Branche Kostenführer sein kann. Demzufolge müßten fast alle anderen Unternehmen eine Differenzierung über eine Qualitätsstrategie anstreben.[308] Lediglich einige wenige Anbieter, die bereits sehr nahe an der Kostenposition des Kostenführers stehen, würden um diese Vormachtstellung kämpfen. Die Kostenführerschaft ist damit eine Strategie, die nur für wenige Unternehmen relevant und erfolgversprechend ist. Zudem ist im internationalen Kontext die globale Stellung im Kostenwettbewerb zu berücksichtigen, die meist völlig anders gelagert ist als auf dem nationalen Heimmarkt. Eine internationale Kostenführerschaft ist daher vor allem für geozentrisch ausgerichtete Unternehmen erreichbar und langfristig zu verteidigen. Multinationale Unternehmen mit stark polyzentrischer Orientierung sind hingegen eher für eine internationale Qualitätsorientierung prädestiniert.[309]

Die Einteilung der beiden o.g. Grundstrategien geht auf die generischen Wettbewerbsstrategien (Kostenführerschaft und Differenzierung) von PORTER zurück, der eine klare Festlegung auf eine der beiden strategischen Grundorientierungen postuliert. Eine simultane Berücksichtigung beider Strategieausrichtungen führt seiner Meinung nach zu einer „Stuck-in-the-Middle-Position“ mit geringem Erfolg. Das verdeutlicht seine empirisch ermittelte u-förmige Beziehung zwischen dem ROI als abhängige Variable und der Größe des Marktanteils als unabhängige Variable. Dabei wird unterstellt, daß mit einer Qualitätsorientierung bzw. Differenzierungsstrategie meist geringe Marktanteile einhergehen, während mit Kostenorientierung / -führerschaft hohe Marktanteile verbunden sind.[310]

---

[308] Vgl. Bohn, A., a.a.O., S. 2f.

[309] Vgl. Hünerberg, R.: Internationales Marketing, a.a.O., S. 135f.

[310] Vgl. Porter, M.E.: Wettbewerbsstrategie, a.a.O., S. 71ff.

In jüngster Zeit wird - besonders im Rahmen des TQM - immer wieder die Aufhebung des Entweder-Oder-Charakters der beschriebenen Marktprofilierungsstrategien und die Realisierung von hybriden Wettbewerbsstrategien gefordert.[311] Man geht davon aus, daß Qualitäts- und Kostenorientierung durchaus miteinander vereinbar und in eine Kombinationsstrategie umsetzbar sind.[312] Allerdings ist dabei zu beachten, daß es sich hierbei meist um eine dynamische Perspektive handelt, die - wie bei den oft zitierten Outpacing-Strategien - von einem Strategiewechsel im Zeitablauf ausgeht.[313] Daß im Rahmen einer qualitätsorientierten Strategie auch Kostenaspekte, insbesondere Kostensenkungspotentiale berücksichtigt werden müssen, darauf wurde im Grundkonzept von PORTER ebenso hingewiesen wie auf die Notwendigkeit, bei einer Kostenorientierung auch auf Qualitätsaspekte zu achten.[314] So wurde explizit angemerkt, daß ein Qualitätsvorsprung nur bei annähernder Kosten- / Preisparität mit den wichtigsten Wettbewerbern sinnvoll ausgenutzt werden kann und auch ein Kosten- / Preisvorteil nur bei annähernd gleicher Produkt- / Leistungsqualität strategische Wirkung entfaltet. Ein strategischer Wettbewerbsvorteil kann also nur bei paritätischer Position des Unternehmens gegenüber seinen Konkurrenten und bei der von den Wettbewerbern nicht verfolgten Vorgehensweise erzielt werden. Demnach sind beide Positionen per se bei der Entscheidung für oder gegen eine Strategie zu berücksichtigen.

Allerdings hat die Wirtschaftspraxis in der Vergangenheit der gegenseitigen Abhängigkeit beider Grundstrategien wenig Aufmerksamkeit geschenkt. Oft wurde lediglich eine Grundorientierung verfolgt, da beide Strategiebereiche als unvereinbar galten. So wurde implizit ein Automatismus unterstellt, nach dem eine höhere (objektive) Qualität immer mit steigenden Kosten und geringe Kosten immer mit geringer Qualität in Verbindung stehen. Erst durch die stärkere Auseinandersetzung mit ganzheitlichen Qualitätsmanagement-Systemen hat sich seit Mitte der 80er Jahre in den USA und Anfang der 90er Jahre in Europa die Erkenntnis durchgesetzt, daß mit dem Bemühen um ständige Qualitätsverbesserungen in Produkten und Prozessen auch bei den Kosten der Leistungserstellung und vor allem der Leistungsnachbesserung erhebliche Einsparungen möglich sind (sog. Economies of Quality). Außerdem führt ein ausfallsicherer Fertigungsprozeß zu einer Reduzierung von Fertigungszeiten und -mängeln, die wiederum Kostensenkungen in der Produktion zur Folge haben (sog. Economies of Speed).[315] Mittels moderner Produktionskonzepte (insbesondere CIM-Komponenten), die leistungsfähige Informationstechnologien einsetzen und flexible Arbeitsorganisationsformen anwenden, ist eine simul-

[311] Vgl. zur Kritik an dem dualen Strategiekonzept Porters u.a. Junior, J., a.a.O., S. 28ff.; Murray, A.I.: A Contingency View of Porter's Generic Strategies, in: Strategic Management Journal, 9. Jg., 1988, S. 390ff.

[312] Vgl. Philips, L./Chang, D./Buzzell, R.: Product Quality, Cost Position and Business Performance - A Test of Some Key Hypotheses, in: Journal of Marketing, 47. Jg., 1983, Spring, S. 41

[313] Vgl. zusammenfassend hierzu Kleinaltenkamp, M.: Die Dynamisierung strategischer Marketing-Konzepte, in: Zeitschrift für betriebswirtschaftliche Forschung, 39. Jg., 1987, Heft 1, S. 32ff.

[314] Vgl. Porter, M.E.: Wettbewerbsvorteile, a.a.O., S. 33f.

[315] Vgl. hierzu z.B. Steinbach, R., a.a.O., S. 159f.; Crosby, P.B.: Qualität ist und bleibt frei, Wien 1996, S. 35

tane Optimierung von Qualität, Kosten und auch Zeiten tendenziell eher durchführbar und wird die Auflösung eines dichotomen Qualität-Kosten-Denkens fördern.[316]

Betrachtet man die Bedeutung des Service im Rahmen der beiden aufgeführten strategischen Grundverhaltensweisen, so ist die Affinität zwischen einer Service- und Qualitätsorientierung unverkennbar:

- Das liegt zum einen daran, daß beide Konzepte teilweise gleiche Zielsetzungen verfolgen. Sowohl eine Service- als auch eine Qualitätsorientierung sind auf die Erzielung von Kundenzufriedenheit und -bindung ausgerichtet, die langfristig über herausragende leistungsbedingte Nutzenwerte für den Kunden erreicht werden können. Die Integration des Service als wesentlicher Bestandteil in ein umfassendes TQM ist daher nachvollziehbar und sinnvoll.[317] Der Service führt durch seinen Zusatznutzen zu einer Qualitätssteigerung der Marktleistung als Angebotsbündel von Kern- und Sekundärdienstleistungen. Bei personenorientierten Leistungen kann es aufgrund der Interaktionsnotwendigkeit zum Auf- und Ausbau einer langfristigen Kundenbeziehung kommen.[318] Dadurch wird ein wesentliches Teilziel des TQM unterstützt, das mit den anderen Aktions- und Zielbereichen des TQM zu koordinieren ist. Zudem geht eine umfassende Qualitätsorientierung und das TQM über die Optimierung der reinen Kernleistungs- / Produktleistungsqualität hinaus und betrachtet alle Bereiche, die für den Kunden ein Qualitätserlebnis und eine Wertsteigerung darstellen. Diese werden - wie bereits erörtert - wesentlich von Serviceleistungen und -kontakten determiniert.[319]

  Es ist jedoch zu betonen, daß die mit dem Service verbundenen Nutzenwerte auch tatsächlich für die (potentiellen) Abnehmer relevant und auch zukünftig sehr wichtig sein müssen, um zu einer anhaltenden und bedeutenden Wertsteigerung für den Kunden zu führen.[320] Das setzt die Identifikation spezifischer Servicebedarfe und -nutzenwerte für einzelne Kundensegmente voraus, um eine effektive Zufriedenheits- und Loyalitätswirkung bei den Kunden zu erreichen. Allerdings ist hierbei zu berücksichtigen, daß mit dem Angebot von spezifischen Serviceleistungen meist auch Kostensteigerungen verbunden sind, die den reinen Nutzensteigerungen gegenüberstehen und pretial verrechnet werden müssen.

---

[316] Vgl. Corsten, H.: Wettbewerbsstrategien - Möglichkeiten einer simultanen Strategieverfolgung, in: Corsten, H./Reiß, M. (Hrsg.), Handbuch Unternehmensführung, Wiesbaden 1995, S. 346ff.

[317] Vgl. Witte, A.: Integrierte Qualitätssteuerung im Total Quality Management, Hamburg 1993, S. 177ff.; Töpfer, A./Mehdorn, H., a.a.O., S. 94ff.

[318] Vgl. ähnlich bei Vandermerwe, S.: Quality in Services - The „Softer" Side is „Harder" (and Smarter), in: Long Range Planning, 27. Jg., 1994, Nr. 2, S. 47

[319] Vgl. Simon, H.: Industrielle Dienstleistungen, a.a.O., S. 8

[320] Vgl. hierzu insbesondere Woodruff, R.B.: Customer Value - The Next Source for Competitive Advantage, in: Journal of the Academy of Marketing Science, 25 Jg., 1997, Nr. 2, S. 144f.; Grönroos, C.: Die Herausforderung im Dienstleistungswettbewerb - Wirtschaftlichkeitsvorteile durch guten Service, in: Bruhn, M./Stauss, B. (Hrsg.), 2. Aufl., Dienstleistungsqualität, Wiesbaden 1995, S. 70

Im Rahmen der kostenorientierten Strategie wird deshalb auf eine umfassende Servicepolitik weitgehend verzichtet.[321] Ziel dieser Strategie ist eine möglichst geringe Kostenposition, die nur die wichtigsten verkaufsorientierten Marketingaktivitäten zur Realisierung eines Massenabsatzes berücksichtigt. Hierzu gehören insbesondere der Aufbau eines breit streuenden Distributionssystems und eine entsprechende Kommunikationspolitik. Im Bereich des Service würden lediglich Muß-Leistungen und einige wenige Soll-Leistungen angeboten, die unbedingt für einen reibungslosen Massenabsatz notwendig sind. Im Mittelpunkt stehen standardisierte Produkte, die an große Abnehmergruppen / Segmente abgesetzt werden. Weniger relevant für diese Strategie sind individuelle Kundenbedürfnisse und -anforderungen, die den Einsatz spezifischer Kann-Leistungen des Service erfordern. Serviceleistungen haben bei kostenorientierten Strategien im Gegensatz zu Qualitätstrategien also keine Präferenzschaffung zum Ziel, sondern dienen lediglich der Erfüllung von absatzbedingten Mindestvoraussetzungen.

Während im Rahmen einer Qualitätsstrategie eher eine Internalisierung von Serviceleistungen beim Anbieter stattfindet, ist bei stark kosten- / preisorientierten Wettbewerbsstrategien tendenziell eher eine Externalisierung von Serviceleistungen auf den Kunden („Do-it-Yourself-Strategie") angezeigt.[322] Die durch eine Externalisierung eingesparten Kosten können dann vom (potentiellen) Kostenführer als „strategische Manövriermasse" und Margenerhöhung eingesetzt oder in entsprechend niedrigeren Verkaufspreisen der Kernleistung umgesetzt werden.[323] Allerdings ist auch zu berücksichtigen, daß ein „guter", auf die Kundenbedürfnisse abgestimmter Service zu einer Reduzierung von Beziehungskosten und damit von Transaktionskosten beim Anbieter und Abnehmer führen kann. So kommt es beispielsweise zu Aufwandsreduzierungen, die innerhalb einer Lieferanten-Kunden-Beziehung aufgrund von Kundenqualifikationen (Information, Schulung, Instruktion oder Training) zur schnellen Kaufabwicklung sowie richtigen Nutzung der Kernleistung entstehen.[324] Darüber hinaus kann eine hohe Servicequalität auch die Kundenzufriedenheit mit der Marktleistung wesentlich erhöhen, was wiederum zu einer positiven Mund-zu-Mund-Werbung führt sowie die Kosten für Verkaufsförderung und Mediawerbung senken kann.[325] Zugleich lassen sich bei zufriedenen Kunden langfristig wesentlich höhere Renditen durch Loyalitätseffekte erzielen

---

[321] Vgl. Töpfer, A.: Service strategisch nutzen - Vom Add-on zum Wettbewerbsvorteil, in: Weber, R. (Hrsg.), Service-Management (Loseblattsammlung), Landsberg/Lech 1992, 5. NL., Kap. I.6.3, S. 12

[322] Vgl. Corsten, H.: Externalisierung und Internalisierung als strategische Optionen von Dienstleistungsunternehmen, in: Bruhn, M./Stauss, B. (Hrsg.), Dienstleistungsqualität, 2. Aufl., Wiesbaden 1995, S. 201f.

[323] Vgl. ähnlich bei Olemotz, T., a.a.O., S. 85; Töpfer, A.: Service strategisch nutzen, a.a.O., S. 12

[324] Vgl. hierzu insbesondere Grönroos, C.: Die Herausforderung, a.a.O., S. 70ff.

[325] Vgl. Stauss, B.: Dienstleistungsqualität contra Kostensenkung?, in: Betriebswirtschaftliche Blätter, 1992, Heft 2, S. 114

als bei kurzfristigen, einmaligen Transaktionen.[326] Eine hohe Servicequalität, die über entsprechende Zufriedenheitswirkungen die Bindungsbereitschaft der Kunden positiv beeinflußt, führt damit zu erheblichen Einsparungen von „Abwanderungskosten". Diese entstehen z.B. in Form von entgangenen Gewinnen durch unterlassene Folgekäufe und durch die Schwierigkeit bei der Neukundengewinnung aufgrund negativer „Mund-Propaganda" unzufriedener Kunden.

- Zum anderen besteht eine Verbindung zwischen der Service- und Qualitätspolitik darin, daß Serviceleistungen - gerade bei homogenen Produktangeboten auf einem Markt - ein wesentliches Qualitätsmerkmal von Marktleistungen sind. Durch die Angleichung technisch-funktionaler Eigenschaften der Kernleistungen können nur noch Zusatz- / Serviceleistungen das Problemlösungspotential und damit die „Fitness-for-Use-Quality" der Marktleistung erhöhen. Serviceleistungen können in diesem Fall zu einem dominierenden Qualitätsmerkmal werden, das auf die Gesamtqualität ausstrahlt und für den Kaufentscheid der Marktleistung beim Kunden ausschlaggebend ist.[327] Es kommt also zu einer Verlagerung von der reinen Produktbeurteilung zur ganzheitlichen Nutzenbewertung eines Produkt-Service-Systems mit einer Vielzahl von Bewertungskriterien und Qualitätsdimensionen.[328] Die Nutzenbewertung wird dabei umso besser ausfallen, je größer das Problemlösungspotential des Systemangebots ist. Das ist wiederum davon abhängig, wie stark die individuellen Kundenbedürfnisse durch das Systemangebot befriedigt werden. Serviceleistungen bieten durch die Kundenintegration hierfür einen wichtigen Hebel, weil durch die damit verbundene enge Kundenbeziehung eine stärkere Berücksichtigung von Kundenanforderungen auch bei weitgehend standardisierten Kernleistungen möglich ist.[329] In dieser Situation entfalten Serviceleistungen die größte Bedeutung für die qualitätsorientierte Marktprofilierungs- und Wettbewerbsdifferenzierungsstrategie von Unternehmen, indem sie den bei der Qualitätsorientierung angestrebten Singularitätscharakter der Marktleistung unterstützen und zum Aufbau von Kundenpräferenzen beitragen können. Voraussetzung ist auch hierbei, daß die Serviceleistungen einen „echten" Mehrwert für den Abnehmer des Leistungssystems liefern. Aufgrund der stärkeren Intangibilität von Serviceleistungen ist auch ihre Imitation durch die Konkurrenz schwieriger als bei materiellen Kernleistungen. Serviceleistungen stellen somit eine wichtige erfolgsinduzierende Ressource dar.

[326] Vgl. Reichheld, F.F./Sasser, W.E.: Zero Defections - Quality Comes to Services, in: Harvard Business Review, 68. Jg., 1990, September-October, S. 107
[327] Vgl. Seghezzi, H.D.: Konzepte, Strategien und Systeme qualitätsorientierter Unternehmen, in: Seghezzi, H.D./Hansen, J.R. (Hrsg.), Qualitätsstrategien, München/Wien 1993, S. 6f.
[328] Vgl. Morgan, N.A./Piercy, N.F.: Market-Led Quality, in: Industrial Marketing Management, 21. Jg., 1992, Nr. 2, S. 115f.
[329] Vgl. Böcker, J.: Marketing für Leistungssysteme, Wiesbaden 1995, S. 36f.; Belz, C. et al.: Erfolgreiche Leistungssysteme, Stuttgart 1991, S. 14

Als Zwischenfazit der vorstehenden Ausführungen läßt sich folgende Hypothese aufstellen:

H20: Eine zunehmende Qualitätsorientierung für die strategischen Geschäftsfelder als Marktprofilierungsstrategie in einem Unternehmen

- *unterstützt den Einfluß des Service auf den Unternehmenserfolg positiv.*

Das formale Verhalten (Aggressivität versus Friedfertigkeit) gegenüber den Wettbewerbern (sog. Wettbewerbsstil) ist nicht unabhängig von der gewählten Profilierungsstrategie. So ist die Verfolgung einer Kosten- / Preisführerschaft i.d.R. aggressiver als eine angestrebte Qualitätsführerstrategie. Das liegt einerseits daran, daß für die Ausnutzung von Economies of Scale als Eckpfeiler einer Kosten- / Preisführerschaft große Absatzvolumina benötigt werden, die gerade auf degenerativen Märkten meist nur auf Kosten der Konkurrenz zu erzielen sind. Andererseits stellt eine Qualitätsstrategie bewußt auf eine Differenzierung vom Wettbewerb ab und ist somit weniger aggressiv als die Kosten- / Preisführerschaft.[330]

Das Charakteristikum eines aggressiven Vorgehens ist ein offensives Konfrontationsverhalten gegenüber Wettbewerbern, das sich bei proaktivem Verhalten in einem Angriff auf die Konkurrenz und bei reaktivem Verhalten in einer kämpferischen Verteidigung (auch in Form eines Gegenangriffs oder „Präventivschlags") des Marktterrains niederschlägt. Je nachdem, ob es sich bei dem Angriff um eine direkte oder indirekte Konfrontation zwischen Wettbewerbern handelt, kann man zwischen Frontal- und Flankenangriff unterscheiden. In beiden Fällen ist jedoch mit Konkurrenzreaktionen zu rechnen, die nicht immer exakt in vollem Umfang und in ihrer gesamten Tragweite abzuschätzen sind. Das gilt insbesondere dann, wenn es sich bei den Kontrahenten jeweils um international agierende Unternehmen handelt. Diese oft auch als „Global Player" bezeichneten Unternehmen richten ihr Wettbewerbsverhalten u.U. auch danach aus, wie ihnen die internationalen Konkurrenten auf anderen Ländermärkten entgegengetreten sind.[331]

Beim *Frontalangriff* kämpfen die Wettbewerber um dieselben Zielgruppen / Marktsegmente in denselben Ländermärkten mit gleichartigen Marktprofilierungsstrategien. Es kommt hierbei i.d.R. zu einem „offenen Schlagabtausch" zwischen den Kontrahenten, der als „Materialschlacht" meistens mit einem erheblichen Ressourcenverzehr einhergeht und kurz- bis mittelfristig auch eine Verschlechterung der Gewinnsituation für den Angreifer nach sich zieht.[332] Aus diesem Grund ist ein Frontalangriff nur für ein Unternehmen realisierbar, das - gemessen an seinen Konkurrenten - über eine größere Ressourcenbasis und in den Eckpfeilern der Marktprofilierungsstrategie über nachvollziehbare Stärken / Vorteile verfügt, mit der auch

[330] Vgl. Meffert, H.: Erfolgreiches Marketing, a.a.O., S. 32ff.
[331] Vgl. Hünerberg, R.: Internationales Marketing, a.a.O., S. 138f.
[332] Vgl. James, B.G.: Kampfstrategien für Unternehmen, Landsberg/Lech 1986, S. 64

käuferbezogene Marktwiderstände überwunden werden können.[333] Die erforderliche Ressourcenausstattung ist meist nur bei Großunternehmen gegeben.[334]

Beim *Flankenangriff* kommt es zu einer indirekten Konfrontation, indem die Kontrahenten nicht mit gleichen Marktprofilierungsaktivitäten um die Gunst derselben Zielgruppen in denselben Ländermärkten nach der Devise „try harder the same" konkurrieren, sondern durch eine innovative Form der Marktbearbeitung nach dem Motto „try something new" versuchen, die anvisierten Segmente zu erobern. Die Idee hinter dieser Strategie basiert darauf, daß ein Gegner dort am stärksten und unverwundbar ist, wo er sich auskennt und auf einen Angriff durch die Wettbewerber vorbereitet ist.[335] Demnach können durch Veränderungen der Wettbewerbsspielregeln auf Basis von neuen Marktleistungen und / oder Vermarktungsstrategien die Stärken des Konkurrenten aufgehoben und eigene Vorteile realisiert werden.[336] Doch auch diese Strategie erfordert ein großes Ressourcenvolumen und -potential, um die etablierten Marktstandards „aus den Fugen zu heben" und neue Wettbewerbsbedingungen zu schaffen.[337]

Ein friedlicher Konkurrenzstil manifestiert sich in einem defensiven Wettbewerbsverhalten, bei dem eine direkte Konfrontation mit Konkurrenten weitgehend vermieden wird. Das bedeutet, daß keine gezielten Angriffe auf Wettbewerber verübt werden. Die wohl stärkste Form friedlichen Verhaltens gegenüber Wettbewerbern besteht in der Kooperation, soweit diese nicht der geplanten Ablenkung oder Schwächung des Partners / der Partner als Konkurrenten gilt.[338] Typische defensive Verhaltensweisen stellen *Absicherungsstrategien* für angestammte Absatzmärkte dar. Hier wird - meist frühzeitig - versucht, neue Wettbewerber durch den Aufbau von Markteintrittsbarrieren von der Bearbeitung des „eigenen" Marktterrains abzuhalten. Dabei wird deutlich, daß es sich beim friedlichen Konkurrenzstil nicht unbedingt um ein reaktives Verhalten handeln muß. Eine weitere Möglichkeit proaktiven Vorgehens, das eine direkte Konfrontation mit Wettbewerbern vermeidet, besteht beispielsweise in der *Strategie des Einschleichens*, bei der ganz bewußt geographische und / oder zielgruppenbezogene Nischen- und Randmärkte aufgesucht und bearbeitet werden. Hier kommt es ebenso zu einer Wettbewerbsumgehung wie bei der Bearbeitung unterschiedlicher Segmente in einem „aufgeteilten" Markt. Gleiches gilt für Marktaustrittsstrategien. Auch hier führt die Aufgabe der Geschäftstätigkeit in einem Segment / Ländermarkt zur völligen Wettbewerbsvermeidung durch Überlassung des Marktterrains an andere Unternehmen.

---

[333] Vgl. Kotler, P./Fahey, L./Jatusripitak, S., a.a.O., S. 153f.; Müller-Stewens, G.: Vorstoß in neue Geschäfte - Identifikation und Eintrittsstrategien, in: Riekhof, H.-C. (Hrsg.), Strategieentwicklung, Stuttgart 1989, S. 329

[334] Vgl. Dahringer, L.D./Mühlbacher, H., a.a.O., S. 293; Ries, A./Trout, J.: Marketing - Generalstabsmäßig, Hamburg 1986, S. 87ff

[335] Vgl. Kotler, P./Bliemel, F., a.a.O., S. 612f.

[336] Vgl. Müller-Stewens, G.: Vorstoß, a.a.O., S. 329

[337] Vgl. Wieselhuber, N., a.a.O., S. 438

[338] Vgl. Hünerberg, R.: Internationales Marketing, a.a.O., S. 138

Von der jeweiligen Ausprägung des generellen Verhaltensstils am Markt wird freilich auch der Serviceeinsatz determiniert.[339] Der eingeschlagene Verhaltensstil bestimmt die wettbewerbsstrategische Bedeutung des Service als offensives oder defensives Wettbewerbsinstrument. Bei offensivem Verhalten wird vor allem die Akquisitionsfunktion des Service genutzt, während beim defensiven Serviceeinsatz stärker die Kundenbindungsfunktion in den Vordergrund tritt. In beiden Fällen soll der Service dazu genutzt werden, Vorteile gegenüber den Konkurrenten zu erzielen. In der Grundlagenstudie konnte festgestellt werden, daß 24,1 % der befragten Unternehmen den Service ganz gezielt zur Erlangung von Wettbewerbsvorteilen im Inland einsetzen. Auf den Auslandsmärkten sind es 21,9 % der Unternehmen, die über den Service spezifische Konkurrenzvorteile anstreben (siehe Abbildung IV-19).

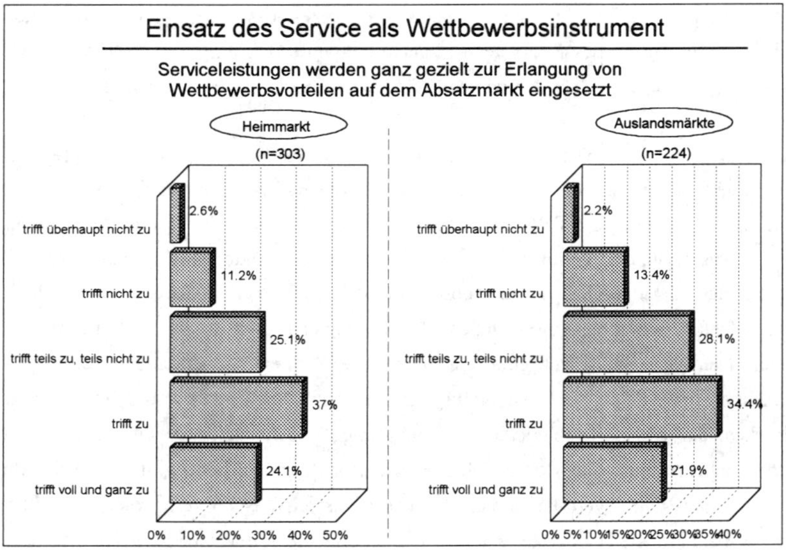

Abb. IV-19: Bedeutung des Service als Wettbewerbsinstrument auf dem Inlandsmarkt und auf ausländischen Absatzmärkten

Aus der vorstehenden Abbildung wird die Wettbewerbsbedeutung des Service ersichtlich. Allerdings ist damit noch keine Aussage über die Aggressivität des Serviceeinsatzes getroffen. Hierzu ist eine explizite Berücksichtigung der Haltung gegenüber der Konkurrenz notwendig. Legt man beispielsweise die oben angewandten Verhaltensdimensionen der Wettbewerbskonfrontation und des Innovationsgrades im Servicebereich zugrunde, dann lassen sich die in Abbildung IV-20 dargestellten Wettbewerbsstile des Service ableiten.[340]

[339] Vgl. hierzu beispielsweise für den Gewährleistungs- und Garantiebereich Menezes, M.A.J./Quelch, J.A.: Leverage Your Warranty Program, in: Sloan Management Review, 31. Jg., 1990, Nr. 4, S. 69ff.
[340] In Anlehnung an Hünerberg, R./Mann, A.: Internationales Servicemarketing, a.a.O., S. 101

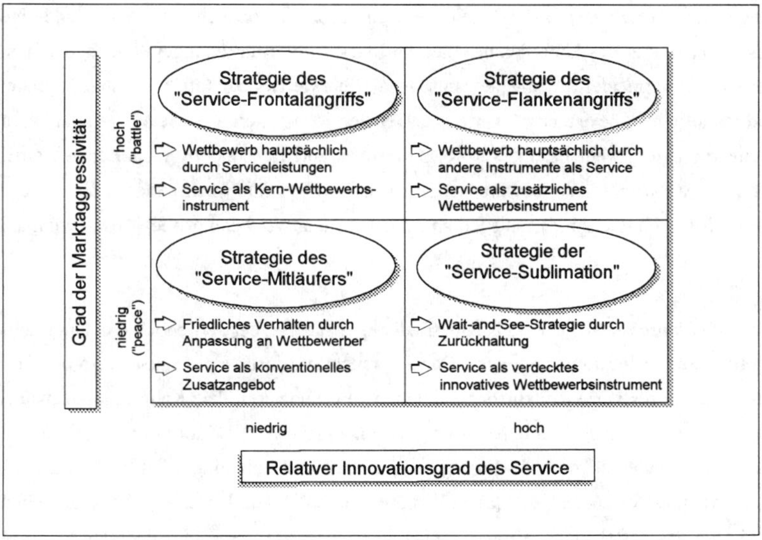

Abb. IV-20: Wettbewerbsstile im Servicebereich

Wird bei einem direkten Konfrontationsverhalten der Wettbewerb um Marktanteile, Kunden und Deckungsbeiträge im wesentlichen über den Service geführt, dann handelt es sich um einen servicebedingten Frontalangriff. Wettbewerber, die über eine herausragende Serviceposition verfügen, haben dabei die beste Voraussetzung, den *„Service-Frontalangriff“* zu gewinnen. Da alle Unternehmen in dieser Situation versuchen, ihre Wettbewerbsposition über den Service auszubauen, werden Kann-Leistungen in dieser Branche relativ schnell zu Soll- oder Muß-Leistungen. Beim „Service-Frontalangriff“ sind die Unternehmen vor allem deshalb erfolgreich, weil sie ein umfassenderes Serviceprogramm mit besserer Servicequalität und / oder günstigeren Servicekosten / -preisen anbieten.

Ist das Konfrontationsverhalten gegenüber Wettbewerbern stark ausgeprägt und wird der Wettbewerb bisher weitgehend über andere Marketinginstrumente als den Service geführt, dann ist über den Servicebereich ein Flankenangriff möglich. Der Service bietet hierbei ein zusätzliches Wettbewerbspotential, das insbesondere auf der Basis von Kann-Leistungen zu eigenen Gunsten entschieden werden kann. Dabei ist das Service-Niveau in dieser Wettbewerbssituation i.d.R. noch nicht sonderlich hoch, da der Servicebereich als Differenzierungs- und Profilierungsinstrument bisher nicht wesentlich genutzt wurde. Die Serviceleistungen, die in dieser Branche bzw. in strategischen Gruppen den Charakter einer Kann-Leistung haben, sind in anderen Branchen oft schon Soll- oder gar Muß-Leistungen. Der *„Service-Flankenangriff“* sollte deshalb durch entsprechende Benchmarkings mit Best-Practice-Unternehmen auf anderen serviceintensiven Märkten vorbereitet werden.

Die Strategie des *„Service-Mitläufers"* zeichnet sich durch ein friedliches Verhalten und eine weitgehende Anpassung des Unternehmens an die Markt- und Marketinggepflogenheiten aus. Das Unternehmen vermeidet in jeglicher Hinsicht die direkte Konfrontation mit den Konkurrenten und ist auf eine Koexistenz ausgerichtet. Der Service ist hierbei - wie auch die anderen Marketinginstrumente - kein besonderer Konkurrenzparameter, sondern wird konventionell eingesetzt. Ein derartiges Wettbewerbsverhalten ist i.d.R. auf wachsenden und / oder „aufgeteilten" Märkten vorzufinden, die jedem Anbieter ein ausreichend großes Absatzvolumen sichern.

Die *„Service-Sublimation"* ist ebenfalls eine friedliche Strategie, bei der jedoch das Unternehmen innovative Serviceleistungen anbietet. Dabei versucht es, durch ein behutsames Vorgehen möglichst keine (aggressiven) Konkurrenzreaktionen zu provozieren. Die Kann-Serviceleistungen werden auch nicht werblich in besonderer Weise herausgestellt. Dadurch ist die Akquisitionswirkung nicht sonderlich stark. Dafür können jedoch Kundenbindungseffekte genutzt werden, die zu einer positiven Mund-zu-Mund-Werbung durch die Kunden führen. So kann neben der Absicherung des bestehenden Absatzmarktes durch eine stärkere Kundenbindung auch indirekt ein Ausbau des Kundenstamms erfolgen.

Zur Erfolgsträchtigkeit der einzelnen generellen und auch servicebezogenen Verhaltensstile kann keine abschließende Beurteilung vorgenommen werden. Letztlich hängt die Entscheidung sehr von der relativen Ressourcenausstattung, der „Kriegskasse", und den vorliegenden allgemeinen und servicebedingten Wettbewerbsvorteilen, der „Waffenüberlegenheit" eines Unternehmens gegenüber seinen wichtigsten Wettbewerbern, ab.[341] Je schlechter die Ressourcenposition gegenüber den Wettbewerbern ist, desto eher bietet sich ein friedliches Konkurrenzverhalten an, das eine direkte Konfrontation vermeidet. Auch ein Flankenangriff ist genau zu überlegen, da er i.d.R. für die Durchsetzung neuer Marktspielregeln ebenfalls erhebliche Aufwendungen erfordert. Eine ähnliche Empfehlung gilt auch bei fehlenden Wettbewerbsvorteilen oder gar -nachteilen sowie bei einem bestehenden Ressourcenpatt. Hat das Unternehmen jedoch bei gegebenen leistungs- / marktbezogenen Wettbewerbsschwächen eine weitaus bessere Ressourcenposition als die Kontrahenten, dann ist durch einen Flankenangriff die Neutralisation der Vorteile anderer Unternehmen mit großen Anstrengungen möglich.

Verfügt ein Unternehmen hingegen über finanzielle Ressourcen- und marktbezogene Konkurrenzvorteile, dann ist ein aggressives Wettbewerbsverhalten mit direkter Konfrontation (Frontalangriff) durchaus realisierbar. Liegt ein Vorteil nur in einer der beiden Dimensionen vor, dann ist eine genaue Konkurrenzanalyse mit einer Verhaltensprognose des Wettbewerbers

[341] Vgl. Töpfer, A.: Marketing - generalstabsmäßig, a.a.O., S. 265f.

notwendig, die wichtige Informationen als Entscheidungshilfe bei der Selektion der Verhaltensweisen liefert.

Grundsätzlich kann man davon ausgehen, daß mit zunehmender Wettbewerbsbedeutung des Service zu Verteidigungs- oder Angriffszwecken auch sein Einfluß auf den Markt- und Unternehmenserfolg zunimmt. Bei dem Einsatz des Service als Instrument zur Abschottung bestehender Segmente / Märkte oder zur „Annexion" von Segmenten / Märkten der Konkurrenz steigt auch seine Bedeutung für die Bestandssicherungs- und Wachstumsziele des Unternehmens. Da es sich hierbei um wichtige Formalziele von Unternehmen handelt, ist der Einfluß des Service auf den Unternehmenserfolg in dieser Situation unverkennbar bzw. schon fast tautologisch. Demnach kann folgende Hypothese aufgestellt werden, die auch konsequent an die Hypothesen 1 bis 3 anknüpft:

H21: Der Einsatz des Service als Angriffs- oder Verteidigungsinstrument im Wettbewerbsverhalten von Unternehmen
- *unterstützt den Einfluß des Service auf den Unternehmenserfolg positiv.*

3.3. Gestaltungsvariablen des Servicemanagements

Die Gestaltungsparameter bilden das Entscheidungsspektrum einer spezifischen Problemstellung, in diesem Fall der (internationalen) Servicepolitik, ab. Die Gestaltungsparameter werden zwar von den beschriebenen Kontextvariablen beeinflußt, sie sind aber für die abhängigen Ergebnisvariablen selbst wiederum Einflußfaktoren. Während sich die oben formulierten Hypothesen vor allem auf den Erfolgsbeitrag des Gestaltungsbereichs Service (-politik) vor dem Hintergrund spezifischer Ausprägungen beziehen und der Service hierbei selbst eine abhängige Variable ist, sollen nachfolgend Hypothesen über Zusammenhänge von Dispositionen im Servicebereich als unabhängige Variablen und dem Unternehmenserfolg als abhängiger Ergebnisvariable aufgestellt werden.

Individuelle Einstellungen der Entscheidungsträger, die als intervenierende Variablen das wahrgenommene Entscheidungsspektrum und das Dispositionsverhalten der Manager durch eine selektive Wahrnehmung und subjektive Bewertung beeinflussen, werden in dem zugrunde gelegten Forschungsansatz dabei nicht explizit berücksichtigt.[342] Damit wird von einer konsequenten Anwendung des verhaltensorientierten situativen Ansatzes abgewichen. Der Grund hierfür liegt darin, daß in der vorliegenden Arbeit auch wesentlich darauf abgezielt wird,

[342] Vgl. zum Einfluß der Umweltperzeption von Managern auf das strategische Verhalten von Unternehmen ganz allgemein Dickson, P.R.: Toward a General Theory of Competitive Rationality, in: Journal of Marketing, 56. Jg., 1992, January, S. 74f.

Handlungsempfehlungen für den erfolgreichen Einsatz des Service als (internationales) Marketinginstrument in der Unternehmenspraxis abzuleiten. Damit steht trotz theoretischer Fundierung ein pragmatisches Wissenschaftsziel bei der Anwendung des situativen Ansatzes im Vordergrund.[343] Entgegen dem theoretischen Wissenschaftsziel, das darauf ausgerichtet ist, Theorien zu entwickeln, die erklären, warum sich Unternehmen und ihre Mitarbeiter in bestimmten Situationen unterschiedlich verhalten, geht es bei der pragmatischen Ausrichtung darum, Hinweise darüber zu erhalten, wie sich Unternehmen in bestimmten Situationen tatsächlich verhalten und wie der Handlungsspielraum erfolgreich gestaltet werden kann.[344] Während die Prädispositionen der Entscheidungsträger bei der Verfolgung des theoretischen Wissenschaftsziels sehr bedeutend sind, haben sie bei der pragmatischen Ausrichtung des situativen Ansatzes eine eher untergeordnete Bedeutung.

Außerdem führt die explizite Berücksichtigung der individuellen Einstellungen von Entscheidungsträgern bei empirischen Untersuchungen zu erheblichen Problemen der Datenerhebung. Denn strategische Entscheidungen in einem Funktionsbereich werden i.d.R. von mehreren Personen getroffen, die bei international tätigen Unternehmen u.U. in unterschiedlichen Ländern ansässig sind. Sie alle müßten in die Analyse einbezogen werden, was unter Zeit- und Kostenaspekten nicht praktikabel ist.[345]

Eine weitere Anforderung, die sich implizit aus dem pragmatischen Wissenschaftsziel der vorliegenden Arbeit ergibt, besteht in der Beschränkung auf einige wesentliche Gestaltungsparameter. Die Berücksichtigung einer Vielzahl von Gestaltungs-, aber auch Kontextvariablen würde eine sehr große Komplexität des Untersuchungsmodells nach sich ziehen, was zu einer Situations- und Unternehmensspezifizierung mit Einzelfallcharakter führen kann. Dies käme einer qualitativen Fallstudien-Forschung gleich, die aufgrund der spezifischen Forschungsergebnisse keine Generalisierungsmöglichkeit hätte (Induktionsproblem).[346] Die Begrenzung auf einige wesentliche Untersuchungsfaktoren führt hingegen zu einem höheren Verallgemeinerungsgrad bei gleichzeitiger Berücksichtigung von spezifischen Kontextausprägungen.[347] Aus diesem Grund wird auch in der vorliegenden Arbeit - im Rahmen eines mittleren Differenzierungsgrads - eine Konzentration auf strategisch wichtige Gestaltungsbereiche des Servicemanagements und nicht auf Einzelentscheidungen und -variablen vorgenommen.

[343] Vgl. Heinen, E., a.a.O., S. 26f.
[344] Vgl. Kieser, A./Kubiczek, H., a.a.O., S. 56
[345] Vgl. Jenner, T.: Internationale Marktbearbeitung, a.a.O., S. 93
[346] Vgl. ebenda, S. 87
[347] Vgl. Zeithaml,V.A./Varadarajan, P./Zeithaml, C., a.a.O., S. 57

3.3.1. Kopplungsgrad zwischen Kern- und Serviceleistungen

Ein erster großer Gestaltungsbereich im Servicemanagement ist die Festlegung des Kopplungsgrades zwischen den Haupt- und den Serviceleistungen. Hierbei soll die Kopplung vor allem aus planungstechnischer Sicht betrachtet werden, da sich entsprechend dem Sekundärleistungscharakter und den Seklundärleistungsfunktionen des Service ohnehin häufig leistungs- / objektbezogene Verbundbeziehungen ergeben. Das wird im Falle produktbezogener Serviceleistungen, die bei der Kernleistung zur Gewährleistung der Funktionsfähigkeit und -sicherheit beitragen sollen, besonders evident. Es handelt sich hierbei meist um eine obligatorische Verbundenheit der beiden Leistungsarten, ohne die eine Vermarktung der Kern- / Hauptleistung nur sehr schwierig oder gar nicht möglich wäre und ohne die auch die produktbezogenen Serviceleistungen keine Berechtigung hätten. Diese produktbezogenen, obligatorischen Serviceleistungen werden i.d.R. von der Kernleistung vorgegeben.

Die kernleistungsinduzierte Servicebedürftigkeit hängt von verschiedenen Produktmerkmalen ab.[348] Hierzu gehören beispielsweise der Verwendungszweck, die (technische) Komplexität, die Nutzungsintensität / Langlebigkeit und der Wert der Hauptleistung. So ist bei einem Gebrauchsgut, das zur mehrmaligen *Verwendung* geeignet ist, die Bereitschaft zur Inanspruchnahme von produktbezogenen Serviceleistungen (z.B. Inspektion, Reparatur, Wartung) größer als bei Verbrauchsgütern mit einer einmaligen Nutzung.

Bei steigender (technischer) *Komplexität* einer Kernleistung nimmt die Störanfälligkeit tendenziell zu, da durch eine Erhöhung der Komponentenzahl und deren einzelner Versagenswahrscheinlichkeiten insgesamt auch die theoretische Versagens- / Ausfallwahrscheinlichkeit des Gesamtaggregats steigt.[349] Hiervon sind vor allem Wartungs- und Reparaturleistungen sowie Entsorgungs- und Recyclingarbeiten betroffen. Allerdings kann bei zunehmender technischer Qualität auch die Erklärungsbedürftigkeit steigen, die beispielsweise Kundenschulungen und Instruktionen als personenbezogene Serviceleistungen erforderlich macht.[350]

Die *Nutzungsintensität* und die damit verbundene *Langlebigkeit* der Kernleistung beeinflußt ebenfalls die technischen Serviceleistungen. So nimmt das potentielle Stör- und Fehlerpotential mit der Nutzungsintensität und -dauer der Kernleistung zu. Das liegt daran, daß es bei einer höheren Nutzungshäufigkeit zu einer stärkeren Beanspruchung der Kernleistung kommt. Die steigende Beanspruchung führt zu einer Zunahme der Wahrscheinlichkeit eines Defektes bei der Kernleistung und damit grundsätzlich zu einer höheren Nachfragewahrscheinlichkeit nach technischen Serviceleistungen.

---

[348] Vgl. Belz, C.: Kundendienst als Marketing-Instrument, in: Thexis, 3. Jg., 1986, Heft 1, S. 2
[349] Vgl. Zborschil, I.A., a.a.O., S. 117
[350] Vgl. Fassot, G., a.a.O., S. 192

Der (monetäre) *Wert* einer Kernleistung bestimmt generell die quantitativen und qualitativen Serviceerwartungen der Kunden. Je höher der Wert ist, desto mehr Serviceleistungen mit besonderer (zeitlicher und / oder inhaltlicher) Abwicklung werden erwartet. Zudem ist bei hohen Anschaffungspreisen auch die Bereitschaft zu Reparaturen tendenziell häufiger gegeben, solange die Reparaturkosten - gemessen am Neuanschaffungspreis - geringer sind. Bei Investitionsgütern sind außerdem die Ausfallkosten einer mangelhaften Kernleistung als verminderter Gebrauchswert zu berücksichtigen. Je höher die Ausfallkosten sind, desto stärker wird man an einer schnellen Schadensbehebung interessiert sein, wenn die Zeitdauer der Nicht-Nutzung mit den Ausfallkosten positiv korreliert.[351] Ein exzellenter Reparaturservice mit einer entsprechenden Vorhaltung von Ersatzteilen und Austauschprodukten ist in diesem Fall unabdingbar. Bei exorbitanten Ausfallkosten sind zudem präventive Serviceleistungen, wie z.B. Inspektion und Wartung, sinnvolle Leistungsbereiche des Service.

Bei personenbezogenen Serviceleistungen besteht hingegen zumindest in funktionaler Hinsicht häufig eine Entkopplung zwischen der Kernleistung und den angebotenen Services. Meistens sind sie für die Funktionsfähigkeit und Vermarktbarkeit der Kernleistung nicht notwendig und daher als Angebot für das Unternehmen fakultativ.[352] Beide Leistungsbereiche können deshalb teilweise auch unabhängig voneinander angeboten und erbracht werden.[353] Die personenbezogenen Serviceleistungen haben also gegenüber der Kernleistung keinen akzessorischen, sondern eher einen additiven Charakter. Damit verbunden ist auch die Möglichkeit einer stärkeren Eigenständigkeit bei der Vermarktung. Voraussetzung hierfür ist, daß die jeweiligen „freien" Serviceleistungen auch von den Kunden als eigenständiges Marktangebot nachgefragt werden.

Grundsätzlich bieten sich in Abhängigkeit von der Relevanz / Bedeutung einer Serviceleistung am Markt und der Verbundenheit zur Kernleistung verschiedene Planungs- und Realisierungskonzepte für die Servicepolitik von Unternehmen an. Die Verbundenheit zwischen Kern- und Serviceleistungen kann sich dabei auf zwei verschiedene Ebenen beziehen. Zum einen kann es sich um eine Ressourcenverflechtung handeln, die sich beispielsweise in einer Teilung des Kommunikationsbudgets oder der Aufteilung von personellen Managementkapazitäten für die Kern- und Serviceleistungen niederschlägt. Zum anderen kann auch eine Marktabhängigkeit vorliegen, die durch ein notwendiges nutzenorientiertes Leistungsbundling aus Kundensicht gekennzeichnet ist. Gerade letzteres ist zur Erreichung von Wettbewerbsvorteilen besonders bedeutsam und soll deshalb für die nachfolgende Betrachtung in den Mittelpunkt gestellt werden, wenngleich auch beide Aspekte voneinander unabhängig sein können. Da letztlich jedoch die spezifischen Kundenerwartungen bestimmen, welche Serviceleistungen einen fakultativen

351 Vgl. Lele, M.M.: How Service Needs Influence Product Strategy, in: Sloan Management Review, 28. Jg., 1986, Fall, S. 65f.

352 Vgl. Engelhardt, W.H.: After-Sales-Service, a.a.O., S. 379

353 Vgl. Graßy, O.: Industrielle Dienstleistungen, München 1993, S. 117

oder eher obligatorischen Charakter haben, ist eine marktbezogene Betrachtungsperspektive unerläßlich.

Im internationalen Marketing kann die Zuordnung einzelner Serviceleistungen zur fakultativen oder obligatorischen Servicekategorie durchaus differieren. Das hängt zum einen von den kulturellen Gewohnheiten und Traditionen und zum anderen vom generellen Serviceniveau und dem servicebedingten Konkurrenzverhalten auf den bearbeiteten Ländermärkten ab. Es kommt dadurch mitunter zu unterschiedlichen (obligatorischen) Leistungs- und Absatzverbunden zwischen den Ländern. Internationale Anbieter sind vor diesem Hintergrund vor die Anforderung gestellt, die richtigen ländermarktbezogenen obligatorischen Absatzverbunde zu entwickeln, die mit den entsprechenden leistungsbezogenen Nachfrageverbunden in den einzelnen Ländern korrespondieren.[354] Gleichzeitig bestimmt die notwendige Kopplung von Kern- und Serviceleistungen auch den Dispositions- und Gestaltungsbereich von Serviceleistungen als eigenständige Marketingobjekte.

Ausgehend von der notwendigen funktionalen Absatz- / Vermarktungsverbundenheit und der Bedeutung des Service als Profilierungs- und Differenzierungsinstrument am (Länder-) Markt lassen sich die vier in Abbildung IV-21 dargestellten generellen Konzepte der Servicepolitik ableiten:[355]

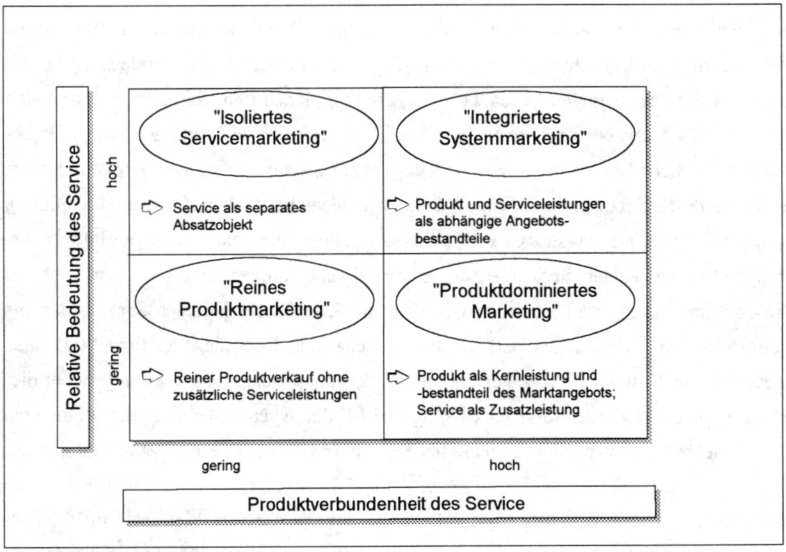

Abb. IV-21: Service-Konzepte

[354] Vgl. Engelhardt, W.H.: Erscheinungsformen und absatzpolitische Probleme von Angebots- und Nachfrageverbunden, in: Zeitschrift für betriebswirtschaftliche Forschung, 28. Jg., 1976, Heft 2, S. 84
[355] Vgl. Hünerberg, R./Mann, A.: Strategische Implikationen, a.a.O., S. 157f.

- Beim *„reinen Produktmarketing"* ist die Absatzverbundenheit zwischen der Kernleistung und den Serviceleistungen gering. Gleichzeitig ist auch die Bedeutung des Service als Profilierungs- und Differenzierungsinstrument gering. In dieser Situation lassen sich die Kernleistungen weitgehend unabhängig von Serviceleistungen absetzen. Es werden deshalb i.d.R. keine besonderen Serviceanstrengungen unternommen. Lediglich notwendige Gewährleistungsservices werden angeboten, die aufgrund gesetzlicher Anforderungen unabdingbar sind. Da der Service hierbei weitgehend vernachlässigt wird, sind auch keine strategisch bedeutsamen Planungsaktivitäten im Servicebereich notwendig. Eine echte Servicepolitik wird nicht durchgeführt. Planungsobjekt ist fast ausschließlich die Kernleistung, der als „Herzstück" der Angebotspolitik im Rahmen der strategischen Marketingplanung besondere Aufmerksamkeit geschenkt wird. Die „Servicepolitik" hat beim „reinen Produktmarketing" somit nur eine geringe Relevanz für den Markt- und Unternehmenserfolg. Das Ziel ist vielmehr, durch die Beschränkung von Serviceaktivitäten die Preiswürdigkeit der Kernleistung nicht zu beeinträchtigen und ein attraktives Kernleistungsangebot zu generieren.[356]

In der Grundlagenstudie konnte - auf Basis einer Kreuztabellierung - festgestellt werden, daß nur sehr wenige Unternehmen ein „reines Produktmarketing" verfolgen. Auf dem deutschen Markt waren es 5,4 % und auf den ausländischen Märkten 5,1 % der befragten Unternehmen.

- Beim *„isolierten Servicemarketing"* haben (bestimmte) Serviceleistungen eine große Marktbedeutung und gleichzeitig nur eine geringe Verbundenheit zur Kernleistung. Diese fakultativen Serviceleistungen lassen sich eigenständig planen und vermarkten. Es handelt sich überwiegend um personenbezogene / kaufmännische Serviceleistungen, wie z.B. betriebswirtschaftliche Beratung und Finanzierungsleistungen, die optional angeboten werden. Eine derartige durchgängige Servicepolitik ist vor allem bei technisch wenig komplexen, aber hochwertigen und langlebigen Produkten anwendbar, die keine wichtigen und umfassenden produktbezogenen Serviceleistungen benötigen. Darüber hinaus besteht auch bei technisch komplexen Produkten die Möglichkeit, im Rahmen eines dualen Servicekonzepts obligatorische Serviceleistungen (z.B. Schulung, Reparatur, Recycling) als Einzelleistungen gegenüber Nicht-Kunden der Kernleistung am Markt anzubieten. Dabei wird gegenüber dieser Zielgruppe ein isoliertes Servicemarketing und bei den eigenen Kernleistungskunden ein noch zu beschreibendes „produktdominiertes Service bzw. ein Systemmarketing" eingesetzt.

Beim isolierten Servicemarketing müssen keine produktspezifischen Merkmale für die Servicepolitik berücksichtigt werden. Gleichzeitig sind auch spezifische Merkmale dieser personenbezogenen Serviceleistungen bei der Formulierung der Marketingstrategie für die

---

[356] Vgl. ähnlich auch Noch, R.: Dienstleistungen im Investitionsgüter-Marketing, München 1995, S. 99f.

Kernleistung kein wesentlicher Einflußfaktor. Das erleichtert die beiderseitige Strategie- und Aktionsplanung und -umsetzung. Allerdings besteht beim „isolierten Servicemarketing" die Gefahr, daß durch die Eigenständigkeit in der Konzeptplanung und -realisation mögliche Synergieeffekte nicht oder nur unvollständig genutzt werden. Zudem kann es gerade bei innovativen Kann-Leistungen mit geringer Kernleistungsverbundenheit und -affinität zu einer serviceinitiierten Diversifikation mit einer entsprechenden Unternehmenserweiterung kommen. Hierdurch lassen sich nicht nur mögliche Erlösvorteile durch ein erweitertes Leistungsangebot nutzen und eine Risikoverteilung auf neue Leistungsfelder erreichen. Es besteht zudem auch die Gefahr einer Verzettelung und Ressourcenzersplitterung, die zu einer Schwächung der Wettbewerbsfähigkeit im Kernleistungsgeschäft führen kann. Außerdem kann es bei der servicebedingten Diversifikation auch zu einer Wettbewerbsverlagerung kommen, da das Unternehmen in dem diversifizierten Leistungsbereich häufig mit spezialisierten Dienstleistungsanbietern konkurrieren muß. Für diese institutionellen Dienstleister stellt der Servicebereich die Kernleistung dar. Sie verfügen über Erfahrungen mit den „Spielregeln" auf dem entsprechenden Dienstleistungsmarkt.[357]

Deshalb ist beim „isolierten Servicemarketing" eine Kooperation mit erfahrenen institutionellen Dienstleistungsanbietern sinnvoll, wenn das Unternehmen selbst in dem Servicebereich über unzureichendes Know-how verfügt. Im internationalen Kontext kann es hierbei jedoch zu erheblichen Problemen kommen, wenn die Serviceleistungen auf mehreren Ländermärkten angeboten werden sollen, aber keine globale „Third-Party-Maintenance" verfügbar ist. In dieser Situation muß auf viele Kooperationspartner in verschiedenen Ländern zurückgegriffen werden. Das führt zu erheblichen Transaktions- und Koordinationskosten, die den (wirtschaftlichen) Erfolg in erheblichem Umfang negativ beeinflussen können.

In der Grundlagenstudie verfolgen 8,2 % der Unternehmen auf dem deutschen Markt ein isoliertes Servicemarketing. Auf den ausländischen Absatzmärkten sind es 9,7 % der Unternehmen. Damit zeigt sich, daß auch dieses Konzept - zumindest in seiner Reinform als eingleisige Vorgehensweise - noch nicht sehr verbreitet ist.

In diesem Zusammenhang ist jedoch auch zu berücksichtigen, daß bei einem „isolierten Servicemarketing" häufig eine Verschiebung des Service von einer Sekundärdienstleistung zu einer Quasi-Primärdienstleistung stattfindet, die nicht nur als eigenständiges Absatzobjekt separat geplant und vermarktet wird, sondern i.d.R. auch mit einer organisatorischen Verselbständigung des Geschäftsbereichs als Profit- oder Investment-Center einhergeht. Solange dieser Geschäftsbereich jedoch nur in der Planungs- und Steuerungsorganisation verselbständigt wird, handelt es sich immer noch um einen Teilbereich der Unternehmensorga-

[357] Vgl. Mann, A.: Grundlagen der Service-Politik, a.a.O., S. 454

nisation, der nur durch die Unternehmensintegration und die Teilnutzung bestehender Ressourcen leistungsfähig ist. Wird jedoch zusätzlich auch die Umsetzungs- / Realisierungsorganisation verselbständigt und eine eigene Ressourcenbasis geschaffen, dann entsteht ein (neues) Tochterunternehmen mit eigenständiger Marktaufgabe und Nachfrageschaffung. Für den Service bedeutet dies, daß bei einer planungs- / steuerungstechnischen Verselbständigung im Rahmen des „isolierten Servicemarketing" der Sekundärdienstleistungscharakter aus struktureller Sicht des Unternehmens - trotz aller Dispositionsfreiheiten - immer noch gegeben ist. Bei der Gründung eines eigenständigen Service- / Tochterunternehmens wird jedoch der ehemalige Funktionsbereich Service institutionalisiert und somit zu einer echten Primärdienstleistung.[358] Das „Service-Unternehmen" ist dann ein mehr oder weniger spezialisierter Dienstleister mit allen notwendigen Wertschöpfungsbereichen. Da „institutionelle" Dienstleistungen nicht Gegenstand der vorliegenden Arbeit sind, soll auf diesen Fall nachfolgend nicht weiter eingegangen werden.

- Das *„produktdominierte Servicemarketing"* ist durch eine Verbundenheit zwischen dem Kernprodukt und den Serviceleistungen geprägt. Allerdings hat der Service eine eher untergeordnete Bedeutung am Markt und für das generelle (Produkt-) Marketing. Dementsprechend dominiert die Kernleistung das Absatzkonzept des Leistungsverbundes. Die Kernleistung bildet die Grundlage für die Zielgruppenansprache und die Erzielung von Wettbewerbsvorteilen. Die Serviceleistungen werden als Neben- und Zusatzleistungen um die Kernleistung gruppiert und an den Eigenschaften und den verfolgten Absatzstrategien der Hauptleistung ausgerichtet. Das „produktdominierte Servicemarketing" entspricht dem klassischen Verständnis des Service als unterstützendes Instrument zur Förderung des Kernleistungsabsatzes. Es steht jedoch im Hintergrund der Planungsaktivitäten und ist weniger auf den Kunden und stärker auf das Produkt bezogen.[359] Damit wird das strategische Potential des Service weitgehend nicht aktiv genutzt, um sich am Markt zu profilieren.

  Diese „reaktive" Servicepolitik wird von 40,2 % der befragten Unternehmen in der Grundlagenstudie auf dem deutschen Heimmarkt verfolgt. Auf den ausländischen Märkten betreiben 35,8 % der befragten Unternehmen ein „produktdominiertes Servicemarketing".

- Das *„integrierte Systemmarketing"* ist durch eine große Markt- / Wettbewerbsbedeutung bei gleichzeitiger Leistungsverbundenheit mit dem Kernprodukt gekennzeichnet. Beide Lei-

---

[358] Vgl. auch Graßy, O.: Von der Zusatzleistung zur eigenständigen Vermarktung - Probleme und Lösungsansätze, in: Töpfer, A./Mehdorn, H. (Hrsg.), Industrielle Dienstleistungen - Servicestrategie oder Outsourcing, Neuwied/Kriftel/Berlin 1996, S. 65f.

[359] Vgl. Hammann, P.: Sekundärdienstleistungspolitik als absatzpolitisches Instrument, in: Hammann, P./Kroeber-Riel, W./Meyer, C.W. (Hrsg.), Neuere Ansätze der Marketingtheorie, Berlin 1974, S. 136f.

stungsbereiche sind aufeinander abzustimmen und als Problemlösungsbündel anzubieten.[360] Dabei ist es häufig schwierig, den eigentlichen „Kern“ des Systemangebots zu definieren, wenn die einzelnen Systemkomponenten sehr stark miteinander verwoben sind und Synergieeffekte in der Wertschöpfung bzw. beim Kundennutzen des Gesamtsystems entstehen. Durch dieses starke Bundling beim Systemverkauf sind auch die strategischen Implikationen des Service für die (internationale) Marketingplanung besonders ausgeprägt und nachhaltig. Das bedeutet, daß bei dieser Konstellation die Serviceziele, -strategien und -maßnahmen nicht einfach aus den allgemeinen Marketingzielen und (internationalen) Basisstrategien der Kernleistung abgeleitet werden, sondern eine Koordination beider Bereiche notwendig ist. Der Service ist hierbei keine Zusatzleistung für das Hauptprodukt mehr, sondern ein gleichrangiges Leistungsfeld.[361]

Zu den Serviceleistungen eines Systemangebots können sowohl produktbezogene als auch personenbezogene Leistungen zählen, die zu einer synergetischen Attraktivitätssteigerung des Problemlösungsbündels beim potentiellen Abnehmer führen. Dabei können verschiedene Vermarktungsstrategien eingesetzt werden. Beim „pure bundling“ werden den Nachfragern lediglich komplette Absatzbündel, die nicht nach Teilleistungen separiert werden, vorgegeben und angeboten.[362] Hierbei besteht jedoch das Problem, daß die Nachfrager für sie nicht relevante und unnötige Leistungen abnehmen müssen, auf die sie bei entsprechender Preisreduzierung verzichten würden. Für diese Zielgruppe hat ein „schlankerer“ Serviceanteil am Systemangebot bei gleichzeitiger Kostenentlastung oft einen höheren Nutzen. Für sie ist eher ein „mixed bundling“ interessant, bei dem Wahlmöglichkeiten für die Zusammenstellung eines „individuellen“ Systems bestehen. Die hier entstehende Reagibilität auf Kundenwünsche ist jedoch meistens mit höheren Koordinations- und Transaktionskosten für den Anbieter verbunden.

Ein „integriertes Systemmarketing“ wird von 46,2 % der befragten Unternehmen in der Grundlagenstudie auf dem deutschen Markt und von 49,4 % auf den ausländischen Märkten betrieben. Es ist damit das am häufigsten angewendete Servicekonzept.

Es ist darauf hinzuweisen, daß zur gleichzeitigen Bearbeitung unterschiedlicher Segmente auch eine kombinierte Anwendung der beschriebenen Servicemarketing-Konzeptionen möglich und teilweise sogar erforderlich ist. Gerade im internationalen Kontext ist die Notwendigkeit segment- und länderspezifischer Servicekonzeptionen durchaus gegeben, wenn die Zielgruppen in den Ländermärkten unterschiedliche Verbundanforderungen an das Leistungsangebot haben.

---

[360] Vgl. Weiber, R.: Die Bedeutung der Nachfrageverbundenheit im Systemgeschäft, in: Backhaus, K. et al. (Hrsg.), Marktleistung und Wettbewerb, Wiesbaden 1997, S. 367

[361] Vgl. Zerr, K., a.a.O., S. 160

So ist es durchaus denkbar, daß eine Zielgruppe in Land A ein Systemangebot erwartet, während die gleiche oder eine andere Zielgruppe in Land B nur am reinen Kernprodukt interessiert ist. Die Folge sind variierende Vermarktungsmuster von Kern- und Serviceleistungen im internationalen Marketing.[363]

Grundsätzlich kann davon ausgegangen werden, daß mit zunehmender obligatorischer Verbundenheit und Integration von Kern- und Serviceleistungen der Einfluß des Service auf die Marketingpolitik und die strategischen Entscheidungen der Kernleistung größer wird. Durch die steigende strategische Bedeutung des Service im Marketingkonzept der Primärleistung nimmt tendenziell auch dessen (positiver oder negativer) Einfluß auf die Erreichung der generellen Marketing- und Unternehmensziele zu. Außerdem wird bei einer starken Leistungsintegration und -koordination die Imitation der Markt- / Systemleistung durch die Wettbewerber schwieriger, da durch die immateriellen Leistungskomponenten des Service eine Inspektion und Bewertung für die Wettbewerber mitunter sehr problematisch ist. Zudem können im Unternehmen über langwierige Lernprozesse und Erfahrungen spezifische Fähigkeiten zur Systemplanung und -konfiguration entstanden sein, die sich von den Konkurrenten i.d.R. ebenfalls nicht kurzfristig in gleicher Qualität aneignen lassen. In diesem Fall wird die Systemintegration von Kernleistung und Serviceleistungen zu einer Kernkompetenz von Unternehmen. Das ist wiederum - entsprechend dem ressourcenorientierten Ansatz - eine wichtige Voraussetzung zur Erzielung von Wettbewerbsvorteilen, die dem Unternehmenserfolg als Vorsteuergrößen vorgeschaltet sind.[364] Ein integriertes System von Kernleistung und Serviceleistungen als koordiniertes Leistungsbündel, das einen höheren (synergetischen) Kundennutzen schafft und aufgrund seiner spezifischen Kombination einzigartig ist, erfüllt diese Voraussetzung weitgehend und bietet dadurch eine Möglichkeit, höhere Renten / Gewinne zu erzielen.[365] Die Einzigartigkeit des Systems wird dabei durch die notwendige Kundenbeteiligung im Serviceprozeß unterstützt, die in unterschiedlichem Maße auf spezifische Qualifikationen des externen Faktors eingehen muß und zu einer entsprechenden Individualisierung der Serviceleistungen führt. Da die individuellen Serviceleistungen ein wesentlicher Bestandteil des Systemangebots sind, erhält dadurch auch die Gesamtleistung eine „Einmaligkeit". Der Service unterstützt somit den Markterfolg der eigentlichen Hauptleistung, der wiederum wesentlicher Teilbereich des Unternehmenserfolgs ist.

---

[362] Vgl. Paun, D.: When to Bundle or Unbundle Products, in: Industrial Marketing Management, 22. Jg., 1993, Nr. 1, S. 29

[363] Vgl. Hünerberg, R./Mann, A.: Strategische Implikationen, a.a.O., S. 160

[364] Vgl. Bamberger, I./Wrona, T.: Der Ressourcenansatz, a.a.O., S. 135

[365] Vgl. Hinterhuber, H.H./Stuhec, U., a.a.O., S. 3, Hamel, D./Prahalad, C.K.: Wettlauf um die Zukunft, Wien 1995, S. 309

Die vorstehenden Überlegungen führen zu folgender Hypothese:

H22: Die zunehmende Integration zwischen den Marketingaktivitäten der Kernleistung und den Serviceleistungen

- *unterstützt den Einfluß des Service auf den Unternehmenserfolg positiv.*

Die Relevanz der Hypothese wird vor dem Hintergrund des zunehmenden Systemgeschäfts im Industriegüter- und auch Gebrauchsgüterbereich offensichtlich.[366] Bereits die vorstehenden Ergebnisse der Grundlagenstudie zeigen, daß für die meisten Unternehmen eine Kombination von Kern- und Sekundär(dienst)leistungen üblich ist. Diese erfordert ein koordiniertes Vorgehen in der Marketing- und Servicepolitik.

3.3.2. Servicestrategien

Servicestrategien bilden den instrumentellen Gestaltungs- und Handlungsrahmen für den konkreten Einsatz von Serviceleistungen und die Durchführung von Serviceaktivitäten. Die Servicestrategien sind den generellen Basisstrategien nachgeordnet und verbinden die grundlegenden Verhaltenspläne auf der Unternehmens- oder Geschäftsfeldebene mit den operativen Entscheidungen und Maßnahmen im Servicebereich. Sie übernehmen damit eine Scharnierfunktion zwischen den Basisstrategien und den Serviceaktivitäten, indem sie den Leitliniencharakter der Basisstrategien in Handlungskanäle für konkrete Servicemaßnahmen transformieren. Wie auch bei den anderen Marketing-Mix-Strategien lassen sich die Servicestrategien in Standardisierungs-, Positionierungs- und Timingstrategien einteilen.[367]

Abbildung IV-22 zeigt den Zusammenhang zwischen Basis- und Instrumentalstrategien sowie den Einfluß des Kopplungsgrads von Kern- und Serviceleistungen als intervenierende Variable noch einmal graphisch.

---

[366] Vgl. z.B. Benett, S./Hauser, P.J.: Bildung von Leistungsbaukästen im Maschinen- und Anlagenbau, in: Belz, C. (Hrsg.), Industrie als Dienstleister, St. Gallen 1997, S. 181ff.

[367] Vgl. Hünerberg, R.: Internationales Marketing, a.a.O., S. 140ff.

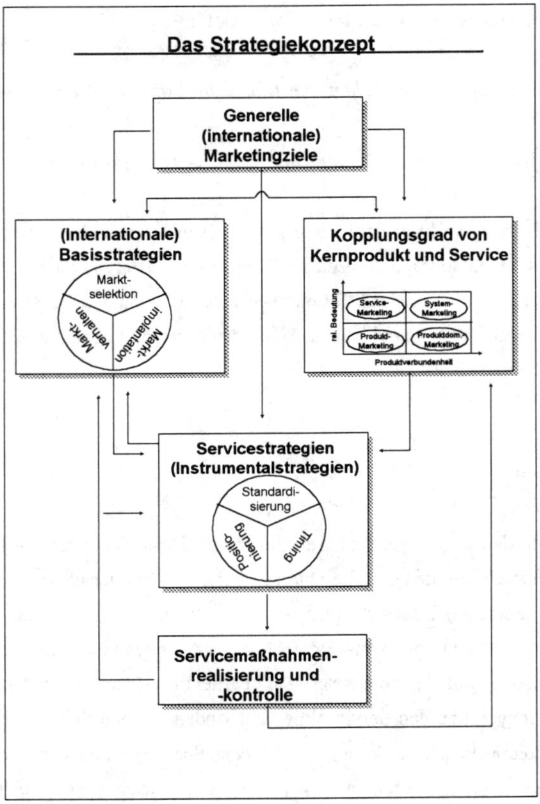

Abb. IV-22: Das (internationale) Strategiekonzept

3.3.2.1. Standardisierung von Serviceleistungen

Standardisierungsentscheidungen im Marketing-Mix beziehen sich ganz allgemein auf die Vereinheitlichung von Prozessen und Inhalten von Marketinginstrumenten.[368] Standardisierung ist dabei als Kontinuum aufzufassen, auf dem die Vereinheitlichung unterschiedliche graduelle Ausprägungen zwischen den beiden Polen der totalen inhaltlichen und / oder prozessualen Unifikation auf der einen Seite sowie einer vollständigen inhaltlichen und / oder prozessualen Differenziertheit im Sinne einer Individualisierung von Marktprozessen und -transaktionen auf der anderen Seite annehmen kann.[369] Es geht also bei der Standardisierung im wesentlichen um

[368] Vgl. Meffert, H./Bolz, J., a.a.O., S. 146
[369] Vgl. Jain, S.C.: Standardization, a.a.O., S. 71

die Frage, ob und wie eine Angleichung / Vereinheitlichung der Marketinginstrumente bei der Bearbeitung mehrerer geographischer Segmente und / oder Zielgruppen erfolgen kann.

Im Rahmen des internationalen Marketing handelt es sich bei der Festlegung des Standardisierungsgrades fast schon um einen klassischen Entscheidungs- und Gestaltungsbereich, der in der einschlägigen Literatur eine entsprechend umfassende Berücksichtigung findet.[370] Gerade in Abhandlungen zum globalen Marketing bilden Standardisierungsentscheidungen einen zentralen Kernbereich, wenngleich darauf hingewiesen wird, daß eine Reduzierung der Globalisierungsthematik auf Fragen der Standardisierung unzulänglich ist.[371] Ausgangspunkt ist häufig die Konvergenzthese, nach der eine zunehmende Angleichung von weltweiten Kundenbedürfnissen, Lebensstilen, Konsumwerten und damit eine Homogenisierung von Ländermärkten stattfindet, dso daß eine Standardisierung der Marketingaktivitäten unterstützt und erleichtert wird.[372]

Mit der Standardisierung sollen vor allem Effizienz- / Kostenvorteile genutzt werden, die sich durch eine einheitliche Anwendung von Marketinginstrumenten über Ländergrenzen hinweg ergeben[373]. Hierbei handelt es sich im wesentlichen um Kosteneinsparungen bei der Planung und Entwicklung des Marketingprogramms, einen Wissens- und Ideentransfer sowie um eine erleichterte Koordination und Kontrolle aufgrund der inhaltlichen und / oder formalen Einheitlichkeit. Darüber hinaus lassen sich Fixkostendegressions- und Erfahrungskurveneffekte nutzen, wenn die Standardisierung einzelner Marketinginstrumente mit einer Zentralisierung bei der Planung und Steuerung einhergeht.

Die Erreichung von Kostenersparnissen durch eine Standardisierung von Marketinginstrumenten kann auch im Service-Bereich angestrebt werden. Allerdings sind die Servicekosten gemessen an den gesamten Produktionskosten - wie die Ergebnisse der Grundlagenstudie zeigt - mit durchschnittlich 9,5 % im Ausland und 11,1% im Inland nicht sonderlich hoch. Sie bieten aber durchaus ein attraktives Kostensenkungspotential, wenn Serviceleistungen nicht auf Basis einer gründlichen Markt- und Kundenanalyse angeboten werden und einen „Service-Wildwuchs“

[370] Die Standardisierungsproblematik hat ihren Ursprung in der Vereinheitlichung internationaler Kommunikationskonzepte und sich in der Vergangenheit primär mit konsumenten- und verhaltensbezogenen Einflußfaktoren beschäftigt. Heute werden zunehmend auch andere Marketing-Mix-Bereiche und vor allem Marketingprozesse als Standardisierungsobjekte analysiert und diskutiert. Vgl. zu den Ursprüngen der Standardisierung von Marketinginstrumenten u.a. Buzzell, R.D.: Can You Standardize Multinational Marketing?, in: Harvard Business Review, 46. Jg., 1968, July-August, S. 103; zur Standardisierung von Marketingprogrammen und -prozessen vgl. u.a. Sorenson, R.Z./Wiechmann, U.E.: How Multinationals View Marketing Standardization, in: Havard Business Review, 53. Jg., 1975, May-June, S. 42ff.; Mühlbacher, H./Beutelmeyer, W.: Standardisierungsgrad der Marketingpolitik transnationaler Unternehmungen, in: Die Unternehmung, 38. Jg., 1984, Heft 3, S. 249ff.; Bolz, J., a.a.O., S. 70ff.

[371] Vgl. u.a. Meffert, H.: Wettbewerbsstrategien, a.a.O., S. 399; Douglas, S.P./Wind, Y., a.a.O., S. 21

[372] Vgl. Levitt, T.: The Globalization of Markets, a.a.O., S. 92ff.; zu gegenteiligen globalen Divergenztendenzen und -faktoren siehe insbesondere Kreutzer, R.: Global Marketing, a.a.O., S. 52ff.

hervorgerufen haben. Die Tatsache, daß durch den Einsatz von flexiblen Fertigungstechnologien, die auch kleine Losgrößen zu geringen Kosten ermöglichen, die Skaleneffekte bei der Produktion standardisierter Kernleistungen zunehmend relativiert werden müssen, fördert außerdem eine stärkere Berücksichtigung von Kostensenkungspotentialen bei anderen Marketinginstrumenten. Es ist deshalb zukünftig auch eine stärkere Kosten- und Effizienzorientierung im Servicebereich zu erwarten.

Darüber hinaus können mit einer Standardisierung von Marketinginstrumenten auch Effektivitätswirkungen erreicht werden, die sich vor allem aus der standardisierungsbedingten Erhöhung des Kundennutzens und der daraus erhöhten Preisbereitschaft ergeben. Als unterstützende Faktoren fungieren hierbei u.a. eine hohe Bekanntheit und ein einheitliches (Qualitäts-) Image mit entsprechender länderübergreifender Identifikationsfunktion bei den Abnehmern.[374] Hinzu kommt, daß durch die integrierte Marketingplanung auch Zeiteinsparungen bei der internationalen Einführung von Leistungsinnovationen - die insbesondere bei kurzlebigen und dynamischen Märkten als wichtige Wettbewerbs- und Erfolgsparameter gelten - realisiert werden können. Gleiches gilt für Netzprodukte (z.B. Kommunikationstechnik), deren Nutzung von einer großen Verbreitung der Produktgattung mit denselben technischen Standards abhängig ist. Hier ist es wichtig, daß standardisierte Leistungen möglichst schnell diffundiert werden. Zudem kann ein standardisiertes Vorgehen bei der Bedienung international tätiger Kunden (im Industriegüterbereich) zu einer Vermeidung von Unsicherheiten und zur Reduzierung von wahrgenommenen Entscheidungsrisiken bei den Abnehmern führen. Die hieraus folgende Reduzierung oder gar a priori Vermeidung kognitiver Dissonanzen beim Abnehmer kann die Kundenzufriedenheit und -loyalität steigern.

Durch eine Standardisierung von Marketingaktivitäten läßt sich - aufgrund der skizzierten positiven Effizienz- und Effektivitätseffekte - der Unternehmenserfolg steigern. Voraussetzung ist jedoch, daß mit einer Standardisierung verbundene Koordinations- und Opportunitätskosten die positiven Effekte nicht kompensieren oder übersteigen. Die Koordinationskosten entstehen vor allem in Form von Kontroll- und (internen) Kommunikationskosten für die länder- und segmentübergreifende Sicherstellung einer einheitlichen Vorgehensweise / Umsetzung. Opportunitätskosten fallen insbesondere durch die Nichtansprache lukrativer Segmente an, für die eine differenzierte Marketingansprache und -ausgestaltung notwendig gewesen wäre. Außerdem sind bei einheitlichen Leistungen mit differenzierten (Fabrikabgabe-) Preisen standardisierungsabhängige Arbitragekosten zu berücksichtigen.[375] Durch die Standardisierung von Marktleistungen sind diese für (internationale) Abnehmer einfacher zu vergleichen und Preisunterschiede schneller zu erkennen. Das führt bei den Kunden zu einer steigenden Bereitschaft für

---

373 Vgl. u.a. Onkvisit, S./Shaw, J., a.a.O., S. 51
374 Vgl. Bolz, J., a.a.O., S. 120ff.
375 Vgl. Backhaus, K./Büschken, J./Voeth, M., a.a.O., S. 164ff.

Arbitragegeschäfte soweit die damit verbundenen Re-Import- / Transaktionskosten geringer sind als die Preisunterschiede. Die Arbitragegewinne der Re-Importeure sind für die Anbieter der Leistungen Opportunitätskosten. Der optimale Standardisierungs- / Differenzierungsgrad ist dann erreicht, wenn die Differenz zwischen dem Nutzen und den Kosten am größten ist. Allerdings lassen sich die Opportunitätskosten, aber auch die Koordinationskosten, nur schwer quantifizieren. Zudem ist zu berücksichtigen, daß die Bereitschaft zu Arbitragegeschäften beim Service i.d.R. zu vernachlässigen ist, da die meisten Leistungen aufgrund der Immaterialität und Integrationsnotwendigkeit nicht lagerfähig und transportierbar sind. Daher ist ein Re-Import nicht möglich, und Opportunitätskosten sind für die Anbieter durch Arbitrageaktivitäten der Abnehmer nicht relevant. Deshalb können Serviceleistungen sogar bewußt dazu genutzt werden, länderbezogene Preisunterschiede bei den Kernleistungen verdecken, indem ganz spezielle Serviceprogramme auf den einzelnen Ländermärkten angeboten werden. Der Arbitragegewinn beim Re-Import der Kernleistung wird dann folglich um den Wert dieser Serviceleistungen verringert, da diese im Importland nicht genutzt werden können.[376]

Darüber hinaus können differenzierte Kundenanforderungen / -erwartungen, unterschiedliche Wettbewerbsverhältnisse und spezifische Rahmenbedingungen in den anvisierten Segmenten / Ländermärkten eine weitgehende Standardisierung von Marketingaktivitäten be- bzw. verhindern und somit die potentiellen Erfolgswirkungen der Standardisierung reduzieren.[377] Insbesondere ein unterschiedliches Verwendungs- und Konsumverhalten der anvisierten Abnehmer (z.B. Anforderungen an die Ausstattung von Kernleistungen, Erwartungen an Art und Umfang von Serviceleistungen) sowie spezielle rechtliche / administrative Vorschriften (z.B. Local Content-Anforderungen, Verbote über den Einsatz bestimmter Inhaltsstoffe eines Produktes, Höchst- und Mindestpreise, Gewährleistungsanforderungen / -zeiten) und differierende technische Normen und Entwicklungsstände zwischen den Ländermärkten (z.B. vorgeschriebene Maße, Qualitäten und Applikationen sowie technisches Niveau und Know-how der potentiellen Abnehmersegmente) blockieren eine weitgehende Standardisierung der Leistungspolitik (Kernprodukte und Serviceleistungen) von Unternehmen.

Im Servicebereich kann eine Standardisierung selbst bei ähnlichen wettbewerbs- und abnehmerbezogenen Markt- / Segmentbedingungen sowie angeglichenen Rahmenbedingungen aufgrund der Dienstleistungscharakteristika stark eingeschränkt sein.[378] Das gilt zumindest bei personenbezogenen Services für die Standardisierung des Leistungsergebnisses, wenn durch Invarianzen der Inputqualität des externen Faktors eine mehr oder minder starke Leistungsin-

[376] Vgl. ebenda, S. 203

[377] Vgl. zu den Voraussetzungen der Standardisierung u.a. Kreutzer, R.T.: Standardisierung der Marketing-Instrumente im globalen Marketing, in: Betriebswirtschaftliche Forschung und Praxis, 43. Jg., 1991, Heft 5, S. 368ff.; Meffert, H./Bolz, J., a.a.O., S. 149f.; Waning, T., a.a.O., S. 304f.

[378] Vgl. Hünerberg, R./Mann, A.: Internationales Servicemarketing, a.a.O., S. 101f.; Meurer, C.: Strategisches internationales Marketing für Dienstleistungen, Frankfurt/Main et al. 1993, S. 224

dividualisierung gegeben ist.[379] Im internationalen Servicemarketing werden die Interaktionsumwelt und die Integrationssituation zusätzlich durch kulturspezifische Einflußfaktoren, wie z.B. generelle Grundhaltungen zu zwischenmenschlichen Interaktionen, kulturtypische Interaktionsformen und -zeiten, geprägt.[380] Mit steigendem Interaktions- und Integrationsgrad steigt auch die Notwendigkeit einer Anpassung an die Kundenanforderungen und damit die Tendenz zur Differenzierung. Dieser Aspekt spricht daher gegen eine (umfassende) Standardisierung des internationalen Service. Allerdings ist zu berücksichtigen, daß nicht alle Teilprozesse bei der Serviceerstellung eine Anpassung an lokale Gegebenheiten und kulturelle Anforderungen erfordern. Empirische Untersuchungen aus dem Dienstleistungsbereich belegen, daß die Qualitätseinschätzung einer Leistung und das Zufriedenheitsurteil bei den Kunden vor allem in den Kontakten und Interaktionen mit dem Serviceanbieter und seinen Mitarbeitern begründet ist. In diesen „Moments of Truth" ist eine kundenorientierte Individualisierung des Serviceprozesses für eine positive Qualitätswahrnehmung häufig notwendig.[381] Bei anderen Teilprozessen, die „behind the line of visibility" und ohne direkte Kundenintegration ablaufen, ist eine Standardisierung hingegen beispielsweise durch die Anwendung von formalen Ablaufgrundsätzen hinsichtlich Erstellungsphasen und -zeiten realisierbar. Für die notwendige Individualisierung von Kundenkontakten ist demnach keine Individualisierung des Gesamtprozesses nötig.[382] Gleiches gilt für die internen Servicepotentiale, die vom Unternehmen in den Erstellungsprozeß der Serviceleistungen eingebracht werden. Auch hier ist eine Standardisierung einzelner Bereiche, z.B. bei den eingesetzten Betriebsmitteln und den einzusetzenden Werkstoffen sowie im Rahmen des Servicepersonals, durch ein weitgehend einheitliches Qualifikationsprofil möglich.[383]

Bei Serviceleistungen, die nur eine geringe Interaktivität zwischen dem Servicenachfrager und -anbieter aufweisen und eine sehr geringe oder - bei materialisierten Serviceleistungen - keine Kundenintegration zur Erstellung erfordern, ist eine Standardisierung grundsätzlich eher umzusetzen. Hier erfolgt die Leistungserstellung weitgehend autonom durch den Serviceanbieter, der den gesamten Erstellungsprozeß standardisieren und automatisieren kann. Dies ist beispielsweise für einige Bereitstellungsleistungen im Service wie etwa „On-Stock-Informationsdienste" via Online-Netze (sog. FYIs, Schwarze Bretter und FAQ-Listen) möglich.[384]

Bei produktbezogenen Serviceleistungen mit einem hohen Anteil materieller Leistungsbestandteile ist eine Standardisierung ebenfalls nicht nur bei den internen Leistungspotentialen, sondern auch bei einer Vielzahl von Teilbereichen des Erstellungsprozesses möglich. Durch

[379] Vgl. Schmenner, R.W., a.a.O., S. 32
[380] Vgl. Stauss, B.: Internationales Dienstleistungsmarketing, a.a.O., S. 460
[381] Vgl. Surprenant, C.F./ Solomon, M.R., a.a.O., S. 71f.
[382] Vgl. Blois, K.J.: The Structure of Service Firms and Their Marketing Policies, in: Strategic Management Journal, 4. Jg., 1983, Nr. 3, S. 257f.
[383] Vgl. Terpstra, V./Sarathy, R., a.a.O., S. 600

den massiven Einsatz technischer Hilfsmittel und der Automatisierung von Teilprozessen lassen sich bei diesen „industrialisierten“ Serviceleistungen über den weitgehend standardisierten Serviceablauf auch Skaleneffekte in der „Produktion“ erzielen.[385] Dieser Effekt kann insbesondere bei Serviceleistungen genutzt werden, die vollständig auf Träger- und Speichermedien materialisiert sind.

Die Standardisierung von Leistungspotentialen und -prozessen bildet die Grundlage für die Vereinheitlichung von Leistungsergebnissen. Um also auf der Ebene einzelner Serviceleistungen eine starke Standardisierung zu erzielen, ist auch auf den beiden anderen Ebenen eine weitgehende Standardisierung erforderlich.[386] Es ist deshalb relativ schwer, eine umfassende Vereinheitlichung von Serviceleistungen auf der Ergebnis- / Wirkungsebene zu erreichen, da auf allen Ebenen Standardisierungsprobleme auftreten können.[387]

Abbildung IV-23 zeigt den Stand der Standardisierungsaktivitäten im Servicebereich deutscher Anbieter auf Auslandsmärkten. Trotz der o.g. Standardisierungsprobleme haben 72,3 % der befragten Unternehmen in der Grundlagenstudie angegeben, daß sie ihre Serviceleistungen standardisiert haben. Die Gründe gegen eine Standardisierung liegen vor allem bei marktbezogenen und marketingstrategischen Determinanten.[388] Die spezifischen Servicecharakteristika Immaterialität und Kundenintegration spielen als Standardisierungsbarriere eine eher untergeordnete Rolle. Allerdings muß der große Anteil der Unternehmen, die ihre Serviceleistungen international standardisieren, skeptisch betrachtet und in seiner Aussagekraft relativiert werden. Zum einen ist zu berücksichtigen, daß die meisten der befragten Unternehmen ihre Auslandsaktivitäten als indirekten Export abwickeln, so daß der Großteil der Serviceaktivitäten von in- oder ausländischen Absatzmittlern übernommen wird. Die Servicepolitik der Anbieter richtet sich damit lediglich an die eingeschalteten Ex- bzw. Importeure, die häufig geringe Anforderungen an den Service stellen und im wesentlichen logistische Leistungen (Lieferservice), Finanzierungs- und Versicherungsleistungen (z.B. Kommissionierung von Lieferungen, Rücknahmegarantien, Teilzahlungen und Gewährung von Sonderrabatten) fordern.[389] Da hierfür nur eine sehr geringe Kundenintegration erforderlich ist, lassen sich diese Serviceleistungen auch eher standardisieren.

---

[384] Vgl. Mann, A.: Online-Service, in: Hünerberg, R./Heise, G./Mann, A. (Hrsg.), Handbuch Online-M@rketing, Landsberg/Lech 1996, S. 162

[385] Vgl. Lovelock, C.H.: The Search for Synergy - What Marketeers Need to Know about Service Operations, in: Lovelock, C.H. (Hrsg.), Managing Services - Marketing, Operations, and Human Resources, 2. Aufl., Englewood Cliffs 1992, S. 397; Quinn, J.B./Gagnon, C.E.: Die Dienstleistungen werden automatisiert, in: Harvard manager, 9., Jg., 1987, Heft 2, S. 76

[386] Vgl. Meffert, H./Bruhn, M., a.a.O., S. 189

[387] Vgl. Huber, C.C., a.a.O., S. 170

[388] Vgl. Hünerberg, R./Mann, A.: Internationales Servicemarketing, a.a.O., S. 102

[389] Vgl. Pfohl, H.C.; Logistikmanagement, Berlin et al. 1994, S. 122f.; Diller, H.: Key-Account-Management als vertikales Marketingkonzept, in: Marketing - Zeitschrift für Forschung und Praxis, 11. Jg., 1989, Heft 4, S.

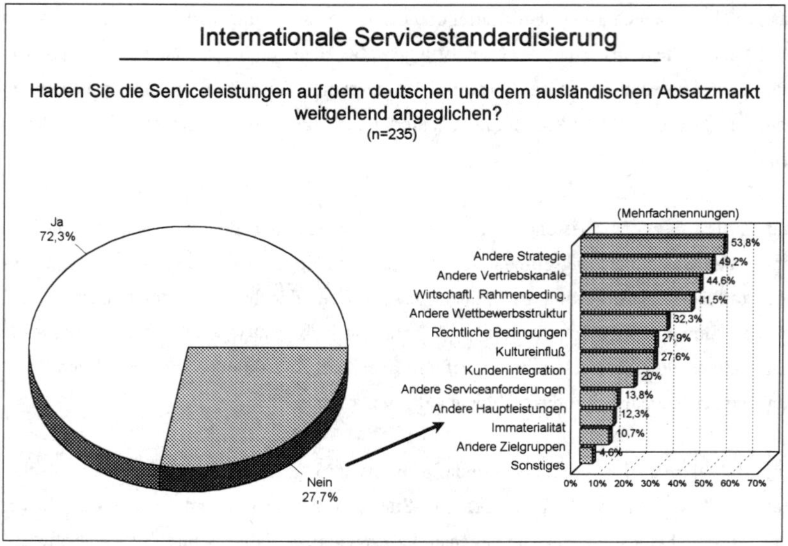

Abb. IV-23: Internationale Standardisierung von Serviceleistungen

Zum anderen wurde bei der Befragung keine Unterteilung nach den drei Leistungsebenen vorgenommen, so daß nicht eindeutig ist, ob die Befragten die Standardisierung auf die Potential-, Prozeß- oder Ergebnisebene bezogen haben. Darüber hinaus ist es auch möglich, daß die Probanden bei der Leistungsebene nicht die Einheitlichkeit der einzelnen Serviceleistungen bewertet, sondern die Standardisierung auf das gesamte Serviceprogramm bezogen haben.

Bei der Standardisierung des Serviceprogramms geht es um die Vereinheitlichung der Breite und Tiefe des Serviceangebots auf den einzelnen Segmenten / Ländermärkten. Diese Standardisierungsentscheidung ist dabei unabhängig von der Vereinheitlichung des Leistungsergebnisses. So können bei einer segment- und /oder länderbezogenen Standardisierung des Serviceprogramms durchaus ganz unterschiedliche Leistungsergebnisse anfallen und bewußt angestrebt werden. Ein Kunde kann in Land A also die gleichen Serviceleistungen nachfragen wie in Land B; die Ausführung des Serviceprozesses und auch das Leistungsergebnis können jedoch beispielsweise aufgrund kultureller Eigenarten (z.B. Interaktionsverhalten / -stil, Zeitorientierung) oder auch gesetzlicher Vorschriften in beiden Ländern völlig unterschiedlich sein.

Die (internationale) Standardisierung von Serviceprogrammen erfordert die Festlegung des „richtigen" Servicespektrums, das den Anforderungen der bearbeiteten Segmente / Ländermärkte entgegenkommt. Grundsätzlich besteht auch hier ein Standardisierungskontinuum zwi-

219; Steffenhagen, H., a.a.O., S. 101; siehe zur Bedeutung von Serviceleistungen im Rahmen des Business-to-Business-Marketing auch Simon, H.: Industrielle Dienstleistungen, a.a.O., S. 14

schen den beiden Extrempunkten einer völligen Vereinheitlichung und der totalen Differenzierung des Serviceprogramms auf den Märkten. Im Rahmen einer intensiven Vereinheitlichung ist außerdem zu entscheiden, wie das zu vereinheitlichende Serviceprogramm ermittelt / festgelegt wird. Auch hier lassen sich die Entscheidungsmöglichkeiten wiederum zwischen zwei Extrembereichen einordnen. Auf der einen Seite kann das Serviceprogramm auf diejenigen Serviceleistungen beschränkt werden, die gleichzeitig auf allen Segmenten / Ländermärkten bedeutsam sind. Es entsteht also ein gestrafftes Serviceprogramm, das auf allen anvisierten Märkten erforderlich ist und nachgefragt wird. Serviceleistungen, die nur für ein Segment oder einen Ländermarkt wichtig sind, werden hierbei nicht in das Serviceprogramm aufgenommen. Auf der anderen Seite ist jedoch auch eine genau entgegengesetzte Vorgehensweise möglich, bei der alle Serviceleistungen, die nur in einem Segment / Ländermarkt von Bedeutung sind, in ein umfassendes Serviceprogramm aufgenommen und in jedem Markt angeboten werden.

Bei der ersten Strategie eines *gestrafften Serviceprogramms* werden wichtige Kunden- und Marktanforderungen in den einzelnen Segmenten / Ländermärkten nicht berücksichtigt. Das Ergebnis ist eine mehr oder minder starke Unterdeckung der Servicenachfrage in den (meisten) Segmenten / Ländermärkten. Hierbei wird die Wettbewerbsdifferenzierung und Marktprofilierung durch den Service stark eingeschränkt. Der Beitrag des Service für den Markt- und Unternehmenserfolg ist damit ebenfalls eher gering. Außerdem ist zu berücksichtigen, daß unterschiedliche administrative und rechtliche Rahmenbedingungen eine derartige Vorgehensweise verhindern können.

Bei der zweiten Strategie einer *umfassenden Programmstandardisierung* werden die Serviceanforderungen in einzelnen Segmenten / Ländermärkten weit übertroffen. Die Folge ist ein Serviceüberangebot, das in den (meisten) anvisierten Segmenten / Ländern nicht ausgeschöpft wird. Solange dadurch keine Überkapazitäten und Kosten entstehen, die auf Service- und / oder Produktpreise abgewälzt werden, haben die nicht benötigten „Frill-Services" weder einen positiven noch einen negativen Einfluß auf die Erfolgswirkung des Service. Fallen jedoch höhere Kosten durch den „Service-Overkill" an, dann kann das Profilierungspotential bei preislicher Berücksichtigung der höheren Servicekosten eingeschränkt werden. Werden hingegen die höheren Servicekosten vom Unternehmen getragen und nicht über die Produkt- / Servicepreise weitergegeben, kommt es zu einer Reduzierung der Gewinnmarge. In beiden Fällen ist mit einer Einbuße der Erfolgswirkung des Service zu rechnen.

Aus diesen Gründen ist es meist sinnvoller, eine hybride Strategie zu verfolgen, die eine Verknüpfung der Vorteile beider Vorgehensweisen erlaubt und letztlich auf eine Kombination einer teilweise starken Vereinheitlichung und einer teilweise starken Differenzierung hinausläuft.

Es wird also nach dem Motto gehandelt: „Soviel Standardisierung wie möglich, soviel Differenzierung wie nötig". Dabei läßt sich nach dem Baukastenprinzip arbeiten, indem der Kern des Serviceprogramms weitgehend standardisiert wird, während einige Zusatzleistungen des Serviceprogramms in Breite und Tiefe segment- / länderspezifisch variiert werden. Dieses „Modular Design" ermöglicht dem Anbieter, sowohl Kosten einzusparen als auch Kunden- / Marktanforderungen zu berücksichtigen und damit einen entsprechenden Kundennutzen zu generieren.[390] Durch die entsprechende Kombination wird selbst bei wenigen standardisierten Servicemodulen eine sehr große Vielfalt an möglichen Zusammensetzungen des Serviceprogramms erreicht.[391] Die Komplexitätskosten (z.B. Planungs-, Koordinations- und Kontrollkosten) sind gemessen an einer „reinen" segment- / länderbezogenen Individualisierung / Differenzierung des Serviceprogramms weitaus geringer. Zudem ist die Abdeckung der verschiedenen internationalen Markt- / Kundenanforderungen bei geschickter Kombination fast genauso groß wie bei einer segment- / länderbezogenen Differenzierung des Serviceprogramms. Diese Symbiose von Kosten- und Kundenorientierung wird auch als Mass Customization bezeichnet. Es handelt sich hierbei um eine Wortschöpfung, die sich auf ein simultanes Strategiekonzept bezieht, das sowohl Economies-of-Scale-Vorteile einer standardisierten Massenproduktion (Mass) mit den Economies-of-Scope-Vorteilen einer Angebotsvielfalt durch individualisierte Problemlösungen (Customization) vereint.[392]

Bezogen auf den Servicebereich lassen sich hierbei verschiedene Vorgehensweisen wählen. So kann einerseits den Abnehmern eine „Self-Customization" angeboten werden, indem der Nachfrager aus einem international standardisierten Serviceangebot eine bestimmte Anzahl von Serviceleistungen auswählen und - wie bereits angedeutet - durch ein Mixed Bundling zu einem „individuellen" Serviceprogramm zusammenstellen kann. Andererseits kann aber auch das Unternehmen die segment- / länderspezifische Auswahl bzw. Kombination der Module vornehmen und dort als festgelegtes Serviceprogramm im Sinne eines Pure Bundling vorgeben.

In Abhängigkeit vom Grad der Standardisierung / Differenzierung und der Anzahl der anvisierten Segmente / Ländermärkte lassen sich unterschiedliche *Serviceprogramm-Strategien* ableiten.[393] In Abbildung IV-24 ist ein Vierteilung der Strategiealternativen dargestellt, die sich aus der jeweiligen Dichotomie der beiden Dimensionen ergibt.

---

[390] Vgl. Anderson, J.C./Narus, J.A.: Capturing the Value of Supplementary Services, in: Harvard Business Review, 73. Jg., 1995, January-February, S. 76f.

[391] Vgl. Reiß, M./Beck, T.C.: Mass Customization-Geschäfte - Kostengünstige Kundennähe durch zweigleisige Geschäftssegmentierung, in: Thexis, 12. Jg., 1995, Heft 3, S. 32

[392] Vgl. ebenda; Reiß, M./Beck, T.C.: Kostenverträglichen Service anbieten, in: Gablers Magazin, 8. Jg., 1995, Heft 1, S. 24f.; Wehrli, H.P./Wirtz, B.W.: Mass Customization und Kundenbeziehungsmanagement, in: Jahrbuch der Absatz- und Verbrauchsforschung, 43. Jg., 1997, Heft 2, S. 123; Kotha, S.: Mass Customization - Implementing the Emerging Paradigm for Competitive Advantage, in: Strategic Management Journal, 16. Jg., 1995, Special Issue 2, S. 23

[393] Vgl. Mann, A.: Grundlagen der Service-Politik, a.a.O., S. 456f.

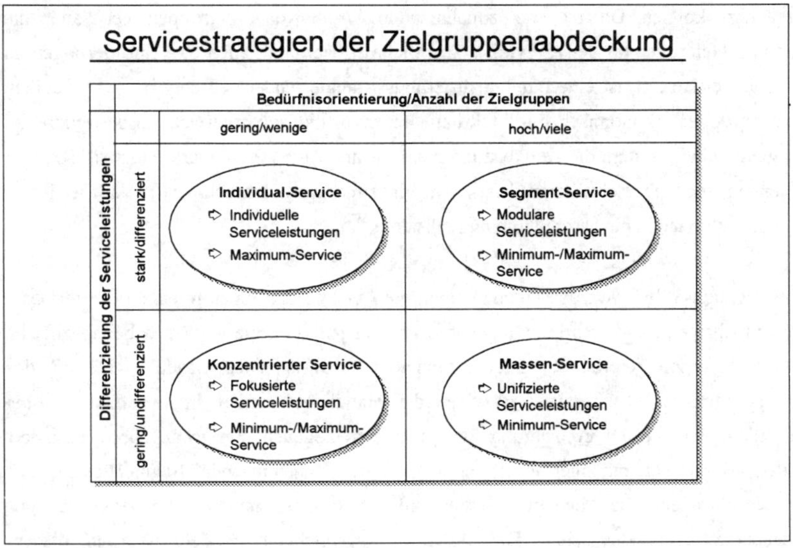

Abb. IV-24: Servicestrategien der Zielgruppenbearbeitung

- Die Strategie des *Individual-Service* ist eine Extremform der Service-Customization, bei der den Kunden ganz spezifische Serviceleistungen nach ihren Anforderungen und Wünschen geboten werden. Es handelt sich hierbei um ein „Segment-of-One-Servicemarketing", das für jeden einzelnen Kunden (in jedem Ländermarkt) ein individuelles Serviceprogramm generiert.[394] Im Vordergrund dieses „One-for-One-Ansatzes" steht eine umfassende servicebezogene Bedürfnisbefriedigung jedes einzelnen Kunden.[395] Das Ziel ist, über einen Maximum-Service mit individuellen Serviceleistungen die Kundenzufriedenheit und -loyalität gegenüber dem Unternehmen und seinen Leistungen zu steigern. Die Individualisierung des Service ist i.d.R. mit hohen Komplexitäts- und Koordinationskosten verbunden.[396] Dabei besteht die Gefahr, daß die Kosten des individuellen Servicemarketing nicht auf eine entsprechende Preisbereitschaft bei den Kunden treffen.[397] Die Kosten werden vor allem dann sehr hoch sein, wenn es sich bei den Kunden um einen Abnehmerkreis handelt, der sehr heterogene Wünsche und Erwartungen hinsichtlich des Service hat. Hier benötigt der Anbieter ein umfassendes Service-Know-how und flexible Servicekapazitäten (insbesondere Betriebsmittel und Servicemitarbeiter), um die nachgefragte Servicevarietät anbieten und

[394] Vgl. Winger, R.W./Edelman, D.: Individualisierung oder Segment-of-One-Wettbewerb, in: Oetinger, B. von (Hrsg.), Das Boston Consulting Group Strategie-Buch, Düsseldorf et al. 1993, S. 382
[395] Vgl. Rogers, M./Peppers, D.: 1:1-Marketing, in: absatzwirtschaft, 37. Jg., 1994, Heft 3, S. 46
[396] Vgl. Kirchgeorg, M.: Zielgruppenmarketing, in: Thexis, 12. Jg., 1995, Heft 3, S. 21; Kleinaltenkamp, M.: Standardisierung und Individualisierung, in: Tietz, B./Köhler, R./Zentes, J. (Hrsg)., Handwörterbuch des Marketing, 2. Aufl., Stuttgart 1995, Sp. 2359
[397] Vgl. Davidow, W.M./Uttal, B.: Service Companies, a.a.O., S. 83ff.

erstellen zu können. Da mit einer zunehmenden Anzahl von Zielgruppen meist auch die Fülle und Heterogenität der (Service-) Ansprüche sowie damit auch die Anforderungen an den Anbieter steigen, ist eine Individualisierungsstrategie tendenziell eher bei sehr wenigen Kundengruppen ökonomisch durchführbar. Im Investitionsgüterbereich, insbesondere im Anlagengeschäft, in dem die Kernleistung nicht für anonyme Absatzmärkte erstellt, sondern auf einem sehr überschaubaren Markt in Einzelfertigung erbracht wird, läßt sich ein Individual-Service in gewissem Umfang realisieren.[398]

- Beim *Segment-Service* werden hingegen mehrere / viele Zielgruppen in einem Ländermarkt oder in mehreren Ländermärkten angesprochen. Für jede Gruppe werden dabei spezifische Serviceprogramme erarbeitet. Dabei können auf Basis eines Modular Design des Serviceprogramms (Customized Service) die Handlings- und Komplexitätskosten bei gleichzeitig starker Differenzierung der segmentbezogenen Serviceangebote reduziert werden. Voraussetzung hierfür ist eine klare und ausreichende Segmentierung der Servicenachfrager. „Klar" bedeutet hierbei, daß sich Servicesegmente bilden lassen, die gut voneinander abgrenzbar sind. Das Adjektiv „ausreichend" bezieht sich in diesem Zusammenhang auf die richtige Anzahl und Art der verwendeten Segmentierungskriterien, die den Detailliertheitsgrad der Segmentermittlung beeinflussen. Grundsätzlich ist sowohl eine zu grobe Segmentierung mittels allgemeiner Kriterien als auch eine zu feine Rasterung mittels ganz spezifischer Segmentierungskriterien nachteilig. Im ersten Fall kommt es zu einer „Undersegmentation", auf deren Basis zielgruppenbezogene Serviceprogramme generiert werden, die nicht ausreichend auf die spezifischen Kundenwünsche abgestimmt sind. Im zweiten Fall kommt es zu einer „Oversegmentation", die sehr kleine Segmente bildet, deren ökonomische Bearbeitung - ähnlich wie im Falle des Individual-Service - oft nicht möglich ist.[399] Allerdings unterscheidet sich der Individual-Service vom Segment-Service dadurch, daß beim Individual-Service eigentlich keine bewußte Segmentierung durchgeführt wird. Jeder Kunde wird hier als eigenständiges Segment angesehen, ohne daß zuvor eine spezielle Ein- / Zuteilung zu einem Servicesegment vorgenommen wurde (Top-down-Ansatz). Dennoch können für einzelne spezielle Serviceaktivitäten auch beim Individual-Service bestimmte Kunden mit gleichen Serviceansprüchen zu homogenen Kundengruppen (temporär) zusammengefaßt und standardisiert angesprochen werden (Bottom-up-Ansatz).

Ausgangspunkt der Segmentierungsüberlegungen beim Segment-Service sind zunächst die bestehenden und anvisierten Zielgruppen der Kernleistung, die hinsichtlich unterschiedlicher Serviceerwartungen und -anforderungen analysiert werden. Darüber hinaus lassen sich für

[398] Vgl. Backhaus, K.: Industriegütermarketing, 5. Aufl., München 1997, S. 427
[399] Vgl. Heise, G.: Internationale Marktsegmentierung im Automobilmarketing, Wiesbaden 1997, S. 322

eine eigenständige Vermarktung des Service auch zusätzliche Servicesegmente identifizieren, die sich nicht aus den Reihen der Kernleistungs-Zielgruppen rekrutieren. Zur servicebezogenen Erfassung und Aufspaltung der betrachteten (Länder-) Märkte sind geeignete Segmentierungskriterien auszuwählen. Grundsätzlich geht es darum, daß diese Kriterien Servicerelevanz aufweisen und in der Lage sind, Servicesegmente zu identifizieren, die längerfristigen Bestand haben und auch mit spezifischen Serviceprogrammen angesprochen und bearbeitet werden können. Außerdem sind auch hier Wirtschaftlichkeitsaspekte zu berücksichtigen.[400]

Mögliche Segmentierungskriterien, die unter Berücksichtigung dieser Anforderungen herangezogen werden können, lassen sich in verschiedene Basisgruppen einteilen. Eine wesentliche Dimension für die Bildung von Kunden- / Zielgruppen sind die *abnehmerorientierten* Segmentierungskriterien. Diese lassen sich wiederum nach objektiven, direkt beobachtbaren und subjektiven, nicht unmittelbar beobachtbaren Kriterien untergliedern. Zu den objektiven Kriterien gehören beispielsweise demographische Kriterien (u.a. Geschlecht, Alter, Familienstand) und das beobachtbare Kauf- / Informationsverhalten (u.a. Produktart- / Markenwahl, Servicenutzung) auf der Seite der Konsumenten. Bei Unternehmen als Abnehmern handelt es sich bei den objektiven Kriterien um organisationsbezogene Merkmale (z.B. Unternehmensgröße, Branchenzugehörigkeit, Standort, Betriebs- und Rechtsform) und das beobachtbare Abnahmeverhalten (z.B. Abnahmemengen, -häufigkeiten, Lieferantentreue, Anwendungsbereich der eingekauften Leistungen). Zu den subjektiven Kriterien, die nicht direkt zugänglich sind, gehören im Consumer-Bereich u.a. (Service-) Bedürfnisse / Motive, Einstellungen, Nutzenerwartungen, Werte und Lifestyle der Zielkunden[401]. Im Business-to-Business-Bereich umfassen die subjektiven Kriterien beispielsweise Persönlichkeitsmerkmale der Buying-Center-Mitglieder, organisatorisches Beschaffungsverhalten, organisatorische Beschaffungsregeln und -ziele.[402]

Eine zweite Basisgruppe bilden *leistungsbezogene* Segmentierungskriterien. Hierbei können sowohl Kernleistungscharakteristika als auch eigene Servicemerkmale eingesetzt werden. Zu den kernleistungsbezogenen Segmentierungskriterien gehören beispielsweise der Nutzungs- und Verwendungszweck der Kernleistung. Zu den servicebezogenen Abgrenzungskriterien zählen beispielsweise der Kopplungsgrad des Service mit der Hauptleistung, der Erbringungszeitpunkt (pre sales versus after sales), die Wettbewerbsbedeutung (Muß-, Soll- und Kann-Leistungen), der Immaterialitäts- und Kundenintegrationsgrad. Da gerade techni-

---

[400] Vgl. zu allgemeinen Anforderungen an die Auswahl und den Einsatz von Segmentierungskriterien u.a. Freter, H., a.a.O., S. 43f.; Kotler, P./Bliemel, F., a.a.O., S. 446ff.; Heise, G., a.a.O., S. 187ff.

[401] Vgl. u.a. Thompson, A.M./Kaminski, P.F.: Psychographics and Lifestyle Antecedents of Service Quality Expectations - A Segmentation Approach, in: Journal of Services Marketing, 7. Jg., 1993, Nr. 4, S. 54f.

[402] Vgl. Kleinaltenkamp, M.: Marktsegmentierung, in: Kleinaltenkamp, M./Plinke, W. (Hrsg.), Technischer Vertrieb, Berlin 1995, S. 667

sche / produktbezogene Serviceleistungen eine starke Verbindung zur Kernleistung aufweisen, stimmen bei diesem Vorgehen die Servicesegmente - wie auch in der Grundlagenstudie nachgewiesen wurde - häufig mit den Kernleistungssegmenten überein.[403]

Eine weitere Kriteriengruppe, die insbesondere im internationalen Marketing von Bedeutung ist, bezieht sich auf *regionale* und *länder- / kulturbedingte* Merkmale, wie z.B. Sprache, Gesetze / Vorschriften, Traditionen / Bräuche und gesamtwirtschaftliche Rahmenbedingungen. Auch auf Basis dieser Kriterien lassen sich durchaus unterschiedliche Servicesegmente bilden.[404] So ist - wie empirische Befunde belegen - beispielsweise in Entwicklungs- und ehemaligen Ostblock- / Staatshandelsländern der Bedarf nach Finanzierungs- und kaufmännischen Serviceleistungen im Anlagengeschäft (zur Zeit) höher als in Industrieländern.[405]

Wie auch bei der Basisstrategie der Marktselektion, ist bei der Servicesegmentierung eine simultane Berücksichtigung von mehreren Kriterien aus allen drei Kriteriengruppen sinnvoll, um aussagefähige Ergebnisse, also in sich homogene und klar geschlossene Servicesegmente zu erhalten.[406] Dieses integrale Vorgehen entspricht dem Grundanliegen der internationalen Segmentierung, die Angebote und Nachfrager auf unterschiedlichen geographischen Märkten möglichst optimal zusammenbringen will.[407] Im Ergebnis lassen sich dann differenzierte Segmente ableiten (z.B. Servicesegment 1: Montage- und Schulungsleistungen für mittelständische Unternehmen aus der Chemiebranche in den USA; Servicesegment 2: Montage-, Schulungs-, Finanzierungs-, Recyclingleistungen für Großunternehmen des Anlagenbaus in Rußland).

Eine eindimensionale Segmentierung führt i.d.R. dazu, daß die gestellten Grundanforderungen an eine Marktsegmentierung nicht in vollem Umfang erfüllt werden. Zudem ist zu berücksichtigen, daß eine eindimensionale Segmentierung von der Qualität des eingesetzten Kriteriums abhängt. So wird beispielsweise immer wieder darauf hingewiesen, daß soziodemographische oder organisationsbezogene Kriterien zwar eine Segmentierung sehr erleichtern und auch zu klar voneinander abgrenzbaren, stabilen Segmenten führen, aber nur eine geringe Verhaltens- und Servicerelevanz aufweisen.[408] Dafür haben zwar psychographische Kriterien durchaus einen starken Verhaltensbezug, sie sind jedoch schwer zu operatio-

---

403 Vgl. Zborschil, I.A., a.a.O., S. 237
404 Vgl. Weiber, R.: Dienstleistungen als Wettbewerbsinstrument, a.a.O., S. 132ff.
405 Vgl. Backhaus, K./Weiber, R., a.a.O., S. 78
406 Vgl. Schwill, J., a.a.O., S. 233
407 Vgl. Hünerberg, R.: Internationales Marketing, a.a.O., S. 98
408 Vgl. Bauche, K.: Segmentierung von Kundendienstleistungen auf investiven Märkten, Frankfurt/Main et al. 1994, S. 17; Mühlbacher, H./Botschen, G.: Benefit-Segmentierung von Dienstleistungsmärkten, in: Marketing - Zeitschrift für Forschung und Praxis, 12. Jg., 1990, Heft 3, S. 160

nalisieren und weisen zumeist nur eine mittlere zeitliche Stabilität auf.[409] Durch eine Kombination mehrerer Segmentierungsdimensionen / -kriterien werden die Nachteile der einzelnen Merkmale zwar nicht aufgehoben, ihr Einfluß auf das Segmentierungsergebnis wird jedoch relativiert, und spezifische Nachteile einzelner Kriterien werden zumindest gemindert.

Nach dem Informationsaspekt der Segmentierung (Identifikation unterschiedlicher Servicesegmente) folgt die Auswahl der Servicesegmente (Entscheidungsaspekt der Segmentierung), bei der festzulegen ist, welche und wie viele der Segmente als eigenständige Service-Zielgruppen bearbeitet werden sollen.[410] Die Selektion ist dabei abhängig vom Umfang und Wachstum der einzelnen Servicesegmente, den Kosten der Segmentbearbeitung, der Service-Zahlungsbereitschaft und der Preissensibilität in den Segmenten, dem Serviceniveau von Konkurrenzunternehmen in den Segmenten sowie von der eingeschätzten relativen Servicekompetenz (z.B. allgemeines Service-Know-how, Qualifikation und Anzahl der Servicemitarbeiter, Flexibilität der Serviceorganisation) des eigenen Unternehmens.[411]

Im Anschluß an die Auswahl der Servicesegmente und Festlegung der Service-Zielgruppen werden für die einzelnen Zielgruppen spezielle Serviceprogramme erarbeitet und angeboten (Aktionsaspekt der Segmentierung). Dabei ist es durchaus möglich, daß einigen Segmenten ein sehr umfassendes Serviceprogramm angeboten wird (Maximum-Service) und anderen Segmenten nur ein sehr eingeschränktes Servicespektrum offeriert wird (Minimum-Service). Durch diese differenzierte Segmentbearbeitung soll die Effektivität der Servicepolitik gesteigert werden, indem eine höhere Kundenzufriedenheit und -bindung erreicht wird als bei einem standardisierten Vorgehen im Falle eines Massen-Service. Dabei besteht jedoch die Gefahr, daß es bei sehr vielen anvisierten Servicesegmenten zu einer Zersplitterung der Kräfte kommt. Hierdurch kann ein Unternehmen gegenüber spezialisierten Anbietern, die einen konzentrierten Service anbieten, angreifbar werden.

- Der *konzentrierte Service* umfaßt ein standardisiertes Serviceprogramm, das den wenigen anvisierten Zielgruppen angeboten wird. Dabei kann entsprechend den oben genannten Möglichkeiten entweder ein gestrafftes oder ein umfassendes Serviceprogramm angeboten werden. Ein umfassendes Servicespektrum enthält sowohl Muß- und Soll- als auch Kann-Leistungen. Im Unterschied zum Individual-Service findet bei diesem Maximum-Service jedoch keine spezifische Ausrichtung auf einzelne Kunden, sondern eine Konzentration auf wichtige Anforderungen einer Kundengruppe statt. Dabei werden die durchschnittlichen

---

[409] Vgl. Freter, H., a.a.O., S. 96ff.

[410] Vgl. Kleinaltenkamp, M.: Marktsegmentierung, a.a.O., S. 686ff.; Forschner, G., a.a.O., S. 161f.

[411] Vgl. Casagranda, M.: Service- und Kundendienstmanagement in der Investitionsgüterindustrie, Teil 1, in: Schweizer Maschinenmarkt, 1992, Heft 24, S. 64; Köhler, R.: Durch Marketingcontrolling zur konsequenten Kunden- und Prozeßorientierung im Target Marketing, in: Horváth, P. (Hrsg.), Kunden und Prozesse im Fokus, Stuttgart 1994, S. 66

Anforderungen der Zielgruppe(n) ermittelt und als Grundlage für die Planung des standardisierten Serviceprogramms genutzt. Da es sich jedoch um eine sehr geringe Anzahl von Zielgruppen handelt (häufig ist es nur ein einziges Segment), werden die Serviceanforderungen der Zielgruppen-Mitglieder wohl sehr ähnlich sein, so daß die „Durchschnitts-Anforderungen" die individuellen Serviceansprüche möglichst gut repräsentieren. Gerade bei einem umfassenden Leistungsspektrum (Maximum-Service) kann der konzentrierte Service bei homogenen Kundenwünschen durchaus einen hohen Nutzen für die einzelnen Zielkunden liefern, wenn die damit verbundenen Kosten intern aufgefangen oder über die Kernleistung preislich abgewickelt werden können. Ist dies nicht möglich, dann ist über eine Minimum-Strategie zu entscheiden, die nur Muß- und wesentliche Soll-Leistungen enthält. Durch die Reduktion des standardisierten Leistungsangebots sind weniger Servicepotentiale und -kapazitäten notwendig, die beide wesentliche Kostentreiber des Service sind.

- Werden viele unterschiedliche Zielgruppen / Ländermärkte bearbeitet, dann besteht grundsätzlich unter Kostengesichtspunkten das Problem, möglichst alle wichtigen Serviceerwartungen der einzelnen Kundengruppen / Ländermärkte zu berücksichtigen. Deshalb wird im Rahmen des *Massen-Service* das größte Kundensegment bzw. der größte Ländermarkt als Fixpunkt für die (internationale) Servicepolitik herangezogen und ausgehend hiervon das Serviceprogramm den anderen Zielgruppen / Ländermärkten standardisiert angeboten. Dabei bezieht sich der Massen-Service vor allem auf Muß-Leistungen, die als Mindestanforderungen in jedem Segment / Ländermarkt abgegolten werden müssen. Soll- und vor allem Kann-Leistungen bleiben weitgehend unbeachtet, da bereits ein Minimum-Service bei der Bedienung vieler Zielgruppen / Segmente zu erheblichen Aufwendungen führen kann.

Welche Standardisierungs- / Differenzierungsstrategie bei gegebener Zielgruppenmenge und -vielfalt vorteilhaft ist, hängt von der jeweiligen Unternehmenssituation ab. Insbesondere die Unternehmensressourcen sowie die Art und Positionierung des Kernprodukts sind wichtige Entscheidungsdeterminanten. Grundsätzlich kann man davon ausgehen, daß eine Standardisierung des Serviceprogramms mit geringeren Aufwendungen verbunden ist als ein (stark) differenziertes Serviceangebot und bei geringer Ressourcenausstattung deshalb eine Standardisierung sinnvoll ist. Allerdings ist hierbei zu berücksichtigen, daß auch bei einem differenzierten Maximum-Programm die Servicekosten reduziert bzw. zum Teil eliminiert werden können, wenn spezialisierte Servicehelfer (z.B. institutionalisierte Dienstleister) als Kooperationspartner oder als unabhängige Third-Party-Maintenance eingeschaltet werden.[412] Tendenziell kann jedoch der Zusammenhang zwischen geringerer Komplexität bei standardisierten Serviceprogrammen und geringen Kosten mit entsprechend verminderter Ressourcenbelastung vermutet werden. Allerdings sind die potentiellen Kostendegressionseffekte durch eine Stan-

---

[412] Vgl. Jugel. S./Zerr. K., a.a.O., S. 168

dardisierung im Servicebereich nicht zu überschätzen. Durch die erforderliche Kundenintegration ist bei vielen Serviceleistungen das standardisierungsbedingte Kostensenkungspotential - gemessen an Sachleistungen - eingeschränkt, da durch das Uno-actu-Prinzip beispielsweise eine Vorratserstellung zur Minimierung von Leerkosten nicht möglich ist.[413]

Die Art und Positionierung des Kernprodukts hat insoweit einen Einfluß auf die Strategiewahl, als daß qualitativ hochwertige, hochpreisige und stark differenzierte Produkte auch einen entsprechend differenzierten Service benötigen. Das liegt zum einen daran, daß unterschiedliche Produktvarianten mitunter verschiedene variantenbezogene Serviceleistungen erfordern (z.B. variantenspezifische Wartungsarbeiten, Schulungen und Finanzierungsleistungen), und zum anderen daran, daß die Produktdifferenzierung im wesentlichen durch den Service erreicht wird.[414] Im letzteren Fall ist der Service selbst Teil eines übergeordneten Customized Marketing, bei dem die Kernleistungen standardisiert angeboten werden und durch differenzierte Serviceprogramme „individualisiert" werden. Durch die Standardisierung der Kernleistung lassen sich Erfahrungskurven- und Fixkostendegressionseffekte realisieren, die zur (Über-) Kompensation von höheren Kosten des differenzierten bzw. individualisierten Service genutzt werden können. Gerade in reifen Basismärkten mit ausgereizten Entwicklungs- und Differenzierungsmöglichkeiten auf der Ebene des Kernprodukts ist eine „Serviceindividualisierung" eine effektive Möglichkeit, direkten Preiskämpfen zu entgehen.[415] Der Service wird damit zu einem „Schlüsselfaktor" bzw. zu einer Kernkompetenz im Wettbewerb. Eine Standardisierung des Service mit gleichzeitiger Minimalisierung des Serviceprogramms führt hingegen zu einer starken Beeinträchtigung der Servicefunktionen und zu einer Reduzierung des Einflusses auf Wettbewerbsdifferenzierung und Marktprofilierung.

Die vorstehenden Argumente stärken die Vermutung, daß der Erfolgsbeitrag des Service mit zunehmender Ausrichtung an den Kundenerwartungen und -anforderungen zunimmt. Damit läßt sich folgende Hypothese formulieren:

H23: Die Berücksichtigung von segment- / ländermarktbezogenen Besonderheiten und spezifische Kundenanforderungen bei der Gestaltung der Servicepolitik

- *unterstützen den Einfluß des Service auf den Unternehmenserfolg positiv.*

Die Bedeutung der Hypothese ist vor dem Hintergrund der zunehmenden technischen und funktionsbezogenen Angleichung vieler Kernleistungen auf Konsum- und Industriegütermärk-

[413] Vgl. Rosada, M., a.a.O., S. 206

[414] Vgl. Meyer, A.: Produktdifferenzierung durch Dienstleistungen, in: Marketing - Zeitschrift für Forschung und Praxis, 7. Jg., 1985, Heft 2, S. 102

[415] Vgl. Reiß, M./Beck, T.C.: Performance-Marketing durch Mass Customization, in: Marktforschung & Management, 39. Jg., 1995, Heft 2, S. 65

ten zu beurteilen. Gerade in dieser Situation ist der Service ein potentielles Differenzierungsinstrument und mögliches Alleinstellungsmerkmal. Voraussetzung für seine Wirkung als „USP" ist die Ausrichtung auf Kundenanforderungen und Wettbewerbsbedingungen. Ohne eine explizite Ausrichtung an den speziellen Markt- und Ländergegebenheiten können die Profilierungsmöglichkeiten des Service nicht genutzt werden.

3.3.2.2. Positionierung des Service

Die Positionierung des Service ist eine weitere strategische Entscheidung. Es handelt sich hierbei um die Bedeutung des Service im Rahmen des Marketing-Mix von Unternehmen und für die Marktbearbeitung. Damit umfaßt die Positionierung eine interne und eine externe Ausrichtung. Die interne Dimension bezieht sich auf den relativen Stellenwert des Service als Marketinginstrument für die Marketingverantwortlichen im Unternehmen.[416] Die relative Bedeutung läßt sich häufig an der absoluten oder relativen Ressourcenzuteilung für den Service und der organisatorischen Einbindung und Entscheidungsmacht des Servicebereichs ablesen. Hierzu wurden an vorangegangenen Stellen bereits Aussagen getroffen und Hypothesen formuliert. Deshalb wird nachstehend insbesondere die externe Dimension der Positionierung näher untersucht, die in der Marketingliteratur auch die weitaus größere Beachtung findet.

Die externe Positionierung, die meist als Marktpositionierung bezeichnet wird, bezieht sich auf den Marktauftritt des Unternehmens und den Einsatz einzelner Marketinginstrumente gegenüber (potentiellen) Kunden und Wettbewerbern. Es geht also darum, das Unternehmen und / oder seine Leistungen nach ganz bestimmten Merkmalen in der Wahrnehmung der Abnehmer zu verankern und gegenüber Konkurrenten festzulegen.[417] Dabei besteht die Möglichkeit, hinsichtlich einzelner Marketinginstrumente oder gesamter Marketing-Mix-Bereiche eine markt- und wettbewerbsübliche oder eine davon differierende Vorgehensweise zu verfolgen. Unternehmen, die sich an die Wettbewerbsaktivitäten anpassen und sich nicht von den Wettbewerbern abheben, verfolgen eine *Adaptions-* oder *Imitationsstrategie*. Statt einer eigenständigen Marktpositionierung wird eine mehr oder minder starke Me-too-Position eingenommen. Während bei der Adaptionspositionierung im wesentlichen die gleichen Positionierungsbereiche (z.B. Qualität) herausgestellt und genutzt werden, die jedoch bewußt unterschiedliche Nuancen und Merkmale aufweisen (z.B. Service versus Materialbeschaffenheit), werden bei der Imitationsstrategie nicht nur die Positionierungsbereiche, sondern auch einzelne Positionierungsmerkmale (z.B. Schulungsleistungen) den Wettbewerbern nachempfunden.

---

[416] Vgl. Hünerberg, R./Mann, A.: Strategische Implikationen, a.a.O., S. 169f.

[417] Vgl. Kotler, P:/Bliemel, F., a.a.O., S. 489; Ries, A./Trout, J.: Positionierung - Die neue Werbestrategie, Hamburg 1986, S. 19; Tomczak, T./Esch, F.-R./Roosdorp, A.: Positionierung - Von der Entwicklung über die Umsetzung zum Controlling, in: Belz, C. (Hrsg.), Suchfelder für innovatives Marketing, St. Gallen 1997, S. 60

Bei einer *Abhebungsstrategie* wird ganz gezielt eine Positionierung über andere Bereiche (z.B. Qualität versus Preis) vorgenommen. An dieser Stelle wird deutlich, daß die Positionierung eng mit dem generellen Marktverhalten verbunden ist. Bei einer Abhebung wird im Gegensatzl zur Me-too-Positionierung eine direkte Konfrontation im Sinne eines Frontalwettbewerbs / -angriffs weitgehend vermieden. Es handelt sich vielmehr - soweit überhaupt ein aggressiver Konkurrenzstil mit der Positionierung verbunden ist - um eine indirekte Konfrontation (Flankenangriff) oder eine koexistive Wettbewerbsbeziehung. Solange ein ausreichendes Kundenpotential und Marktvolumen, die von mehreren Anbietern genutzt werden können, in dem Positionierungsraum vorliegen, läßt sich auch eine friedliche Me-too-Positionierung erreichen. Bei Stagnierungstendenzen in diesen Marktsegmenten wird der Grad der Aggressivität jedoch rasch zunehmen.

Stimmt man mit der Auffassung überein, daß die Aufgabe des Marketing in der Erreichung von Wettbewerbsvorteilen besteht, die aus Kundensicht bedeutsam sind, dann liegt das Ziel der Positionierung im wesentlichen darin, attraktive Vorteile des eigenen Leistungsangebots gegenüber den (potentiellen) Kunden zu vermitteln.[418] Positionierung sollte demnach immer mit einer deutlichen Abhebung vom Wettbewerb einhergehen. Hierzu sind zunächst entsprechende Differenzierungs- bzw. Alleinstellungsmerkmale (USPs) zu bestimmen. Der Positionierungsspielraum der Marketinginstrumente ist dabei oft schon in der Unternehmensphilosophie (insbesondere der Business Mission) sowie in den generellen Unternehmens- und Wettbewerbsstrategien festgelegt.[419] So wird ein Unternehmen, das sich als innovativer Technikkonzern bezeichnet, vor allem die technologische Komponente als Positionierungsanker verwenden. Ebenso wird ein qualitätsorientiertes Unternehmen weniger Kosten / Preise in den Vordergrund der Marktpositionierung rücken. Ein mögliches Positionierungsmerkmal kann gerade für Unternehmen, die als formale Verhaltensstrategie eine Qualitätsorientierung verfolgen und eine Differenzierung vom Wettbewerb über einen höheren leistungsbezogenen Kundennutzen erreichen wollen, der Service sein. Als Mittel zur Schaffung von Zusatznutzen bietet er hierzu eine adäquate Positionierungsquelle. Das setzt jedoch voraus, daß der Anbieter im Servicebereich gegenüber seinen Wettbewerbern spezifische Stärken aufweist, die eine klare und stabile Positionierung über den Service erlauben. Damit sind zwei wesentliche Anforderungen angesprochen:

- Zum einen ist eine Positionierung nur sinnvoll und erfolgreich, wenn der servicebedingte USP deutlich als solcher von den Kunden wahrgenommen wird. Serviceangebote, die aus Sicht der Kunden keinen Nutzen aufweisen, können demnach kein Positionierungsfunda-

[418] Vgl. Mühlbacher, H./Dreher, A./Gabriel-Ritter, A.: Strategische Positionierung - Grundpfeiler des Marketings in komplexen und dynamischen Umwelten, in: Die Betriebswirtschaft, 56. Jg., 1996, Heft 2, S. 204; Zeithaml, V.A./Bitner, M. J., a.a.O., S. 286f.

[419] Vgl. Becker, J.: Konzeptionelle Grundfragen der Positionierung, in: Tomczak, T./Rudolph, T./Roosdorp, A. (Hrsg.), Positionierung - Kernentscheidung des Marketing, St. Gallen 1996, S. 14f.

ment liefern. Das ist häufig der Fall, wenn keine systematische Erfassung und Bewertung von Kundenanforderungen und -erwartungen mittels Marktforschung erfolgt oder keine explizite Konkurrenzanalyse der Wettbewerbsleistungen durchgeführt wurde. Beide Analysebereiche liefern wichtige Informationen als Grundlagen zur Erkennung von Positionierungslücken und für eine effektive Positionierung in relevanten Wahrnehmungsbereichen.[420] Dabei ist im Kontext eines internationalen Marketing zu beachten, daß in verschiedenen Ländermärkten sehr unterschiedliche Positionierungslücken vorliegen können, da es oft länderbezogen typische Serviceleistungen und -ausprägungen gibt, die unbedingt erfüllt werden müssen. Das kann dazu führen, daß eine aus Unternehmenssicht einheitliche Servicepositionierung / -darstellung über die bearbeiteten Länder hinweg in den einzelnen Ländermärkten aufgrund anderer Kundenwahrnehmungen durchaus zu ganz unterschiedlichen Positionen führen kann. Trotz einheitlichen Serviceeinsatzes und -marketing, kann es dann in den einzelnen Ländermärkten zu völlig unterschiedlichen servicebedingten Marktpositionierungen kommen. Das bedeutet gleichzeitig, daß eine aus Sicht der Kunden einheitliche Positionierung über die Ländermärkte hinweg in den einzelnen Ländern mitunter ganz unterschiedliche Serviceleistungen / -programme und -prozesse erfordert. So kann beispielsweise eine internationale Positionierung über den Lieferservice bedeuten, daß in Land A vor allem die Pünktlichkeit und Schnelligkeit der Belieferung im Vordergrund stehen muß, während in Land B die Sicherheit und die Art des Transports eine Positionierung über den Lieferservice erlaubt. Die Notwendigkeit von unterschiedlichen Serviceaktivitäten zur Erreichung einer einheitlichen Servicepositionierung ergibt sich vor allem dann, wenn das Unternehmen in nicht-globalisierten Branchen / Märkten tätig ist und nicht mit denselben internationalen Wettbewerbern um die Erfüllung ähnlich ausgeprägter Kundenbedürfnisse konkurriert.

- Zum anderen darf sich das Alleinstellungsmerkmal nicht sehr schnell von den Wettbewerbern imitieren lassen. Demnach ist eine servicebedingte Positionierung nur für Unternehmen überzeugend realisierbar, die spezifische Servicefähigkeiten im Sinne von Kernkompetenzen besitzen. Sind die Wettbewerber schnell und ohne größere Aufwendungen in der Lage, entsprechende Servicefähigkeiten zu erwerben, zu imitieren oder durch andere Leistungsfähigkeiten zu substituieren, dann ist eine Positionierung über derartige Serviceleistungen nicht möglich. Grundsätzlich kann man davon ausgehen, daß die Imitation von Serviceleistungen mit zunehmender Komplexität schwieriger wird.[421] Komplexität führt zu einer unzureichenden informationsbezogenen Erfassung von Situationen und Objekten. Dadurch wird es für die Konkurrenz schwieriger, die entsprechenden Kernkompetenzen zu erkennen und aufzubauen. Eine große Komplexität ist vor allem bei stark integrativen und immateriellen Ser-

---

420 Vgl. Heskett, J.L.: Management von Dienstleistungsunternehmen, Wiesbaden 1988, S. 34f.

421 Vgl. Mühlbacher, H.: Strategische Differenzierung im Industriegütermarketing, in: Backhaus, K. et al. (Hrsg.), Marktleistung und Wettbewerb, Wiesbaden 1997, S. 208; Heskett, J.L./Sasser, W.E. Jr./Hart, C.W.L.: Bahnbrechender Service - Standards für den Wettbewerb von morgen, Frankfurt/New York 1991, S. 95

viceleistungen gegeben, die als Erfahrungs- und Vertrauens-Services nur sehr vage erfaßt werden können. Allerdings ist damit nicht nur für die Wettbewerber ein Screening-Problem verbunden, sondern auch für die Nachfrager. Es ist daher sinnvoll, möglichst frühzeitig eine entsprechende Service-Position in den Ländermärkten / Segmenten aufzubauen, die - unterstützt von einer glaubwürdigen Kommunikationspolitik und einer Mund-zu-Mund-Werbung durch bestehende Kunden - ein positives Service-Image bewirkt. Auch der Erwerb von internationalen Qualitätszertifikaten, wie z.B. eine Zertifizierung nach DIN ISO 9001, kann zu einer Kompetenzdemonstration genutzt werden und vertrauenschaffend wirken.[422]

Gleichzeitig erfordert eine langfristig ausgerichtete Positionierung über bestimmte Leistungsmerkmale, daß diese gefördert und ausgebaut werden. Hierzu ist eine Re-Investition von Erträgen / Renten aus den Positionierungsvorteilen in die Quellen der Servicefähigkeiten / in das Servicepotential sinnvoll.[423] Zusätzlich ist darauf zu achten, daß die zur Positionierung ausgewählten Servicemerkmale auch für die Präferenzbildung bei den Abnehmern längerfristigen Bestand haben. Deshalb ist für eine Positionierungsentscheidung immer auch die Antizipation der Bedeutungsentwicklung eines Positionierungsmerkmals bei den Zielgruppen notwendig.[424]

Ein beredtes Beispiel für ein Unternehmen mit entsprechenden Kernkompetenzen ist der Baumaschinenhersteller Caterpillar (CAT), der weltweit einen 48stündigen Ersatzteilservice garantiert. Ein ausgeklügeltes Servicenetz, spezifisches Service-Know-how und eine entsprechende Servicekultur bilden die Kernressourcen dieser Service-Positionierung. Darüber hinaus ist der Nutzen einer schnellen Reparatur und damit der USP für die Abnehmer eindeutig und klar nachvollziehbar.[425]

In der Grundlagenstudie verfügen die meisten Unternehmen - nach eigenen Angaben - über eine bessere Servicequalität und / oder über ein breiteres Servicespektrum als ihre Wettbewerber. Durch diese jeweilige Servicestärke ist zumindest eine wesentliche Grundvoraussetzung für den möglichen Einsatz des Service als Positionierungsmerkmal geschaffen. Das gilt vor allem für Unternehmen, die - gemessen an ihren Wettbewerbern - sowohl in quantitativer als auch qualitativer Hinsicht über eine bessere Serviceposition verfügen.

Wie Abbildung IV-25 verdeutlicht, sind das auf dem einheimischen Markt immerhin 43 % und auf den ausländischen Märkten 38,1 % der befragten Unternehmen.[426] Sie sind damit *„Service-*

[422] Vgl. Fuchs, H.J.: Positionierung durch Markenservice, in: Tomczak, T./Rudolph, T./Roosdorp, A. (Hrsg.), Positionierung - Kernentscheidung des Marketing, St. Gallen 1996, S. 164
[423] Vgl. Day, G.S./Wensley, R., a.a.O., S. 3
[424] Vgl. Mühlbacher, H./Dreher, A./Gabriel-Ritter, A., a.a.O., S. 206
[425] Vgl. Sebastian, K.-H./Hilleke, K., a.a.O., S. 52
[426] Vgl. Hünerberg, R./Mann, A.: Strategische Implikationen, a.a.O., S. 175

Meister" und haben ein durchaus brauchbares Fundament für eine Wettbewerbspositionierung und -differenzierung über den Servicebereich, wenn die Abnehmer diese Eigeneinschätzung ebenfalls teilen. Es ist erstaunlich, daß die meisten Unternehmen sich auf dieser Position sehen. In der komplementären Situation (*„Service-Verlierer"*) sehen sich nur 2 % der Unternehmen auf dem deutschen Markt. Auf den Auslandsmärkten sind es mit 3,9 % der befragten Unternehmen nur unwesentlich mehr. Daß sich nur so wenige Unternehmen in dieser Position sehen, mag daran liegen, daß die befragten Unternehmen aus unterschiedlichen Branchen stammen und daher in keiner Konkurrenzbeziehung miteinander stehen. Ebenso ist es möglich, daß Unternehmen aus derselben Branche in unterschiedlichen strategischen Gruppen und / oder Segmenten operieren und daher keinen direkten Wettbewerb führen. Zudem läßt sich auch eine zu positive Eigeneinschätzung der befragten Unternehmen vermuten.

Servicewettbewerb in der Praxis

(Inland: n = 300; Ausland: n = 228)

	Servicequalität besser	gleich	schlechter
Servicequantität schlechter	"Service-Premiumposition" ⇨ Inland: 2 % ⇨ Ausland: 2,2 %	"Service-Hoffnungsposition" ⇨ Inland: 3,7 % ⇨ Ausland: 5,3 %	"Service-Verlierer" ⇨ Inland: 2 % ⇨ Ausland: 3,9 %
gleich	"Service-Qualitätsführer" ⇨ Inland: 9,2 % ⇨ Ausland: 8,7 %	"Service-Patt" ⇨ Inland: 32 % ⇨ Ausland: 36 %	"Service-Hoffnungsposition" ⇨ Inland: 1,7 % ⇨ Ausland: 0,4 %
besser	"Service-Meister" ⇨ Inland: 43 % ⇨ Ausland: 38,1 %	"Service-Mengenführer" ⇨ Inland: 6,4 % ⇨ Ausland: 5,3 %	"Service-Ramschposition" ⇨ Inland: 0 % ⇨ Ausland: 0 %

Abb. IV-25: Servicepositionen im Wettbewerb

In der Situation eines „Service-Verlierers", in der sowohl die Servicequalität als auch der Serviceumfang schlechter ist als bei den Wettbewerbern, findet sich verständlicherweise kein Ansatzpunkt für eine servicebedingte Positionierung. Ähnliches gilt auch für die *„Service-Hoffnungspositionen"*, die durch einen Nachteil in einer der beiden Dimensionen gekennzeichet sind, während sie bei der jeweils anderen gleich gut abschneiden. Im Unterschied zur Verlierersituation ist bei der Hoffnungssituation das Servicemanko für die Kunden nicht unbedingt auffallend. Dennoch ist eine aktive Positionierung über den Service auch in diesem Fall nicht sinnvoll. Das gilt auch, wenn die nachteilige Dimension aus Kundensicht nicht so relevant ist. Die Gefahr, daß ein Konkurrent dieses Manko als Wettbewerbsparameter für sich ausnutzt, ist zu groß. Insgesamt zeigt sich jedoch, daß beide Hoffnungssituationen sowohl im Inland (3,7 % und 1,7 % der Unternehmen) als auch auf den Auslandsmärkten (5,3 % und 0,4 % der Unternehmen) eher selten sind.

In einem *„Service-Patt"* befinden sich im Inland 32 % und im Ausland 36 % der Unternehmen. In dieser Situation haben die Unternehmen im Servicebereich gegenüber ihren Wettbewerbern hinsichtlich Qualität und Quantität der angebotenen Leistungen keinen Vor-, aber auch keinen Nachteil. Damit ist auch diese Situation nicht sehr gut für eine Wettbewerbs- / Marktpositionierung über den Service geeignet. Das gilt zumindest für eine alleinige Positionierung über den Service. Allerdings kann der Service als flankierende Positionierungsgrundlage anderer Alleinstellungsmerkmale dienen, die in einem funktionalen Zusammenhang mit ihm stehen. So ist beispielsweise bei der Herausstellung der Produktqualität eine solide Serviceposition mitunter förderlich. Es wäre zumindest hinderlich, wenn sich ein Unternehmen, das bekanntermaßen eine schlechtere Servicekompetenz als seine Konkurrenten hat, über eine herausragende Kernleistungsqualität profilieren will. Das gilt vor allem für personenbezogene Leistungen, die pre-sales erbracht werden. Hier können negative Moments-of-Truth zu Irradiationen auf die Kernleistungsqualität und zu Irritationen bei den Kunden führen, was letztlich die Aufnahme einer Geschäftsbeziehung verhindern. Auch bei produktbezogenen Serviceleistungen ist dieser Zusammenhang tendenziell gegeben, wenngleich eine sehr gute Produktqualität dazu führen kann, daß bestimmte Serviceleistungen (z.B. Reparaturen) überhaupt nicht nachgefragt werden.

Hat ein Unternehmen eine *„Service-Premiumposition"* inne, dann ist eine bewußte Markt- / Wettbewerbspositionierung über den Service durchaus realisierbar. Voraussetzung hierfür ist, daß sich das - gemessen an den Wettbewerbern - eingeschränkte Serviceprogramm auf alle wesentlichen Muß- und Soll-Leistungen bezieht. Durch die herausragende Servicequalität bei den aus Kundensicht wichtigen Serviceleistungen ist ein positives Image erreichbar. In unserer Studie weisen 2 % der Unternehmen im Inland und 2,2 % der deutschen Anbieter im Ausland eine derartige Stellung auf.

Die Position des *„Service-Qualitätsführers"* bietet ebenfalls gute Voraussetzungen für eine servicebedingte Positionierung. Gegenüber der Premiumposition besteht hier der Vorteil, daß alle Muß- und Soll-Leistungen auf jeden Fall angeboten werden, da sie den üblichen Serviceumfang anbieten. Dafür können jedoch gerade bei einer undifferenzierten Vorgehensweise die Servicekosten sehr hoch sein. Es bietet sich daher für die 9,2 % der Unternehmen auf dem deutschen und 8,7 % der Unternehmen auf den Auslandsmärkten eine genaue Zielgruppenanalyse an.

Die Gefahr der „Kostenexplosion“ besteht auch bei der Position des *„Service-Mengenführers“*. Diese trifft immerhin düe 6,4 % der befragten Anbieter auf dem deutschen Heimmarkt zu und für 5,3 % auf den Auslandsmärkten. Hierbei ist besonders problematisch, daß die höheren Kosten nicht unbedingt über eine separate Servicefakturierung weitergegeben werden können, da die relative Servicequalität zu gering ist. Solange die Kosten über die Preise der Kernleistungen abgegolten oder durch eine ausreichende Marge aufgefangen werden können, wird dieser Servicenachteil noch nicht sonderlich gefährlich. Allerdings ist er für eine erfolgreiche Servicepositionierung hinderlich.

Eine *„Service-Ramschposition“* bietet ebenfalls keine sinnvolle Ausgangsbasis für eine servicebezogene Marktpositionierung. Hierzu ist eine Schrumpfung des Serviceumfangs zugunsten einer höheren Qualität angezeigt. In der Grundlagenstudie hat - nach eigenen Bekunden - kein Unternehmen eine solche Position eingenommen.

Während vorstehend die Positionierung der befragten Unternehmen auf eine sehr grobe Weise nach den Dimensionen Servicequantität und Servicequalität in Form einer Kreuztabellierung vorgenommen wurde, lassen sich auch andere, weitaus subtilere Positionierungsmöglichkeiten anwenden.[427] Diese müssen nicht - wie im vorstehenden Fall - auf der Ergebnisebene des Service ansetzen, sie können ebenso auf der Potential- und Prozeßebene angesiedelt sein.[428] Wichtig ist jedoch auch hier, daß die ausgewählten Positionierungsfaktoren für den Kunden bedeutsam sind und eine Unterscheidung gegenüber dem Wettbewerbsservice ermöglichen. Positionierungsmöglichkeiten auf der Potentialebene ergeben sich beispielsweise bei der Qualifikation des Servicepersonals oder bei den eingesetzten Betriebsmitteln. Beim Serviceprozeß können sich Positionierungsmöglichkeiten aus der Komplexität und der Variabilität des Serviceablaufs ergeben.[429] Beispielsweise kann eine inhaltliche oder zeitliche Individualisierung bei starker Variabilität der Serviceabläufe als Positionierungsmerkmal herausgestellt werden. Ebenso kann die Beherrschung komplexer Serviceprozesse als Kompetenzmerkmal zur Servicepositionierung herangezogen werden.

Doch auch wenn sich ein Unternehmen nicht explizit über den Service positioniert, sind entsprechende Implikationen für den Service, die sich aus einer Positionierung über andere Bereiche ergeben, zu berücksichtigen. Nur eine stimmige und geschlossene Positionierung, bei der alle Marketing-Mix-Bereiche aufeinander abgestimmt sind, kann letztlich zu einem überzeu-

[427] Vgl. Noch, R., a.a.O., S. 157
[428] Vgl. Zeithaml, V.A./Bitner, M.J., a.a.O., S. 288ff.
[429] Vgl. Shostack, G.L.: Service Positioning through Structural Change, in: Journal of Marketing, 51. Jg., 1987, January, S. 38

genden und klaren Marktauftritt führen. Sonst kann es zu Friktionen bei der Marktbearbeitung kommen, die sich in einer unzureichenden Marktprofilierung niederschlagen können.[430]

Die vorstehenden Ausführungen zeigen, daß der Service als flankierendes oder auch dominierendes Positionierungsmerkmal / -instrument zur Marktprofilierung und Wettbewerbsdifferenzierung genutzt werden kann. Die Erfolgswirkung hängt dabei neben dem Bestand von Servicebedürfnissen bei den Zielgruppen und der Wettbewerbsbedeutung im wesentlichen von der Servicekompetenz des Unternehmens ab. Diese wird wiederum von den Fähigkeiten bestimmt, Serviceleistungen mit hohem Kundennutzen zu generieren, die von den Wettbewerbern nicht in gleicher oder ähnlicher Art und Weise erstellt und angeboten werden können. Das ist insbesondere dann gegeben, wenn das Unternehmen spezifisches Service-Know-how akkumuliert, eine gelebte Servicekultur mit einer positiven Grundeinstellung zum Dienen aufgebaut und / oder ein klares Serviceimage erreicht hat.

In diesem Zusammenhang kann man generell von folgender Hypothese ausgehen:

H24: Eine spezifsiche Servicekompetenz im Unternehmen ist und der Einsatz des Service zur Positionierung des Unternehmens bzw. seiner Produkte am Markt

- *unterstützt den Einfluß des Service auf den Unternehmenserfolg positiv.*

Diese Hypothese ist ebenfalls im Zusammenhang mit der steigenden Angleichung der Kernleistungen und dem dadurch entstehenden Wettbewerbs- / Differenzierungsdruck zu sehen, der auf vielen Konsum- und Industriegütermärkten gegeben ist.

3.3.2.3. Timing des Serviceangebots

Timingentscheidungen beziehen sich auf den Zeitpunkt sowie die Dauer, die Häufigkeit und die Geschwindigkeit des Einsatzes von Marketinginstrumenten.[431] Die Zeitpunktfestlegung bestimmt, *wann* ein Marketinginstrument zur Marktbearbeitung eingesetzt wird. Mit der Entscheidung über die Dauer wird die zeitliche Intensität des Instrumentaleinsatzes festgelegt (*wie lange*). Die Häufigkeit des Instrumentaleinsatzes bezieht sich auf die Fixierung, *wie oft* ein Instrument zur Marktbearbeitung genutzt werden soll. Die Geschwindigkeit bestimmt, *wie schnell* der Instrumentaleinsatz vollzogen werden kann.[432]

---

[430] Vgl. Fassot, G., a.a.O., S. 220

[431] Vgl. Hünerberg, R.: Internationales Marketing, a.a.O., S. 141f.

[432] Vgl. zu Timingkategorien generell insbesondere Hörschgen, H.: Timing, in: Tietz, B./Köhler, R./Zentes, J. (Hrsg.), Handwörterbuch des Marketing, 2. Aufl., Stuttgart 1995, Sp. 2461ff.

Timingfestlegungen befassen sich im Rahmen der Servicepolitik von Unternehmen - entsprechend der aufgeführten Timingkategorien - vor allem mit der Bestimmung von zweckmäßigen Zeitpunkten für die Einführung von Serviceleistungen im (Länder-) Markt, der quantitativen und qualitativen Veränderung des Serviceprogramms (Durchführung von Serviceinnovationen und -eliminationen) sowie die Schnelligkeit von Prozeßabläufen und Reaktionszeiten bei der Serviceerstellung. Die Timingentscheidungen der Servicepolitik sind i.d.R. mit zeitbezogenen Einsatzentscheidungen der anderen Marketinginstrumente, insbesondere der Kernleistungspolitik, interdependent. So ist der *Erstellungszeitpunkt* (*wann*) von produktbezogenen Serviceleistungen dem Verkaufs- und Nutzungszeitpunkt der Kernleistung nachgelagert. Bei personenbezogenen Serviceleistungen, die zur Erfüllung von Informations- Beratungsfunktionen eingesetzt werden, ist der Erbringungszeitpunkt dem Verkaufszeitpunkt der Kernleistung hingegen meist vorgelagert. Derartige Timingfestlegungen ergeben sich nahezu zwangsläufig aus dem definitorischen Pre- und After-Sales-Charakter einzelner Serviceleistungen.

Entscheidungen über den Zeitpunkt des Serviceeinsatzes ergeben sich darüber hinaus bei der Einführung einer innovativen Kernleistung auf bestehenden Märkten oder beim Markteintritt des Unternehmens in neue Ländermärkte. Hier ist beispielsweise zu entscheiden, ob bestimmte Serviceleistungen im Sinne eines Pre-Marketing eingesetzt werden sollen. Die damit verbundenen Aufgaben gehen weit über die reine Notwendigkeit zum Angebot von Pre-Sales-Services hinaus, die zwangsläufig zur Abwicklung einer Transaktion erbracht werden müssen (z.B. Verkaufsberatung, Bestelldienst usw.). Es handelt sich beim *Pre-Marketing* vielmehr um die bewußte Vorbereitung und Qualifizierung von potentiellen Abnehmern für eine Innovation.[433] Dabei ist es zunächst unerheblich, ob es sich um ein neues, bisher unbekanntes Unternehmen handelt, das als neuer Anbieter in einen Ländermarkt eintritt und / oder ob es um die Einführung einer für den Markt neuen Kernleistung geht. Die Basisziele sind in beiden Fällen im wesentlichen gleich und beziehen sich auf die Schaffung eines Unternehmensgoodwill, eine schnelle Marktetablierung, die Beschleunigung der Diffusion der (neuen) Kernleistungen sowie die Reduzierung von Einführungskosten (der innovativen Kernleistungen).[434] Serviceleistungen, die zu einer derartigen Stimulierung der Nachfrage und damit zur Unterstützung der unternehmens- / produktbezogenen Markteinführung beitragen können, sind vor allem personenbezogene, kommunikative Leistungen wie Informationsdienste, Dummypräsentationen, Aufstellung und Demonstration von Pilotprodukten / -anlagen und Interessentenschulungen.[435]

Neben dem Pre-Marketing ist auch ein *After-Marketing* durchführbar, das darauf ausgerichtet ist, die Elimination einer Kernleistung oder gar den Marktaustritt eines Unternehmens nachzu-

---

[433] Vgl. ähnlich bei Möhrle, M.: Prämarketing - Zur Markteinführung neuer Produkte, Wiesbaden 1995, S. 10f.
[434] Vgl. ebenda, S. 65ff.
[435] Vgl. Hünerberg. R./Mann, A.: Strategische Implikationen, a.a.O., S. 179

bereiten. Hierdurch sollen zum einen Gewährleistungspflichten erfüllt und zum anderen negative Imagewirkungen vermieden werden, die als Spill-over-Effekte die Marktbearbeitung auf anderen (Länder-) Märkten / Segmenten oder als Carry-over-Effekte die Einführung neuer Kernleistungen nachhaltig beeinträchtigen können. Häufig sind gerade bei der Ablösung einer Marktleistung durch eine Nachfolgeinnovation die Zielgruppen identisch, so daß ein professionelles After-Marketing auch zur Bindung der bestehenden Kunden an das neue Produkt eingesetzt werden kann.[436] Zu typischen After-Marketing-Serviceleistungen gehören z.B. Wartungs- und Reparatur-, De-Installations- und Recyclingmaßnahmen sowie sonstige Serviceleistungen aus Gewährleistungsansprüchen der Kunden.

In der Grundlagenstudie setzen die befragten Unternehmen den Service zum Pre- oder After-Marketing eher selten ein. Wie Abbildung IV-26 zeigt, wird ein Service-Pre-Marketing nur von knapp einem Viertel der analysierten Unternehmen weitgehend realisiert. So geben 24,7 % der Unternehmen an, schon Serviceleistungen auf dem deutschen Inlandsmarkt voll und ganz oder weitgehend anzubieten, obwohl die Kernleistung noch nicht am Markt verfügbar ist. Auf den ausländischen Märkten verfolgen nur 20,2 % der Unternehmen - nach eigenen Angaben - ein Service-Pre-Marketing.

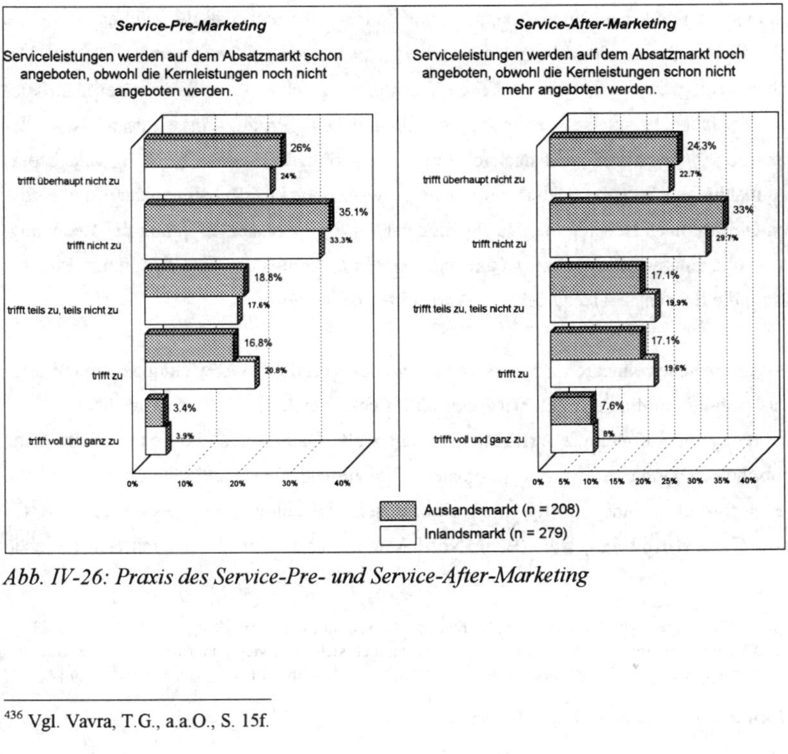

Abb. IV-26: Praxis des Service-Pre- und Service-After-Marketing

[436] Vgl. Vavra, T.G., a.a.O., S. 15f.

Beim Service-After-Marketing ergibt sich ein ähnliches Bild. Von dem Großteil der Unternehmen wird mit Hilfe des Service kein spezielles After-Marketing realisiert. Rund 27,6 % der untersuchten Unternehmen geben an, daß sie den Service voll und ganz oder zumindest weitgehend noch anbieten, obwohl die Kernleistung nicht mehr vertrieben wird. Damit zeigt sich auch hier, daß auf dem deutschen Heimmarkt das bewußte Timing des Serviceeinsatzes etwas häufiger vorgenommen wird als auf den Auslandsmärkten, wo 24,7 % der Unternehmen derart vorgehen. Die unterschiedliche internationale Ausprägung des Service-After-Marketing mag an gesetzlichen Vorschriften zu Garantie- / Gewährleistungsverpflichtungen liegen, die in Deutschland mitunter höher und langfristiger ausgelegt sind als auf anderen Ländermärkten.

Festlegungen über die *Dauer* (*wie lange*) beziehen sich im wesentlichen auf die Dauer einzelner Serviceprozesse und den Zeitraum, in dem der Service angeboten werden soll. Die *Länge / Dauer von Serviceprozessen* hängt stark von der kulturell geprägten Zeiteinteilung / -auffassung (monochronistische versus polychronistische Zeitnutzung bzw. prozedurales versus lineares Zeitverständnis) ab, was einen Einfluß auf die Dauer und Gestaltung des Serviceprozesses hat. Da sich die Kunden oder ihre Objekte in den Erstellungsprozeß integrieren müssen, wird die Einbringungszeit zu einem wichtigen Bewertungskriterium des Leistungsprozesses. Allerdings ist für den Kunden weniger die objektive Zeitspanne als vielmehr das subjektive Zeitempfinden ein entscheidender Qualitätsfaktor.[437] Hinzu kommt, daß die Zeitbewertung bei unterschiedlichen Prozeßphasen trotz gleicher Zeitspanne sehr differenziert sein kann. Der Grund hierfür liegt in der unterschiedlichen Wertigkeit einzelner Prozeßaktivitäten aus Kundensicht. So fallen beispielsweise neben den eigentlichen „Produktionsschritten" bzw. der „Transduktion"[438] auch vor- und nachgelagerte Abwicklungsaktivitäten (z.B. Terminabsprachen, Anmeldung, Übergabe der einzubringenden Serviceobjekte, Entgegennahme der eingebrachten Objekte nach Beendigung des eigentlichen Serviceprozesses, Empfang der Rechnung, Bezahlung und Entgegennahme einer Quittung) an. Hinzu kommen anbieterautonome Prozeßaktivitäten, die für den Servicenachfrager Wartezeiten bedeuten.

In Kulturen mit einem linearen Zeitverständnis werden gerade die Abwicklungs- und Wartezeiten als negativ empfunden. Zeit wird hier als Strecke verstanden, die sich in diskrete Einheiten einteilen und auf mehrere Aktivitäten verteilen läßt. Damit erhält die Zeitauffassung eine ökonomische Komponente, die eine optimalen Allokation der Zeit auf sehr unterschiedliche Tätigkeiten fordert.[439] Eine derartige monochronistische Zeiteinteilung ist besonders in westlichen Low-Context-Kulturen, wie z.B. in Nord-Amerika und in nord- und mitteleurpäischen

---

[437] Vgl. Stauss, B.: Dienstleister und die vierte Dimension, in: Harvard manager, 13. Jg., 1991, Heft 2, S. 82

[438] Meyer, A.: Dienstleistungsmarketing, a.a.O., S. 75. Es handelt sich nach Meyer hierbei um die Übertragung von (immateriellen) Leistungsfähigkeiten des Serviceanbieters auf die eingebrachten externen Faktoren (vgl. ebenda, S. 68).

[439] Vgl. Usinier, J.-C./Walliser, B., a.a.O., S. 252f.

Ländern, anzutreffen.[440] Die Minimierung von Warte- und Abwicklungszeiten ist hier eine wichtige Anforderung an den Serviceprozeß. Bezogen auf die Transduktionszeiten ist hingegen eine grundsätzliche Empfehlung zum Zeitumgang sehr schwierig und nur für einzelne Serviceleistungen möglich. Anhaltspunkte hierfür liefern die Motive der Servicenachfrage bei den Kunden. Handelt es sich um Serviceleistungen, die aufgrund ihres Ergebnisses nachgefragt werden (z.B. Reparaturen, Wartungsarbeiten, Inspektionen, Wirtschaftlichkeitsanalysen, Anwendungsstudien), dann kann davon ausgegangen werden, daß eine Reduzierung der Transduktionszeiten sinnvoll ist und von den Abnehmern positiv empfunden wird. Ist jedoch der Serviceprozeß selbst das Nachfrageobjekt, dann kann eine Minimierung der Transduktionszeiten zu einem negativen Qualitätsempfinden führen.[441] So könnten beispielsweise „Kurz-Beratungen" als oberflächlich angesehen werden, weil eine erwartete Mindestzeit nicht erreicht wurde. Valide Entscheidungsinformationen über die Dauer der Transduktionszeit können letztlich nur durch Befragungen über die Zeitvorstellungen und -anforderungen beschafft werden.[442]

In Kulturen mit einer vorherrschenden polychronistischen Zeiteinteilung wird die aufgebrachte Zeit für eine bestimmte Tätigkeit nicht explizit bewertet. Im Vordergrund steht die Aktivität, nicht die dafür aufgewendete Zeit. Deshalb unternehmen Personen mit einer polychronistischen Zeiteinteilung auch mehrere Dinge gleichzeitig. Mögliche Zeitpläne haben keine wesentliche determinierende Wirkung auf das Verhalten dieser Personen und werden daher nach Bedarf verändert.[443] Im Gegensatz zu monochronistischen Kulturen, in denen der zeitliche Beginn und das Ende von Handlungen möglichst genau terminiert werden, geht es in polychronistischen Gesellschaften (wie z.B. Lateinamerika) vor allem darum, daß der sachbezogene inhaltliche Ablauf einer Handlung eingehalten wird. Eine Reduzierung von Abwicklungs- und Transduktionszeiten ist hier nicht sonderlich wichtig. Auch Wartezeiten werden, wenn sie aus der Sach- und Soziallogik des Serviceprozesses resultieren, nicht als Zeitverschwendung empfunden.[444]

Die *Dauer des Angebots* von Serviceleistungen am Markt ist vor allem von den Kundenerwartungen und Wettbewerberaktivitäten sowie von rechtlichen Vorschriften in den Ländermärkten (beispielsweise zum Zeitraum von Gewährleistungspflichten) abhängig. Darüber hinaus hat aber auch der Lebenszyklus der Kernleistung einen wesentlichen Einfluß auf die Dauer des Serviceangebots.[445] Das wird vor allem bei technischen Produkten und den dazugehörigen technischen Kundendienstleistungen evident. So wird regelmäßig unterstellt, daß der Marktzyklus technischer / produktbezogener Serviceleistungen vom Vermarktungszeitraum und -ver-

[440] Vgl. Hall, E.T., a.a.O., S. 150
[441] Vgl. Stauss, B.: Dienstleister, a.a.O., S. 84
[442] Vgl. ebenda, S. 82f.
[443] Vgl. Usinier, J.-C./Walliser, B., a.a.O., S. 253
[444] Vgl. Stauss, B.: Dienstleister, a.a.O., S. 83
[445] Vgl. Forschner, G., a.a.O., S. 177ff.; Horovitz, J.: Service entscheidet, Frankfurt/New York 1989, S. 63f.

lauf der Kernleistung induziert wird und sich zeitversetzt entwickelt.[446] Dabei wird der Marktzyklus des technischen Service aufgrund von Verzögerungen durch „Nachlaufleistungen" i.d.R. später beendet als bei der Kernleistung.[447] Häufig ist er sogar auch länger als der Marktzyklus des Hauptprodukts, wenn beispielsweise ein ausgeprägtes Service-Pre- und Service-After-Marketing durchgeführt wird. In Branchen mit einem ausgeprägten Zeitwettbewerb (z.B. Elektrotechnik, Werkzeugmaschinenbau, Kommunikationsindustrie) läßt sich ein derartiges Phänomen ebenfalls beobachten. Die immer schnellere Abfolge von Produkteinführungen und -eliminationen führt hier zu einer erheblichen Verkürzung von Produktlebenszyklen, die teilweise halbiert werden.[448] So ist es durchaus möglich, daß beispielsweise die Verpflichtung zur Bereithaltung und Lieferung von Ersatzteilen länger andauern kann als der eigentliche Vermarktungsprozeß der Kernleistung.

Die Kopplung des Servicezyklus an den *Produktlebenszyklus* ergibt sich nicht nur bei produktbezogenen Serviceleistungen, sondern auch durch die Aufgabe einer Unterstützung des Kernleistungsabsatzes bei personenbezogenen Serviceleistungen. So ist gerade in der *Einführungsphase* die Informations- und Kommunikationsfunktion von personenbezogenen Serviceleistungen ein wertvoller Beitrag zur Diffusion innovativer Kernprodukte. Informationsdienste, Produktdemonstrationen und -schulungen sind z.B. für Neuprodukte mit einem starken Innovationsgrad nahezu unentbehrlich, da sie erst den Kundennutzen des Kernprodukts offensichtlich machen.[449] In Märkten mit schnellen Innovationszyklen haben zusätzlich auch Finanzierungsleistungen (z.B. Leasing und Inzahlungnahme von Altprodukten) einen Einfluß auf die Reduzierung des empfundenen Kauf- und Investitionsrisikos, was eine wesentliche Adaptionsbarriere darstellt. Das Angebot an produktbezogenen Serviceleistungen und Gewährleistungsdiensten (z.B. Reparaturen, Rücknahme und Entsorgung), die eventuell erst später benötigt werden, kann ebenfalls in dieser Phase dazu beitragen, Kaufbarrieren abzubauen.[450] Zudem lassen sich durch die technischen Kundendienstleistungen Qualitätsprobleme der innovativen Kernleistung erkennen und entsprechende Ursachen herausfinden. Der Servicebereich übernimmt damit eine Frühwarnfunktion, die für den weiteren Diffusionsverlauf von entscheidender Bedeutung sein kann. Das ist besonders für den erfolgreichen Übergang in die Wachstumsphase der Kernleistung relevant.[451]

In der *Wachstumsphase* des Kernleistungslebenszyklusses nimmt die praktische Bedeutung der produktbezogenen Serviceleistungen zu. Das liegt u.a. daran, daß mit dem höheren Absatz von

---

[446] Vgl. Graßy, O.: Industrielle Dienstleistungen, a.a.O., S. 186f.
[447] Vgl. Zborschil, I.A., a.a.O., S. 239
[448] Vgl. Bullinger, H.J./Lott, C.-U.: Target Management, Frankfurt/New York 1997, S. 26
[449] Vgl. Forschner, G., a.a.O., S. 183
[450] Vgl. u.a. Pleschak, F./Sabisch, H.: Innovationsmanagement, Stuttgart 1996, S. 255
[451] Vgl. auch Potts, G.W.: Exploit Your Product's Service Life Circle, in: Harvard Business Review, 66. Jg., 1988, September-October, S. 33

Kernleistungen mehr Installationsleistungen, Wartungs- / Inspektionsarbeiten nachgefragt werden und auch die Wahrscheinlichkeit von Reparaturen zunimmt. Auch die Anforderungen an den Lieferservice zur Erhöhung der Lieferbereitschaft, wie beispielsweise die Einhaltung von Lieferterminen und die zeitliche Optimierung der Auftragsbearbeitung, nehmen zu.[452] Reine Informationsdienste verlieren an Relevanz, da die potentiellen Kunden bereits von den Erfahrungen anderer „Pionieranwender" gehört haben. Durch die stärkere Bekanntheit des Produktes sowie das zunehmende Wissen der Interessenten und Kunden über Nutzen und Anwendung der Kernleistung kommt es auch zu klareren Bedürfnis- und Anforderungsstrukturen. Auf deren Basis können unterschiedliche Segmente gebildet werden, die unterschiedliche Serviceleistungen / -programme benötigen. Damit geht für qualitätsorientierte Anbieter i.d.R. eine Erweiterung und Vertiefung des ursprünglichen Servicespektrums einher, was auch genutzt wird, um sich gegenüber der zunehmenden Anzahl „neuer" Wettbewerber zu positionieren.[453] Kostenorientierte Unternehmen können in dieser Phase bereits eine erhebliche Minimierung des Serviceangebots verfolgen, indem sie insbesondere die Informations- und Kommunikationsdienstleistungen verringern, die in dieser Phase eine geringere Bedeutung aufweisen.[454]

In der *Reife- und Sättigungsphase* des Kernprodukts wird die Positionierungs- und Profilierungsbedeutung durch den Service - wie in verschiedenen Arbeitshypothesen begründet wurde - noch stärker, da durch die Homogenität der Kernleistungen eine Differenzierung nur über den Zusatznutzen und damit über werterhöhende Zusatzleistungen möglich ist. Dabei erreicht das quantitative Serviceniveau seinen Höchststand, weil meistens sowohl eine Vielzahl von produkt- als auch personenbezogenen Serviceleistungen (für unterschiedliche Segmente) gleichzeitig angeboten wird, um eine Wettbewerbsdifferenzierung zu erreichen. Produktbezogene Leistungen haben in dieser Situation einen Muß- bzw. Soll-Charakter; sie sind eher darauf ausgerichtet, Wettbewerbsnachteile zu vermeiden. Echte Alleinstellungsmerkmale bieten vielmehr personenbezogene Kann-Serviceleistungen.[455]

In der *Degenerationsphase* der Hauptleistung nimmt auch das Serviceangebot ab. Das liegt zum einen daran, daß immer mehr Kunden bereit sind, zugunsten geringerer Preise auf verschiedenste Serviceleistungen zu verzichten. Dazu trägt die höhere Preissensibilität von Nachzüglern ebenso bei wie die Nutzungs- und Anwendungserfahrungen von Wiederkäufern. Preissenkungen werden durch den Abbau von Zusatzleistungen angestrebt. Dadurch erreicht das Serviceniveau insgesamt einen erheblichen quantitativen Rückgang. Es beschränkt sich im wesentlichen auf technische Muß-Leistungen und einige wenige personenbezogene Soll-Leistun-

---

[452] Vgl. Dorloff, F.-D.: Analyse und Management des Kundenservice, in: Dorloff, F.-D./Roth, P. (Hrsg.), Service- und Materialmanagement, Wiesbaden 1985, S. 35
[453] Vgl. Fassot, G., a.a.O., S. 196
[454] Vgl. Zerr, K., a.a.O., S. 196
[455] Vgl. Forschner, G., a.a.O., S. 189f.

gen.[456] Bei der Elimination des Kernprodukts werden auch die Soll-Leistungen aus dem Serviceprogramm genommen, während - wie vorstehend angedeutet - aufgrund von gesetzlichen Bestimmungen noch einige produktbezogene Serviceleistungen erbracht werden müssen. Allerdings ist hierbei zu beachten, daß die meisten Anbieter die Elimination einer Kernleistung durch eine nachfolgende Innovation ausgleichen. Wenn es sich bei den Käufergruppen des Vorgängerprodukts und den Zielgruppen des Nachfolgeprodukts um dieselben Personen und / oder Unternehmen handelt, sollte das Serviceprogramm nicht zu stark eingeschränkt, sondern vielmehr als eine Synthese von After-Marketing für das scheidende Altprodukt und Pre-Marketing für das Neuprodukt angesehen werden. Der Service kann hier eine Überbrückungsfunktion zwischen dem Lebenszyklus einer alten Kernleistung und dem Lebenszyklus einer innovativen Kernleistung übernehmen.

In Abbildung IV-27 sind die vorstehenden Ausführungen zum Zusammenhang von Kernleistungs- und Servicezyklus noch einmal graphisch dargestellt. Im internationalen Marketing ergeben sich dabei mitunter unterschiedliche, länderspezifische *Servicezyklen*. Insbesondere bei unterschiedlichen Vermarktungszeiten des Kernprodukts auf den Ländermärkten und einem Wasserfall-Timing bei der internationalen Marktexpansion ist dies der Fall.[457] In der Folge kommt es - über alle bearbeiteten Ländermärkte hinweg - zu einer Verlängerung der Gesamtzeit des Service.[458]

Anhand dieses internationalen Servicekonzepts wird die zeitliche Notwendigkeit zum Aufbau und zur Erhaltung von Servicepotentialen ersichtlich. Allerdings ist für derartige Betrachtungen die generelle Problematik des Lebenszykluskonzepts zu berücksichtigen, die sich insbesondere in der fehlenden Gesetzmäßigkeit, der schwierigen Prognostizierbarkeit und Abgrenzung einzelner Zyklusphasen sowie der Veränderbarkeit durch Marketing- / Serviceaktivitäten niederschlägt. Besonders problematisch ist die erforderliche Abschottung der Ländermärkte voneinander, ohne die eine signifikante Verlängerung des Servicezyklus nicht möglich ist. Eine mechanische Anwendung einer zeitlich versetzten Serviceanwendung auf den einzelnen Ländermärkten scheint aufgrund von verbesserten Informationsmöglichkeiten, beispielsweise durch eine größere internationale Mobilität der Kunden und die Nutzung internationaler Kommunikationsmedien, sowie aufgrund eines erhöhten internationalen / globalen Wettbewerbs schwierig.[459] Diese Tendenzen fördern eher eine zeitliche Angleichung von Serviceaktivitäten.

---

[456] Vgl. Fassot, G., a.a.O., S. 198; Potts, G.W., a.a.O., S. 36

[457] Vgl. Mühlbacher, H.: Internationale Produkt- und Programmpolitik, in: Hermanns, A./Wißmeier, U.K. (Hrsg.), Internationales Marketing-Management, München 1995, S. 169; Berndt, R./Fantapié Altobelli, C./Sander, M.: Internationale Marketing-Politik, Berlin et al. 1997, S. 121

[458] Vgl. zu internationalen Leistungszyklen u.a. Hünerberg, R.: Internationales Marketing, Meffert, H./Bolz, J., a.a.O., S. 157; Keegan, W.J., a.a.O., S. 111ff.; Mühlbacher, H.: Internationale Produkt- und Programmpolitik, a.a.O., S. 167ff.

[459] Vgl. Meffert, H./Bolz, J., a.a.O., S. 159f.

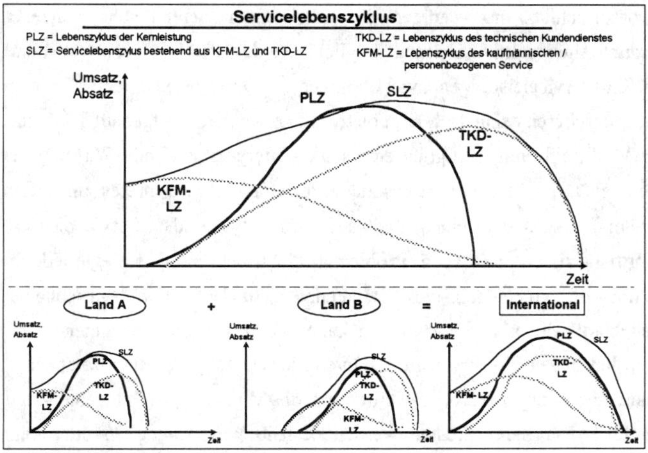

Abb. IV-27: Der (internationale) Servicezyklus

Die *Häufigkeit* des Serviceangebots *(wie oft)* kann in drei grobe Kategorien eingeteilt werden. Es handelt sich hierbei um ein einmaliges, intermittierendes oder kontinuierliches Angebot. Beim *einmaligen Serviceangebot* werden bestimmte Serviceleistungen, z.B. Versicherungen und Inzahlungnahme, nur für einen vorab klar definierten Zeitpunkt oder -raum angeboten. Oft handelt es sich um „Serviceaktionen" als Mittel der Verkaufsförderung, die beispielsweise zu einer Stimulierung des Kernleistungsabsatzes, zur Erhöhung der Unternehmens- / Produktbekanntheit oder zu Imagewirkungen eingesetzt werden. Der *intermittierende Service* wird zwar öfter, aber nur zu bestimmten Zeiten oder Anlässen angeboten (z.B. Express-Reparaturservice beim Totalausfall einer Maschine). Hierdurch soll eine spezifische Serviceflexibilität signalisiert werden, da in ganz besonderen Bedarfssituationen auf die Kundenerwartungen eingegangen wird.[460] Ein kontinuierlicher Service steht den Nachfragern weitestgehend zeitlich unbegrenzt zur Verfügung, zumindest solange das Angebot der Kernleistung am Markt erfolgt. Er ist nicht an spezielle Anlässe oder Zeitpunkte gebunden. Meist handelt es sich hierbei um Muß- und Soll-Leistungen, die dem Anbieter keine großen Dispositionsfreiheiten lassen.

Der *Geschwindigkeitsaspekt* des Serviceangebots soll sich hier auf Reaktionsschnelligkeit bei der Markteinführung von Serviceleistungen beziehen. Wie bei den Ausführungen zum Servicezyklus angedeutet wurde, haben bestimmte Servicearten in einzelnen Phasen eine unterschiedliche Relevanz für die Marktbearbeitung und Wettbewerbsdifferenzierung. Für Unternehmen stellt sich in diesem Zusammenhang die Frage, *wie schnell* sie das Serviceprogramm an den unterschiedlichen Anforderungen ausrichten wollen. Dabei können sie eine proaktive Haltung

[460] Vgl. Schwill, J., a.a.O., S. 258

einnehmen und die voraussichtlich notwendigen Serviceleistungen bereits sehr frühzeitig anbieten. Daneben ist auch eine reaktive Haltung möglich, bei der erst bei (ausreichendem) Bedarf die geforderten Soll-Serviceleistungen angeboten werden. Der Vorteil eines proaktiven Vorgehens besteht darin, daß bereits sehr früh ein positives Serviceimage aufgebaut wird, das in späteren Phasen der Marktreife und -sättigung eine stark präferenzschaffende Wirkung bei den potentiellen Kunden hat. Diese Strategie ist besonders für Unternehmen interessant, die in einen etablierten (Länder-) Markt einsteigen und auf diese Weise als „Servicepionier" versuchen können, Eintrittsbarrieren abzubauen. Problematisch ist bei dieser Strategie jedoch, daß ein sehr hohes und oft kostenintensives Serviceniveau meist nur mit erheblichen Schwierigkeiten im Zeitablauf wieder gesenkt werden kann, wenn sich die Abnehmer in der Zwischenzeit daran gewöhnt haben. Das ist beim reaktiven „Servicefolger" genau umgekehrt. Aufgrund der zurückhaltenden Vorgehensweise werden nur die Muß- und wichtige Soll- und Kann-Leistungen eingeführt. Die Servicekosten werden deshalb von Anfang an durch ein Basisangebot unbedingt notwendiger Serviceleistungen auf ein Mindestmaß reduziert. Inwieweit über die verschiedenen Ländermärkte hinweg die gleiche Handlungsgeschwindigkeit verfolgt wird, hängt u.a. ab

- von der Wettbewerbssituation (etablierter Anbieter versus Newcomer; Servicepionier versus Servicefolger),
- der relativen servicebedingten Ressourcenausstattung (z.B. Mitarbeiterqualifikation, Servicestellen / -netz, Finanzbudget) auf den jeweiligen Ländermärkten,
- der verfolgten Wettbewerbsstrategie (Qualitäts- versus Kostenorientierung),
- dem länderspezifischen Produktlebenszyklus (schnellebig / dynamisch versus „schlafend" / evolutorisch) und
- den Kundenerwartungen / -einstellungen (serviceorientierte versus serviceablehnende Haltung).

Die vorstehenden Ausführungen skizzieren die strategische Bedeutung von Timingüberlegungen im Servicebereich. Nur ein klarer zeitlicher Verhaltensplan verhindert einen hektischen Aktionismus beim Einsatz des Service als Marketing- und Wettbewerbsinstrument und ermöglicht eine bessere Budgetplanung für den Serviceeinsatz. Letztlich kann durch eine bewußte Zeitorientierung auch das „strategische Servicefenster", das zur erfolgversprechenden Ergreifung von Servicemaßnahmen und vor allem zum Aufbau der hierfür notwendigen Servicepotentiale in den einzelnen Ländermärkten zur Verfügung steht, frühzeitig erkannt und rechtzeitig genutzt werden.[461] Da interne Servicepotentiale - je nach Verfügbarkeit in den einzelnen Ländermärkten - oft nur in einer langen Zeitspanne aufgebaut werden können, ist ein ausreichender Zeitraum für die Potentialentwicklung bei der Serviceplanung zu berücksichtigen. Mit der Zunahme des Entwicklungszeitraums steigt auch der erforderliche Prognosezeitraum zur Bestimmung des zukünftigen Servicebedarfs und -niveaus. Daraus resultiert ein generelles Informations- und Entscheidungsdilemma: Denn je größer der Prognosezeitraum ist, desto unvollkommener sind auch Planungsinformationen für die Gestaltung des Servicepotentials und -angebots, das dann wiederum mit steigender Wahrscheinlichkeit zum relevanten Zeitpunkt ungeeignet oder gar falsch sein kann. Zur Minderung dieses generellen Entscheidungs- / Planungsproblems bietet sich die systematische Anwendung eines serviceorientierten Früherkennungssystems an, das mit Hilfe von (möglichst aussagefähigen) Indikatoren sowie mit dem Empfang und der Entschlüsselung „schwacher Signale“(die als schlecht strukturierte und unpräzise Informationen bestimmten Veränderungen weit vorauslaufen) eine Steigerung der Manövrier- und Handlungsfähigkeit der Servicepolitik ermöglicht.[462] Zu derartigen servicebezogenen Indikatoren, die als „Anzeiger“ bestimmter Entwicklungen zu sehen sind und i.d.R. auf Basis des Leitreihenverfahrens ermittelt werden,[463] gehören beispielsweise das Absatzpotential des Unternehmens auf einem Ländermarkt zur Abschätzung des Reparaturbedarfs, die sozioökonomischen Größen zur Prognose von Finanzierungsleistungen sowie das allgemeine (technische) Know-how und Bildungsniveau zur Einschätzung des Schulungsbedarfs. Beim Leitreihenverfahren wird die Entwicklung einer Variablen auf Basis des Verlaufs einer anderen (vorauseilenden) Variablen (Frühindikator) prognostiziert.[464] Voraussetzung ist, daß eine ausreichend plausible sachlogische bzw. theoretische Beziehung zwischen den Vorlaufvariablen und den zu prognostizierenden Größen besteht.

Der Empfang „schwacher Signale“ bezieht sich im Gegensatz zur Indikatorprognose auch auf periphere Umweltkonstellationen, die nicht zu den zentralen Umfeld- und Einflußbereichen des Unternehmens gehören.[465] Das Ziel besteht darin, neuartige Beziehungen und Ereignisse sowie plötzlich eintretende Veränderungen und Entwicklungen frühzeitig mit Hilfe eines „strategischen Radars“ zu „orten“. Diese Diskontinuitäten kündigen sich i.d.R. durch sehr vage Informationen und Hinweise an, die es richtig zu interpretieren gilt, um eine ausreichende Reaktionszeit zu erhalten. Entsprechend der Diffusionstheorie werden (grundlegende) Veränderungen von Akteuren, die hierdurch bestimmte Ziele erreichen wollen, initiiert und getragen. Diese Initialideen werden von Innovatoren aufgenommen und nach bestimmten Verbreitungs-

---

[461] Vgl. Hörschgen, H., a.a.O., Sp. 2469; Benkenstein, M.: Strategisches Marketing - Ein wettbewerbsorientierter Ansatz, Stuttgart/Berlin/Köln 1997, S. 50; ähnlich auch Link, J.: Führungssysteme, a.a.O., S. 125

[462] Vgl. Muchna, C.: Strategische Marketing-Früherkennung auf Investitionsgütermärkten, Wiesbaden 1988, S. 185ff.

[463] Vgl. Hüttner, M.: Markt- und Absatzprognosen für Marketingentscheidungen, in: Bruhn, M. (Hrsg.), Handbuch des Marketing, München 1989, S. 179f.

[464] Vgl. Raffée, H.: Prognose als ein Kernproblem der Marketingplanung, in: Raffée, H./Wiedmann, K.-P. (Hrsg.), Strategisches Marketing, 2. Aufl., Stuttgart 1989, S. 158ff.

[465] Vgl. zum Konzept der „schwachen Signale“ insbesondere Ansoff, H.I.: Managing Surprise and Discontinuity - Strategic Response to Weak Signals, in: Zeitschrift für betriebswirtschaftliche Forschung, 28. Jg., 1976, Heft 2, S. 129ff.

mustern weitergetragen, bis es durch die Übernahme in einer ersten Mehrheit zu einer massiven Situationsveränderung kommt. Mit der Übertragung der Idee auf Innovatoren und die Weitergabe an frühe Adoptoren sind i.d.R. Kommunikationsprozesse verbunden, die erste „schwache Signale" in verschiedenen Bereichen aussenden.[466] Für eine erfolgreiche Frühaufklärung ist das Radarsystem daher möglichst breit und offen anzulegen.[467] Häufig weisen unberechenbare und außergewöhnliche Umweltentwicklungen für Unternehmen nur deshalb den Charakter von „schwachen Signalen" auf, weil es das Management versäumt hat, aussagekräftige Indikatoren und Scanning-Möglichkeiten / -Quellen zu verwenden, die über den „Tellerrand" der eigenen Branche oder der aktuell bearbeiteten (Länder-) Märkte hinausgehen.

Durch ein frühzeitiges Erkennen von Serviceanforderungen und ein rechtzeitiges Timing von Serviceaktivitäten lassen sich nicht nur die Servicefunktionen besser nutzen, sondern auch Servicekosten optimieren. Beide Dimensionen determinieren wiederum den Servicebeitrag zum Unternehmenserfolg, so daß ein positiver Zusammenhang zwischen dem zeitbewußten Serviceangebot und -einsatz auf der einen Seite sowie dem Unternehmenserfolg auf der anderen Seite vermutet werden kann. Entsprechend soll folgende Hypothese aufgestellt werden:

H25: Eine langfristige Planung des Serviceeinsatzes
- *unterstützt den Einfluß des Service auf den Unternehmenserfolg positiv.*

Diese Hypothese ist insbesondere für eine strategisch orientierte Unternehmens-, Marketing- und Servicepolitik wichtig. Strategisches Denken und Handeln hat besonders auf dynamischen und wettbewerbsintensiven Märkten eine große Bedeutung. Da die meisten (internationalen) Märkte hierzu gehören, kann von einer generellen Relevanz dieser These ausgegangen werden.

3.3.3. Service-Marketing-Mix

Nachdem die Instrumentalstrategien für den Servicebereich festgelegt sind, müssen für die konkrete Marktbearbeitung operative Umsetzungsmaßnahmen der Servicepolitik durchgeführt werden. Dabei sind - wie auch bei der Kernleistung - Entscheidungen über Leistungsprogramm, Kommunikation, Kontrahierung und Distribution in einem Service-Marketing-Mix zu treffen. Für die erfolgreiche Gestaltung der einzelnen Service-Submix-Bereiche sind die dienstleistungsspezifischen Charakteristika wiederum wesentliche Determinanten.

---

[466] Vgl. ähnlich Muchna, C.: Früherkennungssysteme, in: Tietz, B./Köhler, R./Zentes, J. (Hrsg.), Handwörterbuch des Marketing, 2. Aufl., Stuttgart 1995, Sp. 728f.
[467] Vgl. Link, J.: Führungssysteme, a.a.O., S. 126

3.3.3.1. Leistungspolitik des Service

Die leistungspolitischen Entscheidungen bilden den Kernbereich und Ausgangspunkt im Rahmen des Servicemarketing und -managements. Sie beziehen sich auf die marktgerechte Gestaltung einzelner Serviceleistungen und die marktorientierte Kombination mehrerer Leistungen zu einem attraktiven Serviceprogramm. Dabei ist zunächst festzulegen, welche Serviceleistungen auf einem (Länder-) Markt wie angeboten werden sollen. Diese Entscheidung hängt auch hier wiederum von der Art des Kernprodukts, den konkreten Kundenerwartungen (einzelner Marktsegmente / Zielgruppen) und den Wettbewerberaktivitäten auf einem Ländermarkt ab. Letztlich sollten nur solche Serviceleistungen angeboten werden, die der Erreichung der aufgestellten *Serviceziele* dienen. Diese werden aus den allgemeinen Unternehmens- und Marketingzielen abgeleitet und lassen sich auf die generellen Servicefunktionen als Oberziele des Servicebereichs zurückführen. Sie umfassen beispielsweise die Erzielung von zusätzlichen servicebedingten Umsatzsteigerungen, Gewinnerhöhungen und Renditesteigerungen als ökonomische Zielsetzungen sowie Verbesserung der Informationsbasis, Imageverbesserungen, Präferenzschaffung, Steigerung der Kundenzufriedenheit und -loyalität als vor-ökonomische Serviceziele.

Da diese Ziele nur erreicht werden können, wenn die Serviceleistungen am Markt auch angenommen und von den Kunden positiv beurteilt werden, ist bei der Festlegung des Serviceangebots schon frühzeitig darauf zu achten, daß die zur Auswahl stehenden Serviceleistungen einen klaren Kundennutzen und Wert für die anvisierten Zielgruppen haben. Zur Ermittlung von Nutzenwerten und -beiträgen einzelner Serviceleistungen als Entscheidungsgrundlage für die Serviceauswahl und -programmerstellung sind i.d.R. Primäranalysen bei den Kunden durchzuführen. Das Spektrum möglicher Untersuchungsmethoden ist dabei vielfältig und reicht von einfachen Verfahren zur Messung von subjektiven Wichtigkeiten einzelner Serviceleistungen aus Kundensicht über Rangreihen- und Vorziehungstests bis hin zu Conjoint-Analysen.[468] Vor allem Conjoint-Analysen werden als dekompositionelle Methoden zur Teilnutzenbestimmung einzelner Leistungen als besonders geeignet angesehen und auch für den Einsatz zur Auswahl von Serviceleistungen empfohlen.[469] Allerdings ergeben sich gerade bei der Anwendung dieser Erhebungs- und Auswertungsmethode im Servicebereich mitunter erhebliche Schwierigkeiten. So ist z.B. besonders problematisch, daß aufgrund des kompensatorischen Grundmodells keine

[468] Vgl. Mann, A.: Kundennutzen und Kundenzufriedenheit, a.a.O., S. 7ff.

[469] Vgl. zum Einsatz der Conjoint-Analyse zur Bestimmung von Kundennutzen allgemein z.B. Green, P.E./Srinivasan, V.: Conjoint Analysis in Marketing - New Developments with Implications for Research and Practice, in: Journal of Marketing, 54. Jg., 1990, October, S. 3f.; Büschken, J.: Conjoint-Analyse, in: Tomczak, T./Reinecke, S. (Hrsg.), Marktforschung, St. Gallen 1994, S. 72ff.; zur Anwendung im Dienstleistungs- und Servicebereich siehe u.a. Laakmann, K.: Value-Added Services als Profilierungsinstrument im Wettbewerb, Frankfurt/Main et al 1995, S.188ff.; Mengen, A., a.a.O., S. 81ff.; Sebastian, K.-H./Hilleke, K., a.a.O., S. 55; Simon, H.: Was ist dem Kunden die Leistung wert?, in: absatzwirtschaft, 37. Jg., 1994, Heft 2, S. 74ff.; Mann, A.: Kundennutzen und Kundenzufriedenheit, a.a.O., S. 13ff.

K.o.-Kriterien berücksichtigt werden dürfen. Deshalb sind Conjoint-Analysen bei der Evaluation von Muß- und wichtigen Soll-Leistungen ungeeignet, da die Teilnutzenwerte dieser Serviceleistungen nicht durch andere Leistungen des Serviceprogramms ersetzt werden können. Das Fehlen oder unzureichende Angebot von Muß- und Soll-Leistungen würde von den Kunden in keiner Weise akzeptiert und zu erheblichen Einschränkungen der Bedürfnisbefriedigung und damit des Kundennutzens führen, was nicht von anderen Serviceleistungen ausgeglichen werden kann. Allerdings ist zu berücksichtigen, daß die Wertigkeit von Muß- und wichtigen Soll-Leistungen meist nicht mehr explizit bei den Kunden erhoben werden muß, sondern sich zwangsläufig aus Markt- und Wettbewerbssituationen ergibt. Demnach ist die Entscheidung über das Angebot oder die Elimination von Serviceleistungen generell eher für Kann-Leistungen relevant, die als innovative Serviceleistungen von den Kunden nicht explizit erwartet und gefordert werden. Wenngleich diese Anwendungsschwierigkeiten von Conjoint-Analysen damit bei Kann-Serviceleistungen reduziert werden, ist jedoch zu beachten, daß es für die Probanden bei stark immateriellen (Kann-) Serviceleistungen wegen des Erfahrungs- oder Vertrauensgutcharakters besonders schwierig ist, (im Vorfeld) eine valide Nutzenbewertung abzugeben.[470]

In Abbildung IV-28 sind die Serviceleistungen aufgelistet, die von den befragten Unternehmen in der Grundlagenstudie angeboten werden. Interessant ist, daß vor allem konventionelle Leistungen wie Beratung, Lieferservice, Kundenschulungen, Bestelldienste und Reparaturen von deutschen Unternehmen im Inland und Ausland angeboten werden. Es handelt sich hierbei um typische Muß- und Soll-Leistungen, die auf jeden Fall anzubieten sind und eher Wettbewerbsnachteile vermeiden statt Wettbewerbsvorteile schaffen.

[470] Vgl. zu den Anwendungsproblemen vor allem Woratscheck, H.: Conjoint Measurement - Ein Durchbruch bei der Preisentscheidung im Dienstleistungsbereich?, in: Engelhardt, W.H. (Hrsg.), Perspektiven des Dienstleistungsmarketing, Wiesbaden 1998, S. 35ff.

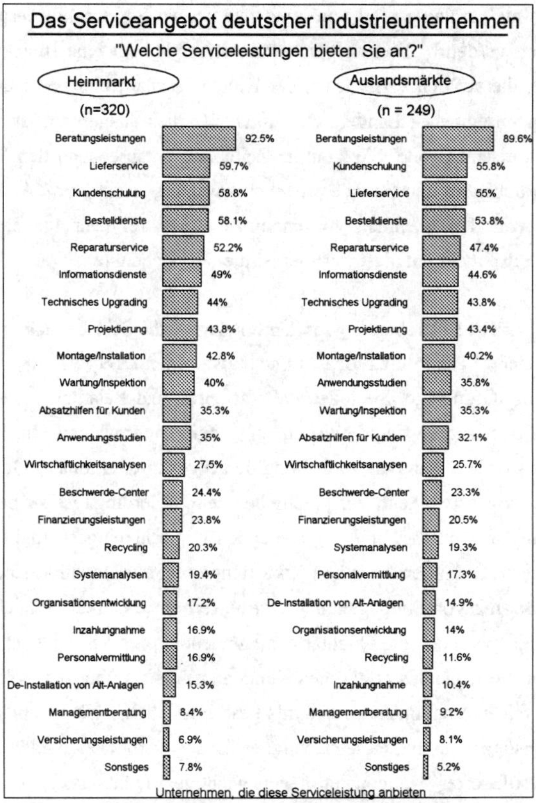

Abb. IV-28: Das Serviceangebot deutscher Industrieunternehmen

Systemanalysen, Organisationsentwicklung, Inzahlungnahme, Personalvermittlung, De-Installation, Managementberatung und Versicherungen werden von weniger als einem Fünftel der Unternehmen auf dem deutschen Markt und den ausländischen Märkten angeboten. Diese Services lassen sich daher als Kann-Leistungen bezeichnen, wenngleich eine derartige Klassifikation immer nur branchen- und länderspezifisch festgelegt werden kann. Diese vermeintlichen Kann-Leistungen können als potentielle „Motivatoren" bzw. Reward-Leistungen zur Wettbewerbsdifferenzierung und Schaffung von Kundenzufriedenheit beitragen, wenn die vorstehend aufgeführten Muß- und Soll-Leistungen entsprechend den Kundenerwartungen erfüllt wurden. Damit ist ein weiterer wichtiger Aspekt angesprochen, die Servicequalität.

Servicequalität kann als Erfüllungsgrad von kundenbedingten Serviceanforderungen und -erwartungen bezeichnet werden.[471] Diesem Qualitätsverständnis liegt eine subjektive Qualitätsauffassung zugrunde, die auf den Ansprüchen der Kunden aufbaut und von Kundensegment / Ländermarkt zu Kundensegment / Ländermarkt unterschiedlich ausgeprägt ist.[472] Servicequalität ist dabei keine statische Größe. Sie kann im Zeitablauf entsprechend den Veränderungen bei den Kundenansprüchen an den Service erheblich variieren, wenn keine Anpassung an die Serviceerwartungen vom Unternehmen vorgenommen wird. Je mehr die servicebedingten Kundenerwartungen erfüllt werden, desto größer ist die Servicequalität.

Darüber hinaus gibt es auch Bestrebungen von Unternehmen, die Servicequalität zu objektivieren und zu standardisieren. Die internationalen Qualitätsnormen DIN ISO 9001 und DIN ISO 9002 liefern hierfür die Grundlage. Sie legen die Verfahren und Leistungsprozesse des Kundendienstes fest und überwachen deren Wirkungen.[473] Für Unternehmen, die in einen neuen Ländermarkt eintreten wollen, kann die Einhaltung derartiger internationaler Qualitätsanforderungen hilfreich oder sogar zwingend vorgeschrieben sein. Allerdings ist zu berücksichtigen, daß die Normen den Kundendienst und Servicebereich nur sehr eingeschränkt interpretieren und damit letztlich keine Garantien für eine marktorientierte Servicequalität sind, die Profilierungs- und Differenzierungsvorteile gegenüber Wettbewerbern erlauben. Schließlich entscheidet der Kunde darüber, wie hoch die Qualität des Kundendienstes / Service ist. Dieses Urteil wird dabei mehr über die Höhe des erfahrenen Kundennutzens als über den Konformitätsgrad eines Unternehmens mit internationalen Standards bestimmt.[474] Das gilt zumindest in starkem Maße (noch) für Konsumenten als Servicenachfrager. Bei gewerblichen Kunden ist häufig ein nach DIN-Norm zertifizierter Kundendienst ein wichtiges Qualitätssignal, das zwar als Listungskriterium in der Zuliefererauswahl ein K.o.-Kriterium sein kann, aber einen unzureichenden Abnehmernutzen nicht auszugleichen vermag.[475] Demnach ist eine normgerechte Servicequalität nur bei gleichzeitig hohem Kundennutzen der Serviceleistungen ein wichtiges Marketing- / Absatzkriterium. Allerdings ist grundsätzlich zu berücksichtigen, daß bei stark integrativen Serviceprozessen eine Standardisierung von Erstellungsabläufen und Leistungser-

---

[471] Vgl. Teas, R.K.: Expectations, Performance Evaluation, and Customers' Perception of Quality, in: Journal of Marketing, 57. Jg., 1993, October, S. 18

[472] Zu unterschiedlichen Qualitätsauffassungen siehe insbesondere Garvin, D.A.: What Does Product Quality Really Mean?, in: Sloan Management Review, 25. Jg., 1984, Nr. 1, S. 25ff.

[473] Vgl. Saatweber, J.: Inhalt und Zielsetzung von Qualitätsmanagementsystemen gemäß den Normen DIN ISO 9000 bis 9004, in: Stauss, B. (Hrsg.), Qualitätsmanagement und Zertifizierung - Von DIN ISO 9000 zum Total Quality Management, Wiesbaden 1994, S. 76ff.

[474] Vgl. hierzu u.a. Botschen, G./Webhofer, M.: Mehr Bürokratie statt Wettbewerbsvorsprung, in: absatzwirtschaft, 40. Jg., 1997, Heft 2, S. 71

[475] Vgl. auch Rieker, J.: Norm ohne Nutzen?, in: manager magazin, 25. Jg., 1995, Heft 12, S. 203f.; Weisenfeld-Schenk, U.: Die Nutzung von Zertifikaten als Signal für Produktqualität, in: Zeitschrift für Betriebswirtschaft, 67. Jg., 1997, Heft 1, S. 29

gebnissen sehr schwierig ist. Die Anwendung der DIN ISO-Normenreihe ist damit für den Servicebereich nur bedingt möglich.[476]

Eng verbunden mit dem kundenorientierten Qualitätsverständnis ist der Begriff der Kundenzufriedenheit. Auch *Kundenzufriedenheit* ist nach dem in der Wissenschaft allgemein anerkannten und meistens zugrunde gelegten Confirm / Disconfirm-Paradigma das Ergebnis eines kognitiven Vergleichsprozesses von Erwartungen (Soll) und tatsächlich wahrgenommenen Leistungen.[477] Werden die Erwartungen und Ansprüche der Kunden erfüllt / bestätigt, dann entsteht Kundenzufriedenheit. Eine Nicht-Erfüllung führt zu Unzufriedenheit. Häufig wird Zufriedenheit deshalb auch als Maßstab und Ergebnis der Qualität angesehen.[478] Eine hohe Qualität ist demnach dann erreicht, wenn die Kunden zufrieden sind. Das ist dann gegeben, wenn das erwartete Leistungsniveau dem wahrgenommenen Leistungsniveau entspricht oder dieses noch übertrifft. Im Falle der Übererfüllung kann bei den Kunden Begeisterung entstehen, die nicht nur zu einer ausgeprägten Loyalität gegenüber dem Unternehmen oder der Marke führt, sondern auch eine positive Mund-zu-Mund-Werbung auslösen kann. Dieser „Missionarseffekt" tritt bei Kunden, die aufgrund genau erfüllter Erwartungen zufrieden sind, häufig nicht ein.[479] Sie sind trotz Zufriedenheit auch durchaus bereit, den Anbieter und / oder die Marke bei nächster Gelegenheit zu wechseln. Die Gründe hierfür sind u.a. darin zu sehen, daß bei den Abnehmern ein grundsätzliches Bedürfnis zur Abwechselung im Konsumverhalten besteht (variety seeking) und daß die Kunden für zukünftige Transaktionen steigende Erwartungen haben, deren Erfüllung sie bei dem bisherigen Anbieter nicht für möglich halten.[480] Darüber hinaus gibt es auch unzufriedene Kunden, deren Erwartungen nicht erfüllt wurden, die jedoch trotzdem weiterhin der Marke oder dem Anbieter treu bleiben. Sie haben ihr Anspruchsniveau gesenkt und passen ihre Erwartungen dem erfahrenen Leistungsniveau des Anbieters an.[481] Meistens

---

[476] Vgl. auch Stauder, T.: Qualitätsmanagement im Kundenservice, Wiesbaden 1995, S. 128 und S. 187

[477] Vgl. z.B. Homburg, C./Rudolph, B.: Theoretische Perspektiven zur Kundenzufriedenheit, in: Simon, H./Homburg, C. (Hrsg.), Kundenzufriedenheit, 2. Aufl., Wiesbaden 1997, S. 38ff.; Anderson, E.W./Fornell, C.: A Customer Satisfaction Research Prospectus, in: Rust, R.T./Oliver, R.L. (Hrsg.), Service Quality - New Directions in Theory and Practice, Thousand Oaks 1994, S. 246ff.; Bolton, R.N./Drew, J.H.: Linking Customer Satisfaction to Service Operations and Outcomes, in: Rust, R.T./Oliver, R.L. (Hrsg.), Service Quality - New Directions in Theory and Practice, Thousand Oaks 1994, S. 176ff.

[478] Vgl. u.a. Cravens, D.W. et al.: Marketing's Role in Product and Service Quality, in: Industrial Marketing Management, 17. Jg., 1988, Nr. 4, S. 286; Cronin, J.J./Taylor, S.A.: Measuring Service Quality - A Reexamination and Extention, in: Journal of Marketing, 56. Jg., 1992, July, S. 57f.; Rapp, R.: Kundenzufriedenheit durch Servicequalität, Wiesbaden 1995, S. 39;

[479] Vgl. Töpfer, A./Mann, A.: Kundenzufriedenheit - die Meßlatte für den Erfolg, in: Töpfer, A. (Hrsg.): Kundenzufriedenheit messen und steigern, 2. Aufl., Neuwied/Kriftel/Berlin 1998 (in Druck)

[480] Vgl. Stauss, B./Neuhaus, P.: Das Unzufriedenheitspotential zufriedener Kunden, in: Marktforschung & Management, 40. Jg., 1996, Heft 4, S. 130

[481] Vgl. Stauss, B.: Führt Kundenzufriedenheit zu Kundenbindung?, in: Belz, C. (Hrsg.), Marketingtransfer - Kompetenz für Marketing-Innovationen, Schrift 5, St. Gallen 1997, S. 79f.; Töpfer, A./Mann, A.: Kundenzufriedenheit, a.a.O. (in Druck)

kommt es bei Nicht-Erfüllung der Leistungserwartungen bei den Kunden jedoch zu Unzufriedenheit und zum Abbruch bestehender Beziehungen zum Anbieter.[482]

Die skizzierten Zusammenhänge gelten auch für den Servicebereich und einzelne Serviceleistungen. Dabei kann eine unzureichende Servicequalität nicht nur zu Unzufriedenheit der Kunden mit dem Service führen, sondern auch negativ auf die Globalzufriedenheit mit einer Kernleistung wirken. Dadurch hat die Servicequalität auch einen indirekten Einfluß auf das Weiterempfehlungsverhalten sowie die Kundenloyalität und -bindung. Die Servicequalität ist nämlich ein wesentlicher Bestandteil der Globalqualität einer Marktleistung und ein wesentlicher Einflußfaktor auf die generelle Kundenzufriedenheit.[483] Es ist deshalb sehr wichtig, eine ausreichende oder - besser - hohe Servicequalität zu erreichen und zu halten. Damit ist die Notwendigkeit einer aktiven Qualitätspolitik im Servicebereich offensichtlich.

Aufgrund der Kundenintegration ist die Servicequalität in drei Qualitätsdimensionen einzuteilen, die vom Unternehmen mehr oder minder stark gesteuert und vom Kunden wahrgenommen werden. Es handelt sich hierbei um die interne Potential-, Prozeß- und Ergebnisqualität. Die Gruppierung in diese drei Teilqualitäten kann bei einzelnen Serviceleistungen eine unterschiedliche Bedeutung für Kunden und deren Zufriedenheitsurteil haben.[484] So ist z.B. bei einer Kundenschulung für die Servicenehmer nicht nur die Fülle und die Nützlichkeit des neuen Wissens (Ergebnis) für die Qualitätsbeurteilung entscheidend, sondern auch die Art und Weise, wie der Know-how-Transfer (Prozeßdimension) stattfindet. Diese wird auch von der sozialen und fachlichen Qualifikation des Dozenten / Trainers beeinflußt (Potentialqualität).

In Abbildung IV-29 sind die Dimensionen der Servicequalität dargestellt. Dabei wird deutlich, daß die Ergebnisqualität von den beiden anderen Teilqualitäten beeinflußt wird. Es besteht also ein funktionaler Zusammenhang zwischen den drei Teilqualitäten.

---

[482] Vgl. Diller, H.: Kundenbindung, a.a.O., S. 90

[483] Vgl. auch die Ergebnisse zum Einfluß der Servicequalität auf die generelle Kundenzufriedenheit bei Rapp, R., a.a.O., S. 148; Müller, W.: Service-Tuning für das Kfz-Marketing, in: absatzwirtschaft, 33. Jg, 1990, Sonderheft 10, S. 198

[484] Vgl. Benkenstein, M.: Dienstleistungsqualität, in: Zeitschrift für Betriebswirtschaft, 63. Jg., 1993, Heft 11, S. 1098

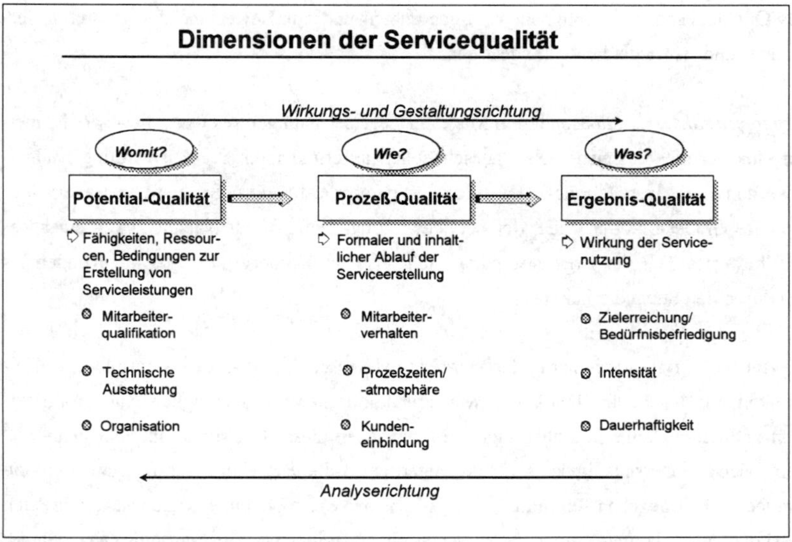

Abb. IV-29: Dimensionen der Servicequalität

Die *Potentialqualität* bezieht sich auf die Leistungsbereitschaft und -fähigkeiten des Anbieters. Sie ist durch finanzielle, technische, personelle und organisatorische Ressourcen gekennzeichnet, die sich vor- oder nachteilig auf die Erfüllung von Kundenerwartungen hinsichtlich des Service auswirken können.[485] Die interne Potentialqualität legt fest, *womit* die Serviceerstellung und das Serviceergebnis realisiert werden. Sie ist damit eine wichtige Grundlage für die wahrgenommene Servicequalität beim Kunden, da die verfügbaren Servicepotentiale einen wesentlichen Einfluß auf die Erfüllung der Serviceanforderungen haben können. Das gilt vor allem für stark integrative Serviceleistungen, bei denen der Kunde mit den Servicepotentialen des Anbieters beim Erstellungsprozeß in direkten Kontakt kommt.

Die *Prozeßqualität* bezieht sich auf den formalen und inhaltlichen Ablauf der Serviceerstellung. Es geht also im wesentlichen darum, *wie* die Nachfrager den Service erhalten. Für personenbezogene Serviceleistungen stellt die Prozeßqualität ein entscheidendes Kriterium für die Beurteilung der Gesamtqualität und Kundenzufriedenheit dar. Ausschlaggebend hierfür sind insbesondere die Art und Intensität der Kundenbeteiligung, das Verhalten der Service-Mitarbeiter und die allgemeine Prozeßatmosphäre, die erheblich von den Kunden als Co-Producer mitgestaltet wird. Die im Serviceprozeß vom Kunden wahrgenommenen „Moments-of-Truth" wer-

[485] Vgl. Güthoff, J., a.a.O., S. 45; Meyer, A./Mattmüller, R.: Qualität von Dienstleistungen, in: Marketing - Zeitschrift für Forschung und Praxis, 9. Jg., 1987, Heft 3, S. 190

den als Qualitätseindrücke dominant wahrgenommen und zur Bewertung der gesamten Servicequalität und -zufriedenheit herangezogen.[486]

Die *Ergebnisqualität* ist in besonderem Maße für Serviceleistungen relevant, die - wie die meisten produktbezogenen Leistungen - ausschließlich aufgrund ihrer Ergebniswirkung nachgefragt werden (z.B. Installations-, Wartungs-, Reparaturleistungen). Sie wird vor allem hinsichtlich des Grades und der Dauer der Servicewirkung, wie z.B. der Nachhaltigkeit einer Reparatur, bewertet. Bei der Ergebnisqualität steht also im Vordergrund, *was* die Kunden als Nutzen durch den Service erhalten.

Die vorstehende Trichotomie hat in der Marketingwissenschaft und -praxis aufgrund ihrer Einprägsamkeit und Nachvollziehbarkeit sowie ihrer kulturellen Unabhängigkeit eine große Popularität gefunden. Damit sind allerdings die Schwächen dieser Klassifikation nicht geheilt.[487] Problematisch ist einerseits die kausale bzw. deterministische Beziehung der Teilqualitäten, die nicht in jedem Fall gegeben sein muß.[488] So ist beispielsweise bei einer Kundenschulung auch trotz kompetenter Trainer, modernster technischer Schulungsausrüstung und angenehmer Lernatmosphäre kein Schulungserfolg für die Anwender garantiert. Es spielen mitunter noch weitere Einflüsse, die nicht im Entscheidungsbereich des Anbieters stehen, eine wesentliche Rolle. So können z.B. die allgemeine Persönlichkeit, Qualifikation, Motivation und das Verhalten der einzelnen Teilnehmer das Ergebnis und die Wirkung einer Schulung mitbestimmen. Zum anderen ist die stark vereinfachte Darstellung der Qualitätsdimensionen, die keine differenzierte Bestimmung und Analyse von Qualitätsfaktoren erlaubt, nachteilig. Doch gerade für ein zielgerichtetes Qualitätsmanagement im Service ist eine klare Identifikation von „Stellhebeln und Fußangeln“ bei der Schaffung einer ausreichenden oder überzeugenden Servicequalität notwendig.

Hinweise auf das bewußte Management der Dienstleistungsqualität gibt das Gap-Modell von *PARASURAMAN / ZEITHAML / BERRY*[489], in dem nicht nur die Beurteilungskriterien aus der Abnehmerperspektive, sondern auch die Bestimmungsfaktoren für die Servicequalität auf der Anbieterseite dargestellt werden. In Abbildung IV-30 ist das Konzept in leicht modifizierter Form graphisch dargestellt.

---

[486] Vgl. z.B. Tanner, J.F. Jr.: Buyer Perceptions of the Purchase Process and Ist Effect on Customer Satisfaction, in: Industrial Marketing Managment, 25. Jg., 1996, Nr. 2, S. 130

[487] Vgl. z.B. Güthoff, J., a.a.O., S. 47f.

[488] Vgl. Meyer, A./Mattmüller, R., a.a.O., S. 191

[489] Vgl. Parasuraman, A./Zeithaml, V.A./Berry, L.: A Conceptual Model, a.a.O., S. 43ff.

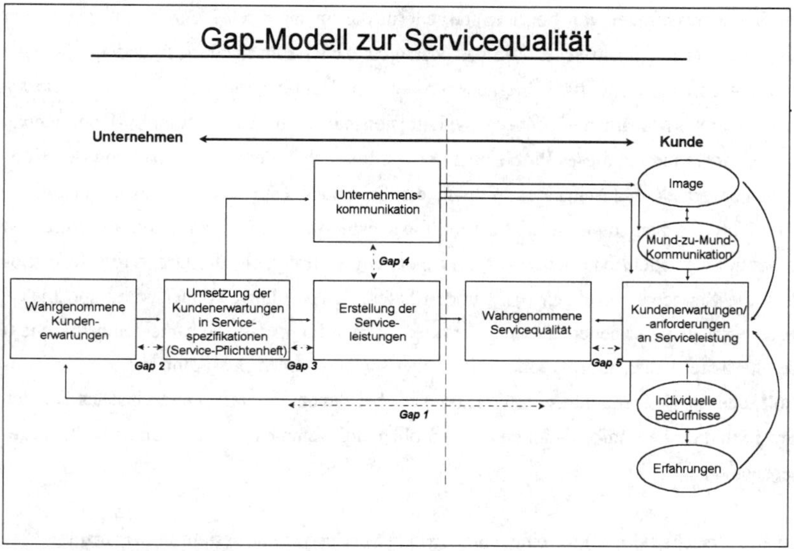

Abb. IV-30: Gap-Modell zur Servicequalität
(Quelle: Parasuraman, A./Zeithaml, V.A./Berry, L.: A Conceptual Model, a.a.O., S. 43)

Wie die Abbildung zeigt, gibt es fünf wesentliche Gaps, die als Gründe für eine unzureichende Qualität auftreten können. Dabei wird auch in diesem Modell die Servicequalität als Übereinstimmung von Serviceerwartungen und tatsächlich wahrgenommenem Leistungsnutzen angesehen. Eine Differenz zwischen erwartetem und wahrgenommenem Service führt letztlich zu einer unzureichenden Servicequalität aus Kundensicht. Im Rahmen der internationalen Qualitätspolitik des Service ist zu beachten, daß einzelne Qualitätsmerkmale in den bearbeiteten Ländermärkten eine unterschiedliche Bedeutung haben und / oder unterschiedlich wahrgenommen werden können.[490] Dieses grundsätzliche „Qualitäts-Gap" (*Gap 5*) gilt es zu vermeiden bzw. zu eliminieren, wenn Service als Differenzierungs- und Profilierungsinstrument am Markt genutzt werden soll. Voraussetzung ist, daß dieser potentielle Gap-Bereich im Rahmen eines Servicecontrolling ständig überwacht und positiv gesteuert wird. Diesem finalen Qualitätsproblem gehen dabei grundsätzlich andere organisationsinterne Mängel voraus, die sich in Gap 1 bis 4 manifestieren.

Der erste Problembereich (*Gap 1*) liegt darin, daß die Kundenanforderungen und -erwartungen an den Service vom Servicemanagement im Unternehmen nicht richtig erkannt oder falsch eingeschätzt werden.[491] Die Ursache hierfür ist, daß mehr *über* und weniger *mit* den Kunden und Interessenten geredet wird. Hinzu kommt, daß Informationen über Erwartungen und Ansprü-

[490] Vgl. Berndt, R./Fantapié Altobelli, C./Sander, M., a.a.O., S. 102f.

che der Servicenachfrager von Servicemitarbeitern, die im täglichen Kontakt mit den diesen stehen, nicht oder nur unzureichend an das Management als Entscheidungsgrundlage für eine Veränderung der Servicepolitik weitergegeben werden. Häufig wirken dabei einzelne dazwischen geschaltete Managementebenen als Diffusionsbarrieren der Buttom-up-Kommunikation.[492] Zur Überwindung dieses Problembereichs ist u.a. neben dem Willen, sich mit den Kundenproblemen ernsthaft auseinanderzusetzen, der Schaffung einer offenen Kommunikationskultur im Unternehmen sowie der Errichtung flexibler und flacher Organisationsstrukturen im Servicebereich vor allem eine gezielte Marktforschung erforderlich, die konkrete Informationen über die Serviceerwartungen der Kunden liefert.[493] Allerdings können kulturspezifische Besonderheiten in verschiedenen Ländermärkten dazu führen, daß auch die (einheimischen) Servicemitarbeiter keine Informationen „nach oben" geben wollen. Das kann vor allem in Kulturen mit einer starken Machtdistanz vorkommen, bei denen ein stark hierarchisches Denken vorherrscht und deshalb Informationen nur von oben angenommen und nach unten weitergegeben werden.[494]

Eine zweite Ursache (*Gap 2*) für eine ungenügende Servicequalität besteht in der unzureichenden Umsetzung der durchaus richtig erkannten Kundenerwartungen. Die Gründe hierfür liegen zum einen in einer oft anzutreffenden „Schnittstellen-Problematik" arbeitsteiliger Unternehmen, die sich beispielsweise in Verständnis- und Verständigungsproblemen niederschlägt. Zum anderen fehlt häufig auf der Ebene des (Service-) Management das notwendige Involvement gegenüber Qualität und Kundenorientierung, die im Unternehmen weder als Unternehmenskultur gelebt noch als Grundsätze in der Unternehmensphilosophie festgeschrieben sind.[495] Mögliche Ansatzpunkte zur Umgehung derartiger Qualitätshindernisse sind die Einführung von (internationalen) Qualitäts- und Servicegrundsätzen als Fundament eines kundenorientierten Verhaltens im Unternehmen. Zum Abbau von abteilungsbedingten Qualitätsbrüchen bei der Serviceplanung kann beispielsweise der Einsatz eines Quality Function Deployment (QFD) helfen. Allerdings kann durch die notwendige Kundenintegration bei Serviceleistungen auch dieses Qualitätsplanungsinstrument schnell an seine Grenzen stoßen, weil hierdurch eine länder- und auch zielgruppenautonome Qualitätsdisposition schwierig umzusetzen ist.[496]

---

[491] Vgl. ebenda, S. 44; Kasper, H./Lemmink, J.: After Sales Service Quality - Views Between Industrial Customers and Service Managers, in: Industrial Marketing Management, 18. Jg., 1989, Nr. 3, S. 202ff.
[492] Vgl. Zeithaml, V.A./Berry, L.L./Parasuraman, A., a.a.O., S. 410f.
[493] Vgl. auch Bruhn, M.: Qualitätsmanagement für Dienstleistungen, Berlin et al. 1996, S. 68; Mann, A.: Service-Konzeption, a.a.O., S. 33
[494] Vgl. hierzu Hofstede, G.: Lokales Denken, globales Handeln, München 1997, S. 45f. und S. 196ff.
[495] Vgl. ähnlich Zeithaml, V.A./Berry, L.L./Parasuraman, A., a.a.O., S. 411ff.
[496] Vgl. Stauder, T., a.a.O., S. 125; Töpfer, A./Mann, A.: Service und Total Quality Management (TQM), in: Weber, R. (Hrsg.), Service-Management (Loseblattsammlung), Landsberg/Lech 1994, 14. NL, Kap. VIII.7.1, S. 8ff. und S. 30; Engelhardt, W.H./Freiling, J.: Marktorientierte Qualitätsplanung - Probleme des Quality Function Deployment aus Marketing-Sicht, in: Die Betriebswirtschaft, 57. Jg., 1997, Heft 1, S. 10ff.

Eine weiterer Fallstrick (*Gap 3*) ist die Diskrepanz zwischen der spezifizierten und der tatsächlich angebotenen Serviceleistung. Ursachen hierfür sind fehlende technische und personelle Ressourcen, um die Leistungserwartungen der Kunden erfüllen zu können.[497] In diesem Fall ist eine entsprechende Ausstattung zur Verfügung zu stellen oder eine Entlastung für die eingesetzten und in andere Arbeiten eingebundenen Servicekräfte anzustreben. Darüber hinaus können eine unzureichende Mitarbeiterqualifikation und / oder -motivation im Umgang mit Kunden und Betriebsmitteln wichtige Gründe für diese Qualitätslücke sein. Ungeeignete Personalführungssysteme mit unzureichenden Anreiz- und Kontrollinstrumenten sind häufig die Quelle für eine eingeschränkte Teamarbeit sowie eingedämmte Leistungsfähigkeit und -bereitschaft bei dem Servicepersonal, was sich negativ auf die Erfüllung von Qualitätsansprüchen auswirkt.[498] Auch hier sind im internationalen Kontext kulturelle Eigenheiten im Rollenverständnis, Führungs- und Arbeitsverhalten der einheimischen Servicemitarbeiter in unterschiedlichen Ländermärkten bei der Gestaltung eines internationalen Human-Ressourcen-Management zu berücksichtigen.

Eine weitere Qualitätslücke entsteht (*Gap 4*), wenn der kommunizierte Kundennutzen nicht dem tatsächlichen Leistungsniveau entspricht. Es handelt sich hierbei um eine Diskrepanz von kommunizierten Leistungs- / Nutzenversprechen und der vom Kunden wahrgenommenen Servicequalität.[499] Das ist häufig dann gegeben, wenn Kommunikations- / Werbeaussagen bewußt oder unbewußt bei den Zielgruppen „überzogen" dargestellt werden. Kunden, die den Anbieter in dieser Situation beim „Wort nehmen", sehen ihre Erwartungen i.d.R. nicht bestätigt. Die Folge sind Unzufriedenheit und Enttäuschung bei den Abnehmern. Ausgangspunkt für eine derartig mißglückte Kommunikation sind wiederum oft interne Schnittstellen- und Koordinationsprobleme, die dazu führen, daß Werbebotschaften ohne Einbeziehung der Serviceabteilung und ohne explizite Berücksichtigung der servicebezogenen Leistungsfähigkeiten konzipiert werden.[500] Im internationalen Kontext kann dieser Problembereich auch aus einer standardisierten Kommunikation resultieren, die länderspezifische Besonderheiten des internationalen Serviceangebots nicht ausreichend berücksichtigt.

Das skizzierte Gap-Modell hat sich aufgrund seiner Verknüpfung der kunden- mit der herstellerorientierten Qualitätsperspektive sehr schnell und umfassend in der Marketingtheorie und -praxis etabliert.[501] Allerdings wurden hier leichte Modifikationen vorgenommen, die sich z.B. auf die Integration des Anbieterimages als Erwartungsdeterminante oder auf eine explizite Berücksichtigung des Servicepreises als Bewertungsfaktor beziehen.[502]

---

[497] Vgl. Zeithaml, V.A./Berry, L.L./Parasuraman, A., a.a.O., S. 413ff.
[498] Vgl. Bruhn, M.: Qualitätsmanagement, a.a.O., S. 71f.
[499] Vgl. Zeithaml, V.A./Berry, L.L./Parasuraman, A., a.a.O, 417ff.
[500] Vgl. Mann, A.: Service-Konzeption, a.a.O., S. 36; Bruhn, M.: Qualitätsmanagement, a.a.O., S. 73f.
[501] Vgl. auch Benkenstein, M.: Dienstleistungsqualität, a.a.O., S. 1107f.; Brown, S.W./Swartz, T.A.: A Gap Analysis of Professional Service Quality, in: Journal of Marketing, 53. Jg., 1989, April, S. 93ff.; Gummesson,

Ein weiterer wichtiger Entscheidungsbereich im Rahmen der Service-Leistungspolitik ist die Festlegung und Steuerung des *Serviceprogramms*. Hierbei geht es um die Bestimmung von Breite und Tiefe des anzubietenden Servicespektrums, das im Zeitablauf überprüft und eventuell modifiziert werden muß. Im Gegensatz zu Elementarentscheidungen, die sich auf einzelne isolierbare Serviceleistungen beziehen, umfassen die Programmentscheidungen die Gesamtheit aller Serviceleistungen und erstrecken sich damit auf den Umfang des Serviceangebots.[503] Da Elementarentscheidungen immer leistungsspezifisch zu beurteilen sind und es eine Vielzahl von Serviceleistungen gibt, soll an dieser Stelle auf eine Beschreibung von Elementarentscheidungen verzichtet werden, die über die oben erörterten Inhalte hinausgehen.

Die *Breite* des Serviceprogramms umfaßt die Anzahl unterschiedlicher Servicearten (z.B. Beratungsleistungen, Produktleistungen, Finanzleistungen), die angeboten werden. Man kann die Programmbreite auch als horizontale Angebotsstruktur des Servicespektrums bezeichnen. Die *Tiefe* des Serviceprogramms bezieht sich hingegen auf die vertikale Angebotsstruktur des Serviceprogramms, die sich in der Anzahl verschiedener Serviceleistungen innerhalb einer Serviceart niederschlägt (z.B. könnten in der Serviceart „Finanzleistungen" folgende Serviceleistungen angeboten werden: Lieferversicherungen, Leasing, Kreditkauf, Rückkaufgarantien und Inzahlungnahme).[504]

Verknüpft man die beiden Programmdimensionen miteinander, so erhält man vier typische Programmtypen:

- Zum ersten kann ein flaches und schmales Serviceprogramm angeboten werden. Es handelt sich hierbei um ein *„Minimal- / Basisprogramm"*, das nur die wesentlichen Muß- und einige Soll-Leistungen umfaßt. Dieses Serviceprogramm ist vor allem für Zielgruppen geeignet, die zugunsten geringerer Preise eine Reduzierung oder Externalisierung von Serviceleistungen bevorzugen. Ein Minimal- / Basisprogramm ist vor allem für Unternehmen sinnvoll, die eine kostenorientierte Unternehmens- / Wettbewerbsstrategie verfolgen. Diese Serviceprogrammgestaltung ist typisch für einen (internationalen) Massen-Service mit weitgehend standardisierten Leistungsangeboten auf den bearbeiteten (Länder-) Märkten. Man kann davon ausgehen, daß ein Minimal- / Basisprogramm lediglich zur Vermeidung von Wettbewerbsnachteilen und / oder zur Erfüllung von administrativen Auflagen angeboten wird.

E.: Service Quality - A Holistic View, in: Brown, S.E. et al. (Hrsg.), Service Quality - Multidisciplinary and Multinational Perspectives, Lexington 1991, S. 12; Moore, S.A./Schlegelmilch, B.B.: Improving Service Quality in an Industrial Setting, in: Industrial Marketing Management, 23. Jg., 1994, Nr. 1, S. 85

502 Vgl. Haller, S.: Beurteilung von Dienstleistungsqualität, Wiesbaden 1995, S. 87

503 Vgl. Kleinaltenkamp, M./Ginter, T.: Dienstleistungsprogrammpolitische Entscheidungen, in: Meyer, A. (Hrsg.), Handbuch Dienstleistungs-Marketing, Band 1, Stuttgart 1998, S. 753

504 Vgl. Zborschil, I.A., a.a.O., S. 257

- Zum zweiten ist es möglich, ein flaches und breites Serviceprogramm zu gestalten. Dieses *„Universalprogramm“* umfaßt sowohl Muß- und Soll- als auch Kann-Leistungen. Allerdings besteht bei diesem „Von-jedem-etwas-Angebot“ die Gefahr, daß die servicebezogenen Kundenanforderungen in den einzelnen Ländermärkten nicht richtig bzw. umfassend erfüllt werden. Ein derartiges Sortiment ist häufig bei Unternehmen anzutreffen, die keine spezifische Zielgruppenausrichtung aufweisen und mit dieser „Schrotflinten-Methode“ hoffen, daß sie die durchschnittlichen Servicewünsche der potentiellen Kunden erfüllen. Eine derartige Programmgestaltung ist stärker unternehmens- bzw. angebotsorientiert und weniger konsequent markt- bzw. kundenorientiert.

- Die dritte Alternative ist ein tiefes und schmales Serviceangebot, das auch als *„Spezialprogramm“* bezeichnet werden kann. Dieses Serviceangebot ist bei Unternehmen mit einer konzentrierten Servicestrategie denkbar. Das Ziel ist, die wesentlichen Serviceanforderungen der Abnehmer möglichst bis ins Detail zu erfüllen. Die Beschränkung in der Programmbreite hilft vor allem Kosten von weniger wichtigen Serviceleistungen, die keinen ausgeprägten Kundennutzen liefern, einzusparen. Durch die Variantenvielfalt innerhalb der für den Kunden wichtigen Servicearten sollen die Kunden Lösungen erhalten, die ihren speziellen Problemen möglichst gerecht werden. Voraussetzung für die Etablierung eines Spezialprogramms ist eine leistungsfähige, kundennutzen- und kundenzufriedenheitsorientierte Marktforschung.

- Als viertes ist ein *„Individualprogramm“* realisierbar, das entsprechend der Ausrichtung an Bedürfnissen von Einzelkunden sehr tief und breit ist. Das Individualprogramm korrespondiert logischerweise mit der Strategie des Individual-Service. Allerdings kann auch ein sehr breites und tiefes Serviceprogramm als Folge eines Segment-Service entstehen. Hierbei wird dem einzelnen Kunden jedoch nicht das gesamte Serviceprogramm angeboten, sondern lediglich eine segmentspezifische Auswahl. Wenn vom Unternehmen aber sehr unterschiedliche Servicesegmente auf diese Weise bearbeitet werden, dann muß für das Unternehmen zumindest intern ein sehr breites Leistungsspektrum bzw. -potential vorgehalten werden. Ein Individualprogramm ist deshalb mit hohen Kosten verbunden. Dafür kann es aber bei den einzelnen Kunden zu erheblichen Zufriedenheitswirkungen führen.

Bei der Festlegung des Serviceprogramms ist eine systematische Struktur zu erreichen, die - im Gegensatz zu einer willkürlichen Aneinanderreihung verschiedener Serviceleistungen - auf die Kundenbedürfnisse und -erwartungen in den einzelnen Ländermärkten ausgerichtet ist.[505] Doch gerade beim Minimal- / Basis- und Universalprogramm bestehen hier zumeist erhebliche

[505] Vgl. Meyer, A./Dullinger, F.: Leistungsprogramm von Dienstleistungs-Anbietern, in: Meyer, A. (Hrsg.), Handbuch Dienstleistungs-Marketing, Band 1, Stuttgart 1998, S. 723

Schwächen. Aber auch ein Spezial- und Individualprogramm kann schnell problematisch werden, wenn eine falsch verstandene und eine zu wenig ergebnis- / kostenbewußte Kundenorientierung zu einem „Service-Dschungel" führt.

Allerdings sind bei der Festlegung des Serviceprogramms nicht nur die marktbezogenen Aspekte zu beachten. Auch Kernleistungsmerkmale und vor allem Interdependenzen zwischen einzelnen Serviceleistungen sind bei der Programmbestimmung zu berücksichtigen.[506] So gibt es zwischen einzelnen und auch innerhalb einzelner Servicearten substitutive oder komplementäre Beziehungen. Zwischen dem Ersatzteilservice und dem Reparaturservice besteht beispielsweise eine komplementäre Beziehung: Da für Reparaturen regelmäßig Ersatzteile gebraucht werden, fördert ein Reparaturservice das Angebot eines Ersatzteilservice. Demgegenüber läßt sich zwischen Wartungsarbeiten und Reparaturen - zumindest partiell - ein substitutives Verhältnis feststellen, weil regelmäßige Wartungen größere Reparaturen verhindern sollen. Hinzu kommt, daß im internationalen Kontext entschieden werden muß, ob auf allen Ländermärkten ein einheitliches oder unterschiedliches Servicesortiment angeboten werden soll bzw. kann.

Da sich die Kundenerwartungen, Wettbewerbsaktivitäten und auch die Kernleistungen im Zeitablauf verändern, hat das Servicemanagement eine permanente Überprüfung der Programmstruktur durchzuführen. Die Folge können Veränderungen des Serviceprogramms sein, die sich in einer Straffung oder Erweiterung des Servicespektrums niederschlagen. Mögliche Gründe hierfür liegen in einer quantitativen Veränderung (Reduzierung oder Ausweitung) der Zielgruppen und Ländermärkte, einer Zu- oder Abnahme des Kernleistungsprogramms sowie einer strategischen Repositionierung des Unternehmens bzw. seiner Marktleistungen in neue Kerngeschäfte und einer Reallokation von Ressourcen zur Neufokussierung von Kernkompetenzen.[507] Diese Auslöser zur Sortimentsreduktion oder -expansion können isoliert oder teilweise auch kombiniert auftreten und als Treiber in die eine oder andere Richtung wirken. Reduktion und Expansion des Serviceprogramms können sowohl bei der Breite als auch bei der Tiefe des Servicespektrums ansetzen.

Wesentliche Formen der *reduktiven Programmstrategie* sind Downsizing, (Teil-) Stillegungen und Outsourcing.[508] Beim *Downsizing* werden die Serviceaktivitäten systematisch zurückgeführt, ohne daß dadurch die Servicepotentiale völlig aufgelöst werden.[509] Es geht darum, das Servicespektrum zu „durchforsten" und zu „stutzen", um sich von ineffektiven Serviceleistun-

[506] Vgl. Schwill, J., a.a.O., S. 246f.
[507] Vgl. Meyer, A.: Das Absatzmarktprogramm, in: Meyer, P.W. (Hrsg.), Integrierte Marketingfunktionen, 3. Aufl., Stuttgart/Berlin/Köln 1992, S. 62
[508] Vgl. ähnlich bei Laib, P.: Primärdienstleistungen - Elemente einer strategischen Neuorientierung von Industrieunternehmen, München 1996, S. 168ff.
[509] Vgl. ebenda, S. 169f.

gen zu trennen. Grundsätzlich besteht damit für das Unternehmen die Möglichkeit, die Serviceleistungen ohne weiteres bei Bedarf wieder anzubieten.

Das ist bei einer *(Teil-) Stillegung* hingegen nicht so einfach möglich. Hier wird nämlich nicht nur das Angebot einer Serviceart aufgegeben, sondern auch das Servicepotential in diesem Bereich. Dafür lassen sich die hierbei freiwerdenden Ressourcen für andere, aus Unternehmenssicht erfolgversprechendere Aktivitäten und Leistungen verwenden. Problematisch ist der Verlust von spezifischem Service-Know-how dann, wenn die Leistungen des abgebauten Servicebereichs zu einem späteren Zeitpunkt für andere Kernleistungen oder auf einem anderen Ländermarkt benötigt werden. Da der Aufbau eines leistungsfähigen Servicepotentials i.d.R. längere Zeit in Anspruch nimmt, sollte eine derartige „konstitutive" Entscheidung sehr gründlich vorbereitet und überlegt werden.

Ähnliche Probleme ergeben sich auch beim *Outsourcing* von Serviceaktivitäten. Hier wird das Servicepotential ebenfalls abgebaut, ohne daß dabei allerdings das Serviceangebot generell aufgegeben wird. Der Begriff des Outsourcing bezieht sich dabei nicht auf den Fremdbezug von Leistungen aus beschaffungspolitischer und produktionstechnischer Sicht, sondern auf die organisatorische Auslagerung von Leistungsprozessen und -funktionen aus dem Unternehmen an andere Wirtschaftseinheiten. Vor dem Hintergrund dieses Begriffsverständnisses handelt es sich beim Outsouring also nicht um einen Fremdbezug, sondern um eine Fremdausübung von Leistungen. Die betreffenden Servicebereiche werden dementsprechend an externe, meist institutionelle (Dienstleistungs-) Anbieter ausgegliedert, die verdeckt oder offen das Serviceangebot übernehmen. Beim verdeckten Outsourcing ist dem Kunden nicht explizit bewußt, daß die Serviceleistungen von einem Dritten erbracht werden. Der Kunde nimmt in diesem Fall zur Servicenachfrage direkten Kontakt zum Anbieterunternehmen der Kernleistung auf. Beim offenen Outsourcing wird der Kunde hingegen vom Kernleistungsanbieter direkt auf den Servicepartner hingewiesen, der die Serviceerstellung für den Kernleistungsanbieter durchführt. Die Ausgliederung ist für den Kunden damit offensichtlich. Inwieweit bestimmte Serviceleistungen an Dritte ausgegliedert werden können, hängt sehr davon ab, ob es überhaupt geeignete Servicepartner auf den jeweiligen Ländermärkten gibt, die bereit und in der Lage sind, die betreffenden Serviceleistungen in der gewünschten Qualität zu erbringen.[510]

Expansive Strategien der Programmerweiterungen werden meist in Form von eigenständigen Serviceentwicklungen und -innovationen oder durch Kooperationen / Akquisitionen mit ande-

[510] Vgl. auch Nagengast, J.: Outsourcing von Dienstleistungen industrieller Unternehmen, Hamburg 1997, S. 73f.

ren (institutionellen Dienstleistungs-) Anbietern realisiert.[511] Während bei der eigenständigen Vorgehensweise das Servicepotential auf- bzw. ausgebaut wird, wird im Rahmen von Kooperationen auf externe Servicepotentiale zurückgegriffen.[512] Bei der *eigenständigen Serviceentwicklung* wird oft versucht, durch die Nutzung eigener Ressourcen spezifische Synergien mit dem bereits bestehenden Servicepotential und ggf. mit Ressourcen anderer Funktionsbereiche zu realisieren. Durch die autonome Steuerung soll zudem eine strategische Absicherung der Serviceressourcen, vor allem des Know-hows, erreicht werden. Außerdem ist man unabhängig von Servicepartnern, deren Leistungsfähigkeit und -qualität mit dem eigenen Servicebereich kompatibel sein müssen und die hinsichtlich ihres Integrations- und Marktverhaltens zu kontrollieren sind. Hierdurch entstehen wiederum Transaktionskosten für das „zukaufende" Unternehmen. Häufig ist ein eigenständiges Vorgehen auch notwendig, weil (auf den einzelnen Ländermärkten) keine qualifizierten Servicepartner zur Verfügung stehen, die eingeschaltet werden könnten.

Nachteilig für das eigenständige Vorgehen bei einer Erweiterung des Serviceprogramms sind jedoch die oft hohen Investitionen / Kosten für die meist langfristige Entwicklung und den Aufbau eines entsprechenden Servicepotentials.[513] Dieser Nachteil ist besonders bei neuen Serviceleistungen gegeben, die eine sehr geringe Affinität zu den bisherigen Serviceaktivitäten aufweisen. Außerdem ist für den internen Aufbau des Servicepotentials die kritische Masse zu berücksichtigen, die zur Amortisation der Investitionen in einem angemessenen Zeitraum erforderlich ist. Es ist daher sinnvoll, auf Basis der prognostizierten Entwicklung des internationalen Servicezyklusses die erwartete Servicenachfrage festzulegen und die gewonnenen Prognosedaten bei der Entscheidungsfindung zu nutzen. Dabei kann es im Ergebnis aus Kostensicht vorteilhafter sein, auf *externe Servicepotentiale und -ressourcen* zurückzugreifen.[514] Darüber hinaus kann das Serviceprogramm mittels externer Unterstützung i.d.R. auch schneller ausgebaut werden. Die Partizipationsmöglichkeiten an externen Servicepotentialen umfassen unterschiedliche Kooperationsformen mit und ohne Kapitalbeteiligung auf vertraglicher Basis bis hin zur teilweisen oder gesamten Akquisition von Servicepartnern.

Ein grundsätzliches Problem bei der Festlegung und Steuerung des Serviceprogramms besteht in der Auswahl der richtigen Serviceleistungen für die Zielgruppen. Hierzu kann auf das subjektive Qualitätskonzept zurückgegriffen werden. Serviceleistungen, die aus Kundensicht eine

---

[511] Vgl. Graßy, O.: Industrielle Dienstleistungen, a.a.O., S. 55ff.; Mattmüller, R./Tunder, R.: Diversifikations-, Reduktions- und Konversationsstrategien von Dienstleistungs-Anbietern, in: Meyer, A. (Hrsg.), Handbuch Dienstleistungs-Marketing, Band 1, Stuttgart 1988, S. 596f.

[512] Vgl. Laib, P., a.a.O., S. 146 und S. 152

[513] Vgl. Roberts, E.B./Berry, C.A.: Entering New Business - Selecting Strategies for Success, in: Sloan Management Review, 26. Jg., 1985, Nr. 1, S. 8; Yip, G.S.: Diversification Entry - Internal Development versus Acquisition, in: Strategic Management Journal, 3. Jg., 1982, S. 331ff.

[514] Vgl. auch Uhlenbruck, N.: Dienstleistungen als Innovationspotential für Unternehmungen des verarbeitenden Gewerbes, Bergisch Gladbach /Köln 1985, S. 72

hohe Qualität aufweisen, weil sie einen hohen Nutzen liefern, sind für die Marktprofilierung und Wettbewerbsdifferenzierung besonders geeignet. Derartige Serviceleistungen sind deshalb - neben den typischen Muß-Leistungen - in das Serviceprogramm aufzunehmen bzw. weiterhin anzubieten und nicht zu eliminieren.

Problematisch ist jedoch, daß die Kunden auf den einzelnen (Länder-) Märkten aufgrund der Informationsarmut vieler Serviceleistungen keine pre-konsumtive und häufig auch nur eine unzureichende post-konsumtive Qualitäts- / Nutzeneinschätzung vornehmen können. Demnach entscheiden die Servicenachfrager bei stark immateriellen und integrativen Serviceleistungen unter Qualitätsunsicherheit. Sicherlich ist das damit verbundene Auswahl- und / oder Kaufrisiko nicht nur bei immateriellen Leistungen gegeben. Auch sehr komplexe materielle Leistungen sind häufig für die Abnehmer nur sehr schwer oder überhaupt nicht hinsichtlich ihrer Qualität zu beurteilen, wenn ihre Wahrnehmungsfähigkeit eingeschränkt bzw. hierfür unzureichend ist.[515] Dem Nachteil eines höheren Beschaffungsrisikos steht jedoch bei stark integrativen Serviceprozessen die größere Eingriffstiefe in den Erstellungsprozeß gegenüber. Hier hat der Nachfrager die Möglichkeit, das Serviceergebnis zu individualisieren und so die Servicequalität zu eigenen Gunsten zu beeinflussen.

Unterstellt man den Servicekunden ein rationales Verhalten, dann werden sie vor allem solche Serviceleistungen nachfragen, die den größten Nettonutzen aufweisen. Dieser ergibt sich aus der Differenz zwischen der erwarteten Servicequalität bzw. dem abgeschätzten Kundennutzen und den Kosten der Serviceinanspruchnahme. Letztere umfassen nicht nur eventuelle Preisforderungen des Anbieters für die Serviceleistungen, sondern auch die Informationsanstrengungen und -kosten (Screening-Aktivitäten) des Kunden zur Reduzierung des Auswahl- / Kaufrisikos. Geht man von einem typischen Preisgefüge für Serviceleistungen auf einem (Länder-) Markt aus, dann werden vor allem diejenigen Serviceleistungen nachgefragt, deren Qualität sicherer und ohne größere Informationsaktivitäten abgeschätzt werden kann. Das ist vor allem bei Serviceleistungen der Fall, die sich auf die Kernleistung oder deren Nutzung beim Abnehmer beziehen.[516] Hier ist für den potentiellen Abnehmer der Wert einer Serviceleistung am sichersten abzuschätzen. Bei allgemeinen zusätzlichen Dienstleistungen, die der potentielle Abnehmer auch bei einer Vielzahl institutioneller Anbieter beziehen kann, wie z.B. Versicherungen, Kredite und kaufmännische Beratung (Business Consulting), werden zudem das Risiko einer Fehlentscheidung und damit die Opportunitätskosten für den Kunden größer. Da schließlich nur solche Serviceleistungen wettbewerbswirksam sind und akquirierend wirken, die eine eindeutige und hohe Qualität aufweisen, kann folgende Hypothese aufgestellt werden:

---

[515] Vgl. Woratscheck, H.: Die Typologie von Dienstleistungen aus informationstheoretischer Sicht, in: der markt, 35. Jg., 1996, Heft 1, S. 60

[516] Vgl. Simon, H.: Industrielle Dienstleistungen, a.a.O., S. 13

H26: Die Ausrichtung des (internationalen) Servicespektrums auf die Kernleistung und deren Nutzungsprozeß beim Kunden
- *unterstützt den Einfluß des Service auf den Unternehmenserfolg positiv.*

Die Hypothese ist gerade vor dem Hintergrund des steigenden „Service-Wildwuchses" in vielen Unternehmen, der sich in der Ausuferung von Serviceleistungen niederschlägt, relevant. Da letztlich die meisten Serviceleistungen mit Kosten verbunden sind, ist eine genaue Auswahl von Serviceleistungen durch das Servicemanagement aus Effizienzgründen notwendig.

Ein weiterer Entscheidungsbereich im Rahmen der Leistungspolitik des Service ist die Markierung von Serviceleistungen. *Servicemarken* als Wort- und / oder Bild-Zeichen sollen Leistungsprogramme oder einzelne Leistungsarten identifizierbar und von Serviceleistungen anderer Anbieter / Wettbewerber differenzierbar machen.[517] Demnach sind „Servicemarken" alle gekennzeichneten Serviceleistungen, die bei den Nachfragern eine Wiedererkennung, eine Orientierungshilfe und Zuordenbarkeit des Serviceangebots zu einem bestimmten Unternehmen sowie einen Beziehungseffekt in Form von Markentreue / -bindung erreichen.[518] Dabei ist es zunächst unerheblich, ob die Marken z.B. durch nationale bzw. internationale Zeichenregistraturen juristisch geschützt sind oder ohne gesetzliche Absicherung in den Verkehr gebracht werden.

In Deutschland bestand seit dem 1. April 1979 im Warenzeichengesetz (WZG) grundsätzlich die Möglichkeit, auch für Dienstleistungen schützbare Zeichen in die deutsche Warenzeichenrolle einzutragen.[519] Damit konnte eine exklusive Nutzung markierter Dienstleistungen auch juristisch (in verlängerbaren Schutzfristen von 10 Jahren) abgesichert werden. Auch in dem seit 01.01.1995 in weiten Teilen in Kraft getretenen Markengesetz (MarkenG), das zur Ablösung des WZG geführt hat, ist ein Schutz von Dienstleistungsmarken möglich.[520] Dieser kann durch die Eintragung in das Markenregister, Benutzung und Erlangung von Verkehrsgeltung sowie durch notorische Bekanntheit einer Marke erlangt werden. Der Eintrag in das Markenregister, ist als förmlicher Akt für Dritte erkennbar und damit präventiv. Die Schutzdauer beträgt wie auch schon beim WZG 10 Jahre und kann jeweils um diesen Zeitraum verlängert werden. Benutzung und Erlangung von Verkehrsgeltung sowie notorische Bekanntheit sind hingegen reaktiv, da sie an das Vorhandensein bestimmter Bedingungen gekoppelt sind, die oft nur per

---

[517] Vgl. Graumann, J.: Die Dienstleistungsmarke - Charakterisierung und Bewertung eines neuen Markentypus aus absatzwirtschaftlicher Sicht, München 1983, S. 87ff.; siehe generell zu Zielen und Funktionen von Marken u.a. Dichtl, E.: Grundidee, Varianten und Funktionen der Markierung von Waren und Dienstleistungen, in: Dichtl, E./Eggers, W. (Hrsg.), Marke und Markenartikel, München 1992, S. 4ff.

[518] Vgl. Oelnitz, D. von der: Dienstleistungsmarken - Konzepte und Möglichkeiten einer marktgestützten Serviceprofilierung, in: Jahrbuch der Absatz- und Verbrauchsforschung, 43. Jg., 1997, Heft 1, S. 69f.

[519] Vgl. Schreiner, R.: Die Dienstleistungsmarke - Typus, Rechtsschutz und Funktion, Köln 1983, S. 149

[520] Vgl. Vorbrugg, G./Berrar, C.: Recht der Dienstleistungen, in: Meyer, A. (Hrsg.), Handbuch des Dienstleistungs-Marketing, Band 1, Stuttgart 1998, S. 95

Gerichtsüberprüfung und -beschluß bestätigt werden. Erst wenn die Rechtsprechung die Erfüllung der Bedingungen bestätigt, kann ein präventiver Schutz genutzt werden. Für die Ausstattung eines Markenschutzes durch Verkehrsgeltung ist deren Grad ausschlaggebend, der vom Einzelfall abhängt. Zur Erlangung des Markenschutzes aufgrund notorischer Bekanntheit ist ein Bekanntheitsgrad von mindestens 60 % notwendig.[521]

In anderen Staaten der EU gibt es ähnliche gesetzliche Schutzmöglichkeiten, da durch die am 21.12.1988 erlassene erste europäische EG-Markenrichtlinie (89/104/EWG) eine Angleichung der Rechtsvorschriften in den Mitgliedsstaaten bis zum 01.01.1993 angestrebt wurde. Allerdings wurde hierdurch noch kein einheitliches europäisches Markenrecht geschaffen. Auch auf supranationaler Ebene zwischen Nicht-EU-Staaten gibt es kaum einheitliche Schutzmöglichkeiten. Es bestehen lediglich internationale Abkommen, wie z.B. die Pariser Verbandsübereinkunft von 1883, das Madrider Markenabkommen von 1891 und das Haager Abkommen von 1925, die u.a. den Schutz von Markennamen, Herkunftsbezeichnungen und Mustern / Modellen sowie eine Vereinfachung der internationalen Markenregistrierung fordern.[522] Wenngleich die World Intellectual Property Organization (WIPO) in Genf versucht, die zwischenstaatliche Zusammenarbeit zum Schutz geistigen Eigentums zu fördern, basiert der Markenschutz letztlich aber immer noch auf nationalem Recht.[523] So sind die Schutzrechte von Servicemarken auf den jeweiligen Ländermärkten im Einzelfall zu prüfen.

Trotz der generellen schutzrechtlichen Möglichkeit von Dienstleistungs- und Servicemarken in vielen Ländern, bestehen aufgrund der Leistungsmerkmale ganz spezifische Probleme bei der Markierung von Serviceleistungen. Hierzu gehören vor allem Visualisierungsprobleme der markierten Serviceleistungen (mit ihren Nutzenvorteilen) und des Markenzeichens.[524]

Das *Visualisierungsproblem* der Markierung basiert auf der Intangibilität von Serviceleistungen. Es ist daher bei stark immateriellen Services nicht möglich, ein Markenzeichen auf der Leistung selbst oder der „Verpackung“ anzubringen. Eine intangible Serviceleistung kann also nicht physisch, beispielsweise mittels eines Aufdrucks, markiert werden. Obwohl man durchaus der Auffassung sein könnte, daß es bei der Markierung letztlich nicht um eine physische Kennzeichnung von Leistungen geht, sondern um die Durchsetzung des Markenzeichens in der Wahrnehmung und im Bewußtsein des Kunden, ist gerade bei Dienst- und Serviceleistungen eine Visualisierung notwendig. Aufgrund der fehlenden Inspektionsqualitäten sind zur Qualitäts- / Nutzenbeurteilung für die Kunden Surrogatinformationen eine wichtige Beurteilungs-

---

[521] Vgl. Ahlert, D./Schröder, H., a.a.O., S. 129

[522] Vgl. Kur, A.: Internationale Aspekte des Schutzrechtsmanagement, in: Bruhn, M. (Hrsg.), Handbuch Markenartikel, Band 3, Stuttgart 1994, S. 1864ff.; Hünerberg, R.: Internationales Marketing, a.a.O., S. 167

[523] Vgl. Mühlbacher, H.: Internationale Produkt- und Programmpolitik, a.a.O., S. 159; Kur, A., a.a.O., S. 1884

[524] Vgl. hierzu auch Stauss, B.: Dienstleistungsmarken, in: Bruhn, M. (Hrsg.), Handbuch Markenartikel, Band 1, Stuttgart 1994, S. 93ff.; Meffert, H./Bruhn, M., a.a.O., S. 278ff.

grundlage. Es ist deshalb für Dienst- und Serviceleistungen besonders bedeutsam, die Servicequalität in Form von visuellen Anhaltspunkten zu verdeutlichen. Dabei sollten vor allem diejenigen Objekte visualisiert werden, die für den Abnehmer eine Signalfunktion zur Qualitätsabschätzung liefern und als Bewertungsmaßstab relevant sind.[525] Hierbei kann es sich um eine Vielzahl von Objekten und Subjekten handeln, mit denen die Nachfrager in Kontakt kommen, wie z.B. mit dem Servicepersonal, den Betriebsmitteln und Gebäuden.[526]

Eng verbunden mit diesem Problem ist die Verwendung eines aussagekräftigen Markenzeichens, das die Kompetenz des Anbieters und die Servicequalität überzeugend und klar symbolisiert. Es ist wichtig, daß die verwendeten Bilder und /oder Namen prägnant und einprägsam sind. Das ist vor allem der Fall, wenn es sich um unkomplizierte und einzigartige Namen und Symbole handelt. Des weiteren muß die Markierung eine Flexibilität gegenüber inhaltlichen Veränderungen aufweisen, damit bei Leistungsmodifikationen keine Namens- oder Bildveränderungen notwendig sind.[527] Denn für einen erfolgreichen Aufbau einer Markenpersönlichkeit ist eine Kontinuität in der Markenbegegnung, die zum Aufbau eines Markenbewußtseins und eindeutigen Markenimages bei den Zielgruppen beiträgt, unvermeidbar.[528]

Im internationalen Kontext ist außerdem darauf zu achten, daß die Markierung auch eine länderübergreifende - regionale oder sogar globale - Verwendbarkeit aufweist, wenn nicht für jeden einzelnen Ländermarkt eine eigene Servicemarkierung (lokale / nationale Servicemarken) vorgenommen werden soll. So ist bei einer internationalen Verwendung von Servicemarken vor allem auf sprachliche, ethnische und religiöse Besonderheiten zu achten. Dabei geht es sowohl um die Aussprechbarkeit und Verständlichkeit als auch um die Assoziation von Namen und Symbolen, die zur Markierung verwendet werden.[529] Bei der Konzeption von internationalen Servicemarken sind außerdem religiöse und kulturelle Bedeutung von Farben, Formen und Symbolen zu berücksichtigen.[530] Notwendige länderspezifische Modifikationen der Markierung können sich bei der Verwendung von kombinierten Wort-Bild-Marken auf Namen und / oder Zeichen beziehen. So ist es möglich, daß beispielsweise der Name standardisiert in allen bearbeiteten Ländermärkten verwendet wird, während die gleichzeitig genutzten Symbole und Zeichen aus kulturellen Gründen differenziert werden (et vice versa).[531]

---

[525] Vgl. Oelsnitz, D. von der: Dienstleistungsmarken, a.a.O., S. 74

[526] Vgl. Graumann, J., a.a.O., S. 146; Meyer, A./Tostmann, T.: Die nur erlebbare Markenpersönlichkeit, in: Harvard Business manager, 17. Jg., 1995, Heft 4, S. 13

[527] Vgl. Berry, L.L./Lefkowith, E.F./Clark, T.: In Services, What's in a Name?, in: Harvard Business Review, 66. Jg., 1988, September-October, S. 29

[528] Vgl. Meffert, H.: Marketing - Grundlagen marktorientierter Unternehmensführung, 8. Aufl., Wiesbaden 1998, S. 791

[529] Vgl. Hünerberg, R.: Internationales Marketing, a.a.O., S. 163f.; Terpstra, V./Sarathy, R., a.a.O., S. 281f..

[530] Vgl. Usunier, J.-C./Walliser, B., a.a.O., S. 143ff.

[531] Vgl. Berndt, R./Fantapié Altobelli, C./Sanders, M., a.a.O., S. 132f.

Neben der Festlegung, ob lokale, regionale oder globale Servicemarken zu etablieren sind, ist zu entscheiden, wie viele Arten von Serviceleistungen eine Marke umfassen soll. Hierbei kann zwischen einer Einzel- und einer Gruppenmarkierung unterschieden werden. Bei der *Einzelmarkierung* wird jede Serviceart des Programms unter einer eigenständigen Markenbezeichnung geführt. Dabei tritt der Anbieter der Serviceleistung nicht in Erscheinung und ist von der Markierung losgelöst. Einzelmarkenstrategien sind sehr aufwendig, da für jede Serviceart eine eigene Markenkonzeption erarbeitet und am Markt durchgesetzt werden muß. Dafür besteht jedoch der wesentliche Vorteil, daß bei einem Serviceflop keine negativen Spill-over-Effekte auf den gesamten Servicebereich und das Unternehmen entstehen. Allerdings ist aufgrund der notwendigen Kundenintegration und dem dadurch entstehenden Kontakt zum Serviceersteller eine Identifikation des Serviceanbieters auf jeden Fall mehr oder minder stark gegeben. Das gilt vor allem für Serviceleistungen, die an einen unternehmenseigenen Standort gebunden sind, wie z.B. Reparaturen in der betriebseigenen Werkstatt oder Beratung und Schulung beim Anbieter.[532]

Bei einer *Gruppenmarkierung* werden mehrere oder alle Serviceleistungen unter einer Marke zusammengefaßt. Man kann hier zwischen Markenfamilien- und Dachmarkenstrategie unterscheiden. Bei der Service-*Markenfamilie* werden einzelne Serviceleistungen / -arten mit hoher Affinität zu einer Marke zusammengefaßt. In der Regel werden dadurch beim Anbieter mehrere markierte „Service-Familien" entstehen. Doch auch bei dieser Vorgehensweise werden die Nachteile der vorstehend skizzierten Einzelmarken nicht aufgehoben, sondern nur verringert. Das gilt auch für die Vorteile der Einzelmarken, die bei der Mehrmarkenstrategie relativiert werden.[533]

Service-Dachmarken umfassen die einheitliche Markierung aller Serviceleistungen. Hierbei besteht die Gefahr einer „Markenüberdehnung", da eine Vielzahl völlig unterschiedlicher Leistungen unter einem Schirm zusammengefaßt und zu einem Markenkern gebündelt wird.[534] Da das Markenzeichen die heterogenen Serviceleistungen überzeugend charakterisieren soll, bleibt für die Markierung häufig nur die Einbeziehung des Firmennamens. Dabei kann der Name des Anbieters ein Teil / Zusatz oder ausschließlicher Gegenstand der Servicemarkierung sein. Die Anwendung von Phantasienamen ist in diesem Zusammenhang schwierig, wenn auch nicht unmöglich.[535] Die Verwendung von Unternehmensnamen birgt hingegen Chancen und Risiken, die von dem gegenseitigen Imagetransfer zwsichen einzelnen Serviceleistungen und dem Unternehmen sowie zwischen einzelnen Serviceleistungen entstehen können.

---

532 Vgl. Meffert, H./Bruhn, M., a.a.O., S. 282
533 Vgl. ebenda
534 Vgl. Oelsnitz, D. von der: Dienstleistungsmarken, a.a.O., S. 83
535 Vgl. Stauss, B.: Dienstleistungsmarken, a.a.O., S. 95f.

Trailer- / Tandemmarkierungen, bei denen die Serviceleistungen - im Gegensatz zu den vorstehenden Alternativen - nicht eigenständig, sondern unter dem Dach der Kernleistung markiert werden, sind schwer zu realisieren. Der Grund hierfür liegt darin, daß die einzelnen Serviceleistungen i.d.R. mehreren Kernleistungen zugeordnet und nicht ausschließlich unter eine Kernleistungs-Marke subsumiert werden können. Damit wird eine wichtige Voraussetzung zur Vermeidung von Friktionen und Verzerrungen bei der Führung und dem Imagetransfer von Haupt- und Trailermarken nicht erfüllt.[536] Lediglich bei Unternehmen mit einer Kernleistung oder einer Kernleistungs-Dachmarke ist dies weitgehend problemlos. Allerdings unterscheidet sich die Trailer- / Tandemmarkierung von Serviceleistungen zusammen mit einer bestehenden Kernleistungs-Dachmarke bei genauerer Betrachtung nicht sehr von einer Service-Dachmarke. Das gilt insbesondere dann, wenn bei der Kernleistungs-Dachmarke der Firmenname verwendet wird.

Grundsätzlich kann davon ausgegangen werden, daß durch eine Markierung von Serviceleistungen ein Vertrauenspotential bei den Zielgruppen aufgebaut werden kann. Servicemarken liefern bei stark immateriellen und intangiblen Serviceleistungen mögliche Orientierungshilfen für Interessenten und Kunden bei der Auswahl des Marktangebots. Denn bei diesen Serviceleistungen kann das empfundene Auswahl- / Kaufrisiko durch Vertrauenssignale, die von der Servicemarkierung ausgehen, reduziert werden. Allerdings ist die für eine Markierung häufig als markenartikelnotwendige Eigenschaft geforderte und unterstellte standardisierte bzw. konstante Qualität (auf hohem Niveau) bei vielen Serviceleistungen nicht gegeben und erreichbar, da bei integrativen Leistungen letztlich nur die Qualität des internen Leistungspotentials vom Anbieter autonom gestaltet und kontrolliert werden kann. Daher wird zum Teil auch darauf hingewiesen, daß Dienst- und Serviceleistungen nicht markierbar sind.[537] Dieser Einwand kann jedoch nur gelten, wenn Markierung als (statisches) Merkmalsbündel einer Leistung verstanden wird.[538] Faßt man - wie in der vorliegenden Arbeit - Markierung hingegen nach dem wirkungsbezogenen Ansatz als identifikations- und präferenzschaffende Technik für Marktleistungen auf, dann kann sie unabhängig von objektiven Leistungsgegebenheiten eingesetzt werden. Im Vordergrund stehen dann vielmehr konzeptionelle Entscheidungen zur gezielten Positionierung einer Leistung am Markt durch den Einsatz von (Marken-) Zeichen. Eine Marke ist dann geschaffen, wenn sie am Markt als solche wahrgenommen wird.[539] Damit wird auch die Interde-

[536] Vgl. ähnlich bei Meffert, H.: Marketing, a.a.O., S. 800

[537] Vgl. die angegebene Literatur bei Oelsnitz, D. von der: Dienstleistungsmarken, a.a.O., S. 68

[538] Dieses Begriffsverständnis baut auf dem Merkmalskatalog von Mellerowicz auf und galt lange Zeit als konstitutives Anforderungsgerüst für Markenartikel. Es findet sich implizit auch bei der Legaldefinition von Markenwaren im § 38a, Abs. 2, Satz 1, Gesetz gegen Wettbewerbsbeschränkungen (GWB) wieder. Demnach sind Markenartikel alle klar ersichtlich markierten Erzeugnisse, die in gleicher oder verbesserter Güte angeboten werden. Zu den absatzwirtschaftlichen Charakteristika von Marken siehe Mellerowicz, K.: Markenartikel - Die ökonomischen Gesetze ihrer Preisbildung und Preisbindung, 2. Aufl., München/Berlin 1963, S. 39

[539] Vgl. Meffert, H.: Marketing, a.a.O., S. 785; Kelz, A.: Die Weltmarke, Idstein 1989, S. 41ff.

pendenz zwischen der Positionierungs- und der Markierungsentscheidung deutlich.[540] Für eine bewußte Positionierung des Unternehmens bzw. der Marktleistung über den Service sowie für eine Positionierung des Service kann einerseits die Schaffung einer Servicemarke sehr hilfreich sein. Andererseits benötigt eine erfolgreiche Servicemarkierung ein klares Positionierungskonzept als Grundlage der Markenpersönlichkeit. Servicemarkierung und Servicepositionierung sind also „symphytische" Bereiche. Demnach liefert die Servicemarkierung eine nachhaltige Unterstützung für die Erfolgswirkung der Servicepositionierung. Doch nicht nur aufgrund dieser Ableitung kann der Servicemarkierung ein positiver Einfluß auf den Unternehmenserfolg unterstellt werden. Auch der mögliche Vertrauensaufbau durch eine Markierung läßt positive Erfolgswirkungen der Servicemarkierung vermuten. So gelten Information und Reputation eines Anbieters (Agent) aus Sicht der Principal-Agent-Theorie als wichtiger Faktor zur Verminderung von Unsicherheiten mit den daraus folgenden Kontroll- und Steuerungskosten für den Nachfrager (Principal).[541] Durch die Markierung kann eine Dokumentation der Leistungsbereitschaft und -fähigkeit nach außen erfolgen, die (als Sucheigenschaft) zu einer Reduzierung der Qualitätsunsicherheit beim Servicenachfrager (Principal) führen kann. Der vom Anbieter / Agent mittels Servicemarkierung angestrebte Qualitätseindruck kann von den Nachfragern / Principals auch als Anreizmittel aufgefaßt und genutzt werden. Da die Servicemarkierung der Marktprofilierung und Wettbewerbsdifferenzierung des Anbieters / Agenten dienen soll, signalisiert er hiermit zum einen die Ablehnung von Hidden Intentions. Zum anderen liefert der Agent dem Principal damit auch eine effizientere Möglichkeit zur negativen Einflußnahme auf seine (angestrebte) Service-Reputation. Denn bei markierten Leistungen ist eine „Imagedemontage" von enttäuschten Principals einfacher und gezielter durchzuführen als bei No-name-Leistungen, die am Markt nicht eindeutig identifizierbar und bekannt sind. Alles in allem können durch eine Servicemarkierung also die Agency-Kosten reduziert werden. Das fördert wiederum die Transaktionsattraktivität und damit die akquisitorische Wirkung und Profilierungsmöglichkeit von Serviceleistungen. Daraus folgt wiederum eine größere Bedeutung des Service für den Markt- und Unternehmenserfolg.

Ausgehend von den vorstehenden Überlegungen wird daher folgende Hypothese aufgestellt:

H27: Eine Markierung von Serviceleistungen
- *unterstützt den Einfluß des Service auf den Unternehmenserfolg positiv.*

Bedeutung erhält die Hypothese durch die steigende Serviceorientierung von Unternehmen bzw. den steigenden „Serviceaktionismus" von (Industrie-) Unternehmen. Je mehr Unternehmen versuchen, sich durch Serviceangebote / -leistungen von den Konkurrenten abzuheben,

[540] Vgl. Aaker, D.A.: Management des Markenwerts, Frankfurt/New York 1992, S. 136
[541] Vgl. auch die Aussagen von Bayón, T.: Neuere Mikroökonomie und Marketing, Wiesbaden 1997, S. 254

desto größer wird die Auswahl- und Bewertungsproblematik für die potentiellen Abnehmer. Aufgrund der „Serviceinflation" und der hohen Immaterialität der meisten Serviceleistungen sind die Zielgruppen nicht mehr in der Lage, die Vorteilhaftigkeit eines Serviceangebots einzuschätzen. Dadurch steigt für sie das Risiko einer Fehlentscheidung. Eine Servicemarkierung kann - wie die Principal-Agent-Theorie zeigt - risikominimierend wirken und damit die Erfolgswirkung des Service positiv unterstützen.

Wie die vorstehenden Ausführungen verdeutlichen, ist die Markenpolitik im Service- und Dienstleistungsbereich eine Schnittmenge der Leistungs- und der Kommunikationspolitik des Service. Im Rahmen der Kommunikationspolitik besteht u.a. die Aufgabe, die Servicepotentiale, -prozesse und -ergebnisse greifbar und verständlich zu vermitteln.

3.3.3.2. Externe Kommunikationspolitik des Service

Die externe, marktbezogene Kommunikationspolitik hat im Servicemarketing vor allem die Aufgabe, Informationen über Serviceleistungen an die Zielgruppen zwecks Erwartungs-, Einstellungs- und Verhaltenssteuerung zu übermitteln, um bestimmte Service- und Marketingziele zu erreichen.[542] Meistens geht es darum, Serviceleistungen bekannt zu machen, Präferenzen für das Kernleistungs- und Serviceangebot zu schaffen, ein spezifisches Serviceimage im Markt aufzubauen und eine Inanspruchnahme des Service zu erreichen. Hierzu können unterschiedliche Kommunikationsinstrumente eingesetzt werden, die sich nicht wesentlich von den üblichen Kommunikationsformen und -maßnahmen des Kernleistungsmarketing-Mix unterscheiden. So lassen sich auch im Servicebereich indirekte und direkte Werbung, Verkaufsförderung, Öffentlichkeitsarbeit sowie Personal Selling durchführen.

Bei der *Servicewerbung* werden auf direktem oder indirektem Wege servicespezifische Informationen in Form von speziellen Werbemitteln an ausgewählte Zielgruppen gesendet.[543] Der Einsatz von Werbemitteln unterscheidet die Werbung von anderen Kommunikationsinstrumenten, wie z.B. dem persönlichen Verkauf und auch Verkaufsfördermaßnahmen, die ohne materialisierte Kommunikationsbotschaften auskommen. Die Werbemittel können dabei über eigenständige, selbstkommunizierende Werbeträger / Medien oder unmittelbar an die Zielgruppe(n) getragen werden. Bei der Servicewerbung via (Massen-) Medien (z.B. Zeitschriften, Zeitungen, Rundfunk- und Fernsehanstalten) entsteht zwischen dem Sender (Serviceanbieter) und den Empfängern (Servicezielgruppe) nur eine mittelbare Kommunikationsbeziehung. Die

[542] Vgl. ganz allgemein zu Aufgaben und Funktionen der Kommunikationspolitik Bruhn, M.: Kommunikationspolitik, München 1997, S. 1

[543] Vgl. zu diesem Werbeverständnis auch Kroeber-Riel, W.: Strategie und Technik der Werbung, Stuttgart et al. 1988, S. 29

Medien übernehmen für den Sender den Transport der Werbemittel an einen mehr oder minder dispersen und für den Sender anonymen Personenkreis.[544] Anders ist dies bei der Direktwerbung. Hier stehen Sender und Empfänger in einem direkten Kontakt, der spezifische Daten der Zielgruppe (Name, Adresse, Telefon-, Faxnummer, E-mail-Adresse) voraussetzt. Zwar werden auch hier Medien, wie z.B. Telefon (-leitung) und Briefträger, zum Transport der Werbemittel eingesetzt, sie sind aber lediglich Übermittlungsinstanzen, die keine (inhaltliche) Beeinflussung der Kommunikationsaktivitäten des Senders vornehmen. Im Unterschied zur medialen Massenwerbung ist die Direktwerbung i.d.R. als zweiseitige Kommunikation ausgerichtet, die ein Feed-back vom Empfänger erlaubt und meistens auf einen Dialog ausgerichtet ist.[545]

Die *servicebezogene Verkaufsförderung* (VKF) umfaßt Kommunikationsmaßnahmen, die durch die Schaffung zusätzlicher Anreize auf eine meist kurzfristige Nachfragesteigerung von Serviceleistungen ausgerichtet sind.[546] So können beispielsweise bestimmte Serviceleistungen für einen bestimmten Zeitraum (kostenlos) angeboten werden, um die Attraktivität des Serviceprogramms und auch der Kernleistungen zu steigern. Meist sind servicebezogene Verkaufsförderungsmaßnahmen auf der Verwenderebene mit befristeten Preisreduzierungen verbunden (sog. price deals), während auf der Absatzmittlerebene eher informationsbezogene Aktivitäten vorherrschen (sog. non-price deals). Mögliche servicebezogene VKF-Aktivitäten für die Endabnehmer bzw. Verwender sind Service-Gutscheine, Service-Samplings und materielle „Geschenke“ bei Inanspruchnahme bestimmter Serviceleistungen. Bei der absatzmittlerbezogenen Service-VKF handelt es sich meist um POS-Material, wie z.B. Multimedia-Terminals und Videos, die über das Serviceprogramm und den Serviceanbieter informieren.[547]

Service-PR ist ähnlich gelagert wie die Servicewerbung. Auch hier werden meist materialisierte Kommunikationsmittel eingesetzt. Die wesentlichen Unterschiede zwischen Servicewerbung und Service-PR liegen in Ausrichtung und Streuung der Kommunikation.[548] Vornehmliches Ziel der Service-PR ist die Beziehungspflege mit der Öffentlichkeit, um Vertrauen für die Servicekompetenz des Anbieters zu gewinnen und ein positives Service-Image in der breiten Öffentlichkeit zu schaffen. So können z.B. Redistributions- und Recyclingleistungen als ökologi-

[544] Vgl. auch ähnlich bei Behrens, G.: Werbung, München 1996, S. 166ff.
[545] Vgl. Dallmer, H.: Das System des Direct Marketing - Entwicklung und Zukunftsperspektiven, in: Dallmer, H. (Hrsg.), Handbuch Direct Marketing, 7. Aufl., Wiesbaden 1997, S. 4f.
[546] Vgl. zum Begriff und zur Konzeption der Verkaufsförderung u.a. Cristofolini, P.M.: Verkaufsförderung als Baustein der Marketingkommunikation, in: Bruhn, M. (Hrsg.), Handbuch des Marketing, München 1989, S. 454ff.; Pflaum, D./Eisenmann, H.: Verkaufsförderung, Landsberg/Lech 1993, S. 3ff.
[547] Die aufgeführten Beispiele zeigen die Interdependenz der VKF zu anderen Marketinginstrumenten. Hierdurch ist eine klare und konsistente Abgrenzung der VKF gegenüber anderen Kommunikations- und Marketing-Mix-Bereichen kaum möglich. Dieses Problem wird noch verschärft, wenn auch interne VKF-Maßnahmen in die Definition einbezogen werden, die auf eine Steigerung der „Verkaufsmotivation“ des (Service-) Personals ausgerichtet sind. Aus diesem Grund wird auf eine noch weitere Begriffsfassung verzichtet.
[548] Vgl. Behrens, G., a.a.O., S. 5

sche Serviceleistungen durch PR-Aktivitäten herausgestellt werden und bei unterschiedlichen Anspruchsgruppen (z.B. Abnehmern, Lieferanten, Kapitalgebern, gesellschaftlichen und staatlichen Institutionen) eine saubere, umweltbewußte Servicepolitik des Unternehmens demonstrieren. Damit unterscheidet sich die Service-PR meistens von der Servicewerbung, die sich i.d.R. nicht an völlig unterschiedliche Anspruchsgruppen in der Unternehmensumwelt zur Imageschaffung und -festigung des gesamten Servicebereichs wendet, sondern in erster Linie auf den Absatz von bestimmten Serviceleistungen an eindeutig festgelegte und selektierte Kundengruppen abzielt.[549] Mögliche PR-Mittel sind beispielsweise Presseberichte, Informationsbroschüren, Fachaufsätze oder Vorträge über den Servicebereich eines Unternehmens.

Dem *persönlichen Verkauf* respektive der *persönlichen Kommunikation* kommt im servicebezogenen Kommunikationsmix aufgrund der Interaktionen zwischen dem Servicepersonal und den Kunden im Rahmen der Erstellung integrativer Serviceleistungen ein besonderer Stellenwert zu. Es handelt sich hierbei um eine direkte Face-to-face-Kommunikation von Servicemitarbeitern und Interessenten / Kunden, die für den Nachfrager einen nachhaltigen Qualitätseindruck hinterlassen können.[550] Als aktives Kommunikationsinstrument zur Bekanntheitserhöhung von Serviceaktivitäten und zur Akquisition von Servicekunden hat die persönliche Kommunikation einen erheblichen Kostennachteil gegenüber anderen Instrumenten. Daher wird der bewußte Einsatz der persönlichen Kommunikation als eigenständiges Informations- und Motivationsinstrument zur „Neukundengewinnung" für den Servicebereich in vielen Fällen nicht wirtschaftlich sein.[551]

Der Einsatz der jeweiligen Kommunikationsinstrumente hängt beim internationalen Servicemarketing auch von den länderspezifischen Gepflogenheiten ab, die einen erheblichen Einfluß auf die Akzeptanz der Instrumente bei der Zielgruppe haben. Darüber hinaus beeinflussen auch rechtliche und technische Rahmenbedingungen die Einsatzmöglichkeiten.[552] Häufig werden - je nach Ziel und Aufgabe der Servicekommunikation - mehrere der vorstehenden Kommunikationsinstrumente eingesetzt. In der Regel hat die mediale Servicewerbung einen hohen Stellenwert für die Marktprofilierung und Wettbewerbsdifferenzierung, weil sie insbesondere die Servicepositionierung (des Unternehmens) und die Schaffung eines Serviceimages unterstützt. Im Rahmen der Servicewerbung werden der Serviceanspruch sowie die Servicebereitschaft des Unternehmens öffentlich formuliert und damit zu einem eindeutigen Wettbewerbs- und

---

[549] Vgl. zu den Grundlagen dieses Verständnisses von Service-PR u.a. Naundorf, S.: Charakterisierung und Arten von Public Relations, in: Berndt, R./Hermanns, A. (Hrsg.), Handbuch Marketing-Kommunikation, Wiesbaden 1993, S. 600; Pflaum, D./Linxweiler, R.: Public Relations der Unternehmung, Landsberg/Lech 1998, S. 16ff.
[550] Vgl. Meffert, H./Bruhn, M., a.a.O., S. 292
[551] Vgl. Boyt, T./Harvey, M.: Classification of Industrial Services, in: Industrial Marketing Management, 26. Jg., 1997, Nr. 4, S. 296
[552] Vgl. Hünerberg, R.: Möglichkeiten und Probleme des internationalen Direktmarketing, in: Link, J. et al. (Hrsg.), Handbuch Database Marketing, Ettlingen 1997, S. 349

Marktsignal.[553] Ähnliches gilt für die Service-PR, während persönliche Kommunikation und Service-VKF eher auf die gezielte Motivation zur Servicenutzung einzelner (potentieller) Kunden eingehen.

Der internationale Einsatz medialer Servicekommunikation erfordert dabei natürlich die Verfügbarkeit und ausreichende Verbreitung / Reichweite entsprechender Medien in den einzelnen Ländermärkten. Hier lassen sich u.U. große Unterschiede bei einzelnen Mediengruppen feststellen. Darüber hinaus sind auch die Medienkosten zu berücksichtigen, die in den einzelnen Ländermärkten mitunter ebenfalls erheblich schwanken können.[554] Bei der Bearbeitung von Anrainerländern ist zudem bei der Medienauswahl ein mögliches Media-Overlapping zu berücksichtigen.[555] Dieses Phänomen ergibt sich immer dann, wenn bestimmte Medien (z.B. internationale Zeitungen, Fernseh- und Rundfunksender) auch in anderen Ländern genutzt werden. Hiervon werden nicht nur die Reichweiten, sondern auch die Gestaltungsanforderungen der Kommunikationsbotschaft tangiert. So kann ein starkes Media-Overlapping dazu führen, daß die Servicekommunikation mehr oder weniger standardisiert werden muß.

Bei der Gestaltung der Kommunikationsbotschaft besteht bei stark immateriellen Leistungen ein generelles Problem in der visuellen und verbalen Darstellung von Nutzenkategorien und USPs, die für eine erfolgreiche Zielgruppenansprache hilfreich sind. Das gilt in besonderem Maße für die mediale Kommunikation, die mit Hilfe von materialisierten Kommunikationsmitteln erfolgt. Die kommunikative Anforderung besteht darin, den Service für die Zielgruppen mental begreifbar und erfaßbar zu machen.[556] Hierzu sind bei der *Kommunikationsmittelgestaltung* - wie auch bei der Markierung - Surrogate zu verwenden, die als „Ersatzstofflichkeiten" dem Interessenten / Kunden eine nachvollziehbare Nutzen- und Qualitätseinschätzung erlauben.[557] Zur Visualisierung der zu kommunizierenden Botschaft können interne materielle Servicepotentiale, wie z.B. Maschinen, Werkzeuge, Gebäude, Servicemitarbeiter und auch das Kernprodukt, eingesetzt werden. Diese Gestaltungselemente sollen bei den potentiellen und tatsächlichen Abnehmern ein Vertrauen in die Leistungsfähigkeit und -bereitschaft des Anbieters aufbauen. Dies ist insofern wichtig, weil es sich bei allen angebotenen Verrichtungsleistungen im Service immer nur um ein Versprechen für eine zu erbringende Leistung des Anbieters handelt.[558] Allerdings besteht hierbei auch die Gefahr, daß die eingesetzten und gesendeten Surrogatinformationen von den Empfängern falsch interpretiert werden. Hier-

[553] Vgl. Bruhn, M.: Sicherstellung der Dienstleistungsqualität durch integrierte Kommunikation, in: Bruhn, M./Stauss, B. (Hrsg.), Dienstleistungsqualität, 2. Aufl., Wiesbaden 1995, S. 172
[554] Vgl. Hünerberg, R.: Internationales Marketing, a.a.O., S. 254ff.; derselbe: Möglichkeiten und Probleme, a.a.O., S. 341ff.
[555] Vgl. Meffert, H./Bolz, J., a.a.O., S. 192f.
[556] Vgl. Berry, L.L.: Service Marketing, a.a.O., S. 284
[557] Vgl. Hoffmann, K.D./Bateson, J.E.G., a.a.O., S. 197; Legg, D./Baker, J.: Advertising Strategies for Service Firms, in: Lovelock, C.H. (Hrsg.), Services Marketing, 3. Aufl., Englewood Cliffs 1996, S. 410
[558] Vgl. Meyer, A./Tostmann, T., a.a.O., S. 12

aus können unrealistische Erwartungen entstehen, die vom Serviceanbieter nicht eingelöst werden können. Die Folge ist eine Unzufriedenheit bei Servicekunden, die in Frustration und negative Mund-zu-Mund-Kommunikation umschlagen kann. Es ist daher besonders wichtig, die Assoziationen der Surrogatinformationen in einem Pre-Test bzw. in einem Assoziationsexperiment zu analysieren. Das gilt allemal für die internationale Servicekommunikation.[559] Sehr oft kommt es aufgrund kultureller Eigenheiten zu typischen gesellschaftlichen Perzeptionsmustern, die zu bestimmten inhaltlichen Vorstellungen von Begriffen und Symbolen führen. So zeigt beispielsweise eine explorative empirische Studie von KROEBER-RIEL, daß zwischen deutschen und französischen Studenten der Überlappungskoeffizient bildlicher Assoziationen für das Adjektiv „ruhig“ bzw. „tranquil“ nur bei 0,17 liegt.[560] Eine internationale und interkulturelle Verwendung von einheitlichen Surrogatinformationen ist nur dann sinnvoll, wenn die kulturellen Konventionen über die Bedeutung von Zeichen, Bildelementen, Symbolen und Worten bei dem Sender und dem Empfänger übereinstimmen.[561]

Grundsätzlich kann davon ausgegangen werden, daß mit zunehmender Materialisierung der Serviceleistungen die Tangibilitätsforderung abnimmt.[562] Denn mit abnehmender Intangibilität nimmt gleichzeitig die Konkretisierung einer Serviceleistung zu. Für den Abnehmer wird es damit leichter, den Nutzen und die Qualität einer Serviceleistung abzuschätzen. Bei sinkender Kundenintegration ergibt sich ein ähnlicher Effekt. Durch die abnehmende Integrationstiefe und -intensität können Serviceprozesse standardisierter ablaufen. Hierdurch werden nicht nur Qualitätsvarianzen abgebaut, sondern Prozeßabläufe häufig auch transparenter und nachvollziehbarer. Daraus folgt im allgemeinen eine Abnahme des vom Abnehmer empfundenen Integrationsrisikos und die Reduzierung von Screeningaktivitäten der Interessenten. Auch mit zunehmender Bekanntheit einer Serviceart oder spezieller Serviceleistungen eines Unternehmens nimmt die Notwendigkeit zur Visualisierung ab.[563] Hier reicht dann häufig nur ein Hinweis auf die Serviceleistung oder die Nennung der Servicemarke.

Vertrauen in die Leistungsfähigkeit des Serviceanbieters können auch (externe) Testimonials und spezielle Versprechen des Anbieters schaffen, wenn sie für den Empfänger glaubwürdig sind. Beim Einsatz von *Testimonials* werden (meist prominente) Abnehmer einer Serviceleistung bei der Gestaltung des Kommunikationsmittels eingesetzt, die potentielle und tatsächli-

---

[559] Vgl. generell zu Besonderheiten internationaler Werbegestaltung Esch, F.-R.: Realisation globaler Kommunikationsstrategien in europäischen Märkten - ein pragmatischer Ansatz der verhaltenswissenschaftlichen Marketingforschung, in: Scholz, C./Zentes, J. (Hrsg.), Strategisches Euro-Management, Stuttgart 1995, S. 180ff.
[560] Vgl. Kroeber-Riel, W.: Globalisierung der Euro-Werbung - Ein konzeptioneller Ansatz der Konsumentenforschung, in: Marketing - Zeitschrift für Forschung und Praxis, 14. Jg., 1992, Heft 4, S. 264
[561] Vgl. Werner, U.: Möglichkeiten der Anwendung semiotischer Erkenntnisse im multikulturellen Marketing, in: Marketing - Zeitschrift für Forschung und Praxis, 15. Jg., 1993, Heft 3, S. 183
[562] Vgl. Stauss, B.: Dienstleistungsmarken, a.a.O., S. 97
[563] Vgl. Legg, D./Baker, J., a.a.O., S. 412

che Kunden von dem Nutzen der Serviceleistung und der Leistungsfähigkeit des Anbieters überzeugen sollen.[564] Gegenüber Interessenten soll diese Kommunikationsform zu einer positiven Auswahl- / Kaufbeeinflussung führen. Bei bereits existierenden Kunden kann sie hingegen - gerade bei entgeltlichen Leistungsversprechen - kognitive Dissonanzen abbauen, die nach der Entscheidung für ein Serviceangebot entstanden sind. Besonders bei Vertrauens-Serviceleistungen verlassen sich (Neu-) Kunden häufig auf die Aussagen und den Rat von Kunden, die bereits diese Leistung in Anspruch genommen haben. Eine positive Mund-zu-Mund-Werbung hat für die Kunden deshalb eine große Wichtigkeit.[565] Der Einsatz von allgemein oder zielgruppenspezifisch anerkannten Opinion-Leadern im Rahmen von Testimonials kann daher eine positive Wirkung auf die Glaubwürdigkeit der Kommunikation und den Abbau von Qualitätsunsicherheiten haben. Bei internationaler Servicekommunikation ist die Auswahl der Testimonials wieder vor dem Hintergrund spezifischer kultureller und nationaler Besonderheiten der bearbeiteten Ländermärkte zu treffen.

Bei der Verwendung von speziellen *Versprechen* (USPs) als (Bestandteil der) Kommunikationsbotschaft ist zwischen objektiven und subjektiven Versprechen zu unterscheiden.[566] Objektive Versprechen sind von den Kunden nach Inanspruchnahme des Service direkt und zweifelsfrei zu beurteilen, ohne daß größere Informationsanstrengungen notwendig sind. Damit reduzieren sich die Transaktionskosten für den Servicekunden. Objektive Versprechen basieren i.d.R. auf einzelnen Servicestandards, die auch als Vorgabe für das Servicepersonal gelten. Der Kunde kann hierbei also genau überprüfen, ob die versprochene Leistungsabwicklung und / oder -wirkung eingehalten wurde. Typische objektive Versprechen sind beispielsweise Zeit- und Kostenangaben (wie die Dauer eines Leistungsprozesses oder Festpreise für individuelle Serviceleistungen). Subjektive Versprechen erlauben hingegen einen Interpretationsspielraum, der von den Servicepartnern unterschiedlich besetzt werden kann. Meist beziehen sich derartige, mit speziellen Adjektiven verbundene „Zusicherungen“ auf das interne Servicepotential und den Serviceprozeß. So bewirbt beispielsweise Raab Karcher - Aral in Deutschland ihren Fuhrparkservice „Flotten-Management“ als „flexibles und umfassendes Service-Modul-System für gewerbliche Fuhrparks“. Für derartige Kommunikationsversprechen gibt es keine eindeutigen Beurteilungskriterien, da sich die beiden Adjektive „flexibel“ und „umfassend“ ganz unterschiedlich interpretieren lassen. Daher sind solche qualitativen Aussagen mitunter problematisch, weil es letztlich dem Werturteil jedes einzelnen Kunden überlassen bleibt, inwieweit das Versprechen eingelöst wurde. Die immer wieder postulierte Anforderung, nur das zu versprechen, was das Unternehmen auch einhalten kann, ist deswegen schwer zu

[564] Vgl. Schulze, H.S.: Dienstleistungswerbung, in: Jahrbuch der Absatz- und Verbrauchsforschung, 39. Jg., 1993, Heft 2, S. 152

[565] Vgl. Murray, K.B.: A Test of Service Marketing Theory - Consumer Information Acquisition Activities, in: Journal of Marketing, 55. Jg., 1991, S.13 und S. 18f.

[566] Vgl. Fassot, G., a.a.O., S. 279

realisieren.[567] Ein „Overpromising" in der Servicekommunikation ist der wesentliche Grund für das oben angesprochene Qualitäts-Gap 4 und die damit verbundenen Konsequenzen. Es ist daher unabdingbar, die kommunizierte Leistungsfähigkeit im Vorfeld an dem tatsächlichen Leistungsniveau des Unternehmens auszurichten. Gerade bei personenbezogenen Serviceleistungen führt die Konfrontation des Servicepersonals mit überzogenen Serviceanforderungen der Kunden schnell zur Demotivation und Frustration.[568] Unterstützt von der Servicekommunikation erwarten die Nachfrager eine Leistungsfähigkeit, die von den Servicemitarbeitern nicht in der erwarteten Qualität erbracht werden kann. Es kommt in dieser Situation für das Servicepersonal zwangsläufig zu einem Spannungsfeld zwischen nötiger Kundenorientierung und machbarer Leistungserstellung

Bei der Formulierung von leistungsbezogenen Versprechen sind im internationalen Kontext semantische Besonderheiten zu berücksichtigen. So sind in unterschiedlichen Kulturen die Bedeutungen einzelner Worte unterschiedlich und Begriffe damit nicht deckungsgleich.[569] Eine einfache Übersetzung einzelner Serviceversprechen in die jeweilige Landessprache kann dabei schnell zu unbeabsichtigten Mißverständnissen führen. Es ist vielmehr auf die Bewahrung des konnotativen Gehalts der Serviceversprechen statt auf eine einwandfreie Übersetzung einzelner Worte zu achten. Hinzu kommt, daß sich die spezifischen Leistungsversprechen auch auf für den Kunden wichtige Serviceaspekte beziehen sollten. Diese können aufgrund kultureller Einflüsse unterschiedlich ausgeprägt sein. So ist beispielsweise - wie bereits beim Timing von Serviceleistungen angesprochen wurde - in Kulturen mit einem monochronistischen Zeitverständnis die Herausstellung kurzer Wartezeiten ein relevantes Versprechen, während in polychronistischen Kulturen eher die Einhaltung von traditionellen Prozeßabläufen bei der Serviceerstellung von Bedeutung ist.

Bei der persönlichen Kommunikation sind im internationalen Kontext ebenfalls kulturelle Einflußfaktoren zu berücksichtigen.[570] Entsprechend der Unterscheidung nach Low- und High-Context-Kulturen haben neben der verbalen Verständigung u.a. auch Gestik, Mimik, Kleidung, Raum- und Zeitnutzung sowie sozialer Status der beteiligten Personen eine verschiedenartige Bedeutung. In High-Context-Kulturen (wie z.B. Japan, arabische und lateinamerikanische Länder) sind nonverbale Aspekte der Kommunikation besonders wichtig.[571] Sie übernehmen

---

[567] Vgl. Horovitz, J./Jurgens Panak, M.: Marktführer durch Service, Frankfurt/New York 1993, S. 95; Meyer, A.: Kommunikationspolitik von Dienstleistungsunternehmen, in: Corsten, H. (Hrsg.), Integratives Dienstleistungsmanagement, Wiesbaden 1994, S. 270; Zeithaml, V.A./Bitner, M.J., a.a.O., S. 458; Weber, M.R.: Marktkommunikation und Kundendienst, in: Marktforschung & Management, 35. Jg., 1991, Heft 3, S. 117f.

[568] Vgl. Schulze, H.S.: Dienstleistungswerbung, a.a.O., S. 150

[569] Vgl. Werner, U., a.a.O., S. 186; Behrens, G., a.a.O., S. 75

[570] Vgl. Hünerberg, R.: Möglichkeiten und Probleme, a.a.O., S. 349f.; Usinier, J.-C./Walliser, B., a.a.O., S. 234ff.

[571] Vgl. Cateora, P.R., a.a.O., S. 137 au der Basis von Hall, E.T., a.a.O.

als implizite Kommunikationsbotschaften eine wichtige Ausdrucksfunktion. Es geht also nicht nur darum, *was* gesagt wurde, sondern vor allem *wann* und *wie* es gesagt wurde. Denn alles, was nicht explizit verbal zum Ausdruck gebracht wurde, muß dem Kontext entnommen werden. Im Gegensatz dazu sind in Low-Context-Kulturen (wie z.B. Schweiz, Deutschland und skandinavische Länder) im wesentlichen präzise verbale Äußerungen für die Verständigung wichtig. Servicemitarbeiter, die von Unternehmen in ausländische Märkte entsendet werden, sind auf diese kulturellen Aspekte besonders hinzuweisen und zu qualifizieren. Ein nicht kulturkonformes Verhalten in der persönlichen Kommunikation mit einheimischen Servicekunden vor Ort kann die wahrgenommene Servicequalität nachhaltig negativ beeinflussen.

Wie in den vorstehenden Ausführungen angedeutet wurde, kann eine gezielte, auf Vertrauen ausgerichtete und integrierte Servicekommunikation zu einer Steigerung des Akquisitions-, Differenzierungs- und Kundenbindungspotentials des Service führen. Voraussetzung ist jedoch, daß die kommunizierten Botschaften ein spezifisches Leistungspotential des Unternehmens widerspiegeln, das vom Anbieter erfüllbar sowie von der Zielgruppe nachvollziehbar und überprüfbar ist. Diese Vermittlung von Servicekompetenz bedingt eine präzise Formulierung der Kommunikationsbotschaften, die keine zu großen subjektiven Interpretationsspielräume bei den Empfängern zulassen dürfen und damit nicht zu überzogenen Erwartungen führen. Neben der Kongruenz der kommunizierten und der tatsächlichen Leistungsfähigkeit ist auch auf eine konsistente Kommunikation beim Einsatz unterschiedlicher Kommunikationsinstrumente zu achten. Hierbei ist sicherzustellen, daß die kommunizierten Inhalte und Botschaften aufeinander abgestimmt sind und sich nicht widersprechen. Anderenfalls ist der wichtige Vertrauensaufbau bei den (potentiellen) Kunden gefährdet. Mit dem Konsistenzpostulat ist nicht zwangsläufig eine völlige (länderübergreifende) Standardisierung der Kommunikationsinhalte und -formen verbunden. Es geht vielmehr darum, daß durch die einzelnen Kommunikationsaktivitäten ein nach außen stimmiges Serviceprofil vermittelt wird, das sich in einem klaren und einheitlichen Serviceimage widerspiegelt. Dabei kann im internationalen Kontext auch bei einer angestrebten einheitlichen Servicepositionierung eine unterschiedliche Ausgestaltung von Kommunikationsmitteln und -schwerpunkten notwendig sein, da das länderspezifisch geprägte Kommunikationsverhalten als sog. „kommunikatives Rauschen" eine gestalterische Anpassung an bestimmte Kommunikationsbedingungen erfordert.[572] Wichtig ist in diesem Fall, daß trotz unterschiedlicher Kommunikationsaktivitäten in einzelnen Ländermärkten ein verläßliches Wahrnehmungsmuster der Servicekompetenz des Anbieters und ein international einheitliches Serviceimage geschaffen werden.

Doch auch wenn auf der internationalen Ebene keine Angleichung der Servicepositionierung und des Serviceimages angestrebt wird, ist zumindest innerhalb der einzelnen Ländermärkte

[572] Vgl. Esch, F.-J., a.a.O., S. 192f.

eine integrierte Servicekommunikation sinnvoll. Diese umfaßt neben der skizzierten inhaltlichen auch eine formale und zeitliche Komponente. Die formale Integration bezieht sich auf die einheitliche Verwendung von Designelementen, wie z.B. Slogans, Logos / Markenzeichen, um die Wiedererkennung zu erleichtern. Die zeitliche Integration zielt auf eine zeitliche Abstimmung einzelner Kommunikationsaktivitäten ab, um die Nachhaltigkeit und Kontinuität der Servicekommunikation zu steigern.[573]

Zusammenfassend läßt sich folgende Hypothese aufstellen:

H28: Eine eindeutige und konsistente Kommunikation der Servicekompetenz und -leistungen auf den Ländermärkten

- *unterstützt den Einfluß des Service auf den Unternehmenserfolg positiv.*

Diese Hypothese knüpft an die vorangegangene Hypothese ($H_1$27) an. Auch sie verdeutlicht noch einmal die Notwendigkeit, daß der Service nur als Wettbewerbs- und Marketinginstrument effektiv wirken kann, wenn er von den Zielgruppen auch wahrgenommen wird. Es handelt sich hierbei um eine notwendige, wenn auch keine hinreichende Bedingung für die Marktprofilierung durch den Service und damit für die positive Wirkung des Service auf den Unternehmenserfolg.

3.3.3.3. Kontrahierungspolitik des Service

Die Kontrahierungspolitik des Service bezieht sich im wesentlichen auf die Festlegung von Preisstrukturen und -höhen, Rabatten / Konditionen sowie die häufig damit verbundene Gestaltung von Serviceverträgen. Besonders die Preisfestlegung von Serviceleistungen ist dabei nicht unabhängig von der Preis- und Konditionenpolitik für die Kernleistung und erfordert eine simultane Vorgehensweise.[574] Der Grund hierfür liegt darin, daß eine Vielzahl von Serviceleistungen - insbesondere produktbezogene Leistungen - direkt auf die Erhöhung des Kernleistungsnutzens ausgerichtet ist und somit in einem engen Nachfragezusammenhang mit der Kernleistung steht.

Im Rahmen der *Preisstrukturgestaltung* ist zu entscheiden, welche Serviceleistungen im Preis der Kernleistung eingeschlossen sind oder einzeln berechnet werden sollen. Bei der *„Preisintegration"* werden die Kosten / Preise für Serviceleistungen in den Kernleistungspreis eingerechnet. Die Höhe der Servicepreise ist dabei für den Kunden nicht erkennbar, da sie im

---

[573] Vgl. Bruhn, M.: Dienstleistungsqualität, a.a.O., S. 180f.; derselbe: Kommunikationspolitik, a.a.O., S. 100ff.

[574] Vgl. Olemotz, T., a.a.O., S. 207; Simon, H.: Preispolitik für industrielle Dienstleistungen, in: Simon, H. (Hrsg.), Industrielle Dienstleistungen, Stuttgart 1993, S. 189

Kernleistungspreis enthalten sind.[575] Für den Preis der Hauptleistung ist dabei ein vom Markt akzeptierter Handlungsspielraum nach oben erforderlich.[576] Nur so lassen sich die Servicekosten durch die Erlöse der Kernleistung abdecken. Die indirekte Berechnung der Serviceleistungen über den Verkaufspreis der Primärleistung führt zu einer Aufhebung zwischen Kostenverursachung und Kostendeckung. Damit verbunden ist häufig eine Subsumtion der Servicekosten unter die Gemeinkosten eines Kernleistungs- / Produktbereichs. Problematisch hierbei ist, daß die Servicekosten oft nur schwer zu kontrollieren und zu steuern sind.[577] Außerdem steigt bei dieser Art der Kostenerfassung die Tendenz zu einem „Service-Wildwuchs“, da eine genaue Effizienzbeurteilung / Kosten-Nutzen-Bewertung des Servicebereichs auf diese Weise nicht möglich ist.

Dafür hat diese Preisstruktur den Vorteil, daß die auf den ersten Blick „kostenlosen“ bzw. „unentgeltlichen“ Serviceleistungen eine starke akquisitorische Wirkung entfalten können. Das ist insbesondere dann der Fall, wenn Wettbewerber bei ähnlichen Preisen für die Kernleistung ein geringeres Servicespektrum anbieten oder Kern- und Serviceleistungen offerieren, die in der Preissumme höher liegen.[578] Für Abnehmer, die in ihrem Entscheidungskalkül die Gesamtkosten für den Nutzungs- / Lebenszyklus der Kernleistung (sog. Life Cycle Costs bzw. Total Costs of Using / Ownership) zugrunde legen, sind Einzelpreise für die Kern- und Serviceleistungen ohnehin nicht relevant.[579] Für sie ist ein integrierter Preis von Kern- und Serviceleistungen daher für die Urteilsbildung angenehmer, da er bei den Nachfragern zu einer Einsparung von Transaktionskosten durch die Reduzierung von Informations- und Koordinationsaufwendungen führt. Allerdings ist diese Preispolitik dann problematisch, wenn die Zielgruppen für eine homogene Kernleistung unterschiedliche Serviceanforderungen haben. Diejenigen Interessenten / Kunden, für die nicht alle eingerechneten Serviceleistungen relevant sind, können sich beispielsweise gegenüber „Heavy Service Usern“ benachteiligt fühlen und geringere Preise fordern, da sie nicht bereit sein werden, die aus ihrer Sicht exorbitante Servicenutzung anderer Kunden zu subventionieren. Sind die meisten angebotenen Serviceleistungen für einige Kunden irrelevant, dann werden sie sich vielleicht bereits im Vorfeld für ein anderes (Konkurrenz-) Angebot entscheiden, das günstiger ist und / oder für sie wichtiger Serviceleistungen enthält.[580] Damit dürfte die Preisintegration bei heterogenen Zielgruppenansprüchen schnell an ihre Grenzen zu stoßen.

Hinzu kommt, daß gerade auf wettbewerbsintensiven Märkten der Preis der Kernleistung unter Druck gerät und damit der für eine Preisintegration notwendige Handlungsspielraum nach oben

[575] Vgl. Buttler, G./Stegner, E., a.a.O., S. 941
[576] Vgl. Fassot, G., a.a.O., S. 262
[577] Vgl. Mollberg, H., a.a.O., S. 83
[578] Vgl. ebenda, S. 86
[579] Vgl. Simon, H.: Preispolitik, a.a.O., S. 192
[580] Vgl. Fassot, G., a.a.O., S. 262

stark eingeschränkt ist.[581] Daher besteht in derartigen Marktsituationen nicht nur eine Differenzierungsnotwendigkeit zur Abhebung von Wettbewerbern, beispielsweise durch die Serviceleistungen, sondern gleichzeitig auch eine Tendenz zur Kosten- und Preisreduzierung bei der Kernleistung. Man wird versuchen, die Hauptleistung auch durch die preisliche Separierung von Kann- und einigen Soll-Serviceleistungen kostenmäßig zu entlasten.[582] Damit ist die Einzelberechnung als zweite generelle Möglichkeit der Preisstrukturfestlegung angesprochen.

Im Gegensatz zur vorstehenden Preisintegration von Kern- und Serviceleistungen haben die Abnehmer bei der *Einzelpreisstellung* den Vorteil, daß sie entsprechend ihres Serviceverbrauchs die Leistungen bezahlen und keine Subventionierung von Mehrverbrauchern und „Häufignutzern" leisten. Für den Anbieter wirkt sich dies in der Einschränkung einer fortwährenden, überzogenen Inanspruchnahme von Serviceleistungen durch ein „Nutzenmaximierer-Verhalten" von bestimmten Kunden aus.[583] Durch die Einzelberechnung kommt es außerdem zu einer leichteren Kosten-Nutzen-Kontrolle der Servicepolitik. Darüber hinaus können die Einzelpreise als Wert- und Qualitätsindikatoren für die Abnehmer genutzt werden. Frei nach dem Motto: „Was nichts kostet, ist auch nichts wert" führt die pretiale Auszeichnung von Serviceleistungen häufig zu einem stärkeren Nutzenbewußtsein gegenüber angebotenen Serviceleistungen, und zwar sowohl bei der Zielgruppe als auch bei den Mitarbeitern.

Allerdings ist zu berücksichtigen, daß eine separate Preisstellung nicht für alle Serviceleistungen geeignet und realisierbar ist. So ist die Fakturierung von Pre-Sales-Serviceleistungen grundsätzlich schwierig, da diese darauf ausgerichtet sind, Neukunden für das Kernprodukt zu gewinnen und damit „Investitionen in zukünftige Transaktionen / Kundenbeziehungen" darstellen. Ähnliches gilt für Muß-Leistungen, die als Quasi-Kernleistungsbestandteil von der Hauptleistung kaum isoliert und deshalb auch preislich nicht separiert werden können. Diese typischen Serviceleistungen werden von den Kunden traditionell „gratis" erwartet und sind deshalb in dem Kernleistungspreis zu „verstecken". Auch das Konkurrenzverhalten kann dazu beitragen, daß Soll-Serviceleistungen nicht in vollem Umfang oder gar nicht separat fakturiert werden können. Diese konkurrenzbezogene Entscheidungsinterdependenz ist insbesondere bei oligopolistischen Anbieterstrukturen auf einem (Länder-) Markt gegeben, bei der preispolitische Maßnahmen und Reaktionen von den einzelnen Wettbewerbern untereinander „erahnt" werden.[584] Tendenziell ist für eine derartige Markt- / Anbieterstruktur daher eine Anpassungsstrategie sinnvoll. Dabei fungieren oft etablierte Anbieter bzw. „Serviceführer" als Orientierungspunkte.

---

581 Vgl. Huckemann, M.: Pricing - Gewinnen durch die richtigen Preise, in: Thexis, 14. Jg., 1997, Heft 2, S. 46
582 Vgl. Fassot, G., a.a.O, S. 263
583 Vgl. Mollberg, H., a.a.O., S. 83
584 Vgl. Simon, H.: Preismanagement, 2. Aufl., Wiesbaden 1992, S. 19f. und S. 199f.

Wie die Ergebnisse der Grundlagenstudie zeigen, wird bei den meisten Unternehmen im Inland und auf den ausländischen Märkten das Prinzip der Preisintegration angewendet. In Abbildung IV-31 sind die empirischen Befunde dargestellt. Auf dem deutschen Heimmarkt setzen 43,9 % der Unternehmen überwiegend einen integrierten Preis fest.[585] Auf den ausländischen Märkten sind es 46,7 % der deutschen Anbieter. 22,8 % haben eine Einzelpreisstruktur auf dem deutschen Markt und 23,9 % nutzen die separate Serviceberechnung auf ausländischen Absatzmärkten.[586] Darüber hinaus wird auch deutlich, daß eine gemischte Preisstruktur für die Preispolitik des Service eine große Bedeutung hat. Sie wird von einem Drittel (33,3 %) der Unternehmen in Deutschland zugrunde gelegt, während auf den Auslandsmärkten 29,7 % der Unternehmen diese gemischte Preisstruktur verwenden.[587] Allerdings lassen die Ergebnisse offen, ob es sich um eine systematische Vorgehensweise oder lediglich um das Resultat ungeplanter, situativer Preisfestlegungen von Serviceleistungen handelt.

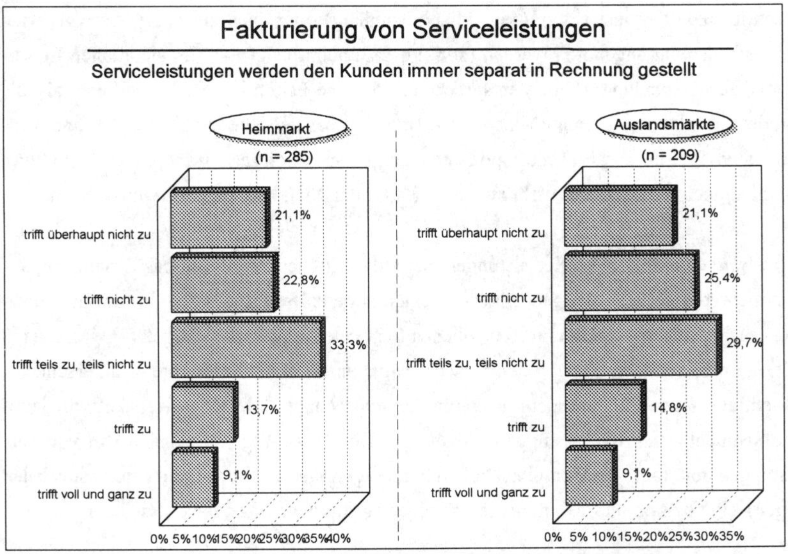

Abb. IV-31: Praxis der Festlegung von Servicepreisen deutscher Unternehmen im In- und Ausland

Grundsätzlich erscheint eine gemischte Preisstruktur für eine Vielzahl von Serviceleistungen durchaus sinnvoll. So können (produktbezogene) Mußleistungen in den Preis der Kernleistung eingerechnet werden, während sich Soll- und Kann-Leistungen mit Einzelpreisen anbieten las-

[585] Es handelt sich hierbei um alle Unternehmen, die auf die Frage nach der separaten Rechnungsstellung von Serviceleistungen mit „trifft überhaupt nicht zu" und „trifft nicht zu" geantwortet haben.

[586] Hierzu wurden alle Unternehmen gezählt, die auf die Frage nach der separaten Abrechnung von Serviceleistungen mit „trifft zu" und „trifft voll und ganz zu" geantwortet haben.

sen, wenn sie für die Zielgruppe einen hohen Nutzen bereitstellen.[588] Aufgrund der angesprochenen Preis- und Kostendruck-Problematik auf vielen Märkten können auch additive Serviceleistungen nur einen beschränkten Preisspielraum nach oben schaffen. So zeigen empirische Untersuchungen, daß die durch integrierte Serviceleistungen realisierbaren Mehrpreise für Kernleistungen in der überwiegenden Zahl der Fälle nicht mehr als 10 % ausmachen.[589] Daher sollten grundsätzlich eher kostenmoderate und -neutrale Serviceleistungen (z.B. Finanzierungsleistungen) und weniger kostenintensive Serviceleistungen (z.B. Reparatur, Inspektion / Wartung) über den Preis der Kernleistung abgegolten werden.[590]

Bei der gemischten Preisstruktur und der eigenständigen Preisfestlegung im Servicebereich ist außerdem zu entscheiden, ob alle nicht in den Kernleistungspreis integrierten Serviceleistungen mit einem Einzelpreis zu kennzeichnen sind oder bestimmte Serviceleistungen zu „Service-Paketpreisen" angeboten werden sollen. Dieser Bündelpreis kann dabei simultan zu den Einzelpreisen für jede Serviceleistung (sog. Mixed Bundling) oder auch anstelle der atomisierten Einzelpreisfestlegung angeboten werden (sog. Pure Bundling). Im Fall des simultanen Einsatzes beim Mixed Bundling ist der entsprechende Service-Paketpreis i.d.R. geringer als die Summe der Einzelpreise.[591] Beim Mixed Price-Bundling hat der Kunde also die Wahlmöglichkeit zwischen Preisen für Einzelkomponenten und dem Paketpreis, während er beim Pure Bundling lediglich die generelle Wahl zwischen Kauf oder Nichtkauf des Servicepakets hat.[592]

Diese *Preisbündelung* von Serviceleistungen bietet die Möglichkeit, durch das Zusammenpakken von mehreren Einzelleistungen insgesamt einen höheren Serviceabsatz und -umsatz zu erreichen.[593] Die Integration von unterschiedlichen Serviceleistungen zu wenigen Servicepaketen führt bei geschickter Kombination der Serviceleistungen zu einer Verknüpfung unterschiedlicher Nachfragersegmente mit einem größeren Absatzpotential, da die Servicepakete für jedes einzelne Segment attraktive Leistungen enthalten.[594] Durch das Angebot einer Mixtur von Serviceleistungen mit (aus Kundensicht) höheren und geringeren Nutzen zu einem speziellen (niedrigen) Preis kommt es für die weniger attraktiven Serviceleistungen zu einer

---

[587] Dies sind alle Unternehmen, die auf die Frage nach der separaten Berechnung von Serviceleistungen mit „trifft teils zu, teils nicht zu" geantwortet haben.

[588] Vgl. Anderson, J.C./Narus, J.A., a.a.O., S. 76

[589] Vgl. Simon, H.: Preispolitik, a.a.O., S. 213; Fassot, G., a.a.O., S. 262f.

[590] Vgl. Mollberg, H., a.a.O., S. 86f.

[591] Vgl. Simon, H.: Preismanagement, a.a.O., S. 443; Fuerderer, R./Hurchzermeier, A./Schrage, L.: Stochastic Option Bundling and Bundle Pricing, in: Bauer, H.H./Dichtl, E./Herrmann, A. (Hrsg.), Automobilmarktforschung, München 1996, S. 133

[592] Vgl. Wübker, G.: Preisbündelung, Wiesbaden 1998, S. 53

[593] Vgl. Bauer, H.H./Herrmann, A./Jung, S.: Wettbewerbsvorteile durch Preisbündelung, in: Marktforschung & Management, 40. Jg., 1996, Heft 3, S. 85f.; Simon, H./Faßnacht, M.: Price Bundling, in: European Management Journal, 11. Jg., 1993, Nr. 4, S. 403

[594] Vgl. Herrmann, A./Bauer, H.H./Huber, F.: Die Gestaltung von Produkt- und Servicebündeln bei PKW, in: Jahrbuch der Absatz- und Verbrauchsforschung, 42. Jg., 1996, Heft 2, S. 165f.

Aufwertung.[595] Zudem kann in einem Servicepaket eine Art kalkulatorischer Ausgleich zwischen obligatorischen und zumeist „kostenlosen" Serviceleistungen auf der einen Seite sowie fakultativen Leistungen auf der anderen Seite geschaffen werden.[596] Typische Anwendungsformen der Preisbündelung sind gestaffelte Serviceverträge mit unterschiedlichem Leistungsumfang.

Grundsätzlich läßt sich durch einen Paketpreis auch die Abnehmerrente besser abschöpfen als dies bei einem Serviceabsatz auf Basis von Einzelpreisen der Fall wäre. Dabei baut die Preisbündelung auf der Pigouschen Preisdifferenzierung ersten Grades auf, nach der man möglichst von jedem Abnehmer genau den maximalen Preis (sog. Reservationspreis), den dieser für jede Einheit eines Gutes zu zahlen bereit ist, veranlagt. Hierdurch soll (weitgehend) die gesamte Abnehmer- / Konsumentenrente abgeschöpft werden.[597]

Das Prinzip der Preisbündelung zur Abschöpfung der Abnehmer- / Konsumentenrente läßt sich gut an einem einfachen Beispiel verdeutlichen: Angenommen, ein Unternehmen hat drei Kundensegmente, die es bearbeitet. Den Kunden sollen ein Wartungs- / Inspektionsservice und ein Upgrading-Service angeboten werden, der einmal pro Jahr durchgeführt wird. Dabei wird unterstellt, daß die Gruppen gleich groß sind und damit ein identisches Nachfragepotential aufweisen. Außerdem sei der Einfachheit halber angenommen, daß allen drei Kundengruppen der gleiche Service zu demselben Preis angeboten werden soll. Allerdings unterscheiden sich die drei Kundengruppen hinsichtlich ihrer Ausgabebereitschaft für die einzelnen Serviceleistungen. In Abb. IV-32 sind die jeweiligen Maximal- / Reservationspreise tabellarisch dargestellt. Für Kundengruppe A hat die Wartungs- / Inspektionsleistung einen großen Wert. Sie ist deshalb bereit, am meisten dafür auszugeben (1.200,00 DM). Dafür ist ihnen der Upgrading-Service weniger wichtig. Entsprechend gering ist ihre Zahlungsbereitschaft (900,00 DM). Eine diametral entgegengesetzte Wertschätzung und Ausgabebereitschaft für die beiden Serviceleistungen liegt bei Kundengruppe B vor. Sie würde für den jährlichen Wartungs- / Inspektionsdienst ein sehr geringes Entgelt geben (700,00 DM) und für das jährliche Upgrading der Kernleistung einen recht hohen Preis (1.900,00 DM) bezahlen. Die Kundengruppe C liegt mit ihrer maximalen Ausgabebereitschaft bei den jeweiligen Serviceleistungen zwischen den beiden anderen Gruppen.

---

[595] Vgl. Binder, P./Gierl, H.: Internationale Preisgestaltung von Serviceleistungen, in: der markt, 32. Jg., 1993, Heft 1, S. 16

[596] Vgl. Guiltinan, J.P.: The Price Bundling of Services - A Normative Framework, in: Journal of Marketing, 51. Jg., 1987, April, S. 75

[597] Vgl. hierzu Simon, H.: Preismanagement, a.a.O., S. 381; Fehl, U.: Preisdifferenzierung (Preisdiskriminierung), in: Albers, W. et al. (Hrsg.), Handwörterbuch der Wirtschaftswissenschaften, Stuttgart et al. 1981, S. 161

Price Bundling

Kunden-gruppe	Segment-größe/ Absatz-potential	Wartungs-/ Inspektions-service (I)	Upgrading-Service (II)	Bündelpreis (I + II)	Umsatz bei optimalen Einzelpreisen I = 1.150,00 DM II = 1.500,00 DM	Umsatz bei optimalem Bündelpreis 2.100,00 DM	Zusätzlich abgeschöpfte Abnehmer-rente
A	100	1.200	900	2.100	(1.150 + 0) x 100 = 115.000	210.000	95.000
B	100	700	1.900	2.600	(0 + 1.500) x 100 = 150.000	210.000	60.000
C	100	1.150	1.500	2.650	(1.150 + 1.500) x 100 = 265.000	210.000	- 55.000
Summe					530.000	630.000	100.000 18,86 % höhere Abschöpfung

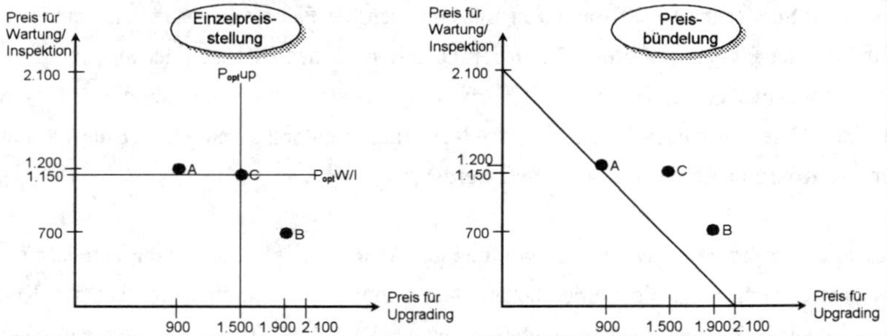

Abb. IV-32: Fiktives Beispiel zum reinen Preisbundling von Serviceleistungen
(Quelle: Darstellung in Anlehnung an Simon, H./Dolan, R.J., a.a.O., S. 253)

Addiert man in den Kundengruppen die maximalen Preisbereitschaften für die beiden Serviceleistungen, so erhält man für jede Gruppe den maximalen Bündel- / Paketpreis. Der ist beim Kundensegment A am geringsten (2.100,00 DM) und bei der Gruppe C am höchsten (2.650,00 DM). Um die Vorteilhaftigkeit einer der beiden Preisstellungen zu beurteilen, sind die Gesamtumsätze der Verfahren zu ermitteln und zu vergleichen. Hierzu ist zunächst die Bestimmung der optimalen Einzelpreise und des optimalen Bündelpreises notwendig. Dies ist relativ einfach durchzuführen. Es handelt sich hierbei um den Einzel- bzw. Bündelpreis, der in seiner Angebots- / Leistungsklasse den höchsten Umsatz generiert. Im Falle des Einzelpreises für die Wartung / Inspektion liegt er bei 1.150,00 DM. Zu diesem Preis würde die Kundengruppe A und das Segment C den Service nachfragen. Der Umsatz p.a. würde bei 230.000,00 DM liegen. Bei einem Preis von 700,00 DM würden zwar alle drei Gruppen den Wartungs- / Inspektionsservice in Anspruch nehmen, der Gesamtumsatz p.a. würde aber nur 210.000,00 DM betragen. Ein Preis von 1.200,00 DM würde nur von der Kundengruppe A bezahlt, die damit insgesamt einen Jahresumsatz von 120.000,00 DM tätigt.

Für den Upgrading-Service liegt der umsatzmaximale Preis bei 1.500,00 DM. Bei diesem Preis würden die Gruppen A und B einen jährlichen Gesamtumsatz von 300.000,oo DM tätigen. Werden nun bei der Einzelpreisstellung die jeweiligen optimalen Preise für den Wartungs- / Inspektionsservice und den Upgrading-Service zugrunde gelegt, dann ergibt sich ein Service-Gesamtumsatz von 530.000,00 DM.

Der optimale Bündelpreis liegt bei 2.100,00 DM und damit unter der Summe der optimalen Einzelpreise (1.150,00 DM + 1.500,00 DM = 2.650,00 DM). Der Jahresumsatz beim Bundling beträgt 630.000,00 DM. Damit wird durch die Preisbündelung ein Mehrumsatz von 18,86 % bzw. 100.000,00 DM p.a. gegenüber der Einzelpreisstellung erzielt.

Die beiden Koordinatenkreuze für die Einzelpreisstellung und die Preisbündelung zeigen die vorstehenden Überlegungen noch einmal graphisch. Dabei wird auch der Werttransfer und damit die Übertragung der Zahlungsbereitschaft von einer Serviceleistung auf die andere deutlich.[598] So wird der Upgrading-Service von Kundengruppe A beim umsatzmaximalen Preis von 1.500,00 DM abgelehnt, während er jedoch im Servicepaket zum (optimalen) Bündelpreis auch von diesem Segment gekauft wird. Das Servicepaket erzeugt also eine andere Preisreaktionsfunktion als die einzelnen Serviceleistungen für sich.[599] Die nicht ausgeschöpfte Zahlungsbereitschaft der Gruppe A beim Wartungs- / Inspektionsservice wird dabei durch das Preisbundling auf den Upgrading-Service übertragen.[600]

Allerdings zeigt die Graphik auch, daß die Preisbereitschaften bei den Kundengruppen B und C auch beim geforderten Bündelpreis von 2.100,00 DM nicht völlig ausgeschöpft wurden. So wären die Mitglieder des Segments B durchaus bereit, für die beiden Serviceleistungen zusammen 2.600,00 DM zu bezahlen. Die Kunden aus der Gruppe C würden gar 2.650,00 DM für das Servicepaket aufwenden.

Mit Hilfe eines Mixed Bundling kann der Anbieter versuchen, die Umsätze weiter zu steigern, indem er die beiden Serviceleistungen beispielsweise mit den jeweiligen Einzelhöchstpreisen auszeichnet und zusätzlich das Servicepaket zum mittleren Bündelpreis von 2.600,00 DM anbietet. Dadurch würde sich die in Abbildung IV-33 dargestellte Situation ergeben. Kundengruppe A würde nur den Wartungs- / Inspektionsservice für 1.200,00 DM nachfragen (Gesamtumsatz p.a. = 120.000,00 DM). Die Kundengruppen B und C würden hingegen beide Serviceleistungen als Paket zum Bündelpreis nachfragen (Gesamtumsatz p.a. = 520.000,00 DM). Es würde hierdurch ein Service-Gesamtumsatz von 640.000,00 DM erzielt. Damit ist das Umsatzergebnis einer gemischten Preisbündelung sogar noch höher als bei einem Pure Price-Bundling.

[598] Vgl. auch die Ausführungen und graphische Darstellung bei Simon, H./Dolan,R.J.: Profit durch Power Pricing, Frankfurt/New York 1997, S. 252ff.; Woratschek, H.: Möglichkeiten und Grenzen preispolitischer Faustregeln für den Dienstleistungsbereich, in: Meyer, A. (Hrsg.), Grundsatzfragen und Herausforderungen des Dienstleistungsmarketing, Wiesbaden 1996, S. 115

[599] Vgl. Diller, H.: Preisbaukästen als preispolitische Option, in: Wirtschaftswissenschaftliches Studium, 22. Jg., 1993, Heft 6, S. 273

[600] Vgl. Simon, H:/Dolan, R.J., a.a.O., S. 254

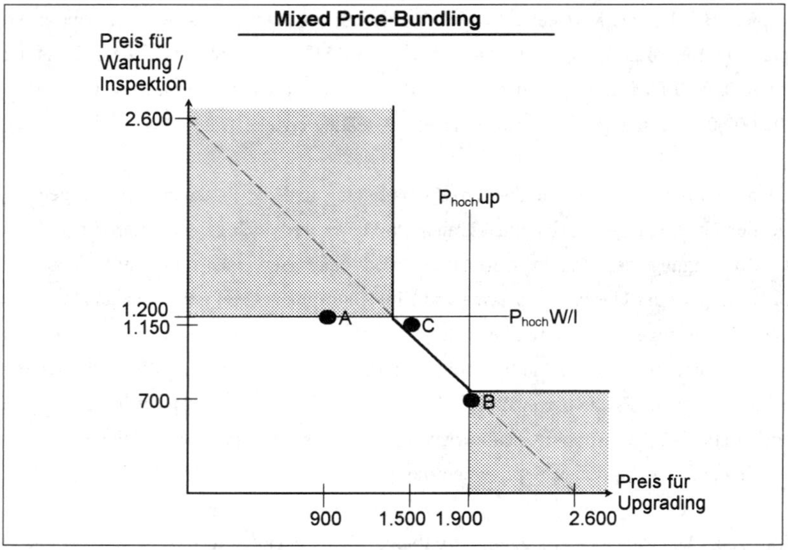

Abb. IV-33: Fiktives Beispiel für eine gemischte Preisbündelung im Servicebereich
(Quelle: Darstellung in Anlehnung an Simon, H./Dolan, R.J., , a.a.O., S. 255)

Grundsätzlich gibt es keine generellen Empfehlungen für eine Preisstellung bzw. für eine Preisstruktur im Servicebereich. Letztlich sind die einzelnen Möglichkeiten „durchzuspielen" und auf ihre Erfolgsträchtigkeit hin zu untersuchen. Es lassen sich jedoch einige allgemeine Tendenzaussagen ableiten:[601]

- Sind sich alle Kunden in ihren Nutzeneinschätzungen und ihrer Preisbereitschaft sehr ähnlich, indem sie bestimmten Serviceleistungen einen sehr hohen Nutzen und anderen einen sehr niedrigen Wert beimessen, dann ist meist eine Einzelpreisstellung der Serviceleistungen für das Unternehmen aus Umsatzsicht am besten.
- Lassen sich bei den Kundensegmenten zwei Gruppen herauskristallisieren, die diametral entgegengesetzte Wertschätzungen gegenüber den angebotenen Serviceleistungen haben, dann führt häufig eine reine Preisbündelung im Service zu einem Umsatzmaximum.
- Hat ein Unternehmen - wie im vorliegenden Beispiel - mehrere Zielgruppen, zu denen Kundensegmente mit weitgehend angeglichenen Präferenzen gegenüber den angebotenen Serviceleistungen ebenso gehören wie Kundengruppen mit entgegengesetzten Wertschätzungen für nur sehr wenige Serviceleistungen, dann kann der Einsatz einer gemischten Preisbündelung sinnvoll sein.

[601] Vgl. ebenda, S. 256; Simon, H./Fassnacht, M., a.a.O., S. 406

Die vorstehend skizzierten Price-Bundlingalternativen sind natürlich nicht unabhängig von leistungsbezogenen Bundlingentscheidungen.[602] So erfordert ein reiner Bündelpreis notwendigerweise auch einen integrierten Leistungsverbund von einzelnen Serviceleistungen oder auch von Kern- und Serviceleistungen. Die separate Preisfestlegung benötigt hingegen das Einzelangebot aller Leistungskomponenten. Auch beim Mixed Price-Bundling ist auf der Leistungsebene eine entsprechend gemischte Angebotsstruktur erforderlich. Eine differierende Ausgestaltung von Leistungsangeboten und Preisstruktur ist hingegen bei genauer Betrachtung nicht realisierbar. So führt eine Leistungsbündelung ohne entsprechende Preisbündelung letztlich zu einer gemischten Leistungs- / Preisbündelung. Auch bei einem Leistungsbündel, dessen Komponenten Einzelpreise haben, liegt faktisch ein reines Price-Bundling vor, da die Kunden es nur im Paket zum Bündelpreis erwerben können.[603]

Mit der Preisbündelung sind nicht nur potentielle Umsatz- / Gewinnsteigerungen, sondern auch handfeste Probleme verbunden. So ist bereits die Festlegung der Leistungsbündel problematisch, da sich durch die Kombination von Ausprägungen schnell eine sehr große Anzahl von Bündelmöglichkeiten ergibt.[604] Diese kann bei der oben gezeigten Vorgehensweise maximal so groß sein wie die Zahl der potentiellen Kunden (-gruppen). Werden im Rahmen einer reinen Preisbündelung allen Kunden dann nur einige wenige Servicepakete angeboten, so kann das Unternehmen nicht mehr flexibel und individuell auf die Anforderungen einzelner Kunden eingehen. Hierbei besteht die Gefahr, daß die potentiellen Abnehmer zu spezialisierten Dienstleistern abwandern und dort die für sie wirklich wichtigen Serviceleistungen kaufen.[605] Das Angebot von sehr vielen Servicepaketen und der Einsatz eines Mixed Bundling beeinträchtigen zwar die Flexibilität des Anbieters nicht unbedingt negativ, dafür schränken sie aber die Preistransparenz bei den Nachfragern ein. In der Folge steigen die Informations- / Transaktionskosten bei den Kunden, die sich nachteilig auf die Kaufentscheidung auswirken können. Außerdem kommt es bei sehr vielen und komplexen Servicepaketen i.d.R. zu einer Steigerung der Koordinationsaufwendungen / -kosten, die den vermeintlichen Umsatzsteigerungen entgegenstehen und die Gewinnsituation beeinflussen.

Darüber hinaus sind rechtliche Restriktionen bei der Anwendung des Price-Bundling zu beachten, die in den einzelnen Ländermärkten mitunter in sehr unterschiedlicher Form auftreten können. Hierbei handelt es sich vor allem um kartellrechtliche Bestimmungen, die zu einer Einschränkung oder sogar zum Verbot von Bündelpreisen führen.[606]

---

[602] Vgl. Herrmann, A./Bauer, H.H./Huber, F., a.a.O., S. 166f.

[603] Vgl. Friege, C.: Preispolitik für Leistungsverbunde im Business-to-Business-Marketing, Wiesbaden 1995, S. 177

[604] Vgl. Eppen, G.D./Hanson, W.A./Martin, R.K.: Bundling - New Products, New Markets, Low Risk, in: Sloan Management Review, 32. Jg., 1991, Nr. 4, S. 12

[605] Vgl. Olemotz, T., a.a.O., S. 218f.

[606] Vgl. Wübker, G., a.a.O., S. 187ff.

Voraussetzung für die professionelle Anwendung der Preisbündelung ist die Ermittlung der Preisbereitschaften der einzelnen Kunden (-gruppen). Hierzu sind i.d.R. Kundenbefragungen notwendig, in denen die potentiellen Servicenutzer nach ihrer maximalen Ausgabebereitschaft (Maximal- bzw. Reservationspreis) gefragt werden.[607] Hierzu sind nicht nur die Einzelpreise eines jeden Kundensegments zu ermitteln, sondern - bei korrekter Vorgehensweise - auch die Preisbereitschaften bzw. Reservationspreise für jedes einzelne Leistungsbündel.[608] Außerdem sind - im Gegensatz zu dem oben stark vereinfachten Beispiel - auch die Größe der Kundensegmente sowie die Bundlingkosten für jedes Servicepaket zu bestimmen.[609] Zudem sind in der Realität - anders als bei dem im Beispiel zugrunde gelegten Monopolfall - auch Wettbewerbsreaktionen und -preise zu berücksichtigen. Die Anwendung eines Preisbundling ist damit ein sehr komplexes Analyse- und Entscheidungsverfahren mit hohen Informationsanforderungen.[610] Dabei sind die Informationen in regelmäßigen Abständen zu aktualisieren, um Veränderungen in den Präferenzen und Preisbereitschaften der Kunden frühzeitig zu erkennen. Dynamische Entwicklungen der Kundenerwartungen und des Kundenverhaltens können nämlich zu einer Veränderung bzw. Auflösung des Price-Bundlingsystems führen.

Bei der Festlegung von *Preishöhen* - sei es im Rahmen eines Price-Bundling oder einer Einzelpreisstrategie von Serviceleistungen - ist generell eine Vielzahl relevanter Faktoren zu berücksichtigen. Neben den vorstehend bereits angesprochenen abnehmer-, kosten- und konkurrenzbezogenen Determinanten gehören auch die allgemeinen preispolitischen Serviceziele, die dienstleistungsspezifischen Eigenschaften und Arten des Service sowie spezielle Anforderungen vor dem Hintergrund der Internationalisierung des Service hierzu. Die in der Praxis allgemein gängigen Methoden der Preisfindung stützen sich schwerpunktmäßig auf einen Einflußbereich und werden deshalb auch als nachfrage-, kosten- und wettbewerbsorientierte Preisfindung bezeichnet.[611]

Die *nachfrageorientierte* Preissetzung bezieht sich - wie beim dargestellten Preisbündelung - auf das Wertprinzip. Demnach werden die Preise entsprechend dem vom Kunden wahrgenommenen Nutzen einer Leistung festgelegt. Grundüberlegung für diese nutzenorientierte Preisgestaltung ist, daß eine Leistung nur gekauft wird, wenn der Kundennutzen einer (Service-) Leistung größer ist als der zu zahlende Preis und weitere nicht-monetäre Aufwendungen (z.B. Informationsbeschaffung, Wartezeiten etc.). In diesem Fall entsteht ein positiver

[607] Vgl. Hanson, W./Martin, R.K.: Optimal Bundle Pricing, in: Management Science, 36. Jg., 1990, Nr. 2, S. 258

[608] Vgl. ebenda

[609] Vgl. ähnlich auch Guiltinan, J.P., a.a.O., S. 84

[610] Vgl. Eppen, G.D./Hanson, W.A./Martin, R.K., a.a.O., S. 12

[611] Vgl. Diller, H.: Preispolitik, 2. Aufl., Stuttgart/Berlin/Köln 1991, S. 150ff.; Meffert, H.: Marketing, a.a.O., S. 492ff.

Netto-Nutzen (sog. Perceived Value) für den Nachfrager.[612] Bei einem Netto-Nutzen von Null, wenn also der Nutzengewinn durch eine Leistung dem Nutzenverlust bzw. den Kosten einer Leistung entspricht, entsteht eine indifferente Situation. Für den Kunden ist es egal, ob er die Leistung kauft oder nicht, da sich durch die Transaktion seine Nutzensituation nicht ändert. Grundsätzlich gilt, daß mit steigendem (positiven) Netto-Nutzen auch die Kaufwahrscheinlichkeit zunimmt.[613]

Voraussetzung für eine nachfrager- bzw. nutzenorientierte Preisgestaltung ist demnach die Feststellung und Quantifizierung des Kundennutzens einer (Service-) Leistung bei den Zielgruppen auf den einzelnen Ländermärkten.[614] Dabei ist zu berücksichtigen, daß die Nutzen- und auch die Kostenwahrnehmung subjektive Vorgänge sind, die bei ein und derselben (Service-) Leistung zu sehr unterschiedlichen Ergebnissen zwischen verschiedenen Kunden (-gruppen) führen.[615] Die einzelnen Kunden (-gruppen) weisen dadurch unterschiedliche Preisbereitschaften auf, die sich aus der Differenz zwischen dem Nutzen einer Leistung und allen Kosten außer dem Preis für die Abnehmer ergeben. Auch diese sind für die verschiedenen Kunden (-gruppen) i.d.R. unterschiedlich hoch.

Eine strikte Anwendung dieser Methode auf allen Ländermärkten führt dazu, daß auf bestimmten Märkten mit hohen Preisbereitschaften der Nachfrager auch höhere Preise veranschlagt werden als auf Ländermärkten mit geringen Preisbereitschaften der Abnehmer. Hierdurch kommt es üblicherweise zu unterschiedlichen Margen, die im Sinne eines länderbezogenen kalkulatorischen Ausgleichs genutzt werden können.[616]

Beim Einsatz der nutzenorientierten Preisbildung ergeben sich jedoch massive Probleme, weil sowohl die Operationalisierung des Nutzenempfindens bei den (potentiellen) Nachfragern - und damit die Quantifizierung des Kundennutzens - als auch die Ermittlung der individuellen Kosten einer Leistung bei den Abnehmern problematisch und aufwendig ist. Dies mag ein Grund für den bisher noch zögerlichen Einsatz dieser Preisfindungsmethode in der Praxis sein.[617] Besonders bei Dienst- / Serviceleistungen, die stark immateriell und integrativ sind, ist eine klare Nutzenbeurteilung häufig nicht oder nur sehr eingeschränkt möglich. Für den Anbieter ist es

---

[612] Vgl. Remmerbach, K.U.: Value Added Marketing, in: Marktforschung & Management, 34. Jg., 1990, Heft 2, S. 58

[613] Abgeleitet von der mikroökonomischen Theorie zum Wahlverhalten von Individuen / Konsumenten unter einer Budgetrestriktion. Vgl. hierzu z.B. Lancaster, K.: Moderne Mikroökonomie, 2. Aufl., Frankfurt/New York 1983, S. 250

[614] Vgl. Lauszus, D./Sebastian, K.-H.: Value based-Pricing, in: Thexis, 14. Jg., 1997, Heft 2, S. 3

[615] Vgl. Kijewski, V./Yoon, E.: Market-Based Pricing - Beyond Price-Performance Curves, in: Industrial Marketing Management, 19. Jg., 1990, Nr. 1, S. 12f.

[616] Vgl. Simon, H./Wiese, C.: Internationale Preispolitik, in: Hermanns, A./Wißmeier, U.K. (Hrsg.), Internationales Marketing-Management, München 1995, S. 235

[617] Vgl. Reinecke, S.: Nutzenorientierte Preisgestaltung, in: Belz, C. (Hrsg.), Kompetenz für Marketing-Innovationen, Schrift 2 - Leistungs- und Kundensysteme, St. Gallen 1997, S. 56f.

deshalb sehr schwierig, präzise Leistungswünsche und -nutzenwerte zu ermitteln, die für eine nachfrageorientierte Preisfindung grundlegend sind. Außerdem ist zu berücksichtigen, daß die Preisbereitschaften nicht nur von den Kundennutzen und den Kosten, sondern auch von der generellen Kaufkraft der Kunden abhängen. Diese variieren zwischen einzelnen Ländermärkten mitunter erheblich. Demnach sind Unterschiede in der Preisbereitschaft noch lange kein Indiz für unterschiedliche internationale Kundenbedürfnisse und Nutzenwahrnehmungen. Darüber hinaus sind auch methodische Probleme bei den Verfahren zur Ermittlung von Kundennutzen und Preisbereitschaften zu berücksichtigen. Typische Erhebungsverfahren sind in diesem Zusammenhang direkte Befragungen und das Conjoint Measurement.

Die direkte Kundenbefragung ist zwar sehr einfach und ohne größere Kosten durchzuführen, dafür aber mit erheblichen Validitätsproblemen behaftet.[618] So induziert beispielsweise eine direkte Frage nach der Preisbereitschaft bei den Probanden ein sehr hohes Preisbewußtsein, das bei tatsächlichen Kaufentscheidungen durch andere Einflußfaktoren relativiert wird. Außerdem differieren verbale Äußerungen und Kaufverhalten in der Realität häufig sehr stark. Gerade bei Konsumenten kann es mitunter aufgrund eines „Hochstaplereffekts" zu übertriebenen Bekundungen kommen, wenn sich die Probanden durch großzügige Preisbereitschaften als wohlhabende Persönlichkeiten darstellen wollen. Insbesondere bei gewerblichen Abnehmern kann es hingegen auch zu einem „Tiefstaplereffekt" kommen, indem die Preisbereitschaften bewußt niedrig angegeben werden, um zukünftig auf möglichst geringe Einkaufs- / Einstandspreise hinzuwirken.

Im Rahmen des *Conjoint Measurement* bzw. der *Conjoint-Analyse* lassen sich die Preisbereitschaften indirekt ermitteln.[619] Hierzu werden die Probanden bei dem Befragungskonzept der Full-Profile-Method mit alternativen Leistungsangeboten konfrontiert, für die sie in Paarvergleichen die jeweiligen Präferenzen durch Vorziehenswürdigkeiten festlegen. Aus den Präferenzangaben der Probanden können dann die Nutzenwerte für alle Merkmalsausprägungen i.d.R. mit Hilfe von (monotonen) Varianzanalysen zurückgerechnet werden.[620] Da die einzelnen Teilnutzenwerte vergleichbar sind, lassen sich die Nutzenwerte der Leistungsmerkmale in Preiseinheiten messen. Voraussetzung ist jedoch, daß auch Preise im Rahmen der Conjoint-Analyse als Leistungsmerkmal berücksichtigt wurden. Nur dann können durch die Gegenüberstellung der jeweiligen Nutzenwerte der Leistungskomponenten und des Preises die Preisbereitschaften für jedes Leistungsmerkmal errechnet werden. Für die Anwendung im Servicebereich sollten sich die alternativen Angebote aus unterschiedlichen Kombinationen von Serviceleistungen mit der Kernleistung zusammensetzen. Auf diese Weise lassen sich Preisbereit-

---

618 Vgl. Simon, H.: Preismanagement, a.a.O., S. 116

619 Vgl. Tacke, G./Pohl, A.: Optimale Leistungs- und Preisgestaltung mit Conjoint Measurement, in: Meyer, A. (Hrsg.), Handbuch Dienstleistungs-Marketing, Band 1, Wiesbaden 1998, S. 885ff.

620 Vgl. Backhaus, K. et al.: Multivariate Analysemethoden, 7. Aufl., Berlin et al. 1994, S. 512ff.

schaften für eine integrierte Preisstellung sowie für Bündelpreise erkennen. Der Einsatz des Conjoint Measurement liefert aufgrund Preis-Nutzen-Abgleich der Probanden eine realitätsnähere Entscheidungssimulation als die direkte Befragung nach der Preisbereitschaft. Allerdings sind die bereits oben beschriebenen methodischen Nachteile und Anwendungsprobleme im Servicebereich zu berücksichtigen, die den Einsatz zur Ermittlung von Servicepreisen erheblich einschränken. Außerdem müssen die in der Conjoint-Analyse zu berücksichtigenden Preise, mit deren Nutzwertfunktion die Preisbereitschaften für die einzelnen Serviceleistungen / -ausführungen errechnet werden, a priori festgelegt werden. Die Preise können dabei entweder auf Basis von indirekten Befragungen nach den Preisbereitschaften ermittelt oder aufgrund von Kosteninformationen und Wettbewerbspreisen festgelegt werden. Darüber hinaus sind bei der Festlegung des Untersuchungsdesigns auch kulturell geprägte Unterschiede in den Verhaltensmustern der Kunden auf den verschiedenen Ländermärkten, die zu unterschiedlichen Servicemerkmalen für die Analyse führen können, zu berücksichtigen.

Bei der *konkurrenzbezogenen* Preisfindung werden die Servicepreise an den Konkurrenzpreisen ausgerichtet. Dabei muß nicht unbedingt ein gleicher Preis veranschlagt werden; es ist auch möglich, die eigenen Preise um einen bestimmten Betrag oder Prozentsatz ober- oder unterhalb des Wettbewerbspreises festzulegen. Konstitutives Merkmal dieser Preisfindungsmethode ist die explizite Nutzung der Konkurrenzpreise als Entscheidungsreferenz. Auf diese Weise kann zwar ein festes Preisgefüge am Markt geschaffen werden, das den Anbietern eine Planungssicherheit schafft, dafür kann aber die weitgehende Nichtbeachtung von Kundenerwartungen und Preisbereitschaften sowie die Nichtbeachtung der eigenen Kostenstruktur schnell zu Wirtschaftlichkeitsproblemen führen. So können Servicepreise entstehen, die aus Kundensicht völlig überzogen sind und daher zur Kaufzurückhaltung oder zu einer Abwanderung zu institutionalisierten Dienstleistern führen. Hierdurch wird die Akquisitions- und Differenzierungsfunktion des Service erheblich eingeschränkt oder sogar aufgehoben. Es können auf diese Weise auch Servicepreise entstehen, die nicht zur Deckung der eigenen Servicekosten ausreichen und dadurch erhebliche Gewinneinbußen für das Unternehmen zur Folge haben. Das ist insbesondere dann der Fall, wenn die als preispolitisches Referenzobjekt dienende Konkurrenz - z.B. aufgrund von Outsourcing-Maßnahmen im Servicebereich - eine völlig andere Kostenstruktur aufweist. Bei globalen Wettbewerbern und internationalen oligopolistischen Branchen sind außerdem internationale Preisreaktionen beim Competitive Pricing zu berücksichtigen. Demnach hängen die Wettbewerbspositionen und Preisstellungen eines Global Players in den verschiedenen Ländermärkten jeweils voneinander ab. So werden die Gewinne aus einem Ländermarkt im Rahmen einer „Cross-Subsidization" zur Stärkung der Wettbewerbsfähigkeit auf einem anderen Ländermarkt eingesetzt.[621] Dabei lassen sich auf Basis dieses kalkulatorischen Ausgleichs häufig ganz bewußt äußerst geringe Preise festlegen. Orientiert

[621] Vgl. Simon, H./Wiese, C.: Internationale Preispolitik, a.a.O., S. 241

man sich in dieser Situation bei der Preisfindung an einem solchen Global Player, dann wird die Gefahr einer unzureichenden Kostendeckung bei der wettbewerbsorientierten Preisfestlegung besonders evident.

Darüber hinaus ist die Anwendung der konkurrenzorientierten Preisfindung bei stark immateriellen und integrativen Serviceleistungen sehr schwierig, da es sich hierbei um individuelle Leistungen handelt, die sehr heterogen ausfallen und damit die Vergleichbarkeit sowohl für den Anbieter als auch für die Abnehmer einschränken.[622]

Bei der *kostenorientierten* Preisgestaltung (sog. Cost-Plus-Pricing) wird der Preis für eine Marktleistung ausschließlich unter Berücksichtigung der durch sie verursachten (Voll-) Kosten und eines eventuellen Gewinnaufschlags festgelegt. Der Gewinnaufschlag ist dabei vor allem für Serviceleistungen relevant, die als eigenständige Marktleistungen zur Erzielung von zusätzlichen Überschüssen aus dem Servicegeschäft angeboten werden. Im Fall einer beabsichtigten vollständigen oder teilweisen Kostendeckung wird auf einen Gewinnaufschlag verzichtet. Unabhängig von der preispolitischen Zielsetzung ist für die Anwendung dieser Preisfindungsmethode ein leistungsfähiges Kostenrechnungssystem notwendig, das dem Prinzip der Kostenverursachung Rechnung trägt. Demnach sollen den Kostenträgern und -stellen nur diejenigen Kosten zugerechnet werden, die sie auch tatsächlich verursacht haben.[623] Das Verursachungsprinzip fordert also eine Kausalität zwischen Kostenentstehung und -verrechnung, die insbesondere aufgrund der ausgeprägten fixen Gemeinkostenstruktur im (gesamten) Servicebereich i.d.R. faktisch nicht festgestellt und eingehalten werden kann.[624]

In Abbildung IV-34 sind die typischen (Teil-) Kostenstrukturen des Service- / Dienstleistungsbereichs und des Produkt- / Sachleistungsbereichs dargestellt.

[622] Vgl. Meyer, A./Streich, K.: Preispolitik für Dienstleistungen, in: Meyer, A. (Hrsg.), Handbuch Dienstleistungs-Marketing, Band 1, Stuttgart 1998, S. 858

[623] Vgl. Coenenberg, A.G.: Kostenrechnung und Kostenanalyse, Landsberg/Lech 1992, S. 48; Eisele, W.: Technik des betrieblichen Rechnungswesens, 5. Aufl., München 1993, S. 578

[624] Siehe hierzu auch Kap. 3.3.4.1. in diesem Teil

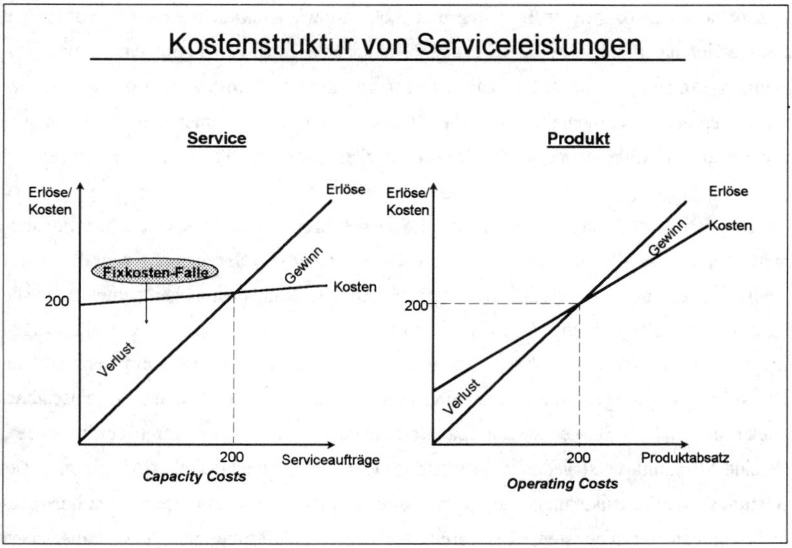

Abb. IV-34: Generelle Kostenstruktur im Servicebereich
(Quelle: nach Simon, H.: Preispolitik, a.a.O., S. 193)

Der höhere Fixkostenanteil in der Kostenstruktur von Service- / Dienstleistungen resultiert aus der notwendigen Integration von externen Faktoren, die es unmöglich macht, Serviceleistungen „auf Vorrat" zu produzieren und zu lagern. In der Konsequenz sind die (internen) Servicekapazitäten / -potentiale auf eine potentielle Service-Höchstnachfrage hin zu planen und auszurichten. Hierdurch entstehen relativ hohe fixe Capacity Costs, die in weiten Teilen unabhängig von der tatsächlichen Nutzung / Nachfrage anfallen. So entstehen beispielsweise Kosten für die Vorhaltung von Beratungs- und Schulungskapazitäten, ohne daß sich auch tatsächlich (potentielle) Kunden beraten oder schulen lassen. Im Gegensatz dazu sind die variablen Operating Costs i.d.R. sehr gering.[625] Das gilt vor allem für personenbezogene Serviceleistungen, bei denen keine Materialkosten anfallen. Hinzu kommt, daß durch das Uno-actu-Prinzip ein räumliches und zeitliches Aufeinandertreffen von Serviceanbieter und -nachfrager notwendig ist. Daraus resultiert für nicht-materialisierte Serviceleistungen der Aufbau eines Servicenetzes, so daß bei selbständigem Betrieb dieser Infrastruktur erhebliche Investitionen erforderlich sind. Vor dem Hintergrund des internationalen Servicemanagements würde damit in Form eines Customer-Country-Service die Errichtung von (Service-) Niederlassungen in den einzelnen Ländermärkten mit entsprechend hoher Fixkostenbelastung einhergehen.

Für die Preisfindung können die variablen Kosten / Grenzkosten weitgehend vernachlässigt und deshalb mit Null angesetzt werden. Da ein gewinnoptimaler Preis dann erreicht wird, wenn die

[625] Vgl. Simon, H.: Preispolitik, a.a.O., S. 193

Differenz zwischen Erlösen bzw. Erträgen und Kosten bzw. Aufwendungen am größten ist, wird das Gewinnmaximum - bei der alleinigen Berücksichtigung von Fixkosten - beim Umsatzmaximum erreicht. Das bedeutet, daß in dieser Situation der umsatz- und der gewinnmaximale Servicepreis zusammenfallen. Für die Festlegung eines umsatzmaximalen Preises sind jedoch wiederum Informationen über die Preisbereitschaften und das Preisverhalten relevant.

Die vorstehenden Ausführungen zeigen, daß keine der drei in der Praxis üblichen Preisfindungsmethoden für die alleinige Anwendung zur Bestimmung von Servicepreisen prädestiniert ist. Je individueller und immaterieller die Serviceleistungen sind, desto eher eignet sich eine nachfrageorientierte Preisbildung. Das trifft vor allem für personenbezogene Serviceleistungen zu. Im Gegensatz dazu ist bei standardisierten, weitgehend autonom erstellbaren (Bereitstellungs-) Leistungen eine kosten- und konkurrenzorientierte Preisfindung einsetzbar. Es ist daher sinnvoll, im Servicebereich eine Kombination aller drei Verfahren vorzunehmen, da i.d.R. eine Mischung verschiedener Serviceleistungen mit unterschiedlicher Ausprägung der Dienstleistungscharakteristika angeboten wird. Außerdem kann letztlich nur eine simultane Berücksichtigung von Servicekosten, Preisbereitschaften der Nachfrager und Verhaltensweisen der Wettbewerber zur Festlegung eines optimalen Servicepreises führen.[626]

Eine Methode, die einen integrativen Ansatz verfolgt und auch im Servicebereich eingesetzt werden kann, ist das *Target Pricing / Costing.*[627] Ausgangspunkt in der MIC-Variante (Market into Company-Method) sind die am Markt durchsetzbaren Servicepreise, die sowohl durch das Nachfragerverhalten als auch durch die Wettbewerbsaktivitäten determiniert werden.[628] Für die von den Kunden gewünschten Serviceleistungen sowie die damit verbundenen Anforderungen an den Erstellungsprozeß und an das Wirkungsergebnis wird zunächst der von den Abnehmern akzeptierte Preis ermittelt (Target Price). Dieses Preis-Leistungsverhältnis bildet den Fixpunkt für die weiteren Entscheidungen. Zunächst ist zu berücksichtigen, daß es sich hierbei für den Kunden um einen Maximalpreis handelt, der auch Steueranteile (z.B. Sondersteuer und auch Mehrwertsteuer) enthält. Diese können auf den einzelnen Ländermärkten mitunter erheblich schwanken. Danach wird von diesem Netto-Target Price einer Serviceleistung bzw. eines Servicepakets ein eventuell angestrebter Gewinn (sog. Target Profit) abgezogen. Es handelt sich hierbei i.d.R. um eine Umsatzrendite (Return on Sales). Die Verwendung der Kapitalrendite als Zielgewinnspanne ist nicht so einfach möglich. Hier ist eine Aufschlüsselung des insgesamt investierten Kapitals im Servicebereich auf die einzelnen Servicearten erforderlich, was zu Pro-

---

[626] Vgl. Friege, C.: Preispolitik für Dienstleistungen, in: Thexis, 14. Jg., 1997, Heft 2, S. 12; Meyer, A./Streich, K., a.a.O., S. 859

[627] Vgl. u.a. Buggert, W./Wielpütz, A.: Target Costing - Grundlagen und Umsetzung des Zielkostenmanagement, München/Wien 1995, S. 41ff.; Sakurai, M./Keating, P.J.: Target Costing und Activity-Based Costing, in: Controlling, 6. Jg., 1994, Heft 2, S. 84ff.

[628] Vgl. Seidenschwarz, W.: Target Costing, München 1993, S. 6; Horváth, P./Niemand, S./Wolbold, M.: Target Costing - State of the Art, in: Horváth, P. (Hrsg.), Target Costing, Stuttgart 1993, S. 10

blemen führen kann. Dafür wird aber bei der Zugrundelegung des ROI als Orientierungsgröße für die Gewinnspannenplanung auch die Umschlaghäufigkeit des Kapitals als wichtige Erfolgsgröße berücksichtigt.[629]

Als Ergebnis der Subtraktion erhält man die sog. Allowable Costs, bis zu deren Höhe ein vom Kunden klar spezifizierter Service erstellt werden muß, um sich am Markt durchsetzen zu können und auch Gewinne zu erzielen. Sollen keine Gewinne erwirtschaftet werden, dann entspricht der Target Price den Allowable Costs und ermöglicht eine erfolgreiche Marktbehauptung bei Kostendeckung. Die Allowable Costs werden dann den sog. Estimated Drifting Costs gegenübergestellt. Es handelt sich hierbei um die erwarteten Standardkosten für die Serviceleistung, die unter Beibehaltung der derzeitigen Servicepotentiale und -prozesse voraussichtlich entstehen werden.[630] Mit Hilfe von Analogieschlüssen aus Erfahrungswerten mit ähnlichen Serviceleistungen lassen sich die Drifting Costs grob prognostizieren.[631] Durch den Abgleich der Allowable Costs mit den Drifting Costs werden die eigentlichen Target Costs ermittelt. Eigentlich sollten die Target Costs immer den Allowable Costs entsprechen. Allerdings sind gerade bei Serviceinnovationen die Allowable Costs nicht ohne weiteres sofort zu erreichen. Die Target Costs sind in diesem Fall temporäre Kostenziele, die zwischen den höheren Drifting Costs und den niedrigeren Allowable Costs liegen. Sie werden sukzessive bis auf das Niveau der Allowable Costs gesenkt und gelten als Herausforderung für kostenorientierte Potential- und Prozeßoptimierungen.

Wenngleich der Einsatz des Target Pricing / Costing im Servicebereich realisierbar erscheint, sind einige Probleme dabei zu berücksichtigen.[632] Nachstehend sind zwei Anwendungsschwierigkeiten des Target Pricing / Costing im Servicebereich aufgeführt:

- Zum ersten sind auch beim Target Costing die Probleme bei der kundenorientierten Ermittlung von Serviceanforderungen und -wünschen gegeben. Der oft propagierte Einsatz des Conjoint Measurement stößt - wie bereits mehrfach angedeutet - gerade bei Service- / Dienstleistungen schnell an seine Grenzen. Damit ist auch der MIC-Ansatz als eigentliche „Reinform" des Target Pricing / Costing problematisch. Ersatzweise sind andere Varianten des Target Costing (z.B. der Out of Competitor-Ansatz oder der Out of Company-Ansatz) zur Ermittlung von Zielpreisen heranzuziehen. Dadurch würde allerdings die ursprüngliche Integration der typischen Preisfindungsmethoden konterkariert.

---

[629] Vgl. Paul, M./Reckenfelderbäumer, M.: Preispolitik und Kostenmanagement - neue Perspektiven unter Berücksichtigung von Immaterialität und Integrativität, in: Kleinaltenkamp, M. (Hrsg.): Dienstleistungsmarketing, Wiesbaden 1995, S. 234f.; Coenenberg, A.G./Fischer, T./Schmitz, J.: Target Costing und Product Life Cycle Costing als Instrumente des Kostenmanagements, in: Zeitschrift für Planung, 5. Jg., 1994, Heft 5, S. 26f.

[630] Vgl. Horváth, P./Niemand, S./Wolbold, M., a.a.O., S. 13

[631] Vgl. Buggert, W./Wielpütz, A., a.a.O., S. 81

[632] Vgl. zum Einsatz des Target Pricing / Costing im Servicebereich insbesondere Niemand, S.: Target Costing für industrielle Dienstleistungen, München 1996, S. 38ff.

- Zum zweiten ist die immer wieder geforderte Aufspaltung der gesamten Allowable Costs und Target Costs auf einzelne Serviceleistungen und -prozeßphasen äußerst schwierig.[633] Wie oben beschrieben, besteht für den Servicebereich ein sehr großer Gemeinkostenblock, der einzelnen Leistungen zugerechnet werden muß. Zwar liefert die Prozeßkostenrechnung hierbei eine Hilfestellung, das Problem der Fixkostenproportionalisierung / -aufschlüsselung als wesentliche Gefahr für sortiments- und preisbezogene Fehlentscheidungen bleibt jedoch auch bei dieser speziellen Form der Vollkostenrechnung, die darauf abzielt, Gemein- und Fixkosten auf einzelne Prozesse umzulegen, bestehen.[634]

Die dienstleistungsspezifischen Charakteristika des Service führen darüber hinaus zu weiteren Besonderheiten des Preises sowie speziellen Möglichkeiten und Problemen beim Einsatz preispolitischer Konzepte und Strategien im Servicebereich. So ist der Preis bei stark immateriellen Serviceleistungen ein Ex-ante-Qualitätsindikator. Ausgehend von der These, daß Preise das Äquivalent zum Nutzen einer Leistung sind, liefern sie für die Kunden Anhaltspunkte für den Wert einer Leistung.[635] Das gilt nicht nur für die Pre-sales-Phase, sondern bei Vertrauens-Serviceleistungen auch für die After-Sales-Phase einer Service-Transaktion, da die Kunden hier auch nach der Inanspruchnahme der Serviceleistung i.d.R. nicht in der Lage sind, die Servicequalität abschließend zu beurteilen. Der bezahlte Preis kann deshalb auch nach dem Kauf noch als Qualitätsindikator fungieren.[636] Das konnte auch in empirischen Untersuchungen im Dienstleistungssektor unterschiedlicher Länder nachgewiesen werden.[637] Allerdings besteht bei stark immateriellen Serviceleistungen trotzdem das Problem, daß der Nachfrager letztlich keine Sicherheit über den Nutzen der Serviceleistung und damit über die Preiswürdigkeit der offerierten Serviceleistungen hat. Dadurch steigt tendenziell das Kaufrisiko, das - entsprechend der Risikotheorie - die potentiellen Kunden bei Erreichung einer individuellen Toleranzschwelle zur Ergreifung von Risiko-Reduktionsstrategien veranlaßt. Hierzu gehört das Screening nach Qualitätsinformationen, zu denen wiederum der Preis gehört. Man kann also gerade bei Serviceleistungen mit starkem Vertrauenscharakter von einer paradoxen Beurteilungssituation ausgehen. Zum einen führt der Preis zur Erhöhung des Kaufrisikos bei den Abnehmern, zum anderen kann er als Surrogatinformation zur Beurteilung der Servicequalität gleichzeitig auch das Kaufrisiko reduzieren. Diese Situation spiegelt sich in Überlegungen der Abnehmer folgender Art wider: „Diese Serviceleistung ist zwar ziemlich teuer, aber dafür wird sie ja hoffentlich auch gut sein".

---

[633] Vgl. in Analogie zur Problematik bei Sachleistungen insbesondere Franz, K.-P.: Target Costing - Konzept und kritische Bereiche, in: Controlling, 5. Jg., 1993, Heft 3, S. 129f

[634] Vgl. Kap. 3.3.4.1. in diesem Teil

[635] Vgl. Zeithaml, V.A./Bitner, M.J., a.a.O., S. 491

[636] Vgl. Müller, W.: Grundzüge des Preisbeurteilungsverhaltens von Dienstleistungsnachfragern, in: der markt, 35. Jg., 1996, Heft 1, S. 40

[637] Vgl. Steenkamp, J.-B.E.M./Hoffman, D.L.: Price and Advertising as Market Signals for Service Quality, in: Rust, R.T./Oliver, R.L. (Hrsg.), Service Quality - New Directions in Theory and Practice, Thousand Oaks 1994, S. 103

Aus der schwierigen Abschätzung des Preis-Leistungs-Verhältnisses resultiert außerdem eine geringe Preistransparenz im Servicebereich.[638] Das läßt tendenziell auf eine geringe Preiselastizität von Serviceleistungen schließen, die größere Preisspielräume aufweist und damit tendenziell die Durchsetzung „höherer" Preise zuläßt.[639] Außerdem erlauben Kann-Leistungen - zumindest temporär - eine partielle Monopolstellung des Anbieters. Handelt es sich hierbei um eine Serviceleistung, die aus Kundensicht einen hohen Nutzen liefert, dann wird aufgrund fehlender Wahl- und Wechselmöglichkeiten auch die Preiselastizität eher gering sein.

Eine Konsequenz, die aus der notwendigen Integration des externen Faktors (besonders bei personenbezogenen Serviceleistungen) und der damit verbundenen Nichtlager-, Nichttransport- und Nichtübertragungsfähigkeit von nicht-materialisierten Serviceleistungen resultiert, ist die fehlende Möglichkeit persönlicher, zeitlicher und räumlicher Arbitragen. Dies fördert den Einsatz der personenbezogenen, zeitlichen und / oder räumlichen *Preisdifferenzierung.*[640] Preisdifferenzierung liegt vor, wenn gleiche oder sehr ähnliche (Service-) Leistungen zu unterschiedlichen Preisen angeboten werden.[641] Das damit verbundene Ziel liegt in der Erreichung höherer Gewinne durch die bessere Abschöpfung von Abnehmer- / Konsumentenrenten als bei der Festlegung eines (optimalen) Einheitspreises für die Leistung. Dies ist nur möglich, wenn unterschiedliche Segmente gebildet werden und ein Wechsel der segmentierten Kunden von einem Segment in ein anderes nicht möglich oder mit sehr hohen Kosten verbunden ist. Die drei aufgeführten Preisdifferenzierungsformen basieren auf der Pigouschen Preisdifferenzierung dritten Grades, nach der vom Anbieter anhand bestimmter Kriterien unterschiedliche Nachfragersegmente gebildet und abgeschottet werden müssen, für die jeweils segmentspezifische (Reservations-) Preise festzulegen sind.[642]

Bei der *personenbezogenen Preisdifferenzierung* wird eine Serviceleistung unterschiedlichen Kundengruppen zu unterschiedlichen (Reservations-) Preisen angeboten. Dabei ist die offerierte Serviceleistung hinsichtlich der zeitlichen, räumlichen, leistungs- und mengenbezogenen Angebotsdimensionen weitgehend „identisch".[643] Der Zugang zu den unterschiedlichen Preisen ist also ausschließlich an bestimmte Käufermerkmale (z.B. Geschlecht, Beruf, Alter, Religion, Familienstatus, Haushaltsgröße oder Einkommen) gebunden. Da bei nicht-materialisierten, personenbezogenen Serviceleistungen aufgrund des Uno-actu-Prinzips die Erstellung und Nutzung der Leistung zusammenfallen, ist auch eine Serviceübertragung von einem Nachfrager auf

---

[638] Vgl. Berry, L.L./Yadav, M.S.: Capture and Communicate Value in the Pricing of Services, in: Sloan Management Review, 37. Jg., 1996, Summer, S. 42f.
[639] Vgl. Simon, H.: Preispolitik, a.a.O., S. 190f.
[640] Vgl. Woratschek, H.: Möglichkeiten und Probleme, a.a.O., S. 109
[641] Vgl. Simon, H.: Preismanagement, a.a.O., S. 391ff.
[642] Vgl. ebenda, S. 381f.
[643] „Identisch" bezieht sich hierbei im wesentlichen auf die Art und Quantität der Serviceleistungen. Eine völlige Übereinstimmung aller Leistungsparameter ist bei stark integrativen und immateriellen Serviceleistungen - wie bereits mehrfach angedeutet - nicht möglich.

einen anderen i.d.R. ausgeschlossen oder zumindest stark eingeschränkt. Außerdem sind auch Berechtigungskontrollen im Rahmen des persönlichen Kontakts einfacher durchzuführen.[644]

Räumliche Preisdifferenzierung liegt vor, wenn eine weitgehend „identische“ Serviceleistung zur gleichen Zeit und in gleicher Menge in verschiedenen geographischen Segmenten zu unterschiedlichen Preisen angeboten wird. Diese Form der Preisdifferenzierung ist besonders im Rahmen des internationalen Servicemarketing relevant, wenn auf verschiedenen Ländermärkten unterschiedliche Servicepreise verlangt werden (sollen). Als Segmentierungs- und Diskriminierungskriterium gelten dabei häufig nationale Grenzen. Die Gründe für die Festlegung internationaler Preisunterschiede können vielfältig sein. Hierzu gehören beispielsweise Wechselkurs (-änderungen), Inflationsraten, kulturelle und administrative Gegebenheiten sowie Marktverhältnisse und strategische Kalküle. Aufgrund der Nichttransportfähigkeit von integrativen, nicht-materialisierten Serviceleistungen ist eine Arbitrage für die Abnehmer stark eingeschränkt, so daß sich erhebliche Spielräume in der Preisdifferenzierung ergeben. Das wird auch durch die Integrationsbestrebungen von Staaten und den Wegfall nationaler Grenzen nicht wesentlich eingeschränkt. Auf jeden Fall ist die räumliche Preisdifferenzierung für immaterielle Serviceleistungen weniger problematisch als für materielle Sachleistungen.[645] Da aufgrund des Uno-actu-Prinzips der Serviceanbieter und der Servicenachfrager bei Face-to-Face-Services an einem Ort und zu einer Zeit zusammentreffen müssen, wird auf jeden Fall von einer der beiden Parteien Mobilität gefordert. Wenngleich es im Einzelfall von der Verhandlungsmacht der einzelnen Servicepartner abhängt, wer mobil sein muß, kann in Käufermarktsituationen generell von einer notwendigen Mobilität auf seiten des Anbieters ausgegangen werden. Es ist also - entsprechend der Sampson-Snape-Box - im Regelfall von einem Customer-Country-Service auszugehen. Da ein Transport integrativer Serviceleistungen weitgehend ausgeschlossen ist, müßte sich im Falle internationaler Preisdifferenzierungen der potentielle Serviceabnehmer schon persönlich in ein anderes Land mit geringeren Servicepreisen begeben, um Preisvorteile auszunutzen. Da es bei den integrativen Serviceleistungen - im Gegensatz zu materiellen Sachleistungen - keine spezialisierten Re-Importeure / Absatzmittler gibt, die Transaktionskosten senken könnten, sind die Arbitragekosten für den Servicenachfrager i.d.R. sehr hoch.[646] Zudem führt die ausgeprägte Immaterialität vieler Serviceleistungen zu einer Intransparenz beim internationalen Leistungs- und Preisvergleich für die Abnehmer. Hierdurch wird die Beurteilung von Preisunterschieden auch für internationale / globale Kunden erschwert. Dennoch wird die Abschirmung der Preisdifferenzen zwischen einzelnen Ländermärkten bei internationalen Kunden grundsätzlich schwieriger.[647] Insbesondere im

---

[644] Vgl. Simon, H.: Preispolitik, a.a.O., S. 192; Faßnacht, M.: Preisdifferenzierung bei Dienstleistungen, Wiesbaden 1996, S. 135
[645] Vgl. Simon, H./Wiese, C.: Europäisches Preismanagement, in: Marketing - Zeitschrift für Forschung und Praxis, 14. Jg., 1992, Heft 4, S. 246
[646] Vgl. ebenda, S. 250
[647] Vgl. Hünerberg, R.: Internationales Marketing, a.a.O., S. 200

Business-to-Business-Geschäft werden mächtige internationale Abnehmer versuchen, vom Anbieter den geringsten nationalen Servicepreis auf allen Ländermärkten zu erhalten.

Bei der *zeitlichen Preisdifferenzierung* werden „identische" Serviceleistungen in gleicher Menge allen Zielgruppen in allen Regionen zu verschiedenen Zeitpunkten oder Zeiträumen zu unterschiedlichen Preisen angeboten. Auch hier führt das Uno-actu-Prinzip bei integrativen Leistungen dazu, daß zeitliche Arbitragen nicht möglich sind. So können beispielsweise Kundenschulungen nicht zu einem günstigen Preis auf Vorrat eingekauft und für eine spätere Nutzung gelagert werden. Man kann zwar für einen späteren Termin bereits im voraus eine Kundenschulung anmelden / buchen, die Nutzung erfolgt jedoch erst zum Zeitpunkt des Zusammentreffens von Dozenten und zu schulenden Mitarbeitern. Dabei wird i.d.R. der zu diesem Zeitpunkt gültige Preis angesetzt.[648] Die zeitliche Preisdifferenzierung kann dazu beitragen, Kapazitäts- und damit verbundene Leerkostenprobleme bei „vergänglichen" Serviceleistungen, wie z.B. Kundensymposien und allgemeinen Kundenschulungen, abzubauen. Unterstützung liefert das sog. *Yield Management*, das mit Hilfe ausgeklügelter Informationstechnologien und mathematischer Methoden eine dynamische Preis-Mengen-Steuerung zur optimalen Kapazitätsnutzung verfolgt.[649] Durch zunächst geringe Preise soll eine Grundauslastung erreicht werden; mit zunehmenden Buchungen / Vormerkungen werden dann die Preise erhöht, um einer Kapazitätsüberlastung vorzubeugen. Sind dann kurz vor dem Erstellungstermin der Serviceleistung noch Kapazitäten frei, sollen durch eine Preissenkung weitere (Last-Minute-) Nutzer gewonnen werden.[650]

Die zeitliche Preisdifferenzierung ist von den klassischen Preisstrategien des Skimming- und Penetration Pricing zu unterscheiden, die ebenfalls eine Veränderung der Preishöhe im Zeitablauf vorsehen. Im Gegensatz zur zeitlichen Preisdifferenzierung geht es hierbei um Preisstrategien zur Markteinführung neuer Produkte / Dienstleistungen.[651] Es handelt sich also um ein sehr spezielles Einsatzgebiet, das nachfolgend nicht näher betrachtet werden soll.

Darüber hinaus bieten sich auch *kernleistungsbezogene Preisdifferenzierungen* an. Als diskriminierende Variable wird hierbei die Hauptleistung herangezogen, wenn diese in unterschiedlichen Varianten angeboten wird. Für jede Produktvariante wird dann für die einzelnen Serviceleistungen ein unterschiedlicher Preis gefordert. Während diese Form der Preisdifferenzierung bei produktbezogenen Serviceleistungen (z.B. Reparaturen, Wartungen, Montage) für die Abnehmer meist nachvollziehbar kommuniziert werden kann, wird die Argumentation für die

648 Vgl. ähnlich Simon, H.: Preispolitik, a.a.O., S. 191
649 Vgl. insbesondere Daudel, S./Vialle, G.: Yield Management, Frankfurt/New York 1992, S. 68ff.; Kimes, S.E.: Yield Management - A Tool for Capacity-Constrained Service Firms, in: Lovelock, C.H. (Hrsg.), Managing Services, 2. Aufl., Englewood Cliffs 1992, S. 191ff.
650 Vgl. Meffert, H./Bruhn, M., a.a.O., S. 313
651 Vgl. Simon, H.: Preismanagement, a.a.O., S. 293

Gründe unterschiedlicher Preise bei personenbezogenen Serviceleistungen schon schwieriger. Es ist daher sinnvoll, die kernleistungsbezogene Preisdifferenzierung nur bei den produktbezogenen Serviceleistungen anzuwenden.

Rabatte bilden den Kernbereich der Konditionenpolitik und sind damit ein weiterer wesentlicher Bestandteil des Kontrahierungsmix. Sie sind Vergütungen eines Anbieters für seine Kunden, die an bestimmte Bedingungen geknüpft sind. Rabatte werden oft zur mengen- und verhaltensbezogenen Preisdifferenzierung genutzt.[652] Besonders Mengenrabatte bilden eine Grundlage / Form der nicht-linearen Preisbildung, die ähnlich wie die Preisbündelung versucht, die Preisbereitschaften der Kunden abzuschöpfen. Grundsätzlich lassen sich zwei Grundformen von Mengenrabatten unterscheiden. Zum ersten gibt es die sog. „durchgerechneten" Mengenrabatte, bei denen der reduzierte (Stück-) Preis für die gesamte Absatzmenge / den gesamten Auftrag gilt. Zum zweiten gibt es sog. „angestoßene" Mengenrabatte, bei denen für bestimmte Auftragsvolumen unterschiedliche Rabattstaffeln angewendet werden, die jeweils nur für die Menge gelten, die in eine entsprechende Rabattzone fällt.[653] Der „angestoßene" Mengenrabatt ähnelt dem sog. Blocktarif. Hier gilt bis zu einer bestimmten Abnahmemenge / Nutzungshäufigkeit ein uniformer Preis; ab diesem Volumen werden dem Kunden für die darüber hinausgehende Absatzmenge Rabatte (oder auch mehrere gestaffelte Rabatte) gewährt, die manchmal vom Kunden vor Vertragsabschluß auszuwählen sind.[654]

Grundsätzlich geht es bei der *nicht-linearen Preisbildung* darum, daß der Durchschnittspreis für eine Leistungseinheit mit zunehmender Absatzmenge sinkt. Damit besteht ein nicht-proportionaler Zusammenhang zwischen Absatzmenge und Erlösen.[655] Im Gegensatz zum Price-Bundling basiert die nicht-lineare Preisbildung nicht auf der Pigouschen Preisdifferenzierung ersten Grades, sondern auf dem ersten Gossenschen Gesetz.[656] Entsprechend diesem Gesetz steigt zwar mit zunehmendem Ge- / Verbrauch der Gesamtnutzen eines Gutes, bis eine Sättigung eintritt, der Nutzenzuwachs für jede hinzukommende Einheit nimmt aber für den Kunden bis auf Null ab.[657] Operationalisiert man den Nutzen eines Gutes über die Zahlungs- und Preisbereitschaft eines Abnehmers, so nimmt die Zahlungsbereitschaft als Äquivalent zum Gesamtnutzen mit steigender Menge zu, während die Preisbereitschaft als Pendant zum Grenznutzen mit steigender Menge / Nutzung abnimmt.[658] Der Nachfrager vergleicht bei jeder Einheit den damit verbundenen (Grenz-) Nutzen und die dafür aufzubringenden Kosten. Die

[652] Vgl. Faßnacht, M., a.a.O., S. 71
[653] Vgl. Diller, H.: Preispolitik, a.a.O., S. 227
[654] Vgl. Tacke, G.: Nichtlineare Preisbildung, Wiesbaden 1989, a.a.O., S. 29ff.
[655] Vgl. Büschken, J.: Gewinnoptimierung und Risikoreduktion durch nichtlineare Preise, in: Thexis, 14. Jg., 1997, Heft 2, S. 49
[656] Vgl. Fürderer, R./Hurchzermeier, A.: Optimale Preisbündelung unter Unsicherheit, in: Zeitschrift für Betriebswirtschaft, 67. Jg, 1997, Ergänzungsheft 1, S. 119
[657] Vgl. Weise, P. et al., a.a.O., S. 157f.
[658] Vgl. Simon, H.: Preismanagement, a.a.O., S. 90; Tacke, G., a.a.O., S. 58ff.

nicht-lineare Preisgestaltung folgt der Kurve des abnehmenden Grenznutzens, indem entsprechend der Preisbereitschaft für jede einzelne Einheit der Preis festgelegt wird. Hierdurch kommt es im Idealfall zu einer vollständigen Abschöpfung der Abnehmer- / Konsumentenrente. Es ergeben sich so weitaus größere Gewinne als bei einer einheitlichen Preissetzung.[659]

Zusätzlich können nicht-lineare Preissysteme das Risiko hoher Fixkosten für den Anbieter reduzieren.[660] Wie oben gezeigt wurde, fallen gerade im Servicebereich hohe Fixkostenanteile an, die zu einer starken Abhängigkeit der Stückkosten von der Absatz- / Beschäftigungsmenge führen. Durch die mengenabhängige Preisstaffelung besteht nun für die Abnehmer ein Anreiz, größere Mengen nachzufragen bzw. die angebotenen Serviceleistungen häufiger zu nutzen. Dadurch kommt es tendenziell zu einer höheren Kapazitätsauslastung und so zu einer Reduzierung des Fixkostenrisikos.

Die nicht-lineare Preisbildung beruht also auf dem sog. variablen Mengenfall, bei dem in Abhängigkeit vom Preis unterschiedliche Mengen / Nutzungshäufigkeiten nachgefragt werden / anfallen.[661] Die Bedarfs- / Abnahmemenge für die Leistung muß demnach größer als 1 sein. Das ist für Reparaturen, Wartungen und Inspektionen i.d.R. gegeben, da sie im Laufe des Nutzungszeitraums von Gebrauchs- und Investitionsgütern häufiger als einmal anfallen. Anwendungsberatungen und Wirtschaftlichkeitsanalysen werden hingegen beim Kauf einer Kernleistung meist nur einmal pre-sales benötigt. Für diese Serviceleistungen ist die Anwendung bzw. Durchsetzung nicht-linearer Preissysteme problematisch. Derartige Serviceleistungen fallen eher unter den „Ja-oder-Nein-Fall", der den oben beschriebenen preispolitischen Konzepten implizit zugrunde liegt. Demnach wird eine Einheit der Leistung von einem Nachfrager zu einem bestimmten Preis gekauft oder nicht gekauft. Nutzungshäufigkeiten / Kaufmengen werden hierbei nicht berücksichtigt.

Eine wichtige Voraussetzung für den erfolgreichen Einsatz der nicht-linearen Preisbildung ist, daß die Preisbereitschaften der Nachfrager für jede Mengeneinheit bekannt sind. Das ist in der Realität kaum gegeben. Deshalb ist eine optimale Abschöpfung der Abnehmer- / Konsumentenrente auch bei der nicht-linearen Preisbildung praktisch kaum möglich. Eine weitere Notwendigkeit ist der Ausschluß oder zumindest eine Kontrolle von Weiterveräußerungen der erworbenen Leistungen durch die (direkten) Abnehmer an andere (potentielle) Kunden.[662] Im Falle einer unkontrollierbaren Übertragung könnte ein Nachfrager hohe Absatzmengen zu sehr günstigen Durchschnittspreisen einkaufen und diese dann in kleineren Teilmengen weitergeben, die dann zwar über seinem Einkaufspreis liegen, aber immer noch unterhalb des vom Anbieter

[659] Vgl. Tacke, G., a.a.O., S. 2ff.
[660] Vgl. Büschken, J.: Gewinnoptimierung, a.a.O., S. 50
[661] Vgl. Woratschek, H.: Möglichkeiten und Grenzen, a.a.O., S. 113
[662] Vgl. Wilson, R.: Nonlinear Pricing, New York/Oxford 1993, S. 11

vorgegebenen Durchschnittspreises für diese kleinere Menge. Der „Zwischenhändler" könnte so für sich selbst Arbitragegewinne realisieren. Wenngleich dieses Prinzip ein Anreiz für autorisierte Absatzmittler ist, große Mengen einzukaufen, so führt es regelmäßig auch zur Entstehung grauer Märkte durch unberechtigte „Schleuser". Der Anbieter hat deshalb für eine Identifikation berechtigter Abnehmer zu sorgen. Dieses Problem ist jedoch für Dienst- / Serviceleistungen kaum relevant, da aufgrund der Nichtübertragbarkeit von immateriellen und stark integrativen Serviceleistungen ein Zwischenhandel nicht möglich ist bzw. sehr gut überwacht werden kann. Die angedeuteten Arbitragegeschäfte und -probleme sind hierdurch weitgehend hinfällig. Allerdings sind immer auch die rechtlichen Bestimmungen auf den einzelnen Ländermärkten zu berücksichtigen, die zu einer Einschränkung der Rabattgestaltung und damit des nicht-linearen Preissystems führen können.[663]

Unterstützung bei der Implementierung nicht-linearer Preissysteme bieten *Serviceverträge*. Es handelt sich hierbei um zugesicherte und dokumentierte Servicebereitschaften und -fähigkeiten des Anbieters gegenüber dem Abnehmer.[664] Sie bieten den Abnehmern damit eine Sicherheit hinsichtlich der Kostenplanung und der Leistungserwartungen. Durch eine klare und fixierte Darstellung der Leistungen wirken sie für den Abnehmer nicht nur wie eine Garantie, sondern schaffen für ihn auch eine höhere Transparenz bei der Leistungs- / Qualitätsbeurteilung. Hierdurch werden für den Nachfrager (Principal) die Agency-Kosten gesenkt, da durch die vertragliche Zusicherung der Leistungsbereitschaft die Steuerungs- und Kontrollkosten der Agentenleistung geringer sind.

In Abbildung IV-35 ist die Anwendung der nicht-linearen Preisbildung durch Serviceverträge dargestellt. Beim *Full-Servicevertrag* bezahlt der Kunde für eine Periode (z.B. ein Jahr) einen festen Betrag, der alle im Vertrag eingeschlossenen Leistungen - unabhängig von der Häufigkeit der Inanspruchnahme - abdeckt. Das Risiko einer häufigen Servicenutzung liegt also voll beim Anbieter. Allerdings sind durch die geringen Grenz- und die hohen Fixkosten die Fixerlöse aus dieser Vertragsvariante für den Anbieter sehr wichtig. Sie beeinflussen die Wirtschaftlichkeit des Servicebereichs nachhaltig.

Im Gegensatz dazu hat der Abnehmer bei einem *Basis-Servicevertrag* i.d.R. einen bestimmten Grund- / Sockelbetrag für eine Periode zu entrichten. Für jede Inanspruchnahme einer im Vertrag berücksichtigten Serviceleistung hat er dann einen Preis zu zahlen, der geringer ist als bei einer Einzelberechnung ohne Mengenrabatt. Diese Vorgehensweise geht in Richtung Blocktarife bzw. „angestoßene Mengenrabatte". Der Grundpreis entspricht dabei dem uniformen Preis

[663] Vgl. Hünerberg, R.: Internationales Marketing, a.a.O., S. 201
[664] Vgl. Casagranda, M.: Industrielles Servicemanagement, a.a.O., S. 259f.

beim Blocktarif bzw. einem Null-Rabatt für die Leistungsbereitschaft beim „angestoßenen Mengenrabatt".

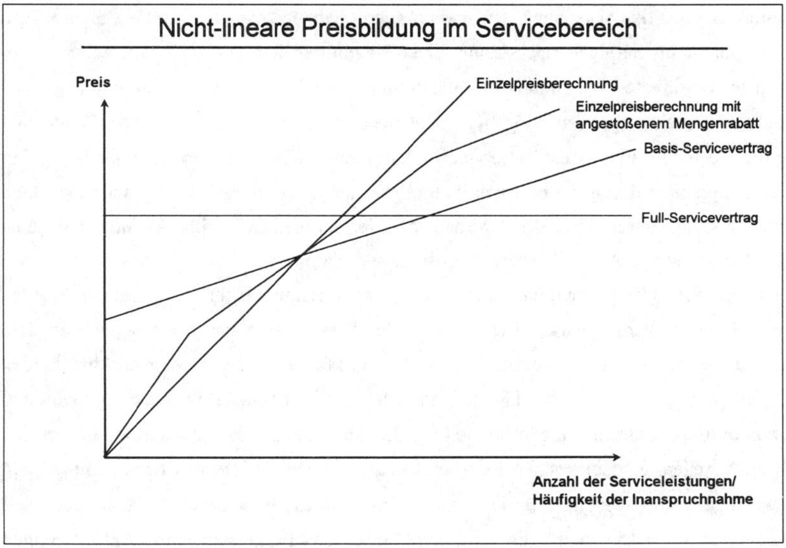

Abb. IV-35: Nicht-lineare Preisbildung durch Serviceverträge
(Quelle: in Anlehnung an Simon, H.: Preispolitik, a.a.O., S. 210)

Vergleicht man die Kosten pro genutzter Serviceleistung / -einheit, so wird schnell ersichtlich, daß beim Basis- und Full-Servicevertrag und auch beim „durchgerechneten" Mengenrabatt eine stetige Degression stattfindet, die für die einzelnen Preissysteme jedoch auf unterschiedlichem Niveau beginnt und unterschiedlich stark ausgeprägt ist. Der Abnehmer muß bei der optimalen Entscheidung für eine der verschiedenen Alternativen den Nutzungsaufwand berücksichtigen. Da er diesen i.d.R. aber ex ante nicht kennt, entscheidet er unter erheblicher Unsicherheit.[665].

Für den Anbieter sind Serviceverträge nicht nur ein Mittel zur Durchsetzung nicht-linearer Preise, sondern auch ein Instrument zur Kundenbindung. Darüber hinaus wirkt die vertragliche Verpflichtung zur Einhaltung und Erstellung vereinbarter Serviceprozesse und -leistungen auch als Qualitätsanforderung und Leistungsanreiz für das Servicepotential, insbesondere die Servicemitarbeiter.[666] Der Anbieter ist - außer bei einer Hidden Intention - mehr oder minder ge-

665 Vgl. Simon, H.: Preispolitik, a.a.O., S. 209

666 Vgl. Hart, C.W.L./Schlesinger, L.A./Maher, D.: Guarantees Come to Professional Service Firms, in: Bateson, J.E.G. (Hrsg.), Managing Services Marketing, 3. Aufl., Fort Worth 1995, S. 475 und S. 477; Peill, E./Spilker, M.: Servicegarantien - wie Sie entscheiden..., in: absatzwirtschaft, 38. Jg. 1995, Sonderheft 10, S. 230

zwungen, sein Servicesystem auf mögliche Schwachstellen hin zu analysieren und Problembereiche auszumerzen.

Als Quintessenz aus den vorstehenden Ausführungen bleibt festzuhalten, daß es für die Kontrahierungspolitik im Servicebereich keine allgemeingültigen Rezepte und Anwendungsempfehlungen für bestimmte Preisfindungsmethoden und Preiskonzepte gibt. Allerdings zeigt sich auch, daß eine Preisintegration aufgrund zunehmend enger werdender Preisspielräume und gleichzeitig steigender Fixkosten im Servicebereich immer mehr zu einem Dilemma wird. Auf der einen Seite sollen durch die preislich integrierten Serviceleistungen Differenzierungs- und Akquisitionsmöglichkeiten geschaffen werden. Auf der anderen Seite führen umfassende Serviceangebote zu steigenden (Capacity-) Kosten und damit zu höheren Preisen, die ohne Einbußen bei den Gewinnmargen dann am Markt meistens nicht durchgesetzt werden können.[667] Eine stärkere separate Berechnung von Serviceleistungen wird daher vor dem Hintergrund der gegebenen Situation auf vielen Märkten und der Kostenstruktur in den meisten Unternehmen sinnvoll sein. Hierzu sind zusätzlich kommunikative Anstrengungen und programmpolitische Entscheidungen notwendig, die den Nutzen der Serviceleistungen in den Vordergrund stellen. Zudem können Preisbündelungen und nicht-lineare Preise in Form von Serviceverträgen durchgesetzt werden und wirtschaftlich interessante Nachfrageeffekte auslösen. Hierzu sind jedoch die zugrunde gelegten Prämissen und Anforderungen insbesondere für den internationalen Einsatz im Einzelfall zu überprüfen. Für die empirische Untersuchung läßt sich daher nur folgende „vorsichtige" Hypothese formulieren:

H29: Eine eigenständige Preispolitik des Servicebereichs und die umfassende Berücksichtigung von Einflußfaktoren bei der Preisfindung

- *unterstützen den Einfluß des Service auf den Unternehmenserfolg positiv.*

3.3.3.4. Distributionspolitik des Service

Die Distributionspolitik des Service umfaßt alle Entscheidungen und Maßnahmen, die den Weg der Serviceleistungen vom Anbieter zum Abnehmer / Nutzer betreffen. Es geht darum, für die Kunden den Nutzen der Serviceleistungen verfügbar zu machen.[668] Hierbei kommen die dienstleistungsspezifischen Besonderheiten des Service in besonderer Weise zum Tragen. Aufgrund der Simultaneität von Erstellung und Nutzung der meisten Serviceleistungen geht es im Kern um die Festlegung des Standorts für die Serviceerstellung / -nutzung und die organisatorische Trägerschaft.

---

[667] Vgl. auch Trachsler, S.: Verrechenbarkeit industrieller Dienstleistungen, in: Belz, C. (Hrsg.), Kompetenz für Marketing-Innovationen, Schrift 2 - Leistungs- und Kundensysteme, St. Gallen 1997, S. 72

[668] Vgl. Zborschil, I.A., a.a.O., S. 309

Hinsichtlich des *Standorts* steht zunächst die Entscheidung im Vordergrund, ob der Service beim Kunden (Outdoor-Service) oder beim Serviceanbieter (Inhouse-Service) erbracht werden soll.[669] Diese Festlegung hängt - zumindest für die produktbezogenen Serviceleistungen - sehr stark von der Kernleistung und der Mobilität des externen Faktors ab. Handelt es sich beispielsweise um komplexe Maschinen oder Anlagen, die mehr oder minder immobil sind, ist ein Outdoor-Service vorprogrammiert. Bei mobilen externen Faktoren (Kernleistungen oder Personen) ist hingegen auch ein Inhouse-Service denkbar. Entscheidend ist in diesem Fall - wie bereits bei der Sampson-Snape-Box diskutiert - die Verhandlungsmacht der beiden Serviceparteien und der typische, meist kulturell geprägte Ort der Serviceerstellung.

Für die Erbringung eines professionellen Outdoor-Service ist vor allem eine schnelle Reaktions- und „Lieferzeit“ wichtig. Hierzu ist zum einen eine zeitoptimale Standortplanung nötig, die sicherstellt, daß der Service zur rechten Zeit am Ort des Kunden erstellt werden kann. Als Standorte sind hierbei lediglich die geographischen Orte der Vorhaltung der internen Leistungspotentiale gemeint. Eine schnelle zeitliche Verfügbarkeit ist vor allem mit einem dichten Servicenetz, das relativ viele Einsatzstationen mit einem beschränkten geographischen Einsatzradius aufweißt, erfüllbar. Damit ist auch eine hohe Material- und Personalausstattung gefordert, die eine schnelle Verfügbarkeit und flexible Einsatzmöglichkeit von Betriebsmitteln und Mitarbeitern erlaubt.

Mit einem schnellen und flexiblen Outdoor-Service sind daher entsprechend hohe Investitionen in die Service-Infrastruktur und in die Qualifikation des Servicepersonals verbunden. Grundsätzlich kann also davon ausgegangen werden, daß mit zunehmender Schnelligkeit der Serviceerbringung auch die Servicekosten steigen.[670] Dabei kommt es aufgrund der (meist fixen) Kostensteigerungen häufig zu einer Verschärfung des o.g. Verrechnungsproblems der Servicekosten über die Kernleistung sowie zu steigenden Fakturierungsschwierigkeiten von Serviceleistungen bei geringen Preisbereitschaften der Abnehmer.

Obwohl auch für den Inhouse-Service ein Servicenetz erforderlich ist, sind die Kosten i.d.R. nicht so hoch, weil die Serviceobjekte mobil sind und zu dem Ort des internen Servicepotentials kommen. Hierdurch entfallen Reisezeiten für die Servicemitarbeiter, die eine wesentliche Kostengröße darstellen. Außerdem sind Reisezeiten mehr oder minder unproduktiv, da während dieser Zeit die Serviceerstellung als wesentliche Aufgabe der Servicemitarbeiter nicht stattfindet. Ein Inhouse-Service führt daher zu einer stärkeren fachlichen Auslastung der Mitarbeiter und damit zu einer höheren Produktivität. Da beim Inhouse-Service die Kunden im Gegensatz zum Outdoor-Service nicht nur mit den Servicemitarbeitern, sondern mit der ge-

[669] Vgl. Mann, A.: Grundlagen der Service-Politik, a.a.O., S. 460
[670] Vgl. Mollberg, H., a.a.O., S. 78; Fassot, G., a.a.O., S. 255

samten institutionellen Serviceorganisation in Berührung kommen, ist neben dem kundenorientierten Verhalten des Servicepersonals auch die Gestaltung des tangiblen Umfelds, wie z.B. Architektur, Werkzeuge und Einrichtung der Serviceräume, ein wichtiger Qualitätsfaktor. Er liefert für den Kunden mitunter wichtige Surrogatinformationen bei der Beurteilung der Servicequalität, die im kulturellen Kontext durch spezifische Wahrnehmungen und die symbolische Bedeutung von Formen, Materialien und Farben geprägt sind. Beim Design des Umfelds sind daher etwaige Eigenheiten auf den Ländermärkten zu berücksichtigen. Das ist vor allem der Fall, wenn der Anbieter der Kernleistung die Serviceleistungen auf den Ländermärkten selbst erbringen will. Damit ist die Entscheidung über die Trägerschaft als zweiter wichtiger Bereich der Servicedistribution angesprochen.

Die *organisatorische Trägerschaft* des Serviceangebots bezieht sich auf die Frage, wer die Serviceleistungen inhouse oder outdoor anbieten und erbringen soll. Abgesehen von einer Externalisierung des Service auf den Abnehmer können neben dem oben implizit unterstellten eigenständigen Vorgehen auch externe Servicemittler damit beauftragt werden.[671] Als Servicemittler, die (bestimmte) Serviceleistungen für den Anbieter der Kernleistung erbringen, kommen Absatzmittler, die auch bereits die Hauptleistung verkaufen, und Fremdunternehmen in Betracht, die beim Absatz der Primärleistung nicht involviert sind, sondern lediglich Serviceaufgaben übernehmen. Im Gegensatz zu Servicemittlern, die akquisitorische und „logistische" Aufgaben bei der Serviceerstellung erbringen, sind Servicehelfer nur mit der reinen „logistischen" Ausführung betraut. Unter akquisitorischen Aufgaben werden hier die Anbahnung und Vereinbarung von Serviceaktivitäten mit dem Abnehmer verstanden. Die „logistischen" Aufgaben bestehen vor allem in der Überwindung von räumlichen und zeitlichen Distanzen zwischen dem Kernleistungsanbieter als eigentlichem Serviceanbieter und den Servicenachfragern.[672] Dabei beziehen sich die „logistischen" Aufgaben wegen der dienstleistungsspezifischen Besonderheiten des Service, insbesondere der Nichtlagerbarkeit und Nichttransportierbarkeit integrativer Serviceleistungen, in erster Linie auf die Serviceerstellung- / -produktion.[673] Werden Servicehelfer eingeschaltet, dann erfolgt eine Trennung zwischen akquisitorischen und „logistischen" Aufgaben, wobei die akquisitorischen Tätigkeiten vom Kernleistungsanbieter übernommen werden. Servicemittler führen damit im eigenen Namen und auf eigene Rechnung für den Kernleistungsanbieter im Auftrag des Kunden bestimmte Serviceakti-

[671] Vgl. Engelhardt, W.H:/Reckenfelderbäumer, M., a.a.O., S. 269ff.

[672] Vgl. zur Unterscheidung der akquisitorischen und logistischen Aufgaben insbesondere Scheuch. F.: Distributionspolitische Entscheidungen für Dienstleistungen, in: Meyer, A. (Hrsg.), Handbuch Dienstleistungs-Marketing, Band 1, Stuttgart 1998, S. 942f.

[673] Der Begriff Logistik wird deshalb hier in Anführungszeichen gesetzt. Im Unterschied zu materiellen Gütern, bei denen sich die Absatzlogistik i.d.R. auf den Transport und die Lagerhaltung von Leistungsergebnissen in Form von Rohstoffen, Halb- und Fertigerzeugnissen bezieht, ist im Service-/ Dienstleistungsbereich mit der Logistik vor allem die Bereitstellung der Leistungsfähigkeit und der Integrationsvollzug der externen Faktoren verbunden. Im Fall eines Outdoors-Service umfaßt die

vitäten aus, während die Servicehelfer i.d.R. zwar im eigenen Namen, aber im Auftrag und auf Rechnung des Kernleistungsanbieters handeln. Beide sollen nachfolgend als Servicepartner bezeichnet werden.

Bei der Festlegung der Service-Trägerschaft sind folgende fünf Einflußbereiche bei der Wahl der Service-Trägerschaft auf jeden Fall zu berücksichtigen:[674]

- Kosten / Aufwendungen,
- Erlöse / Erträge,
- Leistungsbereitschaft, -fähigkeit und -qualität,
- rechtliche / administrative Rahmenbedingungen,
- strategische Bedeutung des Service.

Hinsichtlich der *Kosten* ist zunächst ein Vergleich zwischen Eigenerstellung und Fremdvergabe durchzuführen. Tendenziell wird aufgrund der hohen Fixkostenbelastung diejenige Alternative vorteilhaft sein, die durch viele Serviceaufträgen eine starke Fixkostendegression erzielt. Ein spezialisiertes Third-Party-Maintenance-Unternehmen kann durch das Service-Pooling von mehreren Kernleistungsanbietern eine solche hohe Kapazitätsauslastung, die zu geringen Durchschnittskosten führt, erreicht. Häufig sind dadurch auch die Angebotspreise dieser Spezialisten erheblich geringer als die Durchschnittskosten bei Eigenerstellung durch den Kernleistungsanbieter.

Bei dem Kostenvergleich sind auch die Transaktionskosten zu berücksichtigen, die als Abwicklungs- und Koordinationsaufwendungen bei Eigenerstellung (Hierarchie) und Fremdvergabe (Market) entstehen. An dieser Stelle sei noch einmal darauf hingewiesen, daß es aufgrund der schwierigen Quantifizierung von Transaktionskosten nicht um einen Vergleich der absoluten Höhen der Transaktionskosten geht, sondern eher um den Vergleich transaktionskostenbestimmender Einflußfaktoren. Entsprechend dem Transaktionskostenansatz ist die Eigenerstellung / Hierarchie immer dann gegenüber der Fremdvergabe (Market) vorteilhafter, wenn eine hohe Spezifität und / oder eine große Unsicherheit besteht (et vice versa).

Bei Ausgliederung von Serviceleistungen können wenige Servicemittler genutzt werden, die alle Serviceleistungen erbringen, oder es können viele Servicemittler eingeschaltet werden, die jeweils nur einzelne Serviceleistungen übernehmen. Im ersten Fall wird der Kernleistungsanbieter von dem einen / den wenigen Servicemittler(n) abhängig. Bei dieser „Small-Numbers-Situation" entstehen für den Kernleistungsanbieter große Kontroll- und Anreizkosten, die den

Absatzlogistik zudem einen Transport des (internen) Servicepotentials zum Servicenachfrager. Vgl. zur allgemeinen Logistikdefinition Pfohl, H.C., a.a.O., S. 4

[674] Vgl. für die folgenden Ausführungen insbesondere Engelhardt, W.H./Reckenfelderbäumer, M., a.a.O., S. 271ff.

einzelnen Servicemittler von opportunistischen Verhaltensweisen abhalten sollen. Dieses Moral-Harzard-Problem besteht grundsätzlich, wenn Informationsasymmetrien zwischen Kooperationspartnern vorliegen. Es wird jedoch verstärkt, wenn der Kernleistungsanbieter gegenüber dem Servicemittler ganz spezifische Investitionen für die Zusammenarbeit tätigt. Das ist beispielsweise der Fall, wenn im Rahmen einer einheitlichen (internationalen) Servicepositionierung des Kernleistungsanbieters die Servicemittler auf den Ländermärkten ganz spezielle Servicekenntnisse und -fähigkeiten im Rahmen von Schulungen und Trainings durch den Kernleistungsanbieter erhalten.[675]

Gerade beim Neueintritt in Ländermärkte, mit denen der Kernleistungsanbieter noch keine Erfahrung hat und auf denen er noch keine potentiellen Servicemittler kennt, führt diese exogene Unsicherheit zusätzlich zu der Gefahr einer Adverse Selection. Adverse Selection bedeutet hierbei, daß der Kernleistungsanbieter aufgrund unvollkommener Informationen nicht in der Lage ist, die Leistungsfähigkeit der potentiellen Servicemittler abzuschätzen und deren Erfüllung von Vertragsverpflichtungen zu beurteilen. Diese Situation kann dazu führen, daß sich der Kernleistungsanbieter für einen falschen Kooperationspartner entscheidet.

Im zweiten Fall, dem Einsatz sehr vieler spezialisierter Servicemittler, kommt es für den Kernleistungsanbieter zu relativ hohen Koordinationskosten. Zudem kann die Flexibilität der Servicepolitik bei sehr vielen Servicemittlern eingeschränkt werden, wenn inhaltliche Änderungen des Servicekonzepts zu aufwendigen vertraglichen Anpassungs- und Auflösungskosten führen.

Neben den Kosten sind auch *Erlöse / Erträge* aus dem Service bei der Make-or-Buy-Entscheidung zu berücksichtigen. Beide Einflußgrößen bedingen die Wirtschaftlichkeit der organisatorischen Trägerschaft der Serviceerstellung. Bei einer Eigenerstellung können die vermeintlichen Serviceerträge für die weitere Verwendung frei disponiert werden, während bei der Fremderstellung die Serviceerträge i.d.R. bei den Servicemittlern verbleiben. Wird der Servicebereich im Unternehmen als Profit-Center geführt, dann ist eine Eigenerstellung unumgänglich. Allerdings ist zu beachten, daß insbesondere Pre-Sales-Mußleistungen häufig nicht separat fakturiert werden können und daher als Erlösträger nicht in Frage kommen. Für obligatorische Serviceleistungen ist daher unter Profitaspekten eine Ausgliederung an externe Servicepartner durchaus sinnvoll.

Leistungsbereitschaft, -fähigkeit und -qualität sind für den Vergleich der Eigen- und Fremderstellung ebenfalls wichtige Kriterien. Sie bilden die Voraussetzung für die Erreichung der angestrebten Servicepositionierung. Besonders bei einer qualitätsorientierten Wettbewerbs- und

---

[675] Vgl. ähnlich auch bei Scheuch, F.: Internationales Marketing für Dienstleistungen - Dienstetheoretische Grundlagen für distributionspolitische Entscheidungen, in: Lück, W./Trommsdroff, V. (Hrsg.), Internationalisierung der Unternehmung als Problem der Betriebswirtschaftslehre, Berlin 1982, S. 371

Marktbearbeitungsstrategie sollte grundsätzlich diejenige Institution mit der Serviceerstellung beauftragt werden, die über das notwendige Know-how und die bessere Servicekompetenz verfügt. Sind die Voraussetzungen für die Erbringung einer hohen Servicequalität im eigenen Unternehmen nicht gegeben, dann ist, wenn das Serviceangebot unbedingt erbracht werden soll, eine Fremdvergabe sinnvoll. Denn eine unzureichende Servicequalität kann schnell zu einem negativen Imagefaktor am Markt werden, der den Unternehmenserfolg negativ beeinflussen kann. Während die Leistungsfaktoren und das Servicepotential des eigenen Unternehmens relativ zuverlässig beurteilt werden können, ist dies für den Kernleistungsanbieter bezüglich des externen Servicehelfers i.d.R. aufgrund der asymmetrischen Informationsverteilung - auch bei großen Screening-Aktivitäten - nur begrenzt möglich. Erschwert wird dieses Beurteilungsproblem insbesondere bei internationalen Marketing- und Serviceaktivitäten durch die exogene Umweltunsicherheit, wie sie bereits bei den Transaktionskosten angesprochen wurde. Die Dichte des bestehenden Service- / Stützpunktnetzes der potentiellen Servicepartner ist dabei ein Beurteilungskriterium für seine Leistungsfähigkeit. Je enger es um die potentiellen Servicenutzer gezogen ist, desto größer ist die räumliche Kundennähe und umso kürzer ist tendenziell die „Lieferzeit". Diese ist wiederum für Kunden häufig ein wichtiges Qualitätskriterium und eine Determinante der Kundenzufriedenheit mit dem Service.[676]

Rechtliche / administrative Rahmenbedingungen können die Wahl zwischen Eigen- und Fremderstellung erheblich einschränken oder sogar gänzlich verhindern. Vor allem die vertraglichen Formen der Ausgliederung sind auf den einzelnen Ländermärkten manchmal verschieden. Hierbei handelt es sich in erster Linie um vertrags- und wettbewerbsrechtliche Regelungen sowie Diskriminierungsverbote.[677]

Eine besondere Rolle als Entscheidungskriterium spielt die *strategische Bedeutung des Service* für den Kernleistungsanbieter. Die strategische Bedeutung manifestiert sich in der Wichtigkeit der Servicefunktionen für den Kernleistungsanbieter, die sich aus den allgemeinen Unternehmens- und Marketingzielen ableitet. Wird der Service vom Kernleistungsanbieter als wichtiges Marketinginstrument angesehen, das den Aufbau servicespezifischer Kernkompetenzen verlangt, dann wird die Fremderstellung keine adäquate Distributionsform für den Service sein. Strategisch bedeutend sind Serviceleistungen vor allem dann, wenn sie zur Erlangung von Wettbewerbsvorteilen oder für die Vermeidung von Wettbewerbsnachteilen eine besondere Relevanz aufweisen. Das hängt wiederum von den Kundenerwartungen und Wettbewerbsaktivitäten auf den (Länder-) Märkten ab. Mit zunehmender Wichtigkeit des Service als Kaufkriterium und mit zunehmenden Gestaltungsmöglichkeiten des Service als Alleinstellungsmerkmal steigt grundsätzlich die strategische Relevanz des Service. Da eine langfristig servicebedingte

[676] Vgl. Müller, H.: Service Marketing, Berlin et al. 1995, S. 115, S. 178ff.
[677] Vgl. Berndt, R./Fantapié Altobelli, C./Sander, M., a.a.O., S. 345f.

Differenzierung üblicherweise gleichzeitig auch eine Spezifität des Servicebereichs erfordert, wäre auch aus Transaktionskostensicht die Eigenerstellung sinnvoller. Bei der Fremderstellung müßte eine Vielzahl von organisatorischen und vertraglichen Mechanismen geschaffen werden, die einen Schutz der spezifischen Service-Kompetenz gewährleisten. Hiermit sind erhebliche Überwachungs- und Kontrollkosten verbunden, die bei der Eigenerstellung meist geringer ausfallen.[678]

Grundsätzlich kann man davon ausgehen, daß bei der Eigenerstellung des Service die eigentlichen Servicefunktionen für das Unternehmen besser umgesetzt und genutzt werden können als bei einer Fremderstellung. So läßt sich insbesondere die Informationsfunktion des Service bei Eigenerstellung besser realisieren. Die Informationen über Kundenbedürfnisse / -erwartungen und auch über Wettbewerbserfahrungen der Kunden können durch den direkten Kundenkontakt zwischen eigenen Servicemitarbeitern und Servicenachfragern „ungefiltert" erhoben werden.[679] Die Weitergabe der Informationen durch externe Servicepartner ist häufig durch Unvollständigkeit und zeitliche Verzögerung mit einem Wertverlust für den Kernleistungsanbieter verbunden.[680]

Die originären Kunden- und Wettbewerbsinformationen bilden eine wichtige Grundlage für nachfolgende gezielte Kontakte zum Kunden hinsichtlich der Schaffung einer Kundenbeziehung. Diese ist darauf ausgerichtet, Folgekäufe der Kernleistung zu initiieren. Da externe Servicepartner nicht direkt vom Neuverkauf der Kernleistungen abhängen, werden sie für den Aufbau einer Beziehung zwischen Kernleistungsanbieter und (Service-) Nachfrager auch nicht intrinsisch motiviert sein. Besonders opportunistisch denkende spezialisierte Dienstleister könnten beispielsweise wichtige Informationen zur Verbesserung der Kernleistung bewußt zurückhalten, um einen hierdurch entstehenden Rückgang an produktbezogenen Serviceleistungen zu verhindern.

Auch Absatzmittler haben als Servicepartner mitunter keinen Anreiz, Kundeninformationen an den Kernleistungsanbieter weiterzugeben, da sie als Servicepartner die direkten Kundenkontakte gezielt dazu nutzen, eine ausschließliche Händlerloyalität aufzubauen. Führt der Händler auch Kernleistungen von Wettbewerbern, dann ist das Kundenbindungspotential des Service für den Kernleistungsanbieter weitgehend verloren.

In diesem Zusammenhang stellt sich außerdem die Frage, ob die Serviceleistungen über die gleichen Wege abgesetzt bzw. zu den Kunden gelangen sollen wie das Kernprodukt. Für eine gleiche Vorgehensweise spricht, daß viele Serviceleistungen - insbesondere die Pre-Sales-Ser-

---

[678] Vgl. Picot, A.: Leistungstiefe, a.a.O., S. 346
[679] Vgl. Olemotz, T., a.a.O., S. 246f.
[680] Vgl. Deppe, M.: Software-Service, a.a.O., S. 206

vices - eng mit dem Kaufakt der Kernleistung verbunden sind und deshalb auch nicht davon getrennt werden können, wenn sie ihr akquisitorisches Potential für die Kernleistung entfalten wollen. Eine Trennung der Vertriebswege von Service- und Kernleistungen ist in diesem Fall nicht sinnvoll. Außerdem ist zu berücksichtigen, daß gerade im Consumer-Bereich die Kunden auch After-Sales-Serviceleistungen (z.B. Reparaturen, Wartungen und Inspektionen) häufig dort nachfragen, wo sie die Primärleistung gekauft haben.

In Abbildung IV-36 sind die Ergebnisse aus der Grundlagenstudie zu dieser Fragestellung wiedergegeben. Wie ersichtlich ist, setzen die Unternehmen ihre Kern- und Serviceleistungen im In- und Ausland meistens über dieselben Distributionskanäle ab. Das Resultat entspricht dem überwiegend verfolgten Ansatz des „integrierten Systemmarketing" bei den befragten Unternehmen.

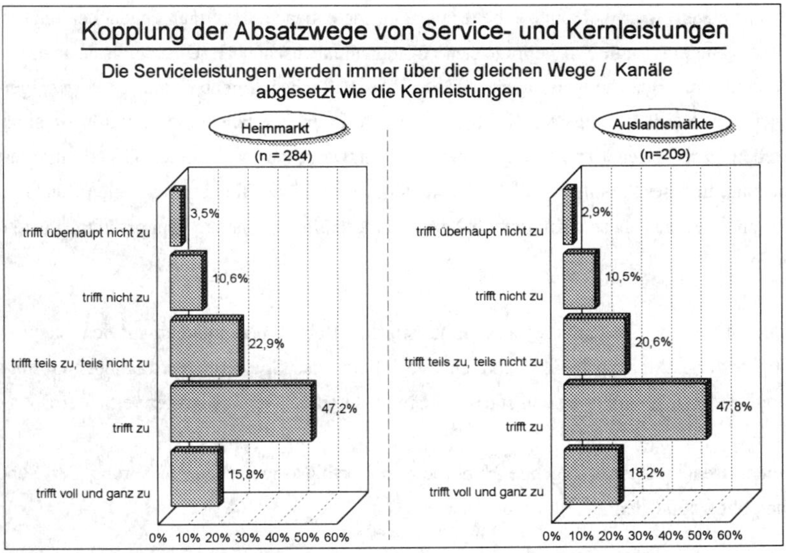

Abb. IV-36: Kopplung der Vertriebswege von Kern- und Serviceleistungen

Die vorstehenden Ausführungen zum Vergleich der Eigen- und Fremderstellung von Serviceleistungen waren implizit nur auf die „logistischen" Aktivitäten bezogen und damit auf den eventuellen Einsatz von Servicehelfern. Berücksichtigt man auch die akquisitorischen Distributionsaufgaben, dann werden die einzelnen Vor- und vor allem Nachteile der Fremderstellung noch gewichtiger. Bei der Auslagerung der Serviceaktivitäten an Servicemittler verzichtet der Kernleistungsanbieter gänzlich im Rahmen der Servicepolitik auf einen direkten Kontakt mit den Serviceabnehmern. Da er keine direkten Steuerungs- und Kontrollmöglichkeiten hinsichtlich des Serviceeinsatzes hat, kann er den Service auch als Marketinginstrument zur

Wettbewerbsdifferenzierung und Marktprofilierung nicht mehr aktiv nutzen. In diesem Fall ist der Service für die Marketingpolitik weitgehend ohne Bedeutung.

Die Probleme der Leistungskontrolle und der eingeschränkten Einsatzsteuerung können durch entsprechende vertragliche Bindungen des Servicemittlers / -helfers an den Kernleistungsanbieter vermindert werden.[681] Insbesondere enge Kontrakte, die einer (vertikalen) Quasi-Integration gleichkommen (z.B. teilbetriebliche Franchisingverträge), bieten dem Kernleistungsanbieter weitreichende Weisungs- und Kontrollmöglichkeiten gegenüber dem vertraglich gebundenen Servicepartner. Außerdem kann auch die Pflicht zur Weitergabe von Kundeninformationen vertraglich geregelt werden. Allerdings sind im Servicebereich der Anwendung enger vertraglicher Kooperationen schnell Grenzen gesetzt.

Zum einen ist das Servicegeschäft häufig nicht so attraktiv, daß sich Servicehelfer und -mittler in solchen engen Verpflichtungen begeben. Die ablehnende Haltung gegenüber engen Bindungen kann auch kulturell geprägt sein. In individualistischen Gesellschaften ist man an dem Aufbau von Beziehungen, auch auf der geschäftlichen Ebene, tendenziell weniger interessiert als in kollektivistischen Kulturen. Typisch für individualistische Kulturen ist auch das Streben nach freier Entwicklung in der Arbeitswelt und nach freier Gestaltung der Arbeitsinhalte und des Arbeitsumfeldes.[682] Eine enge vertragliche Bindung mit vielen Pflichten ist für Individuen aus diesen Kulturen nahezu zwangsläufig mit hohen Opportunitätskosten verbunden.

Zum anderen sind die oben angesprochenen juristischen Rahmenbedingungen auf den entsprechenden Ländermärkten zu berücksichtigen. Sie können das Spektrum vertraglicher Gestaltungsmöglichkeiten beeinflussen und starke Abhängigkeiten der Servicepartner verhindern.

Zusammenfassend läßt sich folgende Hypothese zur erfolgsorientierten Gestaltung der Servicekanalpolitik aufstellen:

H30: Eine starke Kontrolle und Steuerung des Serviceabsatzes (akquisitorische Distribution) und der Serviceerstellung („logistische" Distribution)

- *unterstützen den Einfluß des Service auf den Unternehmenserfolg positiv.*

Besonders für Unternehmen, die ihre Kernleistungen an einen geographisch weit gestreuten Abnehmerkreis absetzen, ist die Hypothese bedeutsam. Damit ist diese Hypothese auch bei allen Internationalisierungsentscheidungen relevant.

---

[681] Vgl. Scheuch, F.: Distributionspolitische Entscheidungen, a.a.O., S. 949

[682] Vgl. Hofstede, G.: Lokales Denken, a.a.O., S. 67ff.

3.3.4. Serviceimplementierung

Die Serviceimplementierung umfaßt im wesentlichen die Realisierung der vorstehenden Entscheidungen des Service-Marketing-Mix. Sie stellt damit sicher, daß die (internationale) Servicekonzeption auch adäquat umgesetzt wird.[683] Die Serviceimplementierung ist kein zeitpunktbezogenes Ereignis, sondern ein kontinuierlicher Umsetzungs- und Durchsetzungsprozeß mit einer Vielzahl von Handlungen, die eine ständige Anpassung der Servicepolitik an veränderte Marktsituationen und Unternehmensbedingungen (z.B. Ziele, Strategien, Ressourcen) sicherstellen. Die Serviceimplementierung ist ein Teilbereich des strategischen Servicemanagements, das auf technokratische, unternehmenskulturelle und strukturorientierte Implementierungsansätze und -bereiche zurückgreifen kann.[684]

Technokratische Implementierungsansätze umfassen sämtliche Analyse-, Planungs- und Kontrollsysteme / -instrumente, die eine Koordination der Serviceaktivitäten und eine Anpassung der Servicepolitik an exogene oder endogene Veränderungen durch gezielte Informationserhebung und -nutzung erlauben. Sie sind Gegenstand des Servicecontrolling und werden nachstehend kurz erörtert.

Unternehmenskulturelle Implementierungsansätze umfassen Wert- und Personalführungssysteme, die durch eine Verhaltensbeeinflussung der Servicemitarbeiter eine persönliche Anpassung an die servicebedingten Anforderungen und eine Akzeptanz der Serviceziele und -strategien beim Personal erreichen. Die Wirkung einer marktorientierten Unternehmensphilosophie auf die Bedeutung des Service als Erfolgsfaktor wurde bereits beschrieben. Nachfolgend sollen deshalb im Rahmen der kulturellen Implementierungsansätze insbesondere Anreiz-, Personalentwicklungs- und Personalführungssysteme im Rahmen eines internen Marketing betrachtet werden. Aufgrund des direkten Kundenkontaktes bei vielen Serviceleistungen hat das interne Marketing hier einen besonderen Stellenwert.

Strukturelle Implementierungsansätze beziehen sich auf eine Abstimmung von Serviceaktivitäten untereinander und mit anderen Unternehmensaktivitäten durch eine entsprechende Gestaltung der Aufbau- und Ablauforganisation. Es geht darum, eine hohe Ressourceneffizienz und -effektivität bei der Erreichung von Unternehmens-, Marketing- und Servicezielen anzustreben. Der Einfluß struktureller / aufbaubezogener Entscheidungen im (internationalen) Marketing und im Servicemanagement auf den Beitrag des Service zum Unternehmenserfolg wurde bereits im Zusammenhang mit den internen Kontextfaktoren erörtert. Im folgenden werden daher strukturelle Implementierungsaktivitäten nicht mehr explizit betrachtet.

---

[683] Zum Implementierungsbegriff und seinen Facetten siehe insbesondere Hilker, J.: Marketingimplementierung, Wiesbaden 1993, S. 2ff.
[684] Vgl. Meffert, H./Bruhn, M., a.a.O., S. 333f.

3.3.4.1. Servicecontrolling

Unter *Servicecontrolling* wird im folgenden der systematische Einsatz von Methoden, Techniken und Instrumenten der systematischen Informationsbeschaffung, -aufbereitung und -versorgung zur Konzeption, Steuerung und Kontrolle des Serviceeinsatzes verstanden.[685] Es wird also ein funktionaler Controllingbegriff zugrunde gelegt, dessen Schwerpunkt auf der Sicherstellung einer Ergebnisorientierung im Servicebereich liegt.[686] Servicecontrolling ist damit ein wesentlicher Aufgabenbereich des Servicemanagements.

Die *Ergebnisorientierung* soll nachfolgend nicht nur aus der internen Perspektive mit einer kosten- und finanzwirtschaftlichen Ausrichtung betrachtet werden. Es werden ebenso die externen Marktergebnisse (z.B. Kundenzufriedenheit, Serviceimage, Stellung im Wettbewerb) bei der Steuerung des Servicebereichs berücksichtigt.[687] Damit übernimmt das Servicecontrolling einerseits eine finanz- und kostenorientierte Steuerung des Servicebereichs sowie andererseits die Sicherstellung der Marktadäquanz von Serviceleistungen und die Überprüfung der Servicequalität. Man kann die interne Ausrichtung des Servicecontrolling auch als Effizienzorientierung bezeichnen, die sich auf die Steuerung und Überprüfung ökonomischer Aspekte bezieht und sich entsprechend damit befaßt, daß aus wirtschaftlicher Sicht richtig gehandelt wird. Im Gegensatz dazu kann man das extern ausgerichtete Servicecontrolling als Effektivitätsorientierung, die sich auf die marktbezogene Steuerung des Servicebereichs bezieht, aufassen. Sie beschäftigt sich damit, ob aus Kunden- und Wettbewerbssicht überhaupt die richtigen Serviceleistungen auf anforderungsgerechte Weise angeboten und erstellt werden.[688] Beide Bereiche sind eng miteinander verwoben. So kann einerseits eine mangelnde Effektivität, z.B. in Form von Serviceleistungen, die keinen Kundennutzen liefern, zu einer unzureichenden Service-Effizienz führen. Andererseits kann eine schlechte Effizienz auch zu einer geringen Effektivität führen, wenn beispielsweise aufgrund von Kostennachteilen bestimmte Serviceleistungen nicht als schlagkräftiges Differenzierungs- und Profilierungsinstrument genutzt werden können. Hieran zeigt sich, daß ein einseitig auf Effizienz oder Effektivität ausgerichtetes Servicecontrolling keine aussagekräftigen Informationen liefern und zu falschen Entscheidungen führen kann.

---

[685] Vgl. Köhler, R.: Marketing-Controlling - Konzepte und Methoden, in: Reinecke, S./Tomczak, T./Dittrich, S. (Hrsg.), Marketingcontrolling, St. Gallen 1998, S. 10; Reichmann, T., a.a.O., S. 3f.

[686] Vgl. zum funktionalen Controllingbegriff u.a. Küpper, H.-U./Weber, J./Zünd, A.: Zum Verständnis und Selbstverständnis des Controlling, in: Zeitschrift für Betriebswirtschaft, 60. Jg., 1990, Heft 3, S. 283f.

[687] Vgl. zu den Aufgabeninhalten des Controlling z.B. Horváth, P.: Controlling, 6. Aufl., München 1996, S. 142ff.; Reichmann, T., a.a.O. S. 3ff.

[688] Vgl. Engelhardt, W.H.: Effiziente Customer Integration im industriellen Service-Management, in: Kleinaltenkamp, M./Fließ, S./Jacob, F. (Hrsg.), Customer Integration - Von der Kundenorientierung zur Kundenintegration, Wiesbaden 1996, S. 77f.

Die Felder der Informationsbeschaffung, -aufbereitung und -nutzung für die Ergebnissteuerung liegen also sowohl im Unternehmen als auch in der globalen Umwelt und der Aufgabenumwelt des Unternehmens in den jeweiligen (Länder-) Märkten (siehe Abbildung IV-37). Während die Unternehmensanalyse den Gegenstand des internen Servicecontrolling bildet, sind die Kunden-, Wettbewerbs- und allgemeine Umweltanalyse wesentliche Aufgaben des externen Servicecontrolling.

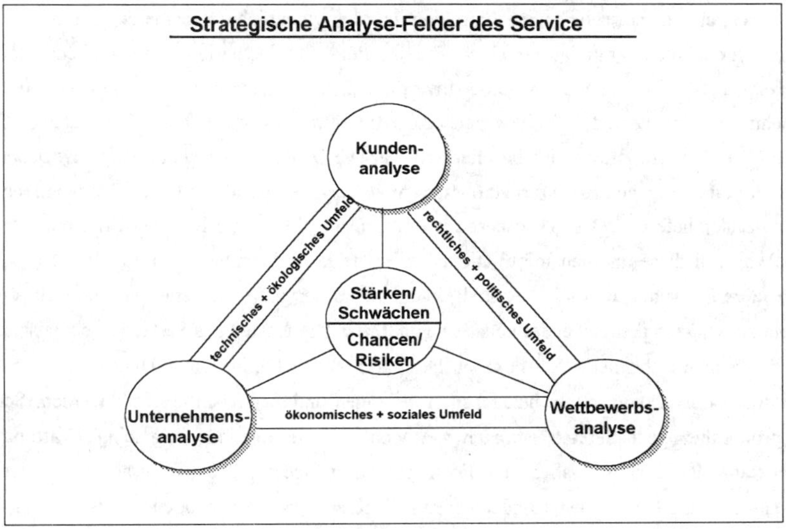

Abb. IV-37: Analyse-Dreieck des Servicecontrolling

Zu den Aufgaben des *internen Servicecontrolling* gehören im wesentlichen die Analyse und Kontrolle der internen Serviceressourcen und -potentiale hinsichtlich der Realisierung geplanter Servicestrategien und bezüglich der Ergebnisse / Zielerreichung abgelaufener Serviceaktivitäten. Außerdem ist in regelmäßigen Abständen auch das gesamte Servicesystem in Form eines Service-Audits zu überprüfen.[689]

Bei der Analyse der Serviceressourcen und -potentiale geht es vor allem um die Feststellung der Leistungsfähigkeiten und -möglichkeiten des eigenen Servicebereichs. In der Regel werden auf Basis von Ressourcenkatalogen mit anschließender Bewertung in Scoring-Modellen servicespezifische Ressourcenprofile erstellt, die eine möglichst eindeutige und „objektive" Einschätzung der Realisierbarkeit und Sinnhaftigkeit von Serviceaktivitäten erlauben. Im Gegensatz hierzu werden beim Service-Audit nicht die Faktoren und Bereiche des Servicepotenti-

[689] Vgl. auch Böcker, F.: Ganzheitliche Marketing-Kontrolle, in: Wirtschaftswissenschaftliches Studium, 20. Jg., 1991, Heft 3, S. 112f.; Köhler, R.: Beiträge zum Marketing-Management, Stuttgart 1993, S. 397ff.

als, sondern die gesamten Informations-, Planungs-, Kontroll- und Organisationssysteme des Servicebereichs hinsichtlich der Leistungsfähigkeit kritisch untersucht.[690] Diese Form der „Servicemanagement-Revision" wird häufig aus Gründen der Objektivität von Mitgliedern anderer Unternehmensbereiche und -ebenen (z.B. der Unternehmensleitung) oder externen Institutionen (z.B. Unternehmensberatern) durchgeführt. Für das Servicemanagement selbst ist diese Aufgabe dann eher ein präventives Self-Assessment gegenüber der „Revision".

Der Kernbereich des internen Servicecontrolling und die wesentliche Aufgabe des Servicemanagement ist die eher operativ ausgerichtete Ergebniskontrolle. Sie basiert im wesentlichen auf der Finanz-, Kosten- und Erlös- sowie der Investitionsrechnung, die wichtige Teilsysteme der Unternehmensrechnung sind.[691] Dabei spielen Kosten und finanzwirtschaftliche Kennzahlen als Planungs- und Kontrollgrößen eine besondere Rolle. Die Qualität der Kennzahlen hängt dabei wesentlich von dem genutzten Informationssystem ab, das die Grundlage für die Verwendung von Kennzahlen liefert.[692] Das gilt insbesondere für entsprechende Kosten- und Erlösinformationen. Während diese internen Informationen bei materiellen Leistungen / Produkten häufig ohne größere Probleme zu beschaffen sind, kommt es im Service- / Dienstleistungsbereich regelmäßig zu Schwierigkeiten bei der genauen Ermittlung. Die Kosten des Serviceangebots sind häufig nur in unzureichender Weise bekannt. Das gilt insbesondere für Unternehmen, bei denen die Serviceleistungen von unterschiedlichen Abteilungen und Bereichen erbracht werden. So liegen produktbezogene Serviceleistungen wie Montage / Installation, Upgrading, Wartung und Reparatur häufig im Aufgaben- und Entscheidungsbereich der Produktionsabteilung oder in Abteilungen des technischen Kundendienstes. Typische personenbezogene Serviceleistungen, beispielsweise Beratung, Demonstration, Schulung und Finanzierungsleistungen, werden meist von der Vertriebsabteilung erbracht, während spezielle Serviceleistungen, wie z.B. Feasibilitystudien, Wirtschaftlichkeitsanalysen und Projektierungsleistungen, oft von anderen Fachabteilungen (z.B. Entwicklungsabteilung, Rechnungswesen / Controlling) übernommen werden. Diese speziellen Fachabteilungen erledigen die Serviceaufgaben „neben" ihrer eigentlichen Aufgabe. Eine servicespezifische Kostenerfassung wird hierbei i.d.R. nicht vorgenommen.

Auch bei verselbständigten Serviceabteilungen in Form von Cost- und Profit-Center können derartige Kostenerfassungsprobleme in abgeschwächter Weise auftreten, da auch hier aus Gründen der unternehmerischen Effizienz oft auf gemeinsame Ressourcen, insbesondere die technische und personelle Infrastruktur, zurückgegriffen wird. Eine exakte Kostenerfassung

---

[690] Vgl. die Fragenbereiche bei Leppard, J./Molyneux, L.: Auditing Your Customer Service, London/New York 1994, S. 13ff.; ähnliche Untersuchungsbereiche finden sich auch bei Webster, C.: What Kind of Marketing Culture Exists in Your Service Firm? An Audit, in: Bateson, J.E.G. (Hrsg.), Managing Services Marketing, Fort Worth 1995, S. 652ff.

[691] Vgl. auch Küpper. H.-U.: Erfolgs- und finanzwirtschaftliches Controlling, in: Meyer, A. (Hrsg.), Handbuch Dienstleistungsmanagement, Band 1, Stuttgart 1998, S. 386ff.

[692] Vgl. Reichmann, T., a.a.O., S. 22

und -zuordnung auf einzelne Kostenstellen und organisatorische Bereiche ist dabei sehr aufwendig. Lediglich bei eigenständigen Service-Tochtergesellschaften, die über eine eigene organisatorische, technische und personelle Infrastruktur verfügen, ist eine klare Kostenerfassung für den gesamten Servicebereich eher möglich. Doch auch hier besteht ein wesentliches Problem in der verursachungsgerechten Zuordnung der (Gesamt-) Kosten auf einzelne Servicearten und -leistungen. Der Grund liegt in dem hohen Gemein- und vor allem Fixkostenblock, den die meisten Servicearten aufweisen. Bei Serviceleistungen übersteigen - wie bereits weiter oben angedeutet - die Kosten der Leistungsbereitschaft in erheblichem Maße die variablen Erstellungskosten. Einen sehr großen Anteil an den Bereitschaftskosten haben dabei die Aufwendungen für das Servicepersonal. Durch diese Kostenstruktur ist der Einsatz herkömmlicher Kostenrechnungssysteme als Informations-, Planungs- und Kontrollinstrument mit erheblichen Schwierigkeiten verbunden.[693]

Die Problematik der „Überwälzung" von fixen Kosten und Gemeinkosten auf einzelne Kostenträger bei dem klassischen Verfahren der *Vollkostenrechnung* (Zuschlagskalkulation) wird bei den Kostenstrukturen im Servicebereich besonders evident. Zum einen wird ganz allgemein die verursachungsgerechte Zuordnung der Kosten auf einzelne Leistungen durch die Proportionalisierung der Fixkosten bzw. die Schlüsselung von Gemeinkosten auf Basis mehr oder minder fragwürdiger Zurechnungsgrößen eingeschränkt. Zum anderen kommt es bei großen Fix- und Gemeinkostenblöcken und kleinen Bezugsbasen zu exorbitanten Zuschlagssätzen, die mögliche Fehler in der Ermittlung und Bestimmung der Zuschlagsbasis vervielfachen.[694]

Doch auch die üblichen Verfahren der *Teilkostenrechnung* (Grenzplan- und Einzelkostenrechnung) sind bei der Anwendung im Servicebereich mit Schwierigkeiten verbunden. So wird bei der *Grenzplankostenrechnung* eine Aufteilung in variable und fixe Kosten vorgenommen.[695] Die variablen Kosten werden bei der Kalkulation (Kostenträgerstückrechnung) den einzelnen Leistungen zugeordnet, während die Fixkosten hierbei unberücksichtigt bleiben. Bei der Kalkulation mit Grenzkosten steht vor allem die Ermittlung von Deckungsbeiträgen der einzelnen Leistungen als Differenz zwischen Erlösen und variablen Kosten im Interesse der Betrachtung. Bei der Grenzkostenrechnung wird die „Zurechnungswillkür" bei der Verteilung der Fixkosten umgangen. Dafür bleibt aber der weitaus größte Teil der Servicekosten bei der Kalkulation unberücksichtigt, was wiederum die Aussagekraft der Deckungsbeiträge für die wirtschaftliche Steuerung des Servicebereichs nahezu belanglos werden läßt.[696] Außerdem ist zu berücksichtigen, daß nicht alle Serviceleistungen Erlöse erzielen, so z.B. bei Serviceleistungen auf Kulanz

---

[693] Vgl. Reckenfelderbäumer, M.: Marktorientiertes Kosten-Management von Dienstleistungs-Unternehmen, in: Meyer, A. (Hrsg.), Handbuch Dienstleistungs-Marketing, Band 1, Stuttgart 1988, S. 400f.
[694] Vgl. Eisele, W., a.a.O., S. 670f.
[695] Vgl. insbesondere Kilger, W.: Flexible Plankostenrechnung und Deckungsbeitragsrechnung, 9. Aufl., Wiesbaden 1988, S. 69ff.
[696] Vgl. Reckenfelderbäumer, M.: Marketing-Accounting, a.a.O., S. 51

oder durch juristische Gewährleistungsansprüche. Hier müßte, wie bei allen anderen nicht einzeln fakturierten Serviceleistungen auch, ein kalkulatorischer Erlös angesetzt werden. Hinzu kommt, daß variable Gemeinkosten auch bei der Grenzkostenrechnung proportional aufgeschlüsselt werden. Das Verteilungsproblem ist also nur geschmälert, aber nicht gelöst.

Die *relative Einzelkostenrechnung* von RIEBEL unterscheidet zwischen Einzel- und Gemeinkosten und vermeidet die proportionale Aufschlüsselung von Fix- und Gemeinkosten gänzlich. Lediglich direkte und ohne Aufteilung zurechenbare Kosten werden den einzelnen Leistungen angerechnet. Dabei werden entsprechend dem Identifikationsprinzip jedem Bezugsobjekt nur diejenigen Kosten und Erlöse zugerechnet, die auf einer identischen Entscheidung beruhen.[697] Es ist also zu prüfen, welche Kosten und Erlöse wegfallen, wenn eine bestimmte Serviceleistung nicht mehr angeboten wird.[698] Die gewählten Bezugsobjekte stehen dabei in einer Hierarchie, die nicht auf eine leistungsbezogene Dimension / Ebene beschränkt bleibt. Alle Kosten, die den Bezugsgrößen auf der unteren Hierarchieebene nicht zugeordnet werden können, werden auf höheren Ebenen der Bezugsgrößenhierarchie verrechnet. Daher kommt es im Servicebereich dazu, daß aufgrund des besonders hohen Gemeinkostenanteils die meisten Kosten auf oberen Ebenen zugerechnet werden. Die Anwendung einer Deckungsbeitragsrechnung auf Basis von relativen Einzelkosten kann dann schnell zu recht hohen Beiträgen zur Deckung leistungsbezogener Gemeinkosten führen. Sie sind als Entscheidungsgrundlage ebenfalls problematisch.[699]

Im Gegensatz zu den vorstehenden Kostenrechnungssystemen geht die *Prozeßkostenrechnung* einen anderen Weg zur Verrechnung der Gemeinkosten. Sie aggregiert nach der Tätigkeitsanalyse jeder Kostenstelle zunächst alle zusammengehörenden Tätigkeiten einer Kostenstelle zu Teilprozessen. Danach werden sachlich zusammenhängende Teilprozesse verschiedener Kostenstellen zu kostenstellenübergreifenden Hauptprozessen gruppiert.[700] Für die einzelnen Hauptprozesse sind dann die jeweiligen Kostentreiber (Cost Drivers) zu ermitteln. Sie sind Maßgrößen zur Output-Quantifizierung eines Hauptprozesses. Allerdings lassen sich i.d.R. nicht alle Kosten (z.B. die Führung / das Management des Servicebereichs) in den Teil- und Hauptprozessen auf mengen- / volumenabhängige Maßgrößen verteilen.

Die Auswahl von Prozeßgrößen / Cost Drivers ist letztlich immer unternehmensspezifisch vorzunehmen und erfordert ein hohes Maß an Analytik, Sorgfalt und auch Kreativität. Grundsätzlich sollten sie einfach zu ermitteln und verständlich sein. Optimale Prozeßgrößen sind solche,

---

[697] Vgl. Riebel, P.: Einzelkosten- und Deckungsbeitragsrechnung, 5. Aufl., Wiesbaden 1985, S. 36ff.
[698] Vgl. auch Hünerberg, R.: Marketing-Accounting, in: Tietz, B./Köhler, R./Zentes, J. (Hrsg.), Handwörterbuch des Marketing, 2. Aufl., Stuttgart 1995, Sp. 1510
[699] Vgl. Eisele, W., a.a.O., S. 695
[700] Vgl. Horváth, P./Mayer, R.: Prozeßkostenrechnung - Konzeption und Entwicklungen, in: Kostenrechnungspraxis, o. Jg., 1993, Sonderheft 2, S. 17

die gleichzeitig auch Maßgrößen für die einzelnen Teilprozesse in den Kostenstellen sind. Die Cost Drivers bilden die eigentlichen Bezugsgrößen für die Verrechnung der Gemeinkosten auf einzelne Marktleistungen (Produkte, Dienstleistungen, Serviceleistungen).[701] Hierzu werden für die mengenabhängigen Prozeßgrößen des Hauptprozesses (z.B. Beschwerdemanagement) entsprechende Prozeßkostensätze bestimmt, die sich aus der Division der Prozeßkosten (600.000 DM) durch die Prozeßmenge (1.000) der entsprechenden Maßgröße (Beschwerden) ergeben. Die Kosten der volumenneutralen Prozeßgrößen (z.B. Leitung des Beschwerdemanagement) werden entweder innerhalb der Kostenstellen proportional auf die mengenabhängigen Teilprozesse umgelegt oder zunächst in einer stellenübergreifenden Gemeinschaftsposition gesammelt und später bei der Kalkulation (Kostenträgerstückrechnung) als prozentuale Zuschläge auf die Prozeßkosten der einzelnen Marktleistungen verrechnet.[702] In Abbildung IV-38 ist in vereinfachter Form die proportionale Verrechnung der mengenneutralen (mneu) Prozeßkosten auf die mengenabhängigen (mab) beispielhaft dargestellt.[703]

Umlage von mengenneutralen Prozeßkosten

Fiktives Beispiel

Hauptprozeß: Beschwerdemanagement

Prozeßgröße / Maßgröße: Anzahl der Beschwerden

	Teilprozesse	*Prozeßkosten*	*Prozeßmenge*	*Prozeßkostensatz mab*	*Umlage mneu*	*Prozeßkostensatz gesamt*
mengenabhängige Kosten (mab)	Beschwerdeannahme durch					
	● Vertriebsabteilung	30.000 DM	200	150,00 DM	30,00 DM	180,00 DM
	● Beschwerdeabteilung	50.000 DM	800	62,50 DM	12,50 DM	75,00 DM
	Beschwerde-bearbeitung	440.000 DM	1.000	440,00 DM	88,00 DM	528,00 DM
	Beschwerdekontrolle/ -nachbearbeitung	80.000 DM	1.000	80,00 DM	16,00 DM	96,00 DM
		600.000 DM				
mengenneutrale Kosten (mneu)	Leitung der Beschwerdeabteilung	120.000 DM Verrechnung über Umlagesatz = $\frac{\text{mneu}}{\text{mab}} \times 100$ $\frac{120.000}{600.000} \times 100 = 20\ \%$				

Abb. IV-38: Fiktives Beispiel zur Verrechnung mengenunabhängiger Prozeßkosten

Die einzelnen prozeßbezogenen Stückkosten werden aufgrund der tatsächlichen Inanspruchnahme des Hauptprozesses durch Kostenträger ermittelt. Da im Rahmen der Prozeßkosten-

[701] Vgl. Coenenberg, A.G./Fischer, T.M.: Prozeßkostenrechnung - Strategische Neuorientierung in der Kostenrechnung, in: Die Betriebswirtschaft, 51. Jg., 1991, Heft 1, S. 26
[702] Vgl. Coenenberg, A.G., a.a.O., S. 206f.
[703] Diese Vorgehensweise wird auch empfohlen von Horváth, P./Meyer, R., a.a.O., S. 22

rechnung nur die Gemeinkosten verrechnet werden, sind die Einzelkosten ebenfalls bei der Kalkulation zu berücksichtigen.[704]

Aufgrund der starken Gemeinkostendominanz im Servicebereich scheint die Anwendung der Prozeßkostenrechnung gerade hier angebracht zu sein.[705] Allerdings ist auch sie nicht ohne Probleme. So wird ebenfalls eine Schlüsselung von Gemeinkosten und eine Proportionalisierung von Fixkosten vorgenommen. Das wird bei der Umlage von mengenneutralen Kosten ersichtlich.[706] Außerdem werden repetitive Prozesse und Tätigkeiten aus Praktikabilitäts- und Wirtschaftlichkeitsgründen als wesentliche Voraussetzung für den Einsatz der Prozeßkostenrechnung gefordert.[707] Doch gerade bei stark integrativen Serviceleistungen ist diese „Prämisse" nur sehr eingeschränkt gegeben. Zwar werden auch hier Teilleistungen „behind the line of visibility" weitgehend standardisiert erstellt, eine umfassende und strikte Anwendung der Prozeßkostenrechnung wird hierdurch aber nicht gewährleistet.[708] Trotzdem scheint die Prozeßkostenrechnung unter den genannten Kostenrechnungssystemen die am besten geeignet für den Servicebereich zu sein, da sie eine allzu starke Willkür vermeidet und versucht, die Gemeinkosten den Serviceleistungen nach entsprechender prozessualer Nutzung verschiedener Potentialfaktoren anzurechnen.[709]

Auf der Seite der *Erlöse*, dem zweiten Einflußbereich der Serviceeffizienz, ergeben sich häufig ebenfalls Probleme bei der Quantifizierung und Zuordnung. Das ist insbesondere bei Serviceleistungen der Fall, die nicht einzeln fakturiert werden, sondern bei einer integrierten Preisstellung „untergehen". Aufgrund der dadurch entstehenden indirekten Entgeltung ist es häufig nicht eindeutig möglich, den Gegenwert / Preis einer Serviceleistung zu bestimmen. Hinweise auf den Wert einer Leistung könnte der - im Vergleich zur Kernleistung beurteilte - relative Kundennutzen geben. Durch die über den Teilnutzenwert ermittelten Preisbereitschaften für die Serviceleistungen lassen sich dann „Verrechnungspreise" zur Erlösermittlung ableiten. Hier ergeben sich dann Schnittstellen zwischen dem internen, effizienzorientierten und dem externen, effektivitätsorientierten Servicecontrolling, das auf Marktdaten basiert und dessen Leistungsfähigkeit von einer serviceorientierten Marktforschung abhängt.

Aufgrund fehlender oder nicht direkt zurechenbarer Erlöse vieler Serviceleistungen ist die exakte Bestimmung der *Rentabilität im Servicebereich* ebenfalls schwierig. Sie kann schnell zu Fehlentscheidungen führen, wenn ausschließlich die direkten Erträge bei der Rentabilität be-

---

[704] Vgl. Reckenfelderbäumer, M.: Marketing-Accounting, a.a.O., S. 97f.

[705] Vgl. Engelhardt, W.H./Reckenfelderbäumer, M.: Service optimieren mit System, in: absatzwirtschaft, 38. Jg., 1995, Sonderheft 10, S. 180f.

[706] Vgl. Franz, K.-P.: Die Prozeßkostenrechnung, in: Wirtschaftswissenschaftliches Studium, 22. Jg., 1992, Heft 12, S. 610

[707] Vgl. Coenenberg, A.G./Fischer, T.M., a.a.O., S. 25

[708] Vgl. Paul, M./Reckenfelderbäumer, M., a.a.O., S. 252f.

rücksichtigt und die Serviceerlöse / „Verrechnungspreise" bei indirekter Preisstellung nicht richtig herausgerechnet werden können. Außerdem ist zu berücksichtigen, daß Serviceleistungen aufgrund ihrer Marktprofilierungs- und Kundenbindungsfunktionen auch Wiederholungskäufe und Zusatzkäufe für die Kernleistungen initiieren können. Dabei kann z.B. durch eine gute Servicequalität die Kundenzufriedenheit mit der Kernleistung gesteigert werden, was wiederum die Kundenbindung positiv beeinflußt. Zufriedene Kunden sind häufig weniger preissensibel und für Cross-Selling-Aktivitäten prädestiniert. Beides führt zu Umsatzsteigerungen. Außerdem ist bekannterweise die Pflege von „Stammkunden" günstiger als die Gewinnung von Neukunden. Gleichzeitig können durch positive Mund-zu-Mund-Werbung der zufriedenen Kunden auch Neukunden ohne größeren Kommunikationsaufwand gewonnen werden.[710] Beide Faktoren führen zu Kostensenkungen. Die „kostenlose" Neukundengewinnung hat außerdem einen positiven Einfluß auf den Marktanteil. In Abbildung IV-39 sind mögliche Wirkungen des Service auf den Abverkauf und damit auf die Profitabilität der Kernleistung vereinfacht dargestellt.[711]

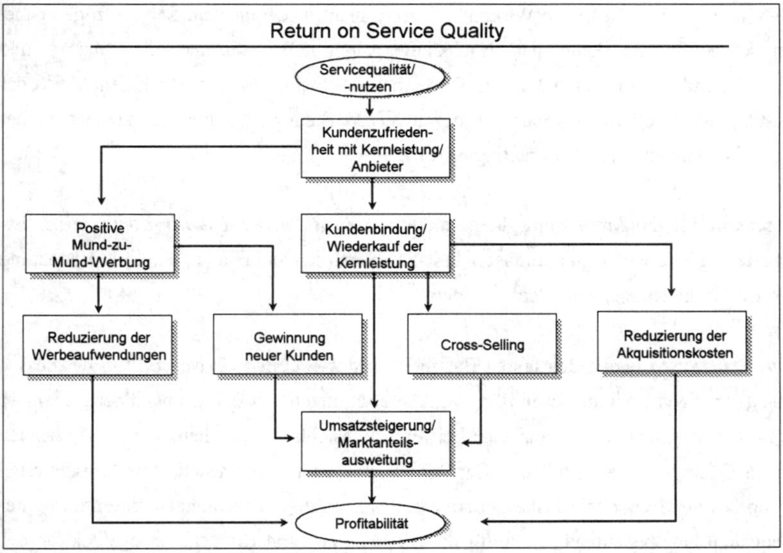

Abb. IV-39: Einfluß von Serviceleistungen auf die Kernleistungsprofitabilität
(Quelle: in Anlehnung an Rust, R.T./Zahorik, A.J./Keiningham, T.L.: Return on Quality (ROQ), a.a.O., S. 60)

[709] Vgl. Engelhardt, W.H./Reckenfelderbäumer, M., a.a.O., S. 181f.
[710] Vgl. Reichheld, F.F./Sasser, W.E. Jr., a.a.O., S. 107
[711] Vgl. auch ähnlich bei Rust, R.T./Zahorik, A.J./Keiningham, T.L.: Return on Quality (ROQ) - Making Service Quality Financially Accountable, in: Journal of Marketing, 59. Jg., 1995, April, S. 60

Bei der Ermittlung der Servicerentabilität (SR) sollten deshalb die positiven Absatz-, Kunden- und Kostenwirkungen für die Kernleistung berücksichtigt werden. Demnach bestehen die Serviceerträge (SE) aus den direkten Serviceerlösen (SERdir), den in die Kernleistungen eingerechneten (indirekten) Serviceerlösen (SERind) sowie den induzierten Zusatzerträgen und Kosteneinsparungen bei der Kernleistung (SWIRindu). Von diesen kalkulatorischen Serviceerträgen sind dann die Servicekosten (SK) abzuziehen. Der verbleibende (kalkulatorische) Servicegewinn / -verlust ist den Investitionen im Servicebereich (SInvest) gegenüberzustellen. Es ergibt sich also folgende Rentabilitätskennzahl:

$$SR = \frac{(SERdir + SERind + SWIRindu) - SK}{SInvest}$$

Allerdings ist die Monetarisierung der servicebedingten Nutzenwirkungen sehr schwierig. Es lassen sich allenfalls Schätzwerte für die serviceinduzierten Folge- und Zusatzkäufe annehmen. Das liegt zum einen daran, daß eventuelle Wirkungen meist erst einige Zeit später auftreten und zum anderen daran, daß die Wirkungen häufig nicht eindeutig dem Service zugerechnet werden können.[712] So kann das Nachkaufverhalten z.B. aufgrund der Markt- und Wettbewerbsstruktur vorbestimmt sein (z.B. wenn der Anbieter Monopolist auf dem Markt der Kernleistung ist). Außerdem kommt es durch die Marketing-Mix-Interdependenzen immer auch zu Teileinflüssen anderer Marketinginstrumente.

Voraussetzung für die Anwendung dieses modifizierten *Return-on-Quality-Konzepts* zur Ermittlung der Servicerendite sind umfassende Kundenanalysen, die Hinweise auf die Bedeutung des Service für die Kundenzufriedenheit liefern.[713]

Die *Kundenanalysen* bilden den ersten Basisbereich des *externen Servicecontrolling*, dessen Aufgabe ganz allgemein in der Ermittlung von Anforderungen und Erwartungen der Abnehmer an das Serviceprogramm und an einzelne Leistungen besteht. Entsprechend dem vorstehenden Return on Quality-Konzept und dem Gap-Modell kommt im Rahmen der marktorientierten Steuerung des Servicebereichs insbesondere der ständigen und konsequenten Überprüfung der Servicequalität eine bedeutende Rolle für die Akquisitions- und Kundenbindungsfunktion des Service zu. Für eine entsprechende Informationsbeschaffung ist eine primäre Datenerhebung i.d.R. unumgänglich. Die Erhebungsmethoden hierzu sind vielfältig und lassen sich nach unter-

---

[712] Vgl. Shycon, H.N.: Improved Customer Service - Measuring the Payoff, in: Journal of Business Strategy, 13. Jg., 1992, January-February, S. 15

[713] Vgl. Rust, R.T./Zahorik, A.J./Keiningham, T.L.: Return on Quality (ROQ), a.a.O., S. 64; dieselben: Service Marketing, New York 1996, S. 332f.

schiedlichen Kriterien klassifizieren.[714] So kann man die Methoden beispielsweise hinsichtlich der Erhebungsausrichtung / -perspektive in anbieter- und nachfrageorientierte Verfahren gliedern. Außerdem läßt sich nach der Art der verwendeten Qualitätsindikatoren bzw. Beurteilungskriterien zwischen objektiven und subjektiven Meßmethoden unterscheiden. Darüber hinaus können die Meßmethoden nach dem Aggregationsniveau der Messung in differenzierte und undifferenzierte Verfahren eingeteilt werden.

Grundsätzlich ist es sinnvoll, die Servicequalität aus Kundensicht zu erheben, da es von der Beurteilung der Kunden abhängt, ob eine Serviceleistung zur Marktprofilierung beiträgt. Zudem kann eine objektive Qualitätsmessung wegen der Immaterialität und Integrativität von Serviceleistungen schnell zu Erhebungsproblemen führen. Außerdem müssen objektive Qualitätsindikatoren als Beurteilungs- und Kaufkriterien für die Kunden nicht unbedingt relevant sein. Daher empfiehlt sich eine subjektive, kundenorientierte Messung bei der Analyse der Servicequalität, die zu möglichst detaillierten und damit aussagekräftigen Ergebnissen führt. Dazu können wiederum merkmals- und ereignisorientierte Verfahren genutzt werden. Während sich die merkmalsorientierten Verfahren auf alle drei Qualitätsebenen von Serviceleistungen beziehen, sind die ereignisorientierten Verfahren insbesondere zur Ermittlung der Prozeßqualität geeignet. Es ist deshalb sinnvoll, Methoden aus beiden Verfahrensarten einzusetzen, um eine umfassende Qualitätsanalyse und -steuerung zu gewährleisten.[715]

Bei der *merkmalsorientierten Qualitätsmessung* haben multiattributive Verfahren eine große Bedeutung erlangt. Man geht hierbei davon aus, daß die Gesamtbeurteilung der Servicequalität das Ergebnis einer subjektiven Bewertung mehrerer Qualitätsmerkmale ist.[716] Dabei kann es sich bei der subjektiven Bewertung im wesentlichen um eine einstellungs- oder zufriedenheitsbezogene Qualitätseinschätzung handeln. Bei der Messung von *einstellungsbezogenen Qualitätsbeurteilungen* werden innere positive oder negative Haltungen der Kunden gegenüber einzelnen Servicekomponenten erfaßt. Diese können aufgrund unmittelbarer Erfahrungen und konkreter Erlebnisse gelernt worden sein oder sich auch durch Erfahrungen Dritter sowie Kommunikationsaktivitäten des Anbieters verfestigt haben. Meist werden die einstellungsbezogenen Qualitätsurteile über Eindrucksmessungen erhoben. Bei der *zufriedenheitsorientierten* Qualitätsbeurteilung werden hingegen die positiven oder negativen Ergebnisse eines Abgleichs zwischen erwartetem Soll und erfahrenem / erlebtem Ist der einzelnen Qualitätsmerkmale er-

[714] Einen Überblick über das gesamte Spektrum der Verfahren zur Messung der Servicequalität liefert u.a. Bezold, T.: Zur Messung der Dienstleistungsqualität, Frankfurt/Main et al. 1996, S. 92ff.; Haller, S., a.a.O., S. 90f.; Meffert, H./Bruhn, M., a.a.O., S. 205

[715] Zu diesem Ergebnis kommen auch Müller und Lohmann, die jeweils die Hauptvertreter der beiden Verfahrensarten verglichen haben. Vgl. Müller, S./Lohmann, F.: Qualitative oder quantitative Erfassung von Dienstleistungsqualität? Die Critical Incident Technique und die Gap-Analyse im Methodenvergleich, in: Zeitschrift für betriebswirtschaftliche Forschung, 49. Jg., 1997, Heft 11, S. 987

[716] Vgl. Stauss, B./Hentschel, B: Dienstleistungsqualität, in: Wirtschaftswissenschaftliches Studium, 21. Jg., 1991, Heft 5, S. 240

hoben. Dieses Verfahren setzt dabei voraus, daß die Kunden eigene Erfahrungen mit der (Service-) Leistung gemacht haben.[717]

Bei den multiattributiven Verfahren kann zusätzlich noch danach unterschieden werden, ob die Qualitätsbeurteilung direkt oder indirekt ermittelt wird. Bei der direkten Ermittlung wird nur das Beurteilungsergebnis für jedes Qualitätsmerkmal erhoben, ohne weitere Informationen (z.B. bei der einstellungsorientierten Messung nach idealen Merkmalsausprägungen oder bei der zufriedenheitsorientierten Messung nach den jeweiligen Erwartungen und den entsprechenden Erfahrungen) zu erheben. Bei den indirekten Methoden werden hingegen ganz bewußt Aufspaltungen bei den Bewertungskonstrukten vorgenommen. Zu den direkten Vorgehensweisen gehören der Servperf- und der Servimperf-Ansatz. Beim *Servperf-* (Service-Performance) Modell wird ausschließlich die wahrgenommene Leistungsgüte der einzelnen Qualitätsmerkmale erhoben, während beim *Servimperf* (Service-Importance-Performance)-Ansatz zusätzlich zu den Beurteilungswerten noch die Wichtigkeiten / Bedeutungen der einzelnen Leistungsattribute ermittelt werden.[718] Beide Verfahren sind relativ leicht und auch zuverlässig einsetzbar. So wurde beispielsweise für den Servperf-Ansatz in mehreren empirischen Studien eine sehr hohe (Konstrukt-) Validität festgestellt.[719] Dafür haben sie jedoch gemeinhin den Nachteil, daß die Gütebeurteilung der einzelnen Merkmale im Falle schlechter Werte keine konkreten Hinweise auf Ansatzpunkte zur Verbesserung liefert, da die Anforderungen nicht explizit berücksichtigt werden.[720] Genau das wird bei den indirekten Meßmethoden getan. Zu den bekanntesten gehört der *Servqual-* (Service Quality) Ansatz. Die Qualitätsermittlung erfolgt auf Basis der Differenz zwischen Leistungserwartung und Leistungswahrnehmung. Beide Bewertungsdimensionen werden dabei in Form einer Doppelskala einzeln erhoben.[721] Hierdurch werden zwar Informationen über die Erwartungen der Kunden explizit ermittelt. Allerdings wurde in empirischen Studien immer wieder auf Validitätsprobleme der Doppelskala hingewiesen.[722] Diese werden auch nicht durch die zusätzliche Ermittlung der Bedeutung der einzelnen Qualitätsmerkmale behoben.

Die *ereignisorientierten Verfahren* zur Messung der Servicequalität zielen darauf ab, von den Kunden wahrgenommene Kontaktsituationen sowie besonders positiv oder negativ empfun-

---

[717] Vgl. ebenda, S. 241

[718] Vgl. Cronin, J.J./Taylor, S.A., a.a.O., S. 58f.

[719] Vgl. Liljander, V./Strandvik, T.: Different Comparison Standards as Determinants of Service Quality, in: Thelen, E.M./Mairamhof, G.B. (Hrsg.), Dienstleistungsmarketing, Frankfurt/Main et al. 1993, S. 133ff.; Haller, S., a.a.O., S. 101

[720] Vgl. Parasuraman A./Zeithaml, V.A./Berry, L.L: Reassessment of Expectations as a Comparison Standard in Measuring Service Quality - Implications for Further Research, in: Journal of Marketing. 58. Jg., 1994, January, S. 116

[721] Vgl. Parasuraman, A./Berry, L.L./Zeithaml, V.A., a.a.O., S. 259f.

[722] Vgl. zur kritischen Auseinandersetzung mit dem Servqual-Ansatz insbesondere Hentschel, B.: Die Messung wahrgenommener Dienstleistungsqualität mit SERVQUAL, in: Marketing - Zeitschrift für Forschung und Praxis, 12. Jg., 1990, Heft 4, S. 235ff.; Cronin, J.J./Taylor, S.A., a.a.O., S. 61f.

dene Erlebnisse im Rahmen der Serviceerstellung und -nutzung zu ermitteln. Diesen Verfahren liegt die Annahme zugrunde, daß diese Kontaktsituationen und Erlebnisse die Qualitätswahrnehmung erheblich beeinflussen.[723] Nicht die objektbezogenen Eigenschaften bilden demnach das Interesse der Messung, sondern die memorierten Eindrücke bei der Inanspruchnahme einer Serviceleistung. Vor dem Hintergrund stark immaterieller Serviceleistungen und integrativer Erstellungsprozesse kommt diesem Vorgehen spezifische Eignung zu, da durch fehlende Search Qualities in besonderem Maße Surrogatinformationen zur Qualitätsbeurteilung herangezogen werden. Zu den wichtigsten ereignisorientierten Verfahren gehören die sequentielle Ereignismethode, die Critical Incident Technique (CIT), die Lob- und Beschwerdeanalyse sowie die Frequenz-Relevanz-Analyse für Probleme (FRAP).[724]

Bei der *sequentiellen Ereignisanalyse* werden durch phasenorientierte, i.d.R. mündliche Kundenbefragungen sämtliche Kontakterlebnisse des Kunden mit dem Serviceangebot ermittelt.[725] Grundlage für die Befragung ist ein sog. Blueprint, der als graphische Verlaufsdarstellung des Serviceprozesses alle typischen Kontaktpunkte, mit denen der Kunde üblicherweise in Berührung kommt, für die Serviceerstellung in chronologischer Abfolge visuell auflistet.[726] Zu jedem Kontaktpunkt sollen die Probanden eine möglichst genaue Schilderung von Eindrücken und Erlebnissen geben. Dabei wird danach unterschieden, ob es sich hierbei um positive oder negative Empfindungen gehandelt hat. Im Anschluß hat der Kunde die einzelnen Prozeßphasen hinsichtlich seiner Zufriedenheit zu beurteilen. Im Ergebnis lassen sich auf diese Weise qualitäts- und zufriedenheitsrelevante Aktivitäten des Serviceprozesses ermitteln. Aufgrund der detaillierten Beschreibung der einzelnen Prozeßphasen lassen sich zudem relativ konkrete Verbesserungsmaßnahmen für die Serviceerstellung ableiten. Allerdings ist der Erhebungsaufwand relativ hoch.[727]

Die *Critical Incident Technique (CIT)* ist ähnlich gelagert wie die sequentielle Ereignisanalyse. Der Unterschied zwischen den beiden Verfahren liegt im wesentlichen darin, daß nicht alle Ereignisse erhoben werden, sondern nur die vom Kunden als besonders positiv oder negativ empfundenen Eindrücke.[728] Dabei werden die Probanden in einem mündlichen Interview aufgefordert, dem Fragenden besonders kritische Ereignisse mitzuteilen. Außerdem sollen die Kunden auch schildern, wie sich diese besonderen Ereignisse zugetragen haben, was dabei ge-

[723] Vgl. Stauss, B./Hentschel, B.: Messung von Kundenzufriedenheit, in: Marktforschung & Management, 36. Jg., 1992, Heft 2, S. 117
[724] Vgl. u.a. Meffert, H./Bruhn, M., a.a.O., S. 215ff.
[725] Vgl. Stauss, B./Weinlich, B.: Die Sequentielle Ereignismethode - ein Instrument der prozeßorientierten Messung von Dienstleistungsqualität, in: der markt, 35. Jg., 1996, Heft 1, S. 50ff.
[726] Vgl. George, W.R./Gibson, B.E.: Blueprinting - A Tool for Managing Quality in Service, in: Brown, S.W. et al. (Hrsg.), Service Quality - Multidisciplinary and Multinational Perspectives, Lexington 1991, S. 74ff.; Shostack, G.L., a.a.O., S. 37
[727] Vgl. Bezold, T., a.a.O., S. 153f.
[728] Vgl. Bitner, M.J./Booms, B.H./Tetreault, M.S., a.a.O., S. 73

nau zur Zufriedenheit / Unzufriedenheit geführt hat und welche Verhaltenskonsequenzen für den Kunden damit verbunden sind.[729] Dabei geht man - im Gegensatz zur sequentiellen Ereignismethode - ungestützt vor, also ohne einen Blueprint zu benutzen. Die CIT liefert sehr detaillierte und handlungsrelevante Informationen über die Servicequalität. Sie ist aber ebenfalls mit einem hohen Erhebungsaufwand verbunden und daher weniger als Instrument zur laufenden Qualitätsüberwachung geeignet.

Im Rahmen der *Lob- und Beschwerdeanalyse* werden ebenfalls kritische Ereignisse erhoben. Allerdings handelt es sich im Gegensatz zu den beiden vorstehend erwähnten Methoden um ein passives Erhebungsverfahren. Bei der Lob- und Beschwerdeanalyse geht die Initiative vom Kunden aus, der aus eigenem Antrieb Kontakt zum Serviceanbieter aufnimmt. Eventuell wurde er durch spezielle Kommunikationsaktivitäten des Unternehmens dazu stimuliert; der konkrete Informationsprozeß wird jedoch vom Kunden in Gang gesetzt. Lob- und Beschwerdeinformationen sind ohne größeren Aufwand zu erhalten. Allerdings ist die Repräsentativität der Lob- und Beschwerdeinformationen kritisch zu betrachten. So sind die Informationsinhalte zum einen meistens sehr heterogen, und die Qualität der Informationen hängt stark von der Artikulationsfähigkeit der Beschwerdeführer ab. Zum anderen ist auch die Beschwerdebereitschaft gegenüber dem Unternehmen bei den unzufriedenen Kunden meist nur sehr gering ausgeprägt. Daraus folgt, daß der Anteil der Beschwerdeführer (sog. Voiced Complaints) im Verhältnis zur Zahl der unzufriedenen Servicekunden häufig sehr gering ist.[730] Bei geringwertigen Konsumgütern liegt die Beschwerderate gegenüber dem Anbieter oft unter 10 %. Eine Beschwerdeführung unzufriedener Kunden wird insbesondere dann gefördert, wenn die subjektive Problemgewichtung durch den Kunden sehr groß ist, die Unzufriedenheitsursache aus Kundensicht eindeutig beim Anbieter liegt, die (zeitlichen und monetären) Beschwerdekosten als gering eingestuft werden und die Erfolgswahrscheinlichkeit einer positiven Beschwerdebehandlung hoch eingeschätzt wird. Letztere hängt dabei von den Beschwerdeerfahrungen des Kunden und dem Beschwerdeimage des Unternehmens ab.[731] Im Dienstleistungs- / Servicebereich bestehen durch die Immaterialität der Leistungen und die Kundenintegration häufig Beschwerdebarrieren, die tendenziell zu geringen Beschwerderaten führen können.[732] So ist bei einer aktiven Kundenintegration für den Serviceabnehmer die Eindeutigkeit der Unzufriedenheitsgründe und -faktoren oft nicht gegeben (z.B. bei unzureichenden Kenntnissen nach einer Anwenderschulung). Hinzu kommt, daß die Immaterialität einer Serviceleistung eine Operationalisierung und damit Artikulation von Unzufriedenheitsursachen erheblich erschwert. Das mag

---

[729] Vg. Stauss, B.: „Critical Incident Technique", a.a.O., S. 239

[730] Vgl. Günter, B.: Beschwerdemanagement, in: Simon, H./Homburg, C. (Hrsg.), Kundenzufriedenheit, 2. Aufl., Wiesbaden 1997, S. 84f.

[731] Vgl. zu den Determinanten der Beschwerdeführung insbesondere Stauss, B./Seidel, W., a.a.O., S. 47ff.; Gierl, H./Sipple, H.: Zufriedenheit mit dem Kundendienst, in: Jahrbuch der Absatz- und Verbrauchsforschung, 39. Jg., 1993, Heft 3, S. 245ff.

auch eine Erklärung dafür sein, daß Beschwerdeführer im Servicebereich nur selten eine schriftliche Beschwerdeform, die eine sehr präzise Formulierung der Beschwerde erfordert, wählen.[733]

Um die Evaluierung von Problembereichen und Ereignissen im Rahmen des Serviceprozesses geht es bei der *Frequenz-Relevanz-Analyse für Probleme (FRAP).*[734] Mittels geschlossener Fragen werden die Probanden aufgefordert, die Häufigkeit und Ärgerlichkeit von - im Fragebogen vorgegebenen - Ereignissen sowie ihre geplante Handlungsreaktion hierauf anzugeben. Im Ergebnis lassen sich dann Problemrelevanzwerte für jedes eingetretene Ereignis ermitteln, die sich aus der Multiplikation der Mittelwerte der Verärgerung und der spezifischen Werte für die jeweiligen Handlungsreaktionen ergeben. Diese Problemrelevanzwerte der einzelnen Ereignisse werden dann den Häufigkeitswerten in einer zweidimensionalen Matrix gegenübergestellt.

Die abgefragten Ereignisse / Probleme werden i.d.R. durch andere, zeitlich vorgeschaltete Analysen erhoben. Häufig sind die Frageninhalte das Ergebnis einer der vorstehend skizzierten Erhebungsmethoden. Die FRAP ist also kein eigenständiges, sondern lediglich ein ergänzendes Verfahren zur Messung der Servicequalität.

In Abbildung IV-40 sind die beschriebenen subjektiv-kundenorientierten Meßmethoden noch einmal aufgelistet und den Qualitätsdimensionen zugeordnet.

[732] Vgl. hierzu Stauss, B.: Beschwerdepolitik als Instrument des Dienstleistungsmarketing, in: Jahrbuch der Absatz- und Verbrauchsforschung, 35. Jg., 1989, Heft 1, S. 52ff.
[733] Vgl. die empirischen Ergebnisse bei Gierl, H./Sipple, H., a.a.O., S. 255f.
[734] Vgl. Stauss, B.: „Augenblicke der Wahrheit", a.a.O., S. 392ff.

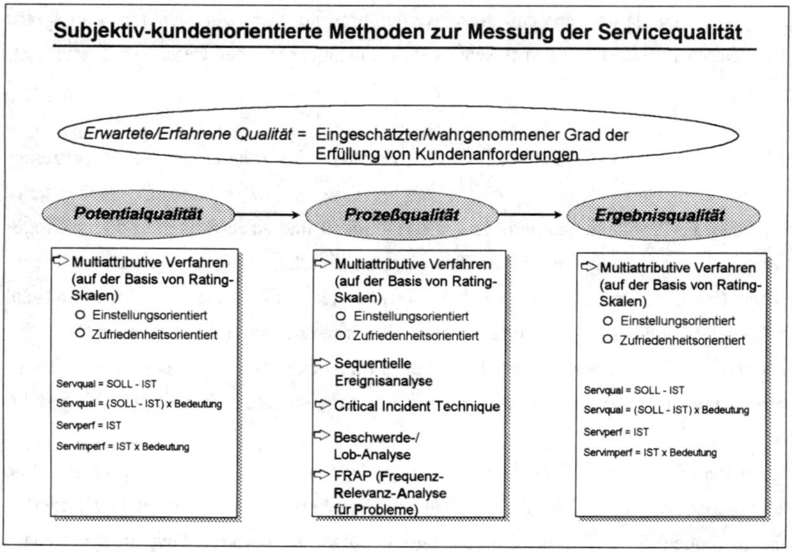

Abb. IV-40: Methoden zur Messung der Servicequalität

Generell sind beim internationalen Einsatz von Erhebungs- und Auswertungsmethoden der Primärforschung einige Besonderheiten und Voraussetzungen zu berücksichtigen.[735] Diese gelten natürlich auch für die Anwendung der vorstehend gennanten Methoden zur Messung der Servicequalität auf verschiedenen Ländermärkten. Zum einen geht es um die grundsätzliche Eignung der Methoden zur Datenerhebung auf den einzelnen Ländermärkten, zum anderen um spezielle Anforderungen zur Vergleichbarkeit länder- / kulturübergreifender Serviceanalysen.

Hinsichtlich der Nutzung bestimmter Erhebungsmethoden sollte bereits im Vorfeld deren Akzeptanz überprüft werden. So kann aufgrund kultureller Gegebenheiten (z.B. generelle Aufgeschlossenheit gegenüber Marktforschungsaktivitäten) die Reaktion auf Erhebungsverfahren und -instrumente zwischen einzelnen Ländermärkten völlig unterschiedlich sein und z.B. die Auskunftsbereitschaft bei CIT-Befragungen zur Servicequalität beeinflussen. Die Beschwerdebereitschaft und das Beschwerdeverhalten sind ebenfalls kulturell geprägt. So konnte in interkulturellen Studien nachgewiesen werden, daß beispielsweise Konsumenten in den USA mit Reklamationen „unverkrampfter" umgehen als niederländische Kunden, die eine Beschwerdeführung als unbequem und weniger erfreulich ansehen.[736] Grundsätzlich wird südamerikanischen und asiatischen Kunden ein „Höflichkeitsverhalten" bei Befragungen nachgesagt, das sich in Gefälligkeitsantworten, von denen angenommen wird, daß sie der Interviewer hören

[735] Vgl. Schopphoven, I., a.a.O., S. 39ff.
[736] Vgl. Usinier, J.-C./Walliser, B., a.a.O., S. 82

möchte, niederschlägt.[737] Auch soziale und technische Gegebenheiten in den Ländermärkten können den Einsatz bestimmter Erhebungstechniken verhindern oder forcieren. So kann z.B. ein schlecht ausgebautes Telefonnetz die Durchführung von telefonischen Befragungen erheblich einschränken. Eine hohe Analphabetenquote kann einer schriftlichen Befragung entgegenstehen.

Darüber hinaus sind die einzelnen Meßmethoden und -konstrukte immer kultur- / länderspezifisch zu gestalten. Das gilt u.a. sowohl für die Festlegung begrifflicher Inhalte und Klassifikationen als auch für die Verwendung von Skalen. So müssen beispielsweise bei der multiattributiven Messung der Servicequalität die zu untersuchenden Merkmale des Qualitätskonstruktes natürlich für Probanden bei der Fragenformulierung verständlich und nachvollziehbar sein. Da dieser Grundsatz für jede Erhebung in den einzelnen Ländern gilt, kann es aufgrund spezieller (kultureller) Länderbedingungen zu unterschiedlichen Ausprägungen und Variationen des Qualitätsmodells kommen. Das ist bei länderübergreifenden Studien, beispielsweise zur Servicequalität, immer zu beachten. Eine völlig standardisierte Erhebung über die einzelnen Ländermärkte hinweg könnte schnell zu Validierungsproblemen führen.[738] Um jedoch eine Vergleichbarkeit der erhobenen Daten zu gewährleisten, ist das sog. Äquivalenzpostulat zu berücksichtigen. Es besagt, daß sich die in den verschiedenen Ländern eingesetzten Meßmethoden, -konstrukte, Erhebungsinstrumente, -zeiten, Untersuchungseinheiten und Dateninterpretationen entsprechen sollten. Damit ist jedoch nicht notwendigerweise eine vollständige Gleichheit der Erhebung gemeint. Es geht vielmehr darum, daß trotz Unterschieden in einzelnen Durchführungsbereichen die einzelnen Erhebungen eine sinnhafte Entsprechung aufweisen.[739]

Lassen sich wegen großer kultureller Differenzen in den einzelnen Ländermärkte bereits bei der Konzeption der Primäruntersuchungen erhebliche Inkonsistenzen bei der Informationserhebung vermuten, dann ergibt sich das Emic-Etic-Dilemma. Entweder ist dann nach dem Emic-Ansatz vorzugehen und damit auf eine Vergleichbarkeit weitgehend zu verzichten, oder es wird der Etic-Ansatz gewählt, bei dem allerdings die länderspezifischen Bedingungen nur sehr unzureichend erfaßt werden.

Der zweite Bereich des externen Servicecontrolling ist die servicebezogene *Wettbewerberanalyse*.[740] Hierbei geht es um die Ermittlung von Servicepotentialen, -strategien, -kosten und Servicemaßnahmen / -leistungen von relevanten Konkurrenten auf den einzelnen Ländermärkten zur Bestimmung der relativen Wettbewerbssituation im Service. Grundsätzlich unterscheidet

[737] Vgl. ebenda, S. 94
[738] Vgl. Hünerberg, R.: Internationales Marketing, a.a.O., S. 399
[739] Vgl. Schopphoven, I., a.a.O., S. 38f.
[740] Vgl. allgemein zur Wettbewerbsanalyse Porter, M.E.: Wettbewerbsstrategie, a.a.O., S. 78ff.

sich die internationale Konkurrenzanalyse aus struktureller Sicht nicht wesentlich von der nationalen Wettbewerberanalyse.[741] Das gilt insbesondere für die Analyse von einheimischen Anbietern, die lediglich national orientiert sind. Inhaltlich kommen jedoch bei globalen Wettbewerbern noch einige Aspekte hinzu, die sich auf länderübergreifende Aktivitäten der international tätigen Konkurrenten beziehen, so z.B. die anderen bearbeiteten Ländermärkte, die generelle Internationalisierungsstrategie, die Nutzung transnationaler Servicesegmente, der Standardisierungsgrad der Servicepolitik sowie die Organisation des internationalen Servicesystems. Dabei ist auch die Entwicklung der internationalen Servicepolitik der Konkurrenz zu untersuchen, um mögliche Hinweise auf zukünftige Ausrichtungen und Aktivitäten zu erhalten.[742]

Während die Bestimmung des Informationsbedarfs hierbei eher unproblematisch ist, ergeben sich aber bei der Informationsbeschaffung erhebliche Schwierigkeiten. Das gilt in besonderem Maße für die o.g. Informationsbereiche internationaler Konkurrenten. Eine generelles Problem besteht darin, daß die erforderlichen Informationen über die Wettbewerber häufig nicht direkt von diesen zu erhalten sind. Im Falle auskunftswilliger Wettbewerber ist die Glaubwürdigkeit der Informationen immer kritisch zu hinterfragen. Nicht selten werden Informationen im Rahmen eines Competitive Market Signaling auch ganz bewußt für Täuschungsmanöver genutzt, um die Konkurrenz zu irritieren und in die falsche Richtung zu lenken.[743] In den einzelnen Ländermärkten kann zudem das Informationsverhalten der Wettbewerber z.B. aufgrund kultureller Eigenheiten mitunter unterschiedlich ausgeprägt sein. So ist gerade in asiatischen Ländern mit einer eher eingeschränkten Informationsbereitschaft gegenüber (ausländischen) Wettbewerbern zu rechnen. Ein Faktum, das für diese Vermutung spricht, ist die immer wieder berichtete unzureichende und nicht eindeutige Weitergabe von Informationen an westliche Partner innerhalb einer Kooperationsbeziehung.[744] Grundsätzlich ist bei der Informationserhebung und -auswertung der kulturelle Hintergrund zu berücksichtigen, da Informationen immer kulturabhängig sind. Bleibt dies unberücksichtigt, dann können schnell falsche Schlüsse gezogen werden. So ist z.B. denkbar, daß die gesendeten Informationen / Signale von Wettbewerbern aus Low-Context-Kulturen zwar „richtig“ und „wahr“ sind, die Interpretation der kommunizierten „Botschaften“ von Konkurrenten aus High-Context-Kulturen aufgrund der Vernachlässigung des Kulturhintergrundes des Senders jedoch „falsch“ dekodiert werden.[745]

---

[741] Raffée, H./Segler, K.: Konkurrenzanalyse, internationale, in: Macharzina, K./Welge, M.K. (Hrsg.), Handwörterbuch Export und Internationale Unternehmung, Stuttgart 1989, Sp. 1119

[742] Vgl. Roxin, J., a.a.O., S. 70f.

[743] Vgl. Porter, M.E.: Wettbewerbsstrategie, a.a.O., S. 111

[744] Vgl. Schütte, H.: Strategische Allianzen mit japanischen Firmen, in: Schneidewind, D./Töpfer, A. (Hrsg.), Der asiatisch-pazifische Raum, Landsberg/Lech 1991, S. 269

[745] Vgl. zu Problemen interkultureller Kommunikation z.B. Usinier, J-C./Walliser, B., a.a.O., S. 74ff.

Die Gefahr von Camouflage-Aktionen mittels unvollständiger und / oder falscher Informationen ist bei der Nutzung von Auskünften der Wettbewerber grundsätzlich (auch auf nationalen Märkten) gegeben. Es ist daher sinnvoll, (auch) auf andere Informationsträger zurückzugreifen. Es bieten sich hierbei sämtliche Informationen der Wettbewerber in Publikationen, wie z.B. Fachzeitschriften, an. Allerdings ist auch hier zu beachten, daß die veröffentlichten Informationen häufig ganz bewußt zum Wettbewerbssignaling von den Konkurrenten in die Wirtschaftspresse gestreut werden. Oft bieten Kommunikationsaktivitäten gegenüber der (gemeinsamen) Zielgruppe interessante Hinweise. So lassen sich beispielsweise Leistungsversprechen und - bei Einzelpreisstellung - Servicepreise auf der Grundlage von Werbeanzeigen und Preislisten relativ einfach und gut bestimmen.

Generell sind konkurrenzerfahrene Kunden eine gute Quelle für die Erhebung von Informationen über die Wettbewerber. Da wegen der Immaterialität von Serviceleistungen auf der Ergebnisebene i.d.R. keine objektiven Analysen über die Leistungsqualität durchgeführt werden können, sind auch Testkäufe bzw. -Nutzungen des Konkurrenzservice durch Mitglieder des eigenen Unternehmens in Form von „Mystery Usern" nur wenig sinnvoll. Es ist daher weitaus besser, statt der eigenen subjektiven Nutzen- / Qualitätseinschätzungen die Urteile der Kunden zu erheben, für die letztlich der Service gedacht ist und um die geworben wird. Dazu müssen nicht zwangsläufig immer standardisierte und breit gestreute Kundenbefragungen durchgeführt werden. Gerade im Servicebereich können aufgrund der notwendigen Kundenintegration und Interaktionsphasen im Serviceprozeß nahezu beiläufig durch eine geschickte Fragetechnik interessante und relevante Informationen über den Konkurrenzservice und die Wettbewerberprodukte erhoben werden. Voraussetzung ist jedoch, daß grundsätzlich alle Informationen der Kunden von den Front-Line-Mitarbeitern systematisch erfaßt und an das Servicemanagement vollständig weitergegeben werden.[746]

Trotz der generellen Schwierigkeiten bei der Erhebung von Wettbewerberinformationen sollten diese im Rahmen des externen Servicecontrolling nicht vernachlässigt werden. Nur wenn die Daten der eigenen Ressourcen- und Potentialanalyse an den Konkurrenzdaten gespiegelt werden, lassen sich Stärken und Schwächen im Servicebereich realistisch beurteilen. Außerdem setzt eine gezielte Service-Differenzierung und die Schaffung servicebedingter Wettbewerbsvorteile einen möglichst guten Kenntnisstand über die servicebezogenen Wettbewerberaktivitäten voraus.

Neben Wettbewerberanalysen können im Rahmen eines sog. *Functional Benchmarking* auch aus anderen Branchen und Wirtschaftszweigen führende Unternehmen im Servicebereich als

[746] Vgl. auch Berry, L.L./ Parasuraman, A.: Listening to the Customer - The Concept of a Service Quality Information System, in: Sloan Management Review, 38. Jg., 1997, Spring, S. 75

Analyseobjekt genutzt werden. Bei dem Vergleich mit derartigen Best-Practice-Unternehmen steht jedoch weniger die Ermittlung von Stärken und Schwächen, sondern vielmehr die Sammlung von generellen Ideen und konkreten Handlungsinformationen zur Verbesserung des eigenen Servicebereichs im Vordergrund.[747] Typische Benchmarking-Partner könnten institutionelle Dienstleistungsanbieter sein, die als spezialisierte Anbieter bei einer Dienstleistungs- / Serviceart eine hohe Qualität und / oder Produktivität erzielen. Allerdings ist hierbei zu beachten, daß zumindest eine potentielle bzw. indirekte Wettbewerbsbeziehung bestehen kann, wenn die Benchmarking-Partner zwar auf unterschiedlichen Ländermärkten und / oder in anderen Wirtschaftszweigen tätig sind, aber trotzdem ein ähnliches Kundenproblem lösen wollen. Hierdurch könnte die Gewinnung und die Motivation eines „Wunschpartners" für die Teilnahme an einem Benchmarking erschwert werden.

Dritter Bereich des externen Servicecontrolling ist die *servicebezogene Umweltanalyse*, die sich auf die Rahmenbedingungen der globalen und der Aufgabenumwelt in den einzelnen Ländermärkten bezieht. Grundsätzlich geht es darum, die Servicebedingungen in den jeweiligen Ländern zu erkunden und zu bewerten, um die Entscheidungsunsicherheit im Servicemanagement zu reduzieren sowie Handlungsmöglichkeiten und -notwendigkeiten zu erkennen. Dabei soll nicht nur die Ist-Situation möglichst eindeutig erfaßt werden. Im Rahmen eines Issue-Managements sind auch zukünftige Chancen und Risiken für den Servicebereich zu ermitteln. Neben den oben beschriebenen sozio-kulturellen, politischen und rechtlichen Determinanten, sind hierbei auch wirtschaftliche und technische Gegebenheiten und Entwicklungen hinsichtlich ihrer Relevanz für die Servicepolitik zu analysieren und ggf. auszuwerten. In Abbildung IV-41 sind einige typische Informationsfelder für das internationale Servicemanagement exemplarisch aufgelistet.

Häufig erfolgt die servicebezogene Umweltanalyse im Zusammenhang mit der generellen (kernleistungsbezogenen) Go-or-not-go-Entscheidung zu Beginn der Markteintrittsplanung. In diesem Fall stellt sie oft nur eine einmalige sekundäre Untersuchung dar. Es steht außer Frage, daß eine kontinuierliche Umweltanalyse auch nach Abschluß des Markteintritts wichtige Informationen und schwache Signale über sich abzeichnende Veränderungen in den Rahmenbedingungen liefern kann. Auf den Nutzen eines entsprechenden servicebezogenen Früherkennungssystems zur Steigerung der Reaktions- und Handlungsfähigkeit im Servicemanagement wurde bereits hingewiesen.

[747] Vgl. Töpfer, A./Mann, A.: Benchmarking, a.a.O., S. 11

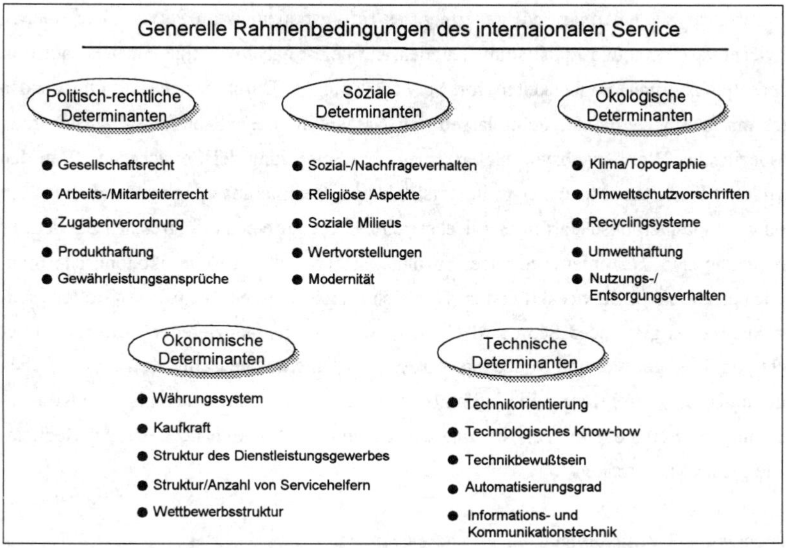

Abb.: IV-41: Informationsbereiche der servicebezogenen Umweltanalyse

Die Umweltanalyse basiert häufig auf externen Sekundärdaten.[748] Hiermit sind wiederum - gerade im internationalen Kontext - erhebliche Probleme verbunden, die es im externen Servicecontrolling zu berücksichtigen gilt. Neben den allgemeinen Nachteilen bei der Verwendung von bereits erhobenen Daten, wie z.B. mangelnde Aktualität, mangelnde Nachprüfbarkeit der Validität und Reliabilität sowie unzureichende Detailliertheit und unzureichender Umfang der verwendbaren Informationen, kommen noch spezifische Ausprägungen und Schwierigkeiten hinzu.[749] Ein besonders gravierender Faktor ist hierbei - entsprechend der Äquivalenzproblematik bei der Primärforschung - das Vergleichsproblem internationaler Informationsquellen, das beispielsweise aufgrund unterschiedlicher Definitionen und Klassifikationen des Untersuchungsobjektes sowie durch unterschiedliche Erhebungs- und Auswertungsmethoden entstehen kann.[750] Das ist besonders für Unternehmen relevant, die ihr (externes) Servicecontrolling in einem Land zentralisiert haben und von dort aus Umweltanalysen für verschiedene Ländermärkte durchführen.

Die vorstehenden Ausführungen haben die Bedeutung des Servicecontrolling für eine effiziente und zielgerichtete Servicepolitik aufgezeigt. Denn erst eine ausreichende Informationsbasis über die internen Servicepotentiale und die externen Serviceanforderungen schafft die notwen-

[748] Vgl. auch Jain, S.C: International Marketing Management, a.a.O., S. 378f.
[749] Vgl. z.B. Schopphoven, I., a.a.O., S. 33ff.
[750] Vgl. Hünerberg, R.: Internationales Marketing, a.a.O., S. 373ff.; Dahringer, L.D./Mühlbacher, H., a.a.O., S. 252; Jain, S.C.: International Marketing Management, a.a.O., S. 388ff.

dige Transparenz zur Nutzung und Steuerung des Erfolgspotentials im Service. Die Analyse der Serviceerwartungen und -qualität aus Kundensicht liefert dabei wichtige Hinweise auf Einsatz- und Verbesserungsmöglichkeiten von Serviceleistungen. Durch den darauf aufbauenden Abgleich mit Wettbewerberaktivitäten lassen sich Ansatzpunkte zur Schaffung und Sicherung servicespezifischer Wettbewerbsvorteile erkennen. Die Spiegelung der Servicechancen an den bestehenden Serviceressourcen zeigt die tatsächlichen Realisierungsmöglichkeiten und den notwendigen Optimierungsbedarf im Servicebereich auf, die für einen erfolgreichen Serviceeinsatz notwendig sind. Das interne Servicecontrolling sichert außerdem die ökonomische Sinnhaftigkeit der einzelnen Serviceaktivitäten. Dabei sind nicht nur rein finanzielle Größen, sondern im Sinne einer „Balanced Scorecard“[751] auch vorgelagerte, induzierende Faktoren zu berücksichtigen. Eine gezielte und frühzeitige Analyse der Unternehmensumwelt nach möglichen Veränderungen servicerelevanter Einflußfaktoren gewährleistet eine rechtzeitige Re-Konzeptionalisierung der Servicepolitik zur Nutzung von zukünftigen Marktchancen und zur Reduzierung potentieller Marktrisiken.

Zusammenfassend läßt sich folgende Hypothese aufstellen:

H31: Die Analyse der Kostenstruktur und Leistungsfähigkeit der internen Servicepotentiale sowie der externen Serviceanforderungen

- *unterstützt den Einfluß des Service auf den Unternehmenserfolg positiv.*

In konkurrenzintensiven Märkten ist im Unternehmen eine genaue Kenntnis der eigenen relativen Stärken und Schwächen in allen Bereichen, über die der Wettbewerb geführt wird bzw. werden soll, notwendig. Das gilt natürlich auch für den Service, der gerade in dieser Marktsituation für die Erreichung von Wettbewerbsvorteilen sorgen soll.

3.3.4.2. Personalpolitik im Servicebereich

Die Personalpolitik ist im Dienstleistungs- / Servicemanagement ein wichtiger Gestaltungsbereich, da das Servicepersonal nicht nur ein Produktionsfaktor, sondern häufig auch ein Qualitätsindikator für den Kunden ist. Das gilt in besonderem Maße für Mitarbeiter, die (immaterielle) personenbezogene Serviceleistungen in einem integrativen Serviceprozeß erstellen. Im Rahmen der Kontaktsituation kann es durch die „Moments of Truth“ zu prägenden Qualitätseindrücken beim Nachfrager kommen, die auf die Kernleistungen und das gesamte Unternehmen übertragen werden. Die Servicemitarbeiter stellen für die Kunden eine personifizierte Corporate Identity dar und prägen somit das Ansehen und Image des Unterneh-

[751] Kaplan, R.S./Norton, D.P., a.a.O., S. 72

mens. Dabei können bereits einzelne negative Qualitätseindrücke in einer Kontaktsituation dazu beitragen, daß die Kundenzufriedenheit nachhaltig negativ beeinflußt wird. Das gilt nicht nur für die einzelne, aktuelle Transaktionsepisode, sondern auch für eine bestehende und bislang positiv bewertete Geschäftsbeziehung, die für die Zukunft als fragwürdig angesehen werden kann.[752] Die Servicemitarbeiter übernehmen also durch ihr Auftreten, Erscheinungsbild und Handeln gegenüber den Kunden eine besondere Verantwortung für die Kundenzufriedenheit und -bindung. Eine umfassende Kunden- und Qualitätsorientierung kann deshalb beim Servicepersonal als noch wichtiger angesehen werden als bei Mitarbeitern in anderen Unternehmensbereichen ohne direkten Kundenkontakt. Die Personalpolitik hat hierfür Sorge zu tragen.

Im Rahmen des *internen Marketing* werden unterschiedliche Methoden und Instrumente zur Steigerung der Kundenorientierung von Mitarbeitern und zur Absicherung der Servicequalität zusammengefaßt. Es geht bei diesem Konzept im wesentlichen darum, die Servicemitarbeiter durch eine bewußte Personalpolitik zu einem bestimmten, von den Kunden erwarteten Verhalten zu veranlassen, um ein positives Serviceimage, Kundenzufriedenheit und -loyalität zu erreichen.[753] Das Instrumentarium des internen Marketing besteht daher zum einen aus einer Vielzahl von (klassischen) personalpolitischen Methoden und Maßnahmen, die durch eine bewußte marktorientierte Gestaltung und Steuerung des Produktionsfaktors Personal zu einer Unterstützung des externen (absatzmarktbezogenen) Marketing / Servicemanagement führen sollen. Diese setzen bereits bei der Beschaffung und Auswahl geeigneter Mitarbeiter an und erstrecken sich auf den Einsatz, die Entwicklung / Weiterbildung (einschließlich Karriereplanung) und die Führung des Servicepersonals. Sie tangieren damit sehr weitgehend den Aufgabenbereich des Personalmanagements.

Zum anderen zählen zum internen Marketing alle (klassischen) Marketinginstrumente, die durch eine gezielte Ausrichtung auf die „internen Kunden" bzw. die (Service-) Mitarbeiter zu einer Steigerung der Motivation führen sollen.[754] Sie umfassen in der „Produktpolitik" im wesentlichen Entscheidungen über Arbeitsinhalte, Entscheidungskompetenzen und Verantwortungen. In der „Preispolitik" geht es vor allem um die Festlegung von Entgelten, Prämien und die Gestaltung von Arbeitsverträgen. Die „Kommunikationspolitik" erstreckt sich schwerpunktmäßig auf die Mitarbeiterinformation, während die „Distributionspolitik" insbesondere auf die Arbeitsplatzgestaltung (z.B. Inhouse-Arbeit versus Telearbeit) ausgerichtet ist. Die „Servicepolitik" findet ihren Niederschlag beispielsweise in einer übergesetzlichen Mitbe-

---

[752] Vgl. auch Schwill, J., a.a.O., S. 185

[753] Vgl. Schulze, H.S.: Internes Marketing von Dienstleistungsunternehmen - Fundierungsmöglichkeiten mittels ausgewählter Konzepte der Transaktionsanalyse, Frankfurt/Main et al. 1992, S. 112; Stauss, B.: Personalorientierte Qualitätspolitik, a.a.O., S. 263

[754] Vgl. George, W.R./Grönroos, C.: Internes Marketing - Kundenorientierte Mitarbeiter auf allen Unternehmensebenen, in: Bruhn, M. (Hrsg.), Internes Marketing - Integration der Kunden- und Mitarbeiterorientierung, Wiesbaden 1995, S. 66

stimmung sowie in Mitarbeiterbeteiligungen, Freizeitangeboten und -veranstaltungen des Unternehmens. Damit der Einsatz des mitarbeiterorientierten Marketing-Mix auch effektiv ist, sind „Marktforschungsaktivitäten" in Form von Mitarbeiterbefragungen sinnvoll.

Internes Marketing ist also eine Synthese von personalorientierter Marketingpolitik und marktorientierter Personalpolitik.[755] Ein entsprechender Einsatz der Instrumente des internen Marketing im Rahmen des Personalmanagements kann dabei die Servicequalität und die Leistungsfähigkeit des Servicebereichs von Unternehmen nachhaltig fördern. Nachstehend werden die wichtigsten Aufgaben und Anforderungen eines so entstehenden markt- und mitarbeiterorientierten Personalmanagements kurz beschrieben.

Bei der *Personalbeschaffung* und *-auswahl* geht es im wesentlichen um die Rekrutierung von Servicemitarbeitern, die den qualitativen Anforderungen hinsichtlich der erforderlichen Fach-, Methoden- und Sozialkompetenz genügen.[756] Dabei handelt es sich hierbei nur im weitesten Sinne um internes Marketing. In erster Linie geht es darum, durch den Einsatz von Personalmarketingaktivitäten positive Beziehungen zwischen dem (Service-) Unternehmen und dem externen Arbeitsmarkt zu schaffen. Hierbei kommt der Personalwerbung ein besonderer Stellenwert zu, um bei geeigneten Fachkräften die Attraktivität des Unternehmens als Arbeitgeber zu erhöhen. Dazu benötigt die klassische Personalbeschaffungswerbung i.d.R. eine vorgeschaltete systematische Imagewerbung, die eine klare Positionierung des Unternehmens am Arbeitsmarkt ermöglicht sowie zum Aufbau und zur Sicherung eines positiven Goodwills beiträgt.[757] Darüber hinaus kann sich eine externe Personalwerbung auch an die eigenen Mitarbeiter als „Second Audience" richten, um die Einstellungen des vorhandenen (Service-) Personals gegenüber dem Unternehmen, dem Arbeitsplatz und den Arbeitsinhalten zu beeinflussen sowie eine emotionale Bindung an das Unternehmen und die Schaffung eines „Wir-Gefühls" zu fördern.[758] Dadurch sollen auch die Mitarbeiter-Fluktuation und damit einhergehend die Personalbeschaffungskosten reduziert werden. Gleichzeitig lassen sich auch die Leistungserwartungen an das bestehende Personal über Kommunikationsaktivitäten am externen Arbeitsmarkt vermitteln.[759]

[755] Vgl. Bruhn, M.: Internes Marketing, a.a.O., S. 37ff.

[756] Vgl. zur Bedeutung der Personalbeschaffung und -auswahl für den Dienstleistungs-/Servicebereich insbesondere Schneider, B./Schlechter, D.: Development of a Personnel Selection System for Service Jobs, in: Lovelock, C.H. (Hrsg.), Managing Services - Marketing, Operations, and Human Resources, 2. Aufl., Englewood Cliffs 1992, S. 343ff.

[757] Vgl. Hünerberg, R./Groenewald, H./Mann, A.: Konzeption und Implementierung der Personalwerbung, in: Berthel, J./Groenewald, H. (Hrsg.), Personal-Management, Loseblattwerk, Landsberg/Lech 1996, 24. Nachlieferung, Kap. IV.1.4, S. 6ff.

[758] Vgl. Gilly, M.C./Wolfinbarger, M.: Advertising's Internal Audience, in: Journal of Marketing, 62. Jg., 1998, January, S. 69

[759] Vgl. Stauss, B.: Internes Marketing, a.a.O., Sp. 1050f.

Der *Personaleinsatz* bezieht sich hingegen auf die „richtige" zeitliche, quantitative und qualitative Zuordnung der Servicemitarbeiter zu den Serviceaufgaben. Durch die zeitliche und quantitative Personalzuordnung soll gewährleistet werden, daß die Servicebereitschaft bei anfallender Servicenachfrage in entsprechendem Maße, zum richtigen Zeitpunkt und am gewünschten Ort gegeben ist. Der qualitative Personaleinsatz strebt eine optimale Deckung zwischen den gegebenen Leistungsfähigkeiten der Servicemitarbeiter und den Arbeitsanforderungen an. Die Servicemitarbeiter sollen demnach vor allem bei den Aufgaben eingesetzt werden, die sie aufgrund ihrer Fach-, Methoden- und Sozialkompetenz am besten erfüllen können. Hierdurch wird nicht nur eine möglichst hohe Servicequalität sichergestellt, auch die Mitarbeiterzufriedenheit wird auf diese Weise positiv - oder zumindest nicht negativ - beeinflußt. Ist eine Dekkung von Leistungsfähigkeiten und Aufgabenanforderungen nicht gegeben, können sich die Mitarbeiter schnell überfordert fühlen und frustriert werden. Die Folge ist eine fehlende Motivation für eine zukünftige Übernahme derartiger Aufgaben.

Erfordern veränderte Kunden- und Marktbedingungen vom Servicepersonal andere Aufgabeninhalte und Tätigkeiten, so sind frühzeitig entsprechende Qualifikationen zu prüfen. Hierzu gehört für Mitarbeiter, die ins Ausland entsendet werden sollen, daß sie auch auf ihre internationale und interkulturelle Kompetenz (z.B. Sprachkenntnisse, Länderkunde, Einfühlungsvermögen in fremde Kulturen und Mobilität) hin überprüft werden.[760] Lassen sich ggf. Qualifikationslücken erkennen, dann sind fehlende Kenntnisse zu vermitteln und notwendige Fähigkeiten zu entwickeln. Hierfür stehen unterschiedliche Instrumente der *Personalentwicklung* zur Verfügung. Statt klassische Methoden der „frontalen Theorievermittlung" sind möglichst Weiterbildungsverfahren des Learning-by-doing einzusetzen, die einen Transfer des erforderlichen Wissens und von Fertigkeiten auf den Einsatzort und den Arbeitsbereich der Servicemitarbeiter ermöglichen. Hierzu gehören beispielsweise unternehmensspezifische Plan- und Rollenspiele, bei denen die Anwendung und Umsetzung theoretischen Wissens an gut nachvollziehbaren Beispielen trainiert wird und reale Anwendungssituationen simuliert werden. Gleiches gilt für die Entsendevorbereitung von Servicemitarbeitern / -führungskräften, die in interkulturellen Trainings auf den Umgang mit Interaktionspartnern (Mitarbeitern und / oder Kunden) aus anderen Gesellschaften vorbereitet werden.[761] Diese Formen der Weiterbildung laufen i.d.R. „off-the-job" ab.

Beim „Training-on-the-job" geht der Lerntransfer noch etwas weiter, indem im konkreten Arbeitsbereich und „vor Ort" neues Wissen vermittelt und neue Qualifikationen erworben wer-

[760] Vgl. Kumar, B.N.: Personalpolitische Herausforderungen für im Ausland tätige Unternehmen, in: Dichtl, E./Issing, O. (Hrsg.), Exportnation Deutschland, 2. Aufl., München 1992, S. 316

[761] Vgl. Hünerberg, R.: Die Globalisierung von Marketingstrategien: Implikationen für das Human-Resource-Management - dargestellt am Beispiel der Automobilwirtschaft, in: Clemont, A./Schmeisser, W. (Hrsg.), Internationales Personalmanagement, München 1997, S. 209

den.[762] Besonders für die Vermittlung von sozialen Fähigkeiten im Umgang mit Servicekunden ist ein Learning-by-doing unerläßlich, da erst die regelmäßige Anwendung und Umsetzung der Qualifizierungsinhalte eine Verhaltenssicherheit bei den Servicemitarbeitern schafft.[763] Das gilt insbesondere für Konfliktsituationen im Service, bei denen der Servicekunde und der Servicemitarbeiter konfliktäre Interessen verfolgen. Gerade hierbei kommt es darauf an, daß die Servicemitarbeiter in ihren Rollenverhalten entsprechend den Interaktionsbedingungen flexibel reagieren. Dieses Verhalten läßt sich nicht durch ein einmaliges Training erlernen, sondern erfordert ein ständiges (simuliertes und reales) Rollenspiel, um eine Interaktionserfahrung für derartige Situationen zu bekommen. Hierzu können bestimmte Persönlichkeitsfaktoren (z.B. Ausstrahlung) und Charaktereigenschaften (z.B. Aufrichtigkeit) förderlich sein, die sich - wenn überhaupt - nur über längere Zeit und durch häufige Verhaltenstrainings „aneignen" lassen.

Wissen und Können der Servicemitarbeiter reicht allein jedoch noch nicht aus, um Kunden- und Qualitätsorientierung zu erreichen. Es kommt auch entscheidend auf das Wollen der Mitarbeiter an. Wenngleich es immer wieder Mitarbeiter gibt, die von ihrer Persönlichkeit her phlegmatisch und kaum zu motivieren sind, so kann bei dem Großteil des Servicepersonals durch die Schaffung entsprechender *Arbeitsbedingungen* und den Einsatz von *Anreizsystemen* das Engagement nachhaltig gesteigert werden. Die Ausgestaltung der Anreizsysteme kann dabei auf monetärer Basis (z.B. Prämien oder Höhergruppierung beim Entgelt) beruhen, sie muß es aber nicht. Auch nicht-monetäre Anreize, wie z.B. erlebnisorientierte Incentives (u.a. Erlebnisreisen, Teilnahme an begehrten Veranstaltungen) können als Motivatoren eingesetzt werden. Symbolische Werte, wie z.B. Auszeichnungen und („unternehmensöffentliche") Anerkennung, sind ebenfalls als Anreize geeignet. Allerdings ist zu berücksichtigen, daß die durch Weiterbildungs- und Qualifikationsmaßnahmen entstandenen neuen Tätigkeitsbereiche von Servicemitarbeitern oft auch eine finanzielle Aufwertung erfordern. Ein höheres Entgelt für die neuen Aufgaben- und Verantwortungsbereiche stellt damit selbst einen Anreiz zur Weiterbildung dar.[764] Ähnliches gilt auch für die Auslandsentsendung von Servicemitarbeitern. Grundsätzlich gelten ein hohes Entgelt und - bei längerfristiger Entsendung - eine karrierefördernde Reintegration in das Stammhaus als wichtige Motivatoren für einen Auslandseinsatz.[765]

Neben den Servicemitarbeitern sind aber auch die Führungskräfte im Hinblick auf die Steigerung der Servicequalität gefordert. Sie haben eine Kunden- und Qualitätsorientierung nicht nur gegenüber ihren Mitarbeitern in ihrem eigenen Tätigkeitsgebiet glaubwürdig vorzuleben, sondern auch im Rahmen der *Mitarbeiterführung* zu berücksichtigen. Das geht eindeutig in Richtung eines Management-by-Objectives (MbO) und bedeutet, daß Kunden- und Qualitätsorien-

[762] Vgl. Töpfer, A./Mann, A.: Kundenzufriedenheit, a.a.O. (in Druck)
[763] Vgl. auch Schulze, H.S: Internes Marketing, a.a.O., S. 121f.
[764] Vgl. Hardt, P.: Organisation dienstleistungsorientierter Unternehmen, Wiesbaden 1996, S. 104
[765] Vgl. Kumar, B.N.: Personalpolitische Herausforderungen, a.a.O., S. 329ff.

tierung im Leistungsziel der Mitarbeiter berücksichtigt werden und daß die Servicemitarbeiter ein entsprechendes Feed-back über ihre diesbezüglichen Arbeitsergebnisse erhalten.[766] Auf diese Weise läßt sich ein kundenorientiertes Verhalten der Servicemitarbeiter auch adäquat anerkennen und bleibt kein reines „Lippenbekenntnis“. Die Rückkopplung der Leistungsergebnisse dient dabei als Orientierungshilfe und Leistungsanreiz. Voraussetzung ist, daß sie sich auf einen konkreten Sachverhalt und Meßgrößen der Kundenorientierung beziehen. Denn nur nachvollziehbare Steuerungsmechanismen ermöglichen den Mitarbeitern ein ergebnisorientiertes, im Hinblick auf die Zielerreichung motivierendes Verhalten. Eine kundenorientierte Steuerung der Servicemitarbeiter kann z.B. über erreichte Kundenzufriedenheitswerte als Zielgrößen, die regelmäßig im Rahmen von Kundenanalysen erhoben werden, erfolgen. Auch generelle Service- und Qualitätsstandards können in entsprechende Zielvereinbarungen und Verhaltensstandards, die gleichzeitig zur Leistungsbeurteilung herangezogen werden, übersetzt werden Das erfordert natürlich eine Transparenz bei der Ermittlung und Beurteilung der Leistungsergebnisse sowie eine offene Kommunikation zwischen den Führungskräften und den Servicemitarbeitern über Leistungsschwächen und -stärken. Außerdem sind die Servicemitarbeiter durch die Führungskräfte über alle den Arbeitsplatz, den Servicebereich und das Unternehmen betreffende Aspekte zu informieren. Darüber hinaus sind auch allgemeine Informationen über andere Funktionsbereiche und -abteilungen des Unternehmens sowie über Marktentwicklung und Konkurrenzverhalten an die Mitarbeiter weiterzugeben. Der Grund hierfür liegt einerseits darin, daß informierte Mitarbeiter für ihren Arbeitsbereich besser mitdenken und -handeln können. Andererseits stärken umfassende Informationen das Verantwortungsgefühl der Mitarbeiter und ihre Identifikation mit dem Unternehmen.[767] Hiervon wird auch die Grundeinstellung zu ihrer Arbeit und gegenüber dem Kunden beeinflußt. Allerdings sind im internationalen Kontext wieder kulturelle Rahmenbedingungen zu berücksichtigen, die einen erheblichen Einfluß auf Führungsinstrumente und -stile haben können.[768] Ausgehend von den vier Kulturdimensionen HOFSTEDEs läßt sich beispielsweise vermuten, daß ein - vorstehend beschriebener - kooperativer Führungsstil in Gesellschaftssystemen mit geringer Machtdistanz eher umsetzbar ist als in Kulturen mit einem großen Machtgefälle.[769] In letzteren Fall ist eher eine klare Trennung zwischen Vorgesetzten und Untergebenen durch ein hierarchisch koordiniertes Weisungssystem mit festen Kommunikationsbeziehungen gefordert. Materielle Anreize sind ein adäquates Führungsinstrument hierfür. Anreizsysteme, die - wie oben skizziert - auf der Beurteilung der Leistungs- / Arbeitsergebnisse einzelner (Service-) Mitarbeiter beruhen, sind vor allem in individualistisch ausgerichteten Kulturen effektiv. In kollektivistischen Gesellschaften sind hingegen eher gruppenbezogene Leistungsanreize, kollegiale Entscheidungsfindungen und aufgrund des Loyalitätsdenkens gegenüber Vorgesetzten und Gruppenmitgliedern

[766] Vgl. Bitran, G.R./Hoech, J., a.a.O., S. 362f.
[767] Vgl. Schwill, J., a.a.O., S. 291
[768] Vgl. Scherm, E.: Mitarbeiterführung im internationalen Marketing, in: Marktforschung & Management, 38. Jg., 1994, Heft 4, S. 142

eine Karriereplanung nach dem Senioritätsprinzip angebracht. In maskulinen Gesellschaften sind leistungsbezogene materielle Anreize ebenfalls ein Motivator, ebenso wie die Vergabe von Statussymbolen (z.B. Firmenwagen, eigenes Büro etc.). In femininen Kulturen sind hingegen sicherheitsorientierte Aspekte ein wichtiger Einflußfaktor auf die Mitarbeiterzufriedenheit und -motivation. Gleiches gilt für Kulturen mit starker Tendenz zur Unsicherheitsvermeidung. Hier sind Sozialleistungen (z.B. Altersvorsorge) ein geeignetes Anreizinstrument. Durch den Wunsch nach klar strukturierten Regelungen wird wahrscheinlich ein Führungsstil mit eindeutigen Vorgaben / Zielen und Anweisungen von den Mitarbeitern am stärksten akzeptiert. Völlig anders kann dies in Gesellschaften / Kulturen mit geringer Unsicherheitsvermeidung sein.

Es gilt zu berücksichtigen, daß die Kulturdimensionen lediglich eine sehr grobe Rasterung von Kulturen erlauben und keinesfalls als alleinige Determinanten des Verhaltens von Individuen / Mitarbeitern gelten können. Das bedeutet, daß letztlich keine verbindlichen Schlußfolgerungen für die vor- oder nachteilige Anwendung eines bestimmten Führungssystems abzuleiten sind. Sie können lediglich erste Anhaltspunkte für die Orientierung des internationalen Personalmanagements liefern.[770]

In Abbildung IV-42 sind die wichtigsten Gestaltungsfelder und potentiellen Wirkungen des internen Marketing dargestellt. Dabei zeigt sich, daß der Mitarbeiterzufriedenheit eine zentrale Rolle zukommt. Sie ist der „Transmissionsriemen", der die Aktivitäten des internen Marketing in eine höhere Servicequalität und Kundenzufriedenheit überträgt, was wiederum durch eine höhere Kundenbindung den Unternehmenserfolg positiv beeinflussen kann.[771] Mitarbeiterzufriedenheit ist das Ergebnis der Mitarbeiterorientierung im Unternehmen, die wiederum durch den Einsatz des internen Marketing gefördert werden soll. Demnach ist die Mitarbeiterorientierung eine Grundvoraussetzung für die Stabilität der in der Abbildung dargestellten Wirkungskette.[772] Wenngleich im Rahmen des internationalen Servicemanagement die aufgeführten Instrumente mitunter kulturspezifisch zu gestalten sind, kann davon ausgegangen werden, daß die Wirkungsbeziehungen „kulturneutral" sind. Eine rigorose Mitarbeiterorientierung, die an den (kulturell geprägten) Mitarbeitergegebenheiten und -erwartungen ansetzt, wird dabei zur Grundlage und zum Katalysator der Wirkungskette. Das setzt jedoch voraus, daß eine polyzentrische Ausrichtung der Mitarbeiterführung angewendet wird, die eine kulturell angepaßte

[769] Vgl. Scherm, E.: Internationales Personalmanagement, München/Wien 1995, S. 282ff.
[770] Vgl. ebenda, S. 284; derselbe: Mitarbeiterführung, S. 142
[771] Vgl. ähnlich auch bei Heskett, J.L. et al.: Putting the Service-Profit Chain to Work, in: Harvard Business Review, 73. Jg., 1994, March-April, S. 166
[772] Vgl. u.a. Van Dierdonck, R.: Success Strategies in a Service Economy, in: European Management Journal, 10. Jg., 1992, Nr. 3, S. 372; Staffelbach, B.: Strategisches Marketing von Dienstleistungen, in: Marketing - Zeitschrift für Forschung und Praxis, 10. Jg., 1988, Heft 4, S. 282f.

Führung erlaubt. Das entspricht auch der zuvor formulierten generellen Empfehlung einer möglichst länderangepaßten Servicepolitik und -organisation.[773]

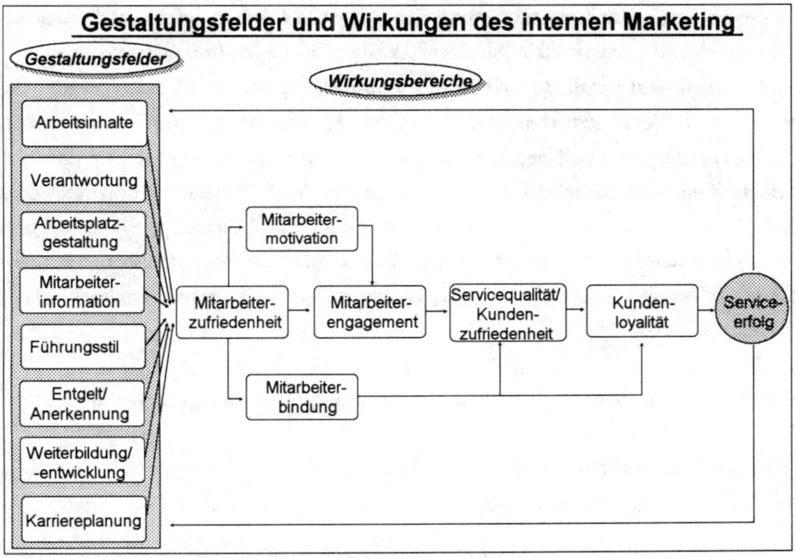

Abb. IV-42: Gestaltungsfelder und Wirkungskette des internen Marketing
(Quelle: nach Heskett, J.L. et al., a.a.O., S. 166)

Die Bedeutung der Mitarbeiterorientierung wird auch im Rahmen des Empowerment deutlich. Durch die Umkehrung der klassischen Aufbaupyramide, wie sie i.d.R. in Industrieunternehmen vorherrscht, soll eine flexiblere Reaktion auf die Kundenerwartungen geschaffen werden (siehe Abbildung IV-43).[774] Die „Front-Line-Mitarbeiter" erhalten hierfür eine größere Entscheidungsfreiheit, um die Kundenprobleme schnell und effektiv zu lösen.[775] Dieser Aufgabe werden die Mitarbeiter jedoch nur dann überzeugend und bereitwillig nachkommen, wenn sie selbst im Unternehmen mit ihrer Arbeit keine Probleme haben und für die Kundenprobleme den „Kopf frei haben". Eigene Schwierigkeiten am Arbeitsplatz können darauf basieren, daß die Servicemitarbeiter mit den Entscheidungs- und Verantwortungskompetenzen nicht zurechtkommen, weil sie hierauf nicht richtig vorbereitet wurden.[776] Die Führungskräfte sind in dieser Situation besonders in ihrer Rolle als Coach gefordert. Sie haben die „empowerten" Mitarbeitern bei der Erfüllung ihrer Aufgaben und der Entwicklung von Entscheidungsfähigkeiten zu unterstützen.

---

[773] Siehe Hypothesen 15 und 16

[774] Vgl. Engelhardt, W.H./Reckenfelderbäumer, M., Trägerschaft, a.a.O., S. 286

[775] Vgl. Bowen, D.E./Lawler III, E.E.: Empowering Service Employees, in: Sloan Management Review, 36. Jg., 1995, Summer, S. 73f.

[776] Vgl. Gerum, E./Schäfer, I./Schober, H.: Empowerment - viel Lärm um nichts?, in: Das wirtschaftswissenschaftliche Studium, 26. Jg., 1996, Heft 10, S. 500

Sie übernehmen damit als „interne Servicefunktion" die Lösung von sachbezogenen Mitarbeiterproblemen. Dies ersetzt aber nicht die disziplinarischen Führungsfunktionen der Vorgesetzten (z.B. die Überprüfung der Arbeitsergebnisse). Hierzu ist jedoch ein leistungsfähiges Informations- und Kommunikationssystem erforderlich, das einen Informationsaustausch zwischen Führungskräften und „empowerten" Servicemitarbeitern im Gegenstromverfahren erlaubt.[777] Demnach erhalten nicht nur die Mitarbeiter eine Rückmeldung über ihre Leistungsergebnisse, sondern auch die Vorgesetzten ein Feed-Back über Kundenreaktionen und -erwartungen. Gleichzeitig erfordert diese „offene" Serviceorganisation auch eine starke Unternehmens- und Servicekultur, um sicherzustellen, daß sich die Front-Line-Mitarbeiter - trotz fehlender Detailanweisungen durch die Vorgesetzten - im richtigen, vom Unternehmen beabsichtigten Sinn verhalten. Auch hier sind im internationalen Kontext mögliche Umsetzungsbarrieren und -korridore zu berücksichtigen, die gesellschaftlich und rechtlich (z.B. arbeitsrechtlich) bedingt sein können.

Zusammenfassend kann folgende Hypothese zur Personalpolitik im Service aufgestellt werden:

H32: Eine starke Mitarbeiterorientierung im Servicebereich
- *unterstützt den Einfluß des Service auf den Unternehmenserfolg positiv.*

Die Bedeutung dieser Hypothese ist vor dem Hintergrund der besonderen Stellung des Servicepersonals bei personenbezogenen und integrativen Serviceleistungen offensichtlich und braucht - entsprechend den vorstehenden Ausführungen - nicht weiter kommentiert werden.

[777] Vgl. ähnlich ebenda, S. 80

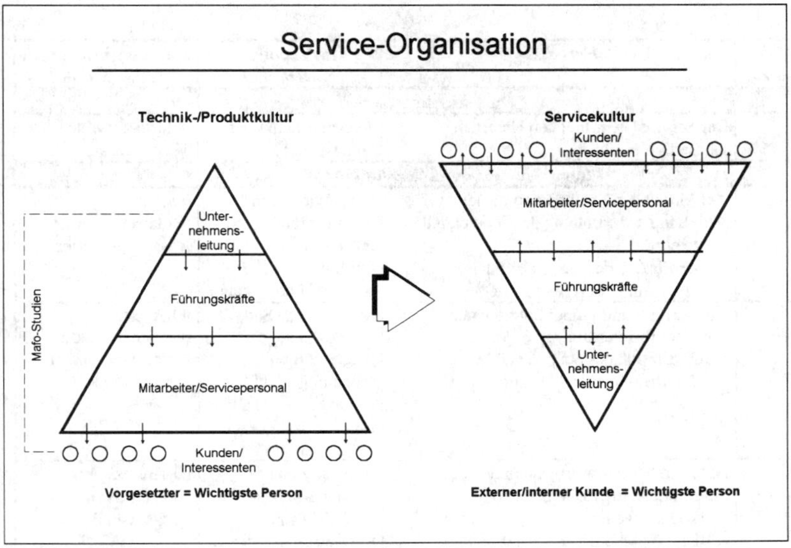

Abb. IV-43: Serviceorientierte Organisation
(Quelle: nach Engelhardt, W.H./Reckenfelderbäumer, M.: Trägerschaft, a.a.O., S. 283)

3.4. Hypothesenübersicht zum Referenzmodell

Insgesamt wurden aus dem Referenzmodell zusammen mit der Ausgangshypothese 33 Hypothesen zur empirischen Überprüfung abgeleitet. Dabei sind - ausgehend von dem eklektischen Bezugsrahmen der Untersuchung - unterschiedliche theoretische Ansätze mehr oder minder stark für die Hypothesenformulierung zugrunde gelegt worden. In der nachstehenden Tabelle IV-1 sind die einzelnen (Alternativ-) Hypothesen noch einmal mit ihren theoretischen Fundamenten aufgeführt. Sie bilden die Grundlage für die empirische Analyse, die im nächsten Kapitel vorgestellt wird.

Die Bedeutung dieser Hypothese ist vor dem Hintergrund der besonderen Stellung des Servicepersonals bei personenbezogenen und integrativen Serviceleistungen offensichtlich und braucht - entsprechend den vorstehenden Ausführungen - nicht weiter kommentiert werden.

Kenn-zeichnung	*Hypothese*	*Bedeutungs-hintergrund*	*Theoretischer Hintergrund*
Ausgangshypothese			
H0	Der Service beeinflußt den Unternehmenserfolg positiv.	Ausgangspunkt der Untersuchung	Alle vorgestellten Theorieansätze
Externe Kontextvariablen: Aufgabenumwelt			
H1	Auf Märkten mit wahrgenommener Markteintrittsbedrohung durch potentielle Wettbewerber ist • der Einfluß des Service auf den Unternehmenserfolg positiv.	Steigende Internationalisierungstendenzen von (ausländischen) Unternehmen	IO-Ansatz (Branchenstruktur-Ansatz von Porter)
H2	Auf Märkten mit großer horizontaler Wettbewerbsintensität ist • der Einfluß des Service auf den Unternehmenserfolg positiv.	Zunehmende Sättigungs- und Stagnationserscheinungen auf vielen Konsum- und Investitionsgütermärkten	IO-Ansatz (Branchenstruktur-Ansatz von Porter)
H3	Auf Märkten mit wahrgenommenem Substitutionsdruck durch andere Marktleistungen ist • der Einfluß des Service auf den Unternehmenserfolg positiv.	Angleichung des Problemlösungspotentials von Kernleistungen durch den zunehmenden Einsatz der Mikroelektronik	IO-Ansatz (Branchenstruktur-Ansatz von Porter)
H4	Auf Märkten mit ausgeprägter Markttransparenz der Abnehmer über das Leistungsangebot ist • der Einfluß des Service auf den Unternehmenserfolg positiv.	Steigende Medienverfügbarkeit und Informationsbereitstellung auf den Konsum- und Investitionsgütermärkten	Informationsökonomik
H5	Auf Märkten mit starker Verhandlungs- / Nachfragemacht der Abnehmer ist • der Einfluß des Service auf den Unternehmenserfolg positiv.	Zunehmende Konzentration von Handelsunternehmen und Zunahme von Einkaufsverbänden bei Industriegüterherstellern	IO-Ansatz (Branchenstruktur-Ansatz von Porter), Risikotheorie
H6	Auf (Auslands-) Märkten mit abnehmerbedingten Absatz- / Kaufwiderständen gegenüber neu eintretenden Unternehmen ist • der Einfluß des Service auf den Unternehmenserfolg positiv.	Abschottungstendenzen von Märkten	Risikotheorie
H7	Auf fragmentierten Märkten mit differenzierter Nachfrage ist • der Einfluß des Service auf den Unternehmenserfolg positiv.	Trend zur Individualisierung	IO-Ansatz (Branchenstruktur-Ansatz von Porter)
H8	Auf Märkten mit bestehender Lieferantenmacht ist • der Einfluß des Service auf den Unternehmenserfolg positiv.	Steigende Pyramidisierung von Zuliefererstrukturen	IO-Ansatz (Branchenstruktur-Ansatz von Porter)

Externe Kontextvariablen: Globale Umwelt			
H9	Auf (Auslands-) Märkten mit kulturell geprägter Risikovermeidung, bestehendem Feminismus, Kollektivismus oder großer Machtdistanz ist • der Einfluß des Service auf den Unternehmenserfolg positiv.	Kulturelle Unterschiedlichkeiten und Eigenheiten von ausländischen Absatzmärkten	Kulturdimensionen von Hofstede
H10	In (Auslands-) Märkten mit starken politischen-rechtlichen Regelungen für den Serviceeinsatz • liegt kein (positiver) Einfluß des Service auf den Unternehmenserfolg vor.	Verbraucherschutz und Abwendung „unerwünschter" westlicher Geschäftspraktiken in Auslandsmärkten	IO-Ansatz (Branchenstruktur-Ansatz von Porter)
Interne Kontextvariablen			
H11	Eine starke Markt- und Kundenorientierung in der Philosophie eines Unternehmens • unterstützt den Einfluß des Service auf den Unternehmenserfolg positiv.	Unterschiedlichkeit von Management- und Führungskonzepten	Interessenpluralistischer Ansatz der Unternehmensführung (Koalitionstheorie des Unternehmens)
H12	Eine (zunehmende) Gastlandorientierung in der Internationalisierungsphilosophie eines Unternehmens • unterstützt den Einfluß des Service auf den Unternehmenserfolg positiv.	Unterschiedlichkeit von Internationalisierungskonzepten	EPRG-Schema
H13	Eine steigende Unternehmensgröße und damit die zunehmende Ressourcenausstattung eines Unternehmens • unterstützt den Einfluß des Service auf den Unternehmenserfolg positiv.	Ressourcenverbrauch der Servicepolitik / Ressourcenkonkurrenz mit anderen Marketingaktivitäten	Informationstheorie, Interaktionstheorie, Risikotheorie
H14	Eine höhere Stellung des Servicebereichs in der Unternehmenshierarchie verstärkt den Einfluß des Service auf die Marketing- und Unternehmenspolitik und • unterstützt den Einfluß des Service auf den Unternehmenserfolg positiv.	Machtpositionen in der Unternehmensorganisation	Mechanische Organisationstheorie, Interessenpluralistischer Ansatz der Unternehmensführung (Koalitionstheorie des Unternehmens)
H15	Die Streuung der Serviceaktivitäten auf die einzelnen Ländermärkte • unterstützt den Einfluß des Service auf den Unternehmenserfolg positiv.	Integrativität von Serviceleistungen	Globalstrategie-Ansatz von Porter
H16	Die Autonomie der internationalen Serviceaktivitäten auf den einzelnen Ländermärkten • unterstützt den Einfluß des Service auf den Unternehmenserfolg positiv.	Flexibilität der Servicepolitik	Internationale kontingenztheoretische Marketing- / Organisationsansätze
H17	Eine geringe Länder- und Segmentstreuung der internationalen Marktabdeckung • unterstützt den Einfluß des Service auf den Unternehmenserfolg positiv.	Ressourcenverbrauch der Servicepolitik	Internationale (kontingenztheoretische) Marketing- / Organisationsansätze

H18	Die Stärke des Kontrollausmaßes beim gewählten Marktengagement / die Internalisierung (des Servicebereichs) • unterstützt den Einfluß des Service auf den Unternehmenserfolg positiv.	Flexibilität und Regiabilität der Servicepolitik / Durchsetzung unternehmensspezifischer Qualitätsstandards	Transaktionskostentheorie (Internalisierungstheorie), Sampson-Snape-Box
H19	Eine sukzessive internationale Markteintrittsstrategie • unterstützt den Einfluß des Service auf den Unternehmenserfolg positiv.	Beschränkte Unternehmensressourcen und notwendiger Ressourcenverbrauch einer ausgeprägten Serviceorientierung	Internationale (kontingenztheoretische) Marketing- / Organisationsansätze, Ressourcenorientierter Ansatz
H20	Eine zunehmende Qualitätsorientierung für die strategischen Geschäftsfelder als Marktprofilierungsstrategie in einem Unternehmen • unterstützt den Einfluß des Service auf den Unternehmenserfolg positiv.	Kongruenz von Qualitäts- und Serviceorientierung	IO-Ansatz (Branchenstruktur-Ansatz von Porter)
H21	Der Einsatz des Service als Angriffs- oder Verteidigungsinstrument im Wettbewerbsverhalten von Unternehmen • unterstützt den Einfluß des Service auf den Unternehmenserfolg positiv.	Steigende Profilierungsmöglichkeiten eines Marketinginstruments bei aktivem Einsatz	IO-Ansatz (Branchenstruktur-Ansatz von Porter), Ressourcenorientierter Ansatz
Gestaltungsvariablen			
H22	Die zunehmende Integration zwischen den Marketingaktivitäten der Kernleistung und den Serviceleistungen • unterstützt den Einfluß des Service auf den Unternehmenserfolg positiv.	Steigender Anteil des „Systemgeschäfts“ in vielen Branchen	Ressourcenorientierter Ansatz
H23	Die Berücksichtigung von segment- / ländermarktbezogenen Besonderheiten und spezifischen Kundenanforderungen bei der Gestaltung der Servicepolitik • unterstützt den Einfluß des Service auf den Unternehmenserfolg positiv.	Zunehmende Angleichung der Kernleistungen auf vielen Märkten / Nutzung des Service als „USP“	IO-Ansatz (Branchenstruktur-Ansatz von Porter)
H24	Eine spezifische Servicekompetenz im Unternehmen und der Einsatz des Service zur Positionierung des Unternehmens bzw. seiner Produkte am Markt • unterstützt den Einfluß des Service auf den Unternehmenserfolg positiv.	Zunehmende Angleichung der Kernleistungen auf vielen Märkten / Nutzung des Service als „USP“	Ressourcenorientierter Ansatz, IO-Ansatz (Branchenstruktur-Ansatz von Porter)
H25	Eine langfristige Planung des Serviceeinsatzes • unterstützt den Einfluß des Service auf den Unternehmenserfolg positiv.	Strategische Ausrichtung der Servicepolitik	Ressourcenorientierter Ansatz, IO-Ansatz (Branchenstruktur-Ansatz von Porter), Kulturansatz
H26	Die Ausrichtung des (internationalen) Servicespektrums auf die Kernleistung und deren Nutzungsprozeß beim Kunden • unterstützt den Einfluß des Service auf den Unternehmenserfolg positiv.	Screening von Serviceleistungen nach Effizienz- und Effektivitätsaspekten	Informationsökonomik, Risikotheorie

H27	Eine Markierung von Serviceleistungen • unterstützt den Einfluß des Service auf den Unternehmenserfolg positiv.	Steigende „Serviceinflation" auf einigen Märkten	IO-Ansatz (Branchenstruktur-Ansatz von Porter), Principal-Agent-Theorie
H28	Eine eindeutige und konsistente Kommunikation der Servicekompetenz und -leistungen auf den Ländermärkten • unterstützt den Einfluß des Service auf den Unternehmenserfolg positiv.	Immaterialität / Intangibilität von Serviceleistungen	Kulturansatz, Transaktions-kostentheorie, Risikotheorie, Informations-ökonomik
H29	Eine eigenständige Preispolitik des Servicebereichs und die umfassende Berücksichtigung von Einflußfaktoren bei der Preisfindung • unterstützen den Einfluß des Service auf den Unternehmenserfolg positiv.	Kosten- und Wett-bewerbsdruck in vielen Branchen	Principal-Agent-Theorie, Sampson-Snape-Box, IO-Ansatz (Branchenstruktur-Ansatz von Porter)
H30	Eine starke Kontrolle und Steuerung des Serviceabsatzes (akquisitorische Distribution) und der Serviceerstellung („logistische" Distribution) • unterstützen den Einfluß des Service auf den Unternehmenserfolg positiv.	Flexibilität der Servicepolitik	Transaktions-kostentheorie, Ressourcenorien-tierter Ansatz, Sampson-Snape-Box
H31	Die Analyse der Kostenstruktur und Leistungsfähigkeit der internen Servicepotentiale sowie der externen Serviceanforderungen • unterstützt den Einfluß des Service auf den Unternehmenserfolg positiv.	Erzielung von ser-vicebezogenen Wettbewerbsvor-teilen auf Basis spezifischer Servicestärken	IO-Ansatz (Branchenstruktur-Ansatz von Porter), Ressourcenorien-tierter Ansatz
H32	Eine starke Mitarbeiterorientierung im Servicebereich • unterstützt den Einfluß des Service auf den Unternehmenserfolg positiv.	Servicepersonal als Qualitätsfaktor von (personenbezogenen und integrativen) Serviceleistungen	Interaktions-theorie, Ressourcenorien-tierter Ansatz

Tab. IV-1: Die aufgestellten Untersuchungshypothesen

Teil V: Empirische Untersuchung und Hypothesenprüfung

Zur Überprüfung der Hypothesen wurde von Februar bis April 1998 eine zweite Primärerhebung als Vertiefungsstudie durchgeführt. Eine wichtige Aufgabe der empirischen Forschung besteht in den Real- und Sozialwissenschaften im allgemeinen darin, theoretische Ideen, Konzepte und Hypothesen mit der Realität zu konfrontieren, um sie auf ihren „Wahrheitsgehalt" hin zu überprüfen.[1] Diese deduktive Funktion der empirischen Forschung soll auch in der vorliegenden Arbeit genutzt werden.[2] Es geht grundsätzlich darum, Aussagen zu erreichen, die eine möglichst hohe Übereinstimmung zwischen „theoretischen" Konstrukten und dem realen Geschehen aufweisen.[3] Diese Auffassung entspricht der sog. Korrespondenztheorie der Wahrheit.[4] Liegt eine Übereinstimmung von Aussage und Realität vor, dann wird die Aussage faktisch wahr (F-Wahrheit) und der real vorliegende Sachverhalt wird zur Tatsache. Läßt sich keine Übereinstimmung nachweisen, dann sind die Aussagen faktisch falsch (F-Falschheit). F-falsche Aussagen sind entsprechend dem kritischen Rationalismus zu falsifizieren, während F-wahre Aussagen (zunächst) nicht widerlegt bzw. entsprechend dem logischen Positivismus verifiziert werden. Mit POPPER soll nachstehend im Rahmen der Hypothesenprüfung jedoch die Verisimilitude als gradueller Wahrheitsbegriff und kein absolutes Verständnis von Wahrheit verwendet werden.[5] Demnach können Aussagen mehr oder weniger wahr sein. Allerdings gibt es bei der Verisimilitude - wie auch beim absoluten Wahrheitsbegriff - keine Gewißheit / Sicherheit. Das entspricht dem Fallibilismus, der die grundsätzliche Falschheit jeder vermeintlich wahren Aussage berücksichtigt. Da es letztlich keine Methoden zur Feststellung der F-Wahrheit gibt, kann es auch keine sichere Hypothesenprüfung geben. Es läßt sich lediglich die mehr oder minder große Wahrscheinlichkeit für zutreffende Aussagen und „wahre" Hypothesen ableiten. Diese generelle Einschränkung ist selbstverständlich auch bei den nachstehend referierten Ergebnissen der Hypothesenprüfung gegeben und bei der Ergebnisinterpretation zu berücksichtigen.

1. Generelles Design der Untersuchung

Die empirische Untersuchung wurde bei deutschen Maschinenbauunternehmen durchgeführt. Die Konzentration auf eine Branche hat grundsätzlich den Vorteil, daß eine bessere Vergleich-

---

[1] Vgl. Martin, A., a.a.O., S. 7; Fritz, W.: Marktorientierte Unternehmensführung, a.a.O., S. 93
[2] Vgl. zur deduktiven Funktion der empirischen Forschung u.a. Bortz, J./Döhring, N., a.a.O., S. 29f.
[3] Vgl. Popper, K.R.: Objektive Erkenntnis, a.a.O., S. 55f.; Tarski, A.: Die semantische Konzeption der Wahrheit und die Grundlagen der Semantik, in: Skirbekk, G. (Hrsg.), Wahrheitstheorien, 5. Aufl., Frankfurt/Main 1989, S. 143
[4] Vgl. Hempel, C.G.: Zur Wahrheitstheorie des logischen Positivismus, in: Skirbekk, G. (Hrsg.), Wahrheitstheorien, 5. Aufl., Frankfurt/Main 1989, S. 96
[5] Vgl. Popper, K.R.: Objektive Erkenntnis, a.a.O., S. 64ff.

barkeit der Untersuchungsergebnisse gegeben ist. Gerade vor dem Hintergrund der Vielfältigkeit des Service, der in verschiedenen Branchen unterschiedliche Erscheinungsformen hat, ist eine Fokussierung auf einen Wirtschaftsbereich für die Datenerhebung und -auswertung sinnvoller und mitunter aussagekräftiger als eine branchenübergreifende Untersuchung. Innerhalb einer Branche sind das Serviceverständnis und das allgemeine Leistungsspektrum ähnlich und damit besser vergleichbar. Bei vielen unterschiedlichen Branchen mit unterschiedlichem Serviceverständnis und -spektrum wird hingegen eine komparative Analyse hinsichtlich des Serviceeinsatzes und der Servicebedeutung als Erfolgsfaktor erheblich erschwert. So wird beispielsweise das Servicespektrum eines Lebensmittelherstellers anders ausgerichtet sein als das typische Serviceangebot eines Herstellers von Werkzeugmaschinen. Für den Lebensmittelhersteller werden technische Serviceleistungen im Leistungsspektrum nicht sonderlich relevant sein, da Reparaturen, Installation, Wartung, De-Montage und Anwendungsstudien für die Kernleistung keine Rolle spielen. Anders ist dies für den Hersteller von Werkzeugmaschinen. Für ihn sind neben den kaufmännischen insbesondere auch die technischen / produktbezogenen Serviceleistungen wichtige Leistungsbereiche.

Als Nachteil einer branchenspezifischen Untersuchung wird häufig die eingeschränkte Gültigkeit der Analyseergebnisse für andere Wirtschaftszweige angesehen. Dieses Argument greift vor allem dann, wenn es sich bei der untersuchten Branche um einen „exotischen" Bereich handelt, der gemessen an anderen Branchen völlig anders strukturiert ist. In der Grundlagenstudie konnten bezüglich der Einschätzung der Marktsituation und -strukturen jedoch keine wesentlichen (signifikanten) Unterschiede zwischen dem Maschinen- und Anlagenbau auf der einen Seite und anderen Branchen (z.B. Chemie, Pharma, Textil und Elektrotechnik) auf der anderen Seite festgestellt werden. Auch hinsichtlich der Servicebedeutung für unterschiedliche Unternehmens- und Marktziele sowie bezüglich des Serviceeinsatzes konnten nur manchmal signifikante Unterschiede zwischen Untersuchungssubjekten aus den verschiedenen Branchen festgestellt werden, und diese waren in den meisten Fällen nur gering ausgeprägt. So ist zu vermuten, daß die nachfolgenden Ergebnisse zum Maschinen- und Anlagenbau auch auf andere Branchen übertragen werden können.[6] Zudem kann der Maschinen- und Anlagenbau als ein typisches Abbild für die be- und verarbeitende Industrie angesehen werden. Das liegt schon allein daran, daß es sich hinsichtlich der Betriebstypen und -größen sowie des angebotenen Produktsortiments um eine sehr weitgefächerte Branche mit sehr vielen heterogenen Sub-Märkten und strategischen Gruppen handelt. So werden unter der Branchenbezeichnung „Maschinen- und Anlagenbau" über 30 verschiedene Fachzweige zusammengefaßt. Hierzu gehören beispielsweise sowohl Hersteller von vollständigen Druckmaschinen, einzelnen Pumpen und Kühlaggregaten als auch Hersteller von Brems- und Kopplungskomponenten. Der deutsche Maschi-

[6] Vgl. auch Leibinger, B.: Maschinen für die Produktionstechnik - eine Industrie im Wandel, in: Kuhnert, W. (Hrsg.), Menschen - Maschinen - Märkte, Berlin 1994, S. 103

nen- und Anlagenbau umfaßt damit gegenüber anderen Industrienationen ein sehr breites Spektrum von Unternehmen des be- und verarbeitenden Gewerbes. Dieser Sachverhalt wurde in der Vergangenheit häufig als Vorteil im internationalen Branchenwettbewerb angesehen. Durch die bracheninterne Verflechtung der Betriebe konnten umfassende Problemlösungen angeboten werden. Nachteilig war jedoch die - im internationalen Vergleich - schlechtere Kostenstruktur und -höhe. Durch den zunehmenden Kosten- und Preiswettbewerb wurde Anfang der 90er Jahre in vielen Unternehmen eine Bereinigung des Leistungsangebots vorgenommen, die zu einem (inländischen) Kapazitätsabbau von rund 10 % führte.[7]

Ein weiteres Argument, das für den Maschinen- und Anlagenbau als Untersuchungsobjekt spricht, ist seine volkswirtschaftliche Bedeutung in Deutschland. Mit 957.000 Beschäftigten (im Jahre 1996) ist die Branche der größte Industriezweig vor der Elektrotechnik-Branche (852.000 Beschäftigte) und dem Straßenfahrzeugbau (671.000 Beschäftigte). Beim Umsatz erreicht der Maschinen- und Anlagenbau mit 213 Mrd. DM den zweiten Platz hinter dem Straßenfahrzeugbau (254,3 Mrd. DM) und vor der Elektrotechnik (209,8 Mrd. DM).[8]

Außerdem hat auch ein pragmatischer Grund für die Auswahl des Maschinen- und Anlagenbaus als Referenzbranche gesprochen: Die zunehmende Restrukturierung von Maschinen- und Anlagenbauern von typisch technikorientierten und produktbezogenen Unternehmen zu stärker markt- und problemlösungsorientierten Industriebetrieben.[9] Im Rahmen dieser Neuausrichtung der Unternehmen wird die Serviceorientierung erheblich an Bedeutung gewinnen. Die Studie leistet deshalb in gewisser Weise ein Stück „Pionierarbeit".

Trotz der Beschränkung der vorliegenden Untersuchung auf eine Branche ist der situative Kontext der Rahmenbedingungen nicht zu vernachlässigen. In der Literatur wird zwar regelmäßig unterstellt, daß innerhalb einer Branche die Rahmenbedingungen für alle Unternehmen gleich sind und deshalb Erfolgsunterschiede zwischen Unternehmen hierdurch nicht beeinflußt werden,[10] allerdings zeigen empirische Untersuchungen immer wieder, daß die Aufgabenumwelt und damit das Marktumfeld eines Unternehmens von den generellen Branchenbedingungen abweichen können.[11] Die Gründe für unterschiedliche Branchensituationen liegen u.a. in der Fragmentierung der Märkte und der Existenz unterschiedlicher strategischer Gruppen in einer Branche liegen.[12] In beiden Fällen kommt es zu (gruppen-) spezifischen Markt- /

---

[7] Vgl. Vieweg, H.-G.: Perspektiven für den Maschinenbau in Deutschland, in: ifo Schnelldienst, 49. Jg., 1996, Heft 5, S. 10

[8] Vgl. VDMA: Statistisches Handbuch für den Maschinenbau, Ausgabe 1997, Frankfurt/Main 1997, S. 16

[9] Vgl. u.a. Warnecke, H.-J.: Unternehmensgestaltung - Orientierung am Umfeld, in: Schmalenbach-Gesellschaft - Deutsche Gesellschaft für Betriebswirtschaft e.V. (Hrsg.), Reengineering, Stuttgart 1995, S. 39f.

[10] Vgl. z.B. Zapf, H.: Industrielle und gewerbliche Dienstleistungen, Wiesbaden 1990, S. 31

[11] Vgl. Patt, P.-J., a.a.O., S. 13

[12] Vgl. Porter, M.E.: Wettbewerbsstrategie, a.a.O., S. 177ff. und S. 249ff.

Branchensituationen. Deshalb werden die externen Rahmenbedingungen auch in der empirischen Untersuchung dieser Arbeit explizit berücksichtigt und ermittelt.

Außerdem ist für die vorliegende Studie die Berücksichtigung der marktbezogenen und generellen Unternehmensumwelt allein schon aufgrund der internationalen Betrachtung der Servicepolitik notwendig. Lediglich in einer globalen Branche, die durch einen weltweiten Wettbewerb und eine Angleichung - zumindest - der Aufgabenumwelt gekennzeichnet ist, könnte die Beachtung der spezifischen nationalen Marktsituation vernachlässigt werden, da sie für alle Unternehmen annähernd gleich ist. In einer globalen Branche zielen die Anbieter - unter Inkaufnahme national suboptimaler Lösungen - darauf ab, ihre internationalen / globalen Aktivitäten zur Steigerung ihrer weltweiten Wettbewerbsfähigkeit zu optimieren.[13] Der Maschinenbau ist jedoch in diesem Sinne zu weiten Teilen (noch) keine globale Branche. Lediglich im Bereich der Standardprodukte / -maschinen lassen sich in einigen Fachgruppen Tendenzen in diese Richtung feststellen. Es handelt sich hierbei um ein Volumengeschäft, das auf die Ausnutzung von Economies-of-Scale ausgerichtet ist und große Absatzmengen benötigt. In diesem Bereich sind es vor allem japanische Anbieter, die in Weltmarktdimensionen denken und „triadische" Wettbewerbs- und Vermarktungsstrategien umsetzen.[14] Beim Technik- und vor allem Engineeringgeschäft handelt es sich hingegen im wesentlichen um regional beschränkte Absatzaktivitäten in Anrainerländern. Das Technik- und Engineeringgeschäft bezieht sich auf die Erstellung von Maschinen und Anlagen für spezielle Anwendungsbereiche, die ein spezielles technisches Know-how benötigen. Hier ist eine enge Zusammenarbeit zwischen Anbieter und Abnehmer erforderlich, die in der Vergangenheit auf die Region Europa beschränkt war.[15] Als typische Globalisierungsbarrieren wird in diesen Leistungsbereichen von deutschen Anbietern häufig die Vielzahl politischer und administrativer Beschränkungen, wie z.B. Kontingentierungen (local content-Vorschriften) sowie länderspezifische Sicherheits- und Leistungs- / Qualitätsnormen, in den anderen Wirtschaftsregionen genannt.[16] Sie wirken als Markteintrittshindernisse und verhindern bei den meisten Anbietern ein globales Vorgehen. So werden die meisten Erzeugnisse deutscher Maschinen- und Anlagenbauer in der EU, die einen weitgehend freien Warenverkehr erlaubt, abgesetzt. Als Markteintrittsstrategie in die europäischen Ländermärkte dominiert eindeutig der Export. In jüngster Zeit läßt sich zwar eine Zunahme von Direktinvestitionen in europäischen Ländern mit komparativen Kostenvorteilen erkennen. Um in diesen Ländern produzieren zu können, wird das Investitionsvolumen auf anderen

13 Vgl. Halliburton, C./Hünerberg, R., a.a.O., S. 244; Meffert, H.: Wettbewerbsstrategien auf globalen Märkten, in: Betriebswirtschaftliche Forschung und Praxis, 43. Jg., 1991, Heft 5, S. 401f.

14 Vgl. Backhaus, K./Hilker, J., a.a.O., S. 181

15 Vgl. Vieweg, H.-G., a.a.O., S. 15f.

16 Vgl. z.B. Kreher, P.-J.: Going Global - Gründe, Vorgehen, Erfahrungen am Beispiel der FAG Kugelfischer Gruppe, in: Zahn, E./Foschiani, S. (Hrsg.), Wettbewerb um die Zukunft, Stuttgart 1997, S. 64

Ländermärkten stark reduziert.[17] Zukünftig wird jedoch eine erhebliche regionale Ausdehnung auf andere wirtschaftliche Weltregionen erwartet.

1.1. Die Datenerhebung

Grundsätzlich bieten sich unterschiedliche Möglichkeiten für die Durchführung einer empirischen Erfolgsfaktorenforschung an. Nach der Form der Datenerhebung und -analyse kann hierbei zwischen qualitativer und quantitativer Erfolgsfaktorenforschung unterschieden werden. Bei der *qualitativen Erfolgsfaktorenforschung* handelt es sich immer um explorative Erhebungen oder Auswertungen / Interpretationen von Fallstudien. Sie beschäftigt sich mit „Worten" und ist induktiv angelegt, während die *quantitative Erfolgsfaktorenforschung* eine deduktive Vorgehensweise nutzt und auf der statistischen Auswertung von Zahlenmaterial beruht.[18] Die quantitative Erfolgsfaktorenforschung kann sowohl exploratorisch als auch konfirmatorisch ausgerichtet sein. Die vorliegende Untersuchung gehört entsprechend ihrer hypothesenprüfenden Anlage zur quantitativen Erfolgsfaktorenforschung mit *konfirmatorischem* Charakter.

Als Methode der Datenerhebung wurde in der vorliegenden Arbeit vor allem aus pragmatischer Sicht eine *schriftliche Befragung* durchgeführt. Sie ermöglicht eine recht *schnelle* und *einfache* Datensammlung, die letztlich dadurch auch relativ *kostengünstig* ist.[19] Gerade bei Befragungen zu einem spezifischen Thema, wie im vorliegenden Fall, sind die entsprechenden Experten als Auskunftgeber häufig terminlich nur sehr schlecht persönlich oder telefonisch zu erreichen. Zudem bietet eine schriftliche Befragung den Vorteil, daß die Befragten bestimmte Auskünfte - wie z.B. zur Zielerreichung und zur Wettbewerbsstellung - erst nach (genauer) Prüfung von Geschäftsberichten und strategischen Unterlagen (z.B. Marktstudien, Wettbewerberanalysen) oder durch Rückversicherung bei anderen Mitarbeitern und Kollegen erteilen. Hierdurch kann mit einer präziseren, weil stärker durchdachten Informationsweitergabe gerechnet werden als bei persönlichen und telefonischen Interviews, die für die Ermittlung spontaner Reaktionen und Antworten besser geeignet sind.[20] Darüber hinaus entfallen bei schriftlichen Befragungen Verzerrungen der Antworten durch den Einfluß von Interviewern (sog. Interviewer-Bias).

---

[17] Vgl. VDMA: Warten auf das Inland, in: Maschinenbau Konjunktur Aktuell, o. Jg., 1997, Dezember, S. 4ff.; Vieweg, H.-G., a.a.O., S. 12

[18] Vgl. Grüning, R./Heckner, F./Zeuss, A., a.a.O., S. 8

[19] Vgl. zu den grundsätzlichen Vorteilen einer schriftlichen Befragung z.B. Atteslander, P./Kopp, M.: Befragung, in: Roth, E. (Hrsg.), Sozialwissenschaftliche Methoden, 3. Aufl., München/Wien 1995, S. 170f.; Diekmann, A., a.a.O., S. 439

[20] Vgl. hierzu u.a. Choi, S.: Strategien von Banken im globalen Wettbewerb, Wiesbaden 1997, 65; Eisele, J.: Erfolgsfaktoren des Joint-Venture-Management, Wiesbaden 1995, S. 62

Allerdings sind mit der Anwendung schriftlicher Befragungen auch erhebliche *Nachteile* verbunden. Besonders kritisch sind das Repräsentanz- und das Kommunikationsproblem.[21] Das *Repräsentanzproblem* bezieht sich zum einen auf den Umstand, daß die Response- / Rücklaufquoten i.d.R. sehr gering sind und zu erheblichen Verzerrungen in der Repräsentativität führen können (sog. *Rücklaufproblem*). Zum anderen kann bei namentlich ausgewählten Probanden in einer schriftlichen Befragung das sog. *Identitätsproblem* auftreten. Das bezieht sich auf den Tatbestand, daß die angeschriebenen Personen häufig nicht selbst den Fragebogen beantworten, sondern andere Personen (z.B. Mitarbeiter oder Kollegen).

Das Kommunikationsproblem bezieht sich auf Rückfragemöglichkeiten bei Mißverständnissen, die bei schriftlichen Befragungen per se nicht gegeben sind. Hierdurch besteht einerseits die Gefahr, daß die Probanden nicht verstandene Fragen nicht oder falsch beantworten. Im ersten Fall kommt es dann wieder zu einem Responseproblem, wenn diese Fragen von vielen Befragten nicht beantwortet werden. Im zweiten Fall kommt es zu einer Verfälschung der Ergebnisse und damit zu einem falschen Hypothesentest. In beiden Fällen wird die Aussagekraft der Untersuchung eingeschränkt.

Um diesen Problemen aktiv zu begegnen, wurden ganz gezielte Maßnahmen bei der Gestaltung des Fragebogens durchgeführt. Hierzu gehören zur Milderung des Repräsentanzproblems folgende Gestaltungsaspekte:[22]

- Graphische Gestaltung des Fragebogens durch Umrahmung der Fragen
- Verwendung von überwiegend geschlossenen Fragen zur schnelleren Beantwortung
- Beschränkung der Fragebogenlänge auf sieben Seiten
- Druck des Fragebogens auf Mantelpapierbogen mit Broschürenheftung
- Beilage eines Anforderungscoupons für einen Kurzbericht der wichtigsten Ergebnisse als Gegenleistung
- Beilage eines adressierten Rückumschlags
- Zusicherung einer anonymen Datenauswertung und -behandlung

Zur Reduzierung des Kommunikationsproblems wurde auf die Verständlichkeit und Transparenz der Fragenformulierung besonderen Wert gelegt. Hierzu wurden auf Basis von Fragebogenentwürfen mehrere ausführliche Diskussionen mit Fachkollegen und Unternehmensvertretern geführt, die in einigen Fällen zu einer Optimierung der Fragestellungen geführt haben. Darüber hinaus wurde im Anschreiben explizit auf die Möglichkeit einer telefonischen Kon-

---

[21] Vgl. hierzu insbesondere Hafermalz, O.: Die schriftliche Befragung, Wiesbaden 1976, S. 22ff.

[22] siehe auch den beigefügten Fragebogen im Anhang. Zur Beurteilung dieser und anderer Möglichkeiten der Response-Steigerung bei schriftlichen Unternehmensbefragungen siehe Jobber, D./O'Reilly, D.: Industrial Mail Surveys, in: Industrial Marketing Management, 27. Jg., 1998, Nr. 2, S. 96ff.

taktaufnahme mit dem Untersuchungsleiter bei Rückfragen und Mißverständnissen hingewiesen.

Allerdings ist der Fragebogen trotz Berücksichtigung rücklauferhöhender Gestaltungsaspekte sehr komplex geblieben. Das liegt daran, daß die zu erhebenden Informationen sowohl Auskunft über den inländischen (deutschen) Markt und entsprechende Serviceaktivitäten auf diesem Markt geben als auch Hinweise auf spezifische Auslandsmärkte und die internationale Servicepolitik der Unternehmen liefern sollen. Aus diesem Grund wurden die meisten Fragen sowohl in Bezug auf den deutschen als auch für den wichtigsten ausländischen Absatzmarkt der Unternehmen gestellt. Es kann zwar vermutet werden, daß dieser durchaus anspruchsvolle Fragebogenaufbau für die meisten Auskunftspersonen aufgrund ihrer Position im Unternehmen und dem damit i.d.R. verbundenen Bildungsniveau - zumindest intellektuell - keine sonderlich großen Schwierigkeiten bereitet hat. Zudem wurde aufgrund der überwiegenden Mehrzahl geschlossener Fragen ganz bewußt darauf geachtet, daß die Fragen schnell und einfach zu beantworten sind. Dennoch nimmt die komplette Beantwortung der Fragen rund eine halbe Stunde Zeit in Anspruch, die gerade für die Probanden im Top-Management kostbar ist.

1.2. Operationalisierung der Hypothesen und Skalierung der Untersuchungsvariablen

Zur Hypothesenprüfung ist die Operationalisierung der einzelnen Untersuchungsobjekte notwendig. Es geht hierbei um die Zuordnung von Meßkriterien zu den einzelnen Untersuchungskonstrukten / Begriffen, die eine Abfrage des zu untersuchenden Sachverhalts in der Realität erlauben.[23] Die Meßkriterien stellen dabei empirisch eindeutig erfaßbare Größen dar, die - bei Befragungen - in den jeweiligen Fragen erhoben werden. Bevor die Meßanweisungen und -kriterien festgelegt und in der Fragenformulierung umgesetzt werden, sind häufig Spezifikationen und Präzisierungen der verwendeten (theoretischen) Konzepte und Begriffe der Hypothesen notwendig.[24] Dabei ist zu klären, auf welche (Bedeutungs-) Dimensionen sich die zu untersuchenden Gegenstandsbereiche erstrecken. Die einzelnen Dimensionen können sich auf direkt beobachtbare (empirische) oder auch auf theoretische, nicht direkt beobachtbare (nicht empirische) Sachverhalte beziehen. Bei zu untersuchenden (deskriptiven) Begriffen / Größen mit einem direkten empirischen Bezug ist die Operationalisierung relativ einfach und unproblematisch.[25] Sie können direkt in einer Frage erhoben werden, ohne daß weitere „Übersetzungen“ notwendig sind. Bei theoretischen Begriffen und hypothetischen / theoretischen Konstrukten, die keinen direkten empirischen Bezug aufweisen, sind hingegen Indikatoren für die empirische Überprüfung heranzuziehen, die als empirisch überprüfbare

[23] Vgl. Kromrey, H., a.a.O., S. 84
[24] Vgl. Schnell, R./Hill, P.B./Esser, E., a.a.O., S. 130ff.

Variablen das Vorliegen eines nicht direkt beobachtbaren Gegenstandes anzeigen.[26] Gerade in der vorliegenden Untersuchung ist eine Vielzahl theoretischer Konstrukte vorhanden, die jeweils mittels Indikatoren meßbar gemacht werden müssen. In diesem Zusammenhang ist die *Validität* der Meßgrößen / Indikatoren von besonderer Relevanz. Es handelt sich hierbei um ein grundsätzliches Gütekriterium, das sich auf die konzeptionelle Richtigkeit der Messung von Konstrukten und Begriffen bezieht. Es geht also um die Gültigkeit einer Messung, die sich darin ausdrückt, daß auch wirklich die Sachverhalte gemessen werden, die gemessen werden sollen.

Gerade bei hypothetischen / theoretischen Konstrukten (wie z.B. dem Unternehmenserfolg), die aus mehreren Indikatoren bestehen, ist darauf zu achten, daß die Indikatoren das zu messende Konstrukt - zumindest in seinen wichtigsten Aspekten - möglichst erschöpfend erfassen. Diese sog. *Inhaltsvalidität* bezieht sich also auf den Abdeckungsgrad der ausgewählten Indikatoren gegenüber dem Konstrukt. Je höher dieser ist, desto besser ist die Meßqualität bzw. die Abbildung des Konstrukts durch die Indikatoren.[27] Darüber hinaus ist die sog. *Konvergenzvalidität* eine wichtige Größe für die Gültigkeit der Messung von Konstrukten (*Konstruktvalidität*).[28] Sie bezieht sich auf die Stärke der Zugehörigkeit verschiedener Indikatoren zu einem Faktor / Konstrukt. Je stärker die Assoziation dabei ist, desto größer ist die Konvergenzvalidität und damit die Integrationsqualität der verwendeten Indikatoren für die Messung des Konstruktes. Gibt es mehrere (unabhängige) Konstrukte / Faktoren, die über Indikatoren gemessen werden, dann ist es außerdem wichtig, daß zwischen den Indikatoren der verschiedenen Konstrukte / Faktoren eine möglichst geringe Assoziation besteht. Vielmehr wird eine große Diskriminanz zwischen diesen Indikatoren angestrebt. Bei der Beurteilung der sog. *Diskriminanzvalidität* wird daher verlangt, daß die Assoziation von Indikatoren, die zu unterschiedlichen Konstrukten / Faktoren gehören, geringer ist als die Assoziation zwischen den Indikatoren, die sich auf dasselbe Konstrukt / denselben Faktor beziehen.[29] Außerdem wird bei Konstrukten / Faktoren auch auf die sog. *nomologische Validität* hingewiesen. Sie ist dann gegeben, wenn zwischen den (als valide anerkannten) Messungen zweier oder mehrerer Konstrukte theoretisch postulierte Abhängigkeiten festgestellt werden.[30] Es handelt sich hierbei also um ein Gütekriterium der Messung vor dem Hintergrund übergeordneter Theorien. Die Ermittlung der nomologischen Validität setzt damit voraus, daß gesicherte Theorien über Zusammenhänge und Kausalitäten der untersuchten Konstrukte vorliegen. Allerdings wurde bereits im Rahmen der Ausführungen zum theoretischen Bezugsrahmen in Teil III und bei der

---

25 Vgl. Kromrey, H., a.a.o., S. 85

26 Vgl. Schnell, R./Hill, P.B./Esser, E., a.a.O., S. 134

27 Vgl. Bortz, J./Döring, N., a.a.O., S. 185ff.; Hildebrandt, L.: Kausalanalytische Validierung in der Marketingforschung, in: Marketing - Zeitschrift für Forschung und Praxis, 6. Jg., 1984, Heft 1, S. 42

28 Vgl. Hildebrandt, L.: Kausalanalytische Validierung, a.a.O., S. 43

29 Vgl. Homburg, C.: Kundennähe, a.a.O., S. 65

30 Vgl. ebenda; Hildebrandt, L.: Kausalanalytische Validierung, a.a.O., S. 44

Konstruktion des Referenzmodells in Teil IV auf das Fehlen einer umfassenden und abgesicherten Theorie sowohl zum Dienstleistungs- und Servicebereich als auch zur Erfolgsfaktorenforschung hingewiesen. Es kann deshalb HOMBURG zugestimmt werden, der die nomologische Validität als Gütekriterium im Marketingbereich wegen weitgehend fehlender theoretischer Ansätze zur Kausalität von Konstrukten grundsätzlich als problematisch ansieht.[31]

Eng verbunden mit der Validität ist die *Reliabilität* (Zuverlässigkeit) von Messungen. Es handelt sich hierbei um ein Gütemaß zur Beurteilung der formalen Genauigkeit, mit dem ein zu untersuchendes Merkmal oder Konstrukt gemessen wird. Eine Messung ist dann zuverlässig, wenn bei mehrmaligen Messungen unter konstanten Meßbedingungen die Ergebnisse reproduzierbar und damit stabil sind.[32] Voraussetzung hierbei ist, daß sich der zu messende Sachverhalt im Zeitablauf nicht verändert hat. Im Rahmen von Konstruktmessungen wird die Reliabilität auch auf die interne Konsistenz von Indikatoren bezogen.[33] Dabei werden häufig klassische „Splithalf-Methoden" angewendet, die das Meßinstrument - i.d.R. eine Summe abgefragter Items - in zwei Instrumente mit jeweils der Hälfte der Items teilen. Maße der internen Konsistenz sind der Spearman-Brown-Koeffizient und der Cronbach-Alpha-Koeffizient. Beim Spearman-Brown-Koeffizienten ergibt sich die Reliabilität aus der Korrelation der Testhälften. Da jedoch die Aufteilung der Items auf verschiedene Art und Weise möglich ist, müßte bei der Spearman-Brown-Methode eine Vielzahl von Koeffizienten für die einzelnen Teilungsmöglichkeiten berechnet werden. Das ist sehr aufwendig und hat dazu geführt, daß diese Methode zugunsten von *Cronbachs Alpha-Koeffizienten* kaum eingesetzt wird. Er stellt den Mittelwert aller möglichen „Splithalf-Korrelationen" dar. Cronbachs Alpha-Koeffizient ist damit eine Funktion der Anzahl von Indikatoren (Items) eines Konstrukts und der Interkorrelationen der einzelnen konstruktbezogenen Indikatoren (Items).[34] Er kann Werte zwischen 0 und 1 annehmen, wobei mit steigendem Wert die Reliabilität steigt. Problematisch hierbei ist, daß auch bei geringer Interkorrelation der Variablen / Items ein hoher Alpha-Wert erreicht werden kann, wenn die Zahl der Items groß ist.

Beide Gütekriterien (Validität und Reliabilität) werden bei der Datenanalyse mittels spezieller Tests überprüft.[35] Im Rahmen der Auswertung werden an entsprechender Stelle die jeweiligen Testverfahren kurz erörtert sowie die Testergebnisse ausgewiesen und bewertet.

---

[31] Vgl. ebenda

[32] Vgl. Schnell, R./Hill, P.B./Esser, E., a.a.O., S. 158; Kuß, A.: Valide Daten - die Grundlage für aussagefähige Marktforschung, in: Tomczak, T./Reinecke, S. (Hrsg.), Marktforschung, St. Gallen 1994, S. 20f.

[33] Vgl. Fritz, W.: Marktorientierte Unternehmensführung, a.a.O., S. 130

[34] Vgl. Schnell, R./Hill, P.B./Esser, E., a.a.O., S. 160f.

[35] Darüber hinaus existiert mit der Objektivität noch ein drittes Gütekriterium, das sich jedoch primär auf den Meßvorgang und weniger auf die Operationalisierung von Konstrukten und die Erfassung von Meßkriterien bezieht. Es sei daher nur der Vollständigkeit halber erwähnt. Ein Meßvorgang wird dann als objektiv bezeichnet, wenn er unabhängig vom Untersuchungsleiter ist und Messungen durch andere (unabhängige)

Die Operationalisierung von Begriffen und theoretischen Konstrukten ist eng mit der Skalierung von Indikatoren und Variablen verbunden. Bei der *Skalierung* geht es vor allem darum, durch den Einsatz von Skalen eine quantitative Messung vorzunehmen. Unter *messen* kann man ganz allgemein die systematische, also nach bestimmten Regeln erfolgende Zuordnung von Zahlen zu bestimmten Ausprägungen eines Indikators bzw. einer Variable verstehen.[36] *Skalen* bilden hierbei das Meßinstrument, mit dessen Hilfe diese Zuordnung erfolgt. Sie sind demzufolge numerische Abbildungen eines empirischen Sachverhalts. In der vorliegenden Untersuchung wurden im Rahmen geschlossener Fragen überwiegend sog. *Rating-Skalen* eingesetzt, die durch eine Selbsteinstufung der Untersuchungssubjekte / Probanden gekennzeichnet sind. Die Probanden / Befragten können hierbei aus einer vorgegebenen Antwortskala dem Untersuchungsobjekt - hinsichtlich eines bestimmten Items - einen Meßwert zuordnen. Im vorliegenden Fall wurden vor allem verbale Maßstäbe als Rating-Skalen, die semantisch differenziert sind, verwendet. Die herangezogenen Rating-Skalen sind überwiegend bipolar aufgebaut. Ihre beiden Enden weisen also jeweils gegensätzliche Bedeutungen auf.

Das Meßniveau der eingesetzten Rating-Skalen ist hierbei eigentlich ordinal. Da aber die Abstände zwischen den Ausprägungen als semantisch gleich groß angesehen und interpretiert werden können, lassen sich die benutzten Rating-Skalen auch als *Intervall-Skalen* verwenden. Hierbei werden den einzelnen semantischen Ausprägungen der Rating-Skala feste Zahlenwerte mit gleich großen Intervallen zugeordnet.[37] Durch diese „Transformation" in eine metrische Intervall-Skala wird die Menge zulässiger Relationen erhöht und der Einsatz komplexer, multivariater Analysemethoden bei der Datenauswertung ermöglicht.

Die zugrunde gelegten Rating-Skalen der vorliegenden Arbeit wurden in sieben Stufen / semantische Intervalle eingeteilt. Diese ermöglichen eine sehr feine Differenzierung der Antworten. Außerdem soll hierdurch der generell geäußerten Gefahr entgegengetreten werden, daß die Probanden tendenziell häufig Extrempositionen bevorzugen.[38] Durch die große Spannbreite der Skala wird dem Probanden die Bedeutung der Extrempositionen besonders deutlich. Die Breite (Range) der Skala kann daher als Hemmschwelle für willkürliche Extremantworten angesehen werden. Eine noch feinere Stufeneinteilung der Rating-Skala würde jedoch die Gefahr fördern, daß die Differenzierungskapazität des Antwortenden erschöpft ist und es dadurch zu willkürlichen Antworten oder sogar Reaktanz beim Probanden und zur Verweigerung der Antwort kommt.[39] Aus diesem Grunde wird eine siebenstufige Rating-Skala als geeignet angesehen. Durch die ungerade Anzahl der Stufen entsteht ein Mittelpunkt zwischen den

---

Personen zum selben Ergebnis führen. Zur Objektivität von Messungen vgl. Berekoven, L./Eckert, W./Ellenrieder, P., a.a.O., S. 86

[36] Vgl. Kromrey, H., a.a.O., S. 112

[37] Vgl. Hammann, P./Erichson, B.: Marktforschung, 3. Aufl., Stuttgart/Jena 1994, S. 274

[38] Vgl. Kroeber-Riel, W./Weinberg, P., a.a.O., S. 193

beiden Polen der Skala, der entweder als ambivalent (teils / teils) oder als indifferent (weder noch) gekennzeichnet ist. Hierdurch ist eine klare Interpretation der mittleren Skalenposition gewährleistet. Allerdings kann hierdurch die „Tendenz zur Mitte“ forciert werden, die vor allem bei Probanden auftritt, die über das Beurteilungsobjekt keine hinreichenden Informationen haben und auf „Nummer Sicher gehen“ wollen. Trotz dieser und anderer Mängel[40] hat sich der Einsatz von (bipolaren) Rating-Skalen in der empirischen Marketing-Forschung aufgrund ihrer Praktikabilität und Leistungsfähigkeit durchgesetzt und bewährt. Sie werden daher auch in dieser Untersuchung eingesetzt.

Nachstehend sind in Tabelle V-1 die Operationalisierungen und Meßansätze der zu überprüfenden Hypothesen und ihrer zu untersuchenden Gegenstände / Größen dargestellt. Dabei werden bei den theoretischen Begriffen / Konstrukten die verwendeten Indikatoren und die entsprechende Skala aufgeführt. Die dargestellten Operationalisierungen sind im Fragebogen der Untersuchung in entsprechenden Fragen und Items berücksichtigt. Darüber hinaus wurden noch einige Gabelungs-, Gruppierungs- und „Eisbrecherfragen“ gestellt, die vor allem zur späteren allgemeinen Beschreibung des Rücklaufs / Datensatzes dienen und nachstehend nicht explizit berücksichtigt werden.

[39] Vgl. Bortz, J./Döhring, N., a.a.O., S. 167
[40] Vgl. auch allgemein ebenda, S. 170ff.

Hypothese	Konstrukt	Indikator / Variable	Meßkriterium / Skala	Fragen-Nr.
Jede	Unternehmenserfolg	11 Ziele: • Sicherung des Unternehmensbestands • Ausbau / Sicherung der Wettbewerbsfähigkeit • Langfristige Gewinnerzielung • Sicherung von Marktanteilen • Bildung und Verstärkung eines besonderen Images • Förderung des Unternehmenswachstums • Kapazitätsauslastung • Kosteneinsparung • Marktmacht / -beeinflussung • Kundenzufriedenheit • Kapitalrentabilität	• 7stufige Rating-Skala zur Einschätzung der Wichtigkeit der einzelnen Ziele auf dem deutschen und ggf. dem wichtigsten ausländischen Markt • 7stufige Rating-Skala zur Einschätzung der Zielerreichung auf dem deutschen und ggf. dem wichtigsten ausländischen Markt	• 7 • 8
		Relative Einschätzung folgender Ergebnisgrößen: • Umsatzvolumen • Gewinn • Rentabilität / ROI • Cash Flow	• 7stufige Rating-Skala zur Einschätzung gegenüber der Konkurrenz auf dem deutschen und ggf. dem wichtigsten ausländischen Markt	• 14
Jede	Relevanz des Service	11 Statements zur Bedeutung des Service für • die Unternehmenspolitik • die Marktbearbeitung ganz allgemein • das absatzpolitische Instrumentarium / Marketing-Mix • die Kundenorientierung des Unternehmens • die Schaffung von Kundennähe • die Konkurrenzfähigkeit des Unternehmens • die Erzielung von Wettbewerbsvorteilen • die Gewinnung von Neukunden • die Kundenbindung • die Sammlung von Kundeninformationen • die Weitergabe von Informationen an Kunden	• 7stufige Rating-Skala zur Einschätzung der Bedeutung des Service für die einzelnen Gestaltungsfelder auf dem deutschen und ggf. dem wichtigsten ausländischen Absatzmarkt	• 10

H1	Markteintrittsbedrohung durch potentielle Wettbewerber	Direkte Messung durch Beurteilung eines entsprechenden Statements	• 7stufige Rating-Skala zur Einschätzung der Bedrohung durch den Markteintritt potentieller Konkurrenten auf dem deutschen und ggf. dem wichtigsten ausländischen Absatzmarkt	• 6
H2	Horizontale Wettbewerbsintensität	Direkte Messung durch Beurteilung eines entsprechenden Statements	• 7stufige Rating-Skala zur Einschätzung der Wettbewerbsintensität / -stärke unter den etablierten Wettbewerbern auf dem deutschen und ggf. dem wichtigsten ausländischen Absatzmarkt	• 6
H3	Substitutionsdruck durch andere Marktleistungen	Direkte Messung durch Beurteilung eines entsprechenden Statements	• 7stufige Rating-Skala zur Einschätzung der Bedrohung durch Substitutionsprodukte mit anderen Technologien / aus anderen Branchen auf dem deutschen und ggf. dem wichtigsten ausländischen Absatzmarkt	• 6
H4	Markttransparenz der Abnehmer	Direkte Messung durch Beurteilung eines entsprechenden Statements	• 7stufige Rating-Skala zur Einschätzung der Informiertheit der Abnehmer über das Leistungsangebot / -spektrum der Branche auf dem deutschen und ggf. dem wichtigsten ausländischen Absatzmarkt	• 6
H5	Verhandlungs- / Nachfragemacht der Abnehmer	Direkte Messung durch Beurteilung eines entsprechenden Statements	• 7stufige Rating-Skala zur Einschätzung der Verhandlungsmacht der Abnehmer auf dem deutschen und ggf. dem wichtigsten ausländischen Absatzmarkt	• 6

H6	Abnehmerbedingte Kaufwiderstände beim Markteintritt	Direkte Messung durch Beurteilung eines entsprechenden Statements	• 7stufige Rating-Skala zur Einschätzung der Kaufwiderstände gegenüber den Produkten und dem Unternehmen als nicht-einheimischer Anbieter auf dem wichtigsten ausländischen Absatzmarkt	• 5
H7	Nachfragedifferenzierung	Messung durch Beurteilung der Unterschiedlichkeit von Kundenbedürfnissen und -gruppen	• 7stufige Rating-Skala zur Beurteilung der Unterschiedlichkeit der Nachfragerwünsche bzw. der Anzahl verschiedener Abnehmergruppen auf dem deutschen und ggf. dem wichtigsten ausländischen Absatzmarkt	• 6
H8	Lieferantenmacht	Direkte Messung durch Beurteilung eines entsprechenden Statements	• 7stufige Rating-Skala zur Einschätzung der Macht von Lieferanten auf dem deutschen und ggf. dem wichtigsten ausländischen Absatzmarkt	• 6
H9	Risikovermeidung, Feminismus, Kollektivismus und Machtdistanz in einer Kultur	Zuordnung der Indexwerte / Länderpunktzahlen für die vier Kulturdimensionen nach der Bewertung von Hofstede	Offene Frage nach dem wichtigsten ausländischen Markt	• 4
H10	Rechtliche Beschränkung des Serviceeinsatzes	Direkte Messung durch Beurteilung eines entsprechenden Statements	• 7stufige Rating-Skala zur Beurteilung der Intensität rechtlicher Regelungen für den Einsatz von Serviceleistungen auf dem deutschen und ggf. dem wichtigsten ausländischen Absatzmarkt	• 6

H11	Markt- und Kundenorientierung des Unternehmens	Direkte Messung durch Beurteilung eines entsprechenden Statements	• 7stufige Rating-Skala zur Einschätzung der Kunden- / Marktorientierung in der Grundhaltung des Unternehmens auf dem deutschen und ggf. dem wichtigsten ausländischen Absatzmarkt	• 9
H12	Gastlandorientierung des Unternehmens (Multinationales Marketing)	Messung durch Beurteilung der Ausrichtung der Marktbearbeitung an spezifischen Ländermerkmalen	• 7stufige Rating-Skala zur Beurteilung der Anpassung von Absatzaktivitäten auf den bearbeiteten ausländischen Absatzmärkten	• 2
H13	Unternehmensgröße	Messung durch Erhebung der Mitarbeiterzahl	• Offene Frage nach Anzahl der Mitarbeiter des Unternehmens in Deutschland und im Ausland	• 15
H14	Stellung des Servicebereichs in der Unternehmenshierarchie	Messung durch Beurteilung des • Einflusses des organisatorischen Servicebereichs auf wichtige Unternehmensentscheidungen und • durch Beurteilung der Organisationsebene in der Unternehmensstruktur	• 7stufige Rating-Skala zur Einschätzung des Einflusses des Servicebereichs auf wichtige Unternehmensentscheidungen • 7stufige Rating-Skala zur Bewertung der Höhe des Servicebereichs in der Unternehmenshierarchie	• 13
H15	Internationale Streuung der Serviceaktivitäten auf Ländermärkte	Direkte Messung durch Beurteilung eines entsprechenden Statements	• 7stufige Rating-Skala zur Beurteilung der Intensität der Serviceerstellung vor Ort auf jedem (ausländischen) Ländermarkt	• 2
H16	Autonomie der internationalen Serviceaktivitäten	Direkte Messung durch Beurteilung eines entsprechenden Statements	• 7stufige Rating-Skala zur Beurteilung der eigenständigen Ausgestaltung der Servicepolitik auf den einzelnen (ausländischen) Ländermärkten (vor Ort)	• 2

H17	Länder- und Segmentstreuung der internationalen Marktabdeckung	Messung durch Beurteilung der Unterschiedlichkeit der international bearbeiteten Abnehmersegmente	• 7stufige Rating-Skala zur Einschätzung des Unterschieds der bedienten Kundensegmente nach Art und Größe auf den einzelnen Ländermärkten und dem Heimmarkt	• 3
H18	Internalisierung des Servicebereichs	Direkte Messung durch Beurteilung eines entsprechenden Statements	• 7stufige Rating-Skala zur Einschätzung der Kontroll- und Steuerungsintensität der Serviceaktivitäten auf den (ausländischen) Ländermärkten	• 2
H19	Wasserfallstrategie des internationalen Markteintrittstiming	Direkte Messung durch Beurteilung eines entsprechenden Statements	• 7stufige Rating-Skala zur Beurteilung des sukzessiven Markteintritts auf den bearbeiteten Ländermärkten	• 2
H20	Qualitätsorientierung des Unternehmens	Direkte Messung durch Beurteilung eines entsprechenden Statements	• 7stufige Rating-Skala zur Einschätzung der Qualitätsorientierung in der Grundhaltung des Unternehmens auf dem deutschen und ggf. dem wichtigsten ausländischen Absatzmarkt	• 9

H21	Service als Angriffs- und Wettbewerbsinstrument im Wettbewerb	Direkte Messung jeweils durch Beurteilung eines entsprechenden Statements • zur Bedeutung des Service als Angriffsinstrument und • zur Bedeutung des Service als Verteidigungsinstrument	• 7stufige Rating-Skala zur Beurteilung der Bedeutung des Service als Instrument zur Verteidigung des angestammten Marktfeldes gegenüber Konkurrenten auf dem deutschen und ggf. dem wichtigsten ausländischen Markt • 7stufige Rating-Skala zur Beurteilung der Bedeutung des Service als Angriffsinstrument gegenüber Konkurrenten im Wettbewerb um Kunden auf dem deutschen und ggf. dem wichtigsten ausländischen Markt	• 13
H22	Integration von Marketingaktivitäten der Kern- und Serviceleistungen	Direkte Messung durch Beurteilung eines entsprechenden Statements	• 7stufige Rating-Skala zur Beurteilung der Koordination von Serviceaktivitäten mit den Produktleistungen auf dem deutschen und ggf. dem wichtigsten ausländischen Absatzmarkt	• 13
H23	Berücksichtigung segment- / ländermarktbezogener Besonderheiten	Messung durch Beurteilung der Ausrichtung der Servicepolitik an spezielle Kundenwünsche	• 7stufige Rating-Skala zur Beurteilung der Ausrichtung an Kundenanforderungen und -wünschen auf dem deutschen und ggf. dem wichtigsten ausländischen Absatzmarkt	• 13
H24	Servicekompetenz	Messung durch Beurteilung eines Statements zum Service-Know-How und zu speziellen Servicefähigkeiten	• 7stufige Rating-Skala zur Beurteilung des Service-Know-hows und der Servicefähigkeiten auf dem deutschen und ggf. dem wichtigsten ausländischen Absatzmarkt	• 13

H25	Timing-Überlegungen beim Serviceeinsatz	Messung durch Langfristigkeit der Serviceplanung	• 7stufige Rating-Skala zur Beurteilung der Langfristigkeit der Planung des Serviceeinsatzes auf dem deutschen und ggf. dem wichtigsten ausländischen Absatzmarkt	• 13
H26	Ausrichtung des Serviceangebots auf die Kernleistungen	Messung durch Verteilung der • Anzahl angebotener Serviceleistungen und • Servicekosten auf technische (kernleistungsbezogene) und kaufmännische (personenbezogene) Serviceleistungen	• Offene Frage nach der prozentualen Aufteilung des Servicespektrums auf technische und kaufmännische Serviceleistungen auf dem deutschen und ggf. dem wichtigsten ausländischen Absatzmarkt • Offene Frage nach der prozentualen Aufteilung der Kosten im Servicebereich auf technische und kaufmännische Serviceleistungen auf dem deutschen und ggf. dem wichtigsten ausländischen Absatzmarkt	• 12
H27	Markierung von Serviceleistungen	Direkte Messung durch Beurteilung eines entsprechenden Statements	• 7stufige Rating-Skala zur Beurteilung des Markierungsumfangs von Serviceleistungen auf dem deutschen und ggf. dem wichtigsten ausländischen Absatzmarkt	• 13
H28	Kommunikation der Serviceleistungen	Direkte Messung durch Beurteilung eines entsprechenden Statements	• 7stufige Rating-Skala zur Beurteilung der Intensität der Servicewerbung auf dem deutschen und ggf. dem wichtigsten ausländischen Absatzmarkt	• 13

H29	Eigenständigkeit der Preispolitik im Service	Messung durch Beurteilung der Eigenständigkeit der Preisfindung für Serviceleistungen Messung der Berücksichtigung • von Kosteninformationen, • Wettbewerberpreisen • und Zahlungsbereitschaften der Kunden bei der Preisfindung	• 7stufige Rating-Skala zur Beurteilung der Eigenständigkeit der Preisfindung für Serviceleistungen auf dem deutschen und ggf. dem wichtigsten ausländischen Absatzmarkt • 7stufige Rating-Skala zur Beurteilung der Berücksichtigung von Kosteninformationen aus dem Servicebereich auf dem deutschen und ggf. dem wichtigsten ausländischen Absatzmarkt • 7stufige Rating-Skala zur Beurteilung der Wettbewerbsorientierung bei der Preisfindung auf dem deutschen und ggf. dem wichtigsten ausländischen Absatzmarkt • 7stufige Rating-Skala zur Beurteilung der Berücksichtigung von Zahlungsbereitschaften der Abnehmer auf dem deutschen und ggf. dem wichtigsten ausländischen Markt	• 13
H30	Steuerung der Serviceerstellung und des Serviceabsatzes	Messung durch den Grad der Eigenerstellung von Serviceleistungen	• 7stufige Rating-Skala zur Beurteilung des Grades der Eigenerstellung von Serviceleistungen auf dem deutschen und ggf. dem wichtigsten ausländischen Absatzmarkt	• 13

H31	Service-Controlling als Analyse der Kostenstruktur, Leistungsfähigkeiten und externen Serviceanforderungen	Messung durch Beurteilung jeweils eines Statements zur • Kostentransparenz im Servicebereich, • Beobachtung von Marktentwicklungen und Trends im Servicebereich, • Analyse der Leistungsfähigkeit im Servicebereich • Untersuchung von Kundenerwartungen und -zufriedenheiten mit dem erbrachten Service	• 7stufige Rating-Skala zur Beurteilung der Kostentransparenz des Servicebereichs auf dem deutschen und ggf. dem wichtigsten ausländischen Absatzmarkt • 7stufige Rating-Skala zur Beurteilung der Intensität der Markt- und Umfeldanalyse im Servicebereich auf dem deutschen und ggf. dem wichtigsten ausländischen Absatzmarkt • 7stufige Rating-Skala zur Beurteilung der Intensität der Analyse der internen Leistungsfähigkeit des eigenen Servicebereichs auf dem deutschen und ggf. dem wichtigsten ausländischen Absatzmarkt • 7stufige Rating-Skala zur Beurteilung der Intensität von Analysen über Kundenerwartungen und -zufriedenheiten mit den angebotenen Serviceleistungen auf dem deutschen und ggf. dem wichtigsten ausländischen Absatzmarkt	• 13

H32	Mitarbeiterorientierung im Servicebereich (internes Marketing)	Messung durch Beurteilung jeweils eines Statements zur • Selbständigkeit bei der Arbeitsdisposition und -ausführung der Servicemitarbeiter (Empowerment), • Weiterbildung der Servicemitarbeiter, • Information von Servicemitarbeitern über neuere Entwicklungen im Unternehmen und am Markt • Nutzung von Anreizsystemen als Motivation zur Kundenorientierung	• 7stufige Rating-Skala zur Beurteilung des Umfangs der Selbständigkeit der Servicemitarbeiter auf dem deutschen und ggf. dem wichtigsten ausländischen Absatzmarkt • 7stufige Rating-Skala zur Intensität der Weiterbildung von Servicemitarbeitern auf dem deutschen und ggf. dem wichtigsten ausländischen Absatzmarkt • 7stufige Rating-Skala zur Beurteilung der Intensität der Mitarbeiterinformation im Servicebereich auf dem deutschen und ggf. dem wichtigsten ausländischen Absatzmarkt • 7stufige Rating-Skala zur Beurteilung der Nutzungsintensität von speziellen Anreizsystemen zur Steigerung der Kundenorientierung des Servicepersonals auf dem deutschen und ggf. dem wichtigsten ausländischen Absatzmarkt	• 13

Tab. V-1: Operationalisierung der Hypothesen

Auf zwei Aspekte soll noch kurz eingegangen werden. Sie betreffen die beiden zentralen Konstrukte Unternehmenserfolg und Relevanz / Bedeutung des Service. Für die Konzeptionalisierung des *Unternehmenserfolgs* wurde - wie bereits oben in Teil IV erwähnt - auf den Zielansatz zurückgegriffen. Aus der Vielzahl möglicher Ziele wurden in Anlehnung an FRITZ nur solche Ziele ausgewählt, die - empirisch nachgewiesen - für Industrieunternehmen eine besondere Relevanz aufweisen. Es handelt sich hierbei insbesondere um die folgenden vier Ziele:[41]

- Sicherung des Unternehmensbestands
- Wettbewerbsfähigkeit
- langfristige Gewinnerzielung und
- Kundenzufriedenheit.

Die anderen aufgenommenen Ziele wurden in der Grundlagenstudie auf der Unternehmensebene als wichtig für den Serviceeinsatz angesehen oder als Internationalisierungsmotive genannt. Darüber hinaus soll durch den Vergleich der aufgeführten wirtschaftlichen Größen / Kennzahlen der Unternehmenserfolg relativiert und aussagekräftiger werden. Hierdurch wurde insgesamt im Sinne einer „balanced scorecard" eine Berücksichtigung von finanziellen und nicht-monetären Ergebnisgrößen als Erfolgsmaßstab erreicht.[42]

Beim Konstrukt *Servicerelevanz* wurden ganz bewußt mehrere ähnlich ausgerichtete Indikatoren formuliert, um bei der Datenauswertung eine nachträgliche Konstruktentwicklung vornehmen zu können. Dieses Verfahren der sog. „scale / construct development" ist in der empirischen Sozialforschung und der amerikanischen Marketingforschung weit verbreitet.[43] Es handelt sich hierbei um die Zusammenfassung von mehreren Variablen / Dimensionen, die sich auf denselben Sachverhalt beziehen, zu einer „Supervariablen" bzw. zu einem Index.[44] Die Verwendung mehrerer Variablen führt i.d.R. zur Erhöhung der Meßgenauigkeit und somit zu einer besseren Abbildung des „wahren" Sachverhalts.[45] Gerade bei sehr zentralen / wichtigen Untersuchungsgrößen, wie im vorliegenden Fall die Relevanz des Service, ist ein derartiges Vorgehen ratsam. Zur Konstruktentwicklung wird auf o.g. Validitäts- und Reliabilitätskriterien zurückgegriffen (insbesondere *Cronbachs Alpha*).[46] Demnach werden nur die Variablen dem Konstrukt zugeordnet, die insgesamt die höchste Reliabilität bzw. das höchste Cronbach-Alpha aufweisen. Dieses sollte nach Empfehlung von Experten möglichst einen Wert aufweisen, der mindestens 0,7 beträgt.[47] In diesem Zusammenhang ist auch die *Item-to-Total-Correlation* wichtig. Sie hilft bei der Elimination von Variablen, die der Reliabilität des Konstruktes nicht förderlich sind. Es handelt sich hierbei um einen (Pearsonschen)

[41] Vgl. Fritz, W.: Marktorientierte Unternehmensführung, a.a.O., S. 230ff.

[42] Zum Konzept der „Balanced Scorecard" siehe Kaplan, R.S./Norton, D.P.: The Balanced Scorecard - Measures That Drive Performance, in: Harvard Business Review, 70. Jg., 1992, January-February, S. 72ff.

[43] Vgl. Homburg, C.: Kundennähe, a.a.O., S. 80

[44] Vgl. Schnell, R./Hill, P.B./Esser, E., a.a.O., S. 177f.

[45] Vgl. Kromrey, H., a.a.O., S. 80; Friedrichs, J., a.a.O., S. 165f.

[46] Vgl. zu den Methoden der Konstrukt- / Skalenentwicklung die Ausführungen bei Homburg, C.: Kundennähe, a.a.O., S. 80f.; Hildebrand, V.G.: Individualisierung als strategische Option der Marktbearbeitung, Wiesbaden 1997, S. 110f.

[47] Vgl. zu den unterschiedlichen Empfehlungen u.a. Homburg, C./Giering, A.: Konzeptualisierung und Operationalisierung komplexer Konstrukte, in: Marketing - Zeitschrift für Forschung und Praxis, 18. Jg., 1996,. Heft 1, S. 8; Stier, W.: Empirische Forschungsmethoden, Berlin et al. 1996, S. 56

Korrelationskoeffizienten (r), der den Zusammenhang zwischen einer betrachteten Variablen und der Summe aller anderen Variablen / Indikatoren eines Konstruktes angibt.[48] Je höher dieser Wert ist, desto besser paßt dieser Indikator zu den anderen. Indikatoren / Variablen mit einem geringen Item-to-Total-Correlation-Wert (wie z.B. < 0,4) sind aufgrund der geringen Zugehörigkeit zu den anderen Indikatoren für eine potentielle Elimination aus dem Konstrukt vorzusehen. Hierbei ist jedoch zu überprüfen, wie sich der Wert von Cronbachs Alpha verändert, wenn der Indikator mit der geringsten Item-to-Total-Correlation aus dem Konstrukt eliminiert wird. Auf diese Weise erfolgt eine Konstruktoptimierung, bis die höchste Reliabilität erreicht ist.[49]

1.3. Auswahlverfahren und Datenstruktur der Erhebung

Die Auswahl der befragten Unternehmen basiert auf einer systematischen Zufallsauswahl entsprechend dem Verfahren „Herausgreifen des n-ten Falls" aus Hoppenstedts Wirtschaftsdatenbank für Groß- und mittelständische Unternehmen. Dabei wurde zunächst ein Startwert (Anfangsadresse) per Zufall festgelegt und dann jede weitere n-te Adresse ausgewählt.[50] Da die Datenbank nahezu 90 % aller Betriebe in der Bundesrepublik Deutschland umfaßt, kann sie als ein recht gutes Abbild der Grundgesamtheit deutscher Unternehmen und damit als geeignete Auswahlbasis angesehen werden. Für die vorliegende Arbeit wurde die Grundgesamtheit / Auswahlbasis auf Unternehmen des Anlagen- und Maschinenbaus beschränkt. Sie umfaßt damit - gemäß der Codierung des Statistischen Bundesamtes - die Branchengruppen 29.11.0 - 30.03.0 und die Branche 33.20.3. In der Hoppenstedt-Wirtschaftsdatenbank sind hierzu am Stichtag 10.02.98 insgesamt 12.573 Unternehmen gespeichert, die mindestens 20 Mitarbeiter beschäftigen oder einen Mindestumsatz von 2 Mio. DM p.a. erwirtschaften. Hiervon wurden 2.000 Unternehmen (ad random) für die Stichprobe ausgewählt, an die ein Fragebogen mit Anschreiben und ein Anforderungscoupon für eine Kurzfassung der Ergebnisse in der zweiten Februarwoche 1998 verschickt wurden. Insgesamt beträgt der Stichprobenumfang damit 15,9 % der Auswahlbasis / Grundgesamtheit.

Bis zum 30. April 1998 hatten insgesamt 156 Unternehmen einen auswertbaren Fragebogen zurückgesendet.[51] Das entspricht einer (nutzbaren) Rücklaufquote von 7,8 %. Bei Rückläufen unter 100% besteht grundsätzlich das Problem der Repräsentanzbewertung der Stichprobe. Es geht um die Frage, ob der vorliegende Rücklauf (Ist-Stichprobe) mit der Soll-Stichprobe bzw.

---

[48] Vgl. zu diesem Verfahren z.B. Homburg, C./Giering, A., a.a.O., S. 8

[49] Vgl. Kuß, A.: Valide Daten, a.a.O., S. 24

[50] Vgl. zur systematischen Zufallsauswahl Berekoven, L./Eckert, W./Ellenrieder, P., a.a.O., S. 51f.

[51] Insgesamt wurden 170 Fragebögen von den Unternehmen zurückgesendet. Davon waren 14 nicht auswertbar.

der Grundgesamtheit übereinstimmt. Die Repräsentanz bildet damit ein Gütekriterium für die Eignung einer Ist-Stichprobe zur Ziehung von Rückschlüssen auf die zugrunde gelegte Grundgesamtheit. Repräsentanz ist letztlich dann erreicht, wenn die vorliegende / realisierte Stichprobe (der Rücklauf) bezüglich aller interessierenden Merkmale ein zwar verkleinertes, aber identisches Abbild der Grundgesamtheit ist.[52] Das Problem bei der Repräsentanzbeurteilung liegt jedoch darin, daß sich die (globale) Repräsentanz nicht messen läßt. Das wäre nur dann möglich, wenn alle Informationen und erforderlichen Kenntnisse über die Grundgesamtheit vorliegen würden. In diesem Fall könnte man z.B. auf Basis quadratischer Abweichungen zwischen den ermittelten Maßen des Rücklaufs / der Stichprobe und den wahren Werten der Grundgesamtheit die Repräsentanz der vorliegenden empirischen Daten bestimmen. Eine globale Repräsentanz wäre dann erreicht, wenn die Summe der quadratischen Abweichungen bei allen Merkmalen den Wert Null aufweisen würde.[53] I.d.R. ist jedoch nur die Verteilung ganz bestimmter Merkmale der Grundgesamtheit, an denen sich die Repräsentanz der Stichprobe messen läßt, bekannt. In diesem (Regel-) Fall spricht man von der sog. *spezifischen Repräsentanz*. Für die vorliegende Untersuchung sind die aus der Auswahlbasis / Grundgesamtheit bekannten Strukturmerkmale Unternehmensgröße (Mitarbeiterzahl) und genaue Branchenzugehörigkeit im Fragebogen erhoben worden und für die Ist-Stichprobe bekannt. Anhand dieser beiden Kriterien kann mit Hilfe eines Chi^2-(Anpassungs-)Tests ein spezifischer „Repräsentanzabgleich" zwischen der Auswahlbasis / Grundgesamtheit und der Ist-Stichprobe/ dem Rücklauf erfolgen.

In Tabelle V-2 ist die Verteilung in der Grundgesamtheit / Auswahlbasis und der Ist-Stichprobe hinsichtlich der Fachzweige wiedergegeben. Der ermittelte (empirische) Chi^2-Wert (χ^2 = 32,8) liegt bei 21 Freiheitsgraden (df = 21) und einer Irrtumswahrscheinlichkeit von 5 % (Signifikanzniveau p = 0,05) bei exakter Ermittlung, d.h. unter Berücksichtigung von drei Dezimalstellen, nur marginal über dem kritischen Chi^2-Wert aus der Wertetabelle (χ^* = 32,7).

Damit ist bei sehr scharfer Bewertung die Nullhypothese abzulehnen, nach der die Verteilung des Merkmals Fachzugehörigkeit im Rücklauf und der Grundgesamtheit gleich ist bzw. die ermittelten Unterschiede statistisch nicht wesentlich (signifikant) sind.[54] Da jedoch der empirische Chi^2-Wert dem kritischen Wert fast entspricht ist davon auszugehen, daß die Rücklaufstruktur nur unwesentlich verzerrt ist. Bei der Berechnung des Chi^2-Werts mit gerundeten vollen Zahlen, wie es bei Verteilungsüberprüfungen von Unternehmen sinnvoll ist, ergibt sich im Ergebnis ein Wert von χ^2 = 22,8, der deutlich unter dem kritischen Bereich liegt. Es kann

---

[52] Vgl. Erichson, B.: Repräsentanz - ein wachsendes Problem, in: planung und analyse, 19. Jg., 1992, Heft 1, S. 19

[53] Vgl. ebenda

daher bei der Verteilung des Rücklaufs nach Fachzweigen von einer spezifischen Repräsentanz ausgegangen werden.

Fachzweige / -gruppen	*Grundgesamtheit / Auswahlbasis der Hoppenstedt-Datenbank*	*Soll-Stichprobe (erwartete Rücklaufverteilung) (Basis: 153)*[55]	*Ist-Stichprobe (tatsächliche Rücklaufverteilung)*
Verbrennungsmotoren / Turbinen	1,0 %	1,5	1
Pumpen / Kompressoren	4,0 %	6,1	5
Armaturen	3,6 %	5,5	5
Antriebstechnik	5,0 %	7,7	9
Öfen / Brenner	1,0 %	1,5	1
Fördermittel	8,3 %	12,7	10
Kälte- / Klima- / Lufttechnik	6,8 %	10,4	12
Maschinenbau (allgemein)	7,3 %	11,4	19
Land- / forstwirtschaftliche Maschinen	2,3 %	3,5	4
Werkzeugmaschinen und Zubehör	10,7 %	16,4	16
Schweißtechnik	1,3 %	2	3
Walz- / Gießerei- / Bergbaumaschinen	2,1 %	3,2	2
Bau- / Baustoffmaschinen	2,8 %	4,3	5
Lebensmittelmaschinen / Tabakverarbeitungs-maschinen	3,8 %	5,8	4
Textil- / Bekleidungs- / Ledermaschinen	1,9 %	2,9	3
Papiermaschinen	0,7 %	1,1	2
Druckmaschinen	2,1 %	3,2	1
Maschinen für spezielle Wirtschaftsbereiche	26,3 %	40,2	35
Haushaltsmaschinen / -geräte	1,1 %	1,7	2
Büromaschinen	4,8 %	7,3	4
Prüfmaschinen	1,9 %	2,9	4
Sonstige	1,2 %	1,8	6
Summe:	100,0 %	153,1	153
Chi^2-Statistik: empirischer χ^2-Wert = 32,8; df = 21 Tabellenwert χ^* = 32,7 bei einem Signifikanzniveau von p = 0,05			

Tab. V-2: Verteilung des Merkmals „Fachzweigzugehörigkeit" in der Auswahlbasis und der Ist-Stichprobe

Die bekannte Verteilung des Merkmals „Unternehmensgröße" in der Grundgesamtheit / Hoppenstedt-Datenbank und der Ist-Stichprobe ist in Tabelle V-3 wiedergegeben. Hier beträgt der

[54] Zum Chi^2-Anpassungstest siehe z.B. Bleymüller, J./Gehlert, G./Gülicher, H.: Statistik für Wirtschaftswissenschaftler, 10. Aufl., München 1996, S. 127ff.; Bortz, J.: Statistik für Sozialwissenschaftler, 3. Aufl., Berlin et al. 1989, S. 197ff.; Eckey, H.-F./Kosfeld, R./Dreger, C.: Statistik, Wiesbaden 1992, S. 580ff.

[55] Von den 155 Unternehmen haben nur 153 ihren Fachzweig eindeutig angegeben.

empirische χ^2-Wert 0,330 bei 4 Freiheitsgraden (df).[56] Er liegt damit unter dem kritischen χ^*-Wert von 9,49 bei einer 5 %igen Irrtumswahrscheinlichkeit. Es kann damit auch bei der Unternehmensgröße von einer Gleichverteilung in der Grundgesamtheit und dem Rücklauf ausgegangen werden.

Unternehmensgröße	*Grundgesamtheit / Auswahlbasis der Hoppenstedt-Datenbank*[57]	*Soll-Stichprobe (erwartete Rücklaufverteilung) (Basis: 151)*[58]	*Ist-Stichprobe (tatsächliche Rücklaufverteilung)*
≤ 50 Mitarbeiter	52,0 %	78,5	78
51 - 100 Mitarbeiter	18,3 %	27,6	30
101 - 300 Mitarbeiter	18,3 %	27,6	27
301 - 500 Mitarbeiter	4,5 %	6,8	6
> 500 Mitarbeiter	6,9 %	10,4	10
Summe:	100 %	150,9	151
Chi²-Statistik: empirischer χ^2-Wert = 0,33; df = 4			
Tabellenwert χ^* = 9,49 bei einem Signifikanzniveau von p = 0,05			

Tab. V-3: Verteilung des Merkmals „Unternehmensgröße" in der Auswahlbasis und der Ist-Stichprobe

Insgesamt kann aufgrund der beiden Chi²-Tests davon ausgegangen werden, daß hinsichtlich der beiden Merkmale „Branchenklasse" und „Unternehmensgröße" ein repräsentativer Rücklauf vorliegt. Über andere Merkmale kann keine Aussage hinsichtlich der Repräsentanz der vorliegenden Ist-Stichprobe getroffen werden. Damit kann nicht ausgeschlossen werden, daß in anderen wichtigen Kriterien der Grundgesamtheit keine Repräsentanz vorliegt. So kann sich der Rücklauf beispielsweise aus einem ganz speziellen Kreis von antwortenden Unternehmen zusammensetzen, die ein spezifisches Interesse an der Thematik haben oder auf den inländischen und ausländischen Märkten besonders erfolgreich sind. Hierdurch können trotz struktureller Repräsentanz des Rücklaufs hinsichtlich der beiden untersuchten Kriterien mitunter erhebliche Fehler in der „inhaltlichen" Repräsentanz auftreten. Hierüber können jedoch keine Aussagen getroffen werden.

Allerdings ist im Rahmen der Repräsentanzbewertung auch der Umfang des Rücklaufs zu berücksichtigen, und zwar aus zwei Gründen: Zum einen steigt mit der Zunahme des Rücklaufumfangs bzw. mit der Vergrößerung der Stichprobe die Sicherheit der Aussagen über die Grundgesamtheit (der sog. Repräsentanzschluß). Das bedeutet, daß bei kleinen Rückläufen / Stichproben - die durchaus hinsichtlich bestimmter (relevanter) Merkmale eine spezifische Re-

[56] Es handelt sich hierbei um den exakten Wert bei der Berücksichtigung von drei Dezimalstellen bei der Berechnung. Bei Berücksichtigung von gerundeten vollen Zahlen ergibt sich ein χ^2-Wert von 0,434, der ebenfalls deutlich unter dem Grenzwert liegt.

[57] Es handelt sich hierbei um die bekannte Verteilung von Unternehmen des Maschinen- und Anlagenbaus in der Hoppenstedt Datenbank, also um alle Unternehmen, die entsprechende Angaben über ihre Unternehmensgröße / Mitarbeiterzahl gemeldet haben.

[58] Von den 155 Unternehmen haben nur 151 ihre Mitarbeiterzahl „exakt" angegeben.

präsentanz aufweisen können - Aussagen über die Grundgesamtheit mit großen Unsicherheiten verbunden sind.[59] In der vorliegenden Studie liegt die Fehlerspanne (e) bei einem Signifikanzniveau (t) / Sicherheitsgrad (z) von 1,96 (Irrtumswahrscheinlichkeit von $p \leq 0{,}05$) und einer Stichprobengröße (n) von 156 Unternehmen bei ± 11,1 %.[60] Zum anderen kann ein großer Anteil von Nicht-Antwortenden (sog. Auswahlquote) auf einem systematischen Unterschied zwischen Auskunftswilligen und Nicht-Auskunftswilligen beruhen, der sich nicht in den Kontrollkriterien niederschlägt. Ist dies gegeben, dann wird die „inhaltliche" Repräsentativität der Ergebnisse natürlich erheblich eingeschränkt. Ob tatsächlich eine systematische Verzerrung in anderen, nicht erhobenen Merkmalen besteht, kann jedoch nicht nachvollzogen werden.

Wie Abbildung V-1 zeigt, wurde der Fragebogen in fast 2/3 der teilnehmenden Unternehmen von der Geschäftsleitung ausgefüllt (64 %). Auch bei den anderen Beantwortern der Fragen handelt es sich überwiegend um Personen, die im Middle-Management tätig sind und dispositive Aufgaben übernehmen. Es kann deshalb davon ausgegangen werden, daß die Probanden die Fragen zur Unternehmens- und Servicepolitik „richtig" beantworten konnten.

---

59 Vgl. z.B. Noelle-Neumann, E./Petersen, T.: Alle, nicht jeder - Einführung in die Methoden der Demoskopie, München 1996, S. 210ff.

60 Die Fehlerspanne wurde auf Basis der Praktikerformel für den homogenen Fall errechnet. Siehe hierzu Hünerberg, R.: Marketing, a.a.O., S. 118f. Die Formel für die Fehlerspanne lautet demnach

$e = \sqrt{\frac{t^2 \cdot p \cdot q}{n}} \cdot k$. Dabei ist p der Anteilswert (in Prozent) der Elemente in der Stichprobe, der eine bestimmte Merkmalsausprägung aufweist und q ist der Anteil (in Prozent) der Elemente in der Stichprobe, der die Merkmalsausprägung nicht aufweist ($q = 1 - p$). k ist die Anzahl der Auswertungsklassen. Da p und q im voraus nicht bekannt sind, wird zweckmäßigerweise für beide Variablen der Wert 50 angenommen. Es handelt sich hierbei um den ungünstigsten Fall, der das größtmögliche Produkt ergibt. Der Anteil der Auswertungsklassen wurde auf 2 festgelegt.

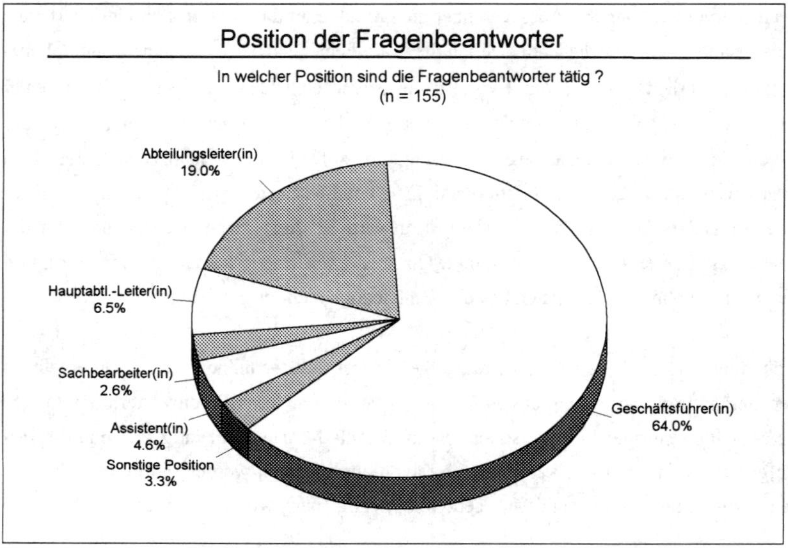

Abb. V-1: Die Antwortenden in den Unternehmen

1.4. Methodik der Datenauswertung

Zur Auswertung der erhobenen Daten werden in der vorliegenden Untersuchung eine Reihe von struktur-entdeckenden (explorativen) und struktur-prüfenden statistischen Analyseverfahren eingesetzt.[61] Sie lassen sich hinsichtlich der Anzahl der zu untersuchenden Variablen in uni-, bi- und multivariate Auswertungsmethoden einteilen. Es handelt sich hierbei weitgehend um statistische Verfahren, die in der Marketing- und betriebswirtschaftlichen Forschung bekannt sind und häufig zum Einsatz kommen.

Neben diesen „allgemeinen" Auswertungsverfahren soll vor dem Hintergrund der spezifischen Fragestellung der Erfolgsfaktorenforschung auch die empirische Überprüfung eines komplexen Beziehungsgeflechts von Bedeutungssparametern des Service und des Unternehmenserfolgs durchgeführt werden. Hierzu wird u.a. ein modernes Verfahren der Kausalanalyse (Methode der zweiten Generation) eingesetzt, das an späterer Stelle beschrieben wird.

[61] Vgl. Backhaus, K. et al., a.a.O., S. XVI

1.4.1. Der Einsatz allgemeiner uni-, bi- und multivariater Auswertungsverfahren

Die Durchführung der allgemeinen uni-, bi- und multivariaten Analysemethoden wurde mit dem Programmpaket SPSS für Windows 95 (Version 7.5) durchgeführt. Bei den Verfahren handelt es sich um

- deskriptive Auswertungen,
- Kreuztabellierungen und (lineare) Korrelationsanalysen,
- (lineare) Regressionsanalysen,
- moderierte Regressionsanalysen,
- (einfaktorielle) Varianzanalysen und t-Tests,
- Clusteranalysen,
- Diskriminanzanalysen sowie
- (explorative) Faktorenanalysen.

Da diese Auswertungsverfahren weitgehend bekannt sind, sollen sie nur kurz angesprochen werden. Für eine vertiefende Lektüre der Anwendungsbereiche und mathematischen Grundlagen sei auf die entsprechende Literatur verwiesen.[62]

Die *deskriptiven, univariaten Auswertungen* in der vorliegenden Untersuchung umfassen bei allen Variablen die Häufigkeitsauswertungen einzelner Merkmalsausprägungen. Bei den metrischen Variablen wurden außerdem der Mittelwert sowie Standardabweichung und Varianz errechnet.

Kreuztabellierungen können bei zwei oder mehreren nominal-skalierten Variablen eingesetzt werden, um mögliche Zusammenhänge zwischen diesen zu entdecken. Da im vorliegenden Fragebogen nur sehr wenige nominal-skalierte Variablen aufgenommen wurden, hat dieses Analyseverfahren jedoch für die Datenauswertung nur eine untergeordnete Bedeutung.

(Lineare) *Korrelationsanalysen* wurden eingesetzt, um zwischen zwei (metrischen) Variablen Zusammenhänge zu erkennen. Entsprechend dem quasi-metrischen Skalenniveau der meisten Fragen in der vorliegenden Untersuchung wurde zur Bestimmung der Stärke möglicher Zusammenhänge auf den Korrelationskoeffizienten von Pearson (r) zurückgegriffen. Dieser bezieht sich auf die lineare Assoziation zweier Variablen und kann Werte zwischen -1 und +1 annehmen. Je größer der absolute Wert für r ist, desto stärker ist der (lineare) Zusammenhang.

[62] Vgl. hierzu z.B. Bellgardt, E.: Statistik mit SPSS, München 1997; Bleymüller, J./Gehlert, G./Gülicher, H., a.a.O.; Bortz, J., a.a.O.; Brosius, G./Brosius, F.: SPSS Base System und Professional Statistics, Bonn et al. 1995; Bühl, A./Zöfel, P.: SPSS für Windows Version 7.5, Bonn 1998; Green, P.E./Tull, D.S.: Methoden und Techniken der Marketingforschung, 4. Aufl., Stuttgart 1982, S. 253ff.; Hüttner, M.: Grundzüge der Marktforschung, 5. Aufl., München/Wien 1997, S. 211ff.

Bei einem Wert von -1 liegt ein vollständig negativer (linearer) Zusammenhang vor, während bei einem Wert von +1 eine perfekte positive Assoziation besteht. Beim Wert 0 liegt kein (linearer) Zusammenhang vor.[63] Die bei den Korrelationsanalysen durchgeführten Signifikanztests beziehen sich auf die Nullhypothese, die besagt, daß keine (lineare) Assoziation zwischen den analysierten Variablen besteht. Bei signifikanten Korrelationskoeffizienten kann daher auf einen (linearen) Zusammenhang geschlossen werden.

Im Rahmen der Überprüfung von Zusammenhängen zweier Variablen werden auch partielle Korrelationsanalysen durchgeführt, bei denen gleichzeitig auch der Einfluß einer dritten Variablen auf den (einfachen) Korrelationskoeffizienten ermittelt wird. Hierdurch lassen sich „Scheinkorrelationen" aufspüren, die durch eine Drittvariable ausgelöst sein können. Partielle Korrelationsanalysen werden in der vorliegenden Untersuchung jedoch nur durchgeführt, wenn eine Vermutung für eine „Scheinkorrelation" durch eine bestimmte Einflußvariable besteht.[64]

Zur Analyse der Richtung und Stärke der Beziehung zwischen einer abhängigen Variablen und einer unabhängigen Variablen (einfache Regression) oder mehreren unabhängigen Variablen (multiple Regression) wurden (lineare) *Regressionsanalysen* durchgeführt. Es werden Koeffizienten für die Regressionsgleichung geschätzt, die den Einfluß der unabhängigen Variable(n) auf die abhängige Variable möglichst gut wiedergeben. Dabei versucht man, bei der Schätzung einen möglichst großen Teil der Varianz von der abhängigen Variablen (Y) durch die unabhängige(n) Variable(n) ($X_{(n)}$) zu erklären. Mit Hilfe des Bestimmtheitsmaßes R^2 kann die Güte der geschätzten Regressionsgleichung beurteilt werden. R^2 kann Werte zwischen 0 und 1 annehmen, wobei mit steigendem Wert in Richtung 1 ein höherer Fit der Regressionsgleichung erreicht wird. Je höher R^2 ist, desto höher ist der Anteil der erklärten Varianz der abhängigen Variablen durch die unabhängige(n) Variable(n). Bei der einfachen Regressionsanalyse entspricht das Bestimmtheitsmaß dem quadrierten Korrelationskoeffizienten (r) hinsichtlich abhängiger und der unabhängiger Variable (Corr X,Y).

Neben dem Bestimmtheitsmaß werden bei multiplen Regressionsanalysen auch die einzelnen standardisierten Regressionskoeffizienten (Beta-Koeffizienten) angegeben, die den relativen Einfluß der unabhängigen Variablen ($X_{(n)}$) auf die abhängige Variable (Y) wiedergeben. Im Gegensatz zu den einfachen Regressionskoeffizienten (B) erlauben die Beta-Koeffizienten eine bessere Vergleichbarkeit der Erklärungsbeiträge der einzelnen unabhängigen Variablen für die Schätzung der Regressionsgleichung.[65] Bei einfachen Regressionsanalysen entspricht der Beta-Koeffizient dem Korrelationskoeffizienten für unabhängige und der abhängige Regressionsvariablen.

---

[63] Vgl. Hippmann, H.-D.: Statistik für Wirtschafts- und Sozialwissenschaftler, 2. Aufl., Stuttgart 1997, S. 114f.
[64] Vgl. Brosius, G./Brosius, F., a.a.O., S. 461ff.

Bei multiplen Regressionen werden nachfolgend im Rahmen eines schrittweisen Vorgehens nur solche Regressionskoeffizienten in der Regressionsgleichung berücksichtigt, die signifikant sind. Zur Überprüfung der Signifikanz der Regressionskoeffizienten wird auf die t-Statistik zurückgegriffen. Hierbei wird im Rahmen eines t-Tests überprüft, ob sich der Regressionskoeffizient tatsächlich von Null unterscheidet. Der t-Wert für den Regressionskoeffizienten ergibt sich aus seiner Division durch den zugehörigen Standardfehler.

Die *moderierte Regressionsanalyse* berücksichtigt den Einfluß einer Drittvariablen auf die Regressionsbeziehung zwischen einer abhängigen Variablen und einer oder mehrerer unabhängiger Variable(n). In der einfachen Regressionsanalyse wird der Einfluß einer unabhängigen Variablen (X) auf eine abhängige Variable (Y) wie folgt gemessen: $Y = b_0 + b_1 \cdot X_1$. Der Ansatz für eine multiple Regression hat folgende Form: $Y = b_0 + b_1 \cdot X_1 + b_2 \cdot X_2 + \ldots + b_j \cdot X_j$.[66] Geht man davon aus, daß die Stärke der Effekte der einzelnen unabhängigen Variablen von einer anderen moderierenden Variablen (MoV) abhängt, so bilden die Regressionsparameter /-koeffizienten (b1, b2, .., bj) Funktionen der moderierenden Variablen (MoV).[67] Demnach ergeben sich (bei linearer Beziehung) für diese folgende Funktionen: $b_1 = c_0 + c_1 \cdot MoV$; $b_2 = d_0 + d_1 \cdot MoV$; $b_3 = e_0 + e_1 \cdot MoV$ usw. Damit ergibt sich bei einer moderierten multiplen Regression mit drei unabhängigen Variablen folgende Regressionsgleichung: $Y = b_0 + (c_0 + c_1 \cdot MoV) \cdot X_1 + (d_0 + d_1 \cdot MoV) \cdot X_2 + (e_0 + e_1 \cdot MoV) \cdot X_3$. Ob tatsächlich ein moderierender Effekt vorliegt, wird über die Signifikanz der Regressionsparameter / -koeffizienten c_1, d_1 und e_1 beurteilt.[68]

Der Einsatz der moderierten Regressionsanalyse ist vor dem Hintergrund der Berücksichtigung situativer Einflußbedingungen auf die Erfolgswirkung des Service für die vorliegende Untersuchung besonders relevant. Dabei wird i.d.R. immer nur eine Moderatorvariable untersucht, wie z.B. das Empowerment der Servicemitarbeiter oder die Einzelpreisstellung des Serviceangebots. Mit Hilfe der moderierten Regression kann nun analysiert werden, ob beispielsweise das Empowerment (Em) die Wirkung des Serviceeinsatzes (Serv) auf den Unternehmenserfolg (Ue) beeinflußt. Damit würde sich folgende moderierte Regressionsgleichung ergeben: $Ue = b_0 + (c_0 + c_1 \cdot Em) \cdot Serv$. Nach Auflösung der Klammer lautet die Gleichung $Ue = b_0 + c_0 \cdot Serv + c_1 \cdot Em \cdot Serv$. Der moderierende Effekt des Empowerments wird folglich über die Signifikanz des Regressionsparameters / -koeffizienten c_1 ermittelt. Der Regressionskoeffizient c_0 gibt die

[65] Vgl. Backhaus, K. et al., a.a.O., S.39
[66] Vgl. Backhaus, K. et al., a.a.O., S. 17
[67] Vgl. Homburg, C.: Kundennähe, a.a.O., S. 137f.; Slater, S.F./Narver, J.C.: Does Competitive Environment Moderate the Market Orientation-Performance Relationship, in: Journal of Marketing, 58. Jg., 1994, January, S. 50; eine etwas andere Vorgehensweise findet sich in einer früheren Veröffentlichung von Slater und Narver, siehe Narver, J.C./ Slater, S.F.: The Effect of a Market Orientation on Business Profitability, in: Journal of Marketing, 54. Jg., 1990, October, S. 30f.;
[68] Vgl. Homburg, C.: Kundennähe, a.a.O., S. 138

unabhängig vom Empowerment bestehende Einflußstärke des Service auf den Unternehmenserfolg an.

(Einfaktorielle) *Varianzanalysen* werden in der vorliegenden Untersuchung vor allem als „Unteranalysen" eingesetzt, so z.B. im Rahmen von (linearen) Regressionen zur Ermittlung der erklärten Varianz. In Ausnahmefällen werden sie hier auch eingesetzt, um Mittelwerte einer (metrisch-skalierten) Variablen zwischen mehreren verschiedenen (überschneidungsfreien) Untergruppen der Ist-Stichprobe zu vergleichen und Abweichungsanalysen durchzuführen. Durch den F-Test wird dabei überprüft, ob sich die Mittelwerte der untersuchten Gruppen unterscheiden. Die Nullhypothese geht davon aus, daß sich die Mittelwerte der einzelnen Gruppen (in der Grundgesamtheit) nicht voneinander unterscheiden. Dabei wird untersucht, ob die Varianz zwischen den Gruppen der Varianz in den Gruppen entspricht.[69] Nur bei einer Übereinstimmung kann von einer Gleichheit der Mittelwerte ausgegangen werden. Durch eine Signifikanzprüfung wird die Wahrscheinlichkeit (p) ermittelt, mit der sich der empirische F-Wert zufällig ergibt, obwohl die Gruppenmittelwerte (in der Grundgesamtheit) gleich sind. Läßt sich ein signifikanter F-Wert ($p \leq 0{,}05$) ermitteln, dann ist die Nullhypothese zurückzuweisen und es ist davon auszugehen, daß ein nicht-zufälliger Unterschied zwischen den Mittelwerten der untersuchten Gruppen besteht.

Da bei mehr als zwei verschiedenen Gruppen durch die Varianzanalyse nicht genau festgestellt werden kann, welche der untersuchten Gruppenmittelwerte sich voneinander (signifikant) unterscheiden, müssen weiterführende Tests durchgeführt werden. In der vorliegenden Untersuchung wird hierzu bei gegebener Notwendigkeit der Student-Newman-Keuls-Test (SNK-Test) verwendet.

Die Anwendung der Varianzanalyse setzt voraus, daß die Varianzen der Gruppen (in der Grundgesamtheit) homogen sind. Zur Überprüfung dieser Voraussetzung wird nachfolgend immer ein Levene-Test durchgeführt, der angibt, mit welcher Wahrscheinlichkeit eine Homogenität der Gruppenvarianzen (in der Grundgesamtheit) vorliegt.[70]

Bei der Untersuchung von Mittelwertunterschieden von zwei Gruppen wird in der vorliegenden Untersuchung *ein t-Test* (bei unabhängigen Stichproben) durchgeführt. Mittels des t-Wertes wird dabei die Nullhypothese überprüft, die besagt, daß die Differenz zwischen den beiden (Gruppen-) Mittelwerten gleich Null ist. Dabei wird anhand einer Signifikanzberechnung die Wahrscheinlichkeit ermittelt, mit der sich derselbe oder ein größerer t-Wert als der errechnete ergibt, wenn die beiden (Gruppen-) Mittelwerte in der Grundgesamtheit gleich wären. Je ge-

---

69 Vgl. Bellgardt, E., a.a.O., S. 76

70 Vgl. Brosius, G./Brosius, F., a.a.O., S. 409

ringer die Wahrscheinlichkeit hierbei ist, desto eher kann von einer tatsächlichen Mittelwertsdifferenz ausgegangen werden.

Bei der Anwendung des t-Tests ist darauf zu achten, ob eine Varianzhomogenität der untersuchten Gruppen (in der Grundgesamtheit) vorliegt. Ist dies der Fall, dann kann bei der Berechnung des t-Wertes statt der beiden - üblicherweise verwendeten - Gruppenvarianzen auch der Mittelwert der Varianzen berücksichtigt werden. Um zu überprüfen, ob eine Varianzhomogenität vorliegt, wird auch hier der Levene-Test durchgeführt. Wird eine vorliegende Varianzhomogenität ignoriert und werden daraufhin im Rahmen eines Seperate-Variance-t-Tests die einzelnen Gruppenvarianzen bei der t-Wert-Ermittlung berücksichtigt, dann wird die Wahrscheinlichkeit für diesen t-Wert (bei gleichen Mittelwerten in der Grundgesamtheit) zu hoch ausgewiesen. Wird fälschlicherweise eine Varianzhomogenität vorausgesetzt und damit in unberechtigter Weise ein Pooled-Variance-t-Test durchgeführt, dann kann es ebenfalls zu Fehlern kommen. Daher ist die Durchführung eines Levene-Tests für die nachfolgenden t-Tests obligatorisch.

Zur Bildung von a-posteriori Gruppen der Befragten werden *Clusteranalysen* durchgeführt. Sie gehören zu den sog. struktur-entdeckenden multivariaten Verfahren. Das Ziel der Clusteranalyse besteht darin, die Untersuchungsobjekte / Fälle möglichst so zu Gruppen / Clustern zusammenzufassen, daß die Objekte / Fälle in einer Gruppe möglichst homogen, aber die Cluster untereinander möglichst heterogen sind.[71] Zur Ermittlung der Affinität der Objekte / Fälle wird in der vorliegenden Arbeit die quadrierte Euklidische Distanz als Proximitätsmaß herangezogen. Bei metrischen Skalen bilden die Distanzmaße, deren bekannteste Variante die Euklidische Distanz ist, typische Methoden zur Quantifizierung der Objektähnlichkeiten. Dabei sind zwei Objekte / Fälle um so ähnlicher, je geringer ihre Distanz hinsichtlich der Merkmalsausprägungen ist. Für die Fusionierung der Objekte / Fälle zu Clustern wird die Ward-Methode eingesetzt. Sie gehört zu den agglomerativen hierarchischen Clusterverfahren, die von einer Feinaufteilung der Objekte ausgehen. Hierbei wird zunächst jedes Objekt als ein Cluster angesehen und danach in Obergruppen integriert.

Der Einsatz der *Diskriminanzanalyse*, die prinzipiell eine Methode zur Untersuchung von Gruppenunterschieden ist, beschränkt sich in der vorliegenden Arbeit auf die Überprüfung der Ergebnisse der Clusteranalysen.[72] Im Zusammenhang mit den durchgeführten Clusteranalysen soll die Diskriminanzanalyse erklären, wie stark die clusterdefinierenden Variablen zur Unterscheidung zwischen den Clustern beitragen. Als Beurteilungsgrundlage für die Trennschärfe jedes einzelnen Merkmals wird auf das gebräuchliche Wilks' Lambda zurückgegriffen. Bei die-

---

[71] Vgl. Backhaus, K. et al., a.a.O., S. 260ff.
[72] Vgl. ebenda, S. 91ff.

sem „inversen" Gütemaß, das Werte zwischen 0 und 1 annehmen kann, ist die diskriminatorische Bedeutung einer (clusterdefinierenden) Variablen um so größer, je näher es an Null liegt. Zur Signifikanzprüfung wird dabei auf den F-Test zurückgegriffen, der bereits bei der (einfaktoriellen) Varianzanalyse angesprochen wurde.

(Explorative) *Faktorenanalysen* werden in der vorliegenden Untersuchung eingesetzt, um einerseits Supervariablen zu identifizieren und Daten zu verdichten.[73] Im Gegensatz zur Clusteranalyse setzt sie auf der Seite der Variablen und nicht auf der Seite der Fälle / Objekte an. Für die Aufdeckung der Faktorstrukur ist keine a priori festgelegte Hypothese notwendig. Die Zurückführung einzelner Variablen auf Faktoren basiert auf Korrelationen zwischen den einzelnen Variablen. Dabei wird unterstellt, daß die Affinität zwischen zwei oder mehreren Variablen durch einen dahinterstehenden Faktor bedingt ist.[74] Da i.d.R. relativ viele Variablen mehr oder minder stark miteinander korrelieren, besteht ein Problem in der quantitativen Faktorenauswahl und -bestimmung. In der vorliegenden Untersuchung wird hierzu das Kaiser-Kriterium verwendet. Demnach werden nur solche Faktoren ausgewählt, die mindestens einen Eigenwert von 1 aufweisen. Der Eigenwert gibt an, wieviel ein Faktor hinsichtlich der Gesamtvarianz aller berücksichtigten Variablen ausschöpft. Da jede einzelne Variable eine (standardisierte) Varianz von 1 aufweist, soll durch das Kaiser-Kriterium sichergestellt werden, daß jeder Faktor mindestens genauso viel zur Varianzerklärung beiträgt wie eine einzelne Variable.[75]

Andererseits sollen (explorative) Faktorenanalysen auch dazu genutzt werden, um die Konvergenz- und Diskriminanzvalidität von theoretischen Konstrukten zu messen. Dabei dienen die Faktorladungen der einzelnen Indikatoren / Variablen als Beurteilungskriterium. Weisen die Indikatoren / Variablen für einen Faktor eine große Faktorladung auf und laden sie auf einen anderen bzw. die anderen sehr gering, dann lassen sie sich eindeutig zuordnen und geben damit deutliche Hinweise auf die beiden genannten Bereiche der Konstruktvalidität.[76] Dieser Anwendungsfall hängt stark mit dem Einsatz von AMOS als kausalanalytischem Verfahren zusammen.

---

[73] Vgl. Geider, F.J./Rogge, K.-E./Schaaf, H.P.: Einstieg in die Faktorenanalyse, Heidelberg 1982, S. 151
[74] Vgl. Berekoven, L:/Eckert, W./Ellenrieder, P., a.a.O., S. 222
[75] Vgl. Backhaus, K. et al., a.a.O., S. 225
[76] Vgl. Homburg, C./Giering, A., a.a.O., S. 8

1.4.2. Der Einsatz von AMOS als modernes kausalanalytisches Verfahren

Unter *Kausalanalyse* versteht HILDEBRANDT alle multivariaten Analysemethoden, mit denen auf der Basis von Varianzen und Kovarianzen von Daten eine theoretische Struktur in Form von linearen Gleichungsmodellen getestet wird.[77] Im Gegensatz zur Regressions- und Varianzanalyse, die häufig als traditionelle kausalanalytische Verfahren bezeichnet werden, sind die modernen Methoden der Kausalanalyse durch eine Integration von theoretischen, empirischen und meßtechnischen Phasen des Forschungsprozesses charakterisiert.[78] Sie ermöglichen beispielsweise eine Identifikation von Meßfehlern, die Entwicklung von Skalen, die Validierung der Messungen und vor allem die Überprüfung eines Systems von (kausalen) Beziehungen zwischen Variablen und / oder (theoretischen) Konstrukten.[79] An dieser Stelle sei darauf hingewiesen, daß auch mit einer Kausalanalyse letztlich im strengen wissenschaftlichen Sinne *keine Kausalitäten* an sich überprüft, sondern lediglich Kausalhypothesen (in Form einer modellierten Syntax) getestet und zurückgewiesen bzw. angenommen werden können. Unter *Kausalhypothesen* versteht man Aussagen, die Wirkungen bzw. abhängige Variablen mit vorher oder simultan erfaßten Ursachen bzw. unabhängigen Variablen erklären. Die Festlegung von unabhängigen Variablen bzw. Ursachen ist dabei aus theoretischen Überlegungen abzuleiten.[80]

Kausalhypothesen folgen also nicht einfach aus bloßen Beobachtungen, sondern sie ergeben sich aus theoretischen Konstruktionen, die auf strenge wissenschaftliche Weise empirisch überprüft werden.[81] Allerdings lassen sich hierbei nur die Kovariationen von abhängigen und unabhängigen Variablen sowie die zeitliche Abfolge der auftretenden Ereignisse empirisch ermitteln.[82] Zur Überprüfung und zum Nachweis von Kausaleffekten bieten sich vor allem Experimente an, bei denen der Forscher / Untersuchungsleiter die Situation vollständig kontrolliert und die vermutete Wirkung eigenständig herstellt.[83] Allerdings sind derartige strikte Voraussetzungen in den Sozial- und Wirtschaftswissenschaften sowie insbesondere in der Marketingwissenschaft häufig nicht gegeben. Das gilt auch für die vorliegende Untersuchung. Allein schon die beschriebenen Einflüsse der externen Rahmenbedingungen entziehen sich einer experimentellen Kontrolle und Steuerung. Durch moderne Verfahren der Kausalanalyse lassen sich jedoch auch bei nicht-experimentellen Untersuchungen Kovarianzen ermitteln und theoretische Hypothesen mit strengen Tests überprüfen. Das ist ein wesentlicher Grund für die zunehmende

[77] Vgl. Hildebrandt, L.: Kausalanalyse, in: Tietz, B./Köhler, R./Zentes, J. (Hrsg.), Handwörterbuch des Marketing, 2. Aufl., Stuttgart 1995, Sp. 1125
[78] Vgl. Eisele, J., a.a.O., S. 70
[79] Vgl. Hildebrandt, L.: Kausalanalyse, a.a.O., Sp. 1126
[80] Vgl. Fritz, W.: Warentest, a.a.O., S. 272
[81] Vgl. Stapf, K.H.: Laboruntersuchungen, in: Roth, E. (Hrsg.), Sozialwissenschaftliche Methoden, 3. Aufl., München/Wien 1993, S. 236
[82] Vgl. Fritz, W.: Warentest, a.a.O., S. 272
[83] Vgl. Stapf, K.H., a.a.O., S. 230ff.; Bortz, J./Döring, N., a.a.O., S. 12

Verbreitung der modernen Kausalanalyse in der Marketingwissenschaft.[84] So gibt es immer mehr neuere Veröffentlichungen, die auf moderne Formen der Kausalanalyse zurückgreifen. Dabei kommen unterschiedliche Varianten zum Einsatz, die auf speziellen statistischen Softwareprogrammen basieren. Hierzu gehören insbesondere LISREL (Analysis of Linear Structural Relations), EQS (Equations based Language), PLS (Partial Least Squares) und AMOS (Analysis of Moment Structures).

Bei allen Verfahren / Varianten handelt es sich um eine Integration von konfirmatorischen Faktorenanalysen und Strukturgleichungsanalysen (bzw. Regressionsanalysen).[85] Dabei besteht die Möglichkeit, die beiden Bereiche simultan zu schätzen.[86] Bei der *konfirmatorischen Faktorenanalyse* werden - wie bei der oben beschriebenen explorativen Faktorenanalyse - die Zusammenhänge von vielen Variablen / Indikatoren auf deren Abhängigkeit von einigen (latenten) Supervariablen (Faktoren) zurückgeführt. Im Unterschied zur explorativen Faktorenanalyse werden hier jedoch die Abhängigkeiten einzelner Variablen / Indikatoren bereits a priori zugeordnet. Durch die konfirmatorische Faktorenanalyse erfolgt damit vor allem eine Überprüfung der zugrunde gelegten Zuordnung von Indikatoren zu Faktoren (Konstrukten). Da im Gegensatz zur explorativen Faktorenanalyse die Variablen / Indikatoren bereits von vornherein einem Faktor zugeordnet werden, entfallen bei der konfirmatorischen Faktorenanalyse die Suche nach einem geeigneten Abbruchkriterium bei der Festlegung und Auswahl der Faktorenanzahl sowie die Interpretation der identifizierten Supervariablen. Ein weiterer Vorteil der konfirmatorischen Faktorenanalyse besteht zudem in der Berücksichtigung von Meßfehlern, die üblicherweise bei der explorativen Faktorenanalyse nicht ermittelt werden.[87]

Mit Hilfe der konfirmatorischen Faktorenanalyse lassen sich also komplexe (theoretische) Konstrukte messen, während die Strukturgleichungsanalyse komplexe Abhängigkeitsstrukturen von zwei oder mehreren Variablen bzw. Faktoren untersucht. Im Rahmen der Kausalanalyse werden dabei die Konstrukte in ein Strukturgleichungsmodell eingebunden, das die (theoretischen) Abhängigkeitsbeziehungen der Konstrukte spezifiziert.

Für den Einsatz aller vorstehend genannten (Computer-) Programme der Kausalanalyse ist deshalb grundsätzlich die Erstellung eines sog. *Kausalmodells* erforderlich. Es handelt sich

[84] Aus diesem Grund ist es aus sprachlicher Sicht eigentlich präziser, von *Kovarianzstrukturanalyse* als von Kausalanalyse zu sprechen. Allerdings hat sich der Begriff Kausalanalyse in der empirischen (Marketing-) Forschung weitgehend durchgesetzt und soll deshalb auch hier Verwendung finden.

[85] Vgl. für AMOS insbesondere Arbuckle, J.L.: Amos Users' Guide Version 3.6, Chicago 1997, S. 1; für LISREL insbesondere Jöreskog, K.G./Sörbom, D.: LISREL 7 - A Guide to the Programm and Applications, 2. Aufl., Chicago 1989, S. 15ff; Mueller, R.O.: Basic Principels of Structural Equation Modeling - An Introduction to LISREL and EQS, New York/Berlin/Heidelberg 1996, S. viii und S. 1ff.; Pfeifer, A./Schmidt, P.: LISREL - Die Analyse komplexer Strukturgleichungsmodelle, Stuttgart/New York 1987, S. 8

[86] Vgl. Hildebrandt, L.: Kausalanalyse, a.a.O., Sp. 1125

[87] Vgl. zur konfirmatorischen Faktorenanalyse u.a. Backhaus, K. et al., a.a.O., S. 251ff. und S. 409ff.

hierbei um die Übersetzung der verbal formulierten (Kausal-) Hypothesen in ein Pfaddiagramm, das die Richtung angenommener Beziehungen zwischen den zu untersuchenden Variablen der theoretischen Überlegungen abbildet.[88] Hierbei ist zwischen exogenen und endogenen Variablen zu unterscheiden. *Exogene Variablen* werden vorgegeben, indem sie innerhalb des Modells als unabhängig angenommen werden. Sie werden also nur von nicht explizit berücksichtigten Variablen außerhalb des Modells beeinflußt. Allerdings können sich auch zwischen exogenen Variablen korrelative Verbindungen ergeben. *Endogene Variablen* werden innerhalb des Modells von den exogenen Variablen / Konstrukten (kausal) determiniert. Da man i.d.R. davon ausgehen kann, daß die endogenen Variablen nicht ausschließlich von den berücksichtigten exogenen Variablen beeinflußt werden, sind zur Schließung des Modells noch sog. *Residualvariablen* bzw. *Störvariablen* aufzunehmen, die zur Erklärung der Restvarianz (also durch die exogenen Variablen unerklärte Varianz) der endogenen Variablen beitragen.[89]

Bei den exogenen und endogenen Variablen kann es sich um manifeste (direkt meß- / beobachtbare) oder um latente (nicht direkt meß- / beobachtbare) Größen handeln. Sind ausschließlich manifeste Variablen zu analysieren, dann können hierzu auch einfache Regressionsanalysen eingesetzt werden. Sollen jedoch auch latente Variablen untersucht werden, dann ist der Einsatz moderner Verfahren der Kausalanalyse unabdingbar. Da die latenten Variablen (Faktoren) über Indikatoren gemessen werden, sind auch Angaben über diese Meßvariablen erforderlich. Daher besteht ein Kausalmodell i.d.R. aus zwei Modellteilen: Zum einen aus dem sog. Strukturgleichungsmodell und zum anderen aus dem sog. Meßmodell. Das *Strukturgleichungsmodell* gibt die hypothetischen Kausalbeziehungen zwischen den latenten Variablen wieder, während das *Meßmodell* die Beziehungen zwischen latenten Variablen und ihren jeweils zugehörigen Indikatoren beschreibt.[90] Zur Festlegung des Meßmodells werden i.d.R. konfirmatorische Faktorenanalysen durchgeführt. Die Beziehungen der (manifesten) Meßvariablen der endogenen und exogenen Faktoren werden in Form von Kovarianz- oder Korrelationsmatrizen in der Berechnung des Kausalmodells berücksichtigt. Sie bilden den Ausgangspunkt für die Bestimmung von Wirkungen und Beziehungen zwischen den latenten (exogenen und endogenen) Variablen.

I.d.R. werden sog. *rekursive Kausalmodelle* formuliert, bei denen (kausale) Beziehungen nur in eine Richtung wirken. In Abbildung V-2 ist der allgemeine Aufbau eines solchen rekursiven Kausalmodells dargestellt. Allerdings sind auch *nicht-rekursive Kausalmodelle* denkbar, die

---

[88] Vgl. Hildebrandt, L./Rudinger, G./Schmidt, P.: Strukturgleichungsmodelle in der Kausalanalyse, in: Hildebrandt, L./Rudinger, G./Schmidt, P. (Hrsg.), Kausalanalysen in der Umweltforschung, Stuttgart/Jena/New York 1992, S. 5

[89] Vgl. Fritz, W.: Warentest, a.a.O., S. 281f.

Rückkopplungen und Feed-Back-Wirkungen berücksichtigen.[91] Hierbei ist jedoch zu beachten, daß die für eine Kausalität geforderte zeitliche Abfolge von Ursache und Wirkung nicht verletzt wird.[92]

Durch die Trennung von Strukturgleichungs- und Meßmodell wird eine Affinität zu der in der Wissenschaftstheorie postulierten *„Zwei-Sprachen-Konzeption"* deutlich.[93] Sie unterscheidet zwischen theoretischer und empirischer Sprache. Die theoretische Sprache bezieht sich auf Begriffe, die als (hypothetische) Konstrukte nicht direkt meßbare Sachverhalte umfassen. Die empirische Sprache (Beobachtungssprache) erstreckt sich hingegen auf Begriffe, die auf direkt beobachtbaren Gegebenheiten beruhen.[94]

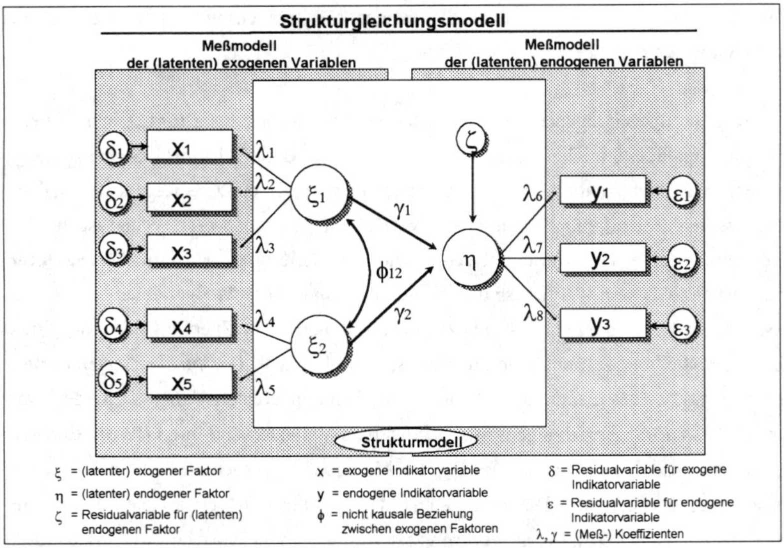

Abb. V-2: Der Aufbau eines allgemeinen Kausalmodells
(Quelle: Backhaus, K. et al., a.a.O., S. 326)

Während der vorstehend skizzierte Aufbau der Kausalanalyse bei allen o.g. Verfahren / (Computer-) Programmen gleich ist, unterscheiden sie sich im wesentlichen hinsichtlich des Benutzerkomforts sowie der Art und Anzahl der eingesetzten mathematischen Verfahren zur

---

90 Vgl. Homburg, C./Baumgartner, H.: Die Kausalanalyse als Instrument der Marketingforschung, in: Zeitschrift für Betriebswirtschaft, 65. Jg., 1995, Heft 10, S. 1092f.

91 Vgl. Andres, J.: Einführung in LISREL, in: Hildebrandt, L./Rudinger, G./Schmidt, P. (Hrsg.), Kausalanalysen in der Umweltforschung, Stuttgart/Jena/New York 1992, S. 23ff.

92 Vgl. zur Forderung einer zeitlichen Abfolge u.a. Fritz, W., Warentest, a.a.O., S. 272

93 Vgl. Bagozzi, R.O.: A Prospectus for Theory Construction in Marketing - Revisted and Revised, in: Hildebrandt, L./Homburg, C. (Hrsg.), Die Kausalanalyse, Stuttgart 1998, S. 58f.

94 Vgl. Backhaus, K et al., a.a.O., S. 325; Hildebrandt, L./Rudinger, G./Schmidt, P., a.a.O., S. 10

Schätzung der (Kausal-) Beziehungen zwischen den Variablen und zur Beurteilung von Kausalmodellen.[95] Das in der internationalen Marketingforschung bislang am häufigsten eingesetzte Verfahren / Programm ist LISREL.[96] Der Grund hierfür liegt sicherlich nicht nur in seiner Leistungsfähigkeit, sondern ist wohl ebenfalls darin zu sehen, daß LISREL bisher auch zusammen mit dem - im wissenschaftlichen Bereich - sehr weit verbreiteten statistischen Programmpaket SPSS als Modul vertrieben wurde. Seit Ende 1997 wird jedoch nicht mehr LISREL, sondern AMOS als SPSS-Modul angeboten. Da auch die anderen deskriptiven und explorativen Analysen mit dem Programmpaket SPSS durchgeführt werden, soll vor allem aus pragmatischen Gründen bei der vorliegenden Untersuchung auf AMOS zurückgegriffen werden.

AMOS ist durch eine sehr einfache Benutzerführung über eine graphische Benutzeroberfläche gekennzeichnet. Das zu untersuchende Kausalmodell bzw. die Meßmodelle werden dabei zunächst per Maus auf den Bildschirm gezeichnet, ohne daß ein formales mathematisches Gleichungssystem und Matrizen vom Forscher erstellt werden müssen. Dann werden die Daten aus der SPSS-Eingabematrix eingelesen. Im Anschluß daran sind die Methoden der Parameterschätzung und Tests festzulegen, die angewendet werden sollen. Danach erfolgt der Rechenschritt, dessen Ergebnisse als Text-Output angegeben werden. Zum Schluß können die Ergebnisse automatisch in das graphische Kausalmodell übertragen und als Abbildung ausgedruckt werden.

Im Vergleich zu LISREL läßt sich feststellen, daß AMOS teilweise die gleichen *Schätzverfahren* anwendet, um Wirkungen der (latenten) exogenen auf die (latenten) endogenen Variablen zu bestimmen, Beziehungen von (exogenen oder endogenen) Faktoren und den dazugehörigen Indikatoren festzustellen, Zusammenhänge von exogenen (latenten) Variablen untereinander zu überprüfen, und die Korrelationen zwischen Resudialgrößen zu untersuchen. AMOS verfügt über verschiedene Methoden zur Schätzung von entsprechenden Zusammenhängen und Wirkungen, die alle auf der Analyse von Kovarianzen bzw. Korrelationen der Meßvariablen / Indikatoren beruhen. Sie zielen darauf ab, eine möglichst gute Reproduktion der Kovarianzmatrix der Indikatoren zu erreichen.[97] Zu diesen von AMOS bereitgestellten Verfahren gehören auch die allgemein üblichen iterativen Schätzverfahren des Maximum Likelihood (ML), der Generalized Least Squares (GLS) und der Unweighted Least Squares (ULS).

Das *Maximum Likelihood (ML)-Verfahren* ist die in der internationalen Scientific Community am weitaus verbreitetste Schätzmethode. In Deutschland ist es bisher zwar häufig, aber nicht

[95] Vgl. Balderjahn, I./Scholderer, J.: Marktforschung - LISREL oder EQS?, in: Marktforschung & Management, 42. Jg., 1998, Heft 1, S. 33ff.

[96] Vgl. Homburg, C./Hildebrandt, L.: Die Kausalanalyse - Bestandsaufnahme, Entwicklungsrichtungen, Problemfelder, in: Hildebrandt, L./Homburg, C. (Hrsg.), Die Kausalanalyse, Stuttgart 1998, S. 17f.

dominant eingesetzt worden.[98] Der Grund hierfür mag darin liegen, daß es eine Multi-Normalverteilung der empirischen Meßvariablen / Indikatoren voraussetzt, die häufig nicht gegeben ist. Außerdem werden relativ große Stichproben für eine präzise Schätzung benötigt. So werden robuste Schätzungen im Rahmen des ML-Verfahrens erst bei einem Stichprobenumfang ab 150 Untersuchungseinheiten erreicht, der häufig nicht realisiert wird.[99] Allerdings verweisen HOMBURG / BAUMGARTNER auf Ergebnisse von Simulationsstudien, nach denen diese Methode auch bei nicht gegebener Normalverteilung der empirischen Daten zu validen Ergebnissen führt.[100] Sie empfehlen deshalb auch bei nicht gegebener Normalverteilung die Anwendung des ML-Verfahrens. Aus diesem Grunde soll auch in dieser Studie - entsprechend den internationalen Forschungsgepflogenheiten - auf dieses Schätzverfahren zurückgegriffen werden.

Das *Generalized Least Squares (GLS)-Verfahren* basiert ebenfalls auf der Annahme einer multivariaten Normalverteilung. Im Unterschied zum ML-Verfahren arbeitet es nach der Schätzmethode der kleinsten Quadrate.[101] Dabei wird versucht, die Summe der quadrierten Residuen zu minimieren. Das ML-Verfahren maximiert hingegen die Wahrscheinlichkeit dafür, daß die modelltheoretische Kovarianzmatrix die betreffende empirische Kovarianzmatrix erzeugt hat. Da es sich beim GLS-Verfahren um eine sehr selten eingesetzte Methode handelt, die in der (internationalen) Marketingforschung kaum Beachtung findet, soll sie auch in der vorliegenden Untersuchung nicht zum Einsatz gelangen.

Die Methode der *Unweighted Least Squares (ULS)* wird häufig empfohlen, wenn die beobachteten Variablen keine Normalverteilung aufweisen und der Stichprobenumfang zwischen n = 100 und n = 200 Untersuchungseinheiten liegt. Sie liefert bei diesen Bedingungen eine effiziente und stabile Schätzung der verschiedenen Parameter und Anpassungsmaße.[102] Sie scheint damit für den vorliegenden Rücklauf besonders geeignet. Auch sie arbeitet - wie die GLS-Methode - auf Basis der kleinsten Quadrate. Nachteilig ist jedoch, daß es im Gegensatz zur ML- und GLS-Methode keine Tests gibt, wie z.B. Standardschätzfehler und t-Werte.[103] Dies spricht gegen den Einsatz der ULS-Methode in der vorliegenden Arbeit. Dennoch soll sie aufgrund der gegebenen Stichprobengröße der Arbeit parallel zur ML-Methode als Benchmark eingesetzt werden, und zwar insbesondere zur Messung der Modellgüte.

---

97 Vgl. Homburg, C./Sütterlin, S.: Kausalmodelle in der Marketingforschung, in: Marketing- Zeitschrift für Forschung und Praxis, 12. Jg. 1990, Heft 3, S. 186

98 Vgl. Homburg, C./Baumgartner, H.: Die Kausalanalyse, a.a.O., S. 1101f.

99 Vgl. Hildebrandt, V.G., a.a.O., S. 106

100 Vgl. Homburg, C./Baumgartner, H.: Die Kausalanalyse, a.a.O., S. 1102

101 Vgl. Homburg, C./Sütterlin, S., a.a.O., S. 187

102 Vgl. Fritz, W.: Marktorientierte Unternehmensführung, a.a.O., S. 120; Hildebrand, V.G., a.a.O., S. 107

103 Vgl. Pfeifer, A./Schmidt, P., a.a.O., S. 32

Die *Güte der Kausalmodelle* ist neben der Schätzung der Modellparameter der zweite wichtige Informationsbereich im Rahmen von Kovarianzanalysen. Hierbei wird überprüft, wie gut die Anpassung der theoretischen Überlegungen an die empirischen Befunde ist. Dabei ist eine möglichst hohe Anpassung zu erreichen. Zur Beurteilung der Modellgüte können verschiedene Qualitätsmaße herangezogen werden.[104] AMOS berechnet für die Qualität des gesamten Kausalmodells u.a. den Goodness-of-Fit-Index (GFI), den Adjusted-Goodness-of-Fit-Index (AGFI), das Root Mean Square Residual (RMR), einen χ^2-Wert und den Root Mean Squared Error of Approximation (RMSEA).[105] Außerdem werden u.a. auch der Normed-Fit-Index (NFI) und der Incremental-Fit-Index (IFI) ermittelt und ausgewiesen. Damit benutzt AMOS übliche Fit-Maße, die auch bei LISREL verwendet werden.

Der *Goodness-of-Fit-Index (GFI)* gibt den relativen Anteil der empirischen Varianz und Kovarianz an, der durch das Kausalmodell erklärt wird.[106] Der GFI kann einen Wert zwischen 0 und 1 annehmen. Grundsätzlich ist die Qualität eines Modells um so besser, je näher der GFI an den Wert 1 heranreicht. Damit liegt der Idealwert bei 1. Für die Beurteilung, ab welchem GFI-Wert ein Modell eine ausreichende Güte aufweist, gibt es unterschiedliche Richtwerte. Häufig wird ein Mindestwert von 0,9 gefordert.[107] Problematisch am GFI ist die Tatsache, daß sich bei der Hinzunahme von Modellparametern die Anpassungsgüte des Modells verbessert oder zumindest nicht verschlechtert.[108] Demnach haben Modelle mit vielen Parametern häufig eine hohe Anpassungsgüte nach dem GFI. Darüber hinaus ist der GFI auch vom Stichprobenumfang abhängig. Mit zunehmender Stichprobengröße verbessert sich die Anpassungsgüte eines Modells.[109]

Beim *Adjusted-Goodness-of-Fit-Index (AGFI)* handelt es sich ebenfalls um ein Maß für die durch das Modell erklärte Varianz und Kovarianz. Im Gegensatz zum GFI wird hier zusätzlich die Anzahl der Freiheitsgrade berücksichtigt. Der AGFI kann ebenfalls Werte zwischen 0 und 1 annehmen, wobei auch hier ein Mindestwert von 0,9 durch ein Modell erreicht werden sollte, um eine hohe Qualität zu erzielen. Durch die Berücksichtigung der Freiheitsgrade werden Modelle mit sehr vielen Parametern „bestraft", da mit der Zunahme von Modellparametern durch sog. „Strafterme" ein Verlust von Freiheitsgraden einhergeht. Demnach werden Modelle mit wenigen Parametern „honoriert".[110]

---

[104] Vgl. zu der Vielzahl verschiedener Qualitätskriterien und -maße insbesondere Homburg, C./Baumgartner, H.: Beurteilung von Kausalmodellen, in: Marketing - Zeitschrift für Forschung und Praxis, 17. Jg., 1995, Heft 3, S. 165ff.; Mueller, R., a.a.O., S. 80ff.
[105] Vgl. Arbuckle, J.L., a.a.O., S. 568ff.
[106] Vgl. Balderjahn, I.: Die Kreuzvalidierung von Kausalmodellen, in: Marketing - Zeitschrift für Forschung und Praxis, 10. Jg., 1988, Heft 1, S. 65
[107] Vgl. Homburg, C./Baumgartner, H.: Beurteilung, a.a.O., S. 167
[108] Vgl. Homburg, C./Giering, a., a.a.O., S. 10
[109] Vgl. Balderjahn, I., a.a.O., S. 66
[110] Vgl. Homburg, C./Giering, A., a.a.O., S. 10

Der *Root Mean Square Residual (RMR)* ist ein Maß für die durch ein Kausalmodell nicht erklärte Varianz und Kovarianz. Auch er kann - bei standardisierter Berechnung - einen Wert zwischen 0 und 1 annehmen. Allerdings ist hierbei ein Modell um so besser, je geringer der RMR ist. Der Idealwert beträgt demnach 0. Als Höchstmaß für den RMR wird meistens ein Wert von 0,1 angesehen. Auch der RMR-Wert ist abhängig vom Stichprobenumfang. Mit zunehmender Stichprobengröße verringert sich der RMR-Wert.[111] Bei AMOS ist für den RMR keine Normierung gegeben. Daher ist dieses Kriterium für die Modellbeurteilung nur eingeschränkt geeignet und soll in der vorliegenden Untersuchung nicht zur Bewertung herangezogen werden.

Der *χ^2-Wert* gibt Hinweise, inwieweit die modelltheoretische Kovarianzmatrix der empirischen Kovarianzmatrix entspricht. Setzt man den χ^2-Wert zur Anzahl der Freiheitsgrade (df) ins Verhältnis, dann erhält man einen Wert für die Anpassungsgüte des Gesamtmodells. Dabei sollte der Quotient den Wert 5 möglichst nicht überschreiten.[112] Kritische Autoren setzen das Höchstmaß des Quotienten gar auf den Wert 3.[113] In der vorliegenden Untersuchung werden daher Werte angestrebt, die möglichst unter dem Wert 3 liegen. Modelle, die Werte zwischen 3 und 5 aufweisen, werden jedoch nicht zurückgewiesen, denn grundsätzlich ist das χ^2-Maß für die Beurteilung der Modellgüte umstritten. Besonders problematisch ist, daß die Errechnung dieses Gütemaßes zum einen eine Normalverteilung der Daten voraussetzt. Zum anderen beeinflußt der Stichprobenumfang den χ^2-Wert. Darüber hinaus kann die Prüfung eines Modells mit dem χ^2-Maß eigentlich als Teststatistik angesehen werden. Dabei besteht das Ziel der Anwendung des χ^2-Maßes darin, für ein bestimmtes Kausalmodell einen χ^2-Wert zu erreichen, der bei einem vorgegebenen Signifikanzniveau (von üblicherweise $p = 0,05$) <u>nicht</u> signifikant ist. Es soll also ein Wert erreicht werden, bei dem die Nullhypothese nicht verworfen werden kann. Diese besteht nämlich darin, daß sich die reproduzierte Kovarianzmatrix des Modells nicht von der empirischen Kovarianzmatrix unterscheidet. Da es bei der Modellgüte gerade darum geht, daß beide Kovarianzmatrizen möglichst gleich sind (das spezifizierte Modell „richtig" ist), ist man bestrebt, die Nullhypothese nicht zu verwerfen.[114] Der χ^2-Wert wird beim ULS-Schätzverfahren im Gegensatz zum ML-Verfahren nicht berechnet. Insgesamt soll der χ^2-Wert bzw. der Quotient „χ^2/ df" aufgrund der skizzierten Probleme nur unter Vorbehalt und ergänzend zur Beurteilung der Anpassungsgüte von Strukturgleichungsmodellen angewendet werden.

---

[111] Vgl. Balderjahn, I., a.a.O., S. 66

[112] Vgl. Reinke, B.: Synergiemanagement im Handel, Frankfurt/Main et al. 1996, S. 182; siehe auch Mueller, R., a.a.O., S. 84

[113] Vgl. Fritz, W.: Marktorientierte Unternehmensführung, a.a.O., S. 140. Für Homburg/Baumgartner liegt der Höchstwert bei 2,5, siehe Homburg, C./Baumgartner, H.: Beurteilung, a.a.O., S. 168

[114] Vgl. Peter, S.I.: Kundenbindung als Marketingziel, Wiesbaden 1997, S. 140

Der *Root Mean Squared Error of Approximation (RMSEA)* ist wie der χ^2-Wert bzw. die χ^2-Teststatistik ein inferenzstatistisches Anpassungsmaß zum Vergleich der empirischen Kovarianzmatrix mit der vom aufgestellten Modell reproduzierten Kovarianzmatrix. Im Gegensatz zum χ^2-Maß /-Test wird jedoch nicht geprüft, ob ein Modell „richtig" ist oder nicht, sondern wie gut die Modellanpassung an die „empirische Realität" ist. Der RMSEA wird meistens - wie auch bei AMOS - nicht normiert. Werte unter 0,05 weisen nach Auffassung von Experten auf eine sehr gute Modellanpassung hin. Werte zwischen 0,05 und 0,08 belegen eine vollauf akzeptable Modellgüte. Werte bis 0,10 sind durchaus befriedigend.[115] Bei Verwendung des ULS-Schätzverfahrens wird dieses Maß nicht errechnet.

Beim *Normed-Fit-Index* (NFI) wird die Verbesserung der Anpassungsgüte eines Modells im Vergleich zu einem Null- / Basismodell bzw. vom Übergang des untersuchten Modells zum Basismodell gemessen. Auch der NFI kann als normiertes Maß Werte zwischen 0 und 1 annehmen, wobei ein Wert von mindestens 0,9 als akzeptabel angesehen wird.[116]

Der *Incremental-Fit-Index (IFI)* ist ähnlich ausgerichtet wie der NFI. Auch er beurteilt die Anpassungsgüte eines relevanten Modells zum Basismodell. Er berücksichtigt allerdings dabei den Stichprobenumfang und vermeidet die damit verbundenen Verzerrungen. Werte von mindestens 0,9 sind auch hier wünschenswert. Im Gegensatz zum NFI wird er beim Einsatz des ULS-Verfahrens nicht berechnet / ausgewiesen.

In der Fachliteratur wird empfohlen, neben den vorstehenden globalen Anpassungsmaßen auf jeden Fall auch eine Beurteilung von Teilstrukturen eines Kausalmodells vorzunehmen.[117] Denn trotz guter Anpassung eines Gesamtmodells können seine Einzelstrukturen mitunter völlig unzureichend abgebildet sein. Globale Anpassungsmaße geben zwar an, wie gut die vom Modell generierte Kovarianzmatrix an die empirische Kovarianzmatrix angepaßt ist, sie liefern aber keine Aussagen darüber, wie groß der erklärte Anteil an Varianzen und Kovarianzen durch Fehlervariablen ist.[118] Daher sollte auch eine Evaluation des (endogenen und exogenen) Meßmodells mittels spezieller Reliabilitätsprüfungen erfolgen. Zu den Prüfkriterien gehören vor allem die Indikator- und die Faktorreliabilität sowie die durchschnittlich erfaßte Varianz eines Faktors.[119]

---

[115] Vgl. Homburg, C./Baumgartner, H.. Beurteilung, a.a.O., S. 166f.

[116] Vgl. ebenda, S. 169

[117] Vgl. Fritz, W.: Marktorientierte Unternehmensführung, a.a.O., S. 128; Hildebrand, V.G., a.a.O., S. 113; Homburg, C./Giering, A., a.a.O., S. 10

[118] Vgl. Homburg, C./Baumgartner, H.: Die Kausalanalyse, a.a.O., S. 1103

[119] Vgl. Homburg, C./Giering, A., a.a.O., S. 10

Die *Indikatorreliabilität* bezieht sich auf den Varianzanteil eines Indikators, der durch den zugehörigen Faktor an der Gesamtvarianz dieser Indikatorvariable erklärt wird.[120] Dabei kann sie Werte zwischen 0 und 1 annehmen. Bei einem Wert von 1 würde keine Meßfehlerstreuung vorliegen und der Indikator vollständig vom Faktor erklärt. Als Mindestmaß für die Indikatorreliabilität gilt ein Wert von 0,4.[121] In AMOS wird diese Indikatorreliabilität - wie auch bei LISREL - durch die sog. *„Squared Multiple Correlation"* berechnet.[122]

Die *Faktorreliabilität* ist ein Maß für die oben angesprochene Konvergenzvalidität von Konstrukten. Sie gibt Auskunft über die Güte der Messung einer latenten Variablen (Faktor) durch die Meßvariablen (Indikatoren). Gleiches gilt für die *durchschnittlich erfaßte Varianz eines Faktors*. In beiden Fällen können Werte zwischen 0 und 1 errechnet werden. Je höher der Wert ist, desto besser ist auch hier die Reliabilität. Für beide Größen gibt es keine validen Richtwerte, ein Wert von 0,5 scheint - nach Auswertung verschiedener Anwendungsstudien - aussagekräftig zu sein. Weder die Faktorreliabilität noch die durchschnittlich erfaßte Faktorvarianz werden von AMOS automatisch ermittelt; sie sind separat in manueller Form zu errechnen.

Die Formel für die Faktorreliabilität lautet:[123] $\frac{(\sum_{i=1}^{q}\lambda_i)^2}{(\sum_{i=1}^{q}\lambda_i)^2+\sum_{i=1}^{q}\mathrm{var}(\delta_i)} = \frac{(\sum_{i=1}^{q}\lambda_i)^2}{(\sum_{i=1}^{q}\lambda_i)^2+\sum_{i=1}^{q}(1-\lambda_i^2)}$

Die durchschnittliche Varianz errechnet sich wie folgt:[124] $\frac{\sum_{i=1}^{q}\lambda_i^2}{q}$

Zur Bewertung der Konvergenzvalidität der Indikatoren eines Faktors kann auch noch auf eine andere Prüfmethode zurückgegriffen werden, bei der untersucht wird, ob sich alle Faktorladungen signifikant von Null unterscheiden. Zur Überprüfung wird hierbei auf die t-Werte der Faktorladungen zurückgegriffen. Es handelt sich bei dem *t-Wert* um den Quotienten der (geschätzten) Faktorladung und des (geschätzten) Standardfehlers. Legt man die allgemein übliche Irrtumswahrscheinlichkeit von 5 % (p = 0,05) zugrunde, dann ist eine Faktorladung von Null verschieden, wenn der t-Wert mindestens 1,645 beträgt.[125] Die Anwendung der t-Werte ist allerdings problematisch, da es bei den zugrunde gelegten Datensätzen ohne Normalvertei-

120 Vgl. Fritz, W.: Marktorientierte Unternehmensführung, a.a.O., S. 130
121 Vgl. Homburg, C./Baumgartner, H.: Beurteilung, a.a.O., S. 170
122 Vgl. Arbuckle, J.L., a.a.O., S. 256
123 Vgl. Fornell, C./Larcker, D.F.: Evaluating Structural Equation Models with Unobservable Variables and Measurement Error, in: Journal of Marketing Research, 18. Jg., 1981, February, S. 45
124 Vgl. ebenda, S. 46; Fritz, W.: Marktorientierte Unternehmensführung, a.a.O., S. 134
125 Vgl. Homburg, C./Giering, A., a.a.O., S. 11

lung zu Verzerrungen bei der Schätzung des Standardfehlers und damit auch zu verzerrten t-Werten kommen kann.[126]

Die vorstehenden Ausführungen verdeutlichen, daß die Anwendung eines Kausalmodells sehr komplex ist und der Evaluation der Anpassungsgüte ein besonderer Stellenwert zukommt. In Tabelle V-4 sind die wichtigsten Prüfkriterien mit ihren Soll-Anforderungen noch einmal aufgelistet. Sie werden bei der Anwendung der AMOS-Prozeduren im Rahmen der kausalanalytischen Untersuchung berücksichtigt. Dabei sind möglichst alle Globalkriterien und die Hälfte der Detailkriterien durch ein Kausalmodell zu erfüllen, um es bei strenger Prüfung anzunehmen. Allerdings werden dabei auch kleinere (negative) Abweichungen von den Schwellenwerten toleriert. Das ist gerade bei innovativen Forschungsbereichen mit wenig Erfahrungswerten eine übliche Vorgehensweise.[127] Zudem zeigt sich, daß z.B. beim GFI und AGFI die Werte mit Zunahme der Faktoren und / oder Meßvariablen (Indikatoren) sinken. Deshalb sollte man bei der Beurteilung sehr komplexer Kausalmodelle im Hinblick auf die Anwendung dieser deskriptiven Fitmaße durchaus etwas großzügiger sein.[128]

Kriterium	***Geforderte Ausprägung***
1. Globalkriterien	
(Erfüllung möglichst aller Kriterien)	
χ^2-Wert / Anzahl der Freiheitsgrade (df)	≤ 5
GFI (Goodness-of-Fit-Index)	$\geq 0{,}90$
AGFI (Adjusted-Goodness-of-Fit-Index)	$\geq 0{,}90$
NFI (Normed-Fit-Index)	$\geq 0{,}90$
IFI (Incremental-Fit-Index)	$\geq 0{,}90$
RMSEA (Root Mean Squared Error of Approximation)	$\leq 0{,}10$
2. Partialkriterien:	
(Erfüllung von möglichst der Hälfte der Kriterien)	
Indikatorreliabilität (Squared Multiple Correlation)	$\geq 0{,}40$
Faktorreliabilität	$\geq 0{,}60$
Anteil der durchschnittlich erfaßten Varianz eines Faktors	$\geq 0{,}50$
Signifikanztest der Faktorladungen (t-Wert)	$\geq 1{,}645$

Tab. V-4: Kriterienkatalog zur Evaluation von Kausalmodellen (Soll-Anforderungen)[129]

[126] Vgl. Hildebrand, V.G., a.a.O., S. 114

[127] Vgl. Homburg, C.: Kundennähe, a.a.O., S. 85

[128] Vgl. auch die Darstellung bei Backhaus, K./Büschken, J.: Einsatz der Kausalanalyse in der empirischen Forschung zum Investitionsgütermarketing, in: Hildebrandt, L./Homburg, C. (Hrsg.), Die Kausalanalyse, Stuttgart 1998, S. 159

[129] In Anlehnung an Homburg, C./Baumgartner, H.: Beurteilung, a.a.O., S. 167ff.

In der vorliegenden Untersuchung wird eine Entscheidung über die Ablehnung eines Modells insbesondere dann relevant, wenn die Modellgüte sowohl auf Basis der ML- als auch der ULS-Schätzung beim GFI, AGFI und NFI zu unbefriedigenden Ergebnissen führt.

Trotz der vielfältigen Einsetzbarkeit und Vorteilhaftigkeit der (modernen) Kausalanalyse zur Überprüfung von „Theorien" sind mit ihr jedoch auch *Probleme* verbunden, über die man sich bei der Anwendung im klaren sein sollte.[130] So gibt es bisher noch kein aussagekräftiges und hinreichendes Kriterium zur Identifikation von Kausalmodellen. Es handelt sich hierbei um die Feststellung, ob die Kovarianzmatrix der Meßvariablen / Indikatoren für die Schätzung der (unbekannten) Modellparameter ausreichend Informationen enthält. Nur wenn dies gegeben ist, lassen sich die ermittelten Parameter sinnvoll interpretieren.[131] Ein weiteres Problem sind die damit verbundenen Stichprobengrößen, die letztlich die Datengrundlage für die Kovarianzmatrix liefern.[132] Im Rahmen von Simulationsstudien wurde nachgewiesen, daß mit Abnahme der Stichprobengröße das Auftreten von Fehlern bei der Parameterschätzung und Modellbeurteilung zunimmt. Wie groß eine Stichprobe sein muß, um eine sinnvolle Anwendung der Kausalanalyse mit robusten Ergebnissen zu erreichen, ist jedoch nicht eindeutig festgelegt.[133] Wie bereits oben angedeutet wurde, hängt dies von der eingesetzten Methode der Parameterschätzung und vor allem auch von der Komplexität des Kausalmodells ab. Dadurch entsteht eine erhebliche Unsicherheit bei der Anwendung der Kausalanalyse.

Ein ebenfalls nicht zu unterschätzendes Problem besteht in der „Ignoranz" von alternativen Kausalmodellen, die zwar unterschiedliche Strukturen, aber gleichartigen (ausreichenden) Fit aufweisen, indem sie identische χ^2-Werte bei gleicher Anzahl von Freiheitsgraden besitzen. Es ist also durchaus möglich, daß es alternative Modelle gibt, die trotz unterschiedlicher inhaltlicher Aussagen äquivalente Kovarianzmatrizen aufweisen. In diesem Fall werden die Aussagen des aufgestellten Kausalmodells und damit die Validität der Hypothesenprüfung erheblich eingeschränkt. Bisher wird dieses Problem jedoch in der Literatur noch nicht umfassend und ausreichend genug thematisiert und untersucht.[134]

Schließlich ist immer wieder darauf hinzuweisen, daß die Kausalanalyse über die „Hilfskonstruktion" der Kovarianzen versucht, Abhängigkeiten zwischen latenten Variablen bzw. Konstrukten festzustellen. Dabei kann es sich lediglich um Näherungen an „reale Wirkungsbeziehungen" handeln, aber nicht um die zweifelsfreie Feststellung tatsächlicher Ursachen-Wirkungs-Verbindungen zwischen den Konstrukten (latenten Variablen). Da Modelle

---

130 Vgl. hierzu im wesentlichen Homburg, C./Hildebrandt, L., a.a.O., S. 37ff.

131 Vgl. Balderjahn, I., a.a.O., S. 60; Homburg, C./Baumgartner, H.: Die Kausalanalyse, a.a.O., S. 1093

132 Vgl. Backhaus, K./Büschken, J., a.a.O., S. 158

133 Vgl. Homburg, C./Baumgartner, H.: Die Kausalanalyse, a.a.O., S. 1093

134 Vgl. Homburg, C./Hildebrandt, L., a.a.O., S. 40f.

grundsätzlich Vereinfachungen realer Sachverhalte sind, können sich die statistischen Ergebnisse und Aussagen letztlich nur auf den Kontext der Modellstruktur beziehen.[135] Dieses Faktum ist sowohl bei der Annahme bzw. Ablehnung eines Kausalmodells als auch bei der entsprechenden Interpretation der Ergebnisse zu berücksichtigen.

2. Untersuchungsergebnisse

Die nachfolgende Darstellung der Untersuchungsergebnisse wird in zwei Bereiche geteilt, zum einen in die deskriptive und zum anderen in die explikative Datenanalyse. Obwohl die grundlegenden Zielsetzungen der vorliegenden Arbeit in der Feststellung der Wirkungen des Service auf den Unternehmenserfolg und in der Ermittlung von Erfolgsfaktoren des Servicemanagement liegen, die eine explikative Analyse erfordern, sind auch generelle Informationen über die Unternehmens- und Servicepolitik der befragten Unternehmen für die Untersuchung von grundlegendem Interesse. Sie werden daher in der deskriptiven Datenanalyse kurz vorgestellt.

2.1. Ergebnisse der deskriptiven Datenanalyse

Aufgabe der deskriptiven Datenanalyse ist die Darstellung der Ist-Situation in den befragten Unternehmen hinsichtlich der untersuchten Analysebereiche. Hierbei handelt es sich im wesentlichen um die generelle Geschäftsausrichtung, die Unternehmensziele, die Einschätzung der Marktsituation, die Bedeutung des Service für die Marktprofilierung und das Servicemanagement in den Unternehmen. Alle fünf Informationsbereiche sind für die spätere explikative Datenanalyse wichtig.

2.1.1. Die generelle Geschäftsausrichtung der Unternehmen

Zur generellen Geschäftsausrichtung sollen sowohl die Internationalisierung der Absatzaktivitäten als auch die allgemeine Grundhaltung / Philosophie der Unternehmen gezählt werden.

Betrachtet man die Internationalisierung der Absatzaktivitäten der befragten Unternehmen, so stellt man fest, daß gut 3/4 (76,3 %) ihre Kernprodukte auch im Ausland absetzen (siehe Abb. V-3). Im Durchschnitt sind die international tätigen Unternehmen auf 19 Ländermärkten aktiv (Modalwert = 15 Ländermärkte). Zu den wichtigsten Auslandsmärkten der international tätigen Unternehmen gehören die USA (14 %), Frankreich (10,3 %), Österreich (9,3 %), Niederlande (8,4 %) und Italien (8,4 %).

---

[135] Vgl. ebenda, S. 42

Im Durchschnitt ist der Unterschied zwischen den von den international tätigen Unternehmen bearbeiteten Märkten - nach eigenen Angaben - hinsichtlich der allgemeinen Rahmenbedingungen (z.B. wirtschaftliche Lage, gesetzliche Vorschriften und Kultur) eher groß. Bezüglich der anvisierten Kundensegmente sind die Unterschiede ebenfalls eher groß.

Abb. V-3: Absatz-Internationalisierung der befragten Unternehmen

Charakterisiert man die internationale Absatz- und Servicepolitik der im Ausland aktiven Unternehmen, so stellt man kein spezielles allgemeingültiges Muster fest. Wie das Mittelwertprofil in Abbildung V-4 zeigt, besteht eine „Tendenz zur Mitte" bei den abgefragten Kriterien.[136] Eine detailliertere Betrachtung der Häufigkeiten zeigt, daß bei den meisten Items eine weitgehende Gleichverteilung über alle Skalenwerte vorliegt. Bereits die relativ große Standardabweichung (SD) bei den einzelnen Kriterien deutet darauf hin. Dieses Ergebnis zeigt damit, daß sich die befragten Unternehmen in den Merkmalen durchaus unterscheiden. Es handelt sich für die explikative Datenanalyse um einen interessanten Hinweis, da hinsichtlich einiger dieser Items ganz spezielle Hypothesen formuliert wurden. Deren Test beruht auf der Unterschiedlichkeit der Unternehmen in diesen Merkmalen.

136 Der arithmetische Mittelwert wird in dieser Graphik sowie in allen nachfolgenden Graphiken als MW bezeichnet. Die Standardabweichung hat die Abkürzung SD. Mit n wird die Anzahl der Antworten gekennzeichnet.

Charakteristika der internationalen Absatz- / Servicepolitik

Wie würden Sie folgende Aspekte hinsichtlich der internationalen Absatzaktivitäten Ihres Unternehmens beurteilen ?

	MW	SD	n
Die Absatzaktivitäten werden auf jedem ausländischen Absatzmarkt spezifisch angepaßt	3,3	1,60	117
Die einzelnen internationalen Absatzmärkte wurden schrittweise erschlossen (erst Land A, dann Land B etc.)	3,8	1,90	117
Die Serviceaktivitäten werden auf den einzelnen Ländermärkten vom Unternehmen intensiv gesteuert und kontrolliert	4,0	1,75	115
Auf den einzelnen Ländermärkten gibt es jeweils eigene oder fremdbetriebene Servicestationen (vor Ort), die den Service erstellen	3,6	2,05	117
Die Ausgestaltungen der Servicepolitik in den einzelnen Ländern wird für jeden Auslandsmarkt selbständig (vor Ort) entschieden	4,0	1,99	117
Das Serviceangebot auf dem Heimmarkt und den Auslandsmärkten ist weitgehend gleich	3,8	1,70	117
Die Preise für Serviceleistungen sind im In- und Ausland weitgehend gleich	4,3	1,70	117

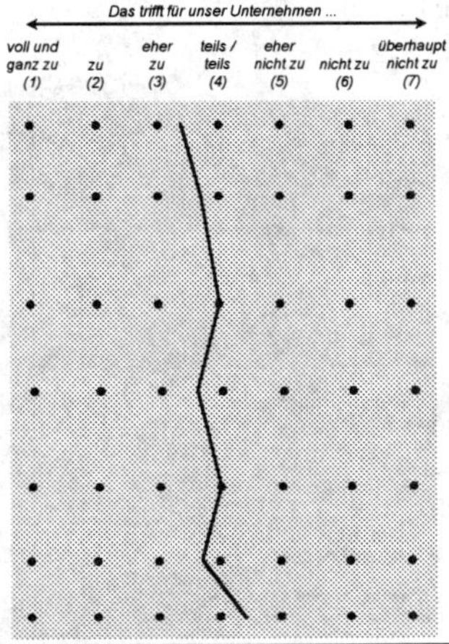

Abb. V-4: Generelle Merkmale der internationalen Absatz- und Servicepolitik der Unternehmen

Im Hinblick auf die Unternehmensphilosophie bzw. Grundhaltung zeigen die Ergebnisse eine sehr starke kunden- und qualitätsorientierte Ausrichtung der Unternehmen. Das gilt sowohl auf dem Inlandsmarkt (jeweils MW = 1,7) als auch auf den Auslandsmärkten (jeweils MW = 1,8). In beiden Fällen haben die Kunden- und Qualitätsorientierung die stärkste Ausprägung. Die Wettbewerbs- und Mitarbeiterorientierung sowie eine aggressive Grundhaltung sind weniger stark ausgeprägt. Sie haben im Durchschnitt nur eine mittlere Ausprägung. Bei den Ergebnissen ist grundsätzlich zu berücksichtigen, daß es sich um eigene Einschätzungen der antwortenden Manager handelt, die beispielsweise von Kunden, Wettbewerbern und Lieferanten völlig anders wahrgenommen werden können. Zudem zeigt die Standardabweichung eine recht breite Streuung der Beobachtungswerte um die Mittelwerte. Auch das ist für die explikative Datenanalyse eine gute Grundlage für den Test von einigen Hypothesen, die auf verschiedenen Ausprägungen einzelner Dimensionen der Grundhaltung beruhen.

In Abbildung V-5 ist das Mittelwertsprofil der Unternehmensgrundhaltungen auf dem deutschen Markt wiedergegeben.

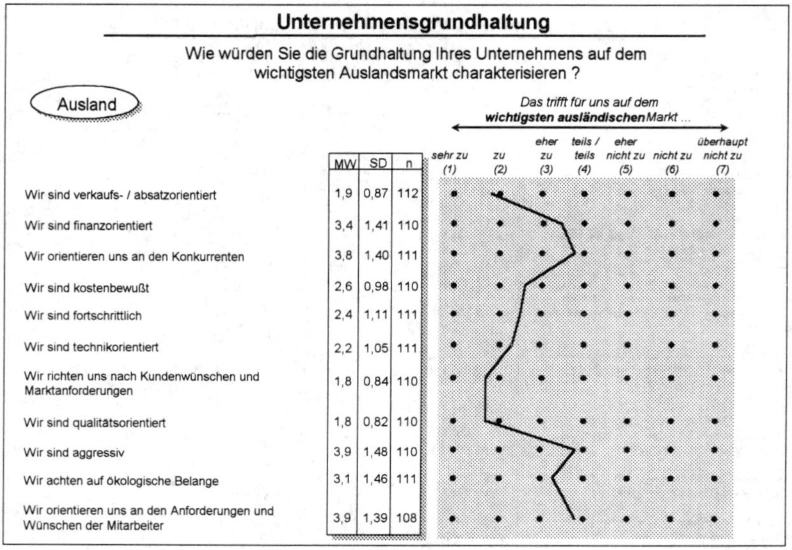

Abb. V-5: Die generelle Grundhaltung der befragten Unternehmen auf dem deutschen Markt

Daß sich die Grundhaltung der Unternehmen auf den ausländischen Absatzmärkten von der Grundhaltung auf dem deutschen Heimmarkt nicht wesentlich unterscheidet (siehe Abb. V-6), ist nachvollziehbar und wurde erwartet. Denn letztlich basiert die Grundhaltung eines Unternehmens auf konstitutiven Entscheidungen und Werten des Managements. Beide Bereiche sind langfristig ausgerichtet und beeinflussen das Verhalten der Organisationsmitglieder. Diese sind wiederum für die Formulierung des Unternehmenskonzeptes relevant, das in der Unternehmenspolitik seinen Niederschlag findet und die Unternehmensentwicklung nachhaltig beeinflußt.[137] International tätige Unternehmen, die keine (ausgeprägte) multinationale Unternehmensverfassung aufweisen, werden deshalb auf den einzelnen Auslandsmärkten auch weitgehend gleiche Grundhaltungen haben. Da - wie aus der oben dargestellten Abbildung V-4 hervorgeht - die Absatzaktivitäten auf den einzelnen Ländermärkten nicht sonderlich stark an die Absatzmärkte angepaßt werden, kann nicht von einer ausgeprägten multinationalen Unternehmenspolitik ausgegangen werden.

Auch ein zusätzlicher t-Test pairs (für gepaarte Stichproben) bei den international tätigen Unternehmen konnte zwischen den Grundhaltungen auf dem deutschen Markt und den ausländischen Absatzmärkten nur bei der Technik- und Qualitätsorientierung signifikante Mittelwertsunterschiede nachweisen.[138] Diese waren jedoch mit 0,13 bzw. 0,12 sehr gering.

[137] Vgl. Bleicher, K.: Normatives Management, a.a.O., S. 115ff.

[138] Auch hierbei wurde ein Signifikanzniveau von $p \leq 0,05$ zugrunde gelegt

Unternehmensgrundhaltung

Wie würden Sie die Grundhaltung Ihres Unternehmens auf dem wichtigsten Auslandsmarkt charakterisieren ?

Ausland

	MW	SD	n
Wir sind verkaufs- / absatzorientiert	1,9	0,87	112
Wir sind finanzorientiert	3,4	1,41	110
Wir orientieren uns an den Konkurrenten	3,8	1,40	111
Wir sind kostenbewußt	2,6	0,98	110
Wir sind fortschrittlich	2,4	1,11	111
Wir sind technikorientiert	2,2	1,05	111
Wir richten uns nach Kundenwünschen und Marktanforderungen	1,8	0,84	110
Wir sind qualitätsorientiert	1,8	0,82	110
Wir sind aggressiv	3,9	1,48	110
Wir achten auf ökologische Belange	3,1	1,46	111
Wir orientieren uns an den Anforderungen und Wünschen der Mitarbeiter	3,9	1,39	108

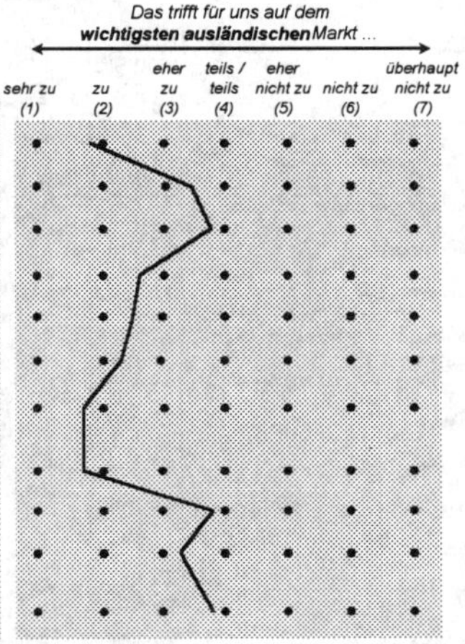

Abb. V-6: Die generelle Grundhaltung der befragten Unternehmen auf den Auslandsmärkten

2.1.2. Die verfolgten (internationalen) Unternehmensziele und der relative ökonomische Erfolg

Den Unternehmenszielen kommt für die explikative Datenanalyse ein besonderer Stellenwert zu. Sie bilden - entsprechend dem zugrunde gelegten Ziel-Ansatz - die Erfolgsvariable in der Untersuchung. Allein aus diesem Grunde ist eine kurze Diskussion entsprechender empirischer Ergebnisse aus der deskriptiven Datenanalyse angezeigt.

In Abbildung V-7 sind die Bedeutung von unterschiedlichen Zielen für die befragten Unternehmen und die entsprechende Zielerreichung auf dem deutschen Markt in komprimierter Form dargestellt. Wie die Ergebnisse eines t-Test (pairs) zwischen der Zielbedeutung und der Zielerreichung zeigen, bestehen bei allen abgefragten Zielen signifikante Unterschiede zwischen der Wichtigkeit und der Erreichung. Diese sind zum Teil relativ groß, so z.B. bei den Zielen „langfristige Gewinnerzielung“ (MW-Differenz = 1,7), „Ausbau / Sicherung der Wettbewerbsfähigkeit“ (MW-Differenz = 1,5) und „Kosteneinsparungen“ (MW-Differenz = 1,5).

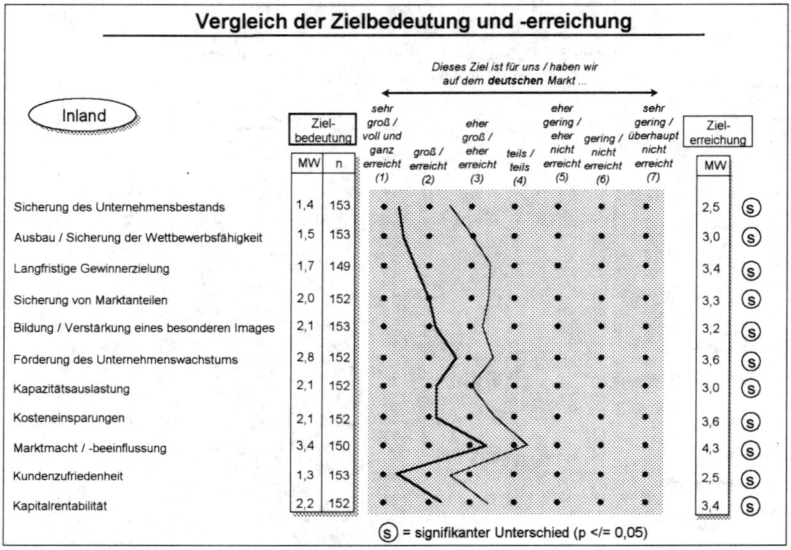

Abb. V-7: Bedeutung und Erreichung von Zielen auf dem deutschen Markt

Die wichtigsten Ziele für die Unternehmen sind die Erreichung von Kundenzufriedenheit (MW = 1,3), die Sicherung des Unternehmensfortbestands (MW = 1,4), der Ausbau bzw. die Sicherung der Wettbewerbsfähigkeit (MW = 1,5) und die langfristige Gewinnerreichung (MW = 1,7).[139] Wenngleich keines der abgefragten Ziele unwichtig ist, kann diesen - im Durchschnitt am höchsten bewerteten - Zielen eine besondere Relevanz für die Unternehmensführung zugesprochen werden.

Auf den Auslandsmärkten ergibt sich ein ähnliches Bild. Auch hier besteht - wie Abbildung V-8 zeigt - bei jedem Ziel eine signifikante Differenz zwischen der Bedeutung und der Erreichung. Besonders große Unterschiede zwischen diesen beiden Dimensionen lassen sich bei den Zielen „Sicherung von Marktanteilen“ (MW-Differenz = 1,5), „Ausbau / Sicherung der Wettbewerbsfähigkeit“ (MW-Differenz = 1,4) und „langfristige Gewinnerzielung“ (MW-Differenz = 1,4) feststellen.

[139] Zu ähnlichen Ergebnissen kommen verschiedene Studien der empirischen Zielforschung. Vgl. u.a. Fritz, W.: Marktorientierte Unternehmensführung, a.a.O., S. 230; Göttgens, O., a.a.O., S. 261; Raffée, H./Fritz, W.: Dimensionen und Konsistenz der Führungskonzeption von Industrieunternehmen, in: Zeitschrift für betriebswirtschaftliche Forschung, 44. Jg., 1992, Heft 4, S. 310

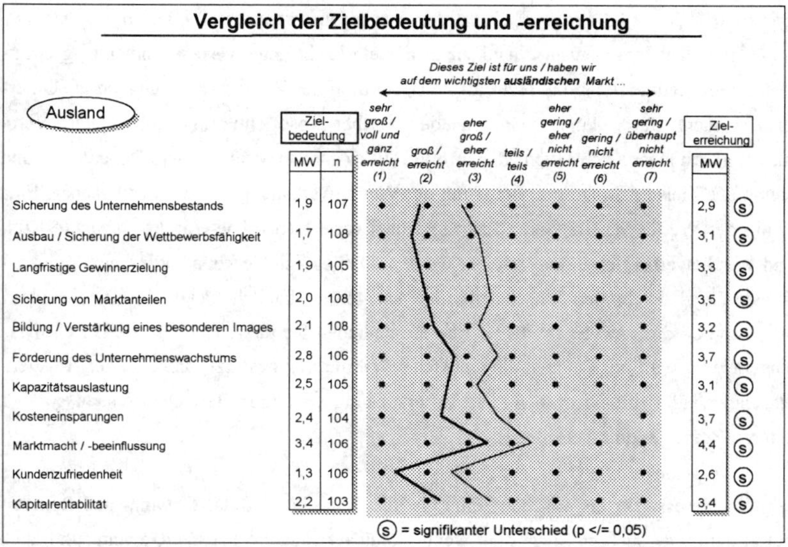

Abb. V-8: Bedeutung und Erreichung von Zielen auf den Auslandsmärkten

Zu den wichtigsten Zielen auf den Auslandsmärkten gehören ebenfalls die Erreichung von Kundenzufriedenheit (MW = 1,3), der Ausbau / die Sicherung der Wettbewerbsfähigkeit (MW = 1,7), die Sicherung des Unternehmensbestands (MW = 1,9) und eine langfristige Gewinnerreichung (MW = 1,9). Im Gegensatz zum Inland haben die Ziele auf den Auslandsmärkten bis auf das Ziel „Kundenzufriedenheit" eine etwas geringere Bedeutung. Außerdem ist die Rangfolge der Ziele nach ihrer Wichtigkeit minimal verändert.

Der hohe Stellenwert des Ziels „Kundenzufriedenheit" auf dem Inlandsmarkt und auf den Auslandsmärkten korrespondiert mit dem hohen Stellenwert der Kunden- und Marktorientierung in der Grundhaltung der Unternehmen. Das konnte auch in einer Korrelationsanalyse (Pearson-Korrelation) nachgewiesen werden, und zwar sowohl auf dem deutschen Absatzmarkt (r = 0, 193; p = 0,008) als auch auf den ausländischen Absatzmärkten (r = 0,185; p = 0,028).[140] Wenngleich die ermittelte Stärke des Zusammenhangs hierbei als eher gering angesehen werden kann, erstaunt es dennoch, daß zwischen der Wettbewerbsorientierung und der Bedeutung des Ziels „Steigerung der Wettbewerbsfähigkeit" keine signifikante positive Korrelation festgestellt werden konnte. Das Gegenteil ist der Fall: Sowohl auf dem deutschen

[140] Es handelt sich hierbei um die Ergebnisse des einseitigen Signifikanztests. Beim zweiseitigen Signifikanztest ergibt sich eine Verdoppelung der Signifikanzwerte. Demnach betragen hierbei die Werte im Inland p = 0,017 und im Ausland p = 0,056. Da jedoch ein eindeutige Richtung des Zusammenhangs „theoretisch" bzw. aufgrund von Plausibilitätsüberlegungen feststeht und bei steigender Kunden- bzw. Wettbewerbsorientierung auch eine steigende Bedeutung des Ziels „Kundenzufriedenheit" bzw. „Wettbewerbsfähigkeit" angenommen werden kann, wird hier der einseitige Signifikanztest verwendet.

Markt (r = - 0,117; p = 0,147) als auch auf den Auslandsmärkten (r = - 0,063; p = 0,259) ließ sich bei einer hohen Irrtumswahrscheinlichkeit nur ein leicht negativer Zusammenhang ermitteln. Damit wird deutlich, daß die recht große Bedeutung der Wettbewerbsfähigkeit als Unternehmensziel nicht durch eine entsprechende Wettbewerbsorientierung untermauert wird. Gleichzeitig wird hierdurch auch die große Diskrepanz zwischen der Bedeutung und Erreichung des Ziels „Ausbau und Sicherung der Wettbewerbsfähigkeit" nachvollziehbar. Eine Steigerung der Wettbewerbsfähigkeit kann logischerweise nicht ohne eine konsequente Kunden- und Wettbewerbsorientierung erreicht werden. Daß es sich hierbei nicht um ein branchenspezifisches Ergebnis für den Maschinen- und Anlagenbau handelt, zeigt die branchenübergreifende Studie von RAFFÉE / FRITZ, die zu ähnlichen Resultaten kommt.[141] Durch diese Übereinstimmung wird noch einmal die einleitende Vermutung gestützt, daß sich der Anlagen- und Maschinenbau - zumindest in für die Untersuchung wichtigen Bereichen - nicht so sehr von anderen Branchen unterscheidet.

Ein weiterer interessanter empirischer Befund ist die Tatsache, daß das Gewinn- und Rentabilitätsziel in dem untersuchten Zielsystem wenig dominant sind. So hat das Gewinn- und auch das Rentabilitätsziel weder auf dem Inlandsmarkt noch auf den ausländischen Märkten die erste Priorität für die Unternehmen. Bezogen auf das Gewinnziel verfolgen die Unternehmen im Inland drei und im Ausland zwei wichtigere Ziele. Das Rentabilitätsziel wird im Zielsystem der Unternehmen auf dem deutschen Markt und den ausländischen Märkten von fast allen anderen Zielen in der Bedeutung übertroffen. Damit wird die vom Verfasser - in Teil III, Punkt 3.1. - herausgestellte Problematik der ausschließlichen Verwendung von finanzökonomischen Größen zur Erfolgsermittlung noch weiter verschärft. Die Berücksichtigung von vor-ökonomischen Zielgrößen und Erfolgskriterien kann deshalb im Rahmen der Erfolgsfaktorenforschung im Lichte dieser Ergebnisse als besonders sinnvoll und empfehlenswert angesehen werden.[142]

Da aber (finanz-) wirtschaftliche Ziele und Größen - wie die empirischen Ergebnisse zeigen - generell wichtig sind, dürfen sie als Erfolgsmaßstab auf keinen Fall unterschätzt werden. Deshalb wurden die Unternehmen auch explizit nach einer Einschätzung hinsichtlich ihres relativen wirtschaftlichen Erfolgs (gemessen an den Wettbewerbern) befragt. Als Erfolgsmaßstäbe wurden dabei das Umsatzvolumen, der Gewinn, die Rentabilität und der Cash Flow herangezogen. Hierbei ging es nicht darum, exakte Vergleichsergebnisse von den befragten Unternehmen zu erheben, sondern eine mehr oder weniger gefühlsmäßige Bewertung zu erhalten. Eine exakte Bewertung ist i.d.R. kaum durchführbar, da in den meisten Unternehmen die hierfür notwendigen Informationen über die ökonomische Situation der Wettbewerber nicht vorliegen. Diese Vermutung läßt sich gerade durch die weniger stark ausgeprägte Wettbewerbsorientierung der

[141] Vgl. Raffée, H./Fritz, W., a.a.O., S. 310f.

befragten Unternehmen erhärten. Für eine Klassifizierung und Bewertung der Untersuchungssubjekte / Fälle im Rahmen weiterer Analysen ist eine derartig subjektive Einschätzung häufig schon ausreichend, um interessante Zusatzinformationen / -ergebnisse zu erhalten.

In Abbildung V-9 ist das Ergebnis der relativen Erfolgseinschätzung für den deutschen Markt wiedergegeben. Interessant ist, daß sich die befragten Unternehmen gegenüber ihren Wettbewerbern in Erfolgsgrößen eher gleich gut einschätzen. Wie eine genauere Betrachtung der Häufigkeitsverteilung zeigt, weist die Skalenausprägung „gleich gut" bei allen vier Kriterien die größte relative Häufigkeit auf. Diese „Tendenz zur Mitte" mag daran liegen, daß die Probanden keine genauere Vorstellung über die ökonomische Situation ihrer Wettbewerber haben und sich deshalb als ebenbürtig einschätzen bzw. aus Angst vor einer Falscheinschätzung diese mittlere Position wählen.

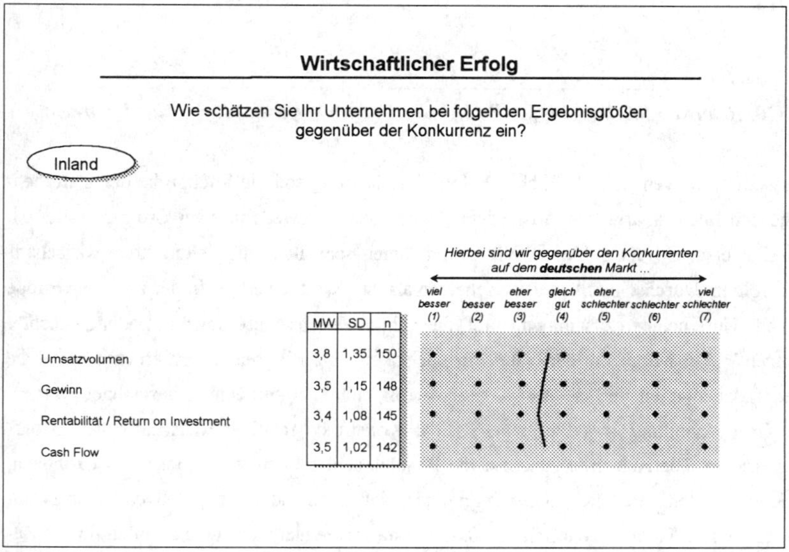

Abb. V-9: Relative Einschätzung des Erfolgs der Unternehmen auf dem deutschen Markt

Die international tätigen Unternehmen kommen bei ihrer Einschätzung des relativen wirtschaftlichen Erfolgs auf den wichtigsten Auslandsmärkten zu weitgehend gleichen Ergebnissen. Die Mittelwerte unterscheiden sich sind - wie Abbildung V-10 belegt - nur marginal.

[142] Vgl. hierzu insbesondere auch Chakravarthy, B.S.: Measuring Strategic Performance, in: Strategic Management Journal, 7. Jg., 1986, Nr. 5, S. 440ff.

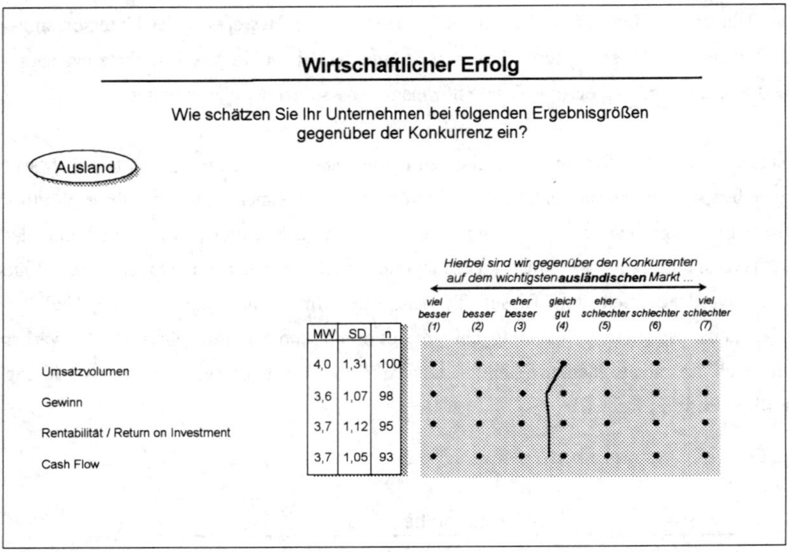

Abb. V-10: Relative Einschätzung des Erfolgs der Unternehmen auf den Auslandsmärkten

Auf Basis der relativen wirtschaftlichen Erfolgseinschätzung soll die Stichprobe der Unternehmen, die den Inlandsmarkt und Auslandsmarkt bearbeiten, jeweils in zwei Gruppen unterteilt werden. Die erste Gruppe soll dabei alle Unternehmen beinhalten, die sich in ihrem wirtschaftlichen Erfolg im Durchschnitt besser einschätzen als ihre Wettbewerber. In der zweiten Gruppe werden alle Unternehmen zusammengefaßt, die sich im Durchschnitt gleich gut oder schlechter einschätzen.[143] Die Mitglieder der ersten Gruppe sollen als „erfolgreiche" Unternehmen und die Mitglieder der zweiten Gruppe als „weniger erfolgreiche" Unternehmen bezeichnet werden. Für die Gruppenbildung ist jedoch zunächst das Konstrukt „relativer wirtschaftlicher Erfolg" zu strukturieren. Hierzu wurde zunächst die Reliabilität des Faktors auf Basis des Cronbach-Alpha-Koeffizienten berechnet. Dabei zeigte sich, daß beim Indikator „relatives Umsatzvolumen" eine Item-to-Total-Correlation von 0,365 bestand, die nicht als ausreichenden für die Zugehörigkeit zum Konstrukt angesehen wurde.[144] Aus diesem Grund wurde dieser Indikator aus dem Konstrukt eliminiert, zumal sich dadurch auch der Cronbach-Alpha-Koeffizient verbessert hat. Der Elimination des relativen Umsatzvolumens aus dem Konstrukt „relativer wirtschaftlicher Erfolg" kann insofern zugestimmt werden, als der erzielte Umsatz erst in Relation zu den Kosten und / oder Investitionen etwas über die ökonomische Effizienz eines Unternehmens

[143] Die Unternehmen, die sich gegenüber ihren Wettbewerbern im Durchschnitt gleich gut einschätzen, wurden bewußt unter die „weniger erfolgreichen" Unternehmen subsumiert, weil davon auszugehen ist, daß sich eine Vielzahl von ihnen aufgrund von Unsicherheit gleich gut einschätzt.

[144] In der Regel wird ein Mindestwert von 0,4 als ausreichend angesehen.

aussagt. Es ist daher sinnvoll, gleich auf entsprechende Kennzahlen (Gewinn, ROI, Cash Flow) zurückzugreifen.

Die drei anderen Indikatoren weisen mit einem standardisierten Cronbach-Alpha-Wert von 0,922 eine sehr hohe Konstruktreliabilität auf, die weit über dem Grenzwert (0,70) liegt. Des weiteren wurde eine explorative Faktorenanalyse durchgeführt, um die Konvergenzvalidität des Konstrukts „relativer wirtschaftlicher Erfolg" zu messen. Dabei wird gefordert, daß nur ein einziger Faktor extrahiert wird. Nur in diesem Fall kann von einem ausreichendem Maß an Konvergenzvalidität ausgegangen werden.[145] Außerdem sollte der extrahierte Faktor möglichst viel Varianz der Indikatoren erklären, um von einer guten gemeinsamen Messung des Faktors durch die ihm zugeordneten Indikatoren auszugehen.

In Tabelle V-5 ist das Ergebnis der explorativen Faktorenanalyse wiedergegeben. Es wurde nach dem Kaiser-Kriterium nur ein Faktor extrahiert, der eine erklärte Varianz von 86,5 % aufweist. Die Faktorladungen der einzelnen Indikatoren sind ebenfalls recht hoch und liegen über dem im allgemeinen geforderten Grenzwert von 0,5.[146]

Faktor „relativer wirtschaftlicher Erfolg" (n=140)		
Indikator	Item-to-Total-Correlation	Faktorladung
Relativer Gewinn	0,827	0,851
Relative Rentabilität	0,886	0,906
Relativer Cash Flow	0,812	0,838
Cronbach-Alpha-Koeffizient (standardisiert): 0,922 Erklärte Varianz: 86,50 %		

Tab. V-5: Informationen zum Faktor / Konstrukt „relativer wirtschaftlicher Erfolg" auf dem deutschen Markt

Bezogen auf die international tätigen Unternehmen wurde das Konstrukt „relativer wirtschaftlicher Erfolg" ebenfalls nach den vorstehend aufgeführten Kriterien getestet. Auch wurde wegen einer eher geringen Item-to-Total-Correlation (0,386) der Indikator „relatives Umsatzvolumen" aus dem Konstrukt eliminiert und der Cronbach-Alpha-Koeffizienten dadurch erhöht. Für die drei übrig gebliebenen Erfolgsgrößen wurde wiederum eine explorative Faktorenanalyse zur Messung der Konstruktvalidität durchgeführt. Das Ergebnis dieser Analyse ist in Tabelle V-6 dargestellt.

145 Vgl. Homburg, C.: Kundennähe, a.a.O., S. 86
146 Vgl. z.B. Hildebrand, V.G., a.a.O., S. 116

Faktor „relativer wirtschaftlicher Erfolg" (n=92)		
Indikator	Item-to-Total-Correlation	Faktorladung
Relativer Gewinn	0,805	0,913
Relative Rentabilität	0,863	0,942
Relativer Cash Flow	0,779	0,899
Cronbach-Alpha-Koeffizient (standardisiert): 0,907 Erklärte Varianz: 84,34 %		

Tab. V-6: Informationen zum Faktor / Konstrukt „relativer wirtschaftlicher Erfolg" auf den Auslandsmärkten

Auf der Grundlage des jeweiligen Faktors „relativer wirtschaftlicher Erfolg" wurden dann die beiden „Erfolgsgruppen" gebildet. Dabei wurde aus den Mittelwerten der drei Faktorindikatoren ein Faktormittelwert errechnet. Dieser liegt zwischen 1 (im Durchschnitt sehr viel besser) und 7 (im Durchschnitt sehr viel schlechter). Zu den „erfolgreichen" Unternehmen wurden nun alle befragten Unternehmen gezählt, deren Mittelwert kleiner als 4 (im Durchschnitt gleich gut) ist. Zu dieser Gruppe gehören auf dem deutschen Markt 85 und auf den ausländischen Märkten 50 Unternehmen. Die „weniger erfolgreichen" Unternehmen umfassen alle Befragungsteilnehmer, deren Faktormittelwert gleich oder größer als 4 ist. Das sind auf dem deutschen Markt 62 und auf den Auslandsmärkten 47 Unternehmen.

Die Unterscheidung der beiden Gruppen ist besonders für die Untersuchung der nationalen und internationalen Servicepolitik interessant und soll dort für vertiefende Analysen im Rahmen von t-Tests eingesetzt werden.

2.1.3. Die Einschätzung der Marktsituation

Zur Beurteilung der Marktsituation wurden die befragten Unternehmen aufgefordert, 10 Items über Kunden, Lieferanten, Wettbewerber und gesetzliche Rahmenbedingungen zu beantworten. Es handelt sich hierbei im wesentlichen um Ausprägungen von PORTERS Triebkräften des Wettbewerbs. In Abbildung V-11 ist die auf diesen Items beruhende Einschätzung der deutschen Marktsituation des Maschinen- und Anlagenbaus wiedergegeben.

Wie ersichtlich, gibt es keinen abgefragten Marktfaktor, der aus Sicht der Unternehmen unbedeutend ist. Die Ausprägung fast aller Aspekte wird mit „groß" oder „eher groß" beurteilt. Lediglich die Bedrohung durch Substitutionsprodukte wird als eher gering angesehen (MW = 4,8). Dieses Ergebnis ist für die explikative Datenanalyse bedeutsam, da zu den meisten Wettbewerbskräften eine Hypothese aufgestellt wurde.

Weiterhin zeigt sich, daß die Unternehmen den Nachfragern im Durchschnitt sowohl eine ziemlich große Preissensibilität (MW = 2,3) als auch eine ziemlich große Qualitätsorientierung (MW = 2,4) bescheinigen. Wie die Ergebnisse einer Korrelationsanalyse belegen, besteht zwischen den beiden Einschätzungen aber kein signifikanter Zusammenhang. Dennoch deutet dieser Befund darauf hin , daß - wie auch bereits bei Ausführungen zu den generischen Marktprofilierungsstrategien angemerkt wurde - eine adäquate Marktbearbeitungsstrategie eine simultane Kosten- und Qualitätsausrichtung zu verfolgen hat. Dies wird von den befragten Unternehmen auch realisiert. So besteht zwischen den beiden Grundhaltungen der Qualitäts- und Kostenorientierung in den Unternehmen ein signifikanter, mittelstarker Zusammenhang (r = 0,399; p = 0,000).

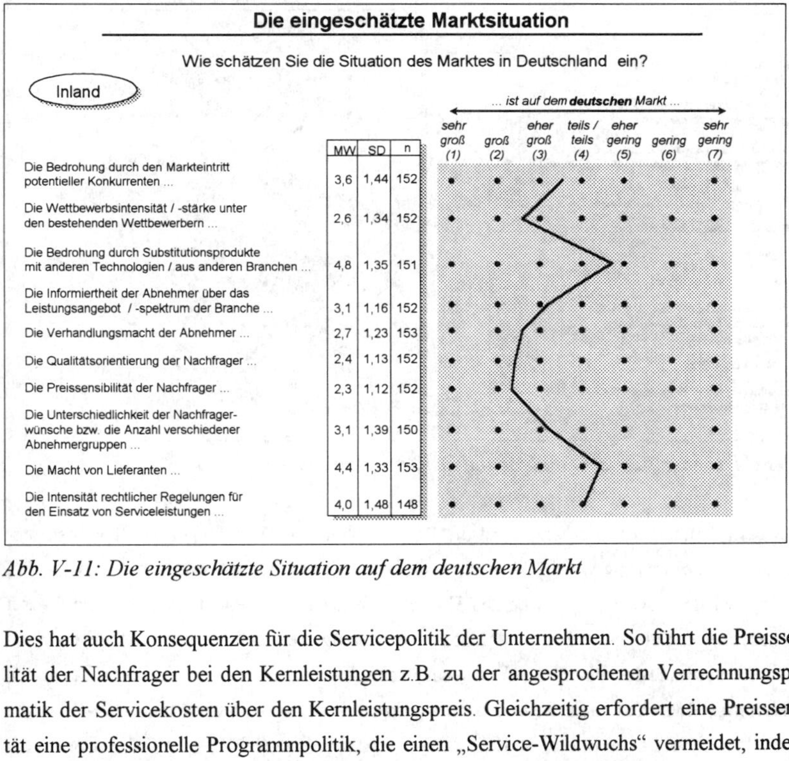

Abb. V-11: Die eingeschätzte Situation auf dem deutschen Markt

Dies hat auch Konsequenzen für die Servicepolitik der Unternehmen. So führt die Preissensibilität der Nachfrager bei den Kernleistungen z.B. zu der angesprochenen Verrechnungsproblematik der Servicekosten über den Kernleistungspreis. Gleichzeitig erfordert eine Preissensibilität eine professionelle Programmpolitik, die einen „Service-Wildwuchs" vermeidet, indem zumindest Frill-Leistungen, die kostenintensiv sind und zu steigenden Preisen führen, vermieden werden. Beide Bereiche werden in der explikativen Analyse noch näher untersucht.

Weiterhin konnte zwischen den „erfolgreichen" und den „weniger erfolgreichen" Unternehmen im Rahmen eines t-Tests nur bei der Einschätzung der Lieferantenmacht ein signifikanter Unterschied festgestellt werden. Aus Sicht der „weniger erfolgreichen" Unternehmen ist die Lieferantenmacht weder „groß" noch „gering" (MW = 3,9), während sie für die „erfolgreichen" Unternehmen eher gering ist (MW = 4,7).

Auf den ausländischen Absatzmärkten wird die Situation von den international tätigen Unternehmen ähnlich eingeschätzt, wenngleich sich eine tendenziell leicht geringere Einschätzung der durchschnittlichen Einflußintensität bei den Marktfaktoren feststellen läßt (siehe Abb. V-12).

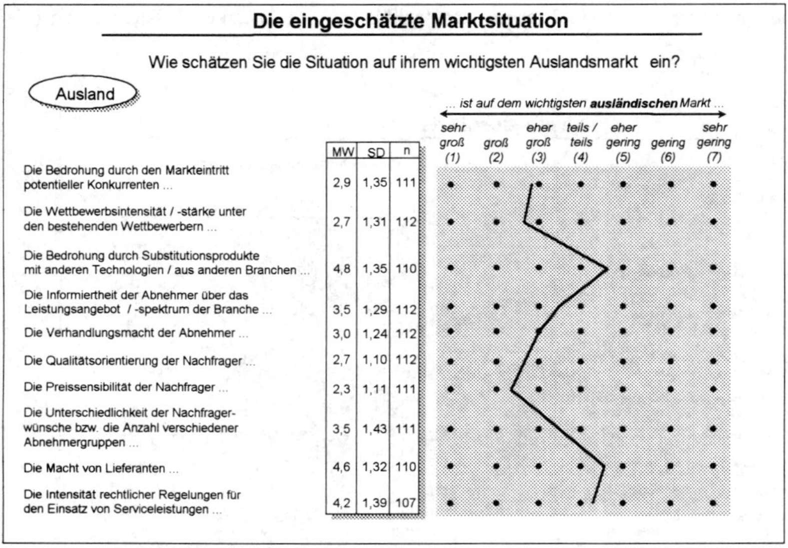

Abb. V-12: Die eingeschätzte Situation auf den Auslandsmärkten

Wie auf dem deutschen Heimmarkt wird die Preissensibilität (MW = 2,3) und Qualitätsorientierung der Nachfrager (MW = 2,7) auch auf den Auslandsmärkten als „groß" bzw. „eher groß" eingeschätzt. Zwischen den beiden Einschätzungen konnte ebenfalls kein signifikanter Zusammenhang ermittelt werden. Die Unternehmen reagieren entsprechend der Preis- und Qualitätsorientierung der Nachfrager mit einer simultanen qualitäts- und kostenbewußten Grundhaltung. Zwischen den beiden unternehmerischen Verhaltensausrichtungen konnte wiederum ein signifikanter mittel starker Zusammenhang (r = 0,326; p = 0,01) festgestellt werden.

Interessant ist, daß die international tätigen Unternehmen die Marktsituation auf dem deutschen Markt gegenüber ihrem wichtigsten ausländischen Absatzmarkt im Durchschnitt teilweise signifikant anders einschätzen. So wird von ihnen die Markteintrittsbedrohung durch neue Konkurrenten auf den Auslandsmärkten etwas größer eingeschätzt (MW = 2,9) als auf dem deutschen Markt (MW = 3,5). Dafür wird auf den ausländischen Absatzmärkten gegenüber dem Heimmarkt die Markttransparenz / Informiertheit der Abnehmer (MW-Ausland = 3,5 versus MW-Inland = 3,0), die Verhandlungsmacht der Kunden (MW-Ausland = 3,0 versus

MW-Inland = 2,7) und die Diversität der Nachfragerwünsche (MW-Ausland = 3,5 versus MW-Inland = 3,2) weniger groß eingeschätzt. Die Intensität der rechtlichen Regelungen wird hingegen auf den Auslandsmärkten (MW = 4,2) weniger stark empfunden als auf dem deutschen Heimmarkt (MW = 3,9). Diese Ergebnisse deuten darauf hin, daß auf Auslandsmärkten die Marktbearbeitung zum Teil einfacher ist als in Deutschland. Allerdings ist die Wettbewerbsintensität aus Sicht der Unternehmen insgesamt nicht wesentlich anders.

Betrachtet man wieder die beiden „Erfolgsgruppen“, so lassen sich bei der Einschätzung der Bedrohung durch den Markteintritt von neuen Wettbewerbern und durch Substitutionsprodukte signifikante Unterschiede auf den Auslandsmärkten feststellen. Aus Sicht der „weniger erfolgreichen“ Unternehmen ist die Bedrohung durch neue Wettbewerber größer (MW = 2,6) als für die „erfolgreichen“ Unternehmen (MW = 3,3). Gleiches gilt für die Bedrohung durch substitutive Produkte und Technologien. Diese wird jedoch von den „erfolgreichen“ (MW = 5,1) wie auch von den „weniger erfolgreichen“ Unternehmen (MW = 4,7) eher als gering eingeschätzt.

Ein weiteres, für die explikative Datenanalyse wichtiges Kriterium der Marktsituation auf den Auslandsmärkten ist der Kaufwiderstand der einheimischen Abnehmer gegenüber dem Unternehmen als „fremdem“ Anbieter. Wie aus den Ergebnissen in Abbildung V-13 hervorgeht, werden diese von den international tätigen Unternehmen als weitgehend gering eingeschätzt (MW = 5,18). Für etwa 2/3 der Unternehmen (67,6 %) sind die abnehmerbedingten Kaufwiderstände eher gering bis sehr gering. Lediglich 7,9 % der Unternehmen schätzen diese als eher groß bis groß ein. Für knapp ein Viertel der Befragten (24,6 %) sind die Kaufwiderstände weder gering noch groß.

Kaufwiderstände gegenüber deutschen Anbietern auf ausländischen Absatzmärkten sind also eher unbedeutend. Das könnte zum einen an dem allgemein guten Ruf des deutschen Maschinen- und Anlagenbaus hinsichtlich ihrer Kernleistungen, insbesondere der technischen Qualität, liegen. Zum anderen wird das Auslandsgeschäft vieler Maschinen- und Anlagenbauer auch dadurch bestimmt, daß sich Abnehmer, zu denen langjährige Geschäftsbeziehungen bestehen, internationalisieren.[147] Diese kaufen für ihre Standorte im Ausland häufig Ausrüstungen bei ihren vertrauten deutschen Anbietern. Daß in einer solchen Situation die Kaufwiderstände gering sind, liegt auf der Hand.

---

[147] Vgl. auch Hallensleben, J.: Cross Selling, Cross Service, in: absatzwirtschaft, 41. Jg., 1998, Heft 4, S. 36

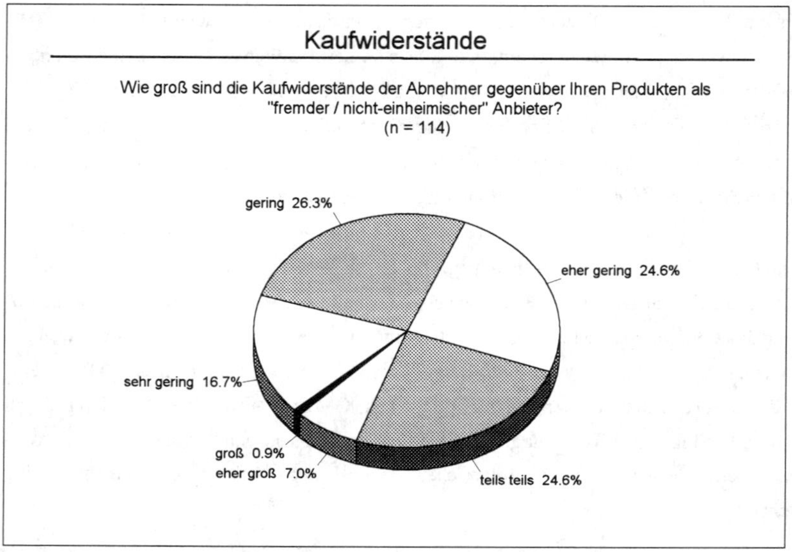

Abb. V-13: Kaufwiderstände gegenüber nicht-einheimischen Anbietern

2.1.4. Die Bedeutung des Service für die (internationale) Marktprofilierung

Eine zentrale Stellung kommt in der vorliegenden Arbeit der Frage nach der Bedeutung des Service für die Marktprofilierung zu. In Abbildung V-14 ist die Relevanz des Service für die allgemeine Unternehmens- und Marketingpolitik sowie für bestimmte Funktionen der Marktprofilierung wiedergegeben, wie sie sich für die Unternehmen auf dem deutschen Markt darstellt.

Zunächst läßt sich erkennen, daß der Service für die Unternehmens- und Marketingpolitik auf dem Heimmarkt durchweg eine eher große bis große Bedeutung hat. Für keinen der abgefragten Bereiche ist der Service unwichtig. Die größte Bedeutung kommt dem Service für die Kundenbindung (MW = 1,8) zu. Es handelt sich hierbei um eine wesentliche Kernfunktion des Service (siehe Teil II, Kap. 2.2.3.). Die zweitgrößte Bedeutung wird dem Service in den Unternehmen für die Schaffung von Kundennähe zugesprochen (MW = 2,0). Dies läßt sich theoretisch damit begründen, daß durch die notwendige Integration des externen Faktors und das Uno-actu-Prinzip bei den meisten Serviceleistungen zumindest eine geographische Kundennähe erforderlich ist.

Allgemeine Servicebedeutung

Welche Bedeutung hat der Service für Ihr Unternehmen auf dem deutschen Markt?

Inland

Die Bedeutung des Service für ...	MW	SD	n
... Marktbearbeitung ganz allgemein	2,3	1,23	153
... die Schaffung von Kundennähe	2,0	1,20	155
... die Unternehmenspolitik	2,7	1,28	155
... das absatzpolitische Instrumentarium	3,1	1,45	153
... die Erzielung von Wettbewerbsvorteilen	2,5	1,27	155
... die Konkurrenzfähigkeit des Unternehmens	2,3	1,29	155
... die Kundenbindung	1,8	1,12	155
... die Gewinnung von Neukunden	2,6	1,45	155
... die Sammlung von Kundeninformationen	2,7	1,40	154
... die Weitergabe von Informationen an Kunden	3,1	1,49	154
... die Kundenorientierung des Unternehmens	2,3	1,29	153

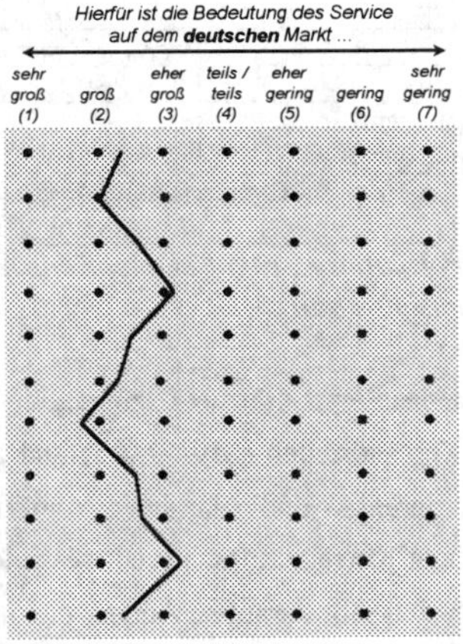

Abb. V-14: Die Bedeutung des Service für das Marketing und die Marktbearbeitung auf dem deutschen Markt

Für die Konkurrenzfähigkeit der Unternehmen hat der Service ebenfalls eine große Bedeutung (MW = 2,3), während er für das absatzpolitische Instrumentarium / den Marketing-Mix auch noch eher groß ist (MW = 3,1). Letzteres ist erstaunlich, denn die höhere Bedeutung des Service für andere Aspekte (wie z.B. Kundenbindung und Kundengewinnung) läßt sich vor allem im Rahmen einer koordinierten und gezielten Absatz- / Marketingpolitik erreichen. Anscheinend ist den Unternehmen die Rolle des Service als konkretes Marketing-Instrument mit spezifischen absatzpolitischen Funktionen nur teilweise bewußt. Das zeigt sich z.B. an der Informations- und Kommunikationsfunktion des Service, der für die Unternehmen ebenfalls keine herausragende Bedeutung hat. So hat der Service für die Sammlung von Kundeninformationen (MW = 2,7) und für die gezielte Kommunikation mit den Kunden durch die Weitergabe von (speziellen) Informationen (MW = 3,1) keine sehr große oder große, sondern „nur" eine eher große Bedeutung. Dieses Ergebnis entspricht im wesentlichen den empirischen Befunden der Grundlagenstudie. Auch hier hatte die Informationsfunktion des Service eine eher große Bedeutung. Daß die Informationssammlung und -weitergabe gut zu einer Servicefunktion zusammengefaßt werden können, zeigt die empirische Korrelation der beiden Teilfunktionen. Sie ist sehr stark ausgeprägt und hoch signifikant ($r = 0,753$, $p = 0,000$). Zu keinem anderen Kriterium besteht von den beiden einzelnen Funktionen ein ähnlich hoher oder gar höherer Zusammenhang. Eine Reliabilitätsanalyse mit einer anschließenden (explorativen) Faktorenanalyse bestätigt eine recht gute (empirische) Aggregation der beiden Teilfunktionen zu einer eigenständigen Servicefunktion. In Tabelle V-7 sind die Ergebnisse der beiden Analysen gemeinsam wiedergegeben.

Faktor „Informationsfunktion" (n = 153)		
Indikator	Item-to-Total-Correlation	Faktorladung
Informationssammlung	0,753	0,936
Informationsweitergabe	0,753	0,936
Cronbach-Alpha-Koeffizient (standardisiert): 0,859 Erklärte Varianz: 87,64 %		

Tab. V-7: Informationen zum Faktor / Konstrukt „Informationsfunktion" des Service auf dem deutschen Markt

Die Relevanz des Service für die Erzielung der Konkurrenzfähigkeit (MW = 2,3), die Erzielung von Wettbewerbsvorteilen (MW = 2,5) und die Neukundengewinnung (MW = 2,6) spiegeln ihre Differenzierungs- und Akquisitionsfunktion wider. Alle drei Kriterien stehen - wie die Ergebnisse einer Korrelationsanalyse in Tabelle V-8 zeigen - in einem starken signifikanten Zusammenhang. Das läßt darauf schließen, daß auch diese drei Teilfunktionen - wie bei den theoretischen Ausführungen geschehen - recht gut in einer Hauptfunktion zusammengefaßt werden können. Die drei Kriterien korrelieren untereinander stärker miteinander als mit den meisten anderen Kriterien.

	Servicebedeutung zur Erzielung von Wettbewerbsvorteilen	Servicebedeutung für die Konkurrenzfähigkeit	Servicebedeutung für die Kundengewinnung
Servicebedeutung zur Erzielung von Wettbewerbsvorteilen	**r = 1,000**		
Servicebedeutung für die Konkurrenzfähigkeit	r = 0,824 p = 0,000 n = 153	**r = 1,000**	
Servicebedeutung für die Kundengewinnung	r = 0,599 p = 0,000 n = 153	r = 0,638 p = 0,000 n = 153	**r = 1,000**
Anmerkungen: Die Signifikanz wurde zweiseitig getestet			

Tab. V-8: Korrelation von Teilfunktionen der Differenzierungs- und Akquisitionsfunktion des Service auf dem deutschen Markt

Zur Überprüfung dieser Vermutung wurden wiederum eine Reliabilitätsanalyse und eine (explorative) Faktorenanalyse durchgeführt. Die Ergebnisse der beiden statistischen Überprüfungen sind in Tabelle V-9 aufgeführt.

Auch bei diesen drei Teilfunktionen ist aus empirischer Sicht eine Zusammenfassung zu einer Kernfunktion des Service möglich. Damit werden die Aussagen zu den Servicefunktionen und -aufgaben im theoretisch-konzeptionellen Teil grundsätzlich auch auf empirischer Basis gestützt.

Faktor „Akquisitions- und Differenzierungsfunktion" (n = 153)		
Indikator	Item-to-Total-Correlation	Faktorladung
Erzielung eines Wettbewerbsvorteils	0,779	0,914
Steigerung der Konkurrenzfähigkeit	0,810	0,928
Gewinnung von Neukunden	0,647	0,826
Cronbach-Alpha-Koeffizient (standardisiert): 0,868 Erklärte Varianz: 79,27 %		

Tab. V-9: Informationen zum Faktor / Konstrukt „Akquisitions- und Differenzierungsfunktion" des Service auf dem deutschen Markt

Generell implizieren die allgemeinen Ergebnisse zur Servicebedeutung die Vermutung, daß Service in starkem Maße auch als Unternehmensphilosophie verstanden wird. Hierauf weist z.B. die relativ hohe Bedeutung des Service für die allgemeine Unternehmens- und Marketingpolitik hin. So wird beispielsweise die Bedeutung des Service für die Kundenorientierung des Unternehmens relativ hoch eingeschätzt (MW = 2,3). Auch die Relevanz für die Marktbearbeitung ganz allgemein (MW = 2,3) und für die generelle Unternehmenspolitik (MW = 2,7) wird im Durchschnitt höher eingeschätzt als spezielle (operative) Aufgaben / Funktionen des Service als Marketinginstrument.

Vergleicht man die Servicebedeutung bei den beiden „Erfolgsgruppen", so stellt man fest, daß die „erfolgreichen" Unternehmen die Bedeutung des Service sowohl für die Konkurrenzfähigkeit des Unternehmens (MW-erfolgreiche = 2,1 versus MW-weniger erfolgreiche = 2,5) als auch für die Kundenbindung (MW-erfolgreiche = 1,6 versus MW-weniger erfolgreiche = 2,0) höher einschätzen. In beiden Fällen ist die Mittelwertsdifferenz zwar nicht extrem groß, aber dennoch statistisch signifikant. Damit unterscheiden sich diese beiden Gruppen in der Relevanz zweier Kernfunktionen des Service (Differenzierungs- und Kundenbindungsfunktion).

Auf Basis einer einfaktoriellen Varianzanalyse mit anschließendem SNK-Test konnten keine signifikanten Unterschiede hinsichtlich der Servicebedeutung bei verschiedenen Größenklassen von Unternehmen festgestellt werden. Der Service hat also für kleine, mittelständische und große Unternehmen eine große Relevanz für die Marketing- und Unternehmenspolitik.

In Abbildung V-15 ist die Servicebedeutung auf den Auslandsmärkten dargestellt. Die Ergebnisse korrespondieren auf den ersten Blick im wesentlichen mit den Befunden auf dem deutschen Markt. Insgesamt kann im Durchschnitt eine tendenziell leicht geringere Bedeutung des Service für die Marktprofilierung festgestellt werden. Wie aus den Ergebnissen eines t-Tests (pairs) hervorgeht, sind für die international tätigen Unternehmen die geringen Differenzen bei der Bedeutung des Service hinsichtlich Kundennähe, Unternehmenspolitik, Kundenbindung,

Kundenorientierung, Informationssammlung und -weitergabe im Inland und im Ausland jedoch signifikant.

Grundsätzlich wird die Bedeutung des Service für die Sammlung (MW = 2,8) und Weitergabe von Informationen (MW = 3,2) auf den Auslandsmärkten nicht so hoch eingeschätzt wie für Kundenbindung (MW = 2,1), Schaffung von Kundennähe (MW = 2,2), Konkurrenzfähigkeit (MW = 2,3) und die Marktbearbeitung ganz allgemein (MW = 2,5).

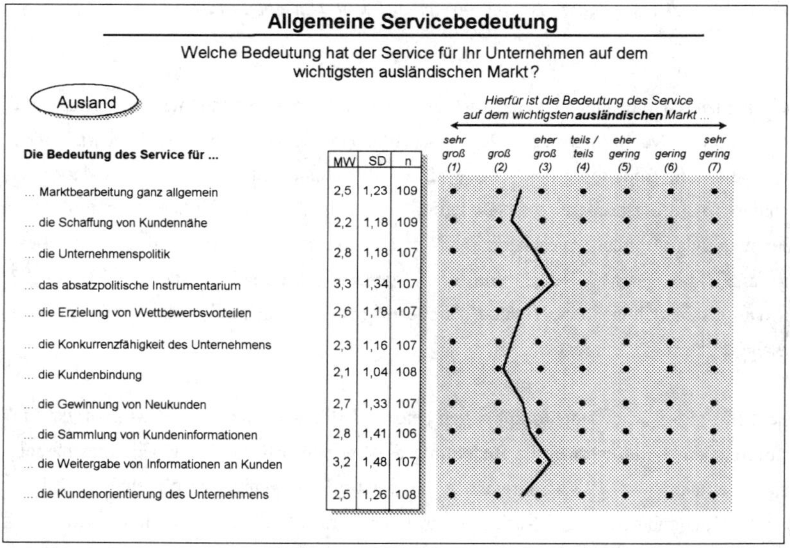

Abb. V-15: Die Bedeutung des Service für das Marketing und die Marktbearbeitung auf den ausländischen Märkten

Auch auf den Auslandsmärkten besteht zwischen der Bedeutung des Service für die Informationsweitergabe und -sammlung ein starker signifikanter Zusammenhang (r = 0,761, p = 0,000), dem keine gleich starke oder stärkere Korrelation der beiden Teilfunktionen des Service mit einem anderen Bedeutungskriterium gegenübersteht. Auf Basis einer Reliabilitätsanalyse und einer (explorativen) Faktorenanalyse lassen sich diese beiden Teilfunktionen auch auf den Auslandsmärkten gut zu einer Kernfunktion des Service („Informationsfunktion“) zusammenfassen (siehe Tab. V-10).

Faktor „Informationsfunktion" (n = 105)		
Indikator	Item-to-Total-Correlation	Faktorladung
Informationssammlung	0,761	0,938
Informationsweitergabe	0,761	0,938
Cronbach-Alpha-Koeffizient (standardisiert): 0,864 Erklärte Varianz: 88,03 %		

Tab. V-10: Informationen zum Faktor / Konstrukt „Informationsfunktion" des Service auf den ausländischen Märkten

Für den Zusammenhang der drei erhobenen Teilbereiche der Differenzierungs- und Akquisitionsfunktion ergibt sich die in Tabelle V-11 dargestellte Korrelationsmatrix, die wiederum für eine Zusammenfassung der beiden Indikatoren in einer Kernfunktion spricht.

	Servicebedeutung zur Erzielung von Wettbewerbsvorteilen	Servicebedeutung für die Konkurrenzfähigkeit	Servicebedeutung für die Kundengewinnung
Servicebedeutung zur Erzielung von Wettbewerbsvorteilen	**r = 1,000**		
Servicebedeutung für die Konkurrenzfähigkeit	r = 0,820 p = 0,000 n = 105	**r = 1,000**	
Servicebedeutung für die Kundengewinnung	r = 0,543 p = 0,000 n = 105	r = 0,560 p = 0,000 n = 105	**r = 1,000**
Anmerkungen: Die Signifikanz wurde zweiseitig getestet			

Tab. V-11: Korrelation von Teilfunktionen der Differenzierungs- und Akquisitionsfunktion des Service auf den Auslandsmärkten

Auch die Reliabilitäts- und (explorative) Faktorenanalyse bestätigen eine hohe Konstruktreliabilität und Konvergenzvalidität der Differenzierungs- und Akquisitionsfunktion als Kernaufgabe des Service auf den Auslandsmärkten. Die Ergebnisse sind in Tabelle V-12 wiedergegeben.

Faktor „Akquisitions- und Differenzierungsfunktion" (n = 105)		
Indikator	Item-to-Total-Correlation	Faktorladung
Erzielung eines Wettbewerbsvorteils	0,760	0,913
Steigerung der Konkurrenzfähigkeit	0,777	0,919
Gewinnung von Neukunden	0,577	0,782
Cronbach-Alpha-Koeffizient (standardisiert): 0,842 Erklärte Varianz: 76,31 %		

Tab. V-12: Informationen zum Faktor / Konstrukt „Akquisitions- und Differenzierungsfunktion" des Service auf den Auslandsmärkten

Die „erfolgreichen" Unternehmen schätzen die Relevanz des Service für die Kundenorientierung auf den Auslandsmärkten signifikant größer ein (MW = 2,2) als die „weniger erfolgreichen" Unternehmen (MW = 2,8).

Anhand der Bedeutungskriterien wurde eine hierarchische Clusteranalyse durchgeführt, um verschiedene Unternehmenstypen zu bilden, die dem Service eine unterschiedliche Bedeutung als Marktprofilierungsinstrument beimessen. Als Proximitätsmaß wurde hierbei - entsprechend dem quasi-metrischen Skalenniveau - die quadrierte *Euklidische Distanz* gewählt. Es handelt sich - wie bereits oben angedeutet - um ein sehr gebräuchliches Maß, das die Unähnlichkeit zweier Fälle mißt, indem die Summe der quadrierten Differenzen der Variablenwerte zweier Fälle bestimmt wird. Nach diesem Schema werden die Distanzen aller möglichen Variablenpaare berechnet und in einer Distanzmatrix wiedergegeben.[148] Je geringer die Distanz zwischen einem Variablenpaar ist, desto ähnlicher sind sich die beiden Variablen. Nach der Errechnung der Distanzen bzw. Ähnlichkeiten sind auf Basis dieser Ergebnisse die Cluster zu bilden. Hierzu wurde die *Ward-Methode* verwendet, bei der zunächst die beiden Fälle / Objekte zu einen Cluster zusammengefaßt werden, die sich am ähnlichsten sind. Danach werden dann für den Ausgangscluster die Mittelwerte der einzelnen Variablen berechnet. Sie bilden den Ausgangspunkt für die weitere Vorgehensweise, bei der nur diejenigen Fälle in den Cluster aufgenommen werden, die zum geringsten Zuwachs der Streuung / Varianz führen. Im Falle des Euklidischen-Distanzmaßes sind es diejenigen Fälle, die durch die Vereinigung mit dem Cluster die geringste Erhöhung der Gesamtsumme der quadrierten Distanzen zum Cluster-Mittelwert ergeben.[149]

Das Ward-Verfahren wird - bei der Verwendung von Distanzmaßen - als konservativ bezeichnet, da es nicht dilatierend oder kontraktierend ist. Es neigt also weder verstärkt dazu, Fälle in gleich große Gruppen zusammenzufassen, noch wenige große und viele kleine Cluster zu bilden. Dem Ward-Verfahren wird grundsätzlich eine sehr gute Fusionierung attestiert. Allerdings können - wie im vorliegenden Fall - bestehende Korrelationen der clusterdefinierenden Variablen die Leistungsfähigkeit dieses Cluster-Algorithmus einschränken.[150] Hier konnten jedoch auf dem deutschen Markt zwei klar voneinander abgrenzbare Unternehmens-Cluster gebildet werden.

Für die Festlegung der endgültigen Clusteranzahl wurde das *„Elbow-Kriterium"* verwendet. Dabei wird auf Basis der Fehlerquadratsummen der entsprechenden Clusterzahl entschieden, wie viele Cluster sinnvollerweise zu bilden sind. Es wird i.d.R. die Clusterzahl ausgewählt, die den relativ stärksten Heterogenitätszuwachs bildet. In Tabelle V-13 ist die Entwicklung der Fehlerquadratsummen der Cluster verkürzt dargestellt.

In der Spalte „Schritt" werden die Fusionierungsstufen angezeigt. Es existiert immer ein Schritt weniger als es Objekte / Fälle gibt, die in die Clusteranalyse einbezogen wurden. Im vorliegen-

[148] Vgl. Backhaus, K. et al., a.a.O., S. 274f.
[149] Vgl. ebenda, S. 292f.; Brosius, G./Brosius, F., a.a.O., S. 870

den Fall wurden 149 Fälle berücksichtigt. Es ergeben sich damit 148 Agglomerationsschritte. Die Spalte „Zusammengeführte Cluster“ gibt die Nummer der in diesem Schritt zusammengefaßten Objekte (Fälle bzw. Untercluster) an. In der Spalte „Koeffizient“ ist die Fehlerquadratsumme bzw. die Varianz der Variablenwerte wiedergegeben.

Schritt	*Zusammengeführte Cluster*		*Koeffizienten*
	Cluster 1	*Cluster 2*	
1	101	147	0,000
2	63	140	0,000
3	29	130	0,000
4	66	101	0,000
...	...	...	...
144	2	8	1.212,611
145	1	3	1.341,638
146	1	10	1.488,980
147	2	13	1.824,781
148	1	2	2.733,839

Tab. V-13: Entwicklung der Fehlerquadratsumme der Cluster (Inland)

Die Ergebnisse zeigen ganz deutlich, daß beim Übergang von einer Zwei-Cluster-Lösung in der vorletzten Fusionsstufe (Schritt 147) zur Ein-Cluster-Lösung in der letzten Agglomerationsstufe (Schritt 148) der Heterogenitätszuwachs mit einer Zunahme der Fehlerquadratsumme um 909,058 am größten ist. Bei einer graphischen Darstellung in einem Koordinatensystem, in dem die Anzahl der Cluster / Schritte die Abszisse und die Fehlerquadratsumme die Ordinate ist, würde sich bei der Zwei-Cluster-Lösung ganz deutlich ein Abknicken (Ellenbogen) des Graphen zeigen.

Abbildung V-16 zeigt die Unterschiedlichkeit der beiden Gruppen bei den clusterdefinierenden Variablen. Wie deutlich zu sehen ist, schätzt das eine Cluster die Bedeutung des Service als Marktprofilierungs- und Marktbearbeitungsinstrument bei allen Kriterien konsequent und signifikant größer ein als das andere Cluster. Dabei ergeben sich - wie die Ergebnisse eines t-Tests zeigen - zum Teil ganz erhebliche Differenzen zwischen Mittelwerten bei den Bewertungsvariablen. Die größten Differenzen bestehen bei der Bedeutung des Service für das Marketing-Mix (MW-Differenz = 2,0), bei der Sammlung von Kundeninformationen (MW-Differenz = 1,9) und der Weitergabe von Informationen an die Kunden (MW-Differenz = 1,9).

Die stärkste Trennschärfe der clusterdefinierenden Variablen hat - wie im Rahmen einer Diskriminanzanalyse festgestellt wurde - das Kriterium „Marketing-Mix-Bedeutung“, da es den geringsten (signifikanten) Wilks’ Lambda-Wert aufweist. Die geringste Trennung der beiden Cluster nimmt das Kriterium „Schaffung von Kundennähe“ vor, da es den geringsten Wilks’ Lambda-Wert hat. Da jedoch alle Wilks’ Lambda-Werte relativ groß sind und nahe beieinander

[150] Vgl. Backhaus, K. et al., a.a.O., S. 298

liegen, ist es schwierig, allein aufgrund eines Kriteriums eine Zuordnung von Fällen vorzunehmen. Das bedeutet zugleich, daß auch eine Bezeichnung der Cluster durch einzelne besonders trennscharfe Kriterien nicht möglich ist. Aus diesem Grund wurden die beiden Cluster eher ganz allgemein benannt. Das erste Cluster wurde mit der Bezeichnung „Serviceorientierte" belegt, da es sich hierbei um Unternehmen handelt, die dem Service im Durchschnitt eine große bis sehr große Bedeutung als Marktprofilierungsinstrument auf dem deutschen Markt attestieren. Zu den „Serviceorientierten" gehören insgesamt 99 der befragten bzw. antwortenden Unternehmen. Sie verteilen sich über alle Größenklassen und Fachzweige hinweg.

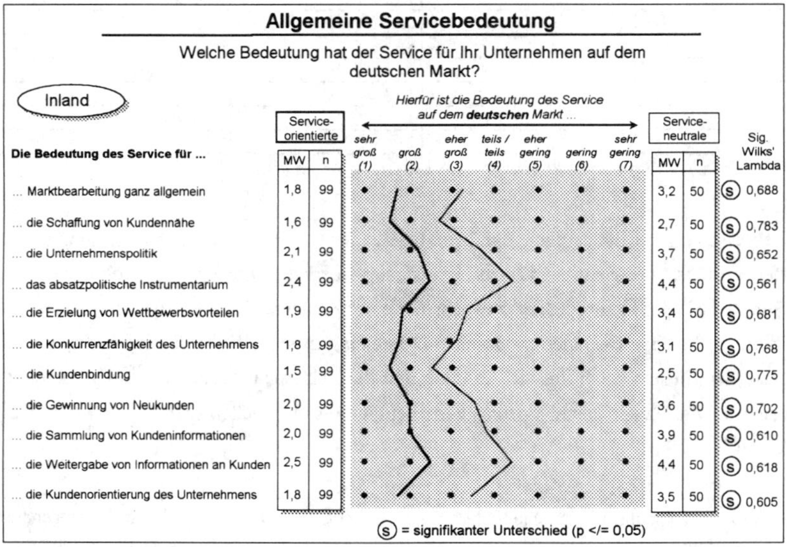

Abb. V-16: Unternehmenscluster auf dem Inlandsmarkt mit unterschiedlicher Servicebedeutung

Die Unternehmen des zweiten Clusters, die dem Service grundsätzlich eine geringere Bedeutung beimessen, wurden als „Serviceneutrale" bezeichnet. Zu ihnen gehören insgesamt 50 Unternehmen, die sich ebenfalls über alle Größenklassen und Fachzweige verteilen und hinsichtlich dieser Merkmale kein typisches Muster aufweisen.

Bezüglich der abgefragten Kriterien des wirtschaftlichen Erfolgs (Umsatz, Gewinn, ROI, Cash Flow) konnten zwischen den beiden Clustern signifikante Unterschiede hinsichtlich des relativen Umsatzes festgestellt werden. So schätzen sich die „Serviceorientierten" bei dieser Erfolgsgröße gegenüber ihren Wettbewerbern signifikant besser ein (MW = 3,5) als dies die „Serviceneutralen" gegenüber ihren Konkurrenten tun (MW = 4,1). Das könnte darauf hinweisen, daß die Unterschiedlichkeit in der Bedeutung des Service für den wirtschaftlichen Erfolg relevant ist. Allerdings ist bei der Interpretation das - oben angesprochene - grundlegende Problem der Selbsteinschätzung des relativen wirtschaftlichen Erfolgs durch die Befragten zu berücksichtigen. Im Rahmen der explikativen Analyse wird die generelle Erfolgswirkung des Service detaillierter untersucht.

Zur Überprüfung der Güte der Zwei-Cluster-Lösung wurde im Rahmen der Diskriminanzanalyse eine Beurteilung der Diskriminanzfunktion der clusterdefinierenden Variablen anhand der Klassifizierungsmatrix vorgenommen. Sie gibt an, wieviel Objekte / Fälle den gebildeten Gruppen / Clustern zweifelsfrei zugeordnet werden können. Im vorliegenden Fall wurden 96,0 % der Fälle den beiden Clustern korrekt zugeordnet. Insgesamt 6 Fälle (bei 149 vollständigen Beurteilungen) konnten nicht richtig zugeordnet werden. 2 Fälle aus dem Cluster 1 („Serviceorientierte") wurden fälschlicherweise dem Cluster 2 („Serviceneutrale") zugeordnet, während 4 Fälle aus Cluster 2 dem Cluster 1 zugeordnet wurden. Insgesamt handelt es sich hierbei um eine sehr hohe Trefferquote, die auf eine hohe Güte der gewählten Clusterlösungen schließen läßt.

Bei den international tätigen Unternehmen wurde ebenfalls auf Basis der Servicebedeutung eine Clusteranalyse zur Bildung von Unternehmenstypen durchgeführt. Auch hierbei wurde nach dem „Elbow-Kriterium" eine Zwei-Cluster-Lösung realisiert. Die Fehlerquadratsummen sind in Tabelle V-14 in geraffter Form wiedergegeben. Sie zeigen wiederum einen sehr großen Heterogenitätszuwachs beim Übergang von der Zwei- zur Ein-Cluster-Lösung im Schritt 102 zu Schritt 103.

Schritt	***Zusammengeführte Cluster***		***Koeffizienten***
	Cluster 1	***Cluster 2***	
1	101	147	0,000
2	66	101	0,000
3	66	86	0,000
4	59	60	0,000
...	...	...	...
99	1	3	784,934
100	2	15	869,616
101	1	4	984,464
102	2	13	1.117,507
103	1	2	1.805,077

Tab. V-14: Entwicklung der Fehlerquadratsumme der Cluster (Ausland)

Die Klassifizierung der international tätigen Unternehmen ergibt ein ähnliches Bild wie bei der Clusterung aller Unternehmen auf dem deutschen Markt. Abbildung V-17 zeigt, daß auch hier das eine Cluster die Bedeutung des Service für alle abgefragten Kriterien signifikant größer einschätzt als das andere Cluster. Die stärkste (signifikante) Trennung der beiden Gruppen ist auch hier durch das Kriterium „Bedeutung des Service für das Marketing-Mix" gegeben

(Wilks' Lambda = 0,513). Als zweitstärkstes trennt das Kriterium „Informationsweitergabe" (Wilks' Lambda = 0,538) die beiden Cluster voneinander. An dritter Stelle der Trennschärfe steht die Bedeutung des Service für die Sammlung von Kundeninformationen (Wilks' Lambda = 0,561).

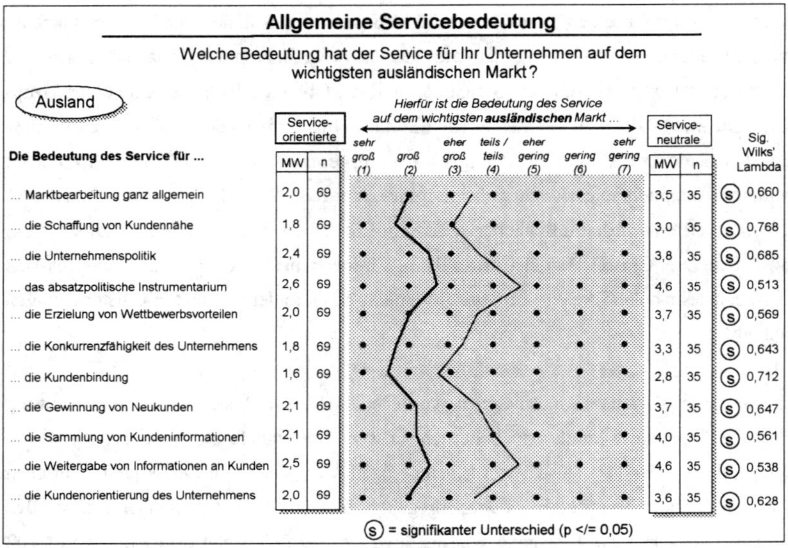

Die Bedeutung des Service für ...	Serviceorientierte MW	Serviceorientierte n	Serviceneutrale MW	Serviceneutrale n	Sig.	Wilks' Lambda
... Marktbearbeitung ganz allgemein	2,0	69	3,5	35	S	0,660
... die Schaffung von Kundennähe	1,8	69	3,0	35	S	0,768
... die Unternehmenspolitik	2,4	69	3,8	35	S	0,685
... das absatzpolitische Instrumentarium	2,6	69	4,6	35	S	0,513
... die Erzielung von Wettbewerbsvorteilen	2,0	69	3,7	35	S	0,569
... die Konkurrenzfähigkeit des Unternehmens	1,8	69	3,3	35	S	0,643
... die Kundenbindung	1,6	69	2,8	35	S	0,712
... die Gewinnung von Neukunden	2,1	69	3,7	35	S	0,647
... die Sammlung von Kundeninformationen	2,1	69	4,0	35	S	0,561
... die Weitergabe von Informationen an Kunden	2,5	69	4,6	35	S	0,538
... die Kundenorientierung des Unternehmens	2,0	69	3,6	35	S	0,628

Abb. V-17: Unternehmenscluster auf den Auslandsmärkten mit unterschiedlicher Servicebedeutung

Die meisten clusterdefinierenden Variablen trennen auch hier die beiden Gruppen relativ gleich gut. Es ist daher schwierig, anhand eines Kriteriums oder weniger Bedeutungsmerkmale eine fallbezogene Clusterzuordnung und vor allem eine Clusterbezeichnung vorzunehmen. Aus diesem Grunde werden auch die beiden Cluster der Unternehmen auf den Auslandsmärkten eher allgemein als „Serviceorientierte" (n = 69) und „Serviceneutrale" (n = 35) bezeichnet. Hinsichtlich allgemeiner unternehmensbezogener Strukturmerkmale (z.B. Unternehmensgröße und Fachzweig) konnten keine speziellen Ausprägungen in den einzelnen Gruppen festgestellt werden. Bezüglich der wirtschaftlichen Erfolgskriterien (Umsatz, Gewinn, ROI, Cash Flow) wurden - im Gegensatz zum Heimmarkt - keine signifikanten Unterschiede zwischen den beiden Gruppen gefunden. Allerdings ist hierbei zu berücksichtigen, daß die „Serviceorientierten" auf den Auslandsmärkten dem Service im Durchschnitt eine etwas geringere Bedeutung für die Marktprofilierung beimessen als die „Serviceorientierten" auf dem Heimmarkt. Dies könnte wiederum darin begründet sein, daß die jeweiligen strukturellen und kulturellen Marktverhältnisse in Deutschland und im Ausland unterschiedlich sind. Auch hierauf wird in der explikativen Datenanalyse genauer eingegangen. Bei der Überprüfung der Zwei-Cluster-Lösung hinsichtlich der Güte bei der Objekt- / Fallzuordnung konnte in der Klassifizierungsmatrix eine Treffersicherheit / -quote von 98,1 % nachgewiesen werden. Lediglich 2 Fälle (bei 104 vollständigen Beurteilungen) aus dem Cluster 2 („Serviceneutrale") konnten nicht richtig zugeordnet werden. Insgesamt handelt es sich auch hier um eine ausgesprochen hohe Treffersicherheit, die wiederum auf eine hohe Güte der Zwei-Cluster-Lösung schließen läßt.

Die beiden Cluster („Serviceorientierte" und „Serviceneutrale") im In- und Ausland werden für die nachstehende Analyse der Servicepolitik eine besondere Bedeutung haben.

2.1.5. Ausprägung des (internationalen) Servicemanagements

Die Unternehmen bieten auf dem deutschen Markt überwiegend technische Serviceleistungen an (74,5 %). Vor dem Hintergrund der Kernleistungen im Maschinen- und Anlagenbau ist dieser hohe Anteil nicht erstaunlich. Dem Leistungsanteil steht der Kostenanteil gegenüber, der nahezu identisch ausgeprägt ist (siehe Abbildung V-18). Auch dieser Befund ist nachvollziehbar.

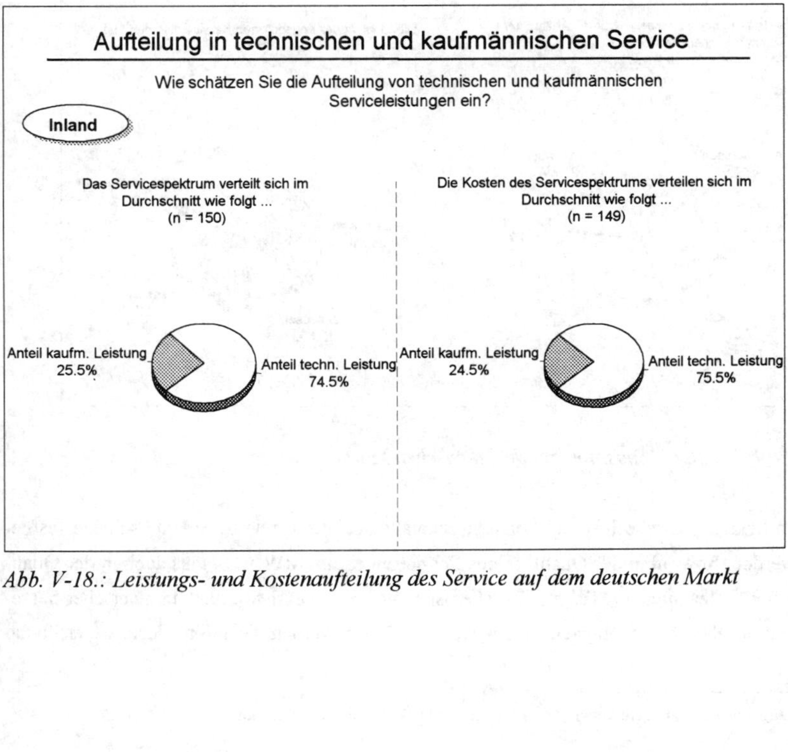

Abb. V-18.: Leistungs- und Kostenaufteilung des Service auf dem deutschen Markt

Hinsichtlich der beiden „Erfolgsgruppen" konnten keine signifikanten Unterschiede bei der leistungsklassen- und kostenbezogenen Aufteilung des Servicespektrums festgestellt werden. Gleiches gilt für die beiden Unternehmenscluster („Serviceorientierte" und „Serviceneutrale").

Interessant ist die Einschätzung der Unternehmen bezüglich ihrer relativen Serviceposition gegenüber ihren wichtigsten Wettbewerbern. Wie Abbildung V-19 zeigt, sehen sich die meisten Unternehmen sowohl bei der Quantität als auch bei der Qualität ihres Servicespektrums in einer besseren Situation als die Wettbewerber. Hierbei unterscheiden sich die beiden „Erfolgsgruppen" hinsichtlich des mengenmäßigen Serviceangebots signifikant voneinander. So schätzen sich die „erfolgreichen" Unternehmen bei der Servicequantität, gemessen an ihren Wettbewerbern, besser ein (MW = 2,8), als dies bei den „weniger erfolgreichen" Unternehmen der Fall ist (MW = 3,2).[151] Aus diesem Ergebnis ist allerdings noch keine fundierte Schlußfolgerung hinsichtlich der ökonomischen Erfolgswirkung des Service zu ziehen.

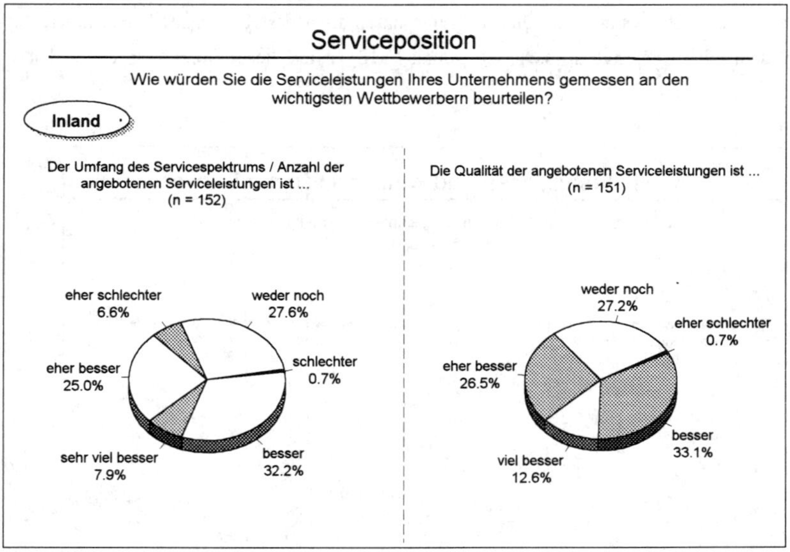

Abb. V-19: Die Serviceposition auf dem deutschen Markt

Bei den beiden „Serviceclustern" konnten ebenfalls statistisch relevante Unterschiede festgestellt werden. Sowohl in der Quantität des Serviceangebots (MW = 2,7) als auch in der Qualität der Serviceleistungen (MW = 2,5) sehen sich die „Serviceorientierten" in einer eher besseren Position als ihre wichtigsten Wettbewerber. Damit werden sie ihrer Clusterbezeichnung

[151] Die zugehörige Skala geht von 1 = sehr viel besser bis 7 = sehr viel schlechter.

voll und ganz gerecht. Die „Serviceneutralen" sind sowohl bei der Quantität ihrer Servicemaßnahmen (MW = 3,5) als auch bei der Servicequalität (MW = 3,1) zwar auch eher besser als ihre Konkurrenten, ihr Vorsprung ist aber geringer als bei den „serviceorientierten" Unternehmen.

Wie aus den Ergebnissen einer Kreuztabellierung hervorgeht, weisen 72,1 % der „Serviceorientierten" die Position eines *„Service-Meisters"* auf, der bei der Quantität und Qualität des Serviceangebots besser ist als die Wettbewerber. 13,2 % der „Serviceorientierten" sind in einem *„Service-Patt"*, indem sie sowohl bei der Servicequantität als auch bei der Servicequalität nach eigenen Angaben gleich gut sind. Zu den *„Mengenführern"*, die bei gleichem Qualitätsniveau mehr Serviceleistungen anbieten, gehören 6,1 % der „Serviceorientierten". 3,6% von ihnen sind bei gleichem quantitativen Angebot und besserer Qualität sog. *„Service-Qualitätsführer"*, während 2,0 % eine *„Service-Premiumposition"* innehaben. 2,0 % haben aufgrund gleicher Servicequalität bei geringerem Serviceangebot eher eine *„Service-Hoffnungsposition"* inne. In beiden Kategorien sind 1 % der „Serviceorientierten" nach eigener Einschätzung schlechter als die Konkurrenz. Sie sind damit in der Position eines *„Service-Verlierers"*.

Im Gegensatz dazu sind nur 36,0 % der „Serviceneutralen" in der Position eines *„Service-Meisters"*. 34,0 % von ihnen befinden sich in einem *„Service-Patt"*, 18,0 % sind *„Service-Qualitätsführer"*. Als *„Mengenführer"* kann man 2,5 % der „Serviceneutralen" bezeichnen, 5,6 % weisen eine *„Premiumstrategie"* auf, und 4,0 % haben aufgrund der schlechteren Servicequantität bei gleicher Servicequalität eine *„Service-Hoffnungsposition"*.

Insgesamt zeigen die Ergebnisse der Kreuztabellierung, daß es sich bei den Befragten um Unternehmen handelt, die grundsätzlich eine (sehr) gute Serviceposition im Wettbewerb haben. Es kann daher eine besondere Affinität bzw. ein spezifisches Interesse der befragten Unternehmen zum / am Untersuchungsgegenstand und damit eine Verzerrung des Rücklaufs nicht ausgeschlossen werden.

Im Rahmen einer multiplen Regressionsanalyse wurde geprüft, ob die Serviceposition einen Einfluß auf die wirtschaftlichen Erfolgsgrößen der Unternehmen hat. In Tabelle V-15 ist das Ergebnis für den Einfluß der Serviceposition auf die relative Umsatzgröße wiedergegeben.

Regressionsstatistik / Modellzusammenfassung			
Abhängige Variable: relatives Umsatzvolumen			
Bestimmtheitsmaß R^2:	0,150		
Standardfehler:	1,25		
Anzahl der Fälle (n):	146		
Einflußvariable(n)	Beta	T-Statistik	Signifikanz (p)
Servicequantität	0,388	5,063	0,000

Tab. V-15: Der Einfluß der (relativen) Serviceposition auf die relative Umsatzposition im deutschen Markt

Von den beiden Faktoren der relativen Serviceposition beeinflußt nur das mengenmäßige Serviceangebot die relative Umsatzposition der Unternehmen signifikant. Die relative Servicequalität ist demnach nicht in der Lage, die relative Umsatzposition der Unternehmen zu erklären und zu beeinflussen. Die Servicequantität erklärt hingegen 15 % der Varianz des relativen Umsatzes und kann daher durchaus als ein nicht zu unterschätzender „Umsatztreiber" angesehen werden.

Bezogen auf den Faktor „relativer wirtschaftlicher Erfolg" wurde ebenfalls eine multiple Regressionsanalyse durchgeführt. Wie Tabelle V-16 zeigt, ist die Auswirkung der relativen Serviceposition auf den „relativen wirtschaftlichen Erfolg" nur in sehr geringem Maße gegeben. Diesmal liefert das Kriterium „relative Servicequalität" einen (signifikanten) Erklärungsbeitrag für den „relativen wirtschaftlichen Erfolg", der mit 8 % jedoch eher gering ist.

Regressionsstatistik / Modellzusammenfassung			
Abhängige Variable: „relativer wirtschaftlicher Erfolg"			
Bestimmtheitsmaß R^2:	0,08		
Standardfehler:	0,97		
Anzahl der Fälle (n):	146		
Einflußvariable(n)	Beta	T-Statistik	Signifikanz (p)
Servicequalität	0,288	3,614	0,000

Tab. V-16: Der Einfluß der (relativen) Serviceposition auf den „relativen wirtschaftlichen Erfolg" auf dem deutschen Markt

Als Zwischenfazit läßt sich festhalten, daß die Wettbewerbsstellung der Unternehmen im Servicebereich einen zwar eher geringen, aber statistisch eindeutigen / signifikanten Einfluß auf die relativen ökonomischen Erfolgs- / Effizienzgrößen hat. Damit scheint sich die grundlegende Hypothese dieser Arbeit zu bestätigen. Eine endgültige Entscheidung über den positiven Einfluß des Service auf den Unternehmenserfolg soll jedoch erst an späterer Stelle erfolgen. Gleichzeitig weisen die eher schwach ausgeprägten Beziehungen zwischen der relativen Serviceposition und der relativen ökonomischen Effizienz darauf hin, daß es für die Profitabilität nicht ausreicht, einfach nur (irgendwelche) Serviceleistungen anzubieten. Es kommt - zumindest auf dem deutschen Markt - anscheinend auch darauf an, in welcher Markt- und Wettbewerbssituation sich das Unternehmen befindet und wie das Serviceangebot inhaltlich und qualitativ angeboten wird. Zu beiden Bereichen wurden entsprechende Hypothesen in dieser Arbeit formuliert, die im Rahmen der explikativen Datenanalyse empirisch überprüft werden.

Betrachtet man die Servicepolitik der Unternehmen auf dem deutschen Markt, so läßt sich grundsätzlich feststellen, daß der Servicebereich in den meisten Unternehmen noch keine strategisch bedeutende Rolle spielt (siehe Abb. V-20a). So ist der Servicebereich in der Unternehmensorganisation zwar eher an oberer Stelle angesiedelt (MW = 3,4), an wichtigen Unternehmensentscheidungen sind die Vertreter der Serviceabteilungen jedoch im allgemeinen nur teilweise beteiligt (MW = 3,7).

Die Servicepolitik der Unternehmen

Wie charakterisieren Sie die Servicepolitik Ihres Unternehmens ?

Inland

	MW	SD	n
Der Servicebereich ist in der Unternehmenshierarchie / -organisation weit oben angesiedelt	3,4	1,55	151
Der Servicebereich ist an wichtigen Unternehmensentscheidungen aktiv beteiligt	3,7	1,57	151
Die Serviceaktivitäten werden mit den anderen Absatz- / Marketingmaßnahmen abgestimmt	3,4	1,63	151
Serviceaktivitäten und Produktleistungen werden aufeinander abgestimmt	2,6	1,24	150
Das Servicespektrum umfaßt weitgehend Leistungen, die der Produktanwendung dienen	2,4	1,11	153
Das Serviceangebot wird auf spezielle Kundenwünsche und -anforderungen ausgerichtet	2,3	1,18	152
Serviceleistungen werden ganz gezielt als Verteidigungsinstrument gegenüber Wettbewerbern eingesetzt	3,4	1,61	151
Serviceleistungen werden ganz gezielt als Angriffsinstrument gegenüber Wettbewerbern eingesetzt	3,4	1,72	152

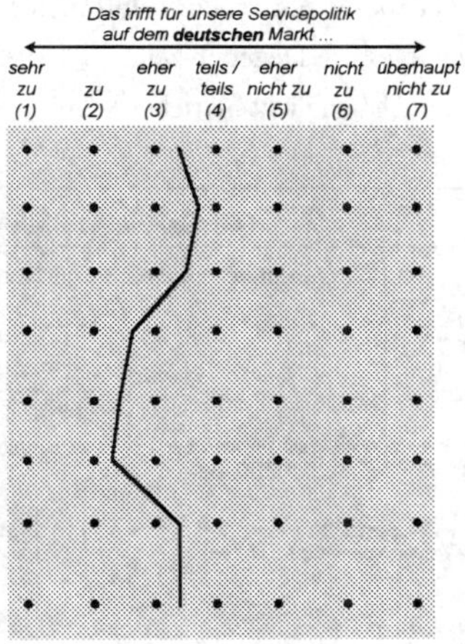

Abb. V-20a: Die Servicepolitik auf dem deutschen Markt

Die wenig hervorgehobene organisatorische Stellung des Servicebereichs in den Unternehmen mag auch dafür verantwortlich sein, daß die Serviceaktivitäten nicht sehr häufig mit anderen Marketingaktivitäten abgestimmt werden (MW = 3,4). Die Abstimmung geschieht in stärkerem Maße nur - singulär - mit der Kernleistungspolitik (MW = 2,6). Diese Abstimmung ist dabei aus Sicht des Service eher reaktiv. So werden - wie auch schon vorstehend deutlich wurde - vor allem Serviceleistungen angeboten, die der Anwendung und Funktionsfähigkeit der Kernleistung dienen (MW = 2,4). Dieses Ergebnis deckt sich weitgehend mit den Ergebnissen der Grundlagenstudie, in der die Unternehmen vor allem produktbezogene Mußleistungen in ihrem Servicespektrum angeboten haben.

Der reaktive Charakter der Servicepolitik auf dem deutschen Markt wird auch beim Einsatz des Service als Wettbewerbsinstrument deutlich. Im Durchschnitt wird er eher zögerlich zu Angriffszwecken (MW = 3,4) und Verteidigungsmaßnahmen (MW = 3,4) genutzt.

Die externe und interne Analyse des Servicebereichs (Analyse der allgemeinen Marktbedingungen, Trends im Servicebereich und Leistungsfähigkeiten des eigenen Servicebereichs) als wichtiger Bestandteil des Servicecontrolling spielt ebenfalls keine wesentliche Rolle (siehe Abb. V-20b). Das gilt insbesondere für die Analyse der Kundenerwartungen und -zufriedenheiten hinsichtlich der angebotenen und erstellten Serviceleistungen (MW = 4,1). Dies ist um so erstaunlicher, als die Unternehmen - wie in der vorstehenden Abbildung dargestellt - nach eigenem Bekunden ihr Serviceangebot auf spezielle Kundenwünsche und -anforderungen ausrichten. Anscheinend werden hierzu keine besonderen Marktforschungsaktivitäten vorgenommen, sondern die notwendigen Informationen im Rahmen von Leistungsverhandlungen mit dem Kunden erhoben. Dennoch zeigt auch dieser Befund, daß eine aktive Servicepolitik in den meisten Unternehmen nicht betrieben wird.

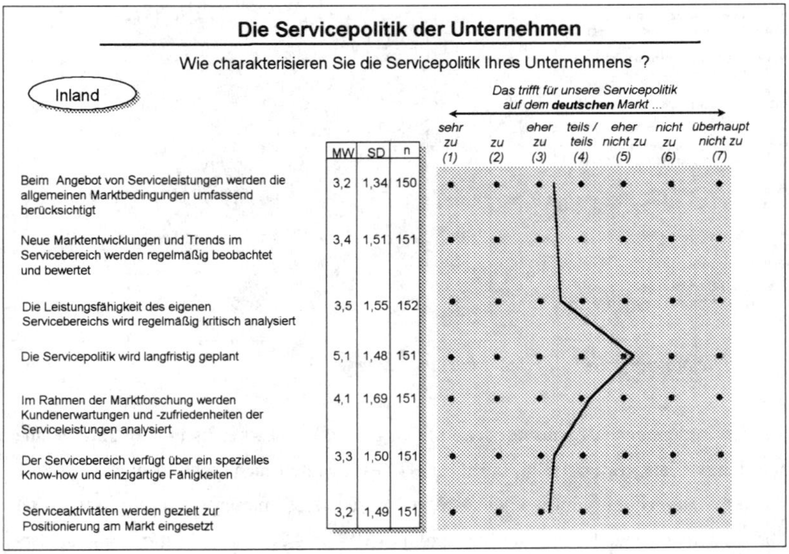

Abb. V-20b: Die Servicepolitik auf dem deutschen Markt (Fortsetzung)

Außerdem dominiert augenscheinlich oft ein gewisser Aktionismus statt einer strategisch und langfristig orientierten Servicepolitik. So wird im Durchschnitt die Servicepolitik von den Unternehmen eher nicht langfristig geplant und konzipiert (MW = 5,1). Die weniger stark ausgeprägte Nutzung des Service zur Positionierung des Unternehmens verwundert daher nicht (MW = 3,2). Denn gerade für eine klare Positionierung am Markt, die zu einer eindeutigen

Identifikation des Anbieters bei den Kunden führen soll, ist ein langfristiges Konzept notwendig. Die Positionierung über ein bestimmtes Leistungsmerkmal des Unternehmens erfordert auch die Schaffung eines einzigartigen Know-hows und die Aneignung spezifischer Fähigkeiten in diesem Leistungsfeld. Auch das wird - wie Abbildung V-20b zeigt - im Servicebereich von den Unternehmen - ausgehend von einer Durchschnittsbetrachtung - nicht ausreichend erfüllt (MW = 3,3).

Betrachtet man das Marketing für Serviceleistungen, so stellt man fest, daß die Preispolitik für Serviceleistungen eher eigenständig vorgenommen wird (MW = 2,7). Dabei nimmt das Cost-plus-Pricing unter den Preisfindungsmethoden die stärkste Stellung ein (MW = 3,0). Allerdings sind die Kosten des Servicebereichs, auf denen diese Methode aufbaut, im Durchschnitt gesehen nicht in vollem Umfang bekannt. Die Kalkulation der Servicepreise ist damit wohl eher ungenau und nicht sehr aussagekräftig. Zusätzliche Informationen zur Preisfindung, die zu einer stärkeren Angleichung des Servicepreises an die Marktbedingungen führen, werden - wie Abbildung V-20c zeigt - in den Unternehmen in noch geringerem Maße zur Preisfindung genutzt. Eine Orientierung an Wettbewerbspreisen sowie Verrechnungsmodalitäten wird eher nicht vorgenommen (MW = 4,5), und eine kundenorientierte Preisfindung wird nur teilweise realisiert (MW = 4,3). Auch abnehmerbezogene Preisdifferenzierungen, die aufgrund der Dienstleistungscharakteristika bei Serviceleistungen recht gut durchgeführt werden können, werden in den Unternehmen eher nicht verfolgt (MW = 4,6).

Die Servicepolitik der Unternehmen

Wie charakterisieren Sie die Servicepolitik Ihres Unternehmens ?

Inland

	MW	SD	n
Die Kosten des Servicebereichs sind im Unternehmen eindeutig und vollständig bekannt	3,4	1,55	150
Die Preisfindung / -gestaltung von Serviceleistungen erfolgt eigenständig	2,7	1,43	152
Die Festlegung von Servicepreisen erfolgt auf der Grundlage von Kosteninformationen	3,0	1,46	153
Bei der Berechnung von Serviceleistungen / Festlegung von Servicepreisen orientieren wir uns an wichtigen Konkurrenten	4,5	1,59	154
Für die Bestimmung der Servicepreise orientieren wir uns an der Zahlungsbereitschaft und den Erwartungen der Abnehmer	4,3	1,54	153
Gleichartige Serviceleistungen werden verschiedenen Kunden zu unterschiedlichen Preisen angeboten	4,6	1,81	152
Serviceleistungen werden intensiv beworben oder bei der Werbung für das Produkt hervorgehoben	3,8	1,59	151
Serviceleistungen sind mit einem speziellen Zeichen / Namen markiert	5,1	1,50	148

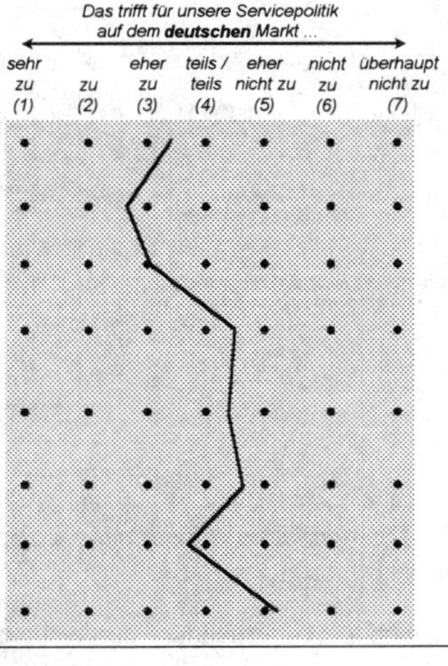

Abb. V-20c: Die Servicepolitik auf dem deutschen Markt (Fortsetzung)

Bezüglich der externen Servicekommunikation zeigt sich, daß Serviceleistungen im Durchschnitt nur teilweise (MW = 3,8) in intensiver eigenständiger Form oder im Zusammenhang mit dem Kernprodukt beworben werden. Dabei sind die Serviceleistungen eher selten markiert (MW = 5,1). Das ist insofern erstaunlich, als sich gerade „Servicemarken" werblich gut herausstellen und zur Wettbewerbsdifferenzierung nutzen lassen.

Die Serviceleistungen werden - wie Abbildung V-20d zeigt - auf dem deutschen Markt meistens von den Unternehmen selbst bzw. ihren Mitarbeitern erbracht (MW = 2,5). Hinsichtlich der Personalpolitik im Servicebereich der Unternehmen läßt sich feststellen, daß die Servicemitarbeiter eher selbständig arbeiten und entscheiden (MW = 3,0). Diesem Empowerment steht jedoch nur ein rudimentäres internes Marketing gegenüber. So wird das Servicepersonal tendenziell eher nicht durch spezifische Anreizsysteme zur Kundenorientierung motiviert (MW = 4,4), wenngleich sie über aktuelle Unternehmens- und auch Marktentwicklungen eher umfassend informiert werden (MW = 3,0). Bezogen auf die Marktdaten obliegt es den Mitarbeitern anscheinend selbst, wie sie diese Informationen für die tägliche Arbeit an der „Kundenfront" nutzen. Die Qualifikation des Servicepersonals wird eher regelmäßig verbessert und weiterentwickelt.

Abb. V-20d: Die Servicepolitik auf dem deutschen Markt (Fortsetzung)

Die „erfolgreichen" Unternehmen unterscheiden sich von „weniger erfolgreichen" Unternehmen hinsichtlich der Servicepolitik in drei Bereichen. So verfügen die „erfolgreichen" Unternehmen (MW = 3,0) gegenüber den „weniger erfolgreichen" Unternehmen (MW = 3,6) nach eigener Einschätzung eher über ein spezielles Service-Know-how. Auch die Durchführung eines Serviceaudits zur kritischen Überprüfung der eigenen Leistungsfähigkeit im Servicebereich wird von den „erfolgreichen" Unternehmen (MW = 3,2) etwas stärker forciert als bei den „weniger erfolgreichen" Anbietern (MW = 3,8). Darüber hinaus wird die Erforschung der Serviceanforderungen und -zufriedenheit bei den Abnehmern von den „erfolgreichen" Unternehmen (MW = 3,8) stärker betrieben als von den „weniger erfolgreichen" Unternehmen (MW = 4,6). Inwieweit sich diese Serviceaktivitäten und Gestaltungsparameter auf den Unternehmenserfolg und damit auf das Unterscheidungsmerkmal der beiden Gruppen auswirken, wird im Rahmen der explikativen Datenauswertung untersucht.

Die beiden unternehmensbezogenen „Servicetypen" unterscheiden sich bei einer Vielzahl von Gestaltungskriterien und -bereichen der Servicepolitik erheblich. Für fast jeden Aspekt ergeben sich zwischen den beiden Gruppen signifikante Unterschiede in den Mittelwerten. Dabei berücksichtigen die „Serviceorientierten" die meisten abgefragten Kriterien in ihrer Servicepolitik weitaus stärker als die „Serviceneutralen". In Tabelle V-17 sind die Kriterien aufgelistet, bei denen zwischen den Clustern signifikante Unterschiede bestehen.

Kriterium	***„Service-orientierte" MW***	***„Service-neutrale" MW***	***Kriterium***	***„Service-orientierte" MW***	***„Service-neutrale" MW***
Abstimmung der Serviceleistungen mit dem Kernprodukt	2,3 (n = 96)	3,2 (n = 49)	Konkurrenzorientierte Preisfestlegung	4,1 (n = 98)	5,0 (n = 49)
Customizing von Serviceleistungen	2,0 (n = 97)	2,7 (n = 49)	Mitarbeiter-qualifikation	3,0 (n = 96)	3,8 (n = 84)
Serviceeinsatz als Verteidigungs-instrument	2,9 (n =96)	4,5 (n = 49)	Beobachtung von Servicetrends	3,0 (n = 96)	4,0 (n = 49)
Serviceeinsatz als Angriffsinstrument	2,9 (n = 97)	4,2 (n = 49)	Durchführung eines Serviceaudits	3,2 (n = 96)	4,1 (n = 49)
Servicewerbung	3,3 (n = 96)	4,7 (n = 49)	Information der Servicemitarbeiter	2,6 (n = 96)	3,6 (n = 49)
Serviceeinsatz zur Positionierung	2,8 (n = 97)	4,0 (n = 49)	Anreizsystem zur Kundenorientierung	4,0 (n = 96)	5,1 (n = 49)
Berücksichtigung von Marktbedingungen in der Servicepolitik	2,9 (n = 97)	3,8 (n = 49)	Analyse von Kunden-erwartungen und -zufriedenheit	3,7 (n = 95)	5,0 (n = 49)
Servicemarkierung	4,7 (n = 94)	5,5 (n = 49)	Einordnung des Servicebereichs in der Hierarchiespitze	3,1 (n = 96)	4,2 (n = 49)
Koordination mit anderen Marketinginstrumenten	3,1 (n = 96)	4,1 (n = 84)	Beteiligung des Servicebereichs an wichtigen Unterneh-mensentscheidungen	3,4 (n = 96)	4,3 (n = 49)
Kundenorientierte Preisfestlegung	4,1 (n = 97)	4,6 (n = 49)			

Tab. V-17: Signifikante Mittelwertunterschiede zwischen den „serviceorientierten" und den „serviceneutralen" Unternehmen auf dem deutschen Markt

Dieses Ergebnis zeigt plausibel auf, daß sich die Relevanz des Service als Marktbearbeitungs- und Marktprofilierungsinstrument sehr stark in der Gestaltung der Servicepolitik niederschlägt. Damit sind einmal mehr die Ausführungen des theoretisch-konzeptionellen Teils, in denen oft darauf hingewiesen wurde, daß eine Serviceorientierung mit entsprechenden organisatorischen, strategischen und operativen Entscheidungen zusammenhängt, empirisch untermauert.

Bei den international tätigen Unternehmen wurden ebenfalls die Serviceaktivitäten auf den wichtigsten Auslandsmärkten untersucht. Hinsichtlich der Leistungs- und Kostenaufteilung im Servicebereich ergibt sich ein nahezu gleiches Bild wie auf dem deutschen Heimmarkt (siehe Abb. V-21).

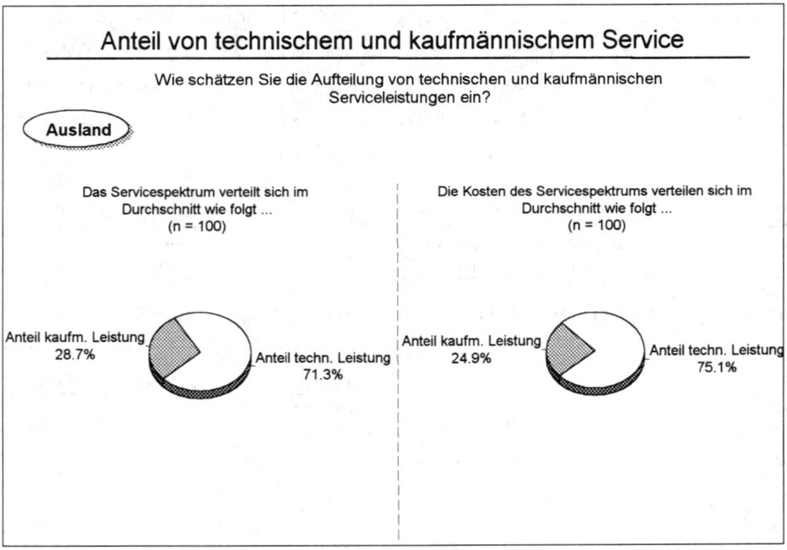

Abb. V-21: Leistungs- und Kostenaufteilung des Service auf den bearbeiteten Auslandsmärkten

Auch bei der wettbewerbsbezogenen Serviceposition im Ausland unterscheiden sich die Ergebnisse grundsätzlich nicht sehr von denen der Serviceposition im deutschen Markt. Wie Abbildung V-22 verdeutlicht, sehen sich nur gut 1/10 der Unternehmen (10,4 %) in einer eher schlechteren Position bei der Quantität des Serviceangebots. Nur 4,8 % der Anbieter schätzen ihre Servicequalität auf den Auslandsmärkten gegenüber ihren wichtigsten Wettbewerbern schlechter ein. Demnach sind deutsche Maschinen- und Anlagenbauer nach eigener Beurteilung beim Service gar nicht so schlecht wie ihr Ruf.

Die „erfolgreichen" Unternehmen auf den Auslandsmärkten schätzen sich bei der relativen Servicequantität (MW = 2,8) und der relativen Servicequalität (MW = 2,6) gegenüber ihren Wettbewerbern besser ein, als dies bei den „weniger erfolgreichen" Unternehmen der Fall ist (MW-Servicequantität = 3,5; MW-Servicequalität = 3,1). Allerdings sind auch die „weniger erfolgreichen" Unternehmen nach eigenem Bekunden in beiden Bereichen immer noch eher besser als ihre Konkurrenten.

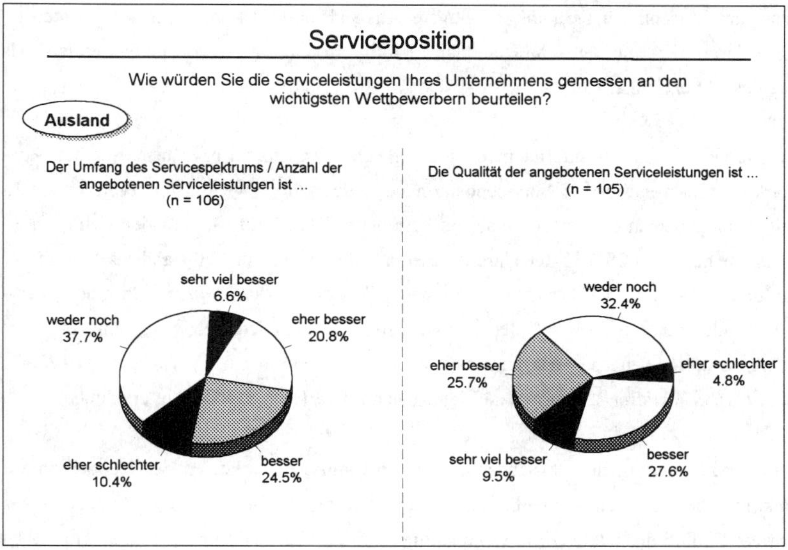

Abb. V-22: Die Serviceposition auf den Auslandsmärkten

Die „serviceorientierten" Unternehmen auf den Auslandsmärkten sind gemessen an den „serviceneutralen" Anbietern ebenfalls in einer signifikant besseren wettbewerbsbezogenen Serviceposition. Die „serviceorientierten" Unternehmen schätzen sich bei der Servicequantität gegenüber ihren Wettbewerbern im Durchschnitt eher als besser ein (MW = 2,9), während sich die „serviceneutralen" Unternehmen gegenüber ihren Konkurrenten eher gleich gut beurteilen (MW = 3,7). Bei der Servicequalität schätzen sich beide Gruppen gegenüber ihren Wettbewerbern als eher besser ein. Allerdings ist dieses Urteil bei den „serviceorientierten" Unternehmen (MW = 2,7) stärker ausgeprägt als bei den „serviceneutralen" Anbietern (MW = 3,3).

Klassifiziert man die Servicecluster mit Hilfe einer Kreuztabellierung nach den beiden Angebotsdimensionen, so zeigt sich auch hier, daß die meisten „serviceorientierten Unternehmen" eine Position des *„Service-Meisters"* innehaben (63,3 %). 7,6 % sind *„Qualitätsführer"*, 3,1% haben eine *„Premiumposition"* im Service erreicht. 1,5 % sind *„Mengenführer"*, während

20% in einer *„Patt-Situation"* sind und 3 % eine *„Hoffnungsposition"* aufweisen. In der Position eines *„Service-Verlierers"* sind 1,5 % der „serviceorientierten Unternehmen". Sie sind trotz verstärkter Serviceausrichtung nach eigener Ansicht noch nicht auf dem Niveau ihrer wichtigsten Wettbewerber auf den Auslandsmärkten. Insgesamt zeigt sich, daß die „serviceorientierten" Unternehmen auf den Auslandsmärkten eine schlechtere Serviceposition aufweisen als auf dem deutschen Markt. Das könnte auf Unterschiede in dem länderbezogenen Serviceniveau begründet sein. So gelten beispielsweise die USA, die bei den befragten Anlagen- und Maschinenbauern der wichtigste Auslandsmarkt ist, als sehr serviceintensiv. Gemessen daran, wird der deutsche Heimmarkt häufig - zumindest im Consumer-Bereich - als „Servicewüste" bezeichnet.[152]

Bei den „serviceneutralen" Unternehmen ist die gleiche Tendenz zu erkennen. Auf den Auslandsmärkten schätzen sie ihre Serviceposition gegenüber ihren wichtigsten Wettbewerbern ebenfalls im allgemeinen schlechter ein als auf dem deutschen Markt. So befinden sich nach eigener Angabe nur noch 28,6 % der Unternehmen auf den wichtigsten Auslandsmärkten in der Position eines *„Service-Meisters"*. 14, 3 % sind *„Service-Qualitätsführer"*. In einer *„Patt-Situation"* sehen sich 42, 9 % der „serviceneutralen" Anbieter. 5,7 % sind in einer *„Premiumposition"*, genauso viele Unternehmen (5,7 %) sind in einer *„Hoffnungsposition"*. Zu den *„Service-Verlierern"* gehören auf den Auslandsmärkten 2,8 % der Unternehmen.

Untersucht man auch auf den Auslandsmärkten den Einfluß der relativen Serviceposition auf das konkurrenzbezogene Umsatzverhältnis, so läßt sich - wie Tabelle V-18 verdeutlicht - hier ein positiver Einfluß der relativen Servicequantität auf den Umsatzerfolg feststellen. Gut 12 % der Varianz des relativen Umsatzes wird durch das relative mengenmäßige Serviceangebot erklärt. Auch auf den Auslandsmärkten ist der Service damit ein „Umsatztreiber".

Regressionsstatistik / Modellzusammenfassung			
Abhängige Variable: relatives Umsatzvolumen			
Bestimmtheitsmaß R^2:	0,121		
Standardfehler:	1,21		
Anzahl der Fälle (n):	101		
Einflußvariable(n)	Beta	T-Statistik	Signifikanz (p)
Servicequantität	0,348	3,696	0,000

Tab. V-18: Der Einfluß der (relativen) Serviceposition auf die relative Umsatzposition auf den Auslandsmärkten

Analysiert man den Einfluß der relativen Serviceposition auf den Faktor „relativer wirtschaftlicher Erfolg" im Auslandsgeschäft, so wird auch in diesem Fall eine positive Beziehung zwischen der relativen Service*quantität* und dem Erfolgsmaßstab ersichtlich (siehe Tab. V-19). Auf dem deutschen Markt konnte hingegen zwischen der relativen Service*qualität* und dem

[152] Simon, H.: Servicewüste, in: manager magazin, 24. Jg., 1994, Heft 9, S. 107f.

„relativen wirtschaftlichen Erfolg" ein signifikanter Einfluß ermittelt werden. Damit lassen sich unterschiedliche Anforderungen an die nationale und internationale Servicepolitik ableiten. In Deutschland kommt es demnach vor allem darauf an, daß die angebotenen Serviceleistungen qualitativ gut sind, damit sie sich in der Profitabilität niederschlagen. Auf den Auslandsmärkten ist es hingegen besonders wichtig, daß ein umfassendes Servicespektrum angeboten wird, das vielfältige Zusatznutzen liefert. Allerdings ist auch hierbei darauf hinzuweisen, daß die Beziehung zwischen der „relativen Servicequantität" und dem „relativen wirtschaftlichen Erfolg" mit einem (signifikanten) Erklärungsbeitrag von 9 % eher gering ist.

Regressionsstatistik / Modellzusammenfassung			
	Abhängige Variable: „relativer wirtschaftlicher Erfolg"		
Bestimmtheitsmaß R^2:	0,090		
Standardfehler:	2,67		
Anzahl der Fälle (n):	101		
Einflußvariable(n)	Beta	T-Statistik	Signifikanz (p)
Servicequantität	0,299	3,122	0,002

Tab. V-19: Der Einfluß der (relativen) Serviceposition auf den „relativen wirtschaftlichen Erfolg" auf den Auslandsmärkten

Betrachtet man die Servicepolitik der international tätigen Maschinen- und Anlagenbauer, so läßt sich fast bei allen abgefragten Kriterien eine etwas geringere Bedeutung und / oder Umsetzungsintensität feststellen. So hat auch auf den Auslandsmärkten die Servicepolitik keinen hinreichenden strategischen Stellenwert. Der Servicebereich ist - wie Abbildung V-23a zeigt - von eher taktischer Relevanz für die marktorientierte Unternehmensführung. Das drückt sich beispielsweise in der im Durchschnitt mittleren Position innerhalb der Hierarchie aus (MW = 3,6). Auch die nur teilweise Einbeziehung des Servicebereichs in wichtige Unternehmensentscheidungen (MW = 4,0) deutet darauf hin.

Wie auch auf dem deutschen Markt werden die Serviceaktivitäten auf den Auslandsmärkten nicht sehr intensiv mit den anderen absatzpolitischen Maßnahmen abgestimmt (MW = 3,7). Lediglich in bezug auf die Kernleistung wird eine Koordination angestrebt (MW = 2,8). Das ist vor dem Hintergrund des stark produktbezogenen Leistungsspektrums des Service (MW = 2,4) gut nachvollziehbar. Die Servicemaßnahmen werden eher häufig auf die Kundenwünsche und -anforderungen im Ausland abgestimmt (MW = 2,5). Der wettbewerbsbezogene Einsatz des Service zu Angriffs- und Verteidigungszwecken wird im Durchschnitt bei den international tätigen Unternehmen nur gelegentlich durchgeführt (jeweils MW = 3,6).

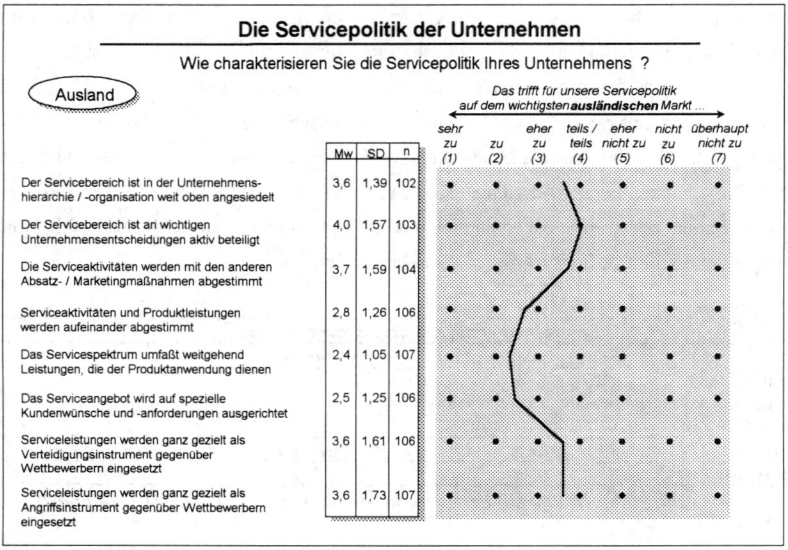

Abb. V-23a: Die Servicepolitik auf den ausländischen Absatzmärkten

Die Analyse von Marktbedingungen (MW = 3,5) und Servicetrends (MW = 3,6) wird auf den Auslandsmärkten von den Unternehmen ebenfalls nur gelegentlich durchgeführt (siehe Abb. V-23b). Gleiches gilt für ein internes Serviceaudit (MW = 3,7). Interessant ist auch hier, daß Kundenerwartungen und -zufriedenheiten von Serviceleistungen eher nicht analysiert werden (MW = 5,3), obwohl die Unternehmen nach eigenen Bekunden das Serviceangebot eher häufig auf spezielle Kundenwünsche ausrichten. Es scheinen bei der Kundenorientierung - wie auch auf dem deutschen Markt - Wunsch / Ziel und tatsächliche Umsetzung auseinanderzuklaffen.

Der Service stellt bei den international tätigen Unternehmen keine ausgeprägte Kernkompetenz dar. Die Unternehmen verfügen zwar im Durchschnitt eher über ein spezielles Service-Know-how (MW = 3,3), für eine einzigartige Fähigkeit im Wettbewerb dürfte dies aber nicht ausreichen. So ist es auch nicht verwunderlich, daß der Service zur Marktpositionierung der Kernleistung(en) und des Unternehmens eher nur teilweise genutzt wird (MW = 3,5). Außerdem ist auch hier eine langfristige Planung der Servicepolitik eher selten (MW = 5,3).

Die Servicepolitik der Unternehmen

Wie charakterisieren Sie die Servicepolitik Ihres Unternehmens ?

Ausland

	Mw	SD	n
Beim Angebot von Serviceleistungen werden die allgemeinen Marktbedingungen umfassend berücksichtigt	3,5	1,41	105
Neue Marktentwicklungen und Trends im Servicebereich werden regelmäßig beobachtet und bewertet	3,6	1,51	104
Die Leistungsfähigkeit des eigenen Servicebereichs wird regelmäßig kritisch analysiert	3,7	1,59	104
Die Servicepolitik wird langfristig geplant	5,3	1,40	103
Im Rahmen der Marktforschung werden Kundenerwartungen und -zufriedenheiten der Serviceleistungen analysiert	4,5	1,61	103
Der Servicebereich verfügt über ein spezielles Know-how und einzigartige Fähigkeiten	3,3	1,41	104
Serviceaktivitäten werden gezielt zur Positionierung am Markt eingesetzt	3,5	1,49	105

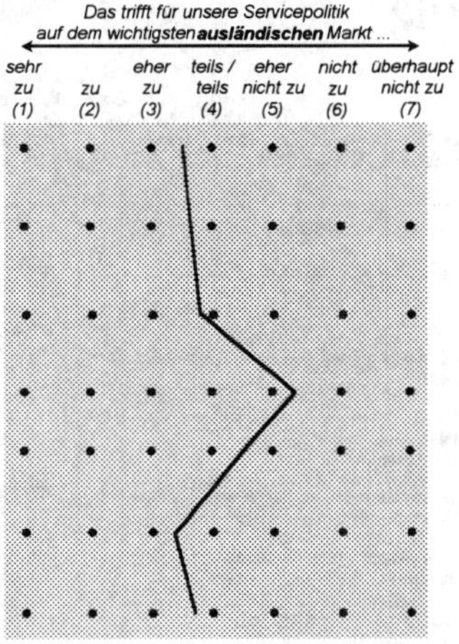

Abb. V-23b: Die Servicepolitik auf den ausländischen Absatzmärkten (Fortsetzung)

Hinsichtlich des Servicemarketing ergeben sich auf den Auslandsmärkten ebenfalls recht ähnliche Ergebnisse wie auf dem deutschen Markt (siehe Abb. V-23c). Oft erfolgen die Preisfindung und Fakturierung des Service eigenständig (MW =3,0). Dabei dominiert die kostenorientierte Preisfestlegung (MW = 3,0) vor einer kundenbezogenen Preisfestlegung (MW = 4,4) und einer konkurrenzorientierten Preisfindung (MW = 4,5), wenngleich die Servicekosten nicht gänzlich bekannt sind (MW = 3,3). Abnehmerbezogene Preisdifferenzierungen, die bei Dienst- / Serviceleistungen gut zu realisieren sind, werden ebenfalls eher nicht durchgeführt (MW = 4,7). Interessant ist auch hier, daß Serviceleistungen nur teilweise in der Marktkommunikation für die Kernleistungen und / oder das Unternehmen herausgestellt werden (MW = 3,9). Ein Grund hierfür könnte in der eher seltenen Service-Markierung liegen (MW = 5,1).

Die Servicepolitik der Unternehmen

Wie charakterisieren Sie die Servicepolitik Ihres Unternehmens ?

Ausland

	Mw	SD	n
Die Kosten des Servicebereichs sind im Unternehmen eindeutig und vollständig bekannt	3,3	1,44	101
Die Preisfindung / -gestaltung von Serviceleistungen erfolgt eigenständig	3,0	1,50	104
Die Festlegung von Servicepreisen erfolgt auf der Grundlage von Kosteninformationen	3,0	1,40	101
Bei der Berechnung von Serviceleistungen / Festlegung von Servicepreisen orientieren wir uns an wichtigen Konkurrenten	4,5	1,60	103
Für die Bestimmung der Servicepreise orientieren wir uns an der Zahlungsbereitschaft und den Erwartungen der Abnehmer	4,4	1,78	102
Gleichartige Serviceleistungen werden verschiedenen Kunden zu unterschiedlichen Preisen angeboten	4,7	1,78	102
Serviceleistungen werden intensiv beworben oder bei der Werbung für das Produkt hervorgehoben	3,9	1,73	106
Serviceleistungen sind mit einem speziellen Zeichen / Namen markiert	5,1	1,67	100

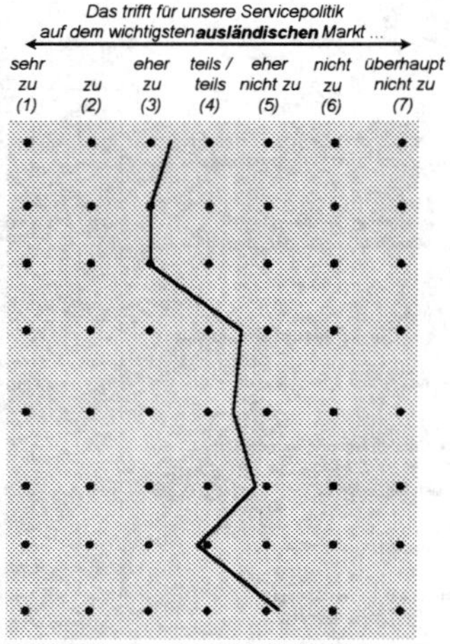

Abb. V-23c: Die Servicepolitik auf den ausländischen Absatzmärkten (Fortsetzung)

Hinsichtlich der Personalpolitik zeigen die Ergebnisse auf den Auslandsmärkten und auf dem deutschen Markt wiederum weitgehend ähnliche Befunde. Lediglich bei der Eigenerstellung der Serviceleistungen (MW = 3,1) läßt sich ein etwas größerer Unterschied feststellen. Dies mag daran liegen, daß einige Unternehmen ihre Kernleistungen (indirekt) exportieren und Partner vor Ort mit der Serviceerbringung beauftragen. Da sich aber hinsichtlich der Qualifikation (MW = 3,5), Führung (MW = 4,7) und Information (MW = 3,1) der Serviceanbieter nur marginale Unterschiede zum deutschen Heimmarkt ergeben, scheinen auch die Exporteure ihre ausländischen Servicehelfer auf die Serviceaufgaben genauso vorzubereiten und sie ähnlich zu steuern wie die eigenen Servicemitarbeiter im Unternehmen (siehe Abb. V-23d).

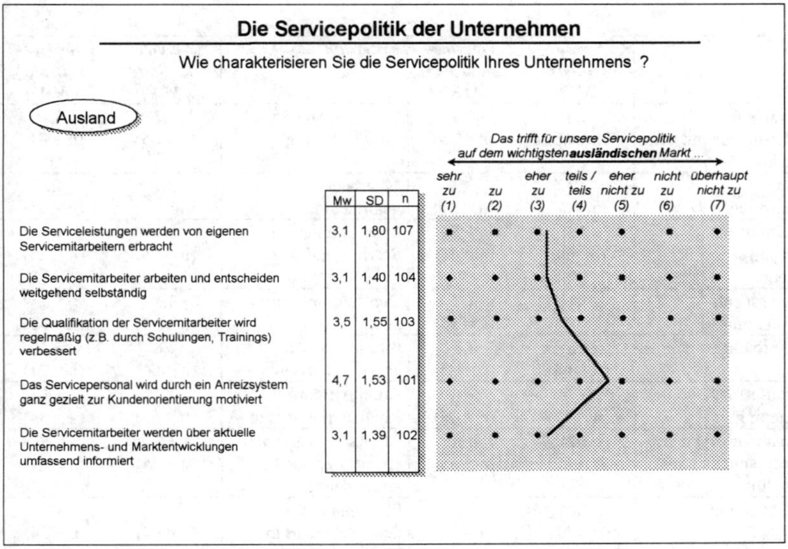

Abb. V-23d: Die Servicepolitik auf den ausländischen Absatzmärkten (Fortsetzung)

Vergleicht man auch auf den ausländischen Märkten die „erfolgreichen“ und die „weniger erfolgreichen“ Unternehmen hinsichtlich ihrer Servicepolitik, so unterscheiden sich die beiden Gruppen nur hinsichtlich der Kostentransparenz im Service. Diese ist für die „erfolgreichen“ Unternehmen größer (MW = 2,7) als für die „weniger erfolgreichen“ Anbieter (MW = 3,5).

Im Gegensatz zu den „Erfolgsgruppen“ unterscheiden sich die „serviceorientierten“ von den „serviceneutralen“ Unternehmen wiederum in einer Vielzahl von Gestaltungsparametern erheblich voneinander. In Tabelle V-20 sind die (signifikanten) unterschiedlichen Mittelwerte bei den jeweiligen Bewertungskriterien wiedergegeben. Die „serviceorientierten“ Unternehmen unterscheiden sich von den „serviceneutralen“ Unternehmen auf den Auslandsmärkten im wesentlichen bei den gleichen Kriterien wie auf dem deutschen Heimmarkt. Ein neues Unterscheidungsmerkmal ist die Eigenerstellung des Service. Die „serviceorientierten“ Unternehmen erbringen den Service auf den Auslandsmärkten häufiger als die „serviceneutralen“ Unternehmen. Daran zeigt sich, daß die „serviceorientierten“ Unternehmen die Servicefunktionen auch auf den Auslandsmärkten besser nutzen. Das erklärt unter anderem auch die größere Bedeutung von Mitarbeiterqualifikation, servicebezogener Umfeldbeobachtung, Serviceaudit und Mitarbeiterinformation für die „serviceorientierten“ Unternehmen.

Kriterium	***„Service-orientierte" MW***	***„Service-neutrale" MW***	***Kriterium***	***„Service-orientierte" MW***	***„Service-neutrale" MW***
Abstimmung der Serviceleistungen mit dem Kernprodukt	2,4 (n = 68)	3,4 (n = 35)	Konkurrenzorientierte Preisfestlegung	4,2 (n = 65)	5,1 (n = 34)
Customizing von Serviceleistungen	2,3 (n = 68)	2,9 (n = 35)	Mitarbeiter-qualifikation	3,1 (n = 64)	4,3 (n = 35)
Serviceeinsatz als Verteidigungs-instrument	3,2 (n =68)	4,5 (n = 35)	Beobachtung von Servicetrends	3,1 (n = 65)	4,4 (n = 34)
Serviceeinsatz als Angriffsinstrument	3,1 (n = 68)	4,7 (n = 35)	Durchführung eines Serviceaudits	3,3 (n = 65)	4,5 (n = 35)
Servicewerbung	3,3 (n = 68)	4,8 (n = 35)	Information der Servicemitarbeiter	2,8 (n = 64)	3,7 (n = 34)
Serviceeinsatz zur Positionierung	3,2 (n = 67)	4,0 (n = 35)	Anreizsystem zur Kundenorientierung	4,2 (n = 63)	5,4 (n = 34)
Berücksichtigung von Marktbedingungen in der Servicepolitik	3,2 (n = 67)	4,0 (n = 35)	Analyse von Kunden-erwartungen und -zufriedenheit	3,9 (n = 65)	5,5 (n = 34)
Eigene Erstellung	2,8 (n = 67)	3,6 (n = 35)	Einordnung des Servicebereichs in der Hierarchiespitze	3,3 (n = 64)	4,3 (n = 34)
Kostentransparenz	3,1 (n = 62)	3,8 (n = 35)	Beteiligung des Servicebereichs an wichtigen Unterneh-mensentscheidungen	3,6 (n = 64)	4,7 (n = 34)

Tab. V-20: Signifikante Mittelwertunterschiede zwischen den „serviceorientierten" und den „serviceneutralen" Unternehmen auf den Auslandsmärkten

Sowohl im Inland als auch auf den ausländischen Märkten realisieren die beiden „Servicecluster" eine unterschiedliche Servicepolitik. Diese Unterschiedlichkeit läßt einen Einfluß der Gestaltungsparameter auf den Unternehmenserfolg vermuten. Diese Untersuchung wird ein wichtiger Gegenstandsbereich des nachfolgenden Kapitels sein.

2.2. Ergebnisse der explikativen Datenanalyse

Nachdem im deskriptiven Analyseteil der gegenwärtige Stand der nationalen und internationalen Servicepolitik deutscher Maschinen- und Anlagenbauer aufgezeigt wurde, sollen nun im Rahmen der explikativen Datenanalyse die aufgestellten Hypothesen geprüft werden. Hierzu werden insbesondere die kausalanalytischen Auswertungsverfahren angewendet, bei denen neben der einfachen und moderierten Regressionsanalyse auch Kovarianz- / Strukturgleichungsanalysen mit AMOS eine besondere Bedeutung zukommt.

2.2.1. Der Erfolgseinfluß des Service

Zunächst ist die grundlegende Ausgangshypothese dieser Arbeit zu überprüfen. Demnach ist zu untersuchen, ob der Service den Unternehmenserfolg positiv beeinflußt. Entsprechend dem zugrunde gelegten Ziel-Ansatz ergibt sich der Unternehmenserfolg aus der Summe der mit ihrer Bedeutung gewichteten Zielerreichungsgrade. Im Ergebnis erhält man einen *Erfolgsindex* (UE). Wichtige Voraussetzungen für die Bildung des Erfolgsindexes sind - wie bereits im Teil IV erwähnt wurde - die Multiplikativitätsprämisse und die Additivitätsprämisse.[153] Die *Multiplikativitätsprämisse* fordert u.a., daß die beiden Dimensionen Zielbedeutung und -erreichung unabhängig voneinander sind. Die *Additivitätsprämisse* stellt auf eine unabhängige Beurteilung innerhalb der beiden Zieldimensionen (Zielbedeutung und Zielerreichung) ab.

Wie in einer Korrelationsanalyse nachgewiesen wurde, besteht zwischen der Einschätzung der Zielbedeutung und dem Zielerreichungsgrad sowohl auf dem Inlandsmarkt als auch auf den Auslandsmärkten weitgehend Unabhängigkeit. So konnten nur teilweise (signifikante) Zusammenhänge festgestellt werden, die im gegebenen Fall überwiegend gering waren ($r \leq 0,25$). Deshalb kann die Multiplikativitätsprämisse zur Bildung des Erfolgsindexes als weitgehend erfüllt angesehen werden.

Innerhalb der beiden Zieldimensionen, insbesondere zwischen den einzelnen Zielerreichungsgraden, konnten ebenfalls leichte (signifikante) Korrelationen auf dem Inlands- und auch auf den Auslandsmärkten festgestellt werden. Dieses Ergebnis ist vor dem Hintergrund bestehender Zielhierarchien / -beziehungen auch zu erwarten. Da es sich im allgemeinen um eher schwache Zusammenhänge handelt (meistens ist $r \leq 0,4$), ist auch die Additivitätsprämisse als zweite wichtige Anforderung der Indexbildung weitgehend erfüllt.

Für die Relevanz des Service als Profilierungsinstrument soll ebenfalls ein Index gebildet werden. Dieser Servicerelevanzindex (Sr) ist dabei eine Funktion der einzelnen Aufgaben und Bedeutungsbereiche des Service. Allerdings wurde hierfür der Indikator / die Variable „Servicebedeutung für die Unternehmenspolitik" aus der Indexbildung ausgeschlossen. Diese ist ein sehr allgemeiner Indikator, in den bei genauerer Betrachtung auch der Unternehmenserfolg integriert ist. Dadurch entsteht eine „tautologische" Beziehung zwischen diesem Relevanzindikator und dem Erfolgsindex.

Zur Prüfung der Ausgangshypothese (H1) kann nun eine einfache (lineare) Regressionsanalyse durchgeführt werden, bei der die abhängige Variable (Y) den Erfolgsindex (Ue) und die unab-

---

[153] Vgl. hierzu auch Fritz, W.: Marktorientierte Unternehmensführung, a.a.O., S. 225

hängige Variable (X_1) den Servicerelevanzindex (Sr) darstellt. Das entsprechende Analyseergebnis für den deutschen Markt zeigt Tab. V-21.

Regressionsstatistik / Modellzusammenfassung			
Abhängige Variable: „Unternehmenserfolg (Index)"			
Bestimmtheitsmaß R^2:	0,17		
Standardfehler:	28,99		
Anzahl der Fälle (n):	149		
Einflußvariable(n)	Beta	T-Statistik	Signifikanz (p)
Servicerelevanz (Index)	0,412	5,476	0,000

Tab. V-21: Der Einfluß des Service auf den Unternehmenserfolg im Inland

Wie ersichtlich ist, wird der Unternehmenserfolg zu 17 % durch die Servicerelevanz für die Marktprofilierung erklärt. Damit scheint sich die Ausgangshypothese der Arbeit für das Inland zu bestätigen: Service ist ein Erfolgsfaktor für Unternehmen (auf dem deutschen Markt). Die Höhe des Bestimmtheitsmaßes kann als voll ausreichend für den Nachweis des Erfolgseinflusses angesehen werden. Es liegt auf der Hand, daß ein einzelnes Marketinginstrument den Unternehmenserfolg kaum in größerem Umfang erklären kann. Der Beta-Koeffizient von 0,412 deutet dabei auf eine recht hohe Einflußstärke hin. Allerdings ist hierbei zu berücksichtigen, daß zu den Indexvariablen auch strategische und normative Bedeutungsinhalte, wie z.B. die Servicebedeutung für die Kundennähe und -orientierung des Unternehmens, gehören, die einen hohen Erklärungsbeitrag und eine große Einflußstärke vermuten lassen. Aus diesem Grunde wurde der Servicerelevanz-Index (Sr) in einer weiteren multiplen Regressionsanalyse auf Basis der Kernfunktionen des Service durchgeführt, wobei nur die beiden weiter oben „validierten" Faktoren „Informationsfunktion" und „Akquisitions- / Differenzierungsfunktion" sowie die Variable „Kundenbindung" als unabhängige Variablen in die Regressionsgleichung aufgenommen wurden. Wie die Tabelle V-22 zeigt, wird durch die Kernfunktionen des Service bei einer aufgeschlüsselten / differenzierteren Analyse ein noch höherer Anteil am Unternehmenserfolg (21,0 %) erklärt.

Regressionsstatistik / Modellzusammenfassung			
Abhängige Variable: „Unternehmenserfolg (Index)"			
Bestimmtheitsmaß R^2:	0,21		
Standardfehler:	28,02		
Anzahl der Fälle (n):	149		
Einflußvariable(n)	Beta	T-Statistik	Signifikanz (p)
Akquisitions- und Differenzierungsfunktion	0,441	3,573	0,000
Kundenbindungsfunktion	- 0,256	- 2,415	0,017
Informationsfunktion	0,202	2,177	0,031

Tab. V-22: Der Einfluß einzelner Servicefunktionen auf den Unternehmenserfolg im Inland

Den stärksten Einfluß auf den Unternehmenserfolg hat innerhalb der Servicefunktionen die Akquisitions- und Differenzierungsfunktion (Beta = 0,441). Der stärkste Einfluß geht dabei - wie in einer weiteren, differenzierteren multiplen Regressionsanalyse nachgewiesen wurde - von der Teilfunktion „Konkurrenzfähigkeit“ aus. Interessant ist, daß die Kundenbindungsfunktion einen negativen Einfluß auf den Unternehmenserfolg hat (Beta = - 0,256). Das ist ein sehr erstaunliches Ergebnis, da Kundenbindung in der Literatur aufgrund von Plausibilitätsüberlegungen und auch in empirischen Befunden als ein eigenständiger, positiv wirkender Einflußfaktor für den Unternehmenserfolg gesehen wird. Allerdings ist bei dem vorstehenden Ergebnis zu berücksichtigen, daß in den Erfolgsindex sehr viele unterschiedliche Ziele integriert sind, die durchaus mit der Kundenbindung kollidieren können. So konnte z.B. eine signifikante negative Korrelation der Kundenbindungsfunktion mit dem Ziel „Kosteneinsparung“ (r = -0,174) festgestellt werden. Wenngleich Kundenbindung generell zu Kosteneinsparungen führen kann, scheinen mit den Kundenbindungsaktivitäten des Service zunächst einmal höhere Kosten verbunden zu sein. Darüber hinaus ist es möglich, daß die befragten Unternehmen den „komplexen“ Mechanismus des Return-on-(Service)-Quality-Konzepts nicht vollständig erkennen, weil sie z.B. - wie die oben aufgeführten Ergebnisse der deskriptiven Datenanalyse belegen - keine umfassende Kostentransparenz im Servicebereich und kein aussagefähiges Servicecontrolling haben.

Insgesamt bestätigen die Ergebnisse der vorstehenden multiplen Regressionsanalysen die Ausgangshypothese für den deutschen Markt. Auch auf den wichtigsten ausländischen Absatzmärkten ist die Erfolgswirkung des Service gegeben. Allerdings ist sie über alle angegebenen ausländischen Märkte im Durchschnitt etwas geringer ausgeprägt. Betrachtet man die Beziehung zwischen dem „allgemeinen“ Servicerelevanzindex und dem Unternehmenserfolg, so zeigt sich, daß 13 % der Gesamtvarianz des Erfolgsindexes durch den Service erklärt werden (siehe Tab. V-23).

Regressionsstatistik / Modellzusammenfassung			
Abhängige Variable: „Unternehmenserfolg (Index)“			
Bestimmtheitsmaß R^2:	0,13		
Standardfehler:	35,88		
Anzahl der Fälle (n):	101		
Einflußvariable(n)	Beta	T-Statistik	Signifikanz (p)
Servicerelevanz (Index)	0,366	3,908	0,000

Tab. V-23: Der Einfluß des Service auf den Unternehmenserfolg im Ausland

Teilt man die Servicerelevanz wieder nach den Servicefunktionen auf, so stellt man fest, daß nur die Akquisitions- und Differenzierungsfunktion des Service einen signifikanten Einfluß auf den Unternehmenserfolg hat. Wie aus Tabelle V-24 ersichtlich ist, erklärt dieser Faktor 14,0 % des Unternehmenserfolgs auf den Auslandsmärkten. Für die beiden anderen Servicefunktionen konnte kein signifikanter Erfolgseinfluß nachgewiesen werden. Das mag daran liegen, daß die Unternehmen auf den Auslandsmärkten im Durchschnitt häufiger externe Servicehelfer mit der

Durchführung von Servicemaßnahmen und -aufgaben betrauen. Dadurch geht der Kontakt mit dem „eigentlichen“ Kunden / Endkunden und damit auch die Informationsfunktion des Service weitgehend verloren. Gleichzeitig ist dann auch der Aufbau einer Kundenbeziehung zu den Endkunden / Nutzern über den Service schwierig. Die Akquisitions- und Differenzierungsfunktion kann hingegen auch bei einer externen Ausführung des Service aufrechterhalten werden.

Regressionsstatistik / Modellzusammenfassung			
Abhängige Variable: „Unternehmenserfolg (Index)“			
Bestimmtheitsmaß R^2:	0,14		
Standardfehler:	35,78		
Anzahl der Fälle (n):	101		
Einflußvariable(n)	Beta	T-Statistik	Signifikanz (p)
Akquisitions- und Differenzierungsfunktion	0,372	3,989	0,000

Tab. V-24: Der Einfluß einzelner Servicefunktionen auf den Unternehmenserfolg im Ausland

Die Konstruktion des Erfolgs- und Serviceindexes wurde vorstehend recht pragmatisch vorgenommen. Obwohl diese Vorgehensweise durchaus üblich ist, muß jedoch immer berücksichtigt werden, daß auf diese Weise nur ein grobes Meß- und Analyseinstrument gebildet werden kann.[154] Daher sind die vorstehenden Ergebnisse durchaus mit Skepsis zu interpretieren. Da es gerade bei der Überprüfung der Ausgangshypothese, die den Kern der vorliegenden Arbeit darstellt, darauf ankommt, möglichst sichere Ergebnisse zu erhalten und valide Aussagen zu treffen, wurde in einer zweiten Auswertung sowohl beim Unternehmenserfolg als auch bei der Servicerelevanz eine strengere Indexbildung vorgenommen. Außerdem wurde der Erfolgseinfluß des Service noch einmal im Rahmen einer Kovarianzanalyse und den dabei geltenden Voraussetzungen / Richtlinien untersucht. Hierzu wurde das in Abbildung V-24 aufgeführte *Ablaufschema* zugrunde gelegt, das sich in ähnlicher Form zur Entwicklung und Analyse von Kausalmodellen bewährt hat.[155]

Da es sich bei der vorliegenden Untersuchung um eine Doppelanalyse handelt, bei welcher der Erfolgseinfluß des Service zum einen im Inlandsgeschäft und zum anderen im internationalen Marketing ermittelt werden soll, ist das vorstehende Schema zweimal zu durchlaufen. Dabei sind, wie die Rückkopplungspfeile andeuten, auf der Stufe 2 und 3 wegen der Nicht-Erfüllung von Mindestanforderungen häufig spezifische Veränderungen einzelner Faktoren / Konstrukte notwendig, die dann wieder einen neuen Durchlauf von der ersten Stufe an erfordern. Auf diese Weise wird in einem Iterationsprozeß eine Optimierung der Meßmodelle angestrebt.

[154] Vgl. Vgl. Mayntz, R./Holm, K./Hübner, P., a.a.O., S. 47

[155] Vgl. insbesondere den Leitfaden von Homburg, C./Giering, A., a.a.O., S. 12

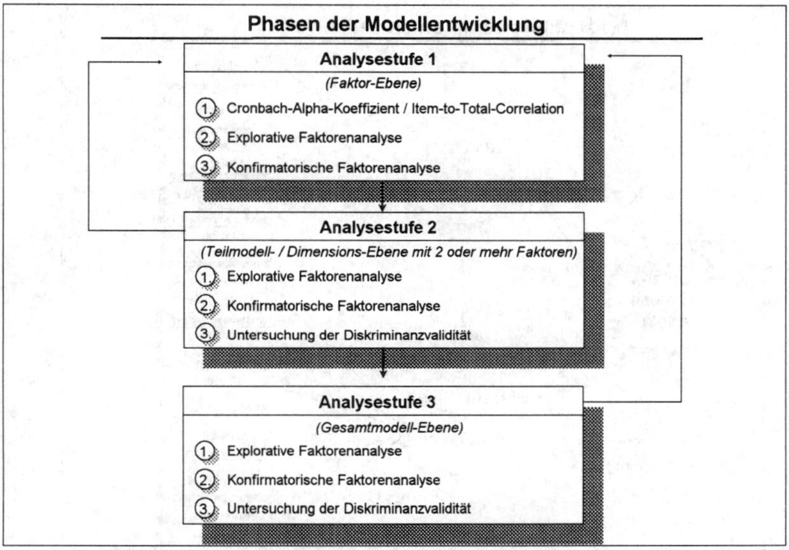

Abb. 24: Ablauf der quantitativen Analyse zur Entwicklung eines Meßmodells und Prüfung eines Strukturgleichungsmodells
(Quelle: in Anlehnung an Homburg, C.: Kundennähe, a.a.O., S. 87)

Auf der *ersten Untersuchungsstufe* wurde zunächst das Konstrukt „Unternehmenserfolg" modelliert. Hierzu ist - wie Abbildung V-25 zeigt - eine Aufteilung des Erfolgskonstruktes in Markt- und Finalziele vorgenommen worden. Diese Trennung erfolgt aus zwei Gründen: Zum einen wurden bei der Datenerhebung ganz bewußt Markt- und finale Formalziele (siehe Teil III, Kap. 3.1) untersucht, die in der Zielhierarchie typischerweise auf unterschiedlichen Ebenen stehen. Diesem Umstand sollte auch in der Datenanalyse Rechnung getragen werden. Zum anderen erfordert die Durchführung einer explorativen Faktorenanalyse, daß die Korrelationen zwischen den untersuchten Variablen immer durch eine hinter diesen Kriterien stehende „Supervariable" erklärt werden.[156] Die Erfüllung dieser Anforderung wird jedoch schwierig, wenn es sich bei den Variablen um hierarchisch geordnete Größen handelt Die Zweiteilung wurde auch durchgeführt, dieses methodische Problem etwas zu mildern. Dennoch ist offensichtlich, daß auch innerhalb der beiden Dimensionen des Erfolgsmaßstabs Rangfolgen bestehen.

[156] Vgl. Backhaus, K. et al., a.a.O., S. 193f.

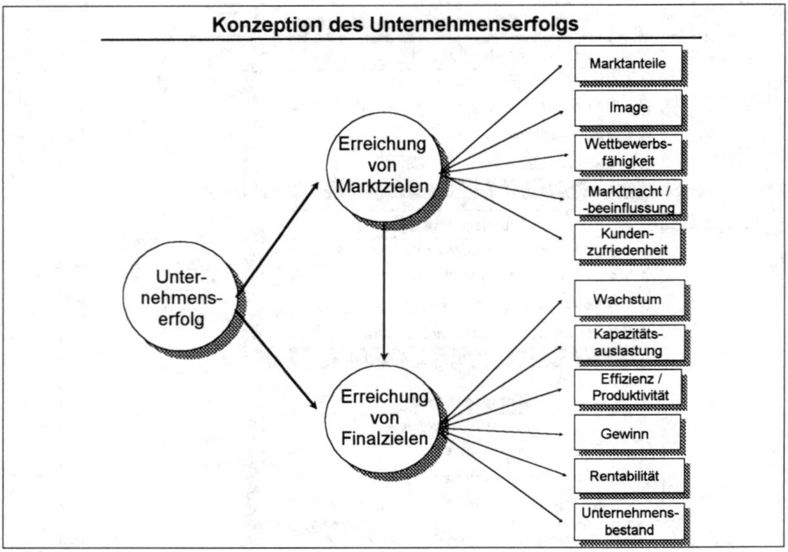

Abb. V-25: Theoretisch-konzeptionelles Erfolgsmodell

Auf dieser Grundlage wurden dann die beiden Faktoren des Erfolgskonzepts entsprechend den auf dieser Stufe anstehenden Analysen (Reliabilitätsanalyse, Item-to-Total-Correlation und explorative Faktorenanalyse) untersucht. Dabei mußten einige Indikatoren sowohl beim Erfolgskonzept auf dem Inlands- als auch beim Erfolgskonzept auf den Auslandsmärkten eliminiert werden, so daß für jeden Faktor nur noch zwei (gewichtete) Ziele übrig blieben.[157] Da eine konfirmatorische Faktorenanalyse bei zwei Variablen wegen der zu geringen Freiheitsgrade nicht möglich ist, mußte an dieser Stelle auf die Überprüfung der mit der konfirmatorischen Faktorenanalyse verbundenen Kriterien und Ergebnisse (z.B. Indikatorreliabilität, t-Wert der Faktorladungen, Faktorreliabilität und durchschnittlich erfaßte Varianz des Faktors) verzichtet werden.[158] Die Berücksichtigung von zwei oder gar nur einem Kriterium in einem Meßmodell ist allerdings nicht ungewöhnlich.[159] Da die Erfolgsgrößen im Rahmen des Beziehungsgeflechts eines größeren Kausalmodells an Freiheitsgraden für eine Schätzung „gewinnen", stellt das geringen Faktor-Indikator-Verhältnis in diesem Teilmodell für die vorliegende Untersuchung kein sonderlich großes Problem dar.

[157] Es handelt sich entsprechend dem Ziel-Ansatz um eine Gewichtung der Zielerreichung mit der Zielbedeutung

[158] Eine konfirmatorische Faktorenanalyse ist erst ab drei zugeordneten Variablen durchführbar.

[159] Vgl. Homburg, C./Baumgartner, H.: Die Kausalanalyse, a.a.O., S. 1104. Nach Untersuchungen der beiden Autoren werden bei kausalanalytischen Untersuchungen von deutschen Wissenschaftlern 46,5 % der Faktoren mit nur einem Indikator gemessen. In amerikanischen Studien werden 34,6 % der Faktoren mit nur einem Indikator gemessen. Das durchschnittliche Verhältnis zwischen Zahl der Faktoren und Anzahl der Indikatoren beträgt in deutschen Marketingstudien 1,77, in amerikanischen Studien 2,79.

In Tabelle V-25 ist das Ergebnis der ersten Untersuchungsstufe für die beiden Faktoren des Unternehmenserfolgs auf dem deutschen Markt wiedergegeben. Da die konfirmatorische Faktorenanalyse fehlt, wurden zur besseren Konstruktbeurteilung zusätzlich die „Detailergebnisse" der explorativen Faktorenanalyse aufgeführt. Wie deutlich wird, erreicht der Faktor „Marktziele" einen Wert für den Cronbach-Alpha-Koeffizienten (standardisierter Wert = 0,69), der leicht unter dem kritischen Wert von 0,7 liegt. Hierbei ist jedoch zu berücksichtigen, daß der Cronbach-Alpha-Koeffizient wesentlich von der Anzahl der analysierten Items abhängt. Mit steigender Anzahl der berücksichtigten Variablen nimmt das Reliabilitätsmaß i.d.R. zu.[160] Bei der Berücksichtigung von zwei Variablen werden daher meistens geringere Mindestwerte, wie z.B. von ≥ 0,4, als voll ausreichend angesehen.[161] Demnach dokumentiert der erreichte Alpha-Wert eine ausreichend große Reliabilität. Die Ergebnisse der explorativen Faktorenanalyse weisen zudem auf eine hohe Validität dieses Erfolgskonstruktes hin. Es wurde selbstverständlich nur ein Faktor extrahiert, der 76,4 % der Varianz der beiden Indikatoren erklärt. Damit wird der Mindestwert von 50 % weit übertroffen. Auch die Faktorladungen der beiden Kriterien / Variablen liegen weit über dem geforderten Mindestmaß von 0,4 bei zwei Indikatoren. Insgesamt kann das Meßkonzept des Konstrukts „Marktziele" damit als „validiert" angesehen und für die weiteren Untersuchungen genutzt werden.

Auch das Konstrukt „Finalziele" kann aufgrund der aufgeführten Ergebnisse für die weitere Analyse verwendet werden. Der Cronbach-Alpha-Koeffizient liegt auch für diese Zwei-Item-Skala bzw. dieses 2-Indikatoren-Konstrukt ausreichend hoch. Die Varianzaufklärung in der explorativen Faktorenanalyse umfaßt bei sehr hohen Faktorladungen 73,6 %.

Faktor / Konstrukt ***„Marktziele"***			Faktor / Konstrukt ***„Finalziele"***		
Indikator:	Item-to-Total-Correlation:	Faktorladung:	Indikator:	Item-to-Total-Correlation:	Faktorladung:
Marktmacht	0,529	0,874	Gewinn	0,473	0,858
Marktanteil	0,529	0,874	Rentabilität	0,473	0,858
Cronbach-Alpha-Koeffizient: 0,69 Erklärte Varianz: 76,4 % (explorative Faktorenanalyse)			Cronbach-Alpha-Koeffizient: 0,64 Erklärte Varianz: 73,6 % (explorative Faktorenanalyse)		

Tab. V-25: Informationen zu den Modellfaktoren des Unternehmenserfolgs auf dem deutschen Markt

Die beiden Faktoren des Erfolgsmodells sind auf der zweiten Stufe des Analyseschemas als Meßmodell zu validieren. Hierzu wurde zunächst eine explorative Faktorenanalyse durchgeführt, um ohne Vorgabe der theoretisch zugrunde gelegten Faktorenstruktur eine „Reproduktion" hierfür zu erhalten. Es geht also darum, in der explorativen Faktorenanalyse,

---

160 Vgl. Peterson, R.A.: A Meta-analysis of Cronbach's Coefficient Alpha, in: Journal of Consumer Research, 21. Jg., 1994, September, S. 388f.

161 Vgl. u.a. Peter, S.I., a.a.O., S. 180

die keine Hypothesen über die Faktorenanzahl und -zusammensetzung enthält, möglichst die gleiche Faktorenstruktur zu generieren.[162] Im vorliegenden Fall konnte dies jedoch nur erreicht werden, indem vom Kaiser-Kriterium abgewichen und die Faktorextraktion mit einem geringeren Eigenwert als 1 „erlaubt" wurde. Bei Anwendung des Kaiser-Kriteriums konnte nämlich nur ein einzelner Faktor (Eigenwert = 2,12; Varianzerklärung = 52,91 %) identifiziert werden, auf den alle Erfolgsindikatoren geladen haben. Dieses Ergebnis ist nicht verwunderlich, da es sich - wie oben beschrieben wurde - bei den untersuchten Indikatoren um hierarchisch strukturierte Variablen handelt. Allerdings liegt der Eigenwert des zweiten Faktors mit 0,95 nur geringfügig unter dem Kaiser-Kriterium. In einer erneuten Faktorenanalyse wurde daher eine Zwei-Faktoren-Lösung vorgegeben, um zu überprüfen, ob sich hierbei die gleiche Faktorenzuordnung der Indikatoren ergibt wie auf der ersten Analysestufe. Da es in der vorliegenden Untersuchung nicht darum geht, den Unternehmenserfolg an sich zu erklären, sondern lediglich einen positiven Einfluß des Service auf den Unternehmenserfolg nachzuweisen, ist diese (nicht unüblichen) Vorgehensweise durchaus vertretbar. In Tabelle V-26 ist das Ergebnis dieser Faktorenanalyse dargestellt. Dabei zeigt sich, daß die „erwartete" / theoretische Faktorenstruktur auf diese Weise gut „nachgebildet" wurde.

Faktor / Dimension	***Indikator***	***Faktorladungen (nach Varimax-Rotation)***	
		Faktor 1	Faktor 2
„Marktziele"	Marktmacht	**0,869**	0,096
	Marktanteil	**0,834**	0,190
„Finalziele"	Gewinn	0,015	**0,926**
	Rentabilität	0,430	**0,720**
Durch die Faktoren erklärte Varianz: 76,65 %		41,10 %	35,55 %

Tab. V-26: Ergebnisse der explorativen Faktorenanalyse der Erfolgsindikatoren auf dem deutschen Markt

Im Anschluß an diese explorative Faktorenanalyse wurde eine konfirmatorische Faktorenanalyse des zweidimensionalen Erfolgsmodells zur Überprüfung der unterstellten Struktur durchgeführt (siehe Analysestufe 2.2). Dabei kommen die o.g. Global- und Detailkriterien zur Beurteilung des Meßmodells zum Einsatz. In Tabelle V-27 ist das Ergebnis wiedergegeben.

Zunächst zeigt sich, daß die errechenbaren Faktorladungen signifikante t-Werte ($\geq$ 1,645) aufweisen. Damit ist die Konvergenzvalidität der Faktoren gewährleistet. Die von den Faktoren durchschnittlich erfaßte Varianz liegt bei jedem der beiden Faktoren / Konstrukte über der Mindestanforderung von 50 %. Auch die Faktorreliabilitäten liegen über den gewünschten Mindestwerten von 0,60. Lediglich die Reliabilität des Indikators „Gewinn" erreicht nicht das anzustrebende Mindestniveau von 0,4. Trotz dieser Einschränkung wird der gewünschte Erfüllungsgrad der Detailkriterien von 50 % voll und ganz erreicht. Deshalb soll dieser Indikator in

[162] Vgl. Homburg, C./Giering, A., a.a.O., S. 13

dem Modell verbleiben, zumal das Gesamtmodell einen recht hohen Fit aufweist, dem alle Globalkriterien werden eingehalten.

Faktor / Dimension	*Indikator*	*Indikatorreliabilität*	*t-Werte der Faktorladung*
„Marktziele"	Marktmacht	0,493	Keine t-Wert-Berechnung, da fixierter Referenzparameter zur Standardisierung der Varianz des Konstrukts
∅ erfaßte Varianz: 53,0 % Faktorreliabilität: 0,693	Marktanteil	0,567	5,049
„Finalziele"	Gewinn	0,232	Keine t-Wert-Berechnung, da fixierter Referenzparameter zur Standardisierung der Varianz des Konstrukts
∅ erfaßte Varianz: 59,9 % Faktorreliabilität: 0,728	Rentabilität	0,966	3,132
Globalkriterien zur Beurteilung des (Teil-) Modells:			
χ^2 = 0,322	df = 1	p = 0,570	χ^2 / df = 0,322
GFI = 0,99 (0,99)	AGFI = 0,98 (0,99)	NFI = 0,99 (0,99)	IFI = 0,99
RMSEA = 0,01			
Alle Werte der konfirmatorischen Faktorenanalyse wurden nach dem Maximum-Likelihood-Verfahren (ML) errechnet. Die Globalkriterien in Klammern () geben die Werte nach dem Unweighted-Least-Squares-Verfahren (ULS) wieder.			

Tab. V-27: Beurteilungskriterien zum Meßmodell des Unternehmenserfolgs auf dem deutschen Markt

Zur Überprüfung der Diskriminanzvalidität der beiden Faktoren / Dimensionen wurde das Fornell / Larcker-Kriterium herangezogen.[163] Dieses Testverfahren zur Bestimmung der Diskriminanzvalidität gilt gegenüber dem häufig eingesetzten χ^2-Differenztest als strenger. Eine ausreichende Diskriminanzvalidität ist nach dem Fornell / Larcker-Kriterium erreicht, wenn die quadrierte Korrelation zwischen den Konstrukten („Marktziele" und „Finalziele") geringer ist als die jeweilige durchschnittlich erfaßte Varianz der Faktoren / Konstrukte. Dieses Postulat wird - wie Tabelle V-28 zeigt - im vorliegenden Fall erfüllt. Damit kann von einer Diskriminanzvalidität zwischen den beiden Erfolgskomponenten ausgegangen werden.

Faktor / Konstrukt	*Konstrukt / Faktor* **„Marktziele"** ∅ erfaßte Varianz = 53,0 %	**„Finalziele"** ∅ erfaßte Varianz = 59,9 %
„Marktziele" ∅ erfaßte Varianz = 53,0 %	R^2 = 1,000	R^2 = 0,320
„Finalziele" ∅ erfaßte Varianz = 59,9 %	R^2 = 0,320	R^2 = 1,000

Tab. V-28: Diskriminanzvalidität der Erfolgsdimensionen auf dem deutschen Markt nach dem Fornell / Larcker-Kriterium

Damit ist die Untersuchung der Reliabilität und Validität der Erfolgskomponenten abgeschlossen. In Abbildung V-26 ist das empirische Modell des Unternehmenserfolgs noch einmal graphisch dargestellt. Die empirischen Zusammenhänge werden dabei mit standardisierten Para-

163 Vgl. Fornell, C./Larcker, D.F., a.a.O., S. 46

metern wiedergegeben. Die Erreichung der Finalziele wird hierbei zu 32 % von der Erreichung der Marktziele bestimmt.

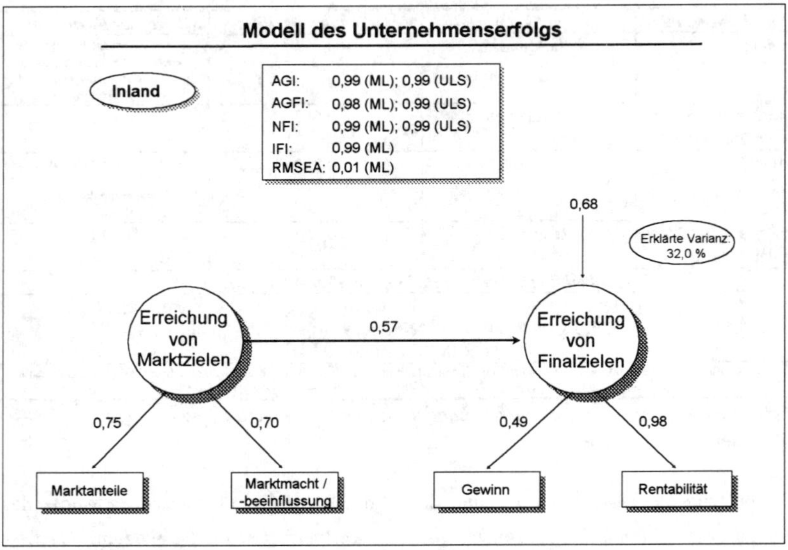

Abb. V-26: Modell des Unternehmenserfolgs auf dem deutschen Markt

Nachdem das zweidimensionale Erfolgsmodell konstruiert wurde, ist für die Überprüfung des servicebedingten Erfolgseinflusses noch der Faktor „Servicerelevanz“ zu modellieren. Hierzu ist wieder die erste Analysestufe zu durchlaufen. Dabei wurden einige Indikatoren eliminiert, so daß von ursprünglich 10 Kriterien nur noch 5 Variablen übrig bleiben, die den strengen Anforderungen standhalten. In Tabelle V-29 sind die Ergebnisse der Analysestufe 1 für das Konstrukt „Servicerelevanz“ dargestellt. Alle Globalkriterien werden erfüllt. Bei den Detailkriterien werden wiederum weit über 50% der Mindestanforderungen erfüllt. Lediglich beim Indikator „Servicebedeutung für den Marketing-Mix“ liegt die Indikatorreliabilität mit 0,356 geringfügig unter dem Mindestmaß von 0,4. Eine weiterführende Analyse hat jedoch gezeigt, daß sich bei einer Elimination dieses Kriteriums die Anpassungsgüte des Modells leicht verschlechtert. Daher scheint es gerechtfertigt, diesen Indikator im Konstrukt „Servicerelevanz“ beizubehalten.[164]

[164] Siehe zu dieser Argumentation auch Hildebrand, V.G., a.a.O., S. 120

Informationen zu den einzelnen Indikatoren			
Indikator	***Item-to-Total-Correlation***	***Indikatorreliabilität***	***t-Werte der Faktorladung***
Servicebedeutung für den Marketing-Mix	0,569	0,356	Keine t-Wert-Berechnung, da fixierter Referenzparameter zur Standardisierung der Varianz des Konstrukts
Servicebedeutung für die Neukundengewinnung	0,698	0,548	6,926
Servicebedeutung für die Sammlung von Kundeninformationen	0,743	0,705	7,463
Servicebedeutung für die Weitergabe von Informationen an die Kunden	0,726	0,678	7,388
Servicebedeutung für die Kundenorientierung des Unternehmens	0,682	0,532	6,858
Informationen zum Faktor:			
Cronbach-Alpha-Koeffizient: 0,863	erklärte Varianz (explorative Faktorenanalyse): 64,9 %	Faktorreliabilität: 0,862	∅ erfaßte Varianz: 56,4 %
Globalkriterien zur Beurteilung des (Teil-) Modells:			
χ^2 = 11,52	df = 5	p = 0,04	χ^2 / df = 2,304
GFI = 0,97 (0,99)	AGFI = 0,91 (0,99)	NFI = 0,97 (0,99)	IFI = 0,98
RMSEA = 0,09			
Alle Werte der konfirmatorischen Faktorenanalyse wurden nach dem Maximum-Likelihood-Verfahren (ML) errechnet. Die Globalkriterien in Klammern () geben die Werte nach dem Unweighted-Least-Squares-Verfahren (ULS) wieder.			

Tab. V-29: Beurteilungskriterien zum Meßmodell der Servicerelevanz auf dem deutschen Markt

Interessant ist, daß die Kundenbindungs- und die Differenzierungsfunktion des Service in diesem Konstrukt nicht berücksichtigt sind. Dafür hat die Informationsfunktion des Service eine starke Stellung. Dies ist insofern nicht verwunderlich, als daß die Informationsfunktion - wie bereits im Teil II der Arbeit angemerkt wurde - die beiden anderen Teilfunktionen in starkem Maße unterstützt. Zudem ist sie eine wichtige Voraussetzung für mehr Kundennähe. Daß der Indikator „Servicebedeutung für die Kundenorientierung" im Konstrukt aufgenommen wurde, ist ebenfalls gut nachvollziehbar. So haben bereits die Ergebnisse der deskriptiven Datenanalyse gezeigt, daß die Unternehmen den Service auch unter normativen Gesichtspunkten verstehen und als „Philosophie" auffassen.

Da bei der „Servicerelevanz" nur ein Faktor empirisch angenommen werden konnte, entfällt hierfür die zweite Analysestufe. In Abbildung V-27 ist das empirische Modell der „Servicerelevanz" mit standardisierten Parametern graphisch wiedergegeben.

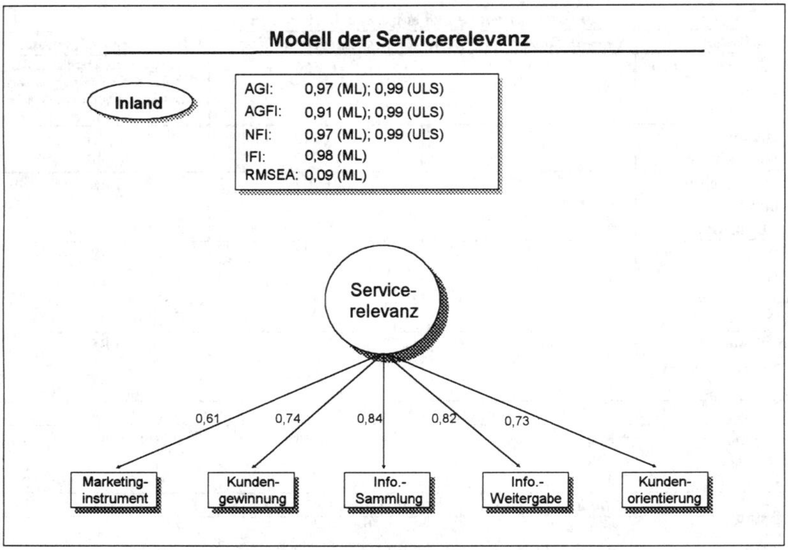

Abb. V-27: Modell der Servicerelevanz auf dem deutschen Markt

Auf der dritten Analysestufe werden nun das Erfolgs- und das Servicemodell in ein Gesamtmodell integriert. Hierzu ist zunächst eine explorative Faktorenanalyse notwendig, die Aufschluß über die empirische Faktorstruktur des Gesamtmodells geben soll. Hierbei wurden unter Einhaltung des Kaiser-Kriteriums zunächst nur zwei Faktoren extrahiert. Dem einen Faktor konnten aufgrund hoher Ladungen alle Servicekriterien zugeordnet werden, dem anderen alle Erfolgskriterien. Da die hier durchgeführte Kausalanalyse letztlich der Indexbildung, bei der ein Erfolgsindex konstruiert werden soll, dient, kann der Zwei-Faktor-Lösung durchaus zugestimmt werden. Bei Berücksichtigung eines dritten Faktors mit einem Eigenwert von 0,958 konnte hingegen eine den vorangegangenen Analysen entsprechende Zuordnung erreicht werden.

Im Anschluß an die explorative Faktorenanalyse wurde eine konfirmatorische Faktorenanalyse bei vorgegebener Struktur des Gesamtmodells durchgeführt. Das Ergebnis ist in Tabelle V-30 dargestellt. Insgesamt zeigt sich auch hier, daß über die Hälfte der Detailkriterien erfüllt wird. Alle errechneten t-Werte der Faktorladungen sind signifikant und weisen auf eine gegebene Konvergenzvalidität des Models hin. Die durchschnittlich erfaßten Varianzen der einzelnen Faktoren liegen über dem Mindestmaß von 50 %. Auch die jeweiligen Faktorreliabilitäten liegen über der gewünschten Mindestausprägung von 0,60. Lediglich die beiden Variablen „Gewinnerzielung" und „Servicebedeutung für den Marketing-Mix" liegen unter den gewünschten Soll-Werten für die Indikatorreliabilität. Dies war zu erwarten, da sie auch bei den jeweiligen Teilmodellen diese strengen Anforderungen nicht gänzlich erfüllt haben. Beide

Kriterien erlangen jedoch im Gesamtmodell stärkere Bedeutung, wie die jeweils gestiegene Indikatorreliabilität anzeigt. Weil außerdem die Globalkriterien einen guten Modell-Fit anzeigen, sollen diese beiden Indikatoren im Gesamtmodell bestehen bleiben. Lediglich der AGFI liegt bei der Schätzung nach dem ML-Verfahren geringfügig unter dem Soll-Niveau. Nach der ULS-Schätzung erreicht er hingegen fast den Idealwert. Aus diesem Grund kann diese „kleine Verletzung“ durchaus vernachlässigt werden, zumal es Forscher gibt, die beim GFI und AGFI auch Werte von 0,8 als sehr gut ansehen.[165]

Faktor / Dimension	*Indikator*	*Indikatorreliabilität*	*t-Werte der Faktorladung*
„Marktziele“	Marktmacht	0,583	Keine t-Wert-Berechnung, da fixierter Referenzparameter zur Standardisierung der Varianz des Konstrukts
∅ erfaßte Varianz: 53,2 % Faktorreliabilität: 0,693	Marktanteil	0,480	5,361
„Finalziele“	Gewinn	0,271	Keine t-Wert-Berechnung, da fixierter Referenzparameter zur Standardisierung der Varianz des Konstrukts
∅ erfaßte Varianz: 54,9 % Faktorreliabilität: 0,694	Rentabilität	0,827	3,643
„Servicerelevanz“	Servicebedeutung für den Marketing-Mix	0,372	6,994
∅ erfaßte Varianz: 56,5 % Faktorreliabilität: 0,865	Servicebedeutung für die Neukundengewinnung	0,553	8,525
	Servicebedeutung für die Sammlung von Kundeninformationen	0,698	9,485
	Servicebedeutung für die Weitergabe von Informationen an die Kunden	0,675	9,354
	Servicebedeutung für die Kundenorientierung des Unternehmens	0,527	Keine t-Wert-Berechnung,,da fixierter Referenzparameter zur Standardisierung der Varianz des Konstrukts
Globalkriterien zur Beurteilung des (Teil-) Modells:			
χ^2 = 57,662	df = 24	p = 0,000	χ^2 / df = 2,403
GFI = 0,92 (0,99)	AGFI = 0,86 (0,99)	NFI = 0,90 (0,99)	IFI = 0,93
RMSEA = 0,09			
Alle Werte der konfirmatorischen Faktorenanalyse wurden nach dem Maximum-Likelihood-Verfahren (ML) errechnet. Die Globalkriterien in Klammern () geben die Werte nach dem Unweighted-Least-Squares-Verfahren (ULS) wieder.			

Tab. V-30: Beurteilungskriterien zum Gesamtmodell auf dem deutschen Markt

Für das Gesamtmodell ist schließlich noch einmal ein Test der Diskriminanzvalidität zwischen den drei Konstrukten durchgeführt worden (siehe Tab. V-31). Hierbei zeigt sich, daß nach dem Fornell / Larcker-Kriterium eine ausreichende Diskriminanzvalidität zwischen allen Konstrukten des Gesamtmodells besteht.

[165] Vgl. z.B. Sharma, S.: Applied Multivariate Techniques, New York et al. 1996, S. 158f.

Faktor / Konstrukt	*Konstrukt / Faktor* **„Marktziele“** ∅ erfaßte Varianz = 53,2 %	**„Finalziele“** ∅ erfaßte Varianz = 54,9 %	**„Servicerelevanz“** ∅ erfaßte Varianz = 56,5 %
„Marktziele“ ∅ erfaßte Varianz = 53,2 %	R^2 = 1,000	R^2 = 0,330	R^2 = 0,140
„Finalziele“ ∅ erfaßte Varianz = 54,9 %	R^2 = 0,330	R^2 = 1,000	R^2 = 0,003
„Servicerelevanz“ ∅ erfaßte Varianz = 56,5 %	R^2 = 0,140	R^2 = 0,003	R^2 = 1,000

Tab. V-31: Diskriminanzvalidität des Gesamtmodells auf dem deutschen Markt nach dem Fornell / Larcker-Kriterium

Zum Abschluß der dritten Analysestufe erfolgt in anderen Studien häufig auch eine kausalanalytische Beurteilung der Inhaltsvalidität. In der Regel soll hierbei untersucht werden, ob alle wichtigen Facetten des / der abhängigen Konstrukte(s) erfaßt wurden. Dabei wird auf den Anteil der erklärten Varianz der endogenen Variablen (im gegebenen Fall „Marktziele“ und „Finalziele“) durch die exogene(n) Variablen zurückgegriffen. Allerdings ist dies im vorliegenden Fall kaum aussagekräftig, denn es ging nicht darum, den Unternehmenserfolg mit seinen beiden Dimensionen umfassend zu erklären, sondern „lediglich“ den Einfluß des Service auf den Unternehmenserfolg zu erfassen. Aus diesem Grund kann auf diese Überprüfung verzichtet werden.

In Abbildung V-28 ist das Kausalmodell der Erfolgswirkung des Service dargestellt. Dabei sind die empirischen Zusammenhänge durch die standardisierten Strukturkoeffizienten wiedergegeben. Wie ersichtlich wird, ist der Service auf dem deutschen Markt ein erfolgsbeeinflussender Faktor. Der Erfolgseinfluß des Service auf die Marktziele liegt bei r = 0,37. Damit erklärt der Service 14 % der Gesamtvarianz der beiden Marktziele (R^2). Der direkte Einfluß des Service auf die Finalziele ist mit r = 0,06 eher gering. Der indirekte Effekt des Service über die Marktziele auf die Finalziele ist hingegen mit r = 0,21 höher (0,37 · 0,58). Der totale Effekt des Service auf die Finalziele liegt somit bei r = 0,216 mit einem Anteil der Varianzerklärung bei den Finalzielen von knapp 5 %. Die Ausgangshypothese H0 kann auch bei strengerer Überprüfung und damit auf jeden Fall auf dem deutschen Markt angenommen werden.

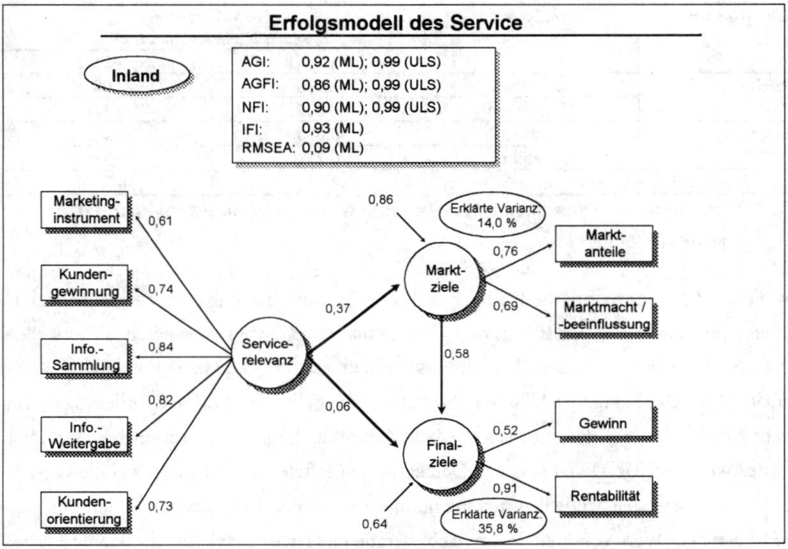

Abb. V-28: Kausalmodell der Erfolgswirkung des Service auf dem deutschen Markt

Zur Überprüfung der Erfolgswirkungen des Service auf den Auslandsmärkten wird in gleicher Weise verfahren wie oben. Auf eine nochmalige detaillierte Beschreibung des Analyseablaufs wird deshalb verzichtet. Es werden nachfolgend nur die wesentlichen Ergebnisse der Analysestufen dargestellt. Auf der ersten Stufe konnte ebenfalls ein zweidimensionales Erfolgsmodell konstruiert werden, das - wie bereits erwähnt - die gleiche Indikatorzusammensetzung aufweist wie auf dem deutschen Markt. Aus Tabelle V-32 sind die detaillierten Informationen zu den beiden Faktoren zu entnehmen. Auch ist hier aufgrund zu geringer Freiheitsgrade eine konfirmatorische Faktorenanalyse nicht durchführbar.

Faktor / Konstrukt ***„Marktziele“***			Faktor / Konstrukt ***„Finalziele“***		
Indikator:	Item-to-Total-Correlation:	Faktorladung:	Indikator:	Item-to-Total-Correlation:	Faktorladung:
Marktmacht	0,546	0,879	Gewinn	0,577	0,888
Marktanteil	0,546	0,879	Rentabilität	0,577	0,888
Cronbach-Alpha-Koeffizient: 0,71 Erklärte Varianz: 77,3 % (explorative Faktorenanalyse)			Cronbach-Alpha-Koeffizient: 0,64 Erklärte Varianz: 78,8 % (explorative Faktorenanalyse)		

Tab. V-32: Informationen zu den Modellfaktoren des Unternehmenserfolgs auf den Auslandsmärkten

Zur Validierung der Faktorstruktur auf den Auslandsmärkten wurde ebenfalls das Kaiser-Kriterium ignoriert und der Eigenwert geringfügig herabgesetzt (0,980). Hierdurch konnte eine „gute“ Reproduktion der Faktorstruktur erreicht werden (siehe Tab. V-33).

Faktor / Dimension	*Indikator*	*Faktorladungen (nach Varimax-Rotation)*	
		Faktor 1	Faktor 2
„Marktziele“	Marktmacht	**0,895**	0,097
	Marktanteil	**0,825**	0,248
„Finalziele“	Gewinn	0,096	**0,903**
	Rentabilität	0,253	**0,835**
Durch die Faktoren erklärte Varianz: 78,46 %		39,57 %	38,89 %

Tab. V-33: Ergebnisse der explorativen Faktorenanalyse der Erfolgsindikatoren auf den Auslandsmärkten

Die anschließende konfirmatorische Faktorenanalyse zeigt zunächst, daß die zu errechnenden t-Werte der Faktorladungen signifikant sind und damit die Konvergenzvalidität sicherstellen (siehe Tab. V-34). Die von den Faktoren durchschnittlich erfaßte Varianz liegt bei jedem Konstrukt über 50 %. Die Faktorreliabilitäten übersteigen ebenfalls die Mindestanforderungen. Im Gegensatz zur Analyse auf dem deutschen Markt liegen auch alle Indikatorreliabilitäten über dem Mindestwert von 0,4. Damit sind alle Detailkriterien erfüllt. Allerdings weisen die Globalkriterien bei einer strengen Modellbeurteilung nur auf einen zufriedenstellenden Fit hin. So liegt der AGFI bei einem Wert von 0,80 und erreicht gerade das Niveau, das selbst - wie im vorliegenden Fall - bei innovativen und speziellen Fragestellungen als Mindestmaß gilt.[166] Problematisch ist auch der unbefriedigende RMSEA-Wert. Da es aber für die Hypothesenprüfung und aus Vergleichsgründen sinnvoll ist, den Unternehmenserfolg im In- und Ausland mit gleichen Maßstäben zu messen, soll das Modell nicht verworfen werden. Außerdem werden bei der ULS-Schätzung sehr gute Fit-Werte erreicht.

Faktor / Dimension	*Indikator*	*Indikatorreliabilität*	*t-Werte der Faktorladung*
„Marktziele“	Marktmacht	0,477	Keine t-Wert-Berechnung, da fixierter Referenzparameter zur Standardisierung der Varianz des Konstrukts
∅ erfaßte Varianz: 55,1 % Faktorreliabilität: 0,709	Marktanteil	0,625	3,568
„Finalziele“	Gewinn	0,478	3,655
∅ erfaßte Varianz: 58,8 % Faktorreliabilität: 0,738	Rentabilität	0,697	Keine t-Wert-Berechnung, da fixierter Referenzparameter zur Standardisierung der Varianz des Konstrukts
Globalkriterien zur Beurteilung des (Teil-) Modells:			
χ^2 = 4,268	df = 1	p = 0,039	χ^2 / df = 4,268
GFI = 0,98 (0,99)	AGFI = 0,80 (0,99)	NFI = 0,96 (0,99)	IFI = 0,97
RMSEA = 0,15			
Alle Werte der konfirmatorischen Faktorenanalyse wurden nach dem Maximum-Likelihood-Verfahren (ML) errechnet. Die Globalkriterien in Klammern () geben die Werte nach dem Unweighted-Least-Squares-Verfahren (ULS) wieder.			

Tab. V-34: Beurteilungskriterien zum Meßmodell des Unternehmenserfolgs auf den Auslandsmärkten

[166] Vgl. ebenda, S. 159

Bei der Überprüfung der Diskriminanzvalidität beider Dimensionen lassen sich die beiden Konstrukte des Erfolgsmodells nach dem Fornell / Larcker-Kriterium „rechtfertigen". In Tabelle V-35 ist das Analyseergebnis wiedergegeben.

Faktor / Konstrukt	***Konstrukt / Faktor*** **„Marktziele"** ∅ erfaßte Varianz = 55,1 %	**„Finalziele"** ∅ erfaßte Varianz = 58,8 %
„Marktziele" ∅ erfaßte Varianz = 55,1 %	R^2 = 1,000	R^2 = 0,283
„Finalziele" ∅ erfaßte Varianz = 58,8 %	R^2 = 0,283	R^2 = 1,000

Tab. V-35: Diskriminanzvalidität der Erfolgsdimensionen auf den Auslandsmärkten nach dem Fornell / Larcker-Kriterium

Die empirische Modellstruktur ist in Abbildung V-29 dargestellt. Die Zusammenhänge zwischen den Indikatoren und den jeweiligen Faktoren sowie zwischen den Faktoren sind als standardisierte Parameter ausgewiesen. Quadriert man den Zusammenhang zwischen den Markt- und den Finalzielen, so erhält man das Bestimmtheitsmaß. Demnach werden die Finalziele zu 28,3 % von den Marktzielen erklärt. Auf dem deutschen Markt lag die Varianzerklärung der Finalziele mit 32 % etwas höher.

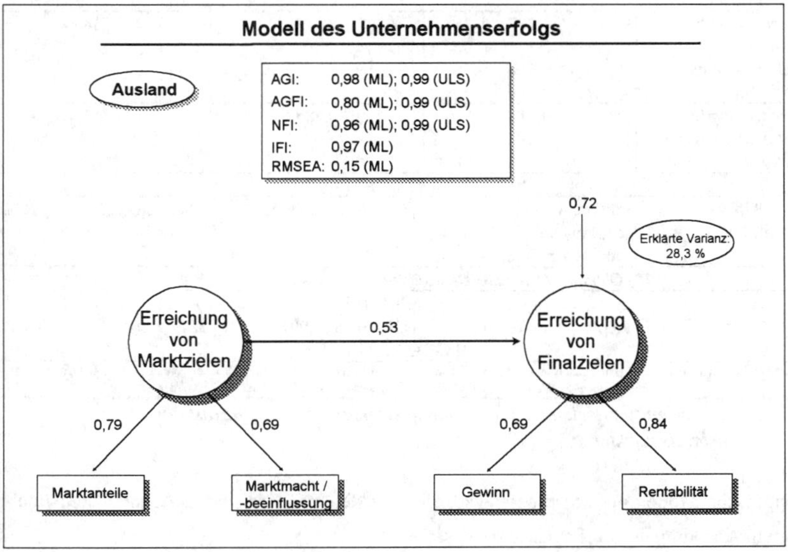

Abb. V-29: Modell des Unternehmenserfolgs auf den Auslandsmärkten

Bei der Modellierung des Konstrukts „Servicerelevanz" konnten die gleichen Indikatoren identifiziert werden wie auf dem deutschen Markt. Demnach unterscheiden sich die Unternehmen bei der Marktbearbeitung auf dem deutschen Markt und den Auslandmärkten weder hinsichtlich ihrer Zielkonzeption / -struktur noch bezüglich der eingeschätzten Servicerelevanz. Die Ergebnisse der explorativen und konfirmatorischen Faktorenanalyse sowie die Reliabilitätsanalysen der „ersten Generation" sind gemeinsam in Tabelle V-36 aufgelistet. Dabei werden auch bei diesem Konstrukt alle Detailkriterien erfüllt, während sich durch die Beurteilung der Globalkriterien nur eine befriedigende Modellanpassung ergibt. Der AGFI liegt zwar zwischen den strengen und den etwas eingeschränkten Mindestanforderungen für einen guten Modell-Fit. Allerdings wird in diesem Fall wieder der RMSEA-Wert für eine akzeptable Modellanpassung knapp verfehlt. Diese Abweichung ist jedoch sehr gering (Differenz = 0,01). Einer Tolerierung des Modells ist daher durchaus möglich, zumal auch hier bei der ULS-Schätzung ein sehr guter Modell-Fit erreicht wird.

Informationen zu den einzelnen Indikatoren			
Indikator	***Item-to-Total-Correlation***	***Indikatorreliabilität***	***t-Werte der Faktorladung***
Servicebedeutung für den Marketing-Mix	0,646	0,444	Keine t-Wert-Berechnung, da fixierter Referenzparameter zur Standardisierung der Varianz des Konstrukts
Servicebedeutung für die Neukundengewinnung	0,645	0,418	5,803
Servicebedeutung für die Sammlung von Kundeninformationen	0,779	0,755	7,421
Servicebedeutung für die Weitergabe von Informationen an die Kunden	0,787	0,787	7,518
Servicebedeutung für die Kundenorientierung des Unternehmens	0,711	0,585	6,713
Informationen zum Faktor:			
Cronbach-Alpha-Koeffizient: 0,879	erklärte Varianz (explorative Faktorenanalyse): 67,7 %	Faktorreliabilität: 0,879	∅ erfaßte Varianz: 59,8 %
Globalkriterien zur Beurteilung des (Teil-) Modells:			
χ^2 = 14,08	df = 5	p = 0,015	χ^2 / df = 2,816
GFI = 0,95 (0,99)	AGFI = 0,86 (0,99)	NFI = 0,95 (0,99)	IFI = 0,97
RMSEA = 0,11			
Alle Werte der konfirmatorischen Faktorenanalyse wurden nach dem Maximum-Likelihood-Verfahren (ML) errechnet. Die Globalkriterien in Klammern () geben die Werte nach dem Unweighted-Least-Squares-Verfahren (ULS) wieder.			

Tab. V-36: Beurteilungskriterien zum Meßmodell der Servicerelevanz auf den Auslandsmärkten

Das empirische Modell der „Servicerelevanz" ist mit den standardisierten Abhängigkeitskoeffizienten in Abbildung V-30 graphisch dargestellt.

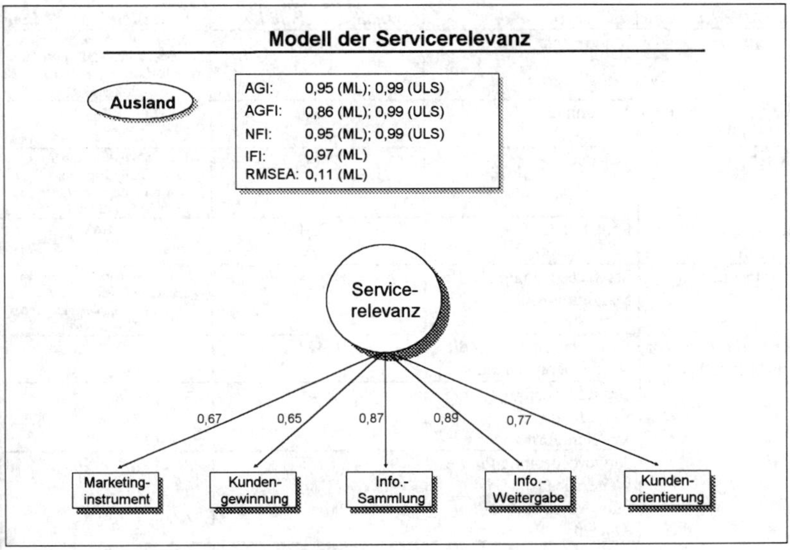

Abb. V-30: Modell der Servicerelevanz auf den Auslandsmärkten

Nachdem die beiden Teilmodelle erstellt und getestet wurden, kann die Integration in ein Gesamtmodell erfolgen. Hierzu wurde wiederum eine explorative und eine konfirmatorische Faktorenanalyse durchgeführt. Im Rahmen der explorativen Faktorenanalyse konnte die „theoretische“ Faktorenstruktur reproduziert werden.

Die Ergebnisse der daran anschließenden konfirmatorischen Faktorenanalyse sind in Tabelle V-37 zusammengefaßt. Dabei wird ersichtlich, daß sowohl die Detailkriterien eingehalten wurden als auch die Globalmaße auf eine recht hohe Reliabilität und Validität des Kausalmodells hinweisen. Lediglich der AGFI liegt bei der Schätzung nach dem ML-Verfahren unwesentlich unter dem Soll-Niveau. Nach der ULS-Schätzung liegt der AGFI hingegen nahe dem Idealwert. Damit kann das Gesamtmodell voll akzeptiert werden.

Insgesamt ergeben sich also für die deutschen Maschinen- und Anlagenbauer auf dem deutschen und den ausländischen Absatzmärkten identische Strukturgleichungsmodelle. Hierdurch wird der Vergleich der Hypothesenprüfung erleichtert.

Faktor / Dimension	*Indikator*	*Indikatorreliabilität*	*t-Werte der Faktorladung*
„Marktziele"	Marktmacht	0,573	Keine t-Wert-Berechnung, da fixierter Referenzparameter zur Standardisierung der Varianz des Konstrukts
∅ erfaßte Varianz: 54,6 % Faktorreliabilität: 0,706	Marktanteil	0,520	5,361
„Finalziele"	Gewinn	0,443	Keine t-Wert-Berechnung, da fixierter Referenzparameter zur Standardisierung der Varianz des Konstrukts
∅ erfaßte Varianz: 59,7 % Faktorreliabilität: 0,745	Rentabilität	0,751	3,643
„Servicerelevanz"	Servicebedeutung für den Marketing-Mix	0,448	Keine t-Wert-Berechnung, da fixierter Referenzparameter zur Standardisierung der Varianz des Konstrukts
∅ erfaßte Varianz: 59,9 % Faktorreliabilität: 0,880	Servicebedeutung für die Neukundengewinnung	0,423	5,858
	Servicebedeutung für die Sammlung von Kundeninformationen	0,748	7,440
	Servicebedeutung für die Weitergabe von Informationen an die Kunden	0,785	7,558
	Servicebedeutung für die Kundenorientierung des Unternehmens	0,589	6,764
	Globalkriterien zur Beurteilung des (Teil-) Modells:		
χ^2 = 35,259	df = 24	p = 0,065	χ^2 / df = 1,469
GFI = 0,93 (0,99)	AGFI = 0,88 (0,99)	NFI = 0,91 (0,99)	IFI = 0,97
	RMSEA = 0,07		
Alle Werte der konfirmatorischen Faktorenanalyse wurden nach dem Maximum-Likelihood-Verfahren (ML) errechnet. Die Globalkriterien in Klammern () geben die Werte nach dem Unweighted-Least-Squares-Verfahren (ULS) wieder.			

Tab. V-37: Beurteilungskriterien zum Gesamtmodell auf den Auslandsmärkten

Nach dem Fornell / Larcker-Kriterium kann den drei Konstrukten außerdem eine ausreichende Diskriminanzvalidität bescheinigt werden. Bei allen drei Faktoren ist die durchschnittlich erfaßte Varianz immer größer als der quadrierte Zusammenhang mit (einem) anderen Faktor (siehe Tab. V-38)

Faktor / Konstrukt	*Konstrukt / Faktor* **„Marktziele"** ∅ erfaßte Varianz = 54,6 %	**„Finalziele"** ∅ erfaßte Varianz = 59,7 %	**„Servicerelevanz"** ∅ erfaßte Varianz = 59,9 %
„Marktziele" ∅ erfaßte Varianz = 54,6 %	R^2 = 1,000	R^2 = 0,240	R^2 = 0,100
„Finalziele" ∅ erfaßte Varianz = 59,7 %	R^2 = 0,240	R^2 = 1,000	R^2 = 0,000
„Servicerelevanz" ∅ erfaßte Varianz = 59,9 %	R^2 = 0,100	R^2 = 0,000	R^2 = 1,000

Tab. V-38: Diskriminanzvalidität des Gesamtmodells auf den Auslandsmärkten nach dem Fornell / Larcker-Kriterium

Das empirische Strukturgleichungsmdoell zum Erfolgseinfluß des Service ist mit den einzelnen Meßmodellen in Abbildung V-31 wiedergegeben. Dabei wurde - wie auch schon oben geschehen - zur Wahrung der Übersichtlichkeit auf die Darstellung der Meßfehler verzichtet. Die empirischen Zusammenhänge sind wieder in Form der standardisierten Strukturkoeffizienten aufgeführt. Die Ergebnisse zeigen, daß der Service sowohl die Markt- als auch die Finalziele auf den Auslandsmärkten positiv beeinflußt. Der Einfluß des Service auf die Marktziele liegt bei r = 0,32 und damit etwas unter dem Niveau auf dem deutschen Markt. Die Varianzerklärung durch den Service bei den Marktzielen beträgt folglich gut 10 %. Der direkte Einfluß des Service auf die Finalziele ist mit r = 0,10 zwar etwas höher als im Heimmarkt, aber insgesamt äußerst gering. Die direkte Varianzerklärung der Finalziele durch den Service beträgt damit gerade einmal 1 %. Der indirekte Effekt des Service über die Marktziele auf die Finalziele ist mit r = 0,16 auch hier höher (0,32 ·0,50). Der totale Effekt des Service auf die Finalziele liegt somit bei r = 0,26 mit einem Anteil der Varianzerklärung bei den Finalzielen von knapp 7 %. Er liegt damit etwas höher als im Inland.

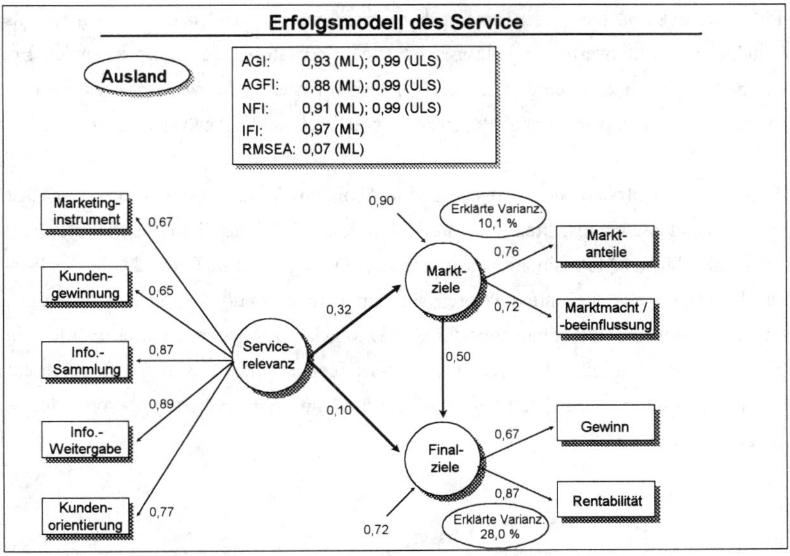

Abb. V-31: Kausalmodell der Erfolgswirkung des Service auf den Auslandsmärkten

Insgesamt kann also festgehalten werden, daß der Service bei der Bearbeitung des Inlandsmarkts und der Auslandsmärkte ein Erfolgsfaktor ist. Die Ausgangshypothese H0 ist damit bestätigt.

Nachdem nun der generelle Erfolgseinfluß des Service nachgewiesen wurde, sollen im folgenden die einzelnen daraus abgeleiteten Hypothesen überprüft werden. Hierzu wird auf die moderierte Regressionsanalyse zurückgegriffen. Sie scheint für diese Aufgabe besonders gut geeignet, wenngleich im vorliegenden Fall lineare Beziehungen zwischen zwei latenten Variablen (Servicerelevanz und Unternehmenserfolg) untersucht werden, die auch mit der Kausalanalyse überprüfbar sind. Da jedoch nachstehend meistens sukzessive der Einfluß jeweils *einer* moderierenden Variablen, beispielsweise auf das Empowerment des Servicepersonals, analysiert werden soll, wären sehr komplexe Kausalmodelle erforderlich, die aufgrund einer Vielzahl von Beziehungen zu einer unnötigen Intransparenz der Datenauswertung führen würde. Außerdem würde sich das Verhältnis von Indikatoren und Faktoren, das bei dem oben getesteten Kausalmodell gerade noch den (durchschnittlichen) Gepflogenheiten der internationalen Marketingforschung entspricht (Indikatoren = 9; Faktoren = 3),[167] erheblich verschlechtern. Dadurch kommt es i.d.R. auch zu wenig guten Parameterschätzungen und damit zwangsläufig zu einer Beeinträchtigung der Aussagekraft.[168]

Allerdings wird für die nachfolgenden moderierten Regressionsanalysen auf die Ergebnisse der vorstehenden Strukturgleichungsanalyse zurückgegriffen. So werden für die Konzeption der abhängigen Erfolgsgröße die beiden empirisch nachgewiesenen Größen des Erfolgsmodells genutzt, indem die Mittelwerte der Faktoren bzw. der Indikatoren den entsprechenden Erfolgsindex bilden. Gleichzeitig werden die fünf validierten Kriterien der Servicerelevanz zu einem Serviceindex verschmolzen, der als Regressionskoeffizient in die Analyse eingeht.

Die im folgenden zu analysierenden Bereiche sind in Abbildung V-32 wiedergegeben. Zunächst wird - entsprechend den aufgestellten Hypothesen - in Punkt 2.2.2. der Erfolgseinfluß des Service in unterschiedlichen Marktsituationen untersucht. Danach wird in Punkt 2.2.3. die Wirkung verschiedener interner Kontextfaktoren auf den Erfolgseinfluß des Service analysiert. Hierbei sollen interne Erfolgsbedingungen für den Erfolgsfaktor Service ermittelt werden. In Punkt 2.2.4. folgt die Einflußanalyse verschiedener servicepolitischer Gestaltungsfaktoren auf die Erfolgswirkung des Service. Hierbei geht es um die empirische Generierung von Erfolgsfaktoren der Servicepolitik.

[167] Vgl. Homburg, H./Baumgartner, H.: Die Kausalanalyse, a.a.O., S. 1104

[168] Vgl. Anderson, J.C./Gerbing, D.W.: Structural Equation Modeling in Practice - A Review and Recommended Two-Step Approach, in: Psychological Bulletin, 103. Jg., 1988, Nr. 3, S. 415

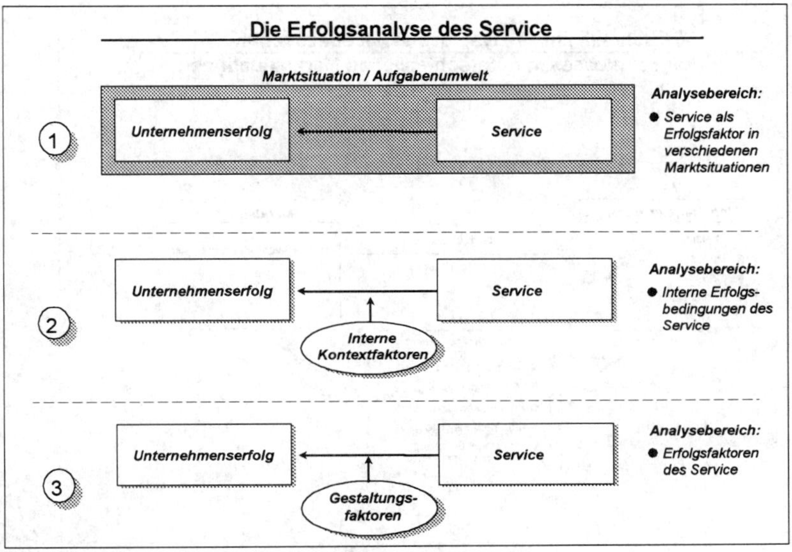

Abb. V-32: Analysen der Erfolgswirkung des Service

2.2.2. Der Erfolgseinfluß des Service in unterschiedlichen Marktsituationen

Zunächst sind die Hypothesen zum Erfolgseinfluß des Service vor dem Hintergrund verschiedener Umweltbedingungen zu überprüfen. Wie bereits im Referenzmodell (Teil IV) angesprochen wurde, ist - trotz voluntaristischer Umwelt- und Marktgestaltung durch das Marketing - der Einfluß einzelner Marketinginstrumente auf die exogenen Umfeldbedingungen äußerst gering. Aus diesem Grund können die Marktbedingungen für den Serviceeinsatz als gegeben hingenommen werden. Dementsprechend wurden die Hypothesen H1 bis H10 zur Erfolgswirkung des Service vor dem Hintergrund spezifischer Konstellationen der globalen und der Aufgabenumwelt eher „schwach" formuliert. Zur Überprüfung der Hypothesen wird auf das in Abbildung V-33 dargestellte Analyseschema Bezug genommen.

Wie die Abbildung zeigt, sind im Rahmen dieser moderierten Regressionsanalyse vor allem die fett gezeichneten Beziehungen von Bedeutung. Sie geben den moderierten Erfolgseffekt von Servicerelevanz und spezifischer Marktsituation wieder. Der Regressionskoeffizient b_2 gibt dabei die Einflußstärke des Service in einer bestimmten Marktsituation (X_1) auf den Unternehmenserfolg an. Ist dieser Regressionskoeffizient positiv und signifikant, dann kann auf einen positiven Erfolgsbeitrag des Service in der entsprechenden Situation geschlossen werden.

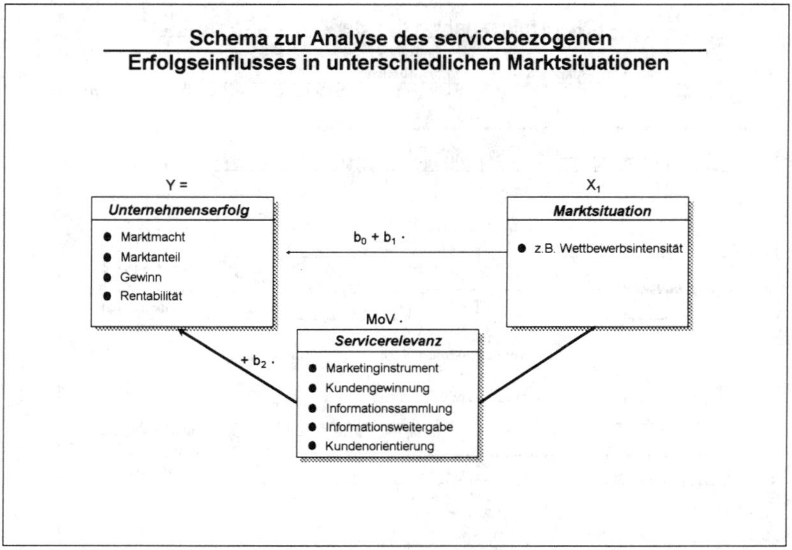

Abb. V-33: Umweltbezogene Analyse der Erfolgswirkung des Service

In Tabelle V-39 sind die Ergebnisse der vorstehend skizzierten Analyse auf dem deutschen Markt und den Auslandsmärkten dargestellt. Bei den angegebenen Werten handelt es sich um standardisierte Regressionskoeffizienten (Beta-Koeffizienten). Das Signifikanzniveau ist in der üblichen Notation mit Sternen gekennzeichnet. Neben dem hier interessierenden, fett gedruckten Erfolgseffekt des Service in der jeweiligen Marktsituation ist auch der unmoderierte / reine Effekt der Marktsituation auf den Unternehmenserfolg dargestellt.

Zunächst zeigt sich, daß der Erfolgseinfluß des Service in den spezifischen Marktsituationen im In- und Ausland fast immer auf signifikantem Niveau positiv ist. Auf dem deutschen Markt ist lediglich der moderierte Effekt der politisch-rechtlichen Regelungen nicht signifikant. In der Hypothese H10 war hierzu auch kein positiver Effekt vermutet worden. Außerdem ist interessant, daß die untersuchten Marktsituationen im In- und Ausland fast immer einen negativen Einfluß auf den Unternehmenserfolg haben. Lediglich der direkte Einfluß der Lieferantenmacht und die rechtlich-politischen Restriktionen haben auf dem Heimmarkt und den Auslandsmärkten keinen direkten signifikanten Negativeinfluß auf den Unternehmenserfolg. Auf den Auslandsmärkten haben des weiteren die Markttransparenz und -fragmentierung sowie drei Kulturdimensionen von HOFSTEDE keinen direkten Erfolgseinfluß auf dem 5 %igen Signifikanzniveau.

Marktsituation (Hypothese)	***Unternehmenserfolg (Index des Erfolgsmodells)***			
	Deutscher Markt (n = 149)		Auslandsmärkte (n = 101)	
	moderierter Effekt (Service · Marktsituation)	*direkter Effekt (Marktsituation)*	*moderierter Effekt (Service · Marktsituation)*	*direkter Effekt (Marktsituation)*
Markteintrittsbedrohung durch potentielle Wettbewerber (H1)	**0,492*** **	- 0,261**	**0,278** **	- 0,384**
Horizontale Wettbewerbsintensität (H2)	**0,449*** **	- 0,337**	**0,350** **	- 0,372**
Substitutionsdruck durch andere Marktleistungen (H3)	**0,436*** **	- 0,250**	**0,358** **	- 0,330**
Markttransparenz der Abnehmer (H4)	**0,456*** **	- 0,247**	**0,257** **	- 0,136
Verhandlungs- / Nachfragemacht der Abnehmer (H5)	**0,478*** **	- 0,274**	**0,370** **	- 0,254**
Kaufwiderstände auf den Märkten (H6)	-----	-----	**0,344** **	- 0,261**
Fragmentierte Märkte mit differenzierter Nachfrage (H7)	**0,459*** **	- 0,271**	**0,275* **	0,133
Lieferantenmacht (H8)	**0,361*** **	- 0,103	**0,319** **	- 0,127
Risikovermeidung in der Kultur (H9a)	-----	-----	**0,057**	- 0,167*
Feminität in der Kultur (H9b)	-----	-----	**0,290**	0,017
Kollektivismus in der Kultur (H9c)	-----	-----	**0,235**	0,098
Machtdistanz in der Kultur (H9d)	-----	-----	**0,276** **	- 0,423***
Politische-rechtliche Regelungen des Serviceeinsatzes (H10)	**0,390**	- 0,151	**0,317**	- 0,097

*= Signifikanzniveau $p \leq 0{,}10$; ** = Signifikanzniveau $p \leq 0{,}05$; *** = Signifikanzniveau $p \leq 0{,}01$
Bei den angegebenen Werten handelt es sich um standardisierte Regressionskoeffizienten (Beta-Koeffizienten)

Tab. V-39: Der Erfolgseinfluß des Service in unterschiedlichen Marktsituationen

Betrachtet man die Ergebnisse vor dem Hintergrund der aufgestellten Hypothesen, so führen sie zur Annahme / Bestätigung der Hypothesen H1 bis H6, H8 und einer Teilhypothese von H9. Die Hypothese H7 kann zwar auf dem deutschen Markt akzeptiert werden, sie ist jedoch aufgrund des höheren 10 %igen Signifikanzniveaus auf den Auslandsmärkten nur unter Vorbehalt anzunehmen. Die Hypothesen H9a bis H9c sind ebenso zu verwerfen wie Hypothese H10.

Insgesamt zeigt sich auf Basis der Ergebnisse, daß der Service in wettbewerbsintensiven Märkten den Erfolg positiv beeinflußt. Damit ist es für die Marktbearbeitung und marktorientierte Unternehmensführung durchaus sinnvoll, in „härter" und „enger" werdenden Märkten die Serviceintensität zu erhöhen und der Servicepolitik eine besondere Aufmerksamkeit zu schenken. Es ist bei diesen Bedingungen dann weniger angebracht, das Serviceniveau beispielsweise aus Kostengründen stark zu reduzieren. Gleichzeitig ist der Service beim Eintritt in andere

Ländermärkte ein wirksames Instrument zum Abbau von Kaufwiderständen. Vor allem in Ländermärkten, die durch einen großen Machtabstand in ihrer Kultur gekennzeichnet sind, ist der Serviceeinfluß auf den Unternehmenserfolg positiv. Eine besondere Ausprägung dieser Kulturdimension findet man u.a. in asiatischen, afrikanischen, lateinamerikanischen und germanischen Ländern.[169] Bei einer zusätzlichen, über die Hypothesenprüfung hinausgehenden Analyse konnte jedoch kein signifikanter Moderatoreffekt der Marktsituation auf die Erfolgswirkung des Service festgestellt werden.[170] Damit ist die Erfolgswirkung des Service in den berücksichtigten Marktsituationen zwar positiv, der Erfolgseinfluß selbst wird aber nicht durch die Marktsituationen moderiert.

2.2.3. Der Einfluß interner Kontextvariablen auf den (internationalen) Erfolgsbeitrag des Service

Im Gegensatz zu den allgemeinen exogenen Kontextvariablen wird bei den internen Kontextvariablen grundsätzlich eine Beeinflussung durch das Unternehmen angenommen, zumal es sich hierbei um marketingstrategische (Basis-) Entscheidungen handelt, die Interdependenzen mit den Serviceaktivitäten aufweisen. Aus diesem Grund soll in den aufgestellten Hypothesen nicht geprüft werden, ob vor dem Hintergrund der jeweiligen internen Kontextvariablen der Erfolgseinfluß des Service positiv ist, sondern inwieweit die internen Rahmenbedingungen den Einfluß des Service auf den Unternehmenserfolg beeinflussen. Dementsprechend ändert sich auch das Analyseschema zur Hypothesenprüfung. Wie Abbildung V-34 zeigt, soll die Analyse hierbei zweistufig ablaufen. Zunächst wird überprüft, ob die internen Kontextvariablen überhaupt die Servicerelevanz beeinflussen. Hierdurch kommt es zu einer Überprüfung der allgemeinen theoretischen Aussagen bezüglich der Steigerung der Serviceorientierung und -relevanz in Unternehmen. Dieser Test dient folglich der empirischen Validierung der in Teil IV dargestellten konzeptionellen Zusammenhänge. Ein Rückschluß von möglichen empirischen Beziehungen zwischen den internen Kontextfaktoren und der Servicerelevanz auf die Erfolgswirkung des Service wären hierbei jedoch vorschnell. Der (positive) Einfluß der internen Rahmenbedingungen auf die Servicebedeutung ist hierfür zwar eine wichtige und förderliche, aber noch keine hinreichende Voraussetzung für die Erfolgsunterstützung des Service. Dies soll erst auf der zweiten Stufe mit Hilfe der strenger angelegten moderierten Regressionsanalyse geprüft werden.

[169] Vgl. Hofstede, G.: Die Bedeutung von Kultur, a.a.O., S. 134

[170] Hierzu wurde die gleiche Analyse durchgeführt, wie sie bei der nachfolgenden Untersuchung der internen Kontextvariablen und der Gestaltungsvariablen zur Anwendung kam.

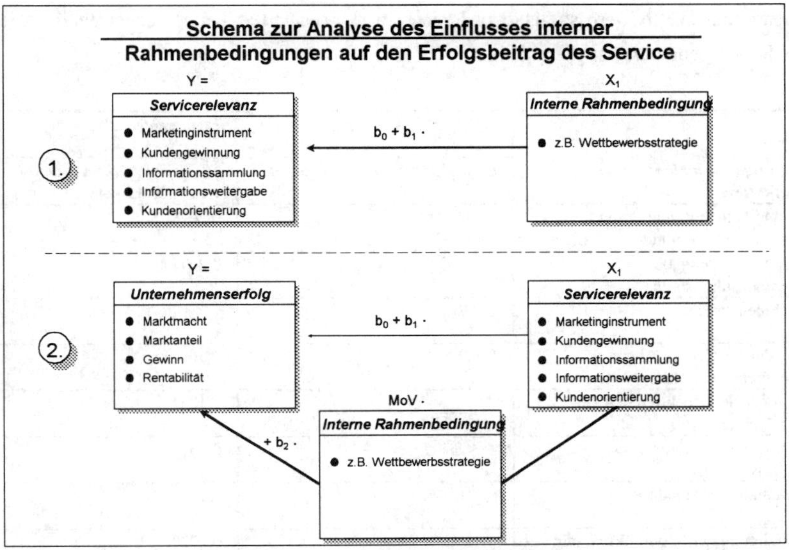

Abb. V-34: Einflußanalyse interner Kontextvariablen auf den Service

In Tabelle V-40 sind die jeweiligen Einflüsse der internen Rahmenbedingungen auf den Service aufgelistet. Es handelt sich hierbei wieder um die standardisierten Regressionskoeffizienten (Beta-Koeffizienten). Bezüglich des deutschen Absatzmarktes haben bis auf das Kriterium „Unternehmensgröße" alle untersuchten Rahmenbedingungen einen positiven, signifikanten Einfluß auf die Servicerelevanz. Daß mit zunehmender Unternehmensgröße die Bedeutung des Service für die Marktbearbeitung und -profilierung nicht zunimmt, konnte bereits in der deskriptiven Analyse vermutet werden, da hier keine signifikanten Unterschiede hinsichtlich der einzelnen Servicefunktionen und -aspekte bei Unternehmen mit verschiedener Unternehmensgröße ermittelt werden konnten. Damit wird einmal mehr deutlich, daß eine Serviceorientierung nicht nur für große Unternehmen von Bedeutung ist. Die statistisch tendenziell negative Beziehung weist im Gegenteil eher auf eine steigende Relevanz des Service für kleinere Unternehmen hin.

Recht starke Einflüsse auf die Servicerelevanz gehen von dem bewußten wettbewerbsorientierten Einsatz des Service als Angriffs- oder Verteidigungsinstrument aus. Diese (fast schon tautologische) Beziehung wurde vor dem Hintergrund steigender Profilierungsmöglichkeiten eines Marketinginstruments bei aktivem und gezieltem wettbewerbsorientiertem Einsatz erwartet.

Auch die Stellung des Servicebereichs in der Unternehmenshierarchie hat einen relativ starken positiven Einfluß auf die empirisch relevanten Servicefunktionen. Der Einfluß einer qualitätsorientierten Wettbewerbsstrategie und einer marktorientierten Unternehmensphilosophie auf die Servicebedeutung ist eher mäßig.

Unabhängige Variablen: „Interne Kontextfaktoren"	***Abhängige Variable: „Servicerelevanz"***	
	Einflußstärke auf dem deutschen Markt (n = 149)	*Einflußstärke auf den Auslandsmärkten (n = 101)*
Markt- und Kundenorientierung als Unternehmensphilosophie	0,216***	0,267***
Gastlandorientierung als Unternehmensphilosophie	-----	0,207**
Unternehmensgröße	- 0,010	-----
Stellung des Servicebereichs in der Unternehmenshierarchie	0,386***	0,368***
Streuung der Serviceaktivitäten auf einzelne Ländermärkte	-----	0,184*
Autonomie der internationalen Serviceaktivitäten	-----	0,288***
Internationale Marktabdeckung	-----	0,111
Internalisierung der Serviceaktivitäten auf den Auslandsmärkten	-----	0,272***
Wasserfallstrategie des internationalen Markteintritts	-----	0,048
Qualitätsorientierte Wettbewerbsstrategie	0,161**	0,280***
Aggressiver Einsatz des Service als Angriffsinstrument	0,525***	0,471***
Aggressiver Einsatz des Service als Verteidigungsinstrument	0,426***	0,374***
*= Signifikanzniveau p ≤ 0,10; ** = Signifikanzniveau p ≤ 0,05; *** = Signifikanzniveau p ≤ 0,01 Bei den angegebenen Werten handelt es sich um standardisierte Regressionskoeffizienten (Beta-Koeffizienten)		

Tab. V-40: Der Einfluß interner Rahmenbedingungen auf die Servicerelevanz im In- und Ausland

Insgesamt läßt sich damit eine weitgehende empirische Bestätigung der konzeptionellen Ausführungen im Teil IV zu den internen Kontextvariablen für den deutschen Markt feststellen. Für die internationale Servicepolitik gilt ähnliches. Lediglich zwei Einflußbereiche sind nicht und ein Bereich ist nur auf dem 10 %igen Niveau der Irrtumswahrscheinlichkeit signifikant. So gehen von der sukzessiven internationalen Markterschließung keine (signifikant) positiven Einflüsse auf die Servicebedeutung und -leistungsfähigkeit aus. Auch der Umfang der internationalen Marktabdeckung beeinflußt die internationale Servicepolitik nicht. Grundsätzlich wurde in Teil IV ein negativer Einfluß zwischen einer steigenden Länder- und Segmentstreuung vermutet. Allerdings ist bei diesem Befund zu berücksichtigen, daß - wie aus der Grundlagenuntersuchung und aus Sekundärstudien hervorgeht - die meisten Unternehmen (des Anlagen- und Maschinenbaus) ihre Kernleistungen exportieren und daher häufig Servicehelfer vor Ort mit der Serviceerbringung beauftragen. Dadurch wird der Ressourceneinsatz, der für eine intensive Servicepolitik auf den Ländermärkten notwendig ist, erheblich reduziert. Bei der internationalen Konfiguration der Servicepolitik wird der durch die internationale Streuung der Serviceaktivität auf einzelne Ländermärkte vermutete positive Einfluß auf die Servicerelevanz nur „leicht signifikant" bestätigt. Voll bestätigt werden hingegen die theoretisch-konzeptionellen Aussagen zum positiven Einfluß der Gastlandorientierung (multinationales Marketing), zur eigenständigen Servicepolitik und zur Internalisierung der Serviceaktivitäten auf den Auslandsmärkten. Die Bedeutung des Service als Marktprofilierungsinstrument wird zudem auch auf den Auslandsmärkten durch eine marktorientierte Unternehmensphilosophie, die Stellung des Servicebereichs in der Unternehmenshierarchie, eine qualitätsorientierte Wettbewerbsstrategie sowie den aggressiven Einsatz des Service als Angriffs- und / oder Verteidigungsinstrument positiv beeinflußt.

Nachdem damit im wesentlichen die theoretischen Aussagen über die Zusammenhänge / Beziehungen zwischen den internen Kontextvariablen und dem Servicebereich empirisch validiert wurden, ist jedoch noch zu klären, ob diese Einflüsse auch tatsächlich den Erfolgsbeitrag des Service (positiv) unterstützen. Dazu sind die Ergebnisse der moderierten Regression in Tabelle V-41 heranzuziehen. Bei dieser Analyse ist wieder vor allem der Beta-Koeffizient der moderierten Variablen von Bedeutung. Er gibt Auskunft über die Einflußstärke des Service auf den Unternehmenserfolg bei gleichzeitiger Berücksichtigung eines internen Kontextfaktors.

Die Ergebnisse zeigen, daß auf dem deutschen Markt nur die qualitätsorientierte Wettbewerbsstrategie den Erfolgseinfluß des Service positiv moderiert. Bei allen anderen Moderatoreffekten durch die internen Kontextvariablen konnten hingegen keine signifikanten Werte ermittelt werden. Damit wird auf dem deutschen Markt die Hypothese H20 bestätigt, während die Hypothesen H11, H13, H14, H21a und H21b zurückgewiesen werden.

Auf den Auslandsmärkten hat die Gastlandorientierung einen positiven Effekt auf den Erfolgseinfluß des Service, ebenso die Internalisierung der Serviceaktivitäten auf den Auslandsmärkten. Interessant ist der signifikant negative Einfluß der Serviceautonomie auf den Auslandsmärkten. Während eine eigenständige Servicepolitik auf den jeweiligen Ländermärkten, wie oben gezeigt, die Servicerelevanz für die Marktprofilierung positiv beeinflußt, ist der Erfolg bei dieser Vorgehensweise jedoch negativ. Die Gründe hierfür können zum einen darin gesehen werden, daß eine autonome Servicepolitik zu steigenden Kosten führt, was sich wiederum nachteilig auf den Gewinn und die Rentabilität auswirkt. Diese beiden Größen gehören zu dem hier zugrunde gelegten Erfolgsindex. Zum anderen kann eine selbständige Servicepolitik auf den Auslandsmärkten zu einer Verwässerung des Unternehmensimages führen und dadurch die Erreichung der Marktziele (Marktanteil und Marktmacht) negativ beeinflussen. Letzterer Effekt ist vor allem für Unternehmen relevant, die als Global Player ein standardisiertes Image anstreben.

Im Rahmen der internationalen Servicepolitik sind folgende Hypothesen anzunehmen: H12 und H18. Die Hypothesen H11, H14 bis H17 sowie H19 bis H21b konnten nicht bestätigt werden und sind zu verwerfen.

Interner Kontextfaktor (Hypothese)	***Unternehmenserfolg (Index des Erfolgsmodells)***			
	Deutscher Markt (n = 149)		Auslandsmärkte (n = 101)	
	moderierter Erfolgseffekt (Kontextfaktor · Service)	*direkter Erfolgseffekt (Service)*	*moderierter Erfolgseffekt (Kontextfaktor · Service)*	*direkter Erfolgseffekt (Service)*
Markt- und Kundenorientierung als Unternehmensphilosophie (H11)	**0,064**	0,328**	**0,050**	0,279**
Gastlandorientierung als Unternehmensphilosophie (H12)	-----	-----	**0,291****	0,110
Unternehmensgröße (H13)	**- 0,101**	0,372***	-----	------
Stellung des Servicebereichs in der Unternehmenshierarchie (H14)	**0,149**	0,248*	**0,145**	0,193
Streuung der Serviceaktivitäten auf einzelne Ländermärkte (H15)	-----	-----	**- 0,120**	0,395**
Autonomie der internationalen Serviceaktivitäten (H16)	-----	-----	**- 0,319****	- 0,557***
Internationale Marktabdeckung (H17)	-----	-----	**0,222**	0,152
Internalisierung der Serviceaktivitäten auf den Auslandsmärkten (H18)	------	-----	**0,377****	0,025
Wasserfallstrategie des internationalen Markteintritts (H19)	-----	-----	**0,107**	0,245**
Qualitätsorientierte Wettbewerbsstrategie (H20)	**0,299****	0,179**	**0,086**	0,253*
Aggressiver Einsatz des Service als Angriffsinstrument (H21a)	**0,109**	0,285**	**0,210**	0,149
Aggressiver Einsatz des Service als Verteidigungsinstrument (H21b)	**0,003**	0,370**	**0,235**	0,117

*= Signifikanzniveau p ≤ 0,10; ** = Signifikanzniveau p ≤ 0,05; *** = Signifikanzniveau p ≤ 0,01
Bei den angegebenen Werten handelt es sich um standardisierte Regressionskoeffizienten (Beta-Koeffizienten)

Tab. V-41: Der Einfluß interner Kontextvariablen auf die Erfolgswirkung des Service

Insgesamt bildet damit eine Qualitätsorientierung eine wesentliche Voraussetzung für eine erfolgreiche Servicepolitik. Qualitätsorientierte Unternehmen sind daher gut beraten, wenn sie ihre Markt- / Marketingaktivitäten durch eine entsprechende Servicepolitik abstützen. Allerdings ist damit noch nicht der Analogieschluß zu ziehen, daß der Service für Unternehmen, die eine Kosten- / Preisführerschaft verfolgen, unwichtig bzw. nicht erfolgreich ist. Diese Hypothese wäre separat zu prüfen, zumal immer häufiger Unternehmen eine Outpacing-Strategie / Position anstreben und eine Kostenorientierung und Qualitätsorientierung miteinander verbinden.

Ausgangsbasis für einen erfolgreichen Serviceeinsatz im internationalen Geschäft ist ein multinationales Marketing, das eine starke Orientierung an den spezifischen Länderbedingungen aufweist. Zudem ist eine möglichst starke Kontrolle der Serviceaktivitäten anzustreben, um einerseits die Vermarktungs- und Erstellungsqualität der Serviceleistungen nach entsprechenden Standards zu gewährleisten und andererseits Transaktionskosten zu vermeiden. Gleichzeitig ist - auch bei Eigenerstellung von Serviceleistungen - die Autonomie der Servicepolitik auf den einzelnen Ländermärkten möglichst zu optimieren, frei nach der Maxime „soviel Freiraum wie nötig, soviel Abhängigkeit wie möglich".

2.2.4. Der Einfluß servicepolitischer Gestaltungsbereiche auf den (internationalen) Erfolgsbeitrag des Service

Bei der Analyse des Einflusses servicepolitischer Entscheidungen auf den Erfolgsbeitrag des Service wird nach der gleichen Vorgehensweise verfahren wie bei den internen Kontextvariablen (siehe Abb. V-35). Im Unterschied dazu werden durch die Einbeziehung von Gestaltungsvariablen des Servicemanagement allerdings weniger Erfolgsbedingungen als vielmehr Erfolgsfaktoren einer effektiven Servicepolitik untersucht.

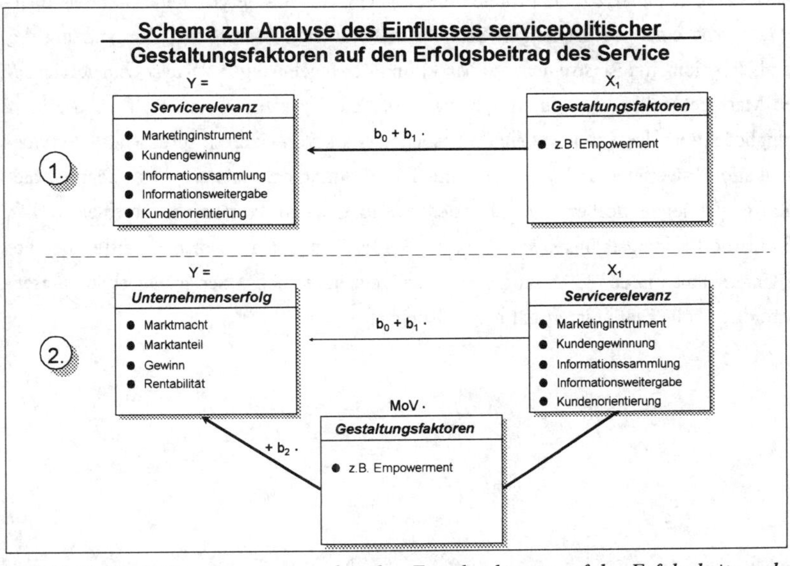

Abb. V-35: Einflußanalyse servicepolitischer Entscheidungen auf den Erfolgsbeitrag des Service

Wie die Ergebnisse der ersten Analyse zeigen, beeinflußt die überwiegende Mehrheit der Gestaltungsvariablen die Bedeutung des Service als Marktprofilierungsinstrument auf dem deutschen Markt und den ausländischen Märkten positiv (siehe Tab. V-42). Damit werden auch die theoretischen Ausführungen zum Einfluß spezieller Gestaltungsentscheidungen auf die marketingpolitische Servicerelevanz in starkem Maße empirisch „validiert". Der Ausrichtung des Servicespektrums auf den Nutzungsprozeß der Kernleistung beim Anbieter kann auf dem deutschen Markt kein und auf den Auslandsmärkten nur ein leicht signifikanter Einfluß auf die Servicebedeutung mit Blick auf die Marktprofilierung bescheinigt werden. Eine eigenständige Preispolitik des Servicebereichs ist weder im In- noch im Ausland der Servicerelevanz am Markt dienlich. Es scheint also eher eine Verrechnung der Serviceleistungen über den Kernleistungspreis angezeigt zu sein. Allerdings müssen auch hierbei - zumindest intern - die „Preisaufschläge" für den Service errechnet werden. Das hierfür die Orientierung an den Zahlungs- und Preisbereitschaften - wie ersichtlich - keine sonderlich große Bedeutung hat, ist nachvollziehbar. Ebenso wird vor diesem Hintergrund der Einfluß der kosten- und der wettbewerbsorientierten Kalkulation auf die Servicebedeutung verständlich. Möglicherweise soll durch die Orientierung an den Service- bzw. den integrierten Gesamtleistungspreisen das akquisitorische Potential des Service nicht durch „überhöhte" Forderungen eingeschränkt werden. Die gleichzeitige Orientierung an den Kosten soll dabei ein ausreichendes Maß an Effizienz sicherstellen.

Besonders starke Einflüsse auf die Profilierungsmöglichkeiten des Service gehen auf dem deutschen Markt von einer eigenständigen Servicekommunikation / -werbung, der Nutzung des Service als Positionierungsinstrument am Markt und der regelmäßigen Analyse von servicebezogenen Marktentwicklungen und -trends aus. Auf den Auslandsmärkten wird die Markt- / Marketingbedeutung des Service ebenfalls besonders stark von einer entsprechenden Servicekommunikation / -werbung und Markt- / Umfeldbeobachtung determiniert. Außerdem hat hier auch die Analyse der servicebezogenen Kundenerwartungen und -zufriedenheiten einen starken Einfluß auf die Leistungsfähigkeit des Service. Berücksichtigt man, daß die meisten der befragten Unternehmen in den USA tätig sind, die allgemein ein hohes Serviceniveau aufweisen, dann wird diese hohe Einflußintensität nachvollziehbar.

Unabhängige Variablen: Gestaltungsfaktoren	***Abhängige Variable: „Servicerelevanz"*** *Einflußstärke auf dem deutschen Markt (n = 149)*	*Einflußstärke auf den Auslandsmärkten (n = 101)*
Integration zwischen Kernleistungs- und Serviceaktivitäten	0,357***	0,395***
Berücksichtigung segment- / länderspezifischer Besonderheiten	0,354***	0,269***
Spezifische Servicekompetenz im Unternehmen	0,171**	0,105*
Einsatz des Service zur Unternehmens- / Kernleistungspositionierung	0,464***	0,315***
Langfristige Planung des Service	0,165**	0,171*
Ausrichtung der Serviceaktivitäten auf den Nutzungsprozeß der Kernleistung beim Kunden	0,116	0,183*
Markierung von Serviceleistungen	0,364***	0,301***
Servicekommunikation / -werbung	0,536***	0,518***
Eigenständige Preispolitik im Service	0,004	0,003
Berücksichtigung der Kosten bei der Preisbestimmung	0,205**	0,270*
Berücksichtigung von Wettbewerbskonditionen bei der Preisbestimmung / -festlegung	0,330***	0,342***
Berücksichtigung der Zahlungsbereitschaften bei der Preisbestimmung / -festlegung	0,134	0,024
Kontroll- und Steuerungsausmaß der Serviceerstellung und des Serviceabsatzes	0,206***	0,238**
Kostentransparenz im Service	0,094	0,145
Analyse von Marktentwicklungen und Trends im Servicebereich	0,448***	0,481***
Kritische Analyse der eigenen Servicefähigkeiten	0,361***	0,408***
Analyse der Serviceerwartungen und -zufriedenheiten bei den Kunden	0,393***	0,510***
Empowerment der Servicemitarbeiter	0,167**	0,189*
Förderung der Mitarbeiterqualifikation im Servicebereich	0,284***	0,326***
Umfassende Mitarbeiterinformation des Servicepersonals	0,360***	0,283***
Kundenorientierte Anreizsysteme für das Servicepersonal	0,356***	0,412***
*= Signifikanzniveau p ≤ 0,10; ** = Signifikanzniveau p ≤ 0,05; *** = Signifikanzniveau p ≤ 0,01 Bei den angegebenen Werten handelt es sich um standardisierte Regressionskoeffizienten (Beta-Koeffizineten)		

Tab. V-42: Der Einfluß der Gestaltungsparameter auf die Servicerelevanz

Die Tabelle V-43 zeigt die moderierten Ergebnisse der Gestaltungsvariablen auf den Erfolgseinfluß des Service. Auf dem deutschen Markt werden vier signifikante Einflüsse jeweils einer Moderatorvariablen ausgewiesen. Der Einfluß einer spezifischen Servicekompetenz, der Durchführung eines Serviceauditing und der Mitarbeiterorientierung im Servicebereich auf den Erfolgsbeitrag des Service sind dabei auf Basis einer 5 %igen Irrtumswahrscheinlichkeit ($p \leq 0{,}05$) signifikant. Die Ausrichtung des Servicespektrums auf die Kernleistung ist lediglich auf einem Signifikanzniveau von $p \leq 0{,}10$ von Bedeutung. Aus diesem Grunde soll die damit verbundene Hypothese H26 nur unter Vorbehalt bestätigt werden. Während die Hypothesen H31 und H32 ohne Einschränkungen bestätigt werden, wird bei der Hypothese H24 nur die Aussage bezüglich der Servicekompetenz (H24a) beibehalten. Alle anderen Hypothesen werden verworfen.

Gestaltungsvariablen (Hypothese)	***Unternehmenserfolg (Index des Erfolgsmodells)***			
	Deutscher Markt (n = 149)		Auslandsmärkte (n = 101)	
	moderierter Erfolgseffekt (Einflußfaktor · Service)	*direkter Erfolgseffekt (Service)*	*moderierter Erfolgseffekt (Einflußfaktor · Service)*	*direkter Erfolgseffekt (Service)*
Integration zwischen Kernleistungs- und Serviceaktivitäten (H22)	**0,090**	0,303**	**0,037**	0,286**
Berücksichtigung segment- / länderspezifischer Besonderheiten (H23)	**0,055**	0,332**	**- 0,050**	0,347***
Spezifische Servicekompetenz im Unternehmen (H24a)	**0,239****	0,169*	**0,298****	0,111
Einsatz des Service zur Unternehmens- / Kernleistungspositionierung (H24b)	**0,017**	0,358**	**0,183**	0,169
Langfristige Planung des Service (H25)	**0,190**	0,212	**0,050**	0,270
Ausrichtung der Serviceaktivitäten auf den Nutzungsprozeß der Kernleistung beim Kunden (H26)	**0,181***	0,252**	**0,146**	0,222*
Markierung von Serviceleistungen (H27)	**0,172**	0,223	**0,295***	0,065
Servicekommunikation / -werbung (H28)	**0,228**	0,175	**0,128**	0,205
Eigenständige Preispolitik im Service (H29a)	**- 0,141**	0,452***	**0,081**	0,267**
Umfassende Berücksichtigung von Preisbestimmungsfaktoren (H29b)	**0,098**	0,285*	**- 0,131**	0,431**
Kontroll- und Steuerungsausmaß der Serviceerstellung und des Serviceabsatzes (H30)	**0,035**	0,350**	**0,083**	0,259
Service-Auditing (H31)	**0,475****	- 0,51	**0,276**	0,065
Internes Marketing / Mitarbeiterorientierung im Servicebereich (H32)	**0,349****	0,067	**0,289**	0,055

*= Signifikanzniveau $p \leq 0{,}10$; ** = Signifikanzniveau $p \leq 0{,}05$; *** = Signifikanzniveau $p \leq 0{,}01$
Bei den angegebenen Werten handelt es sich um standardisierte Regressionskoeffizienten (Beta-Koeffizienten)

Tab. V-43: Der Einfluß servicepolitischer Gestaltungsbereiche auf die Erfolgswirkung des Service

Auf den Auslandsmärkten wird ebenfalls die Teilhypothese H24a angenommen. Außerdem wird Hypothese H27 unter Vorbehalt bestätigt, da sie nur auf einem Niveau von $p \leq 0{,}10$ signifikant ist. Anscheinend hat hier die Markierung von Serviceleistungen eine größere Erfolgswirkung für den Service als auf dem deutschen Markt. Für die Servicekommunikation / -werbung läßt sich jedoch kein signifikanter Einfluß auf den Serviceerfolg nachweisen. Alle anderen aufgestellten Hypothesen zur Erfolgsunterstützung des Service durch spezifische Gestaltungsvariablen auf den Auslandsmärkten werden verworfen.

Insgesamt weisen die servicebezogenen Gestaltungsentscheidungen auf dem deutschen Markt gegenüber den Auslandsmärkten eine stärkere Wirkung auf den Serviceerfolg auf. Die Gründe für die Einflußunterschiede im In- und Ausland wurden jedoch nicht direkt empirisch erfaßt. Sie sind daher auch nicht „objektiv" nachvollziehbar. Allerdings steht zu vermuten, daß die Einflußdifferenzen mit der unterschiedlichen Bedeutung der Absatzmärkte und den unterschiedlichen Formen der Marktimplantation korrelieren. Der deutsche Heimmarkt ist für die meisten Maschinen- und Anlagenbauer immer noch der Kernmarkt. Auslandsmärkte werden überwiegend im Sinne eines Zusatzgeschäftes bedient. Deshalb wird zur Markterschließung meistens eine Exportstrategie realisiert. Bei dieser Vorgehensweise werden - wie bereits mehrfach angemerkt - die Serviceaktivitäten häufig auf Servicepartner vor Ort übertragen. Hierbei entfallen dann für den Exporteur wichtige Gestaltungsbereiche im Rahmen des Servicemanagement, wie z.B. Service-Auditing oder internes Marketing. Darin könnte ein Grund für die unterschiedliche Bedeutung der Gestaltungsparameter liegen. Allerdings handelt es sich gerade bei diesen beiden Gestaltungsbereichen um latente Konstrukte, die sich aus verschiedenen Indikatoren zusammensetzen. Im vorliegenden Fall wurden sie jeweils durch den Faktormittelwert von vier einzelnen Variablen gemessen. Eine genauere Einschätzung ist jedoch nur auf der Grundlage detaillierter Daten / Informationen möglich. Um grundsätzlich näheren Aufschluß über den Einfluß der einzelnen Indikatoren auf den Serviceerfolg zu erhalten, wurde eine vertiefende Analyse durchgeführt. In Tabelle V-44 sind die moderierenden Effekte aller einzelnen Indikatoren aufgelistet, die zur Hypothesenprüfung mit anderen kombiniert wurden.

Betrachtet man zunächst die Indikatoren zum Faktor „Serviceaudit" (H31a - H31d), so stellt man fest, daß auf dem Heimmarkt sowohl die kritische Selbstanalyse als auch die Kostenanalyse den Serviceerfolg positiv determinieren. Auf den Auslandsmärkten hat lediglich die Kostenanalyse einen positiven Effekt auf den Serviceerfolg. Für Unternehmen, die exportieren und den Service vor Ort durch Servicepartner erbringen lassen, ist das Self-Assessment des eigenen Servicebereichs kaum relevant, die Analyse der Kostenstruktur hingegen durchaus.

Hinsichtlich des Faktors „internes Marketing" (H32a - H32d) ist die Qualifikation der Servicemitarbeiter sowohl im In- als auch im Ausland ein wesentlicher Einflußfaktor für die Erfolgswirkung des Service. Im Gegensatz zum Auslandsservice ist im Inland zusätzlich ein tendenziell stärkerer Einfluß der Mitarbeiterinformation auf den Serviceerfolg zu konstatieren. Auch dieser Befund könnte vor dem Hintergrund einer Auslagerung von internationalen Serviceaktivitäten an Partner vor Ort erklärbar sein.

Gestaltungsvariablen (Teilhypothese)	***Unternehmenserfolg (Index des Erfolgsmodells)***			
	Deutscher Markt (n = 149)		Auslandsmärkte (n = 101)	
	moderierter Erfolgseffekt (Einflußfaktor · Service)	*direkter Erfolgseffekt (Service)*	*moderierter Erfolgseffekt (Einflußfaktor · Service)*	*direkter Erfolgseffekt (Service)*
Berücksichtigung von Kosten bei der Preisbestimmung / -festlegung (H29b1)	**0,233****	0.209**	**0,088**	0,252*
Berücksichtigung von Wettbewerbsaktivitäten bei der Preisbestimmung / -festlegung (H29b2)	**- 0,078**	0,438***	**- 0,307**	0,577***
Berücksichtigung von Zahlungsbereitschaften bei der Preisbestimmung / -festlegung (H29b3)	**- 0,049**	0,410***	**- 0,025**	0,331**
Analyse der Kostenstruktur im Servicebereich (H31a)	**0,299*****	0,170*	**0,259****	0,153
Analyse der Marktentwicklungen und Servicetrends (H31b)	**0,182**	0,221	**0,006**	0,318*
Kritische Analyse der eigenen Servicefähigkeiten (H31c)	**0,350****	0,088	**0,155**	0,188
Analyse der Serviceerwartungen und -zufriedenheiten der Kunden (H31d)	**0,087**	0,298**	**0,036**	0,281
Empowerment der Servicemitarbeiter (H32a)	**0,013**	0,381***	**- 0,040**	0,340**
Förderung der Mitarbeiterqualifikation im Servicebereich (H32b)	**0,486*****	0,002	**0,444*****	0,032
Umfassende Information des Servicepersonals (H32c)	**0,172***	0,242**	**0,127**	0,224*
Kundenorientierte Anreizsysteme für das Servicepersonal (H32d)	**0,042**	0,337**	**- 0,061**	0,366*
*= Signifikanzniveau $p \leq 0,10$; ** = Signifikanzniveau $p \leq 0,05$; *** = Signifikanzniveau $p \leq 0,01$ Bei den angegebenen Werten handelt es sich um standardisierte Regressionskoeffizienten (Beta-Koeffizienten)				

Tab. V-44: Der Einfluß einzelner Gestaltungsparameter auf den Serviceerfolg

Der Vollständigkeit halber sei auch auf den servicebezogenen Erfolgseinfluß einzelner preispolitischer Entscheidungen verwiesen, bei denen lediglich die Berücksichtigung der Kosten den Serviceerfolg beeinflußt. Vor dem Hintergrund der berücksichtigten Finalziele im Erfolgsindex ist dieses Ergebnis nicht überraschend.

An dieser Stelle wird die Analyse zur Erfolgswirkung des Service abgeschlossen. Alle Hypothesen wurden empirisch geprüft. Eine Zusammenfassung der Ergebnisse wird im nachfolgenden Punkt vorgenommen.

2.2.5. Zusammenfassung der Hypothesenprüfung

In der nachstehenden Tabelle V-45 sind die untersuchten Hypothesen mit den entsprechenden Beurteilungen / Prüfergebnissen noch einmal aufgelistet. Von den 25 geprüften Hypothesen auf dem deutschen Markt wurden 11 Hypothesen vollständig bestätigt, 1 Hypothese wurde zum Teil bestätigt, 1 Hypothese wurde unter Vorbehalt bestätigt und 12 Hypothesen wurden abgelehnt. Bezogen auf die 32 geprüften Hypothesen der internationalen Marktbearbeitung, wurden 10 Hypothesen vollständig bestätigt, 2 Hypothesen wurden zum Teil bestätigt, 3 Hypothesen wurden unter Vorbehalt bestätigt und 17 Hypothesen wurden verworfen.

Kennzeichnung	*Hypothese*	*Beurteilung auf dem deutschen Markt*	*Beurteilung auf den Auslandsmärkten*
	Ausgangshypothese		
H0	Der Service beeinflußt den Unternehmenserfolg positiv.	**Bestätigt**	**Bestätigt**
	Externe Kontextvariablen: Aufgabenumwelt		
H1	Auf Märkten mit wahrgenommener Markteintrittsbedrohung durch potentielle Wettbewerber ist • der Einfluß des Service auf den Unternehmenserfolg positiv.	**Bestätigt**	**Bestätigt**
H2	Auf Märkten mit großer horizontaler Wettbewerbsintensität ist • der Einfluß des Service auf den Unternehmenserfolg positiv.	**Bestätigt**	**Bestätigt**
H3	Auf Märkten mit wahrgenommenem Substitutionsdruck durch andere Marktleistungen ist • der Einfluß des Service auf den Unternehmenserfolg positiv.	**Bestätigt**	**Bestätigt**
H4	Auf Märkten mit ausgeprägter Markttransparenz der Abnehmer über das Leistungsangebot ist • der Einfluß des Service auf den Unternehmenserfolg positiv.	**Bestätigt**	**Bestätigt**
H5	Auf Märkten mit starker Verhandlungs- / Nachfragemacht der Abnehmer ist • der Einfluß des Service auf den Unternehmenserfolg positiv.	**Bestätigt**	**Bestätigt**
H6	Auf (Auslands-) Märkten mit abnehmerbedingten Absatz- / Kaufwiderständen gegenüber neu eintretenden Unternehmen ist • der Einfluß des Service auf den Unternehmenserfolg positiv.	Hypothese wird auf dem deutschen Markt nicht geprüft	**Bestätigt**
H7	Auf fragmentierten Märkten mit differenzierter Nachfrage ist • der Einfluß des Service auf den Unternehmenserfolg positiv.	**Bestätigt**	**Unter Vorbehalt bestätigt**

H8	Auf Märkten mit bestehender Lieferantenmacht ist • der Einfluß des Service auf den Unternehmenserfolg positiv.	**Bestätigt**	**Bestätigt**
Externe Kontextvariablen: Globale Umwelt			
H9	Auf (Auslands-) Märkten mit kulturell geprägter Risikovermeidung, bestehendem Feminismus, Kollektivismus oder großer Machtdistanz ist • der Einfluß des Service auf den Unternehmenserfolg positiv.	Hypothese wurde auf dem deutschen Markt nicht geprüft	**Teilhypothese zur Machtdistanz wird bestätigt**; alle anderen Hypothesen werden verworfen
H10	In (Auslands-) Märkten mit starken politischen-rechtlichen Regelungen für den Serviceeinsatz, • liegt kein (positiver) Einfluß des Service auf den Unternehmenserfolg vor.	Abgelehnt	Abgelehnt
Interne Kontextvariablen			
H11	Eine starke Markt- und Kundenorientierung in der Philosophie eines Unternehmens • unterstützt den Einfluß des Service auf den Unternehmenserfolg positiv.	Abgelehnt	Abgelehnt
H12	Eine (zunehmende) Gastlandorientierung in der Internationalisierungsphilosophie eines Unternehmens • unterstützt den Einfluß des Service auf den Unternehmenserfolg positiv.	Hypothese wurde auf dem deutschen Markt nicht geprüft	**Bestätigt**
H13	Eine steigende Unternehmensgröße und damit die zunehmende Ressourcen-ausstattung eines Unternehmens • unterstützt den Einfluß des Service auf den Unternehmenserfolg positiv.	Abgelehnt	Hypothese wurde auf den Auslandsmärkten nicht geprüft
H14	Eine höhere Stellung des Servicebereichs in der Unternehmenshierarchie verstärkt den Einfluß des Service auf die Marketing- und Unternehmenspolitik und • unterstützt den Einfluß des Service auf den Unternehmenserfolg positiv.	Abgelehnt	Abgelehnt
H15	Die Streuung der Serviceaktivitäten auf die einzelnen Ländermärkte • unterstützt den Einfluß des Service auf den Unternehmenserfolg positiv.	Hypothese wurde auf dem deutschen Markt nicht geprüft	Abgelehnt
H16	Die Autonomie der internationalen Serviceaktivitäten auf den einzelnen Ländermärkten • unterstützt den Einfluß des Service auf den Unternehmenserfolg positiv.	Hypothese wurde auf dem deutschen Markt nicht geprüft	**Unter Vorbehalt bestätigt**
H17	Eine geringe Länder- und Segmentstreuung der internationalen Marktabdeckung • unterstützt den Einfluß des Service auf den Unternehmenserfolg positiv.	Hypothese wurde auf dem deutschen Markt nicht geprüft	Abgelehnt
H18	Die Stärke des Kontrollausmaßes beim gewählten Marktengagement / die Internalisierung (des Servicebereichs) • unterstützt den Einfluß des Service auf den Unternehmenserfolg positiv.	Hypothese wurde auf dem deutschen Markt nicht geprüft	**Bestätigt**

H19	Eine sukzessive internationale Markteintrittsstrategie • unterstützt den Einfluß des Service auf den Unternehmenserfolg positiv.	Hypothese wurde auf dem deutschen Markt nicht geprüft	Abgelehnt
H20	Eine zunehmende Qualitätsorientierung für die strategischen Geschäftsfelder als Marktprofilierungsstrategie in einem Unternehmen • unterstützt den Einfluß des Service auf den Unternehmenserfolg positiv.	**Bestätigt**	Abgelehnt
H21	Der Einsatz des Service als Angriffs- oder Verteidigungsinstrument im Wettbewerbsverhalten von Unternehmen • unterstützt den Einfluß des Service auf den Unternehmenserfolg positiv.	Abgelehnt	Abgelehnt
	Gestaltungsvariablen		
H22	Die Integration zwischen den Marketingaktivitäten der Kernleistung und den Serviceleistungen • unterstützt den Einfluß des Service auf den Unternehmenserfolg positiv.	Abgelehnt	Abgelehnt
H23	Die Berücksichtigung von segment- / ländermarktbezogenen Besonderheiten und spezifischen Kundenanforderungen bei der Gestaltung der Servicepolitik • unterstützt den Einfluß des Service auf den Unternehmenserfolg positiv.	Abgelehnt	Abgelehnt
H24	Eine spezifische Servicekompetenz im Unternehmen und der Einsatz des Service zur Positionierung des Unternehmens bzw. seiner Produkte am Markt • unterstützt den Einfluß des Service auf den Unternehmenserfolg positiv.	**Hypothese wird für die Service-kompetenz bestätigt** und für die Positionierung abgelehnt	**Hypothese wird für die Service-kompetenz bestätigt** und für die Positionierung abgelehnt
H25	Eine langfristige Planung des Service-einsatzes • unterstützt den Einfluß des Service auf den Unternehmenserfolg positiv.	Abgelehnt	Abgelehnt
H26	Die Ausrichtung des (internationalen) Servicespektrums auf die Kernleistung und deren Nutzungsprozeß beim Kunden • unterstützt den Einfluß des Service auf den Unternehmenserfolg positiv.	**Unter Vorbehalt bestätigt**	Abgelehnt
H27	Eine Markierung von Serviceleistungen • unterstützt den Einfluß des Service auf den Unternehmenserfolg positiv.	Abgelehnt	**Unter Vorbehalt bestätigt**
H28	Eine eindeutige und konsistente Kommunikation der Servicekompetenz und -leistungen auf den Ländermärkten • unterstützt den Einfluß des Service auf den Unternehmenserfolg positiv.	Abgelehnt	Abgelehnt
H29	Eine eigenständige Preispolitik des Servicebereichs und die umfassende Berücksichtigung von Einflußfaktoren bei der Preisfindung • unterstützen den Einfluß des Service auf den Unternehmenserfolg positiv. •	Abgelehnt	Abgelehnt

H30	Eine starke Kontrolle und Steuerung des Serviceabsatzes (akquisitorische Distribution) und der Serviceerstellung („logistische" Distribution) • unterstützen den Einfluß des Service auf den Unternehmenserfolg positiv.	Abgelehnt	Abgelehnt
H31	Die Analyse der Kostenstruktur und Leistungsfähigkeit der internen Servicepotentiale sowie der externen Serviceanforderungen • unterstützt den Einfluß des Service auf den Unternehmenserfolg positiv.	**Bestätigt**	Abgelehnt
H32	Eine Mitarbeiterorientierung im Servicebereich • unterstützt den Einfluß des Service auf den Unternehmenserfolg positiv.	**Bestätigt**	Abgelehnt

Tab. V-45: Ergebnisse der Hypothesenprüfung

Teil VI: Allgemeine Schlußfolgerungen für Praxis und Wissenschaft

Die vorliegende Arbeit hat sich mit einem Marketinginstrument befaßt, das in Zeiten einer zunehmenden Abkehr vom klassischen „Massenmarketing" zu einem stärker individualisierten Marketing zentrale Bedeutung erhält. Während das *„Massenmarketing"* i.d.R. auf dem Absatz standardisierter Produkte über kommunikative und distributive Massenkanäle für „anonyme" Märkte basiert, bezieht sich das *„Individualmarketing"* auf Leistungsangebote, die auf spezifische Kundenwünsche zugeschnitten sind, sowie auf den Aufbau und die Pflege (interaktiver) Kundenbeziehungen.[1] Da Individualisierung ebenso wie die Serviceerbringung stark mit Kundenintegration und -interaktion zusammenhängt, ist die Affinität beider Bereiche unverkennbar. Es ist daher nicht verwunderlich, daß im Rahmen einer stärkeren Individualisierung des Marketing auch die Forderungen nach einer stärkeren Serviceorientierung deutscher Unternehmen zunehmen. So wird in jüngster Zeit immer häufiger und vehementer von Journalisten, Politikern, Unternehmensberatern und auch Wissenschaftlern eine deutlich ausgeprägte Servicementalität deutscher (Industrie-) Unternehmen gefordert, um die Wettbewerbsfähigkeit und den Erfolg auf (internationalen) Märkten zu steigern.[2] Im Zuge dieser *„Service-Euphorie"* wird allerdings nur selten kritisch hinterfragt, ob vom Service tatsächlich positive Wirkungen auf den Markt- und Unternehmenserfolg ausgehen. Bisher sind wissenschaftliche Analysen zu dieser Frage nur rudimentär vorhanden (siehe Teil I). Genau hier hat die vorliegende Arbeit angesetzt. Die grundlegende Aufgabe bestand darin, den Einfluß des Service auf den Unternehmenserfolg zu untersuchen. Hierzu wurde zunächst der Servicebegriff „wissenschaftlich" erfaßt, indem nach allgemeinen definitorischen Grundlagen und Abgrenzungen (Teil II) eine theoretische Fundierung des Untersuchungsobjekts vorgenommen wurde (Teil III). In Form eines Referenzmodells ließ sich eine Ausrichtung der theoretischen Ansätze auf das Untersuchungsziel erreichen, was in die Generierung von Hypothesen über die Erfolgswirkungen, -bedingungen und -faktoren des Service mündete (Teil IV). Grundlage hierzu war u.a. eine explorative Grundlagenstudie. Hierdurch konnten die Vermutungen über die Zusammenhänge und Hintergründe des Serviceerfolgs untermauert werden. Auf dieser Basis erfolgte in einer Vertiefungsstudie die empirische Überprüfung des vermeintlichen Erfolgsfaktors (Teil V). Diese lieferte klare *Ergebnisse* darüber, daß

[1] Vgl. Hildebrand, V.G., a.a.O., S. 5f.

[2] So läßt sich in fast jeder Ausgabe der Zeitschrift absatzwirtschaft ein Artikel finden, der auf die steigende Bedeutung des Service als Marketinginstrument hinweist und eine verstärkte Serviceorientierung postuliert. Siehe z.B. die Sonderausgabe 10/95, die ganz im Zeichen des Service stand („Dienen & Verdienen - Service-Marketing hat Zukunft"). Auch zwei aktuelle „Management-Bestseller" propagieren eine stärkere Kunden- und Serviceausrichtung deutscher Unternehmen: Ogger, G.: König Kunde - angeschmiert und abserviert, Taschenbuchausgabe, München 1998 und von Tominaga, M.: Die kundenfeindliche Gesellschaft, 7. Aufl., Düsseldorf 1997.

- der Service den Unternehmenserfolg auf dem nationalen Markt und den ausländischen Märkten nachweislich positiv beeinflußt
- die positive Erfolgswirkung des Service in unterschiedlichen Marktsituationen gegeben ist,
- der Erfolgseinfluß des Service durch normative und strategische Basisentscheidungen der nationalen und internationalen Unternehmens- und Marketingpolitik determiniert wird,
- der „Serviceerfolg" vor allem durch Gestaltungsentscheidungen bei der Implementierung und Implantation positiv beeinflußt wird.

Diese Ergebnisse haben für die Praxis des Servicemanagements sowie darüber hinaus auch für die Marketing- und Managementforschung Konsequenzen. Nachfolgend sollen die damit implizierten wesentlichen Anforderungen für Praxis und Wissenschaft skizziert werden. Dabei sei an dieser Stelle noch einmal auf *Restriktionen* der vorliegenden Arbeit verwiesen, die zu berücksichtigen sind.

So wurden in beiden empirischen Untersuchungen (Grundlagen- und Vertiefungsstudie) Industriegüterunternehmen befragt. Obwohl man davon ausgehen kann, daß die Ergebnisse in groben Zügen auch für Konsumgüterhersteller gelten, ist von einer unreflektierten Übernahme der Ergebnisse auf diesen Sektor zu warnen. Die Vertiefungsstudie bezog sich darüber hinaus nur auf eine Branche (Maschinen- und Anlagenbau) und ist zunächst nur für diese „repräsentativ". Außerdem handelt es sich bei den analysierten Daten um subjektive Eigeneinschätzungen von Managern in Anbieterunternehmen. Servicequalität und Serviceauftritt am Markt werden sich aus Sicht der Abnehmer voraussichtlich anders darstellen. Die Angaben über die relativen Ergebnisgrößen (relativer Umsatzerfolg, relativer Gewinn, relative Rentabilität und relativer Cash Flow) könnten bei „objektiver" Betrachtung ebenfalls in einem anderen Licht erscheinen. Zudem wurden hinsichtlich der nationalen und internationalen Servicepolitik nur deutsche Unternehmen befragt. Sicherlich wäre ein Vergleich mit Anbietern anderer Nationalitäten auf dem deutschen und den Auslandsmärkten sehr aufschlußreich gewesen und hätte die Ergebnisse gerade zum internationalen Servicemanagement relativiert. Des weiteren sind die Daten über die Auslandsaktivitäten aggregiert untersucht worden, da die Fallzahlen für die Einzelauswertung einer länderbezogenen Servicepolitik zu gering waren, um beim Einsatz multivariater Analysemethoden gültige und stabile Ergebnisse zu erhalten. Daher können sich auf bestimmten Ländermärkten durchaus andere Anforderungen an die Servicepolitik und andere Erfolgswirkungen von Serviceaktivitäten ergeben. Schließlich ist - wie bei jeder empirischen Untersuchung - zu berücksichtigen, daß die Datenerhebung im Rahmen eines bestimmten Untersuchungsdesigns durchgeführt wurde und die Ergebnisse immer vor diesem Hintergrund zu beurteilen sind. Eine Klärung aller möglichen und unter Umständen auch interessanten Aspekte im Umfeld des (internationalen) Servicemanagements ist daher nicht erfolgt. Diese Aufgabe obliegt - wie an späterer Stelle noch zu zeigen ist - Folgeuntersuchungen. Kritisch ist auch, daß der Service als Marketinginstrument isoliert betrachtet wurde. Dadurch wurden Synergieeffekte und Einflüsse, die im Marketing-Mix von anderen Instrumenten ausgehen, weitgehend ausgeklammert.

1. Grundsätzliche Handlungsempfehlungen für die Praxis des (internationalen) Servicemanagements

Die vorstehenden Befunde der Studie zeigen zwar, daß der Service ein strategischer Erfolgsfaktor und damit mehr als ein operatives Werkzeug sein kann. Eine optimale Erfolgswirkung läßt sich aber nur erzielen, wenn die richtigen Weichen hierfür gestellt werden. In Abbildung VI-1 sind die Erfolgsbedingungen und -faktoren einer effektiven (internationalen) Servicepolitik noch einmal zusammengefaßt.

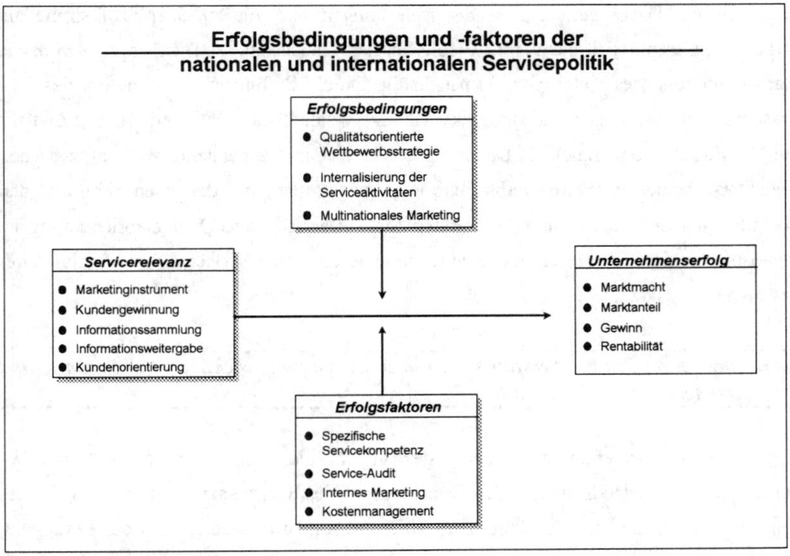

Abb. VI-1: Anforderungen an eine erfolgreiche (internationale) Servicepolitik

Die dargestellten Einflußbereiche einer erfolgreichen nationalen und internationalen Servicepolitik sind teilweise interdependent und bauen aufeinander auf. Daher ist eine isolierte Betrachtung und Erfüllung der Voraussetzungen meist nicht sinnvoll. In den folgenden fünf Grundsätzen wird deshalb versucht, integrierte Handlungsempfehlungen für die Unternehmenspraxis abzuleiten:

1. *Formulierung einer Servicephilosophie im Unternehmen zur Festschreibung der Servicebedeutung für die Unternehmensführung und als Grundlage einer konsequenten Ausrichtung der Servicepolitik an den Markterfordernissen*

Dieser Grundsatz bezieht sich auf die Schaffung einer Servicekultur in (Industrie-) Unternehmen. Durch die Festschreibung einer Serviceorientierung im „Grundgesetz" der Unternehmung kommt es bei Einhaltung dieser Maxime zu einer stärkeren gedanklichen Auseinandersetzung der Unternehmensleitung und des Marketingmanagements mit dem Service als Marktprofilierungsinstrument. Sie ist die Basis für eine geschlossene und aufeinander abgestimmte Marketing- und Servicepolitik, die vor allem einer konsequenten Qualitätsorientierung von Unternehmen entgegenkommt, die nicht nur auf die Sicherstellung einer technischen Produktqualität ausgerichtet ist. Denn durch die Integration des Service in ein umfassendes Total Quality Konzept (TQM), das Qualität als Grad der Erfüllung von Kundenerwartungen auf allen Anspruchsebenen versteht, wird eine Servicequalität sichergestellt, die auf einen hohen Kundennutzen abzielt. Da es gerade diese Serviceleistungen sind, die zu einer Profilierung am Markt beitragen, ergibt sich hieraus ihr Erfolgsbeitrag. Gleichzeitig stärken sie wiederum die Qualitätsorientierung des Unternehmens nachhaltig. Durch die Informationsfunktion des Service lassen sich im direkten Kundenkontakt wichtige Qualitätsinformationen erheben und für strategische Entscheidungen nutzen. Damit ergibt sich eine interdependente Wirkung zwischen einer qualitätsorientierten Wettbewerbs- und Marketingstrategie auf der einen Seite und den Erfolgswirkungen des Service auf der anderen Seite. Service ohne Qualitätsorientierung ist damit genauso wenig effektiv wie eine Qualitätsorientierung ohne Service. Dieser Schluß leitet zum zweiten Grundsatz über:

2. *„Insourcing" von wichtigen Serviceaktivitäten zur Ausnutzung wichtiger Profilierungs- und Erfolgswirkungen auf Auslandsmärkten*

Die Ergebnisse der Vertiefungsstudie haben gezeigt, daß die Internalisierung von Serviceleistungen gerade auf Auslandsmärkten den Erfolgsbeitrag des Service stark determiniert. Unternehmen, die ihre Absatzaktivitäten internationalisieren, sollten dies bereits bei der Festlegung ihrer Marktimplantationsstrategie berücksichtigen. Mit zunehmender Kontrolle und Steuerung der Serviceaktivitäten vor Ort lassen sich Serviceziele und -grundsätze eher realisieren. Zudem erhöhen sich hierdurch Flexibilität und Reagibilität der Servicepolitik auf Marktveränderungen. Es liegt auf der Hand, daß das gerade bei Serviceleistungen, die für die Marktbearbeitung von besonderer Relevanz sind, eine wesentliche Voraussetzung zur Erreichung von servicebedingten Wettbewerbsvorteilen oder zumindest zur Eliminierung von entsprechenden Wettbewerbsnachteilen ist. Zur Gewährleistung einer entsprechenden Einflußnahme sollte auf serviceintensiven (Auslands-) Märkten möglichst eine Eigenerstellung von strategisch bedeutsamen Sekundärdienstleistungen erfolgen, wenn keine vertragliche „Quasi-Integration" von Servicehelfern möglich ist. Ein solches „Insourcing“ fördert aufgrund der ausgeprägten Informationsfunktion integrativer Serviceleistungen auch die Kundennähe und -orientierung. Ein Outsourcing sollte daher grundsätzlich nur für Serviceleistungen in Betracht kommen, bei denen die Nähe zum Kunden durch die Auslagerung des direkten Kundenkontakts nicht wesentlich verschlechtert wird. Es erstaunt daher nicht, daß ein multinationales Marketing Service besonders erfolgreich wird. Daher gilt dieser zweite Grundsatz besonders für Unternehmen, die ihre internationalen Geschäftstätigkeiten auf die Besonderheiten der jeweiligen Absatzmärkte abstimmen.

3. Regelmäßige Überprüfung der eigenen Service-Stärken und -Schwächen durch Kundenbefragungen zur Erhöhung der Leistungsfähigkeit des Servicebereichs

Damit sich Serviceleistungen hinsichtlich ihres Marktprofilierungspotentials und damit bezüglich ihrer Erfolgswirkung nicht so schnell abnutzen, ist eine ständige Kontrolle ihrer Marktadäquanz sinnvoll. Hierbei ist zu prüfen, inwieweit die Serviceleistungen den Serviceerwartungen der Kunden entsprechen und einen Kundennutzen liefern. Die Durchführung von Kundenbefragungen ist in diesem Zusammenhang unabdingbar. Insbesondere Zufriedenheitsanalysen können wichtige Hinweise auf Schwachstellen und Profilierungswirkungen des angebotenen Service liefern. Die Wichtigkeit dieses Instruments wird von befragten Unternehmen - wie die Ergebnisse der Vertiefungsstudie zeigen - (noch) nicht erkannt. Besonders aussagekräftig wird die Bestimmung von Stärken und Schwächen des Servicebereichs jedoch erst durch den Vergleich mit Serviceleistungen der wichtigsten Wettbewerber. Aufgrund der Dienstleistungseigenschaften des Service ist ein objektiver „produktbezogener“ Vergleich zwischen den eigenen Leistungen und den Konkurrenzleistungen jedoch schwierig. Deshalb ist hier häufig eine Befragung von „hybriden“ Kunden sinnvoll, die bestimmte Kern- und Serviceleistungen sowohl beim eigenen als auch bei Wettbewerbern beziehen. Eine Stärken-/Schwächen-Analyse auf Basis eigener Einschätzungen, wie sie von den meisten Unternehmen in der Vertiefungsstudie durchgeführte wurde, kann lediglich ein Baustein im Rahmen eines Serviceaudits sein. Erst eine umfassende Stärken- / Schwächen-Analyse, die ganz bewußt auf externen Informationen aufbaut, kann wichtige Informationen zum Auf- und Ausbau einer spezifischen Servicekompetenz im Unternehmen liefern.

4. Implementierung eines Serviceaccountings zur ergebnisorientierten Steuerung der (internationalen) Servicepolitik

Dieser Grundsatz bezieht sich vor allem auf eine leistungsfähige Erfolgs- und Kontrollrechnung im Servicebereich, die wichtige Entscheidungshilfen für die (internationale) Servicepolitik liefert. Im Vordergrund steht dabei die Transparenz von Ziel- und Steuerungsgrößen im Service. Diese bezieht sich u.a. auf die Servicekosten (fixe / variable, pagatorische / kalkulatorische,

Personal- /Sachkosten), die Inanspruchnahme und Erlösträchtigkeit von Serviceleistungen (bezogen auf Kundengruppen, Produktgruppen, Absatzregionen / Ländermärkte) sowie das Ausmaß der internen und externen Verrechnung von Serviceleistungen).[3] Voraussetzung hierfür ist wiederum ein Rechnungswesen, das die Charakteristika von Serviceleistungen berücksichtigt. Die Prozeßkostenrechnung wird diesen Besonderheiten trotz aller mit ihr verbundenen Nachteile bisher am besten gerecht. Eine Nutzung dieses Verfahrens auf Basis von Vollkosten stellt dabei jedoch nur eine Grundstufe dar, die sinnvolle Erweiterungen und Modifikationen bedarf. Es bieten sich bieten vielfältige Ansatzpunkte zur Kombination dieses wertkettenorientierten Ansatzes mit anderen Analysetechniken (z.B. Prozeßwertanalyse und Blueprinting) an.[4] Viele (Industrie-) Unternehmen werden für ein aussagekräftiges Serviceaccounting ihr Rechnungswesen neu ausrichten müssen.

5. Gewährleistung einer umfassenden Mitarbeiterqualifikation und -motivation zur internen Sicherstellung der Servicequalität

Dieser Grundsatz bezieht sich auf die Bedeutung der Servicemitarbeiter als wesentliche Beeinflussungselemente für die Qualität integrativer (personenbezogener) Serviceleistungen und die Schaffung einer spezifischen Servicekompetenz. Er deutet auf den hohen Stellenwert der Servicebereitschaft und -fähigkeit der Mitarbeiter hin. Beide Aspekte sind nur durch eine bewußte Mitarbeiterorientierung erreichbar, die neben einer gezielten Personalentwicklung auch eine „straff-lockere" Mitarbeiterführung umfaßt, die in Richtung einer „internen Serviceausrichtung" geht. Hierbei geht es darum, durch ein Management-by-Objectives sowohl den Mitarbeitern Entscheidungsfreiheiten zu geben als auch klare Zielvorgaben aufzustellen und diese zu kontrollieren. Hierdurch soll eine stärkere Entscheidungsflexibilität an der „Servicefront" erreicht und das Engagement und die Zufriedenheit des Servicepersonals positiv beeinflußt werden. Letztlich wird so die Servicementalität geprägt und die im ersten Grundsatz geforderte Servicekultur determiniert. Denn im Grunde ist jede Servicephilosophie nur so gut , wie sie von den Mitarbeitern umgesetzt und von den Kunden wahrgenommen wird.

2. Herausforderungen für die Marketingwissenschaft

Für die professionelle Umsetzung der zuvor formulierten Grundsätze sind entsprechende Informationen über Wirkungszusammenhänge in den angesprochenen Implementierungsbereichen sowie über Einsatzmöglichkeiten und Grenzen der zur Anwendung gelangenden Methoden und Instrumente erforderlich. Wie die Ergebnisse der Grundlagenstudie und die deskriptiven Befunde der Vertiefungsstudie zeigen, besteht in den Unternehmen hierzu Unter-

---

[3] Vgl. auch Engelhardt, W.H./Reckenfelderbäumer, M.: Service optimieren, a.a.O., S. 180

[4] Vgl. Reckenfelderbäumer, M.: Marketing-Accounting, a.a.O., S. 140ff.

nehmen in dieser Hinsicht anscheinend noch eine erhebliche Unsicherheit. Nur wenige Unternehmen, die an den Untersuchungen teilgenommen haben gehen wirklich strategisch und effektiv mit den Profilierungsmöglichkeiten des Service um, wenngleich sie selbst die Bedeutung des Service für die marktorientierte Unternehmensführung sehr hoch ansehen. Offensichtlich mangelt es weniger an einer Servicebereitschaft, sondern vielmehr an der konsequenten und erfolgreichen Implementierung des Servicemanagements. Hier ist die Marketingwissenschaft gefordert. Sie hat einen theoretisch fundierten Wirkungs- und Handlungsrahmen zu entwickeln, der den Unternehmen relevante Zusammenhänge vermittelt und ihnen Hilfestellung bei der Umsetzung eines professionellen (internationalen) Servicemanagements liefert. Dabei geht es vor allem darum, ein kritisches „Servicebewußtsein" bei den (Industrie-) Unternehmen zu schaffen und den Blick für die strategischen Möglichkeiten und die operativen Anforderungen zu schärfen.[5]

Betrachtet man jedoch den Erkenntnisstand zum Service in der Marketingwissenschaft, so zeigt sich, daß auch hier noch keine umfassenden Erkenntnisse zur strategischen Servicenutzung und -implementierung vorliegen. Das gilt in besonderem Maße im Kontext des internationalen Marketing. Es bleibt vor dem Hintergrund der oben ermittelten Erfolgsbedeutung des Service zu wünschen, daß diese Erkenntnislücke zukünftig geschlossen wird. Hierzu ist allerdings eine Vielzahl von Fragen zu klären, die auch in der vorliegenden Arbeit nicht explizit behandelt wurden. So ist beispielsweise noch zu untersuchen, wie der Imitationsschutz von Serviceleistungen aufrecht erhalten oder gar ausgebaut werden kann. Diese Frage ist im Zusammenhang mit der Dauerhaftigkeit von Profilierungs- und Erfolgswirkungen des Service von Interesse. Besonders relevant scheint vor diesem Hintergrund die Frage nach der Bedeutung von servicebezogenen Mobilitätsbarrieren zwischen strategischen Gruppen zu sein.[6] Selbst Fragen zu Servicestrategien sind bisher nur am Rande behandelt worden. Auch fundierte (empirische) Informationen über interaktive Beziehungen des Service zu den anderen Marketinginstrumenten liegen nur rudimentär vor. Gleiches gilt für das Kauf- und Nutzungsverhalten der Abnehmer von Serviceleistungen, insbesondere bei organisationalen Beschaffungsentscheidungen oder im internationalen und interkulturellen Kontext. Hierbei ist u.a. zu erforschen, welchen Einfluß der Zeitpunkt der Serviceerbringung auf die Bildung von Kundenpräferenzen in den unterschiedlichen Kulturen hat und wie er die Kaufentscheidungen determiniert. Untersuchungen zur vertikalen Abstimmung von Serviceleistungen in mehrstufigen Absatzsystemen sind bisher ebenfalls kaum durchgeführt worden. Hieraus könnten sich interessante Hinweise auf eine effizienz- und effektivitätsbezogene Servicepolitik ergeben. In diesem Zusammenhang könnte dann auch analysiert werden, welchen Einfluß derjenige, der den Service erbringt

[5] Vgl. Hünerberg, R./Mann, A.: Strategische Implikationen, a.a.O., S. 182
[6] Vgl. Homburg, C./Garbe, B.: Industrielle Dienstleistungen, a.a.O., S. 274

(Hersteller, Handel oder sonstige Servicehelfer) auf die Akzeptanz und Zufriedenheit von Serviceleistungen hat.

Neben diesen „strategischen" und generellen Feldern der Servicepolitik ist zudem die Entwicklung von geeigneten Controllinginstrumenten erforderlich, die sowohl dem Sekundärleistungscharakter als auch dem Dienstleistungscharakter des Service gerecht werden. Hierfür sind präzisere Verfahren der Kostenermittlung und Kalkulation, die eine ergebnisorientierte Steuerung des Servicebereichs unterstützen, notwendig. Ein weiterer großer Forschungsbedarf besteht bei organisatorischen und personellen Entscheidungs- und Gestaltungsfeldern des Servicemanagements. Es handelt sich hierbei um Forschungsaufgaben, die bisher im Marketing generell wenig Aufmerksamkeit gefunden haben. Der Vorwurf vieler Praktiker, daß die Marketingwissenschaft zunehmend die „Bodenhaftung" verliert, ist vor diesem Hintergrund häufig nur schwer zu entkräften.[7] Als angewandte Wissenschaft sollte das praktische Wissenschaftsziel im Marketing nicht aus den Augen verloren werden, freilich ohne dadurch zu einem „theorielosen Konzept" zu verkommen, das sich ausschließlich einer „Dompteursprache" bedient.[8] Letztlich ist jeder wissenschaftliche Anwendungsbezug eine Frage des Gleichgewichts zwischen praktischer Relevanz und methodisch-theoretischer Solidität.[9] Eine entsprechend auf diese stärkere Zuwendung zu Implementierungsproblemen auf der Ebene einzelner Marketinginstrumente muß dabei auch nicht zwangsläufig ephemer Natur und damit aus forschungsstrategischer Sicht unwichtig sein. Vom Gegenteil ist auszugehen: Gerade der Einsatz „operativer" Instrumente und die Lösung von Implementierungsproblemen stellen in der Praxis das „Tagesgeschäft" dar und das Kernproblem im betrieblichen Alltag. Sie werden das Geschehen in Unternehmen auch in Zukunft immer (mehr oder minder) stark beeinflussen. Allerdings ist es hierfür notwendig, daß die Kluft zwischen Marketing- und Managementforschung durch eine stärkere Zusammenarbeit bzw. eine Integration beider Bereiche überwunden wird. Denn angewandtes Marketing ist immer auch mit Managementaufgaben (insbesondere Führung und Organisation) verbunden. Gerade beim Service wird diese Verbindung besonders deutlich. Sinnvolle Handlungsempfehlungen lassen sich hier nur aus „einem Guß" ableiten.

Außerdem zeigt sich, daß - wie in der oben vorgestellten Vertiefungsstudie deutlich nachgewiesen wurde - „instrumentelle" Entscheidungen den Unternehmenserfolg und damit den Unternehmensbestand mitunter erheblich beeinflussen können. Die Wissenschaft könnte der Praxis einen „Service" leisten, wenn sie diese Herausforderungen annimmt und sich auch stärker mit „operativen" Marketingfragen, wie z.B. der Implementierung des Servicemanagements, beschäftigt. Für das Marketinginstrument Service könnten die aufgeführten Forschungsfelder ein

[7] Vgl. hierzu auch die Ausführungen bei Dichtl, E.: Neue Herausforderungen für Theorie und Praxis des Marketing, in: Marketing - Zeitschrift für Theorie und Praxis, 20. Jg., 1998, Heft 1, S. 47
[8] Vgl. zu diesen Befürchtungen insbesondere Schneider, D.: Marketing als Wissenschaft, a.a.O., S. 220
[9] Vgl. Dichtl, E.: Neue Herausforderungen, a.a.O., S. 48

erster Schritt in diese Richtung sein, zumal auch zukünftig, z.B. aufgrund gesellschaftlicher und wirtschaftlicher Entwicklungen, grundsätzlich mit einer steigenden Bedeutung von Dienstleistungen, die sich auch auf das Leistungssystem industrieller Anbieter auswirken wird, zu rechnen ist.[10]

[10] Vgl. z.B. Simon, H.: Industrielle Dienstleistungen, a.a.O., S. 21f.

Literaturverzeichnis

A

Aaker, D.A.: Management des Markenwerts, Frankfurt/New York 1992

Abel, B.: Denken in theoretischen Modellen als Leitidee der Wirtschaftswissenschaften, in: Raffée, H./Abel, B. (Hrsg.), Wissenschaftstheoretische Grundfragen der Wirtschaftswissenschaften, München 1979, S. 138-160

Adelman, M.B./Ahuvia, A./Goodwin, C.: Beyond Smiling - Social Support and Service Quality, in: Rust, R.T./Oliver, R.L. (Hrsg.), Service Quality - New Directions in Theory and Practice, Thousand Oaks 1994, S. 139-171

Ahlert, D.: Distributionspolitik, 3. Aufl., Stuttgart/Jena 1996

Ahlert, D./Schröder, H.: Rechtliche Grundlagen des Marketing, 2. Aufl., Stuttgart/Berlin/Köln 1996

Akao, Y.: Quality Function Deployment - Wie die Japaner Kundenwünsche in Qualitätsprodukte umsetzen, Landsberg/Lech 1992

Albach, H.: Maßstäbe für den Unternehmenserfolg, in: Henzler, H.A. (Hrsg.), Handbuch Strategische Führung, Wiesbaden 1988, S. 69-83

Albach, H.: Die Bedeutung neuerer Entwicklungen in der Wettbewerbstheorie für die strategische Unternehmensführung, in: Ordelheide, D./Rudolph, B./Büsselmann, E. (Hrsg.), Betriebswirtschaftslehre und Ökonomische Theorie, Stuttgart 1991, S. 255-272

Albers, S./Eggert, K.: Kundennähe - Strategie oder Schlagwort, in: Marketing - Zeitschrift für Forschung und Praxis, 10. Jg., 1988, Heft 1, S. 5-16

Albert, H.: Theorien in den Sozialwissenschaften, in: Albert, H. (Hrsg.), Theorie und Realität, 2. Aufl., Tübingen 1972, S. 3-25

Albert, H.: Kritik der reinen Erkenntnislehre, Tübingen 1987

Albert, H.: Wissenschaftstheorie, in: Grochla, E./Wittmann, W. (Hrsg.), Handwörterbuch der Betriebswirtschaft, Band I/3, Stuttgart 1976, Sp. 4674-4692

Albrecht, K.: Total Quality Service, Düsseldorf et al. 1993

Albrecht, K./Zemke, R.: Service-Strategien, Hamburg 1987

Altenburger, O.A.: Ansätze zu einer Produktions- und Kostentheorie der Dienstleistungen, Berlin 1980

Althans, J.: Marktsegmentierung, internationale, in: Macharzina, K./Welge, M.K. (Hrsg.), Handwörterbuch Export und Internationale Unternehmung, Stuttgart 1989, Sp. 1469-1477

Altmann, J.: Außenwirtschaft für Unternehmen, Stuttgart/Jena 1993

Amit, R./Schoemaker, P.J.H.: Strategic Assets and Organizational Rent, in: Strategic Management Journal, 14. Jg., 1993, S. 33-46

Anderson, E./Coughlan, A.T.: International Market Entry and Expansion via Intependend or Integrated Channels or Distribution, in: Journal of Marketing, 51. Jg., 1987, January, S. 71-82

Anderson, E./Gatignon, H.: Modes of Entry - A Transaction Cost Analysis and Propositions, in: Journal of International Business Studies, 17. Jg., 1986, Fall, S. 1-26

Anderson, E.W./Fornell, C.: A Customer Satisfaction Research Prospectus, in: Rust, R.T./Oliver, R.L. (Hrsg.), Service Quality - New Directions in Theory and Practice, Thousand Oaks 1994, S. 241-268

Anderson, J.C./Gerbing, D.W.: Structural Equation Modeling in Practice - A Review and Recommended Two-Step Approach, in: Psychological Bulletin, 103 Jg., 1988, Nr. 3, S. 411-423

Anderson, J.C./Narus, J.A.: Capturing the Value of Supplementary Service, in: Harvard Business Review, 73. Jg., 1995, January-February, S. 75-81

Andres, J.: Einführung in LISREL, in: Hildebrandt, L./Rudinger, G./Schmidt, P. (Hrsg.), Kausalanalysen in der Umweltforschung, Stuttgart/Jena/New York 1992, S. 15-50

Ansoff, H.I.: Managing Surprise and Discontinuity - Strategic Response to Weak Signals, in: Zeitschrift für betriebswirtschaftliche Forschung, 28. Jg., 1976, Heft 2, S. 129-152

Arbeitskreis "Das Unternehmen im Markt": Vertikale Geschäftsbeziehungen zwischen Industrie und Handel, in: Zeitschrift für betriebswirtschaftliche Forschung, 47. Jg., 1995, Sonderheft 35, S. 179-203

Arbuckle, J.L.: Amos User's Guide Version 3.6, Chicago 1997

Arnold, A.: Garantiezusagen und Qualitätsunsicherheit von Konsumenten, in: Jahrbuch der Absatz- und Verbrauchsforschung, 42. Jg., 1996, Heft 2, S. 147-163

Arnold, U.: Beschaffungsmanagement, Stuttgart 1995

Aschenbrenner, K.M.: Kaufentscheidungen, in: Graf Hoyos, C. et al. (Hrsg.), Wirtschaftspsychologie in Grundbegriffen, 2. Aufl., München/Weinheim 1987, S. 151-161

Asugman, G./Johnson, J.L./McCullough, J.: The Role of After-Sales Service in International Marketing, in: Journal of International Marketing, 5. Jg., 1997, Nr. 4, S. 11-28

Atteslander, P. et al.: Methoden der empirischen Sozialforschung, 6. Aufl., Berlin/New York 1991

Atteslander, P./Kopp, M.: Befragung, in: Roth, E. (Hrsg.), Sozialwissenschaftliche Methoden, 3. Aufl., München/Wien 1995, 146-174

Aufderheide, D./Backhaus, K.: Institutionenökonomische Fundierung des Marketing - Der Geschäftstypenansatz, in: Zeitschrift für betriebswirtschaftliche Forschung, 1995, Sonderheft 35, S. 43-60

Ayal, I./Zif, J.: Market Expansion Strategies in Multinational Marketing, in: Journal of Marketing, 43. Jg., 1979, Spring, S. 84-94

B

Baaken, T.: Implikationen neuer Risikodimensionen auf die Ausgestaltung des Innovationsmarketing - Neue Forschungsergebnisse zur Differenzierung des Kaufrisikos, in: Marktforschung & Management, 37. Jg., 1993, Heft 1, S. 14-20

Backhaus, K.: Industriegütermarketing, 5. Aufl., München 1997

Backhaus, K.: Investitionsgüter-Marketing - Theorieloses Konzept mit Allgemeinheitsanspruch?, in: Zeitschrift für betriebswirtschaftliche Forschung, 44. Jg., 1992, Heft 9, S. 771-791

Backhaus, K.: Investitionsgütermarketing, 3. Aufl., München 1992

Backhaus, K./Aufderheide, D./Späth, G.-M.: Marketing für Systemtechnologien - Entwicklung eines theoretisch-ökonomisch begründeten Geschäftstypenansatzes, Stuttgart 1994

Backhaus, K./Büschken, J.: Einsatz der Kausalanalyse in der empirischen Forschung zum Investitionsgütermarketing, in: Hildebrandt, L./Homburg, C. (Hrsg.), Die Kausalanalyse, Stuttgart 1998, S. 149-168

Backhaus, K./Büschken, J./Voeth, M.: Internationales Marketing, Stuttgart 1996

Backhaus, K. et al.: Multivariate Analysemethoden, 7. Aufl., Berlin et al. 1994

Backhaus, K./Gruner, K.: Epidemie des Zeitwettbewerbs, in: Backhaus, K./Bonus, H. (Hrsg.), Die Beschleunigungsfalle oder der Triumph der Schildkröte, Stuttgart 1994, S. 19-46

Backhaus, K./Hilker, J.: Die Triade als Absatzmarkt des deutschen Maschinenbaus, in: Die Betriebswirtschaft, 54. Jg., 1994, Heft 2, S. 175-192

Backhaus, K./Späth, G.-M.: Herausforderungen systemtechnologischer Vertrauensgüter an das Marketing-Management, in: Zahn, E. (Hrsg.), Technologiemanagement und Technologien für das Management, Stuttgart 1994, S. 19-39

Backhaus, K./Voeth, M.: Internationales Investitionsgütermarketing, in: Hermanns, A./Wißmeier, U.K. (Hrsg.), Internationales Marketing-Management, München 1995, S. 387-409

Backhaus, K./Weiber, R.: Das industrielle Anlagengeschäft - ein Dienstleistungsgeschäft?, in: Simon, H. (Hrsg.), Industrielle Dienstleistungen, Stuttgart 1993, S. 67-84

Bade, K.: Regionale Beschäftigungsentwicklung und produktionsorientierte Dienstleistungen, Berlin 1987

Bagozzi, R.O.: A Prospectus for Theory Construction in Marketing - Revisted and Revisited, in: Hildebrandt, L./Homburg, C. (Hrsg.), Die Kausalanalyse, Stuttgart 1998, S. 45-81

Bagozzi, R.O.: Marketing as Exchange, in: Journal of Marketing, 39. Jg., 1975, October, S. 32-39

Bain, J.S.: Industrial Organization, 2. Aufl., New York 1968

Balderjahn, I.: Die Kreuzvalidierung von Kausalmodellen, in: Marketing - Zeitschrift für Forschung und Praxis, 10. Jg., 1988, Heft 1, S. 61-73

Balderjahn, I./Scholderer, J.: Marktforschung - LISREL oder EQS?, in: Marktforschung & Management, 42. Jg., 1998, Heft 1, S. 33-37

Baliga, B.R./Jaeger, A.M.: Multinational Corporations - Control Systems and Delegation Issues, in: Journal of International Business Studies, 15. Jg., 1984, Fall, S. 25-40

Bamberger, I./Evers, M.: Ursachen und Verläufe von Internationalisierungsentscheidungen mittelständischer Unternehmen, in: Macharzina, K./Oesterle, M.-J. (Hrsg.), Handbuch Internationales Management, Wiesbaden 1997, S. 103-137

Bamberger, I./Wrona, T.: Globalisierungsbetroffenheit und Anpassungsstrategien von Klein- und Mittelunternehmen, in: Zeitschrift für Betriebswirtschaft, 67. Jg., 1997, Heft 7, S. 713-735

Bamberger, I./Wrona, T.: Der Ressourcenansatz im Rahmen des Strategischen Managements, in: Wirtschaftswissenschaftliches Studium, 25. Jg., 1996, Heft 8, S. 386-391

Bamberger, I./Wrona, T.: Der Ressourcenansatz und seine Bedeutung für die Strategische Unternehmensführung, in: Zeitschrift für betriebswirtschaftliche Forschung, 48. Jg., 1996, Heft 2, S. 130-153

Barney. J.B.: Firm Resources and Sustained Competitive Advantage, in: Journal of Management, 17. Jg., 1991, Heft 1, S. 99-120

Bartlett, C./Ghoshal, S.: Internationale Unternehmensführung, Frankfurt/New York 1990

Bauche, K.: Segmentierung von Kundendienstleistungen auf investiven Märkten, Frankfurt/Main et al. 1994

Bauer, H.H.: Unternehmensstrategie und Strategische Gruppen, in: Kistner, K.-P./Schmidt, R. (Hrsg.), Unternehmensdynamik, Wiesbaden 1991, S. 389-416

Bauer, H.H.: Marktliche Einzeltransaktionen und Geschäftsbeziehungen als eigenständige Erkenntnisobjekte? - Koreferat zum Aufsatz von Werner Hans Engelhardt und Jörg Frieling, in: Marketing - Zeitschrift für Forschung und Praxis, 17. Jg., 1995, Heft 1, S. 44-47

Bauer, H.H./Bayón, T.: Zur Relevanz prinzipal-agenten-theoretischer Aussagen über das Kontraktgütermarketing, in: Zeitschrift für betriebswirtschaftliche Forschung, 47. Jg., 1995, Sonderheft 35, S. 79-99

Bazer, H.H./Herrmann, A./Jung, S.: Wettbewerbsvorteile durch Preisbündelung, in: Marktforschung & Management, 40. Jg., 1996, Heft 3, S. 85-88

Bayón, T.: Neuere Mikroökonomie und Marketing, Wiesbaden 1997

Bea, F.X./Haas, J.: Strategisches Management, Stuttgart/Jena 1995

Becker, J.: Konzeptionelle Grundfragen der Positionierung, in: Tomczak, T./Rudolph, T./Roosdorp, A. (Hrsg.): Positionierung - Kernentscheidung des Marketing, St. Gallen 1996, S. 12-23

Becker, J.: Marketing-Konzeption - Grundlagen des strategischen Marketing-Managements, 4. Aufl., München 1992

Becker, J.: Vom Massenmarketing über das Segmentmarketing zum Kundenindividuellen Marketing (Customized Marketing), in: Tomczak, T./Belz, C. (Hrsg.), Kundennähe realisieren, St. Gallen 1994, S. 15-30

Behrens, G.: Werbung, München 1996

Bellgardt, E.: Statistik mit SPSS, München 1997

Belz, C.: Eine exotische Nebensache des Marketing?, in: absatzwirtschaft, 38. Jg., 1995, Heft 3, S. 72-78

Belz, C.: Kundendienst als Marketing-Instrument, in: Thexis, 3. Jg., 1986, Heft 1, S. 2-9

Belz, C. et al.: Erfolgreiche Leistungssysteme, Stuttgart 1991

Benett, S./Hauser, P.J.: Bildung von Leistungsbaukästen im Maschinen- und Anlagenbau, in: Belz, C. et al. (Hrsg.), Industrie als Dienstleister, St. Gallen 1997, S. 180-188

Benkenstein, M.: Die Gestaltung der Fertigungstiefe als wettbewerbsstrategisches Entscheidungsproblem - Eine Analyse aus transaktions- und produktionskostentheoretischer Sicht, in: Zeitschrift für betriebswirtschaftliche Forschung, 46. Jg., 1994, Heft 6, S. 483-498

Benkenstein, M.: Dienstleistungsqualität, in: Zeitschrift für Betriebswirtschaft, 63. Jg., 1993, Heft 11, S. 1095-1116

Benkenstein, M.: Lean Marketing - Effizienz und Flexibilität als Herausforderung für „schlanke" Strategien der marktorientierten Unternehmensführung, in: Bruhn, M./Meffert, H./Wehrle, F. (Hrsg.), Marktorientierte Unternehmensführung im Umbruch, Stuttgart 1994, S. 85-96

Benkenstein, M.: Strategisches Marketing - Ein wettbewerbsorientierter Ansatz, Stuttgart/Berlin/Köln 1997

Benkenstein, M./Güthoff, J.: Qualitätsdimensionen komplexer Dienstleistungen, in: Marketing-Zeitschrift für Forschung und Praxis, 19. Jg., 1997, Heft 2, S. 81-92

Benkenstein, M./Güthoff, J.: Typologisierung von Dienstleistungen, in: Zeitschrift für Betriebswirtschaft, 66. Jg., 1996, Heft 12, S. 1493-1510

Bennewitz, H.: Die Eigenständigkeit des absatzpolitischen Instruments „Kundendienst" und seine Bedeutung im modernen Marketingdenken, München 1968

Berekoven, L.: Der Dienstleistungsmarkt in der BRD - theoretische Fundierung und empirische Analyse, Band 1, Göttingen 1983

Berekoven, L.: Internationales Marketing, 2. Aufl., Herne 1985

Berekoven, L./Eckert, W./Ellenrieder, P.: Marktforschung, 7. Aufl., Wiesbaden 1996

Bergen, M./Dutta, S./Walker, O.C.: Agency Relationships in Marketing - A Review of the Implications and Applications of Agency and Related Theories, in: Journal of Marketing, 56. Jg., 1992, July, S. 1-24

Berndt, R./Fantapié Altobelli, C./Sander, M.: Internationale Marketing-Politik, Berlin et al. 1997

Bernkopf, G.: Strategien zur Auswahl ausländischer Märkte - Entscheidungsgrundlagen und Lösungsansätze, München 1980

Berry, L.L.: Service Marketing is Different, in: Kotler, P./Cox, K.K. (Hrsg.), Marketing Management and Strategy, 4. Aufl., Englewood Cliffs 1988, S. 278-286

Berry, L.L.: The Employee as Customer, in: Lovelock, C.H. (Hrsg.), Services Marketing, Englewood Cliffs 1984, S. 271-278

Berry, L.L./Lefkowith, E.F./Clark, T.: In Services, What´s in a Name?, in: Harvard Business Review, 66. Jg., 1988, September-October, S. 28-30

Berry, L.L./Parasuraman, A.: Marketing Services - Competing through Quality, New York 1991

Berry, L.L./Parasuraman, A.: Listening to the Customer - The Concept of a Service-Quality Information System, in: Sloan Management Review, 38. Jg., 1997, Spring, S. 65-76

Berry, L.L./Yadav, M.S.: Capture and Communicate Value in the Pricing of Services, in: Sloan Management Review, 37. Jg., 1996, Summer, S. 41-51

Berry, L.L./Zeithaml, V.A./Parasuraman, A.: Five Imperatives for Improving Service Quality, in: Sloan Management Review, 31. Jg., 1990, Heft 4, S. 29-38

Beyer, H./Fehr, U./Nutzinger, H.G.: Unternehmenskultur und innerbetriebliche Kooperation, Wiesbaden 1995

Bezold, T.: Zur Messung der Dienstleistungsqualität, Frankfurt/Main et al. 1996

Beutel, W.: Marketingstrategien in schnell wachsenden Märkten, in: Wieselhuber, N./Töpfer, A. (Hrsg.), Handbuch Strategisches Marketing, 2. Aufl., Landsberg/Lech 1986, S. 308-318

Bharadwaj, S.G./Varadarajan, P.R./Fahy, J.: Sustainable Competitive Advantage in Service Industries - A Conceptual Model and Research Propositions, in: Journal of Marketing, 57. Jg., 1993, October, S. 83-99

Bialom, F. et al.: Das Kano-Modell der Kundenzufriedenheit, in: Marketing - Zeitschrift für Forschung und Praxis, 18. Jg., 1996, Heft 2, S. 117-126

Binder, P./Gierl, H.: Internationale Preisgestaltung von Serviceleistungen, in: der markt, 32. Jg., 1993, Heft 1, S. 12-21

Bircher, B.: Mehr Kundennutzen durch Dienstleistungen, in: io Management Zeitschrift, 58. Jg., 1989, Heft 1, S. 41-45

Bitner, M.J.: Evaluating Service Encounters - The Effects of Physical Surroundings and Employee Responses, in: Journal of Marketing, 54. Jg., 1990, April, S. 69-82

Bitner, M.J.: Servicecapes - The Impact of Physical Surroundings on Customers and Employees, in: Journal of Marketing, 56. Jg., 1992, April, S. 57-71

Bitner, M.J./Booms, B.H./Mohr, L.A.: Critical Service Encounters - The Employee's Viewpoint, in: Journal of Marketing, 58. Jg, 1994, October, S. 95-106

Bitner, M.J./Booms, B.H./Tetreault, M.S.: The Service Encounter - Diagnosing Favorable and Unfavorable Incidents, in: Journal of Marketing, 45. Jg., 1990, January, S. 71-84

Bitner, M.J./Hubbert, A.R.: Encounter Satisfaction versus Overall Satisfaction versus Quality, in: Rust, R.T./Oliver, R.L. (Hrsg.), Service Quality - New Directions in Theory and Practice, Thousand Oaks 1994, S. 72-94

Bitran, G.R./Hoech, J.: The Humanization of Service - Respect at the Moment of Truth, in: Lovelock, C.H. (Hrsg.), Managing Services, 2. Aufl., Engelwood Cliffs 1992, S. 355-364

Bleicher, K.: Aufgaben der Unternehmensführung, in: Corsten, H./Reiß, M. (Hrsg.), Handbuch Unternehmensführung, Wiesbaden 1995, S. 19-32

Bleicher, K.: Betriebswirtschaftslehre - Disziplinäre Lehre vom Wirtschaften in und zwischen Betrieben oder interdisziplinäre Wissenschaft vom Management, in: Wunderer, R. (Hrsg.), Betriebswirtschaftslehre als Management- und Führungslehre, 2. Aufl., Stuttgart 1988, S. 109-131

Bleicher, K.: Das Konzept Integriertes Management, Frankfurt/New York 1991

Bleicher, K.: Der Weg zum virtuellen Unternehmen, in: Office Management, 44. Jg., 1996, Heft 1-2, S. 10-15

Bleicher, K.: Marketing im Spannungsfeld von Wettbewerbs- und Potentialorientierung, in: Bruhn, M./Steffenhagen, H. (Hrsg.), Marktorientierte Unternehmensführung, Wiesbaden 1997, S. 37-55

Bleicher, K.: Normatives Management - Politik, Verfassung und Philosophie des Unternehmens, Frankfurt/New York 1994

Bleymüller, J./Gehlert, G./Gülicher, H.: Statistik für Wirtschaftswissenschaftler, 10. Aufl., München 1996

Blois, K.J.: The Structure of Service Firms and their Marketing Policies, in: Strategic Management Journal, 4. Jg., 1983, Nr, 3, S. 251-261

Boddwyn, J.J./Halbrich, M.B./Perry, A.C.: Service Multinationals - Conceptualization, Measurement and Theory, in: Journal of International Business Studies, 17. Jg., 1986, No. 3, S. 41-57

Böcker, F.: Ganzheitliche Marketing-Kontrolle, in: Wirtschaftswissenschaftliches Studium, 20. Jg., 1991, Heft 3, S. 106-113

Böcker, J.: Marketing für Leistungssysteme, Wiesbaden 1995

Bösl, K.: Produktivitätsmessung von produktbegleitenden Dienstleistungen im industriellen Anlagengeschäft, Nürnberg 1987

Bössmann, E.: Unternehmungen, Märkte, Transaktionskosten - Die Koordination ökonomischer Aktivitäten, in: Wirtschaftswissenschaftliches Studium, 12. Jg., 1983, Heft 3, S. 105-111

Bohn, A.: Differenzierungsstrategien, München 1993

Bolton, R.N./Drew, J.H.: Linking Customer Satisfaction to Service Operations and Outcomes, in: Rust, R.T./Oliver, R.L. (Hrsg.), Service Quality - New Directions in Theory and Practice, Thousand Oaks 1994, S. 173-200

Bolz, J.: Wettbewerbsbezogene Standardisierung der internationalen Marktbearbeitung, Darmstadt 1992

Bortz, J.: Statistik für Sozialwissenschaftler, 3. Aufl., Berlin et al. 1989

Bortz, J./Döring, N.: Forschungsmethoden und Evaluation, 2. Aufl., Berlin/Heidelberg/New York 1995

Botschen, G./Webhofer, M.: Mehr Bürokratie statt Wettbewerbsvorsprung, in: absatzwirtschaft, 40. Jg., 1997, Heft 2, S. 70-73

Botta, V.: Vom Cost-Center zum Profit-Center, in: Roth, A./Behme, W. (Hrsg.), Organisation und Steuerung dezentraler Unternehmenseinheiten, Wiesbaden 1997, S. 221-237

Bowen, D.E./Lawler III., E.E.: Empowering Service Employees, in: Sloan Management Review, 36. Jg., 1995, Summer, S. 73-84

Bowen, D.E./Siehl, C./Schneider, B.: A Framework for Analysing Customer Service Orientations in Manufacturing, in: Academy of Management Journal, 14. Jg., 1989, Heft 1, S. 75-95

Boyt, T./Harvey, M.: Classification of Industrial Services, in: Industrial Marketing Management, 26. Jg., 1997, Nr. 4, S. 291-300

Bradley, F.: International Marketing Strategy, London 1991

Brand, D.: Der Transaktionskostenansatz in der betriebswirtschaftlichen Organisationstheorie, Frankfurt/Main 1990

Brentani, U. de: An Empirical Study of the Determinants of Success in the Development of New Industrial Services, in: Thelen, E.M./Mairamhof, G.B. (Hrsg.), Dienstleistungsmarketing, Frankfurt/Main et al. 1993, S. 11-32

Brosius, G./Brosius, F.: SPSS Base System und professional Statistics, Bonn et al. 1995

Brown, S.W./Swartz, T.A.: A Gap Analysis of Professional Service Quality, in: Journal of Marketing, 53. Jg., April, S. 92-98

Bruhn, M.: Internes Marketing als Forschungsgebiet der Marketingwissenschaft, in: Bruhn, M. (Hrsg.), Internes Marketing - Integration der Kunden- und Mitarbeiterorientierung, Wiesbaden 1995, S. 13-61

Bruhn, M.: Kommunikationspolitik, München 1997

Bruhn, M.: Konsumentenzufriedenheit und Beschwerden, Frankfurt/Bern 1982

Bruhn, M.: Marketing, Wiesbaden 1990

Bruhn, M.: Qualitätsmanagement für Dienstleistungen, Berlin et al. 1996

Bruhn, M.: Sicherstellung der Dienstleistungsqualität durch integrierte Kommunikation, in: Bruhn, M./Stauss, B. (Hrsg.), Dienstleistungsqualität, 2. Aufl., Wiesbaden 1995, S. 161-187

Bruhn, M.: Sicherstellung der Qualität am Markt, in: Masing, W. (Hrsg.), Handbuch der Qualitätssicherung, 2. Aufl., München/Wien 1988, S. 267-287

Bruhn, M./Bunge, B.: Beziehungsmarketing - Neuorientierung der Marketingwissenschaft und -praxis?, in: Bruhn, M./Meffert, H./Wehrle, F. (Hrsg.), Marktorientierte Unternehmensführung im Umbruch, Stuttgart 1994, S. 41-84

Buck, R./Chaudhuri, A.: Affect, Reason, and Involvement in Persuation - The ARI Model, in: Forschungsgruppe Konsum und Verhalten (Hrsg.), Konsumentenforschung, München 1994, S. 107-117

Buckley, P.J.: Problems and Developments in the Core Theory of International Business, in: Journal of International Business Studies, 21. Jg., 1990, Nr. 4, S. 657-665

Bühl, A./Zöfel, P.: SPSS für Windows Version 7.5, Bonn et al. 1998

Büker, B.: Qualitätsbeurteilung investiver Dienstleistungen, Frankfurt/Main et al. 1991

Büschken, J.: Conjoint-Analyse, in: Tomczak, T./Reinecke, S. (Hrsg.), Marktforschung, St. Gallen 1994, S. 72-89

Büschken, J.: Gewinnoptimierung und Risikoreduktion durch nichtlineare Preise, in: Thexis, 14. Jg., 1997, Heft 2, S. 49-53

Buggert, W./Wielpütz, A.: Target Costing - Grundlagen und Umsetzung des Zielkostenmanagement, München/Wien 1995

Bullinger, H.J./Lott, C.-U.: Target Management, Frankfurt/New York 1997

Burmann, C.: Fläche und Personalintensität als Erfolgsfaktoren im Einzelhandel, Wiesbaden 1995

Bussmann, W./Unger, F.: Kognitive sozialpsychologische Theorien in ihrer Bedeutung für das Konsumgüter-Marketing, in: Unger, F. (Hrsg.), Konsumentenpsychologie und Markenartikel, Heidelberg 1986, S. 56-96

Buttler, G./Stegner, E.: Industrielle Dienstleistungen, in: Zeitschrift für betriebswirtschaftliche Forschung, 42. Jg., 1990, Heft 11, S. 931-946

Buzzell, R.D.: Can You Standardize Multinational Marketing?, in: Harvard Business Review, 46. Jg., 1968, July-August, S. 102-113

Buzzell, R.D./Gale, B.T.: Das PIMS-Programm, Wiesbaden 1989

C

Camp, R.C.: Benchmarking, München/Wien 1994

Carl, V.: Problemfelder des Internationalen Managements, München 1989

Carlzon, J.: Alles für den Kunden, 3. Aufl., Frankfurt/New York 1989

Carlzon, J.: Putting the Customer First - The Key to Service Strategy, in: Lovelock, C.H. (Hrsg.), Services Marketing, 2. Aufl., Englewood Cliffs 1991, S. 424-432

Casagranda, M.: Industrielles Service-Management, Wiesbaden 1994

Casagranda, M.: Service- und Kundendienstmanagement in der Investitionsgüterindustrie, in: Schweizer Maschinenmarkt, 1992, Heft 24, S. 60-65

Cateora, P.R.: International Marketing, 8. Aufl., Burr Ridge 1993

Cecchini, P.: Europa '92 - Der Vorteil des Binnenmarkts, Baden-Baden 1988

Chakravarthy, B.S.: Measuring Strategic Performance, in: Strategic Management Journal, 7. Jg., 1986, Nr. 5, S. 437-458

Chase, R.B./Garvin, D.A.: The Service Factory, in: Harvard Business Review, 67. Jg., 1989, July-August, S. 61-69

Chase, R.B./Garvin, D.A.: Die Fabrik der Zukunft - Ein Dienstleister, in: Harvard manager, 14. Jg., 1992, Heft 1, S. 122-132

Chichon, W.: Globalisierung als strategisches Problem, München 1988

Chmielewicz, K.: Forschungskonzeptionen der Wirtschaftswissenschaften, 2. Aufl., Stuttgart 1979

Choi, S.: Strategien von Banken im globalen Wettbewerb, Wiesbaden 1997

Coenenberg, A.G.: Kostenrechnung und Kostenanalyse, Landsberg/Lech 1992

Coenenberg, A.G./Fischer, T.: Prozeßkostenrechnung - Strategische Neuorientierung in der Kostenrechnung, in: Die Betriebswirtschaft, 51. Jg., 1991, Heft 1, S. 21-38

Coenenberg, A.G./Fischer, T./Schmitz, J.: Target Costing und Product Life Cycle Costing als Instrumente des Kostenmanagements, in: Zeitschrift für Planung, 5. Jg., 1994, Heft 5, S. 1-38

Collis, D.J.: A Resourced-based Analysis of Global Competition - the Case of the Bearing Industry, in: Strategic Management Journal, 12. Jg., 1991, Nr. 1, S. 49-68

Collis, D.J./Montgomery, C.A.: Competing on Resources - Strategy in the 1990s, in: Harvard Business Review, 73. Jg., 1995, July-August, S. 118-128

Corsten, H.: Betriebswirtschaftslehre der Dienstleistungsunternehmungen, 2. Aufl., München/Wien 1990

Corsten, H.: Dienstleistungen aus produktionstheoretischer Sicht, in: Das Wirtschaftsstudium, 17. Jg., 1988, Heft 2, S. 81-87

Corsten, H.: Dienstleistungsmarketing - Elemente und Strategien, in: Jahrbuch der Absatz- und Verbrauchsforschung, 35. Jg., 1989, Heft 1, S. 23-40

Corsten, H.: Die Produktion von Dienstleistungen - Grundzüge einer Produktionswirtschaftslehre des tertiären Sektors, Berlin 1985

Corsten, H.: Externalisierung und Internalisierung als strategische Optionen von Dienstleistungsunternehmen, in: Bruhn, M./Stauss, B. (Hrsg.), Dienstleistungsqualität, 2. Aufl., Wiesbaden 1995, S. 189-206

Corsten, H.: Wettbewerbsstrategien - Möglichkeiten einer simultanen Strategieverfolgung, in: Corsten, H./Reiss, M. (Hrsg.), Handbuch Unternehmensführung, Wiesbaden 1995, S. 341-353

Corsten, H.: Zur Diskussion der Dienstleistungsbesonderheiten und ihrer ökonomischen Auswirkungen, in: Jahrbuch der Absatz- und Verbrauchsforschung, 32. Jg., 1986, Heft 1, S. 16-41

Coupland, D.: Generation X - Geschichten für eine immer schneller werdende Zukunft, München 1991

Cravens, D.W.: Strategic Marketing, 5. Aufl., Chicago et al. 1997

Cravens, D.W. et al.: Marketing's Role in Product and Service Quality, in: Industrial Marketing Management, 17. Jg., 1988, Nr. 4, S. 285-304

Cristofolini, P.M.: Verkaufsförderung als Baustein der Marketingkommunikation, in: Bruhn, M. (Hrsg.), Handbuch des Marketing, München 1989, S. 453-471

Cronin, J.J./Taylor, S.A.: Measuring Service Quality - A Reexamination and Extension, in: Journal of Marketing, 56. Jg., 1992, July, S. 55-68

Crosby, P.B.: Qualität ist und bleibt frei, Wien 1996

Cunningham, M./Roberts, D.: The Role of Customer Service in Industrial Marketing, in: European Journal of Marketing, 8. Jg., 1974, Heft 1, S. 15-28

Czinkota, M.R./Ronkainen, I.A.: International Marketing, 3. Aufl., Fort Worth 1993

D

Dähn, M.: Wettbewerbsvorteile internationaler Unternehmen, Wiesbaden 1996

Dahringer, L./Mühlbacher, H.: International Marketing - A Global Perspective, Reading 1991

Dallmer, H.: Das System des Direct Marketing - Entwicklung und Zukunftsperspektiven, in: Dallmer, H. (Hrsg.), Handbuch des Direct Marketing, 7. Aufl., Wiesbaden 1997, S. 3-19

Daniel, D.R.: The Management Information Crisis, in: Harvard Business Review, 39. Jg., 1961, September-October, S. 110-121

Daschmann, H.-A.: Erfolgsfaktoren mittelständischer Unternehmen, Stuttgart 1994

Daudel, S./Vialle, G.: Yield Management, Frankfurt/New York 1992

D'Aveni, R.A.: Hyperwettbewerb - Strategien für die neue Dynamik der Märkte, Frankfurt/New York 1995

Davidow, W.H./Uttal, B.: Service Companies - Focus or Falter, in: Harvard Business Review, 66. Jg., 1989, July-August, S. 77-87

Davidow, W.H./Uttal, B.: Total Customer Service - The Ultimative Weapon, New York 1990

Day, G.S:/Wendsley, R.: Assessing Advantage - A Framework for Diagnosing Competitive Superiority, in: Journal of Marketing, 52 Jg., 1988, April, S. 1-20

Deimel, K.: Grundlagen des Involvement und Anwendung im Marketing, in: Marketing - Zeitschrift für Forschung und Praxis, 11. Jg., 1989, Heft 3, S. 153-161

Dellmann, K.: Einflußgrößen der Erfolgsdynamik, in: Kistner, K.-P./Schmidt, R. (Hrsg.), Unternehmensdynamik, Wiesbaden 1991, S. 419-442

Demuth, A.: Eine Verfassung für das Unternehmen, in: Bachinger, R. (Hrsg.), Unternehmenskultur - Ein Weg zum Markterfolg, Frankfurt/Main 1991, S. 26-31

den Hertog, F./Kunst, P.: Learning about Service Quality - Get Involved, in: Kunst, P./Lemmink, J. (Hrsg.), Quality Management in Services, Assen/Maastricht 1992, S. 7-13

Deppe, M.: Vom traditionellen Kundendienst zur Servicepolitik als Marketinginstrument, in: Jahrbuch der Absatz- und Verbrauchsforschung, 38. Jg., 1992, Heft 3, S. 293-311

Deppe, M.: Software-Service - Servicepolitik von Software-Herstellern, Frankfurt/Main et al. 1994

Deppenmeier, H. et al.: System Selling, in: Zeitschrift für betriebswirtschaftliche Forschung, 27. Jg., 1975, Heft 1, S. 15-28

Dichtl, E.: Grundidee, Varianten und Funktionen der Markierung von Waren und Dienstleistungen, in: Dichtl, E./Eggers, W. (Hrsg.), Marke und Markenartikel, München 1992, S. 1-23

Dichtl, E.: Marktnähe und Marketingkompetenz als Mittel zur Überwindung von Standortnachteilen, in: Wirtschaftswissenschaftliches Studium, 22. Jg., 1993, Heft 8, S. 382-388

Dichtl, E.: Neue Herausforderungen für Theorie und Praxis des Marketing, in: Marketing - Zeitschrift für Theorie und Praxis, 20. Jg., 1998, Heft 1, S. 47-54

Dichtl, E./Schneider, W.: Kundenzufriedenheit im Zeitalter des Beziehungsmanagement, in: Belz, C./Schögel, M./Kramer, M. (Hrsg.), Lean Management und Lean Marketing, St. Gallen 1994, S. 6-12

Dickson, P.R.: Toward a General Theory of Competitive Rationality, in: Journal of Marketing, 56. Jg., 1992, January, S. 69-83

Diekmann, A.: Empirische Sozialforschung, Reinbek 1995

Dietl, H.: Institutionelle Koordination spezialisierungsbedingter wirtschaftlicher Abhängigkeit, in: Zeitschrift für Betriebswirtschaft, 65. Jg., 1995, Heft 6, S. 569-585

Diller, H.: Beziehungs-Marketing, in: Wirtschaftswissenschaftliches Studium, 24. Jg., 1995, Heft 9, S. 442-447

Diller, H.: Key-Account-Management als vertikales Marketingkonzept, in: Marketing - Zeitschrift für Forschung und Praxis, 11. Jg., Heft 4, S. 213-223

Diller, H.: Kundenbindung als Marketingziel, in: Marketing - Zeitschrift für Forschung und Praxis, 18. Jg., 1996, Heft 2, S. 81-94

Diller, H.: Preisbaukästen als preispolitische Option, in: Wirtschaftswissenschaftliches Studium, 22. Jg., 1993, Heft 6, S. 270-275

Diller, H.: Preispolitik, 2. Aufl., Stuttgart/Berlin/Köln 1991

Diller, H./Kusterer, M.: Beziehungsmanagement - Theoretische Grundlagen und explorative Befunde, in: Marketing - Zeitschrift für Forschung und Praxis, 10. Jg., 1988, Heft 3, S. 211-220

Dlugos, G.: Probleme der Unternehmenseffizienz im Systemvergleich, Bad Honef 1984

Donaldson, T./Preston, L.E.: The Stakeholder Theory of the Cooperation - Concepts, Evidence, and Implications, in: Academy of Management Review, 15. Jg., 1990, Nr. 1, S. 65-91

Donaldson, W.G.: Manufacturers Need to Show Greater Commitment to Customer Service, in: Industrial Marketing Management, 24. Jg., 1995, Nr. 5, S. 421-430

Dorloff, F.-D.: Analyse und Management des Kundenservice, in: Dorloff, F.-D./Roth, P. (Hrsg.), Service- und Materialmanagement, Wiesbaden 1985, S. 19-37

Dormayer, H.-J./Kettern, T.: Kulturkonzepte in der allgemeinen Kulturforschung - Grundlagen konzeptioneller Überlegungen zur Unternehmenskultur, in: Heinen, E. (Hrsg.), Unternehmenskultur, München/Wien 1987, S. 49-66

Douglas, S.P./Craig, C.S.: International Marketing Research, Englewood Cliffs 1983

Douglas, S.P./Wind, Y.: The Myth of Globalization, in: Columbia Journal of World Business, 22. Jg., 1987, Winter, S. 19-29

Doz, Y.L.: Strategic Management in Multinational Companies, in: Sloan Management Review, 21. Jg., 1980, Winter, S. 27-46

Droege, W./Backhaus, K./Weiber, R.: Trends und Perspektiven im Investitionsgütermarketing - eine empirische Bestandsaufnahme, in: Droege, W./Backhaus, K./Weiber, R. (Hrsg.), Strategien für Investitionsgütermärkte, Landsberg/Lech 1993, S. 17-98

Drosten, M.: Einstieg ins Szenen-Marketing?, in: absatzwirtschaft, 37. Jg., 1994, Heft 12, S. 34-40

Drukarczyk, J.: Finanzierung, 6. Aufl., Stuttgart/Jena 1993

Dülfer, E.: Internationales Management in unterschiedlichen Kulturkreisen, 2. Aufl., München/Wien 1992

Dunning, J.H.: A Study of International Business, in: Journal of International Business Studies, 20. Jg., 1989, Heft 3, S. 411-436

Dunning, J.H.: The Eclectic Theory of International Production - A Restatement and Some Possible Extensions, in: Journal of International Business Studies, 19. Jg., 1988, Nr. 1 (Spring), S. 1-31

Dunning, J.H.: Towards an Eclectic Theory of International Production - Some Empirical Tests, in: Journal of International Business Studies, 11. Jg., 1980, Heft 1, S. 9-31

E

Eberhard, K.: Einführung in die Erkenntnis- und Wissenschaftstheorie, Stuttgart et al. 1987

Ebers, M./Gotsch, W.: Institutionenökonomische Theorie der Organisation, in: Kieser, A. (Hrsg.), Organisationstheorien, Stuttgart/Berlin/Köln 1993, S. 193-242

Eckey, H.-F./Kosfeld, R./Dreger, C.: Statistik, Wiesbaden 1992

Edvardsson, B.: Service Quality in Customer Relationships - A Study of Critical Incidents in Mechanical Engineering Companies, in: The Service Industries Journal, 8. Jg., 1988, Heft 4, S. 427-445

Eichhorn, W.: Modelle und Theorien der Wirtschaftswissenschaften, in: Raffée, H./Abel, B. (Hrsg.), Wissenschaftstheoretische Grundfragen der Wirtschaftswissenschaften, München 1979, S. 60-104

Eisele, J.: Erfolgsfaktoren des Joint-Venture-Management, Wiesbaden 1995

Eisele, W.: Technik des betrieblichen Rechnungswesens, 5. Aufl., München 1993

Elbl, T./Wolfrum, B.: Situative Determinanten für die Dimensionierung industrieller Dienstleistungen, in: Marketing - Zeitschrift für Forschung und Praxis, 16. Jg., 1994, Heft 3, S. 121-132

Elschen, R.: Betriebswirtschaftslehre und Verhaltenswissenschaften, Frankfurt/Main 1982

Elschen, R.: Bietet eine verhaltenswissenschaftlich fundierte Marketingwissenschaft eine Lehre von den Absatzentscheidungen der Unternehmungen?, in: Marketing - Zeitschrift für Forschung und Praxis, 6. Jg., 1984, S. 59-63

Elschen, R.: Gegenstand und Anwendungsmöglichkeiten der Agency-Theorie, in: Zeitschrift für betriebswirtschaftliche Forschung, 43. Jg., 1991, Heft 11, S. 1002-1012

Engelhard, J.: Bewertung von Länderrisiken bei Auslandsinvestitionen - Möglichkeiten, Ansätze und Grenzen, in: Kumar, B.N./Haussmann, H. (Hrsg.), Handbuch der Internationalen Unternehmenstätigkeit, München 1992, S. 367-383

Engelhard, J./Dähn, M.: Theorien der internationalen Unternehmenstätigkeit - Darstellung, Kritik und zukünftige Anforderungen, in: Macharzina, K./Oesterle, M.-J. (Hrsg.), Handbuch Internationales Management, Wiesbaden 1997, S. 23-44

Engelhardt, W.H.: After-Sales-Services im Investitionsgütermarketing - Trends und Perspektiven, in: Droege, W./Backhaus, K./Weiber, R. (Hrsg.), Strategien für Investitionsgütermärkte - Antworten auf neue Herausforderungen, Landsberg/Lech 1993, S. 377-391

Engelhardt, W.H.: Dienstleistungsorientiertes Marketing - Antwort auf die Herausforderung durch neue Technologien, in: Adam, D. et al. (Hrsg.), Integration und Flexibilität - Eine Herausforderung für die Allgemeine Betriebswirtschaftslehre, Wiesbaden 1989, S. 269-288

Engelhardt, W.H.: Effiziente Customer Integration im industriellen Service-Management, in: Kleinaltenkamp, M./Fließ, S./Jacob, F. (Hrsg.), Customer Integration - Von der Kundenorientierung zur Kundenintegration, Wiesbaden 1996, S. 73-89

Engelhardt, W.H.: Erscheinungsformen und absatzpolitische Probleme von Angebots- und Nachfrageverbunden, in: Zeitschrift für betriebswirtschaftliche Forschung, 28. Jg., 1976, Heft 2, S. 77-90

Engelhardt, W.H./Freiling, J.: Marktorientierte Qualitätsplanung - Probleme des Quality Function Deployment aus Marketing-Sicht, in: Die Betriebswirtschaft, 57. Jg., 1997, Heft 1, S. 7-19

Engelhardt, W.H./Freiling, J.: Prekäre Partnerschaften, in: absatzwirtschaft, 39. Jg., 1996, Sonderheft 10, S. 145-151

Engelhardt, W.H./Freiling, J./Reckenfelderbäumer, M.: Die Bedeutung der Integrativität für das Marketing - Ein Überblick anhand ausgewählter theoretischer und anwendungsbezogener Aspekte - Stellungnahme zum Koreferat von Hans H. Bauer, in: Marketing - Zeitschrift für Forschung und Praxis, 17. Jg., 1991, Heft 1, S. 48-53

Engelhardt, W.H./Günter, B.: Erfolgsgrößen im internen Rechnungswesen aus Sicht der Absatzpolitik, in: Domsch, M. et al. (Hrsg.), Unternehmenserfolg, Wiesbaden 1988, S. 141-155

Engelhardt, W.H./Günter, B.: Investitionsgüter-Marketing, Stuttgart et al. 1981

Engelhardt, W.H./Kleinaltenkamp, M./Reckenfelderbäumer, M.: Leistungsbündel als Absatzobjekte, in: Zeitschrift für betriebswirtschaftliche Forschung, 45. Jg., 1993, Heft 5, S. 395-426

Engelhardt, W.H./Reckenfelderbäumer, M.: Service optimieren mit System, in: absatzwirtschaft, 38. Jg., 1995, Sonderheft 10, S. 176-182

Engelhardt, W.H./Reckenfelderbäumer, M.: Trägerschaft und organisatorische Gestaltung industrieller Dienstleistungen, in: Simon, H. (Hrsg.), Industrielle Dienstleistungen, Stuttgart 1993, S. 263-293

Engelhardt, W.H./Schütz, P.: Total Quality Management, in: Wirtschaftswissenschaftliches Studium, 20. Jg., 1991, Heft 8, S. 394-399

Engelhardt, W.H./Schwab, W.: Die Beschaffung investiver Dienstleistungen, in: Die Betriebswirtschaft, 42. Jg., 1982, Heft 4, S. 503-513

Engelhardt, W.H./Witte, P.: Konzeptionen des Investitionsgüter-Marketing - eine kritische Bestandsaufnahme ausgewählter Ansätze, in: Kliche, M. (Hrsg.), Investitionsgütermarketing - Positionsbestimmung und Perspektiven, Wiesbaden 1990, S. 3-17

Engelter, K.-A.: Das Rationalisierungspotential im Dienstleistungsbereich, Frankfurt/Bern/Las Vegas 1979

Eppen, G.D./Hanson, W.A./Martin, R.K.: Bundling - New Products, New Markets, Low Risk, in: Sloan Management Review, 32. Jg., 1991, Nr. 4, S. 7-14

Erichson, B.: Repräsentanz - ein wachsendes Problem, in: planung und analyse, 19. Jg., 1992, Heft 1, S. 19-24

Erramilli, K.M./Rao, C.P.: Service Firms' International Entry-Mode Choice - A Modified Transaction-Cost Analysis Approach, in: Journal of Marketing, 57. Jg., 1993, July, S. 19-38

Esch, F.-R.: Realisierung globaler Kommunikationsstrategien in europäischen Märkten - ein pragmatischer Ansatz der verhaltenswissenschaftlichen Marketingforschung, in: Scholz, C./Zentes, J. (Hrsg.), Strategisches Euro-Management, Stuttgart 1995, S. 175-199

F

Faix, A./Görgen, W.: Das „Konstrukt" Wettbewerbsvorteil, in: Marketing - Zeitschrift für Forschung und Praxis, 16. Jg., 1994, Heft 3, S. 160-166

Faix, W.G./Laier, A.: Soziale Kompetenz - Wettbewerbsfaktor der Zukunft, 2. Aufl., Wiesbaden 1996

Faßnacht, M.: Preisdifferenzierung bei Dienstleistungen, Wiesbaden 1996

Fassott, G.: Dienstleistungspolitik industrieller Unternehmen, Wiesbaden 1995

Fehl, U.: Preisdifferenzierung (Preisdiskriminierung), in: Albers, W. et al. (Hrsg.), Handwörterbuch der Wirtschaftswissenschaften, Stuttgart et al. 1981, S. 160-172

Festinger, L.: Theorie der kognitiven Dissonanz, Bern 1978

Feyerabend, P: Bemerkungen zur Geschichte und Systematik des Empirizismus, in: Weingartner, P. (Hrsg.), Grundfragen und Wurzeln in der Metaphysik, Salzburg/München 1967, S. 136-180

Feyerabend, P.: Wider den Methodenzwang, Frankfurt/Main 1986

Fischer, M.: Agency-Theorie, in: Wirtschaftswissenschaftliches Studium, 24. Jg., 1995, Heft 6, S. 320-322

Fischer, M.: Der Property Rights-Ansatz, in: Wirtschaftswissenschaftliches Studium, 23. Jg., 1994, Heft 6, S. 316-318

Fischer, M.: Die Theorie der Transaktionskosten, in: Wirtschaftswissenschaftliches Studium, 23. Jg., 1994, Heft 11, S. 582-584

Fischer, M.: Distributionsentscheidungen aus transaktionskostentheoretischer Sicht, in: Marketing - Zeitschrift für Forschung und Praxis, 15. Jg., 1993, Heft 3, S. 247-258

Fischer, M.: Make-or-Buy der Distributionsleistung - Überlegungen aus transaktionskostentheoretischer Sicht, in: Betriebswirtschaftliche Forschung und Praxis, 46. Jg., 1994, Heft 4, S. 291-315

Fischer, M. et al.: Marketing und neuere ökonomische Theorie - Ansätze zu einer neuen Systematisierung, in: Betriebswirtschaftliche Forschung und Praxis, 45. Jg., 1993, Heft 4, S. 444-470

Fischer, T.M.: Kostenmanagement strategischer Erfolgsfaktoren - Instrumente zur operativen Steuerung der strategischen Schlüsselfaktoren Qualität, Flexibilität und Schnelligkeit, München 1993

Fließ, S.: Prozeßevidenz als Erfolgsfaktor der Kundenintegration, in: Kleinaltenkamp, M./Fließ, S./Jacob, F. (Hrsg.), Customer Integration - Von der Kundenorientierung zur Kundenintegration, Wiesbaden 1996, S. 91-103

Fornell, C./Larcker, D.F.: Evaluating Structural Equation Models with Unobservable Variables and Measurement Error, in: Journal of Marketing Research, 18. Jg., 1981, February, S. 39-50

Forschner, G.: Investitionsgüter-Marketing mit funktionellen Dienstleistungen, Berlin 1988

Franz, K.-P.: Die Prozeßkostenrechnung, in: Wirtschaftswissenschaftliches Studium, 22. Jg., 1992, Heft 12, S. 605-610

Franz, K.-P.: Prozeßmanagement und Prozeßkostenrechnung, in: Schmalenbach-Gesellschaft - Deutsche Gesellschaft für Betriebswirtschaftslehre e.V. (Hrsg.), Reengineering - Konzepte und Umsetzung innovativer Strategien und Strukturen, Stuttgart 1995, S. 117-126

Franz, K.-P.: Target Costing - Konzept und kritische Bereiche, in: Controlling, 5. Jg., 1993, Heft 3, S. 124-130

Freimann, J.: An den Grenzen der Märkte - Marketing-Imperialismus in der Krise, in: Staehle, W.H./Stoll, E. (Hrsg.), Betriebswirtschaftslehre und ökonomische Krise, Wiesbaden 1984, S. 161-178

Frese, E.: Internationalisierungsstrategien und Organisationsstruktur, in: Schiemenz, B./Wurl, H.-J. (Hrsg.), Internationales Management, Wiesbaden 1994, S. 3-22

Frese, E.: Profit Center, in: Tietz, B./Köhler, R./Zentes, J. (Hrsg.), Handwörterbuch des Marketing, 2. Aufl., Stuttgart 1995, Sp. 2160-2171

Frese, E./Blies, P.: Konsequenzen der Internationalisierung für Organisation und Management der Muttergesellschaft, in: Macharzina, K./Oesterle, M.-J. (Hrsg.), Handbuch Internationales Management, Wiesbaden 1997, S. 287-306

Freter, H.: Marktsegmentierung, Stuttgart et al. 1983

Frey, D.: Die Theorie der kognitiven Dissonanz, in: Frey, D. (Hrsg.): Kognitive Theorien der Sozialpsychologie, Bern/Stuttgart/Wien 1980, S. 242-292

Friedrich, R.: Der Centeransatz zur Führung und Steuerung dezentraler Einheiten, in: Bullinger, H.-J./Warnecke, H.J. (Hrsg.), Neue Organisationsformen im Unternehmen, Berlin et al. 1996, S. 984-1014

Friedrichs, J.: Methoden der empirischen Sozialforschung, 13. Aufl., Opladen 1985

Friege, C.: Preispolitik für Dienstleistungen, in: Thexis, 14. Jg., 1997, Heft 2, S. 9-14

Friege, C.: Preispolitik für Leistungsverbunde im Business-to-Business-Marketing, Wiesbaden 1995

Frisch, W.: Service-Management - Marktorientierung in der mittelständischen Unternehmenspolitik, Wiesbaden 1989

Frisch, W.: Service-Management, in: Fortschrittliche Betriebsführung/Industrial Engineering, 39. Jg., 1990, Heft 3, S. 125-131

Fritz, W.: Ansätze der Wettbewerbstheorie aus der Sicht der Marketingwissenschaft, in: Die Betriebswirtschaft, 50. Jg., 1990, Heft 4, S. 491-512

Fritz, W.: Erfolgsfaktoren im Marketing, in: Tietz, B./Köhler, R./Zentes, J. (Hrsg.), Handwörterbuch des Marketing, 2. Aufl., Stuttgart 1995, Sp. 594-607

Fritz, W.: Erfolgsursache Marketing, Stuttgart 1997

Fritz, W.: Marketing - ein Schlüsselfaktor des Unternehmenserfolges?, in: Marketing - Zeitschrift für Forschung und Praxis, 12. Jg., 1990, Heft 2, S. 91-110

Fritz, W.: Marktorientierte Unternehmensführung und Unternehmenserfolg, Stuttgart 1992

Fritz, W.: Warentest und Konsumgüter-Marketing, Wiesbaden 1984

Fritz, W. et al.: Unternehmensziele in Industrie und Handel, in: Die Betriebswirtschaft, 45. Jg., 1985, Heft 4, S. 375-394

Fritz, W. et al.: Unternehmensziele und strategische Unternehmensführung, in: Die Betriebswirtschaft, 48. Jg., 1988, Heft 5, S. 567-586

Froböse, M./Steinbach, R./Hilger, A.: Die Vermittlung von Schlüsselqualifikationen als Teil der betriebswirtschaftlichen Ausbildung, in: Froböse, M./Kaapke, A. (Hrsg.), Marketing als Schnittstellenwissenschaft und Transfertechnologie, Berlin 1996, S. 375-394

Fuchs, H.J.: Positionierung durch Markenservice, in: Tomczak, T./Rudolph, T./Roosdorp, A. (Hrsg.), Positionierung - Kernentscheidung des Marketing, St. Gallen 1996, S. 154-168

Fürderer, R./Hurchzermeier, A.: Optimale Preisbündelung unter Unsicherheit, in: Zeitschrift für Betriebswirtschaft, 67. Jg., 1997, Ergänzungsheft 1, S. 117-133

Fürderer, R./Hurchzermeier, A./Schrage, L.: Stochastic Option Bundling and Bundle Pricing, in: Bauer, H.H./Dichtl, E./Herrmann, A. (Hrsg.), Automobilmarktforschung, München 1996, S. 133-155

G

Gabele, E./Kretschmer, H.: Unternehmensgrundsätze, Frankfurt/Main 1985

Gannon, M.J.: Understanding Global Cultures, Thousand Oaks 1994

Garvin, D.A.: What Does Product Quality Really Mean?, in: Sloan Management Review, 25. Jg., 1984, Nr. 1, S. 25-43

Gaugler, E.: Globalisierung - Folgerungen für die Aus- und Weiterbildung im Management, in: Haller, M. et al. (Hrsg.), Globalisierung der Wirtschaft - Einwirkungen auf die Betriebswirtschaftslehre, Bern/Stuttgart/Wien 1993, S. 301-317

Geider, F.J./Rogge, K.-E./Schaaf, H.P.: Einstieg in die Faktorenanalyse, Hamburg 1982

Gemünden, H.G.: Innovationsmarketing - Interaktionsbeziehungen zwischen Hersteller und Verwender innovativer Investitionsgüter, Tübingen 1981

Gemünden, H.G.: Zeit - Strategischer Erfolgsfaktor in Innovationsprozessen, in: Domsch, M./Sabisch, H./Siemers, S.H.A. (Hrsg.), F&E-Management, Stuttgart 1993, S. 67-118

Gemünden, H.G./Walter, A.: Der Beziehungspromotor - Schlüsselrolle für inter-organisationale Innovationsprozesse, in: Backhaus, K./Diller, H. (Hrsg), Dokumentation des 1. Workshops „Beziehungsmanagement" der Arbeitsgruppe „Beziehungsmanagement" der wissenschaftlichen Kommission für Marketing im Verband der Hochschullehrer für Betriebswirtschaft, Münster/Nürnberg 1994, S. 123-165

George, W.R./Gibson, B.E: Blueprinting - A Tool for Managing Quality in Service, in: Brown, S.W. et al. (Hrsg.), Service Quality - Multidisciplinary and Multinational Perspectives, Lexington 1991, S. 73-91

George, W.R./Grönroos, C.: Internes Marketing - Kundenorientierte Mitarbeiter auf allen Unternehmensebenen, in: Bruhn, M. (Hrsg.), Internes Marketing - Integration der Kunden- und Mitarbeiterorientierung, Wiesbaden 1995, S. 63-86

Gerhardt, J.: Dienstleistungsproduktion, Bergisch Gladbach/Köln 1987

Gerken, G.: Abschied vom Marketing - Interfusion statt Marketing, Düsseldorf/Wien/New York 1990

Gerpott, T.J./Wittkemper, G.: Verkürzung der Produktentwicklungszeiten, in: Booz - Allen & Hamilton (Hrsg.), Integriertes Technologie- und Innovationsmanagement, Berlin 1991, S. 119-145

Gerum, E./Schäfer, I./Schober, H.: Empowerment - viel Lärm um nichts?, in: Wirtschaftswissenschaftliches Studium, 26. Jg., 1996, Heft 10, S. 498-502

Ghemawat, P.: Sustainable Advantage, in: Harvard Business Review, 64. Jg., 1986, September/October, S. 53-58

Ghoshal, S.: Global Strategy - An Organizational Framework, in: Strategic Management Journal, 8. Jg., 1987, S. 425-440

Gierl, H./Sipple, H.: Zufriedenheit mit dem Kundendienst, in: Jahrbuch der Absatz- und Verbrauchsforschung, 39. Jg., 1993, Heft 3, S. 239-260

Gilly, M.C./Wolfinbarger, M.: Advertising's Internal Audience, in: Journal of Marketing, 62. Jg., 1998, January, S. 69-88

Glaser, M.: Wahrgenommene Produktqualität - Kritische Bestandsaufnahme zur marktorientierten Qualitätsforschung, in: der markt, 34. Jg., 1995, Heft 1, S. 13-21

Göttgens, O.: Erfolgsfaktoren in stagnierenden und schrumpfenden Märkten, Wiesbaden 1996

Gomez, P./Zimmermann, T.: Unternehmensorganisation - Profile, Dynamik, Methodik, Frankfurt/New York 1992

Goodwin, C./Roos, I.: Consumer Evaluations of Responses to Complaints - What's Fair and Why, in: The Journal of Customer Marketing, 7. Jg., 1990, Heft 2, S. 39-47

Grabatin, G.: Effizienz von Organisationen, Berlin/New York 1981

Grant, R.M./Shani, R./Krishan, R.: TQM's Challenge to Management Theory and Practice, in: Sloan Management Review, 35. Jg., 1994, Winter, S. 25-35

Graßy, O.: Industrielle Dienstleistungen, München 1993

Graßy, O.: Von der Zusatzleistung zur eigenständigen Vermarktung - Probleme und Lösungsansätze, in: Töpfer, A./Mehdorn, H. (Hrsg.), Industrielle Dienstleistungen - Servicestrategie oder Outsourcing?, Neuwied/Kriftel/Berlin 1996, S. 57-69

Graumann, J.: Die Dienstleistungsmarke - Charakterisierung und Bewertung eines neuen Markentypus aus absatzwirtschaftlicher Sicht, München 1983

Green, P.E./Srinivasan, V.: Conjoint Analysis in Marketing - New Developments with Implications for Research and Practice, in: Journal of Marketing, 54. Jg., 1990, October, S. 3-19

Green, P.E./Tull, D.S.: Methoden und Techniken der Marketingforschung, 4. Aufl., Stuttgart 1982

Grönroos, C.: Die Herausforderung im Dienstleistungswettbewerb - Wirtschaftlichkeitsvorteile durch guten Service, in: Bruhn, M./Stauss, B. (Hrsg.), Dienstleistungsqualität, 2. Aufl., Wiesbaden 1995, S. 65-79

Grönroos, C.: From Marketing Mix to Relationship Marketing - Towards a Paradigm Shift in Marketing, in: Asia - Australia Marketing Journal, 2. Jg., 1994, Heft 1, S. 9-29

Grönroos, C.: Service Management and Marketing - Managing the Moments of Truth in Service, Lexington 1990

Grove, S.J./Fisk, R.P.: The Dramaturgy of Services Exchange - An Analytical Framework for Services Marketing, in: Lovelock, C.H. (Hrsg.), Services Marketing, 3. Aufl., Englewood Cliffs 1996, S. 97-105

Grüning, R./Heckner, F./Zeus, A.: Methoden zur Identifikation strategischer Erfolgsfaktoren, in: Die Unternehmung, 50. Jg., 1996, Heft 1, S. 3-12

Gümbel, R.: Handel, Markt und Ökonomik, Wiesbaden 1985

Gümbel, R./Stadler, D.: Absatztheorie und Theorie der Verfügungsrechte, in: Budäus, D./Gerum, E./Zimmermann, G. (Hrsg.), Betriebswirtschaftslehre und Theorie der Verfügungsrechte, Wiesbaden 1988, S. 172-195

Gümbel, R./Woratschek, H.: Institutionenökonomik, in: Tietz, B./Köhler, R./Zentes, J. (Hrsg.), Handwörterbuch des Marketing, 2. Aufl., Stuttgart 1995, Sp. 1008-1019

Günter, B.: Beschwerdemanagement, in: Simon, H./Homburg, C. (Hrsg.), Kundenzufriedenheit, 2. Aufl., Wiesbaden 1997, S. 279-295

Güthoff, J.: Qualität komplexer Dienstleistungen, Wiesbaden 1995

Guiltinan, J.P.: The Price Bundling of Service - A Normative Framework, in: Journal of Marketing, 51. Jg., 1987, April, S. 74-85

Gummesson, E.: Service Quality - A Holistic View, in: Brown, S.W. et al. (Hrsg.), Service Quality - Multidisciplinary and Multinational Perspectives, Lexington 1991, S. 3-21

Gutenberg, E.: Einführung in die Betriebswirtschaftslehre, 8. unveränderter Nachdruck, Wiesbaden 1990

Gutenberg, E.: Grundlagen der Betriebswirtschaftslehre, Bd. 2 - Der Absatz, 17. Aufl., Berlin et al. 1984

H

Habel, S.: Strategische Unternehmensführung im Lichte empirischer Forschung, München 1993

Haedrich, G./Gussek, F./Tomczak, T.: Instrumentelle Strategiemodelle als Komponenten im Marketingplanungsprozeß, in: Die Betriebswirtschaft, 50. Jg., 1990, Heft 2, S. 205-222

Haedrich, G./Jenner, T.: Strategische Erfolgsfaktoren in Konsumgütermärkten, in: Die Unternehmung, 50. Jg., 1996, Heft 1, S. 13-26

Hafermalz, O.: Die schriftliche Befragung, Wiesbaden 1976

Hall, E.T.: The Silent Language, New York 1990

Hall, R.: The Strategic Analysis of Intangible Resources, in: Strategic Management Journal, 13. Jg., 1992, S. 135-144

Haller, S.: Beurteilung von Dienstleistungsqualität, Wiesbaden 1995

Halliburton, C./Hünerberg, R.: The Globalization Dispute in Marketing, in: European Management Journal, 5. Jg., 1987, Heft 4, S. 243-249

Hambrick, D./Lei, D.: Toward an Empirical Priorization of Contingency Variables for Business Strategy, in: Academy of Management Journal, 28. Jg., 1985, Nr. 4, S. 763-788

Hamel, G./Prahalad, C.K.: „Strategic Intent" - jetzt aber gegen die Japaner, in: Harvard manager, 11. Jg., 1989, Heft 4, S. 90-102

Hamel, G./Prahalad, C.K.: Wettlauf um die Zukunft, Wien 1995

Hammann, P.: Kundendienstpolitik, in: Wittmann, W. et al. (Hrsg.), Handwörterbuch der Betriebswirtschaft, Bd. 2, Stuttgart 1993, Sp. 2476-2489

Hammann, P.: Sekundärleistungspolitik als absatzpolitisches Instrument, in: Hammann, P./Kroeber-Riel, W./Meyer, C.W. (Hrsg.), Neuere Ansätze der Marketingtheorie, Berlin 1974, S. 135-154

Hammann, P./Erichson, B.: Marktforschung, 3. Aufl., Stuttgart/Jena 1994

Hansen, U.: Verbraucher- und umweltorientiertes Marketing - Spurensuche einer dialogischen Marketingethik, in: Hansen, U. (Hrsg.), Verbraucher- und umweltorientiertes Marketing, Stuttgart 1995, S. 3-9

Hansen, U./Jeschke, K.: Beschwerdemanagement für Dienstleistungsunternehmen - Beispiel des Kfz-Handels, in: Bruhn, M./Stauss, B. (Hrsg.), Dienstleistungsqualität, 2. Aufl., Wiesbaden 1995, S. 525-550

Hansen, U./Schoenheit, I.: Verbraucherzufriedenheit und Beschwerden - Strategische Herausforderungen für Unternehmen und Verbraucherorganisationen, in: Hansen, U./Schoenheit, I. (Hrsg.), Verbraucherzufriedenheit und Beschwerdeverhalten, Frankfurt/New York 1987, S. 11-27

Hansen, U./Stauss, B.: Marketing als marktorientierte Unternehmenspolitik oder deren integrativer Bestandteil?, in: Marketing - Zeitschrift für Forschung und Praxis, 5. Jg., 1983, Heft 2, S. 77-86

Hanson, W./Martin, R.K.: Optimal Bundle Pricing, in: Management Science, 36. Jg., 1990, Nr. 2, S. 155-174

Hardt, P.: Organisation dienstleistungsorientierter Unternehmen, Wiesbaden 1996

Hart, C.W.L./Schlesinger, L.A./Maher, D.: Guarantees Come to Professional Service Firms, in: Bateson, J.E.G. (Hrsg.), Managing Services Marketing, 3. Aufl., Fort Worth 1995, S. 475-486

Hatten, K.J./Hatten, M.L.: Strategic Groups, Asymmetrical Mobility Barriers and Contestability, in: Strategic Management Journal, 8. Jg., 1987, S. 329-342

Hauchler, I. (Hrsg.): Globale Trends 1996, Frankfurt/Main 1996

Hayes, R.H./Pisano, G.P.: Überlegene Fertigung - Das neue strategische Paradigma, in: Harvard Business manager, 16. Jg., 1994, Heft 3, S. 74-82

Hax, H.: Theorie der Unternehmung - Information, Anreiz und Vertragsgestaltung, in: Ordelheide, D./Rudolph, B./Büsselmann, E. (Hrsg.), Betriebswirtschaftslehre und ökonomische Theorie, Stuttgart 1991, S. 51-72

Heenan, D.A./Perlmutter, H.V.: Multinational Organization Development, Reading 1979

Heinen, E.: Einführung in die Betriebswirtschaftslehre, 9. Aufl., Wiesbaden 1985

Heise, G.: Internationale Marktsegmentierung im Automobilmarketing, Wiesbaden 1997

Hempel, C.G.: Zur Wahrheitstheorie des logischen Positivismus, in: Skirbakk, G. (Hrsg.), Wahrheitstheorien, 5. Aufl., Frankfurt/Main 1989, S. 96-108

Henderson, B.D.: Die Erfahrungskurve in der Unternehmensstrategie, 2. Aufl., Frankfurt/New York 1984

Henderson, B.D.: The Anatomy of Competition, in: Journal of Marketing, 47. Jg., 1983, Spring, S. 7-11

Henkel, O.: Dienstleistungen - wichtiger als das Produkt?, in: Simon, H. (Hrsg.), Industrielle Dienstleistungen, Stuttgart 1993, S. 41-50

Hentschel, B.: Beziehungsmarketing, in: Das Wirtschaftsstudium, 20. Jg., 1991, Heft 1, S. 25-27

Hentschel, B.: Die Messung wahrgenommener Dienstleistungsqualität mit SERVQUAL, in: Marketing - Zeitschrift für Forschung und Praxis, 12. Jg., 1990, Heft 4, S. 230-240

Hentschel, B.: Dienstleistungsqualität aus Kundensicht - vom merkmals- zum ereignisorientierten Ansatz, Wiesbaden 1992

Herrmann, A./Bauer, H.H./Huber, F.: Die Gestaltung von Produkt- und Servicebündel bei PKW, in: Jahrbuch der Absatz- und Verbrauchsforschung, 42. Jg., 1996, Heft 2, S. 164-183

Hermanns, A.: Aufgaben des internationalen Marketing-Managements, in: Hermanns, A./Wißmeier, U.K. (Hrsg.), Internationales Marketing-Management - Grundlagen, Strategien, Kontrolle und Organisation, München 1995, S. 23-68,

Hermanns, A./Wißmeier, U.K.: Der notwendige Weg zu Weltmarktkonzeptionen, in: absatzwirtschaft, 37. Jg., 1994, Heft 4, S. 84-91

Heskett, J.L.: Logistics - Essential to Strategy, in: Harvard Business Review, 55. Jg., 1977, November/December, S. 85-96

Heskett, J.L.: Management von Dienstleistungsunternehmen, Wiesbaden 1988

Heskett, J.L. et al.: Putting the Service-Profit Chain to Work, in: Harvard Business Review, 73. Jg., 1994, March-April, S. 164-174

Heskett, J.L./Sasser, W.E. Jr./Hart, C.W.L.: Bahnbrechender Service - Standards für den Wettbewerb von morgen, Frankfurt/New York 1991

Hildebrand, V.G.: Individualisierung als strategische Option der Marktbearbeitung, Wiesbaden 1997

Hildebrandt, K.: Der Transaktionskostenansatz, in: Das Wirtschaftsstudium, 19. Jg., 1990, Heft 3, S. 153-155

Hildebrandt, L.: Die quantitative Analyse Strategischer Erfolgsfaktoren in der Marketingforschung, Berlin 1989

Hildebrandt, L.: Kausalanalyse, in: Tietz, B./Köhler, R./Zentes, J. (Hrsg.), Handwörterbuch des Marketing, 2. Aufl., Stuttgart 1995, Sp. 1125-1135

Hildebrandt, L.: Kausalanalytische Validierung in der Marketingforschung, in: Marketing - Zeitschrift für Forschung und Praxis, 6. Jg., 1984, Heft 1, S. 41-51

Hildebrandt, L./Annacker, D.: Panelanalysen zur Kontrolle „unbeobachtbarer" Einflußgrößen in der Erfolgsfaktorenforschung, in: Zeitschrift für Betriebswirtschaft, 66. Jg., 1996, Heft 11, S. 1409-1426

Hildebrandt, L./Rudinger, G./Schmidt, P.: Strukturgleichungsmodelle in der Kausalanalyse, in: Hildebrandt, L./Rudinger, G./Schmidt, P. (Hrsg.), Kausalanalysen in der Umweltforschung, Stuttgart/Jena/New York 1992, S. 3-14

Hildebrandt, L./Weiss, C.A.: Internationale Markteintrittsstrategien und der Transfer von Marketing-Know-how, in: Zeitschrift für betriebswirtschaftliche Forschung, 49. Jg., 1997, Heft 1, S. 3-25

Hilke, W.: Grundprobleme und Entwicklungstendenzen des Dienstleistungs-Marketing, in: Hilke, W. (Hrsg.), Dienstleistungs-Marketing, Wiesbaden 1989, S. 5-44

Hilker, J.: Marketingimplementierung, Wiesbaden 1993

Hinterhuber, H.H.: Strategische Unternehmensführung, Bd. 1 - Strategisches Denken, 4. Aufl., Berlin/New York 1989

Hinterhuber, H.H.: Strategische Unternehmensführung, Bd. 2 - Strategisch Handeln, 4. Aufl., Berlin/New York 1989

Hinterhuber, H.H./Friedrich, S.A.: Markt- und ressourcenorientierte Sichtweise zur Steigerung des Unternehmenswertes, in: Hahn, D./Taylor, B. (Hrsg.), Strategische Unternehmensplanung - strategische Unternehmensführung, 7. Aufl., Heidelberg 1997, S. 987-1016

Hinterhuber, H.H./Stuhec, U.: Kernkompetenzen und strategisches In-/Outsourcing, in: Zeitschrift für Betriebswirtschaft, 67. Jg., 1997, Ergänzungsheft 1, S. 1-20

Hippmann, H.-D.: Statistik für Wirtschafts- und Sozialwissenschaftler, 2. Aufl., Stuttgart 1997

Hirn, W.: Hanoi? Haja!, in: Manager Magazin, 24. Jg., 1994, Heft 11, S. 226-237

Hörschgen, H.: Timing, in: Tietz, B./Köhler, R./Zentes, J. (Hrsg.), Handwörterbuch des Marketing, 2. Aufl., Stuttgart 1995, Sp. 2460-2473

Hoffmann, F.: Kritische Erfolgsfaktoren - Erfahrungen in großen und mittelständischen Unternehmen, in: Zeitschrift für betriebswirtschaftliche Forschung, 38. Jg., 1986, Heft 10, S. 831-843

Hoffmann, F.: Unternehmungs- und Führungsgrundsätze, in: Zeitschrift für betriebswirtschaftliche Forschung, 41. Jg., 1989, Heft 3, S. 167-195

Hoffmann, K.D./Bateson, J.E.G.: Essentials of Service Marketing, Fort Worth 1997

Hofstede, G.: Die Bedeutung von Kultur und ihren Dimensionen im Internationalen Management, in: Haller, M. et al. (Hrsg.), Globalisierung der Wirtschaft - Einwirkungen auf die Betriebswirtschaftslehre, Bern/Stuttgart/Wien 1993, S. 127-148

Hofstede, G.: Interkulturelle Zusammenarbeit - Kulturen, Organisation, Management, Wiesbaden 1993

Hofstede, G.: Lokales Denken, globales Handeln, München 1997

Holzmüller, H.H.: Konsumentenforschung, interkulturelle, in: Macharzina, K./Welge, M.K. (Hrsg.), Handwörterbuch Export und Internationale Unternehmung, Stuttgart 1989, Sp. 1143-1157

Holzmüller, H.H./Schuh, A.: Erklärungsansätze für die Kulturgebundenheit von Konsummustern, in: Marktforschung & Management, 39. Jg., 1995, Heft 3, S. 97-102

Homans, C.G.: Elementarformen sozialen Verhaltens, 2. Aufl., Köln/Opladen 1972

Homans, C.G.: Theorie der sozialen Gruppe, 7. Aufl., Köln/Opladen 1987

Homburg, C.: Closeness to the Customer in Industrial Markets, in: Zeitschrift für Betriebswirtschaft, 65. Jg., 1995, Heft 3, S. 309-331

Homburg, C.: Kundennähe von Industriegüterunternehmen - Konzeption, Erfolgsauswirkungen, Determinanten, Wiesbaden 1995

Homburg, C.: Single Sourcing, Double Sourcing, Multiple Sourcing...?, in: Zeitschrift für Betriebswirtschaft, 65. Jg., 1995, Heft 8, S. 813-834

Homburg, C.: Wettbewerbsanalyse mit dem Konzept der strategischen Gruppen, in: Marktforschung & Management, 36. Jg., 1992, Heft 2, S. 83-87

Homburg, C./Baumgartner, H.: Beurteilung von Kausalmodellen, in: Marketing - Zeitschrift für Forschung und Praxis, 17. Jg., 1995, Heft 3, S. 162-176

Homburg, C./Baumgartner, H.: Die Kausalanalyse als Instrument der Marketingforschung, in: Zeitschrift für Betriebswirtschaft, 65. Jg., 1995, Heft 10, S. 1091-1108

Homburg, C./Garbe, B.: Gestaltung und Management industrieller Dienstleistungen, in: Belz, C. (Hrsg.), Kompetenz für Marketing-Innovationen, Schrift 2 - Leistungs- und Kundensysteme, St. Gallen 1997, S. 40-53

Homburg, C./Garbe, B.: Industrielle Dienstleistungen - Bestandsaufnahme und Entwicklungsrichtungen, in: Zeitschrift für Betriebswirtschaft, 66. Jg., 1996, Heft 3, S. 253-282

Homburg, C./Giering, A.: Konzeptualisierung und Operationalisierung komplexer Konstrukte, in: Marketing - Zeitschrift für Forschung und Praxis, 18. Jg., 1996, Heft 1, S. 5-24

Homburg, C./Hildebrandt, L.: Die Kausalanalyse - Bestandsaufnahme, Entwicklungsrichtungen, Problemfelder, in: Hildebrandt, L./Homburg, C. (Hrsg.), Die Kausalanalyse, Stuttgart 1998, S. 15-43

Homburg, C./Rudolph, B.: Theoretische Perspektiven zur Kundenzufriedenheit, in: Simon, H./Homburg, C. (Hrsg.), Kundenzufriedenheit, 2. Aufl., Wiesbaden 1997, S. 31-51

Homburg, C./Sütterlin, S.: Kausalmodelle in der Marketingforschung, in: Marketing - Zeitschrift für Forschung und Praxis, 12. Jg., 1990, Heft 3, S. 181-192

Hopfenbeck, W.: Allgemeine Betriebswirtschafts- und Managementlehre, 10. Aufl., Landsberg/Lech 1996

Horovitz, J.: Service entscheidet, Frankfurt/New York 1989

Horovitz, J./Jurgens Panak, M.: Marktführer durch Service, Frankfurt/New York 1993

Horváth, P.: Controlling, 6. Aufl., München 1996

Horváth, P./Herter, R.N.: Benchmarking - Vergleich mit den Besten der Besten, in: Controlling, 4. Jg., 1992, Heft 1, S. 4-11

Horváth, P./Mayer, R.: Prozeßkostenrechnung - Konzeption und Entwicklungen, in: Kostenrechnungspraxis, o. Jg., 1993, Sonderheft 2, S. 15-28

Horváth, P./Niemand, S./Wolbold, M.: Target Costing - State of the Art, in: Horváth, P. (Hrsg.), Target Costing, Stuttgart 1993, S. 1-27

Houston, F.S.: The Marketing Concept - What It Is and What It Is Not, in: Journal of Marketing, 50. Jg., 1986, April, S. 81-87

Houston, F.S./Gassenheimer, J.B.: Marketing and Exchange, in: Journal of Marketing, 51. Jg., 1987, October, S. 3-18

Huckemann, M.: Pricing - Gewinnen durch die richtigen Preise, in: Thexis, 14. Jg., 1997, Heft 2, S. 46-48

Hübner, C.C.: Internationalisierung von Dienstleistungen - Probleme und Lösungsansätze, München 1996

Hünerberg, R.: Die Globalisierung von Marketingstrategien: Implikationen für das Human-Resource-Management - dargestellt am Beispiel der Automobilwirtschaft, in: Clemont, A./Schmeisser, W. (Hrsg.), Internationales Personalmanagement, München 1997, S. 195-212

Hünerberg, R.: Integrierte Marketing-Informationssysteme, in: Brosda, V./Jaspersen, T. (Hrsg.), Lean Information Management, Bergheim 1995, S. 87-110

Hünerberg, R.: Internationales Marketing, Landsberg/Lech 1994

Hünerberg, R.: Marketing, München/Wien 1984

Hünerberg, R.: Marketing-Accounting, in: Tietz, B./Köhler, R./Zentes, J. (Hrsg.), Handwörterbuch des Marketing, 2. Aufl., Stuttgart 1995, Sp. 1508-1519

Hünerberg, R.: Marketingsysteme und -modelle, Opladen 1975

Hünerberg, R.: Marktstrategien in Europa - Herausforderungen durch veränderte Rahmenbedingungen in West und Ost, in: der markt, 32. Jg., 1993, Heft 4, S. 205-219

Hünerberg, R.: Möglichkeiten und Probleme des internationalen Direktmarketing, in: Link, J. et al. (Hrsg.), Handbuch Database Marketing, Ettlingen 1997, S. 337-358

Hünerberg, R.: Nischenstrategien im Europäischen Marketing - eine aktuelle Neubewertung eines klassischen Konzepts, in: Betriebswirtschaftliche Forschung und Praxis, 45. Jg., 1993, Heft 6, S. 666-684

Hünerberg, R.: Zum Wissenschaftsprogramm der Marketinglehre, in: Zeitschrift für Betriebswirtschaftslehre, 48. Jg., 1978, Heft 6, S. 467-483

Hünerberg, R./Groenewald, H./Mann, A.: Konzeption und Implementierung der Personalwerbung, in: Berthel, J./Groenewald, H. (Hrsg.), Personal-Management, Loseblattwerk, Landsberg/Lech 1996, 24. Nachlieferung, Kap. IV.1.4

Hünerberg, R./Mann, A.: International Dimensions of Customer Service, in: Mühlbacher, H./Flipo, J.-P. (Hrsg.), Advances in Services Marketing, Wiesbaden 1997, S. 213-232

Hünerberg, R./Mann, A.: Internationales Servicemarketing - Die neue Dimension im industriellen Wettbewerb, in: der markt, 35. Jg., 1996, Heft 2, S. 95-106

Hünerberg, R./Mann, A.: Strategische Implikationen des Service-Marketing in Industrieunternehmen - Konzeptionelle Überlegungen und empirische Befunde, in: Engelhardt, W.H. (Hrsg.), Perspektiven des Dienstleistungsmarketing, Wiesbaden 1998, S. 151-187

Hüttner, M.: Absatz- und Marktprognosen für Marketingentscheidungen, in: Bruhn, M. (Hrsg.), Handbuch des Marketing, München 1989, S. 157-188

Hüttner, M.: Grundzüge der Marktforschung, 5. Aufl., München/Wien 1997

Hunt, S.D./Morgan, R.M.: The Resource-Advantage Theory of Competition - Dynamics, Path Dependencies, and Evolutionary Dimensions, in: Journal of Marketing, 60. Jg., 1996, October, S. 107-114

I / J

Imai, M.: Kaizen - Der Schlüssel zum Erfolg im Wettbewerb, 4. Aufl., München 1992

Ingelfinger, T.: Interkulturelle Kompetenz als Notwendigkeit der Internationalisierung, in: Marktforschung & Management, 39. Jg., 1995, Heft 3, S. 103-106

Jackson, B.B.: Build Customer Relationships that Last, in: Harvard Business Review, 63. Jg., 1985, Heft 6, S. 120-128

Jackson, B.B.: Winning and Keeping Industrial Customers, Lexington 1985

Jackson, D.W. Jr.: Relationship Selling - The Personalization of Relationship Marketing, in: Asia - Australia Marketing Journal, 2. Jg., 1994, Heft 1, S. 45-54

Jacobs, S.: Strategische Erfolgsfaktoren der Diversifikation, Wiesbaden 1992

Jahrmann, F.U.: Außenhandel, 7. Aufl., Ludwigshafen 1994

Jain, S.C.: International Marketing Management, 4. Aufl., Belmont 1993

Jain, S.C.: Standardization of International Marketing Strategy - Some Research Hypotheses, in: Journal of Marketing, 53. Jg., 1989, January, S. 70-79

Jakob, F.: Produktindividualisierung - Ein Ansatz zur innovativen Leistungsgestaltung im Business-to-Business-Bereich, Wiesbaden 1995

James, B.G.: Kampfstrategien für Unternehmen, Landsberg/Lech 1986

Jeannet, J.-P.: Far Eastern Markets in the Context of Global Marketing, in: Thexis, 12. Jg., 1995, Heft 2, S. 5-10

Jeannet, J.-P./Hennessey, H.D.: Global Marketing Strategies, 2. Aufl., Boston/Toronto 1992

Jeck-Schlottmann, G.: Anzeigenbetrachtung bei geringem Involvement, in: Marketing - Zeitschrift für Forschung und Praxis, 10. Jg., 1988, Heft 1, S. 33-43

Jenner, T.: Internationale Marktbearbeitung - Erfolgreiche Strategien für Konsumgüterhersteller, Wiesbaden 1994

Jenner, T.: Zur Integration des Marketing in das strategische Management, in: Die Unternehmung, 51. Jg., 1997, Heft 1, S. 33-47

Jeschke, K.: Nachkaufmarketing, Frankfurt/Main et al. 1995

Jobber, D./O'Reilly, D.: Industrial Mail Surveys, in: Industrial Marketing Management, 27. Jg., 1998, Nr. 2, S. 95-107

Jöreskog, K.G./Sörbom, D.: LISREL 7 - A Guide to the Program and Applications, 2. Aufl., Chicago 1989

Jugel, S.: Ansatzpunkte einer Marketingkonzeption für technologische Innovationen, Stuttgart 1991

Jugel, S./Zerr, K.: Dienstleistungen als strategisches Element eines Technologie-Marketing, in: Marketing - Zeitschrift für Forschung und Praxis, 11. Jg., 1989, Heft 3, S. 162-172

Junior, J.: Wettbewerbsstrategie versus Wettbewerb als Strategie - Der Marktführer im Spannungsfeld von Unternehmensstrategie und Wettbewerbspolitik, München 1990

K

Kaas, K.P.: Marketing als Bewältigung von Informations- und Unsicherheitsproblemen am Markt, in: Die Betriebswirtschaft, 50. Jg., 1990, Heft 4, S. 539-548

Kaas, K.P.: Marktinformationen - Screening und Signaling unter Partnern und Rivalen, in: Zeitschrift für Betriebswirtschaft, 61. Jg., 1991, Heft 3, S. 357-370

Kaas, K.P.: Kontraktgütermarketing als Kooperation zwischen Principal und Agenten, in: Zeitschrift für betriebswirtschaftliche Forschung, 44. Jg., 1992, Heft 10, S. 884-901

Kaas, K.P.: Ansätze einer institutionenökonomischen Theorie des Konsumentenverhaltens, in: Forschungsgruppe Konsum und Verhalten (Hrsg.), Konsumentenforschung, München 1994, S. 245-260

Kaas, K.P.: Informationsökonomik, in: Tietz, B./Köhler, R./Zentes, J. (Hrsg.), Handwörterbuch des Marketing, 2. Aufl., Stuttgart 1995, Sp. 971-981

Kaas, K.P.: Marketing und Neue Institutionenökonomik, in: Zeitschrift für betriebswirtschaftliche Forschung, 1995, Sonderheft 35, S. 1-17

Kaas, K.P./Busch, A.: Inspektions-, Erfahrungs- und Vertrauenseigenschaften von Produkten, in: Marketing - Zeitschrift für Forschung und Praxis, 18. Jg., 1996, Heft 4, S. 243-252

Kaas, K.P./Fischer, M.: Der Transaktionskostenansatz, in: Das Wirtschaftsstudium, 22. Jg., 1993, Heft 8-9, S. 686-693

Kamiske, G.F. et al.: Quality Function Deployment - oder das systematische Überbringen der Kundenwünsche, in: Marketing - Zeitschrift für Forschung und Praxis, 16. Jg., 1994, Heft 3, S. 181-190

Kaplan, R.S./Norton, D.P.: The Balanced Scorecard - Measures That Drive Performance, in: Harvard Business Review, 70. Jg., January-February, S. 71-79

Karlöf, B./Östblom, S.: Das Benchmarking-Konzept, München 1994

Kasper, H./Lemmink, J.: After Sales Service Quality - Views Between Industrial Customers and Service Managers, in: Industrial Marketing Management, 18. Jg., 1989, Nr. 3, S. 199-208

Kaufer, E.: Industrieökonomik, München 1980

Keegan, W.J.: Global Marketing Management, Englewood Cliffs 1989

Keltz, A.: Die Weltmarke, Idstein 1989

Kenter, M.E.: Die Steuerung ausländischer Tochtergesellschaften - Instrumente und Effizienz, Frankfurt/Bern/New York 1985

Kern, E.: Der Interaktionsansatz im Investitionsgütermarketing, Berlin 1990

Kieser, A.: Der Situative Ansatz, in: Kieser, A. (Hrsg.), Organisationstheorien, Stuttgart/Berlin/Köln 1993, S. 161-191

Kieser, A.: Max Webers Analyse der Bürokratie, in: Kieser, A. (Hrsg.), Organisationstheorien, Stuttgart/Berlin/Köln 1993, S. 37-62

Kieser, A./Kubicek, H.: Organisation, 3. Aufl., Berlin 1992

Kieser, A./Segler, T.: Quasi-mechanistische Situative Ansätze, in: Kieser, A. (Hrsg.), Organisationstheoretische Ansätze, München 1981, S. 173-184

Kijewski, V./Yoon, E.: Market-Based Pricing - Beyond Price-Performance Curves, in: Industrial Marketing Management, 19. Jg., 1990, Nr. 1, S. 11-19

Kimes, S.E.: Yield Management - A Tool for Capacity-Constrained Service Firms, in: Lovelock, C.H. (Hrsg.), Managing Services, 2. Aufl., Englewood Cliffs 1992, S. 188-201

Kirchgeorg, M.: Zielgruppenmarketing, in: Thexis, 12. Jg., 1995, Heft 3, S. 20-26

Kirsch, W.: Die verhaltenswissenschaftliche Fundierung der Betriebswirtschaftslehre, in: Raffée, H./Abel, B. (Hrsg.), Wissenschaftstheoretische Grundfragen der Wirtschaftswissenschaften, München 1979, S. 105-120

Kirsch, W.: Unternehmenspolitik und strategische Unternehmensführung, 2. Aufl., München 1991

Klaus, P.: Auf dem Weg zu einer Betriebswirtschaftslehre der Dienstleistungen - Der Interaktions-Ansatz, in: Die Betriebswirtschaft, 44. Jg., 1984, Heft 3, S. 467-475

Klaus, P.: Die Qualität von Bedienungsinteraktionen, in: Bruhn, M./Stauss, B. (Hrsg.), Dienstleistungsqualität, Wiesbaden 1991, S. 247-265

Kleinaltenkamp, M.: Die Dynamisierung strategischer Marketing-Konzepte, in: Zeitschrift für betriebswirtschaftliche Forschung, 39. Jg., 1987, Heft 1, S. 31-52

Kleinaltenkamp, M.: Institutionenökonomische Begründung der Geschäftsbeziehung, in: Backhaus, K./Diller, H. (Hrsg.), Dokumentation des 1. Workshops „Beziehungsmanagement" der Arbeitsgruppe „Beziehungsmanagement" der wissenschaftlichen Kommission für Marketing im Verband der Hochschullehrer für Betriebswirtschaft, Münster/Nürnberg 1994, S. 8-39

Kleinaltenkamp, M.: Investitionsgüter-Marketing aus informationsökonomischer Sicht, in: Zeitschrift für betriebswirtschaftliche Forschung, 44. Jg., 1992, Heft 9, S. 809-829

Kleinaltenkamp, M.: Kooperatives Kundenmanagement im Business-to-Business-Marketing, in: Tomczak, T./Belz, C. (Hrsg.), Kundennähe realisieren, St. Gallen 1994, S. 145-158

Kleinaltenkamp, M.: Kundenorientierung und mehr, in: absatzwirtschaft, 38. Jg., 1995, Heft 8, S. 77-83

Kleinaltenkamp, M.: Marktsegmentierung, in: Kleinaltenkamp, M./Plinke, W. (Hrsg.), Technischer Vertrieb, Berlin 1995, S. 663-700

Kleinaltenkamp, M.: Standardisierung und Individualisierung, in: Tietz, B./Köhler, R./Zentes, J. (Hrsg.), Handwörterbuch des Marketing, 2. Aufl., Stuttgart 1995, Sp. 2354-2363

Kleinaltenkamp, M.: Typologien von Business-to-Business-Transaktionen - Kritische Würdigung und Weiterentwicklung, in: Marketing - Zeitschrift für Forschung und Praxis, 16. Jg., 1994, Heft 2, S. 77-88

Kleinaltenkamp, M./Ginter, T.: Dienstleistungsprogrammpolitische Entscheidungen, in: Meyer, A. (Hrsg.), Handbuch Dienstleistungs-Marketing, Band 1, Stuttgart 1998, S. 751-765

Kleinaltenkamp, M./Marra, A.: Institutionenökonomische Aspekte der 'Customer Integration', in: Zeitschrift für betriebswirtschaftliche Forschung, 47. Jg., 1995, Sonderheft 35, S. 101-117

Kleinaltenkamp, M./Plinke, W./Söllner, A.: Drum prüfe, wer sich ewig bindet, in: absatzwirtschaft, 39. Jg., 1996, Sonderheft 10, S. 152-157

Kliche, M.: Zum Interaktionsansatz im Innovationsmarketing, in: Kliche, M. (Hrsg.), Investitionsgütermarketing - Positionsbestimmung und Perspektiven, Wiesbaden 1990, S. 53-76

Klinkenberg, U.: Fehlerherd Marketing, Teil 2, in: absatzwirtschaft, 35. Jg., 1992, Heft 7, S. 86-93

Knyphausen, D. zu: „Why are firms different?“, in: Die Betriebswirtschaft, 53. Jg., 1993, Heft 6, S. 771-792

Knyphausen, D. zu: Theorie der strategischen Unternehmensführung - State of the Art und neue Perspektiven, Wiesbaden 1995

Knolmayer, G.: Zur Berücksichtigung von Transaktions- und Koordinationskosten in Entscheidungsmodellen für Make-or-Buy-Probleme, in: Betriebswirtschaftliche Forschung und Praxis, 46. Jg., Heft 4, S. 316-332

Köhler, L.: Die Internationalisierung produzentenorientierter Dienstleistungsunternehmen, Hamburg 1991

Köhler, R.: Beiträge zum Marketing-Management, Stuttgart 1993

Köhler, R.: Durch Marketingcontrolling zur konsequenten Kunden- und Prozeßorientierung im Target Marketing, in: Horváth, P. (Hrsg.), Kunden und Prozesse im Fokus, Stuttgart 1994, S. 61-79

Köhler, R.: Internationale Kooperationsstrategien kleinerer Unternehmen, in: Bruhn, M./Steffenhagen, H. (Hrsg.), Marktorientierte Unternehmensführung, Wiesbaden 1997, S. 181-204

Köhler, R.: Marketing-Controlling - Konzepte und Methoden, in: Reinecke, S./Tomczak, T./Dittrich, S. (Hrsg.), Marketingcontrolling, St. Gallen 1998, S. 10-21

Köhler, R./Hüttemann, H.: Marktauswahl im internationalen Marketing, in: Macharzina, K./Welge, M.K. (Hrsg.), Handwörterbuch Export und Internationale Unternehmung, Stuttgart 1989, Sp. 1428-1440

König, E.: Soziale Kompetenzen, in: Gaugler, E./Weber, W. (Hrsg.), Handwörterbuch des Personalwesens, 2. Aufl., Stuttgart 1992, Sp. 2046-2056

Kogut, B.: Designing Global Strategies - Comparative and Competitive Value Added Chains, in: Sloan Management Review, 26. Jg., Nr. 4, S. 15-28

Kogut, B.: Understanding International Competition - Competition in Global Industries Edited by Michael E. Porter (Review), in: Sloan Management Review, 28. Jg., 1987, Nr. 2, S. 73-76

Kohli, A.K./Jaworski, B.J.: Market Orientation - The Construct, Research Propositions, and Managerial Implications, in: Journal of Marketing, 54. Jg., 1990, April, S. 1-18

Kolks, U.: Strategieimplementierung - Ein anwendungsorientiertes Konzept, Wiesbaden 1990

Konegen, N./Sondergeld, K.: Wissenschaftstheorie für Sozialwissenschaftler, Opladen 1985

Koppelmann, U.: Beschaffungsmarketing, Berlin et al. 1993

Koppelmann, U.: Total Quality Management und Marketing, in: Berndt, R. (Hrsg.), Total Quality Management als Erfolgsstrategie, Berlin et al. 1995, S. 173-198

Kotha, S.: Mass Customization - Implementing the Emerging Paradigm for Competitive Advantage, in: Strategic Management Journal, 16. Jg., 1995, Special Issue 2, S. 21-42

Kotler, P.: A Generic Concept of Marketing, in: Journal of Marketing, 36. Jg., 1972, April, S. 46-54

Kotler, P.: Marketing-Management, 4. Aufl., Stuttgart 1982

Kotler, P.: Megamarketing, in: Harvard Business Review, 64. Jg., 1986, March-April, S. 117-124

Kotler, P./Bliemel, F.: Marketing-Management - Analyse - Planung - Umsetzung und Steuerung, 8. Aufl., Stuttgart 1995

Kotler, P./Fahey, L./Jatusripitak, S.: Die asiatische Herausforderung - Antwort auf neue Marketingstrategien, Landsberg/Lech 1987

Krämer, C.: Marketingstrategien für Produktionsgüter, Wiesbaden 1993

Kreher, P.-J.: Going Global - Gründe, Vorgehen, Erfahrungen am Beispiel der FAG Kugelfischer Gruppe, in: Zahn, E./Foschiani, S. (Hrsg.), Wettbewerb um die Zukunft, Stuttgart 1997, S. 49-65

Kreilkamp, E.: Strategisches Management und Marketing, Berlin/New York 1987

Kretschmann, J.: Die Diffusion des Kritischen Rationalismus in der Betriebswirtschaftslehre, Stuttgart 1989

Kreutzer, R.: Global Marketing - Konzeption eines länderübergreifenden Marketing, Wiesbaden 1989

Kreutzer, R.T.: Länderübergreifende Segmentierungskonzepte - Antwort auf die Globalisierung der Märkte, in: Jahrbuch der Absatz- und Verbrauchsforschung, 37. Jg., 1991, Heft 1, S. 4-27

Kreutzer, R.T.: Standardisierung der Marketing-Instrumente im globalen Marketing, in: Betriebswirtschaftliche Forschung und Praxis, 43. Jg., 1991, Heft 5, S. 363-398

Kriz, J.: Methodenkritik empirischer Sozialforschung, Stuttgart 1981

Kroeber, A.L./Kluckhohn, L.: Culture, Cambridge 1952

Kroeber-Riel, W.: Globalisierung der Euro-Werbung - Ein konzeptioneller Ansatz der Konsumentenforschung, in: Marketing - Zeitschrift für Forschung und Praxis, 14. Jg., 1992, Heft 4, S. 261-267

Kroeber-Riel, W.: Konsumentenverhalten, 4. Aufl., München 1990

Kroeber-Riel, W.: Strategie und Technik der Werbung, Stuttgart et al. 1988

Kroeber-Riel, W./Weinberg, P.: Konsumentenverhalten, 6. Aufl., München 1996

Kromka, F.: Sozialwissenschaftliche Methodologie, Paderborn et al. 1984

Kromrey, H.: Empirische Sozialforschung, 3. Aufl., Opladen 1986

Krüger, W.: Die Erklärung des Unternehmenserfolgs - Theoretischer Ansatz und empirische Ergebnisse, in: Die Betriebswirtschaft, 48. Jg., 1988, Heft 1, S. 27-43

Krüger, W. /Schwarz, G.: Konzeptionelle Analysen und praktische Bestimmung von Erfolgsfaktoren und Erfolgspotentialen, in: Bleicher, K./Gomez, P. (Hrsg.), Zukunftsperspektiven der Organisation, Bern 1990, S. 179-209

Krulis-Randa, J.S.: Marketingwissenschaft - Stand und Entwicklung, in: Die Unternehmung, 47. Jg., 1993, Heft 2, S. 149-162

Krystek, U./Walldorf, E.G.: Früherkennungssysteme (FES) in bezug auf Marktchancen und Marktbedrohungen auf Auslandsmärkten, in: Kumar, B.N./Haussmann, H. (Hrsg.), Handbuch der Internationalen Unternehmenstätigkeit, München 1992, S. 341-366

Kühn, R.: Methodische Überlegungen zum Umgang mit der Kundenorientierung im Marketing-Management, in: Marketing - Zeitschrift für Forschung und Praxis, 13. Jg., 1991, Heft 2, S. 97-107

Küpper, H.-U.: Erfolgs- und finanzwirtschaftliches Controlling, in: Meyer, A. (Hrsg.), Handbuch Dienstleistungs-Management, Band 1, Stuttgart 1998, S. 376-393

Küpper, H.-U./Weber, J./Zünd, A.: Zum Verständnis und Selbstverständnis des Controlling, in: Zeitschrift für Betriebswirtschaft, 60. Jg., 1990, Heft 3, S. 281-293

Kuhlmann, E.: Kaufrisiko, in: Graf Hoyo, C. et al. (Hrsg.), Wirtschaftspsychologie in Grundbegriffen, 2. Aufl., München/Weinheim 1987, S. 522-533

Kuhlmann, E.: Verbraucherpolitik, München 1990

Kuhn, T.S.: Die Struktur wissenschaftlicher Revolutionen, 9. Aufl., Frankfurt/Main 1988

Kuhn, T.S.: Die Entstehung des Neuen, 3. Aufl., Frankfurt/Main 1988

Kumar, B.N.: Grundlagen und Problemfelder der internationalen Unternehmenstätigkeit, in: Kumar, B.N./Haussmann, H. (Hrsg.), Handbuch der Internationalen Unternehmenstätigkeit, München 1992, S. 1-26

Kumar, B.N.: Personalpolitische Herausforderungen für im Ausland tätige Unternehmen, in: Dichtl, E./Issing, O. (Hrsg.), Exportnation Deutschland, 2. Aufl., München 1992, S. 305-336

Kurr, A.: Internationale Aspekte des Schutzrechtsmanagement, in: Bruhn, M. (Hrsg.), Handbuch Markenartikel, Band 3, Stuttgart 1994, S. 1861-1889

Kuß, A.: Entscheider-Typologien und das Buying-Center-Konzept, in: Kliche, M. (Hrsg.), Investitionsgüter-Marketing - Positionsbestimmung und Perspektiven, Wiesbaden 1990, S. 21-37

Kuß, A.: Käuferverhalten, Stuttgart 1991

Kuß, A.: Valide Daten - die Grundlage für aussagefähige Marktforschung, in: Tomczak, T./Reinecke, S. (Hrsg.), Marktforschung, St. Gallen 1994, S. 16-28

Kuß, A./Diller, H.: Kaufrisiko, in: Diller, H. (Hrsg.), Vahlens Großes Marketing Lexikon, München 1992, S. 523-524

Kutschera, F. von: Grundfragen der Erkenntnistheorie, Berlin/New York 1981

Kutschker, M.: Dynamische Internationalisierungsstrategien, in: Engelhard, J./Rehkugler, H. (Hrsg.), Strategien für nationale und internationale Märkte, Wiesbaden 1994, S. 221-248

Kutschker, M.: Strategische Kooperationen als Mittel der Internationalisierung , in: Schuster, L. (Hrsg.), Die Unternehmung im internationalen Wettbewerb, Berlin 1994, S. 121-157

Kux, B./Rall, W.: Marketing im globalen Wettbewerb, in: Welge, M.K. (Hrsg.), Globales Management, Stuttgart 1990, S. 73-84

Kyj, M.J.: Customer Service as a Competitive Tool, in: Industrial Marketing Management, 16. Jg., 1987, Heft 3, S. 225-230

L

Laakmann, K.: Marketing von Value-Added-Services - ein Beitrag zur Angebotsprofilierung im Wettbewerb, Arbeitspapier Nr. 91 der Wissenschaftlichen Gesellschaft für Marketing und Unternehmensführung e.V., hrsg. von Meffert, H./Wagner, H./Backhaus, K., Münster 1990

Laakmann, K.: Value-Added-Services als Profilierungsinstrument im Wettbewerb, Frankfurt/Main et al. 1995

Läbe, S.M./Stolpmann, F.N.: Service-Wege zu neuen Geschäftspotentialen und hoher Kundenbindung, in: Becker, L./Lukas, A. (Hrsg.), Effizienz im Marketing, Wiesbaden 1994, S. 95-116

Laib, P.: Primärdienstleistungen - Elemente einer strategischen Neuorientierung von Industrieunternehmen, München 1996

Lancaster, K.: Moderne Mikroökonomie, 2. Aufl., Frankfurt/New York 1983

Lange, B.: Bestimmung strategischer Erfolgsfaktoren und Grenzen ihrer empirischen Fundierung, in: Die Unternehmung, 36. Jg., 1982, Heft 1, S. 27-41

Langhammer, R.J.: Die Weiterentwicklung der WTO, in: Wirtschaftswissenschaftliches Studium, 28. Jg., 1998, Heft 3, S. 121-126

Lauszus, D./Sebastian, K.-H.: Value based-Pricing, in: Thexis, 14. Jg., 1997, Heft 2, S. 2-8

Laux, H.: Risiko, Anreiz und Kontrolle, Berlin 1990

Legg, D./Baker, J.: Advertising Strategies for Service Firms, in: Lovelock, C.H. (Hrsg.), Services Marketing, 3. Aufl., Englewood Cliffs 1996, S. 409-417

Lehmann, A.: Qualitätsstrategien für Dienstleistungen - Bausteine zum Management von Dienstleistungsqualität, in: Seghezzi, H.D./Hansen, J.R. (Hrsg.), Qualitätsstrategien - Anforderungen an das Management der Zukunft, München/Wien 1993, S. 109-128

Lehtinen, J.R.: Service Quality: Multidisciplinary and Multinational Perspectives - An Experimental Study of Service Production Processes in Different Cultures, in: Brown, S.W. et al. (Hrsg.), Service Quality, Lexington 1991, S. 135-142

Leibinger, B.: Maschinen für die Produktionstechnik - eine Industrie im Wandel, in: Kuhnert, W. (Hrsg.), Menschen - Maschinen - Märkte, Berlin 1994, S. 103-113

Leidecker, J.K./Bruno, A.V.: Identifying and Using Critical Success Factors, in: Long Range Planning, 17. Jg., 1984, Nr. 1, S. 23-32

Lele, M.M.: How Service Needs Influence Product Strategy, in: Sloan Management Review, 28. Jg., 1986, Fall, S. 63-70

Lenfers, H.: Das Service-Management, Sindelfingen 1984

Lenk, H.: Zwischen Wissenschaftstheorie und Sozialwissenschaft, Frankfurt/Main 1986

Leppard, J./Molyneux, L.: Auditing Your Customer Service, London/New York 1994

Levitt, T.: After the sale is over..., in: Harvard Business Review, 61. Jg., 1983, S. 87-93

Levitt, T.: Industrialization of service, in: Harvard Business Review, 54. Jg., 1976, September/October 1976, S. 63-74

Levitt, T.: Marketing success trough differentiation - of anything, in: Harvard Business Review, 58. Jg., 1980, January/February, S. 83-91

Levitt, T.: The Globalization of Markets, in: Harvard Business Review, 61. Jg., 1983, May/June, S. 92-102

Levitt, T.: Die Globalisierung der Märkte, in: Harvard manager, 6. Jg., 1984, Heft 4, S. 19-27

Lienemann, C./Reis, T.: Der ressourcenorientierte Ansatz - Struktur und Implikationen für das Dienstleistungsmarketing, in: Wirtschaftswissenschaftliches Studium, 25. Jg., 1996, S. 257-260

Liljander, V./Strandvik, T.: Different Comparison Standards as Determinants of Service Quality, in: Thelen, E.M./Mairamhof, G.B. (Hrsg.), Dienstleistungsmarketing, Frankurt/Main et al. 1993, S. 127-150

Lingenfelder, M.: Die Internationalisierung im europäischen Einzelhandel, Berlin 1996

Lingenfelder , M.: Die Marktorientierung von Vertriebsleitern als strategischer Erfolgsfaktor, Berlin 1990

Lingenfelder, M./Schneider, W.: Die Kundenzufriedenheit - Bedeutung, Meßkonzept und empirische Befunde, in: Marketing - Zeitschrift für Forschung und Praxis, 13. Jg., 1991, Heft 2, S. 109-119

Lingnau, V.: Kritischer Rationalismus und Betriebswirtschaftslehre, in: Wirtschaftswissenschaftliches Studium, 24. Jg., 1995, Heft 3, S. 124-129

Link, J.: Führungskräfte und Führungserfolg - Eine Einführung, in: Krystek, U./Link, J. (Hrsg.), Führungskräfte und Führungserfolg, Wiesbaden 1995, S. 11-34

Link, J.: Führungssysteme, München 1996

Lovelock, C.H.: Classifying Services to Gain Strategic Marketing Insights, in: Lovelock, C.H. (Hrsg.), Managing Services - Marketing, Operations, and Human Resources, 2. Aufl., Englewood Cliffs 1992, S. 50-63

Lovelock, C.H.: The Search for Synergy - What Marketeers Need to Know about Service Operations, in: Lovelock, C.H. (Hrsg.), Managing Services - Marketing, Operations, and Human Resources, 2. Aufl., Englewood Cliffs 1992, S. 392-405

Lücking, J.: Marktaggressivität und Unternehmenserfolg, Berlin 1995

M

Macharzina, K.: Organisation der internationalen Unternehmensaktivität, in: Kumar, B.N./Haussmann, H. (Hrsg.), Handbuch der Internationalen Unternehmenstätigkeit, München 1992, S. 591-607

Macharzina, K.: Unternehmensführung - Das internationale Managementwissen, Wiesbaden 1995

Mai, H.: Dienstleistungen im Produzierenden Gewerbe - Testerhebung, Konzept und Ergebnisse, in: Wirtschaft und Statistik, 1989, Heft 2, S. 57-64

Maleri, R.: Grundlagen der Dienstleistungsproduktion, 2. Aufl., Berlin/Heidelberg 1991

Mann, A.: Grundlagen der Service-Politik im internationalen Automobil-Wettbewerb, in: Hünerberg, R./Heise, G./Hoffmeister, M. (Hrsg.), Internationales Automobilmarketing, Wiesbaden 1995, S. 443-474

Mann, A.: Grundlagen einer strategischen Service-Konzeption, in: Weber, R. (Hrsg.), Service-Management (Loseblattsammlung), Landsberg/Lech 1995, 18. Nl., Kap. I.2.2

Mann, A.: Messung von Kundennutzen und Kundenzufriedenheit bei Serviceleistungen, in: Weber, R. (Hrsg.), Service-Management (Loseblattsammlung), Landsberg/Lech 1995, 15. Nl., Kap. I.5.3

Mann, A.: Online-Service, in: Hünerberg, R./Heise, G./Mann, A. (Hrsg.), Handbuch Online-M@rketing, Landsberg/Lech 1996, S. 157-179

Marra, A.: Marktprozeß und Einzeltransaktion, Arbeitspapier Nr. 8 der Berliner Reihe zum "Business to Business Marketing", hrsg. von M. Kleinaltenkamp, 2. Aufl., Berlin 1995

Martin, A.: Die empirische Forschung in der Betriebswirtschaftslehre - Eine Untersuchung über die Logik der Hypothesenprüfung, die empirische Forschungspraxis und die Möglichkeit einer theoretischen Fundierung realwissenschaftlicher Untersuchungen, Stuttgart 1989

Mascarenhas, B./Aaker, D.A.: Mobility Barriers and Strategic Groups, in: Strategic Management Journal, 10. Jg., 1989, S. 475-485

Mattmüller, R./Tunder, R.: Diversifikations-, Reduktions-, Konversationsstrategien von Dienstleistungs-Anbietern, in: Meyer, A. (Hrsg.), Handbuch Dienstleistungs-Marketing, Band 1, Stuttgart 1998, S. 589-606

Mayntz, R./Holm, K./Hübner, P.: Einführung in die Methoden der empirischen Sozialforschung, 5. Aufl., Opladen 1978

McAlister, L.: A Dynamic Attribut Satiation Model of Variety-Seeking Behavior, in: Journal of Consumer Research, 9. Jg., 1982, September, S. 141-150

McDougall, G.H.C./Snetsinger, D.W.: The Intangibility of Services - Measurement and Competitive Perspectives, in: The Journal of Services Marketing, 4. Jg., 1990, Heft 4, S. 27-40

McKinsey & Company, Inc.: Einfach Überlegen - Das Unternehmenskonzept, das die Schlanken schlank und die Schnellen schnell macht, Stuttgart 1993

McKinsey & Company, Inc.: Qualität gewinnt - Mit Hochleistungskultur und Kundennutzen an die Weltspitze, Stuttgart 1995

Meffert, H.: Der Kundendienst als Marketinginstrument - Einführung in die Problemkreise des Kundendienst-Managements, in: Meffert, H. (Hrsg.), Kundendienst-Management, Frankfurt/Bern 1982, S. 1-30

Meffert, H.: Dienstleistungsmarketing, in: Tietz, B./Köhler, R./Zentes, J. (Hrsg.), Handwörterbuch des Marketing, 2. Aufl., Stuttgart 1995, Sp. 454-469

Meffert, H.: Die virtuelle Unternehmung - Perspektiven aus der Sicht des Marketing, in: Backhaus, K. et al. (Hrsg.), Marktleistung und Wettbewerb, Wiesbaden 1997, S. 115-141

Meffert, H.: Erfolgreiches Marketing in der Rezession, Wien 1994

Meffert, H.: Globalisierungsstrategien und ihre Umsetzung im internationalen Wettbewerb, in: Die Betriebswirtschaft, 49. Jg., 1989, Heft 4, S. 445-463

Meffert, H.: Interdependenzen und Koordination zwischen Marketing und Kundendienst, in: Meffert, H. (Hrsg.), Kundendienst-Management, Frankfurt/Bern 1982, S. 171-204

Meffert, H.: Klassische Funktionslehre und marktorientierte Führung - Integrationsperspektiven aus Sicht des Marketing, in: Adam, D. et al. (Hrsg.), Integration und Flexibilität - Eine Herausforderung für die Allgemeine Betriebswirtschaftslehre, Wiesbaden 1989, S. 373-408

Meffert, H.: Kundendienstpolitik - Eine Bestandsaufnahme zu einem komplexen Marketinginstrument, in: Marketing - Zeitschrift für Forschung und Praxis, 9. Jg., 1987, Heft 2, S. 93-102

Meffert, H.: Kundendienstpolitik und Dienstleistungsmarketing im Automobilbereich, in: Diez, W./Brachat, H., Grundlagen der Automobilwirtschaft, Ottobrunn 1994, S. 191-209

Meffert, H.: Marketing - Grundlagen marktorientierter Unternehmensführung, 8. Aufl., Wiesbaden 1998

Meffert, H.: Marketing im Spannungsfeld von weltweitem Wettbewerb und nationalen Bedürfnissen, in: Zeitschrift für Betriebswirtschaft, 56. Jg., 1986, Heft 8, S. 689-712

Meffert, H.: Marketing und allgemeine Betriebswirtschaftslehre - Eine Standortbestimmung im Lichte neuerer Herausforderungen der Unternehmensführung, in: Kirsch, W./Picot, A. (Hrsg.), Die Betriebswirtschaftslehre im Spannungsfeld zwischen Generalisierung und Spezialisierung, Wiesbaden 1989, S. 339-357

Meffert, H.: Marketing-Management - Analyse, Strategie, Implementierung, Wiesbaden 1994

Meffert, H.: Marktorientierte Unternehmensführung im Umbruch - Entwicklungsperspektiven des Marketing in Wissenschaft und Praxis, in: Bruhn, M./Meffert, H./Wehrle, F. (Hrsg.), Marktorientierte Unternehmensführung im Umbruch, Stuttgart 1994, S. 3-39

Meffert, H.: Wettbewerbsstrategien auf globalen Märkten, in: Betriebswirtschaftliche Forschung und Praxis, 43. Jg., 1991, Heft 5, S. 399-415

Meffert,. H.: Wettbewerbsstrategische Aspekte der Globalisierung - Status und Perspektiven der länderübergreifenden Integration, in: Haller, M. et al. (Hrsg.), Globalisierung der Wirtschaft - Einwirkungen auf die Betriebswirtschaftslehre, Bern/Stuttgart/Wien 1993, S. 23-47

Meffert, H.: Zur Bedeutung von Konkurrenzstrategien im Marketing, in: Marketing - Zeitschrift für Forschung und Praxis, 7. Jg., 1985, Heft 1, S. 13-19

Meffert, H.: Zur Typologie internationaler Marketingstrategien - ein situativer Ansatz, in: Thexis, 2. Jg., 1985, Heft 2, S. 3-7

Meffert, H./Bolz, J.: Internationales Marketing-Management, 2. Aufl., Stuttgart/Berlin/ Köln 1994

Meffert, H./Bruhn, M.: Dienstleistungsmarketing, Wiesbaden 1995

Meffert, H./Kirchgeorg, M.: Grundlagen des Umweltschutzes aus wettbewerbsstrategischer Perspektive, in: Hansmann, K.-W. (Hrsg.), Marktorientiertes Umweltmanagement, Wiesbaden 1994, S. 21-57

Meffert, H./Kirchgeorg, M.: Marketing - Quo Vadis? - Herausforderungen und Entwicklungsperspektiven des Marketing aus Unternehmenssicht, Arbeitspapier Nr. 89 der Wissenschaftlichen Gesellschaft für Marketing und Unternehmensführung e.V., hrsg. von Meffert, H./Wagner, H./Backhaus, K., Münster 1994

Meffert, H./Meurer, J.: Internationales Marketing im neuen Europa, in: der markt, 32. Jg., 1993, Heft 4, S. 220-230

Meffert, H./Pues, C.: Timingstrategien des internationalen Markteintritts, in: Macharzina, K./Oesterle, M.-J. (Hrsg.), Handbuch Internationales Management, Wiesbaden 1997, S. 253-266

Meinig, W.: Bedarfsorientiertes Produktivgütermarketing, Berlin 1985

Meinig, W.: Simultaneous Engineering, in: Das Wirtschaftsstudium, 23. Jg., 1994, Heft 5, S. 247

Mellerowicz, K.: Markenartikel - Die ökonomischen Gesetze ihrer Preisbildung und Preisbindung, 2. Aufl., München/Berlin 1963

Menezes, M.A.J./Quelch, J.A.: Leverage Your Warranty Program, in: Sloan Management Review, 31. Jg., 1991, Nr. 4, S. 69-80

Mengen, A.: Konzeptgestaltung von Dienstleistungsprodukten, Stuttgart 1993

Meurer, C.: Strategisches internationales Marketing für Dienstleistungen, Frankfurt/Main et al. 1993

Meyer, A.: Das Absatzmarktprogramm, in: Meyer, P.W. (Hrsg.), Integrierte Marketingfunktionen, 3. Aufl., Stuttgart/Berlin/Köln 1992, S. 52-83

Meyer, A.: Die Automatisierung und Veredelung von Dienstleistungen - Auswege aus der dienstleistungsinhärenten Produktivitätsschwäche, in: Jahrbuch der Absatz- und Verbrauchsforschung, 33. Jg., 1987, Heft 1, S. 25-46

Meyer, A.: Dienstleistungs-Marketing, in: Die Betriebswirtschaft, 51. Jg., 1991, Heft 2, S. 195-209

Meyer, A.: Dienstleistungs-Marketing, 5. Aufl., Augsburg 1992

Meyer, A.: Kommunikationspolitik von Dienstleistungsunternehmen, in: Corsten, H. (Hrsg.), Integratives Dienstleistungsmanagement, Wiesbaden 1994, S. 257-286

Meyer, A.: Marketing für Dienstleistungsanbieter - Vergleichende Analyse verschiedener Dienstleistungsarten, in: Hermanns, A./Meyer, A. (Hrsg.), Zukunftsorientiertes Marketing für Theorie und Praxis, Berlin 1984, S. 197-213

Meyer, A.: Produktdifferenzierung durch Dienstleistungen, in: Marketing - Zeitschrift für Forschung und Praxis, 7. Jg., 1985, Heft 2, S. 99-107

Meyer, A.: Servicepolitik, in: Diller, H. (Hrsg.), Vahlens großes Marketing-Lexikon, München 1992, Sp. 1048-1053

Meyer, A./Blümelhuber, C.: Interdependenzen zwischen Absatz und Produktion in Dienstleistungsunternehmen und ihre Auswirkungen auf konzeptionelle Fragen des Absatzmarketing, in: Corsten, H./Hilke, W. (Hrsg.), Dienstleistungsproduktion, Wiesbaden 1994, S. 5-41

Meyer, A./Blümelhuber, C.: McDonalds, Aldi, Fielmann, Southwest Airlines, Continental lite, DAB, comdirect bank - Ist weniger mehr?, in: Meyer, A. (Hrsg.), Grundsatzfragen und Herausforderungen des Dienstleistungsmarketing, Wiesbaden 1996, S. 317-334

Meyer, A./Blümelhuber, C.: No Frills! Servicekonzepte ohne Wildwuchs und Schnickschnack, in: absatzwirtschaft, 38. Jg., 1995, Sonderheft 10, S. 30-40

Meyer, A./Dullinger, F.: Leistungsprogramm von Dienstleistungs-Anbietern, in: Meyer, A. (Hrsg.), Handbuch Dienstleistungs-Marketing, Band 1, Stuttgart 1998, S. 711-735

Meyer, A./Mattmüller, R.: Qualität von Dienstleistungen, in: Marketing - Zeitschrift für Forschung und Praxis, 9. Jg., 1987, Heft 3, S. 187-195

Meyer, A./Noch, R.: Dienstleistungen im Investitionsgütermarketing, in: Das Wirtschaftsstudium, 21. Jg., 1992, Heft 12, S. 954-961

Meyer, A./Streich, K.: Preispolitik für Dienstleistungen, in: Meyer, A. (Hrsg.), Handbuch Dienstleistungs-Marketing, Band 1, Stuttgart 1998, S. 846-865

Meyer, A./Tostmann, T.: Die nur erlebbare Markenpersönlichkeit, in: Harvard Business manager, 17. Jg., 1995, Heft 4, S. 9-15

Meyer, A./Westerbarkey, P.: Bedeutung der Kundenbeteiligung für die Qualitätspolitik von Dienstleistungen, in: Bruhn, M./Stauss, B. (Hrsg.), Dienstleistungsqualität, 2. Aufl., Wiesbaden 1995, S. 81-103

Meyer, C.: Schnelle Zyklen, Frankfurt/New York 1994

Meyer, M.: Kooperation mit Kunden - Theorie und Organisation von strategischen Netzwerken, in: Kleinaltenkamp, M./Fließ, S./Jacob, F. (Hrsg.), Customer Integration, Wiesbaden 1996, S. 221-232

Meyer, M.: Kundendienst, in: Tietz, B./Köhler, R./Zentes, J. (Hrsg.), Handwörterbuch des Marketing, 2. Aufl., Stuttgart 1995, Sp. 1351-1362

Meyer, M.: Ökonomische Organisation der Industrie, Wiesbaden 1995

Meyer, W.: Falsifikationslehre und ökonomische Theorie - Anwendungsprobleme des Kritischen Rationalismus, in: Raffée, H./Abel, B. (Hrsg.), Wissenschaftstheoretische Grundfragen der Wirtschaftswissenschaften, München 1979, S. 44-59

Michaelis, E.: Organisation unternehmerischer Aufgaben - Transaktionskosten als Beurteilungskriterium, Frankfurt/Bern/New York 1985

Michalski, T.: Dienstleistungen als strategische Wachstumsoption für global tätige Industrieunternehmen, in: Die Unternehmung, 51. Jg., 1997, Heft 5, S. 359-374

Minderlein, M.: Industrieökonomik und Industrieforschung, in: Staehle, W.H./Sydow, J. (Hrsg.), Managementforschung 3, Berlin/New York 1993, S. 157-201

Mintzberg, H.: The Strategy Concept I - Five Ps for Strategy, in: California Management Review, 20. Jg., 1987, Heft 1, S. 11-24

Möhrle, M.: Prämarketing - Zur Markteinführung neuer Produkte, Wiesbaden 1995

Mößlang, A.M.: Internationalisierung von Dienstleistungsunternehmen, Wiesbaden 1995

Mollberg, H.: Problematik einer Messung des Kundenserviceerfolgs, Göttingen 1983

Moore, S.A./Schlegelmilch, B.B.: Improving Service Quality in Industrial Setting, in: Industrial Marketing Management, 23. Jg., 1994, Nr. 1, S. 83-92

Morgan, N.A./Piercy, N.F.: Market-Led Quality, in: Industrial Marketing Management, 21. Jg., 1992, Nr. 2, S. 111-118

Muchna, C.: Früherkennungssysteme, in: Tietz, B./Köhler, R./Zentes, J. (Hrsg.), Handwörterbuch des Marketing, 2. Aufl., Stuttgart 1995, Sp. 719-731

Muchna, C.: Strategische Marketing-Früherkennung auf Investitionsgütermärkten, Wiesbaden 1988

Mühlbacher, H.: Internationale Produkt- und Programmpolitik, in: Hermanns, A./Wißmeier, U.K. (Hrsg.), Internationales Marketing-Management, München 1995, S. 139-175

Mühlbacher, H.: Selektive Werbung, Linz 1982

Mühlbacher, H.: Motivation zur Aufnahme und Verarbeitung werblicher Informationen, in: Marketing - Zeitschrift für Forschung und Praxis, 10. Jg., 1988, Heft 2, S. 85-94

Mühlbacher, H.: Strategische Differenzierung im Industriegütermarketing, in: Backhaus, K. et al. (Hrsg.), Marktleistung und Wettbewerb, Wiesbaden 1997, S. 197-212

Mühlbacher, H./Beutelmeyer, W.: Standardisierungsgrad der Marketingpolitik transnationaler Unternehmen, in: Die Unternehmung, 38. Jg., 1984, Heft 3, S. 245-257

Mühlbacher, H./Botschen, G.: Benefit-Segmentierung von Dienstleistungsmärkten, in: Marketing - Zeitschrift für Forschung und Praxis, 12. Jg., 1990, Heft 3, S. 159-168

Mühlbacher, H./Dreher, A./Gabriel-Ritter, A.: Strategische Positionierung - Grundpfeiler des Marketings in komplexen und dynamischen Umwelten, in: Die Betriebswirtschaft, 56. Jg., 1996, Heft 2, S. 203-219

Müller, C.: Agency-Theorie und Informationsgehalt, in: Die Betriebswirtschaft, 55. Jg., 1995, Heft 1, S. 61-76

Müller, H.: Service Marketing, Berlin et al 1995

Mueller, R.O.: Basic Principles of Structure Equation Modeling - An Introduction to LISREL and EQS, New York/Heidelberg/Berlin 1996

Müller, S.: Marketing auf - verhaltenswissenschaftlichen - Abwegen?, in: Bauer, H.H./Diller, H. (Hrsg.), Wege des Marketing, Berlin 1995, S. 191-217

Müller, S./Kornmeier, M.: Internationales Marketing - Eine interkulturelle Perspektive, Dresdener Beiträge zur Betriebswirtschaft, Nr. 1/94, Dresden 1994

Müller, S./Kornmeier, M.: Internationales Marketing im Spannungsfeld kultureller Einflußfaktoren, in: der markt, 34. Jg., 1995, Heft 3, S. 147-158

Müller, S./Lohmann, F.: Qualitative oder quantitative Erfassung von Dienstleistungsqualität? Die Critical Incident Technique und die Gap-Analyse im Methodenvergleich, in: Zeitschrift für betriebswirtschaftliche Forschung, 49. Jg.,1997, Heft 11, S. 973-989

Müller, W.: Aufbau und Stabilisierung von Wettbewerbsvorteilen durch ein integratives Dienstleistungsmanagement, in: Reuss, H./Müller, W. (Hrsg.), Wettbewerbsvorteile im Automobilhandel, Frankfurt/New York 1995, S. 80-140

Müller, W.: Grundzüge des Preisbeurteilungsverhaltens von Dienstleistungsnachfragern, in: der markt, 35. Jg., 1996, Heft 1, S. 23-48

Müller, W.: Service-Tuning für das Kfz-Marketing, in: absatzwirtschaft, 33. Jg., 1990, Sonderheft 10, S. 194-210

Müller, W./Riesenbeck, H.-J.: Wie aus zufriedenen auch anhängliche Kunden werden, in: Harvard manager, 13. Jg., 1991, Heft 3, S. 67-79

Müller, W.G.: Interkulturelle Werbung, Heidelberg 1997

Müller-Heumann, G.: Historische Aspekte der Entwicklung des Marketing, in: Bauer, H.H./Diller, H. (Hrsg.), Wege des Marketing, Berlin 1995, S. 177-187

Müller-Hagedorn, L.: Marketing ohne verhaltenswissenschaftliche Fundierung?, in: Marketing - Zeitschrift für Forschung und Praxis, 5. Jg., 1983, Heft 3, S. 205-211

Müller-Stewens, G.: Entwicklung von Strategien für den Eintritt in neue Geschäfte, in: Henzler, H.H. (Hrsg.), Handbuch Strategische Führung, Wiesbaden 1988, S. 219-242

Müller-Stewens, G.: Vorstoß in neue Geschäfte - Identifikation und Eintrittsstrategien, in: Riekhoff, H.-C. (Hrsg.), Strategieentwicklung, Stuttgart 1989, S. 313-331

Müller-Stewens, G./Lechner, C.: Unternehmensindividuelle und gastlandbezogene Einflußfaktoren der Markteintrittsform, in: Macharzina, K./Oesterle, M.-J. (Hrsg.), Handbuch Internationales Management, Wiesbaden 1997, S. 231-252

Murray, A.I.: A Contingency View of Porter's Generic Strategies, in: Strategic Management Journal, 9. Jg., 1988, Nr. 4, S. 390-400

Murray, K.B.: A Test of Services Marketing Theory - Consumer Information Acquisition Activities, in: Journal of Marketing, 55. Jg., 1991, January, S. 10-25

Muser, V.: Der integrative Kundendienst, Augsburg 1988

N

Näther, C.: Erfolgsmaßstäbe der strategischen Unternehmensführung, München 1993

Nagengast, J.: Outsourcing von Dienstleistungen industrieller Unternehmen, Hamburg 1997

Narver, J.C./Slater, S.F.: The Effect of a Market Orientation on Business Profitability, in: Journal of Marketing, 54. Jg., 1990, October, S. 20-35

Naundorf, S.: Charakterisierung und Arten von Public Relations, in: Berndt, R./Hermanns, A. (Hrsg.), Handbuch Marketing-Kommunikation, Wiesbaden 1993, S. 595-616

Neckermann, G./Wessel, H.: Dienstleistungsangebot des Maschinenbaus, in: Zeitschrift für Betriebswirtschaft, 62. Jg., 1992, Heft 6, S. 521-538

Nerdinger, F.W.: Zur Psychologie der Dienstleistung, Stuttgart 1994

Neumann, M.: Industrial Organization - Ein Überblick über die quantitative Forschung, in: Zeitschrift für Betriebswirtschaft, 49. Jg., 1979, Heft 7, S. 645-660

Niemand, S.: Target Costing für industrielle Dienstleistungen, München 1996

Nieschlag, R./Dichtl, E./Hörschgen, H.: Marketing, 17. Aufl., Berlin 1994

Noch, R.: Dienstleistungen im Investitionsgüter-Marketing, München 1995

Noelle-Neumann, E./Petersen, T.: Alle, nicht jeder - Einführung in die Methoden der Demoskopie, München 1996

Nölting, A.: Hinter den Mauern, in: Manager Magazin, 25. Jg., 1995, Heft 4, S. 172-183

O

Oberender, P.: Industrieökonomik, in: Wirtschaftswissenschaftliches Studium, 23. Jg., 1994, Heft 2, S. 65-73

Oelsnitz, D. von der: Dienstleistungsmarken - Konzepte und Möglichkeiten einer marktgestützten Serviceprofilierung, in: Jahrbuch der Absatz- und Verbrauchsforschung, 43. Jg., 1997, Heft 1, 66-89

Oelsnitz, D. von der: Markteintrittsbarrieren im internationalen Investitionsgütergeschäft, in: Thexis, 13. Jg., 1996, Heft 1, S. 44-52

Ogger, G.: König Kunde - angeschmiert und abserviert, München 1998

Ohmae, K.: Macht der Triade - Die neue Form des weltweiten Wettbewerbs, Wiesbaden 1985

Olemotz, T.: Strategische Wettbewerbsvorteile durch industrielle Dienstleistungen, Frankfurt/Main et al. 1995

Oliver, R.L./Swan, J.E.: Consumer Perception of Interpersonal Equity and Satisfaction in Transactions - A Field Survey Approach, in: Journal of Marketing, 53. Jg., 1989, April, S. 21-35

Ondrack, D./McAteer-Early, T.: A Strategic Audit of the Contribution of HRM to a New Service Quality Strategy in a Retail Firm, in: Kunst, P./Lemmink, J. (Hrsg.), Quality Management in Services, Assen/Maastricht 1992, S. 115-128

Onkvisit, S./Shaw, J.: Standardized International Advertising - A Review and Critical Evaluation of the Theoretical and Empirical Evidence, in: Columbia Journal of World Business, 22. Jg., 1987, Fall, S. 43-55

Opp, K.-D.: Wissenschaftstheoretische Grundlagen der empirischen Sozialforschung, in: Roth, E. (Hrsg.): Sozialwissenschaftliche Methoden, 3. Aufl., München/Wien, S. 49-73

Osborn, R.N./Baughn, C.C.: Forms of Interorganizational Governance for Multinational Alliances, in: Academy of Management Journal, 33. Jg., 1990, Nr. 3, S. 503-519

Osburg, M.: Transaktionskostentheorie, in: Zeitschrift für Planung, 5. Jg., 1994, Heft 5, S. 289-296

Otto, A.: Unternehmenssteuerung im internationalen Wettbewerb, Bergisch Gladbach/Köln 1994

o.V.: Gegenpol zur EG - Die pazifische Gemeinschaft, in: Das Wirtschaftsstudium, 19. Jg., 1990, Heft 1, S. 14-15

o.V.: Europa, Amerika und Asien - Der Kampf der Triade, in: Das Wirtschaftsstudium, 20. Jg., 1991, Heft 11, S. 802-804

o.V.: APEC - Das asiatisch-pazifische Powerhouse formiert sich, in: Das Wirtschaftsstudium, 22. Jg., 1993, Heft 12, S. 980

o.V.: NAFTA - Sieg für den freien Welthandel, in: Das Wirtschaftsstudium, 22. Jg., 1993, Heft 12, S. 973-974

P

Pack, L.: Produktion - Notwendigkeit und Bedeutung empirischer betriebswirtschaftlicher Forschung im Bereich der Produktion, in: Hauschildt, J./Grün, O. (Hrsg.), Ergebnisse empirischer betriebswirtschaftlicher Forschung - Zu einer Realtheorie der Unternehmung, Stuttgart 1993, S. 355-378

Paliwoda, S.: International Marketing, 2. Aufl., Oxford 1993

Palmer, A.: Principles of Service Marketing, London 1994

Parasuraman, A./Berry, L.L./Zeithaml, V.: Understanding, Measuring, and Improving Service Quality - Findings from a Multiphase Research Program, in: Brown, S.W. et al. (Hrsg.), Service Quality - Multidisciplinary and Multinational Perspectives, Lexington 1991, S. 253-268

Parasuraman, A./Varadarajan, P.: Future Strategic Emphases in Services versus Goods Businesses, in: The Journal of Services Marketing, 2. Jg., 1988, Heft 4, S. 57-66

Parasuraman, A./Zeithaml, V./Berry, L.L.: A Conceptual Model of Service Quality and Its Implication for Future Research, in: Journal of Marketing, 49. Jg., 1985, Fall, S. 41-50

Parasuraman, A./Zeithaml, V.A./Berry, L.L.: Reassessment of Expectations as a Comparison Standard in Measuring Service Quality - Implications for Further Research, in: Journal of Marketing, 58. Jg., 1994, January, S. 111-124

Patt, P.-J.: Strategische Erfolgsfaktoren im Einzelhandel, Frankfurt/Main et al. 1988

Patterson, P.G./Cicic, M.: A Typology of Service Firms in International Markets - An Empirical Investigation, in: Journal of International Marketing, 3. Jg., No. 4, S. 57-83

Paul, M./Reckenfelderbäumer, M.: Preispolitik und Kostenmanagement - neue Perspektiven unter Berücksichtigung von Immaterialität und Integrativität, in: Kleinaltenkamp, M. (Hrsg.), Dienstleistungsmarketing, Wiesbaden 1995, S. 225-260

Paun, D.: When to Bundle or Unbundle Products, in: Industrial Marketing Management, 22. Jg., 1993, Nr. 1, S. 29-34

Pausenberger, E.: Internationalisierungsstrategien industrieller Unternehmungen, in: Dichtl, E./Issing, O. (Hrsg.), Exportnation Deutschland, 2. Aufl., München 1992, S. 199-220

Pay, D de.: Die Organisation von Innovationen - Ein transaktionskostentheoretischer Ansatz, Wiesbaden 1989

Peill, E./Spilker, M.: Servicegarantien - wie Sie entscheiden..., in: absatzwirtschaft, 38. Jg., 1995, Sonderheft 10, S. 228-232

Perlitz, M.: Internationales Management, Stuttgart/Jena 1993

Perlmutter, H.V.: The Tortuous Evolution of the Multinational Corporation, in: Columbia Journal of World Business, 4 Jg., 1969, January-February, S. 9-18

Pernicky, R.: Schneller werden, in: Arthur D. Little (Hrsg.), Management der Hochleistungsorganisation, Wiesbaden 1989, S. 61-71

Perridon, L./Steiner, M.: Finanzwirtschaft der Unternehmung, 7. Aufl., München 1993

Peter, S.I.: Kundenbindung als Marketingziel, Wiesbaden 1997

Peteraf, M.A.: The Cornerstone of Competitive Advantage - A Resource-Based View, in: Strategic Management Journal, 14. Jg., 1993, S. 179-191

Peters, M.: Dienstleistungsmarketing in der Praxis, Wiesbaden 1992

Peterson, R.A.: A Meta-analysis of Cronbach's Coefficient Alpha, in: Journal of Consumer Research, 21. Jg., 1994, September, S. 381-391

Pfeifer, A./Schmidt, P.: LISREL - Die Analyse komplexer Strukturgleichungsmodelle, Stuttgart/New York 1987

Pflaum, D./Eisenmann, H.: Verkaufsförderung, Landsberg/Lech 1993

Pflaum, D./Linxweiler, R.: Public Relations der Unternehmung, Landsberg/Lech 1998

Pfohl, H.C.: Logistikmanagement, Berlin et al. 1994

Philips, L./Chang, D./Buzzell, R.: Product Quality, Cost Position and Business Performance - A Test of Some Key Hypotheses, in: Journal of Marketing, 47. Jg., 1983, Spring, S. 26-43

Picot, A.: Ein neuer Ansatz zur Gestaltung der Leistungstiefe, in: Zeitschrift für betriebswirtschaftliche Forschung, 43. Jg., 1991, Heft 4, S. 336-357

Picot, A.: Ökonomische Theorien der Organisation - Ein Überblick über neuere Ansätze und deren betriebswirtschaftliches Anwendungspotential, in: Ordelheide, D./Rudolph, B./Büsselmann, E. (Hrsg.), Betriebswirtschaftslehre und ökonomische Theorie, Stuttgart 1991, S. 143-170

Picot, A.: Organisation, in: Bitz, M. et al. (Hrsg.), Vahlens Kompendium der Betriebswirtschaftslehre, Band 2, 3. Aufl., München 1993, S. 101-174

Picot, A.: Strukturwandel und Wettbewerbsdruck, in: Zeitschrift für betriebswirtschaftliche Forschung, 42. Jg., 1990, Heft 2, S. 119-134

Picot, A.: Transaktionskosten, in: Die Betriebswirtschaft, 45. Jg., 1985, Heft 2, S. 224-225

Picot, A.: Transaktionskosten im Handel, in: Betriebsberater, 41. Jg., 1986, Beilage 13/1986

Picot, A.: Transaktionskostenansatz in der Organisationstheorie - Stand der Diskussion und Aussagewert, in: Die Betriebswirtschaft, 42. Jg., 1982, Heft 2, S. 267-284

Picot, A./Dietl, H.: Transaktionskostentheorie, in: Wirtschaftswissenschaftliches Studium, 19. Jg., 1990, Heft 4, S. 178-184

Picot, A./Dietl, H./Franck, E.: Organisation - Eine ökonomische Perspektive, Stuttgart 1997

Picot, A./Wenger, E.: The Employment Relation from the Transaction Cost Perspective, in: Dlugos, G./Dorow, W./Weiermair, K. (Hrsg.), Management under Different Labour Market and Employment Systems, Berlin 1988, S. 29-43

Pleschak, F./Sabisch, H.: Innovationsmanagement, Stuttgart 1996

Plinke, W.: Ausprägungen der Marktorientierung im Investitionsgüter-Marketing, in: Zeitschrift für betriebswirtschaftliche Forschung, 44. Jg., 1992, Heft 9, S. 830-846

Plinke, W.: Die Geschäftsbeziehung als Investition, in: Specht, G./Silberer, G./Engelhardt, W.H. (Hrsg.), Marketing-Schnittstellen, Stuttgart 1989, S. 305-325

Plinke, W.: Grundkonzeption des Marketing, in: Kleinaltenkamp, M./Plinke, W. (Hrsg.), Technischer Vertrieb - Grundlagen, Berlin 1995, S. 97-134

Popcorn, F.: Der Popcorn Report - Trends für die Zukunft, 4. Aufl., München 1991

Popper, K.R.: Auf der Suche nach einer besseren Welt, 8. Aufl., München 1995

Popper, K.R.: Ausgangspunkte, Hamburg 1979

Popper, K.R.: Conjectures and Refutations - The Growth of Scientific Knowledge, 3. Aufl., London 1969

Popper, K.R.: Die offene Gesellschaft und ihre Feinde, Bd. 2, 6. Aufl., Tübingen 1980

Popper, K.R.: Logik der Forschung, 9. Aufl., Tübingen 1989

Popper, K.R.: Objektive Erkenntnis - Ein evolutionärer Entwurf, 4. Aufl., Hamburg 1984

Porter, M.E.: Der Wettbewerb auf globalen Märkten - Ein Rahmenkonzept, in: Porter, M.E. (Hrsg.), Globaler Wettbewerb - Strategien der neuen Internationalisierung, Wiesbaden 1989, S. 17-68

Porter, M.E.: Einführung und Zusammenfassung, in: Porter, M.E. (Hrsg.), Globaler Wettbewerb - Strategien der neuen Internationalisierung, Wiesbaden 1989, S. 1-13

Porter, M.E.: The Contribution of Industrial Organization to Strategic Management, in: Academy of Management Review, 6. Jg., 1981, Heft 4, S. 609-620

Porter, M.E.: Towards a Dynamic Theory of Strategy, in: Strategic Management Journal, 12. Jg., 1991, Special Issue (Winter), S. 95-117

Porter, M.E.: Wettbewerbsstrategie, 4. Aufl., Frankfurt/New York 1987

Porter, M.E.: Wettbewerbsvorteile, Frankfurt/New York 1986

Porter, M.E.: What is Strategy?, in: Harvard Business Review, 74. Jg., 1996, November-December, S. 61-78

Potts, G.W.: Exploit Your Product's Service Life Circle, in: Harvard Business Review, 66. Jg., 1988, September-October, S. 32-36

Prahalad, C.K./Hamel, G.: Nur Kernkompetenzen sichern das Überleben, in: Harvard manager, 13. Jg., 1991, Heft 2, S. 66-78

Prahalad, C.K./Hamel, G.: The Core Competence of the Corporation, in: Harvard Business Review, 68. Jg., 1990, May-June, S. 79-91

Prescott, J.E.: Environments as Moderators of the Relationship between Strategy and Performance, in: Academy of Management Journal, 29. Jg., 1986, Nr. 2, S. 329-346

Pümpin, C.: Management strategischer Erfolgspositionen, 3. Aufl., Bern/Stuttgart 1986

Pümpin, C./Prange, J.: Management der Unternehmensentwicklung, Frankfurt/New York 1991

Pues, C.: Markterschließungsstrategien bundesdeutscher Unternehmen in Osteuropa, Wien 1994

Q

Quambusch, L.: Handelshemmnisse, nicht-tarifäre, in: Macharzina, K./Welge, M.K. (Hrsg.), Handwörterbuch Export und Internationale Unternehmung, Stuttgart 1989, Sp. 782-799

Quinn, J.: Intelligent Enterprise - A Knowledge and Service Based Paradigm for Industry, New York 1992

Quinn, J.B./Gagon, C.E.: Die Dienstleistungen werden automatisiert, in: Harvard manager, 9. Jg., 1987, Heft 2, S. 74-81

Quinn, M./Humble, J.: Using Service to Gain a Competitive Edge - The PROMPT Approach, in: Long Range Planning, 26. Jg., 1993, Nr. 2, S. 31-40

R

Raffée, H.: Gegenstand, Methoden und Konzepte der Betriebswirtschaftslehre, in: Bitz, M. et al. (Hrsg.), Vahlens Kompendium der Betriebswirtschaftslehre, Bd. 1, 3. Aufl., München 1993, S. 1-46

Raffeé, H.: Grundprobleme der Betriebswirtschaftslehre, Göttingen 1974

Raffeé, H.: Marketing und Umwelt, Stuttgart 1979

Raffée, H.: Marketing-Wissenschaft, in: Tietz, B./Köhler, R./Zentes, J. (Hrsg.), Handwörterbuch des Marketing, 2. Aufl., Stuttgart 1995, Sp. 1668-1682

Raffée, H.: Prognosen als ein Kernproblem der Marketingplanung, in: Raffée, H./Wiedmann, K.-P. (Hrsg.), Strategisches Marketing, 2. Aufl., Stuttgart 1989, 142-168

Raffée, H./Abel, B.: Aufgaben und aktuelle Tendenzen der Wissenschaftstheorie in den Wirtschaftswissenschaften, in: Raffée, H./Abel, B. (Hrsg.), Wissenschaftstheoretische Grundfragen der Wirtschaftswissenschaften, München 1979, S. 1-10

Raffée, H./Segler, K.: Internationale Marketingstrategien, in: Dichtl, E./Issing, O. (Hrsg.), Exportnation Deutschland, 2. Aufl., München 1992, S. 221-242

Raffée, H./Segler, K.: Konkurrenzanalyse, internationale, in: Macharzina, K./Welge, M.K. (Hrsg.), Handwörterbuch Export und Internationale Unternehmung, Stuttgart 1989, Sp. 1118-1134

Rapp, R.: Kundenzufriedenheit durch Servicequalität, Wiesbaden 1995

Rasche, C.: Kernkompetenzen, in: Die Betriebswirtschaft, 53. Jg., 1993, Heft 3, S. 425-427

Rasche, C./Wolfrum, B.: Ressourcenorientierte Unternehmensführung, in: Die Betriebswirtschaft, 54. Jg., 1994, Heft 4, S. 501-517

Rau, B.: Der technische Kundendienst als absatzwirtschaftliches Entscheidungsproblem - eine theoretische und empirische Untersuchung, Berlin 1975

Raya, D.M.: Die strategische Bedeutung der südostasiatischen Absatzmärkte im globalen Wettbewerb, in: Jahrbuch der Absatz- und Verbrauchsforschung, 39. Jg., 1993, Heft 2, S. 165-175

Reckenfelderbäumer, M.: Marketing-Accounting im Dienstleistungsbereich, Wiesbaden 1995

Reckenfelderbäumer, M.: Marktorientiertes Kosten-Management von Dienstleistungs-Unternehmen, in: Meyer, A. (Hrsg.), Handbuch Dienstleistungs-Marketing, Band 1, Stuttgart 1998, S. 394-418

Rehkugler, H.: Erfolgsfaktoren der mittelständischen Unternehmen, in: Das Wirtschaftsstudium, 18. Jg., 1989, Heft 11, S. 626-632

Reichheld, F.F./Sasser, W.E.: Zero Defections - Quality Comes to Services, in: Harvard Business Review, 68. Jg., 1990, September-October, S. 105-111

Reichmann, T.: Controlling mit Kennzahlen und Managementberichten, 4. Aufl., München 1995

Reimann, H.: Kommunikations-Systeme - Umrisse einer Soziologie der Vermittlungs- und Mitteilungsprozesse, 2. Aufl., Tübingen 1974

Reinecke, S.: Nutzenorientierte Preisgestaltung, in: Belz, C. (Hrsg.), Kompetenz für Marketing-Innovationen, Schrift 2 - Leistungs- und Kundensysteme, St. Gallen 1997, S. 54-71

Reinke, B.: Synergiemanagement im Handel, Frankfurt/Main et al. 1996

Reischl, H.: Die Internationalisierung der Rewe-Gruppe, in: Thexis, 11. Jg., 1994, Heft 4, S. 9-12

Reiß, M.: Führung, in: Corsten, H./Reiß, M. (Hrsg.), Betriebswirtschaftslehre, München/Wien 1994, S. 233-343

Reiß, M.: Optimieren der Unternehmenskomplexität, in: io Management Zeitschrift, 61. Jg., 1992, Heft 7/8, S. 40-43

Reiß, M./Beck, T.C.: Kostenverträglichen Service anbieten, in: Gablers Magazin, 8. Jg., 1995, Heft 1, S. 24-27

Reiß, M./Beck, T.C.: Mass Customization-Geschäfte - Kostengünstige Kundennähe durch zweigleisige Geschäftssegmentierung, in: Thexis, 12. Jg., 1995, Heft 3, S. 30-34

Reiß, M./Beck, T.C.: Performance-Marketing durch Mass Customization, in: Marktforschung & Management, 39. Jg., 1995, Heft 2, S. 62-67

Reiß, M./Corsten, H.: Schnittstellenfokussierte Unternehmensführung, in: Corsten, H./Reiß, M. (Hrsg.), Handbuch Unternehmensführung, Wiesbaden 1995, S. 5-18

Remmerbach, K.U.: Markteintrittsentscheidungen, Wiesbaden 1988

Remmerbach, K.U.: Value Added Marketing, in: Marktforschung & Management, 34. Jg., 1990, Heft 2, S. 56-60

Richter, R.: Institutionenökonomische Aspekte der Theorie der Unternehmung, in: Ordelheide, D./Rudolph, B./Büsselmann, E. (Hrsg.), Betriebswirtschaftslehre und ökonomische Theorie, Stuttgart 1991, S. 395-429

Richter, R.: Institutionen ökonomisch analysiert, Tübingen 1994

Richter, R./Bindseil, U.: Neue Institutionenökonomik, in: Wirtschaftswissenschaftliches Studium, 24. Jg., 1994, Heft 3, S. 132-140

Richter, R./Furubotn, E.: Neue Institutionenökonomik, Tübingen 1996

Riddle, D.I.: Service-led Growth, New York 1986

Rieker, J.: Norm ohne Nutzen?, in: manager magazin, 25. Jg., 1995, Heft 12, S. 201-207

Ries, A./Trout, J.: Marketing - generalstabsmäßig, Hamburg 1986

Ries, A./Trout, J.: Positionierung - Die neue Werbestrategie, Hamburg 1986

Ringlstetter, M./Skrobarczyk, P.: Die Entwicklung internationaler Strategien, in: Zeitschrift für Betriebswirtschaft, 64. Jg., 1994, Heft 3, S. 333-357

Ritzerfeld, U.: Marketing-Mix-Strategien in Investitionsgütermärkten, Wiesbaden 1993

Roberts, E.B./Berry, C.A.: Entering New Business - Selecting Strategies for Success, in: Sloan Management Review, 26. Jg., 1985, Spring, S. 3-17

Rockart, J.R.: Chief Executives Define their Own Data Needs, in: Harvard Business Review, 57. Jg., 1979, March-April, S. 81-92

Rogers, E.M.: Diffusion of Innovations, 3. Aufl., New York 1983

Rogers, M./Peppers, D.: 1:1-Marketing, in: absatzwirtschaft, 37. Jg., 1994, Heft 3, S. 42-48

Root, F.R.: Entry Strategies for International Markets, New York 1994

Rosada, M.: Kundendienststrategien im Automobilsektor, Berlin 1990

Rosenstiel, L. von: Interkulturelle Managemententwicklung, in: Haller, M. et al. (Hrsg.), Globalisierung der Wirtschaft - Einwirkungen auf die Betriebswirtschaftslehre, Bern/Stuttgart/Wien 1993, S. 171-191

Rosenstiel, L. von/Neumann, P.: Einführung in die Markt- und Werbepsychologie, 2. Aufl., Darmstadt 1991

Roxin, J.: Internationale Wettbewerbsanalyse und Wettbewerbsstrategie, Wiesbaden 1992

Rück, H.R.G.: Dienstleistungen - ein Definitionsansatz auf der Grundlage des „Make or buy"-Prinzips, in: Kleinaltenkamp, M. (Hrsg.), Dienstleistungsmarketing - Konzeptionen und Anwendungen, Wiesbaden 1995, S. 1-31

Rühli, E.: Unternehmensführung und Unternehmenspolitik, Bd. 1, 2. Aufl., Bern/Stuttgart 1985

Rühli, E.: Die Resource-based View of Strategy, in: Gomez, P. et al. (Hrsg.), Unternehmerischer Wandel, Wiesbaden 1994, S. 31-57

Rühli, E.: Ressourcenmanagement - Strategischer Erfolg dank Kernkompetenzen, in: Die Unternehmung, 49. Jg., 1995, Heft 2, S. 91-105

Runge, J.H.: Schlank durch Total Quality Management, Frankfurt/New York 1994

Runow, H.: Zur Theorie und Messung der Verbraucherzufriedenheit, Frankfurt/Main 1982

Rushton, A.M./Carson, D.J.: The Marketing of Services - Managing the Intangibles, in: European Journal of Marketing, 19. Jg., 1985, Nr. 3, S. 19-40

Rust, R.T./Zahorik, A.J./Keiningham, T.L.: Return on Quality (ROQ) - Making Service Quality Financially Accountable, in: Journal of Marketing, 59. Jg., 1995, April, S. 58-70

Rust, R.T./Zahorik, A.J./Keiningham, T.L.: Service Marketing, New York 1996

S

Saatweber, J.: Inhalt und Zielsetzung von Qualitätsmanagementsystemen gemäß den Normen DIN ISO 9000 bis 9004, in: Stauss, B. (Hrsg.), Qualitätsmanagement und Zertifizierung - Von DIN ISO 9000 zum Total Quality Management, Wiesbaden 1994, S. 63-91

Sabel, H./Weiser, C.: Zum Sterben von Unternehmen, in: Zeitschrift für Betriebswirtschaft, 64. Jg., 1994, Heft 3, S. 297-312

Sakurai, M./Keating, P.J.: Target Costing und Activity-Based Costing, in: Controlling, 6. Jg., 1994, Heft 2, S. 84-91

Sampson, G.P./Snape, R.H.: Identifying the Issues in Trade in Services, in: The World Economy, 8. Jg., 1985, No. 8, S. 171-182

Sarathy, R.: Global Strategy in Service Industries, in: Long Range Planning, 27. Jg., 1994, Nr. 6, S. 115-124

Schade, C./Schott, E.: Kontraktgüter im Marketing, in: Marketing - Zeitschrift für Forschung und Praxis, 15. Jg., 1993, Heft 1, S. 15-25

Schäfer, E.: Die Unternehmung - Einführung in die Betriebswirtschaftslehre, Nachdruck der 10. Aufl., Wiesbaden 1991

Schäfer, S.: Erfolgsfaktoren von deutschen Lebensversicherungsunternehmen, Wiesbaden 1996

Schanz, G.: Die Betriebswirtschaftslehre und ihre sozialwissenschaftlichen Nachbardisziplinen - Das Integrationsproblem, in: Raffée, H./Abel, B. (Hrsg.), Wissenschaftstheoretische Grundfragen der Wirtschaftswissenschaften, München 1979, S. 121-137

Schanz, G.: Methodologie für Betriebswirte, 2. Aufl., Stuttgart 1988

Schanz, G.: Betriebswirtschaftslehre als Gegenstand kritisch-konstruktiver Betrachtungen, Stuttgart 1990

Schefczyk, M.: Kritische Erfolgsfaktoren in schrumpfenden Branchen - dargestellt am Beispiel der Gießerei-Industrie, Stuttgart 1994

Scherer, F.M.: Stand und Perspektiven der Industrieökonomik, in: Bombach, G./Gahlen, B./Ott, A.E. (Hrsg.), Industrieökonomik - Theorie und Empirie, Tübingen 1985, S. 3-19

Scherer, H.: Kundengefühle sind Tatsachen, in: Harvard Business manager, 16. Jg., 1994, Heft 2, S. 9-12

Scherm, E.: Internationales Personalmanagement, München/Wien 1995

Scherm, E.: Mitarbeiterführung im internationalen Marketing, in: Marktforschung & Management, 38. Jg., 1994, Heft 4, S. 140-145

Scheuch, F.: Dienstleistungsmarketing, München 1982

Scheuch, F.: Distributionspolitische Entscheidungen für Dienstleistungen, in: Meyer, A. (Hrsg.), Handbuch Dienstleistungs-Marketing, Band 1, Stuttgart 1998, S. 941-954

Scheuch, F.: Internationales Marketing für Dienstleistungen - Dienstetheoretische Grundlagen für distributionspolitische Entscheidungen, in: Lück, W./Trommsdorff, V. (Hrsg.), Internationalisierung der Unternehmung als Problem der Betriebswirtschaftslehre, Berlin 1982, S. 351-372

Scheuch, F.: Marketing, 4. Aufl., München 1993

Schlesinger, L.A./Heskett, J.L.: Breaking the Cycle of Failure in Services, in: Sloan Management Review, 32. Jg., 1991, Heft 3, S. 17-27

Schmenner, R.W.: How Can Service Business Survive and Prosper, in: Lovelock, C.H. (Hrsg.), Managing Services - Marketing, Operations and Human Resources, Englewood Cliffs 1988, S. 25-36

Schmidt, U./Theilen, B.: Principal- und Agententheorie, in: Wirtschaftswissenschaftliches Studium, 24. Jg., 1995, Heft 9, S. 483-486

Schnädelbach, H.: Positivismus, in: Seiffert, H./Radnitzky, G. (Hrsg.), Handlexikon zur Wissenschaftstheorie, München 1992, S. 267-269

Schneider, B./Schechter, D.: Development of a Personel Selection System for Service Jobs, in: Lovelock, C.H. (Hrsg.), Managing Services - Marketing, Operations, and Human Resources, 2. Aufl., Englewood Cliffs 1992, S. 342-354

Schneider, D.: Marketing als Wissenschaft oder Geburt einer Wissenschaft aus dem Geiste des Unternehmerversagens?, in: Zeitschrift für betriebswirtschaftliche Forschung, 35. Jg., 1983, Heft 3, S. 197-223

Schneider, D.: Die Unhaltbarkeit des Transaktionskostenansatzes für die „Markt oder Unternehmung"-Diskussion, in: Zeitschrift für Betriebswirtschaft, 55. Jg., 1985, Heft 12, S. 1237-1254

Schneider, D.: Betriebswirtschaftslehre, Bd. 1, München/Wien 1993

Schneider, D.: "Unsichtbare Hand"-Erklärungen für die Institution Unternehmung, in: Zeitschrift für Betriebswirtschaft, 63. Jg., 1993, Heft 2, S. 179-195

Schnell, R./Hill, P.B./Esser, E.: Methoden der empirischen Sozialforschung, 3. Aufl., München/Wien 1992

Schoch, R.: Der Verkaufsvorgang als sozialer Interaktionsprozeß, Winterthur 1969

Schönrock, A.: Die Gestaltung des Leistungsmix im marktorientierten Kundendienst, in: Meffert, H. (Hrsg.), Kundendienst-Management, Frankfurt/Bern 1982, S. 81-112

Scholz, C.: Effektivität und Effizienz, organisatorische, in: Frese, E. (Hrsg.), Handwörterbuch der Organisation, 3. Aufl., Stuttgart 1992, Sp. 533-552

Scholz, C.: Lean Management, in: Wirtschaftswissenschaftliches Studium, 23. Jg., 1994, Heft 4, S. 180-186

Scholz, C.: Strategische Organisation - Prinzipien der Vitalisierung und Virtualisierung, Landsberg/Lech 1997

Schopphoven, I.: Marktforschung für das internationale Marketing, in: Jahrbuch der Absatz- und Verbrauchsforschung, 37. Jg., 1991, Heft 1, S. 28-47

Schreiner, R.: Die Dienstleistungsmarke - Typus, Rechtsschutz und Funktion, Köln 1983

Schreyögg, G.: Umwelt, Technologie und Organisationsstruktur - Eine Analyse des kontingenztheoretischen Ansatzes, Bern/Stuttgart 1978

Schreyögg, G.: Unternehmensstrategie - Grundfragen einer Theorie strategischer Unternehmensführung, Berlin/New York 1984

Schütte, H.: Strategische Allianzen mit japanischen Firmen, in: Schneidewind, D./Töpfer, A. (Hrsg.), Der asiatisch-pazifische Raum, Landsberg/Lech 1991, S. 251-275

Schütz, P.: Marketing interner Dienstleister - Marketing ohne Markt?, in: Thelen, E.M./Mairamhof, G.B. (Hrsg.), Dienstleistungsmarketing - Eine Bestandsaufnahme, Frankfurt/Main et al. 1993, S. 193-201

Schütze, R.: Kundenzufriedenheit - After-Sales-Marketing auf industriellen Märkten, Wiesbaden 1992

Schulz, R.: Externes Marketing - Internes Marketing: Analogien und Zusammenhänge, in: Bruhn, M./Meffert, H./Wehrle, F. (Hrsg.), Marktorientierte Unternehmensführung im Umbruch, Stuttgart 1994, S. 531-547

Schulz von Thun, F.: Miteinander reden, Band 1, Reinbek 1990

Schulze, H.S.: Dienstleistungswerbung, in: Jahrbuch der Absatz- und Verbrauchsforschung, 39. Jg., 1993, Heft 2, S. 139-164

Schulze, H.S.: Internes Marketing von Dienstleistungsunternehmen - Fundierungsmöglichkeiten mittels ausgewählter Konzepte der Transaktionsanalyse, Frankfurt/Main et al. 1992

Schumann, J.: Die Unternehmung als ökonomische Institution, in: Das Wirtschaftsstudium, 16. Jg., 1987, Heft 4, S. 212-218

Schuster, L. (Hrsg.): Die Unternehmung im internationalen Wettbewerb, Berlin 1994

Schwalbach, J.: Stand und Entwicklung der Industrieökonomik, in: Neumann, M. (Hrsg.), Unternehmensstrategie und Wettbewerb auf globalen Märkten und Thünen-Vorlesung, Berlin 1994, S. 93-109

Schwaninger, M.: Managementsysteme, Frankfurt/New York 1994, S. 78

Schwill, J.: Reparaturservice als Marketingaufgabe des Handels, Frankfurt/Main et al. 1995

Sebastian, K.H./Hilleke, K.: Rückzug ohne Risiko, Teil I, in: absatzwirtschaft, 37. Jg., 1994, Heft 1, S. 50-55

Segler, K.: Basisstrategien im internationalen Marketing, Frankfurt/New York 1986

Segler, T.: Situative Organisationstheorie - Zur Fortentwicklung von Konzept und Methode, in: Kieser, A. (Hrsg.), Organisationstheoretische Ansätze, München 1981, S. 227-272

Seibert, S.: Strategische Erfolgsfaktoren in mittleren Unternehmen, Frankfurt/Bern/New York 1987

Seidenschwarz, W.: Target Costing, München 1993

Seghezzi, H.D.: Konzepte, Strategien und Systeme qualitätsorientierter Unternehmen, in: Seghezzi, H.D./Hansen, J.R. (Hrsg.), Qualitätsstrategien, München/Wien 1993, S. 1-46

Senn, E.: Schindler - Wandel vom Maschinenbauer zum Dienstleistungsunternehmen, in: Belz, C. et al. (Hrsg.), Industrie als Dienstleister, St. Gallen 1997, S. 282-283

Sharma, S.: Applied Multivariate Techniques, New York et al. 1996

Shiba, S./Graham, A./Walden, D.: A New American TQM - Four Practical Revolutions in Management, Portland (Oregon) 1993

Shostack, G.L.: Service Positioning through Structural Change, in: Journal of Marketing, 51. Jg., 1987, January, S. 34-43

Shycon, H.N.: Improved Customer Service - Measuring the Payoff, in: Journal of Business Strategy, 13. Jg., 1992, January-February, S. 13-17

Siegwart, H.: Kennzahlen für die Unternehmensführung, 2. Aufl., Bern/Stuttgart 1989

Silberer, G.: Dissonanz bei Konsumenten, in: Graf Hoyos, C. (Hrsg.), Wirtschaftspsychologie in Grundbegriffen, 2. Aufl., München/Weinheim 1987, S. 344-351

Silberer, G.: Dissonanztheorie, in: Diller, H. (Hrsg.), Vahlens Großes Marketing Lexikon, München 1992, S. 218-219

Simon, H.: Eintrittsbarrieren und Eintrittsstrategien im japanischen Markt, in: Simon, H. (Hrsg.), Markteintritt in Japan, Wiesbaden 1986, S. 53-73

Simon, H.: Hysterese in Marketing und Wettbewerb, in: Zeitschrift für Betriebswirtschaft, 65. Jg., 1995, Heft 10, S. 1155-1182

Simon, H.: Industrielle Dienstleistungen und Wettbewerbsstrategie, in: Simon, H. (Hrsg.), Industrielle Dienstleistungen, Stuttgart 1993, S. 3-22

Simon, H.: Kundennähe als Wettbewerbsstrategie und Führungsherausforderung, in: Kistner, K.-P./Schmidt, R. (Hrsg.), Unternehmensdynamik, Wiesbaden 1991, S. 253-273

Simon, H.: Management strategischer Wettbewerbsvorteile, in: Zeitschrift für Betriebswirtschaft, 58. Jg., 1988, Heft 4, S. 461-480

Simon, H.: Preismanagment, 2. Aufl., Wiesbaden 1992

Simon, H.: Preispolitik für industrielle Dienstleistungen, in: Simon, H. (Hrsg.), Industrielle Dienstleistungen, Stuttgart 1993, S. 187-218

Simon, H.: Service Policies of German Manufacturers - Critical Factors in International Competition, in: European Management Journal, 10. Jg., 1992, Nr. 4, S. 404-411

Simon, H.: Servicewüste, in: manager magazin, 24. Jg., 1994, Heft 9, S. 107-109

Simon, H.: Was ist dem Kunden die Leistung wert?, in: absatzwirtschaft, 37. Jg., 1994, Heft 2, S. 74-77

Simon, H.: Wettbewerbsstrategien, in: Wittmann, W. et al. (Hrsg.), Handwörterbuch der Betriebswirtschaft, Teilband 3, 5. Aufl., Stuttgart 1993, Sp. 4687-4703

Simon, H./Dolan, R.J.: Profit durch Power Pricing, Frankfurt/New York 1997

Simon, H./Fassnacht, M.: Price Bundling, in: European Management Journal, 11. Jg., 1993, Nr. 4, S. 403-411

Simon, H./Wiese, C.: Europäisches Preismanagement, in: Marketing - Zeitschrift für Forschung und Praxis, 14. Jg., 1992, Heft 4, S. 246-256

Simon, H./Wiese, C.: Internationale Preispolitik, in: Hermanns, A./Wißmeier, U.K. (Hrsg.), Internationales Marketing-Management, München 1995, S. 225-255

Singer, H.: Dienstleistungen als Wettbewerbsinstrument im industriellen Anlagengeschäft, in: Zeitschrift für betriebswirtschaftliche Forschung, 38. Jg., Heft 1, 1986, S. 84-96

Singh, M.P.: Service as a Marketing Strategy - a Case at Reliance Electric, in: Industrial Marketing Management, 19. Jg., 1990, Nr. 8, S. 193-200

Slater, F.S./Narver, J.C.: Does Competitive Environment Moderate the Market Orientation-Performance Relationship?, in: Journal of Marketing, 58. Jg., 1994, January, S. 46-55

Smith, K.: Service Aspects of Industrial Products Lead to Future Product Purchase Intentions, in: Industrial Marketing Management, 27. Jg., 1998, Heft 1, S. 83-93

Snyder, D.R.: Service Loyality and Its Measurement - A Preliminary Investigation, in: Venkatesan, M./Schmalensee, D.M./Marshall, C. (Hrsg.), Creativity in Services Marketing - What's New, What Works, What's Developing, Chicago 1986, S. 44-48

Solomon, M.R. et al.: A Role Theory on Dyadic Interactions - The Service Encounter, in: Bateson, J.E.G. (Hrsg.), Managing Services Marketing, 3. Aufl., Fort Worth 1995, S. 65-78

Sorenson, R.Z./Wiechmann, U.E.: How Multinationals View Marketing Standardization, in: Harvard Business Review, 53. Jg., 1975, May-June, S. 38-54

Spilker, M.: Wettbewerbsvorteile durch eine aktive und systematische Kundenorientierung, in: Reuss, H./Müller, W. (Hrsg.); Wettbewerbsvorteile im Automobilhandel, Frankfurt/New York 1995, S. 191-219

Spremann, K.: Agent and Principal, in: Spremann, K./Bamberg, G. (Hrsg.), Agency Theory, Information, and Incentives, Berlin 1989, S. 3-37

Spremann, K.: Asymmetrische Information, in: Zeitschrift für Betriebswirtschaft, 60. Jg., 1990, Heft 5/6, S. 561-586

Spremann, K.: Reputation, Garantie, Information, in: Zeitschrift für Betriebswirtschaft, 58. Jg., 1988, Heft 5/6, S. 613-629

Staehle, W.: Deutschsprachige situative Ansätze in der Managementlehre, in: Kieser, A. (Hrsg.), Organisationstheoretische Ansätze, München 1981, S. 215-226

Staehle, W.: Management, 7. Aufl., München 1994

Staffelbach, B.: Strategisches Marketing von Dienstleistungen, in: Marketing - Zeitschrift für Forschung und Praxis, 10. Jg., 1988, Heft 4, S. 277-284

Stahr, G.: Internationales Marketing, Ludwigshafen 1991

Stahr, G.: Internationale strategische Unternehmensführung, Stuttgart/Berlin/Köln 1989

Stahr, G.R.K./Backes, S.: Informationsbeschaffung im In- und Ausland - Voraussetzung für Erfolg im Auslandsgeschäft, in: Kumar, B.N./Haussmann, H. (Hrsg.), Handbuch der Internationalen Unternehmenstätigkeit, München 1992, S. 385-401

Stalk, G./Hout, T.M.: Zeitwettbewerb - Schnelligkeit entscheidet auf den Märkten der Zukunft, Frankfurt/New York 1990

Stapf, K.H.: Laboruntersuchungen, in: Roth, E. (Hrsg.), Sozialwissenschaftliche Methoden, 3. Aufl., München/Wien 1993, S. 228-244

Stauder, T.: Qualitätsmanagement im Kundenservice, Wiesbaden 1995

Stauss, B.: „Augenblicke der Wahrheit" in der Dienstleistungserstellung - Ihre Relevanz und ihre Messung mit Hilfe der Kontaktpunkt-Analyse, in: Bruhn, M./Stauss, B. (Hrsg.), Dienstleistungsqualität, 2. Aufl., Wiesbaden 1995, S. 379-399

Stauss, B.: Bedeutung und Realisierungsgrad des Total Quality Management im industriellen Service, in: Thelen, E.M./Mairamhof, G.B. (Hrsg.), Dienstleistungsmarketing - Eine Bestandsaufnahme, Frankfurt/Main et al. 1993, S. 203-230

Stauss, B.: Beschwerdepolitik als Instrument des Dienstleistungsmarketing, in: Jahrbuch der Absatz- und Verbrauchsforschung, 35. Jg., 1989, Heft 1, S. 41-62

Stauss, B.: Der Einsatz der „Critical Incident Technique" im Dienstleistungsmarketing, in: Tomczak, T./Belz, C. (Hrsg.), Kundennähe realisieren, St. Gallen 1994, S. 233-250

Stauss, B.: Dienstleister und die vierte Dimension, in: Harvard manager, 13. Jg., 1991, Heft 2, S. 81-89

Stauss, B.: Dienstleistungsmarken, in: Bruhn, M. (Hrsg.), Handbuch Markenartikel, Band 1, Stuttgart 1994, S. 80-103

Stauss, B.: Dienstleistungsqualität contra Kostensenkung?, in: Betriebswirtschaftliche Blätter, 1992, Heft 2, S. 111-116

Stauss, B.: Dienstleistungstypologie und Markteintrittsstrategien im internationalen Dienstleistungsmarketing, in: Schuster, L. (Hrsg.), Die Unternehmung im internationalen Wettbewerb, Berlin 1994, S. 211-231

Stauss, B.: Führt Kundenzufriedenheit zu Kundenbindung?, in: Belz, C. (Hrsg.), Kompetenz für Marketing-Innovationen, Schrift 5 - Marketingtransfer, St. Gallen 1997, S. 76-86

Stauss, B.: Internationales Dienstleistungsmarketing, in: Hermanns, A./Wißmeier, U.K. (Hrsg.), Internationales Marketing-Management, München 1995, S. 437-474

Stauss, B.: Internes Marketing, in: Tietz, B./Köhler, B./Zentes, J. (Hrsg.), Handwörterbuch des Marketing, 2. Aufl., Stuttgart 1995, Sp. 1045-1056

Stauss, B.: Internes Marketing als personalorientierte Qualitätspolitik, in: Bruhn, M./Stauss, B. (Hrsg.), Dienstleistungsqualität, 2. Aufl., Wiesbaden 1995, S. 257-276

Stauss, B.: Markteintrittsstrategien im internationalen Dienstleistungsmarketing, in: Thexis, 11. Jg., 1994, Heft 3, S. 10-16

Stauss, B.: Total Quality Management und Marketing, in: Marketing - Zeitschrift für Forschung und Praxis, 16. Jg., 1994, Heft 3, S. 149-159

Stauss, B.: TQM im industriellen Service, in: absatzwirtschaft, 36. Jg., 1993, Heft 9, S. 112-119

Stauss, B./Hentschel, B.: Dienstleistungsqualität, in: Wirtschaftswissenschaftliches Studium, 21. Jg., 1991, Heft 5, S. 238-244

Stauss, B./Hentschel, B.: Messung von Kundenzufriedenheit, in: Marktforschung & Management, 36. Jg., 1992, Heft 2, S. 115-122

Stauss, B./Neuhaus, P.: Das Unzufriedenheitspotential zufriedener Kunden, in: Marktforschung & Management, 40. Jg., 1996, Heft 4, S. 129-133

Stauss, B./Seidel, W.: Beschwerdemanagement, München/Wien 1996

Stauss, B./Weinlich, B.: Die Sequentielle Ereignismethode - ein Instrument der prozeßorientierten Messung von Dienstleistungsqualität, in: der markt, 35. Jg., 1996, Heft 1, S. 49-58

Steenkamp, J.-B. E.M./Hoffman, D.L.: Price and Advertising as Market Signals for Service Quality, in: Rust, R.T./Oliver, R.L. (Hrsg.), Service Quality - New Directions in Theory and Practice, Thousand Oaks 1994, S. 95-107

Steffenhagen, H.: Effizienz und Flexibilität in leistungsorientierten Konditionensystemen der Markenartikelindustrie, in: Bruhn, M./Meffert, H./Wehrle, F. (Hrsg.), Marktorientierte Unternehmensführung im Umbruch, Wiesbaden 1994, S. 99-114

Stegmüller, B.: Internationale Marktsegmentierung als Grundlage für internationale Marketing-Konzeptionen, Bergisch Gladbach/Köln 1995

Stegmüller, B.: Intranationale Marktsegmentierung auf der Basis von Nutzenerwartungen, in: Thexis, 12. Jg., 1995, Heft 2, S. 53-58

Stein, I.: Die Theorie der Multinationalen Unternehmung, in: Schoppe, S.G. (Hrsg.), Kompendium der Internationalen Betriebswirtschaftslehre, 2. Aufl., München/Wien 1992, S. 49-151

Steinbach, R.: Integratives Qualitäts-, Zeit- und Kostenmanagement, Frankfurt/Main et al. 1996

Steinle, C./Schmidt, C./Lawa, D.: Erfolgsfaktorenkonzepte und ihre Relevanz für Planungssysteme, in: Das Wirtschaftsstudium, 24. Jg., 1995, Heft 4, S. 311-320

Steinmann, H./Schreyögg, G.: Management - Grundlagen der Unternehmensführung, Wiesbaden 1990

Stier, W.: Empirische Forschungsmethoden, Berlin et al. 1996

Stöttner, R.: Investitions- und Finanzierungslehre, Frankfurt/New York 1998

Strasmann, J./Schüller, A.: Kernkompetenzen - ein integratives Konzept, in: Strasmann, J./Schüller, A. (Hrsg.): Kernkompetenzen - Was Unternehmen wirklich erfolgreich macht, Stuttgart 1996, S. 7-21

Strothmann, K.-H.: Investitionsgütermarketing, München 1979

Suprenant, C.F./Solomon, M.R.: Predictabality and Personalization in the Service Encounter, in: Journal of Marketing, 51. Jg., 1987, April, S. 86-96

T

Tacke, G.: Nichtlineare Preisbildung, Wiesbaden 1989

Tacke, G./Pohl, A.: Optimale Leistungs- und Preisgestaltung durch Conjoint Measurement, in: Meyer, A. (Hrsg.), Handbuch Dienstleistungs-Marketing, Band 1, Wiesbaden 1998, S. 880-895

Takeuchi, H./Porter, M.E.: Die drei Aufgaben des internationalen Marketing im Rahmen einer globalen Unternehmensstrategie, in: Porter, M.E. (Hrsg.), Globaler Wettbewerb - Strategien der neuen Internationalisierung, Wiesbaden 1989, 127-164

Tanner, J.F. Jr.: Buyer Perception of the Purchase Process and Its Effect on Customer Satisfaction, in: Industrial Marketing Management, 25. Jg., 1996, Nr. 2, S. 125-133

Tarski, A.: Die semantische Konzeption der Wahrheit und die Grundlagen der Semantik, in: Skirbekk, G. (Hrsg.), Wahrheitstheorien, 5. Aufl., Frankfurt/Main 1989, S. 140-188

Teas, R.K.: Expectations, Performance Evaluation, and Customers'Perception of Quality, in: Journal of Marketing, 57. Jg., 1993, October, S. 18-34

Teichmann, J.: Kundendienstmanagement im Investitionsgüterbereich, Frankfurt/Main et al. 1994

Terpstra, V./Sarathy, R.: International Marketing, 6. Aufl., Fort Worth 1994

Thiele, M.: Neue Institutionenökonomik, in: Das Wirtschaftsstudium, 23. Jg., 1994, Heft 12, S. 993-997

Thompson, A.M./Kaminski, P.F.: Psychographic and Lifestyle Antecedents of Service Quality Expectations - A Segmentation Approach, in: Journal of Services Marketing, 7. Jg., 1993, Nr. 4, S. 53-61

Tietz, B.: Die Internationalisierungsstrategien im europäischen Handel, in: Thexis, 8. Jg., 1991, Heft 3, S. 4-9

Töpfer, A.: Business Units auf der Grundlage von Geschäftsprozessen, in: Töpfer, A. (Hrsg.), Geschäftsprozesse - analysiert und optimiert, Neuwied/Kriftel/Berlin 1996, S. 239-266

Töpfer, A.: Erfolgsfaktoren des strategischen Marketing in deutschen Unternehmen, in: Wieselhuber, N./Töpfer, A. (Hrsg.), Handbuch Strategisches Marketing, 2. Aufl., Landsberg/Lech 1986, S. 49-66

Töpfer, A.: Euro-Fit - Verbesserung des europäischen Reifegrades eines Unternehmens, in: Töpfer, A./Berger, R. (Hrsg.), Unternehmenserfolg im Europäischen Binnenmarkt, Landsberg/Lech 1991, S. 149-192

Töpfer, A.: Insolvenzursachen - Turn-around - Erfolgsfaktoren, Teil 2, in: zfo Zeitschrift Führung Organisation, 59. Jg., 1990, Heft 6, S. 407-414

Töpfer, A.: Kunden-Zufriedenheit durch Mitarbeiter-Zufriedenheit, in: Personalwirtschaft, 22. Jg., 1995, Heft 8, S. 10-15

Töpfer, A.: Marketing für Start-up-Geschäfte mit Technologieprodukten, in: Töpfer, A./Sommerlatte, T. (Hrsg.), Technologie-Marketing, Landsberg/Lech 1991, S. 163-200

Töpfer, A.: Marketing - generalstabsmäßig auf deutschen Märkten, in: Ries, A./Trout, J., Marketing - generalstabsmäßig, Hamburg 1986, S. 249-281

Töpfer, A.: Planung und Kontrollsysteme industrieller Unternehmungen, Berlin 1976

Töpfer, A.: Service als strategischer Erfolgsfaktor, in: Weber, R. (Hrsg.), Service-Management (Loseblattsammlung), Landsberg/Lech, 3. Nl. 1992, Kap. 1.2

Töpfer, A.: Service strategisch nutzen - Vom Add-on zum Wettbewerbsvorteil, in: Weber, R. (Hrsg.), Service-Management (Loseblattsammlung), Landsberg/Lech 1992, 5. Nl., Kap. I.6.3

Töpfer, A.: Zeit-, Kosten- und Qualitätswettbewerb - Ein Paradigmawechsel in der marktorientierten Unternehmensführung?, in: Blum, U. et al. (Hrsg.), Wettbewerb und Unternehmensführung, Stuttgart 1994, S. 223-261

Töpfer, A./Hünerberg, R.: Wettbewerbsstrategien im Europäischen Binnenmarkt - Optionen für das strategische Marketing, in: Marketing - ZFP, 12. Jg., 1990, Heft 2, S. 77-90

Töpfer, A./Mann, A.: Benchmarking, in: Poth, L. (Hrsg.), Marketing (Loseblattsammlung), Neuwied/Kriftel/Berlin 1996, 27. Nl., Kap. 11

Töpfer, A./Mann, A.: Kundenzufriedenheit - die Meßlatte für den Erfolg, in: Töpfer, A. (Hrsg.), Kundenzufriedenheit messen und steigern, 2. Aufl., Neuwied/Kriftel/Berlin 1998, (im Druck)

Töpfer, A./Mann, A.: Service und Total Quality Management (TQM), in: Weber, R. (Hrsg.), Service-Management (Loseblattsammlung), Landsberg/Lech 1994, 14. NL., Kap. VIII.7.1

Töpfer, A./Mehdorn, H.: Total Quality Management - Anforderungen und Umsetzung in Unternehmen, Neuwied/Kriftel/Berlin 1993

Töpfer, A./Poersch, M.: Aufgabenfelder des betrieblichen Personalwesens für die 90er Jahre, Neuwied/Frankfurt 1989

Töpfer, A./Wieselhuber, N.: Strategische Orientierung des Marketing, in: Wieselhuber, N./Töpfer, A. (Hrsg.), Handbuch Strategisches Marketing, 2. Aufl., Landsberg/Lech 1986, S. 1-13

Toffler, A.: Die Zukunftschance, München 1980

Tolle, E.: Informationsökonomische Erkenntnisse für das Marketing bei Qualitätsunsicherheit der Konsumenten, in: Zeitschrift für betriebswirtschaftliche Forschung, 46. Jg., 1994, Heft 11, S. 926-938

Tomczak, T.: Forschungsmethoden in den Marketingwissenschaften - Ein Plädoyer für den qualitativen Forschungsansatz, in: Marketing - Zeitschrift für Forschung und Praxis, 14. Jg., 1992, S. 77-87

Tomczak, T.: Relationship-Marketing - Grundzüge eines Modells zum Management von Kundenbeziehungen, in: Tomczak, T./Belz, C. (Hrsg.), Kundennähe realisieren, St. Gallen 1994, S. 193-215

Tomczak, T./Esch, F.-R./Roosdorp, A.: Positionierung - Von der Entwicklung über die Umsetzung zum Controlling, in: Belz, C. (Hrsg.), Suchfelder für innovatives Marketing, St. Gallen 1997, S. 60-83

Tomczak, T./Schögel, M.: Management von Distributionssystemen, in: Belz, C./Tomczak, T. (Hrsg.), Kompetenz für Marketing-Innovationen, Schrift 4: Marktbearbeitung und Distribution, St. Gallen 1997, S. 190-227

Tominaga, M.: Die kundenfeindliche Gesellschaft, 7. Aufl., Düsseldorf 1997

Toyne, B./Walters, P.G.P.: Global Marketing Management - A Strategic Perspective, 2. Aufl., Boston 1993

Trachsler, S.: Verrechenbarkeit industrieller Dienstleistungen, in: Belz, C.(Hrsg.), Kompetenz für Marketing-Innovationen, Schrift 2 - Leistungs- und Kundensysteme, St. Gallen 1997, S. 72-77

Trommsdorff, V.: Konsumentenverhalten, Stuttgart/Berlin/Köln 1989

Tscheulin, D.K.: „Variety-seeking-behavior“ bei nicht-habitualisierten Konsumentscheidungen, in: Zeitschrift für betriebswirtschaftliche Forschung, 46. Jg., 1994, Heft 1, S. 54-62

Türk, K.: Neuere Entwicklungen in der Organisationsforschung, Stuttgart 1989

U / V

Uhlenbruck, N.: Dienstleistungen als Innovationspotential für Unternehmen des verarbeitenden Gewerbes, Bergisch Gladbach/Köln 1985

Ulrich, H.: Unternehmungspolitik, 2. Aufl., Bern/Stuttgart 1987

Ulrich, P./Fluri, E.: Management, 6. Aufl., Bern/Stuttgart 1992

Unger, F.: Werbemanagement, Heidelberg 1989

Usinier, J.-C./Walliser, B.: Interkulturelles Marketing, Wiesbaden 1993

Van Dierdonck, R.: Success Strategies in a Service Economy, in: European Management Journal, 10. Jg., 1992, Nr. 3, S. 365-373

Vandermerwe, S.: Quality in Services - The „Softer“ Side is „Harder“ (and Smarter), in: Long Range Planning, 27. Jg., 1994, Nr. 2, S. 45-56

Vandermerwe, S./Chadwick, M.: The Internationalization of Services, in: Lovelock, C.H. (Hrsg.), Services Marketing, 2. Aufl., S. 48-58

Varadarajan, P.: A Two-factor Classification of Competitive Strategy Variables, in: Strategic Management Journal, 6. Jg., 1985, S. 357-375

Vavra, T.G.: Aftermarketing - How to Keep Customers for Life through Relationship Marketing, Homewood 1992

VDMA: Statistisches Handbuch für den Maschinenbau, Ausgabe 1997, Frankfurt/Main 1997

Venkatraman, N.: The Concept of Fit in Strategy Research - Toward Verbal and Statistical Correspondence, in: Academy of Management Review, 14. Jg., 1989, S. 423-444

Venkatraman, N./Camillus, J.S.: Exploring the Concept of "Fit" in Strategic Management, in: Academy of Management Review, 9. Jg., 1984, S. 513-525

Vernohr, B.: „Marktgesetze" und Strategische Unternehmensführung, Wiesbaden 1987

Vieweg, H.-G.: Perspektiven für den Maschinenbau in Deutschland, in: ifo Schnelldienst, 49. Jg., 1996, Heft 5, S. 10-17

Volz, T.: Management ergänzender Dienstleistungen für Sachgüter, Göttingen 1997

Vorbrugg, G./Berrar, C.: Recht der Dienstleistungen, in: Meyer, A. (Hrsg.), Handbuch des Dienstleistungs-Marketing, Band 1, Stuttgart 1998, S. 67-104

Voß, H.: Internationale Wettbewerbsstrategien, Bayreuth 1989

W

Wagner, H.: Marktorientierte Unternehmensführung versus Orientierung an Mitarbeiterinteressen, Shareholder-Value und Gemeinwohlverpflichtungen, in: Bruhn, M./Steffenhagen, H. (Hrsg.), Marktorientierte Unternehmensführung, Wiesbaden 1997, S. 87-102

Walldorf, E.G.: Auslandsmarketing, Wiesbaden 1987

Walldorf, E.G.: Die Wahl zwischen unterschiedlichen Formen der internationalen Unternehmer-Aktivität, in: Kumar, B.N./Haussmann, H. (Hrsg.), Handbuch der Internationalen Unternehmenstätigkeit, München 1992, S. 447-470

Walters, M.: Marktwiderstände und Marketingplanung, Wiesbaden 1984

Waning, T.: Markteintritts- und Marktbearbeitungsstrategien im globalen Wettbewerb, Hamburg 1994

Warnecke, H.-J.: Revolution der Unternehmenskultur - Das fraktale Unternehmen, 2. Aufl., Berlin et al. 1993

Warnecke, H.-J.: Unternehmensgestaltung - Orientierung am Umfeld, in: Schmalenbach-Gesellschaft - Deutsche Gesellschaft für Betriebswirtschaft e.V. (Hrsg.), Reengineering, Stuttgart 1995, S. 35-46

Watzlawick, P./Beavin, J.H./Jackson, D.D.: Menschliche Kommunikation, 8. Aufl., Bern/Stuttgart/Toronto 1990

Weber, J.: Produktions-, Transaktions- und Koordinationskostenrechnung, in: Kostenrechnungspraxis, 37. Jg., 1993, Sonderheft 1, S. 19-23

Weber, M.: Wirtschaft und Gesellschaft - Grundriß einer verstehenden Soziologie, 5. Aufl., Tübingen 1980

Weber, M.R.: Erfolgreiches Service-Management, Landsberg/Lech 1989

Weber, M.R.: Marktkommunikation und Kundendienst, in: Marktforschung & Management, 35. Jg., 1991, Heft 3, S. 117-121

Webster, C.: What Kind of Marketing Culture Exists in Your Service Firm? An Audit, in: Bateson, J.E.G. (Hrsg.), Managing Services Marketing, Fort Worth 1995, S. 649-659

Webster, F.E.: The Changing Role of Marketing in the Corporation, in: Journal of Marketing, Vol. 56, 1992, Nr. 4, S. 1-17

Wehrli, H.P.: Relationship Marketing - mehr als ein Modewort, in: Verkauf & Marketing, 21. Jg., Heft 4, S. 4-7

Wehrli, H.P.: Beziehungsmarketing - Ein Konzept, in: der markt, 33. Jg., 1994, Heft 4, S. 191-199

Wehrli, H.P./Wirtz, B.W.: Mass Customization und Kundenbeziehungsmanagement, in: Jahrbuch der Absatz- und Verbrauchsforschung, 43. Jg., 1997, Heft 2, S. 116-138

Weiber R.: Die Bedeutung der Nachfrageverbundenheit im Systemgeschäft, in: Backhaus, K. et al. (Hrsg.), Marktleistung und Wettbewerb, Wiesbaden 1997, S. 365-383

Weiber, R.: Dienstleistungen als Wettbewerbsinstrument im internationalen Anlagengeschäft, Berlin 1985

Weiber, R.: Leapfrogging-Behavior - Herausforderungen für das Marketing-Management neuer Technologien, in: Zahn, E. (Hrsg.), Technologiemanagement und Technologien für das Management, Stuttgart 1994, S. 333-368

Weiber, R./Adler, J.: Der Einsatz von Unsicherheitsreduktionsstrategien im Kaufprozeß - Eine informationsökonomische Analyse, in: Zeitschrift für betriebswirtschaftliche Forschung, 1995, Sonderheft 35, S. 61-77

Weiber, R./Adler, J.: Informationsökonomisch begründete Typologisierung von Kaufprozessen, in: Zeitschrift für betriebswirtschaftliche Forschung, 47. Jg., 1995, Heft 1, S. 43-65

Weiber, R./Adler, J.: Positionierung von Kaufprozessen im informationsökonomischen Dreieck - Operationalisierung und verhaltenswissenschaftliche Prüfung, in: Zeitschrift für betriebswirtschaftliche Forschung, 47. Jg., 1995, Heft 2, S. 99-123

Weiber, R./Beinlich, G.: Die Bedeutung der Geschäftsbeziehung im Systemgeschäft, in: Marktforschung & Management, 38. Jg., 1994, Heft 3, S. 120-127

Weinberg, P.: Das Entscheidungsverhalten der Konsumenten, Paderborn et al. 1981

Weinberg, P.: Emotionale Aspekte des Entscheidungsverhaltens - Ein Vergleich von Erklärungskonzepten, in: Forschungsgruppe Konsum und Verhalten (Hrsg.), Konsumentenforschung, München 1994, S. 171-181

Werner, U.: Möglichkeiten der Anwendung semiotischer Erkenntnisse im multikulturellen Marketing, in: Marketing - Zeitschrift für Forschung und Praxis, 15. Jg., 1993, Heft 3, S. 181-196

Weise, P.: Konkurrenz und Kooperation, in: Universitas, 53. Jg., 1998, Heft 3, S. 238-250

Weise, P. et al.: Neue Mikroökonomie, 2. Aufl., Heidelberg 1991

Weisenfeld-Schenk, U.: Die Nutzung von Zertifikaten als Signal für Produktqualität, in: Zeitschrift für Betriebswirtschaft, 67. Jg., 1997, Heft 1, S. 21-39

Weiss, C.A.: Die Wahl internationaler Markteintrittsstrategien - Eine transaktionskostenorientierte Analyse, Wiesbaden 1996

Welge, M.K.: Die Führung von ausländischen Beteiligungsgesellschaften multinationaler Unternehmen, in: Zeitschrift für Betriebswirtschaft, 51. Jg., 1981, Ergänzungsheft 1, S. 128-144

Welge, M.K.: Koordinations- und Steuerungsinstrumente, in: Macharzina, K./Welge, M.K. (Hrsg.), Handwörterbuch Export und Internationale Unternehmung, Stuttgart 1989, Sp. 1182-1191

Welge, M.K.: Strategien für den internationalen Wettbewerb zwischen Globalisierung und lokaler Anpassung, in: Kumar, B.N./Haussmann, H. (Hrsg.), Handbuch der Internationalen Unternehmenstätigkeit, München 1992, S. 569-589

Wernerfelt, B.: A Resource-based View of the Firm, in: Strategic Management Journal, 5. Jg., 1984, S. 171-180

Wesnitzer, M.: Markteintrittsstrategien in Osteuropa - Konzepte für die Konsumgüterindustrie, Wiesbaden 1993

Westerbarkey, P.: Methoden zur Messung und Beurteilung der Dienstleistungsqualität, Wiesbaden 1996

Whiteley, R.: Ihr Kunde ist der Boss - Die kundenorientierte Firma, 2. Aufl., Freiburg 1993

Wiedmann, K-P.: Rekonstruktion des Marketingansatzes und Grundlagen einer erweiterten Marketingkonzeption, Stuttgart 1993

Wiersema, F./Heinrich, K.: Jedem Kunden sein Produkt, in: absatzwirtschaft, 36. Jg., 1993, Heft 2, S. 40-43

Wieselhuber, N.: Erschließung von neuen Wachstumsquellen durch Diversifikation, in: Wieselhuber, N./Töpfer, A. (Hrsg.), Handbuch Strategisches Marketing, 2. Aufl., Landsberg/Lech 1986, S. 426-440

Wilde, K.: Bewertung von Produkt-Markt-Strategien, Berlin 1989

Wildemann, H.: Kooperation über die Wertschöpfungskette, in: Corsten, H./Reiß, M. (Hrsg.), Handbuch Unternehmensführung - Konzepte, Instrumente, Schnittstellen, Wiesbaden 1995, S. 743-751

Wildemann, H.: Kundennahe Produktion und Zulieferung - Eine empirische Bestandsaufnahme, in: Die Betriebswirtschaft, 50. Jg., 1990, Heft 3, S. 309-331

Wildemann, H.: Lean Management - Entwicklungstendenzen für die Zuliefererindustrie, in: Belz, C./Schögel, M./Kramer, M. (Hrsg.), Lean Management und Lean Marketing, St. Gallen 1994, S. 182-188

Wildemann, H.: Variantenmanagement, in: Wildemann, H. (Hrsg.), Lean Management - Strategien zur Erreichung wettbewerbsfähiger Unternehmen, Frankfurt/Main 1993, S. 72-89

Wildemann, H.: Transaktionskostenreduzierung durch Fertigungsreduzierung, in: Die Betriebswirtschaft, 55. Jg., 1995, Heft 6, S. 783-795

Williamson, O.E.: Die ökonomischen Institutionen des Kapitalismus, Tübingen 1990

Wilson, R.: Nonlinear Pricing, New York/Oxford 1993

Wimmer, F./Zerr, K.: Systemplanung als Aufgabe des Systemmarketing, in: Marketing - Zeitschrift für Forschung und Praxis, 16. Jg., 1994, Heft 4, S. 221-233

Wimmer, F./Zerr, K.: Service für Systeme - Service mit System, in: absatzwirtschaft, 38. Jg., 1995, Heft 7, S. 82-87

Winand, U.: Erfolgspotentialplanung, in: Szyperski, N./Winand, U. (Hrsg.), Handwörterbuch der Planung, Stuttgart 1989, Sp. 440-452

Windsperger, J.: Transaktionskosten in der Theorie der Firma, in: Zeitschrift für Betriebswirtschaft, 53. Jg., 1983, Heft 9, S. 889-903

Windsperger, J.: Zur Methode des Transaktionskostenansatzes, in: Zeitschrift für Betriebswirtschaft, 57. Jg., 1987, Heft 1, S. 59-76

Winger, R.W./Edelman, D.: Individualisierung oder Segment-of-One-Wettbewerb, in: Oetinger, B. von (Hrsg.), Das Boston Consulting Strategie-Buch, Düsseldorf et al. 1993, S. 382-387

Wiswede, G.: Einführung in die Wirtschaftspsychologie, München/Basel 1991

Wiswede, G.: Soziologie, 2. Aufl., Landsberg/Lech 1991

Witte, A.: Integrierte Qualitätssteuerung im Total Quality Management, Hamburg 1993

Witte, E.: Betriebswirtschaftliche Forschung - wohin? Konsequenzen aus der Institutionenökonomik, in: Ordelheide, D./Rudolph, B./Büsselmann, E. (Hrsg.), Betriebswirtschaftslehre und ökonomische Theorie, Stuttgart 1991, S. 445-469

Wittkemper, G./Perilleux, R./Herold, C.: Liberalisierung von Märkten - Herausforderungen und Lösungskonzepte, in: Booz - Allen & Hamilton (Hrsg.), Gewinnen im Wettbewerb, Stuttgart 1994, S. 1-24

Wöhe, G.: Einführung in die Allgemeine Betriebswirtschaftslehre, 17. Aufl., München 1990

Wolfrum, U.: Erfolgspotentiale - Kritische Würdigung eines zentralen Konzeptes der strategischen Unternehmensführung, München 1993

Womack, J.P./ Jones, D.T.: Das schlanke Unternehmen - ein Kosmos leistungsstarker Firmen, in: Harvard Business manager, 16. Jg., 1994, Heft 3, S. 84-93

Woo, C.Y./Cooper, A.C.: Strategies for Effective Low Share Business, in: Strategic Management Journal, 2. Jg., 1981, Nr. 3, S. 301-318

Woodruff, R.B.: Customer Value - The Next Source for Competitive Advantage, in: Journal of the Academy of Marketing Science, 25. Jg., 1997, Nr. 2, S. 139-153

Woratscheck, H.: Conjoint Measurement - Ein Durchbruch bei der Preisentscheidung im Dienstleistungsbereich, in: Engelhardt, W.H. (Hrsg.), Perspektiven des Dienstleistungsmarketing, Wiesbaden 1998, S. 23-45

Woratscheck, H.: Die Typologie von Dienstleistungen aus informationstheoretischer Sicht, in: der markt, 35. Jg., 1996, Heft 1, S. 59-71

Woratscheck, H.: Möglichkeiten und Grenzen preispolitischer Faustregeln für den Dienstleistungsbereich, in: Meyer, A. (Hrsg.), Grundsatzfragen und Herausforderungen des Dienstleistungsmarketing, Wiesbaden 1996, S. 97-124

Wright, P.: Research Notes and Communications - A Refinement of Porter's Strategies, in: Strategic Management Journal, 8. Jg., 1987, S. 93-101

Wübker, G.: Preisbündelung, Wiesbaden 1998

X, Y, Z

Yip, G.S.: Diversification Entry - Internal Development versus Acquisition, in: Strategic Management Journal, 3. Jg., 1982, S. 331-345

Zapf, H.: Industrielle und gewerbliche Dienstleistungen, Wiesbaden 1990

Zborschil, I.A.: Der Technische Kundendienst als eigenständiges Marketing-Objekt, Frankfurt/Main et al. 1994

Zeithaml, V.A.: How Customer Evaluation Processes Differ between Goods and Services, in: Lovelock, C.H. (Hrsg.), Services Marketing, 2. Aufl., Englewood Cliffs 1991, S. 39-47

Zeithaml, V.A./Berry, L.L./Parasuraman, A.: Communication and Control Processes in the Delivery of Service Quality, in: Lovelock, C.H. (Hrsg.), Services Marketing, 2. Aufl., Englewood Cliffs 1991, S. 406-423

Zeithaml, V.A./Bitner, M.J.: Service Marketing, New York et al. 1996

Zeithaml, V.A./Parasuraman, A./Berry, L.L.: Problems and Strategies in Service Marketing, in: Journal of Marketing, 49. Jg., 1985, Spring, S. 33-46

Zeithaml, V.A./Parasuraman, A./Berry, L.L.: Qualitätsservice, Frankfurt/New York 1992

Zeithaml, V.A./Varadarajan, P./Zeithaml, C.: The Contingency Approach - Its Foundation and Relevance in Theory Building and Research in Marketing, in: European Journal of Marketing, 22. Jg., Nr. 7, S. 37-64

Zentes, J.: Logistik vom Hersteller bis zum Kunden als gesamteuropäische Aufgabe, in: Thexis, 8. Jg., 1991, Heft 3, S. 14-16

Zentes, J.: Wettbewerbsstrategien auf europäischen Märkten, in: Scholz, C./Zentes, J. (Hrsg.), Strategisches Euro-Management, Stuttgart 1995, S. 3-30

Zerr, K.: Systemmarketing, Wiesbaden 1994

Ziegler, R.: Psychologische Aspekte des Interaktionsansatzes im Investitionsgüter-Marketing, in: Kliche, M. (Hrsg.), Investitionsgütermarketing - Positionsbestimmung und Perspektiven, Wiesbaden 1990, S. 77-90

Zobel, P.H.: Aktuelle Forschungsfelder des Internationalen Strategischen Managements, München 1996

Zollner, G.: Kundennähe in Dienstleistungsunternehmen - Empirische Analyse von Banken, Wiesbaden 1995

DUV DeutscherUniversitätsVerlag
GABLER·VIEWEG·WESTDEUTSCHER VERLAG

"Forum Marketing"

Herausgeber: Prof. Dr. Reinhard Hünerberg, Prof. Dr. Armin Töpfer
GABLER EDITION WISSENSCHAFT

Petra Beck
Qualitätsmanagement und Transaktionskostenansatz
Instrumente zur Optimierung vertraglicher Vertriebssysteme
1997. XV, 199 Seiten, 21 Abb., Broschur DM 89,-/ ÖS 650,-/ SFr 81,-
ISBN 3-8244-6590-6
Durch die Anwendung der Erkenntnisse des Total Quality Managements und der betriebswirtschaftlichen Kostenrechnung schließt die Autorin die Lücke zwischen Produktions- und Transaktionskosten.

Sun Choi
Strategien von Banken im globalen Wettbewerb
1997. XXIII, 399 Seiten, 84 Abb., Broschur DM 118,-/ ÖS 861,-/ SFr 105,-
ISBN 3-8244-6601-5
Sun Choi präsentiert eine detaillierte Analyse des aktuellen Standes des Globalisierungsprozesses in der internationalen Bankenbranche und stellt globale Strategiekonzepte vor, die er einer empirischen Untersuchung unterzieht.

Gilbert Heise
Internationale Marktsegmentierung im Automobilmarketing
1997. XXI, 435 Seiten, 90 Abb., Broschur DM 128,-/ ÖS 934,-/ SFr 114,-
ISBN 3-8244-6469-1
Der Autor zeigt Wege für zielgruppenorientierte internationale Strategien im Automobilmarketing auf und erarbeitet ein umfassendes mehrdimensionales Modell zur internationalen Segmentierung des Automobilmarktes.

Volker G. Hildebrand
Individualisierung als strategische Option der Marktbearbeitung
Determinanten und Erfolgswirkungen kundenindividueller Marketingkonzepte
1997. XXIII, 304 Seiten, 42 Abb., 74 Tab., Broschur DM 108,-/ ÖS 788,-/ SFr 96,-
ISBN 3-8244-6630-9
Der Erfolg einer undifferenzierten Marktbearbeitung wird zunehmend in Frage gestellt; statt dessen wird eine stärkere "Einzelkundenorientierung" gefordert.

Mike Hoffmeister
Multi-Franchise-Konzepte im Automobileinzelhandel
Entwicklung und Auswirkungen auf die Absatzkanalpolitik der Automobilhersteller
1998. XXIII, 326 Seiten, 117 Abb., Broschur DM 118,-/ ÖS 861,-/ SFr 105,-
ISBN 3-8244-6695-3
Der Autor analysiert die Entwicklung von Multi-Franchise-Konzepten im Automobileinzelhandel und deren Auswirkungen auf die Absatzkanalpolitik der Automobilhersteller.

DUV Deutscher Universitäts Verlag
GABLER · VIEWEG · WESTDEUTSCHER VERLAG

Aus unserem Programm

Carl Georg Deppisch
Dienstleistungsqualität im Handel
1997. XXII, 283 Seiten, Broschur DM 98,-/ ÖS 715,-/ SFr 89,-
GABLER EDITION WISSENSCHAFT
ISBN 3-8244-6494-2
Der Autor entwickelt ein Meßinstrument, mit dem die Dienstleistungsqualität im Handel quantifiziert und deren positive Auswirkungen auf Kaufverhalten, Kundenbindung und Umsatz erfaßt werden können.

Werner Hans Engelhardt (Hrsg.)
Perspektiven des Dienstleistungsmarketing
Ansatzpunkte für Forschung und Praxis
1998. VII, 291 Seiten, 64 Abb., 9 Tab., Broschur DM 108,-/ ÖS 788,-/ SFr 96,-
GABLER EDITION WISSENSCHAFT
ISBN 3-8244-6550-7
Beiträge eines Workshops, in denen Fragen des Qualitätsmanagements, der Gestaltung von Geschäftsbeziehungen und der Kapazitätsplanung ebenso behandelt werden wie Aspekte der Marktabgrenzung, des Conjoint Measurement und des Innovationsmanagements.

Sabine Haller
Beurteilung von Dienstleistungsqualität
Dynamische Betrachtung des Qualitätsurteils im Weiterbildungsbereich
2., aktualisierte Auflage 1998. XIX, 278 Seiten, 54 Abb., 15 Tab.,
Broschur DM 118,-/ ÖS 861,-/ SFr 105,-
GABLER EDITION WISSENSCHAFT
ISBN 3-8244-6510-8
Auf dem Weg in die Dienstleistungsgesellschaft nimmt die Frage nach begründeten Qualitätsurteilen über Dienstleistungen einen zentralen Stellenwert ein. Sabine Haller untersucht, wie subjektive Qualitätsurteile entstehen und gemessen werden können.

Hans Mühlbacher/Jean-Paul Flipo (eds.)
Advances in Services Marketing
1997. X, 235 Seiten, Broschur DM 89,-/ ÖS 650,-/ SFr 81,-
GABLER EDITION WISSENSCHAFT
ISBN 3-8244-6508-6
This book presents the findings of the First French-German Workshop on Services Marketing. The wide range of topics includes articles on the optimal design of services and their internationalisation as well as on instruments for the analysis of service markets.

DUV Deutscher Universitäts Verlag
GABLER · VIEWEG · WESTDEUTSCHER VERLAG

Dirk Nissen
Effektivität des Marketing von Verbänden
1998. XXI, 335 Seiten, 57 Abb., 33 Tab., Broschur DM 118,-/ ÖS 861,-/ SFr 105,-
GABLER EDITION WISSENSCHAFT
ISBN 3-8244-6642-2
Der Autor analysiert den Einfluß der Mitgliederbindung auf die Effektivität des Verbandsmarketing, vergleicht die Ergebnisse mit einer explorativen Umfrage und gibt Handlungsempfehlungen zur Effektivitätssteigerung.

Michael Paul
Preis- und Kostenmanagement von Dienstleistungen im Business-to-Business-Bereich
1998. XIX, 341 Seiten, 30 Abb., 10 Tab., Broschur DM 118,-/ ÖS 861,-/ SFr 105,-
GABLER EDITION WISSENSCHAFT
ISBN 3-8244-6672-4
Der Autor beschreibt ausführlich die Besonderheiten im Kosten- und Preismanagement für Services und entwirft einen Ansatz für das Preis- und Kostenmanagement im Business-to-Business-Bereich.

Tobbias Schlömer
Kundenservice durch Benutzerinformation
Die Technische Dokumentation als Sekundärdienstleistung im Marketing
1997. XXIX, 388 Seiten, 68 Abb., Broschur DM 118,-/ ÖS 861,-/ SFr 105,-
GABLER EDITION WISSENSCHAFT
ISBN 3-8244-6432-2
Der Autor analysiert Stellung und Aufgaben der Technischen Dokumentation im absatzpolitischen Leistungsbündel und in der Servicepolitik des Anbieters sowie Einsatz- und Wirkungsmöglichkeiten zur Kundengewinnung und -bindung.

Rainer Wolfram Schmidt
Strategisches Marketing-Accounting
Nutzung des Rechnungswesens bei strategischen Marketingaufgaben
1997. XXIX, 374 Seiten, Broschur DM 118,-/ ÖS 861,-/ SFr 105,-
GABLER EDITION WISSENSCHAFT
ISBN 3-8244-6502-7
Marketing und Rechnungswesen werden in der Regel als zwei unabhängige Bereiche betrachtet. Ihre Verknüpfung ermöglicht jedoch eine effektivere und effizientere Erfüllung strategischer Marketingaufgaben.

Die Bücher erhalten Sie in Ihrer Buchhandlung!
Unser Verlagsverzeichnis können Sie anfordern bei:

Deutscher Universitäts-Verlag
Postfach 30 09 44
51338 Leverkusen